Cómo Prepararse para el

GED

el Examen de Equivalencia de la Escuela Superior, Edición en Español

Murray Rockowitz, Ph.D.
Ex-Director, Consejo de Examinadores, Junta de Educación,
Ciudad de Nueva York

Director Académico Licenciado de Escuela Superior,
Ciudad de Nueva York

Ex-Director, Escuela Superior John Phillip Sousa,
Ciudad de Nueva York

Ex-Presidente, Departamento de Inglés,
Escuela Superior Charles Evans Hughes,
Ciudad de Nueva York

Samuel C. Brownstein
Ex-Presidente, Departamento de Biología,
Escuela Superior Wingate, Brooklyn, Ciudad de Nueva York

Max Peters
Ex-Presidente, Departamento de Matemáticas,
Escuela Superior Wingate, Brooklyn, Ciudad de Nueva York

Traducción y Adaptación,
Montserrat Vendrell

BARRON'S

All inquiries should be addressed to:
Barron's Educational Series, Inc.
250 Wireless Boulevard
Hauppauge, New York 11788

Library of Congress Catalog No. 97-70299

International Standard Book No. 0-8120-9363-1

CONTENIDO

PREFACIO

Esta edición incluye los cambios más recientes en el contenido y en el formato de los exámenes del Desarrollo Educativo General (GED) requeridos para obtener el certificado de equivalencia a la escuela superior. Los autores, todos ellos especialistas en diferentes áreas curriculares de la escuela secundaria, han desarrollado ejercicios prácticos y pruebas prácticas que reflejan estos cambios y proporcionan una excelente preparación del examen de GED.

PARA EL LECTOR

"Hasta muy recientemente, todo lo que se pedía a alguien que buscaba un trabajo es que supiera firmar y saber las horas en el reloj. Ahora, necesita tener un diploma de estudios superiores". Esta palabras pronunciadas por un fabricante de productos electrónicos son un aviso para los estudiantes y para los que quieran conseguir un trabajo en la actualidad.

Si desea un trabajo interesane—uno que no concluzca al estancamiento;

Si quiere ser aceptado en el programa de capacitación en una gran compañía;

Si quiere avanzar en su trabajo a niveles superiores;

Si quiere continuar sus estudios en una escuela técnica;

Si quiere conseguir una posición de importancia en el servicio civil;

Si quiere ser aceptado por las fuerzas armadas;

DEBE TENER UN DIPLOMA DE LA ESCUELA SUPERIOR

Si todavía no ha terminado la escuela secundaria, este libro le ayudará a conseguir este preciado diploma mediante el examen de equivalencia a la escuela superior. En los cincuenta estados, el Distrito de Columbia, algunos territorios de los Estados Unidos y en la mayoría de las provincias de Canadá hay programas que le permitirán conseguirlo.

Para ayudarle, hemos analizado detenidamente el último examen de GED y de acuerdo con este análisis, hemos preparado los materiales siguientes:

- explicación de las ideas claves
- resúmenes concisos de cada tema
- ejercicios de opción múltiple
- exámenes prácticos

Lo único que necesita para pasar el Examen de Equivalencia de la Escuela Superior y tener en sus manos un diploma de escuela secundaria es la fuerza de voluntad y la ejercitación. Si sigue nuestras instrucciones, le aseguramos que ganará la confianza y los conocimientos necesarios.

PARA EL INSTRUCTOR

Si usa este libro de instrucción en sus clases para preparar el Examen de Equivalencia de la Escuela Superior, encontrará:

- todos los materiales de documentación necesarios para el examen;
- después de cada principio, las ilustraciones apropiadas;
- después de cada tema y subtema, ejercicios de idéntica estructura a los del examen;
- selecciones de lectura analizadas en detalle;
- respuestas para todos los ejercicios, así como explicaciones para las respuestas correctas.

No será necesario que recurra a otras fuentes para conseguir material suplementario. Hemos incluido todo lo necesario para que el estudiente que quiere conseguir el diploma de la escuela superior pueda practicar y hacer ejercicios durante sus clases.

AGRADECIMIENTOS

Los autores agradecen la amabilidad de todas las organizaciones que han permitido la publicación de pasajes, tablas y gráficos. También queremos expresar nuestra gratitud al Servicio de Exámenes del GED del Consejo de Educación Norteamericano por darnos el permiso para usar información de sus archivos sobre las diferentes políticas estatales, así como a los representantes del Departamento de Educación quienes nos han proporcionado información sobre sus programas de equivalencia a la escuela superior. Las instrucciones en nuestros exámenes de diagnóstico y de práctica han sido adaptados con el permiso del "Official GED Practice Test", publicado por el Servicio de Exámenes del GED del Consejo de Educación Norteamericano.

También queremos agradecer a Scholastic Magazines, Inc. por habernos dado el permiso de reproducir pasajes de *Senior Scholastic*. Dichos pasajes fueron la base para crear las preguntas originales de interpretación de los temas analizados en el apartado de Estudios Sociales. Las fuentes y permisos para reproducir las tablas y gráficos aparecen en las páginas correspondientes a lo largo del libro, gracias a la cortesía de las siguientes entidades: Departamento de Agricultura, Departamento de Sanidad, Educación y Bienestar—Oficina de Educación; Departamento del Presupuesto y la Administración de Seguridad Social. Todas ellas del gobierno de los Estados Unidos.

Los derechos de propiedad intelectual de los párrafos citados en el libro aparecen a continuación.

Página 57. Pasaje para las preguntas 1–15: Pasaje novelesco de Mariano José de Larra. Reproducido con el permiso de Louisiana State University Press de "A New Anthology of Spanish Literature", p.432, de Richard E. Chandler y Kessel Schwartz. Copyright © 1967 by Louisiana State University Press.

Página 58. Pasaje para las preguntas 6–10: Extracto procedente de "La Lluvia", p.410, de Arturo Uslar Pietri. Copyright © Fondo de Cultura Económico, México.

Página 59. Pasaje para las preguntas 11–15: Extracto procedente de "Week-end en Guatemala", p.143, de Miguel Angel Asturias. Copyright © Ediciones Losada, Buenos Aires.

Página 60. Pasaje para las preguntas 16–20: Extracto procedente de "Sobre Mi Hombro", p.11, de José Martí. Publicado en "Poetas Modernistas Hispanoamericanos" de Homero Castillo. Prentice Hall, Inc.-Englewood Cliffs, New Jersey. Copyright © Homero Castillo.

Página 60. Pasaje para las preguntas 21–25: Extracto procedente de "Ars", p.111, de José Asunción Silva. Publicado en "Poetas Modernistas Hispanoamericanos" de Homero Castillo. Prentice Hall, Inc.-Englewood Cliffs, New Jersey. Copyright © Homero Castillo.

Página 61, Pasaje para las preguntas 25–30: Extracto procedente de "Bodas de Sangre", de Federico García Lorca. Reproducido con el permiso de Louisiana State University Press de "A New Anthology of Spanish Literature", p.99, de Richard E. Chandler y Kessel Schwartz. Copyright © 1967 by Louisiana State University Press.

Página 64. Pasaje para las preguntas 36–40: Extracto procedente de "Días de Guardar", p.155, de Carlos Monsivais. Copyright © Biblioteca Era/Ensayo, México.

Página 182. Pasaje Procedente de "Paths to the Present" por Arthur M. Schlesinger, Sr. Reproducido con el permiso de Arthur M. Schlesinger, Jr.

Página 186. Pasaje procedente de "Principles of Geography—Physical and Cultural", por Arthur H. Doerr y J.L. Guernsey, Segunda edición revisada. Copyright © 1975 Barron's Educational Series, Inc.

Página 231. Pasaje para las preguntas 44–46: Extracto procedente de "Asian Culture Studies", de Erwin Rosenfeld y Harriet Geller. Segunda edición revisada. Copyright © 1976 Barron's Educational Series, Inc.

Página 232. Mapa y pasaje para las preguntas 47–49: Extracto procedente de "Asian Culture Studies" de Erwin Rosenfeld y Harriet Geller. Segunda edición revisada. Copyright © 1976 Barron's Educational Series, Inc.

Página 235. Pasaje para las preguntas 62–64: Extracto procedente de "How to...Uh...Remember!", de Gordon H. Bower. Reproducido con el permiso de *Psychology Today Magazine*. Copyright © 1973.

Página 265. Pasaje para las preguntas 18–20: Extracto procedente de "Matter, Energy and Life", de Baker-Allen. Tercera edición. Copyright © 1974, Benjamin/Cummings Publishing Group Company, Menlo Park, California.

Página 269. Pasaje para las preguntas 37–39: Extracto procedente de "The Cell", p. 23, de Carl P. Swanson. Segunda edición. Copyright © 1964. Reproducido con el permiso de Prentice-Hall, Inc. Englewood Cliffs, New Jersey.

Página 307. Pasaje procedente de "Sonatina", de Rubén Darío. Reproducido con el permiso de Louisiana State University Press de "A New Anthology of Spanish Literature", p.341, de Richard E. Chandler y Kessel Schwartz. Copyright © 1967 de Louisiana State University Press.

Página 309. Pasaje procedente de "La Casa de Bernarda Alba", p.906, de Federico García Lorca. Publicado en "Las Mejores Escenas del Teatro Español e Hispanoamericano". Copyright © Aguilar, Madrid.

Página 311. Pasaje procedente de "El Lazarillo de Tormes" (Anónimo).

Página 313. Pasaje procedente de "Don Quijote de la Mancha" de Miguel de Cervantes.

Página 315. Pasaje procedente de "Epístola" de Francisco de Quevedo.

Página 316. Pasaje procedente de "Las Encinas" de Antonio Machado.

Reproducidos con el permiso de Louisiana State University Press de "A New Anthology of Spanish Literature", pp.165,194,318,357, respectivamente, de Richard E. Chandler y Kessel Schwartz. Copyright © 1967 de Louisiana State University Press.

Página 316. Pasaje procedente de "Era un Aire Suave", p.154, de Rubén Darío. Publicado en "Poetas Modernistas Hispanoamericanos" de Homero Castillo. Prentice Hall, Inc.-Englewood Cliffs, New Jersey. Copyright © Homero Castillo.

Página 316. Pasaje procedente de "Siémbrate" de Miguel de Unamuno. Reproducido con el permiso de Louisiana State University Press de "A New Anthology of Spanish Literature", p.350, de Richard E. Chandler y Kessel Schwartz. Copyright © 1967 de Louisiana State University Press.

Página 318. Pasaje procedente de "Dos Brasas", p.1094, de Samuel Eichelbaum. Publicado en "Las Mejores Escenas del Teatro Español e Hispanoamericano". Copyright © Aguilar, Madrid.

Página 321. Pasaje procedente de "Obras Completas", p.673, de Jorge Luis Borges. Copyright © Emece Editores, Buenos Aires.

Página 324. Pasaje para las preguntas 1–5: Extracto procedente de "Confieso que He Vivido", p.20, de Pablo Neruda. Copyright © Seix Barral—Biblioteca Breve.

Página 329. Pasaje para las preguntas 26–30: Extracto procedente de "Cuando Era Puertorriqueña", p.119, de Esmeralda Santiago. Copyright © 1994 by Random House, Inc. Reprinted by permission of Vintage Books, a Division of Random House, Inc.

Página 330. Pasaje para las preguntas 31–35: Extracto procedente de "La Doña", p.79, de Paco Ignacio Taibo I. Copyright © Espejo de México, Planeta.

Página 331. Pasaje para las preguntas 36–40: Extracto procedente de "Campos de Castilla", de Antonio Machado. Reproducido con el permiso de Louisiana State University Press de "A New Anthology of Spanish Literature", p.357, de Richard E. Chandler y Kessel Schwartz. Copyright © 1967 by Louisiana State University Press.

Página 331. Pasaje para las preguntas 41–45: Extracto procedente de "Violeta del Pueblo", p.93, de Violeta Parra. Copyright © Visor Madrid.

Página 332. Pasaje para las preguntas 46–50: Extracto procedente de "Historia de una Escalera", de Antonio Buero Vallejo. Reproducido con el permiso de Louisiana State University Press de "A New Anthology of Spanish Literature", p.214, de Richard E. Chandler y Kessel Schwartz. Copyright © 1967 by Louisiana State University Press.

Página 334. Pasaje para las preguntas 51–55: Extracto procedente de "El Ausente", p.1133, de Xavier Villaurrutia. Publicado en "Las Mejores Escenas del Teatro Español e Hispanoamericano." Copyright © Aguilar, Madrid.

Página 335. Pasaje para las preguntas 56–60: Extracto procedente de "El Buscón", de Francisco Gómez de Quevedo. Reproducido con el permiso de Louisiana State University Press de "A New Anthology of Spanish Literature", p.177, de Richard E. Chandler y Kessel Schwartz. Copyright © 1967 by Louisiana State University Press.

Página 336. Pasaje para las preguntas 61–65: Extracto procedente de "Tradiciones Peruanas", p.169, de Ricardo Palma. Copyright © Editorial Porrúa, México.

Página 337. Pasaje para las preguntas 66–70: Extracto procedente de "Fortunata y Jacinta", de Benito Pérez Galdós. Reproducido con el permiso de Louisiana State University Press de "A New Anthology of Spanish Literature", p.165, de Richard E. Chandler y Kessel Schwartz. Copyright © 1967 by Louisiana University Press.

Página 338. Pasaje para las preguntas 71–75: Extracto procedente de "La Vorágine", p.203, de José Eustacio Rivera. Copyright © Alianza Editorial, Madrid.

Página 339. Pasaje para las preguntas 76–80: Extracto procedente de "Homenaje a Rubén Darío", de Amado Nervo.

Página 340. Pasaje para las preguntas 81–85: Extracto procedente de "Poetas Modernistas Hispanoamericanos" de Ricardo Jaimes Freyre. Publicados en "Poetas Modernistas Hispanoamericanos", pp.230 y 214, respectivamente, de Homero Castillo. Prentice Hall, Inc.-Englewood Cliffs, New Jersey. Copyright © Homero Castillo.

Página 340. Pasaje para las preguntas 86–90: Extracto procedente de "La Vida Es Sueño", p.295, de Pedro Calderón de la Barca. Publicado en "Las Mejores Escenas del Teatro Español e Hispanoamericano". Copyright © Aguilar, Madrid.

Página 342. Pasaje para las preguntas 91–95: Extracto procedente de "El Azar y la Memoria: Teodoro González de León" de Octavio Paz. Copyright © "La Jornada", México.

Página 343. Pasaje para las preguntas 96–100: Extracto procedente de "Los Cuadernos de Temuco" de Blanca Berastegui. Copyright © "ABC Literario", España.

Página 344. Pasaje para las preguntas 101–105: Extracto procedente de "America as a Civilization" por Max Lerner. Copyright © 1957, 1985 Max Lerner. Reprodución con el permiso de Simon and Schuster, Inc.

Página 345. Pasaje para las preguntas 106–110. Extracto procedente de "Epica", p.82, de Jorge Luis Borges, publicado en "A/Z" (Antonio Fernández Ferrer, recopilador). Copyright © Ediciones Siruela, Madrid.

Página 346. Pasaje para las preguntas 111–115. Extracto procedente de "Crítica de Julio César" de José Monleón. Publicado en "Diario 16", 18 de Marzo, 1988. Copyright © Diario 16, Madrid.

Página 547. Pasaje para las preguntas 46 y 47: Extracto procedente de "Don't Be Afraid to Let Your Feeling Show" por John Kord Lagamann en *Reader's Digest*, mayo 1976, pp. 205–210. Copyright © 1976 por Reader's Digest Association, Inc.

Página 569. Pasaje para las preguntas 1–5: Extracto procedente de "Cartas a Mamá", p.571, de Julio Cortázar. Publicado en "El Cuento Hispanoamericano". Copyright © Fondo de Cultura Económico, México.

Página 570. Pasaje para las preguntas 6–10: Extracto procedente de un artículo de José Ortega y Gasset. Reproducido con el permiso de Louisiana State University Press de "A New Anthology of Spanish Literature", p.484, de Richard E. Chandler y Kessel Schwartz. Copyright © 1967 by Louisiana State University Press.

Página 571. Pasaje para las preguntas 11–15: Extracto procedente de "La Oveja Negra y Otras Fábulas", p.41, de Augusto Monterroso. Copyright © Anagrama Narrativa Hispánica.

Página 572. Pasaje para las preguntas 16–20: Extracto procedente de un poema de Vicente Aleixandre. Reproducido con el permiso de Louisiana State University Press de "A New Anthology of Spanish Literature", p.397, de Richard E. Chandler y Kessel Schwartz. Copyright © 1967 by Luisiana State University Press.

Página 573. Pasaje para las preguntas 21–25: Poema "Animales" incluido en la obra "Ternura", p.96, de Gabriela Mistral. Copyright © Espasa Calpe, Argentina.

Página 573. Pasaje para las preguntas 26–30: Extracto procedente de "El Marqués de Bradomín", p.824, de Ramón del Valle Inclán, publicado en "Las Mejores Escenas del Teatro Español e Hispanoamericano". Copyright © Aguilar, Madrid.

Página 574. Pasaje para las preguntas 31–35: Extracto procedente de "Guerra del Tiempo y Otros Cuentos", p.81, de Alejo Carpentier. Copyright © Ediciones Alfaguara, Madrid.

Página 634. Pasaje para las preguntas 27 y 28: Extracto procedente de "Principles of Geography—Physical and Cultural", de Arthur H. Doerr y J.L. Guernsey. Segunda edición revisada. Copyright © 1975 Barron's Educational Series.

PRESENTACIÓN DEL EXAMEN DE GED

CAPÍTULO 1: **Cómo preparar el Examen de GED**

Todo lo que necesita saber sobre el proceso para obtener el GED, con claves y estrategias para estudiar y practicar.

CAPÍTULO 2: **Examen de diagnóstico**

Un examen de diagnóstico que le permitirá saber cuál es su nivel en cada una de las cinco áreas del examen. Esta información le permitirá dirigir sus esfuerzos hacia las áreas en que necesita más ayuda.

DESCRIPCIÓN GENERAL DE ESTA UNIDAD

Lo que necesita saber sobre el Examen de GED

LOS CINCO TIPOS DE PRUEBA DE GED

El Examen de GED pone énfasis en la comprensión, aplicación, análisis y evaluación de los materiales de lectura. Hemos tenido en cuenta este énfasis en el tratamiento de cada una de las cinco áreas: Expresión Escrita (Partes I y II), Estudios Sociales, Ciencias, Interpretación de la Literatura y las Artes y Matemáticas. Cada uno de estos exámenes se describe detalladamente en el Capítulo 1.

PREGUNTAS FRECUENTES SOBRE EL EXAMEN DE GED

En este mismo Capítulo 1 también podrá obtener información de quién puede tomar el examen, dónde puede examinarse, qué puntaje se requiere para conseguir el diploma, qué cantidad de preguntas correctas debe contestar para alcanzar el puntaje requerido, qué experiencia extraescolar le puede ayudar para este propósito, cómo usar su madurez y motivación, y cómo determinar si está preparado para examinarse.

Recomendaciones para estudiar y estrategias para los exámenes

Haga que sus horas de estudio sean más efectivas al poner una especial atención a las nueve claves para estudiar que están relacionadas con las condiciones físicas, el tiempo, un calendario de estudios, la eficiencia, los períodos de repaso, la escritura durante el estudio, la lectura y el uso del diccionario.

TÁCTICAS Y ESTRATEGIAS EN LA SALA DE CLASES

Las tácticas y estrategias para los exámenes de preguntas de opción múltiple son muy importantes. Lea detenidamente las doce sugerencias que incluyen la lectura de las instrucciones, cómo responder a preguntas, comprobar las respuestas, usar el tiempo disponible, adivinar y marcar correctamente las respuestas.

LA VENTAJA DE UN CALENDARIO

Le ofrecemos treinta sesiones para estudiar en casa. Si sigue un calendario, evitará omitir áreas esenciales y no dedicar más del tiempo necesario a cada una de ellas.

Examen de diagnóstico

Los exámenes de diagnóstico que se presentan en el Capítulo 2 son parecidos al examen real de GED. Tienen los mismos artículos que el GED y van acompañados de un tema de ensayo.

RESPUESTAS CLAVES, RESÚMENES DE RESULTADOS Y GRÁFICOS DE AUTOCALIFICACIÓN

Para cada uno de los cinco exámenes, encontrará una respuesta clave para autocalificarse. Las tablas que le ofrecemos le permitirán resumir los resultados según las áreas de contenido. De esta manera, puede saber en qué áreas tiene más errores.

ANÁLISIS DE RESPUESTAS

El apartado de análisis de respuestas contiene dos modelos de ensayos completos que no encontrará en ningún otro libro de este tipo. Estos están basados en el tema asignado e incluyen respuestas argumentadas. También le proporcionamos las explicaciones de las respuestas en los exámenes con preguntas de opción múltiple.

Cómo Preparar el Examen de GED

La importancia del Examen de GED

Para muchos adultos que no han terminado la escuela secundaria, el GED (General Education Development) le ofrece la oportunidad de conseguir un certificado de equivalencia de la escuela superior. Este diploma es muy importante si quiere continuar su educación en la universidad o en programas relacionados con su carrera. Asimismo, es un paso muy importante a la hora de buscar trabajo o avanzar en su trabajo.

Este libro ha sido escrito especialmente para ayudarle a preparar el GED. Más de un millón de candidatos han usado este libro exitosamente para conseguir el diploma de equivalencia de la escuela superior.

Las cinco áreas del Examen de GED

El Examen de GED consta de cinco pruebas:

1. Expresión Escrita
2. Estudios Sociales
3. Ciencias
4. Interpretación de la Literatura y las Artes
5. Matemáticas

Las cinco pruebas por separado están concebidas para comprobar las destrezas y conceptos que un estudiante ha adquirido después de cuatro años de estudios en la escuela secundaria. Asimismo, las pruebas requieren una comprensión del contenido en las cinco áreas.

A excepción de la parte de ensayo en el área de Expresión Escrita, el formato de los exámenes es en forma de test, donde se presenta un pasaje o definición breve y a continuación se hacen una o varias preguntas que deben ser contestadas basadas en el pasaje o en la definición. En algunas pruebas, las preguntas están basadas en gráficas, tablas y diagramas.

PRUEBA 1 PRUEBA DE EXPRESIÓN ESCRITA

La Prueba de Expresión Escrita es la única que consta de dos partes. La primera parte contiene 55 preguntas. En la segunda parte, le piden que escriba un ensayo sobre un tema determinado. Las dos partes del examen evalúan las habilidades del candidato en el uso de la lengua española. Las preguntas en la Parte I incluyen formas y usos gramaticales (35%), ejercicios sobre orden lógico y gramatical (35%) y ejercicios de escritura como ortografía, puntuación y uso de las mayúsculas (30%).

PRUEBA 2 PRUEBA DE ESTUDIOS SOCIALES

En 85 minutos, el candidato debe responder a 64 preguntas que abarcan las áreas de historia (25%), economía (20%), geografía (15%), ciencias políticas (20%) y ciencias del comportamiento como la antropología, la psicología y la sociología (20%). Nota: Las pruebas que se realizan en Canadá contienen preguntas sobre temas de estudios sociales relacionados con Canadá.

PRUEBA 3 PRUEBA DE CIENCIAS

Esta prueba consta de 66 preguntas relacionadas con la biología y las ciencias físicas. La mitad de las preguntas son de biología, mientras que el resto se divide en preguntas sobre geología, física y química. El tiempo para realizar la prueba es de 95 minutos. Algunas de las preguntas están basadas en gráficos, tablas o diagramas. Otras están relacionadas en cómo las ciencias afectan la vida diaria y el medio ambiente y cómo los científicos explican los fenómenos naturales.

PRUEBA 4 PRUEBA DE INTERPRETACIÓN DE LITERATURA Y ARTES

Esta prueba era conocida anteriormente como Prueba de Lectura. El cambio se produjo cuando se vio que las habilidades en la lectura forman parte de todas las pruebas. Otra razón fue que los conocimientos y la apreciación de la literatura y las artes es muy importante para los estudiantes de es-

cuela secundaria. Cerca de la mitad de las 45 preguntas son sobre literatura popular. Una cuarta parte se refieren a la literatura clásica. Todas ellas incluyen comentarios de pasajes de no-ficción, prosa, ficción, poesía y teatro. La prueba dura 65 minutos.

PRUEBA 5 PRUEBA DE MATEMÁTICAS

La mitad de las 56 preguntas de matemáticas están relacionadas con la aritmética y se dividen en los siguientes apartados: medidas como perímetro, área, volumen, tiempo, dinero, razones y proporciones (30%); relaciones entre números como fracciones, decimales, exponentes, anotaciones científicas y ordenación de datos (10%); y análisis de datos como medidas, razones, gráficos y tablas (10%). Las preguntas de álgebra suponen un 30% de la prueba y las de geometría

GUÍA DEL EXAMEN DE EQUIVALENCIA DE LA ESCUELA SUPERIOR DURACIÓN TOTAL: 7 HORAS, 35 MINUTOS				
	Sección	Tiempo permitido*	Número de preguntas*	Descripciones
Prueba 1	Expresión Escrita (Parte I)	75 minutos	55	Estructura gramatical (35%) Uso de expresiones y formas gramaticales (35%) Errores y letras mayúsculas (30%)
	Expresión Escrita(Parte II)	45 minutos		Ensayo sobre un tema determinado
Prueba 2	Estudios Sociales	85 minutos	64	Historia (25%) Economía (20%) Geografía (15%) Ciencias Políticas (20%) Ciencias del Comportamiento (20%)
Prueba 3	Ciencias	95 minutos	66	Biología (50%) Geología Química } (50%) Física
Prueba 4	Interpretación de la Literatura y las Artes	65 minutos	45	Literatura popular (50%) Literatura clásica (25%) Comentario de texto sobre literatura y artes (25%)
Prueba 5	Matemáticas	90 minutos	56	Aritmética (50%) Algebra (30%) Geometría (20%)

*Nota: Existe posibilidad de cambios.

un 20%. Se permite un total de 90 minutos para realizar esta prueba.

Preguntas más frecuentes sobre el Examen de GED

1. **¿Quién puede tomar el Examen de GED?** Los adultos que satisfacen los requisitos establecidos por el Departamento de Educación de su estado, territorio o provincia. Consulte el apéndice para los años específicos necesarios y los requisitos de residencia para poder presentarse a este examen.

2. **¿Dónde puede uno tomar el GED?** La dirección de la entidad a cargo del GED en su estado, territorio o provincia puede encontrarlo en el Apéndice. Escriba a la oficina que le corresponda para obtener información sobre los centros para tomar el Examen de GED más próximos a su casa.

3. **¿Qué notas son necesarias para conseguir un Diploma de Equivalencia de la Escuela Superior?** Consulte el Apéndice para saber los requisitos de su estado, territorio o provincia en cuanto a la puntuación. Se dará cuenta que en algunos estados, el candidato debe obtener como mínimo 40 puntos en cada una de las cinco pruebas o un promedio de 45 puntos en todas las pruebas. La mayoría de los estados requieren una puntuación mínima de 45 y ninguna prueba individual de menos de 35 o 40 será contabilizada.

4. **¿Qué tipos de preguntas hay en el GED?** En la Parte II de la Prueba de Expresión Escrita se requiere que usted escriba un ensayo. Las demás son preguntas de opción múltiple en las que tiene que escoger una respuesta entre cinco opciones. Todas ellas están basadas en selecciones escritas, gráficos, ilustraciones y tablas. También hay preguntas individuales en las pruebas de las diferentes áreas.

5. **¿Cuándo está preparado para tomar el Examen de GED?** Después de repasar y hacer ejercicios prácticos, haga los exámenes de práctica de la Unidad VIII. Contabilice los resultados. Si su puntuación está en la categoría de Bueno o Excelente, usted debiera estar preparado para hacer el examen. Si no ha alcanzado una buena puntuación no se presente al examen de GED e intente esforzarse en las áreas donde tiene más dificultades.

Organización de un plan de estudios

Los pedagogos están de acuerdo en decir que para una mayor eficiencia en el aprendizaje es necesario seguir ciertos pasos. He aquí algunas de las reglas para conseguir que sus estudios sean más eficientes y exitosos.

1. **Condiciones físicas.** Encuentre un lugar tranquilo, sin ruido ni distracciones. No estudie en espacios muy calurosos.

2. **Tiempo.** Aprenderá más rápidamente si divide sus estudios en sesiones en lugar de intentar aprender toda una sesión de golpe. No intente estudiar durante todo el fin de semana. Es mejor estudiar un poco cada día que hacerlo en uno o dos días.

3. **Calendario de estudios.** Un calendario de estudios puede ser beneficioso y más práctico para usted y le permitirá continuar atendiendo sus demás obligaciones. Decida qué días y horas cree que puede dedicar al estudio. Haga un calendario y cuélguelo en un lugar visible.

4. **Aprovechar el tiempo.** Hay momentos cuando va en el autobús o en el metro que pueden ser muy buenos para memorizar problemas de ortografía o estudiar reglas de gramática o definiciones de términos.

5. **Eficiencia.** Mucha gente dice que el aprendizaje es más rápido por la mañana. Use los fines de semana para este propósito o antes de su horario de trabajo. No debería dejar las horas de estudio para la noche.

6. **Repasar.** Dedique algunos días al repaso. Le permitirá reforzar los conocimientos aprendidos y sentirse satisfecho de conocer todo lo que ha aprendido y le motivará a seguir adelante.

7. **Escribir mientras aprende.** Escriba sobre lo que está estudiando. Tome notas con las ideas principales de las selecciones que está leyendo. Le evitará distracciones y podrá autoevaluarse. Los expertos dicen que cuanto más sentidos use en el estudio, más eficaz será el aprendizaje.

8. **Leer.** La mejor manera de mejorar la comprensión de la lectura es practicar la lectura muy a menudo. La mayoría de las preguntas en la prueba son de interpretación de lecturas. Lea el periódico detenidamente y las editoriales. Anime a un amigo(a) a conversar sobre las ideas que han leído en la prensa.

9. **El diccionario.** Aparte de este libro, el diccionario puede ayudarle a preparar el diploma de equivalencia a la escuela superior. Es importante tener uno cerca para consultar cualquier duda sobre el significado de las palabras.

Examen de Diagnóstico

Las hojas de instrucciones, las fórmulas matemáticas* y los formatos de preguntas de este examen están concebidos para reflejar fielmente todos los elementos que componen el verdadera examen. Dicho examen está compuesto de cinco partes.

Pruebas	Preguntas	Tiempo Disponible
Prueba 1: Expresión Escrita, Parte I	55	1 hora, 15 minutos
Expresión Escrita, Parte II	Ensayo	45 minutos
Prueba 2: Estudios Sociales	64	1 hora, 25 minutos
Prueba 3: Ciencias	66	1 hora, 35 minutos
Prueba 4: Interpretación de la Literatura y las Artes	45	1 hora, 5 minutos
Prueba 5: Matemáticas	56	1 hora, 30 minutos
	Total:	7 horas, 35 minutos

Para este examen, hemos incluido una hoja de respuestas. Después de escribir sus respuestas, verifíquelas en la sección Claves de las Respuestas y Autoevaluación.

El objetivo principal de este examen es el de ayudarle a descubrir sus puntos fuertes y débiles. Por supuesto, una vez que los conozca, deberá concentrar sus energías allí donde se encuentre más inseguro.

SIMULE LAS CONDICIONES DEL EXAMEN

Para hacer las condiciones similares a las que usted experimentará en el verdadero examen, no tome más tiempo para cada prueba que el tiempo indicado.

---

*Las instrucciones y las fórmulas matemáticas están adaptadas con el permiso correspondiente de GED Testing Service del American Council on Education.

HOJAS DE RESPUESTAS PARA EL EXAMEN DE DIAGNÓSTICO

PRUEBA 1. EXPRESIÓN ESCRITA

1. ① ② ③ ④ ⑤	20. ① ② ③ ④ ⑤	39. ① ② ③ ④ ⑤
2. ① ② ③ ④ ⑤	21. ① ② ③ ④ ⑤	40. ① ② ③ ④ ⑤
3. ① ② ③ ④ ⑤	22. ① ② ③ ④ ⑤	41. ① ② ③ ④ ⑤
4. ① ② ③ ④ ⑤	23. ① ② ③ ④ ⑤	42. ① ② ③ ④ ⑤
5. ① ② ③ ④ ⑤	24. ① ② ③ ④ ⑤	43. ① ② ③ ④ ⑤
6. ① ② ③ ④ ⑤	25. ① ② ③ ④ ⑤	44. ① ② ③ ④ ⑤
7. ① ② ③ ④ ⑤	26. ① ② ③ ④ ⑤	45. ① ② ③ ④ ⑤
8. ① ② ③ ④ ⑤	27. ① ② ③ ④ ⑤	46. ① ② ③ ④ ⑤
9. ① ② ③ ④ ⑤	28. ① ② ③ ④ ⑤	47. ① ② ③ ④ ⑤
10. ① ② ③ ④ ⑤	29. ① ② ③ ④ ⑤	48. ① ② ③ ④ ⑤
11. ① ② ③ ④ ⑤	30. ① ② ③ ④ ⑤	49. ① ② ③ ④ ⑤
12. ① ② ③ ④ ⑤	31. ① ② ③ ④ ⑤	50. ① ② ③ ④ ⑤
13. ① ② ③ ④ ⑤	32. ① ② ③ ④ ⑤	51. ① ② ③ ④ ⑤
14. ① ② ③ ④ ⑤	33. ① ② ③ ④ ⑤	52. ① ② ③ ④ ⑤
15. ① ② ③ ④ ⑤	34. ① ② ③ ④ ⑤	53. ① ② ③ ④ ⑤
16. ① ② ③ ④ ⑤	35. ① ② ③ ④ ⑤	54. ① ② ③ ④ ⑤
17. ① ② ③ ④ ⑤	36. ① ② ③ ④ ⑤	55. ① ② ③ ④ ⑤
18. ① ② ③ ④ ⑤	37. ① ② ③ ④ ⑤	
19. ① ② ③ ④ ⑤	38. ① ② ③ ④ ⑤	

PRUEBA 2. ESTUDIOS SOCIALES

1. ① ② ③ ④ ⑤	23. ① ② ③ ④ ⑤	45. ① ② ③ ④ ⑤
2. ① ② ③ ④ ⑤	24. ① ② ③ ④ ⑤	46. ① ② ③ ④ ⑤
3. ① ② ③ ④ ⑤	25. ① ② ③ ④ ⑤	47. ① ② ③ ④ ⑤
4. ① ② ③ ④ ⑤	26. ① ② ③ ④ ⑤	48. ① ② ③ ④ ⑤
5. ① ② ③ ④ ⑤	27. ① ② ③ ④ ⑤	49. ① ② ③ ④ ⑤
6. ① ② ③ ④ ⑤	28. ① ② ③ ④ ⑤	50. ① ② ③ ④ ⑤
7. ① ② ③ ④ ⑤	29. ① ② ③ ④ ⑤	51. ① ② ③ ④ ⑤
8. ① ② ③ ④ ⑤	30. ① ② ③ ④ ⑤	52. ① ② ③ ④ ⑤
9. ① ② ③ ④ ⑤	31. ① ② ③ ④ ⑤	53. ① ② ③ ④ ⑤
10. ① ② ③ ④ ⑤	32. ① ② ③ ④ ⑤	54. ① ② ③ ④ ⑤
11. ① ② ③ ④ ⑤	33. ① ② ③ ④ ⑤	55. ① ② ③ ④ ⑤
12. ① ② ③ ④ ⑤	34. ① ② ③ ④ ⑤	56. ① ② ③ ④ ⑤
13. ① ② ③ ④ ⑤	35. ① ② ③ ④ ⑤	57. ① ② ③ ④ ⑤
14. ① ② ③ ④ ⑤	36. ① ② ③ ④ ⑤	58. ① ② ③ ④ ⑤
15. ① ② ③ ④ ⑤	37. ① ② ③ ④ ⑤	59. ① ② ③ ④ ⑤
16. ① ② ③ ④ ⑤	38. ① ② ③ ④ ⑤	60. ① ② ③ ④ ⑤
17. ① ② ③ ④ ⑤	39. ① ② ③ ④ ⑤	61. ① ② ③ ④ ⑤
18. ① ② ③ ④ ⑤	40. ① ② ③ ④ ⑤	62. ① ② ③ ④ ⑤
19. ① ② ③ ④ ⑤	41. ① ② ③ ④ ⑤	63. ① ② ③ ④ ⑤
20. ① ② ③ ④ ⑤	42. ① ② ③ ④ ⑤	64. ① ② ③ ④ ⑤
21. ① ② ③ ④ ⑤	43. ① ② ③ ④ ⑤	
22. ① ② ③ ④ ⑤	44. ① ② ③ ④ ⑤	

PRUEBA 3. CIENCIAS

1. ① ② ③ ④ ⑤	23. ① ② ③ ④ ⑤	45. ① ② ③ ④ ⑤
2. ① ② ③ ④ ⑤	24. ① ② ③ ④ ⑤	46. ① ② ③ ④ ⑤
3. ① ② ③ ④ ⑤	25. ① ② ③ ④ ⑤	47. ① ② ③ ④ ⑤
4. ① ② ③ ④ ⑤	26. ① ② ③ ④ ⑤	48. ① ② ③ ④ ⑤
5. ① ② ③ ④ ⑤	27. ① ② ③ ④ ⑤	49. ① ② ③ ④ ⑤
6. ① ② ③ ④ ⑤	28. ① ② ③ ④ ⑤	50. ① ② ③ ④ ⑤
7. ① ② ③ ④ ⑤	29. ① ② ③ ④ ⑤	51. ① ② ③ ④ ⑤
8. ① ② ③ ④ ⑤	30. ① ② ③ ④ ⑤	52. ① ② ③ ④ ⑤
9. ① ② ③ ④ ⑤	31. ① ② ③ ④ ⑤	53. ① ② ③ ④ ⑤
10. ① ② ③ ④ ⑤	32. ① ② ③ ④ ⑤	54. ① ② ③ ④ ⑤
11. ① ② ③ ④ ⑤	33. ① ② ③ ④ ⑤	55. ① ② ③ ④ ⑤
12. ① ② ③ ④ ⑤	34. ① ② ③ ④ ⑤	56. ① ② ③ ④ ⑤
13. ① ② ③ ④ ⑤	35. ① ② ③ ④ ⑤	57. ① ② ③ ④ ⑤
14. ① ② ③ ④ ⑤	36. ① ② ③ ④ ⑤	58. ① ② ③ ④ ⑤
15. ① ② ③ ④ ⑤	37. ① ② ③ ④ ⑤	59. ① ② ③ ④ ⑤
16. ① ② ③ ④ ⑤	38. ① ② ③ ④ ⑤	60. ① ② ③ ④ ⑤
17. ① ② ③ ④ ⑤	39. ① ② ③ ④ ⑤	61. ① ② ③ ④ ⑤
18. ① ② ③ ④ ⑤	40. ① ② ③ ④ ⑤	62. ① ② ③ ④ ⑤
19. ① ② ③ ④ ⑤	41. ① ② ③ ④ ⑤	63. ① ② ③ ④ ⑤
20. ① ② ③ ④ ⑤	42. ① ② ③ ④ ⑤	64. ① ② ③ ④ ⑤
21. ① ② ③ ④ ⑤	43. ① ② ③ ④ ⑤	65. ① ② ③ ④ ⑤
22. ① ② ③ ④ ⑤	44. ① ② ③ ④ ⑤	66. ① ② ③ ④ ⑤

PRUEBA 4. INTERPRETACIÓN DE LA LITERATURA Y LAS ARTES

1. ① ② ③ ④ ⑤	16. ① ② ③ ④ ⑤	31. ① ② ③ ④ ⑤
2. ① ② ③ ④ ⑤	17. ① ② ③ ④ ⑤	32. ① ② ③ ④ ⑤
3. ① ② ③ ④ ⑤	18. ① ② ③ ④ ⑤	33. ① ② ③ ④ ⑤
4. ① ② ③ ④ ⑤	19. ① ② ③ ④ ⑤	34. ① ② ③ ④ ⑤
5. ① ② ③ ④ ⑤	20. ① ② ③ ④ ⑤	35. ① ② ③ ④ ⑤
6. ① ② ③ ④ ⑤	21. ① ② ③ ④ ⑤	36. ① ② ③ ④ ⑤
7. ① ② ③ ④ ⑤	22. ① ② ③ ④ ⑤	37. ① ② ③ ④ ⑤
8. ① ② ③ ④ ⑤	23. ① ② ③ ④ ⑤	38. ① ② ③ ④ ⑤
9. ① ② ③ ④ ⑤	24. ① ② ③ ④ ⑤	39. ① ② ③ ④ ⑤
10. ① ② ③ ④ ⑤	25. ① ② ③ ④ ⑤	40. ① ② ③ ④ ⑤
11. ① ② ③ ④ ⑤	26. ① ② ③ ④ ⑤	41. ① ② ③ ④ ⑤
12. ① ② ③ ④ ⑤	27. ① ② ③ ④ ⑤	42. ① ② ③ ④ ⑤
13. ① ② ③ ④ ⑤	28. ① ② ③ ④ ⑤	43. ① ② ③ ④ ⑤
14. ① ② ③ ④ ⑤	29. ① ② ③ ④ ⑤	44. ① ② ③ ④ ⑤
15. ① ② ③ ④ ⑤	30. ① ② ③ ④ ⑤	45. ① ② ③ ④ ⑤

PRUEBA 5. MATEMÁTICAS

1. ① ② ③ ④ ⑤	20. ① ② ③ ④ ⑤	39. ① ② ③ ④ ⑤
2. ① ② ③ ④ ⑤	21. ① ② ③ ④ ⑤	40. ① ② ③ ④ ⑤
3. ① ② ③ ④ ⑤	22. ① ② ③ ④ ⑤	41. ① ② ③ ④ ⑤
4. ① ② ③ ④ ⑤	23. ① ② ③ ④ ⑤	42. ① ② ③ ④ ⑤
5. ① ② ③ ④ ⑤	24. ① ② ③ ④ ⑤	43. ① ② ③ ④ ⑤
6. ① ② ③ ④ ⑤	25. ① ② ③ ④ ⑤	44. ① ② ③ ④ ⑤
7. ① ② ③ ④ ⑤	26. ① ② ③ ④ ⑤	45. ① ② ③ ④ ⑤
8. ① ② ③ ④ ⑤	27. ① ② ③ ④ ⑤	46. ① ② ③ ④ ⑤
9. ① ② ③ ④ ⑤	28. ① ② ③ ④ ⑤	47. ① ② ③ ④ ⑤
10. ① ② ③ ④ ⑤	29. ① ② ③ ④ ⑤	48. ① ② ③ ④ ⑤
11. ① ② ③ ④ ⑤	30. ① ② ③ ④ ⑤	49. ① ② ③ ④ ⑤
12. ① ② ③ ④ ⑤	31. ① ② ③ ④ ⑤	50. ① ② ③ ④ ⑤
13. ① ② ③ ④ ⑤	32. ① ② ③ ④ ⑤	51. ① ② ③ ④ ⑤
14. ① ② ③ ④ ⑤	33. ① ② ③ ④ ⑤	52. ① ② ③ ④ ⑤
15. ① ② ③ ④ ⑤	34. ① ② ③ ④ ⑤	53. ① ② ③ ④ ⑤
16. ① ② ③ ④ ⑤	35. ① ② ③ ④ ⑤	54. ① ② ③ ④ ⑤
17. ① ② ③ ④ ⑤	36. ① ② ③ ④ ⑤	55. ① ② ③ ④ ⑤
18. ① ② ③ ④ ⑤	37. ① ② ③ ④ ⑤	56. ① ② ③ ④ ⑤
19. ① ② ③ ④ ⑤	38. ① ② ③ ④ ⑤	

EXAMEN DE DIAGNÓSTICO

PRUEBA 1: EXPRESIÓN ESCRITA, PARTE I

Instrucciones

La Prueba de Expresión Escrita tiene como propósito valorar su habilidad para usar el español clara y efectivamente. En esta prueba se evalúa cómo se debe escribir el español y no cómo se habla. Estas instrucciones se refieren sólo a la parte de la sección de preguntas de opción múltiple, mientras que las instrucciones para el ensayo se van a dar aparte.

La sección de preguntas de opción múltiple consiste en párrafos con oraciones numeradas. Algunas de las oraciones contienen errores de estructura, de uso o de mecánica (ortografía, puntuación, uso de mayúsculas). Después de leer todas las oraciones numeradas, conteste las preguntas que hay a continuación. Algunas preguntas se refieren a oraciones que son correctas tal como aparecen. La mejor respuesta para estas oraciones es la opción que deja la oración segun apareció originalmente. La mejor respuesta para otras preguntas es seleccionar la oración que corresponde al tiempo verbal y al punto de vista que se usa en el resto del párrafo.

Dispone de 75 minutos para contestar las preguntas de opción múltiple y tan solo puede destinar 45 minutos al ensayo. Trabaje con cuidado, pero no dedique demasiado tiempo a una sola pregunta. Puede empezar a escribir el ensayo una vez que haya acabado de contestar las preguntas de la primera sección.

Para anotar las respuestas, llene uno de los círculos numerados que aparecen al lado del número correspondiente a la pregunta que está contestando.

POR EJEMPLO:

Frase 1: **Nos sentimos muy honrados de conoser al Gobernador Ramírez.**

¿Qué corrección debe hacer a la frase?

(1) Poner una coma después de <u>sentimos</u>
(2) Cambiar <u>honrados</u> por <u>onrados</u>
(3) Cambiar <u>conoser</u> por <u>conocer</u>
(4) Cambiar <u>al</u> a <u>el</u>
(5) Ninguna

En este ejemplo, la palabra "conoser" es incorrecta y debe cambiarse a "conocer". Por eso, debe llenarse el círculo número 3.

CONTINUE EN LA PAGINA SIGUIENTE

PRUEBA 1: EXPRESIÓN ESCRITA, PARTE I

Las preguntas 1 a 9 se refieren al siguiente párrafo.

(1) Una combinación de atributos haces que la horticultura se haya convertido en una afición nacional tanto para la gente joven como mayor. (2) Se ve en el incremento jamás visto del número de catálogos, de semillas vendidos a individuales y la creencia que la horticultura en primavera proporciona una feliz escapada del abatimiento del invierno. (3) Los amantes de la horticultura unánimemente están de acuerdo que la mayoría de los vegetales cultivados en casa cuando están maduros tienen una gran calidad. que rara vez se encuentra en los vegetales que se compran en los mercados comerciales. (4) Desde la Primavera hasta finales de Otoño, una huerta bien planificada y cuidada puede incrementar el valor nutritivo de la dieta familiar. (5) Los refrigeradores hacen posible la conservación de los vegetales sobrantes para que los pueda disfrutar más adelante otros vegetales pueden almacenarse en un área fría durante algunos meses. (6) No se debe pasar por alto la conveniencia que supone tener vegetales en el patio interior; para muchos, tan solo esto justifica el tener una pequeña huerta en casa. (7) Además, las huertas proporcionan ejercisio y recreación tanto para las familias urbanas como suburbanas. (8) Aunque la inversión inicial en horticultura puede ser nominal, uno no puede aludir el hecho que la horticultura requiere trabajo manual y tiempo. (9) Los trabajos desatendidos que deberían hacerse regularmente pueden terminar en un fracaso o crear un sentimiento negativo hacia la horticultura.

1. Oración 1: **Una combinación de atributos haces que las horticultura se haya convertido en una afición nacional tanto para la gente joven como mayor.**

   ¿Qué corrección se debería hacer en esta oración?

   (1) insertar una coma después de <u>atributos</u>
   (2) cambiar <u>haces</u> por <u>hace</u>
   (3) poner en mayúscula <u>Horticultura</u>
   (4) cambiar <u>como</u> por <u>que</u>
   (5) sin error

2. Oración 2: **Se ve en el incremento jamás visto del número de catálogos, de semillas vendidos a individuales y la creencia que la horticultura en primavera proporciona una feliz escapada del abatimiento del invierno.**

   ¿Qué corrección se debería hacer en esta oración?

   (1) cambiar <u>visto</u> por <u>vista</u>
   (2) cambiar <u>número</u> por <u>cantidad</u>
   (3) sacar la coma después de <u>catálogos</u>
   (4) poner una coma después de <u>primavera</u>
   (5) sin error

3. Oración 3: **Los amantes de la horticultura unánimemente están de acuerdo que la mayoría de los vegetales cultivados en casa cuando están maduros tienen una gran <u>calidad. que rara vez</u> se encuentra en los vegetales que se compran en los mercados comerciales.**

   ¿Qué puntuación es la más apropiada para conectar las palabras subrayadas? Si cree que la versión original es la correcta, escoja la opción 1.

   (1) calidad. que rara vez
   (2) calidad. Que rara vez
   (3) calidad que rara vez
   (4) calidad; que rara vez
   (5) calidad—que rara vez

4. Oración 4: **Desde la Primavera hasta finales de Otoño, una huerta bien planificada y cuidada puede incrementar el valor nutritivo de la dieta familiar.**

   ¿Qué corrección se debería hacer en esta oración?

   (1) sacar las mayúsculas en <u>Primavera</u> y <u>Otoño</u>
   (2) cambiar <u>bien</u> por <u>bueno</u>
   (3) cambiar <u>nutritivo</u> por <u>nutricional</u>
   (4) poner coma después de <u>cuidada</u>
   (5) sin error

CONTINUE EN LA PAGINA SIGUIENTE

PRUEBA 1: EXPRESIÓN ESCRITA, PARTE I

5. Oración 5: **Los refrigeradores hacen posible la conservación de los vegetales sobrantes para que los pueda disfrutar más <u>adelante otros vegetales</u> pueden almacenarse en un área fría durante algunos meses.**

   ¿Cuál es la mejor manera de escribir la parte de la oración que se encuentra subrayada? Si cree que la versión original es la correcta, escoja la opción 1.

   (1) adelante otros vegetales
   (2) adelante, otros vegetales
   (3) adelante; otros vegetales
   (4) adelante, mientras que otros vegetales
   (5) adelante; mientras que otros vegetales

6. Oración 6: **No se debe pasar por alto la conveniencia que supone tener vegetales en el patio interior; para muchos, tan sólo esto justifica el tener una pequeña huerta en casa.**

   ¿Qué corrección se debería hacer en esta oración?

   (1) insertar una coma después de <u>conveniencia</u>
   (2) cambiar <u>interior</u> por <u>interrior</u>
   (3) cambiar el punto y coma después de <u>interior</u> por una coma
   (4) sacar el acento a <u>sólo</u>
   (5) sin error

7. Oración 7: **Además, las huertas proporcionan ejercisio y recreación tanto para las familias urbanas como suburbanas.**

   ¿Qué corrección se debería hacer en esta oración?

   (1) sacar la coma después de <u>además</u>
   (2) cambiar <u>ejercisio</u> por <u>ejercicio</u>
   (3) poner un punto y coma después de <u>recreación</u>
   (4) cambiar <u>suburbanas</u> por <u>sub-urbanas</u>
   (5) sin error

8. Oración 8: **Aunque la inversión inicial en horticultura puede ser nominal, uno no puede aludir el hecho que la horticultura requiere trabajo manual y tiempo.**

   ¿Qué corrección se debería hacer en esta oración?

   (1) cambiar <u>aunque</u> por <u>porque</u>
   (2) sacar la coma después de <u>nominal</u>
   (3) cambiar <u>aludir</u> por <u>eludir</u>
   (4) cambiar <u>requiere</u> por <u>requierre</u>
   (5) sin error

9. Oración 9: **Los trabajos desatendidos que deberían hacerse regularmente pueden terminar en un fracaso o crear un sentimiento negativo hacia la horticultura.**

   ¿Qué corrección se debería hacer en esta oración?

   (1) insertar una coma después de <u>trabajos</u>
   (2) insertar una coma después de <u>regularmente</u>
   (3) cambiar <u>pueden</u> por <u>puede</u>
   (4) cambiar <u>o</u> por <u>a pesar de</u>
   (5) sin error

CONTINUE EN LA PAGINA SIGUIENTE

PRUEBA 1: EXPRESIÓN ESCRITA, PARTE I

<u>Las preguntas 10 a 19</u> se basan en el siguiente párrafo.

(1) En los próximos años, las familias deberán aprender como usar la computadora como ayuda. (2) Con el incremento de la cantidad de información que una familia necesita procesar, tener una computadora en casa se convertirá en una necesidad tanto para la toma de decisiones como para llevar un registro de las entradas y salidas de dinero. (3) La revolución de las comunicaciones en el hogar es predecible con la llegada de la computadora. Puede servir como fuente y procesador de información. (4) Una colosal cantidad de información proveniente de diferentes fuentes estará instantáneamente a la disposición de la familia para que ésta pueda tomar decisiones más eficientemente. (5) La computadora planificará las comidas, encenderá las luces en los momentos apropiados hará un seguimiento de los horarios de los miembros de la familia, calculará presupuestos, revisará los créditos, los gastos y las cuentas bancarias. (6) Como un equipamiento más de la casa la computadora liberará a los miembros de la familia de sus repetidas obligaciones administrativas. (7) Una terminal en casa puede servir también como un centro de educación para los deberes escolares de los niños, así como parte de un programa de aprendizage para los padres y los adultos de la familia. (8) Un efecto inmediato en la toma de decisiones familiares será un incremento de los momentos de tiempo libre disponibles por todos. (9) Por razones económicas, muchas familias decidirán usar el tiempo libre para realizar un segundo trabajo. (10) Con el creciente interés en el desarrollo personal, puede que las familias dediquen tiempo a algunas de estas nuevas opciones, por ejemplo, programas educativos que faciliten los cambios de carrera así como incrementar as posibilidades de ganar más dinero.

10. Oración 1: **En los próximos años, las familias deberán aprender como usar la computadora como ayuda.**

    ¿Qué corrección se debería hacer en esta oración?

    (1) sacar la coma después de <u>años</u>
    (2) cambiar <u>deberán</u> por <u>deben</u>
    (3) cambiar <u>usar</u> por <u>husar</u>
    (4) poner acento en el primer <u>como</u>
    (5) sin error

11. Oración 2: **Con el incremento de la cantidad de información que una familia necesita procesar, tener una computadora en casa se convertirá en una necesidad tanto para la toma de decisiones como para llevar un registro de las entradas y salidas de dinero.**

    ¿Qué corrección se debería hacer en esta oración?

    (1) cambiar <u>Con</u> por <u>A pesar de</u>
    (2) cambiar <u>necesita</u> por <u>necesitan</u>
    (3) sacar la coma después de <u>procesar</u>
    (4) cambiar <u>decisiones</u> por <u>desiciones</u>
    (5) sin error

12. Oración 3: **La revolución de las comunicaciones en el hogar es predecible con la llegada de la <u>computadora. Puede servir</u> como fuente y procesador de información.**

    ¿Cúal es la mejor manera de escribir las palabras que están subrayadas? Si cree que la versión original es la correcta, escoja la opción 1.

    (1) computadora. Puede servir
    (2) computadora, puede servir
    (3) computadora; puede servir
    (4) computadora, Puede servir
    (5) computadora puede servir

CONTINUE EN LA PAGINA SIGUIENTE

PRUEBA 1: EXPRESIÓN ESCRITA, PARTE I

13. Oración 4: **Una colosal cantidad de información proveniente de diferentes fuentes estará instantáneamente a la disposición de la familia para que ésta pueda tomar decisiones más eficientemente.**

    ¿Qué corrección se debería hacer en esta oración?

    (1) insertar una coma después de
        <u>información</u>
    (2) insertar una coma después de <u>fuentes</u>
    (3) insertar una coma después de <u>familia</u>
    (4) cambiar <u>disposición</u> por <u>disposesión</u>
    (5) sin error

14. Oración 5: **La computadora planificará las comidas, encenderá las luces en los momentos apropiados hará un seguimiento de los horarios de los miembros de la familia, calculará presupuestos, revisará los créditos, los gastos y las cuentas bancarias.**

    ¿Qué corrección se debería hacer en esta oración?

    (1) sacar la coma después de <u>comidas</u>
    (2) poner una coma después de
        <u>apropiados</u>
    (3) cambiar <u>miembros</u> por <u>mienbros</u>
    (4) poner acento en <u>bancárias</u>
    (5) sin error

15. Oración 6: **Como un equipamiento más de la casa la computadora liberará a los miembros de la familia de sus repetidas obligaciones administrativas.**

    ¿Qué corrección se debería hacer en esta oración?

    (1) cambiar <u>como</u> por <u>aunque</u>
    (2) poner una coma después de <u>casa</u>
    (3) cambiar <u>liberará</u> por <u>libera</u>
    (4) cambiar <u>administrativas</u> por
        <u>aministrativas</u>
    (5) sin error

16. Oración 7: **Una terminal en casa puede servir también como un centro de educación para los deberes escolares de los niños, así como parte de un programa de aprendizage para los padres y los adultos de la familia.**

    ¿Qué corrección se debería hacer en esta oración?

    (1) sacar el acento a <u>también</u>
    (2) cambiar <u>así como</u> por <u>aunque</u>
    (3) cambiar <u>aprendizage</u> por <u>aprendizaje</u>
    (4) poner una coma después de <u>padres</u>
    (5) sin error

17. Oración 8: **Un efecto inmediato en la toma de decisiones familiares será un incremento de los momentos de tiempo libre disponibles por todos.**

    ¿Qué corrección se debería hacer en esta oración?

    (1) cambiar <u>inmediato</u> por <u>immediato</u>
    (2) cambiar <u>decisiones</u> por <u>desiciones</u>
    (3) poner una coma después de
        <u>disponibles</u>
    (4) cambiar <u>tiempo libre</u> por <u>tiempos libres</u>
    (5) sin error

18. Oración 9: **Por razones económicas, muchas familias decidirán usar el tiempo libre para realizar un segundo trabajo.**

    ¿Qué corrección se debería hacer en esta oración?

    (1) sacar la coma después de <u>económicas</u>
    (2) cambiar <u>decidirán</u> por <u>decidieron</u>
    (3) cambiar <u>el</u> por <u>su</u>
    (4) cambiar <u>realizar</u> por <u>realisar</u>
    (5) sin error

CONTINUE EN LA PAGINA SIGUIENTE

PRUEBA 1: EXPRESIÓN ESCRITA, PARTE I

19. Oración 10: **Con el creciente interés en el desarrollo personal, puede que las familias dediquen tiempo a algunas de estas nuevas opciones, por ejemplo, programas educativos que faciliten los cambios de carrera así como incrementar las posibilidades de ganar más dinero.**

¿Qué corrección se debería hacer en esta oración?

(1) cambiar <u>interés en</u> por <u>interés al</u>
(2) cambiar <u>opciones</u> por <u>opsiones</u>
(3) cambiar <u>educativos</u> por <u>educacionales</u>
(4) cambiar <u>incrementar</u> por <u>incrementen</u>
(5) sin error

<u>Las preguntas 20 a 28</u> se refieren a los siguientes párrafos.

(1) Para aminorar la amenaza de un trabajo defectuoso o fraudes en las reparaciones del auto, haya un número de pasos constructivos que se pueden tomar. (2) Aunque estas medidas no le pueden ofrecer una protección completa al menos son un seguro prudente para su cartera y su tiempo. (3) Primero, nunca espere a que un problema pequeño se convierta en uno grande y costoso. (4) Siempre lleve su auto a revisar cuando crea que puede tener un problema. (5) Pero antes de llevar el auto, haga una lista de todos los problemas o posibles "síntomas", de tal manera que estaría preparado para describir el problema con la major precisión posible. (6) No pida que le pongan el auto "a punto", (7) que este tipo de requerimientos generales puede representar trabajos innecesarios en su auto. (8) En su primera visita, asegúrese de conseguir una copia de la autorización de trabajo que usted debe firmar o el precio estimado del total del coste de las reparaciones. (9) No se vaya antes de conseguirlo. (10) Pida en el garaje de reparaciones que le llamen por teléfono cuando hayan determinado qué trabajo ecsactamente se debe realizar en su auto. (11) Cuando reciba la llamada, dígales que quiere volver al establecimiento para optener otra orden de autorización específica del trabajo con el costo de las reparaciones incluidas.

20. Oración 1: **Para aminorar la amenaza de un trabajo defectuoso o fraudes en las reparaciones del auto, haya un número de pasos constructivos que se pueden tomar.**

¿Qué corrección se debería hacer en esta oración?

(1) cambiar <u>defectuoso</u> por <u>defetuoso</u>
(2) sacar la coma después de <u>auto</u>
(3) cambiar <u>haya</u> por <u>hay</u>
(4) cambiar <u>pueden</u> por <u>han podido</u>
(5) sin error

21. Oración 2: **Aunque estas medidas no le pueden ofrecer una protección completa al menos son un seguro prudente para su cartera y su tiempo.**

¿Qué corrección se debería hacer en esta oración?

(1) cambiar <u>aunque</u> por <u>mientras</u>
(2) insertar una coma después de <u>completa</u>
(3) cambiar <u>al menos</u> por <u>almenos</u>
(4) cambiar <u>para</u> por <u>por</u>
(5) sin error

22. Oración 3: **Primero, nunca espere a que un problema pequeño se convierta en uno grande y costoso.**

¿Qué corrección se debería hacer en esta oración?

(1) sacar la coma después de <u>primero</u>
(2) cambiar <u>a que</u> por <u>que</u>
(3) cambiar <u>pequeño</u> por <u>peqeño</u>
(4) cambiar <u>costoso</u> por <u>costosa</u>
(5) sin error

23. Oración 4: **Siempre lleve su auto a revisar cuando crea que puede tener un problema.**

¿Qué corrección se debería hacer en esta oración?

(1) cambiar <u>lleve</u> por <u>llevad</u>
(2) cambiar <u>revisar</u> por <u>rebisar</u>
(3) cambiar <u>cuando</u> por <u>mientras</u>
(4) poner acento en <u>que</u>
(5) sin error

CONTINUE EN LA PAGINA SIGUIENTE

PRUEBA 1: EXPRESIÓN ESCRITA, PARTE I

24. Oración 5: **Pero antes de llevar el auto, haga una lista de todos los problemas o posibles "síntomas", de tal manera que estaría preparado para describir el problema con la mayor precisión posible.**

    ¿Qué corrección se debería hacer en esta oración?

    (1) sacar la coma después de <u>auto</u>
    (2) cambiar <u>síntomas</u> por <u>símtomas</u>
    (3) cambiar <u>estaría preparado</u> por <u>esté preparado</u>
    (4) cambiar <u>con la mayor</u> por <u>con el mayor</u>
    (5) sin error

25. Oraciones 6 y 7: **No pida que le pongan el auto <u>"a punto", que</u> este tipo de requerimientos generales puede representar trabajos innecesarios en su auto.**

    ¿Cuál es la mejor manera de escribir la parte subrayada de la oración? Si cree que la versión original es la correcta, escoja la opción 1.

    (1) "a punto", que
    (2) "a punto" que
    (3) "a punto", aunque
    (4) "a punto": que
    (5) "a punto", ya que

26. Oraciones 8 y 9: **En su primera visita, asegúrese de conseguir una copia de la autorización de trabajo que usted debe firmar o el precio estimado del total del coste de las reparaciones. No se vaya antes de conseguirlo.**

    ¿Qué corrección se debería hacer en estas oraciones?

    (1) sacar el acento a <u>asegúrese</u>
    (2) cambiar <u>la</u> por <u>el</u> en autorización
    (3) cambiar <u>debe</u> por <u>debió</u>
    (4) cambiar <u>coste</u> por <u>costo</u>
    (5) sin error

27. Oración 10: **Pida en el garaje de reparaciones que le llamen por teléfono cuando hayan determinado qué trabajo ecsactamente se debe realizar en su auto.**

    ¿Qué corrección se debería hacer en esta oración?

    (1) cambiar <u>garaje</u> por <u>garage</u>
    (2) cambiar <u>le llamen</u> por <u>lo llamen</u>
    (3) cambiar <u>hayan</u> por <u>han</u>
    (4) cambiar <u>ecsactamente</u> por <u>exactamente</u>
    (5) sin error

28. Oración 11: **Cuando reciba la llamada, dígales que quiere volver al establecimiento para optener otra orden de autorización específica del trabajo con el costo de las reparaciones incluidas.**

    ¿Qué corrección se debería hacer en esta oración?

    (1) cambiar <u>optener</u> por <u>obtener</u>
    (2)cambiar <u>dígales</u> por <u>dígalos</u>
    (3) sacar el acento a <u>específica</u>
    (4) cambiar <u>incluidas</u> por <u>inclusivas</u>
    (5) sin error

CONTINUE EN LA PAGINA SIGUIENTE

PRUEBA 1: EXPRESIÓN ESCRITA, PARTE I

Las preguntas 29 a 37 se basan en los siguientes párrafos.

(1) El dinero disponible, los gustos familiares y las facilidades de preparación, así como su uso final y el coste, todo ello influye en la toma de decisiones a la hora de la compra. (2) La unidad de precio puede ayudarle a hacer comparaciones de precios sin tener que adivinar.

(3) La unidad de precio es, como su misma palabra dice, el precio por cada unidad. (4) Para ser más específico, le proporciona el precio por una onza o por una libra o por 100 o por pie cuadrado. (5) Este precio por unidad facilita al consumidor hacer la mejor compra entre diferentes productos dispuesta en diferentes tamaños de paquetes con diferentes precios como totales.

(6) Miles de cadenas de establecimientos de comida tienen programas de unidad de precios. (7) Tales programas son requeridos por las leyes locales en diferentes áreas, pero generalmente son voluntarios.

(8) Las tiendas que ofrecen la unidad de precio normalmente usan un sistema de etiquetado por estanterías. una etiqueta en el borde de abajo de la estantería donde se especifica el nombre del producto, el tamaño, el total del precio y la unidad de precio.

(9) Cuando se introdujo por primera vez la unidad de precio hubieron problemas en el sistema de etiquetado por estanterías, ya que es difícil mantener las etiquetas en el lugar correcto en cada estantería. (10) Pero, a medida que la unidad de precio ha tenido una mayor aceptación, algunos de estos problemas mecanicos se han solucionado y la información en el etiquetado se usa cada vez más por parte de los compradores.

29. Oración 1: **El dinero disponible, los gustos familiares y las facilidades de preparación, así como su uso final y el coste, todo ello influye en la toma de decisiones a la hora de la compra.**

Si se escribe de nuevo la oración empezando por

La toma de decisiones a la hora de la compra está influida...

...la siguiente palabra(s) debiera ser:

(1) a través
(2) por
(3) en
(4) de tal manera que
(5) por lo tanto

30. Oración 1: **El dinero disponible, los gustos familiares y las facilidades de preparación, así como su uso final y el coste, todo ello influye en la toma de decisiones a la hora de la compra.**

¿Qué corrección se debería hacer en esta oración?

(1) cambiar su por el
(2) cambiar disponible por disponibles
(3) poner acento en la e a ello
(4) cambiar a la hora por alahora
(5) sin error

31. Oración 2: **La unidad de precio puede ayudarle a hacer comparaciones de precios sin tener que adivinar.**

¿Qué corrección se debería hacer en esta oración?

(1) cambiar puede por podría
(2) poner acento en comparaciónes
(3) insertar una coma después de precios
(4) cambiar adivinar por adibinar
(5) sin error

CONTINUE EN LA PAGINA SIGUIENTE

PRUEBA 1: EXPRESIÓN ESCRITA, PARTE I

32. Oraciones 3 y 4: **La unidad de precio es, como su misma palabra dice, el precio por cada <u>unidad. Para ser más específico</u>, le proporciona el precio por una onza o por una libra o por 100 o por pie cuadrado.**

    ¿Cuál es la mejor manera de escribir la parte subrayada de la oración? Si cree que la versión original es la correcta, escoja la opción 1.

    (1) unidad. Para ser más específico,
    (2) unidad, para ser más específico,
    (3) unidad: Para ser más específico,
    (4) unidad; para ser más específico,
    (5) unidad—para ser más específico,

33. Oración 5: **Este precio por unidad facilita al consumidor hacer la mejor compra entre diferentes productos dispuesta en diferentes tamaños de paquetes con diferentes precios como totales.**

    ¿Qué corrección se debería hacer en esta oración?

    (1) cambiar <u>unidad</u> por <u>unidades</u>
    (2) cambiar <u>dispuesta</u> por <u>dispuestos</u>
    (3) poner acento a <u>tamáños</u>
    (4) cambiar <u>como</u> por <u>que</u>
    (5) sin error

34. Oraciones 6 y 7: **Miles de cadenas de establecimientos de comida tienen programas de unidad de precios. Tales programas son requeridos por las leyes locales en diferentes áreas, pero generalmente son voluntarios.**

    ¿Cuál es la mejor combinación de palabras para conectar las dos oraciones?

    (1) y tales programas
    (2) aunque estos programas
    (3) mientras que estos programas
    (4) programas de unidad de precio que son
    (5) programas de unidad de precio, algunos que son

35. Oración 8: **Las tiendas que ofrecen la unidad de precio normalmente usan un sistema de etiquetado por <u>estanterías. una etiqueta</u> en el borde de abajo de la estantería donde se especifica el nombre del producto, el tamaño, el total del precio y la unidad de precio.**

    ¿Cuál es la mejor manera de escribir la parte subrayada de la oración? Si cree que la versión original es la correcta, escoja la opción 1.

    (1) estanterías. una etiqueta
    (2) estanterías. Una etiqueta
    (3) estanterías—una etiqueta
    (4) estanterías por una etiqueta
    (5) estanterías y una etiqueta

36. Oración 9: **Cuando se introdujo por primera vez la unidad de precio hubieron problemas en el sistema de etiquetado por estanterías, ya que es difícil mantener las etiquetas en el lugar correcto en cada estantería.**

    ¿Qué corrección se debería hacer en esta oración?

    (1) cambiar <u>introdujo</u> por <u>introdució</u>
    (2) poner coma después de <u>precio</u>
    (3) cambiar <u>hubieron</u> por <u>habrían</u>
    (4) sacar el acento a <u>estanterías</u>
    (5) sin error

37. Oración 10: **Pero, a medida que la unidad de precio ha tenido una mayor aceptación, algunos de estos problemas mecanicos se han solucionado y la información en el etiquetado se usa cada vez más por parte de los compradores.**

    ¿Qué corrección se debería hacer en esta oración?

    (1) cambiar <u>aceptación</u> por <u>acceptación</u>
    (2) sacar la coma después de <u>aceptación</u>
    (3) sacar <u>han solucionado</u> por <u>solucionó</u>
    (4) poner acento a <u>mecánicos</u>
    (5) sin error

CONTINUE EN LA PAGINA SIGUIENTE

PRUEBA 1: EXPRESIÓN ESCRITA, PARTE I

<u>Las preguntas 38 a 47</u> se basan en los siguientes párrafos.

(1) Usted se va a mudar. (2) Declaración común entre los estadounidenses. (3) Usted sería una excepción si mantuviera su actual residencia por el resto de su vida. (4) Cerca de una de cada cinco personas se muda cada año, visto de otra manera, la persona promedio se muda una vez cada cinco años.

(5) Volviendo a tener en cuenta el término medio la mayoría de las mudanzas de las pertenencias domésticas se realizan sin dificultad, aunque algunas veces no. (6) La mudanza puede realizarse sin ninguna novedad, pero hay que reconocer que se encuentran muchos fáctores que pueden llevar a la frustración, a la incertidumbre y a un cambio inesperado del curso de las acciones.

(7) La mayoría de las mudanzas llevan consiguo la satisfacción de un desarrollo positivo. (8) O bien ha habido una promoción en el trabajo (9) o bien la oportunidad de mudarse a un lugar con mejor clima. (10) Tal vez se trata de una oportunidad a largo término que le permite estar cerca de sus amigos más íntimos o de sus nietos. (11) La otra cara de la moneda es qué se deja atrás un barrio o comunidad en la que se ha vivido. (12) También el trabajo personal que se necesita realizar en una mudanza deja a los miembros de la familia exhaustos, justo en el momento en que se necesita estar en buena forma.

38. Oraciones 1 y 2: **Usted se va a mudar. Declaración común entre los estadounidenses.**

    ¿Cuál es la mejor combinación de palabras para conectar las dos oraciones?

    (1) Esta será una declaración que es común
    (2) Esta es una declaración que es común
    (3) Esta tal vez es una declaración que es común
    (4) Esta siendo una declaración que es común
    (5) Esta sería una declaración que es común

39. Oración 3: **Usted sería una excepción si mantuviera su actual residencia por el resto de su vida.**

    ¿Qué corrección se debería hacer en esta oración?

    (1) cambiar <u>sería</u> por <u>será</u>
    (2) cambiar <u>excepción</u> por <u>exepción</u>
    (3) insertar una coma después de <u>excepción</u>
    (4) cambiar <u>su</u> por <u>la</u>
    (5) sin error

40. Oración 4: **Cerca de una de cada cinco personas se muda cada <u>año, visto de otra</u> manera, la persona promedio se muda una vez cada cinco años.**

    ¿Cuál es la mejor manera de escribir la parte subrayada de la oración? Si cree que la versión original es la correcta, escoja la opción 1.

    (1) año, visto de otra
    (2) año, aunque visto de otra
    (3) año, y visto de otra
    (4) año, porque visto de otra
    (5) año, o visto de otra manera

41. Oración 5: **Volviendo a tener en cuenta el término medio la mayoría de las mudanzas de las pertenencias domésticas se realizan sin dificultad, aunque algunas veces no.**

    ¿Qué corrección se debería hacer en esta oración?

    (1) insertar una coma después de <u>término medio</u>
    (2) sacar el acento en <u>domésticas</u>
    (3) sacar la coma después de <u>dificultad</u>
    (4) cambiar <u>aunque</u> por <u>no obstante</u>
    (5) sin error

CONTINUE EN LA PAGINA SIGUIENTE

PRUEBA 1: EXPRESIÓN ESCRITA, PARTE I

42. Oración 6: **La mudanza puede realizarse sin ninguna novedad, pero hay que reconocer que se encuentran muchos fáctores que pueden llevar a la frustración, a la incertidumbre y a un cambio inesperado del curso de las acciones.**

    ¿Qué corrección se debería hacer en esta oración?

    (1) cambiar <u>experiencia</u> por <u>esperiencia</u>
    (2) sacar la coma después de <u>novedad</u>
    (3) cambiar <u>se encuentran</u> por <u>se encuentra</u>
    (4) sacar el acento a <u>fáctores</u>
    (5) sin error

43. Oración 7: **La mayoría de las mudanzas llevan consiguo la satisfacción de un desarrollo positivo.**

    ¿Qué corrección se debería hacer en esta oración?

    (1) cambiar <u>la mayoría</u> por <u>la mayor parte</u>
    (2) cambiar <u>llevan</u> por <u>llevarán</u>
    (3) cambiar <u>consiguo</u> por <u>consigo</u>
    (4) cambiar <u>satisfacción</u> por <u>satisfación</u>
    (5) sin error

44. Oraciones 8 y 9: **O bien ha habido una promoción en el <u>trabajo o bien</u> la oportunidad de mudarse a un lugar con mejor clima.**

    ¿Cuál es la mejor manera de escribir la parte subrayada de la oración? Si cree que la versión original es la correcta, escoja la opción 1.

    (1) trabajo o bien
    (2) trabajo, o bien
    (3) trabajo; o bien
    (4) trabajo: o bien
    (5) trabajo—o bien

45. Oración 10: **Tal vez se trata de una oportunidad a largo término que le permite estar cerca de sus amigos más íntimos o de sus nietos.**

    ¿Qué corrección se debería hacer en esta oración?

    (1) cambiar <u>se trata</u> por <u>se tratan</u>
    (2) insertar una coma después de <u>oportunidad</u>
    (3) cambiar <u>cerca de</u> por <u>cerca a</u>
    (4) sacar el acento a <u>íntimos</u>
    (5) sin error

46. Oración 11: **La otra cara de la moneda es qué se deja atrás un barrio o comunidad en la que se ha vivido.**

    ¿Qué corrección se debería hacer en esta oración?

    (1) poner una coma después de <u>moneda</u>
    (2) sacar el acento a <u>qué</u>
    (3) cambiar <u>atrás</u> por <u>a trás</u>
    (4) cambiar <u>que</u> por <u>cual</u>
    (5) sin error

47. Oración 12: **También el trabajo personal que se necesita realizar en una mudanza deja a los miembros de la familia exhaustos, justo en el momento en que se necesita estar en buena forma.**

    ¿Qué corrección se debería hacer en esta oración?

    (1) insertar comas después de <u>realizar</u> y <u>en una mudanza</u>
    (2) cambiar <u>exhaustos</u> por <u>exaustos</u>
    (3) cambiar <u>justo</u> por <u>justamente</u>
    (4) cambiar <u>estar</u> por <u>ser</u>
    (5) sin error

CONTINUE EN LA PAGINA SIGUIENTE

PRUEBA 1: EXPRESIÓN ESCRITA, PARTE I

<u>Las preguntas 48 a 55</u> se basan en los siguientes párrafos.

(1) En la pesca el primer paso para el pescador de caña es mejorar su equipo, de tal manera que la gama de cebos, pesos, distancias, etc., disponibles se incremente substancialmente. (2) Normalmente, la bobina giratoria y la caña se seleccionan en la próxima fase de mejoramiento.

(3) La bovina giratoria consiste en una canilla que lleva un largo hilo monofilo, un aro de soporte o un dispositivo de recogida que dirige el hilo hacia la bobina y un colgante que rota alrededor del dispositivo de recogida devolviendo el hilo a la canilla.

(4) Cuando se pesca, el cebo, que está unido al hilo monofilo y que cuelga algunas pulgadas más allá del extremo de la caña se lanza haciendo oscilar la caña situada ligeramente detrás de la espalda y por medio de un arco delantero hacia una posición frontal, aproximadamente a la altura de los ojos.

(5) El uso apropiado del tiempo cuando se presionan los dedos en el hilo a medida que va soltándose de la bobina, combinando con la aceleración de la caña permite controlar la distancia del cebo en el viaje.

(6) Los cebos, tan ligeros como la sexta parte de una onza, atados a un hilo monofilo que aguanta dos libras resultan un deporte divertido para peces pequeños, los cebos e hilos más pesados le permitirán agarrar peces más grandes.

(7) Los cebos se pueden encontrar en una infinitamente gama de pesos, tamaños, formas, colores y tienen particularidades específicas como los que son giratorios o tienen apariencia de insecto.

(8) Con un equipo adecuado, cualquiera está preparado para aventurarse al fascinante y desafiante juego de la pesca. (9) Esta categoría incluye la pesca del mundialmente famoso y aristocrático salmón, la trucha, el tímalo, el róbalo y la familia del lucio.

48. Oración 1: **En la pesca el primer paso para el pescador de caña es mejorar su equipo de tal manera que la gama de cebos, pesos, distancias, etc., disponibles se incremente substancialmente.**

    ¿Qué corrección se debería hacer en esta oración?

    (1) poner una coma después de <u>pesca</u>
    (2) cambiar <u>primer</u> por <u>primero</u>
    (3) cambiar <u>cebos</u> por <u>cevos</u>
    (4) sacar el punto en <u>etc.</u>
    (5) sin error

49. Oración 2: **Normalmente, la bobina giratoria y la caña se seleccionan en la próxima fase de mejoramiento.**

    Si escribe de nuevo la frase empezando por

    La próxima fase de mejoramiento…

    …la continuación óptima será:

    (1) ha sido seleccionada la bobina
    (2) es seleccionando la bobina
    (3) sería seleccionando la bobina
    (4) es la selección de la bobina
    (5) hubiera sido la selección de la bobina

50. Oración 3: **La bovina giratoria consiste en una canilla que lleva un largo hilo monofilo, un aro de soporte o un dispositivo de recogida que dirige el hilo hacia la bobina y un colgante que rota alrededor del dispositivo de recogida devolviendo el hilo a la canilla.**

    ¿Qué corrección se debería hacer en esta oración?

    (1) cambiar <u>bovina</u> por <u>bobina</u>
    (2) cambiar <u>dispositivo</u> por <u>dipositivo</u>
    (3) sacar la coma después de <u>monofilo</u>
    (4) cambiar <u>dirige</u> por <u>dirije</u>
    (5) sin error

CONTINUE EN LA PAGINA SIGUIENTE

PRUEBA 1: EXPRESIÓN ESCRITA, PARTE I

51. Oración 4: **Cuando se pesca, el cebo, que está unido al hilo monofilo y que cuelga algunas pulgadas más allá del extremo de la caña se lanza haciendo oscilar la caña situada ligeramente detrás de la espalda y por medio de un arco delantero hacia una posición frontal, aproximadamente a la altura de los ojos.**

    ¿Qué corrección se debería hacer en esta oración?

    (1) sacar la coma después de <u>pesca</u>
    (2) insertar una coma después de <u>caña</u>
    (3) cambiar <u>situada</u> por <u>situado</u>
    (4) cambiar <u>posición</u> por <u>pocisión</u>
    (5) sin error

52. Oración 5. **El uso apropiado del tiempo cuando se presionan los dedos en el hilo a medida que va soltándose de la bobina, combinando con la aceleración de la caña permite controlar la distancia del cebo en el viaje.**

    ¿Qué corrección se debería hacer en esta oración?

    (1) poner una coma después de <u>presionan</u>
    (2) sacar la coma después de <u>bobina</u>
    (3) sacar el acento a <u>soltándose</u>
    (4) cambiar <u>combinando</u> por <u>combinado</u>
    (5) sin error

53. Oración 6: **Los cebos, tan ligeros como la sexta parte de una onza, atados a un hilo monofilo que aguanta dos libras resultan un deporte divertido para <u>peces pequeños, los cebos</u> e hilos más pesados le permitirán agarrar peces más grandes.**

    ¿Cuál es la mejor manera de escribir la parte subrayada de la oración? Si cree que la versión original es la correcta, escoja la opción 1.

    (1) peces pequeñõs, los cebos
    (2) peces pequeñõs: los cebos
    (3) peces pequeñõs; los cebos
    (4) peces pequeñõs. los cebos
    (5) peces pequeñõs. Los cebos

54. Oración 7: **Los cebos se pueden encontrar en una infinitamente gama de pesos, tamaños, formas, colores y tienen particularidades específicas como los que son giratorios o tienen apariencia de insecto.**

    ¿Qué corrección se debería hacer en esta oración?

    (1) cambiar <u>infinitamente</u> por <u>infinita</u>
    (2) insertar coma después de <u>colores</u>
    (3) cambiar <u>apariencia</u> por <u>aparencia</u>
    (4) cambiar <u>tamaños</u> por <u>taminios</u>
    (5) sin error

55. Oraciones 8 y 9: **Con un equipo adecuado, cualquiera está preparado para aventurarse al fascinante y desafiante juego de la pesca. Esta categoría incluye la pesca del mundialmente famoso y aristocrático salmón, la trucha, el tímalo, el róbalo y la familia del lucio.**

    ¿Cuál es la mejor combinación de palabras para conectar las dos oraciones?

    (1) y esta categoría incluye la pesca
    (2) mientras que esta categoría incluye la pesca
    (3) a pesar de que esta categoría incluye la pesca
    (4) que incluye el mundialmente famoso
    (5) por lo tanto incluye la del mundialmente famoso

CONTINUE EN LA PAGINA SIGUIENTE

PRUEBA 1: EXPRESIÓN ESCRITA, PARTE II

Instrucciones

Esta parte de la Prueba de Expresión Escrita tiene como propósito valorar su habilidad de expresarse por escrito. Se le pide que escriba una composición en la cual explique algo o presente su opinión sobre algún tema. Se le recomienda que siga los siguientes pasos:

1. Lea detenidamente las instrucciones y el tema de la composición que se le ha indicado.

2. Antes de empezar a escribir, desarrolle mentalmente lo que va a presentar.

3. Use un papel en blanco como borrador para anotar sus ideas y hacer apuntes.

4. Escriba su composición en las hojas indicadas en la libreta de respuestas que tiene por separado.

5. Lea cuidadosamente lo que ha escrito y haga cualquier cambio que pueda mejorarlo.

6. Compruebe la organización de los párrafos, la estructura de las oraciones, la ortografía, la puntuación, el uso de mayúsculas y la gramática. Haga cualquier corrección si lo cree necesario.

Tiene 45 minutos para escribir sobre el tema indicado abajo.

En las décadas después de la Segunda Guerra Mundial, los viajes aéreos se han convertido en parte importante de nuestras vidas.

Por un lado la humanidad se ha beneficiado de los viajes aéreos, por el otro se ha comprobado que puede ser perjudicial. Escriba una composición de aproximadamente 200 palabras en donde presenta su punto de vista sobre los viajes aéreos, en contra o a favor, dando razones y ejemplos que apoyen sus ideas.

FIN DEL EXAMEN

PRUEBA 2: ESTUDIOS SOCIALES

Instrucciones

La Prueba de Estudios Sociales consiste en preguntas de opción múltiple con el propósito de evaluar sus conocimientos generales sobre estudios sociales. Las preguntas están relacionadas con selecciones cortas que a veces incluyen gráficas, tablas y dibujos. Estudie la información que ofrece cada selección y conteste a las preguntas siguientes. Refiérase a la información cuantas veces sea necesario para contestar una pregunta.

Dispone de 85 minutos para contestar las preguntas. Trabaje con cuidado, pero no dedique demasiado tiempo a una sola pregunta.

Asegúrese de que ha contestado cada pregunta. No se le penalizará por respuestas incorrectas.

Para indicar sus respuestas en la hoja de respuestas, llene uno de los círculos numerados que aparecen al lado del número de la pregunta de la prueba que está contestando.

POR EJEMPLO:

Los primeros colonizadores de América del Norte buscaban lugares donde asentarse que tuvieran un suministro de agua adecuado y en donde se pudiera llegar por barco. Por eso, muchas de las primeras ciudades se crearon cerca

(1) de las montañas   ① ② ● ④ ⑤
(2) de las praderas
(3) de los ríos
(4) de los glaciares
(5) de las mesetas

La respuesta correcta es "de los ríos"; por lo tanto, debe marcar el círculo número 3 en la hoja de respuestas.

CONTINUE EN LA PAGINA SIGUIENTE

PRUEBA 2: ESTUDIOS SOCIALES

<u>Las preguntas 1 a 3</u> se refieren a la siguiente selección.

El gobernador tiene el poder de vetar artículos por separado del proyecto de presupuesto. Puede añadir a cada uno un mensaje y llevarlo de nuevo a la legislatura, si continúa aún en sesión. Estos artículos pueden ser derogados por su veto. Esta autoridad, que no la posee el presidente de los Estados Unidos, se basa en la gran responsabilidad que se le ha otorgado al gobernador para controlar la integridad del presupuesto en todas sus partes.

Todos los proyectos presupuestarios que se han pasado en los últimos diez días de sesión legislativa se basan en lo que se llama la regla de los "30 días". No puede aprobarse una ley, a no ser que en 30 días (domingos incluidos) haya sido firmada por el gobernador.

El poder de veto no se usa escasamente. Más de uno de cada cuatro proyectos no se aprueban, víctimas del poder residente en manos del órgano ejecutivo.

1. El pasaje indica que el gobernador

   (1) vetó cerca de una cuarta parte de los proyectos
   (2) vetó cerca de tres cuartas partes de los proyectos
   (3) vetó todos los proyectos durante la sesión legislativa
   (4) no vetó ningún proyecto en toda la sesión legislativa
   (5) usa el poder del veto muy escasamente

2. La regla de los "30 días" se refiere a

   (1) el límite de tiempo para ejercer el veto
   (2) el veto de bolsillo
   (3) el tiempo disponible para apelar la acción del gobernador
   (4) los proyectos pasados en los últimos diez días de sesión legislativa
   (5) el límite para aprobar una ley después de ser vetada por el gobernador.

3. El poder de veto del gobernador es mayor que el del presidente. Por eso tiene la habilidad de

   (1) tomar el tiempo que quiera para firmar un proyecto
   (2) vetar un proyecto antes de 10 días
   (3) ignorar los proyectos de ley durante el último mes de la legislatura
   (4) vetar artículos por separado del proyecto de presupuesto
   (5) vencer con las dos terceras partes de los votos del legislativo

<u>Las preguntas 4 a 6</u> se refieren a la siguiente selección.

La primera línea de defensa para el consumidor es la información. Antes de comprar un producto—y especialmente antes de hacer una compra grande de cualquier tipo—infórmese sobre la garantía de fábrica y de las provisiones de seguridad.

Recuerde, la garantía es una declaración por parte del fabricante o vendedor de protección al producto o servicio adquirido. Las garantías normalmente tienen límites o condiciones. Por eso, es mejor conseguir todas las promesas por escrito.

Antes de comprar un producto o requerir un servicio cubierto por una garantía, asegúrese de preguntar:

—¿Qué cubre esta garantía?

—¿A quién debo llamar cuando necesite una reparación del producto bajo garantía?

—¿Las reparaciones deben hacerlas en la fábrica o por un "representante de servicio autorizado" para que la garantía sea efectiva?

—¿Quién paga por los repuestos, la mano de obra y los gastos de envío?

—¿Hasta cuándo dura la garantía?

—Si hay un reembolso prorrata, ¿cuáles son las condiciones?

—Si la garantía provee un reembolso, ¿es en efectivo o es un crédito para reemplazar el producto?

Mantenga la garantía y el recibo de compra para una referencia futura.

CONTINUE EN LA PAGINA SIGUIENTE

PRUEBA 2: ESTUDIOS SOCIALES

4. El consejo que se da al consumidor en este pasaje se refiere a

   (1) la ética de los negocios
   (2) las garantías incondicionales
   (3) la seguridad de un producto
   (4) las promesas no garantizadas
   (5) la información antes de hacer una compra

5. Según este pasaje, la garantía debería ser

   (1) condicional
   (2) por escrito
   (3) hecha por el vendedor
   (4) cancelable
   (5) depende del uso del producto

6. Las garantías incluyen normalmente la siguiente excepción:

   (1) Lo que cubre la garantía
   (2) Quién hace las reparaciones
   (3) Dónde se hacen las reparaciones
   (4) Quién paga los gastos relacionados con las reparaciones
   (5) Devolver el dinero pagado por el producto

Las preguntas 7 a 8 se refieren a la siguiente gráfica.

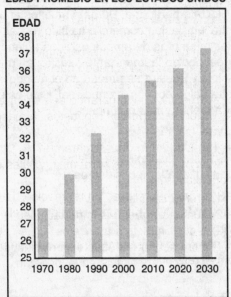

EDAD PROMEDIO EN LOS ESTADOS UNIDOS

7. ¿Qué situación es probable que ocurra, después de observar el período que se muestra en la gráfica?

   (1) Los publicistas pondrán más énfasis en la población juvenil
   (2) El tamaño de la familia media aumentará
   (3) Los distritos escolares crearán más escuelas elementarias
   (4) El costo de los programas de seguridad social aumentará
   (5) La población empezará a disminuir

8. ¿Qué factor posiblemente podría hacer cambiar la dirección de la tendencia indicada en la gráfica?

   (1) El desarrollo de un remedio contra el cáncer
   (2) El aumento del índice de natalidad
   (3) Un período prolongado de depresión económica
   (4) El incremento de la mortalidad infantil
   (5) El control de la contaminación

9. Las políticas del gobierno destinadas a fortalecer el crecimiento económico a través del aumento del consumo podría encontrarse con grandes oponentes. ¿De qué grupo?

   (1) Los líderes laborales
   (2) Los ejecutivos de negocios
   (3) Los líderes militares
   (4) Los ecologistas
   (5) Los pequeños empresarios

CONTINUE EN LA PAGINA SIGUIENTE

PRUEBA 2: ESTUDIOS SOCIALES

<u>Las preguntas 10 a 11</u> se refieren a esta caricatura.

10. ¿Cuál es la idea principal en esta caricatura?

    (1) En el mundo no existe energía suficiente para sobrevivir más tiempo
    (2) Las preocupaciones de los ecologistas han tenido poco impacto sobre las acciones de los industriales
    (3) La lucha entre la energía y el medio ambiente no se puede resolver
    (4) La necesidad de producir energía entra en conflicto con la necesidad de preservar el medio ambiente
    (5) Hay un estancamiento en la relación entre industriales y defensores del medio ambiente

11. Relacionado con la situación a fines de la década de los años 70, el gobierno federal de los Estados Unidos siguió una política que

    (1) daba prioridad a las demandas de energía sobre los problemas del medio ambiente
    (2) estaba al lado de los ecologistas y contra las corporaciones
    (3) buscaba nuevas fuentes de energía fuera de los Estados Unidos
    (4) intentaba desviar la atención nacional hacia otros temas
    (5) negociaba imparcialmente con los industriales y los ecologistas

12. Los presidentes de los Estados Unidos desde la Segunda Guerra Mundial hasta hoy han sido más influyentes en el área de

    (1) los derechos civiles
    (2) los asuntos urbanos
    (3) los asuntos exteriores
    (4) los derechos de los estados norteamericanos
    (5) los derechos humanos

<u>Las preguntas 13 a 14</u> se refieren al siguiente pasaje.

La industria de EUA en general y las industrias estadounidenses que pagan mejor a sus trabajadores en particular, exportan más bienes a otros países que ninguna otra nación. Asimismo, dirigen nuestro propio mercado aquí en los Estados Unidos.

Con toda esta fuerza que viene acompañada con un aumento de la productividad y de los salarios en el resto del mundo, no hay tanta necesidad de preocuparnos por el nivel salarial en los países de un salario mínimo bajo. Estos niveles, por otra parte, están incrementándose y esperamos que se continuará reduciendo la actual diferencia salarial, gracias al estímulo de negociaciones económicas a nivel internacional.

Esta filosofía del libre mercado—la mayor opción económica para los hombres y naciones—es tan vieja como la libertad en sí misma. No es una filosofía partidaria. Durante muchos años, nuestra legislación comercial ha sido respaldada por los miembros de ambos partidos quienes han reconocido la importante relación entre el comercio y nuestra seguridad en el mundo y nuestra salud económica nacional. Esto es una realidad, ahora más que nunca.

—John F. Kennedy

13. En este pasaje, el presidente Kennedy enfatizaba la necesidad de

    (1) un mercado libre
    (2) aumentar nuestras importaciones
    (3) reducir nuestros aranceles
    (4) incrementar nuestras exportaciones
    (5) una mayor eficacia en la industria norteamericana

CONTINUE EN LA PAGINA SIGUIENTE

PRUEBA 2: ESTUDIOS SOCIALES

14. El objetivo inmediato del mensaje del presidente Kennedy fue

    (1) intentar restringir la competencia extranjera
    (2) aumentar los beneficios para los trabajadores americanos
    (3) acabar con la diferencia salarial entre los Estados Unidos y otros países
    (4) conseguir el apoyo del congreso para una legislación comercial
    (5) reducir las importaciones a los Estados Unidos

Las preguntas 15 a 16 se refieren al siguiente pasaje.

Hace ochenta y siete años nuestros padres crearon una nueva nación en este continente que concebía y consagraba la libertad y seguía la idea de que todos los hombres han sido creados iguales.

Ahora estamos inmersos en una gran guerra civil, poniendo a prueba la resistencia de esta nación o cualquier otra nación así concebida. Estamos ahora reunidos en el gran campo de batalla de esta guerra. Hemos tenido que usar una porción de este campo como lugar para el reposo final de aquellos que han dado la vida para que esta nación pudiera sobrevivir. Es totalmente adecuado y apropiado que hayamos hecho esto.

Pero, en un sentido más amplio, no podemos dedicar—no podemos consagrar—no podemos venerar esta tierra. Los valientes, vivos o muertos, que han luchado aquí, la han consagrado mucho más allá de nuestras pobres capacidades.
—Abraham Lincoln

15. En el primer párrafo, el orador se refiere a

    (1) la Declaración de la Independencia
    (2) los Artículos de la Confederación
    (3) la Constitución de los Estados Unidos
    (4) la Ordenanza del Noroeste
    (5) la Doctrina Monroe

16. El objetivo del discurso era

    (1) conmemorar una batalla
    (2) recordar los inicios de nuestra nación
    (3) consagrar un cementerio
    (4) deplorar la guerra civil
    (5) buscar apoyo político en las elecciones

Las preguntas 17 a 19 se refieren a la siguiente tabla con listas sobre las características de las naciones A y B.

Factores de producción	*Nación A*
Tierra (recursos naturales)	Escasez relativa
Trabajo	Abundancia relativa
Capital	Abundancia relativa
Dirección empresarial	Abundancia relativa

Factores de producción	*Nación B*
Tierra (recursos naturales)	Abundancia relativa
Trabajo	Abundancia relativa
Capital	Escasez relativa
Dirección empresarial	Escasez relativa

17. ¿Qué decisión económica posiblemente puede beneficiar a la Nación A?

    (1) Permitir una balanza de pagos no favorable
    (2) Buscar mercados exteriores
    (3) Atraer inversión de países extranjeros
    (4) Promover la inmigración
    (5) Incrementar las importaciones

18. A principios del siglo XIX, qué nación se parecía más a la Nación A?

    (1) Los Estados Unidos
    (2) Gran Bretaña
    (3) Rusia
    (4) Turquía
    (5) China

CONTINUE EN LA PAGINA SIGUIENTE

PRUEBA 2: ESTUDIOS SOCIALES

19. Si la Nación B se quisiera industrializar, ¿cómo podría animar a sus propios ciudadanos a invertir su capital en industrias domésticas?

    (1) Permitiendo una balanza de pagos no favorable y buscando colonias
    (2) Permitiendo una balanza de pagos no favorable y promoviendo la inmigración
    (3) Atrayendo inversiones extranjeras y promoviendo la inmigración
    (4) Instituyendo aranceles proteccionistas altos y haciendo concesiones fiscales a los negocios
    (5) Reduciendo los impuestos a las importaciones

20. "Nuestra política hacia Europa... es no interferir con los asuntos internos de ninguna de estas potencias". —Presidente Monroe, 1823.

    "Debe ser la política de Estados Unidos apoyar a la gente libre que está resistiendo los intentos de subyugación por parte de las minorías armadas o de las presiones extranjeras". —Presidente Truman, 1947.

    La conclusión más válida extraída de estas declaraciones es que

    (1) el presidente Truman sigue la misma teoría del presidente Monroe sobre las relaciones exteriores
    (2) durante los siglos XIX y XX, Estados Unidos no estaba interesado en asuntos internacionales
    (3) durante el siglo XIX, los acontecimientos en Europa no afectaron a Estados Unidos
    (4) el presidente Truman cambió la política del presidente Monroe
    (5) las condiciones eran diferentes en 1947 que las de 1823

Las preguntas 21 a 22 se refieren a la siguiente gráfica.

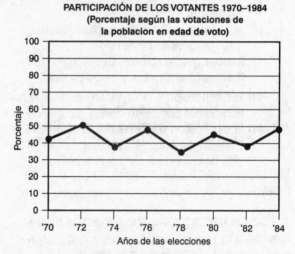

PARTICIPACIÓN DE LOS VOTANTES 1970–1984
(Porcentaje según las votaciones de la poblacion en edad de voto)

Años de las elecciones

Fuente: Oficina del Censo de los Estados Unidos

21. ¿Por qué ha cambiado el voto en el período que va de 1970 a 1984?

    (1) El número de ciudadanos que puede votar ha disminuido drásticamente
    (2) Las elecciones presidenciales han atraído más votantes que las eleciones de candidatos a cargos menores
    (3) El aumento de registrados para votar ha provocado un cambio en la votación
    (4) Muchos estadounidenses no pueden votar por no pagar impuestos
    (5) La población de Estados Unidos creció en este período

22. ¿Qué conclusión se extrae de los datos de la gráfica?

    (1) La mayoría de la población votante votó en el período que va de 1970 al 1984
    (2) El interés por las elecciones aumentó durante este período
    (3) El registro de votantes creció durante este período
    (4) Una apatía considerable se evidenció en las elecciones presidenciales y en las otras elecciones
    (5) La participación de los votantes no sobrepasó el 50% en ninguna de las elecciones de la gráfica

CONTINUE EN LA PAGINA SIGUIENTE

PRUEBA 2: ESTUDIOS SOCIALES

23. El etnocentrismo es la creencia de que el grupo étnico o nación o cultura al cual uno pertenece es superior a todos los demás. Un ejemplo de etnocentrismo es

    (1) usar el término "bárbaro" para describir a la gente que proviene de otra cultura
    (2) cantar el himno nacional del país en un acontecimiento deportivo
    (3) la aceptación y la imitación de la cultura occidental por parte de los japoneses
    (4) la expansión de la cultura china hacia el Sureste Asiático
    (5) una política de inmigración liberal

La pregunta 24 se refiere al siguiente diagrama.

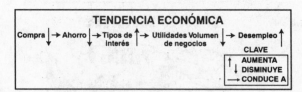

24. ¿Qué ocurre en la economía que se muestra arriba?

    (1) Incremento del ingreso real
    (2) Devaluación de la moneda
    (3) Crecimiento
    (4) Recesión
    (5) Recuperación

25. "Todas las formas de vida se han desarrollado partiendo de las primeras formas. En cada caso, lo apropiado sobrevivió y lo débil se extinguió. Es lo mismo para la gente y las naciones".

    Este pasaje muestra la visión más común en que se basa

    (1) el fundamentalismo
    (2) el darwinismo social
    (3) el liberalismo
    (4) el socialismo utópico
    (5) el igualitarismo

Las preguntas 26 a 28 se refieren a la siguiente selección.

Los problemas que tenemos que hacer frente para conservar los recursos naturales son costosos y complejos. La preservación incluso de pequeños terrenos pantanosos o bosques que representan los últimos restos de comunidades bióticas irremplazables está vinculada a la burocracia de la ley, conflictos de intereses locales, superposición de la jurisdicción gubernamental y de sociedades privadas de conservación, así como intrínsecas confusiones sobre consideraciones económicas y sociales. Durante el tiempo que se destina a solucionar estos factores, a menudo las áreas que tienen que ser preservadas han desaparecido. Mucho más formidable es el problema de conservación en gran escala creado por la extensión de los cinturones urbanos en lugares como la parte del noreste de los Estados Unidos. Las presiones del crecimiento humano son tan agudas en tales instancias que pondrían a prueba la sabiduría de Salomón.

26. El autor de este pasaje está principalmente preocupado por

    (1) las comunidades bióticas
    (2) la burocracia de la ley
    (3) los obstáculos para la conservación
    (4) las organizaciones privadas para la conservación
    (5) el crecimiento de los suburbios

27. El problema más perplejo de los conservacionistas es el relacionado con

    (1) el crecimiento de la población
    (2) la indiferencia pública
    (3) la legislación favorable
    (4) la división de la autoridad
    (5) el incremento de los impuestos

28. La actitud del autor sobre la situación que describe es

    (1) optimista
    (2) realista
    (3) apática
    (4) ilógica
    (5) combativa

CONTINUE EN LA PAGINA SIGUIENTE

PRUEBA 2: ESTUDIOS SOCIALES

Las preguntas 29 a 31 se refieren al siguiente pasaje.

No solamente debemos destinar nuestros esfuerzos a reducir el número de delincuentes. Debemos incrementar las oportunidades para que la juventud lleve una vida productiva.

Para estos delincuentes o jóvenes con potenciales delincuentes, les debemos ofrecer un "nuevo comienzo". Debemos asegurarnos que los recursos y las habilidades esenciales para su tratamiento y rehabilitación estén disponibles. Debido a que muchos de estos jóvenes, hombres y mujeres, viven en familias por problemas psicológicos y financieros, un programa exitoso de rehabilitación puede incluir consejería familiar, guía vocacional, servicios de educación y salud. Debe reforzar a la familia y a las escuelas. Debe ofrecer a los tribunales otras opciones aparte de la de poner a los jóvenes delicuentes en instituciones penitenciarias.

Recomiendo el Acto de Prevención de la Delincuencia Juvenil de 1967.

—Lyndon B. Johnson

29. Este discurso pone énfasis en

    (1) el diagnóstico y la investigación
    (2) la prevención y la rehabilitación
    (3) la rehabilitación y la investigación
    (4) el tratamiento y el diagnóstico
    (5) la investigación y el diagnóstico

30. El objetivo principal de este discurso es

    (1) proveer ayuda financiera federal
    (2) dar consejo a las familias destrozadas
    (3) apoyar la investigación y la experimentación
    (4) fomentar las casas de rehabilitación
    (5) abogar por una legislación que combata la delincuencia juvenil

31. El pasaje implica que

    (1) los delincuentes no pueden tener vidas productivas
    (2) la detención de los delincuentes es innecesaria
    (3) la delincuencia es causada por los problemas familiares
    (4) el gobierno federal debería asumir la responsabilidad de la prevención de la delincuencia juvenil
    (5) los tribunales deberían encarcelar a los delincuentes

Las preguntas 32 a 33 se refieren a la siguiente caricatura.

El cerdo engrasado

Buffalo Evening News

32. ¿Qué declaración resume mejor la idea principal de la caricatura?

    (1) Los precios deberían ser regulados por un comité privado de gente de negocios
    (2) La competencia entre las grandes industrias ha creado el caos económico
    (3) Los controles estrictos de precios-salarios asegurarían una economía estable
    (4) El gobierno ha sido incapaz de resolver eficientemente los problemas económicos
    (5) La desregulación lleva a la reducción de precios

CONTINUE EN LA PAGINA SIGUIENTE

PRUEBA 2: ESTUDIOS SOCIALES

33. Una posible respuesta al problema que se plantea en la caricatura puede ser el aumento de

    (1) las tasas de interés en los créditos bancarios
    (2) los gastos del gobierno
    (3) la cantidad de moneda en circulación
    (4) el número de créditos aprobados por los bancos
    (5) la creación de nuevas viviendas

34. El humanismo como movimiento intelectual y cultural, pone énfasis en los valores y el bienestar humanos más que en los intereses religiosos.

    La declaración que más se aproxima a la visión humanista es:

    (1) La vida en la tierra es sólo una preparación para una nueva vida
    (2) Los individuos son importantes y deben ser tratados con dignidad
    (3) Los valores de una persona se miden exactamente por su nivel de fe
    (4) La mejor educación esta basada en la comprensión total de doctrinas y valores religiosos
    (5) El hombre no tiene la libertad para determinar su destino

Las preguntas 35 a 37 se refieren a la siguiente declaración.

..."El desarrollo social norteamericano ha empezado una y otra vez en la frontera. Este renacimiento perenne, esta fluidez de la vida norteamericana, esta expansión hacia el Oeste con sus nuevas oportunidades, esta continua relación con la simplicidad de la sociedad primitiva, proporcionan las fuerzas que dominan el carácter norteamericano. El verdadero punto de vista en la historia de esta nación no es la Costa Atlántica, sino el Gran Oeste. La frontera es la línea de americanización más rápida y efectiva. La frontera agreste dominó a los colonos."

—Frederick Jackson Turner
El significado de la frontera en la historia norteamericana, 1893

35. Según Frederick Jackson Turner, la cultura de los Estados Unidos es primordialmente el resultado de

    (1) la dependencia de cada generación en relación a sus predecesores
    (2) la experiencia del ajuste al nuevo ambiente por parte de los colonizadores del Oeste
    (3) la habilidad de los pioneros de mantenerse en contacto con las áreas del Este
    (4) la influencia de la frontera en la creciente semejanza de los colonizadores con la gente del Este
    (5) las trece colonias originales

36. En esta declaración, Turner describe la frontera no sólo como una área sino también como

    (1) un proceso de desarrollo cultural
    (2) un lugar de conservación de tradiciones
    (3) una solución a los problemas europeos
    (4) un promotor de sistemas económicos
    (5) un refugio para los colonizadores

37. ¿Qué características del Oeste descritas por Turner se pueden aplicar a la sociedad contemporánea de los Estados Unidos?

    (1) La simplicidad de la vida
    (2) La expansión hacia al Oeste
    (3) Las nuevas oportunidades
    (4) El ambiente fronterizo
    (5) El nuevo desarrollo urbano

CONTINUE EN LA PAGINA SIGUIENTE

PRUEBA 2: ESTUDIOS SOCIALES

38. Una fuente principal es el testimonio ocular de un acontecimiento o acontecimientos en un período determinado. ¿Cuál podría ser un ejemplo de fuente principal de información sobre la vida en las colonias americanas del siglo XVIII?

    (1) Un diario de un tendero colonialista
    (2) Una pintura del período colonial hecha por un artista del siglo XX
    (3) Una novela sobre la Guerra Revolucionaria Americana
    (4) Una reproducción de un mueble usado durante el período colonial
    (5) Una historia social de este período

Las preguntas 39 a 40 se refieren a la siguiente gráfica.

Los países en vías de desarrollo proveen un 47 por ciento de las importaciones de los EUA y reciben un 37 por ciento de las exportaciones.

39. Una conclusión válida basada en la gráfica es que

    (1) en 1980, más de la mitad de todas las importaciones de Estados Unidos vinieron de los países en vías de desarrollo
    (2) los Estados Unidos no impuso aranceles a las importaciones de los países en desarrollo
    (3) los Estados Unidos tiene un déficit comercial con los países en desarrollo entre 1975 y 1980
    (4) el déficit entre exportaciones e importaciones se ha reducido constantemente
    (5) el comercio con las naciones en desarrollo ha disminuido entre 1975 y 1980

40. ¿Cuál de las siguientes conclusiones es válida según los datos que ofrece la gráfica?

    (1) Tanto las importaciones como las exportaciones en los Estados Unidos incrementaron cada año, desde 1975 a 1980
    (2) El desequilibrio entre importaciones y exportaciones ha estado reduciéndose
    (3) Los países en desarrollo constituyen la mayoría de las importaciones a los Estados Unidos
    (4) Los países en desarrollo constituyen la mayoría de las exportaciones de los Estados Unidos
    (5) Las exportaciones exceden a las importaciones en sólo un año

CONTINUE EN LA PAGINA SIGUIENTE

PRUEBA 2: ESTUDIOS SOCIALES

Las preguntas 41 a 43 se refieren a las afirmaciones realizadas por los oradores A, B, C, D y E.

Orador A: El gobierno no puede funcionar muy bien sin ellos. El flujo de información que proveen al congreso y las agencias federales es vital para el funcionamiento de nuestro sistema democrático.

Orador B: Sí, pero el silencio en que generalmente operan me hace sospechar que están influyendo de modo impropio sobre los encargados de hacer las leyes.

Orador C: No olvides, que ellos no sólo intentan influir sobre la opinión en Washington, sino que también intentan afectar a la opinión pública a lo largo de toda la nación y así crear un clima favorable a sus puntos de vista.

Orador D: Esto es verdad. Cualquier político que ignora 40,000 cartas, toma un riesgo. Les tenemos que prestar atención, tanto si aceptan nuestras opiniones o no.

Orador E: Estoy de acuerdo con el Orador C. La opinión pública es esencial para el funcionamiento del modo de vida norteamericano.

41. ¿Qué grupo de oradores cree usted que están conversando?

    (1) Los abogados
    (2) Los periodistas
    (3) Los funcionarios del gobierno
    (4) Los analistas de los medios de comunicación
    (5) Los cabilderos o grupos de presión

42. ¿Qué orador está más preocupado con el impacto de los métodos usados por este grupo, que según él pasan por encima del gobierno democrático?

    (1) A
    (2) B
    (3) C
    (4) D
    (5) E

43. ¿Qué orador insinúa que los que hacen las leyes tienen que abordar temas que no conocen bien?

    (1) A
    (2) B
    (3) C
    (4) D
    (5) E

La pregunta 44 se refiere a esta caricatura.

"Y Feliz Año de Elecciones para usted también"

44. ¿Qué afirmación resume mejor la idea principal de la caricatura?

    (1) El voto del ciudadano es un medio poderoso de influir sobre los legisladores que buscan la reelección
    (2) Los ciudadanos dependen de la rama legislativa del gobierno para su protección
    (3) Los legisladores federales y estatales normalmente están de acuerdo en la mayoría de los temas de las campañas electorales
    (4) El público normalmente no está a favor de una legislación para la protección del consumidor
    (5) Los votantes son persuadidos fácilmente por parte de los políticos que buscan votos

CONTINUE EN LA PAGINA SIGUIENTE

PRUEBA 2: ESTUDIOS SOCIALES

Las preguntas 45 a 47 se refieren al siguiente pasaje.

La gente y los grupos que proveen el estímulo y el contacto necesarios para el desarrollo social—los agentes sociales—normalmente se dividen en dos clases: (1) aquellos que tienen autoridad sobre el individuo como los padres y los maestros, y (2) aquellos que están en posición de igualdad con él—amigos de la misma edad, compañeros de clase o el círculo de amigos en general. La familia es el agente social durante los primeros años de la vida y es por eso que tiene una gran influencia natural. Pero, debido al aumento de especialización de las funciones de la familia, la rapidez del cambio social que tiende a dividir generaciones y los altos niveles de mobilidad y fluidez social, los grupos de amigos adquieren una creciente importancia en la vida moderna urbana.

45. Los padres, maestros y amigos de la misma edad comparten el papel de

    (1) la gente que tiene autoridad sobre el individuo
    (2) los miembros de los grupos de amigos
    (3) el círculo de amigos
    (4) el círculo familiar
    (5) agentes sociales

46. Todas estas razones muestran el aumento de la importancia del papel de los compañeros en el desarrollo social individual, excepto la siguiente:

    (1) La movilidad social
    (2) El flujo social
    (3) El desequilibrio generacional
    (4) El crecimiento del número de compañeros
    (5) La especialización de las funciones de la familia

47. En la vida moderna urbana, la familia

    (1) ejerce una gran influencia
    (2) está creciendo en importancia
    (3) está siendo reemplazada por el grupo de compañeros
    (4) está diversificándose
    (5) sólo es influyente en los primeros años de la vida

Las preguntas 48 a 49 se refieren a las siguientes declaraciones realizadas por los oradores A, B y C.

Orador A: El incremento del contacto entre las naciones y las gentes es muy característico de nuestros tiempos. Una decisión simple de la OPEC o una corporación multinacional puede provocar olas de cambio en nuestra sociedad global.

Orador B: Si tuviéramos que sobrevivir, todos los pasajeros de nuestra nave espacial Tierra deberíamos participar y poner nuestros esfuerzos para solucionar los problemas que amenazan la condición humana—la pobreza, el agotamiento de recursos, la contaminación, la violencia y la guerra.

Orador C: Hemos de entender que ninguna cultura posee una visión del mundo compartida universalmente. Hay gente que tiene diferentes sistemas de valores, así como modos de pensar y actuar. Esta gente no ve el mundo como nosotros lo vemos.

48. ¿Qué conceptos están discutiendo los oradores A y B?

    (1) La autodeterminación
    (2) El nacionalismo
    (3) La conservación
    (4) La interdependencia
    (5) El proteccionismo

49. El orador C expresa su deseo a favor de la reducción de

    (1) el etnocentrismo
    (2) el globalismo
    (3) la movilidad social
    (4) la tolerancia religiosa
    (5) la interdependencia

CONTINUE EN LA PAGINA SIGUIENTE

PRUEBA 2: ESTUDIOS SOCIALES

<u>Las preguntas 50 a 51</u> se refieren a la siguiente caricatura.

"Testigos de cargo"

50. La caricatura está relacionada con la responsabilidad en una determinada situación histórica. ¿Cuál?

(1) El uso de gas venenoso durante la Segunda Guerra Mundial
(2) Los esclavos en los campos de la Unión Soviética en la época de Stalin
(3) El antisemitismo y racismo en Europa entre 1930 y 1945
(4) Las prácticas racistas en Sudáfrica
(5) Los afectados por la bomba atómica en Hiroshima

51. El juicio simbolizado en la caricatura es significativo ya que es la primera vez que

(1) el Tribunal Internacional de Justicia de las Naciones Unidas trabajó con eficacia
(2) gente fue enjuiciada por crímenes contra la humanidad
(3) la culpabilidad de la guerra fue aplicada a toda una nación
(4) la ley internacional fue impuesta
(5) los Estados Unidos cooperaron con las Naciones Unidas

Las preguntas 52 a 54 se refieren al siguiente pasaje.

Los estudios económicos organizados datan sólo del siglo XVII. Desde entonces, han habido varias escuelas dedicadas a teorías económicas. Estas teorías pueden ser brevemente resumidas en:

(1) El mercantilismo, el cual aboga en el comercio exterior por un excedente de las exportaciones sobre las importaciones para acumular oro y apoyar el desarrollo de industrias locales que estarán protegidas por aranceles contra la competencia exterior.

(2) El liberalismo, el cual se opone a la intervención del estado en asuntos económicos para así permitir el comercio libre y la competencia.

(3) El marxismo, cuya teoría asume que el excedente del valor creado por el trabajo es el beneficio que el capitalista propietario de los medios de producción escatima al trabajador. Este valor debería ser controlado por el proletariado o los trabajadores industriales.

(4) La teoría de Keynes, que se centra en la necesidad de crear demanda a través de los gastos del gobierno. Asimismo propone frenar el exceso de demanda con políticas presupuestarias restringidas.

(5) La economía de la oferta que apoya el estímulo de la producción en vez de la demanda, a través de la reducción de impuestos para incrementar las inversiones en negocios. Aboga además por una reducción de los gastos del gobierno para eliminar los déficits.

Cada una de las afirmaciones que vienen a continuación describen una acción o propuesta relacionada con las políticas económicas expuestas arriba. Indique qué teorías económicas aprobarían cada una de estas acciones.

52. El presidente recomienda cortes drásticos en los gastos de defensa y otros cortes no relacionados con defensa.

(1) El mercantilismo
(2) El liberalismo
(3) El marxismo
(4) La teoría de Keynes
(5) La economía de la oferta

CONTINUE EN LA PAGINA SIGUIENTE

PRUEBA 2: ESTUDIOS SOCIALES

53. El congreso está considerando aprobar un arancel para las importaciones japonesas para proteger la industria electrónica de los Estados Unidos.

    (1) El mercantilismo
    (2) El librecambismo
    (3) El marxismo
    (4) La teoría de Keynes
    (5) La economía de la oferta

54. Los empleados compran una compañía.

    (1) El mercantilismo
    (2) El librecambismo
    (3) El marxismo
    (4) La teoría de Keynes
    (5) La economía de la oferta

55. La difusión cultural es la expansión de una cultura a otras áreas del mundo. Un ejemplo de ello es

    (1) un inmigrante que aprende una nueva lengua
    (2) un niño que aprende a caminar
    (3) el conflicto entre las nuevas y las antiguas culturas
    (4) la superioridad de la cultura de los Estados Unidos sobre las demás
    (5) un ruso jugando al béisbol

56. "Ante un gobierno que encarcela a alguien injustamente, el lugar indicado para un hombre justo también es la prisión".
    —Henry David Thoreau

    ¿Qué apoya esta declaración?

    (1) El control social
    (2) La conformidad
    (3) La suspensión de los derechos civiles
    (4) La dictadura
    (5) La desobediencia civil

Las preguntas 57 a 58 se refieren a la siguiente caricatura.

Envíame tus programadores, tus científicos, tus ingenieros electrónicos... envíame tus investigadores, técnicos, tus especialistas en sistemas de computación...

Impulso de la alta tecnología en los EUA

57. ¿Qué afirmaciones resumen mejor la idea principal de esta caricatura?

    (1) Los Estados Unidos establecen políticas de inmigración convenientes para sus necesidades específicas
    (2) Hay un excedente de profesionales preparados en los países extranjeros
    (3) La gente de alto nivel profesional podrá pasar los exámenes de alfabetismo requeridos para entrar a los Estados Unidos
    (4) Los Estados Unidos están un paso más atrás que otras naciones en el desarrollo de la tecnología
    (5) La gente que no tiene preparación no es bien recibida en los Estados Unidos

CONTINUE EN LA PAGINA SIGUIENTE

PRUEBA 2: ESTUDIOS SOCIALES

58. Una semejanza entre la política de inmigración que sugiere la caricatura y la que llevó a cabo Estados Unidos en la década de 1920 es que ambas muestran

    (1) una reticencia a admitir gente que no habla inglés
    (2) una preferencia por ciertos grupos
    (3) un deseo de alentar el incremento de la inmigración
    (4) un deseo de adoptar los valores de las organizaciones internacionales de los derechos humanos
    (5) un deseo de incrementar la diversidad étnica

La pregunta 59 está basada en el siguiente titular.

NIXON DEBE ENTREGAR LAS CINTAS MAGNETOFÓNICAS, LA CORTE SUPREMA DICTAMINA, 8 A 0. NIXON SE COMPROMETE A UN ACATAMIENTO.

El comité del senado empieza el debate sobre la acusación

---

59. ¿Qué característica del sistema constitucional de los Estados Unidos ilustra mejor el titular de arriba?

    (1) Control y equilibrio
    (2) Privilegios del ejecutivo
    (3) Poder de conceder indultos
    (4) Federalismo
    (5) La constitución

Las preguntas 60 a 61 se refieren a la siguiente gráfica.

COMPARACIÓN DEL CRECIMIENTO DE LA POBLACIÓN EN LATINOAMÉRICA Y EN NORTEAMÉRICA

60. Según la información que proporciona la gráfica, ¿qué conclusión es más válida?

    (1) Ha habido siempre una gran diferencia entre el crecimiento de la población en Latinoamérica y en Norteamérica
    (2) En el año 2000 se espera que la población de Latinoamérica sea dos veces mayor que la de Norteamérica
    (3) En 1900 el número de personas en Latinoamérica era igual que el número de persona en Norteamérica
    (4) A principios de la década los 80, la diferencia entre la población de ambas regiones era de 300 millones
    (5) El índice de crecimiento de la población en Latinoamérica ha sido más estable que el de Norteamérica

61. ¿Qué beneficiaría más a la situación que se muestra en la gráfica?

    (1) El descenso del nivel de vida de Norteamérica
    (2) El incremento del excedente comercial de la mayoría de naciones latinoamericanas
    (3) El mejoramiento de las condiciones de nutrición y medicina en Latinoamérica
    (4) El incremento del índice de mortalidad en Norteamérica debido a enfermedades contagiosas
    (5) El incremento de la democracia en Latinoamérica

CONTINUE EN LA PAGINA SIGUIENTE

PRUEBA 2: ESTUDIOS SOCIALES

Las preguntas 62 a 63 se refieren a esta caricatura.

La "muralla china" alrededor de los Estados Unidos

Know Nothings -1870- Pres. Patrick Vice-Pres. Hans

Cae la escalera por la cual subieron

62. Según esta caricatura de 1870, ¿qué afirmación sobre este período es la más correcta?

(1) Los trabajadores chinos fueron recibidos con los brazos abiertos al llegar a los Estados Unidos
(2) El partido Know-Nothing se formó para ayudar a conseguir derechos para las minorías
(3) Muy pocos chinos estaban interesados en venir a los Estados Unidos
(4) Existía un movimiento en los Estados Unidos para prevenir la inmigración china
(5) Se necesitaban chinos en el oeste del país

63. En la época en que se publicó esta caricatura, la mayoría de los inmigrantes a los Estados Unidos procedía de

(1) Africa
(2) Europa
(3) Asia
(4) Sudamérica
(5) México

64. "Creo que debe ser política de los Estados Unidos la de apoyar a la gente libre que está resistiendo los intentos de subyugación por parte de minorías armadas o por presiones extranjeras. Creo que debemos ayudar a la gente libre a forjar sus propios destinos. Creo que nuestra asistencia debería centrarse principalmente en ayuda económica y financiera..."
—Harry S. Truman

La recomendación que se hace en esta declaración es el resultado de la necesidad de los Estados Unidos de

(1) oponerse a la expansión del comunismo después de la Segunda Guerra Mundial
(2) prepararse para la Primera Guerra Mundial
(3) luchar contra la agresión nazi en 1941
(4) justificar el retiro de las fuerzas armadas de los Estados Unidos en Corea
(5) volver a la política de aislamiento

FIN DEL EXAMEN

PRUEBA 3: CIENCIAS

Instrucciones

La Prueba de Ciencias consiste en preguntas de opción múltiple que evalúan sus conocimientos generales de las ciencias. Las preguntas están basadas en lecturas cortas que frecuentemente incluyen gráficas, diagramas o dibujos. Estudie la información que se le ofrece y luego conteste las siguientes preguntas. Refiérase a dicha información cuantas veces le sea necesario para contestar una pregunta.

Dispone de 95 minutos para contestar las preguntas. Trabaje con cuidado. Pero no pase demasiado tiempo en una sola pregunta. No se le penalizará por respuestas incorrectas.

Para indicar sus respuestas en la hoja de respuestas, llene uno de los círculos numerados que aparecen al lado del número de la pregunta de la prueba que está contestando.

POR EJEMPLO:

¿Cuál es la unidad más pequeña del ser viviente?

(1) Un tejido
(2) Un organismo   ① ② ● ④ ⑤
(3) Una célula
(4) Un músculo
(5) Un capilar

La respuesta correcta es "una célula"; por lo tanto, debe marcar el círculo número 3 en la hoja de respuestas

---

CONTINUE EN LA PAGINA SIGUIENTE

PRUEBA 3: CIENCIAS

Las preguntas 1 a 4 se refieren al siguiente artículo.

Los científicos pueden diferir en su explicación sobre el método por el cual ocurrió la evolución, pero no hay demasiados desacuerdos entre ellos respecto a la doctrina de que todos los seres vivos evolucionan desde formas menos complejas. Los paleontólogos han estudiado los fósiles para justificar esta conclusión. Por otro lado, otras ramas de las ciencias nos muestran que el cambio orgánico se ha producido y continúa produciéndose.

Los antropólogos han estudiado durante muchos años el origen de la humanidad. Asimismo, conocimientos importantes han sido añadidos por los arqueólogos sobre los humanos que vivieron hace mucho tiempo y sobre sus civilizaciones. En el estudio de la humanidad, los antropólogos se especializan en sus investigaciones. Algunos estudian la historia de una lengua; otros investigan los diferentes tipos de artesanía. Por su parte, la antropología física hace un estudio de la anatomía de diferentes vertebrados, particularmente los primates, que son un grupo de mamíferos en el que se incluyen los humanos, los simios, los monos y los chimpancés. La comparación de la anatomía de las formas actuales se realiza respecto a las estructuras de animales del pasado, usándose información obtenida del estudio de los fósiles.

1. ¿Cuál de los siguientes términos incluye a los demás?

   (1) Humano
   (2) Primate
   (3) Mono
   (4) Simio
   (5) Chimpancé

2 La evolución es un proceso biológico por el cual

   (1) se producen fósiles en las rocas
   (2) se compara la anatomía de los vertebrados
   (3) se estudia la vida de los seres humanos hace miles de años
   (4) se originan nuevos tipos de seres vivientes
   (5) los chimpancés se convierten en seres humanos

3. ¿Qué proporciona una evidencia más directa sobre las diferentes formas de vida que han existido en el pasado?

   (1) La química orgánica
   (2) Los fósiles
   (3) La anatomía comparativa
   (4) La arqueología
   (5) Los experimentos de laboratorio

4. ¿Cuál de estos descubrimientos pueden sugerir que la especie humana continúa evolucionando?

   (1) El cerebro humano es más grande que el cerebro de un gorila
   (2) En las primeras etapas del desarrollo, los embriones humanos tenían una gran cola
   (3) Hay una gran semejanza entre la química de los humanos y la de los chimpancés
   (4) Las armaduras de los caballeros medievales son demasiado pequeñas para el promedio del hombre actual
   (5) Los tractores han reemplazado a los caballos en las granjas

CONTINUE EN LA PAGINA SIGUIENTE

PRUEBA 3: CIENCIAS

Las preguntas 5 a 8 se refieren al siguiente artículo.

El agua está tan extensamente distribuida que los científicos la han usado para establecer diferentes normas de medidas científicas. Los puntos fijos de un termómetro se basan en los puntos del agua cuando hierve o se congela. La caloría se define en términos relacionados con el calor específico del agua, pues la caloría es la cantidad de energía calórica necesaria para elevar un grado Celsius la temperatura de un gramo de agua.

La gravedad específica es la densidad de una sustancia comparada con la densidad del agua. La densidad del agua es sólo un gramo por mililitro, debido a que el gramo fue originalmente definido como la masa de un mililitro de agua.

5. ¿Qué propiedad del agua ha hecho que se use para definir una variedad de patrones científicos?

   (1) Su calor específico es exactamente uno
   (2) Su densidad es sólo un gramo por milímetro
   (3) Hierve a una temperatura determinada
   (4) Su distribución es extensa y muy común
   (5) Su calor específico es excepcionalmente alto

6. La caloría es una unidad de

   (1) calor específico
   (2) energía
   (3) gravedad específica
   (4) temperatura
   (5) densidad

7. El ácido sulfúrico tiene una gravedad específica de 1.84. Esto indica que un litro de ácido sulfúrico

   (1) es un líquido a la temperatura ambiente
   (2) hierve a una temperatura más alta que el agua
   (3) absorbe más calor que un litro de agua
   (4) pesa más que un litro de agua
   (5) se distribuye extensamente

8. La densidad del agua es exactamente un gramo por mililitro porque

   (1) el calor específico del agua es sólo una caloría por un gramo por un grado Celsius
   (2) la gravedad específica del agua es exactamente uno
   (3) un gramo se definió, en un principio, por la densidad del agua
   (4) el agua hierve exactamente a los 100 grados Celsius
   (5) el agua es el líquido más extensamente distribuido

Las preguntas 9 a 10 se refieren al siguiente artículo.

El científico sueco Svante Arrhenius formuló una teoría para explicar por qué las soluciones acuosas de ciertas sustancias conducen electricidad. Creó el término ion (que significa vagabundo) para explicar por qué las soluciones de los electrólitos, que son sustancias semejantes a los ácidos, las bases y las sales, conducen corriente eléctrica. Los electrólitos en solución se disocian o ionizan en iones. Las sustancias que no se ionizan no conducen corriente eléctrica.

9. ¿Cuál de estas sustancias no es un electrólito?

   (1) HNO_3 (ácido nítrico)
   (2) HCl (ácido clorhídrico)
   (3) $Ba(OH)_2$ (hidróxido de bario)
   (4) C_2H_8 (gas propano)
   (5) $NaCl$ (sal de mesa)

10. ¿Cuál de los siguientes componentes en fase líquida conduce mejor la electricidad?

   (1) $NaOH$ (hidróxido de sodio)
   (2) H_2O (agua destilada)
   (3) H_2O_2 (agua oxigenada)
   (4) CuO (óxido de cobre)
   (5) CO_2 (dióxodo de carbono)

CONTINUE EN LA PAGINA SIGUIENTE

PRUEBA 3: CIENCIAS

Las preguntas 11 a 13 se refieren al siguiente artículo.

¿Puede imaginarse cómo se siente el viajero sediento que va por el desierto, cree que ha visto agua enfrente y sólo es un espejismo? En las áreas secas del desierto, durante los días calurosos de verano, las temperaturas en el suelo alcanzan valores muy altos. Por la ausencia de agua, no se produce ningún tipo de evaporación para enfriar el suelo. La evaporación es un proceso de enfriamiento en el que el líquido se vuelve gaseoso. Tampoco hay otros mecanismos de termotransferencia, como la convección (los movimientos de líquidos y gases) y la condensación (la formación de un líquido a partir de un gas) que ayuden a enfriar la superficie. Es el descenso de la temperatura debido a la altura el que produce estos espejismos. Dicho efecto óptico ocurre cuando los rayos solares son desviados hacia arriba, a medida que la altura hace crecer la densidad del aire. El cielo parece reflejarse abajo y el aire caliente se mueve turbulentamente. Este reflejo del cielo se asemeja al agua.

11. Los mecanismos de transferencia del calor que actúan para transportar el calor hacia arriba desde el suelo son

    (A) la evaporación
    (B) la condensación
    (C) la convección

    (1) Solamente A
    (2) Solamente B
    (3) Solamente C
    (4) Solamente A y B
    (5) A, B y C

12. Si conduce por una carretera y hace mucho calor, a veces parece verse una gran extensión de agua en lugar de la superficie de la carretera. ¿Qué explica este espejismo?

    (1) La lenta evaporación del vapor en el aire y la rápida condensación
    (2) La rápida evaporación del vapor en el aire y la lenta condensación
    (3) La evaporación del agua procedente de una fuente de agua cercana
    (4) El movimiento turbulento del aire caliente y su efecto sobre los rayos solares
    (5) La diferencia extrema de la temperatura del aire y la temperatura del suelo

13. ¿Por qué siente frío cuando sale del mar en un día seco?

    (1) El agua toma el calor de su cuerpo a medida que se evapora de su piel mojada
    (2) La evaporación produce calor
    (3) La condensación enfría su cuerpo
    (4) El aire es más frío que el agua marina
    (5) La brisa marina hace que sienta más frío

Las preguntas 14 a 16 se refieren al siguiente artículo.

El ingeniero alemán Rudolf Diesel estaba obsesionado en desarrollar un motor que no tuviera bujías de encendido. Sabía él que la función de las bujías era la de hacer una explosión con la mezcla de gasolina y aire, y que la carrera de comprensión en el motor de gasolina comprimía la mezcla de combustible-aire, calentándola mucho. En el motor que inventó, la carrera de admisión sólo admite aire, en lugar de combustible y aire.

El combustible pesado, usado por Diesel, explota con la alta temperatura que resulta de la comprensión del aire cuando el pistón se mueve hacia arriba en el cilindro. Debido a la fuerte carrera de comprensión, los motores de Diesel son motores muy pesados y necesitan la robustez de un cilindro de paredes gruesas para funcionar. Los motores diesel obtienen

CONTINUE EN LA PAGINA SIGUIENTE

PRUEBA 3: CIENCIAS

más energía del combustible que queman, porque pueden operar más calientes que un motor de gasolina.

14. ¿Qué se aplica a los motores diesel y no a los de gasolina?

    (1) No necesita suministro de aire
    (2) No tiene cilindros
    (3) No tiene bujías de encendido
    (4) Usa gasolinas menos caras
    (5) No tiene pistones

15. ¿Por qué los motores diesel se usan en las locomotoras?

    (1) Obtienen más energía calórica de un combustible que es más barato
    (2) Las máquinas que funcionan quemando carbón contaminan el aire
    (3) Es díficil almacenar grandes cantidades de gasolina en la locomotora sin peligro
    (4) No es fácil disponer de energía eléctrica en áreas rurales
    (5) En las áreas rurales se dispone de gasolina diesel

16. ¿Por qué no se usan los motores diesel en los aviones?

    (1) Los motores diesel son muy pesados
    (2) La gasolina diesel es muy explosiva
    (3) Los aviones no necesitan la potencia de los motores diesel
    (4) Los cilindros ocuparían demasiado espacio
    (5) El gasolina diesel produce más contaminación que otros combustibles

Las preguntas 17 a 19 se refieren al siguiente artículo

Todas las naciones están de acuerdo en la necesidad de cooperar en los esfuerzos de investigación para estudiar y predecir los terremotos. En julio de 1956, la Primera Conferencia Mundial sobre la Ingeniería para Terremotos se celebró en Tokio. El propósito fue compartir información sobre la predicción de terremotos y los métodos de construcción de edificios y puentes que puedan resistir las sacudidas. ¿Qué causa los terremotos? La corteza de la tierra es un mosaico de pedazos limitados por profundas grietas llamadas fallas. Cuando fuerzas profundas dentro de la tierra mueven los pedazos en las fallas empiezan a generarse ondas que provocan tremendas sacudidas. Estas ondas pueden ser detectadas por los sismógrafos en todo el mundo. Si el terremoto ocurre debajo del océano, produce una enorme ola, llamada tsunami, que puede provocar grandes daños cuando llega a la costa.

17. ¿Cuál es la causa más frecuente de los terremotos?

    (1) La acción de fallas
    (2) El derrumbamiento de la tierra
    (3) El plegamiento de la tierra
    (4) Las corrientes submarinas
    (5) Los tsunamis

18. ¿Cómo se puede reducir al mínimo la destrucción ocasionada por un terremoto?

    (1) Uso más frecuente de sismógrafos
    (2) Mejorar la construcción de los edificios
    (3) Métodos más rápidos de evacuación
    (4) Cooperación internacional
    (5) Mayor control de los tsunamis

19. Las explosiones nucleares pueden ser detectadas por los sismógrafos porque

    (1) causan tsunamis
    (2) ocurren en las fallas geológicas
    (3) producen terremotos
    (4) producen grandes ondas en la corteza terrestre
    (5) comprimen las rocas

CONTINUE EN LA PAGINA SIGUIENTE

PRUEBA 3: CIENCIAS

Las preguntas 20 a 23 se refieren al siguiente artículo.

Toda materia está compuesta de átomos. Los átomos poseen protones, que contienen cargas positivas, y electrones, que contienen cargas negativas, así como neutrones que no tienen ni cargas negativas ni positivas. El átomo es neutro porque tiene el mismo número de protones que de neutrones. El centro del átomo, el núcleo, contiene protones y neutrones, mientras que los electrones se mueven alrededor de órbitas llamadas capas. Cada capa tiene la capacidad de contener un número determinado de electrones. La primera capa no puede tener más de dos electrones, mientras que la segunda capa alberga hasta ocho electrones. La tercera capa puede contener dieciocho electrones, excepto cuando es la capa exterior y entonces sólo posee hasta ocho electrones. En otros átomos, hay capas adicionales que llevan más electrones.

Un átomo tiende a completar su capa exterior al tomar prestados, prestando o compartiendo electrones. El número de electrones disponibles para cada acción se llama valencia. Por ejemplo, una valencia de +2 significa que un átomo tiene dos electrones para prestar. Un átomo con una valencia −1 quiere decir que es un átomo que necesita un electrón para completar su anillo externo. Al tomarse prestados, prestarse o compartirse electrones occure la formación de compuestos. La masa atómica de un átomo es la suma del total de la masa de sus protones y neutrones. El protón tiene una masa de una unidad de masa atómica. El neutrón tiene también una masa de una unidad de masa atómica. Pero el electrón no suma casi nada a la masa de un átomo y, por lo tanto, no se considera cuando se calcula la masa atómica. El número atómico muestra el número de protones en un átomo.

20. La valencia del calcio (Ca) es +2. La valencia del cloruro (Cl) es −1. Cuando estos elementos se combinan para formar el cloruro de calcio, la fórmula correcta para este compuesto es

    (1) $CaCl$
    (2) Ca_2Cl
    (3) $CaCl_2$
    (4) Ca_2Cl_2
    (5) Ca_4Cl_2

21. El litio tiene una masa atómica de 7 y un número atómico de 3. ¿Cuántos neutrones hay en un átomo de litio?

    (1) Ninguno
    (2) Dos
    (3) Tres
    (4) Cuatro
    (5) Diez

22. El número atómico de un átomo es siempre igual al número total de

    (1) neutrones en el núcleo
    (2) neutrones y protones en el átomo
    (3) protones y electrones en el átomo
    (4) electrones en las órbitas
    (5) protones en el núcleo

23. ¿Cuál es la valencia de un elemento que tiene 11 protones?

    (1) +11
    (2) −11
    (3) +8
    (4) +1
    (5) −1

Las preguntas 24 a 29 se refieren al siguiente artículo.

La fotosíntesis es un proceso complejo con muchos pasos intermedios. Hay diferencias de opinión sobre los detalles de estos pasos, pero la naturaleza del proceso en general y sus resultados están bien establecidos. El agua, que procede normalmente del suelo, es conducida a través del xilema de la raíz, el tallo y la hoja a las células con clorofila de las hojas. El dióxido de carbono del aire, que entra en la

CONTINUE EN LA PAGINA SIGUIENTE

PRUEBA 3: CIENCIAS

planta a través del estoma, llega a los espacios intercelulares de la hoja y entra allí en contacto con el agua. El dióxido de carbono del aire se disuelve en el agua y esta solución se propaga por las paredes y las membranas del plasma hasta llegar a las células. La clorofila en los cloroplastos de las células transforma la energía de la luz en energía química. Esta energía química se usa para descomponer el dióxido de carbono y el agua. Los productos de esta descomposición se vuelven a combinar en un nuevo compuesto. Este primer compuesto que se ha creado forma sustancias cada vez más complejas hasta que finalmente produce un azúcar. Como producto secundario de este proceso, la planta desprende oxígeno.

24. ¿Qué estructura de la planta está directamente relacionada con la producción de azúcar?

    (1) El estoma
    (2) El xilema
    (3) La pared de la célula
    (4) La membrana del plasma
    (5) El cloroplasto

25. Para que se produzca la fotosíntesis, el agua del suelo debe ser transportada hasta la hoja. ¿Qué estructura conduce el agua del suelo a la hoja?

    (1) La clorofila
    (2) El estoma
    (3) El xilema
    (4) El floema
    (5) El cloroplasto

26. ¿Por qué se necesita energía química para la fotosíntesis?

    (1) Para llevar agua a la hoja
    (2) Para descomponer la clorofila
    (3) Para descomponer el agua
    (4) Para cambiar la forma de la energía solar
    (5) Para volver a combinar los productos de la fotosíntesis

27. El azúcar está formado de carbón, hidrógeno y oxígeno. En el proceso de fotosíntesis, ¿cuál es la fuente de estos elementos químicos?

    (1) Solamente el dióxido de carbono
    (2) Solamente el agua
    (3) El dióxodo de carbono o bien el agua
    (4) El dióxido de carbono y el agua
    (5) Ni el dióxido de carbono ni el agua

28. ¿Cuál es la función de la clorofila en la fotosíntesis?

    (1) La fuente de los carbohidratos
    (2) Produce dióxido de carbono
    (3) Cambia la energía de la luz en energía química
    (4) Suministra energía química
    (5) Proporciona el color verde

29. El dióxido de carbono entra en las plantas a través de

    (1) las raíces
    (2) el xilema
    (3) la membrana del plasma
    (4) el estoma
    (5) los espacios intercelulares

30. En la fotosíntesis, las plantas producen los carbohidratos que se transforman en el suministro de energía para las plantas y para los animales que se comen las plantas. La fotosíntesis sólo puede producirse cuando la planta está expuesta a la luz solar. ¿Qué afirmación resume este proceso?

    (1) Las energías solar y química se usan para el crecimiento
    (2) La energía química se convierte en energía solar
    (3) La energía solar se usa para el crecimiento
    (4) La energía química se usa para el crecimiento
    (5) La energía solar se convierte en energía química

CONTINUE EN LA PAGINA SIGUIENTE

PRUEBA 3: CIENCIAS

31. Las plantas, expuestas a la luz solar, absorben el dióxido de carbono para producir glucosa y a cambio desprenden oxígeno. ¿Cuál de estas afirmaciones es la que probablemente aumentaría los resultados del proceso?

    (1) Incrementar la cantidad de oxígeno en el aire
    (2) Añadir glucosa al suelo
    (3) Poner las plantas en la sombra
    (4) Reducir la cantidad de dióxido de carbono en el aire
    (5) Incrementar la cantidad de dióxido de carbono en el aire

32. En el proceso de la evolución, los cambios a largo alcance de los organismos se deben a la adaptación al medio ambiente. ¿Cuál es probablemente la razón por la que los cálaos de Africa se parecen a los tucanes de Sudamérica, aunque no son de la misma familia?

    (1) El parecido es una pura coincidencia
    (2) Ha habido un intercambio genético entre los dos tipos de aves
    (3) Los dos tipos de aves proceden del mismo antepasado
    (4) Los dos tipos de aves comen frutas en las selvas tropicales
    (5) Los tucanes han emigrado a Africa

33. Tanto plantas como animales producen la energía que necesitan a través de la reacción del azúcar con el oxígeno. ¿Cuándo usan más oxígeno del que producen?

    (1) Cuando la atmósfera tiene mucho dióxido de carbono
    (2) Cuando la atmósfera tiene demasiado oxígeno
    (3) Cuando el suelo está muy mojado
    (4) Cuando la luz solar es más fuerte de lo común
    (5) En la oscuridad de la noche

34. A las madres embarazadas se les recomienda una dosis diaria de 8,000 unidades de vitamina A. Se ha encontrado que el compuesto químico 13 ácido cisretinoico, que está relacionado químicamente con la vitamina A, es la causa de ciertos defectos de nacimiento. ¿Qué recomendación les haría a las madres embarazadas?

    (1) Evitar las vitaminas
    (2) Tomar grandes dosis de vitamina A
    (3) No tomar vitamina A
    (4) Esperar los resultados de las investigaciones antes de modificar la ingestión de vitaminas
    (5) Evitar dosis que sobrepasen las 8,000 unidades de vitamina A

35. El potasio está recibiendo atención especial como complemento nutritivo. El potasio conduce una carga eléctrica y es muy importante en la transmisión de los impulsos nerviosos y la contracción muscular. Frutas como el plátano y los albaricoques secos son muy ricas en potasio. Estos alimentos se recomiendan a aquellas personas cuyos medicamentos ocasionan pérdida de agua en el organismo ya que al mismo tiempo hay pérdida de potasio. ¿Por qué puede haber trastornos cardíacos si se pierde potasio?

    (1) El corazón necesita plátanos y albaricoques
    (2) El corazón absorbe mucho potasio
    (3) Aumenta la presión de la sangre
    (4) Disminuye la presión de la sangre
    (5) Los músculos del corazón requieren potasio para contraerse

CONTINUE EN LA PAGINA SIGUIENTE

PRUEBA 3: CIENCIAS

36. Los óxidos de carbono, azufre y nitrógeno que salen por las chimeneas de plantas eléctricas activadas por carbón reaccionan con el agua para formar ácidos. La contaminación que producen estos gases acumulados son la causa de las siguientes formas de daño ambiental, *excepto*

    (1) la deformidad física de los peces en desarrollo
    (2) la corrosión de los edificios
    (3) la muerte de muchos árboles de los bosques
    (4) el peligro a los pulmones humanos
    (5) la contaminación por aguas cloacales de los suministros de agua

37. Las leyes que controlan la recombinación de genes son parecidas para todos los organismos de reproducción sexual. Estas leyes han sido estudiadas en numerosos análisis estadísticos que se han llevado a cabo durante varias generaciones. ¿Cuáles de estos organismos puede ser más útil en los experimentos para estudiar las leyes de recombinación de genes?

    (1) Las bacterias
    (2) Los seres humanos
    (3) Los ratones
    (4) Los perros
    (5) Los robles

38. En un principio, la atmósfera de la tierra no tenía oxígeno. Este se produjo cuando las bacterias desarrollaron un pigmento verde que hizo posible la fotosíntesis. ¿Cuál de los siguientes grupos representa la secuencia en que los organismos aparecieron en la tierra?

    (1) Animales, bacterias verdes, bacterias no verdes
    (2) Bacterias verdes, animales, bacterias no verdes
    (3) Animales, bacterias no verdes, bacterias verdes
    (4) Bacterias no verdes, bacterias verdes, animales
    (5) Bacterias no verdes, animales, bacterias verdes

39. El diagrama de abajo muestra los cambios en la población de lobos y alces en los bosques norteños en el período de seis años. ¿Qué explicación es la más razonable?

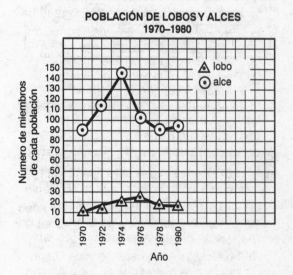

POBLACIÓN DE LOBOS Y ALCES
1970–1980

(1) Los alces producen más descendencia cuando hay pocos lobos
(2) Cuando más lobos hay, más alces matan
(3) Los lobos producen más descendencia cuando hay muchos alces
(4) La población tanto de lobos y como de alces varía según las condiciones del tiempo
(5) La población de lobos no tiene ninguna relación con la disponibilidad de alces

CONTINUE EN LA PAGINA SIGUIENTE

PRUEBA 3: CIENCIAS

La pregunta 40 se refiere al siguiente diagrama.

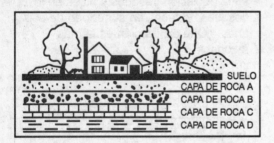

SUELO
CAPA DE ROCA A
CAPA DE ROCA B
CAPA DE ROCA C
CAPA DE ROCA D

40. Cuando los sedimentos se depositan en el océano, forman nuevas capas encima de las ya existentes. El sedimento puede convertirse en rocas fosilizadas. ¿Qué conclusión puede sacar un geólogo sobre los fósiles encontrados en las capas de rocas que se muestran en el diagrama?

    (1) Todos los fósiles tienen la misma edad
    (2) Los años relativos de un fósil no se pueden determinar
    (3) Los fósiles en la capa de roca D son más viejos que los de la capa A
    (4) Los fósiles de la capa de roca B son más viejos que los de la capa C
    (5) Los fósiles de la capa de roca A son más viejos que los de la capa B

41. El virus del SIDA se transmite directamente por la sangre u otros fluidos corporales de una persona infectada al cuerpo de otra persona. Un individuo puede contraer SIDA mediante cualesquiera de las siguientes posibilidades, *excepto*

    (1) por respirar el aire de la respiración de una persona enferma
    (2) por hacer el acto sexual con una persona infectada
    (3) por usar una aguja hipodérmica que ha sido anteriormente usada por alguien que tiene la enfermedad
    (4) por recibir una transfusión de sangre procedente de una persona infectada
    (5) por contagio del virus de una mujer embarazada al feto

42. Las plantas de maíz pueden tener ciertos genes que las hacen inmunes a los efectos venenosos de los herbicidas. Estos genes pueden originarse espontáneamente por mutación y luego pasar a futuras generaciones. ¿Qué puede hacer un cultivador de plantas para desarrollar una línea de maíz que no se muera por los herbicidas?

    (1) Aplicar herbicidas para causar mutaciones
    (2) Prevenir las mutaciones a través de un control cuidadoso de las condiciones del ambiente
    (3) Buscar plantas inmunes a través de la aplicación de herbicidas y reproducir las que sobrevivan
    (4) Impedir todo tipo de fertilizantes y reproducir las plantas que sobreviven
    (5) Impedir los herbicidas y reproducir las plantas que se han mutado

43. Desde la Segunda Guerra Mundial, se han desarrollado nuevas variedades de arroz que producen dos o tres veces más granos después de ser abonadas con altas dosis de fertilizantes químicos. Un agricultor debería evitar cultivar estas variedades si

    (1) está acostumbrado a cultivar variedades más conocidas de arroz
    (2) sólo está cultivando un pequeño terreno
    (3) la granja tiene un clima húmedo poco común
    (4) no tiene manera de conseguir las semillas de estas nuevas variedades
    (5) los fertilizantes cuestan más que el valor de los granos adicionales

CONTINUE EN LA PAGINA SIGUIENTE

PRUEBA 3: CIENCIAS

44. Cuando el alcohol se calienta, desprende un vapor pesado e inflamable. ¿Qué precauciones se deberían tomar para calentar alcohol en un tubo de ensayo?

    (1) Taponar el tubo de ensayo y luego calentarlo lentamente sólo por debajo
    (2) Calentar el tubo de ensayo abierto suavemente sólo cerca de la parte de debajo
    (3) Taponar el tubo de ensayo y colocarlo en una cubeta con agua. Luego calentar el agua en la cubeta
    (4) Colocar el tubo de ensayo abierto en una cubeta con agua y luego calentar el agua en la cubeta
    (5) Calentar el tubo de ensayo abierto por el medio y luego por debajo

Las preguntas 45 a 49 se refieren al siguiente artículo.

Hoy en día, algunas plantas se reproducen asexualmente para producir millones de plantas más a partir de una parte muy pequeña de la planta original. La reproducción asexual o agámica de la planta es posible debido a que sus células diploides tienen el mismo potencial genético que los zigotos que originalmente produjo la planta y debido también a la acción de las hormonas auxina y citocinina. Estas hormonas se combinan con otras sustancias orgánicas e inorgánicas en un medio de cultivo que estimula la producción de nuevas plantas. El proceso de reproducción asexual ocurre en un ambiente estéril. Las nuevas plantas que se han creado son genéticamente idénticas entre sí y a la planta original.

El proceso y el equipo que se necesita para la reproducción asexual es más costoso que para las otras formas de propagación vegetal. La ventaja de este tipo de reproducción es que produce un gran número de plantas en un período muy corto de tiempo. Por ejemplo, se pueden reproducir asexualmente un millón de plantas en tan sólo seis meses.

45. ¿Por qué se usa la reproducción asexual en la reproducción de las plantas?

    (1) Se producen plantas con un nivel de variabilidad genética más elevado
    (2) Es menos costoso este tipo de reproducción que cualquier otro método
    (3) Las plantas son producidas mediante el proceso sexual, cuyo resultado final son semillas
    (4) Se obtiene un gran número de plantas en un período de tiempo muy corto
    (5) Se producen plantas de gran variedad

46. Si el número de cromosomas diploide de una planta que se ha reproducido asexualmente es 12, ¿cuál es el número de cromosomas de la célula de la planta original usada para producir la planta reproducida asexualmente?

    (1) 3
    (2) 6
    (3) 12
    (4) 24
    (5) 36

47. ¿Qué afirmaciones describen a las hormonas auxina y citocinina?

    (1) Son formas de propagación vegetativa
    (2) Pueden desarrollarse en un zigoto
    (3) Estimulan la producción de nuevas plantas
    (4) Inhiben la producción de nuevas plantas
    (5) Son formas de reproducción asexual

48. ¿Cómo se define la reproducción asexual?

    (1) Una forma de reproducción sexual
    (2) Una forma de propagación vegetativa
    (3) Una hormona inorgánica
    (4) Un componente inorgánico del medio de cultivo
    (5) Una auxina

CONTINUE EN LA PAGINA SIGUIENTE

PRUEBA 3: CIENCIAS

49. La diferencia entre las plantas producidas por reproducción asexual y las que crecen de las semillas es que

    (1) las plantas fruto de la reproducción asexual son más saludables
    (2) las plantas fruto de la reproducción asexual son idénticas a la planta original
    (3) las plantas que crecen de las semillas son idénticas a la planta original
    (4) las plantas que crecen de semillas se adaptan mejor a las condiciones en donde se cultivan
    (5) las plantas fruto de la reproducción asexual no necesitan tanto cuidado

50. Las soluciones líquidas son transparentes. Las partículas tienen el tamaño de moléculas y no se hunden. ¿Por qué encontramos en algunas etiquetas de medicamentos la inscripción "Agítese antes de usar"?

    (1) El líquido es una solución
    (2) La mezcla no es una solución
    (3) Las partículas tienen el tamaño de moléculas
    (4) Las partículas no son visibles
    (5) La luz atraviesa la solución

Las preguntas 51 a 53 se refieren al siguiente artículo.

Los compuestos que conocemos como bases son amargos de gusto y parecen resbalosos. El gusto de los ácidos es agrio. El papel de tornasol se usa para determinar si una sustancia es un ácido o una base; el papel se vuelve azul cuando se trata de una base y rojo si es un ácido. Si se combinan cantidades exactas de un ácido y una base, reaccionan químicamente y producen una sal que no es ni un ácido ni una base.

51. Los siguientes productos son ácidos, excepto

    (1) las naranjas
    (2) el vinagre
    (3) la crema agria
    (4) las manzanas
    (5) la mantequilla

52. ¿Cuál de estos productos harían que el papel de tornasol se volviera azul?

    (1) El alcohol
    (2) El jabón
    (3) La toronja
    (4) El agua pura
    (5) La soda cremosa

53. Una base como el amoníaco y un ácido como el vinagre pueden limpiar la suciedad acumulada en los vidrios. Si una ama de casa combina estos compuestos para limpiar las ventanas, ¿cuáles serán los resultados?

    (1) No hay manera de predecir resultado alguno
    (2) La mezcla obrará mejor que cada sustancia por separado
    (3) El amoníaco continuará siendo efectivo, pero el vinagre no mejorará su desempeño
    (4) El vinagre continuará siendo efectivo, pero el amoníaco no mejorará su desempeño
    (5) La mezcla no dará buenos resultados

54. ¿Cuál de estas normas generales explica mejor el hecho que un cubito de hielo enfría una bebida?

    (1) El frío se mueve hacia los objetos con mayor temperatura
    (2) El calor se mueve hacia los objetos con mayor densidad
    (3) El calor se mueve hacia los objetos con menor densidad
    (4) El frío se mueve hacia los objetos con menor temperatura
    (5) El calor se mueve hacia los objetos con menor temperatura

CONTINUE EN LA PAGINA SIGUIENTE

PRUEBA 3: CIENCIAS

Las preguntas 55 a 58 se refieren al pasaje y diagrama siguientes.

Cuando se levanta el aire, se expande y su temperatura disminuye. Contrariamente, cuando el aire desciende, se condensa y hace que el ambiente sea más caliente. Cuando el aire se enfría, su humedad relativa aumenta. Cuando esta humedad relativa llega al 100%, la humedad se condensa en el aire.

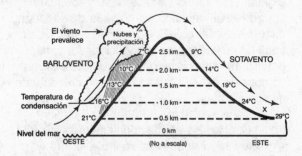

El diagrama muestra la dirección en que prevalece el viento y las temperaturas del aire en diferentes alturas a ambos lados de la montaña.

55. ¿Cuál debería ser la temperatura aproximada del aire en la cima de la montaña?

(1) 12°C
(2) 10°C
(3) 0°C
(4) 7°C
(5) 4°C

56. ¿En qué lado de la montaña y a qué altura es la humedad relativa probablemente de 100%?

(1) En el lado de barlovento a 0.5 Km
(2) En el lado de barlovento a 1.5 Km
(3) En el lado de sotavento a 1.0 Km
(4) En el lado de sotavento, a 2.5 Km
(5) En el lado de sotavento, a 1.5 Km

57. ¿Cómo cambia la temperatura del aire cuando éste se levanta en el lado de barlovento de la montaña entre el nivel del mar y 0.5 Km?

(1) La temperatura sube debido a la compresión del aire
(2) La temperatura sube debido a la expansión del aire
(3) La temperatura baja debido a la compresión del aire
(4) La temperatura baja debido a la expansión del aire
(5) La temperatura sube y baja debido a la expansión del aire

58. ¿Qué aspecto geográfico está ubicado en la base de la montaña en el lado de sotavento (ubicación X)?

(1) Una región árida
(2) Una selva
(3) Un glaciar
(4) Un gran lago
(5) Un río

59. Las actividades humanas producen y añaden a la atmósfera los siguientes elementos contaminadores, excepto

(1) El sonido
(2) El polen
(3) La radiación
(4) El humo
(5) Los óxidos de carbono

CONTINUE EN LA PAGINA SIGUIENTE

PRUEBA 3: CIENCIAS

Las preguntas 60 a 61 se refieren al pasaje y diagrama siguientes.

El bloque marcado con la letra A está siendo tirado hacia arriba a una velocidad constante por el peso que está cayendo en el otro lado. Debido a que la velocidad es constante, la fuerza que lo tira hacia arriba debe ser igual a la magnitud de la fuerza que lo frena.

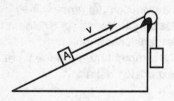

60. ¿Cómo cambiaría la situación si se usara un peso más grande?

    (1) Nada cambiaría
    (2) Tanto el bloque como el peso se acelerarían en lugar de mantener una velocidad constante
    (3) Tanto el bloque como el peso irían a una velocidad constante más rápida
    (4) El peso se aceleraría, pero el bloque continuaría moviéndose a una velocidad constante
    (5) Tanto el bloque como el peso disminuirían su velocidad

61. ¿Cuál de estas flechas representa mejor la dirección de la fuerza de roce en el bloque?

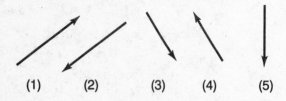

Las preguntas 62 a 66 se refieren a la siguiente información.

Se ha realizado un experimento para encontrar cuáles son las circunstancias por las que un determinado tipo anormal de moscas tiene ventajas selectivas respecto a las moscas normales. Se prepararon dos botellas con el mismo tipo de comida y las botellas se pusieron una al lado de la otra durante todo el tiempo del experimento. La botella A tenía una pequeña tira adhesiva cazamoscas colgada de su tapón, mientras que la botella B no tenía nada. Cuatro tipos de mosca fueron introducidas en cada botella: 10 machos y 10 hembras, cada grupo compuesto de variedades de mosca alada y de mosca sin alas.

62. ¿Cuál de las afirmaciones siguientes es muy importante para controlar el experimento?

    (1) El uso tanto de machos como hembras
    (2) La colocación de papel adhesivo sólo en una de las botellas
    (3) El uso del mismo tipo de comida en cada botella
    (4) La introducción de ambos tipos de mosca en cada botella
    (5) La seguridad de que las botellas estén bien tapadas

63. ¿Cuál es la hipótesis puesta a prueba?

    (1) Las moscas macho tienen más capacidad de sobrevivir que las hembras
    (2) Las moscas con alas tienen más posibilidades de sobrevivir que las que no tienen
    (3) Hay circunstancias en que no tener alas es una ventaja para la supervivencia respecto a las moscas que tienen alas
    (4) Las moscas sin alas tienen más posibilidades de sobrevivir que las que tienen
    (5) Todas las moscas tienen las mismas expectativas de supervivencia

CONTINUE EN LA PAGINA SIGUIENTE

PRUEBA 3: CIENCIAS

64. El experimento se hizo con el mismo número de los cuatro tipos de mosca en cada botella. Esto es

    (1) un hecho sin importancia
    (2) un detalle en el concepto del experimento
    (3) una suposición
    (4) una ley general de la naturaleza
    (5) un hallazgo experimental

65. Se sabe que la carencia de alas en ciertas moscas se debe a veces a una mutación. En el contexto de este experimento, esto es

    (1) una suposición
    (2) una ley general de la naturaleza
    (3) una hipótesis
    (4) una afirmación del problema
    (5) un hecho sin importancia

66. ¿Qué principio general de la naturaleza sería demostrado por el hallazgo de que la mayoría de las moscas con alas murieron en los cazamoscas adhesivos?

    (1) Los papeles adhesivos cazamoscas son un control muy efectivo de los insectos
    (2) Las moscas existen en la naturaleza en diferentes formas
    (3) La evolución favorece a las formas con mayor capacidad de supervivencia
    (4) La capacidad de supervivencia de una característica depende del ambiente en donde vive el organismo
    (5) Los procesos en los ecosistemas naturales no pueden simularse en el laboratorio

FIN DEL EXAMEN

PRUEBA 4: INTERPRETACIÓN DE LA LITERATURA Y LAS ARTES

Instrucciones

La Prueba de Interpretación de la Literatura y de las Artes consiste en pasajes extraídos de la literatura clásica y popular, así como artículos sobre la literatura y las artes. Cada pasaje va seguido de preguntas de opción múltiple sobre la materia de lectura.

Primero lea cada pasaje y entonces conteste las preguntas que le siguen. Refiérase a la materia de lectura cuantas veces sea necesario para contestar las preguntas.

Cada pasaje va precedido de una "pregunta de orientación" que le da el rumbo general a la materia. Use estas preguntas de orientación para ayudarle a concentrarse en la lectura. No debe contestar a las preguntas de orientación, sino a las que aparecen después del pasaje.

Dispone de 65 minutos para contestar las preguntas. Trabaje con cuidado, pero no dedique demasiado tiempo en una sola pregunta. No se le penalizará por respuestas incorrectas.

Para indicar sus respuestas en la hoja de respuestas, llene uno de los círculos numerados que aparecen al lado del número correspondiente a la pregunta que está contestando de la prueba.

POR EJEMPLO:

Era el sueño de Susana. El color azul metálico resplandecía y le brillaba el cromo de las ruedas. El motor se había limpiado con el mismo esmero. Adentro, las luces iluminaban el tablero de instrumentos y los asientos estaban cubiertos de cuero fino.

¿A qué se refiere el pasaje?   ① ② ● ④ ⑤

(1) A un tocadiscos
(2) A un barco
(3) A un automóvil
(4) A una motocicleta
(5) A un avión

La respuesta correcta es "A un automóvil"; por lo tanto, debe marcar el círculo número 3 en la hoja de respuestas.

CONTINUE EN LA PAGINA SIGUIENTE

PRUEBA 4: INTERPRETACIÓN DE LA LITERATURA Y LAS ARTES

Las preguntas 1 a 5 se basan en el siguiente pasaje novelesco del escritor español Mariano José de Larra (1809–1837).

¿CÓMO ES EL AMIGO DEL ESCRITOR?

Los días en que mi amigo no tiene convidados se contenta con una mesa baja, poco más que banqueta de zapatero, porque él y su mujer, como dice, ¿para qué
(5) quieren más? Desde la tal mesita, y como se sube el agua del pozo, hace subir la comida hasta la boca, adonde llega goteando después de una larga travesía; porque pensar que estas gentes han de
(10) tener una mesa regular, y estar cómodos todos los días del año, es pensar en lo excusado. Ya se concibe, pues, que la instalación de una mesa de convite era un acontecimiento en aquella casa; así que, se
(15) había creído capaz de contener catorce personas que éramos en una mesa donde apenas podrían comer ocho cómodamente. Hubimos de sentarnos de medio lado como quien va a arrimar el hombro a la comida y
(20) entablaron los codos de los convidados íntimas relaciones entre sí con la más fraternal inteligencia del mundo. Colocáronme con mucha distinción, entre un niño de cinco años, encaramado en unas
(25) almohadas que era preciso enderezar a cada momento porque las ladeaba la natural turbulencia de mi joven acompañante, y entre uno de estos hombres que ocupan el espacio y sitio de tres, cuya corpulencia por
(30) todos lados se salía de madre de la única silla en la que se hallaba sentado, digámoslo así, como en la punta de una aguja. Desdobláronse silenciosamente las servilletas, nuevas a la verdad, porque
(35) tampoco eran muebles en uso para todos los días, y fueron izadas por todos aquellos buenos señores a los ojales de sus fraques como cuerpos intermedios entre las salsas y las solapas.

1. El pasaje da detalles para crear una visión de

   (1) una familia opulenta
   (2) una casa lujosa
   (3) una familia humilde
   (4) una familia numerosa
   (5) una familia feliz

2. ¿Cómo era el hombre que tenía sentado al lado el autor?

   (1) Obeso
   (2) Atractivo
   (3) Bajo de estatura
   (4) Sin madre
   (5) Alto de estatura

3. ¿Qué situación hace que el autor use la ironía para describir el acontecimiento?

   (1) El niño se va cayendo de la silla
   (2) Las servilletas eran nuevas
   (3) Los invitados chocan con los codos
   (4) En la mesa no caben catorce invitados
   (5) El señor de al lado no cabe en la silla

4. Este pasaje novelesco se podría incluir dentro del género del

   (1) ensayo filosófico
   (2) artículo bibliográfico
   (3) ensayo histórico
   (4) artículo costumbrista
   (5) artículo periodístico

5. La idea principal del autor es

   (1) mostrar que a su amigo le importan las apariencias
   (2) enfatizar que la mesa de su amigo es pequeña
   (3) hacer notar que es una familia sin recursos
   (4) describir a los invitados en la comida
   (5) criticar a su amigo por haber invitado a tanta gente

CONTINUE EN LA PAGINA SIGUIENTE

PRUEBA 4: INTERPRETACIÓN DE LA LITERATURA Y LAS ARTES

<u>Las preguntas 6 a 10</u> se basan en una novela del venezolano Arturo Uslar Pietri (1906).

¿POR QUÉ LA LLUVIA PREOCUPA TANTO A LA PROTAGONISTA?

La mujer sudorosa e insomne prestó oído, entreabrió los ojos, trató de adivinar por las rayas luminosas, atisbó un momento, miró el chinchorro, quieto y pesado, y llamó
(5) con voz agria:

—¡Jesuso!

Calmó la voz esperando respuesta y entretanto comentó alzadamente:

—Duerme como un palo. Para nada
(10) sirve. Si vive como si estuviera muerto...

El dormido salió a la vida con la llamada, desperezóse y preguntó con voz cansina:

—¿Qué pasa Usebia? ¿Qué escándalo es ése? ¡Ni de noche puedes dejar en paz
(15) a la gente!

—Cállate, Jesuso, y oye.

—¿Qué?

—Está lloviendo, lloviendo, ¡Jesuso!, y ni lo oyes. ¡Hasta sordo te has puesto!
(20) Con esfuerzo malhumorado, el viejo se incorporó, corrió a la puerta, la abrió violentamente y recibió en la cara y en el cuerpo medio desnudo la plateadura de la luna llena y el soplo ardiente que subía por
(25) la ladera del conuco agitando las sombras. Lucían las estrellas.

Alargó hacia la intemperie la mano abierta, sin sentir una gota.

Dejó caer la mano, aflojó los músculos y
(30) recostóse en el marco de la puerta.

—¿Ves vieja loca, tu aguacero? Ganas de trabajar la paciencia.—La mujer quedóse con los ojos fijos mirando la gran claridad que entraba por la puerta. Una rápida gota
(35) de sudor le cosquilleó en la mejilla. El vaho cálido inundaba el recinto.

Jesús tornó a cerrar, caminó suavemente hasta el chinchorro, estiróse y se volvió a oír el crujido de la madera en la mecida.
(40) Una mano colgaba hasta el suelo resbalando sobre la tierra del piso.

La tierra estaba seca como una piel áspera, seca hasta el extremo de las raíces, ya como huesos, se sentía flotar sobre ella
(45) una fiebre de sed, un jadeo, que torturaba los hombres.

6. El marido de Eusebia es un hombre

   (1) activo
   (2) trabajador
   (3) perezoso
   (4) preocupado
   (5) alegre

7. Usebia llamó a su marido para

   (1) contarle que había oído la lluvia
   (2) molestarlo mientras estaba durmiendo
   (3) animarlo a ver la luna y las estrellas
   (4) hacerle una broma
   (5) quejarse sobre la sequía

8. El escenario de esta historia es posiblemente

   (1) una ciudad pequeña de Europa
   (2) una comunidad rural latinoamericana
   (3) un pueblo de la costa mediterránea
   (4) un suburbio industrial americano
   (5) cualquier lugar del mundo

9. La idea principal de este pasaje es

   (1) la holgazanería del viejo
   (2) la locura de la mujer
   (3) la sequía
   (4) la posibilidad de una tormenta
   (5) el resplandor de la luna

10. ¿En qué frase el autor hace una figura literaria?

    (1) Trató de adivinar por las rayas luminosas
    (2) Lucían todas las estrellas
    (3) El vaho cálido inundaba el recinto
    (4) El dormido salió a la vida
    (5) La tierra estaba seca como una piel áspera, ya como huesos

CONTINUE EN LA PAGINA SIGUIENTE

PRUEBA 4: INTERPRETACIÓN DE LA LITERATURA Y LAS ARTES

<u>Las preguntas 11 a 15</u> se basan en el siguiente pasaje del escritor Miguel Angel Asturias.

¿POR QUÉ DON FÉLIX ESTÁ ENFADADO?

—Desde que oí que entrabas arrastrando los pies y tras los pies el ruido de culebra de la punta del chicote por el suelo, pensé que venías de mal talante...

(5) —salió al encuentro de don Félix su hermana Trinidad, envuelta en la abstracta luz de una candela de estearina sostenida por sus delgados dedos, tan delgados que más que su mano formaban parte de los

(10) encajes de sus mangas.

—¿De mal talante?—estalló aquél, escupiendo el barbiquejo del sombrero tejano que echó hacia atrás—¡Vengo como para que me toreen!

(15) —No te vendieron el café—apresuró su hermana de filoso y velludo labio, la espeluznaba sentirse el bigotito—y yo que te había servido el chocolate.

—Me lo hubieran vendido, no al precio

(20) que yo les ofrecía, por supuesto, hasta les mejoré la oferta, pero nunca falta un pelo en la sopa, cuando ya iban entrando por el aro, se apareció uno de los peludos Zigüil, con el anuncio de que el café acaba de

(25) subir dos dólares, según decía la radio.

—Y ya no pudiste cerrar el trato...

—¡Sesenta dólares el quintal!

—¡Están locos!

—¡Qué locos... están queriendo techar

(30) su casa a mis costillas!

—¿Casa?... Ya se volvieron de casa.... si son de rancho...

—Ya tienen la madera y el adobe y con lo que saquen de estos quintales

(35) comprarán la lámina para techarla....

Madera sacada de nuestros bosques...

—¡Qué sinvergüenzas!

—¡Vergüenzas tienen!

—¡Félix, no me gustan los juegos de

(40) palabras, los detesto!

—La sal y pimienta de toda charla...

—Pues ante mí guárdate tus especias, demasiado picantes para el paladar de una señorita que no está acostumbrada a

(45) hablar en doble sentido...

11. ¿Qué comparación hace el narrador en el primer párrafo?

  (1) La punta del chicote con el suelo

  (2) Los dedos de la mano con los encajes de la manga

  (3) La luz abstracta con una candela de estearina

  (4) Los pies con el ruido de una culebra

  (5) Una culebra con los dedos de la mano

12. ¿Por qué don Félix no compró el café? Porque

  (1) le ofreció una oferta mejor y el vendedor no lo aceptó

  (2) subió de precio y no quiso comprarlo

  (3) subió de precio y no tenía el dinero

  (4) no le gusta el café que venden allí

  (5) ya se había acabado

13. ¿Qué quiere decir el autor con la expresión "nunca falta un pelo en la sopa"?

  (1) La tienda estaba muy sucia

  (2) Siempre pasa algo en el último momento

  (3) Hay gente que habla demasiado

  (4) No le gusta la sopa

  (5) Todo está arreglado

14. ¿De qué se queja don Félix cuando habla de la casa que se está construyendo el vendedor?

  (1) Está hecha de adobe

  (2) No es una casa sino un rancho

  (3) No quiere ayudarle a construirla

  (4) Está sacando la madera de sus bosques

  (5) Es demasiado grande

15. El narrador muestra que hay diferencias entre los dos hermanos. ¿Cuál es una de ellas?

  (1) La manera de hablar

  (2) A uno le gusta la sal y pimienta y al otro no

  (3) La manera de caminar

  (4) El modo de construir una casa

  (5) El modo de conseguir café en aquellos tiempos

CONTINUE EN LA PAGINA SIGUIENTE

PRUEBA 4: INTERPRETACIÓN DE LA LITERATURA Y LAS ARTES

Las preguntas 16 a 20 se basan en la siguiente poesía del poeta cubano José Martí (1835–1895).

¿A QUIÉN LLEVA SENTADO EN SU HOMBRO?

Ved: sentado lo llevo
sobre mi hombro:
oculto va, y visible
para mí solo:
(5) él me ciñe las sienes
con su redondo
brazo, cuando a las fieras
penas me postro:
cuando el cabello hirsuto
(10) yérguese y hosco,
cual de interna tormenta
símbolo torvo,
como un beso que vuela
siento en el tosco
(15) cráneo: su mano amansa
el bridón loco—
cuando en medio del recio
camino lóbrego,
sonrío, y desmayado
(20) del raro gozo,
la mano tiendo en busca
de amigo apoyo,—
es que un beso invisible
me da el hermoso
(25) niño que va sentado
sobre mi hombro.

16. ¿Qué está narrando el poeta?

    (1) Un estado de ánimo
    (2) La vida de un niño
    (3) La razón de tener un cráneo
    (4) Un camino largo que recorrer
    (5) Un sueño

17. En este poema, el poeta está

    (1) triste
    (2) atormentado
    (3) calmado
    (4) jubiloso
    (5) aburrido

18. ¿Qué comparación hace el poeta?

    (1) El cabello con un beso
    (2) Un cráneo con un niño
    (3) El brazo con una fiera
    (4) Un niño con la calma después de la tormenta
    (5) El amigo con el hombro

19. El poema tiene forma de

    (1) quintilla
    (2) oda
    (3) verso libre
    (4) soneto
    (5) sextina

20. Un ejemplo de rima asonante en el poema es

    (1) llevo con hombro
    (2) tormenta con vuela
    (3) postro con hosco
    (4) recio con desmayado
    (5) amansa con busca

Las preguntas 21 a 25 se refieren al siguiente poema del poeta colombiano José Asunción Silva (1865–1896).

¿QUÉ ES PARA EL POETA EL VERSO?

El verso es vaso santo; poned en él tan sólo
un pensamiento puro,
en cuyo fondo bullan hirvientes las imágenes
como burbujas de oro de un viejo vino oscuro.

(5) Allí verted las flores que la continua lucha
ajó del mundo frío,
recuerdos deliciosos de tiempos que no
    vuelven,
y nardos empapados en gotas de rocío.

(10) Para que la existencia mísera se embalsame
cual de una ciencia ignota
quemándose en el fuego del alma enternecida
de aquel supremo bálsamo, ¡basta una sola
    gota!

CONTINUE EN LA PAGINA SIGUIENTE

PRUEBA 4: INTERPRETACIÓN DE LA LITERATURA Y LAS ARTES

21. ¿Qué frase expresa mejor la idea del poema?

    (1) Recuerdos deliciosos de tiempos que no vuelven
    (2) Como burbujas de un viejo vino oscuro
    (3) Para que la existencia mísera se embalsame
    (4) Cual de una ciencia ignota
    (5) En cuyo fondo bullan hirvientes las imágenes

22. El poeta parece que quiere

    (1) usar los versos para exaltar la vida
    (2) crear un jardín de flores y nardos
    (3) quemar su alma
    (4) olvidar el pasado
    (5) hacer un canto a la naturaleza

23. ¿Qué quiere decir el poeta con "El verso es vaso santo"?

    (1) Le permite hacer milagros
    (2) Le permite elogiar a las flores
    (3) Le permite contar sus recuerdos
    (4) Le permite hacer volar la imaginación
    (5) Le permite expresar sentimientos

24. ¿Cuál de estas afirmaciones sugiere el poema?

    (1) La lucha se asemeja a poner flores en el camino
    (2) Los recuerdos son deliciosos
    (3) Su existencia es miserable
    (4) La poesía es una ciencia ignota
    (5) Los nardos son unas flores hermosas

25. ¿Cómo se siente el poeta?

    (1) Feliz
    (2) Esperanzado
    (3) Enojado
    (4) Confundido
    (5) Desilusionado

Las preguntas 26 a 30 se basan en el siguiente pasaje teatral de *Bodas de sangre* de Federico García Lorca (1898–1936).

¿QUÉ PIENSAN LOS LEÑADORES DE LO QUE ESTÁ PASANDO?

ACTO TERCERO

Bosque. Es de noche. Grandes troncos húmedos. Ambiente oscuro. Se oyen dos violines.

(5)   (Salen tres leñadores)
LEÑADOR 1°. ¿Y los han encontrado?
LEÑADOR 2°. No. Pero los buscan por todas partes.
LEÑADOR 3°. Ya darán con ellos.
(10) LEÑADOR 2°. ¡Chissss!
LEÑADOR 3°. ¿Qué?
LEÑADOR 2°. Parece que se acercan por todos los caminos a la vez.
LEÑADOR 1°. Cuando salga la luna los
(15)   verán.
LEÑADOR 2°. Debían dejarlos.
LEÑADOR 1°. El mundo es grande. Todos pueden vivir en él.
LEÑADOR 3°. Pero los matarán.
(20) LEÑADOR 2°. Hay que seguir la inclinación. Han hecho bien en huir.
LEÑADOR 1°. Se estaban engañando uno al otro y al final la sangre
(25)   pudo más.
LEÑADOR 3°. ¡La sangre!
LEÑADOR 1°. Hay que seguir el camino de la sangre.
LEÑADOR 2°. Pero sangre que ve la luz se
(30)   la bebe la tierra.
LEÑADOR 1°. ¿Y qué? Vale más ser muerto desangrado que vivo con ella podrida.
LEÑADOR 3°. Callar.
(35) LEÑADOR 1°. ¿Qué? ¿Oyes algo?
LEÑADOR 3°. Oigo los grillos, las ranas, el acecho de la noche.
LEÑADOR 1°. Pero el caballo no se siente.
LEÑADOR 3°. No.
(40) LEÑADOR 1°. Ahora la estará queriendo.
LEÑADOR 2°. El cuerpo de ella era para él y el cuerpo de él era para ella.
LEÑADOR 3°. Los buscan y los matarán.

CONTINUE EN LA PAGINA SIGUIENTE

PRUEBA 4: INTERPRETACIÓN DE LA LITERATURA Y LAS ARTES

(45) LEÑADOR 1°. Pero ya habrán mezclado
sus sangres y serán como
dos cántaros vacíos, como
dos arroyos secos.
LEÑADOR 2°. Hay muchas nubes y será
(50) fácil que la luna no salga.
LEÑADOR 3°. El novio los encontrará con
luna o sin luna. Yo lo vi salir.
Como una estrella furiosa. La
cara color ceniza. Expresaba
el sino de su casta.

26. ¿Qué sentimiento tienen los leñadores
hacia lo que está pasando?

(1) les asusta la oscuridad
(2) no ven con buen ojo que la novia haya
huído
(3) están preocupados la luna descubra a
los amantes
(4) sienten pena del novio que los está
buscando
(5) no les importa lo que está pasando

27. ¿Qué quiere decir que "la sangre que ve la
luz se la bebe la tierra" en este pasaje?

(1) La sangre se evapora rápido
(2) No tener la valentía de hacer algo
(3) La pasión se acaba pronto
(4) La sangre en el camino no se ve con la
luz
(5) Los amantes están en peligro

28. ¿Qué significa "Vale más ser muerto
desangrado que vivo con ella podrida"?

(1) Vale más morir desangrado que sufrir la
gangrena
(2) Vale más estar muerto que vivir con
una mala mujer
(3) Vale más satisfacer la pasión y morin
que vivir insatisfecho
(4) Vale más matar a cuchillo
ensangrentado que llevar una vida
podrida
(5) Vale más morir bien que morir mal

29. ¿Qué idea principal quiere reflejar en este
pasaje?

(1) El amor
(2) El rencor
(3) El consuelo
(4) La envidia
(5) La frustración

30. ¿Qué clasificación define mejor esta pieza
teatral?

(1) Comedia
(2) Comedia trágica
(3) Tragedia poética
(4) Sátira
(5) Parodia

Las preguntas 31 a 35 se basan en el siguiente
pasaje.

¿CÓMO SE COMPORTAN LOS INDIVIDUOS CREATIVOS?

Los descubrimientos de la ciencia y la
tecnología vienen como destellos ciegos o
como resultado de accidentes dramáticos,
según han creído ciertas "mentes no
(5) instruidas". No fue el caso de Alexander
Fleming, aunque la leyenda explique que
observó el moho en un trozo de queso y le
vino la idea de la penicilina en aquel mismo
momento. Fleming experimentó con
(10) sustancias antibacterianas durante nueve
años antes de hacer su descubrimiento. Las
invenciones e innovaciones casi siempre
van acompañadas de pruebas laboriosas y
de errores. La innovación es como el
(15) hockey: incluso los mejores jugadores no
llegan siempre a la meta y sus jugadas son
detenidas más frecuentemente que sus
marcadores de tantos.
El punto está en que los jugadores que
(20) se anotan más tantos, son aquellos que
disparan más a la meta,—y esto implica
innovación en cualquier campo de
actividad. La diferencia principal entre los
innovadores y los demás es el enfoque.
(25) Todos tenemos ideas, pero los innovadores
trabajan concienzudamente en ellas y
hacen seguimientos hasta que pueden
comprobar que pueden ponerlas en

CONTINUE EN LA PAGINA SIGUIENTE

PRUEBA 4: INTERPRETACIÓN DE LA LITERATURA Y LAS ARTES

práctica o no. Nunca rechazan ninguna idea
(30) que les viene a la cabeza como si fuera
estrafalaria. Lo que la gente ordinaria ve
como abstracciones elegantes, los
innovadores profesionales lo ven como
posibilidades sólidas.
(35)   "El pensamiento crítico puede significar
simplemente darse cuenta que no hay una
virtud particular para hacer las cosas de la
manera que siempre han sido realizadas",
escribió Rudolf Flesch, el gurú de la lengua.
(40) Esto explica nuestra reacción a las
engañosamente simples innovaciones como
las bolsas de plástico para las basuras y las
maletas con ruedas que hacen que la vida
sea más cómoda. "¿Por qué nadie pensó en
(45) ello antes?".
      La creatividad no requiere una
originalidad absoluta. A menudo, es como
lanzar una pelota vieja con un efecto nuevo.
      El planteamiento de la creatividad
(50) empieza con la proposición de que nada
existe hasta que no se demuestre lo
contrario. Los innovadores son los que no
aceptan que sólo hay una manera de hacer
las cosas. Delante de la posibilidad de llegar
(55) del punto A al B, la mayoría de las personas
automáticamente empezarán por la rutina
que es más conocida y más simple. El
innovador buscará caminos alternativos que
pueda probar que a la larga son más fáciles
(60) y a la vez más interesantes.
      Los individuos altamente creativos
realmente marchan al compás de una
música diferente.

31. ¿Qué personas cree el autor que tienen
    una "mente no instruida"?

    (1) Un estudiante que ha acabado la
        escuela superior
    (2) El ciudadano de una sociedad que
        restringe las libertades personales
    (3) Una persona supersticiosa
    (4) Una persona que ignora los métodos
        de experimentación en los laboratorios
    (5) Un hombre de negocios práctico

32. Según el autor, ¿qué separa a los
    innovadores de los no innovadores?

    (1) La variedad de ideas que tienen
    (2) El número de logros que consiguen
    (3) La manera en que plantean los
        problemas
    (4) La manera en que presentan sus
        hallazgos
    (5) La experiencia que poseen

33. Según el autor, ¿cuál es la respuesta
    común a un nuevo invento?

    (1) Sorprenderse de su simplicidad
    (2) Aceptar su utilidad
    (3) Dudar de su necesidad
    (4) Depender de su comodidad
    (5) Resistirse a su uso

34. El autor usa el lenguaje figurado de lanzar
    una pelota que explica

    (1) El significado de la forma
    (2) La importancia de una nueva
        perspectiva
    (3) La importancia de la práctica
    (4) Las relaciones entre la ciencia y los
        atletas
    (5) La creación fácil

35. En el contexto del pasaje, ¿qué plantearía
    probablemente un innovador para ir del
    punto A al B?

    (1) La línea recta es la más directa y el
        planteamiento más probado
    (2) La ruta más corta es la más ventajosa
    (3) La ruta más difícil posiblemente probará
        que es la más fácil
    (4) Se deben considerar las ventajas de
        diferentes rutas
    (5) La mejor ruta es la más conocida

CONTINUE EN LA PAGINA SIGUIENTE

PRUEBA 4: INTERPRETACIÓN DE LA LITERATURA Y LAS ARTES

Las preguntas 36 a 40 se basan en el siguiente comentario de Carlos Monsiváis sobre el cine.

¿QUÉ FUNCIÓN TIENE EL CINE?

¿Qué sería del espléndido sueño contemporáneo, a un tiempo imaginación y crítica, sin la obra de Visconti, de Laurel y Hardy, de Chaplin, de Eisenstein, de Fritz
(5) Lang, de Kurosawa, de Buster Keaton, de Von Sternberg, de los Hermanos Marx, de George Cukor, de Howard Hawks, de Von Stroheim, de Dovchenko, de Igmar Bergman, de Raoul Walsh? El mejor cine de este siglo
(10) ha cumplido su función múltiple: anticipar los sueños, hacerlos partícipes del modernismo, destruirlos, renovarlos, dosificarlos, enturbiarlos, llevarlos al territorio de la pesadilla, deshacer su formato lógico,
(15) dinamitar su cartesianismo, ampliar sus nociones de belleza, proveerlos con una ambientación contemporánea. El gran cine ha aceptado y desarrollado una encomienda primordial: universalizar los sueños,
(20) amueblarlos de un modo óptico, darles la oportunidad del viaje, concederles la frecuentación de la fisonomías variadas. A partir de este cine los sueños se diversifican, se contraen, se expanden y
(25) adquieren un tono decididamente visual. Desaparece el sueño con palabras. El tiempo libre como extensión del sueño.

36. ¿Qué es el cine para el autor?

   (1) Un efecto óptico
   (2) Una pesadilla
   (3) Un formato
   (4) Un anticipo del sueño
   (5) Un pasatiempo

37. ¿De qué cine habla el autor?

   (1) El de Hollywood
   (2) El cine ruso
   (3) De todo el cine en general
   (4) El cine alemán
   (5) Del cine italiano

38. ¿Cuál dice el autor ha sido el objetivo primordial del cine?

   (1) La universalización
   (2) La funcionalidad
   (3) La destrucción
   (4) La ambientación
   (5) La desaparición de la verbalidad

39. ¿Cuál de estas cualidades del cine no menciona el autor?

   (1) La anticipación de sueños
   (2) La participación en el modernismo
   (3) La ampliación de la belleza
   (4) La simplicidad del procedimiento
   (5) La diversidad

40. ¿Qué idea principal relaciona el autor en este pasaje?

   (1) El cine con la fantasía
   (2) El tiempo libre con la diversidad
   (3) El tiempo libre con el sueño
   (4) El modernismo con la destrucción
   (5) La belleza con la ambientación

Las preguntas 41 a 45 se basan en el siguiente artículo sobre arte.

¿CUÁL ES EL MENSAJE EN LA OBRA DE CHAGALL?

"¡Tus colores cantan!", le dijo un día Leo Bakst, el profesor de Chagall. Efectivamente, Chagall creaba colores vigorosos, sólidos fragmentos, que a menudo constrastaba
(5) con efectos llamativos. Sus rojos ardientes, los verdes jugosos y el mágico "azul de Chagall" proporcionaban una satisfacción casi sensual. Cuando una vez le pregunté: "¿Cómo consigues el azul?", él repondió
(10) con su típico espíritu travieso: "Los compro en la tienda. Vienen en tubos".
   Cuando llegó a las sesenta años, la inventiva del pintor empezó a secarse. Se volvió, según palabras de un crítico, "el más
(15) fiel imitador de sí mismo". En este punto crucial, su inspiración estaba obstaculizada. Chagall dio un giro y se dedicó a los vitrales.
(25) Se pasaba los días examinando los vitrales gemados de las catedrales medievales de

CONTINUE EN LA PAGINA SIGUIENTE

PRUEBA 4: INTERPRETACIÓN DE LA LITERATURA Y LAS ARTES

Francia, donde los pequeños pedazos de colores se convertían en joyas gracias al sol. En 1957, hizo dos vidrieras pequeñas
(30) que representaban ángeles para una capilla de Savoy. Al año siguiente conoció a Charles Marq, uno de los fabricantes de vidrios de colores más importante de Francia. Chagall empezó a pasar más de
(35) 12 horas al día en el taller de Marq en la ciudad de Reims, conocida por su catedral.

Entre los vitrales de Chagall, que suponían un asombroso total de 11,000 pies cuadrados, cabe destacar los
(40) numerosos ventanales para iglesias, una sinagoga en Jerusalem y el edificio de la Asamblea General de las Naciones Unidas. Pero cuando, en 1972, le propusieron hacer tres vitrales en la catedral del siglo XIII de
(45) Reims, en donde más de 20 reyes franceses fueron coronados, Chagall se alarmó: "¿Que yo decore un santuario nacional? No me lo puedo creer". Finalmente accedió y una vez más rehusó ser pagado.
(50) Cuando hoy en día entramos en la sombría nave gótica de la catedral de Reims, lo primero que se percibe en la distancia es el destello zafíreo de los vitrales de Chagall. En la parte izquierda representa el sacrificio
(55) de Abraham y en la parte derecha a Cristo en la cruz. Combinando el Viejo y el Nuevo Testamento en un armonioso conjunto, Chagall reflejó sus propias y profundas creencias incluidas en la Escritura—la
(60) ascensión de la humanidad, a través del sufrimiento de la salvación.

41. El autor escribe con aprobación aspectos del carácter de Chagall. ¿Cuál de ellos menciona?

(1) Su sensibilidad
(2) Su arrogancia
(3) Su inimitabilidad
(4) Su humor pícaro
(5) Su materialismo

42. ¿A qué parte de la obra de Chagall se refiere más en el artículo?

(1) Pintura
(2) Pasteles
(3) Murales
(4) Dibujos
(5) Vitrales

43. En sus pinturas, Chagall usa

(1) colores contrastados
(2) colores sólidos y suaves
(3) rojos de Chagall
(4) radiaciones gemadas
(5) destellos zafíreos

44. Según el artículo, Chagall cree profundamente en

(1) los reyes franceses
(2) los santuarios nacionales
(3) la salvación de la humanidad
(4) el Viejo Testamento solamente
(5) el Nuevo Testamento solamente

45. Chagall dio un giro y se dedicó a los vitrales porque

(1) era más provechoso
(2) conoció a Charles Marq
(3) fue invitado a trabajar en la Catedral de Reims
(4) ya sólo imitaba su propio trabajo
(5) consiguió crear unos azules mágicos

FIN DEL EXAMEN

PRUEBA 5: MATEMÁTICAS

Instrucciones

La Prueba de Matemáticas consiste en preguntas de opción múltiple que evalúan sus conocimientos generales de matemáticas y su habilidad para resolver problemas. Las preguntas están basadas en lecturas cortas que frecuentemente incluyen gráficas, diagramas o dibujos.

Dispone de 90 minutos para contestar las preguntas. Trabaje con cuidado, pero no dedique demasiado tiempo en una sola pregunta. Asegúrese de responder todas las preguntas. No se le penalizará por respuestas incorrectas.

En la página 67 hay algunas fórmulas que quizás pueda necesitar. No todas las preguntas requieren usar las fórmulas ni todas las fórmulas dadas serán necesarias.

No se permite el uso de calculadoras.

Para indicar sus respuestas en la hoja de respuestas, llene uno de los círculos numerados que aparecen al lado del número de la pregunta que está contestando.

POR EJEMPLO:

Si se paga una factura de supermercado de $15.75 con un billete de $20 dólares, ¿cuánto dinero se dará de cambio?

(1) $5.26
(2) $4.75
(3) $4.25
(4) $3.74
(5) $3.25

① ② ● ④ ⑤

La respuesta correcta es "4.25"; por lo tanto, debe marcar el círculo número 3 en la hoja de respuestas.

CONTINUE EN LA PAGINA SIGUIENTE

PRUEBA 5: MATEMÁTICAS

FÓRMULAS

Descripción	Fórmula

AREA (A) de un:

cuadrado — $A = l^2$, donde l = lado

rectángulo — $A = la$, donde l = longitud, a = altura

paralelógramo — $A = ba$, donde b = base, a = altura

triángulo — $A = \dfrac{1}{2}ba$, donde b=base, a = altura

círculo — $A = \pi r^2$ donde π = 3.14, r = radio

PERÍMETRO (P) de un:

cuadrado — $P = 4l$, donde l=lado

rectángulo — $P = 2l + 2a$, donde l = longitud, a = ancho

triángulo — $P = a + b + c$, donde a, b y c son los lados

circunferencia (C) de un círculo — $C = \pi d$, donde π = 3.14 d = diámetro

---

VOLUMEN (V) de un

cubo — $V = l^3$, donde l =lado

sólido rectangular — $V = xyz$, donde x = longitud y = ancho z = altura

cilindro — $V = \pi r^2 a$, donde π =3.14, r = radio, a = altura

---

Relación pitagórica — $c^2 = a^2 + b^2$, donde c = hipotenusa, a y b son los catetos de un triángulo recto

Distancia (d) entre dos puntos de un plano — $d = \sqrt{(x_2 - x_1)^2 + (y_2 + y_1)^2}$, donde (x_1,y_1) y (x_2,y_2) son los puntos de un plano

Inclinación de una línea (m) — $m = \dfrac{y_2 - y_1}{x_2 - x_1}$ donde (x_1,y_1) y (x_2,y_2) son dos puntos de un plano

---

La media — $media = \dfrac{x_1 + x_2 + \ldots + x_n}{n}$, donde las x son los valores para los cuales se desea una media y n = número de valores de la serie

La mediana — $mediana$ = el punto en un conjunto ordenado de números, en el cual la mitad de los números son superiores y la mitad de los números son inferiores a este valor

Interés simple (i) — $i = crt$, donde c = capital, r = razón, t = tiempo

Distancia (d) como función de razón y tiempo — $d = rt$, donde r = razón y t = tiempo

Costo total (c) — c = nr, donde n = número de unidades, r = costo por unidad

CONTINUE EN LA PAGINA SIGUIENTE

PRUEBA 5: MATEMÁTICAS

1. En 5 días consecutivos un repartidor de mercadería ha hecho una lista de su millaje, que es la siguiente: 135, 162, 98, 117, 203. Si su camión usa un promedio de un galón de gasolina cada 14 millas, ¿cuántos galones ha necesitado aproximadamente para estos 5 días?

   (1) 42
   (2) 51
   (3) 115
   (4) 147
   (5) 153

2. Los parquímetros en Springfield señalan: "12 minutos por 5¢. Depositar como máximo 50¢". ¿Cuál es el tiempo permitido a un conductor para estacionar en esta zona con parquímetro?

   (1) 1 hora
   (2) 1.2 horas
   (3) 12 horas
   (4) 2 horas
   (5) No se da información suficiente

La pregunta 3 se refiere a la siguiente figura.

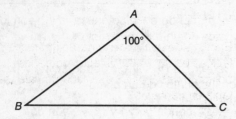

3. Si $AB = AC$ y $m \angle A = 100°$, ¿cuál es la medida del ángulo B?

   (1) 40°
   (2) 45°
   (3) 50°
   (4) 60°
   (5) 80°

4. En los Almacenes ABC había una oferta especial de camisas. El precio para un grupo era de $15 cada camisa, mientras que en otros grupos se vendía a $18 cada camisa. Si se vendieron 432 camisas a $15 cada una y 368 camisas a $18 cada una, el número de dólares recaudado en las rebajas de camisas puede representarse así

   (1) 800 (15 + 18)
   (2) (15)(368) + (18)(800)
   (3) (15)(800) + (18)(800)
   (4) 33(432 + 68)
   (5) (15)(432) + (368)(18)

5. Un equipo de hockey ganó X partidos, perdió Y y empató Z. ¿Qué parte de los partidos jugados fue ganada?

   (1) $\dfrac{X}{X + Y + Z}$

   (2) $\dfrac{X}{XYZ}$

   (3) $\dfrac{X}{XY}$

   (4) $\dfrac{X}{X + Y}$

   (5) $\dfrac{X}{X - Y - Z}$

6. La mitad de los estudiantes de la escuela secundaria Madison van caminando a la escuela. Una cuarta parte de los que quedan van a la escuela en bicicleta. ¿Qué parte de los estudiantes viajan con otro medio de transporte?

   (1) $\dfrac{1}{8}$

   (2) $\dfrac{3}{8}$

   (3) $\dfrac{3}{4}$

   (4) $\dfrac{1}{4}$

   (5) No se da información suficiente

CONTINUE EN LA PAGINA SIGUIENTE

PRUEBA 5: MATEMÁTICAS

7. Si $2x < 9$, ¿cuál de los siguientes números puede ser x?

   (1) 0
   (2) 2
   (3) 3
   (4) 4
   (5) 5

8. La distancia entre Nueva York y San Francisco es de aproximadamente 3,800

   (1) metros
   (2) kilómetros
   (3) kilogramos
   (4) litros
   (5) centímetros

9. Un mástil de bandera hace una sombra de 16 pies. Por otro lado, una asta de 9 pies de altura hace una sombra de 6 pies. ¿Cuál es la altura del mástil de bandera?

   (1) 18
   (2) 19
   (3) 20
   (4) 24
   (5) No se da información suficiente

10. Martín tiene un trozo de madera de 9 pies 8 pulgadas de largo. Quiere cortarlo en 4 partes iguales. ¿A qué distancia del extremo debe cortar el primer trozo?

    (1) 2.5 pies
    (2) 2 pies 5 pulgadas
    (3) 2.9 pies
    (4) 29 pies
    (5) 116 pulgadas

11. En un monedero hay 6 monedas de cinco centavos, 5 monedas de diez centavos y 8 monedas de veinticinco centavos. Si una de las monedas se cae por casualidad, ¿qué posibilidades hay de que sea una moneda de diez centavos?

    (1) $\dfrac{5}{19}$

    (2) $\dfrac{5}{14}$

    (3) $\dfrac{5}{8}$

    (4) $\dfrac{5}{6}$

    (5) $\dfrac{19}{5}$

12. Los líderes en el Torneo de Golf Península acabaron con un puntaje de 272, 284, 287, 274, 275, 283, 278, 276 y 281. ¿Cuál es la media de este puntaje?

    (1) 273
    (2) 274
    (3) 276
    (4) 278
    (5) 280

13. El costo de una docena de bolígrafos y 8 lápices es de $4.60. Si el costo de los bolígrafos es 3 por $.97, ¿cuánto vale un lápiz en centavos?

    (1) 8
    (2) 8.5
    (3) 9.5
    (4) 6
    (5) 9

14. La escala en un mapa es de 1 pulgada = 150 millas. La distancia entre las ciudades de Benton y Dover en el mapa es $3\dfrac{1}{2}$ pulgadas en este mapa. ¿Cuál es la distancia entre las dos ciudades en millas?

    (1) 525
    (2) 545
    (3) 580
    (4) 625
    (5) No se da información suficiente

CONTINUE EN LA PAGINA SIGUIENTE

PRUEBA 5: MATEMÁTICAS

La pregunta 15 se refiere a la siguiente figura.

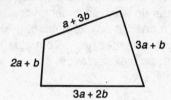

15. ¿Cuál es el perímetro de esta figura?

   (1) $8a + 5b$
   (2) $9a + 7b$
   (3) $7a + 5b$
   (4) $6a + 6b$
   (5) $8a + 6b$

La pregunta 16 se basa en la siguiente sucesión de números.

16. En esta sucesión de números, ¿cuál es la coordinada del punto medio de $\overline{AB}$?

   (1) −11
   (2) 0
   (3) 2
   (4) 3
   (5) 8

17. En la tienda de ropas de la esquina estaban anunciando rebajas. David Morris estaba especialmente interesado en comprar los siguientes artículos:

3 corbatas por $23 u $8 cada una
3 camisas por $43 o $15 cada una
pantalones a $32.75 cada uno
chaquetas a $58.45 cada una

   David compró 6 corbatas, 3 camisas, 2 pantalones y 1 chaqueta. ¿A cuánto subió la cuenta?

   (1) $157.20
   (2) $180.20
   (3) $189.95
   (4) $202.95
   (5) $212.95

18. Observe detenidamente las distintas combinaciones en estos grupos de números.

   A. .80, 19%, .080, $\frac{1}{2}$, $\frac{3}{5}$

   B. .80, $\frac{1}{2}$, .080, $\frac{3}{5}$, 19%

   C. .80, $\frac{3}{5}$, $\frac{1}{2}$, 19%, .080

   D. $\frac{1}{2}$, .80, $\frac{3}{5}$, 19%, .080

   E. $\frac{3}{5}$, $\frac{1}{2}$, 19%, .080, .80

¿Cuál de estas combinaciones está ordenada de mayor a menor?

   (1) A
   (2) B
   (3) C
   (4) D
   (5) E

19. Si un avión completa su vuelo de 1,364 millas en 5 horas y 30 minutos, ¿cuál es la velocidad promedio, en millas por hora?

   (1) 240
   (2) 244
   (3) 248
   (4) 250
   (5) 260

20. La distancia entre dos cuerpos pesados es 85,000,000,000 millas. Escrito científicamente, este número es

   (1) 8.5×10^{-10}
   (2) 8.5×10^{-10}
   (3) 85×10^{9}
   (4) $.85 \times 10^{-9}$
   (5) 850×10^{7}

CONTINUE EN LA PAGINA SIGUIENTE

PRUEBA 5: MATEMÁTICAS

21. ¿Cuál es el valor de $3ab - x^2y$, si $a = 4$, $b = 5$, $y = 3$, $x = 2$?

    (1) 18
    (2) 24
    (3) 48
    (4) 54
    (5) 72

Las preguntas 22 a 23 se refieren a la siguiente gráfica.

Esta gráfica muestra cómo 180,000 asalariados en una ciudad se ganan la vida en un período de tiempo determinado.

22. El número de personas que trabaja en transportes en esta ciudad es

    (1) 3,600
    (2) 9,000
    (3) 10,000
    (4) 18,000
    (5) 36,000

23. Si el número de personas que trabajan en comercio y finanzas estuviera representado por una M, entonces el número de los que trabajan en manufactura se representaría así

    (1) $M \div 3$
    (2) $M + 3$
    (3) $30M$
    (4) $4M \div 3$
    (5) No se da información suficiente

La pregunta 24 se refiere a la siguiente figura.

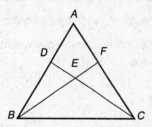

24. Si $\overline{BF}$ bisecta $\angle ABC$, $\overline{CD}$ bisecta $\angle ACB$, m$\angle ABC$=68°, y m $\angle ACB$=72°, entonces m$\angle BEC$=

    (1) 90°
    (2) 98°
    (3) 100°
    (4) 110°
    (5) 120°

25. Guillermo tiene $5 más que Jaime. Jaime tiene $3 menos que Francisco. Si Francisco tiene $30, ¿cuántos dólares tiene Guillermo?

    (1) $30
    (2) $27
    (3) $32
    (4) $36
    (5) No se da información suficiente

26. John Davis pesaba 192 libras. Su doctor lo ha puesto a dieta, en la que podrá perder al menos 4 libras cada mes. ¿Cuál era el peso de Juan después de 6 meses?

    (1) 160 libras
    (2) 165 libras
    (3) 167 libras
    (4) 168 libras
    (5) No se da información suficiente

CONTINUE EN LA PAGINA SIGUIENTE

PRUEBA 5: MATEMÁTICAS

27. El señor Ames compró un bono por $10,000. El bono produce un interés anual de $8\frac{1}{2}$%. Si el interés se pagara semianualmente, ¿cuánto recibiría cada seis meses?

    (1) $400
    (2) $425
    (3) $475
    (4) $500
    (5) $850

28. Un acuario tiene forma de un sólido rectangular. El acuario tiene 3 pies de largo, 1 pie 10 pulgadas de ancho y 1 pie 2 pulgadas de alto. Si un galón de agua contiene 231 pulgadas cúbicas, ¿cuántos galones de agua se necesitan para llenar el acuario?

    (1) 24
    (2) 25.8
    (3) 36
    (4) 40
    (5) 48

29. La proporción entre hombres y mujeres en una reunión era 9:2. Si había 12 mujeres en la reunión ¿cuántos hombres había?

    (1) 33
    (2) 44
    (3) 54
    (4) 66
    (5) No se da información suficiente

30. ¿Cuál es la inclinación de la línea que une el punto A (2,1) y el punto B (4,7)?

    (1) $\frac{1}{3}$

    (2) $\frac{2}{3}$

    (3) $\frac{3}{2}$

    (4) 2
    (5) 3

31. En un partido de baloncesto, Guillermo alcanzó un puntaje tres veces mayor que el puntaje que obtuvo Jaime. La suma de los puntos de Guillermo y Jaime eran 56. ¿Cuántos puntos hizo Guillermo?

    (1) 14
    (2) 28
    (3) 42
    (4) 48
    (5) No se da información suficiente

Las preguntas 32 a 33 se refieren a la siguiente tabla.

PAGOS ANUALES DE PRIMAS Y PLAZOS POR $1,000 EN UN SEGURO DE VIDA ORDINARIO ENTRE LAS EDADES DE 21 Y 25

Edad	Prima Anual	Plazo Semestral	Plazo Trimestral
21	$16.62	$8.48	$4.32
22	17.08	8.71	4.44
23	17.55	8.95	4.56
24	18.04	9.20	4.69
25	18.56	9.47	4.83

Según el calendario, Miguel (24 años) decide pagar trimestralmente una póliza de $10,000, mientras que Felipe (25 años) decide pagar semestralmente su póliza de $10,000.

32. ¿Cuánto dinero paga Miguel por año por su póliza de $10,000?

    (1) $18.76
    (2) $182.40
    (3) $184.00
    (4) $187.60
    (5) $193.20

33. ¿Cuánto habrá pagado Felipe por su póliza dentro de 5 años?

    (1) $947.00
    (2) $950.00
    (3) $966.00
    (4) $968.00
    (5) $970.50

CONTINUE EN LA PAGINA SIGUIENTE

PRUEBA 5: MATEMÁTICAS

34. Si un lápiz cuesta *y* centavos, 6 lápices costarán

    (1) 6*y*

    (2) $\dfrac{y}{6}$

    (3) $\dfrac{6}{y}$

    (4) *y* + 6

    (5) $\dfrac{y}{2}$

35. El señor Martín trabajó durante la semana 42 horas y cobró $12 por hora. La semana siguiente trabajó 37 horas y cobró $12 por hora. ¿Qué combinación matemática indica la cantidad de dólares que ganó en dos semanas?

    (1) 12 × 2 + 37
    (2) 12 × 42 + 42 × 37
    (3) 12 × 37 + 42
    (4) 12 + 42 × 37
    (5) 12(42 + 37)

36. La inscripción en una universidad se distribuye de esta manera:

    360 estudiantes de primer grado
    300 estudiantes de segundo grado
    280 estudiantes de penúltimo año
    260 estudiantes del último año

    ¿Cuál es el porcentaje de estudiantes de primer año?

    (1) 18%
    (2) 20%
    (3) 25%
    (4) 30%
    (5) No se da información suficiente

La pregunta 37 se refiere a la siguiente figura.

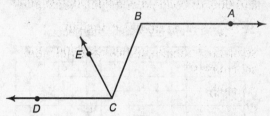

37. Si la figura $\overleftrightarrow{AB}$ ‖ $\overleftrightarrow{CD}$, $\overleftrightarrow{CE}$ bisecta ∠*BCD*, y m∠*ABC* = 112°. Encuentre m∠*ECD*.

    (1) 45°
    (2) 50°
    (3) 56°
    (4) 60°
    (5) No se da información suficiente

38. La señora Garvin compra un rollo de tela de 22 pies 4 pulgadas de longitud. Luego, corta el rollo en cuatro partes iguales para hacer tapices. ¿Qué longitud tiene cada tapiz?

    (1) 5 pies
    (2) 5 pies 7 pulgadas
    (3) 5 pies 9 pulgadas
    (4) 6 pies 7 pulgadas
    (5) No se da información suficiente

CONTINUE EN LA PAGINA SIGUIENTE

PRUEBA 5: MATEMÁTICAS

Las preguntas 39 a 40 se refieren a la siguiente gráfica.

POBLACIÓN DEL CONDADO DE LINCOLN

La gráfica muestra el crecimiento de la población del Condado de Lincoln entre 1987 y 1995.

39. ¿Cuál era la población del Condado de Lincoln en 1992?

    (1) 20,000
    (2) 25,000
    (3) 26,000
    (4) 27,500
    (5) 30,000

40. La población del Condado de Lincoln no ha cambiado entre

    (1) 1988 y 1989
    (2) 1989 y 1990
    (3) 1990 y 1991
    (4) 1991 y 1992
    (5) 1992 y 1993

41. Una caja tiene la forma de un sólido rectangular con un lado de base cuadrada de x unidades de longitud y 8 unidades de altura. El volumen de la caja es de 392 unidades cúbicas. ¿Con cuál de las siguientes ecuaciones se puede encontrar el valor de x?

    (1) $x^2 = 392$
    (2) $8x = 392$
    (3) $8x^3 = 392$
    (4) $8x^2 = 392$
    (5) $8 + x^2 = 392$

42. En la elección al consejo educativo había tres candidatos. La señora Clay recibió dos veces más votos que el señor Dunn. Y el señor Arnold recibió 66 votos más que el señor Dunn. ¿Cuántos votos recibió la señora Clay?

    (1) 209
    (2) 275
    (3) 320
    (4) 402
    (5) No se da información suficiente

La pregunta 43 se refiere a la siguiente figura.

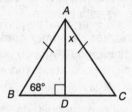

43. Si $AB = AC$, $\overline{AD} \perp \overline{BC}$, y m$\angle B = 68°$, encuentre m$\angle x$

    (1) 10°
    (2) 22°
    (3) 44°
    (4) 50°
    (5) 68°

44. Un excursionista camina 12 millas hacia el norte. Luego, gira y camina 16 millas en dirección al este. ¿A cuántas millas está ahora de su punto inicial?

    (1) 12
    (2) 16
    (3) 18
    (4) 20
    (5) No se da información suficiente

CONTINUE EN LA PAGINA SIGUIENTE

PRUEBA 5: MATEMÁTICAS

45. ¿La raíz cuadrada de 30 es un número que se encuentra entre cuál pareja de números?

(1) 3 y 4
(2) 4 y 5
(3) 5 y 6
(4) 6 y 7
(5) 15 y 16

La pregunta 46 se refiere a la siguiente figura.

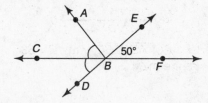

46. El radio del círculo *A* mide 20 pulgadas y el radio del círculo *B* mide 8 pulgadas. Si *CD*= 6 pulgadas, ¿cuántas pulgadas tiene *AB*?

(1) 22
(2) 24
(3) 25
(4) 28
(5) No se da información suficiente

La pregunta 47 se refiere a la siguiente figura.

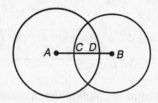

47. $\overleftrightarrow{CF}$ y $\overleftrightarrow{ED}$ intersectan con *B*, m∠*EBF* = 50° y $\overleftrightarrow{CB}$ bisecta ∠*ABD*. Encuentre m∠*ABC*.

(1) 30°
(2) 32°
(3) 40°
(4) 50°
(5) 60°

48. Una mujer compra *n* libras de azúcar a *c* centavos la libra. Para pagar da $1 billete de un dólar. El cambio que recibe en centavos es de

(1) *nc* – 100
(2) *n* + *c* – 100
(3) 100 – (*n* + *c*)
(4) 100 – *nc*
(5) No se da información suficiente

49. En una escuela secundaria, un 85% de los graduados planean ir a la universidad. Si 170 graduados planean ir a la universidad, ¿cuántos estudiantes se han graduado?

(1) 200
(2) 250
(3) 340
(4) 400
(5) 500

La pregunta 50 se refiere a la siguiente figura.

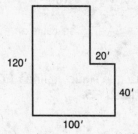

50. El señor Derby planea construir una casa en el terreno que se muestra. ¿Qué superficie en metros cuadrados tiene este terreno?

(1) 10,000
(2) 10,400
(3) 10,800
(4) 12,000
(5) 104,000

51. Si *x* = 10, las respuestas siguientes son verdaderas, *excepto*

(1) $3x + 1 > 12$
(2) $2x - 3 < 25$
(3) $x^2 + 1 > x^2 - 1$
(4) $4x - 1 = 39$
(5) $2x - 7 < 7 - 2x$

CONTINUE EN LA PAGINA SIGUIENTE

PRUEBA 5: MATEMÁTICAS

52. En un triángulo recto, la medida de un ángulo agudo es 4 veces mayor que la medida del otro ángulo agudo. ¿Qué medida tiene el ángulo agudo más grande?

    (1) 18°
    (2) 36°
    (3) 40°
    (4) 65°
    (5) 72°

53. El precio para pedir prestado un libro en una biblioteca es de $.50 por los 3 primeros días y $.15 en los días siguientes. El número mínimo de días son 3. La fórmula para encontrar el costo (C), en centavos, de un libro prestado durante *n* días (*n* > 3) es

    (1) $C = 50 + 15n$
    (2) $C = 50 + 15(n + 3)$
    (3) $C = 50(n - 3) + 15n$
    (4) $C = 50 + 15(n - 3)$
    (5) $C = 50(n + 3) + 15n$

Las preguntas 54 a 55 se refieren a la siguiente información.

En la figura que sigue, la línea *PQ* está paralela a la línea *RS*.

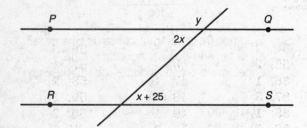

54. ¿Cuál es el valor de *x*?

    (1) 15
    (2) 20
    (3) 25
    (4) 30
    (5) 35

55. ¿Cuál es la medida del ángulo *y*?

    (1) 130°
    (2) 135°
    (3) 140°
    (4) 145°
    (5) No se da información suficiente

56. ¿Cuáles de las siguientes opciones da una solución completa a la ecuación $x^2 - x - 12 = 0$?

    A. 4   B. –4   C. 3   D. –3

    (1) A solamente
    (2) B solamente
    (3) A y C solamente
    (4) A y D solamente
    (5) B y C solamente

FIN DEL EXAMEN

Claves de las Respuestas y Autoevaluación

PRUEBA 1: EXPRESIÓN ESCRITA. PARTE I. PÁGINA 12

I. COMPRUEBE SUS RESPUESTAS:

1. **2**	11. **5**	20. **3**	29. **2**	38. **2**	47. **5**
2. **3**	12. **1**	21. **2**	30. **1**	39. **5**	48. **1**
3. **3**	13. **5**	22. **5**	31. **5**	40. **5**	49. **4**
4. **1**	14. **2**	23. **5**	32. **1**	41. **1**	50. **1**
5. **4**	15. **2**	24. **3**	33. **2**	42. **4**	51. **2**
6. **5**	16. **3**	25. **5**	34. **4**	43. **3**	52. **4**
7. **2**	17. **5**	26. **5**	35. **3**	44. **1**	53. **5**
8. **3**	18. **3**	27. **4**	36. **2**	45. **5**	54. **1**
9. **5**	19. **4**	28. **1**	37. **4**	46. **2**	55. **4**
10. **4**					

II. PUNTAJE

Número de respuestas correctas

Excelente ___50–55___

Bien ___44–49___

Regular ___36–43___

III. AUTOEVALUACIÓN

¿Ha contestado correctamente al menos 36 preguntas? Si no es así, debe practicar más la Prueba de Expresión Escrita. Para mejorar su calificación, analice sus errores.

PRUEBA 2. ESTUDIOS SOCIALES. PÁGINA 26

I. COMPRUEBE SUS RESPUESTAS:

1. **1**	12. **3**	23. **1**	34. **2**	45. **5**	56. **5**
2. **4**	13. **1**	24. **4**	35. **2**	46. **4**	57. **1**
3. **4**	14. **4**	25. **2**	36. **1**	47. **1**	58. **2**
4. **5**	15. **1**	26. **3**	37. **3**	48. **4**	59. **1**
5. **2**	16. **3**	27. **1**	38. **1**	49. **1**	60. **2**
6. **5**	17. **2**	28. **2**	39. **3**	50. **3**	61. **3**
7. **4**	18. **2**	29. **2**	40. **1**	51. **2**	62. **4**
8. **2**	19. **4**	30. **5**	41. **5**	52. **5**	63. **2**
9. **4**	20. **4**	31. **3**	42. **2**	53. **1**	64. **1**
10. **4**	21. **2**	32. **4**	43. **1**	54. **3**	
11. **1**	22. **5**	33. **1**	44. **1**	55. **5**	

II. PUNTAJE

Número de respuestas correctas

Excelente ___57–64___

Bien ___51–56___

Regular ___45–50___

III. AUTOEVALUACIÓN

¿Ha contestado correctamente al menos 45 preguntas? Si no es así, debe practicar más la Prueba de Estudios Sociales. Para mejorar su calificación, analice sus errores.

PRUEBA 3. CIENCIAS. PÁGINA 42

I. COMPRUEBE SUS RESPUESTAS:

1. **2**	12. **4**	23. **4**	34. **5**	45. **4**	56. **2**
2. **4**	13. **1**	24. **5**	35. **5**	46. **3**	57. **4**
3. **2**	14. **3**	25. **3**	36. **5**	47. **3**	58. **1**
4. **4**	15. **1**	26. **3**	37. **3**	48. **2**	59. **2**
5. **4**	16. **1**	27. **4**	38. **4**	49. **2**	60. **2**
6. **2**	17. **1**	28. **3**	39. **3**	50. **2**	61. **2**
7. **4**	18. **2**	29. **4**	40. **3**	51. **5**	62. **3**
8. **3**	19. **4**	30. **5**	41. **1**	52. **2**	63. **3**
9. **4**	20. **3**	31. **5**	42. **3**	53. **5**	64. **2**
10. **1**	21. **4**	32. **4**	43. **5**	54. **5**	65. **5**
11. **5**	22. **5**	33. **5**	44. **4**	55. **5**	66. **4**

II. PUNTAJE

Número de respuestas correctas

Excelente   ‾‾‾‾‾‾‾‾‾
60–66

Bien   ‾‾‾‾‾‾‾‾‾
49–59

Regular   ‾‾‾‾‾‾‾‾‾
40–48

III. AUTOEVALUACIÓN

¿Ha contestado correctamente al menos 40 preguntas? Si no es así, debe practicar más la Prueba de Ciencias. Para mejorar su calificación, analice sus errores.

PRUEBA 4. INTERPRETACIÓN DE LA LITERATURA Y LAS ARTES. PÁGINA 57

I. COMPRUEBE SUS RESPUESTAS:

1. **3**	9. **3**	17. **3**	25. **5**	32. **3**	39. **4**
2. **1**	10. **5**	18. **4**	26. **3**	33. **1**	40. **3**
3. **4**	11. **2**	19. **3**	27. **5**	34. **2**	41. **4**
4. **4**	12. **3**	20. **3**	28. **3**	35. **4**	42. **5**
5. **1**	13. **2**	21. **3**	29. **5**	36. **4**	43. **1**
6. **3**	14. **4**	22. **4**	30. **3**	37. **3**	44. **3**
7. **1**	15. **1**	23. **5**	31. **4**	38. **1**	45. **4**
8. **2**	16. **1**	24. **3**			

II. PUNTAJE

Número de respuestas correctas

Excelente   ‾‾‾‾‾‾‾‾‾
41–45

Bien   ‾‾‾‾‾‾‾‾‾
36–40

Regular   ‾‾‾‾‾‾‾‾‾
31–35

III. AUTOEVALUACIÓN

¿Ha contestado correctamente al menos 31 preguntas? Si no es así, debe practicar más la Prueba de Interpretación de la Literatura y las Artes. Para mejorar su calificación, analice sus errores.

PRUEBA 5. MATEMÁTICAS. PÁGINA 68

I. COMPRUEBE SUS RESPUESTAS:

1. **2**	11. **1**	21. **3**	30. **5**	39. **4**	48. **4**
2. **4**	12. **4**	22. **3**	31. **3**	40. **3**	49. **1**
3. **1**	13. **5**	23. **4**	32. **4**	41. **4**	50. **2**
4. **5**	14. **1**	24. **4**	33. **1**	42. **5**	51. **5**
5. **1**	15. **2**	25. **3**	34. **1**	43. **2**	52. **5**
6. **2**	16. **4**	26. **5**	35. **5**	44. **4**	53. **4**
7. **5**	17. **5**	27. **2**	36. **4**	45. **3**	54. **3**
8. **2**	18. **3**	28. **5**	37. **3**	46. **1**	55. **1**
9. **4**	19. **3**	29. **3**	38. **2**	47. **4**	56. **4**
10. **2**	20. **2**				

II. PUNTAJE

Número de respuestas correctas

Excelente _____
51–56

Bien _____
44–50

Regular _____
38–43

III. AUTOEVALUACIÓN

¿Ha contestado correctamente al menos 38 preguntas? Si no es así, debe practicar más la Prueba de Matemáticas. Para mejorar su calificación, analice sus errores.

Puntuación Total

Expresión Escrita _____

Estudios Sociales _____

Ciencias _____

Interpretación de la Literatura y las Artes _____

Matemáticas _____

Total _____

Análisis de las Respuestas

PRUEBA 1. EXPRESIÓN ESCRITA. PARTE I/PÁGINA 12

1. **2** El sujeto de la oración es una combinación; por lo tanto, el verbo debe concordar en tercera persona del singular.

2. **3** No se puede separar con una coma este grupo nominal. Por lo tanto, la coma sobra entre *catálogo* y *semillas*.

3. **3** Para conectar las dos oraciones es necesario sacar el punto, ya que es una subordinación.

4. **1** En los meses y las estaciones del año no se usa la mayúscula en la primera letra.

5. **4** La oración compuesta se puede corregir creando una subordinada adverbial entre la primera idea y la segunda.

6. **5** No es necesaria ninguna corrección.

7. **2** La palabra *ejercicio* está mal escrita.

8. **3** *Aludir* y *eludir* tienen un significado bien diferente, aunque a veces se confunden. *Aludir* quiere decir referirse a una persona o cosa sin nombrarla, mientras que *eludir* significa esquivar una dificultad o problema.

9. **5** No es necesaria ninguna corrección.

10. **4** En este caso *cómo* lleva acento, ya que es un adverbio interrogativo de modo.

11. **5** No es necesaria ninguna corrección.

12. **1** Son necesarias dos oraciones. Por lo tanto, la versión original es correcta. Aunque si quisiéramos crear una coordinada debería ponerse la conjunción *que*.

13. **5** No es necesaria ninguna corrección.

14. **2** Es necesaria una coma para separar las distintas enumeraciones.

15. **2** Es necesaria una coma después de la cláusula introductoria.

16. **3** La palabra *aprendizage* está mal escrita. Va con *j* porque termina en *aje* aunque haya algunas excepciones.

17. **5** No es necesaria ninguna corrección.

18. **3** En este caso se requiere un adjetivo demostrativo para indicar que es el tiempo libre de las familias.

19. **4** Hay un problema de concordancia. Mientras *dediquen* está en tercera persona del plural del presente de indicativo, *incrementar* es simplemente el infinitivo.

20. **3** El verbo está mal conjugado. En lugar del presente del subjuntivo, que requiere la conjunción *que*, debe escribirse el presente del indicativo.

21. **2** Después de una cláusula introductoria es necesario escribir una coma.

22. **5** No es necesaria ninguna corrección.

23. **5** No es necesaria ninguna corrección.

24. **3** En este caso el tiempo del verbo no es correcto.

25. **5** Para conectar las dos oraciones es necesario poner la locución conjuntiva condicional para que tenga sentido la oración.

26. **5** No es necesaria ninguna corrección.

27. **4** La palabra *exactamente* está mal deletreada.

28. **1** La palabra *obtener* se escribe con *b*.

29. **2** En esta caso la preposición *por* es la correcta. Las demás locuciones son incorrectas.

30. **1** En todas las demás enumeraciones se ha escrito el artículo; por lo tanto debería escribirse el artículo *el*.

31. **5** No es necesaria ninguna corrección.

32. **1** El escrito original es correcto, ya que hace una separación entre las dos oraciones.

33. **2** Los productos son los que se encuentran en los paquetes; por lo tanto deben concordar en género y número.

34. **4** Para conectar las dos oraciones y formar una subordinada es necesaria la conjunción *que*.

35. **3** Si no se usa una raya explicativa, esta oración es confusa.

36. **2** Es necesario una coma, después de una cláusula introductoria.

37. **4** La palabra *mecánicos* es esdrújula; por lo tanto lleva acento.

38. **2** Con el verbo *ser* en el presente del indicativo se armonizan los tiempos verbales y se logra una conexión óptima entre las dos oraciones. Las otras opciones no tienen sentido, ya sea por la concordancia o el mal uso de los verbos.

39. **5** No es necesaria ninguna corrección.

40. **5** La conjunción *o* denota otra manera

de ver las cosas. En cambio, las demás son incorrectas.

41. **1** Es necesario una coma después de una cláusula introductoria.

42. **4** *Factores* no lleva acento y menos en la *a*. La sílaba acentuada es *to*, pero por acabar en *n* o *s* no se acentúa con tilde.

43. **3** La palabra *consigo* no lleva una *u* entre la *g* y la *o*.

44. **1** La versión original de la locución conjuntiva es correcta. No es necesaria la puntuación entre las opciones.

45. **5** No es necesaria ninguna corrección.

46. **2** La conjunción *que* no lleva acento porque no es interrogativa o exclamativa.

47. **5** No es necesaria ninguna corrección.

48. **1** *En la pesca* es la cláusula introductoria y se necesita una coma.

49. **4** Al escribir de nuevo la oración, el presente del indicativo es el verbo correcto. El pretérito imperfecto y el subjuntivo no concuerdan.

50. **1** *Bovina* con *v* se refiere a la ganadería. Por lo tanto, *bobina* va con *b*, ya que se refiere al carrete.

51. **2** Se requiere una coma después de *caña*, ya que es una subordinada explicativa del sujeto que en este caso es el *cebo*.

52. **4** El gerundio no tiene sentido; es el participio el que permite la subordinación.

53. **5** El punto es necesario para separar dos oraciones distintas.

54. **1** En este caso no es correcto el adverbio, sino que debe ser el adjetivo *infinita* que califica al nombre *gama*.

55. **4** Las oraciones pueden conectarse usando la conjunción *que*.

PRUEBA 1. EXPRESIÓN ESCRITA. PARTE II. PÁGINA 24

EJEMPLO DE ENSAYO.

A favor de los viajes aéreos:

> *El viaje aéreo es la mejor manera de viajar.*
>
> *Gracias a los viajes aéreos, tenemos la oportunidad de llegar a lugares dentro y fuera de los Estados Unidos en sólo algunas horas en vez de semanas y meses. Esto permite a los hombres de negocios comerciar con otros países y a los viajeros ir a visitar lugares que están a gran distancia en un período de tiempo relativamente corto.*
>
> *Los aviones más grandes y las tarifas más bajas han hecho posible que un gran número de personas puedan viajar y que de otra manera no tendrían esta oportunidad.*
>
> *El viaje en avión cada vez es más seguro. Hay menos accidentes y fatalidades por milla viajada en avión que las que se producen viajando en automóvil o tren.*
>
> *Las aerolíneas se han preocupado de la comodidad y del posible aburrimiento de los viajeros. Uno puede ver películas, escuchar música y leer de tal manera que las horas pasan más rápidamente. La comida de las líneas aéreas ha mejorado enormemente.*
>
> *Éstas son consideraciones prácticas. Pero hay otro beneficio más intangible—la belleza y la serenidad de volar. Cuando el avión sube a varias millas en el cielo, los pasajeros experimentan la majestuosidad del vuelo sobre las nubes y la emoción de mirar hacia abajo, a la tierra que está llena de montañas y otros accidentes geográficos.*
>
> *Los viajes aéreos se han convertido en una bendición para la humanidad.*

Resumen de las razones a favor de los viajes aéreos:

1. Los viajes aéreos han hecho accesibles lugares distantes a los hombres de negocios y a los turistas.
2. Los viajes aéreos han dado la oportunidad a mucha gente para viajar.
3. Los viajes aéreos son más seguros que otras formas de viaje.
4. Los viajes aéreos son cada vez más cómodos.
5. Volar es una experiencia maravillosa.

En contra de los viajes aéreos:

Los viajes aéreos tienen muchas desventajas para los viajeros.

A 600 millas por hora, se ve tan sólo un caleidoscopio de lugares pasando a toda velocidad, lo cual permite a los pasajeros muy poco tiempo para disfrutar las vistas y sonidos que hacen del viaje una experiencia enriquecedora. Hora tras hora, de vuelo por encima de la atmósfera terrestre puede ser un gran aburrimiento.

Mucha gente tiene miedo a viajar en avión porque los pasajeros están subordinados a las inclemencias del tiempo. El aire turbulento puede molestar incluso al viajero con gran experiencia.

Otra preocupación es la seguridad en los aviones. El mantenimiento de un avión cada vez es menos eficiente. Las pérdidas de control que a veces acaban en colisiones entre aeroplanos comerciales y privados se producen a diario. La seguridad se ve también afectada por los ataques terroristas que se han convertido en un problema para las aerolíneas de todo el mundo.

Al viajar en avión, siempre existe el mal presentimiento de que si un accidente ocurre, es seguro que va a acabar en una catástrofe.

Además hay otros inconvenientes que no son menores. Aunque volar sea práctico, el cuerpo necesita días para ajustarse al cambio de horario cuando uno llega a otro país. A esto se suma la tradicional pésima comida de los aviones, los incómodos asientos y los baños que al cabo de un rato ya están sucios por el uso. Uno se pregunta al fin por qué la gente tiene que viajar por el aire.

Estas son las razones por las que este viajero prefiere permanecer en tierra.

Resumen de las razones en contra de los viajes aéreos:

1. La velocidad en los viajes aéreos no permite a los viajeros disfrutar de las vistas.
2. El pasajero está sujeto a las condiciones imprevisibles del tiempo.
3. Ha habido un deterioro en las condiciones de seguridad de los aviones, debido a la falta de mantenimiento, el control inadecuado durante el vuelo y el terrorismo.
4. Los accidentes normalmente resultan en catástrofes.
5. Viajar en avión es incómodo y el cuerpo tarda en adaptarse a los cambios de horario.

PRUEBA 2. ESTUDIOS SOCIALES/PÁGINA 26

1. **1** El último párrafo del pasaje deja claro que el veto del gobernador no se usa escasamente, indicado por el hecho de que uno de cuatro proyectos no recibe aprobación.

2. **4** En el segundo párrafo de la selección se menciona la norma de los "30 días". La primera oración afirma que todos los proyectos han pasado en los diez últimos días de la sesión legislativa conforme a esta norma.

3. **4** La primera oración del primer párrafo afirma que el gobernador tiene el poder de vetar artículos por separado en el proyecto de presupuesto. Esta autoridad no la posee el presidente de los Estados Unidos.

4. **5** Casi toda la selección trata de un plan de acción por parte del consumidor antes de comprar cualquier producto. Vea la segunda oración y las primeras palabras del tercer párrafo.

5. **2** Se advierte al consumidor de conseguir que todas las promesas del vendedor se hagan por escrito.

6. **5** Se menciona especialmente que la prorrata (o proporción) que devuelve el dinero o el crédito para reemplazar el producto puede estar incluida en la garantía.

7. **4** En el año 2030, el número de estadounidenses que tendrán la edad para obtener los beneficios de seguridad social aumentará.

8. **2** Un gran incremento en el índice de natalidad provocará una disminución de la población de mediana edad, ya

que habrá mayor población infantil para contrarrestar la edad de los demás estadounidenses.

9. **4** Las personas que se preocupan por el medio ambiente tienen miedo de que un aumento de la producción y el consumo pueda significar mayor contaminación en el aire (por los humos de las industrias y los incineradores de las casas), así como en los ríos, lagos y arroyos (por los desperdicios industriales y las aguas cloacales). Asimismo, aumentará el problema de los vertederos de desperdicios sólidos y el nivel del ruido.

10. **4** No hay ningún indicio de movimiento para solucionar el problema de la energía. Esto se ve en la caricatura, donde los dos ciclistas, que representan la energía y el medio ambiente, continúan pedaleando en diferentes direcciones.

11. **1** El aumento de un quíntuplo del precio del petróleo crudo importado entre 1973 y 1980 afectó severamente a la economía de los EUA. Esto forzó a buscar recursos energéticos domésticos alternativos con potencial de ejercer efectos negativos sobre el medio ambiente.

12. **3** La pregunta está relacionada con el gran cambio de la política exterior de los EUA, desde el aislamiento al internacionalismo. Desde 1920 al 1940, este país no tenía ninguna relación militar ni política con otros países no americanos. Nunca formó parte de la Liga de las Naciones. Después de la Segunda Guerra Mundial, que acabó en 1945, Estados Unidos ha seguido una política de seguridad colectiva. El presidente F. D. Roosevelt abogó por las Naciones Unidas, organización en la que este país fue miembro fundador. El presidente Truman se comprometió a ayudar a Europa, a través del Plan Marshall, la Doctrina Truman y la OTAN. Los presidentes que le sucedieron continuaron con la ayuda económica a Asia y África, la asistencia militar al Medio Oriente y a las naciones asiáticas, así como los compromisos de ayuda económica a Corea y Vietnam. El presidente

Kennedy creó los Cuerpos de Paz y el presidente Nixon intentó negociar la paz en Vietnam e Israel. Otras opciones están relacionadas con áreas en donde el congreso, la corte suprema y los estados han sido más influyentes que el presidente.

13. **1** El pasaje expresa la habilidad de los Estados Unidos de competir con otros países en un mercado libre.

14. **4** En el párrafo final, el presidente Kennedy menciona el respaldo de ambos partidos políticos en la legislación comercial.

15. **1** 1863 fue el año de la Proclamación de Gettysburg. Ochenta y siete años antes se había firmado la Declaración de Independencia, que declaraba la libertad de las 13 colonias y afirmaba que los hombres han sido creados iguales.

16. **3** El discurso se realizó en el cementerio de Gettysburg. En el párrafo segundo, Lincoln expresa el propósito de su discurso.

17. **2** Debido a la falta de tierras para la agricultura, la Nación A usará su abundante fuerza de trabajo, capital y habilidades de gestión para desarrollar su industria. Los productos obtenidos pueden ser vendidos en los mercados nacional y extranjero,

18. **2** En el siglo XVII, Gran Bretaña lideraba el mundo con sus productos manufacturados y sus factores de producción se parecían a los de la Nación A.

19. **4** La Nación B, que tiene recursos naturales y fuerza de trabajo, debe estimular la creación de nuevas industrias creando aranceles proteccionistas y concesiones contributivas para atraer capital inversionista.

20. **4** El propósito de la Doctrina Truman fue de apoyar los gobiernos de Grecia y Turquía contra la agresión directa o indirecta del comunismo. Grecia en 1947 estaba en una condición muy débil después de la ocupación nazi durante la Segunda Guerra Mundial y estaba en el punto de mira de los ataques de las guerrillas comunistas.

21. **2** Acudieron más votantes en la elección presidencial de 1972, 1976, 1980 y 1984. En 1970, 1974, 1978 y 1982,

los votantes no se preocuparon de ir a los comicios para votar porque creían que lo que se decidía era menos importante.

22. **5** La participación de los votantes nunca excedió el 50% en ninguna de las elecciones de la gráfica.

23. **1** Los chinos del Reino Medio y los antiguos griegos creían que sus culturas eran superiores a las de los demás grupos. La palabra "bárbaro" viene del término que usaban los griegos en la antiguedad para describir a los extranjeros que no hablaban griego.

24. **4** Se produce una recesión económica cuando la demanda, el ahorro y los beneficios empresariales disminuyen. El resultado es un incremento del desempleo y lo que se llama recesión.

25. **2** El darwinismo social se vuelve popular en la segunda mitad del siglo XIX. Se basa en la teoría de la selección natural de los pueblos y las naciones e intenta justificar la gran diferencia entre los pobres y los ricos en los Estados Unidos.

26. **3** El párrafo se centra "en los problemas que debemos afrontar para conservar los recursos naturales".

27. **1** "Las presiones del crecimiento humano", según el pasaje, son "agudas".

28. **2** El autor reconoce la realidad de los problemas y no los minimaliza.

29. **2** El objetivo del discurso del presidente Lyndon Johnson fue de ayudar a la gente joven que tiene problemas a llevar una vida productiva. En relación con la delincuencia y el potencial de delincuencia de la juventud, su primera preocupación fue prevenir que cayeran en la delincuencia. Pero, de ocurrir ésto, el compromiso debiera ser el de ayudarlos a convertirse en ciudadanos provechosos. Estas ideas se expresan en los dos primeros párrafos.

30. **5** El presidente Johnson expresa su recomendación de crear una Acta de Prevención de la Delincuencia Juvenil de 1967.

31. **3** Recomienda el asesoramiento familiar, porque muchos delincuentes "viven en familias destrozadas, agobiados por problemas..."

32. **4** Los controles económicos del gobierno no han podido reducir o agarrar al cerdo que representa la continua inflación de los precios.

33. **1** Las altas tasas de interés reducen el número de préstamos bancarios, reduciendo la cantidad de dinero en circulación y reduciendo el índice de inflación.

34. **2** Los humanistas han expresado mayor preocupación en la humanidad, que en el mundo del más allá.

35. **2** El escrito manifiesta que la experiencia fronteriza es el elemento excepcional en el desarrollo de la cultura y los valores de EUA.

36. **1** El desarrollo social norteamericano en la frontera se apunta en la primera oración del pasaje.

37. **3** Nuevas oportunidades como la exploración del espacio y la computarización son parte importante de la sociedad contemporánea estadounidense.

38. **1** La primera fuente principal es el testimonio ocular (visual) de un acontecimiento o un artefacto que se construyó en un período específico.

39. **3** La conclusión válida que se extrae de la gráfica es que los EUA tienen un déficit constante en el comercio con las naciones en desarrollo desde 1975 hasta 1980. El valor en dólares de las importaciones desde los países en desarrollo es mayor que el valor de las exportaciones de los EUA a los países en desarrollo.

40. **1** La gráfica muestra que ha habido un incremento anual tanto en las importaciones como en las exportaciones desde 1975 hasta 1980.

41. **5** Los cabilderos o grupos de presión representan los intereses especiales de ciertos grupos que intentan influir sobre los congresistas, proporcionándoles información, preparando proyectos de ley y testificando en audiencias.

42. **2** (B) Los cabilderos algunas veces usan recursos no muy apropiados para influir a los legisladores mediante regalos y contribuciones en las campañas electorales. Las leyes que ellos respaldan muchas veces no benefician al público en general.

43. **1** (A) Miles de proyectos de ley en

44. **1** Los legisladores (los Boy Scouts de la caricatura), preocupados por su reelección, presentan un proyecto de ley de protección al consumidor durante la campaña electoral.

muchas áreas se introducen durante cada sesión en el congreso. Los comités permanentes son los que negocian estos proyectos e intentan aportar su experiencia sobre cada tema.

44. **1** Los legisladores (los Boy Scouts de la caricatura), preocupados por su reelección, presentan un proyecto de ley de protección al consumidor durante la campaña electoral.

45. **5** Los padres, los maestros y los amigos de la misma edad se mencionan en las dos clases de agentes sociales.

46. **4** En la última oración, se mencionan todas las razones a excepción del *número* de amigos. Se menciona que el grupo está adquiriendo una importancia mayor.

47. **1** En la segunda oración del pasaje se refiere a la gran influencia de la familia.

48. **4** El orador A habla sobre un mundo que se ha hecho pequeño con la tecnología moderna. El orador B está de acuerdo y añade que los problemas en un área se convierten en problemas de toda la humanidad. Ambos piensan que el mundo se ha transformado en una sola comunidad y la interdependencia es el factor para la supervivencia del mundo.

49. **1** El etnocentrismo opina que la propia cultura es superior a todas las demás. El orador habla en defensa de la apreciación de los valores de otras culturas y modos de vida.

50. **3** Millones de personas consideradas inferiores fueron asesinadas por el régimen nazi de Alemania.

51. **2** Los juicios de Nuremberg, después de la Segunda Guerra Mundial, que llevaron a cabo los Aliados contra Alemania y Japón, establecieron el principio de que los individuos son responsables ante una ley superior a la de naciones individuales. Los actos contra la humanidad ya no pudieron defenderse con el argumento de haberse estado obedeciendo órdenes.

52. **5** La economía de la oferta admitiría la reducción de los gastos del gobierno para eliminar el déficit. Una acción del presidente encaminada a cortar gastos sería defendida por los economistas que respaldan esta teoría.

53. **1** El mercantilismo está a favor de los aranceles para proteger a la industria local de la competencia extranjera.

54. **3** Los empleados compran la compañía en la que trabajan. Esta acción sigue la dirección del pensamiento marxista, en el que los medios de producción deben ser controlados por los trabajadores.

55. **5** El béisbol es parte de la cultura de los Estados Unidos y ha sido adoptado por los rusos en el proceso de difusión cultural.

56. **5** Thoreau animó a sus seguidores a negarse a obedecer las leyes injustas y él mismo desobedeció leyes que consideraba injustas; en otras palabras, practicó la desobediencia civil.

57. **1** El Acta de Inmigración de 1965 estableció la ocupación como factor principal para seleccionar a los inmigrantes, según las necesidades del momento, especialmente la tecnología.

58. **2** Tanto la política de inmigración que sugiere la caricatura como la que siguió Estados Unidos en los años 20 muestran una preferencia por ciertos grupos. En la política de inmigración de los Estados Unidos en los años 20 se daba preferencia a ciertas nacionalidades, mientras que en la caricatura debían ser programadores o ingenieros electrónicos.

59. **1** El presidente Nixon se había negado a devolver las cintas magnetofónicas del caso Watergate al congreso hasta que la corte suprema le anunció que su rechazo sería un acto inconstitucional. Este control por parte de la rama judicial sobre la rama ejecutiva del gobierno es una muestra del sistema de control y equilibrio.

60. **2** La gráfica muestra una proyección de la población latinoamericana de 600 millones de personas en el año 2000. Se estima que Norteamérica (Estados Unidos y Canadá) llegará a los 300 millones en el año 2000.

61. **3** Un mejoramiento en la alimentación y el cuidado médico ayudará a incrementar el crecimiento de la población en Latinoamérica.

62. **4** Los chinos, que llegaron a la ribera occidental de los Estados Unidos

durante la llamada "fiebre del oro", estuvieron sujetos a una discriminación mayor que cualquier otro grupo de inmigrantes. Fruto de esto fue el Acta de Exclusión de los Chinos en 1882 que acabó con la inmigración procedente de China.

63. **2** Casi la mayoría de los inmigrantes a los Estados Unidos en 1870 vinieron de Europa, especialmente de Gran Bretaña, Irlanda, Alemania y Escandinavia.

64. **1** Las declaraciones que hizo en un discurso el 12 de marzo de 1947 se llaman la Doctrina Truman. Este presidente pidió y consiguió 400 millones de dólares de ayuda económica y financiera a Grecia y Turquía para que pudieran resistir a las "presiones exteriores" del comunismo.

PRUEBA 3. CIENCIAS/PÁGINA 42

1. **2** El hombre, el mono, el simio y el chimpancé pertenecen al grupo de los mamíferos primates.

2. **4** La evolución es un proceso de la vida y no sólo se produce en los humanos o los chimpancés. Los fósiles y la anatomía nos proporcionan la evidencia de esta evolución.

3. **2** Los fósiles son los restos de seres vivos que vivieron en el pasado; por lo tanto, nos proporcionan detallados conocimientos.

4. **4** Las evidencias de que el hombre de hoy es diferente del que vivía hace algunos cientos de años nos sugieren que la evolución aún no ha terminado.

5. **4** El agua se encuentra en todos los lugares y todo el mundo tiene acceso a esta fuente. Por eso la han usado como norma.

6. **2** El pasaje indica que el calor es una forma de energía y por esta razón se mide en calorías.

7. **4** La gravedad específica es la densidad comparada con la densidad del agua. Una gravedad específica de 1.84 significa que cualquier volumen de ácido sulfúrico pesa 1.84 veces más que un volumen igual de agua.

8. **3** Cualquier unidad puede ser definida arbitrariamente y los inventores del sistema métrico usaron el agua como patrón.

9. **4** El propano (C_2H_8) es un compuesto orgánico. $Ba(OH)_2$ es una base. HNO_3 y HCl son ácidos. $NaCl$ es una sal.

10. **1** El hidróxido de sodio ($NaOH$) es un compuesto iónico creado de un metal activo, el sodio y un ión de hidróxido OH^-.

11. **5** En la atmósfera, la energía se transporta por medio del vapor del agua llevado por las corrientes de aire. Cuando el agua se evapora, consume energía. La humedad del aire sube por la convención y luego se condensa formando las nubes y desprendiendo energía (calor) en el aire a gran altitud. A través de la condensación se forma la lluvia, pero el calor se queda en la parte alta de la atmósfera.

12. **4** El pasaje describe la ilusión óptica que ocurre cuando el aire caliente cerca de la superficie del suelo se mueve de manera turbulenta al no producirse enfriamiento.

13. **1** Cuando ocurre la evaporación, se necesita calor para cambiar un líquido a gas. La evaporación es un proceso de enfriamiento.

14. **3** En los motores diesel, los pistones, sumamente ajustados, comprimen el aire y aumentan la temperatura al nivel de encendido de los combustibles más pesados. Los pistones cumplen la misma función de las bujías de encendido de los motores de gasolina.

15. **1** Las locomotoras pueden transportar fácilmente el pesado motor diesel y aprovechar el uso de un combustible más barato.

16. **1** Debido a la fuerte compresión de la carrera, los motores diesel son muy pesados. Los motores diesel necesitan la robustez de un cilindro de paredes gruesas para funcionar.

17. **1** Los terremotos son el resultado del rápido movimiento de grandes masas de rocas y tierra que provocan una ruptura de las capas de roca y un desplazamiento (falla) de los segmentos de estas capas en el punto de ruptura. El plegamiento de las capas de rocas es el resultado de la acción de fuerzas menores que actúan durante un período de tiempo más largo. Las fuerzas producidas por los desprendimientos son demasiado pequeñas para producir un terremoto.

18. **2** El terremoto de 1989 en San Francisco provocó la muerte de muchas personas, ya que los edificios viejos y las carreteras no fueron construidos para resistir una sacudida tan fuerte. Los edificios más modernos no se derrumbaron.

19. **4** Los sismógrafos detectan las ondas en la corteza terrestre, tanto si provienen de un terremoto como de una explosión nuclear.

20. **3** Un átomo de calcio con una valencia de +2 tiene dos electrones en su anillo exterior. El cloro con una valencia de –1 necesita un electrón para completar su anillo exterior. Dos átomos de cloro pueden combinarse con un átomo de calcio para formar el cloruro de calcio ($CaCl_2$).

21. **4** La masa atómica (el número de protones más el número de neutrones) menos el número atómico (número de protones) es igual al número de neutrones. Así pues, 7 – 3 = 4.

22. **5** El número atómico es igual al número de protones.

23. **4** El sodio tiene 11 protones en sus capas. En la primera capa posee 2, en la segunda tiene 8 y sólo tiene 1 electrón en su capa exterior. Debido a que puede prestar este electrón a otro átomo, su valencia es de +1.

24. **5** Muchas de las partes de la planta están envueltas en el proceso, pero es en el cloroplasto donde verdaderamente tiene lugar el proceso químico.

25. **3** El agua del suelo es transportada a través del xilema.

26. **3** Se necesita energía química para dividir el agua en H^+ (combinado en la glucosa) y O_2.

27. **4** El hidrógeno y el dióxido de carbono producen sucesivamente azúcares.

28. **3** La clorofila en los cloroplastos de las células transforma la energía de la luz en energía química.

29. **4** Los estomas son aperturas por donde el dióxido de carbono entra en la planta.

30. **5** La energía en forma de luz entra en la planta. El resultado es la energía química almacenada en los carbohidratos. El pasaje no dice nada sobre el crecimiento.

31. **5** Debido a que el dióxido de carbono se usa en la fotosíntesis, si se incrementara la cantidad de dióxido de carbono el proceso sería más rápido.

32. **4** Las aves se parecen entre sí porque han evolucionado hasta adaptarse al mismo estilo de vida. Las opciones (2), (3) y (5) contradicen la afirmación sobre la inexistencia de parentezco.

33. **5** En la oscuridad no se produce la fotosíntesis y las plantas no pueden producir oxígeno.

34. **5** A las mujeres embarazadas se les recetan vitaminas. La vitamina A es necesaria para la salud, pero en dosis excesivas puede ser perjudicial.

35. **5** Debido a que el corazón es un músculo con nervios que conducen impulsos, el potasio es una sustancia nutritiva importante. La mayoría de los medicamentos que se recetan a los que padecen del corazón tienen la tendencia a eliminar el exceso de agua. De este modo, se pierde el potasio disuelto.

36. **5** Los gases salidos por la chimenea se combinan con el agua de la atmósfera para producir la lluvia ácida que puede perjudicar a los embriones de los animales, los edificios, los árboles y los pulmones.

37. **3** Los ratones tienen mucha descendencia y por tanto el período de tiempo entre generaciones es corto. La opción (1) es incorrecta, ya que las bacterias no se reproducen sexualmente. Las opciones (2) y (4) no son correctas, ya que los perros y los hombres no son tan prolíficos como los ratones. Los robles son extremadamente prolíficos, pero su etapa de crecimiento es muy larga antes de que puedan producir bellotas.

38. **4** El pasaje implica que la bacteria verde evolucionó de las formas bacteriales no verdes que en un principio existieron en la tierra. Los animales necesitan oxígeno para vivir, por lo tanto vinieron después de que la bacteria verde cambió la atmósfera.

39. **3** La población de lobos alcanzó el máximo un año después de la máxima población de alces. Esto quiere decir que muchos lobos debieron nacer cuando la población de alces estuvo en su punto máximo.

40. **3** Los fósiles de la capa de roca D son más viejos que los de la capa A. Los fósiles se encuentran en rocas sedimentarias, compuestas de una capa encima de otra de material depositado. La capa de sedimento más vieja aparece en el fondo, mientras que la más joven se encuentra encima de todas las demás.

41. **1** Cuando se respira no se transmiten fluidos del cuerpo. En el acto sexual, cada miembro de la pareja tiene un contacto íntimo con los fluidos del otro cuerpo. Por eso, la opción (2) es incorrecta. Las opciones (3),(4) y (5) están relacionadas con la transmisión de sangre de persona a persona.

42. **3** Los problemas de un cultivador de plantas es localizar cuáles son las plantas inmunes, que son las que sobreviven a los herbicidas.

43. **5** La opción (1) es incorrecta; un agricultor puede seguir esta práctica, pero no es lo que *debiera* hacer. La opción (4) es incorrecta porque lo que se pregunta depende de la decisión del agricultor. Las opciones (2) y (3) son irrelevantes.

44. **4** El procedimiento seguro es el de calentar con cuidado y despacio un tubo de ensayo que no esté tapado. En todas las demás opciones puede ocurrir una explosión.

45. **4** La reproducción asexual se usa para producir un gran número de plantas en un período corto de tiempo. Según el pasaje, un millón de plantas pueden obtenerse por reproducción asexual en sólo seis meses.

46. **3** Si el número de cromosomas de una planta reproducida asexualmente es 12, el número de cromosomas de la planta original es también 12. Las células de la planta reproducida asexualmente se reproducen por el proceso llamado mitosis. Todas las células que se reproducen por mitosis tienen el mismo número de genes.

47. **3** Las hormonas auxina y citocinina estimulan la producción de nuevas plantas. Las hormonas son sustancias que regulan el crecimiento y la reproducción de los organismos.

48. **2** La reproducción asexual se define como una forma de propagación vegetativa. La propagación vegetativa es una forma de reproducción asexual. Sólo se requiere la planta original.

49. **2** Los procesos sexuales combinan la herencia del padre y la madre y producen una descendencia distinta a ambos. En cambio, en la reproducción asexual no se produce cambio en el genotipo.

50. **2** La medicina es una suspensión. Todas las respuestas incorrectas son características de las soluciones.

51. **5** Todas las demás opciones tienen un sabor amargo; por lo tanto son ácidos.

52. **2** La sensación resbaladiza del jabón revela su naturaleza como base.

53. **5** La mezcla de un ácido y una base produce un producto que no es ninguno de los dos.

54. **5** El calor es una forma de energía que se mueve espontáneamente desde regiones de altas temperaturas hacia otras más bajas.

55. **5** En la parte oeste de la montaña, la temperatura baja hasta 3°C cada 0.5 Km. A 2.5 Km, la temperatura es 7°C. En la cima, debería ser 3°C o 4°C menos. Se obtiene el mismo resultado si se usan los datos de la parte este de la montaña, en donde la temperatura baja 5°C cada 0.5 Km.

56. **2** Cuando hay precipitación, la humedad relativa es del 100%. En el diagrama, la precipitación ocurre en la parte de barlovento de la montaña. Hay precipitación a los 1.5 Km de altura.

57. **4** A medida que el aire se levanta, se expande. Cuando se expande, se enfría. Uno se da cuenta que el aire que sale de un neumático es frío. Esto es debido a que se expande.

58. **1** A medida que el aire desciende en el lado de sotavento de la montaña, se

calienta. Como resultado, es muy poco probable que haya una precipitación en esta parte. Al no haber precipitaciones, la región será árida. Los desiertos en la parte suroeste de los Estados Unidos están ubicados en el lado de sotavento de las montañas.

59. **2** Muchas plantas desprenden polen. La actividad humana no afecta demasiado la cantidad de polen que hay en la atmósfera. Las sustancias generalmente se consideran contaminantes cuando alteran el ambiente a causa de la actividad humana. Cualquier porción del medio ambiente puede contaminarse, incluyendo la atmósfera, la hidrósfera o la litósfera. Por ejemplo, cuando grandes cantidades de desperdicios se vierten en el río, el agua se contamina. Los peces y otros organismos que viven en el río pueden morir si el nivel de contaminación es muy elevado.

60. **2** El bloque y el peso están conectados; por lo tanto tienen siempre la misma velocidad. Si la fuerza que mueve el bloque es mayor que el roce, el bloque debe acelerar.

61. **2** El roce sobre un objeto que resbala a lo largo de una superficie va en dirección opuesta al movimiento del bloque. En esta pregunta, el objeto resbala por la inclinación hacia arriba; por eso, el roce sobre el bloque sigue la dirección hacia abajo de la inclinación. Esto se muestra en la opción (2).

62. **3** Si el experimento consiste en comprobar el efecto de la tira adhesiva cazamoscas, no debería haber ninguna otra diferencia entre las dos botellas. Las propiedades idénticas en las dos botellas son elementos de control.

63. **3** El investigador indudablemente usa la tira adhesiva en la botella porque puede atrapar moscas que pueden volar, pero no las otras.

64. **2** Quien realiza el experimento debe decidir por anticipado qué poner en las botellas para que los resultados obtenidos tengan algún significado.

65. **5** El motivo de la carencia de alas no tiene nada que ver con el problema sometido al experimento.

66. **4** En la mayoría de las circunstancias naturales, se supone que las alas son útiles. Este experimento establece un ambiente artificial en el que los valores de la supervivencia están invertidos. Este tipo de ambiente puede existir en la naturaleza.

PRUEBA 4. INTERPRETACIÓN DE LA LITERATURA Y LAS ARTES/PÁGINA 57

1. **3** El autor refleja la humildad de la familia cuyos miembros comen en una mesa parecida a la de un zapatero, pero que cuando tienen invitados instalan una mesa más grande de convite.

2. **1** El autor dice que ocupaba el "espacio y sitio de tres", lo cual quiere decir que era extremadamente obeso.

3. **4** El que no haya espacio para tantas personas en la mesa le da pie al escritor de hablar de diferentes situaciones irónicas.

4. **4** El trabajo de Mariano José de Lara se enmarca dentro del costumbrismo, ya que describe los aspectos de la vida y la sociedad española de mediados del siglo XIX.

5. **1** El autor quiere mostrar cómo durante la vida diaria su amigo y su mujer viven en una sencillez ridícula pero cuando tienen invitados instalan una mesa grande y usan servilletas nuevas.

6. **3** Todas las descripciones como "Duerme como un palo. ...Si vive como si estuviera muerto...", "aflojó la mano y recostóse" sugieren que es un hombre perezoso y sin mucha vitalidad.

7. **1** El autor reviste de un ambiente mágico el tema de la sequía. Y como si se tratara de un espejismo, Usebia, a quién le pareció oír la lluvia, quería contárselo a su marido.

8. **2** Las descripciones de los personajes y del ambiente hacen adivinar que viven en el campo.

9. **3** La sequía en las zonas rurales es un tema típico de los cuentos criollos. La mujer está entusiasmada porque ha creído oír la lluvia y en el último párrafo el autor describe la gravedad de la sequía.

10. **5** En el último párrafo del pasaje, el autor compara la sequía con un ser humano de piel áspera, ya en los huesos y con fiebre y sed.

11. **2** El narrador dice que los dedos eran "tan delgados que más que su mano formaban parte de los encajes de sus mangas".

12. **3** Cuando dice "y ya no pudiste cerrar el trato..." quiere decir que al entrar Zigüil diciendo que había subido el café, el vendedor le subió el precio y don Félix ya no podía pagarlo.

13. **2** La expresión "nunca falta un pelo en la sopa" quiere decir que siempre pasa algo en el último momento.

14. **4** Don Félix dice "Madera sacada de nuestros bosques", quejándose del material que están usando para construir la casa.

15. **1** La discusión sobre la manera de hablar se expresa en el último párrafo donde dice "....guárdate tus especias, demasiado picantes para el paladar de una señorita que no está acostumbrada a hablar en doble sentido".

16. **1** Versos como "cuando a las fieras penas me postro" o "cuando el cabello hirsuto" se refieren a un estado de ánimo.

17. **3** Calmado, ya que en los primeros versos dice "Ved: sentado lo llevo sobre mi hombro...".

18. **4** El poeta hace una metáfora. El niño lo acaricia, lo besa invisiblemente y considera que es un apoyo en los momentos de *interna tormenta*.

19. **3** Es un verso libre, ya que el poema no tiene estrofas ni sigue ninguna forma definida.

20. **3** En *postro* y *hosco* sólo riman las vocales, no las consonantes.

21. **3** Este verso expresa su deseo de que su miseria se acabe.

22. **4** Con "allí verted las flores" o "recuerdos...que no vuelven" expresa su deseo de olvidar el pasado de su existencia.

23. **5** El verso, como dice el poeta, le permite poner...un pensamiento puro, es decir, expresar sus sentimientos.

24. **3** En los últimos versos, el poeta expresa cómo se siente y habla de su *existencia mísera*.

25. **5** El poeta muestra la angustia y el dolor de la desilusión. Este sentimiento se muestra a lo largo de su obra poética y es el que lo llevó al suicidio.

26. **3** El leñador primero dice que "Cuando salga la luna los verán." Ambos creen que el mundo es grande y todos debieran coexistir en él.

27. **5** "Ver la luz" sugiere el peligro de exponerse a la luz, estar a la vista. En tono poético, el autor dice que la pasión descubierta termina bajo tierra.

28. **3** La sangre es el símbolo de la pasión. De este modo, la frase implica que es mejor liberar la pasión aun a riesgo de la vida, que sufrirla dentro de uno.

29. **5** El autor refleja la sensación de frustración de seres humanos que necesitan el amor, pero que debido a las tradiciones y la rigidez moral de la sociedad no pueden conseguirlo. Por eso, dice "El mundo es grande. Todos pueden vivir en él".

30. **3** Es una tragedia porque puede acabar con la muerte de los amantes, pero incorpora frases poéticas como "Sangre que ve la luz se la bebe la tierra" o "El cuerpo de ella era para él y el cuerpo de él era para ella".

31. **4** Los inventos e innovaciones casi siempre son el resultado de pruebas laboriosas y errores.

32. **3** "Todos tenemos ideas, pero los innovadores trabajan concienzudamente en ellas y hacen seguimientos hasta que pueden comprobar que pueden ponerlas en práctica o no".

33. **1** El autor dice en el tercer párrafo que las invenciones acostumbran ser "engañosamente simples".

34. **2** "A menudo, es como lanzar una pelota vieja con un efecto nuevo", es decir con una nueva perspectiva.

35. **4** "El innovador buscará caminos alternativos que pueda probar que a la larga son más fáciles y a la vez más interesantes."

36. **4** El cine para el autor "ha cumplido su función múltiple: anticipar los sueños..."

37. **3** Al nombrar los diferentes directores nos dice que hay directores italianos, rusos, alemanes, suecos, estadounidenses, etc. Así pues, habla del cine en general.

38. **1** El autor expresa la "encomienda primordial" del cine diciendo que es la de "universalizar los sueños".

39. **4** El autor menciona todas las demás características, pero no habla en ningún momento que el procedimiento sea simple.

40. **3** Al final del pasaje, el escritor nota que "El tiempo libre como extensión del sueño." Debido a que el sueño es algo inherente al cine, se puede decir que relaciona el tiempo libre con el cine.

41. **4** El autor dice que Chagall goza con "una satisfacción casi sensual" de sus colores con "su típico espíritu travieso".

42. **5** Sólo en el primer párrafo se habla de su pintura. El resto del artículo habla de los vidrios de colores.

43. **1** El artículo expresa que Chagall "creaba colores vigorosos, sólidos fragmentos, que a menudo contrastaba con efectos llamativos".

44. **3** La conclusión del artículo expresa que la fe o las creencias de Chagall es la ascensión de la humanidad a través del sufrimiento de la salvación.

45. **4** Un crítico dijo que Chagall se convirtió "en el más fiel imitador de sí mismo".

PRUEBA 5. MATEMÁTICAS/PÁGINA 68

1. **2** Encontramos primero el millaje total.

   $135 + 162 + 98 + 117 + 203 =$
   715 millas

   Si dividimos el millaje total (715) por el número de millas recorridas usando un galón de gasolina (14), encontraremos el número de galones de gasolina que necesita.

   $715 ÷ 14 = 51$ galones

2. **4** Por 12 minutos pagará 5 centavos. Con $.50 podría pagar por $10 × 12$ minutos (120). 120 minutos = 2 horas.

3. **1** Si $AB = AC$, entonces $\triangle ABC$ es un triángulo isósceles y los ángulos de la base tienen la misma medida.

   Es decir, esto es $m\angle B = m\angle C$
   Entonces $x = m\angle B = m\angle C$

   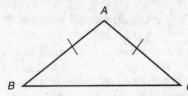

   Debido a que la suma de las medidas de los ángulos de un triángulo es 180°, tenemos la ecuación siguiente:

   $$x + x + 100 = 180$$
   $$2x = 100 = 180$$
   $$2x = 180 - 100 = 80$$
   $$x = 40$$

4. **5** Debido a que 432 camisas se han vendido por $15 cada una, la cantidad de dólares obtenida es 15 × 432 o 432 × 15.

   Luego, otras 368 camisas se han vendido por $18 cada una y la cantidad de dólares obtenida es de 18 × 368 o 368 × 18.

   El total de dinero obtenido de la venta es de 15 × 432 + 18 × 368. Esta operación puede escribirse (15)(432) + (368)(18).

5. **1** El número total de partidos realizados por el equipo fue de $x + y = z$

   El número de partidos ganados fue x. La parte de partidos ganados fue entonces $\dfrac{x}{x + y + z}$

6. **2** $\dfrac{1}{2}$ de los alumnos caminan hasta la escuela.

   $1 - \dfrac{1}{2} = \dfrac{1}{2}$ de alumnos son los que quedan.

   $\dfrac{1}{4}$ de los que quedan $= \dfrac{1}{4} × \dfrac{1}{2} = \dfrac{1}{8}$

   son alumnos que van en bicicleta.

   $\dfrac{1}{2} = \dfrac{4}{8}$

$\frac{4}{8} + \frac{1}{8} = \frac{5}{8}$ de los alumnos van en bicicleta o caminan.

Entonces, $1 - \frac{5}{8} = \frac{3}{8}$ usan otros medios de transporte.

7. 5 $2x > 9$. Si dividimos ambos lados de la desigualdad por 2, obtenemos $x > \frac{9}{2}$ o $4\frac{1}{2}$.

La única opción que es mayor que $4\frac{1}{2}$ es 5.

Otro método alternativo es reemplazar x por cada una de las opciones dadas. La única opción que hace que la desigualdad sea correcta es $x = 5$.

8. 2 La distancia entre Nueva York y San Francisco es aproximadamente 2,500 millas. Para expresar la distancia en el sistema métrico, seleccionamos el kilómetro, el cual corresponde a $\frac{5}{8}$ de 1 milla.

El kilómetro es la unidad de distancia más grande de las opciones que se nos han dado.

9. 4 Digamos que x = la altura del mástil de bandera. Debido a que los triángulos se parecen, las longitudes de los lados correspondientes están en proporción.

Usamos la proporción
$$\frac{h \text{ (mástil de bandera)}}{h \text{ (asta)}} =$$
$$\frac{l \text{ (sombra del mástil de bandera)}}{l \text{ (sombra de la asta)}}$$

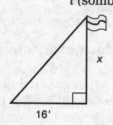 

$$\frac{x}{9} = \frac{16}{6}$$
$$6x = 9 \times 16 = 144$$
$$x = \frac{144}{6} = 24$$

10. 2 1 pie = 12 pulgadas
9 pies 8 pulgadas = $9 \times 12 + 8 = 116$ pulgadas

116 + 4 = 29 pulgadas
29 +12 = 2 pies 5 pulgadas

11. 1 El monedero contiene $6 + 5 + 8 = 19$ monedas.

Cinco de ellas son monedas de diez centavos.

Probabilidad =
$$\frac{\text{número de resultados exitosos}}{\text{número de resultados posibles}}$$

En este caso, hay cinco resultados exitosos, ya que hay 5 monedas de diez centavos. Y el número de resultados posibles es 19, ya que en total hay 19 monedas.

Entonces, $P = \frac{5}{19}$

12. 4 En un conjunto ordenado de puntaje, el número que está en el medio se llama mediana.

En este caso, hay 9 puntajes. Si los ordenamos, el puntaje que está en quinta posición es la mediana. Note que obtendremos el mismo resultado tanto si los números están ordenados de mayor a menor o viceversa.

Los puntajes ordenados de menor a mayor
272, 274, 275, 276, 278, 281, 283, 284, 287

mediana

13. 5 Los bolígrafos cuestan 3 por $.97 = $2.91

El costo de 1 docena de bolígrafos = 4 ($.97) = $3.88

El costo de 8 lápices = $4.60 − 3.88 = $.72.

El costo de 1 lápiz = $.72 ÷ 8 = 9 centavos.

14. 1 1 pulgada en el mapa = 150 millas

$3\frac{1}{2}$ pulgadas en el mapa =

$(3\frac{1}{2})(150) = \frac{7}{2} \times 150 = 525$ millas.

15. 2 Para encontrar el perímetro de la figura, hemos de sumar las longitudes de los cuatro lados.
$$2a + b + a + 3b + 3a + b + 3a + 2b = 9a + 7b.$$

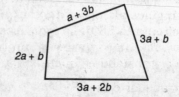

16. **4** La distancia entre el punto *A* y el punto *B* es 10 unidades. Entonces, el punto medio de $\overline{AB}$ está localizado a 5 unidades a la derecha del punto *A*.

    La coordinada del punto medio de $\overline{AB}$ es 3.

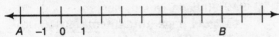

17. **5** 3 corbatas se han vendido por $23
    6 corbatas han costado 2 ($23) = $46
    3 camisas se han vendido por $43
    los pantalones se han vendido por $32.75
    2 pantalones han costado 2($32.75) = $65.50
    1 chaqueta se ha vendido por $58.45
    $46 + $43 + $65.50 + $58.45 = $212.95

18. **3** Si escribimos todos los números en decimales, es más fácil ordenarlos. Así, 19% es .19.

    $\frac{1}{2}$ = .50, $\frac{3}{5}$ = .60, y .080 puede escribirse .08.

    El orden correcto de mayor a menor es
    .80, .60, .50, .19, .08 o

    .80, $\frac{3}{5}$, $\frac{1}{2}$, 19%, .080

    La respuesta correcta es (3).

19. **3** La velocidad promedio = distancia recorrida + el tiempo del vuelo.
    La velocidad promedio = 1,364 millas

    + $5\frac{1}{2}$ horas.

    $1,364 \div 5\frac{1}{2} = 1,364 \div \frac{11}{2} = 1,364 \times \frac{2}{11}$

    $1,364 \div 11 = 124, 124 \times 2 = 248$

20. **2** Para escribir un número científicamente, lo escribimos como el producto de un número entre 1 y 10 y elevado a la potencia de 10. En este caso, el número entre 1 y 10 es 8.5. Para ir de 8.5 hasta 85,000,000,000, movemos la coma decimal diez lugares hacia la derecha. Así pues, 85,000,000,000 = 8.5×10^{10}.

21. **3** $3ab - x^2y = 3(4)(5) - (2)(2)(3) = 60 - 12 = 48$

22. **3** La suma de las medidas de los ángulos alrededor del centro de un círculo es 360°. La fracción que representa la parte del número total de trabajadores que trabajan en transporte es $\frac{20}{360}$.

$\frac{20}{360} = \frac{1}{18}$

$\frac{1}{18}$ de 180,000 = $\frac{180,000}{18}$ = 10,000

23. **4** *M* = el número de personas que trabajan en comercio o en finanzas
    x = el número de personas que trabajan en manufactura
    Si 90° representa *M*

    $\frac{90}{M} = \frac{120}{x}$

    $90x = 120M$

    $x = \frac{120M}{90}$

    $x = \frac{4M}{3}$ or $4M \div 3$

24. **4** Si $m\angle ABC = 68°$ y $\overline{BF}$ bisecta $\angle ABC$, entonces $m\angle EBC = \frac{1}{2}(68) = 34°$.

    Si $m\angle ACB = 72$ y $\overline{CD}$ bisecta $\angle ACB$, entonces $m\angle ECB = \frac{1}{2}(72) = 36°$.

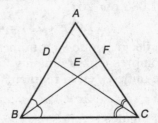

    Como la suma de las medidas de un triángulo es 180°,
    $m\angle EBC + m\angle ECB + m\angle BEC = 180°$
    $34 + 36 + m\angle BEC = 180°$
    $70 + m\angle BEC = 180°$
    $m\angle BEC = 180° - 70° = 110°$

25. **3** Francisco tiene $30.
    Jaime tiene $3 menos, o sea $30 – $3 = $27.
    Guillermo tiene $5 más que Jaime, o sea tiene $27 + $5 = $32.

26. **5** Sabemos que John Davis perdió al menos 4 libras cada mes. Pero puede haber perdido 4 libras durante un mes o incluso más. No hay información suficiente para determinar cuál era el peso de John Davis al cabo de seis meses.

27. **2** Para computar el interés anual del $8\frac{1}{2}$ % en $10,000, tenemos que hacer la operación siguiente:

    $10,000 × .085 = $850

Si es cada seis meses, el señor Ames recibe $\frac{1}{2}$ de $850 = $425.

28. **5** 3 pies = 3 × 12 = 36 pulgadas.

1 pie 10 pulgadas = 12 + 10 = 22 pulgadas

1 pie 2 pulgadas = 12 + 2 = 14 pulgadas

Para saber el volumen del acuario, usamos la fórmula $V = xyz$.

En este caso, $z = 36$, $x = 22$, $y = 14$.

$V = 36 \times 22 \times 14 = 11,088$ pulgadas cúbicas.

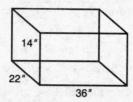

Para encontrar el número de galones de agua que se necesitan para llenar el acuario, dividimos 11,088 por 231.

$$11,088 \div 231 = 48.$$

29. **3** Si decimos que $9x$ = número de hombres en la reunión y $2x$ = número de mujeres en la reunión,

$$2x = 12$$
$$x = 6$$
$$9x = 9\,(6) = 54.$$

30. **5** La inclinación $\overleftrightarrow{AB}$ =

$$\frac{\text{cambio en las coordenadas } y}{\text{cambio en las coordenadas } x}$$

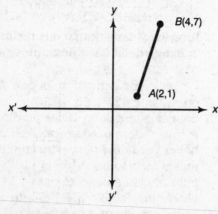

La inclinación de $\overleftrightarrow{AB} = \frac{(7-1)}{(4-2)} = \frac{6}{2} = 3.$

31. **3** Si decimos que x = número de puntos obtenidos por Jaime y $3x$ = número de puntos obtenido por Guillermo,

$$x + 3x = 56$$
$$4x = 56$$
$$x = 56 \div 4 = 14$$
$$3x = 3(14) = 42.$$

32. **4** Según la tabla, Miguel paga $4.69 por $1,000 trimestrales o 10 ($4.69) = $46.90 cada tres meses.

Miguel paga anualmente 4($46.90) = $187.60.

33. **1** Felipe paga $9.47 por $1,000 cada seis meses o 10($9.47) = $94.70 cada medio año.

Cada año paga 2 × $94.47 = 189.40.

Después de un período de 5 años, Felipe habrá pagado 5($189.40) = $947.00.

34. **1** Seis lápices cuestan 6 veces más que un lápiz. Si y es el costo de un lápiz, el costo de 6 lápices es 6 veces y = $6y$.

35. **5** Para saber las ganancias del señor Martín, debemos multiplicar 42 por 12 y añadirlo al producto de 37 y 12. De las opciones debemos seleccionar el equivalente de 24 × 12 + 37 × 12. Es decir, 42 × 12 + 37 × 12 = 12(42 + 37).

36. **4** La inscripción total = 360 + 300 + 280 + 260 = 1,200.

Parte de esta inscripción total representada por los alumnos de primer grado es

$$\frac{360}{1,200} = \frac{36}{120}$$
$$\frac{36}{120} = .3$$
$$.3 = .30 = 30\%$$

37. **3** $m\angle BCD = m\angle ABC$, ya que los pares de los ángulos interiores alternados de las líneas paralelas tienen la misma medida.

Entonces, $m\angle BCD = 112°$.

$$m\angle ECD = \frac{1}{2}m\angle BCD = \frac{1}{2}(112°) = 56°$$

38. **2** 22 pies 4 pulgadas = 22(12) + 4 = 268 pulgadas.

268 ÷ 4 = 67 pulgadas por tapiz

$$\frac{67}{12} = 5\frac{7}{12}$$

Cada tapiz es de 5 pies 7 pulgadas de longitud.

39. **4** Según la gráfica, la población de 1990 se encontraba entre 25,000 y 30,000

$$25,000 + 30,000 = 55,000$$
$$55,000 \div 2 = 27,000$$

40. **3** Según la gráfica, la población de 1990 era de 20,000 y la de 1991 era también de 20,000. No hubo cambios en la población entre 1990 y 1991.

41. **4** Usamos la fórmula $V = xyz$ para representar el volumen de un sólido rectangular. El volumen es

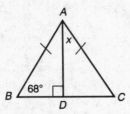

$$x \cdot x \cdot 8 = 8x^2$$
$$8x^2 = 392$$

42. **5** Debido a que no conocemos el número total de votos, no podemos hacer una ecuación para resolver el problema.

43. **2** Si $AB = AC$, $m\angle C = m\angle B = 68°$ y $\overline{AD} \perp \overline{BC}$, $m\angle ADC = 90°$.

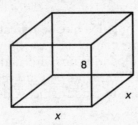

Como la suma de las medidas de los ángulos de un triángulo es 180°, tenemos

$$68 + 90 + m\angle x = 180°$$
$$158 + m\angle x = 180°$$
$$m\angle x = 180 - 158 = 22°$$

44. **4** En un triángulo recto, usamos el teorema de Pitágoras para obtener

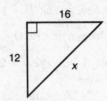

$$x^2 = (12)^2 + (16)^2$$
$$x^2 = 144 + 256 = 400$$
$$x = \sqrt{400} = 20$$

45. **3** Si $5^2 = 25$ y $6^2 = 36$, $\sqrt{30}$ está entre 5 y 6.

46. **1** AD = radio del círculo grande = 20

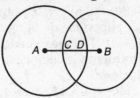

$$CD = 6$$
$$AC = AD - CD = 20 - 6 = 14$$
$$BC = \text{radio del círculo pequeño} = 8$$
$$CD = 6$$
$$BD = BC - CD = 8 - 6 = 2$$
$$AB = AC + CD + DB = 14 + 6 + 2 = 22$$

47. **4** $m\angle EBF = m\angle CBD = 50°$ ya que los ángulos verticales tienen la misma medida.

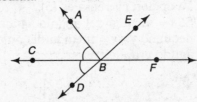

Debido a que $\overleftrightarrow{CB}$ bisecta con $\angle ABD$, $m\angle ABC = m\angle CBD$. Entonces, $m\angle ABC = 50°$.

48. **4** Para saber el costo de n libras de azúcar a c centavos por libra, multiplicamos n por c para obtener nc.

Para saber el cambio recibido, sustraemos nc de $1.00 o 100 centavos. El resultado es $100 - nc$.

49. **1** Supongamos que x = el número de estudiantes en la clase de graduación y $.85x$ planean ir a la universidad

$$.85x = 170$$
$$x = \frac{170}{.85} = \frac{17,000}{85} = 200$$

50. **2** Dividimos la figura en dos rectángulos, a través de la línea de puntos.

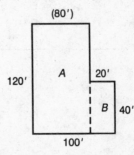

El ancho del rectángulo $A = 100 - 20 = 80$

La longitud del rectángulo $A = 120$
La superficie del rectángulo $A = (80)(120) = 9,600$ pies cuadrados

La superficie del rectángulo *B* = (40)(20) = 800 pies cuadrados

La superficie de la figura = 9,600 + 800 = 10,400 pies cuadrados.

51. **5** Comprobamos cada desigualdad o ecuación.

(1) 3(10) + 1 > 12, 30 + 1 > 12. Verdadera.

(2) 2(10) − 3 < 25, 20 − 3 < 25. Verdadera.

(3) 10^2 + 1 > 10^2 − 1, 100 + 1 > 100 − 1. Verdadera

(4) 4(10) − 1 = 39, 40 − 1 = 39. Verdadera.

(5) 2(10)−7 > 7-2(10),20 − 7 < 7 − 20. Falsa.

La opción correcta es (5).

52. **5** Si *x* = medida del ángulo agudo pequeño y 4*x* = medida del ángulo agudo grande,

$$x + 4x = 90$$
$$5x = 90$$
$$x = 90 \div 5 = 18$$
$$4x = 4(18) = 72°$$

53. **4** El que pide prestado paga 50 centavos por los tres primeros días, más 15 centavos por cada día que pase después del tercer día. Esto es 15(*n* − 3)

La fórmula correcta es *C* = 50 + 15 (*n* − 3).

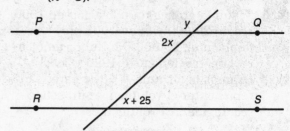

54. **3** Los ángulos que se muestran en la figura miden 2*x* y *x* + 25 y son ángulos internos alternados; por lo tanto son iguales. Para resolver la ecuación, sustraemos *x* de ambos lados.

$$2x = x + 25$$
$$\underline{-x \quad -x}$$
$$x = 25$$

55. **1** Como *x* = 25 (según la pregunta anterior), cada ángulo interno alternativo mide 50°. Como *y* es suplementario a este ángulo, su medida es 180° − 50° = 130°

56. **4**
$$x^2 - x - 12 = 0$$
$$(x - 4)(x + 3) = 0$$
$$x - 4 = 0$$
$$x - 4 + 4 = 0 + 4$$
$$x = 4$$

ó

$$x + 3 = 0$$
$$x + 3 - 3 = 0 - 3$$
$$x = -3$$

Tanto A como D son correctas.

CAPÍTULO 3: Mecánica

Reglas sobre el uso de las letras, separación de sílabas, uso de las mayúsculas, signos de puntuación, reglas de acentuación.

CAPÍTULO 4: Uso de la gramática

Las partes de la oración. Cómo se usan los nombres, los pronombres, los adjetivos, los artículos, los tiempos de los verbos, los verbos irregulares y las formas gramaticales en general.

CAPÍTULO 5: Frases y oraciones coordinadas

Cómo se usan las conjunciones, la concordancia de los modos y tiempos.

CAPÍTULO 6: Estructura de la frase

En esta sesión se estudia el orden lógico gramatical. Violaciones en la lógica de la gramática. Lista de palabras que se confunden o se usan incorrectamente.

CAPÍTULO 7: Prueba de práctica

Análisis a las posibles respuestas de un párrafo simple. Le proporcionamos tres párrafos simples suplementarios para que pueda practicar. Todas las respuestas están analizadas.

Mecánica

La lengua es el medio que emplean los seres racionales para manifestar sus sentimientos y sensaciones. Si se origina por sonidos fónicos articulados se llama lenguaje oral, si se utilizan símbolos gráficos se llama lenguaje escrito. El lenguaje oral y escrito utilizado comúnmente como sistema de comunicación o expresión es el idioma o la lengua que, según la Real Academia, es el conjunto de palabras o modos de hablar de un pueblo o nación.

La gramática es el arte que enseña a hablar y escribir correctamente la lengua, estudiando sus reglas fundamentales, históricas y comparativas. La gramática se divide en cuatro partes:

La prosodia, que trata de la pronunciación correcta y la acentuación.

La morfología, que estudia las propiedades, formas y modificaciones de las palabras, que son parte de la oración, consideradas aisladamente.

La ortografía, que enseña el uso correcto de las letras, del acento ortográfico y de los signos auxiliares de la escritura.

La sintaxis, que se refiere al enlace de las palabras para componer la oración y a la conexión de las oraciones entre sí.

En este apartado abordamos la prosodia y la ortografía, que en la actualidad se llama fonología y está relacionada con la pronunciación correcta o dicción, el uso correcto de las letras, la utilización de mayúsculas, la puntuación, las reglas de acentuación, la separación de sílabas y lo que se llama "deletreo" en inglés. El seguimiento de ciertas reglas le será útil para el Exámen del GED.

La fonología

El conjunto de letras que componen una lengua es el abecedario o alfabeto. El español consta de 27 letras y es la base de la representación gráfica de los fonemas o sonidos simples del lenguaje hablado.

Los caracteres tipográficos de mayúsculas y minúsculas más usuales con sus correspondientes nombres son:

A a, *a*	B b, *b*	C c, *ce*	D d, *de*	E e, *e*
F f, *efe*	G g, *ge*	H h, *hache*	I i, *i*	J j, *jota*
K k, *ka*	L l, *ele*	M m, *eme*	N n, *ene*	Ñ ñ, *eñe*
O o, *o*	P p, *pe*	Q q, *cu*	R r, *erre*	S s, *ese*
T t, *te*	U u, *u*	V v, *u ve o ve*	W w, *u ve doble*	X x, *equis*
Y y, *i griega*	Z z, *zeta*			

Las vocales son las letras que se pronuncian mediante una espiración que hace vibrar la laringe sin que el sonido producido encuentre ningún obstáculo. Las vocales se dividen en fuertes o abiertas, la **a**, **e**, **o** y vocales débiles o cerradas, la **i**, **u**.

Todas las demás letras del abecedario son consonantes, ya que al pronunciarlas, el sonido espirado encuentra un impedimento en la cavidad bucal cuando sale al exterior.

Diptongos y triptongos

Diptongo (dos sonidos) es el conjunto de dos vocales que se funden en una sola sílaba. La unión puede ser de las vocales fuertes **a**, **e**, **o** con las débiles **i**, **u**, o con la **y**.

POR EJEMPLO:

hay, cuanto, piel, soy, aire, eufemismo

También puede ser la unión de las vocales débiles entre sí.

POR EJEMPLO:

ruido, ruina

Triptongos (tres sonidos) se producen cuando las vocales fuertes van precedidas de vocales débiles o precedidas de una vocal débil y seguidas de **y**, formando una sola sílaba.

POR EJEMPLO:

codiciáis, Camagüey, buey, situéis

PRÁCTICA

Diferencia entre diptongos y triptongos

1. En la reunión, se habló de autorizar la venta de estas remesas.
2. El ruiseñor no dejó de cantar en todo el día.
3. Hay un baile este domingo en la sala de teatro.
4. El auto se quedó sin aceite y no pudo arrancar.
5. Tiene una gran deuda con Hacienda y la ley lo persigue.
6. Ella limpia la casa, mientras él lava los platos.
7. No telegrafiéis a su hermano, ya que no vive más en ese pueblo.
8. El gato dijo miau cuando la vió.
9. No confiéis en lo que dice María; es una mentirosa.
10. El buey seguía arando el campo.

RESPUESTAS

Diptongos	Triptongos
re**u**nión	confi**éi**s
a**u**torizar	b**uey**
r**ui**señor	m**iau**
b**ai**le	telegrafi**éi**s
a**u**to	
ac**ei**te	
de**u**da	
l**ey**	
lim**pia**	
p**ue**blo	

Reglas básicas del uso de las letras

La b y la v
La **b** y la **v** tienen una pronunciación parecida, pero se escriben de forma distinta.

POR EJEMPLO:

barco, bizcocho, vaso, vecino

Se debe tener en cuenta que el significado de la palabra puede cambiar, dependiendo de si se escribe con **b** o **v**.

POR EJEMPLO:

bota (calzado)	vota (verbo votar)
barón (título de nobleza)	varón (hombre)
bacilo (microbio)	vacilo (verbo vacilar)
bienes (patrimonio)	vienes (verbo venir)
rebelar (sublevarse)	revelar (en fotografía, descubrir)
sabia (inteligente)	savia (líquido de las plantas)

Las voces que empiezan con la sílaba **ad**, se escriben con **v** (advertencia), así como los adjetivos terminados en **ava, ave, avo, eva, eve, iva, ivo** (octava, esclavo, activo, decisiva). Las palabras graves terminadas en **viro, vira** también se escriben con **v** (carnívoro, herbívora, excepto víbora).

PRÁCTICA

1. El automó__il se paró cuando iba cuesta arri__a.
2. Nadie __e__ió __e__idas alcohólicas en aquella fiesta.
3. El pue__lo de mi madre es muy __onito.
4. El juez a__sol__ío al acusado por falta de prue__as.
5. El director a__andonó la reunión por estar en desacuerdo.
6. Frank Sinatra ha __endido muchas copias de los discos que ha gra__ado.
7. Los estudiantes se re__elaron contra los profesores.
8. ¿Me podría en __ol__er el libro en papel de regalo?
9. Lo vi sentado en la __ereda en la ri__era del río.
10. Se puso sus __otas nuevas para ir a __otar en las elecciones presidenciales.

RESPUESTAS

1. El automó**v**il se paró cuando iba cuesta arriba.
2. Nadie **b**e**b**ió **b**e**b**idas alcohólicas en aquella fiesta.
3. El pue**b**lo de mi madre es muy **b**onito.
4. El juez a**b**sol**v**ió al acusado por falta de prue**b**as.

5. El director abandonó la reunión por estar en desacuerdo.
6. Frank Sinatra ha vendido muchas copias de los discos que ha grabado.
7. Los estudiantes se rebelaron contra los profesores.
8. ¿Me podría envolver el libro en papel de regalo?
9. Lo ví sentado en la vereda en la ribera del río.
10. Se puso sus botas nuevas para ir a votar en las elecciones presidenciales.

La c, s y z

(1) La **c** tiene sonido de **z** delante de las vocales **e, i.**

POR EJEMPLO:

ciprés, cesta

(2) El sonido **k** se produce cuando la **c** está precedida de **a, o, u.**

POR EJEMPLO:

caramelo, colmado, cuna

En muchas partes de Latinoamérica y España, la **z** y la **c** se pronuncian como si fueran una **s**, lo cual provoca muchos errores a la hora de escribir.

Se escribe la **z** delante de una **a, o, u** (caza, rezo, zurdo). Anote también que hay palabras que se escriben con doble **cc.** La primera se pronuncia aspirada con el sonido de la **k** y la segunda normalmente va seguida de una **i** y se pronuncia como la **z.**

PRÁCTICA

1. La ambi__ión de Juanito es ser pre__idente de la clase.
2. La cole__ión de obras de arte que se exhiben ha sido una coopera__ión entre museos.
3. Ayer presencié un a__idente horrible, que provocó un ata__co en la __iudad.
4. En la ca__ería ca__aron __orros.
5. Antes de ir a este doctor, debes pedir hora por antela__ión.
6. La ta__a de infla__ión ha disminuido en este último mes.
7. Andrés tiene una di__ión perfecta en inglés.
8. Lola es muy __en__ible, por e__o le afe__tan las películas de terror.
9. Gustavo estaba muy an__io__o por ver a su padre.

10. Tengo la convi__ión de que la __olu__ión al problema no pre__enta ninguna complica__ión.

RESPUESTAS

1. La ambición de Juanito es ser presidente de la clase.
2. La colección de obras de arte que se exhiben ha sido una cooperación entre museos.
3. Ayer presencié un accidente horrible, que provocó un atasco en la ciudad.
4. En la cacería cazaron zorros.
5. Antes de ir a este doctor, debes pedir hora por antelación.
6. La tasa de inflación ha disminuido en este último mes.
7. Andrés tiene una dicción perfecta en inglés.
8. Lola es muy sensible, por eso le afectan las películas de terror.
9. Gustavo estaba muy ansioso por ver a su padre.
10. Tengo la convicción de que la solución al problema no presenta ninguna complicación.

La g suave y la g fuerte

La consonante **g** tiene dos formas de pronunciación:

(1) La **g** suena suave delante de la **a, o, u, l, r.**

POR EJEMPLO:

gaseosa, goma, guante, glosario, gruta

(2) La **g** tiene un sonido fuerte como si fuera una **j** delante de las vocales **e, i.**

POR EJEMPLO:

geografía, dirigir

PRÁCTICA

1. Eli__a el que le guste más de todos estos libros.
2. No le tra__e nada porque no tuve tiempo.
3. El médico me su__irió que hiciera reposo.
4. Acabo de corre__ir los últimos exámenes.
5. Lo han ele__ido presidente del conse__o local.
6. Le aconse__é que no saliera porque iba a llover.

7. Spielberg empezó el roda__e de su nueva película.
8. El periodista fue de via__e para hacer un reporta__e.
9. Su__eta al perro para que no moleste a la __ente.
10. A mi novio le gustaba hacerme chanta__e emocional.

RESPUESTAS

1. Eli**j**a el que le guste más de todos estos libros.
2. No le tra**j**e nada porque no tuve tiempo.
3. El médico me su**g**irió que hiciera reposo.
4. Acabo de corre**g**ir los últimos exámenes.
5. Lo han ele**g**ido presidente del consejo local.
6. Le aconse**j**é que no saliera porque iba a llover.
7. Spielberg empezó el roda**j**e de su nueva película.
8. El periodista fue de via**j**e para hacer un reporta**j**e.
9. Su**j**eta al perro para que no moleste a la **g**ente.
10. A mi novio le gustaba hacerme chanta**j**e emocional.

La h, que, qui, gue, gui

La **h** no se pronuncia nunca en español. Es una letra muda.

POR EJEMPLO:

había, hora, hilo

Lo mismo ocurre con la **u** cuando se encuentra en medio de la **q** ó la **g** y la **e** ó la **i**.

POR EJEMPLO:

quería, quiniela, guerra, guisante

Si queremos que la **u** se pronuncie, hemos de poner una diéresis.

POR EJEMPLO:

pingüino, ungüento

PRÁCTICA

Coloque la h y la u en las palabras que lo requieran.

1. La __amburgesa con ensalada que __e comido no me __a gustado.

2. El barco, __e va por el río, se __undió a causa de una avería.
3. Estas __ierbas son muy buenas para la digestión.
4. La exibición me gustó muchísimo, especialmente los cuadros exagonales.
5. Los estadounidenses han lanzado un coete desde Cabo Cañaveral.
6. El raciocinio es inerente a cualquier ser umano.
7. Aníbal tenía grandes anelos de aprender a tocar la gitarra.
8. Este ombre no paró de mirar al ipopótamo y al pinguino en el zoo.
9. Él qería comer un estofado de gisantes, pero le prepararon una tortilla.
10. Después de su operación al ígado, Alonso tiene mucha ambre.

RESPUESTAS

1. La **h**ambur**gu**esa con ensalada que **he** comido no me **ha** gustado.
2. El barco, **qu**e va por el río, se **h**undió a causa de una avería.
3. Estas **h**ierbas son muy buenas para la digestión.
4. La ex**h**ibición me gustó muchísimo, especialmente los cuadros **h**exagonales.
5. Los estadounidenses han lanzado un co**h**ete desde Cabo Cañaveral.
6. El raciocinio es in**h**erente a cualquier ser **h**umano.
7. Aníbal tenía grandes an**h**elos de aprender a tocar la **gu**itarra.
8. Este **h**ombre no paró de mirar al **h**ipopótamo y al pin**gü**ino en el zoo.
9. Él q**u**ería comer un estofado de **gu**isantes, pero le prepararon una tortilla.
10. Después de su operación al **h**ígado, Alonso tiene mucha **h**ambre.

La ll y la y

Aunque en muchas áreas donde se habla el español la **ll** se pronuncia como la **y** (es lo que se llama yeísmo), hay una diferencia en la fricción en el paladar cuando se pronuncian los dos sonidos.

Cuando es consonante y encabeza una sílaba se escribe la **y** (rayo, haya, cónyugue), pero hay algunas excepciones como hiato, hierro, hierba.

Cuando se usa como conjunción la **y** tiene el mismo sonido que la vocal **i**, por eso se le llama **i griega**.

Hay palabras que cambian de significado si se escriben con **ll** o **y**.

POR EJEMPLO:

arrollo (verbo arrollar)	arroyo (río pequeño)
callado (silencioso)	cayado (bastón)
halla (verbo hallar)	haya (verbo haber/árbol)
olla (caldero)	hoya (fosa)
valla (cerca)	vaya (verbo ir)

PRÁCTICA

1. La __ama es el animal típico del Perú.
2. Me __amó para ha__ar a que hora nos íbamos a encontrar.
3. En el arro__o había una rana.
4. El agua hervía en la o__a, mientras él cortaba las zanahorias.
5. O__ó un fuerte ruido y se asomó a la ventana.
6. No se encontraba bien, por esto estaba tan ca__ado.
7. El jarrón estaba __eno de flores.
8. Su __anto parecía __uvia.
9. Se rompió la pierna y lo tuvieron que en__esar.
10. A__í donde vivía había una va__a muy alta que impedía ver el jardín.

RESPUESTAS

1. La **ll**ama es el animal típico del Perú.
2. Me **ll**amó para ha**ll**ar a que hora nos íbamos a encontrar.
3. En el arro**y**o había una rana.
4. El agua hervía en la o**ll**a, mientras él cortaba las zanahorias.
5. O**y**ó un fuerte ruido y se asomó a la ventana.
6. No se encontraba bien, por esto estaba tan ca**ll**ado.
7. El jarrón estaba **ll**eno de flores.
8. Su **ll**anto parecía **ll**uvia.
9. Se rompió la pierna y lo tuvieron que en**y**esar.
10. A**ll**í donde vivía había una va**ll**a muy alta que impedía ver el jardín.

La m y la n

Aunque su forma de pronunciación es muy distinta, delante de la **b**, **p**, **f** y **v**, estas letras pueden confundirse. Hay que tener en cuenta dos reglas:

(1) La **m** se escribe delante de **b** y **p**.

POR EJEMPLO:

embrión, imponer

(2) La **n** se escribe delante de **f** y **v**.

POR EJEMPLO:

confiscar, inventar

Por otro lado, delante de **n** se escribe **m**, excepto las palabras compuestas con los prefijos **con, en, in, circum**.

Por ejemplo: gimnasio, alumno, connotación, ennoblecer, innecesario, circunferir.

PRÁCTICA

1. El señor puso é__fasis en la necesidad de comer bien.
2. Se co__pró un par de zapatos nuevos.
3. El músico hizo una co__posición fabulosa.
4. Se puso e__fermo de tanto que comió.
5. Carlos sentía e__vidia de su hermana menor.
6. Nos co__vidaron a comer al ca__po.
7. Sonaron las ca__panas de la iglesia cuando se casaron.
8. Ca__bió el reloj por un brazalete de plata.
9. La profesora le i__puso un duro castigo.
10. Julio es un chico e__prendedor y ha creado su propio negocio.

RESPUESTAS

1. El señor puso é**n**fasis en la necesidad de comer bien.
2. Se co**m**pró un par de zapatos nuevos.
3. El músico hizo una co**m**posición fabulosa.
4. Se puso e**n**fermo de tanto que comió.
5. Carlos sentía e**n**vidia de su hermana menor.
6. Nos co**n**vidaron a comer al ca**m**po.
7. Sonaron las ca**m**panas de la iglesia cuando se casaron.
8. Ca**m**bió el reloj por un brazalete de plata.
9. La profesora le i**m**puso un duro castigo.
10. Julio es un chico e**m**prendedor y ha creado su propio negocio.

La r y la rr

La consonante **r** tiene dos formas de pronunciación:

(1) Se puede pronunciar con un sonido suave o simple de **ere**. Se escribe en el interior de la palabra que no vaya precedida de **n, r** ó **l** y al final de una palabra.

POR EJEMPLO:

cara, dorado, veremos, barómetro, amor, color

(2) También tiene un sonido fuerte de **erre**. A principio de palabra aunque se escriba una sola **r**, se pronuncia **erre**. Delante de **l, n** y **s**, se escribe una sola **r**.

POR EJEMPLO:

enrojecido, rata, Raúl, israelí, amor

Cuando se escriben dos **eres** juntas, el sonido es múltiple: **erre**. Se escriben en el interior siempre que no vayan precedidas de **n, r** ó **l**.

POR EJEMPLO:

arropar, arrugar, arrimar

La palabra compuesta cuyo segundo elemento empieza con **r** se escribe **rr**.

POR EJEMPLO:

prorrata, contrarréplica, vicerrector

PRÁCTICA

1. La __azón por la que no vino es muy __ocambolesca.
2. El __ubio que salió a habla__ era muy a__ogante.
3. Le gusta en__edar a la gente. Siemp__e está metido en líos.
4. Me dió mucha __isa verlo con aquel enorme somb__e__o.
5. En la p__ueba, cometió muchos e__o__es.
6. Ca__los se fue de pa__anda con sus amigos.
7. Aunque no que__íamos, tuvimos que reg__esar de Israel.
8. Se puso __ojo cuando le hablé ace__ca de los __umores.
9. Pe__dió la __eceta que le p__esc__ibió el médico.
10. Consiguió una p__ó__oga y el examen lo ha__á la semana que viene.

RESPUESTAS

1. La **r**azón por la que no vino es muy **r**ocambolesca.
2. El **r**ubio que salió a habla**r** era muy a**rr**ogante.
3. Le gusta en**r**edar a la gente. Siemp**r**e está metido en líos.

4. Me dio mucha **r**isa verlo con aquel enorme somb**r**ero.
5. En la p**r**ueba, cometió muchos e**rr**o**r**es.
6. Ca**r**los se fue de pa**rr**anda con sus amigos.
7. Aunque no que**r**íamos, tuvimos que reg**r**esar de Israel.
8. Se puso **r**ojo cuando le hablé acerca de los **r**umores.
9. Perdió la **r**eceta que le p**r**escribió el médico.
10. Consiguió una p**r**ó**rr**oga y el examen lo ha**r**á la semana que viene.

La s y la x

En algunos países de habla hispana, la **x** a veces suena como **s**. Siempre que el sonido sea equivalente a **cs, gs, ks** (examen, axioma) se escribe con **x**.

Los compuestos de las preposiciones latinas **extra** o **ex** se escriben con **x**. Por otro lado, la terminación **xión** siempre es con **x**. Por ejemplo: anexión, complexión

Asimismo, muchas veces se confunden con **sc** y **xc**. La práctica es la única manera de saber cómo se usan estas letras en la palabra.

POR EJEMPLO:

éxito, espiar, escribir, excavar

PRÁCTICA

1. Durante el partido, la audiencia se e__itó e__e__ivamente.
2. E__primió los limones para hacer un jugo.
3. Sus e__periencias me parecen e__epcionales.
4. Tuve que subir a pie, ya que el a__ensor no funcionaba.
5. Siempre tiene e__usas cuando tiene que hacer algo.
6. Encontraron unas vasijas antiguas en la última e__avación.
7. En la e__cursión, todos estaban muy di__iplinados.
8. En la pi__ina, el agua estaba muy fría.
9. Cuando hablaba por teléfono, me di cuenta que alguien me e__taba e__piando.
10. Los adole__entes aprendieron mucho sobre los e__clavos en la época de los faraones.

RESPUESTAS

1. Durante el partido, la audiencia se **exci**tó **exce**sivamente.
2. **Ex**primió los limones para hacer un jugo.
3. Sus **ex**periencias me parecen **exc**epcionales
4. Tuve que subir a pie, ya que el **as**censor no funcionaba.
5. Siempre tiene **exc**usas cuando tiene que hacer algo.
6. Encontraron unas vasijas antiguas en la última **exc**avación.
7. En la **ex**cursión, todos estaban muy di**s**ciplinados.
8. En la pi**s**cina, el agua estaba muy fría.
9. Cuando hablaba por teléfono, me di cuenta que alguien me e**s**taba e**s**piando.
10. Los adole**s**centes aprendieron mucho sobre los e**s**clavos en la época de los faraones.

Deletreo

La ortografía es básica para escribir y saber deletrear correctamente. A continuación le proponemos un ejercicio de deletreo que incluye todas las normas o reglas que hemos expuesto en esta sección. A veces, saber el significado puede facilitar el deletreo de cada palabra.

PRÁCTICA

En cada conjunto de palabras hay sólo una que no está deletreada correctamente. Si todas están bien deletreadas, escoja la opción 5.

1. (1) sardina
   (2) zapato
   (3) escusa
   (4) frío
   (5) ningún error

2. (1) buei
   (2) pingüino
   (3) bautizar
   (4) almeja
   (5) ningún error

3. (1) automóvil
   (2) acero
   (3) bavosa
   (4) exceso
   (5) ningún error

4. (1) circunlocución
   (2) camaleón
   (3) estrangero
   (4) conformista
   (5) ningún error

5. (1) circumferencia
   (2) párroco
   (3) detrimento
   (4) dátil
   (5) ningún error

6. (1) cambiar
   (2) confrontar
   (3) desacer
   (4) dehesa
   (5) ningún error

7. (1) sílaba
   (2) provar
   (3) elija
   (4) soslayar
   (5) ningún error

8. (1) sospechable
   (2) tesorero
   (3) excelente
   (4) inmunizar
   (5) ningún error

9. (1) microbio
   (2) metraje
   (3) membrana
   (4) subyacer
   (5) ningún error

10. (1) menage
    (2) teñidura
    (3) trompetista
    (4) zambullida
    (5) ningún error

11. (1) baso
    (2) perspicaz
    (3) pedrisco
    (4) mellizo
    (5) ningún error

12. (1) barítono
    (2) navegación
    (3) carácter
    (4) arrodillar
    (5) ningún error

13. (1) facción
    (2) casamiento
    (3) conplicado
    (4) espeluznar
    (5) ningún error

14. (1) extorbar
    (2) fastidiar
    (3) pavor
    (4) fabada
    (5) ningún error

15. (1) peatón
    (2) mugir
    (3) engranage
    (4) jirafa
    (5) ningún error

16. (1) multa
    (2) jabón
    (3) cirrosis
    (4) determinativo
    (5) ningún error

17. (1) excama
    (2) fresca
    (3) emperador
    (4) respingar
    (5) ningún error

18. (1) precisión
    (2) nubio
    (3) hemisferio
    (4) insentivo
    (5) ningún error

19. (1) nocturno
    (2) microscopio
    (3) rrenombrar
    (4) homólogo
    (5) ningún error

20. (1) codazo
    (2) macabro
    (3) masaje
    (4) preistoria
    (5) ningún error

21. (1) desenbuchar
    (2) epitelio
    (3) convulsión
    (4) jardín
    (5) ningún error

22. (1) cordinar
    (2) comprimir
    (3) ordenar
    (4) precinto
    (5) ningún error

23. (1) optimizar
    (2) oasis
    (3) bostezar
    (4) macizo
    (5) ningún error

24. (1) oracional
    (2) introducción
    (3) hispanoárabe
    (4) salvabarros
    (5) ningún error

25. (1) nieve
    (2) panocha
    (3) socabón
    (4) compungido
    (5) ningún error

26. (1) sicatriz
    (2) desflorar
    (3) festivo
    (4) grillo
    (5) ningún error

27. (1) desventura
    (2) comunicación
    (3) conpresa
    (4) fiebre
    (5) ningún error

28. (1) cómputo
    (2) narciso
    (3) pólvora
    (4) renegado
    (5) ningún error

29. (1) pinsa
    (2) tándem
    (3) también
    (4) teléfono
    (5) ningún error

30. (1) titilar
    (2) viento
    (3) tegido
    (4) principio
    (5) ningún error

31. (1) ventrílocuo
    (2) lectura
    (3) jocoso
    (4) helenístico
    (5) ningún error

32. (1) corporación
    (2) calendario
    (3) analizar
    (4) imvasión
    (5) ningún error

33. (1) terapia
    (2) urbano
    (3) exséntrico
    (4) carnívoro
    (5) ningún error

34. (1) lechuza
    (2) prisma
    (3) rescatar
    (4) acordar
    (5) ningún error

35. (1) roto
    (2) pinzel
    (3) potestad
    (4) pecho
    (5) ningún error

36. (1) matizar
    (2) excabación
    (3) rescindir
    (4) póquer
    (5) ningún error

37. (1) porqueriza
    (2) impermeable
    (3) subir
    (4) néctar
    (5) ningún error

38. (1) sucionar
    (2) requiebro
    (3) parafina
    (4) mosaico
    (5) ningún error

39. (1) morrocotudo
    (2) limero
    (3) infinita
    (4) catecismo
    (5) ningún error

40. (1) arco
    (2) persiana
    (3) canpo
    (4) anhelo
    (5) ningún error

41. (1) gobernador
    (2) orror
    (3) inceptor
    (4) podrido
    (5) ningún error

42. (1) luz
    (2) novillo
    (3) impresionante
    (4) yanta
    (5) ningún error

43. (1) hervario
    (2) razón
    (3) socavón
    (4) rojizo
    (5) ningún error

44. (1) rasiocinio
    (2) instituto
    (3) rato
    (4) soberanía
    (5) ningún error

45. (1) parque
    (2) supermercado
    (3) corazón
    (4) agridulce
    (5) ningún error

46. (1) hijo
    (2) lleno
    (3) sofá
    (4) amplificar
    (5) ningún error

47. (1) garrote
    (2) cuchillo
    (3) emvidia
    (4) rima
    (5) ningún error

48. (1) envolar
    (2) rizo
    (3) disipación
    (4) cráneo
    (5) ningún error

49. (1) logotipo
    (2) reunión
    (3) excimir
    (4) estómago
    (5) ningún error

50. (1) consagrar
    (2) ravia
    (3) preceder
    (4) conquistar
    (5) ningún error

51. (1) rampa
    (2) ciprés
    (3) catálogo
    (4) caballo
    (5) ningún error

52. (1) enprendedor
    (2) ciruela
    (3) barco
    (4) imponer
    (5) ningún error

53. (1) procedimiento
    (2) violeta
    (3) taza
    (4) lápiz
    (5) ningún error

54. (1) exibición
    (2) reportaje
    (3) cesta
    (4) liviano
    (5) ningún error

55. (1) emfatizar
    (2) villano
    (3) precedente
    (4) interrumpir
    (5) ningún error

56. (1) desierto
    (2) horrible
    (3) aqueducto
    (4) miniatura
    (5) ningún error

57. (1) incripción
    (2) pampa
    (3) invadir
    (4) pueblo
    (5) ningún error

58. (1) resurreción
    (2) composición
    (3) mambo
    (4) restauración
    (5) ningún error

59. (1) matanza
    (2) monarquía
    (3) sujetar
    4) juerguista
    (5) ningún error

60. (1) embalage
    (2) vieja
    (3) azúcar
    (4) robusto
    (5) ningún error

61. (1) correjir
    (2) escribir
    (3) conocer
    (4) vigente
    (5) ningún error

62. (1) quería
    (2) congelación
    (3) bautizar
    (4) exsederse
    (5) ningún error

63. (1) hipocondríaco
    (2) monasterio
    (3) comparar
    (4) exortar
    (5) ningún error

64. (1) escayola
    (2) desinibir
    (3) lección
    (4) paréntesis
    (5) ningún error

65. (1) comtingente
    (2) pastelería
    (3) bostezo
    (4) radio
    (5) ningún error

66. (1) gisante
    (2) pandilla
    (3) reloj
    (4) pulsera
    (5) ningún error

67. (1) enriqecer
    (2) potencia
    (3) altura
    (4) huerta
    (5) ningún error

68. (1) panteón
    (2) dependencia
    (3) solucción
    (4) gusano
    (5) ningún error

69. (1) retribución
    (2) ecsodo
    (3) arrugado
    (4) bandeja
    (5) ningún error

70. (1) ritmo
    (2) barbacoa
    (3) ariesgado
    (4) colaboración
    (5) ningún error

71. (1) simple
    (2) sensación
    (3) erución
    (4) admiración
    (5) ningún error

72. (1) oriental
    (2) isla
    (3) entretener
    (4) acensor
    (5) ningún error

73. (1) perseguir
    (2) laborar
    (3) avorto
    (4) complejo
    (5) ningún error

74. (1) liberación
    (2) extrañar
    (3) contagiar
    (4) aprender
    (5) ningún error

75. (1) encontrar
    (2) insisivo
    (3) quemar
    (4) resurgir
    (5) ningún error

76. (1) embellecer
    (2) qirófano
    (3) retener
    (4) remover
    (5) ningún error

77. (1) espiritual
    (2) carpintero
    (3) impresora
    (4) cartílago
    (5) ningún error

78. (1) romamce
    (2) tenor
    (3) restablecer
    (4) calentar
    (5) ningún error

79. (1) arroz
    (2) limpio
    (3) desovediente
    (4) estéril
    (5) ningún error

80. (1) invertebrado
    (2) hombre
    (3) abrebiatura
    (4) ambivalente
    (5) ningún error

81. (1) émfasis
    (2) canción
    (3) emoción
    (4) encoger
    (5) ningún error

82. (1) sinceridad
    (2) estabilización
    (3) espolón
    (4) onda
    (5) ningún error

83. (1) congregar
    (2) estribar
    (3) ausilio
    (4) almacenar
    (5) ningún error

84. (1) metamorfosis
    (2) optener
    (3) admitir
    (4) extender
    (5) ningún error

85. (1) envidia
    (2) versátil
    (3) estimular
    (4) ostrucción
    (5) ningún error

86. (1) recivir
    (2) prohibido
    (3) empezar
    (4) discusión
    (5) ningún error

87. (1) pieza
    (2) peqeño
    (3) paragüero
    (4) contaminación
    (5) ningún error

88. (1) vejez
    (2) distinsión
    (3) planificación
    (4) vigor
    (5) ningún error

89. (1) exterior
    (2) combinación
    (3) hereje
    (4) bahúl
    (5) ningún error

90. (1) emfermizo
    (2) insoportable
    (3) bisutería
    (4) manjar
    (5) ningún error

91. (1) verter
    (2) avogado
    (3) anclar
    (4) importante
    (5) ningún error

92. (1) satisfacción
    (2) inqilino
    (3) instrumento
    (4) transversal
    (5) ningún error

93. (1) juvilación
    (2) instalación
    (3) excitante
    (4) bebedor
    (5) ningún error

94. (1) cabaña
    (2) iniciativa
    (3) esplicación
    (4) obscuridad
    (5) ningún error

95. (1) exposición
    (2) intérrprete
    (3) entereza
    (4) anestesia
    (5) ningún error

96. (1) desbordar
    (2) aogado
    (3) estropear
    (4) revelar
    (5) ningún error

97. (1) finjir
    (2) grabar
    (3) visión
    (4) estrategia
    (5) ningún error

98. (1) tempestad
    (2) ombligo
    (3) alteza
    (4) inherente
    (5) ningún error

99. (1) aropar
    (2) historia
    (3) intromisión
    (4) inhabilidad
    (5) ningún error

100. (1) honrado
     (2) antelación
     (3) selección
     (4) inperfecto
     (5) ningún error

CLAVES DE LAS RESPUESTAS

1. 3	21. 1	41. 2	61. 1	81. 1
2. 1	22. 1	42. 4	62. 4	82. 5
3. 3	23. 5	43. 1	63. 4	83. 3
4. 3	24. 5	44. 1	64. 2	84. 2
5. 1	25. 3	45. 5	65. 1	85. 4
6. 3	26. 1	46. 5	66. 1	86. 1
7. 2	27. 3	47. 3	67. 1	87. 2
8. 5	28. 5	48. 1	68. 3	88. 2
9. 5	29. 1	49. 3	69. 2	89. 4
10. 1	30. 3	50. 2	70. 3	90. 1
11. 1	31. 5	51. 5	71. 3	91. 2
12. 5	32. 4	52. 1	72. 4	92. 2
13. 3	33. 3	53. 5	73. 3	93. 1
14. 1	34. 5	54. 1	74. 5	94. 3
15. 3	35. 2	55. 1	75. 2	95. 2
16. 5	36. 2	56. 3	76. 2	96. 2
17. 1	37. 5	57. 1	77. 5	97. 1
18. 4	38. 1	58. 1	78. 1	98. 5
19. 3	39. 5	59. 5	79. 3	99. 1
20. 4	40. 3	60. 1	80. 3	100. 4

RESPUESTAS

1. **3** excusa
2. **1** buey
3. **3** babosa
4. **3** extranjero
5. **1** circunferencia
6. **3** deshacer
7. **2** probar
8. **5** ningún error
9. **5** ningún error
10. **1** menaje
11. **1** vaso
12. **5** ningún error
13. **3** complicado
14. **1** estorbar
15. **3** engranaje
16. **5** ningún error
17. **1** escama
18. **4** incentivo
19. **3** renombrar
20. **4** prehistoria
21. **1** desembuchar
22. **1** coordinar
23. **5** ningún error
24. **5** ningún error
25. **3** socavón
26. **1** cicatriz
27. **3** compresa
28. **5** ningún error
29. **1** pinza
30. **3** tejido
31. **5** ningún error

32. **4** invasión
33. **3** excéntrico
34. **5** ningún error
35. **2** pincel
36. **2** excavación
37. **5** ningún error
38. **1** succionar
39. **5** ningún error
40. **3** campo
41. **2** horror
42. **4** llanta
43. **1** herbario
44. **1** raciocinio
45. **5** ningún error
46. **5** ningún error
47. **3** envidia
48. **1** embolar
49. **3** eximir
50. **2** rabia
51. **5** ningún error
52. **1** emprendedor
53. **5** ningún error
54. **1** exhibición
55. **1** enfatizar
56. **3** acueducto
57. **1** inscripción
58. **1** resurrección
59. **5** ningún error
60. **1** embalaje
61. **1** corregir
62. **4** excederse
63. **4** exhortar
64. **2** desinhibir
65. **1** contingente
66. **1** guisante
67. **1** enriquecer
68. **3** solución
69. **2** éxodo
70. **3** arriesgado
71. **3** erupción
72. **4** ascensor
73. **3** aborto
74. **5** ningún error
75. **2** incisivo
76. **2** quirófano
77. **5** ningún error
78. **1** romance
79. **3** desobediente
80. **3** abreviatura
81. **1** énfasis
82. **5** ningún error
83. **3** auxilio
84. **2** obtener
85. **4** obstrucción
86. **1** recibir
87. **2** pequeño

88. **2** distinción
89. **4** baúl
90. **1** enfermizo
91. **2** abogado
92. **2** inquilino
93. **1** jubilación
94. **3** explicación
95. **2** intérprete
96. **2** ahogado
97. **1** fingir
98. **5** ningún error
99. **1** arropar
100. **4** imperfecto

Separación de sílabas

Es necesario saber la forma correcta de dividir las palabras para la ocasión en que no hay suficiente espacio para escribir una palabra completa. Recuerde que una sílaba siempre consta por lo menos de una vocal. Incluso una vocal sola se puede considerar como una sílaba.

Asimismo, el acento es muy importante a la hora de dividir las palabras. Por ejemplo: ma-íz. Es importante también repasar los diptongos y triptongos para una separación correcta de las sílabas.

Reglas de división de las palabras

1. Cualquier consonante que se encuentra entre dos vocales se agrupa con la segunda vocal.

   POR EJEMPLO:

   pá-ja-ro, no-ve-la

2. Cuando se encuentran dos consonantes entre vocales se agrupan una con la vocal anterior y la otra con la vocal posterior.

   POR EJEMPLO:

   res-pec-ti-va-men-te, in-mo-ral, a-ten-to

3. Los grupos de dos consonantes que terminan en **l** o **r** no se separan.

   POR EJEMPLO:

   flo-re-cer, a-pre-su-rar, gru-ta

4. Si hay tres consonantes, las dos primeras se separan con la vocal anterior y la tercera con la vocal posterior.

   POR EJEMPLO:

   Ins-ti-tu-to, cons-ti-pa-do

5. Las consonantes **ch**, **ll**, **rr** nunca se separan.

   POR EJEMPLO:

   en-chi-la-da, ca-lla-do

6. Las palabras compuestas siguen las mismas normas.

   POR EJEMPLO:

   pa-ra-rra-yos, po-sa-va-sos

PRÁCTICA

Divida por sílabas las siguientes palabras:

1. sabroso
2. institución
3. bordado
4. excelencia
5. importante
6. obediente
7. antílope
8. raíz
9. corredor
10. artículo
11. espacio
12. actitud
13. neurosis
14. automoción
15. estancia
16. serpiente
17. perspicaz
18. inherente
19. obstáculo
20. árbol
21. animal
22. huerta
23. ilusión
24. canción
25. parabrisas
26. abrazo
27. apostrofar
28. relámpago
29. mística
30. itinerario

RESPUESTAS

1. sa-bro-so
2. ins-ti-tu-ción
3. bor-da-do
4. ex-ce-len-cia
5. im-por-tan-te
6. o-be-dien-te
7. an-tí-lo-pe
8. ra-íz
9. co-rre-dor
10. ar-tí-cu-lo
11. es-pa-cio
12. ac-ti-tud
13. neu-ro-sis
14. au-to-mo-ción
15. es-tan-cia
16. ser-pien-te
17. pers-pi-caz
18. inhe-ren-te
19. obs-tá-cu-lo
20. ár-bol
21. a-ni-mal
22. huer-ta
23. i-lu-sión
24. can-ción
25. pa-ra-bri-sas
26. a-bra-zo
27. a-pos-tro-far
28. re-lám-pa-go
29. mís-ti-ca
30. i-ti-ne-ra-rio

Acentuación

Para saber cómo se escriben los acentos, es indispensable conocer la pronunciación de las palabras. Las reglas de acentuación son las siguientes:

1. Las palabras agudas llevan el acento gráfico en la última sílaba cuando terminan en **vocal**, **n** o **s**.

   POR EJEMPLO:

   llamó, café, bailó, canción, intervención, verás, irás

2. Las palabras llanas llevan el acento gráfico en la penúltima sílaba si terminan en consonante que no sea **n** o **s**.

   POR EJEMPLO:

   líder, árbol, Suárez, lápiz

3. Las palabras esdrújulas y sobreesdrújulas llevan siempre un acento gráfico en la antepenúltima sílaba o las sílabas anteriores.

   POR EJEMPLO:

   lámpara, próximo, rápido, matemáticas, exótico

4. En los diptongos, el acento siempre se escribe en la vocal débil. La única excepción es la combinación **ui** o **ue**, con la cual no se escribe acento.

   POR EJEMPLO:

   podía, mío, reía, aúna, acentúo, fluidez, huida, huevo, ruido

Todas las palabras se acentúan aunque no lleven un acento gráfico. Para saber cómo se pronuncia una palabra escrita que no lleva acento gráfico se debe tener en cuenta lo siguiente:

(a) Si la palabra no lleva acento ortográfico y termina en consonante distinta de **n** o **s**, el acento está en la última sílaba.

   POR EJEMPLO:

   cantor, juvenil, correr, caer

(b) Si la palabra no lleva acento ortográfico y termina en vocal, **n** o **s**, el acento está en la penúltima sílaba.

   POR EJEMPLO:

   diccionario, casa, libro, taza, bautizo

Las palabras monosílabas no suelen llevar acento ortográfico, aunque algunas lo llevan para diferenciarse de otras palabras que se escriben igual, pero tienen un significado diferente. Lo mismo ocurre con algunas palabras llanas que no deberían llevar acento.

POR EJEMPLO:

aún (todavía)	aun (incluso)
más (adverbio)	mas (conjunción)
cuánto, cuál, qué (interrogativo/ exclamativo)	cuanto, cual, que (relativo)
aquél (pronombre)	aquel (adjetivo demostrativo)
él (pronombre)	el (artículo)
sé (verbo saber)	se (pronombre reflexivo)
tú (pronombre)	tu (adjetivo posesivo)
dé (verbo dar)	de (preposición)
sí (pronombre afirmativo)	si (condicional)
té (bebida)	te (pronombre personal)
sólo (adverbio)	solo (adjetivo)

PRÁCTICA

Coloque los acentos gráficos en las siguientes palabras. Algunas de ellas no lo necesitan y por lo tanto ya están correctamente escritas.

1. arbol	16. matiz
2. queria	17. estacion
3. oftalmologo	18. cipres
4. cirugia	19. panoramica
5. segun	20. algebra
6. fisica	21. subi
7. llevatelo	22. rompio
8. camion	23. ministerio
9. Lopez	24. reves
10. quimera	25. mies
11. plastico	26. paradojico
12. huia	27. canibal
13. pastel	28. virtud
14. reia	29. armonia
15. mimica	30. puntapie

RESPUESTAS

1. árbol	7. llévatelo
2. quería	8. camión
3. oftalmólogo	9. López
4. cirugía	10. quimera
5. según	11. plástico
6. física	12. huía

13. pastel
14. reía
15. mímica
16. matiz
17. estación
18. ciprés
19. panorámica
20. álgebra
21. subí
22. rompió
23. ministerio
24. revés
25. mies
26. paradójico
27. caníbal
28. virtud
29. armonía
30. puntapié

PRÁCTICA ADICIONAL

Una de cada grupo de palabras está incorrectamente acentuada o debería estar acentuada y no lo está o al revés. Recuerde que hay palabras que no llevan acentos gráficos.

1. (1) artificio
   (2) relígion
   (3) acción
   (4) incomodidad
   (5) lealtad

2. (1) quiténselo
   (2) había
   (3) tizón
   (4) pies
   (5) líder

3. (1) pájaro
   (2) homófona
   (3) interes
   (4) calcetín
   (5) impresión

4. (1) sílaba
   (2) ínutil
   (3) demócrata
   (4) tintero
   (5) cándido

5. (1) perdido
   (2) inscribía
   (3) rompeolas
   (4) aritmética
   (5) marmól

6. (1) débil
   (2) teórico
   (3) razón
   (4) nectar
   (5) hormiga

7. (1) cartón
   (2) crisis
   (3) júgar
   (4) sonrió
   (5) maniquí

8. (1) júnior
   (2) sartén
   (3) hidróxido
   (4) químico
   (5) huída

9. (1) huesped
   (2) íntimo
   (3) opíparo
   (4) fértil
   (5) escribió

10. (1) apéndice
    (2) ruína
    (3) compás
    (4) estrés
    (5) volátil

CLAVES DE LAS RESPUESTAS

1. **2**	3. **3**	5. **5**	7. **3**	9. **1**
2. **1**	4. **2**	6. **4**	8. **5**	10. **2**

ANÁLISIS DE LAS RESPUESTAS

1. **2** religión
2. **1** quítenselo
3. **3** interés
4. **2** inútil
5. **5** mármol
6. **4** néctar
7. **3** jugar
8. **5** huida
9. **1** huésped
10. **2** ruina

Uso de las mayúsculas

Hay una serie de reglas básicas para la utilización de mayúsculas que son las siguientes:

1. Siempre se escribe en mayúscula la primera letra al principio de una oración.

   POR EJEMPLO:

   Llamó para decirme que se encontraba mal.

2. Se escribe la primera letra en mayúsculas de los nombres propios de personas, apellidos, apodos y nombres dados a lugares geográficos, ciudades y pueblos.

POR EJEMPLO:

Ramón llegó a la cima del Everest.
La Haya se encuentra en Holanda.

3. Se escribe la primera letra en mayúscula en los períodos o épocas históricas.

POR EJEMPLO:

En la Edad Media no existían los autos.

4. Se escribe la primera letra en mayúscula en los nombres y adjetivos que componen organizaciones, instituciones, empresas y corporaciones.

POR EJEMPLO:

El Banco Venezolano de Comercio ha subido el interés.
La Asociación de Amigos de los Minusválidos ha creado una lotería.

5. Cuando hay una cita textual después de dos puntos, se empieza la frase con mayúscula.

POR EJEMPLO:

El presidente dijo: "No creo que podamos resolver el problema de la contaminación de manera rápida".

6. Los títulos nobiliarios o de departamentos del gobierno o periódicos o revistas.

POR EJEMPLO:

El Papa viajó a Uganda para visitar a las víctimas de la guerra.
El Ministerio de Sanidad va ha reducir el presupuesto para la seguridad social.
Sale un artículo sobre el tabaquismo en el periódico La Vanguardia.

7. Los títulos de libros, películas, obras de teatro, etc. llevan mayúscula solamente en la primera palabra. Generalmente dichos títulos se escriben en bastardilla.

POR EJEMPLO:

José lee *Lo que el viento se llevó*, un libro que le encanta.
La guerra de las estrellas fue una película de gran éxito.

8. En las abreviaciones de los títulos también se escribe la primera letra en mayúscula.

POR EJEMPLO:

El Sr. Gómez llegó cansado a la reunión.
D. Ramón se fue de vacaciones a la playa.
El Excmo. Sr. Rojas llega en visita oficial mañana.

En cambio, se escriben en minúsculas: los días de la semana, los meses, las estaciones del año, los gentilicios (francés, español), las partículas incluidas en el nombre de personas o entidades (Banco Exterior de España, Ramón del Valle Inclán).

PRÁCTICA

Use mayúsculas en las palabras que lo requieran.

1. El barco escocés partió para escocia.
2. Las matemáticas son una ciencia.
3. El árbitro señaló infracción y finalmente el fútbol club barcelona perdió el partido.
4. El alcalde pronunció estas palabras: "queridos conciudadanos, me gustaría agradeceros…".
5. bioy casares fue una de los personajes más representativos de las letras en latinoamérica.
6. Sería estupendo atravesar el amazonas en barca.
7. cuando ví a juan, le di recuerdos para su hermana.
8. La Academia Buenavista es una institución que lleva muchos años en la enseñanza.
9. El frente de liberación nacional está negociando con el Gobierno.
10. El libro *el lazarillo de tormes* es de autor anónimo.

RESPUESTAS

1. El barco escocés partió para Escocia.
2. Correcta.
3. El árbitro señaló infracción y finalmente el Fútbol Club Barcelona perdió el partido.
4. El alcalde pronunció estas palabras: "Queridos conciudadanos, me gustaría agradeceros…".
5. Bioy Casares fue una de los peronajes más representativos de las Letras en Latinoamérica.

6. Sería estupendo atravesar el Amazonas en barca.
7. Cuando vi a Juan, le di recuerdos para su hermana.
8. Correcta.
9. El Frente de Liberación Nacional está negociando con el gobierno.
10. El libro *El lazarillo de Tormes* es de autor anónimo.

PRÁCTICA ADICIONAL

Las siguientes frases contienen un error en el uso de mayúsculas. Seleccione cuál de las palabras que están subrayadas está mal escrita y escríbala correctamente. Ninguna frase contiene más de un error. También puede ser que no haya ningún error.

1. <u>Rodolfo</u> que acaba de venir de <u>San Juan</u>
   (1)   (2)
   tiene una reunión el próximo 23 de <u>Mayo</u>
                                        (3)
   en la <u>Universidad Central</u>. <u>Sin error</u>
         (4)   (5)

2. La película <u>Sin perdón</u> me pareció
                (1)
   extraordinaria, pero <u>Jesús</u>, quién
                         (2)
   acababa de llegar de <u>Boston</u>, no pudo
                         (3)
   verla. La daban en el <u>cine Arcadia</u>.
                          (4)
   <u>Sin error</u>
    (5)

3. <u>La Sra.</u> Teresa se fue de vacaciones a
    (1)
   <u>Acapulco</u> y a <u>Veracruz</u> junto con su
    (2)   (3)
   nuero, quién es el primo del ministro de
   <u>Asuntos Exteriores</u>. <u>Sin error</u>
    (4)   (5)

4. La delegación del periódico <u>Excelsior</u> en
                                (1)
   el <u>Estado</u> de <u>Chihuahua</u> despidió a
       (2)   (3)
   quince empleados, muchos más que en
   <u>México distrito federal</u>. <u>Sin error</u>
    (4)   (5)

5. Su <u>Majestad el rey de España</u> viajó a
       (1)
   <u>Asia</u> con su esposa, la <u>Reina Sofía</u> y el
    (2)   (3)
   <u>Príncipe Felipe</u>. <u>Sin error</u>
    (4)   (5)

6. El <u>alcalde</u> de la <u>Ciudad</u> señaló la
       (1)   (2)
   necesidad de crear más escuelas en el
   barrio de <u>San Ambrosio</u>, especialmente
              (3)
   para los estudiantes de <u>bachillerato</u>.
                            (4)
   <u>Sin error</u>
    (5)

CLAVES DE LAS RESPUESTAS

1. **3**   2. **4**   3. **5**   4. **4**   5. **1**   6. **2**

ANÁLISIS DE LAS RESPUESTAS

1. **3** En el nombre de los días de las semanas y de los meses no se escribe la primera letra en mayúscula.
2. **4.** El Cine Arcadia es el nombre propio de la sala donde proyectan cine.
3. **5** No hay ningún error.
4. **4** México Distrito Federal es el nombre de la ciudad.
5. **1** En los títulos monárquicos así como nobiliarios se escribe la primera letra en mayúscula.
6. **2** La ciudad es un nombre común, por lo tanto se escribe en minúscula.

Puntuación

El punto

1. El punto se usa para acabar una frase o la manifestación de un pensamiento. El punto puede ser *seguido* cuando continuamos escribiendo otra frase. Es punto *aparte*, cuando cambiamos de párrafo. Cuando acabamos el escrito es punto *final*.
2. En las abreviaturas se usa también el punto.

POR EJEMPLO:

La Sra. Luisa no vino hoy.

El Dr. Fernández no tiene visita hasta mañana.

Compré frutas, verduras, carne, etc. en el supermercado.

3. Se pone punto detrás de los millares y millones.*

POR EJEMPLO:

Le costó 5.000 pesetas el traje que lleva.
Ojalá me tocara la lotería de 40.000.000 de pesos.

La coma

La coma se usa:

1. Cuando se escriben enumeraciones.

POR EJEMPLO:

La caja contenía libros, juguetes, juegos y herramientas.

2. La coma no se escribe cuando las conjunciones **o, ni, y,** separan las palabras de la misma clase. Tampoco se escribe detrás de la conjunción **que.**

POR EJEMPLO:

Ni me gusta bailar ni salir a la discoteca.
O voy mañana o me espero a la semana que viene.
Es extraño que no te hayan escrito.

3. La coma se usa como frase introductoria.

POR EJEMPLO:

Al empezar el día, me tomo una taza de café con tostadas.

4. Se usa para separar palabras que indican la persona a quien nos dirigimos directamente.

POR EJEMPLO:

Por favor, Pedro, ¿puedes abrir la ventana?

5. Cuando se intercala una aclaración o información.

POR EJEMPLO:

Conociendo a Marta, que es un poco despistada, no te debería sorprender que no se haya acordado de comprarlo.

6. Después de expresiones como: no obstante, sin embargo, en conclusión, etc.

POR EJEMPLO:

No obstante, pudo llegar al final de la carrera.

7. La coma se usa para separar oraciones que están insertadas en la frase y que no son esenciales en el significado de la oración.

POR EJEMPLO:

Alberto, que estaba sentado detrás de mí, se marchó pronto.

El punto y coma

El punto y coma generalmente indica una pausa un poco más larga que la de la coma. Se usa en los siguientes casos:

1. Para dividir las diversas oraciones de una cláusula larga, que ya lleven una o más comas.

POR EJEMPLO:

Aunque ya había trabajado toda la mañana, tenía empeño en acabar pronto su labor; se levantó de la mesa dispuesto a no dejarla, hasta que quedase terminada.

2. En cláusulas de alguna extensión, antes de las conjunciones *mas*, *pero*, *aunque*, etc.

POR EJEMPLO:

Ésa es la pena que yo tengo y la que tú debes tener, Sancho; pero de aquí adelante yo procuraré obtener alguna espada hecha por tal maestría.

3. Cuando a una oración sigue, precedida de conjunción, otra que no tiene perfecto enlace con la anterior.

POR EJEMPLO:

Con esto terminó aquel impresionante discurso; y los comensales fueron yéndose poco a poco.

---

*Como este libro está dirigido a estudiantes de Estados Unidos, país en que se usa la coma para designar millares y millones, hemos decidido evitar confusiones y continuar el uso de la coma en el presente volumen. Usted debe tener en cuenta, sin embargo, que el español correcto requiere usar el punto para millones y millares y la coma para decimales.

Los dos puntos

Se usan los dos puntos:

1. Para presentar una serie o lista de palabras.

   POR EJEMPLO:

   En la lista de la compra había: frutas, vegetales, verduras, carne, pescado y helado.

2. Después de una afirmación, cuando se quiere explicar o concluir la idea principal.

   POR EJEMPLO:

   Tengo sólo una norma de conducta: hacer para los demás lo que me gustaría que me hicieran a mí.

3. Para presentar una cita literal.

   POR EJEMPLO:

   El refrán dice: "Más vale un pájaro en mano que cientos volando".

4. En los encabezamientos de las cartas.

   POR EJEMPLO:

   Apreciado amigo:

Los puntos suspensivos

Se usan los puntos suspensivos:

1. Para indicar que la frase está incompleta.

   POR EJEMPLO:

   No sé que dijo después y...

2. Cuando se quiere indicar temor o duda.

   POR EJEMPLO:

   Y...la sombra volvió a aparecer.

3. Los puntos suspensivos entre paréntesis indican omisión. Se usa especialmente cuando se transcriben textos literalmente.

   POR EJEMPLO:

   Los errores teóricos del Dr. Jofré eran considerables (...) Tampoco, pueden perdonarse los errores prácticos del médico.

Práctica

1. Invita a Constanza mi hermana al baile de esta noche.

2. Vino, se durmió y... a la mañana siguiente, ya estaba recuperado.

3. Ya tengo preparado todo para el viaje: la ropa, los cosméticos, los zapatos, etc.

4. Al llegar a casa se puso a ver la televisión.

5. Mariano me dijo..."Ven pronto, si quieres conseguir entradas."

Respuestas

1. Invita a Constanza, mi hermana, al baile de esta noche.

2. Correcta.

3. Correcta.

4. Al llegar a casa, se puso a ver la televisión.

5. Mariano me dijo: "Ven pronto, si quieres conseguir entradas".

Los signos de interrogación y exclamación.

Los signos de interrogación se usan para hacer preguntas. En cambio, los signos de exclamación se usan para enfatizar un sentimiento o pensamiento. He aquí algunas reglas básicas de su uso:

1. Tanto la interrogación como la exclamación utilizan un signo doble.

   POR EJEMPLO:

   ¡Qué bonito!
   ¿Qué está pasando?

2. Si la interrogación o exclamación no está al principio de la frase, ésta empieza con minúscula.

   POR EJEMPLO:

   En la fiesta todo el mundo reía, ¡qué alegría! ver a los amigos de tus recuerdos de infancia.

3. No se utiliza el punto, después de un signo de exclamación e interrogación.

   POR EJEMPLO:

   Entonces gritó:—¡Adiós, a todos!—y murió.

El paréntesis

Cuando se interrumpe el sentido del discurso, el paréntesis se usa para incluir palabras que expliquen o añadan una idea o ideas a la frase. Los paréntesis se usan siempre en

pares. (Un signo abre el paréntesis (y el otro)
lo cierra).

POR EJEMPLO:

En Argentina se cultiva trigo (uno de los
primeros productores del mundo), maíz,
avena, cebada, lino y caña de azúcar.

También se usan en las obras de teatro
para indicar la acción de los personajes.
Las comillas

1. Para copiar una cita de un texto literario
   se usan las comillas.

   POR EJEMPLO:

   Miguel Unamuno escribió: "Entonaban
   el corazón aquellas vastas verdes
   soledades tendidas al pie de la sierra".

2. Para escribir una cita de alguién que ha
   dicho algo. Las declaraciones indirectas
   en las que no se usan las mismas palabras no necesitan comillas.

   POR EJEMPLO:

   Después de la pelea, Manuel se
   disculpó: "Perdona, pero he sido muy
   desagradable".
   Después de la pelea Manuel se disculpó
   y reconoció haber sido desagradable.

3. Para indicar el título de un trabajo que
   forma parte de un libro.

   POR EJEMPLO:

   "Romance sonámbulo" es uno de los
   poemas más populares de García Lorca.

4. En vocablos extranjeros.

   POR EJEMPLO:

   Eres un excelente "gourmet".

La raya y el guión

1. La raya se usa en los diálogos, para indicar el cambio de la persona que está hablando.

   POR EJEMPLO:

   — ¿Cuando viniste?, le preguntó María.
   — Ayer, por la mañana.

2. Cuando en medio de una frase se especifica quién está hablando.

   POR EJEMPLO:

   Y si fuéramos al cine—dijo Roberto—,
   mientras se afeitaba.

3. Para especificar, aclarar o dar más detalles sobre una información.

   POR EJEMPLO:

   Sobre el río existía un gran puente de
   piedra—parecía un elefante de cinco
   patas sostenido en el borde del río—,
   que se apoyaba por los extremos, estri-
   bándose, en los dos lados del ba-
   rranco.

4. El guión se usa para separar palabras que
   no caben en el final del renglón o en palabras compuestas.

   POR EJEMPLO:

   Franco-prusiano

La diéresis

La diéresis se escribe sobre la **u** de la sílabas
gue y **gui** para indicar que se pronuncia esta
vocal.

POR EJEMPLO:

paragüero, pingüino, ungüento, vergüenza

PRÁCTICA

1. Qué calor! Voy a tomar un baño.
2. Con quién estaba hablando nuestro
   vecino?
3. El maestro me dijo: Su hijo es uno de
   los chicos más inteligentes de la clase.
4. Mi hermano—quién acaba de cumplir
   años—adora las computadoras.
5. La nueva película de Scorsese (*Taxi
   driver*) me pareció muy interesante.

RESPUESTAS

1. ¡Qué calor! Voy a tomar un baño.
2. ¿Con quién estaba hablando nuestro
   vecino?
3. El maestro me dijo: "Su hijo es uno de
   los chicos más inteligentes de la clase".
4. Correcta.
5. Correcta.

PRÁCTICA SOBRE PUNTUACIÓN

**Las siguientes frases contienen errores de
puntuación. Seleccione los números de las
partes subrayadas y escriba la puntuación
que se ha omitido o no es correcta. Sólo
hay un error o ninguno en cada frase.**

1. Considere, por ejemplo, la posibilidad
(1)   (2)
de un medio ambiente más sano: a
(3)
través del reciclaje de los materiales de
desecho. Sin error
(4)   (5)

2. No obstante, el abogado dijo: que no
(1)   (2)
nos preocupáramos, que todo saldría
(3)
bien. Sin error
(4)   (5)

3. ¿Qué es lo que más cautiva vuestra
(1)
sensibilidad artística: los llanos
(2)
uniformes; o los montes abruptos?
(3)   (4)
Sin error
(5)

4. —Ten cuidado por la carretera—. dijo
(1)   (2)(3)
Ramón a su mujer —que ya se había
(4)
recuperado de su fatal accidente.
Sin error
(5)

5. —¿Cuándo acabarás este trabajo?
(1)(2)   (3)
 Tengo previsto acabarlo la próxima
(4)
semana. Sin error
(5)

6. Definitivamente, hemos decidido ir a
(1)
Cancún este verano, ya que el viaje nos
(2)
cuesta barato y las playas ¡son una
(3)
maravilla! Sin error
(4)   (5)

7. Rosario la prima de Juanjo, fue al
(1)   (2)
doctor y éste le dijo que debía dejar de
fumar. —Fumar es muy malo para la
(3)
salud—, le recalcó. Sin error
(4)   (5)

8. Ya está todo preparado para la fiesta:
música, baile y...¡muchas sorpresas!.
(1)   (2)(3)   (4)
Sin error
(5)

9. El vecino, que tiene un perro pequinés,
(1)   (2)
me ha invitado a ir a su casa de campo.
(3)
Tiene ésta un jardín grande, una piscina
(4)
y caballos para ir a pasear. Sin error
(5)

10. Rita se dijo a sí misma: Ojos que no
(1)(2)
ven corazón que no siente—, cuando se
(3)(4)
dio cuenta que se había comido todas
las chocolatinas y no había dejado para
su hermano. Sin error
(5)

CLAVE DE LAS RESPUESTAS

1. **3**   3. **3**   5. **4**   7. **1**   9. **5**
2. **2**   4. **2**   6. **5**   8. **4**   10. **2**

ANÁLISIS DE LAS RESPUESTAS

1. **3** En lugar de dos puntos es una coma, ya que la próxima oración explica el método para obtener un medio ambiente más sano. Es una explicación dentro de la frase.
2. **2** No siendo una cita directa del abogado, no se escribe dos puntos.
3. **3** Delante de **o** no hay motivo para poner ni coma ni punto y coma.
4. **2** Detrás del guión se debería poner una coma y no un punto.
5. **4** Para anotar el cambio de interlocutor se usa el guión. Falta un guión al comienzo de la segunda frase.
6. **5** Correcta.
7. **1** Es necesario una coma, ya que la prima de Juanjo es una explicación de quién es Rosario.
8. **4** Después de una exclamación nunca se pone un punto.
9. **5** Correcta.
10. **2** Le falta el guión de entrada.

Uso de la Gramática

4

En este capítulo vamos a tratar la morfología, es decir la parte de la gramática que muestra el valor de las palabras consideradas individualmente y estudia sus propiedades y accidentes.

Asimismo, vamos a hablar de estas palabras como parte de una oración gramatical, definida como la reunión de palabras que expresan un concepto.

La oración gramatical

En una oración puede haber distintas clases de palabras que cumplen funciones diferentes. A estos tipos de palabras se les llama partes de la oración. En español, suele contarse nueve partes: el artículo, el nombre, el adjetivo, el pronombre, el verbo, el adverbio, la preposición, la conjunción y la interjección.

Estas partes de la oración pueden ser:

Variables: nombre, adjetivo, pronombre, artículo y verbo.

Invariables: adverbio, preposición, conjunción e interjección.

Se da el nombre de variables a las que admiten alteraciones o accidentes gramaticales. En cambio, las partes invariables, no sufren ninguna modificación.

La frase es la unidad mínima de la expresión escrita. Es el conjunto de palabras que basta para formar un sentido, aunque no llegue a constituir una oración cabal.

POR EJEMPLO:

Hola, ¿qué tal?

Cuando tiene al menos un verbo se la llama oración gramatical o simplemente oración. Así pues, todas las oraciones son frases, pero no todas las frases son oraciones.

Uso del nombre

El nombre se usa para presentar o nombrar las personas, los animales y las cosas. Los nombres pueden ser:

1. Propios: cuando se atribuyen a una persona, cosa o animal determinado.

POR EJEMPLO:

María, Manhattan, Bobby

Estos nombres no necesitan ir precedidos de determinantes, pero a veces los usan.

POR EJEMPLO:

Roma es **la** capital de Italia.
Me encontré a **la** María.
En **el** Perú se encuentra **el** Machu Picchu.

2. Comunes: cuando mencionan a personas, animales o cosas de una misma especie.

POR EJEMPLO:

mesa, ciudadano, caballo

Estos nombres siempre van precedidos de un determinante.

POR EJEMPLO:

El niño corre.
Mi casa es bonita.
Estos zapatos son nuevos.

Los nombres se dividen también en abstractos y concretos.

1. Los abstractos son los que expresan acciones o cualidades que no existen si no es en algo que las produce o posee.

POR EJEMPLO:

La limpieza del baño es perfecta.
La elasticidad es básica en este tipo de productos.
La docilidad de este perro es increíble.

2. Los concretos son los que representan seres o cosas con existencia real o imaginaria.

POR EJEMPLO:

Este libro
El planeta
El hada

El género de los nombres

Todos los nombres tienen género. El género es para indicar el sexo de las personas, los animales y el que se les adjudica a las cosas. Puede ser masculino, femenino o neutro. Para determinar el género hay que atender a su significado y a su terminación.

1. El masculino corresponde a un nombre de varón, a un animal macho o una cosa que se incluya en este género por su significación, terminación o uso.

    Son masculinos los nombres terminados en **e, i, o, u, j, l, n, r, s, t**, pero hay muchas excepciones.

    POR EJEMPLO:

    la llave, la fuente, la nieve, la tribu, la salud, la cárcel, la piel, la razón, la flor, la crisis, la cruz, la luz.

2. El femenino se refiere a todo nombre de mujer, animal hembra o cosa que se incluya en este género por su significación, terminación o uso.

3. El neutro abarca lo indeterminado y lo que es genérico. Normalmente son nombres adjetivados o pronombres.

    A través del artículo se puede saber si la palabra es masculina, femenina o neutra.

POR EJEMPLO:

La silla   (femenina)
El jardín   (masculina)
Lo bueno   (neutra)

Hay nombres que cambian la terminación, según sean en masculino o femenino. Normalmente, para formar el femenino se escribe una **a** en lugar de la **o** del masculino. En otros casos, se añade una **a** y en otros se añade la **sa**.

POR EJEMPLO:

El secretario—la secretaria
El amigo—la amiga
El ciervo—la cierva
El vendedor—la vendedora
El tigre—la tigresa

Hay algunos nombres que cambian por completo.

POR EJEMPLO:

el caballo—la yegua
el gallo—la gallina

Pero hay otros nombres que tienen la misma terminación, sean masculinos o femeninos. Por ejemplo:

el astronauta—la astronauta
el médico—la médico
el articulista—la articulista

EL NÚMERO DE LOS NOMBRES

Todos los nombres tienen un número. El número nos indica si el nombre se refiere a una persona, animal o cosa o varias personas, animales y cosas. Según esto, pueden estar escritos en singular o plural.

Para configurar los plurales hay unas reglas básicas:

1. Todos los nombres acabados en vocal no acentuada: en el plural se añade **s**.

    POR EJEMPLO:

    casa—casas
    armario—armarios
    buque—buques

2. En los nombres que acaban con una vocal acentuada o consonante, se añade **es**.

    POR EJEMPLO:

    marfil—marfiles
    maní—maníes
    calcetín—calcetines

    Hay algunas excepciones como pie—pies.

3. Los nombres terminados en **z** hacen el plural con **ces**.

    POR EJEMPLO:

    lápiz—lápices
    capataz—capataces
    perdiz—perdices
    veloz—veloces

Hay nombres que carecen de singular o no se usan en dicha forma.

POR EJEMPLO:

gafas, comicios, pinzas, víveres

El nombre es un elemento indispensable en la oración. Si no aparece debe se sustituido por un grupo nominal, adjetivo, pronombre, verbo, etc. que puede hacer las funciones propias del nombre.

POR EJEMPLO:

El blanco es un color excelente.
Comer es indispensable.

PRÁCTICA

1. La clima era saludable en aquel pueblo.
2. El loro era demasiado habladora.
3. El sed que tenía era insaciable.
4. No me gusta el leche fría.
5. Los patos eran blancos.
6. El rascacielos era blanca.
7. Unos peces eran de color.
8. Los oasis africanos son una maravilla.
9. Las codornices son encantadores.

RESPUESTAS

1. El clima era saludable en aquel pueblo.
2. El loro era demasiado hablador.
3. La sed que tenía era insaciable.
4. No me gusta la leche fría.
5. Correcta.
6. El rascacielos era blanco.
7. Unos peces eran de colores.
8. Correcta.
9. Las codornices son encantadoras.

Uso del artículo

El artículo es una parte variable de la oración que sirve para concretar o identificar la idea o significado del nombre.

Los artículos pueden ser:

1. Artículo determinado, que antecede a un nombre que ya es conocido.

	Masculino	Femenino	Neutro
Singular	el	la	lo
Plural	los	las	

El artículo neutro se refiere a cosas abstractas. Puede preceder a un plural femenino.

POR EJEMPLO:

Hay que ver lo encantadoras que son estas personas.

2. Indeterminado o indefinido, que precede a un nombre que de antemano no conocemos,

	Maculino	Femenino
Singular	un	una
Plural	unos	unas

Los artículos siempre concuerdan en género y número con los nombres.

POR EJEMPLO:

la casa, el vestido, las flores, unos zapatos, los colores, un niño, una zanahoria, unas cajas

Las formas masculinas **el** y **un** se pueden anteponer a nombres femeninos cuando empiezan con **a** o **ha** acentuadas prosódicamente. Si el nombre no sigue inmediatamente al artículo esta norma no se cumple.

POR EJEMPLO:

el alma, un hacha, el área, el aula, un arca
La terrible hacha
La compungida alma

Las preposiciones **a** y **de**, seguidas del artículo **el**, producen normalmente las contracciones **al** y **del**. Pero no se escribe contracción antes de un título de un libro o del nombre de un diario o revista.

POR EJEMPLO:

El armario **del** recibidor está lleno.
No pongas las frutas **al** sol.
La noticia de El Espectador era escalofriante.

Recuerde que las formas **el**, **la**, **lo**, **los**, **las** del artículo determinado y **un**, **una**, **unas**, **unos** del indeterminado se distinguen de los pronombres que se escriben igual, porque los artículos preceden forzosamente a un nombre o sustantivo y conciertan con género y número.

PRÁCTICA

1. Soy subscritor del Periódico.
2. Mira la hermosa que es la tela.
3. El arca estaba llena de objetos viejos.
4. Le he comprado un libro a el hermano de María.
5. Un abeja me picó en la pierna.

6. El llave no entraba en la cerradura.
7. Vio una película *Sonrisas y lágrimas* y le gustó mucho.
8. La única arma que tenía era su intelecto.
9. Se veía la agua tan transparente.
10. Las aguas de este río están sucias.

RESPUESTAS

1. Soy subscritor de El Periódico.
2. Mira lo hermosa que es la tela.
3. Correcta.
4. Le he comprado un libro al hermano de María.
5. Una abeja me picó en la pierna.
6. La llave no entraba en la cerradura.
7. Vio la película *Sonrisas y lágrimas* y le gustó mucho.
8. Correcta.
9. Se veía el agua tan transparente.
10. Correcta.

Uso del pronombre

El pronombre es la parte variable de la oración que sustituye al nombre y toma el género y número de éste.

Los pronombres pueden ser personales, posesivos, demostrativos, relativos, interrogativos o indefinidos.

Los pronombres personales

Los pronombres personales son los que designan a las personas gramaticales.

Singular: **Yo**, **tú**, **él**, **ella**
Plural: **nosotros**, **nosotras**, **vosotros**, **vosotras**, **ellos**, **ellas**

Neutro: **ello** y el reflexivo **se**, en singular solamente.

POR EJEMPLO:

Yo (sustituye a mi nombre) estudio matemáticas.
Llegó ella = Llegó María.

Según las distintas funciones (sujeto, complemento directo, indirecto, preposicional o circunstancial) que realizan tienen diferentes formas:

Los pronombres personales se usan antes del verbo a excepción de los imperativos. Cuando el objeto indirecto y el directo van juntos el pronombre **le** se convierte en **se**.

POR EJEMPLO:

Le regaló una rosa.
Se la regaló.

El pronombre personal, según su función, se usa de la siguiente manera:

1. Como sujeto.
   Lo haremos entre tú y yo.
   Ella llegó tarde.
   Vosotros ireis mañana.
   Usted tiene toda la razón.
2. Como complemento preposicional o circunstancial.
   Este paquete es para tí.
   Me llevo el gato conmigo.
   Le dedico esta canción a usted.
   Sin mí, seguro que no se irá.
   Nos remitió el informe.
3. Como complemento directo.
   Me duele la cabeza.
   Lo vi comiendo en la pizzería.
   La conocí el otro día.
   Se las voy a dar mañana.
   Lo compré en la farmacia.

Persona gramatical	Sujeto	Complemento preposicional	Complemento directo	Complemento indirecto
Primera persona	yo nosotros nosotras	mí, conmigo nosotros nosotras	me nos	me nos
Segunda persona	tú, usted, vosotros vosotras ustedes	ti, contigo	te os	te os
Tercera persona	él, ella ello, ellos, ellas	sí, consigo lo	lo, la, lo los, las, se	le(se), les(se)

4. Como complemento indirecto.

Me trajo una flor para mi cumpleaños.
Le dejé una película de video para que
la viera.
Se las arreglan solos.
No le permitieron entrar en la discoteca.

Pronombres posesivos

Los pronombres posesivos son los que además de designar a la persona gramatical, la señalan como poseedora.

Los pronombres posesivos son: **mío, tuyo, suyo, nuestro, vuestro** con sus respectivas formas plurales y femeninas.

POR EJEMPLO:

Este lápiz es mío.
La tuya va a venir más tarde.

Los pronombres demostrativos

Los pronombres demostrativos son los que indican la proximidad o lejanía de las personas, cosas y animales.

éste, ésta, esto, éstos, éstas
ése, ésa, eso, ésos, ésas
aquél, aquélla, aquello, aquéllos, aquéllas

Note que los pronombres neutros **esto, eso y aquello** nunca se acentúan.

POR EJEMPLO:

Ésta está más cerca que aquélla.
Aquélla está más lejos que ésa.
Ésa está más lejos que ésta.

Para referirnos a cosas mencionadas anteriormente en primer lugar se usan **aquél/ aquélla** o **aquéllos/aquéllas.**

POR EJEMPLO:

Tiene unos zapatos muy lindos y se ha comprado unas botas, aquéllas las va a usar para ir al trabajo y éstas para los fines de semana.

En español, hay muchas expresiones en que se usa pronombres demostrativos.

POR EJEMPLO:

Ésto es. No le des más vueltas.
Por ésto, creo que es necesario.
En éstas estamos.
A éso de las cuatro vino Marcos.

Los pronombres indefinidos

Los pronombres indefinidos son los que designan sin identificar las personas o cosas a que se refieren.

Los pronombres **alguien, nadie, algo, nada** no tienen plurales. En cambio **cualquier** tiene por el plural **cualesquiera** y **quienquiera** tiene **quienesquieran.**

Con frecuencia encontramos adjetivos haciendo la función de los pronombres indefinidos, como es el caso de **pocos, muchos, varios, bastante, tanto, demasiado, otro.**

POR EJEMPLO:

Pido poco.
Hablas demasiado.
No tienes bastante.
Lo perdí todo en las apuestas.
Cualquiera diría.

También se usan como pronombres algunos adjetivos numerales.

POR EJEMPLO:

Vinieron solamente cuatro.
Dos de ellos me preguntaron dónde estaba este lugar.

PRÁCTICA

1. Unos tantos y otros tampoco.
2. Esta carpeta es mío.
3. Lo suya es más importante.
4. La entregó las llaves.
5. Le ofrecieron un trabajo muy bueno.
6. Se la dije antes de que se fuera.
7. No le digas nada a nadie.
8. Se la perdió la pulsera en la piscina.
9. No es para tanto.
10. Quienquieran que vengan.

RESPUESTAS

1. Unos tanto y otros tampoco.
2. Esta carpeta es mía.
3. Lo suyo es más importante.
4. Le entregó las llaves.
5. Correcta.
6. Se lo dije antes de que se fuera.
7. Correcta.
8. Se le perdió la pulsera en la piscina.
9. Correcta.
10. Quienesquiera que vengan.

Los pronombres relativos

Los pronombres relativos son los que se refieren a una persona, cosa o animal citado, que se llama antecedente, y que debe concordar en género y número.

**(el) que, (la) que, lo que
el cual, la cual, lo cual
(los) que, (las) que
los cuales, las cuales
quien, quienes
cuyo, cuya, cuyos, cuyas
cuanto, cuanta, cuantos, cuantas
donde**

1. **Que.** El pronombre relativo más común en español es **que**. **Que** puede usarse para reemplazar una persona o cosa y puede actuar como el sujeto u objeto de la cláusula.

   POR EJEMPLO:

   El señor que habla ahora es argentino.
   El libro que está en la mesa es muy aburrido.

   Note que el pronombre **que** también puede usarse después de una preposición, pero sólo cuando se refiere a un objeto.

   POR EJEMPLO:

   La novela de que hablas es de Rojas.
   Las herramientas con que trabajan son viejas.

2. **A quien, a quienes.** Estos pronombres relativos pueden reemplazar al pronombre relativo **que** cuando éste reemplaza a una persona que cumple la función de objeto directo de la cláusula.

   POR EJEMPLO:

   El señor que conocimos anoche es el maestro.
   El señor a quien conocimos anoche es el maestro.

3. **El que, la que, los que, las que.** Estos pueden emplearse como sujeto u objeto de una cláusula y reemplazar a personas o cosas. El uso más común de estos pronombres es el de proveer énfasis. Son equivalentes a *the one who, the ones who* en inglés.

   POR EJEMPLO:

   El que llega es mi hermano.
   Los que cantaron fueron sus amigos.

4. **Lo que.** Este es un pronombre relativo neutro usado para reemplazar una idea abstracta o general en vez de un antecedente específico. Es similar a *what*.

   POR EJEMPLO:

   Lo que necesitamos es más dinero.
   No entiendo lo que dice.

5. **Cuyo.** Este pronombre es equivalente a *whose* en inglés. Concuerda con el nombre al cual modifica.

   POR EJEMPLO:

   La persona cuya hija es la dueña del bar.
   El señor cuyos zapatos están aquí fue al baño.

Los pronombres interrogativos

Los pronombres interrogativos son los que sirven para hacer preguntas. Coinciden en cuanto a la forma con los pronombres relativos pero van acentuados.

qué, cuál, quién, cuánto
y sus variables en plural y femenino.

1. Se usan siempre en función apelativa.

   POR EJEMPLO:

   Dime quién vino.
   Dime cuál deseas.

2. **Quién** se usa referido a personas o cosas personificadas.

   POR EJEMPLO:

   ¿Quién era este señor?
   ¿Quiénes estaban en aquella fiesta?

3. **Qué** se usa para preguntar sobre la esencia de algo o la especie.

   POR EJEMPLO:

   ¿De qué se trata?
   ¿Qué es lo que más te gusta?

4. **Cuál** se refiere a preguntas sobre seres o cosas ya conocidas.

   POR EJEMPLO:

   De estos vestidos, ¿cuál te gusta más?

Los pronombres exclamativos

Las formas de estos pronombres coinciden con las de los interrogativos **qué, quién** y **cuánto**.

POR EJEMPLO:

¡Qué bonita es esta falda!
¡Quién pudiera estar en tu situación!
¡Cuánto me alegro que hayas venido!

PRÁCTICA

1. Cuál más, cuál menos, todo el mundo estaba envuelto.
2. ¿Quién camino tomaremos?
3. Quiénes mucho abarca, poco aprieta.
4. El niño, de cuyo patín se rompió, lo volví a ver ayer.
5. ¿Cuál mesa tienes en casa?
6. Las causas, las cuales provocaron el incendio, fueron investigadas.
7. El abogado, quién tanto había hablado a su favor, se contradijo.
8. Las madres, los niños de las cuales tuvieron el sarampión, crearon una asociación.
9. ¡Que locura hacer tantos kilómetros seguidos!
10. Dime cuánto sepas.

RESPUESTAS

1. Correcta.
2. ¿Qué camino tomaremos?
3. Quién mucho abarca, poco aprieta.
4. El niño, cuyo patín se rompió, lo volví a ver ayer.
5. ¿Qué mesa tienes en casa?
6. Las causas que provocaron el incendio fueron investigadas.
7. Correcta.
8. Las madres, cuyos niños tuvieron el sarampión, crearon una asociación.
9. ¡Qué locura hacer tantos kilómetros seguidos!
10. Dime cuanto sepas.

PRÁCTICA DE NOMBRES, ARTÍCULOS Y PRONOMBRES

Las siguientes frases contienen un error en el uso del nombre, el pronombre o el artículo. Seleccione cuál de las palabras que están subrayadas está mal escrita y escríbala correctamente. Ninguna frase contiene más de un error. También puede que no haya ningún error.

1. Luis acompañó a su amigo a ver la
(1)   (2)   (3)
película en el Teatro Condal. Sin error.
      (4)   (5)

2. He aquí, señor Martínez, toda
       (1)
la información que le he enviado a la
  (2)   (3)
empresa Sarduy. Sin error.
    (4)   (5)

3. Se la dije, pero no me lo creyó. Estoy
 (1)   (2) (3)
dispuesto a negociar en todo lo
           (4)
referente a los salarios. Sin error.
          (5)

4. El salario mínimo ha registrado un
 (1)
crecimiento de el 1 por ciento en los
   (2)   (3)
últimos años. Sin error.
  (4)   (5)

5. Dímelo antes que sea demasiado tarde.
 (1)
No se lo pienso contar a nadie.
 (2) (3)   (4)
Sin error.
 (5)

6. Les gustó la ciudad, aunque no
 (1)   (2)
pudieron quedarse más tiempo. Les
          (3)
faltó tiempo para poderlo disfrutar
        (4)
plenamente. Sin error.
    (5)

7. <u>Me</u> parece que no es él. Luis lleva el
    (1)   (2)

   pelo más corto y <u>se</u> <u>la</u> tiñe de rubio.
                   (3) (4)

   <u>Sin error.</u>
        (5)

8. <u>La</u> molesta el ruido. Por eso, María,
    (1)

   <u>quién</u> siempre <u>le</u> ha ayudado, <u>le</u> ha
       (2)   (3)   (4)

   ofrecido dormir en su cuarto. <u>Sin error.</u>
                                 (5)

9. El libro, <u>cuyos</u> páginas rompistes, era
         (1)

   <u>mío</u>. Ahora <u>me</u> tendrás que comprar
       (2)   (3)

   <u>otro</u>. <u>Sin error.</u>
       (4)   (5)

10. Te voy a decir <u>qué</u> he decidido hacer
     (1)   (2)

   con <u>aquello</u> <u>que</u> te conté. <u>Sin error.</u>
          (3)   (4)   (5)

CLAVE DE LAS RESPUESTAS

1. **3**   3. **1**   5. **5**   7. **4**   9. **1**
2. **3**   4. **3**   6. **4**   8. **1**   10. **5**

ANÁLISIS DE LAS RESPUESTAS

1. **3** El artículo definido **la** presupone que sabes de qué película se trata. Por lo tanto es **una** en lugar de **la**, ya que no se dice el nombre de la película.
2. **3.** No es necesario poner **le** como complemento indirecto ya que se dice el nombre de la empresa.
3. **1** **La** en este caso es el complemento directo y por lo tanto es **lo**, ya que **se** equivale a **le** (ella) y es complemento indirecto.
4. **3** **De** y **el** forman la contracción **del**.
5. **5** Correcta.
6. **4** **Poderlo** es incorrecto, ya que la terminación es el pronombre que sustituye a **ciudad**. Por lo tanto tiene que ser **poderla**, ya que es una palabra femenina.
7. **4** **La** es incorrecto. Debería ser **lo**, ya que este pronombre sustituye a **pelo**.
8. **1** Aunque sea **ella** a quién le molesta el ruido, es un complemento indirecto y por lo tanto es "**le** molesta el ruido".

9. **1** El pronombre relativo **cuyo** y sus variantes siempre concuerda con género y número con el nombre que va después, por lo tanto es "**cuyas** páginas".
10. **5** Correcta.

Uso del verbo

Todos los verbos, tanto regulares como irregulares, experimentan cambios de acuerdo con los cambios de *persona* (tres formas singulares y tres plurales), *tiempo* (14 en español) y *modo* (indicativo o subjuntivo). Algunos verbos pueden además tener un cambio de voz, es decir, cambiar de *voz activa a voz pasiva.*

El verbo en español puede estar gobernado por la persona que está hablando (primera persona), la persona o personas que reciben el habla (segunda persona **tú** o **usted**), o la persona o personas, cosa o cosas de que se habla (tercera persona). Los verbos están en tercera persona cuando el sujeto es un sustantivo. Aunque en español, igual que en inglés, hay pronombres para indicar a la persona, estos pronombres se usan con menor frecuencia en español ya que la persona está generalmente revelada por la terminación verbal (sabemos que **comienzas** se refiere a la segunda persona **tú**, mientras que **comienzo** sólo puede referirse a la primera persona **yo**.)

La forma básica de todo verbo es el infinitivo. Para cada verbo hay también dos participios: presente y pretérito. Aunque hay muchos verbos irregulares, la mayoría de los verbos en español pertenecen a una de tres conjugaciones básicas, es decir, las que terminan en **-ar**, **-er** o **-ir**.

Modelo de conjugación de los verbos regulares

Tiempos simples

(A) INDICATIVO		
1a conjugación	**2a conjugación**	**3a conjugación**
-AR	**-ER**	**-IR**
Infinitivo Gerundio Participio		
amar	temer	partir
amando	temiendo	partiendo
amado	temido	partido
Presente		
Yo am**o**	tem**o**	part**o**
Tú am**as**	tem**es**	part**es**
Él/ella am**a**	tem**e**	part**e**
Nos. am**amos**	tem**emos**	part**imos**
Vos. am**áis**	tem**éis**	part**ís**
Ellos(as) am**an**	tem**en**	part**en**
Pretérito imperfecto		
Yo am**aba**	tem**ía**	part**ía**
Tú am**abas**	tem**ías**	part**ías**
Él/ella am**aba**	tem**ía**	part**ía**
Nos. am**ábamos**	tem**íamos**	part**íamos**
Vos. am**abais**	tem**íais**	part**íais**
Ellos(as) am**aban**	tem**ían**	part**ían**
Pretérito indefinido o perfecto		
Yo am**é**	tem**í**	part**í**
Tú am**aste**	tem**iste**	part**iste**
Él/ella am**ó**	tem**ió**	part**ió**
Nos. am**amos**	tem**imos**	part**imos**
Vos. am**asteis**	tem**isteis**	part**isteis**
Ellos(as) am**aron**	tem**ieron**	part**ieron**
Futuro simple		
Yo am**aré**	tem**eré**	part**iré**
Tú am**arás**	tem**erás**	part**irás**
Él/ella am**ará**	tem**erá**	part**irá**
Nos. am**aremos**	tem**eremos**	part**iremos**
Vos. am**aréis**	tem**eréis**	part**iréis**
Ellos(as) am**arán**	tem**erán**	part**irán**
Condicional		
Yo am**aría**	tem**ería**	part**iría**
Tú am**arías**	tem**erías**	part**irías**
Él/ella am**aría**	tem**ería**	part**iría**
Nos. am**aríamos**	tem**eríamos**	part**iríamos**
Vos. am**aríais**	tem**eríais**	part**iríais**
Ellos(as) am**arían**	tem**erían**	part**irían**
Imperativo		
am**a**	tem**e**	part**e**
am**ad**	tem**ed**	part**id**

(B) SUBJUNTIVO		
1a conjugación	2a conjugación	3a conjugación
-AR	-ER	-IR
Presente		
(Que)		
Yo am**e**	tem**a**	part**a**
Tú am**es**	tem**as**	part**as**
Él/ella am**e**	tem**a**	part**a**
Nos. am**emos**	tem**amos**	part**amos**
Vos. am**éis**	tem**áis**	part**áis**
Ellos(as) am**en**	tem**an**	part**an**
Pretérito imperfecto		
Yo am**ara/ase**	tem**iera/iese**	part**iera/iese**
Tú am**aras/ases**	tem**ieras/ieses**	part**ieras/ieses**
Él/ella am**ara/ase**	tem**iera/iese**	part**iera/iese**
Nos. am**áramos/ásemos**	tem**iéramos/iésemos**	part**iéramos/iésemos**
Vos. am**arais/aseis**	tem**ierais/eseis**	part**ierais/ieseis**
Ellos(as) am**aran/asen**	tem**ieran/iesen**	part**ieran/iesen**
Futuro simple		
Yo am**are**	tem**iere**	part**iere**
Tú am**ares**	tem**ieres**	part**ieres**
Él/ella am**are**	tem**iere**	part**iere**
Nos. am**áremos**	tem**iéremos**	part**iéremos**
Vos. am**areis**	tem**iereis**	part**iereis**
Ellos(as) am**aren**	tem**ieren**	part**ieren**

Tiempo compuestos

Los tiempos compuestos se forman con las conjugaciones del verbo haber (que actúa como auxiliar) y el participio de cada verbo.

POR EJEMPLO:

(A) INDICATIVO
Pretérito perfecto: he amado, has amado, etc.
Pretérito pluscuamperfecto: había amado, habías amado, etc.
Pretérito anterior: hube amado, hubiste amado, etc.
Futuro compuesto: habré amado, habrás amado, etc.
Condicional compuesto: habría amado, habrías amado, etc.

(B) SUBJUNTIVO
Pretérito perfecto: haya amado, hayas amado, etc.
Pretérito pluscuamperfecto: hubiera/hubiese amado, hubieras/hubieses amado, etc.
Futuro compuesto: hubiere amado, hubieres amado, etc.

Algunos verbos tienen dos formas de participio diferentes, como por ejemplo:

bendecido—bendito
confundido—confuso
convencido—convicto
elegido—electo
freído—frito
hartado—harto
maldecido—maldito
suspendido—suspenso

PRÁCTICA

1. Había temido subir a la montaña rusa, si no me hubieras acompañado.
2. Cantó todo el día, hasta que la gente se hartaba.
3. Me compraré unos pendientes para ir a la boda.
4. No paguéis la cuenta, hoy les voy a invitar.
5. El traje te rejuvenece muchísimo.
6. He aumenté el precio de la gasolina.
7. Paseando en el parque, me encontraría a mi vecina.

8. Me dijo que partió mañana si todo iba bien.
9. Acuérdate de meter los cigarrillos en el bolso.
10. Le comentaría que hablaría con su padre.

RESPUESTAS

1. Hubiera/hubiese temido subir a la montaña rusa, si no me hubieras acompañado.
2. Cantó todo el día, hasta que la gente se hartó.
3. Correcta.
4. No paguen la cuenta, hoy les voy a invitar.
5. Correcta.
6. He aumentado el precio de la gasolina.
7. Paseando en el parque, me encontré a mi vecina.
8. Me dijo que partiría mañana si todo iba bien.
9. Correcta.
10. Le comentó que hablaría con su padre.

Modelo de conjugación de los verbos irregulares

Los verbos irregulares son los que se conjugan alterando la raíz o las terminaciones típicas de la conjugación regular.

1. Verbos con irregularidades en la raíz.

   • la **e** se convierte en **i**.

   POR EJEMPLO:

   p**e**dir
   p**i**do

   Presente indicativo: pido, pides, pide, pedimos, pedís, piden.
   Gerundio: pidiendo

   • la **o** se convierte en **u**.

   POR EJEMPLO:

   p**o**drir
   p**u**drió

   Pretérito indefinido: podrí, podristes, pudrió, podrimos, podristeis, pudrieron.
   Gerundio: pudriendo

   • la **o** se convierte en **ue**.

   POR EJEMPLO:

   d**o**rmir
   d**ue**rmo

   Presente indicativo: duermo, duermes, duerme, dormimos, dormís, duermen.
   Gerundio: durmiendo

   • la **i** se convierte en **ie**.

   POR EJEMPLO:

   adqu**i**rir
   adqu**ie**ro

   Presente indicativo: adquiero, adquieres, adquiere, adquirimos, adquirís, adquieren.
   Gerundio: adquiriendo

   • la **e** se convierte en **ie**.

   POR EJEMPLO:

   qu**e**rer
   qu**ie**ro

   Presente indicativo: quiero, quieres, quiere, queremos, quereis, quieren.
   Gerundio: queriendo

   • la **u** se convierte en **ue**.

   POR EJEMPLO:

   j**u**gar
   j**ue**go

   Presente indicativo: juego, juegas, juega, jugamos, jugais, juegan.
   Otros verbos irregulares de esta clase:

   acertar, almorzar, apacentar, apostar, apretar, consolar, decir, helar, fregar, manifestar, mostrar, forzar, gobernar, soñar, soltar, tropezar, volver, probar, renovar, negar, pensar, etc.

2. Verbos irregulares consonánticos.

   • La **c** se convierte en **g**.

   POR EJEMPLO:

   de**c**ir
   di**g**o

   Presente indicativo: digo, dices, dice, decimos, decís, dicen.
   Presente subjuntivo: diga, digas, diga, digamos, digáis, digan.

   • la **c** se convierte en **zc**.

   POR EJEMPLO:

   cono**c**er
   cono**zc**o

   Presente indicativo: conozco, conoces, conoce, conocemos, conocéis, conocen.

Presente subjuntivo: conozca, conozcas, conozca, conozcamos, conozcáis, conozcan.

- la **l** se convierte en **lg**.

POR EJEMPLO:

va**l**er
va**lg**o

Presente indicativo: valgo, vales, vale, valemos, valéis, valen
Presente subjuntivo: valga, valgas, valga, valgamos, valgáis, valgan.

- la **n** se convierte en **ng**.

POR EJEMPLO:

mante**n**er
mante**ng**o

Presente indicativo: mantengo, mantienes, mantiene, mantenemos, mantenéis, mantienen.
Presente subjuntivo: mantenga, mantengas, mantenga, mantengamos, mantengáis, mantengan.

- la **u** se convierte en **uy**.

POR EJEMPLO:

conc**l**uir
conc**luy**o

Presente indicativo: concluyo, concluyes, concluye, concluimos, concluís, concluyen.
Gerundio: concluyendo

3. Irregulares en la vocal temática.

- Desaparece la vocal temática en el futuro y condicional.

POR EJEMPLO:

cab**e**r: cabré, cabría
pod**e**r: podré, podría
quer**e**r: querré, querría
pon**e**r: pondré, pondría
sal**i**r: saldré, saldría
val**e**r: valdré, valdría
ten**e**r: tendré, tendría
ven**i**r: vendré, vendría

Futuro: vendré, vendrás, vendrá, vendremos, vendreis, vendrán.
Condicional: vendría, vendrías, vendría, vendríamos, vendríais, vendrían.

4. Irregularidades en el pretérito indefinido.

- Alteraciones en las vocales: la **e** por la **i**, la **a** por la **i**, la **o** por la **u**.

POR EJEMPLO:

h**a**cer
h**i**ce

- Alteraciones en las consonantes: la **c** por la **j**.

POR EJEMPLO:

de**c**ir
di**j**o

- Alteraciones en consonantes con vocales: la **ab** por **up**, la **ec** por la **ij**, la **en** por la **uv**, la **er** por la **is** y la **j** por la **uv**.

POR EJEMPLO:

and**ar** and**uve**; c**ab**er c**up**e; t**en**er t**uv**e; v**er** v**i**

5. Los verbos defectivos.

Estos verbos presentan irregularidades como las que hemos presentado y además sólo se conjugan en determinados tiempos y personas.

POR EJEMPLO:

gustar	Me gusta el helado.
doler	Le duele la cabeza.
soler	Suelo llegar siempre pronto.
nevar	Nieva mucho.
llover	Llueve desde ayer.
anochecer	Cuando anocheció, hacía mucho frío.

Verbos irregulares más comunes e irregularidad más notable

advertir	advirtió
alcanzar	alcancé
almorzar	almuerzo
andar	anduve
caber	quepo
caer	caigo, cayó
conseguir	consigo
convencer	convenzo
corregir	corrijo
dar	doy, diera, diese
entender	entiendo
estar	estoy, estuve
explicar	expliqué
haber	hay
huir	huyo
ir	voy, fui
nacer	nazco, naciera
negar	niego
obligar	obligue
oír	oigo, oye

pedir	pido
poder	pudo, puedo, podré
poner	pongo
querer	quiero
reducir	reduzco, redujo
reír	río
rogar	ruego
saber	sé, supe, sabré
salir	salgo
ser	soy, era, fuese
soltar	suelto
tener	tuve, tendría
traer	trayendo, traigo, traje
ver	visto
vestir	visto
volar	vuelo

PRÁCTICA

1. Me hubiera gustado ir a la fiesta, pero no podría.
2. En la última sesión de las Cortes han promulgando una nueva ley.
3. Yo traigo la bebida y tú trayes los postres.
4. Este vestido me queda muy suelto.
5. ¿No convenzo a nadie con lo que acabo de decir?
6. Me niego a que jueges todo el día sin parar.
7. Redujo la velocidad y condució más tranquilamente.
8. Tube una experiencia desagradable, pero ya pasó.
9. No creo que cabamos todos en el auto.
10. No nos obligues a abrir la ventana.

RESPUESTAS

1. Me hubiera gustado ir a la fiesta, pero no pude/podía.
2. En la última sesión de las Cortes han promulgado una nueva ley.
3. Yo traigo la bebida y tú traes los postres.
4. Correcta.
5. ¿No convencí a nadie con lo que acabo de decir?
6. Me niego a que jueges todo el día sin parar.
7. Redujo la velocidad y condujo más tranquilamente.
8. Tuve una experiencia desagradable, pero ya pasó.
9. No creo que quepamos todos en el auto.
10. Correcta.

PRÁCTICA DE LOS VERBOS

Las siguientes frases contienen un error en el uso de los verbos. Seleccione cuál de las palabras que están subrayadas está mal escrita y escríbala correctamente. Ninguna frase contiene más de un error. También puede ser que no haya ningún error.

1. Si <u>acertas</u> en esta quiniela, nos <u>vamos</u>
(1) (2)
de vacaciones a algún país donde
<u>podamos tomar</u> el sol y <u>bucear</u> en el
(3) (4)
mar. <u>Sin error.</u>
(5)

2. <u>Estudié</u> para el examen, pero
(1)
finalmente no lo <u>hago</u>, ya que me
(2)
<u>encontraba</u> enfermo con la gripe sin
(3)
<u>poder salir</u> de casa. <u>Sin error.</u>
(4) (5)

3. Antes de <u>ir a dormir</u>, Juan le <u>cuenta</u>
(1) (2)
una historieta a su hija para que <u>tenía</u>
(3)
felices sueños y <u>duerma</u> bien. <u>Sin error.</u>
(4) (5)

4. <u>Desconfiaba</u> de que <u>llegara</u> pronto, pero
(1) (2)
luego se <u>dio cuenta</u> que no <u>tenía</u> por
(3) (4)
qué preocuparse. <u>Sin error.</u>
(5)

5. Le <u>prohibió</u> que <u>jugara</u> en el jardín al
(1) (2)
lado de las plantas, pero sí le <u>permite</u>
(3)
que <u>jugue</u> en el garaje de los trastos
(4)
viejos. <u>Sin error.</u>
(5)

6. El día de cacería no <u>fue</u> demasiado
(1)
bueno. El conejo que <u>tenía</u> en la punta
(2)
de mira de mi escopeta, <u>huió</u> y se
(3)
escondió detrás de un árbol. <u>Sin error.</u>
(4) (5)

7. <u>Conozco</u> muy bien el problema. Si yo
      (1)

   <u>fueras</u> tú, no <u>dudaría</u> en <u>hacer</u> una
    (2)   (3)   (4)

   decisión lo antes posible. <u>Sin error.</u>
                              (5)

8. <u>Querer</u> no es <u>poder.</u> Algunas veces uno
    (1)   (2)

   <u>quiere</u> algo, pero no <u>puede</u> realizarlo.
    (3)   (4)

   <u>Sin error.</u>
     (5)

9. Ayer el cielo <u>estuvo</u> tan nublado, que
              (1)

   <u>decidiríamos</u> no <u>ir</u> al campo como
      (2)   (3)

   <u>teníamos</u> previsto. <u>Sin error.</u>
     (4)   (5)

10. Me <u>complazco</u> en <u>notificarles</u> que
        (1)   (2)

    <u>hubiera llegado</u> la hora de <u>celebrar</u>
       (3)   (4)

    la unión entre estas dos empresas.
    <u>Sin error.</u>
      (5)

CLAVES DE LAS RESPUESTAS

1. **1**	3. **3**	5. **4**	7. **2**	9. **2**
2. **2**	4. **5**	6. **3**	8. **5**	10. **3**

ANÁLISIS DE LAS RESPUESTAS

1. **1** **Acertar** es un verbo irregular en que la **e** de la raíz se convierte en **ie**. Por lo tanto es **aciertas**.

2. **2** El tiempo del verbo no está en pasado. El pasado es **hice** (**hago** es el presente).

3. **3** La conjunción nos dice que es subjuntivo. Por el hecho de que **tener** es un verbo irregular, la respuesta correcta es **tenga**.

4. **5** Correcta.

5. **4** **Jugar** es un verbo irregular donde la **u** se convierte en **ue**. Por lo tanto la respuesta es **juegue**.

6. **3** El verbo **huir** es también irregular y la **u** se convierte en **uy**. Así pues, el pretérito indefinido es **huyó**.

7. **2** La concordoncia entre el pronombre y el verbo está mal. Debería ser **fuera** ya que es primera persona del singular.

8. **5** Correcta.

9. **2** La concordancia del tiempo está mal. No se trata de un condicional, sino de un pretérito imperfecto. Por lo tanto, la respuesta es **decidimos**.

10. **3** Hay un problema de concordancia en el tiempo. El pretérito pluscuamperfecto del subjuntivo debería ser un pretérito perfecto del indicativo: **ha llegado**.

Uso del adjetivo

El adjetivo es la parte variable de la oración que se relaciona con el nombre o expresión sustantivada para calificarlos o determinarlos.

Adjetivo calificativo

1. El adjetivo calificativo es el que designa una cualidad de un sustantivo o nombre.

POR EJEMPLO:

> El perro es dócil.
> Este muchacho es pálido.

Hay adjetivos que cambian la terminación para el masculino y el femenino. Los acabados en vocal cambian ésta por una **a** en el femenino. En cambio, los acabados en consonantes, añaden una **a**.

POR EJEMPLO:

> La isla pequeña/El gato pequeño
> El chico holgazán/La chica holgazana

Pero hay otros adjetivos que son invariables para ambos géneros.

POR EJEMPLO:

> El hombre feliz/La mujer feliz
> El coche veloz/La rana veloz
> La niña insolente/El niño insolente
> El viejo triste/La vieja triste

Los plurales se forman añadiendo una **s**, si terminan en vocal átona (sin acentuación prosódica) o una **es** si acaban en consonante o vocal acentuada.

POR EJEMPLO:

> prudente/prudentes
> hermoso/hermosos
> fiel/fieles
> veloz/veloces

Algunos adjetivos pierden la vocal delante de un nombre masculino.

POR EJEMPLO:

Es un gran amigo.
Aquél es buen restaurante.
Ha hecho muy mal día.
Es el tercer piso.

Los adjetivos calificativos pueden expresar diferentes grados.

(a) Superioridad   más...que
                      más...de

POR EJEMPLO:

Soy más alto que tú.
Soy más alto de lo que te parece.

(b) Inferioridad   menos...que
                   menos...de

POR EJEMPLO:

Es menos capacitado que tú.
Es menos capacitado de lo que dijo.

(c) Igualdad   tan...como
                  tan...que

POR EJEMPLO:

Es tan limpio como tú.
Es tan limpio que brilla.

Existen otros comparativos como mejor, peor, mayor, grande, peor, menor, etc.

POR EJEMPLO:

Este pollo es mejor que el que comimos ayer.
El niño de María es mayor que el de Teresa.

El superlativo es otro de los grados del adjetivo. El superlativo relativo puede ser también de superioridad o inferioridad.

POR EJEMPLO:

Alberto es el atleta más rápido de todos.
Ignacio es el nadador menos hábil de todos.

Asimismo, para formar el superlativo absoluto se añade al adjetivo la terminación **-ísimo, -ísima.** Hay algunos adjetivos que no admiten la formación del superlativo con estas terminaciones. Entonces, se usa el adverbio **muy.**

POR EJEMPLO:

Este pastel está riquísimo.
El turrón está fuertísimo.
El cuadro es muy sobrio.
El dependiente era muy necio.

El adjetivo en español tiende a usarse después del nombre. Sin embargo, a veces se usa antes. Algunos adjetivos cambian de significado según estén delante o después.

POR EJEMPLO:

Una cierta cosa (algo indefinido)
Una cosa cierta (una cosa verdadera)
Un viejo amigo (un amigo de hace años)
Un amigo viejo (un amigo de avanzada edad)

Adjetivo determinativo

El adjetivo determinativo es el que especifica el significado del nombre: alguno, ninguno, cierto, todo, mucho, poco, mismo, ambos, cada, demás, varios, bastante, demasiado, etc.

POR EJEMPLO:

Hay varios libros.
Ambos estudiantes lograron aprobar.

Dentro de los determinativos se encuentran los adjetivos numerales que son los siguientes:

1. Cardinales, que expresan un número: uno, cuatro, ciento, etc.
2. Partitivos, que indican las partes de un todo, medio, tercio, etc.
3. Ordinales, que especifican el número y el orden: segundo, tercero, vigésimo, etc.
4. Múltiplos que señalan la multiplicación de cantidades: triple, doble, etc.

Asimismo, se consideran determinativos los pronombres posesivos y demostrativos cuando van seguidos de un nombre: **mi, tu, este, ese, aquel** y sus variantes en género y número; **mi, tu, su, nuestro, vuestro** con sus variantes en género y número.

POR EJEMPLO:

Mi casa está cerca.
Su lápiz se cayó.
Tu vestido es estupendo.
Nuestra escuela es muy moderna.

Este color me favorece.
Aquel señor es muy alto.
De cualquiera manera, me gusta este reloj.

Todos los adjetivos, tanto calificativos como demostrativos, concuerdan con el nombre o grupo nominal en género y número.

POR EJEMPLO:

¡Qué manos tan finas tienes!
Los días en verano son más largos.
Sus plantas son muy bellas.

Si en una oración hay varios nombres de distintos géneros y números, el adjetivo debe concordar con el masculino y el plural. Pero por atracción, se acepta también la concordancia con el nombre más cercano.

POR EJEMPLO:

Tanto los hombres como las mujeres estaban contentos.
Encontré unos libros y unas postales curiosísimas.

Los adjetivos a igual que los nombres pueden admitir aumentativos y diminutivos. Los aumentativos se forman añadiendo las terminaciones **-ón, ona, ote, ota, azo, aza;** y los diminutivos, añadiendo **-ito, -ita, -illo, -illa.**

POR EJEMPLO:

¡Vaya comilona!
El pajarito está cantando.
¡Qué grandote es este pescado!

PREGUNTAS

1. La mesita redondo la he puesto en el patio.
2. Era tan hombre bueno que le dio ayuda sin pensarlo.
3. En el primer piso se encuentra el baño.
4. María es más valiente como Pilar.
5. El trabajo era arduosísimo.
6. Hace mejor tiempo que ayer.
7. La niña estaba muy sonrienta cuando vino su padre.
8. El chico es muy trabajador, pero ella también es muy trabajadorísima.
9. Los templos hindús son una maravilla.
10. Es tan guapo como inteligente.

1. La mesita redonda la he puesto en el patio.
2. Era tan buen hombre que le dio ayuda sin pensarlo.
3. Correcta.
4. María es más valiente que Pilar.
5. El trabajo era muy arduo.
6. Correcta.
7. La niña estaba muy sonriente cuando vino su padre.
8. El chico es muy trabajador, pero ella también es muy trabajadora.
9. Los templos hindúes son una maravilla.
10. Correcta.

Uso del adverbio

El adverbio es la parte invariable de la oración que califica o determina el significado del verbo, del adjetivo o de otro adverbio.

POR EJEMPLO:

Como bastante.
Es excesivamente fuerte.
Siempre piensa en lo mismo.

Por su significado se dividen en

1. Adverbios de modo: bien, mal, como, así, apenas, conforme, adrede, incluso, salvo, aparte, despacio, mejor, peor, aprisa, asimismo, etc.

    POR EJEMPLO:

    Me parece muy bien.
    El conductor va demasiado despacio.

2. Adverbios de lugar: aquí, acá, encima, ahí, allí, dentro, abajo, arriba, afuera, junto, enfrente, donde, adonde.

    POR EJEMPLO:

    Llegó muy pronto.
    Es demasiado temprano.

3. Adverbios de tiempo: después, ayer, jamás, pronto, ya, aún, tarde, temprano, nunca, ahora, cuando, despacio, aquí, apenas, todavía, mientras, etc.

    POR EJEMPLO:

    Después de salir, empezó a llover.
    No volveré jamás.

4. Adverbios de cantidad: harto, bastante, tan, tanto, además, cuan, cuanto, muy, poco, mucho, casi, nada, algo, más, menos, sólo, excepto, etc.

POR EJEMPLO:

Hay bastante comida para todos.
No vimos casi nada del espectáculo.

5. Adverbios de orden: sucesivamente, últimamente, finalmente, antes, después, luego, etc.

POR EJEMPLO:

Ultimamente hace mucho calor.
Finalmente me concedieron la beca.

6. Adverbios de afirmación: cierto, sí, también, efectivamente, seguramente, sin duda, etc.

POR EJEMPLO:

Es cierto todo lo que dices.
Sí, realmente vamos a desarrollar el proyecto.

7. Adverbios de negación: jamás, no, nunca, tampoco, ninguno, etc.

POR EJEMPLO:

Este fin de semana tampoco podré ir.
Nunca podré olvidar tu ayuda.

8. Adverbios de duda: acaso, quizás, probablemente, etc.

POR EJEMPLO:

Déjamelo por si acaso.
Quizás mañana vaya a la playa.

9. Adverbios conjuntivos: entonces, también, tampoco, así.

POR EJEMPLO:

Comió y también bebió mucho.

10. Adverbios comparativos: más, tan, menos, etc.

POR EJEMPLO:

Come más aprisa.
Va tan lentamente que no llegará a tiempo.

Cuando los adverbios derivados de los adjetivos que acaban en **mente** van en sucesión, sólo se escribe la terminación en el último adverbio.

POR EJEMPLO:

Nos habló breve, concisa y fríamente.

PRÁCTICA DE LOS ADJETIVOS Y LOS ADVERBIOS

Las siguientes frases contienen un error en el uso de los adjetivos y adverbios. Seleccione cuál de las palabras que están subrayadas está mal escrita y escríbala correctamente. Ninguna frase contiene más de un error. También es posible que no haya ningún error.

1. Habla <u>menos</u> <u>bajo</u> que <u>difícilmente</u>
         (1)   (2)   (3)
   <u>alguien</u> lo entiende. <u>Sin error.</u>
     (4)   (5)

2. Aunque me siento <u>bien</u>, parezco
                (1)
   <u>enfermo</u>, porque he comido <u>muy</u> <u>rápido</u>.
     (2)   (3)   (4)
   <u>Sin error.</u>
    (5)

3. Me siento <u>seguramente</u> cuando
            (1)
   conduzco, aunque <u>a veces</u> voy <u>muy</u>
              (2)   (3)
   <u>despacio</u>. <u>Sin error.</u>
    (4)   (5)

4. <u>Posiblemente</u>, <u>no</u> me quedan <u>tanto</u> que
    (1)   (2)   (3)
   diez dólares para hacerle un <u>bonito</u>
                      (4)
   regalo a mi madre. <u>Sin error.</u>
             (5)

5. Queda <u>media</u> hora para volver al
        (1)
   trabajo, pero debemos darnos <u>prisa</u>
                   (2)
   porque está <u>lejos</u> de <u>aquí</u>. <u>Sin error.</u>
        (3)   (4)   (5)

6. Ha hablado <u>correctamente</u>,
         (1)
   <u>desinteresada</u> y <u>cuidadosamente</u>. Me ha
    (2)   (3)
   parecido un <u>buen</u> discurso. <u>Sin error.</u>
        (4)   (5)

7. Primero limpiaremos la casa, luego
   (1)   (2)
   descansaremos y después saldremos a
                      (3)
   ver una película cómica. Sin error.
                      (4)   (5)

8. Él es más enérgico como Juan, sin
         (1)   (2)
   embargo éste es mucho más inteligente
                      (3)   (4)
   que aquél. Sin error.
              (5)

9. Es sumamente extraordinariamente
        (1)   (2)
   haber llegado hasta aquí, después de
                      (3)
   un largísimo viaje. Sin error.
      (4)   (5)

10. Estaba la mar de guapísima con este
            (1)   (2)
    vestido rojizo y con el corte de pelo tan
            (3)   (4)
    moderno. Sin error.
            (5)

Frases y Oraciones Coordinadas

5

La oración es la exposición de un juicio. Es decir, el pensamiento expresado con palabras. De la misma manera, la expresión escrita no es una mera sucesión de palabras inarticuladas, sino un conjunto lógico de frases y oraciones gramaticales relacionadas entre sí. La sintaxis es la parte de la gramática que muestra el enlace de las palabras para componer una oración y es el tema que vamos a abordar en este capítulo.

Las oraciones y frases tienen un sujeto (que representa la persona, animal o cosa de la que se dice algo) y un predicado (la palabra o palabras que expresan lo que se afirma o niega del sujeto).

Los principales elementos en la estructura de una oración (coordinación y subordinación) son las preposiciones y las conjunciones. El adverbio también puede servir de elemento de coordinación.

Uso de las preposiciones

La preposición es la parte invariable de la oración que indica la dependencia entre las palabras que se relacionan entre sí, así como la función que desempeñan.

POR EJEMPLO:

Vino su padre **a** buscarla **en** su auto que se paró **delante de** su casa.

Las preposiciones originarias son: a, ante, bajo, cabe, con, contra, de, desde, en, entre, hacia, hasta, para, por, según, sin, si, sobre, tras.

Pero a ellas también se le añaden otras de nueva formación como: mediante, durante, excepto, acerca de, además, alrededor de, detrás de, encima de, enfrente de, lejos de, con respecto a, etc.

Según su significado, las preposiciones se dividen en:

1. Preposiciones que indican una relación de movimiento (a, hasta, contra, hacia, para, de, desde, por).

POR EJEMPLO:

Esta carretera llega **hasta** San Francisco.
Se marchó **hacia** su casa.
El auto vino **contra** nosotros y tuvimos un accidente.
Estará en casa **a** las ocho.
No podré mostrártelo **hasta** Navidad.
Para el domingo, ya lo tendré preparado.
No vemos nada **desde** esta fila.
Proviene **de** Colombia.
Viajaron **por** la autopista

2. Preposiciones que no indican una relación de movimiento (ante, bajo, sobre, tras, con, entre, según, sin).

POR EJEMPLO:

El libro está encima **de** la mesa.
El policía está **tras** la ladrona.
Nos encontramos **en** la calle de los Restauradores.
Hablamos **sobre** vinicultura.
Entre ellos se encontraba Pedro.
Según mi manera de ver las cosas, esto es incorrecto.
Ante estas expectativas, prefiero quedarme en casa.
Me la encontré **con** su hermano en el parque.
Llovía a cántaros e iba **sin** paraguas.

Uso de las conjunciones

La conjunción es la parte invariable de la oración que sirve para unir o enlazar palabras, aunque las ideas que éstas describen sean opuestas.

POR EJEMPLO:

Hacía mucho calor, **pero** salimos a dar una vuelta.

Las conjunciones pueden ser simples: pues, e, pero, o, ni, que, sino, y. Pero también pueden ser compuestas. Las más habituales son: puesto que, con tal que, para que, en consecuencia, por lo tanto, no obstante, sin embargo, al contrario, aunque, antes bien, etc.

Por la función que desempeñan se dividen en:

1. Copulativas (y, ni, que, e). Se usa **e** en lugar de **y**, cuando la palabra siguiente empieza por **i** ó **hi**.

POR EJEMPLO:

El gobierno **y** las cortes no se ponen de acuerdo.
José **e** Inés se casaron.
Ni vino **ni** llamó por teléfono.
Llora **que** llora.

2. Disyuntivas (o,u). La **u** se usa cuando la palabra siguiente empieza con **o** o **ho**.

POR EJEMPLO:

O vienes ahora **o** no me vas a encontrar.
O haces una cosa **u** otra.

3. Adversativas (pero, sino).

POR EJEMPLO:

Es un gran arquitecto, **pero** no tiene trabajo.
No es un desconsiderado, **sino** un maleducado.

4. Coordinantes (al contrario, sin embargo, salvo, excepto, menos, no obstante, ya, bien, sea, ahora, etc.).

POR EJEMPLO:

Tengo mucho trabajo, **no obstante** voy a venir.
Al contrario de lo que dijo, mañana va a llover.

PRÁCTICA

1. El reloj que me regalaron es para oro.
2. Siempre duda por todo el mundo.
3. El camino llega hacia la iglesia.
4. Estará en casa para las diez.
5. Olvidó su cartera y vino sin dinero.

6. Estado y iglesia están en continua discusión.
7. Alonso aparenta escuchar y está en las nubes.
8. Me lo dejó por esta semana, igualmente tengo que devolvérselo.
9. Ni blanco no negro. Siempre está en desacuerdo.
10. Van a venir todos, excepto Matilde.

RESPUESTAS

1. El reloj que me regalaron es de oro.
2. Siempre duda de todo el mundo.
3. El camino llega hasta la iglesia.
4. Correcta.
5. Correcta.
6. Estado e iglesia están en continua discusión.
7. Alonso aparenta escuchar, pero está en las nubes.
8. Me lo dejó para esta semana, por lo tanto tengo que devolvérselo.
9. Ni blanco ni negro. Siempre está en desacuerdo.
10. Correcta.

Coordinación o subordinación

En una oración compuesta podemos manifestar una idea valiéndonos de varios sujetos o varios predicados que producen una coordinación o una subordinación.

Por coordinación se entiende cada una de las oraciones que integran una oración compuesta y que tienen sentido propio por sí solas. En cambio, existe subordinación cuando una oración no pude subsistir sin otra oración que es la principal.

POR EJEMPLO:

Ella se fue de vacaciones y él se quedó cuidando al niño. (coordinada)
No hables de utopías, sino de realidades. (subordinada)

Concordancia

La concordancia es la correspondencia entre las partes variables de una oración.

1. El artículo concuerda con el nombre o sustantivo en género y número, a

excepción de razones eufónicas y el artículo neutro).

POR EJEMPLO:

El perro ladra.
Las casas son blancas.
El ave marina. (excepción, empieza por **a**)
Mira lo bonitas que están estas rosas. (excepción, artículo neutro)

2. El adjetivo concuerda con el sustantivo o nombre al que califica o determina en género y número. Si los nombres son de diferente género, el adjetivo acompañante será plural y masculino.

POR EJEMPLO:

Estos zapatos están sucios.
Algunas niñas vinieron.
Las flores blancas del jardín.
El señor tenía un sombrero y una bufanda negros.

3. El verbo concuerda con el sujeto en número y persona. Cuando son varios los sujetos, la concordancia se realiza en primera, segunda o tercera persona del plural.

POR EJEMPLO:

Juan y yo salimos pronto (primera persona plural)
Él y tú cantáis muy bien (segunda personal plural)

4. Habiendo un colectivo de personas o de cosas indeterminades (gente, multitud, pueblo, etc.), el adjetivo y el verbo pueden usarse en plural o singular, dependiendo de la estructura.

POR EJEMPLO:

Toda la gente bajó del autobús.
La mayoría de los pasajeros murieron en el accidente.

5. El verbo en voz pasiva tiene concordancia con el sujeto en género y número.

POR EJEMPLO:

La empleada fue obsequiada por su trabajo.
Los niños fueron alimentados por sus madres.

6. El subjuntivo se usa en frases simples (Dios mío, que venga), pero la mayoría de las veces su uso es en oraciones compuestas. La correlación de tiempos y modos cambia dependiendo de la oración principal.

POR EJEMPLO:

Deseo que hablemos de este asunto.
Desearía que habláramos de este asunto.

7. La falta de concordancia en el subjuntivo se basa en la creencia, opinión o sentimiento actual sobre un hecho pasado. Cuando la frase principal está en presente o futuro del indicativo, la subordinada puede usarse en cualquier tiempo del subjuntivo. Si está en pasado, se usan los tiempos del subjuntivo en pasado.

POR EJEMPLO:

No creo que esté en casa.
No creerás que estuvo paseando el perro como dijo.
No creía que hubiese ido a trabajar con la fiebre que tenía.

8. Los pronombres también concuerdan en género y número. El pronombre relativo concuerda con su antecedente en género y número.

POR EJEMPLO:

Les vi pasar. (a ellos)
Yo fui quien le dió las gracias.
Él fue el que me prestó el lápiz.

9. Los predicados del complemento directo conciertan en género y número.

POR EJEMPLO:

José pintó blanca su bicicleta.
La vieron perdida en la montaña.

PRÁCTICA

1. No esperaba que vinistes hoy.
2. Me alegra que te acordarías de mí.
3. No parece ser cierto que habrá hecho esto.
4. Él fue quienes me ayudaron.
5. Te di la llave para que abrieras la puerta.
6. Le dijo que, como volviera a hacerlo, se preparó.
7. La gente se reunieron en casa de Carlos.
8. No estaba enfadado, pero se marchaba.

9. No creo que hubieras hecho mal si te hayas quedado.
10. Lo vieron escondida debajo de la mesa.

RESPUESTAS

1. No esperaba que vinieras (o hubieras venido) hoy.
2. Me alegra que te acordaras (o acuerdes) de mí.
3. No parece ser cierto que haya (o hubiera) hecho esto.
4. Él fue quien me ayudó.
5. Correcta.
6. Le dijo que, como volviera a hacerlo, se preparara.
7. La gente se reunió en casa de Carlos.
8. No estaba enfadado, pero se marchó.
9. No creo que hubieras hecho mal si te hubieses quedado.
10. Lo vieron escondido debajo de la mesa.

PRÁCTICA DE CONCORDANCIA Y COORDINACIÓN

Las siguientes frases contienen un error en la concordancia o coordinación. Determine cuál de las palabras que están subrayadas está mal escrita y escríbala correctamente. Ninguna frase contiene más de un error. También es posible que no haya ningún error.

1. Me <u>alegró</u> que te <u>acordarías</u> de traerle el
   (1)   (2)
   vestido <u>rojo</u> que te <u>pidió</u>. <u>Sin error.</u>
   (3)   (4)   (5)

2. <u>Prefiero</u> que no <u>hablemos</u> de aquello
   (1)   (2)
   que me <u>dirás</u> porque no <u>estoy</u> de buen
   (3)   (4)
   humor. <u>Sin error.</u>
   (5)

3. Ayer <u>compré</u> la revista. La <u>compro</u> todos
   (1)   (2)
   los meses para que los niños <u>lean</u> y
   (3)
   <u>aprenden</u> un poco sobre computadoras.
   (4)
   <u>Sin error.</u>
   (5)

4. Sé que <u>hubiera sido</u> mejor ir a comprar
   (1)   (2)
   las entradas antes, ya que ahora
   <u>habría habido</u> una cola <u>muy larga.</u>
   (3)   (4)
   <u>Sin error.</u>
   (5)

5. La mayoría de los estudiantes
   <u>fue detenido</u> por la policía cuando
   (1)
   <u>intentaban</u> volcar un autobús enorme
   (2)
   que <u>estaba estacionado</u> en las cercanías
   (3)
   del punto <u>álgido</u> de la manifestación.
   (4)
   <u>Sin error.</u>
   (5)

6. Me <u>gustaría</u> que saliéramos <u>esta</u> noche
   (1)   (2)
   a cenar a un restaurante que <u>parece</u>
   (3)
   <u>estaría</u> bien, allí en la cuarta
   (4)
   avenida. <u>Sin error.</u>
   (5)

7. <u>Fue</u> una suerte que Luís se
   (1)
   <u>hubiera comprado</u> un carro para
   (2)
   así <u>podernos</u> ir de vacaciones
   (3)
   tranquilamente, sin necesidad de
   pensar <u>en perder</u> el autobús. <u>Sin error.</u>
   (4)   (5)

8. Te <u>aconsejaría</u> que <u>tuviste</u> más cuidado
   (1)   (2)
   con lo que <u>dices</u>, ya que algún día te
   (3)
   <u>encontrarás</u> con problemas. <u>Sin error.</u>
   (4)   (5)

9. <u>Sentiría</u> mucho que <u>tuvieras</u> que <u>irte</u> de
   (1)   (2)   (3)
   esta ciudad donde hemos pasado
   momentos muy <u>estupendas</u>. <u>Sin error.</u>
   (4)   (5)

10. Me <u>molestaría</u> que no lo <u>habrás invitado</u>
         (1)   (2)
   a la fiesta. Él te ha <u>ayudado</u> <u>mucho</u>.
                        (3)   (4)

   <u>Sin error.</u>
     (5)

CLAVE DE LAS RESPUESTAS

1. **2**	3. **4**	5. **1**	7. **5**	9. **4**
2. **3**	4. **3**	6. **4**	8. **2**	10. **2**

ANÁLISIS DE LAS RESPUESTAS

1. **2** El condicional no es correcto ya que debería ser cualquier tiempo en el subjuntivo (**acuerdes, acordaras**).

2. **3** En este caso el futuro no es correcto, sino que se refiere a algo en el pasado: **que me dijiste**.

3. **4** El primer verbo está en subjuntivo y el segundo, por lo tanto, también debe estarlo: **aprendan**.

4. **3** El adverbio **ahora** indica que debe ser en presente. Por lo tanto, debe ser **hay una cola**.

5. **1** Como mayoría es un nombre colectivo, el adjetivo y el verbo pueden usarse en plural o singular. Asi, tanto **fueron detenidos** como **fue detenida** son correctos.

6. **4** **Estaría** debe concordar con **parece** y no con **gustaría**. Por eso, debe ser **estar bien**.

7. **5** Correcta.

8. **2** Debido a que es un condicional, se usa el subjuntivo: **tengas** o **tuvieras**.

9. **4** El adjetivo tiene que concordar en género y número con el nombre, en este caso **momentos**. Por lo tanto es **estupendos**.

10. **2** En este caso, el futuro no concuerda y es el pretérito pluscuanperfecto del subjuntivo el correcto: **hubieras invitado**.

Estructura de la Frase

La oración es la unidad básica de comunicación que expresa un pensamiento completo a través de palabras. Las oraciones tienen una estructura que consta de dos partes: el sujeto y el predicado. Sin embargo estas oraciones pueden formar parte de estructuras más amplias, como son los párrafos, que estudiaremos en el Capítulo 7.

Ahora mostraremos cómo escribir oraciones completas de manera lógica. Después de estudiar la fonética, la morfología y la sintaxis, el análisis lógico es el que hace referencia al examen de las palabras del discurso para determinar la categoría, la función y su posición dentro de la estructura de la frase u oración, fijándose preferentemente en los pensamientos e ideas que se expresan.

Análisis lógico

Uno de los errores más comunes que realizamos es la separación de dos o más oraciones con la puntuación correcta.

Algunas veces esta confusión se produce debido al uso impropio de la conjunción o del adverbio, que son las que expresan las relaciones de causa, finalidad, condición, analogía, etc. entre las oraciones compuestas. Asimismo, las preposiciones, los adverbios y los pronombres interrogativos, posesivos y relativos, tienen un papel muy importante en el orden lógico y gramatical.

Por lo tanto, en todo pasaje es importante poner atención a los elementos gramaticales de enlace y ver en qué orden se escriben las palabras, ya que un desajuste puede producir confusión y el significado puede cambiar.

POR EJEMPLO:

José, que es muy popular, fue nombrado presidente de la clase.

José es muy popular desde que fue nombrado presidente de la clase.

En la lógica gramatical es imprescindible tener en cuenta la idea principal de lo que se quiere expresar, así como las ideas secundarias o detalles que están relacionados con la idea principal. También es importante prestar atención a la sucesión de los hechos o el desarrollo de la idea principal.

Las violaciones más frecuentes en la lógica gramatical son:

1. La lógica puede ser violada al añadirse ideas irrelevantes.

   Algunas veces, cuando escribimos intentamos decir todo lo que sabemos, alterando la lógica gramatical y provocando confusión.

   POR EJEMPLO:

   Los atletas norteamericanos tienen salarios muy altos, aunque el coste de la vida es más alto que en Europa, que otros atletas en el mundo.

   Este párrafo contiene una idea principal y dos secundarias, una de las cuales no se relaciona. Que el coste de la vida sea más alto no tiene nada que ver con que los atletas tengan grandes salarios. Por lo tanto, es una idea irrelevante en este contexto.

2. La lógica puede ser violada por subordinaciones incorrectas o por falta de ideas en la subordinación.

   POR EJEMPLO:

   Lo pasé muy bien con mis padres por fuimos al teatro, luego a comer y finalmente a pasear.

   Por es una preposición y debería ser la conjunción explicativa **porque** o **ya que** la elección correcta:

Me lo pasé muy bien con mis padres, porque fuimos al teatro, luego a comer y finalmente a pasear.

3. La lógica puede ser violada por relaciones incorrectas entre las ideas en una oración u oraciones.

POR EJEMPLO:

Me aburrió la película y a los críticos les gustó también.

El adverbio es incorrecto, debido a que las dos ideas que se expresan son adversas. La frase correcta es:
Me aburrió la película, pero a los críticos les gustó.

4. La lógica puede ser violada cuando se produce una confusión con el sujeto de la oración.

POR EJEMPLO:

Una depresión es al haber desempleo, bajan los precios y los salarios y disminuye la actividad mercantil.

La oración correcta es:
Una depresión se produce cuando hay desempleo, bajan los precios y los salarios y disminuye la actividad mercantil.

En este caso también podría ser "Al haber desempleo, bajan los precios y los salarios y se produce una depresión".

5. La lógica puede ser violada cuando se omiten palabras necesarias para el significado.

POR EJEMPLO:

Le regaló una rosa María para su cumpleaños.
La omisión de la preposición **a** confunde el significado. Lo correcto es:
Le regaló una rosa a María para su cumpleaños.

6. Otra violación ocurre cuando no se toma en cuenta el contexto para determinar el significado de las palabras.

POR EJEMPLO:

Cuento puede ser del verbo **contar** o también quiere decir una **historieta**.
Por el contexto, usted puede conocer el significado.

Por otro lado, cuando hablamos español coloquialmente con nuestra familia y amigos lo hacemos de modo más informal que cuando escribimos cartas o anotaciones.

Cuando escribimos sobre algún tema relacionado con negocios, tenemos que buscar las palabras más detenidamente. Cuando escribimos a gente que está fuera de nuestro círculo familiar y de amigos, tendemos a ser más formales. Por eso, debemos diferenciar entre la manera formal y la coloquial. Por ejemplo: en lugar de **mujer**, decimos **esposa** o en lugar de **murió** podemos decir **falleció,** etc.

Palabras que se confunden o usan inapropiadamente

Aquí vamos a abordar las parejas de palabras que, por cualquier razón, se confunden o se usan incorrectamente. También vamos a tratar de algunos vulgarismos (frases o dichos que se usan comúnmente, pero que no son correctos) y anglicismos en las construcciones gramaticales.

• acerca de/a cerca de
No deben confundirse. **Acerca de** es una locución que significa **sobre**.

POR EJEMPLO:

Cuéntale acerca de lo que te ha pasado.

En cambio, **a cerca de** quiere decir *aproximadamente a*.

POR EJEMPLO:

Me encuentro a cerca de 100 metros de tu casa.

• acordarse de
Este verbo significa traer a la memoria y se construye con la preposición **de**, que no debería omitirse.

POR EJEMPLO:

¿Te acuerdas que mañana es mi cumpleaños? (incorrecto)
¿Te acuerdas de que mañana es mi cumpleaños? (correcto)

• acostumbrar
Cuando el significado de la frase es el de tener costumbre de hacer algo, **acostumbrar** se escribe sin la proposición **a**.

POR EJEMPLO:

Juan acostumbra a hacer gimnasia por las mañanas. (incorrecto)

Juan acostumbra hacer gimnasia por las mañanas. (correcto)

Sin embargo, cuando significa "hacer adquirir costumbre de algo a alguien", se escribe con **a**.

POR EJEMPLO:

Acostumbró a los niños a lavarse las manos antes de comer.

- actitud/aptitud

No deben confundirse. **Actitud** es la postura del cuerpo o la disposición de ánimo para algo. En cambio, **aptitud** es la capacidad para hacer algo.

POR EJEMPLO:

Su actitud en la reunión fue negativa.
Carece de aptitudes para la danza.

- adelante/delante

No deben confundirse. **Adelante** se usa cuando el verbo expresa movimiento, mientras que **delante** se usa cuando el verbo expresa estado o situación.

POR EJEMPLO:

Pasa adelante, que yo voy más despacio.
La silla está delante de la mesa.

- adonde/ a donde

Este adverbio de lugar se escribe junto cuando su antecedente está expreso; de lo contrario se escribe por separado.

POR EJEMPLO:

Aquella es la iglesia adonde vamos cada domingo.
Se fueron a donde creían que lo podrían encontrar.

- afición a

El complemento de **afición** se construye con la preposición **a**.

POR EJEMPLO:

Tiene mucha afición por el fútbol. (incorrecto)
Tiene mucha afición al fútbol. (correcto)

- alegrarse de

La supresión de la preposición **de** es incorrecta cuando se construye una frase.

POR EJEMPLO:

Me alegro que hayas venido. (incorrecto)
Me alegro de que hayas venido. (correcto)

- americano

La palabra americano es incorrecta cuando se usa en lugar de estadounidense. Asimismo, América es incorrecto para nombrar a los Estados Unidos.

- aparte/a parte

No deben confundirse. **Aparte** es un adverbio de lugar que quiere decir "separadamente", mientras que **a parte** es una combinación de la preposición **a** con el nombre **parte**.

POR EJEMPLO:

Aparte de ésto, me gusta también aquéllo.
No quiero ir a parte ninguna.

- apellido

Los apellidos no pluralizan añadiendo una **s**, sino que el plural se forma en el artículo.

POR EJEMPLO:

Ya llegaron los Ramírez.

- a por

Estas dos preposiciones, utilizadas juntas, son incorrectas.

POR EJEMPLO:

Salió a por pan. (incorrecto)
Salió por pan. (correcto)

- aprehender/aprender

No deben confundirse. **Aprehender** significa "coger, prender" y **aprender** quiere decir "adquirir conocimientos".

POR EJEMPLO:

La policía aprehendió un cargamento de cocaína.
Le costo mucho, pero finalmente aprendió la lección.

- arriba mío

Esta expresión es incorrecta. Se debe usar "encima de mí".

POR EJEMPLO:

Había una fuerte luz arriba tuyo. (incorrecto)
Había una fuerte luz encima de tí. (correcto)

- asumir

Esta palabra es incorrecta cuando se usa con el significado de "tomar" o "adquirir". Se trata de un anglicismo.

POR EJEMPLO:

El desempleo asumió grandes proporciones este año. (incorrecto)
El desempleo adquirió grandes proporciones este año. (correcto)

- atentar contra

    El complemento de este verbo requiere la preposición **contra** en lugar de **a**.

POR EJEMPLO:

Atentó a la seguridad pública. (incorrecto)
Atentó contra la seguridad pública. (correcto)

- atrás mío

    Esta forma es incorrecta. Se debe usar "detrás de mí".

POR EJEMPLO:

El perro está atrás suyo. (incorrecto)
El perro está detrás de él. (correcto)

- bajo

    Hay una serie de usos incorrectos de la preposición **bajo** relacionados con la idea de dependencia o sometimiento.

POR EJEMPLO:

Bajo la multa de 50 dólares, se prohibe fumar. (incorrecto)
Se multará con 50 dólares al que fume en este lugar. (correcto)

- bienvenida/bien venida

    No deben confundirse. **Bienvenida** significa "parabién de la llegada" y **bien venida** es la combinación de un adverbio y el verbo.

POR EJEMPLO:

Le dieron la bienvenida en el aeropuerto.
Quiero que seas bien venida a mi casa.

- bimensual/bimestral

    Bimensual quiere decir que ocurre dos veces al mes y **bimestral** que ocurre cada dos meses en el año.

POR EJEMPLO:

Los pagos son bimensuales (dos veces al mes).
Y los cobros son bimestrales (cada dos meses)

- boom

El anglicismo **boom** está aceptado, pero se debe escribir entre comillas.

POR EJEMPLO:

En los setenta fue el gran "boom" de la literatura latinoamericana.

- carnicería

    A veces se escribe incorrectamente **carnecería**. **Carnicería** es la forma correcta, porque la palabra deriva de carnicero, no de carne.

- cerca mío

    Esta forma es incorrecta. Se debe usar **cerca de mí**.

POR EJEMPLO:

Vive cerca mío. (incorrecto)
Vive cerca de mí. (correcto)

- concretizar

    Es un neologismo incorrecto. Se debe decir **concretar**.

POR EJEMPLO:

Deberías concretizar tus respuestas. (incorrecto)
Deberías concretar tus respuestas. (correcto)

- convencer de

    Algunas veces se omite la preposición **de**, lo cual es incorrecto.

POR EJEMPLO:

Me convenció que tenía que ser más agresivo. (incorrecto)
Me convenció de que tenía que ser más agresivo. (correcto)

- chequear

    Este verbo es un anglicismo y por lo tanto es incorrecto. Se debe usar revisar, reconocer, verificar.

POR EJEMPLO:

Tememos que chequear el estado de cuentas. (incorrecto)
Tenemos que revisar el estado de cuentas. (correcto)

- De acuerdo con

    El uso de la preposición **a** es un anglicismo. Debe usarse la preposición **con**.

POR EJEMPLO:

De acuerdo a lo dicho. (incorrecto)
De acuerdo con lo dicho. (correcto)

- deber + infinitivo/deber de + infinitivo
No se pueden confundir estas dos perífrasis. Deber + infinitivo significa **obligación** y deber de + infinitivo significa **suposición**.

POR EJEMPLO:

Debes comer tranquilamente.
Debes de estar enferma, porque haces mala cara.

- en honor de
La preposición correcta es **de**, aunque algunas veces se usa incorrectamente **a**.

POR EJEMPLO:

Habrá una cena en honor a los veteranos. (incorrecto)
Habrá una cena en honor de los veteranos. (correcto)

- gracias a que
Algunas veces escribimos incorrectamente **gracias que**.

POR EJEMPLO:

Gracias que no llovió, pudimos salir. (incorrecto)
Gracias a que no llovió, pudimos salir. (correcto)

- hispanoamericano
La forma **hispano-americano** con guión en el medio es incorrecta.

- horrores
En el lenguaje coloquial decimos **horrores** por **muchísimo**.

POR EJEMPLO:

Nos divertimos horrores. (incorrecto)
Nos divertimos muchísimo. (correcto)

- inclusive
Este adverbio no tiene plural.

POR EJEMPLO:

Vamos del 1 al 6 de abril, ambos inclusives. (incorrecto)
Vamos del 1 al 6 de abril, ambos inclusive. (correcto)

- jugar
A veces decimos expresiones incorrectas con el verbo **jugar**.

POR EJEMPLO:

Jugar fútbol. (incorrecta).
Jugar al fútbol. (correcta)

- malintencionado

No es correcto decir **mal intencionado**. Lo mismo ocurre con maloliente, malpensado y malentendido.

POR EJEMPLO:

Juan es un mal intencionado. (incorrecto)
Juan es un malintencionado. (correcto)

- no obstante
Es incorrecto decir no obstante con la preposición **de**.

POR EJEMPLO:

No obstante de ser invierno, no hace frío. (incorrecto)
No obstante ser invierno, no hace frío. (correcto)

- no sé qué
Es incorrecto escribir **nosequé** junto.

POR EJEMPLO:

Me dijo no sé qué acerca de aquello.

- o sea
No se debe abusar de esta locución. Se puede usar **es decir** o simplemente omitirla.

POR EJEMPLO:

Estaba contenta, o sea, le había gustado el regalo. (incorrecto)
Estaba contenta; le había gustado el regalo. (correcto)

- pensar que
La preposición **de** se debe suprimir entre el verbo **pensar** y la conjunción **que**.

POR EJEMPLO:

Pienso de que ayer no acabé de escribir la carta. (incorrecto)
Pienso que ayer no acabé de escribir la carta. (correcto)

- porque/ por que/porqué/por qué
No deben confundirse. **Porque** es una conjunción subordinante causal. **Por que** es la combinación de la preposición **por** y el pronombre relativo **que**. **Porqué** es un nombre que indica **causa**, **razón**. **Por qué** es la combinación de la preposición **por** y el pronombre interrogativo **qué**.

POR EJEMPLO:

No iré porque no quiero.
El motivo por que viniste ya lo sabía.
Ignoró el porqué de las cosas.
¿Por qué se lo dijiste?

• sinnúmero/sin número

Sinnúmero significa un número incalculable. **Sin número** es la combinación de la preposición **sin** con **número**. Lo mismo ocurre con las palabras **sinrazón** (acción hecha contra justicia) y **sin razón**.

POR EJEMPLO:

Nos dieron un sinnúmero de papeles.
Estoy sin número, por eso no me atienden.

• tener efecto
Como sinónimo de celebrarse o suceder, es incorrecto.

POR EJEMPLO:

La boda tuvo efecto en los jardines del palacio. (incorrecto)
La boda se celebró en los jardines del palacio. (correcto)

PRÁCTICA DE PALABRAS DUDOSAS

Las siguientes frases contienen un error en el uso de palabras que pueden confundirse o están mal escritas. Seleccione cuál de las palabras que están subrayadas está mal escrita y escríbala correctamente. Ninguna frase contiene más de un error. También es posible que no haya ningún error.

1. María no se <u>acordaba a</u> que hoy
       (1)
   <u>teníamos que</u> ir a <u>devolver</u> los libros
       (2)   (3)
   que nos <u>prestaron</u> en la biblioteca.
             (4)
   <u>Sin error.</u>
       (5)

2. Esta persona tiene una <u>actitud</u>
                              (1)
   <u>demasiado</u> crítica cuando <u>se habla</u> del
       (2)   (3)
   fenómeno religioso. <u>Debería de ser</u> más
                             (4)
   tolerante. <u>Sin error.</u>
                  (5)

3. <u>Fuimos al</u> teatro <u>con mi familia.</u> ¿Adivina
       (1)   (2)
   quién estaba <u>cerca mío?</u> <u>Sin error.</u>
       (3)   (4)   (5)

4. El padre <u>convenció</u> a su hijo <u>a que</u> tenía
                 (1)   (2)
   que ser más amable <u>cuando</u> alguien
                          (3)
   venía de visita a su casa. <u>Sin error.</u>
       (4)   (5)

5. El presidente de la compañía <u>dijo</u>:
                                      (1)
   "De acuerdo a <u>lo acordado</u>, actuaremos
       (2)   (3)
   de <u>la mejor</u> manera posible". <u>Sin error.</u>
        (4)   (5)

6. La cena <u>fue</u> exquisita. <u>Fue</u> una
              (1)   (2)
   celebración <u>en honor a</u> los empleados
                    (3)
   <u>más antiguos</u> de la empresa. <u>Sin error.</u>
       (4)   (5)

7. José es un <u>malpensado</u>. Siempre
                   (1)
   <u>cree que</u> estamos hablando <u>mal</u> de él
       (2)   (3)
   a sus <u>espaldas</u>. <u>Sin error.</u>
            (4)   (5)

8. Después de <u>esperarle</u> una hora,
                   (1)
   <u>me marché</u>. Luego, ella se enfadó
       (2)
   <u>sinrazón</u> <u>ni motivo</u>. <u>Sin error.</u>
       (3)   (4)   (5)

9. Los <u>afro-americanos</u> afirman que
            (1)
   <u>han sido discriminados</u> <u>durante</u> muchos
            (2)   (3)
   años <u>en este país</u>. <u>Sin error.</u>
            (4)   (5)

10. Luego le preguntó <u>de muy mala</u> gana:
                           (1)
    "<u>¿Porqué</u> fuistes si <u>tenías</u> otro
         (2)   (3)
    compromiso <u>pendiente</u>?". <u>Sin error.</u>
                   (4)   (5)

CLAVE DE LAS RESPUESTAS

1. **1**	3. **4**	5. **2**	7. **5**	9. **1**
2. **4**	4. **2**	6. **3**	8. **3**	10. **2**

ANÁLISIS DE LAS RESPUESTAS

1. **1** El verbo **acordarse** va con la preposiciión **de**. Por lo tanto, es **no se acordaba de que hoy....**

2. **4** Debería en este caso es sentido de obligación, por lo tanto va sin la preposición **de**.

3. **4** Esta es una forma muy coloquial que es errónea. Debe escribirse **cerca de mí**.

4. **2** El verbo convencer va con la preposición **de** en lugar de **a**. Debe escribirse **convenció a su hijo de que tenía....**

5. **2** La expresión **de acuerdo a** es incorrecta. Debe ser **de acuerdo con**.

6. **3** La expresión **en honor a** no es correcta. Debe escribirse **en honor de**.

7. **5** Correcta.

8. **3** **Sinrazón** en este caso va separado ya que es un nombre. Debe escribirse la construcción de preposición **sin + nombre (razón)**.

9. **1** Es incorrecto poner un guión en este tipo de nombres compuestos.

10. **2** **Porqué** no es correcto, ya que en esta ocasión se trata de la combinación de una preposición + el pronombre interrogativo **qué**. Así pues, debe ser **¿Por qué fuistes...?**

Práctica con Párrafos de Prueba

7

En este capítulo se presenta un párrafo analizado del Exámen de GED, así como tres párrafos adicionales con sus respuestas para que usted pueda practicar.

Prueba de práctica con respuestas

Párrafo 1

Las siguientes preguntas se basan en el párrafo que aparece a continuación, el cual contiene diferentes oraciones. Algunas de las oraciones pueden contener errores en la estructura, en el uso de la gramática y en la ortografía. Otras oraciones puede que sean correctas en la forma que están escritas. Lea el párrafo y luego conteste a las preguntas referidas a cada oración. Para cada pregunta, escoja la respuesta que cree que es más apropiada. La respuesta debe ser consistente con el significado y el tono del párrafo.

(1) Ahorrar está considerado como una heramienta para conseguir objetivos en el futuro. (2) Después de que una familia ha optado por un plan de ahorros debe decidir dónde invertir prudentemente. (3) El seguro de vida es una manera de proveer protección financiera inmediata por la pérdida de ingresos debida a la muerte del sostén familiar. (4) Cuando se espera un hijo, aumenta la necesidad de adquirir un seguro de vida. (5) La compra de un seguro de vida cubre el costo del funeral, los gastos por enfermedad en el último período de vida y provee una entrada de dinero a los supervivientes. (6) Cuando se está planificando adquirir este tipo de protección financiera, deben tenerse en cuenta todos los recursos posibles que los supervi-vientes tengan que usar (sus ingresos y préstamos) la cantidad de ingresos que pueden necesitar y, finalmente, el costo de dicho programa. (7) Destine el dinero ahorrado a asegurar al sostén de la familia y compre el tipo de seguro que le ofrezca más protección en relación al coste. (8) Una cuenta de ahorros es otra de las posibilidades para un programa de ahorros. (9) Es aquí donde la familia debe depositar el dinero que puede necesitar inmediatamente o en un futuro próximo. (10) Después de que la familia se protegerá con un seguro para los supervivientes y con una cuenta de ahorros, ya está preparada para hacer posibles inversiones en otros canales. (11) Cuando se llega a este punto, la familia necesita considerar estos canales de acuerdo a sus objetivos a largo plazo y su economía.

1. Oración 1. **Ahorrar está considerado como una heramienta para conseguir objetivos en el futuro.**

   ¿Qué corrección se debería hacer en esta frase?

   (1) Cambiar <u>considerado</u> por <u>considerada.</u>
   (2) Cambiar <u>heramienta</u> por <u>herramienta.</u>
   (3) Poner una coma después de <u>como</u>.
   (4) Cambiar <u>conseguir</u> por <u>aconseguir</u>.
   (5) Sin error.

2. Oración 2. **Después de que una familia ha optado por un plan de ahorros debe decidir dónde invertir prudentemente.**

   ¿Qué corrección se debería hacer en esta frase?

   (1) Cambiar <u>ha</u> por <u>han.</u>
   (2) Poner el acento a <u>família</u>.
   (3) Poner una coma después de <u>ahorros</u>.
   (4) Cambiar <u>invertir</u> por <u>inbertir</u>.
   (5) Cambiar <u>prudentemente</u> por <u>prudente.</u>

3. Oración 3. **El seguro de vida es una manera de proveer <u>protección financiera inmediata por</u> la pérdida de ingresos debida a la muerte del sostén familiar.**

¿Cuál de las opciones siguientes es la que cree que es correcta para la parte de la oración que está subrayada? Si cree que la opción original es correcta, escoja la número 1.

(1) protección financiera inmediata por la pérdida
(2) protección financiera inmediata. Por la pérdida
(3) protección financiera inmediata, por la pérdida
(4) protección financiera inmediata; por la pérdida
(5) protección financiera inmediata—por la pérdida

4. Oraciones 4 y 5. **Cuando se espera un hijo, aumenta la necesidad de adquirir un seguro de vida. La compra de un seguro de vida cubre el costo del funeral, los gastos por enfermedad en el último período de vida y provee una entrada de dinero a los supervivientes.**

¿Cuál de estas combinaciones de palabras es la más apropiada para conectar las dos oraciones?

(1) un seguro de vida, su compra de un seguro de vida cubre
(2) un seguro de vida que cubra
(3) un seguro de vida, que en efecto cubre
(4) un seguro de vida, que es lo mismo que decir que cubra
(5) un seguro de vida, por lo tanto cubre

5. Oración 6. **Cuando se está planificando adquirir este tipo de protección financiera, deben tenerse en cuenta todos los recursos posibles que los supervivientes tengan que usar (sus ingresos y préstamos) la cantidad de ingresos que pueden necesitar y, finalmente, el costo de dicho programa.**

¿Qué corrección se debería hacer en esta frase?

(1) Cambiar <u>financiera</u> por <u>financero</u>.
(2) Poner una coma después del segundo paréntesis.
(3) Sustituir el paréntesis por comillas.
(4) Cambiar <u>planificando</u> por <u>planeando</u>.
(5) Sacar las comas en la palabra <u>finalmente.</u>

6. Oración 7. **Destine el dinero ahorrado a asegurar al sostén de la familia y compre el tipo de seguro que le ofrezca más protección en relación al coste.**

¿Qué corrección se debería hacer en esta frase?

(1) Poner en mayúsculas la primera letra de <u>sostén de la familia</u>.
(2) Cambiar <u>compre</u> por <u>comprar</u>.
(3) Cambiar <u>ofrezca</u> por <u>ofresca</u>.
(4) Cambiar <u>en relación al</u> por <u>en relación el</u>.
(5) Sin error.

7. Oraciones 8 y 9. **Una cuenta de ahorros es otra de las posibilidades para un programa de ahorros. Es aquí donde la familia debe depositar el dinero que puede necesitar inmediatamente o en un futuro próximo.**

¿Cuál de estas combinaciones de palabras es la más apropiada para conectar las dos oraciones?

(1) programa de ahorros, en donde la familia debe
(2) programa de ahorros, cuya familia debe
(3) programa de ahorros, a quien la familia debe
(4) programa de ahorros, por cual la familia debe
(5) programa de ahorros, por quien la familia debe

8. Oración 10. **Después de que la familia se protegerá con un seguro para los sobrevivientes y con una cuenta de ahorros, ya está preparada para hacer posibles inversiones en otros canales.**

   ¿Qué corrección se debería hacer en esta frase?

   (1) Cambiar <u>se protegerá</u> por <u>se proteja</u>.
   (2) Añadir una coma después de <u>seguro</u>.
   (3) Sacar la coma después de <u>ahorros</u>.
   (4) Cambiar <u>preparada</u> por <u>preparado</u>.
   (5) Sin error.

9. Oraciones 10 y 11. **Después de que la familia se protegerá con un seguro para los supervivientes y con una cuenta de ahorros, ya está preparada para hacer posibles inversiones en otros canales. Cuando se llega a este punto, la familia necesita considerar estos canales de acuerdo a sus objetivos a largo plazo y su economía.**

   ¿Cuál de estas combinaciones de palabras es la más apropiada para conectar las dos oraciones?

   (1) canales, de acuerdo con sus objetivos
   (2) canales, mirando sus objetivos
   (3) canales, al considerar sus objetivos
   (4) canales, al identificar con sus objetivos
   (5) Sin error.

CLAVE DE LAS RESPUESTAS

1. **2**   3. **1**   5. **2**   7. **1**   9. **1**
2. **3**   4. **2**   6. **5**   8. **1**

ANÁLISIS DE LAS RESPUESTAS

1. **2 Considerado** tiene que concordar con el nombre que en este caso es el infinitivo **ahorrar**. Podríamos decir **El ahorrar**. Por lo tanto, la opción 1 es correcta. No se necesita ninguna coma después de **como** y **aconseguir** no es correcto. La opción correcta es la dos, ya que **herramienta** va con rr.

2. **3 La familia**, aunque tenga muchos miembros, es un nombre singular. Por lo tanto, es incorrecta la opción 1. En cambio, una coma es necesaria después de una cláusula de introducción. **Invertir** está bien

escrito y en este caso se usa el adverbio y no el adjetivo.

3. **1** La oración original está escrita correctamente. Un punto fragmenta la oración y no es necesaria ninguna otra de las puntuaciones que exponen las otras opciones.

4. **2** La opción 1 en que se hace el enlace con el posesivo no es correcta. **Cubre** tampoco tiene sentido en las demás opciones. La opción de la conjunción con el subjuntivo es la idónea.

5. **2 Protección** es una palabra femenina, por lo tanto **financiera** está correcta. El paréntesis cumple su función explicatoria. Tanto **planificar** como **planear** son igualmente correctos y el adverbio **finalmente** se puede escribir entre comas. Sin embargo, en la enumeración que se produce en la frase donde es necesaria una coma después del paréntesis final.

6. **5** No hay ningún error. **El sostén de la familia** es un título formado por sustantivos comunes y no va con mayúsculas. Tanto **compre** como **comprar** es correcto y **ofrezca** está bien escrito. **En relación al** es la forma correcta de la expresión.

7. **1** El nombre va delante de un complemento circunstancial de modo encabezado por **en donde**. La primera opción es la correcta. Las demás son estructuras incorrectas en este caso.

8. **1** El verbo en futuro no es correcto, ya que en la concordancia es necesario el presente del subjuntivo. Después de **seguro** no hay por qué añadir una coma y no se puede sacar la coma de la cláusula introductoria. **Preparada** se refiere a la familia, por lo tanto es femenina.

9. **1** La forma **de acuerdo** es perfecta para enlazar las oraciones, pero en lugar de usar la preposición **a**, se usa la preposición **con**. **De acuerdo a** es una expresión incorrecta.

Tres párrafos de práctica adicionales con respuestas

Importante: No conteste ninguna pregunta antes de que haya leído o analizado las diferentes posibilidades. Debe tener en cuenta sus conocimientos de ortografía, uso de la gramática y de lógica para responder a las preguntas.

Párrafo 2

(1) Para mejorar la oferta del consumidor use estrategias de compra adecuadas y lleve a cabo un plan básico. (2) Los precios, la calidad y la conveniencia pueden variar enormemente en la compra de alimentos, seguros para el automóbil o tratamientos para la caspa. (3) Una sandía es mejor comprarla en temporadas determinadas del año debido a los costos de transporte. (4) El aire acondicionado puede ser una buena compra en otras épocas del año. (5) La variedad y la elección disponible hace que sus decisiones personales en el consumo sean complejas, pero los ahorros potenciales y las mejoras son grandes comparados con los pobres resultados obtenidas de decidir no comprar mucho. (6) Un baño de lágrimas puede evitarse si se obtiene información fidedigna en cursos, de educación al consumidor, revistas de consumo y numerosos libros y folletos. (7) Las prácticas injustas y engañosas de algunos negociantes podrían desaparecer, si los consumidores se autodefienden. (8) Esta defensa significa estar bien informados. (9) Los consumidores pueden ayudar a mejorar la seguridad del producto, mantener precios razonables y incrementar la calidad de los bienes, no sólo por comprar inteligentemente, sino por hacerse cargo ellos mismos de los problemas económicos y del consumo. (10) Es una responsabilidad mutua entre los consumidores lo de buscar y mejorar las maneras en que los productores hacen y venden sus productos y servicios.

1. Oración 1. **Para mejorar la oferta del consumidor use estrategias de compra adecuadas y lleve a cabo un plan básico.**

   ¿Qué corrección se debería hacer en esta oración?

   (1) Poner una coma después de <u>consumidor</u>.
   (2) Cambiar <u>adecuadas</u> por <u>adequadas</u>.
   (3) Cambiar <u>lleve a cabo</u> por <u>lleva por cabo</u>.
   (4) Poner una coma después de <u>adecuadas.</u>
   (5) Sin error.

2. Oración 2. **Los precios, la calidad y la conveniencia pueden variar enormemente en la compra de alimentos, seguros para el automóbil o tratamientos para la caspa.**

   ¿Qué corrección se debería hacer en esta oración?

   (1) Sacar la coma después de <u>precios</u>.
   (2) Cambiar <u>automóbil</u> por <u>automóvil</u>.
   (3) Cambiar <u>enormemente</u> por <u>enorme</u>.
   (4) Cambiar <u>para la caspa</u> por <u>de la caspa</u>.
   (5) Sin error.

3. Oraciones 3 y 4. **Una sandía es mejor comprarla en temporadas determinadas del año debido a los costos de transporte. El aire acondicionado puede ser una buena compra en otras épocas del año.**

   ¿Cuál de estas combinaciones de palabras es la más apropiada para conectar las dos oraciones?

   (1) costos de transportes, a pesar que el aire
   (2) costos de transportes, pero el aire
   (3) costos de transportes, asimismo el aire
   (4) costos de transportes, de tal manera
   (5) costos de transportes, por supuesto el aire

4. Oración 5. **La variedad y la elección disponible hace que sus decisiones personales en el consumo sean complejas, pero los ahorros potenciales y las mejoras son grandes comparados con los pobres resultados obtenidas de decidir no comprar mucho.**

¿Qué corrección se debería hacer en esta oración?

(1) Cambiar <u>decisiones</u> por <u>deciciones</u>.
(2) Cambiar <u>comparados</u> por <u>comparadas.</u>
(3) Cambiar <u>comparados</u> por <u>comparado</u>.
(4) Cambiar <u>obtenidas</u> por <u>obtenidos</u>.
(5) Sin error.

5. Oración 6. **Un baño de lágrimas puede evitarse si se obtiene información fidedigna en cursos, de educación al consumidor, revistas de consumo y numerosos libros y folletos.**

¿Qué corrección se debería hacer en esta oración?

(1) Poner el acento a <u>sí</u>.
(2) Cambiar <u>fidedigna</u> por <u>fidedigno</u>.
(3) Sacar la coma después de <u>cursos</u>.
(4) Sacar la coma después de <u>consumidor</u>.
(5) Sin error.

6. Oración 6. **Las prácticas injustas y engañosas de algunos negociantes podrían desaparecer, si los consumidores se autodefienden.**

¿Qué corrección se debería hacer en esta oración?

(1) Cambiar <u>injustas</u> por <u>imjustas</u>.
(2) Cambiar <u>desaparecer</u> por <u>desapareser</u>.
(3) Poner coma después de <u>engañosas</u>.
(4) Cambiar <u>autodefienden</u> por <u>auto-defienden</u>.
(5) Sin error.

7. Oraciones 7 y 8. **Las prácticas injustas y engañosas de algunos negociantes podrían desaparecer, si los consumidores se autodefienden. Esta defensa significa estar bien informados.**

¿Cuál de estas combinaciones de palabras es la más apropiada para conectar las dos oraciones?

(1) se autodefienden, lo que quiere decir estar bien informados.
(2) se autodefienden, pero estar bien informados.
(3) se autodefienden, por ejemplo estar bien informados.
(4) se autodefienden, no obstante estar bien informados.
(5) se autodefienden, después de estar bien informados.

8. Oración 9. **Los consumidores pueden ayudar a mejorar la seguridad del producto, mantener precios razonables y incrementar la calidad de los bienes, no sólo por comprar inteligentemente, sino por hacerse cargo ellos mismos de los problemas económicos y del consumo.**

¿Qué corrección se debería hacer en esta oración?

(1) Sacar la coma después de <u>producto</u>.
(2) Cambiar <u>y</u> por <u>e</u> después de <u>razonables</u>.
(3) Cambiar <u>razonables</u> por <u>rasonables</u>.
(4) Sacar la coma después de bienes.
(5) Cambiar <u>sino</u> por <u>si no</u>.

9. Oración 10. **Es una responsabilidad mutua entre los consumidores lo de buscar y mejorar las maneras en que los productores hacen y venden sus productos y servicios.**

¿Qué corrección se debería hacer en esta oración?

(1) Cambiar <u>lo</u> por <u>la.</u>
(2) Sacar la preposición <u>en</u>.
(3) Cambiar <u>hacen</u> por <u>hazen</u>.
(4) Poner una coma antes de <u>productos</u>.
(5) Sin error.

CLAVE DE LAS RESPUESTAS

1. **1**	3. **2**	5. **3**	7. **1**	9. **1**
2. **2**	4. **4**	6. **5**	8. **2**	

ANÁLISIS DE LAS RESPUESTAS

1. **1 Adecuadas** está escrita correctamente, porque se pronuncia la **u.** La expresión **lleve a cabo** es correcta por concordar con **use.** No es necesario una coma después de adecuadas (el uso de comas antes de **y** es un anglicismo), pero sí es necesario en la cláusula introductoria, después de **consumidor.**

2. **2** La coma no se debe sacar después de precios, ya que es una enumeración. El adverbio **enormemente** es correcto. Los tratamientos son **para** la caspa. En cambio, automóvil se escribe con **v.**

3. **2** Las demás combinaciones no tienen sentido para unir la oración. La correcta es con la unión de la preposición **pero.**

4. **4 Decisiones** está escrito correctamente. La concordancia en **comparados** es correcta, porque su conexión con **ahorros** (masculino, plural) y **mejoras** (femenino, plural) requiere, según las reglas, que comparados sea masculino y plural. **Obtenidas,** sin embargo, debe concordar con **resultados,** lo que exige usar **obtenidos.**

5. **3** La concordancia de **fidedigno** es correcta. La conjunción **si** va sin acento. En la enumeración **consumidor** requiere una coma, pero después de **cursos** no se debe poner coma ya que los cursos son de educación.

6. **5** La oración es correcta.

7. **1** La opción correcta para conectar las oraciones es la 1, ya que la expresión adverbial de modo "lo que quiere decir" nos explica la frase siguiente.

8. **2** La coma en la opción no se puede sacar porque es una enumeración. Razonables está escrito correctamente. La pausa que impone la coma después de **bienes** tampoco puede eliminarse. **Sino** es una conjunción adversativa. En cambio la **y** se convierte en **e** cuando la palabra que le sigue empieza por **i.**

9. **1 En** es correcta porque se puede sustituir por **en la cual. Hacen** se escribe con **c.** La enumeración de dos objetos no requiere una coma. Por lo tanto, la opción 1 es la correcta, ya que el pronombre que sustituye a **la responsabilidad** debe concordar en género y número: **la** en lugar de **lo.**

Párrafo 3

(1) Los insectos caseros parecen tener una increíble habilidad para escapar de la extinción. Las cucarachas por ejemplo que han existido en la tierra mucho más antes que el hombre, pueden subsistir con cualquier tipo de comida. (2) Crecen en cualquier parte del mundo, algunas especies prefieren la casa de los humanos que otros ambientes. (3) Cuando entran usan sus artimañas instintivas para evitar que las maten o las fulminen. (4) Se puede controlar con pesticidas caseros. (5) Hacer limpieza sistemática de la casa. (6) La manera más práctica de eliminar cualquier insecto casero es a través de la combinación de una buena limpieza y el uso apropiado de un buen insecticida. (7) Es más fácil prevenir una plaga de insectos en su casa, que luego dehacerse de ellos una vez que se han establecido. (8) Los insectos caseros buscan la comida disponible en lugares adonde pueden vivir y respirar. (9) Si eliminan estas facilidades en su hogar, los insectos buscarán otros lugares. (10) Mantenga los armarios, los cajones de la cocina y las tuberías limpias. (11) Muy a menudo, con sólo restregar con agua y jabón se soluciona el problema.

1. Oración 1. **Los insectos caseros parecen tener una increíble habilidad para escapar de la extinción. Las cucarachas por ejemplo que han existido en la tierra mucho más antes que el hombre, pueden subsistir con cualquier tipo de comida.**

   ¿Qué corrección se debería hacer en esta oración?

   (1) Poner una coma antes y después de <u>por ejemplo</u>.
   (2) Cambiar <u>que</u> por <u>quien</u>.
   (3) Sacar la coma después de <u>hombre</u>.
   (4) Cambiar <u>subsistir</u> por <u>susistir</u>.
   (5) Sin error.

2. Oración 2. **Crecen en cualquier <u>parte del mundo, algunas especies</u> prefieren la casa de los humanos que otros ambientes.**

¿Cuál es la mejor manera de escribir la parte subrayada de la frase? Si piensa que es correcto elija la opción 1.

(1) mundo, algunas especies
(2) mundo. Algunas especies
(3) mundo algunas especies
(4) mundo; pero algunas especies
(5) mundo porque algunas especies

3. Oración 3. **Cuando entran usan sus artimañas instintivas para evitar que las maten o las fulminen.**

¿Qué corrección se debería hacer en esta oración?

(1) Cambiar <u>artimañas</u> por <u>artimanas</u>.
(2) Poner una coma después de <u>entran</u>.
(3) Cambiar <u>para evitar</u> por <u>por evitar</u>.
(4) Cambiar <u>o</u> por <u>y</u>.
(5) Sin error.

4. Oraciones 4 y 5. **Se puede controlar con pesticidas caseros. Hacer limpieza sistemática de la casa.**

¿Cuál de estas combinaciones de palabras es la más apropiada para conectar las dos oraciones?

(1) pesticidas caseros, pero hacer limpieza
(2) pesticidas caseros si se intenta hacer limpieza
(3) pesticidas caseros, de tal manera que hace limpieza
(4) pesticidas caseros y haciendo limpieza
(5) pesticidas caseros para hacer limpieza

5. Oración 6. **La manera más práctica de eliminar cualquier insecto casero es a través de la combinación de una buena limpieza y el uso apropiado de un buen insecticida.**

¿Qué corrección se debería hacer en esta oración?

(1) Cambiar <u>cualquier</u> por <u>cualquiera</u>.
(2) Cambiar <u>a través</u> por <u>después</u>.
(3) Poner una coma después de <u>combinación</u>.
(4) Cambiar <u>buen</u> por <u>bueno</u>.
(5) Sin error.

6. Oración 7. **Es más fácil prevenir una plaga de insectos en su casa, que luego deshacerse <u>de ellos una vez</u> que se han establecido.**

¿Cuál es la mejor manera de escribir la parte subrayada de la frase? Si cree que está bien escrito, escoja la opción 1.

(1) de ellos una vez
(2) de ellos. Una vez
(3) de ellos: una vez
(4) de ellos; una vez
(5) de ellos, y una vez

7. Oración 8. **Los insectos caseros buscan la comida disponible en lugares adonde pueden vivir y respirar.**

¿Qué corrección se debería hacer en esta oración?

(1) Cambiar <u>caseros</u> por <u>caceros</u>.
(2) Cambiar <u>disponible</u> por <u>desponible</u>.
(3) Poner una coma después de <u>lugares.</u>
(4) Cambiar <u>adonde</u> por <u>en donde</u>.
(5) Sin error.

8. Oración 9. **Si eliminan estas facilidades en su casa, los insectos buscarán otros lugares.**

¿Qué corrección se debería hacer en esta oración?

(1) Cambiar <u>eliminan</u> por <u>se eliminan</u>.
(2) Cambiar <u>su</u> por <u>sus</u>.
(3) Sacar la coma después de <u>casa</u>.
(4) Cambiar <u>buscarán</u> por <u>irán a buscar</u>.
(5) Sin error.

9. Oraciones 10 y 11. **Mantenga los armarios, los cajones de la cocina y las tuberías limpias. Muy a menudo, con sólo restregar con agua y jabón se soluciona el problema.**

¿Cuál de estas combinaciones de palabras es la más apropiada para conectar las dos oraciones?

(1) tuberías limpias a pesar que, muy a menudo
(2) tuberías limpias y, muy a menudo,
(3) tuberías limpias porque muy a menudo
(4) tuberías limpias pero, muy a menudo
(5) tuberías limpias mientras que muy a menudo

CLAVE DE LAS RESPUESTAS

1. **1**   3. **2**   5. **5**   7. **4**   9. **2**
2. **2**   4. **4**   6. **1**   8. **1**

ANÁLISIS DE LAS RESPUESTAS

1. **1** La coma se usa para insertar frases dentro de la oración.

2. **2** Hay un error en la estructura de la frase. Se necesita un punto para dividir las dos frases y la segunda frase debe empezar con mayúscula.

3. **2** Debido a que es una cláusula introductoria, después de **entran** se debería poner una coma. Todas las demás opciones están bien escritas.

4. **4** Las dos oraciones se pueden unir a través de la conjunción **y**. La opción 1 sería correcta si se le añadiera "al hacer limpieza." Pero la opción 4 conecta mejor las dos oraciones. Las demás no tienen sentido.

5. **5** No hay ningún error en esta oración. **Insecto** es masculino. **Después** no es corrrecto en este caso y **buen** está bien escrito porque **insecticida** empieza con vocal.

6. **1** La oración está bien escrita; podría quizás ponerse una coma, pero las demás opciones no son correctas.

7. **4.** **Adonde** refleja dirección. En cambio, **en donde** es el adverbio correcto que expresa el lugar. Las demás opciones no son válidas.

8. **1** El verbo **eliminar** en este caso requiere la partícula **se** porque no se sabe quien es el sujeto. Las demás opciones son incorrectas.

9. **2** Para conectar la frase, la conjunción **y** es la mejor posibilidad. **A pesar**, **porque**, **pero**, **mientras** no realizan la función que se requiere.

Párrafo 4

(1) Entre los registros más importantes, se encuentra los inventarios caseros. (2) Pero antes de que sean de gran valor en caso de incendio o de robo deberá incorporar algunos datos. (3) Asegúrase de anotar el día de la compra de un artículo, el precio, el número del modelo (si lo hay) y el nombre de la marca y del concesionario. (4) Es importante hacer una descripción general (color, tamaño, estilo, eléctrico o de gas, etc.). (5) No se olvide de hacer una suma global en su lista, donde se incluyan la ropa y la joyería. (6) Esta información tiene un doble propósito. (7) Le ayuda a determinar el valor de sus pertenencias, así como el tener un seguro de protección adecuado. (8) Puede serle de gran ayuda, cuando le sea necesario hacer una reclamación al seguro. (9) Algunas familias toman fotografías de unas habitaciones para ayudarles a identificar sus pertenencias. (10) Una copia del inventario casero debería ponerlo en depósito en una caja de seguridad; o puede que quiera dar una copia a su compañía de seguros.

1. Oración 1. **Entre los registros más importantes, se encuentra los inventarios caseros.**

   ¿Qué corrección se debería hacer en esta oración?

   (1) Cambiar registros por enregistros.
   (2) Cambiar se encuentra por se encuentran.
   (3) Cambiar inventarios por inventorios.
   (4) Cambiar caseros por caseras.
   (5) Sin error.

2. Oración 2. **Pero antes de que sean de gran valor en caso de incendio o de robo deberá incorporar algunos datos.**

   ¿Qué corrección se debería hacer en esta oración?

   (1) Cambiar gran por grande.
   (2) Cambiar incendio por encendio.
   (3) Poner una coma después de robo.
   (4) Cambiar incorporar por imcorporar.
   (5) Sin error.

3. Oración 3. **Asegúrase de anotar el día de la compra de un artículo, el precio, el número del modelo (si lo hay) y el nombre de la marca y del concesionario.**

   ¿Qué corrección se debería hacer en esta oración?

   (1) Cambiar asegúrase por asegúrese.
   (2) Cambiar un por una.
   (3) Sacar los paréntesis alrededor de si lo hay.
   (4) Cambiar concesionario por consecionario.
   (5) Sin error.

4. Oraciones 3 y 4. **Asegúrase de anotar el día de la compra de un artículo, el precio, el número del modelo (si lo hay) y el nombre de la marca y del concesionario. Es importante hacer una descripción general (color, tamaño, estilo, eléctrico o de gas, etc.).**

¿Cuál de estas combinaciones de palabras es la más apropiada para conectar las dos oraciones?

(1) concesionario y es importante
(2) concesionario, porque es importante
(3) concesionario, sin embargo es importante
(4) concesionario. También es importante
(5) concesionario, no obstante es importante

5. Oración 5. **No se olvide de hacer una suma global en su lista, donde se incluyan la ropa y la joyería.**

¿Qué corrección se debería hacer en esta oración?

(1) Cambiar olvide por olbide.
(2) Cambiar global por globala.
(3) Poner una coma después de lista.
(4) Cambiar incluyan por incluian.
(5) Sin error.

6. Oraciones 6 y 7. **Esta información tiene un doble propósito. Le ayuda a determinar el valor de sus pertenencias, así como el tener un seguro de protección adecuado.**

¿Cuál de estas combinaciones de palabras es la manera correcta para conectar la parte subrayada?

(1) doble propósito: le ayuda
(2) doble propósito, le ayuda
(3) doble propósito y le ayuda
(4) doble propósito; le ayuda
(5) doble propósito, sin embargo

7. Oración 8. **Puede serle de gran ayuda, cuando le sea necesario hacer una reclamación al seguro.**

¿Qué corrección se debería hacer en esta oración?

(1) Cambiar serle por serlo.
(2) Sacar la coma después de ayuda.
(3) Cambiar le por la.
(4) Cambiar necesario por nesesario.
(5) Sin error.

8. Oración 9. **Algunas familias toman fotografías de unas habitaciones para ayudarles a identificar sus pertenencias.**

¿Qué corrección se debería hacer en esta oración?

(1) Cambiar algunas por alguna.
(2) Cambiar toman por hacen.
(3) Cambiar ayudarles por ayudarlas.
(4) Cambiar unas por sus.
(5) Sin error.

9. Oración 10. **Una copia del inventario casero debería ponerlo en depósito en una caja de seguridad; o puede que quiera dar una copia a su compañía de seguros.**

¿Qué corrección se debería hacer en esta oración?

(1) Cambiar del por de.
(2) Cambiar debería por habría.
(3) Sacar el punto y coma después de seguridad.
(4) Cambiar dar por darlo.
(5) Sin error.

CLAVE DE LAS RESPUESTAS

| 1. **2** | 3. **1** | 5. **5** | 7. **5** | 9. **5** |
| 2. **3** | 4. **4** | 6. **1** | 8. **4** | |

ANÁLISIS DE LAS RESPUESTAS

1. **2 Registros** e **inventarios** están bien escritas. Inventarios es masculino, por lo tanto **caseros** es correcto. En cambio **se encuentra** no concuerda y se debe añadir una **n**, ya que se refiere a los inventarios y es plural.

2. **3 Gran** es correcto. **Incendio** está bien escrito, a igual que **subministrar** (**suministrar** también es correcto). En

cambio, le falta una coma a la cláusula introductoria u "En caso de incendio o robo, necesitará…".

3. **1** El imperativo está incorrecto. Se escribe **asegúrese**. Todas las demás opciones son incorrectas. **Artículo** es masculino. Los parentésis explicativos están bien puestos y **concesionario** está bien escrito.

4. **4** El adverbio **también** es el único que conecta las dos oraciones correctamente, ya que añade otras posibilidades para sus inventarios caseros.

5. **5** La frase está correcta. **Olvide** está bien escrito. El adjetivo **global** no tiene femenino. La coma está correcta ya que encabeza la subordinada. Finalmente, **incluyan** está correctamente escrito.

6. **1** Los dos puntos son correctos, ya que explican o enumeran los dos propósitos que tiene esta información. Las demás opciones son incorrectas.

7. **5** El **le** de **serle** es el complemento indirecto. Ocurre lo mismo con "si **le**

es necesario," ya que los dos sustituyen la palabra **usted**. La coma divide una cláusula introductoria y **necesario** está bien escrito. O sea, la oración es correcta.

8. **4** **Familias** es plural, por lo tanto el determinante también debe serlo. **Toman fotografías** es correcto, aunque también puede ser **hacen**. El **les** de **ayudarles** se refiere a **ustedes** y también es correcto. En cambio **unas** es incorrecto ya que se refiere a las habitaciones personales de estas personas y, por lo tanto, debe ser **sus** habitaciones.

9. **5** **Del** es la contracción de **de** + **el** y es correcta. El verbo **debería** es correcto, aunque también lo es **habría**. La coma está bien situada en la estructura de la oración. **Darlo** es incorrecto ya que **lo** es el objeto directo que se refiere a la copia. En todo caso sería **darle**. **Le** substituiría a la compañía de seguros. Por lo tanto, la oración es correcta.

EXPRESIÓN ESCRITA
PRUEBA 1. PARTE II

CAPÍTULO 8: **El párrafo: Ejemplos y práctica**

En este apartado se presentan ocho maneras de desarrollar los párrafos con detalles, ilustraciones, ejemplos, secuencias de tiempo, secuencias de espacio, definición, clasificación, comparación y contraste.

CAPÍTULO 9: **El ensayo: Ejemplos y práctica**

En este apartado se muestra cómo planificar un ensayo en 45 minutos. Se muestra cómo puede transformar sus notas en un esbozo y cómo puede proceder para que este esbozo se convierta en el ensayo final. También se presenta la guía actual en la parte del ensayo. Finalmente, se sugieren 27 temas para que pueda practicar.

El Párrafo:
Ejemplos y Práctica

El párrafo es un grupo de oraciones relacionadas entre sí que desarrollan una idea central o un aspecto importante del tema principal. Su objetivo es ayudar al lector a seguir la organización de los pensamientos del escritor.

El párrafo puede ser considerado una figura visual que ayuda al lector a entender y seguir las ideas del escritor. Mecánicamente, el párrafo es la división de un escrito que comienza por la letra mayúscula al principio del renglón y termina con el punto y aparte al final del trozo de escritura.

Cómo se construye un párrafo

Cada párrafo tiene una oración temática que expresa la idea principal o unifica pensamientos. (Algunas veces la idea principal es omitida y entonces todo el párrafo se convierte en la idea principal).

He aquí algunos ejemplos de oraciones temáticas:

Hay muchos programas de televisión que contienen una violencia excesiva. (¿Cuáles?)

Siempre hay algún momento de humor durante cada día. (¿Cuándo? y ¿Dónde?)

Correr es una buena manera de mantenerse en forma. (¿Por qué?)

Coser no es lo mismo que tejer. (¿Cómo?)

Thomas Jefferson fue un estadounidense de aptitudes variadas. (Por ejemplo...)

Cada uno de estos temas contiene un pensamiento principal que se puede desarrollar con tal sólo contestar la pregunta que tiene a continuación.

¿Cada párrafo debería contener una idea principal? No, pero es recomendable si no se

es un escritor profesional y la audiencia no tiene demasiadas habilidades en la lectura. Una oración temática se centra en el punto principal que usted quiere que el lector entienda.

¿Dónde se debería escribir la oración temática? Se escribe, a menudo, al principio del párrafo, pero no siempre. La oración "Coser no es lo mismo que tejer" se puede escribir en medio del párrafo, después de hablar lo que es coser y antes de expresar lo que significa tejer. También, muchas veces, quizás desee contener la oración temática y escribirla al final del párrafo con el objetivo de crear suspenso o para que le sea más fácil al lector comprender la idea central.

POR EJEMPLO:

"Si le gustan las estrategias de los juegos tic-tac-toe, backgammon o ajedrez, si le gusta resolver códigos y cifras o le interesan los crucigramas; si le gusta jugar con números—entonces seguro que va a disfrutar la lógica. Aquellos que empiezan a entrar en el mundo de la lógica, y esto es un aviso, es como formar parte de una secta fanática. Pero lo pasan bien. Jugar con la lógica es uno de los placeres más duraderos, interesantes y baratos. La lógica es divertida." La frase final del párrafo es la oración temática.

¿Cómo puede crearse una oración temática en un ensayo? Supongamos que le piden que escriba un ensayo sobre computadoras indicando sus puntos de vista de cómo han afectado nuestras vidas.

La mejor manera de convertir el tema del ensayo en una oración temática es convertir "las computadoras" en el sujeto de la oración temática y hacer una afirmación general en donde explique qué es lo que opina usted sobre las computadoras. He aquí un ejemplo:

Idea general del ensayo:

Las computadoras han afectado fuertemente nuestras vidas.

Idea más específica que puede convertirse en la oración temática:

Las computadoras han tenido una influencia (negativa o positiva) en nuestras vidas.

Siete maneras de desarrollar un párrafo

1. Un párrafo puede desarrollarse a través de detalles.

   El método más frecuente de desarrollar un párrafo es usar detalles para dar información. En el párrafo que sigue, los detalles ayudan a crear una visión de un famoso aventurero.

   EJEMPLO:

   ¿Quién es este hombre bajito, fuerte y vestido sencillamente que está de pie con sus piernas un poco separadas, las manos detrás de la espalda y que mira hacia arriba con sus ojos vivos y grisáceos a la cara de cada orador? Lleva la gorra en las manos, por lo que se le puede ver su cabeza ovalada que muestra un pelo castaño y su frente arrugada, así como sus grandes mejillas, su cara cuadrada, sus anchas sienes, sus gruesos labios que se muestran firmes como el granito. Una estampa de un hombre ordinario y plebeyo; aún así, toda su figura y su actitud son de una determinación ilimitada, de autodominio y energía; y cuando finalmente dijo algunas palabras, todas las miradas se volvieron hacia él. Es Sir Francis Drake.

   En más de una docena de detalles, el autor Charles Kingsley ha creado un párrafo donde describe la imagen de un hombre que viajó por todo el mundo en el siglo XVI y lideró la flota inglesa cuando derrotó la Armada Invencible española en 1588.

2. El párrafo puede desarrollarse a través de la presentación de acontecimientos en secuencias cronológicas.

   Muchas veces, los acontecimientos o eventos descritos en un párrafo se deben escribir en un orden determinado. Este orden es importante cuando se explica un proceso. Por ejemplo, un párrafo que trata de una receta de cocina, debe ofrecer los pasos en orden, de acuerdo con el tiempo en que deberían procederse. Se debe hacer una cosa primero, luego otra y así sucesivamente.

   La secuencia cronológica es también importante en párrafos en donde se narra una serie de acontecimientos. En una historia, ciertos eventos suceden antes que otros. Si se reordena la secuencia, destruiría la lógica de la historia. Tome la famosa escena de *Robinson Crusoe*, en donde Crusoe encuentra unas huellas en la arena de una isla que cree que está habitada.

   "Pasó un día por la mañana, cuando me dirigía a mi bote. Me sorprendí excesivamente cuando vi la huella del pie de un hombre impresa en la arena. Me quedé pasmado como si hubiera visto un fantasma. Intenté escuchar y ver todo lo que había a mi alrededor, pero no se oía nada y no se veía a nadie. Subí a un montículo para ver desde más lejos. Recorrí la orilla de arriba a abajo, pero todo era lo mismo. No podía ver ninguna impresión a excepción de ésta."

   Las acciones de Crusoe están presentadas por secuencias en el tiempo. Primero vio la huella; se quedó pasmado; escuchó; miró alrededor; subió un montículo; recorrió la orilla. El orden es cronológico y psicológico. Actuaba como si alguien le hubiera tomado por sorpresa.

   A menudo, las palabras que expresan secuencia son primer, luego, después, mientras tanto, más tarde, al cabo de un rato, finalmente. El esquema para un párrafo de secuencias cronológico, podría ser:

   Cuatro personas influyeron en mi vida. Primero, mis padres. Luego, cuando encontré un trabajo, fue mi jefe. Más tarde, fue mi mujer. Y finalmente, mi hijo.

3. El párrafo puede desarrollarse a través de la presentación de acontecimientos en secuencias espaciales.

   Otra manera de desarrollar un párrafo es escribir en orden espacial. A igual que las secuencias cronológicas, el escrito empieza en un punto y termina en otro. Puede empezar en un lado, dirigirse a otra dirección y terminar en una tercera parte. Estas secuencias espaciales son muy importantes a la hora de las descripciones. Para un escritor inexperto como usted, es importante recordar que no se puede saltar de un lado a otro. ¿Qué orden espacial hay en el siguiente pasaje?

"Abajo en la parte derecha hay laderas verdes que florecen con brezo. Más abajo y cerca del centro hay campos de cultivo; después, hacia la izquierda, algunos árboles; y un poco más allá, en la misma imagen, se encuentra una pequeña iglesia, algunos casitas de campo y las ruinas de una gran mansión. Lejos de allí, dominando todo el panorama, se encuentra un gran acantilado."

Primero, se establece que el escritor está mirando la escena desde abajo. Luego, uno se da cuenta que está mirando desde una ventana (en la imagen). Las secuencias espaciales se indican a través de expresiones como *en la derecha, cerca del centro, hacia la izquierda, más allá*, etc. Así pues, la vista del escritor se mueve de derecha a izquierda y luego desde lo más cerca a lo más lejos.

4. El párrafo puede desarrollarse a través de la determinación o definición de una idea o alguna cosa.

La pregunta ¿Qué quieres decir con esto? es de definición. El párrafo que intenta definir algo explica qué es tal cosa y en qué se parece o diferencia con otras.

¿Por qué es importante la definición? Es realmente la base para cualquier discusión relacionada con el tema. Para hablar de democracia, se debe definir primero qué es la democracia. He aquí un ejemplo.

"El término *democracia* se refiere primordialmente a la forma de gobierno de muchos en contraposición a la forma de gobierno de uno—el gobierno del pueblo se opone al gobierno de un dictador o a una monarquía absoluta."

La definición general sirve como base a la presentación general. Primero se nos explica qué quiere decir la democracia.

Las definiciones tienen dos partes: una clasificación y una distinción de características. El término *democracia* se refiere principalmente a una forma de gobierno; ésta es la clasificación. En cambio la distinción de que está dirigido por muchos en contraposición a los gobiernos de una sola persona es una característica.

He aquí algunas definiciones breves donde puede identificar la clasificación y distinción de las características que se presentan.

Un niño es alguien que pasa por tu vida y luego desaparece, convirtiéndose en una persona adulta.

La amabilidad es un lenguaje que el sordo puede oír y el ciego puede ver.

El arma más poderosa en la tierra es el alma humana cuando está encendida.

Las clasificaciones son: niño-alguien; amabilidad-lenguaje; alma-arma. El resto de las frases nos presentan las características distintivas.

5. El párrafo puede desarrollarse clasificando personas u objetos.

Una vez se han definido de manera lógica los términos usados en un texto, el escritor muy a menudo los clasifica. Por ejemplo, después de definir la democracia, puede definir diferentes tipos de democracia. El próximo párrafo puede ser el siguiente: "Hay tres tipos de democracias activas hoy día". O después de la definición, el párrafo puede empezar diciendo: "Hay tres tipos diferentes de líderes—democrático, autoritario, o aquél con política de no interferencia."

La clasificación es importante porque agrupa las ideas y facilita la comprensión al lector; la gente puede recordar mejor si las cosas están divididas en categorías o clasificaciones. A la hora de clasificar, se debe tener en mente lo siguiente:

(a) Seleccione una base para su clasificación. En el ejemplo de los líderes, la base de la clasificación es los tipos de líderes.

(b) Las bases para la clasificación deben ser excluyentes. Lo que puede pertenecer a un categoría, no debería formar parte de otra. Un líder democrático no debería confundirse con un autocrático (dictador).

(c) Las bases deben ofrecer una clasificación completa. Intente incorporar
todas las posibles clases de líderes en
pocas categorías. Un líder involucra a
otras personas en la toma de decisiones (democrático); les dice lo que tienen que hacer (autoritario) o no forma
parte del proceso de toma de decisiones, dejándoles hacer lo que ellas
quieren (política de no interferencia, o
laissez-faire). Estas tres bases incluyen a todos los líderes.

Otra manera de definir la clasificación
es decir que es una manera lógica de dividir las personas o cosas en un sistema de
categorías que no se pueden sobreponer.

He aquí un ejemplo:

Este escrito humorístico realizado por
un estudiante universitario clasifica por
números a los hombres que las mujeres
deberían evitar.

Tipo 1. El chico de fiestas. Éste no se
muestra como es mientras tiene unas
cuantas gotas de alcohol en el cuerpo.
Cuando consigue ser un poco él
mismo te das cuenta que es de lo más
aburrido.

Tipo 2. El amante aparente. Es una
bola de fuego con las mujeres cuando
habla, pero a la hora de la verdad sale
corriendo.

Tipo 3. La gran mente. Tienes que
prepararte antes de concertar una cita
con este tipo de hombre. Te sientas en
una esquina con él para resolver los
problemas del mundo.

Tipo 4. El artista. Sabe que es un
genio y se viste pensando que lo es.

Tipo 5. El bobo. No es divertido, no es
interesante, no es inteligente.

Tipo 6. El musculoso. No es que
tengamos algo en contra de los
músculos, pero hay algunos que
tienen demasiados.

Estas categorías no se sobreponen y
cubren todo el espectro masculino.

6. El párrafo puede desarrollarse comparando y contrastando.

Después de que las ideas han sido definidas o divididas en categorías, el escritor
puede que desee compararlas o contras-
tarlas. En la comparación se señalan las
similitudes entre dos o más cosas. Para
contrastar, se anotan las diferencias entre
dos o más cosas.

¿Por qué comparamos o contrastamos?

(a) Podemos comparar un objeto desconocido con otro que conocemos para que
el lector lo entienda mejor.

(b) Quizás queramos ayudar al lector a
comprender mejor alguna de las cualidades que tienen dos objetos o dos personas que no conocemos en contraste
con otras que conocemos. Por ejemplo,
para explicar la vida familiar en dos
sociedades distintas, podemos usar
nuestra vida familiar como base para
determinar semejanzas y diferencias.

(c) Finalmente, podemos contrastar y
comparar ideas para llegar a un principio general. Podemos comparar, por
ejemplo, a Martina Navratilova, Don
Mattingly y Phil Simms para determinar las cualidades de un atleta.

Hay dos maneras para organizar un párrafo que contiene una comparación. La
primera manera es describir la primera
cosa o persona y luego escribir sobre la
segunda cosa o persona mostrando las semejanzas y diferencias. La segunda manera es contrastando y comparando
determinados aspectos de la primera y la
segunda cosa indistintamente. Los dos
métodos son efectivos, pero deben ser
consistentes.

7. El párrafo puede desarrollarse dando razones y pruebas.

Muy a menudo escribimos no sólo para
explicar (con detalles, ejemplos, definiciones, clasificaciones, comparaciones) o
describir (cronológicamente o espacial-
mente), sino para persuadir al lector de
nuestro punto de vista.

Diariamente hacemos declaraciones de
hechos u opiniones que debemos justificar. Un niño intenta convencer a sus padres para que lo dejen estar levantado
tarde por la noche. Un trabajador trata de
persuadir a su jefe para que le suba el
sueldo.

En una discusión, se intenta imponer
un pensamiento u opinión. En cambio, en
la persuasión, se presentan razones por
las cuales se quiere que alguien tome una
acción.

En la discusión, se empieza por una
proposición o algo que usted quiere probar. A modo de abogado, debe presentar

evidencias que convenzan a los demás de la validez de su proposición. Puede citar hechos, puede recurrir a las opiniones de autoridades competentes o puede apoyar creencias que están ya muy extendidas. De esta manera, la prueba son las razones que justifican la verdad de una proposición. Por ejemplo:

Las mujeres merecen los mismos derechos que los hombres.

La riqueza significa felicidad para unos pero no para otros.

La educación es esencial en la democracia.

Los Estados Unidos fracasaron en su intento de prevenir la guerra.

La vida urbana es preferible a la vida rural.

En la persuasión, la proposición que se está realizando se convierte en una acción, es decir se intenta convencer a alguien. He aquí algunas acciones persuasivas.

Todo el mundo debería dejar de fumar.

Todos los ciudadanos deberían votar en las elecciones nacionales y locales.

La educación universitaria debería ser obligatoria.

Los conductores deberían examinarse periódicamente para renovar sus licencias.

Los crímenes juveniles deberían ser impugnados al igual que los demás crímenes.

En estas proposiciones, se deberían dar razones para persuadir negativa o positivamente los cursos de la acción: el tabaco es malo para la salud; por eso, la gente debe dejar de fumar. La opinión pública es importante para gobernar un país, por lo tanto la gente debería votar.

Cómo escribir párrafos correctamente

1. Use diferentes tipos de oraciones dentro del párrafo. Use oraciones simples o compuestas, mezclándolas de acuerdo a la complejidad de las ideas que quiere expresar.
2. Tenga en consideración diferentes propósitos en las oraciones dentro del párrafo. Haga preguntas y exclamaciones. No dude en usar citas directas.
3. Use todo tipo de elementos para crear oraciones en un párrafo. Puede preceder el sujeto con palabras, frases o cláusulas introductorias apropiadas. Haga lo mismo con el verbo.
4. Use oraciones largas y cortas en el párrafo. Puede combinar una oración de dos o tres palabras y otras mucho más largas, especialmente cuando hay algo que quiera enfatizar.
5. Use párrafos cortos y largos. A veces para captar la atención del lector es muy eficiente escribir párrafos de una sola oración.
6. Organice el párrafo cuidadosamente para destacar la idea más importante. Puede elegir entre empezar el párrafo con una oración que exprese la idea principal (oración temática) o puede usarla al final, creando suspenso.
7. Use diálogos apropiados para separar los párrafos. En los diálogos escritos, empiece un nuevo párrafo cada vez que alguien hable.

Las oraciones que resumen o sintetizan los pensamientos, aunque sean repetitivas son a veces muy importantes, ya que refuerzan lo que se dice en el ensayo.

PRÁCTICA

De las siete maneras que hemos presentado del desarrollo de un párrafo, algunas se usan en estas pruebas, ya que permiten que exprese su punto de vista. He aquí algunas sugerencias de cómo crear un párrafo sobre diferentes temas.

1. (Por ejemplos) Computadoras: magos modernos.
2. (Por detalles) Mi idea sobre la ética deportiva.
3. (Por definiciones) Genocidio: definición.
4. (Por razones o pruebas) Vale la pena vestir bien.

RESPUESTAS

1. Computadoras: magos modernos

Las computadoras son la herramienta más efectiva que el hombre ha desarrollado para hacer el mundo más eficiente. ¿De qué manera? El uso de electricidad se controla a través de computadoras. La impresión que vemos cada día en los periódicos se realiza con computadoras. El automóvil que conducimos también es producto de una maquinaria computarizada. Los servicios que ofrecen los bancos dependen de las computadoras. Asimismo, los cheques son expedidos y revisados por estas máquinas. Las computadoras se encargan de la mayoría de nuestras transacciones bancarias, tanto los ingresos como los retiros de dinero. Sin computadoras el mundo se detendría.

Nota: Este pasaje se ha desarrollado con la enumeración de ejemplos.

2. Mi idea sobre la ética deportiva

Un buen deportista es una combinación de héroe, mártir y humorista, con un sentido profundo de justicia. No se enoja cuando llueve en un día de campo, se mantiene imperturbable cuando alguien se ríe de él, estrecha la mano a un hombre que por error lo atropelló con su auto, perdona al amigo que se casó con la chica que amaba y muere por su país en el campo de batalla con una sonrisa en los labios.

Nota: Este párrafo se ha desarrollado con la descripción de detalles.

3. Genocidio: definición

El término *genocidio* fue inventado en 1946 por el profesor de derecho internacional Raphael Lemkin. La matanza de seis millones de judíos realizada por los nazis es el ejemplo de genocidio más conocido. Pero, en este siglo han habido otros genocidios—armenios, gitanos, chinos, africanos. Ha habido una matanza de cerca de veinte millones de personas por motivos raciales, religiosos y étnicos. En el lenguaje de la Convención para la Prevención y el Castigo del Crimen de Genocidio de las Naciones Unidas, se aplica el término genocidio a los actos específicos "cometidos con la intención de destruir, totalmente o parcialmente, un grupo nacional, étnico, racial o religioso".

Nota: Este párrafo se ha desarrollado escribiendo una definición que incluye los orígenes de la palabra y mostrado el uso oficial de esta palabra en el lenguaje de una institución gubernamental.

4. Vale la pena vestir bien

En cada etapa de la vida, la ropa puede ayudarle a crear una identidad propia y mejorar sus relaciones con la gente que le rodea. Muchas de los roles en esta vida se pueden realizar con éxito gracias al vestuario. La elección de una ropa determinada que sea la indicada para una función específica puede afectarle en su actuación del papel a representar. La ropa es un factor importante en el desarrollo de su sentimiento de autoconfianza y autorespeto. Cuando luces bien, te sientes bien.

Nota: Este párrafo expone las razones y da pruebas para afirmar lo escrito.

El Ensayo:
Ejemplos y Práctica

Si abre el libreto del examen en la sección de Expresión Escrita, Parte II, verá un tema de ensayo que puede parecerse al siguiente:

> "La televisión juega un importante papel en la vida de los Estados Unidos. Como medio de entretenimiento y educación, ha llevado el mundo a la mayoría de las casas. Pero tiene sus ventajas y desventajas.
>
> Escriba un ensayo de cerca de 200 palabras explicando su punto de vista sobre la televisión, donde indique los efectos positivos o negativos o ambos de este medio de comunicación. Apoye sus observaciones dando ejemplos específicos."

Este es un tema típico que requiere que usted presente su opinión y la defienda. ¿Cómo hacerlo? En esta sección le vamos a ayudar, paso a paso, a hacer una composición de este tipo.

Antes de empezar

Anote estos hechos importantes:

- El ensayo debe tener aproximadamente 200 palabras o un mínimo de 25 líneas.
- Usted dispone de 45 minutos para escribir el ensayo.
- Debe escribir el ensayo con tinta legible en la hoja de respuestas que se le ha dado.

Lea las instrucciones detenidamente. Obtendrá más información, así como consejos de cómo realizar la prueba.

Hay tres grandes pasos esenciales:

1. Planificar el ensayo.
2. Escribir el ensayo.
3. Revisar el ensayo.

Se le aconseja que planifique detenidamente, escriba su ensayo y lo revise para mejorar lo que ha escrito antes de presentarlo.

Dos evaluadores lo leerán, tomando en cuenta la claridad con que ha expresado sus opiniones, cómo ha justificado sus opiniones con ejemplos y razonamientos, y cuán correctamente está escrito.

Planificar el ensayo

Lo primero que se debe hacer es:

1. Planificar el tiempo. Teniendo en cuenta que sólo tiene 45 minutos, puede ajustarse al siguiente horario:
   - Para leer las instrucciones: 3 minutos
   - Para leer el tema y hacer un esbozo: 7 minutos
   - Para escribir las 200 palabras del ensayo: 20–25 minutos
   - Para leer y revisar el ensayo: 5–10 minutos

   Estos límites no son absolutos, pero son aconsejables para que pueda acabar el examen a tiempo o evitar entregar un ensayo lleno de errores por no tener tiempo de corregirlo.
2. Ordenar su ensayo. Es esencial que lea detenidamente el tema que le han adjudicado y escriba sobre éste sin desviación alguna. No se aceptará un ensayo que no enfoque 100% el tema adjudicado.

   Volvamos a nuestro tema de ejemplo: la televisión. Relea el tema cuidadosamente y anote en su papel de borrador lo que se requiere. Se le pide que realice dos cosas: dar su opinión y justificarla con ejemplos y pruebas. Se le ha proporcionado la posibilidad de escribir sobre aspectos positivos o negativos o ambos. Puede planificar su ensayo de la manera que se muestra a continuación.

Piense sobre el tema, anotando sus ideas. Sus anotaciones pueden ser las siguientes:

La TV es entretenimiento.
Hay demasiada violencia.
La televisión pública es educativa.
Las comedias en televisión.
Programas informativos de noticias.
Coste de los programas.
Programas que son una pérdida de tiempo.
Programas de concursos demasiado parecidos.
"Barrio Sésamo".
Programas de fútbol, baloncesto y otros deportes.

Para hacer un esbozo o plan, combine las ideas que se relacionan entre sí, y deje aparte las que no caben.

Las notas "TV es entretenimiento" o "La televisión pública es educativa", "Los programas informativos", "Barrio Sésamo" y los programas deportivos pueden ser ejemplos positivos de la programación. En cambio, "programas que son una pérdida de tiempo", "programas de concursos demasiado parecidos" son aspectos negativos de la programación. El coste de los programas no está relacionado con las demás notas y por eso es mejor no incluirlo.

Después de poner juntas las ideas que se relacionan, escríbalas en un párrafo que tenga una oración temática. Oraciones simples, como por ejemplo, "La televisión tiene aspectos positivos" y "La televisión tiene aspectos negativos" pueden servirle de encabezamiento para relacionar sus anotaciones.

Aviso: Las notas son simplemente notas. El esbozo o plan debe escribirse con oraciones completas, de tal manera que pueda luego traspasarlas en el ensayo. Un plan simple para las notas podría parecerse a éste:

Ejemplo de esbozo

1. La televisión afecta la vida de todos los estadounidenses. Tiene sus aspectos positivos y negativos. (Esta parte puede servir como oración temática. Puede escoger entre escribir de los puntos positivos o negativos de la televisión).

2. La televisión tiene muchos aspectos positivos.
   a. Hay programas educativos en la televisión pública.
   b. Hay programas informativos que tratan de noticias.
   c. Hay programas de comedia que entretienen, así como de aventuras y misterio.
   d. Hay programas interesantes sobre eventos deportivos.
3. La televisión tiene también aspectos negativos.
   a. Muchas veces hay demasiada violencia en los programas.
   b. Las situaciones son a menudo poco reales.
   c. Algunos de los programas son una pérdida de tiempo.
4. A pesar de los aspectos positivos/negativos, la televisión es un medio que enriquece/empobrece nuestras vidas. (Puede escoger entre las dos conclusiones. También sirve como oración de resumen).

Escribir el ensayo

Este plan se puede explicar fácilmente en un ensayo que contenga 200 palabras. Lo que necesita hacer es, primero, dar más razones. La televisión nos permite ver en casa buenas películas; nos provee de excelentes programas para niños; nos presenta eventos deportivos importantes; tiene demasiados comerciales; repiten demasiadas películas.

Segundo, debe usted dar más ejemplos. Dentro del apartado 2 del *Ejemplo de esbozo*, puede presentar ejemplos como programas de la naturaleza (los especiales de National Geographic), políticos (cobertura de las elecciones), teatrales (Shakespeare) y música (Metropolitan Opera).

ENSAYO EN QUE SE PRESENTA Y SE DEFIENDE UNA OPINIÓN

La televisión: entre el cielo y el infierno
(ensayo básico)

"La televisión afecta la vida de todos los estadounidenses. Tiene sus aspectos positivos y negativos.

En la programación de televisión hay muchos programas recomendables. La televisión pública presenta excelentes programas educativos y también lo hacen ciertas cadenas comerciales. Entre los programas aconsejables cabe mencionar *Masterpiece Theater*, que presenta obras teatrales, así como los programas de historia natural del *National Geographic* o la música y ballet que ofrece el programa *Great Performances*. Para los niños es muy recomendable *Sesame Street (Barrio Sésamo)*, un programa infantil en el que los más pequeños pueden aprender mucho. Por otro lado, los programas informativos nos mantienen informados tanto de las noticias locales como internacionales. En la televisión también hay entretenimiento proporcionado por programas como *The Cosby Show*, así como series de acción como *Magnum* o de misterio como *Murder She Wrote (Se ha escrito un crimen)*.

Desafortunadamente, la programación de televisión tiene su parte negativa. A menudo, muestra escenas de violencia de cualquier tipo. Incluso, algunas veces ver la televisión es una pérdida de tiempo, debido a los programas de baja calidad, películas repetidas o series cómicas que ya hemos visto demasiadas veces. Los televidentes se sienten frustrados cuando ven programas de concursos poco interesantes, donde los participantes ganan grandes cantidades de dinero."

Hay dos posibilidades para finalizar el ensayo, dependiendo del gusto del escritor:

(a) "A pesar de que hay aspectos negativos, la televisión puede enriquecer nuestras vidas, ya que sus debilidades son menores que el beneficio recibido por la audiencia."

(b) "A pesar de que hay aspectos positivos, las debilidades de la televisión como medio son nefastas para la audiencia. Cualquier estadounidense debería poder vivir sin conectar el televisor."

Este ensayo recibiría una buena puntuación. Sin embargo, las razones y ejemplos se refieren sólo a la programación. Otros factores no han sido analizados, como por ejemplo el hecho de que la televisión tiene efectos sociales muy profundos en la vida de los estadounidenses. Para hacer un ensayo más profundo, es necesario centrarse en los aspectos más importantes del tema pero además enfocar con cierto detalle a elementos secundarios con el objeto de enriquecer la presentación.

La Televisión: entre el cielo y el infierno
(ensayo más profundo)

"La televisión afecta el uso de nuestro tiempo libre. Si vemos la televisión como espectadores, no podemos realizar otras actividades. Tenemos menos tiempo para leer, para conversar y socializar. Estos son algunos de los aspectos sociológicos negativos de la televisión.

Por otro lado, la televisión puede tener profundos efectos positivos. Para los que tienen que permanecer largo tiempo en inactividad forzosa, como por ejemplo los ancianos o la gente enferma, la televisión puede convertirse en una forma de comunicación y una manera de pasar el tiempo. Los televidentes pueden experimentar otros mundos que no conocen de primera mano, como por ejemplo lugares lejanos, exploraciones submarinas y descubrimientos científicos."

Añadir estos argumentos al ensayo básico enriquecería el tema. Así pues, un examen con estos argumentos obtendría una puntuación más alta.

Cada tema se puede tratar en dos niveles: uno superficial y otro más profundo. Si en su planificación usa razones relevantes y ejemplos pertinentes, obtendrá una puntuación satisfactoria. Pero si argumenta los temas con más madurez y detalle, probablemente obtendrá una puntuación alta.

ENSAYO CON TEMAS EXPLICATIVOS

Puede que tenga que escribir sobre temas que sean explicativos, es decir, deberá explicar cosas.

Hay cuatro grandes temas explicativos y debemos analizarlos uno por uno. Uno puede ser un proceso (por ejemplo, cómo preparar un presupuesto). Otra posibilidad es definir un término (por ejemplo, cómo ser un buen ciudadano). Quizás deba hacer una comparación donde se expliquen las similitudes (por ejemplo, en qué se parecen las grandes ciudades) o contrasten las diferencias (ejemplo, el contraste entre la vida urbana y suburbana). Finalmente, el tema puede ser clasificativo (ejemplo, los cuatro grupos de alimentos básicos de una buena dieta).

(a) Explicar un proceso. Para ello es necesario una serie de etapas, cada una de las cuales forma parte del proceso. Estas etapas deben ser presentadas en orden, es decir se debe seguir una secuencia. Para que la explicación sea clara, cada párrafo debe desarrollarse en secuencias cronológicas. Note que las cuatro etapas del proceso de hacer un presupuesto (presentado a continuación) se han escrito en un orden determinado.

Cómo preparar un presupuesto

Para preparar un presupuesto se requieren una serie de etapas. Primero, es necesario determinar la cantidad total de dinero que se dispone para gastar. Puede ser una sola cantidad, que proviene de los ingresos de un salario o puede ser las ganancias tanto del marido como de la esposa. Puede incluir sueldos, dividendos e intereses de las cuentas bancarias o inversiones.

Después que haya determinado sus ingresos, haga una lista de los gastos que realiza. Éstos pueden clasificarse en diferentes categorías. Las más importantes son la comida, el alquiler de la casa, la ropa, el cuidado de la salud, el transporte, el entretenimiento, la educación y los seguros. Algunos de estos gastos son diarios, otros son semanales (comida), o mensuales (alquiler o pagos de una hipoteca), trimestrales (primas de seguro) o anuales (pago de los impuestos). En la categoría de varios puede incluir gastos extraordinarios, como gastos médicos o las facturas de las reparaciones del automóvil.

La próxima etapa es distribuir el porcentaje adecuado en cada categoría, por ejemplo, el 25% para la vivienda. Estas cuotas pueden recaer en dos categorías. Pueden ser gastos necesarios u opcionales. La comida y la vivienda son necesidades. El entretenimiento es un gasto opcional. También es importante no olvidar los ahorros, una parte importante de todo presupuesto.

Finalmente, hay que contabilizar el total de los gastos y compararlos con sus ingresos para asegurar de que el balance sea positivo y que no esté gastando más dinero del que gana. De ser así, debe revisar los porcentajes que ha realizado.

Estos son las etapas básicas para preparar un presupuesto.

(b) Definir un término. La mejor manera de escribir un ensayo que defina un término es hacer una lista de los componentes de la idea que queremos definir y dar ejemplos de cada uno. Por ejemplo, un buen ciudadano puede ser explicado por un determinado número de comportamientos que están relacionados con la definición. Un ejemplo de esbozo puede ser el siguiente.

Cómo ser un buen ciudadano

1. Todos los americanos quieren ser buenos ciudadanos. Pero, ¿qué quiere decir esto?
2. Un buen ciudadano está bien informado. Para ser un buen ciudadano, se debería leer los periódicos y revistas, escuchar los informativos en la radio y la televisión y mantenerse en contacto con los administradores públicos.
3. Un buen ciudadano no solamente está bien informado sino que también actúa según la información que obtiene a diario. El buen ciudadano vota y expresa sus puntos de vista a los representantes del legislativo y a la prensa.
4. Un buen ciudadano dedica tiempo, talento y dinero a los bienes públicos. El buen ciudadano es activo en las organizaciones comunitarias y contribuye a las causas honestas, puesto que éstas se preocupan de los intereses de los ciudadanos.
5. Un buen ciudadano muestra cualidades personales que permiten que exista una democracia fuerte. Es un buen miembro de la familia, se atiene a la ley y es leal a su país.
6. Estas son las cualidades que hacen que alguien sea un buen ciudadano. (Esta frase final resume el ensayo).

Este esbozo puede extenderse a 200 palabras añadiendo ejemplos en los apartados 2, 3, 4 y 5. Por ejemplo, pueden expresar sus puntos de vista sobre la legislación actual, el pago de impuestos, el servicio a las fuerzas armadas y sobre el apoyo a las organizaciones de servicios locales como la policía, los bomberos, la biblioteca pública, etc.

(c) Hacer una comparación o contraste. En una comparación se discuten las semejanzas entre dos o más artículos. Puede realizar un esbozo simple como el que sigue:

1. Oración temática: Las grandes ciudades se parecen.
2. Semejanza 1. Las grandes ciudades están muy pobladas (tienen una alta densidad de población).
3. Semejanza 2. Las grandes ciudades tienen altos índices de criminalidad.
4. Oración de resumen: Estas son las maneras en que las ciudades se parecen.

Entre la oración temática y la de resumen, aparecen tres párrafos que pueden ser el esbozo del ensayo de 200 palabras.

Para contrastar dos ideas u objetos, se usa el mismo plan, pero en este caso se señalan las diferencias. Un ejemplo de oración temática puede ser:

La vida urbana y suburbana es diferente

Una diferencia entre la vida urbana y la suburbana es la densidad de población. Los suburbios son menos poblados y, por lo tanto, acostumbran a tener menos problemas relacionados con la superpoblación. Aunque a menudo es preciso un automóvil en los suburbios, hay menos problemas de tráfico. El crimen, a pesar de que existe, tiene un índice más bajo que en una gran ciudad.

Los habitantes de los suburbios tienden a tener ingresos más altos. Tienen más dinero para gastar. La vivienda, generalmente, es más lujosa. Los niveles de desempleo y pobreza son más bajos que en las áreas urbanas.

Por otro lado la vida suburbana es más aburrida.

Se puede decir que la vida en los suburbios y en los centros urbanos difiere enormemente.

Nota: La frase final es la conclusión o resumen.

(d) Hacer una clasificación. En una clasificación se agrupan las ideas u objetos para facilitar la comprensión o el uso. Por ejemplo, clasificamos a la gente según su personalidad. Una persona habladora es

una persona extrovertida; una persona tímida es una persona introvertida. También clasificamos a la gente de acuerdo a sus valores. Una persona que busca el dinero y adquiere objetos de valor es una persona materialista. Una persona que se interesa por el intelecto y el corazón es idealista. Los animales pueden ser carnívoros o hervíboros, etc.

Un ejemplo de ensayo con la clasificación de alimentos es el siguiente.

Los cuatro grupos de alimentos

Una dieta equilibrada requiere comer diferentes alimentos que proporcionan al cuerpo los elementos esenciales para su salud. Estos alimentos se dividen en cuatro grupos: productos lácteos, frutas y vegetales, cereales y proteínas.

Los productos lácteos incluyen la leche y otros productos derivados como el queso, el yógurt, la mantequilla, los helados.

Las frutas incluyen el grupo cítrico como las naranjas o pomelos, ricos en vitamina C y las frutas no cítricas como los melones o los melocotones. Los vegetales incluyen las espinacas y las zanahorias, que son buenas fuentes de vitamina A, B y E. Las patatas, el brócoli y la coliflor proporcionan vitamina C.

Los panes, los cereales y la pasta nos proporcionan vitamina B, hierro y carbohidratos entre otros. También nos ofrecen fibra.

Finalmente, los alimentos con proteínas incluyen la carne, el pescado y productos de granja. El pescado y el pollo contienen menos grasa, pero contienen colesterol. Los alimentos ricos en proteínas son esenciales para los músculos y la salud de los órganos vitales.

Lo más importante que deberíamos recordar es que, si usted y su familia comen uno o más alimentos de cada uno de los grupos, quiere decir que están llevando una dieta equilibrada.

Nota: El primer párrafo introduce la idea de una dieta equilibrada y los cuatro grupo de alimentos. Del párrafo 2 al 6, se describen los alimentos en los diferentes grupos, se proporcionan ejemplos y se nos dice cómo contribuyen estos alimentos a la salud. La oración final vuelve a la idea de una dieta equilibrada.

Revisar el ensayo

Ha leído las instrucciones y el tema detenidamente, ha planificado lo que quiere decir y ha escrito su ensayo. Aunque le parezca que ha terminado, no es así.

Es importante que vuelva a leer el ensayo que ha escrito y que lo revise. Acuérdese que tiene entre 5 y 10 minutos para hacerlo, si ha planificado de antemano su tiempo.

¿Qué debe observar cuando está revisando su ensayo?

Revisión del ensayo

Contenido
1. ¿Están relacionadas las ideas con el tema?
2. ¿Están sus ideas claramente expresadas?
3. ¿Están organizadas adecuadamente?
4. ¿Las ha desarrollado lógicamente? ¿Ha usado los enlaces correctos y las palabras de transición apropiadas?
5. ¿Ha conseguido lo que se había propuesto? Si quería exponer su juicio, ¿lo ha realizado? ¿Ha explicado el proceso? ¿Ha definido el término? ¿Ha comparado y contrastado? ¿Ha realizado la clasificación correcta?

Organización
1. ¿Tiene una oración temática cada párrafo?
2. ¿Ha desarrollado la idea clave en cada párrafo?
3. ¿Ha acabado cada párrafo con una oración de resumen clara?

Corrección
1. ¿Hay algún error de concordancia y coordinación de las frases?
2. ¿La concordancia es correcta entre el sujeto, el verbo, los adverbios y demás elementos gramaticales?
3. ¿La puntuación y las mayúsculas son correctas?
4. ¿Ha usado correctamente las palabras para expresar sus ideas?
5. ¿La ortografía de las palabras es correcta?

Sólo después de leer y revisar su escrito, puede considerar que ha terminado la prueba. No dude en hacer cambios o correcciones en el papel, pero asegúrese que éstos sean legibles.

Cómo se puntúa la prueba

El Servicio de Pruebas del GED, empresa encargada de crear la prueba del ensayo, concede el permiso de incluir la Guía de Puntuación del Ensayo del GED, la cual le dará una buena idea de cómo se va a puntuar su examen.

Guía de puntuación del ensayo del GED

Los escritos que pertenecen a la mitad superior de la puntuación han sido capaces de comprender claramente la pregunta y de contestarla eficazmente. La estructura también muestra la evidencia de una planificación deliberada. El control del español por parte del examinado puede puntuarse del 4 al 6.

Los escritos con la puntuación 6 tienden a ofrecer ideas complejas, con una estructura organizativa clara y apropiada al tema. Las afirmaciones de apoyo son particularmente efectivas, ya sea por la substancia, la especificidad o la calidad de la ejemplización. La escritura es vívida y precisa, aunque contenga algunos defectos.

Los escritos puntuados con 5 están organizados claramente y explicados en los puntos más importantes. El escrito ofrece ideas substanciales, aunque puede que no tenga la gracia o el tono del puntuado con 6.

Los puntuados con 4 muestran evidencia de organización. Las explicaciones y los detalles son suficientes, aunque no sean tan extensas o convincentes como las de los escritos puntuados con 5 y 6. El escritor sabe la gramática, aunque puede que haga algunos errores poco severos.

Los escritos que pertenecen a la mitad inferior de la puntuación no presentan clara evidencia de un propósito definido o carecen de éste por completo. Por lo tanto, su estructura es rudimentaria con un 3, muy contradictoria con un 2 o inexistente con un 1.

Los escritos con puntuación 3 normalmente muestran alguna evidencia de planificación y desarrollo. Sin embargo, la organización está a menudo limitada a una simple lista o recitación de ideas al azar sobre el tema, dando una impresión de insuficiencia. Normalmente demuestran debilidad en el español e ineficacia a la hora de escribir un texto.

Los escritos puntuados con un 2 se caracterizan por falta de desarrollo o un apoyo inadecuado de ideas. El nivel del pensamiento que aparece es demasiado sencillo o superficial, caracterizado por una lista de generalizaciones. Normalmente presentan conflicto. Los errores en la gramática y ortografía son graves.

Los escritos puntuados con un 1 dan la impresión que el escritor no sólo no ha conseguido su propósito, sino que no ha demostrado tener propósito alguno. La falta de control es lo más dominante en estos escritos. El escritor tiene problemas para crear un plan claro y expresar sus ideas de acuerdo a las convenciones de la lengua española.

Los escritos puntuados con 0 son reservados para los papeles en blanco, redactados pero ilegibles o en los que se ha escrito un tema diferente al pedido.

ESTUDIOS SOCIALES
PRUEBA 2

CAPÍTULO 10: Cómo leer e interpretar material de Estudios Sociales

Este capítulo enfoca las habilidades básicas necesarias para leer material de Estudios Sociales. Se analizan ampliamente seis pasajes relacionados con los Estudios Sociales, la sociología y la antropología. Presentamos también una sección en donde se muestra cómo interpretar tablas, gráficas y mapas, así como un apartado suplementario donde se interpretan caricaturas políticas realizadas por reconocidos dibujantes a lo largo de la historia de este país.

CAPÍTULO 11: Cómo responder preguntas sobre temas de Estudios Sociales

Se analizan los cuatro factores utilizados para medir el desempeño del estudiante (comprensión, aplicación, análisis, evaluación). Se presentan ejemplos de cada factor y se ofrecen ejercicios acompañados de análisis y respuestas correctas.

CAPÍTULO 12: Práctica de ejercicios sobre Estudios Sociales

Las 64 preguntas de que consta este apartado están basadas en 32 pasajes, tablas y mapas, y le permitirán practicar ampliamente la lectura y la interpretación de material vinculado con Estudios Sociales.

Cómo Leer e Interpretar Material de Estudios Sociales

Cómo leer textos de ciencias políticas, historia, economía, geografía y ciencia del comportamiento

Leer material de Estudios Sociales requiere algunas habilidades que son similares a cualquier otro tipo de lectura. Cuando se lee sobre cualquier tema, es fundamental reconocer la idea principal del autor. Lo mismo ocurre en los Estudios Sociales, donde es importante identificar los pensamientos claves que el autor está expresando.

Para intentar identificar **la idea principal**, hágase estas preguntas que son las mismas que le preguntarán en el examen.

1. ¿Cuál es la idea principal en el pasaje?
2. ¿Qué título le pondría a este pasaje?
3. ¿Qué encabezamiento escogería para el pasaje, si fuera un artículo de periódico?
4. ¿Qué oración define el tema en el párrafo o párrafos? Esta es la oración que incluye las ideas contenidas en todas las demás oraciones.

IDENTIFICAR LA IDEA PRINCIPAL

Muchas veces es difícil determinar la idea principal. Si lee con detenimiento, quizás pierda la idea principal del escrito, ya que se está fijando demasiado en los detalles. Por eso, es importante que lea de una vez la selección desde el principio al final antes de contestar las preguntas.

¿Dónde podemos encontrar la idea principal? Muchas veces se encuentra en la oración que define el tema, que normalmente es la primera oración de la selección. Otras veces, el autor expresa la idea principal al final del texto como resumen de todos los pensamientos expresados. Otras veces, el escritor incluye una idea principal y otra secundaria. Y aunque no suceda muy a menudo, la idea principal a veces no se expresa directamente, pero está implícita en los contenidos del pasaje.

IDENTIFICAR LOS DETALLES

Después de determinar la idea principal, el próximo paso es identificar los datos suplementarios de la idea principal. Por ejemplo, si la idea principal es que la democracia es la mejor forma de gobierno para el hombre, el autor indudablemente proporcionará hechos o razones para apoyar esta afirmación, o incluirá datos que muestran la superioridad de esta forma de gobierno. Si la idea principal es que hay muchas personas que sufren incapacidades físicas cuando se vuelven famosas, los detalles posiblemente incluirán ejemplos como Helen Keller o Franklin D. Roosevelt.

¿Cómo identificar un detalle? Al volver a leer la selección por segunda o tercera vez para profundizar en el pasaje, puede encontrar los detalles. Con frecuencia, éstos se encuentran en el medio o al final de la selección.

Asimismo, algunas claves que se expresan en la selección le conducen a encontrar el detalle o dato que está buscando. Algunas claves son:

Un ejemplo es...

Una razón es...

Un argumento en el que se apoya esto es...

Una razón para ello es...

Para intentar **identificar detalles,** hágase estas preguntas:

1. ¿Qué ejemplos se dan para ilustrar la idea principal?
2. ¿Qué razones se dan para apoyar la posición del autor?
3. ¿Dónde, cuándo y cómo ha ocurrido el acontecimiento?
4. ¿Qué se hizo?
5. ¿Por qué él o ella actuó así?

Para encontrar el detalle apropiado, es necesario aprender a leer superficialmente para localizar esa parte de la información que está buscando. Esto puede hacerlo si sabe exactamente lo que necesita buscar en una selección y limita la lectura a encontrar sólo este dato.

DETERMINAR CÓMO ESTÁ ORGANIZADO EL ESCRITO

Para determinar la manera en que están organizadas las ideas en el escrito es importante seguir los pensamientos del autor. Puede que ordene sus ideas cronológicamente, es decir, en el orden en que suceden los acontecimientos. También puede organizarlas por lógica, donde presente primero su posición a favor de un argumento en un párrafo y en el otro, su posición en contra. También puede presentar sus ideas según la importancia de éstas, expresando primero la idea más importante y luego las ideas secundarias. Este modelo es el que se usa en los artículos de periódicos por si el lector no tiene tiempo de acabar de leer el artículo completamente.

Si puede determinar la organización de un pasaje, puede luego centrarse en la relación entre las partes importantes del pasaje.

CLAVES PARA ENCONTRAR LA RELACIÓN ENTRE LAS PARTES IMPORTANTES DE UN PASAJE

Las claves de **las secuencias** de ideas pueden ser palabras como:

primero   finalmente
en segundo lugar   a continuación

Las ideas secundarias se indican con palabras como:

y   también   además
igualmente   asimismo   a más de esto

Las ideas **opuestas** se pueden indicar con estas palabras:

por otro lado   sin embargo   pero
no obstante   a pesar de que   aunque

SACAR CONCLUSIONES

Otro paso es obtener conclusiones del material que se presenta. Las conclusiones a menudo se indican con palabras como:

en consecuencia   como resultado
debido a esto   según esto
así pues   por consiguiente

Algunas veces, aunque el autor no saque ninguna conclusión, ofrece los datos para que el lector la obtenga por sí mismo. Es entonces cuando el lector hace inferencias de acuerdo con los detalles que ha observado en el texto y la relación (tiempo, secuencia, lógica, causa-efecto) que ha determinado en la organización del pasaje. Por ejemplo, si el autor indica que el presidente ha vetado numerosos proyectos de ley, la inferencia puede ser que el Congreso tiene ideas opuestas a las del presidente respecto a la legislación, tal vez porque está representado por otro partido diferente al del presidente.

Para intentar hacer inferencias y obtener conclusiones, hágase estas preguntas:

1. ¿Qué creo que va a pasar a continuación? (predicción de lo que va a venir)
2. Al poner estos argumentos juntos, ¿qué conclusión puedo sacar?
3. Si un resultado está causado por algo, ¿puede producirse un efecto similar en una situación donde opere la misma causa?
4. ¿Qué sugiere el autor, más allá de lo que ha escrito?

LECTURA CRÍTICA

Como complemento a las inferencias y conclusiones, en las ciencias sociales es esencial reaccionar a lo que se ha leído. Muy a menudo, el material que se ha leído debe ser no sólo comprendido sino también criticado. Los historiadores, los analistas políticos, los economistas, los sociólogos y los antropólogos siempre presentan un lado de la historia. Pero siempre hay otro lado. En otras palabras, pueden presentar con parcialidad el material y mostrar sus prejuicios, incluyendo datos y argumentos favorables a sus puntos de vista, y omitir todo lo demás. Es esencial leer de manera crítica y no aceptar todo lo que está escrito, simplemente porque aparece impreso.

Se debe desarrollar el hábito de desafiar al autor, haciendo preguntas, juzgando la integridad y la verdad de la información y haciendo distinción entre hechos y opiniones. Un hecho es el que se puede probar a través de una fuente de información fidedigna como una enciclopedia, un almanaque o documentos oficiales del gobierno.

EJEMPLO

El gobierno federal gasta billones de dólares cada año ayudando a los estados, mediante uso de fondos para las personas necesitadas, los desempleados, los que tienen incapacidades o problemas familiares.

Esto puede ser comprobado consultando el presupuesto federal oficial.

Una opinión o creencia es la que expresa los sentimientos o pensamientos de una persona o personas y que no puede ser comprobada con ninguna fuente fidedigna.

EJEMPLO

Se cree que en el año 2000, la población sobrepasará la producción de alimentos y el hambre se extenderá.

Esta es una predicción que está escrita en forma de afirmación o creencia atribuida a una fuente no identificada ("Se cree que...") y no se puede probar hasta que llegue el año 2000. Es posible que haya gente que piense diferente. En cualquier caso, esta afirmación no es definitivamente un hecho. Observe que hay ciertas palabras que son claves para identificar una opinión.

PALABRAS CLAVES CUANDO SE EXPRESA UNA OPINIÓN
creo
pienso
considero
sería
probablemente
posiblemente
podría ser

PALABRAS QUE PROBABLEMENTE REFLEJAN OPINIÓN Y NO HECHO

mejor	indeseable
peor	necesario
deseable	innecesario

Para leer críticamente, hágase las siguientes preguntas:

1. ¿Por qué el autor ha escrito esta selección?
2. ¿Qué quiere que el lector piense?
3. ¿Está presentando objetivamente una situación o no?
4. ¿Está omitiendo información esencial?

DETERMINAR LA RELACIÓN CAUSA-EFECTO

La habilidad en la lectura de material de Estudios Sociales a menudo está relacionada con la determinación de causa y efecto en los acontecimientos, los que escasamente ocurren por separado.

EJEMPLO

Los japoneses bombardearon Pearl Harbor el 7 de diciembre de 1941. Los Estados Unidos declararon entonces la guerra al Japón.

El bombardeo de Pearl Harbor fue la causa y la declaración de guerra fue el resultado o efecto del bombardeo. Cada vez que lea un acontecimiento, intente determinar sus causas. He aquí una pregunta que relaciona causa con efecto:

PREGUNTA

La política económica del Nuevo Trato (*New Deal*) del presidente Franklin D. Roosevelt, que llevó a la creación de numerosas agencias gubernamentales, significó un gran esfuerzo para combatir los efectos de la Gran Depresión. Uno de los resultados más importantes de esta política fue

(1) debilitar el poder del jefe de la rama ejecutiva
(2) fortalecer la política del liberalismo
(3) incrementar el poder del gobierno federal
(4) expandir la importancia de los derechos de los estados
(5) aminorar la necesidad de revisión del poder judicial

RESPUESTA Y ANÁLISIS

La pregunta exige conocer los resultados de las acciones tomadas en el programa del presidente Franklin D. Roosevelt. Ocurrieron resultados contrarios a los que se presentan en las opciones 1, 4 y 5 puesto que el Nuevo Trato (*New Deal)* fortaleció el poder del jefe del gobierno, debilitó la importancia de los derechos de los estados e incrementó la necesidad de una revisión del poder judicial. La opción 2, sobre la política del liberalismo, el cual aboga por la escasa o ninguna interferencia del gobierno en los asuntos relacionados con los negocios, claramente es una respuesta incorrecta. Sólo la opción 3 es correcta, ya que el programa del *New Deal* requería acción ejecutiva para estimular la recuperación económica y el bienestar social.

COMPARAR Y CONTRASTAR IDEAS Y ESTRUCTURAS

Otra habilidad requerida en la lectura de material de Estudios Sociales es la de comparar y contrastar instituciones y acontecimientos. Puede que le pidan comparar la democracia norteamericana con la francesa, contrastar la democracia con el comunismo o la posición de los Republicanos con la de los Demócratas, o establecer la diferencia entre el papel de la mujer en los siglos XVIII y XX.

PREGUNTA

Las carreras de Theodore Roosevelt y Franklin D. Roosevelt se parecían mucho porque ambos

(1) fueron líderes militares distinguidos antes de ser presidentes
(2) lideraron la causa de la paz internacional, pero involucraron a los Estados Unidos en una guerra
(3) llegaron a la presidencia después de la muerte de su predecesor
(4) creían en una presidencia fuerte y actuaban de acuerdo a esto
(5) representaban al mismo partido político

RESPUESTA Y ANÁLISIS

Le piden que compare las carreras de dos presidentes estadounidenses. Franklin D. Roosevelt no fue un reconocido caudillo militar antes de ser presidente. Theodore Roosevelt no involucró a los Estados Unidos en una guerra. Franklin D. Roosevelt no llegó a la presidencia después de la muerte del presidente anterior. Theodore Roosevelt fue un Republicano, mientras que Franklin D. Roosevelt fue un Demócrata. Así pues, las opciones 1, 2, 3 y 5 son incorrectas. La opción 4 es correcta, ya que ambos fueron presidentes muy fuertes. Theodore Roosevelt disolvió un monopolio, creó la política del Trato Justo y llevó a cabo una política exterior expansionista. Por su parte, Franklin D. Roosevelt llevó a cabo las políticas del Nuevo Trato, así como la de buena relación con sus países vecinos de Latinoamérica e involucró a los Estados Unidos en la Segunda Guerra Mundial.

PRÁCTICA SOBRE TEMAS DE ESTUDIOS SOCIALES

NOTA:
Las siguientes seis lecturas ilustrativas sobre temas de Estudios Sociales son más largas que los pasajes presentados en un examen real. Esto se hizo para permitir la mayor gama de preguntas posible conducente a óptimos análisis y práctica. Los pasajes en un examen real raramente exceden 250 palabras.

CIENCIAS POLÍTICAS

Los comités claves en una convención política son los siguientes:

- El *Comité Acreditativo*. Este grupo es el que decide quién es un delegado oficial con derecho a voto.
- El *Comité de Organización* permanente, que escoge a los altos funcionarios de la convención, entre ellos su presidente. También decide quién puede hablar en la convención o no.
- El *Comité de Regulación* es el que crea las normas a seguir en la organización de la convención y el partido.
- El *Comité de Posición y Resoluciones*, que escribe la posición del partido.

Normalmente, una convención dura cuatro días. Como es típico, el presidente temporal inaugura la convención con un *discurso de apertura*. Este discurso es significativo por establecer el tono de la convención. Pero el asunto importante del día se discute detrás del podio, cuando el Comité Acreditativo decide quién puede ser delegado.

En el segundo día, se lee, debate y vota la *posición del partido*. Se instituye un *presidente permanente* y la convención debe aprobar los informes de los comités más importantes.

En el tercer día, se presentan las *nominaciones* de los candidatos a la presidencia. En la Convención Republicana, los diferentes estados son llamados por orden alfabético, mientras que en la Convención Demócrata lo hacen a través de una lotería. Cada estado puede nominar un candidato, secundar una nominación ya realizada, ceder su nominación a otro estado o votar en blanco.

Después de leerse el nombre de cada nominado, generalmente estalla una sonora demostración a favor o en contra.

Las *votaciones* empiezan sólo después de acabar las nominaciones. Una *mayoría simple* (uno más de la mitad de los votos) es lo que se necesita para ganar. Cada candidato presidencial republicano desde 1948, así como el demócrata desde 1952, ha ganado en la primera votación. Si no gana ninguno por mayoría simple, se vuelve a votar hasta que se consigue un candidato.

En el cuarto día, ya se ha elegido un candidato. Este luego informa a los líderes del partido y presenta a quien prefiere como *vicepresidente*. Normalmente, se acepta su propuesta.

Finalmente, los dos candidatos hacen sus discursos de aceptación, se celebran algunos actos ceremoniales y la *convención* termina.

1. La idea principal de esta selección es

   (1) escoger a un presidente y vicepresidente
   (2) que hay cuatro comités claves
   (3) en qué se diferencian las convenciones Republicana y Demócrata
   (4) que las convenciones son un drama de la política norteamericana
   (5) cómo se organizan y actúan las convenciones

2. El candidato a la vicepresidencia es escogido por

   (1) los líderes del partido
   (2) los votos de todos los miembros del partido
   (3) el Comité de Regulación
   (4) el presidente permanente de la convención
   (5) el nominado presidencial

3. En la próxima convención, es probable que los candidatos del partido serán nominados por

   (1) mayoría simple en la segunda vuelta
   (2) pluralidad en la segunda vuelta
   (3) dos terceras partes de los votos en la primera vuelta
   (4) mayoría simple en la primera vuelta
   (5) pluralidad en la primera vuelta

4. La pareja de grupos *incorrecta* es

   (1) Comité de Organización—presidente de la convención
   (2) presidente permanente—discurso de apertura
   (3) nominados—discursos de aceptación
   (4) estados—nominaciones
   (5) mayoría simple—elección de un nominado

5. Una diferencia entre las convenciones Republicana y Demócrata es cómo

    (1) se organizan los comités
    (2) se eligen los presidentes de la convención
    (3) se hacen las nominaciones de los candidatos presidenciales
    (4) se realizan las votaciones
    (5) se decide la posición del partido

6. El autor de esta selección ha escrito el pasaje de manera

    (1) lógica
    (2) psicológica
    (3) cronológica
    (4) argumentativa
    (5) crítica

CLAVE DE LAS RESPUESTAS

1. **5**   2. **5**   3. **4**   4. **2**   5. **3**   6. **3**

ANÁLISIS DE LAS RESPUESTAS

1. **5** La pregunta 1 se refiere a la idea principal de la selección. Las respuestas posibles normalmente pueden incluirse en diferentes categorías. Una de las opciones será incorrecta e inaplicable, ya que no tendrá nada que ver con la pregunta. Otras opciones se centrarán en los detalles y no en la idea principal. Habrá otra opción que será muy general o vaga. La respuesta correcta será la que indica la idea principal o el propósito del artículo, como es la opción 5 en este caso, puesto que el pasaje describe cómo las convenciones están organizadas por comité y cómo actúan para conseguir sus propósitos, es decir, la nominación de dos candidatos a la presidencia y vicepresidencia y la adopción de una posición de partido. La opción 1 es incorrecta, ya que en la convención solamente se nominan dos candidatos que luego pueden convertirse en presidente y vicepresidente si son elegidos.

    Las opciones 2 y 3 se refieren a detalles sobre la estructura del comité y sobre la diferencia entre las convenciones Republicana y Demócrata. La opción 4 es demasiado amplia. Las convenciones políticas pueden ser un drama, pero no es la idea principal de esta selección.

2. **5** Esta pregunta requiere identificar un detalle importante. En una lectura rápida y superficial, verá que la palabra *vicepresidente* aparece por primera vez en el penúltimo párrafo. Allí encontrará la respuesta correcta, es decir la opción 5, que dice que el candidato a presidente es quien dice a los líderes del partido a quién prefiere como vicepresidente.

3. **4** Esta pregunta requiere predecir un resultado, ya que se usan las palabras: "En la próxima convención, es probable que...". Debido a que los candidatos presidenciales en las respectivas convenciones de ambos partidos han ganado en la primera vuelta durante más de 20 años y debido a que sólo se requiere una simple mayoría para ganar, es prudente predecir que esto puede ocurrir en las futuras convenciones. Por eso, la opción 4 es la correcta.

4. **2** Esta pregunta es engañosa. Cada una de las opciones contienen asociaciones correctas, excepto una. Así pues, el Comité de Organización escoge al presidente de la convención; los nominados hacen discursos de aceptación; los estados hacen las nominaciones; una mayoría simple da como resultado una nominación. Sólo la opción 2 es un error: es el presidente *temporal* quien realiza el discurso de apertura.

5. **3** Esta pregunta se concentra en una diferencia entre las convenciones Republicana y Demócrata. Si lee superficialmente el pasaje hasta encontrar la palabra Republicana y Demócrata, en la mitad de la selección, encontrará que las nominaciones se hacen de manera diferente: por orden alfabético en un caso y por lotería en el otro. Así pues, la opción correcta es 3.

6. **3** Esta pregunta se refiere a la estructura del artículo. Para encontrar la respuesta, es necesario observar cómo se siguen, uno detrás de otro, los párrafos en el pasaje. En este sentido, el segundo párrafo indica cuánto dura la convención (cuatro

días) y nos cuenta cómo empieza. El tercer párrafo se refiere al segundo día; el cuarto párrafo, habla del tercer día. Y los dos últimos explican lo que pasa en el cuarto día. Como el pasaje sigue la secuencia *temporal* de la convención, está organizado de manera cronológica. La opción 3 es la correcta.

HISTORIA

Estados Unidos, a menudo, se considera una nación joven, pero de hecho es el segundo gobierno ininterrumpido más antiguo del mundo. La razón es que su gente siempre ha estado dispuesta a acomodarse al cambio. Nos hemos consagrado a la igualdad, pero lo hemos realizado a través de medios flexibles. En el sentido europeo del término, los partidos políticos norteamericanos no son partidos, porque no están separados por creencias básicas. Ni tan siquiera tienen el deseo de derrocar o remplazar el orden político y económico existente; simplemente desean alterarlo a una velocidad más rápida o lenta.

Uno de nuestros logros del que estamos más orgullosos ha sido la creación de un sistema de capitalismo controlado que produce uno de los niveles de vida más alto de la tierra y que ha hecho posible una sociedad que minimiza la importancia de las clases sociales. El sistema de ganancias desarrollado en E.U.A. comparte sus beneficios con todas las partes de la sociedad: capital, trabajo y las masas consumidoras. Los empresarios sin principios han sido restringidos por el gobierno y por el creciente poder de las organizaciones de trabajadores hasta que deben servir al bienestar general mientras persiguen sus propios intereses económicos. Ahora es la clase trabajadora la que puede apreciar esta restricción.

Incluso nuestra creencia democrática no es permanente e incambiable. De este modo, los políticos de nuestra república inicial, aunque creían fuertemente en la empresa privada, decidieron que la oficina de correos fuera un monopolio del gobierno y que las escuelas fueran públicas. Desde entonces, el gobierno ha expandido sus actividades de diferentes maneras. Los norteamericanos dan apoyo o lo que dijo Lincoln, que "el objetivo legítimo del gobierno es realizar para la comunidad todo lo que ésta necesite, ya sea porque ésta no pueda hacerlo por ella misma o no pueda hacerlo bien."

1. La cualidad principal de los Estados Unidos que se expresa en este pasaje es

   (1) la juventud
   (2) la igualdad
   (3) el alto nivel de vida
   (4) el sistema de ganancias
   (5) la flexibilidad

2. Una creencia popular sobre los Estados Unidos con la cual este pasaje se muestra en desacuerdo se refiere a

   (1) los partidos políticos
   (2) el capitalismo
   (3) la empresa privada
   (4) la clase trabajadora
   (5) la empresa pública

3. Según el pasaje, las siguientes respuestas son características de los Estados Unidos, *excepto*

   (1) el deseo de igualdad
   (2) la sociedad sin clases
   (3) la creencia en la democracia
   (4) el sistema de ganancias
   (5) el capitalismo controlado

4. Según las creencias de Lincoln, ¿a qué agencia hubiera dado él su aprobación?

   (1) El Departamento de Educación de los Estados Unidos
   (2) La Cámara de Comercio de los Estados Unidos
   (3) La Guardia Nacional
   (4) La Comisión de Servicios Públicos
   (5) La Administración Federal de Aviación

5. La creación del monopolio de Correos por parte del gobierno de los Estados Unidos se cita como ejemplo de

   (1) sustitución del orden económico existente
   (2) restricción de empresarios sin principios
   (3) control de los trabajadores organizados
   (4) visión flexible de la empresa privada
   (5) sistema de ganancias compartidas

6. Según el pasaje, ¿cuál de las siguientes afirmaciones es verdad?

   (1) Nuestros partidos políticos están de acuerdo en los objetivos, pero no en los métodos
   (2) Las empresas obtienen más beneficios que la clase trabajadora
   (3) El gobierno ha tendido a restringir su papel en la vida de los norteamericanos
   (4) Los estadounidenses son conservadores cuando se requiere un cambio
   (5) Los estadounidenses han mantenido sus creencias democráticas intactas

7. La visión de cambio en América según el autor es

   (1) crítica
   (2) prudente
   (3) favorable
   (4) limitada
   (5) confusa

CLAVE DE LAS RESPUESTAS

1. **5**   2. **1**   3. **2**   4. **5**   5. **4**   6. **1**
7. **3**

ANÁLISIS DE LAS RESPUESTAS

1. **5** Esta pregunta requiere que determine el propósito principal del autor del pasaje. Cada opción de la 1 a la 4 se refiere a una característica de los Estados Unidos, pero ninguna de ellas es básica en la selección. La flexibilidad se ha mencionado de diferentes maneras: "siempre ha estado dispuesta a acomodarse al cambio", "medios flexibles", "no es permanente e incambiable".

2. **1** La pregunta se refiere a una característica de los Estados Unidos que el pasaje pone en duda. Una lectura cuidadosa revelará que ninguna respuesta concuerda con algún desafío a determinada característica de este país, con excepción de los partidos políticos. El pasaje dice que los europeos no consideran los partidos políticos de los Estados Unidos reales partidos políticos. Así pues, la opción 1 es la respuesta correcta.

3. **2** En esta pregunta se requiere identificar un detalle. Cinco respuestas se mencionan, cuatro de los cuales son verdaderas características de los Estados Unidos. Sin embargo, eso de una sociedad sin clases es una exageración, pues el pasaje sólo habla de "una sociedad que minimiza la importancia de las clases sociales." La respuesta correcta es la 2.

4. **5** Esta pregunta, un poco más dificultosa, se refiere al principio declarado por Lincoln sobre las instituciones gubernamentales de los Estados Unidos. ¿Cuál es este principio? El gobierno debe satisfacer las necesidades de una comunidad que por ella misma no puede afrontarlas. La opción 1 es incorrecta ya que la educación es una función que los estados siempre han proporcionado. La opción 2 es incorrecta debido a que la Cámara de Comercio es un organismo privado. La opción 3 es incorrecta también, porque la Guardia Nacional está bajo jurisdicción estatal en tiempos de paz. La opción 4 no es correcta, porque las Comisiones de Servicios Públicos son generalmente agencias estatales. La respuesta correcta es la opción 5. La Administración Federal de Aviación regula el comercio aéreo, incluyendo el sistema nacional de aeropuertos y el control de tráfico aéreo. Es una función interestatal que una comunidad difícilmente podría hacer frente sola.

5. **4** Esta pregunta se basa en un detalle del pasaje. Entre los fundadores de nuestra república, "aunque se creía fuertemente en la empresa privada, decidieron que la oficina de correos fuera un monopolio del gobierno". Este es un ejemplo de flexibilidad. La respuesta correcta es 4. Las demás opciones son inaplicables.

6. **1** Hay cuatro afirmaciones que son falsas, según el pasaje, y una que es verdadera. Las opciones 3, 4 y 5 contradicen lo que dice el pasaje: el gobierno ha expandido su papel; los estadounidenses siempre han estado dispuestos a acomodarse a los cambios; nuestras creencias democráticas no son inmutables.

La opción 2 no se puede contestar ya que no hay ninguna evidencia de proporciones ni cantidades en el pasaje. Sólo la opción 1 es verdadera: nuestros partidos políticos desean mantener el orden político y económico establecido. Difieren en el índice de velocidad para alterar este orden, pero concuerdan en los objetivos.

7. 3 Esta pregunta requiere hacer una deducción. Pregúntese: "Después de lo que he leído, ¿cuál es la visión del autor sobre el tema que está presentando?" El tema es el cambio y el autor realmente elogia este cambio. La opción 3 es la respuesta correcta. ¿Por qué? La respuesta se encuentra en las dos primeras oraciones. El autor cita el hecho de que los Estados Unidos "es el segundo gobierno ininterrumpido más antiguo del mundo" y se siente orgulloso de ello. Luego, atribuye este hecho a la buena voluntad de los estadounidenses de acomodarse al cambio. Por consiguiente, este cambio debe ser positivo para permitir que el gobierno sobreviva.

Hasta este punto, hemos analizado las respuestas de dos pasajes de ciencias políticas e historia. Hemos identificado la idea principal en cada selección y hemos reconocido algunos detalles. Finalmente, se le ha requerido que saque conclusiones y haga predicciones. En las próximas selecciones le daremos más oportunidades para practicar su destreza en la lectura. Vamos a analizar sólo las preguntas que presentan nuevas técnicas de lectura o problemas especiales. Asegúrese de comprobar sus respuestas en la lista de respuestas correctas que se encuentra a continuación de las preguntas. Si comete algún error, no dude en volver a la selección para leerla de nuevo.

ECONOMÍA

¿Pueden los Estados Unidos caer en el abismo de otra Gran Depresión?

Los economistas no pueden asegurarlo. El sentimiento mayoritario, sin embargo, es que las depresiones del pasado nos han enseñado cómo evitar nuevos desastres económicos. Hemos aprendido, por ejemplo, sobre la necesidad de:

• Una regulación gubernamental de la bolsa de valores. El Acta de Valores de 1933 hizo que la negociación con valores fuera más pública. El Acta de Intercambio de Valores de 1934 estableció la Comisión Controladora de Valores y Acciones (SEC), que actúa como una especie de grupo oficial de guardianes del consumidor. Una de sus funciones es advertir a los inversionistas contra las absurdas especulaciones que precedieron la quiebra de 1929.
• Un Consejo Permanente de Asesores Económicos que toman el pulso de la economía para el gobierno. El Acta de Empleo de 1946 creó el Consejo de Asesores Económicos. Sus recomendaciones en 1949, 1958 y 1969, según los observadores, ayudaron a impedir que las recesiones en estos años se convirtiesen en depresiones.
• Una Corporación Federal de Garantías de Depósitos (FDIC) que promete respaldo gubernamental para cubrir los depósitos bancarios. Esta garantía, hasta el momento, ha prevenido algunos tipos de transacciones de los bancos—como retiro de dinero por pánico—que forzaron a cientos de bancos a cerrar sus puertas a principios de los años 30.
• Un sistema de ayuda federal a los desempleados. Los gobiernos estatales y locales se esforzaron para proporcionar ayuda a los pobres en los primeros años de la Gran Depresión. La mayoría de estos esfuerzos fracasaron, pues a ellos también se les agotó el dinero.

El Nuevo Trato *(New Deal)* trajo consigo la seguridad social, un plan de pensión del gobierno. Otros planes fueron destinados a los trabajadores desempleados o los que no podían trabajar por estar lesionados. Los beneficios a los veteranos y la asistencia pública *(welfare)* son otras dos formas de ayuda creados por el gobierno de Washington durante los años 30.

Estos *fondos de transferencia*, como así se llamaron, no sólo fueron una ayuda para los afectados. A largo plazo también ayudaron a la economía global del país, al proporcionar a la gente mayor poder adquisitivo. Este poder de compra ayudó a mantener alta la demanda de bonos, lo cual ayudó a que las fábricas no cerraran y que emplearan a más trabajadores.

Por estas y otras razones, muchos economistas creen que hoy en día la economía de los Estados Unidos está más controlada. La economía estadounidense, a pesar de la reciente inflación de precios, es ahora una de las más fuertes del mundo.

1. Esta selección pone énfasis en

    (1) los efectos de la Gran Depresión
    (2) las contribuciones del Nuevo Trato *(New Deal)*
    (3) la fuerza de la economía de los Estados Unidos
    (4) cómo evitar desastres económicos
    (5) el papel del poder adquisitivo de la gente

2. Todas las respuestas siguientes están asociadas con el Nuevo Trato *(New Deal)*, a excepción de

    (1) la seguridad social
    (2) el Consejo de Asesores Económicos
    (3) los beneficios de los veteranos
    (4) la asistencia pública
    (5) el seguro de desempleo

3. Las siguientes respuestas presentan características de la Gran Depresión que los economistas trataron de corregir, a excepción de

    (1) la especulación en la bolsa de valores
    (2) la quiebra de los bancos
    (3) el desempleo
    (4) la creciente inflación de los precios
    (5) la pobreza

4. El gobierno federal intervino cuando los gobiernos estatales y locales fallaron en

    (1) la regulación del mercado de valores
    (2) el respaldo de los depósitos bancarios
    (3) la aportación de ayuda a los desempleados
    (4) la aportación de beneficios a los veteranos
    (5) la creación de la seguridad social

5. ¿Cuál de las siguientes afirmaciones no es verdadera?

    (1) Los Estados Unidos evitaron las depresiones en las décadas posteriores a la Gran Depresión
    (2) El pánico bancario se ha evitado desde la Gran Depresión
    (3) La Comisión de Control de Valores y Acciones advierte a los inversionistas sobre actividades de la bolsa de valores que precipitaron a la Gran Depresión
    (4) Los fondos de transferencia ayudan a los desempleados
    (5) Hemos aprendido cómo prevenir otra Gran Depresión

6. Podemos concluir, según lo que dice el autor, que la posibilidad de otra Gran Depresión es

    (1) inevitable
    (2) probable
    (3) improbable
    (4) imposible
    (5) previsible

CLAVE DE LAS RESPUESTAS

1. **4**   2. **2**   3. **4**   4. **3**   5. **5**   6. **3**

ANÁLISIS DE LAS RESPUESTAS

Vamos a ver las respuestas 5 y 6.

5. **5** La pregunta 5 le ofrece cinco afirmaciones, una de las cuales es falsa. Debe comprobar cada afirmación en el texto. La opción 5 no es verdadera, debido a que los economistas no pueden asegurar de que no se produzca otra Gran Depresión, aunque crean que no va a suceder. La opción 1 es verdadera, ya que el pasaje dice que las recomendaciones del Consejo de Asesores Económicos ayudaron a evitar depresiones en 1949, 1958 y 1969. La opción 2 es también verdadera ya que el pasaje dice que la Corporación Federal de Garantías de Depósitos "hasta el momento ha prevenido" los movimientos bancarios como el retiro de dinero por pánico. La opción 3 es correcta porque la Comisión Controladora de Valores y

Acciones tiene como responsabilidad advertir al público de especulaciones desmedidas. Y la opción 4 es la correcta, porque el seguro de desempleo está incluido en los fondos de transferencia.

6. **3** La pregunta 6 le pide que haga una deducción, una de las habilidades de la lectura más difíciles. El autor concluye el artículo con una nota optimista—que "los economistas creen que hoy en día la economía de los Estados Unidos está más controlada" y que la economía "es ahora una de las más fuertes del mundo". Por lo tanto, es posible deducir y sacar la conclusión de que el autor ve como improbable que haya otra Gran Depresión como apunta la opción 3.

GEOGRAFÍA

La geografía puede subdividirse en diferentes áreas de estudio.

Geografía natural. En el estudio de la naturaleza, la geografía hace hincapié en los elementos naturales del entorno humano. Entre ellos, estudia la topografía, los terrenos y sus composiciones, las relaciones entre la tierra y el sol, el agua de la superficie y de las profundidades, el tiempo y el clima, la vida de las plantas y los animales. La geografía natural también incluye el impacto del hombre en su entorno.

Geografía cultural. El énfasis de la geografía cultural está puesto en el estudio de las características que se observan en la tierra desde que el hombre vive en ella. Entre estos aspectos, se estudian la distribución de la población y asentamientos, ciudades, edificios, carreteras, campos de aterrizaje, vías ferroviarias, granjas y campos, medios de comunicación y otros ejemplos de presencia humana. La geografía cultural es uno de los campos más significativos de las investigaciones geográficas.

Geografía económica. La correlación entre los esfuerzos del hombre para desarrollar su vida y la superficie de la tierra donde se producen es primordial en la geografía económica. Para estudiar cómo el hombre desarrolla su vida, se analiza la distribución de materiales, la producción, las instituciones, los rasgos y costumbres humanas.

Geografía regional. La geografía regional se basa en las características observables de un área. El énfasis está puesto en los modelos y elementos del entorno natural y sus relaciones con las actividades humanas. Lo que podría ser una disposición confusa de datos se organiza en modelos cohesivos, a través de técnicas regionales que estudian fenómenos geográficos.

Geografía sistemática. También es factible estudiar la geografía de un área pequeña o de la superficie total de la tierra de un modo sistemático. Los asentamientos, los climas, los suelos, los cultivos, los minerales, los accidentes geográficos, el agua, se pueden observar, describir, analizar y explicar. La investigación mediante la geografía sistemática es muy valiosa.

1. Este pasaje describe

   (1) el crecimiento geográfico
   (2) el campo o acción de la geografía
   (3) la importancia de la geografía
   (4) el papel de la geografía en las ciencias sociales
   (5) los principios geográficos

2. La diferencia entre las cinco áreas de la geografía se basa en

   (1) el método
   (2) la importancia
   (3) el énfasis
   (4) la novedad
   (5) la objetividad

3. Un estudiante interesado en la influencia de un rasgo geográfico sobre la disponibilidad de trabajo de una región, ¿qué estudiaría?

   (1) geografía natural
   (2) geografía cultural
   (3) geografía económica
   (4) geografía regional
   (5) geografía sistemática

4. Un meteorólogo posiblemente estaría más interesado en

   (1) geografía natural
   (2) geografía cultural
   (3) geografía económica
   (4) geografía regional
   (5) geografía sistemática

5. Un sociólogo urbano posiblemente estudiaría

    (1) geografía natural
    (2) geografía cultural
    (3) geografía económica
    (4) geografía regional
    (5) geografía sistemática

6. Una persona que estudie los problemas del Medio Oriente usaría el enfoque de la

    (1) geografía natural
    (2) geografía cultural
    (3) geografía económica
    (4) geografía regional
    (5) geografía sistemática

7. Un ecologista que estudia los efectos de actividades humanas tales como los efectos de la minería a tajo abierto y la erosión de la tierra se basaría en la

    (1) geografía natural
    (2) geografía cultural
    (3) geografía económica
    (4) geografía regional
    (5) geografía sistemática

8. El aspecto de la geografía que trata de estudiar la geografía de un área pequeña de manera planificada y ordenada es la

    (1) geografía natural
    (2) geografía cultural
    (3) geografía económica
    (4) geografía regional
    (5) geografía sistemática

CLAVE DE LAS RESPUESTAS

1. **2**   2. **3**   3. **3**   4. **1**   5. **2**   6. **4**
7. **1**   8. **5**

ANÁLISIS DE LAS RESPUESTAS

Cuatro de las preguntas están relacionadas con definiciones: las preguntas 3, 6, 7 y 8. Dos preguntas requieren conocimientos de términos que no se definen en el pasaje.

2. **3** Es un poco engañosa, pero si lee detenidamente, se dará cuenta que el autor usa palabras como "hacer hincapié" y "énfasis" en sus definiciones de los varios aspectos de la geografía.

Para responder a las preguntas 4 y 5 se requieren dos pasos. Primero, debe definir el término en la pregunta. Luego, deberá recordar la definición del área de la geografía con la que está relacionado.

4. **1** En la pregunta 4 debe recordar que a un meteorólogo le interesa el estado del tiempo. Sólo así podrá identificar la geografía natural como su interés primordial.

5. **2** En esta pregunta un sociólogo urbano estudia las ciudades, un área de interés de la geografía cultural.

CIENCIA DEL COMPORTAMIENTO

Hay grandes y pequeños. Ricos y no tan ricos. Están en el este y en el oeste, en el norte y en el sur y se dispersan a lo largo del centro de la nación. En los últimos 30 años, han sido un faro que ha atraído a millones de norteamericanos que tienen el sueño por cumplir.

¿Qué son? Los suburbios—estos poblados que crecen rápidamente alrededor de las grandes ciudades, donde vive más de un tercio de los estadounidenses. Si busca en una enciclopedia la definición de suburbio, encontrará algo parecido a esto: "Un suburbio puede ser cualquier distrito o comunidad más pequeño que la metrópolis a la cual circundan; más específicamente, es una comunidad organizada fuera de los límites políticos de una ciudad y que tiene un carácter residencial con medios y servicios locales limitados".

Esta definición está bien dicha. Pero, no va lo suficientemente lejos para explicar lo que es un suburbio hoy en día, su historia, sus razones de existir y la propia gente que vive en él.

Siempre han habido asentamientos alrededor de la periferia de las grandes ciudades. Pero la inmigración real desde la ciudad a los suburbios empezó en 1920. Fue cuando las familias opulentas, en particular, empezaron a mudar sus casas hacia áreas lejos del ruido del centro de la ciudad. Este movimiento de gente llegó a ser masivo después de la Segunda Guerra Mundial. Cuando la nación empezó a ser más próspera, hubo una mejora de los transportes y la gente buscó lugares para mejorar su nivel de vida. Habían más automóviles, carreteras y vías ferroviarias que permitían que las personas pudieran vivir más lejos de su lugar de trabajo. A medida que esto pasaba, cada vez más gente cambiaba el cemento de la ciudad por los espacios abiertos más allá de los límites urbanos. Entre 1920 y 1970, el número de gente que vivía en los suburbios creció enormemente.

Las cifras en el censo de los Estados Unidos en 1970 muestran que la población de los suburbios aumentó hasta llegar a los 15 millones, es decir un 28 por ciento más desde 1960 a 1970. En la actualidad, hay cerca de 75 millones de estadounidenses que viven en los suburbios de las ciudades. En el mismo período de tiempo, la población en las grandes ciudades sólo creció un 5.3 por ciento.

En 1973, el grupo más grande de distritos electorales fueron los suburbios (161). Las áreas rurales sumaban 130 distritos electorales, mientras que las ciudades centrales iban en tercera posición con 119 distritos.

Así pues, es fácil ver que los suburbios son una gran fuerza en la vida norteamericana— una fuerza que los líderes nacionales tienen en cuenta.

1. Esta selección trata principalmente de

   (1) la gente que deja las ciudades
   (2) la definición de suburbio
   (3) los atractivos de los suburbios
   (4) las razones del crecimiento de los suburbios
   (5) la creciente importancia de los suburbios

2. Todas las respuestas abajo describen a un suburbio, *a excepción de*

   (1) residencial
   (2) organizado
   (3) del tamaño de un distrito
   (4) autónomo
   (5) fuera de la ciudad

3. Estas son las razones para explicar el crecimiento de los suburbios, *a excepción de*

   (1) una mayor conveniencia
   (2) las mejoras en la carreteras
   (3) las mejoras en las vías ferroviarias
   (4) el incremento de los automóviles
   (5) el aumento de la riqueza

4. En la década de 1960–1970, el índice del crecimiento de la población de los suburbios fue mayor que el de las ciudades en aproximadamente un

   (1) 50%
   (2) 100%
   (3) 200%
   (4) 500%
   (5) 1,000%

5. Según los datos que se presentan en este artículo, se puede concluir que probablemente los suburbios

   (1) no tienen suficiente representación en el Congreso
   (2) tienen la representación apropiada
   (3) tienen demasiada representación
   (4) tienen menos representación que las áreas rurales
   (5) tienen menos representación que las ciudades centrales

6. ¿Cuál de las siguientes afirmaciones es falsa?

   (1) Los suburbios atraen a más norteamericanos que las ciudades.
   (2) Los suburbios están ejerciendo una influencia cada vez más importante en la política de los Estados Unidos.
   (3) El crecimiento de los suburbios fue más rápido entre 1920 y 1960.
   (4) Los transportes fueron la fuerza mayor en el crecimiento de los suburbios.
   (5) Uno de los aspectos de la vida en una ciudad es el ruido y esto es lo que impulsó a la gente a vivir en las afueras.

CLAVE DE LAS RESPUESTAS

1. **5**   2. **4**   3. **1**   4. **4**   5. **3**   6. **3**

ANÁLISIS DE LAS RESPUESTAS

Las preguntas 3 y 5 tienen un interés especial.

3. **1** Esta pregunta precisa que encuentre las razones que cita el autor para apoyar la idea del crecimiento de los suburbios. Todas las razones se han dado, a excepción de "una mayor conveniencia." Por lo tanto, la opción 1 es la respuesta correcta.

5. **3** Esta pregunta es engañosa. Es necesario un poco de aritmética antes de poner juntos todos los datos que se presentan a lo largo del artículo. En el segundo párrafo, se dice que "más de un tercio de los estadounidenses" viven en los suburbios. En el penúltimo párrafo, se menciona que los suburbios representados en el Congreso suponen 161 escaños (de los 410 que hay para el total del país) o sea, casi un 40%. Por eso, los suburbios tienen demasiada representación (un 40% comparado con un tercio de los estadounidenses). La opción correcta es la 3.

El joven adolescente Onta dejó a sus padres y fue guiado por uno de los viejos de la tribu. Lo llevaron a una choza en el otro lado del pueblo. Allí, él y otros jóvenes llevaron a cabo la ceremonia. Después fueron juntados, atados y sentados en un gran círculo, y el jefe interrogó a cada joven sobre las tradiciones tribales que habían estudiado. Luego, cada uno pasó delante de una fila de viejos con la cabeza cubierta de ceniza extraída de un fuego que se acababa de extinguir. Finalmente, después de más de dos horas de cantos religiosos, las cuerdas fueron cortadas y cada joven fue recibido formalmente en la tribu como un hombre.

El joven adolescente David dejó a sus padres y fue guiado por un oficial vestido con un uniforme oscuro. Lo llevaron a una habitación al otro lado del edificio. Allí, él y otros jóvenes empezaron el examen. Sentados en filas organizadas, fueron sometidos al examen bajo la severa vigilancia de otro oficial.

Luego, les pidieron que manipularan una máquina gigantesca bajo el control de otro oficial. Finalmente, después de esperar en casa durante un período de algunas semanas, fueron bienvenidos a la fraternidad.

Onta y David son personajes de ficción. Pero hay ritos de paso que no lo son. Un rito es una ceremonia, normalmente formal y dictada por la costumbre. Formalmente, señala que una persona ha pasado de un estado a otro. De la infancia a la madurez. De la soltería al matrimonio. De la vida a la muerte.

El rito de Onta es muy común (pero hay muchas variaciones) entre las llamadas poblaciones primitivas. Algunas veces se le llama rito de la pubertad y se realiza normalmente en el momento en que el joven ha alcanzado la madurez sexual. Haber pasado por este ritual significa que Onta es oficialmente un hombre para su sociedad.

Pero la práctica no está limitada a las tribus primitivas. Todos los tipos de rituales, entre ellos el rito de aprobación, son muy frecuentes en todo el mundo. Por ejemplo, el *mitzvah* judío es un ritual religioso que se celebra cuando un joven llega a los 13 años y en el que se hace una proclamación de que el joven ya es una persona adulta.

Los ritos pueden cambiar de acuerdo al tiempo y la disposición de la sociedad. En el caso de David, si todavía no lo ha adivinado, su ritual es algo vital para un gran número de jóvenes en los Estados Unidos.

En cierta manera, David finalmente se convierte en un miembro de la tribu—después de pasar por el rito de aprobación, hacer su examen y recibir su licencia de conducir. Con la "mentalidad motorizada" de los Estados Unidos, un adolescente que no pasa el examen de conducir es probablemente tan menospreciado como el joven africano que fracasa en la prueba que lo habría convertido en un adulto.

Conseguir una licencia de conducir es un rito popular en el pasaje. Pero hay otros. Algunos de ellos son regionales e incluso locales. ¿Hay algunos ritos de aprobación especiales en su comunidad?

Uno de los primeros en identificar los "ritos de aprobación o paso" fue el antropólogo francés Arnold van Gennep. Gennep dividió los ritos de aprobación o paso en tres etapas—separación, transición, incorporación. Gennep encontró que cada una de estas etapas existían en cualquier lugar del mundo.

"Entre casi toda la gente, en diferentes tipos de ceremonias, se celebran rituales idénticos con los mismos objetivos..."

"Su posición puede variar, dependiendo si la ocasión es un nacimiento o una muerte, una iniciación o un matrimonio, pero las diferencias se basan sólo en los detalles. La base es siempre la misma".

1. Esta selección trata de

   (1) Onta y David
   (2) los ritos de aprobación o paso
   (3) cómo conseguir una licencia de conducir
   (4) los puntos de vista de Arnold van Gennep
   (5) el *mitzvah* judío

2. Todas las respuestas siguientes son ritos de aprobación referidos en el artículo, excepto

   (1) el nacimiento
   (2) la iniciación
   (3) el matrimonio
   (4) la paternidad
   (5) la muerte

3. El autor

   (1) trata sólo de las experiencias de Onta y David
   (2) acentúa que hay muchas diferencias en los rituales que se celebran en todo el mundo
   (3) señala la semejanza esencial entre los rituales que se celebran en todo el mundo
   (4) enfatiza la naturaleza permanente de ciertos rituales
   (5) cree que los rituales son ceremonias sin importancia que deberíamos observar

4. El proceso de Onta para llegar a la pubertad es un ejemplo de un ritual de aprobación de

   (1) separación
   (2) separación y transición
   (3) transición
   (4) transición e incorporación
   (5) incorporación

5. Los ritos de la pubertad están asociados en este artículo con

   (1) las proclamaciones
   (2) los permisos de conducir
   (3) las tradiciones tribales
   (4) la vida y la muerte
   (5) los ritos religiosos

6. Todas las respuestas se refieren a los ritos de aprobación o paso, *excepto* que

   (1) son acontecimientos importantes en la vida
   (2) marcan el final de una etapa de la vida
   (3) marcan el principio de una nueva etapa de la vida
   (4) son ficticios
   (5) son comunes para toda la gente del mundo

CLAVE DE LAS RESPUESTAS

1. **2**   2. **4**   3. **3**   4. **4**   5. **2**   6. **4**

ANÁLISIS DE LAS RESPUESTAS

4. **4** La única pregunta difícil es la 4, que trata de un detalle en el pasaje. Se refiere a las tres etapas en que se dividen los ritos de aprobación o paso: separación, transición e incorporación. Debería usted pensar sobre la vida como si ésta se tratara de una serie de ritos de paso. El autor menciona la muerte y esto es un ejemplo de separación. El matrimonio puede ser considerado un ejemplo de separación e incorporación—separación de la familia e incorporación a una nueva familia recién creada. El proceso de Onta representa un período (de transición) en el que es formalmente recibido en la tribu (incorporación). Por lo tanto, la opción 4 es la correcta.

PRÁCTICA SOBRE INTERPRETACIÓN DE TABLAS, GRÁFICAS Y MAPAS

Debido a que el estudio de las ciencias sociales también implica la obtención e interpretación de datos, encontrará con frecuencia diferentes métodos para presentar estos datos que necesita. Estos datos generalmente se presentan en forma de tablas, gráficas o mapas.

TABLAS

Esta es una habilidad importante en la lectura, ya que las tablas son uno de los métodos más usados para presentar datos en estudios sociales.

¿Qué es una tabla?

Es una disposición de cifras, normalmente en una o más columnas, que intentan mostrar la relación entre las cifras. En ciencias políticas, la tabla puede presentar el crecimiento del número de votantes en las elecciones nacionales. En economía, una tabla puede mostrar la renta anual de los diferentes grupos de la población de un país. Una tabla también puede mostrar la relación de dos factores, por ejemplo, la educación de varios grupos en relación con su renta anual.

¿Cómo leer una tabla?

Primero, debe leer el título de la tabla para determinar qué cifras nos muestra. El título normalmente está en la parte superior de la columna o columnas de cifras. Vamos a usar la siguiente tabla como ilustración típica.

Primero, observe el título de la tabla. Está encabezada con:

"Número de graduados en la escuela secundaria comparado con la población de 17 años, de 1869–70 a 1969–1970"

Luego, note los encabezamientos en cada columna de la tabla.

Se presentan tres encabezamientos:

"Población de 17 años de edad"
"Número total de graduados de secundaria"
"Número de graduados por 100 personas de 17 años"

Luego, localice la columna que relaciona a todas las demás. En este caso, se presentan once períodos de tiempo determinados en los últimos 100 años.

Después de identificar el título, los encabezamientos de las columnas y la columna que es el punto de referencia, ya puede localizar los datos. Intente identificar los siguientes cifras.

PREGUNTAS

1. ¿Qué población de 17 años había en 1969–70?
2. ¿Cuál era el número total de graduados de secundaria en 1869–70?
3. ¿Cuántas personas de 17 años por 100 se graduaron de secundaria en 1899–1900?
4. ¿En qué año, el número de graduados de 17 años por 100 superó por primera vez el 50%?

RESPUESTAS

1. **3,727,000**   3. **6.4**
2. **16,000**   4. **1939–40**

ANÁLISIS DE LAS RESPUESTAS

1. Esta pregunta se refiere a la población de 17 años de edad en un año determinado. Localice la segunda columna de la izquierda y verá que contiene cifras relacionadas con la

NÚMERO DE GRADUADOS EN LA ESCUELA SECUNDARIA COMPARADO CON LA POBLACIÓN DE 17 AÑOS, DE 1869–70 A 1969–1970			
	Población de 17 años de edad	Número total de graduados de secundaria	Número de graduados por 100 personas de 17 años
1869–70	815,000	16,000	2.0
1879–80	946,026	23,634	2.5
1889–90	1,259,177	43,731	3.5
1899–1900	1,489,146	94,883	6.4
1909–10	1,786,240	156,429	8.8
1919–20	1,855,173	311,266	16.8
1929–30	2,295,822	666,904	29.0
1939–40	2,403,074	1,221,475	50.8
1949–50	2,034,450	1,199,700	59.0
1959–60	2,862,500	1,864,000	65.1
1969–70	3,727,000	2,906,000	78.0

Fuente: Departamento de Salud, Educación y Bienestar de los Estados Unidos. Oficina de Educación.

población de 17 años. Señale con el dedo la parte superior de la columna y vaya bajando hasta que identifique la cifra que corresponde al año 1969–70, que es 3,727,000.

2. Esta pregunta se refiere al número total de graduados de secundaria en un año determinado. Localice la columna apropiada "Número total de graduados de secundaria", que es la segunda comenzando por la derecha. Señale con el dedo la parte superior de la columna y vaya bajando hasta encontrar la cifra que corresponde al 1869–70, que es 16,000.

3. En este caso se refiere al número de personas de 17 años por 100 que se han graduado de secundaria. Esta información se ofrece en la última columna. En el año 1899–1900, la cifra era de 6.4.

4. Esta pregunta es un poco más difícil, porque no sólo debe identificar una cifra, sino interpretarla. Debe localizar el año en que los estudiantes graduados de 17 años por 100 sobrepasaron el 50% por primera vez. El número de graduados es un porcentaje y por lo tanto la última columna es la que proporciona la respuesta. Señale la parte superior de la columna y vaya bajando hasta que encuentre la primera cifra que sea más alta de 50, en este caso 50.8. La respuesta correcta es 1939–40.

Ahora ya está preparado para encontrar las relaciones entre los hechos que se le presentan. Las siguientes preguntas requieren que localice una cifra y la relacione con otra. Intente contestar las siguientes preguntas, usando la misma tabla.

PREGUNTAS

1. ¿Qué categoría de las que encabezan las columnas de la tabla muestra un incremento constante a lo largo de los 100 años?

2. ¿En qué año escolar hubo un descenso del número total de graduados en secundaria?

3. ¿Entre qué dos períodos sucesivos de años hubo un gran incremento en el número de graduados de 17 años por 100?

4. ¿Entre qué dos períodos sucesivos de años se dobló el número total de estudiantes graduados en secundaria?

RESPUESTAS

1. **número de graduados por 100 personas de 17 años**
2. **1949–50**
3. **1929–30 y 1939–40**
4. **1889–90 y 1899–1900; 1919–20 y 1929–30**

ANÁLISIS DE LAS RESPUESTAS

1. La pregunta 1 requiere una comparación entre las tres categorías. Señale con el dedo la columna de población y verá un incremento constante en la población de 17 años hasta 1949–50, que es cuando desciende. Si observa la próxima columna, verá que hay un descenso similar en el mismo año respecto al número de graduados de secundaria. Pero, según la última columna, hay un crecimiento considerable en 1949–50 del número de graduados de 17 años por 100. O sea, esta última categoría es la respuesta correcta.

2. Para responder esta pregunta, observe la columna encabezada por "Número total de graduados de secundaria" y encontrará que en 1949–50 hay un descenso en el total de graduados, de 1,221,475 a 1,199,700. Encontrará la respuesta si compara las cifras en esta columna.

3. Si observa la última columna, verá que el incremento entre dos años escolares sucesivos es el resultado de la resta del número más alto menos el número más bajo. Las diez cifras que resultan de estas restas son: 0.5, 1.0, 2.9, 2.4, 8.0, 12.2, 21.8, 8.2, 6.1 y 12.9. Según estas cifras, podemos ver que el incremento mayor es el de 21.8 que corresponde al período 1929–30 y 1939–40.

4. La respuesta a esta pregunta se encuentra en la columna de "Número total de graduados de secundaria". Otra vez es preciso que compare las cifras de la columna. Esta vez, debe encontrar una cifra que es al menos el doble de la cifra inmediata. Entre los períodos 1889–90 y 1899–1900 se puede ver, ya que 94,883 es más del doble de 43,731.

Asimismo, entre 1919–20 y 1929–30 se ve, pues 666,904 es más del doble de 311,266.

Ahora vamos a deducir conclusiones a partir de las cifras que se presentan en la tabla. Algunas veces la misma tabla las proporciona, pero otras veces es necesario recurrir a sus conocimientos generales.

PREGUNTAS

1. ¿Qué conclusiones puede sacar de los datos que se muestran en la columna "Número de graduados por 100 personas de 17 años de edad"?
2. ¿Qué es lo que reflejan las diferentes columnas acerca del año escolar 1979–80?
3. ¿Qué se deduce del descenso de la población de 17 años y el número total de graduados de secundaria en 1949–50?

RESPUESTAS

1. El número de graduados por 100 ha incrementado
2. Los totales continuarán creciendo
3. La depresión de principios de los años 30

ANÁLISIS DE LAS RESPUESTAS

1. Esta pregunta es simple de responder. Tan sólo hace falta observar que el número de graduados por 100 personas de 17 años ha incrementado constantemente en cada década en los últimos 100 años. Todos los datos para llegar a esta conclusión se encuentran en la tabla.
2. Esta respuesta requiere una proyección al futuro, usando las cifras de los años precedentes. Según la información de la tabla, no hay razón para pensar—salvo si hubiera una depresión lo que es improbable—que la población de 17 años, el total de graduados de secundaria y el porcentaje de graduados de 17 años no continúen aumentando en los próximos años.
3. Para esta pregunta es necesario que use sus conocimientos generales como complemento a la tabla. Las personas de 17 años de edad de 1949–50 nacieron en 1932–33. Estos fueron los años más duros de la Gran Depresión,

durante los cuales las familias no tenían tantos hijos a causa de dificultades económicas y el desempleo. Por lo tanto, el descenso en la población de 17 años y del número de graduados de secundaria es posiblemente debido a la depresión de los años 30.

RESUMEN DE CÓMO LEER UNA TABLA

1. Observar el título.
2. Localizar los encabezamientos de las columnas.
3. Localizar la columna que está relacionada con todas las demás columnas.
4. Identificar los datos.
5. Encontrar las relaciones entre los datos.
6. Sacar conclusiones de los datos que se presentan.

GRÁFICAS

GRÁFICA CIRCULAR

Las tablas, como hemos visto, están compuestas de columnas de cifras que muestran la relación entre datos que los estudiosos de las ciencias sociales consideran importante. Muchas veces, el autor presenta los mismos datos de una manera más visual, que permite una lectura más fácil, y facilita la obtención de conclusiones. Uno de estos medios para mostrar datos son las gráficas.

Veamos esta serie de datos ordenados alfabéticamente en la tabla. Dichos datos se refieren a las principales religiones del mundo en 1991, e incluyen a la población no religiosa.

RELIGIONES PRINCIPALES EN EL MUNDO, 1991

Budista	6%
Cristiana	33%
Hindú	13%
Islámica	18%
Sin religión	21%
Otras	1%
Pararreligiones	8%

Al contemplar la tabla es difícil sacar conclusiones en una lectura rápida. Pero cuando se observan los mismos datos en una gráfica circular, inmediatamente se puede visualizar la relación entre ellos.

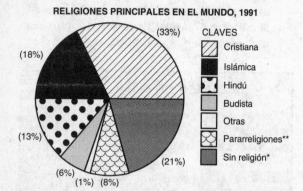

RELIGIONES PRINCIPALES EN EL MUNDO, 1991

CLAVES
- Cristiana
- Islámica
- Hindú
- Budista
- Otras
- Pararreligiones**
- Sin religión*

*incluye la sikh, jaina, bahaista, shintoísta, taoista, judía
**incluye la religiones sectarias chinas, nuevas religiones y religiones tribales

Ahora use la gráfica para responder a las siguientes preguntas.

PREGUNTAS

1. ¿Qué religión tiene más seguidores?
2. ¿Cuál de estas religiones tiene menos seguidores?
3. Hay dos religiones que representan a la mitad de la población del mundo. ¿Cuáles son?
4. ¿Qué porcentaje de la población del mundo no practica ninguna religión?

RESPUESTAS

1. **Cristiana**
2. **Budista**
3. **Islámica y cristiana**
4. **21%**

ANÁLISIS DE LAS RESPUESTAS

Las respuestas se muestran claramente en la gráfica circular. La religión cristiana está representada con la porción más grande del círculo. Por su parte, la porción que muestra *otras* religiones casi no es visible. Si combinamos las diferentes porciones del círculo, vemos que las religiones cristiana e islámica representan más de la mitad del total del círculo. Cuando volvemos de nuevo al círculo, vemos que hay una porción bastante grande de gente que no practica ninguna religión. Si observamos bien, podemos estimar que representan casi un quinto, es decir un 20% del total (la cifra concreta es 21%).

La gráfica circular también puede ser útil para comparar visualmente dos series de datos. Aquí presentamos un par de gráficas de círculo.

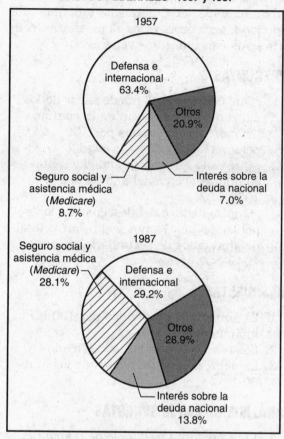

GASTOS FEDERALES–1957 y 1987

Observe el título "Gastos federales 1957 y 1987".

Note la unidad que se usa—tanto por ciento.

Observe los períodos que se representan en la gráfica.

Note las cuatro categorías principales: Defensa e internacional; Seguro social y asistencia médica (Medicare); Interés sobre la deuda nacional; Otros. Ahora estudie la gráfica detenidamente y conteste a las siguientes preguntas.

PREGUNTAS

1. ¿Qué cambios en las prioridades del gasto federal se pueden apreciar entre 1957 y 1987?
2. ¿Qué categoría experimentó un incremento mayor en el porcentaje del gasto?
3. ¿Qué categoría fue la única que experimentó un descenso?

RESPUESTAS

1. La prioridad de los gastos en los programas de defensa e internacional cambiaron a favor de los programas domésticos como el seguro social y la asistencia médica *(Medicare)*.
2. El gasto en seguro social y la asistencia médica se triplicó, de 8.7% a 28.1%.
3. Los gastos en programas de defensa e internacional declinaron de 63.4% a 29.2%.

GRÁFICA DE LÍNEAS

Este tipo de gráfica es muy común. Muestra las relaciones entre datos a través de una representación en coordenadas en que los datos, representados por puntos, se conectan con líneas rectas. Como ejemplo, le mostramos cómo se crea una gráfica de líneas a partir de la tabla del Indice de Precios al Consumo, que representa los cambios en el costo de artículos básicos que compra el consumidor. Los datos se dan en porcentajes durante un período de tiempo. Usaremos la siguiente serie de datos:

Año	Porcentaje
1961	75.0
1962	75.9
1963	77.2
1964	78.6
1965	80.5
1966	83.5
1967	86.5
1968	90.0
1969	94.1
1970	97.2
1971	100.0
1972	104.8
1973	112.7
1974	125.0
1975	138.5
1976	148.9
1977	160.8
1978	175.2
1979	191.2
1980	210.6
1981	236.9
1982	262.5
1983	270.3

Para construir la gráfica dibujamos dos coordenadas:

—La línea horizontal (conocida técnicamente como la abscisa) que representa el período de 1981 a 1983, con los años mostrados en intervalos de dos.
—La línea vertical (conocida técnicamente como ordenada) que representa las unidades de porcentaje de los Indices de Precios al Consumidor, en intervalos de 20 y que van desde 50 a 310.

La gráfica básica sin ningún dato se representaría de la siguiente manera:

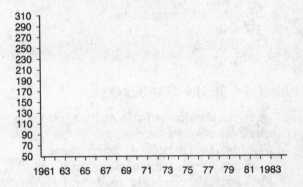

Para trazar la gráfica de líneas, empiece por la primera línea de datos—año 1961, porcentaje 75. Vaya a la ordenada y señale el punto que coincide 1961 con 75 y marque un punto allí. Luego, busque el próximo dato, 1963, en la línea horizontal o abscisa y vaya hacia arriba y busque en la ordenada el porcentaje 77.2 para 1963. Marque otro punto en la intersección. Haga lo mismo con los demás años y porcentajes. Luego, delinee una línea recta que vaya de punto a punto. El resultado debe ser el siguiente:

INDICE DE PRECIOS AL CONSUMO

¿Qué se puede visualizar en una gráfica de líneas? Intente responder a estas preguntas.

PREGUNTAS

1. ¿Cuál es la tendencia en la dirección de los precios al consumo entre 1965 y 1969?
2. ¿En qué año el Indice de Precios al Consumo (IPC) fue igual a 100?
3. ¿En qué mitad de década el incremento fue mayor?
4. ¿En que período de cuatro años los precios cambiaron menos?

RESPUESTAS

1. ligeramente ascendente
2. 1971
3. 1976–1980
4. 1961–1965

ANÁLISIS DE LAS RESPUESTAS

Si observa atentamente la gráfica verá que contiene las respuestas.

1. Desde 1965 a 1969, la línea trazada de precios al consumidor tiene una tendencia ascendente, es decir, la línea va hacia arriba, aunque sea ligeramente.
2. Esta pregunta requiere que dibuje una línea desde el punto 100 en la coordenada vertical que intersecte la gráfica de líneas. Luego, haga una línea recta hacia abajo desde este punto de intersección para identificar el año.
3. La mitad de una década es el período representado en la primera o segunda mitad de un período de diez años. Por ejemplo, desde 1971 a 1975 o desde 1976 a 1980. Puede calcular el cambio cada media década de la manera siguiente:

    1966 (83) menos 1961 (75) = 12

Durante este período el Indice de Precios al Consumo incrementó en 12 puntos. Asimismo,

   1980 (210) menos 1976 (150) = 60

Durante este período el Indice de Precios al Consumo incrementó en 60 puntos.

Si hacemos lo mismo para cada media década, averiguaremos en cuál de ellas el IPC ha aumentado más. También puede observar las partes más escarpadas de la gráfica y ver a qué mitad de década específica corresponde. Si esto no le proporciona una respuesta clara, es mejor hacer cálculos.

4. La línea trazada en la gráfica está casi al mismo nivel entre 1961 y 1965 (un período de cuatro años), lo que muestra un pequeño cambio comparado con los otros períodos de cuatro años.

GRÁFICA DE BARRAS

La gráfica de barras se parece a la gráfica de líneas que hemos estudiado. La representación visual es la misma, pues se muestra una serie de datos en relación con otra serie. También se representa la misma línea horizontal (abscisa) para una serie de datos y una línea vertical (ordenada) para la otra serie.

No obstante, en la gráfica de barras no se marca el punto que representa la relación de datos ni tampoco se conectan los puntos por líneas rectas. Simplemente se hacen barras que tienen el mismo ancho que ascienden más o menos para mostrar la relación entre los datos.

Las dos gráficas que aparecen a continuación contrastan la gráfica de líneas y la de barras.

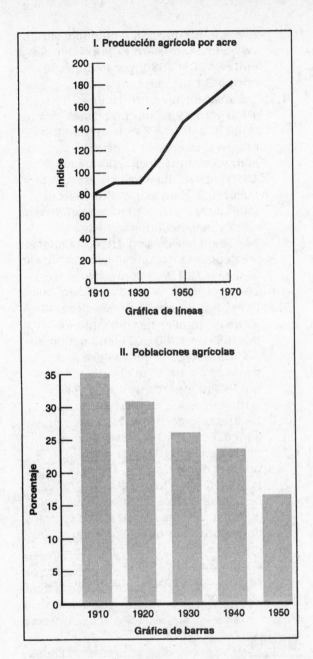

I. Producción agrícola por acre

Gráfica de líneas

II. Poblaciones agrícolas

Gráfica de barras

PREGUNTAS

1. En 1950, el índice de producción agrícola por acre llegó aproximadamente a

   (1) 100
   (2) 120
   (3) 140
   (4) 160
   (5) 180

2. El índice de 120 en 1945 indica que la producción agrícola por acre en este año fue

   (1) un 10% más elevado que en 1910
   (2) un 20% más elevado que en 1910
   (3) un 50% más elevado que en 1910
   (4) un 120% más elevado que en 1910
   (5) la misma que en 1910

3. ¿Qué afirmación se basa en la gráfica I?

   (1) La producción agrícola por acre aumentó menos que nunca durante el período 1920–1930
   (2) El problema de la agricultura fue causado especialmente por la mecanización de las granjas
   (3) El excedente agrícola fue a consecuencia de que la gente consumió menos alimentos de primera necesidad debido al exceso calórico de éstos
   (4) El número de trabajadores era insuficiente para encargarse de las granjas en 1975
   (5) La producción agrícola descendió

4. La gráfica de barra muestra que la población agrícola

   (1) descendió uniformemente en cada una de las décadas entre 1910 y 1950
   (2) descendió más fuertemente entre 1930 y 1940
   (3) descendió más fuertemente entre 1940 y 1950
   (4) descendió entre 1910 y 1940 más de la mitad del total de la población agrícola de 1910
   (5) aumentó regularmente entre 1910 y 1950

Observe los títulos. La gráfica de líneas se titula "Producción agrícola por acres" y nos da el índice de la producción agrícola en la línea vertical (ordenada) por cada año que se muestra en la línea horizontal (abscisa). La gráfica cubre los años 1910 a 1970.

La gráfica de barras se titula "Poblaciones agrícolas" y representa estas poblaciones desde 1910 a 1950. La línea vertical muestra el porcentaje de la población total que se ha dedicado a la agricultura. La línea horizontal muestra las cinco décadas abarcadas en la gráfica.

Use estas gráficas para responder a las siguientes preguntas prácticas.

5. La gráfica I muestra que la producción agrícola por acre ha aumentado y la gráfica II muestra que la proporción de la población ha disminuido. Según estas gráficas, la diferencia entre las dos tendencias es debida principalmente a

(1) la mejora de los métodos agrícolas desde 1910

(2) el aumento del número de trabajadores en el campo desde 1960

(3) el aumento del número de pequeñas granjas agrícolas después de 1950

(4) el descenso del valor de la propiedad agraria desde 1910

(5) ninguna de las opciones planteadas es válida

6. ¿Qué afirmación que hace referencia a la población agrícola en los Estados Unidos se basa en la gráfica II?

(1) El tamaño medio de una familia agrícola en 1910 fue más del doble del tamaño de una familia agrícola en 1950

(2) En 1910, una tercera parte de la población de los Estados Unidos vivía en granjas

(3) La tendencia al cambio de la población agrícola es un reflejo directo de los cambios de la población total

(4) El número total de gente que vivió en el campo en 1910 fue cerca del doble del número de gente que vivió en 1940

(5) ninguna de las opciones planteadas es válida

CLAVE DE LAS RESPUESTAS

1. **3**   2. **3**   3. **1**   4. **3**   5. **1**   6. **2**

ANÁLISIS DE LAS RESPUESTAS

1. **3** Sitúese en 1950 y trace una línea vertical imaginaria que cruce la gráfica de líneas. Luego, siga horizontalmente con la vista hacia la izquierda donde encontrará el número correspondiente en la ordenada, el 140.

2. **3** El índice en 1910 era 80; 120 – 80 = 40, lo que significa un 50% de 80.

3. **1** La gráfica de líneas no nos proporciona información referente a las causas de la producción (opciones 2 y 3), al número de trabajadores (opción

4) o a la producción actual (opción 5). Lo que nos muestra es la producción entre 1920 y 1930; por lo tanto, la opción 3 es la correcta.

4. **3** Las diferencias entre 1930 y 1940, y 1940 y 1950 no son uniformes, por lo tanto la opción 1 es incorrecta. La opción 2 tampoco es correcta, ya que el descenso más pequeño fue entre 1930 y 1940. La opción 4 es incorrecta, debido a que el descenso total entre 1910 y 1940 fue del 28%, que es más de la mitad de la población agrícola en 1910. La opción 3 es correcta, ya que el mayor descenso, un 7%, se produjo entre 1940 y 1950.

5. **1** La gráfica no nos da información sobre el número de trabajadores después de 1960, así como tampoco del número de pequeñas granjas después de 1950, ni el valor de la propiedad a partir de 1910. Por lo tanto la respuesta correcta es la 1.

6. **2** Es inexacto decir que la población agrícola en 1910 representaba el doble de la de 1940, ya que un 35% no es el doble de 23%. Por esta razón, la opción 4 es incorrecta. La gráfica de barras no nos da información sobre el tamaño de las familias o los cambios de la población total. Por lo tanto, las opciones 1 y 3 son incorrectas. La opción 2 es la correcta, ya que el 35% es aproximadamente un tercio de la población.

MAPAS

Un mapa es una representación visual de toda o una parte de la superficie de la tierra. Los mapas pueden tener o no un número de claves que nos ayudan a visualizar la superficie que se nos muestra. Asimismo, siempre incluyen un título. Si el mapa usa símbolos, siempre provee datos claves que nos proporcionan el significado de los símbolos. Puede que también incluya:

• la latitud y longitud, que indican dirección y nos ayudan a encontrar localizaciones específicas.

• la escala en millas y/o kilómetros que nos indica la distancia en el mapa en relación a la distancia real en millas o kilómetros de la tierra.

- una cuadrícula que incluye una serie de letras en uno de los ejes (vertical u horizontal) y una serie de números en el otro. De esta manera se puede encontrar un lugar en la cuadrícula en la intersección de un eje con otro, por ejemplo, F3 o H7.
- el relieve o las diferencias de altura en la tierra se muestran a través de líneas.

Los dos factores importantes que se debe aprender para leer un mapa son el título y las claves. Compruebe sus habilidades en la lectura de mapas con el ejemplo siguiente.

PREGUNTAS

1. ¿Cuál podría ser el título del mapa?
2. ¿Qué tres claves se proporcionan en el mapa?
3. ¿Qué significa un •?
4. En 1962, ¿cuál era el promedio de la renta per capita de la población del estado de Nueva York?
5. ¿Cuál era el promedio de la renta per capita de la población del estado de Nuevo México?
6. ¿Cuál era el promedio de la renta per capita de población del estado de Iowa?
7. ¿Qué estado tenía la renta per capita más elevada? ¿Alaska o Hawaii?

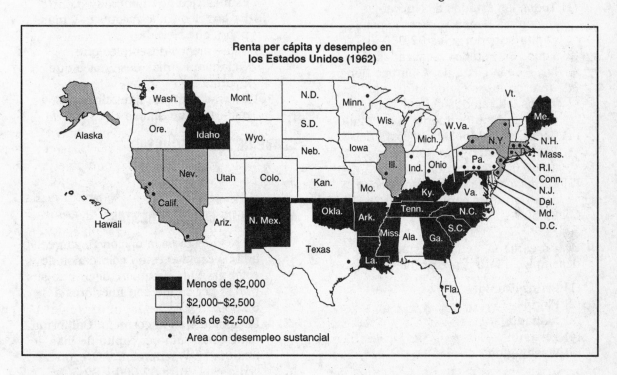

Renta per cápita y desempleo en los Estados Unidos (1962)

Menos de $2,000
$2,000–$2,500
Más de $2,500
• Area con desempleo sustancial

RESPUESTAS Y ANÁLISIS

1. Lea el título del mapa: "Renta per capita y desempleo en los Estados Unidos (1962)".
2. Las áreas de color gris claro indican una renta per capita superior a los $2,500; las áreas en blanco indican una renta per capita entre los $2,000 y los $2,500; las áreas de color negro indican una renta per capita por debajo de los $2,000.
3. El indicativo • indica un área con desempleo sustancial.
4. Como el área de Nueva York está de color gris, su renta per capita es superior a $2,500.

5. El área de Nuevo México está representada en color negro; su renta per capita es inferior a los $2,000.
6. Iowa está representada en color blanco, la renta per capita está entre $2,000 y $2,500.
7. Alaska está coloreada de color gris (la renta per capita es superior a los $2,500) y Hawaii está coloreada en blanco (renta per capita entre $2,000 y $ 2,500). Por eso, Alaska tiene una renta per capita más alta que Hawaii.

Este mapa presenta una recopilación que no es habitual en otros mapas y que es la idea de desempleo sustancial. Esta idea se presenta en las preguntas 3 a 7 que se plantean a continuación.

PREGUNTAS SUPLEMENTARIAS

1. La renta per capita en Maine es similar a la renta per capita de

   (1) Washington
   (2) Idaho
   (3) Utah
   (4) Nevada
   (5) Missouri

2. ¿Qué generalización sobre el año 1962 puede deducirse del mapa?

   (1) Todos los estados de Nueva Inglaterra tienen una renta per capita superior a los $2,000
   (2) Todos los estados localizados a lo largo de la costa del Atlántico tienen una renta per capita alta
   (3) Todos los estados del sur tienen una renta per capita inferior a los $2,000
   (4) Todos los estados de la costa del Pacífico tienen una renta per capita de $2,000 o superior
   (5) La mayoría de los estados tienen una renta per capita de más de $2,500

3. Según el mapa, ¿en qué estado el desempleo es un grave problema?

   (1) Pennsylvania
   (2) Florida
   (3) Alabama
   (4) Texas
   (5) Washington

4. ¿Qué estado tiene una renta per capita entre $2,000 y $2,500 y es un área de desempleo sustancial?

   (1) Kansas
   (2) Ohio
   (3) Kentucky
   (4) Mississippi
   (5) California

5. ¿Qué estado tiene una renta per capita alta y un desempleo sustancial?

   (1) Florida
   (2) Louisiana
   (3) Minnesota
   (4) California
   (5) Nevada

6. En 1962, el desempleo afectó menos a Indiana que a

   (1) Massachusetts
   (2) Tennessee
   (3) Mississippi
   (4) Lousiana
   (5) Arizona

7. De acuerdo con el mapa, ¿a qué conclusión se llega sobre el estado de Tennessee en 1962?

   (1) Es más grande que Montana y más rico que Mississippi
   (2) Tiene más desempleo que Georgia y es más rico que Kentucky
   (3) Es tan rico como Arkansas y más pobre que Nevada
   (4) Tiene menos desempleo que Oklahoma y más desempleo que Georgia
   (5) Es más pequeño que Minnesota y más rico que Illinois

CLAVE DE LAS PREGUNTAS

1. **2**   2. **4**   3. **1**   4. **2**   5. **4**   6. **1**
7. **3**

ANÁLISIS DE LAS RESPUESTAS

1. **2** La respuesta es la opción 2, ya que ambos estados están coloreados de color gris, lo que quiere decir que sus rentas per capita son inferiores a $2,000.

2. **4** La opción 4 es la correcta. California tiene una renta per capita de más de $2,500; en Washington y Oregon la renta está entre $2,000 y $2,500; todos tienen rentas per capita de $2,000 o más. La opción 1 es incorrecta, porque Maine tiene una renta per capita menor que $2,000. La opción 2 es también incorrecta, ya que tres estados—Carolina del Norte, Carolina del Sur y Georgia—tienen una renta menor de $2,000. La opción 3 tampoco es verdadera, ya que Texas, Florida y Virginia tienen una renta mayor de $2,000. Finalmente, la opción 5 es incorrecta, ya que sólo 10 estados tienen una renta per capita superior a los $2,500.

3. **1** En el mapa, Pennsylvania tiene seis áreas con un punto que muestra un desempleo sustancial; Florida,

Washington y Texas tienen un punto cada una, mientras que Alabama no tiene ningún punto. La opción correcta es la 1.

4. **2** Hemos de encontrar un área de color blanco con un punto, y en el mapa sólo Ohio cumple con el requisito. Así pues, la respuesta correcta es la 2.

5. **4** Hemos de encontrar un área de color gris con diversos puntos. Sólo California cumple con esta peculiaridad. Por lo tanto, la opción 4 es la correcta.

6. **1** Necesitamos localizar un estado con más de un punto, ya que Indiana tiene uno. La respuesta correcta es la opción 1, pues Massachusetts tiene dos puntos.

7. **3** El mapa compara Tennessee con otros estados en lo que se refiere a la renta per capita y al nivel de desempleo en 1962. La opción 1 es incorrecta, ya que el estado de Montana es más grande. La opción 2 es incorrecta, puesto que en 1962 Tennessee no era más rico que Kentucky sino idéntico. La opción 4 no es correcta, ya que Tennessee tiene más desempleo que Oklahoma y Georgia. La opción 5 es incorrecta, puesto que Tennessee es más pobre que Illinois. La opción 3 es la correcta. Tanto Tennessee como Arkansas tienen una renta per capita menor que $2,000, mientras que Nevada es de más de $2,500.

Ahora es el momento de realizar estos ejercicios prácticos que le proporcionarán una preparación amplia en la lectura de tablas, gráficas y mapas para el Examen de Equivalencia de la Escuela Superior.

PRÁCTICA SUPLEMENTARIA DE TABLAS, GRÁFICAS Y MAPAS

Lea detenidamente cada una de las siguientes preguntas. Seleccione la respuesta apropiada.

Las preguntas del 1 al 4 se refieren al siguiente mapa.

PORCENTAJE TOTAL DEL DESEMPLEO POR ESTADO (1962)

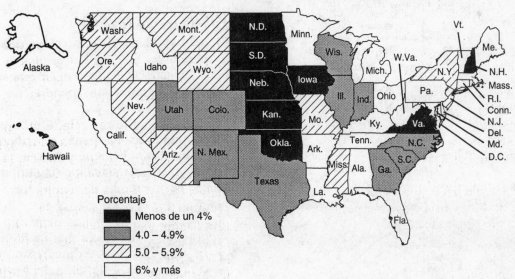

Porcentaje
- ■ Menos de un 4%
- ▨ 4.0 – 4.9%
- ▨ 5.0 – 5.9%
- □ 6% y más

1. Según el mapa, el porcentaje más alto de desempleo en las regiones mineras se encuentra en

   (1) Colorado y Utah
   (2) California y Nevada
   (3) Michigan y Rhode Island
   (4) Pennsylvania y West Virginia
   (5) Texas y Nuevo México

2. El nivel de desempleo más alto (que fue causado principalmente por la automatización en las líneas de montaje) se encuentra en

   (1) Lousiana
   (2) Michigan
   (3) Ohio
   (4) Nueva York
   (5) Iowa

3. En el mapa, los dos estados adyacentes que muestran un mayor contraste en su nivel de desempleo son

   (1) Lousiana y Texas
   (2) Virginia y West Virginia
   (3) California y Oregon
   (4) Massachusetts y Vermont
   (5) Nevada y Arizona

4. Por lo que muestra el mapa, se puede decir que en 1962 la región más deprimida de la nación con necesidad de ayuda del gobierno federal fue

   (1) La región montañosa de Appalachia
   (2) Los estados del Golfo de México
   (3) La región de Nueva Inglaterra
   (4) "El viejo noroeste"
   (5) Los estados centrales

Las preguntas del 5 al 11 se basan en las siguientes gráficas.

PRESUPUESTO POR DÓLAR DEL GOBIERNO FEDERAL

De dónde viene

Adónde va

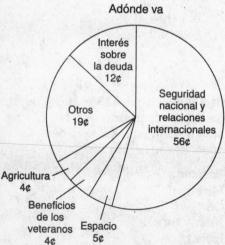

5. El 45% de la renta nacional se deriva de

   (1) impuestos individuales sobre la renta, impuestos al consumo y aranceles
   (2) impuestos corporativos sobre la renta, impuestos al consumo y aranceles
   (3) impuestos individuales sobre la renta, impuestos corporativos sobre la renta e impuestos al consumo
   (4) impuestos individuales sobre la renta, impuestos corporativos sobre la renta y aranceles
   (5) impuestos individuales sobre la renta e impuestos al consumo

6. La cantidad mayor de la renta nacional se gasta en

   (1) salud y bienestar
   (2) seguridad nacional y relaciones internacionales
   (3) espacio
   (4) interés sobre la deuda
   (5) beneficios de los veteranos

7. Las dos áreas en que se gasta la misma cantidad procedente de los ingresos son

   (1) agricultura y beneficios a los veteranos
   (2) espacio y agricultura
   (3) salud y bienestar e intereses sobre la deuda
   (4) beneficios de los veteranos y espacio
   (5) espacio y todas las demás recaudaciones

8. La cantidad recibida por la recaudación de impuestos al consumo y otros impuestos es la misma que la cantidad que se gasta en

   (1) el interés sobre la deuda
   (2) la salud y el bienestar
   (3) el espacio
   (4) la agricultura
   (5) los beneficios de los veteranos

9. ¿Cuál es la mayor fuente de ingresos del gobierno federal?

   (1) los aranceles
   (2) los impuestos al consumo
   (3) los impuestos corporativos
   (4) los impuestos individuales sobre la renta
   (5) otras recaudaciones

10. Los gastos combinados en agricultura y beneficios para los veteranos son iguales a los ingresos en la siguiente categoría

    (1) espacio
    (2) salud y bienestar
    (3) interés sobre la renta
    (4) todas las demás recaudaciones
    (5) seguridad nacional

11. Los ingresos de los impuestos individuales sobre la renta son casi iguales a los gastos en

    (1) la seguridad nacional y las relaciones internacionales
    (2) la salud y el bienestar
    (3) el espacio
    (4) los beneficios de los veteranos
    (5) otras recaudaciones

Las preguntas del 12 al 15 se basan en las siguientes gráficas.

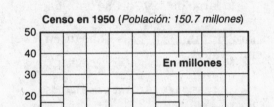

Censo en 1950 (*Población: 150.7 millones*)

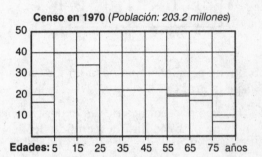

Censo en 1970 (*Población: 203.2 millones*)

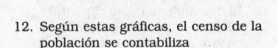

Censo en 1990 (*Población: 248.7 millones*)

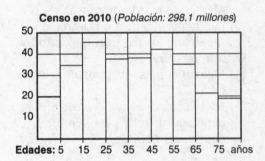

Censo en 2010 (*Población: 298.1 millones*)

12. Según estas gráficas, el censo de la población se contabiliza

    (1) cada 10 años
    (2) cada 20 años
    (3) cada 30 años
    (4) cada 50 años
    (5) irregularmente

13. El censo de 1990 revela que el grupo mayor por edad era el de

    (1) 5 a 15 años
    (2) 15 a 25 años
    (3) 25 a 35 años
    (4) 35 a 45 años
    (5) 45 a 55 años

14. El grupo de población comprendida entre las edades de 0 a los 5 años es mayor que el de

    (1) 5 a 15
    (2) 35 a 45
    (3) 45 a 55
    (4) 65 a 75
    (5) 75 o más

15. El grupo que ha crecido más en porcentaje desde 1950 al 2010 es el de

    (1) 5 a 15
    (2) 15 a 25
    (3) 25 a 35
    (4) 35 a 45
    (5) 45 o más

Las preguntas 16 a 18 se basan en la siguiente gráfica.

EXPORTACIONES DE PETRÓLEO COMO
PORCENTAJE DEL TOTAL DE LAS
EXPORTACIONES DE MÉXICO

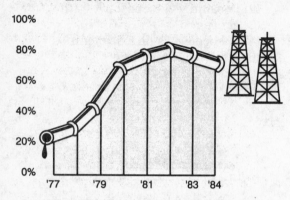

16. ¿Qué afirmación se basa en los datos de la gráfica?

(1) Los porcentajes de las exportaciones de petróleo han descendido desde 1982
(2) Desde 1977, más del 60 por ciento de las exportaciones anuales de México han sido de petróleo
(3) Las exportaciones de petróleo mexicano alcanzaron el punto más alto en 1984
(4) México empezó a exportar petróleo en 1977
(5) El incremento más grande en las exportaciones de petróleo fue después de 1980

17. ¿Qué situación parecería causar la tendencia de la gráfica?

(1) El incremento del índice de nacimientos en México
(2) El incremento de la fuerza del dólar estadounidense
(3) El cambio de las condiciones del mercado petrolero
(4) El incremento de la cantidad de dinero que debe México a otros países
(5) El descenso de los suministros de petróleo en el mundo

18. ¿Qué conclusión se puede extraer de la gráfica?

(1) El porcentaje de las exportaciones del petróleo mexicano ha aumentado desde 1984
(2) La demanda por las exportaciones de petróleo mexicano aumentó entre 1980 y 1984
(3) El petróleo fue el mayor producto de exportación en México entre 1980–1984
(4) La oferta de petróleo aumentó a lo largo de 1977–1984
(5) La demanda de petróleo aumentó a lo largo de 1977–1984

Las preguntas 19 a 21 se basan en la siguiente gráfica.

DESEMPLEO EN LOS ESTADOS UNIDOS
1929–1941

Fuente: Departamento de Trabajo de los Estados Unidos

19. ¿Qué afirmaciones se basan en la información de la gráfica?

(1) El Nuevo Trato (*New Deal*) no provocó una reducción del desempleo
(2) El desempleo alcanzó el punto máximo un año después de la quiebra de la bolsa de valores
(3) El desempleo fue el tema más importante en las elecciones presidenciales de 1932
(4) El aumento de la producción en las primeras fases de la Segunda Guerra Mundial tuvo pocas repercusiones en el descenso del desempleo
(5) Entre 1929 y 1941 no hubo mejoras en la reducción del desempleo

20. Según la gráfica, los efectos de la quiebra de la bolsa de valores en 1929 sobre el desempleo fueron mayores en

    (1) 1929
    (2) 1930
    (3) 1931
    (4) 1932
    (5) 1933

21. Según la gráfica,

    (1) el desempleo nunca volvió a tener el mismo nivel que tuvo en el año de la quiebra de la bolsa de valores
    (2) el desempleo disminuyó en mayor proporcion entre 1933 y 1937 de lo que aumentó entre 1929 y 1933
    (3) el mayor aumento en el desempleo tuvo lugar en el año 1929–1930.
    (4) el mayor descenso del desempleo tuvo lugar en el año 1939–1940.
    (5) el período entre 1929–1941 fue de relativa prosperidad

Las preguntas 22 a 24 se basan en las siguientes gráficas.

PAÍSES DESARROLLADOS

PAÍSES EN DESARROLLO

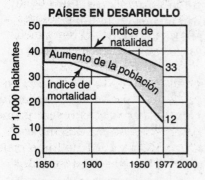

Aumento del índice de la población =
índice de natalidad – índice de mortalidad
Fuente: División de Población de las Naciones Unidas

22. ¿Cuál de estas afirmaciones se basa en la información de las gráficas?

    (1) En los años que muestran las gráficas, el índice de población aumentó igual tanto en los países desarrollados como en los que están en vías de desarrollo
    (2) En el año 2000, los países en vías de desarrollo alcanzarán el punto cero en el crecimiento de su población
    (3) El crecimiento de la población en esos años fue debido al descenso del índice de mortalidad
    (4) El crecimiento de la población en esos años fue debido al incremento del índice de natalidad
    (5) La población en 2000 será mayor en los países desarrollados que en los que están en vías de desarrollo

23. Según las gráficas, en los países desarrollados

    (1) el índice de natalidad sobrepasa el de mortalidad
    (2) el índice de mortalidad sobrepasa el de natalidad
    (3) el crecimiento de la población es ascendente
    (4) el índice de natalidad aumenta
    (5) el índice de mortalidad aumenta

24. Según las gráficas, si comparamos los países desarrollados con los que están en vías de desarrollo, podemos decir que

    (1) los índices de natalidad y de mortalidad siempre fueron más elevados en los países en vías de desarrollo
    (2) sólo el índice de natalidad es más elevado en los países en vías de desarrollo
    (3) sólo el índice de mortalidad es más elevado en los países en vías de desarrollo
    (4) los índices de natalidad y mortalidad han sido similares en los países en vías de desarrollo y los desarrollados
    (5) el crecimiento de la población ha sido similar en ambos

Las preguntas 25 a 30 se basan en las siguientes ilustraciones.

PORCENTAJE DE ESTUDIANTES NEGROS EN ESCUELAS QUE TIENEN MAYORÍA DE ESTUDIANTES BLANCOS

☐ Inferior al 25%   ▨ 25–35%   ▦ Superior al 35%

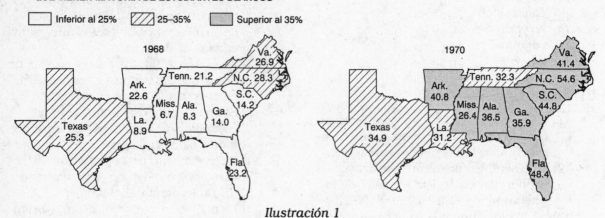

Ilustración 1

PORCENTAJE DE ESTUDIANTES NEGROS EN ESCUELAS QUE TIENEN MAYORÍA DE ESTUDIANTES BLANCOS

1968 ☐   1970 ▨

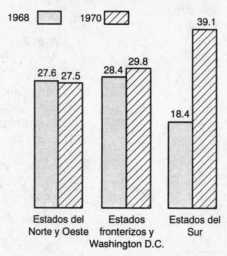

Ilustración 2

25. ¿Qué afirmación se basa en las ilustraciones?

 (1) La integración en la escuela se mantuvo casi igual en los estados del Sur entre 1968 y 1970

 (2) A excepción del Sur, la integración progresó rápidamente en toda la nación entre 1968 y 1970

 (3) Toda la nación experimentó avances importantes en los niveles de integración en la escuelas entre 1968 y 1970

 (4) La integración en las escuelas tuvo gran progreso en el Sur entre 1968 y 1970

 (5) La integración en la escuela sufrió un retroceso entre 1968 y 1970

26. Según la ilustración 1, ¿qué estado avanzó menos en la integración escolar entre 1968 y 1970.

 (1) Tennessee
 (2) Virginia
 (3) Texas
 (4) Carolina del Norte
 (5) Louisiana

27. Según la ilustración 1, ¿qué estado casi cuadruplicó el porcentaje de negros en las escuelas con mayoría blanca entre 1968 y 1970?

    (1) Mississippi
    (2) Carolina del Sur
    (3) Arkansas
    (4) Georgia
    (5) Virginia

28. Una interpretación de los datos que se muestran en la ilustración 2 es que en los estados del norte y del oeste

    (1) se negó la integración en las escuelas
    (2) es donde vive más población que en los demás estados
    (3) la reducción de la segregación no ha experimentado cambios importantes
    (4) el equilibrio racial mediante el transporte de alumnos no fue tema importante
    (5) la integración no es un problema

29. Según las ilustraciones, la resistencia a la integración hasta 1968 fue más fuerte en

    (1) Nueva York, Michigan, California
    (2) Texas, Arizona, Nuevo México
    (3) Maryland, Virginia, Kentucky
    (4) Mississippi, Alabama, Louisiana
    (5) Georgia, Carolina del Sur, Carolina del Norte

30. A pesar de que se produjo un cambio considerable, ¿qué conclusión se basa en las ilustraciones?

    (1) Hacia 1970, la segregación racial escolar terminó en más de un 50% en las escuelas de los Estados Unidos
    (2) Hacia 1970, Carolina del Norte llevaba una importante delantera en el progreso de la integración comparado con los otros estados
    (3) La segregación racial en las escuelas públicas de los Estados Unidos acabó antes de 1968
    (4) En 1970, la integración en los estados del Sur estaba más retrasada que en el resto de la nación
    (5) En 1970, Texas era el estado con menor integración

Las preguntas 31 a 33 se basan en la siguiente gráfica.

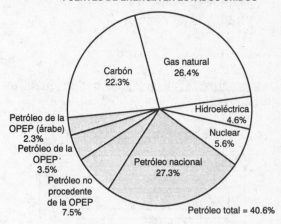

FUENTES DE ENERGIA EN ESTADOS UNIDOS

Cifras que representan un porcentaje aproximado de las fuentes para el consumo de energía en los Estados Unidos en 1986.

Fuente: Departamento de Energía de los Estados Unidos.

31. Según la gráfica,

    (1) el petróleo contribuye más que el carbón y el gas natural en el consumo energético
    (2) el petróleo de la OPEP (árabe) es el que contribuye menos a los requisitos energéticos de los Estados Unidos
    (3) el petróleo de la OPEP excede al petróleo no procedente de países de la OPEP como fuente de energía para los Estados Unidos
    (4) el gas natural es la mayor fuente de energía de los Estados Unidos
    (5) la energía hidroeléctrica y la nuclear sobrepasan al petróleo extranjero como fuentes de energía

32. De acuerdo a la gráfica, la mayor fuente de energía en los Estados Unidos es

    (1) el carbón
    (2) el gas natural
    (3) el petróleo nacional
    (4) las energías hidroeléctrica y nuclear
    (5) el petróleo que procede de la OPEP y de otros países extranjeros

33. ¿Cuál el porcentaje de energía en EUA obtenido de fuentes extranjeras?

    (1) 27.3%
    (2) 26.4%
    (3) 22.3%
    (4) 13.3%
    (5) 10.2%

Las preguntas 34 a 35 se basan en la siguiente gráfica.

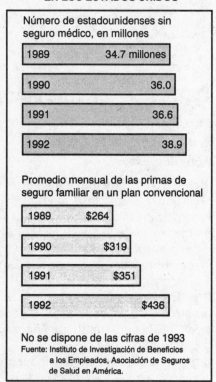

**CUIDADO DE LA SALUD
EN LOS ESTADOS UNIDOS**

Número de estadounidenses sin
seguro médico, en millones

1989	34.7 millones
1990	36.0
1991	36.6
1992	38.9

Promedio mensual de las primas de
seguro familiar en un plan convencional

1989	$264
1990	$319
1991	$351
1992	$436

No se dispone de las cifras de 1993
Fuente: Instituto de Investigación de Beneficios
a los Empleados, Asociación de Seguros
de Salud en América.

34. Según la gráfica, la conclusión a la que se puede llegar es que

    (1) los programas de cuidado de la salud no están disponibles para la mayoría de los estadounidenses
    (2) el número de estadounidenses que no tienen seguro médico ha alcanzado el nivel más alto
    (3) la mayoría de los estadounidenses no pueden pagar primas para planes convencionales de salud
    (4) los programas de cuidado de la salud son menos accesibles y más costosos para las familias estadounidenses
    (5) el incremento de los costos para la sanidad está descendiendo.

35. El promedio mensual de las primas de un seguro médico por familia

    (1) tuvo su mayor aumento de 1989 a 1990
    (2) tuvo su mayor aumento de 1990 a 1991
    (3) tuvo su mayor aumento de 1991 a 1992
    (4) ha experimentado un descenso en el nivel de crecimiento
    (5) ha experimentado un aumento del 50% en el período 1989–1992

<u>Las preguntas 36 a 37</u> se basan en la siguiente gráfica.

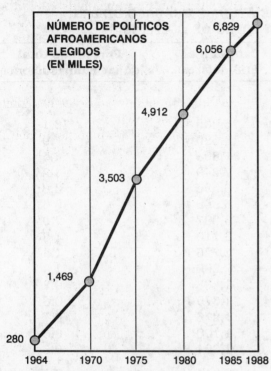

NÚMERO DE POLÍTICOS AFROAMERICANOS ELEGIDOS (EN MILES)

6,829
6,056
4,912
3,503
1,469
280

1964 1970 1975 1980 1985 1988

Fuente: Centro de Estudios Políticos

36. ¿Qué factor cree que ha contribuido más en la tendencia que se muestra en la gráfica?

(1) Enmiendas constitucionales recientes han permitido que los afroamericanos puedan ir de candidatos en las elecciones
(2) La legislación del Congreso ha ayudado a incrementar la participación de representantes afroamericanos en el gobierno
(3) Los avances tecnológicos permiten a los candidatos afroamericanos hacer campañas más efectivas
(4) Los afroamericanos han ganado los recursos necesarios para pagar la contribución de capitación (*poll tax*)
(5) El nivel de incremento de los políticos afroamericanos elegidos ha aumentado en los últimos años

37. El objetivo básico de los programas de acción afirmativa ha sido

(1) dar igualdad de oportunidades a mujeres y minorías
(2) animar a mayor cantidad de gente a votar en las elecciones
(3) hacer que la legislación contributiva sea más justa
(4) reducir el déficit del presupuesto federal
(5) fijar cuotas de trabajo

Las preguntas 38 a 40 se basan en la siguiente tabla

CONTRIBUCIONES A LA AGENCIA DE AYUDA Y TRABAJO DE LAS NACIONES UNIDAS—1985 (EN MILES DE DÓLARES)

Donantes	Cantidad en $US dólares	Porcentaje total de las contribuciones
A. Gobiernos		
—Primeros 15 gobiernos		
1. Estados Unidos	75,000	43.1
2. Japón	13,680	7.9
3. Suecia	7,898	4.5
4. Noruega	7,249	4.2
5. Gran Bretaña	6,556	3.8
6. Canadá	6,306	3.6
7. Suiza	3,397	2.0
8. Alemania	3,110	1.8
9. Dinamarca	2,726	1.3
10. Arabia Saudita	2,200	1.3
11. Australia	1,408	0.8
12. Holanda	1,379	0.8
13. Italia	1,276	0.7
14. Kuwait	1,100	0.6
15. Francia	1,024	0.6
—Otros gobiernos	3,844	2.1
Subtotal de las contribuciones de los gobiernos	138,153	79.4
B. Organizaciones intergubernamentales: Comunidad Económica Europea	24,091	13.8
Otras organizaciones	1,492	0.8
Subtotal	25,583	14.6
C. Sistema de las Naciones Unidas	8,528	4.9
D. Donantes privados y no gubernamentales	1,918	1.1
Total	174,182	100.00

Fuente: World Refugee Report, septiembre 1986. Departamento de Estado de los Estados Unidos, Oficina de Programas para Refugiados.

38. Del total de las contribuciones, ¿qué porcentaje proviene de los países árabes?

    (1) 43.1
    (2) 7.9
    (3) 3.6
    (4) 1.9
    (5) 0.6

39. De las contribuciones gubernamentales, Estados Unidos aporta

    (1) más del 50%
    (2) 50%
    (3) 43.1%
    (4) 14.6%
    (5) 13.8%

40. La contribución de los gobiernos europeos es de aproximadamente

    (1) 20%
    (2) 14.6%
    (3) 4.9%
    (4) 1.1%
    (5) 0.8%

CLAVE DE LAS RESPUESTAS

1. **4**	8. **2**	15. **2**	22. **3**	29. **4**	36. **2**
2. **2**	9. **4**	16. **1**	23. **1**	30. **2**	37. **1**
3. **2**	10. **4**	17. **3**	24. **1**	31. **2**	38. **4**
4. **1**	11. **1**	18. **3**	25. **4**	32. **3**	39. **1**
5. **2**	12. **2**	19. **3**	26. **3**	33. **4**	40. **1**
6. **2**	13. **3**	20. **5**	27. **1**	34. **4**	
7. **1**	14. **5**	21. **1**	28. **3**	35. **3**	

¿CUAL ES SU PUNTAJE?

	correctas		incorrectas
Excelente	36–40		
Buena	32–35		
Regular	28–31		

Si su puntaje es bajo, necesita revisar la sección "Práctica sobre interpretación de tablas, gráficas y mapas" (página 190).

ANÁLISIS DE LAS RESPUESTAS

1. **4** Los estados que están indicados en color blanco, de acuerdo con las claves, tienen un índice de desempleo del 6% o superior, que es el más alto.

2. **2** La respuesta precisa que usted conozca que los automóviles se producen en líneas de montaje y que se fabrican en Detroit (Michigan).

3. **2** El contraste mayor en los niveles de desempleo se encuentra entre la clave de color azul claro (inferior al 4%) y la blanca (del 6% o superior). Solamente Virginia (azul claro) y West Virginia (blanco) se pueden contrastar.

4. **1** La región de las montañas de Appalachia está localizada en Kentucky y West Virginia (áreas marcadas en color blanco), donde el índice de desempleo es más alto.

5. **2** Estas tres categorías proprocionan el 26%, el 11% y el 8% respectivamente, o sea un total de 45%.

6. **2** Esta categoría representa el 56% de los gastos nacionales.

7. **1** Cada una de estas categorías gasta un 4 por ciento.

8. **2** El impuesto por consumo y otras contribuciones alcanzan el 11%, el mismo porcentaje que se gasta en salud y bienestar.

9. **4** El 55% de los ingresos federales proviene de los impuestos individuales sobre la renta.

10. **4** El 8% es la cantidad que se gasta en "todas las demás" contribuciones.

11. **1** Los ingresos por los impuestos sobre la renta individual ascienden al 55%, lo que se acerca a lo que se gasta en seguridad nacional y relaciones internacionales (56%).

12. **2** Los títulos de cada una de las gráficas de barras son del censo de 1950, el censo de 1970, el censo de 1990 y el censo de 2010, en intervalos de 20 años.

13. **3** Más de 40 millones se encuentran entre los 25 y 35 años.

14. **5** En cada censo, hay más población entre las edades comprendidas entre 0 al 5 años que en el grupo de más de 75 años.

15. **2** El grupo de entre 15 a 25 años crecerá de un 21% a un 46%, o sea más que cualquier otro grupo.

16. **1** La gráfica muestra que la exportación del petróleo mexicano alcanzó el nivel más alto (80%) de las exportaciones mexicanas en 1982.

17. **3** Los cambios en las exportaciones mexicanas pueden variar según los precios de petróleo crudo disponible a las naciones importadoras provenientes de diferentes fuentes.

18. **3** La gráfica muestra que, desde 1980 hasta 1984, el porcentaje de exportaciones del petróleo mexicano estaba por encima del 60%.

19. **3** La gráfica apoya la conclusión de que el desempleo fue un factor muy importante en las elecciones presidenciales de 1932.

20. **5** El nivel de desempleo era casi de un 25%.

21. **1** El nivel de desempleo en 1929 era del 4%. Desde entonces el nivel subió y se mantuvo más alto hasta 1941.

22. **3** Mientras que la gráfica de los países desarrollados muestra un equilibrio constante entre el descenso de la mortalidad y la natalidad, la gráfica de los países en vías de desarrollo muestra un relativo crecimiento de la población desde 1875 hasta el presente, ya que el índice de mortalidad descendió más respecto al índice de natalidad.

23. **1** La línea del índice de natalidad está constantemente por encima de la línea de mortalidad.

24. **1** Las líneas del índice de natalidad y de mortalidad en los países en vías de desarrollo han sido siempre más altas que las de los países desarrollados.

25. **4** La gráfica de barras indica un incremento significativo, de un 18.4% a un 39.1%, en el número de negros en las escuelas con mayoría blanca. Los estados de Carolina del Sur y Alabama muestran un incremento importante.

26. **3** El incremento en Texas fue menor del 10%.

27. **1** Mississippi subió un 26.4% en 1970, casi el cuádruple del porcentaje de 1968 que era del 6.7%.

28. **3** El porcentaje de negros en las escuelas con mayoría de estudiantes blancos casi no ha cambiado.

29. **4** Antes de 1968, estos estados tenían un porcentaje más bajo de negros en las escuelas con una mayoría de estudiantes blancos.

30. **2** Carolina del Norte sobrepasó el promedio nacional de 28.3% y quedó muy por encima de éste.

31. **2** El petróleo de la OPEP (árabe), contrariamente a lo que se cree, es la menor contribución al consumo de energía de los Estados Unidos, con un 2.3%.

32. **3** El petróleo nacional representa el 27.3% de la energía usada por los Estados Unidos.

33. **4** El 13.3% es la cifra total de las contribuciones de los países de la OPEP y los que no están vinculados con este organismo.

34. **4** Cada vez menos y menos gente puede pagar por programas convencionales de salud, porque cada año cuestan más por familia.

35. **3** El incremento fue de un $85 cada mes por familia, de $351 a $436.

36. **2** El número de afroamericanos elegidos como funcionarios públicos ha aumentado considerablemente, debido a la Acta de Derechos Civiles de 1964 y las Actas del Derecho a Voto de 1965, 1970, 1975 y 1982.

37. **1** El objetivo de los programas de acción afirmativa es proveer igualdad de oportunidades a las mujeres y a las minorías.

38. **4** Arabia Saudita contribuyó en un 1.3% y Kuwait en un 0.6%.

39. **1** Estados Unidos contribuyó un 43.1% del 79.4% de las contribuciones de todos los gobiernos.

40. **1** Las contribuciones de los nueve países europeos totalizan un 20%— Suecia, Noruega, Gran Bretaña, Suiza, Alemania, Dinamarca, Italia, Holanda y Francia.

Interpretación de caricaturas políticas

Las caricaturas políticas como nuevo medio artístico empezaron a cobrar importancia a partir de la segunda mitad del siglo XIX. Dos dibujantes, en particular, consiguieron gran fama durante este período.

Thomas Nast, del semanario "Harper's Weekly" atacó al grupo político Tammany Hall en 1869 cuando su líder, el político llamado "Jefe Tweed" y su pandilla dominaban todo. Su tira cómica más famosa, "El tigre de Tammany suelto, ¿qué vamos a hacer con él?", llevó a la desintegración del Tammany Hall y a la caída de Tweed, quién terminó encarcelado por robo de mayor cuantía. La caricatura está en la página 214.

Joseph Keppler fundó "Puck", el primer semanario humorístico en los Estados Unidos. Keppler usó el color para dar más efecto a las tiras cómicas. "Jefes del senado" atacó a los intereses financieros representados en el senado de los Estados Unidos. Esta caricatura está en la página 214.

1. La mayoría de las caricaturas hacen referencia a un tema importante, normalmente una campaña electoral, cuestiones sobre la guerra y la paz o la corrupción del gobierno.
2. El dibujante o caricaturista usa un rasgo exagerado de una persona conocida o institución para atraer la atención, por ejemplo, el Tío Sam. También puede usar o crear un símbolo que reconocen todos los lectores para representar una idea importante. Por ejemplo, una paloma que simboliza la paz, un tigre que representa el Tammany Hall.
3. El texto es mínimo y el interés se centra en lo visual. Se usan pocas palabras para representar una idea y el máximo impacto del mensaje se obtiene visualmente. El Jefe Tweed puntualizó que, aunque sus seguidores no puedan leer, "podían *ver* los malditos dibujos". Por eso el caricaturista presenta los temas de manera simplificada, dejando afuera los detalles sin importancia, para que el mensaje sea más comprensible para el lector.
4. El caricaturista representa gráficamente su propio punto de vista o el de su periódico o revista. Normalmente está abiertamente en contra de la corrupción o las guerras y representa el objeto de su criticismo en la manera más desagradable posible.

Debido al atractivo visual de las caricaturas o los símbolos que se usan para criticar un determinado tema, la caricatura política se ha convertido en un medio poderoso de formación de la opinión pública. Esta manera de atraer las emociones es difícil de igualar y su influencia se ha mantenido hasta hoy en día.

¿Cómo interpretar una caricatura política en un Examen de Equivalencia a la Escuela Superior?

He aquí algunas sugerencias basadas en las caricaturas de Nast y Keppler.

Paso 1. Identificar las caricaturas o símbolos que se usan en la tira cómica. En las caricaturas históricas, puede que necesite tener conocimientos de estudios sociales. En las tiras contemporáneas, las caricaturas y símbolos son más fáciles de identificar.

En la caricatura de Nast, el Jefe Tweed, está sentado en las gradas con una inscripción que dice "Tammany, Botín", es un símbolo de poder político. El tigre representa al Tammany Hall, el club político corrupto y la mujer que está en sus garras es la República asesinada y rodeada por el quebrantamiento de la ley y la destrucción de la libertad democrática del sufragio.

Paso 2. Identificar el tema que el caricaturista quiere presentar o criticar. En el caso de Nast, es la debilitación del proceso democrático por la corrupción de los caciques políticos y sus camaradas. En la caricatura de Keppler, es la toma del poder del Senado de los Estados Unidos por parte de los monopolios.

Paso 3. Determinar el punto de vista que quiere expresar el caricaturista. En la caricatura de Nast, la expresión de la cara del tigre y el tamaño exagerado del Jefe Tweed muestran la ambición del cacique político y de su organización (la pandilla de Tweed). En la caricatura de Keppler, los estómagos hinchados de los monopolistas y sus desagradables expresiones faciales muestran la desaprobación del caricaturista.

Ahora fíjese en la tercera caricatura e intente responder a las siguientes preguntas.

PREGUNTAS

1. ¿Qué países están representados en la caricatura?
2. ¿Cómo representa el caricaturista a los países involucrados?
3. ¿Qué intenta hacer cada país?
4. ¿Qué asunto comercial refleja la caricatura?
5. ¿Qué sentimiento refleja el caricaturista entre el hombre y la mujer?
6. ¿Cuál es el punto de vista del caricaturista?

RESPUESTAS Y ANÁLISIS

1. La caricatura representa a Cuba y a los Estados Unidos.
2. La bandera cubana es la falda de la mujer; la bandera de los Estados Unidos cuelga del asta en el edificio que hay al lado del hombre.
3. La mujer que representa a Cuba intenta pasar su azúcar en rama a los Estados Unidos. El hombre que representa a un cultivador de azúcar de los Estados Unidos no la deja.
4. El asunto comercial es el del muro de los aranceles que ha creado un país para que no entren productos de otro país.
5. El caricaturista quiere reflejar la aversión entre ellos.
6. El caricaturista está a favor de la mujer que busca reciprocidad—comercio mutuo entre los dos países.

PRÁCTICA CON CARICATURAS

1. El objetivo principal de la caricatura es mostrar que

   (1) los Estados Unidos y Cuba tienen objetivos mutuos
   (2) el muro de los aranceles es eficaz
   (3) la petición de Cuba es irrazonable
   (4) el cultivador de azúcar está en contra del muro de los aranceles
   (5) los Estados Unidos y Cuba tienen diferentes puntos de vista sobre el comercio del azúcar

2. El caricaturista identifica los dos países por sus

   (1) caras
   (2) sombreros
   (3) banderas
   (4) sexos
   (5) expresiones

CLAVE DE LAS RESPUESTAS

1. **5**   2. **3**

ANÁLISIS DE LAS RESPUESTAS

1. **5** La opción 1 es incorrecta porque los Estados Unidos y Cuba tienen objetivos opuestos. La opción 4 no es correcta, ya que el cultivador de azúcar tiene el papel de los aranceles en su mano. Ninguna evidencia en la caricatura nos lleva a las conclusiones de las opciones 2 y 3. Sólo la opción 5 es correcta, ya que la mujer cubana quiere entrar su azúcar en rama a los Estados Unidos, mientras que el cultivador de azúcar le quiere imponer aranceles para que no entre.

2. **3** En la opción 1 no se puede deducir la nacionalidad ni tampoco en las opciones 4 y 5. En la opción 2, sólo Cuba se puede identificar con el sombrero, pero no los Estados Unidos. Sólo la opción 3 es correcta.

Cómo Responder Preguntas Sobre Temas de Estudios Sociales

La Prueba de Estudios Sociales no valora su habilidad de memorizar información como fechas, datos o acontecimientos, sino que enfatiza sus habilidades a un nivel más alto. La prueba valora su capacidad para entender los textos y las gráficas; aplicar la información y las ideas que se dan en las preguntas, analizar la información e ideas que se ofrecen, y evaluar la información y las conclusiones que se basan en esta información.

Comprensión

Un 20 por ciento de la prueba, es decir cerca de 13 preguntas, requieren que entienda el significado y el propósito de los textos, pasajes o citas, así como la información que ofrecen los mapas, las gráficas, las tablas y las caricaturas políticas. La prueba valora su habilidad de entender la información, resumir e identificar ideas o afirmaciones que son incorrectas. La pregunta normalmente incluirá una cita, la cual irá seguida por frases como "La mejor explicación de esta afirmación es…" o "El autor cree (o sugiere)…"

EJEMPLO

Un código

Nunca hacer nada en cuerpo y alma que no esté encaminado a la gloria de Dios.

Nunca perder un momento de tiempo, sino intentar que éste sea lo más provechoso posible.

Pensar en todas las ocasiones en mi propia muerte y en las circunstancias que la rodean.

Mantener moderación estricta en la comida y bebida.

PREGUNTA

El autor de este código cree que la gente debería estar preocupada por

(1) asuntos monetarios
(2) lujos
(3) patriotismo
(4) asuntos espirituales
(5) política

ANÁLISIS DE LA RESPUESTA

El pasaje refleja las ideas del puritanismo. El código expresa preocupaciones espirituales.

Puede responder esta pregunta correctamente si lee detenidamente el pasaje, identifica qué es lo que se enfatiza y luego encuentra la respuesta que identifica ese énfasis. En esta pregunta, el énfasis es vivir para glorificar a Dios, preocuparse por el modo de morir e imponerse disciplina sobre las cosas materiales como el comer y el beber. Puede responder la pregunta, incluso si no sabe el código puritano. La respuesta correcta es la 4.

Aplicación

El 30 por ciento, es decir 19 de las preguntas, requiere que use información e ideas en situaciones diferentes a las indicadas en la pregunta. Aplicar información e ideas es una habilidad de alto nivel, ya que usted no sólo debe entender el contenido general, sino que también debe ser capaz de transferirlo al contexto de una situación particular. Usted debe aplicar la información general que se le da a un caso específico.

EJEMPLO

El principio de la revisión judicial es concedido al poder judicial para determinar la constitucionalidad de las leyes estatales y federales.

PREGUNTA

¿Qué acción ilustra mejor el principio de revisión judicial?

(1) El congreso promulga legislación de derechos civiles
(2) El senado aprueba el nombramiento de los jueces federales
(3) Un acto del congreso es cancelado por el tribunal supremo
(4) Los estados rehúsan cooperar con las autoridades federales en el control del crimen
(5) El congreso vence en votación a un veto presidencial

ANÁLISIS DE LAS RESPUESTAS

El principio de la revisión judicial es el poder que tiene el tribunal supremo de los Estados Unidos de determinar la constitucionalidad de los actos del congreso, de las legislaciones de los estados, de los mandatarios del ejecutivo y de los tribunales menores. La única opción que está relacionada con una acción tribunal es la 3, representando una aplicación específica de este principio en un acto del congreso.

Una nueva serie de preguntas aparecen en la Prueba de Ciencias Sociales del Examen de Equivalencia de la Escuela Superior. Su propósito es valorar su habilidad en aplicar información que se da en la pregunta y que define las ideas que hay en los documentos históricos, en las divisiones de los diferentes temas de los estudios sociales, en los sistemas de gobierno, en la economía, en la psicología y en los grupos de conceptos de las cinco áreas que conforman los estudios sociales. Usted deberá

1. entender la información que se presenta y que está definida normalmente en cinco categorías,
2. relacionar una situación, acción o acontecimiento con estas categorías,
3. aplicar una situación, acción o acontecimiento dado en las informaciones que están categorizadas.

En el ejemplo que sigue, la información presentada en categorías definidas es la idea central de cada uno de los cinco artículos de la Declaración de Derechos, los primeros diez artículos de la Constitución.

EJEMPLO

Los diez primeros artículos de la Constitución se refieren a la Declaración de Derechos ratificada por el congreso en 1791. Algunas partes de los artículos dicen lo siguiente:

(A) Artículo 1. El congreso no puede hacer una ley...que limite la libertad de expresión o de prensa,
(B) Artículo 2. El derecho de las personas de poseer o portar armas no puede ser infringido,
(C) Artículo 5. Ninguna persona...puede ser obligada en ningún caso criminal a testificar contra sí misma ni pueden privarle de la vida, la libertad o la propiedad sin un debido proceso judicial,
(D) Artículo 7. El derecho a un juicio por un jurado debe ser preservado,
(E) Artículo 8. No se puede requerir una fianza excesiva...ni imponer un castigo cruel e inusual.

PREGUNTAS

Indique el artículo que apoya mejor estas situaciones.

1. Un oponente a la pena capital

   (1) Artículo 1
   (2) Artículo 2
   (3) Artículo 5
   (4) Artículo 7
   (5) Artículo 8

2. Un miembro de la Asociación Nacional del Rifle

   (1) Artículo 1
   (2) Artículo 2
   (3) Artículo 5
   (4) Artículo 7
   (5) Artículo 8

3. Una persona acusada de un acto criminal testificando en su propio juicio

   (1) Artículo 1
   (2) Artículo 2
   (3) Artículo 5
   (4) Artículo 7
   (5) Artículo 8

ANÁLISIS DE LAS RESPUESTAS

Usted debe aplicar la información categorizada a las situaciones indicadas arriba.

La respuesta correcta a la pregunta 1 es la opción 5. Alguien que se opone a la pena capital citaría el artículo 8 que prohibe cualquier castigo cruel e inusual.

La respuesta correcta a la pregunta 2 es la opción 2. Un miembro de la Asociación Nacional del Rifle citaría el artículo 2 que dice "el derecho de poseer y portar armas no debe ser infringido".

La respuesta correcta a la pregunta 3 es la opción 3. Una persona que declare en su juicio debe tener en cuenta el artículo 5 que dice que "nadie puede ser obligado a testificar en contra de sí mismo".

EJEMPLO

La psicología es la ciencia del comportamiento y de los procesos del pensamiento humano. Hay diferentes ramas interrelacionadas entre sí de la psicología humana.

(A) La psicología social investiga el efecto que produce un grupo en el comportamiento individual
(B) La psicología aplicada pone en práctica el uso de los descubrimientos y las teorías de la psicología como, por ejemplo, la psicología industrial
(C) La psicología clínica diagnostica y trata los transtornos mentales y otras enfermedades mentales
(D) La psicología comparativa trabaja con las diferentes organizaciones del comportamiento animal, entre ellas el hombre
(E) La psicología fisiológica intenta entender los efectos de las funciones corporales sobre el comportamiento humano

PREGUNTAS

Cada una de la siguientes afirmaciones describe un propósito de estudio. Indique a qué rama de la psicología pertenecerían.

1. Una compañía quiere estudiar los efectos de la música transmitida a una fábrica donde los empleados trabajan en una cadena de montaje.

   (1) psicología social
   (2) psicología aplicada
   (3) psicología clínica
   (4) psicología comparativa
   (5) psicología fisiológica

2. Un centro de rehabilitación de drogadictos quiere estudiar el papel de la presión psicológica sobre un adolescente por parte de jóvenes de su edad, en relación con un programa de prevención de la drogadicción.

   (1) psicología social
   (2) psicología aplicada
   (3) psicología clínica
   (4) psicología comparativa
   (5) psicología fisiológica

3. Hay disponible una beca para el estudio de la esquizofrenia caracterizada por las alucinaciones y los delirios.

   (1) psicología social
   (2) psicología aplicada
   (3) psicología clínica
   (4) psicología comparativa
   (5) psicología fisiológica

ANÁLISIS DE LAS RESPUESTAS

La respuesta correcta a la pregunta 1 es la opción 2. La psicología aplicada pone en práctica los hallazgos de los psicólogos industriales y sus sujetos, en este caso la gente que trabaja en cadenas de montaje.

La respuesta correcta para la pregunta 2 es la opción 1. Los psicólogos sociales se preocupan por los efectos de los grupos, en este caso los adolescentes que presionan a sus demás compañeros o amigos a tomar drogas.

La respuesta correcta a la pregunta 3 es la opción 3. Los psicólogos clínicos serían los que solicitarían la beca ya que están interesados por la esquizofrenia como trastorno mental.

Análisis

El 30 por ciento de la prueba, o sea cerca de 19 preguntas, requiere que divida la información en partes para encontrar la relación entre los datos. Esto requiere la habilidad de identificar relaciones de causa-efecto, separar la información cierta de meras opiniones, separar las conclusiones de lo que son sólo afirmaciones de apoyo y mostrar que puede reconocer las suposiciones en las que se basan las conclusiones.

PREGUNTA

La democracia puede ser definida como el gobierno del pueblo realizado directamente o a través de representantes elegidos en elecciones libres. ¿Qué cita procedente de la Declaración de Independencia describe mejor el principio fundamental de la democracia en los Estados Unidos?

(1) "imponernos impuestos sin nuestro consentimiento"

(2) "los gobiernos de larga duración no deberían ser cambiados por causas transitorias y de escasa importancia"

(3) "privarnos, en muchos casos, del beneficio de un juicio mediante jurado".

(4) "derivar un poder justo con el consentimiento de los gobernados"

(5) "alojar gran cantidad de tropas de las fuerzas armadas entre nosotros"

ANÁLISIS DE LA RESPUESTA

No sólo debe entender el significado de cada respuesta, sino que debe analizarlas para determinar cuál de ellas es un principio *fundamental* del gobierno de los Estados Unidos. Primero debe entender, luego debe analizar. Para ello, debe seguir los siguientes pasos:

Opción 1. Imponer impuestos sin consentimiento, significa tributación sin representación.

Opción 2. Que los gobiernos que están hace años en el poder no puedan ser cambiados por causas transitorias, significa que los cambios en el gobierno deben ser por grandes razones.

Opción 3. El beneficio de un juicio mediante jurado, singifica el derecho a ser juzgado con la presencia y participación de un jurado.

Opción 4. Derivar poderes con el consentimiento de los gobernados, quiere decir que el gobierno adquiere el poder de aquellos a los que gobierna, el pueblo.

Opción 5. Alojar las tropas armadas, quiere decir la obligación de tener soldados en casa.

Ahora la prueba de un principio *fundamental* del gobierno de los Estados Unidos debe aplicarse a cada uno.

La opción 1 no es fundamental; es un agravio.

La opción 2 no se refiere al gobierno de los Estados Unidos, sino a todos los gobiernos en general.

En la opción 3, un juicio por parte de un jurado es un derecho importante, pero no es fundamental como la opción 4, en la que se afirma que el gobierno de los Estados Unidos es una democracia en donde el pueblo gobierna mediante representantes elegidos. Este sí es un principio fundamental.

La opción 5 se refiere al alojamiento de soldados sin autorización; es importante, pero no fundamental.

La opción 4 es la única interpretación correcta.

Evaluación

El 20 por ciento de la prueba, cerca de 13 preguntas, es el más difícil. Debe aquí hacer un juicio acerca de la lógica y exactitud de la información. Estas preguntas valoran su habilidad de determinar si los datos están adecuadamente documentados o probados, y si son usados apropiadamente para apoyar alguna conclusión. Asimismo, sirve para evaluar su habilidad de reconocer si los datos son correctos o incorrectos en la presentación de opiniones y argumentos.

PREGUNTA

¿Qué afirmación es una opinión en lugar de una información?

(1) Francia se involucró en el conflicto de Vietnam antes que los Estados Unidos

(2) Existen tensiones entre China y Taiwán

(3) La paz se conseguirá a través de acuerdos regionales adoptados en el mundo

(4) Gran Bretaña se ha convertido en un miembro completo del Mercado Común Europeo

(5) Estados Unidos es un miembro de la Organización del Tratado del Atlántico Norte

ANÁLISIS DE LAS RESPUESTAS

Cuatro de las cinco afirmaciones que se han presentado pueden ser verificadas con evidencia disponible, como son los casos de que Francia estuviera involucrada en la guerra de Vietnam, que China y Taiwán tienen tensiones, que Gran Bretaña es un miembro del Mercado Común Europeo, que Estados Unidos es miembro de la OTAN. La opción 3, que afirma que la paz se conseguirá a través de acuerdos regionales en todo el mundo, es una opinión o hipótesis—no un hecho y no puede probarse.

Práctica de Ejercicios Sobre Estudios Sociales

Ciencias políticas

Lea cada una de las siguientes selecciones detenidamente. Luego, conteste las preguntas que se hacen o complete las afirmaciones que se requieren. Seleccione las mejores respuestas.

Las preguntas 1 a 3 se basan en el siguiente pasaje.

La revolución estadounidense es la única en la historia moderna que, en lugar de aniquilar a los intelectuales que la prepararon, los llevó al poder. Muchos de los que firmaron la Declaración de Independencia eran intelectuales. Esta tradición se arraigó en los Estados Unidos, cuyos principales presidentes han sido intelectuales: Jefferson y Lincoln, por ejemplo. Estos hombres de estado realizaron sus funciones políticas, pero también sintieron una responsabilidad más universal, la cual activamente definieron. Gracias a ellos existe en los Estados Unidos una dinámica institución de las ciencias políticas. En efecto, hasta el momento, dicha institución es la única que se adapta perfectamente a las emergencias del mundo contemporáneo y la única que puede oponerse victoriosamente al comunismo. Un europeo que siga la política estadounidense se impresiona de los acontecimientos históricos que reflejaron esta institución y de los grandes hombres de estado que han sido sus mejores representantes.

1. Este pasaje se refiere principalmente a

   (1) las causas de la revolución estadounidense
   (2) las personalidades de Jefferson y Lincoln como hombres de estado ideales
   (3) las bases de la filosofía política en los Estados Unidos
   (4) la democracia versus el comunismo
   (5) la dinámica institución de las ciencias políticas

2. De acuerdo con este pasaje, los intelectuales que preparan el terreno para las revoluciones son normalmente

   (1) honrados y reverenciados
   (2) malentendidos
   (3) aniquilados
   (4) olvidados
   (5) elegidos como mandatarios

3. ¿Qué afirmación es verdadera, según el pasaje?

   (1) Estados Unidos es una tierra de intelectuales
   (2) Los signatarios de la Declaración de Independencia tenían todos un alto nivel educacional
   (3) Jefferson y Lincoln eran revolucionarios
   (4) La adaptabilidad es una característica de las ciencias políticas en los Estados Unidos
   (5) Los europeos están confusos por las políticas estadounidenses

Las preguntas 4 a 6 se basan en el siguiente pasaje.

Con la palabra deber público no quiero decir necesariamente un deber oficial, aunque puede estar incluido en el término. Quiero decir esa constante y activa participación en los pormenores de la política que realizan los ciudadanos más inteligentes. Sin la ayuda de esta gente, la conducta de los asuntos públicos caería sobre el control de hombres egoístas e ignorantes o astutos y sobornables. Al mencionar deber público quiero decir esa atención personal—la cual, debiendo ser incesante es a menudo penosa e incluso repugnante—a los pormenores de la política, la participación en las reuniones, el servicio en comités, a los problemas y gastos de muchas clases, así como la resistencia paciente a los desaires y las mortificaciones, a los ridículos, a los disgustos y a las frustraciones. En una palabra, todos esas obligaciones y servicios que, de realizarse egoísta y miserablemente, estigmatizan a un hombre como mero político, pero que al hacerse en forma constante, honorable, inteligente y vigilante significan la construcción gradual, piedra por piedra, y capa por capa de este gran templo de libertad disciplinada que es nuestro gobierno.

4. La preocupación principal en este párrafo es

   (1) el deber público de hombres inteligentes
   (2) el mal de la indiferencia
   (3) las características del mero político
   (4) la democracia imaginaria
   (5) el verdadero patriotismo

5. El deber público enfatiza

   (1) la astucia
   (2) las actuaciones vulgares
   (3) los actos de soborno
   (4) los deberes oficiales
   (5) la atención a los pormenores

6. ¿Cuál de las siguientes afirmaciones expresa la idea en que se basa el pasaje?

   (1) La política jamás ha estado bajo el control de hombres egoístas
   (2) La atención personal de los funcionarios públicos asegura los principios democráticos en los Estados Unidos
   (3) El espíritu público auténtico pide un sacrificio especial
   (4) El deber público es sinónimo de deber oficial
   (5) La libertad estadounidense está basada en una legislación constante

Las preguntas 7 a 9 se basan en el siguiente pasaje.

El ciudadano medio hoy en día conoce las decisiones judiciales "históricas" que se refieren a cuestiones como la segregación racial, la distribución legislativa, el derecho de rezar en las escuelas públicas o el derecho del acusado a obtener ayuda legal en un proceso criminal. Muy a menudo, sin embargo, el ciudadano piensa que estas decisiones terminan para siempre con el tema. Realmente, por supuesto, estas respetadas decisiones de los tribunales son meramente indicaciones que generan a una serie de inacabables cuestiones legales.

Por ejemplo, esta nación estaría muy de acuerdo en que la segregación racial en las escuelas públicas estatales niega la protección igualitaria que las leyes garantizan en la XIV Enmienda a la Constitución. La dificultad real se encuentra a la hora de determinar cómo suprimir la segregación y cómo resolver el problema actual de la segregación en las escuelas creado por la desigual distribución racial de las viviendas de los alumnos.

7. Según el autor, el efecto de muchas decisiones en los tribunales

   (1) hace que los ciudadanos estudien las leyes
   (2) llevan consigo más complicaciones legales
   (3) contradicen la constitución
   (4) niegan los derechos de los Estados
   (5) proveen soluciones finales a muchos problemas.

8. El autor da a entender que, respecto a las decisiones de los tribunales, el público generalmente está

   (1) desinteresado
   (2) desconcertado
   (3) crítico
   (4) bien informado
   (5) en desacuerdo

9. En la primera línea se usa la palabra "históricas" que significa

   (1) conmovedoras
   (2) justas
   (3) importantes
   (4) divulgadas
   (5) legales

Las preguntas 10 a 12 se basan en el siguiente pasaje.

No fue una clase gobernante lo que Estados Unidos necesitaba—eso fue un ideal soñado por los federalistas y revivido por los reformadores del servicio civil—pero sí una gente que fuese lo suficientemente inteligente para usar el gobierno para hacer prosperar la comunidad, lo suficientemente realista para reconocer las bases económicas de la política, lo suficientemente moderada para autodisciplinarse, lo suficientemente atrevida para tolerar los experimentos, lo suficientemente madura para distinguir entre hombres de estado y demagogos, lo suficientemente previsora para hacer planes para sus hijos y los hijos de sus hijos. Semejante aspiración no fue poca cosa y sólo los perfeccionistas podían decepcionarse al no cumplirse ésta. Sin embargo, aunque los estadounidenses permanecieron políticamente inmaduros, revelaron grandes capacidades en el arte y la ciencia de la política a igual que otra gente y a veces más que otros. Aunque fuesen reacios a modernizar su maquinaria de gobierno, la cual necesitaba un cuidado constante, la maquinaria tampoco se rompía por completo, como ocurría a menudo en el Viejo Continente.

10. El pasaje se refiere principalmente a

    (1) la capacidad de los Estados Unidos de autogobernarse
    (2) la clase gobernante en los Estados Unidos
    (3) la moral política en los Estados Unidos
    (4) la madurez política
    (5) la inteligencia en los servicios del gobierno

11. La actitud del autor hacia los estadounidenses como políticos es de

    (1) diversión
    (2) duda
    (3) recelo
    (4) aprobación
    (5) desaprobación

12. El autor sugiere que los estadounidenses como políticos han sido esencialmente

    (1) idealistas
    (2) realistas
    (3) egoístas
    (4) pesimistas
    (5) hipócritas

Economía

Lea cada una de las siguientes selecciones detenidamente. Luego conteste las preguntas o complete las afirmaciones que lo requieren. Seleccione las mejores respuestas.

Las preguntas 13 a 15 se basan en el siguiente pasaje.

La productividad del hombre, sin embargo, varía enormemente entre país y país. Depende de la cantidad de asistencia que se le proporciona al trabajador medio en forma de maquinaria—esto es, los caballos de fuerza por cabeza. Depende también—y este es un punto de creciente importancia—del espíritu y el vigor de los trabajadores. Los trabajadores industriales de ciertos países han estado trabajando bajo gran tensión durante muchos años. Durante este tiempo también han estado malnutridos. Por último, estos países se han vuelto dependientes en gran medida de mano de obra de esclavos, la ineficiencia de la cual es notoria.

13. El tema principal en este pasaje es

    (1) la maquinaria produce una diferencia notable
    (2) caballos de fuerza por cabeza
    (3) la productividad del trabajador
    (4) los países y los trabajadores
    (5) la importancia del espíritu y el vigor

14. El autor implica que

    (1) los trabajadores han desatendido su salud
    (2) los esclavos son débiles
    (3) la maquinaria añade un caballo de fuerza por trabajador
    (4) trabajar bajo tensión reduce la producción
    (5) un hombre cuenta poco

15. El término *productividad*, de la manera que se usa en este pasaje, es similar a

    (1) caballo de fuerza por persona
    (2) espíritu
    (3) vigor
    (4) eficiencia
    (5) producción bajo tensión

Las preguntas 16 a 18 se basan en el siguiente pasaje.

El término *sistema fabril* se ha aplicado al sistema de producción que se desarrolló como resultado de la Revolución Industrial. Surgió en Inglaterra a finales del siglo XVIII. Bajo este sistema, los bienes se hicieron con el uso de maquinaria en lugar del trabajo a mano del sistema doméstico. Se tuvieron que construir edificios especiales para acomodar esta maquinaria, que se conocían con el nombre de factorías o fábricas. Los trabajadores procedentes de áreas cercanas se reunían cada día en estas factorías. Esto causó la concentración de la población alrededor de ellas y produjo el crecimiento de las ciudades. Los trabajadores dejaron de ser artesanos y cada uno se convirtió en experto en el trabajo único que realizaba con la máquina que se le daba. Se estableció una división del trabajo para conseguir mayor rapidez y eficacia. Se inventaron varias máquinas, cada una utilizada para fabricar una porción del producto para luego hacerse el montaje. Ningún trabajador, por lo tanto, producía un producto completo. Éstas fueron las características principales del sistema fabril a medida que iba evolucionando.

16. El sistema fabril es responsable directo

    (1) del crecimiento de los suburbios en el siglo XVII
    (2) del orgullo individual en la producción de los bienes
    (3) de la especialización y la división del trabajo
    (4) de la necesidad de artesanos capacitados
    (5) de una relación más cercana entre el empleado y el empleador

17. El sistema fabril reemplazó

    (1) la Revolución Industrial
    (2) al sistema doméstico
    (3) los gremios
    (4) los pequeños granjeros
    (5) al sistema mecánico

18. El autor del pasaje estaría de acuerdo con todas estas afirmaciones, a *excepción de que* el sistema fabril

    (1) es responsable de la automatización
    (2) es el resultado de la Revolución Industrial
    (3) tuvo sus comienzos en Inglaterra
    (4) alentó la versatilidad de los trabajadores
    (5) dependió de la creación de nueva maquinaria

Las preguntas 19 a 21 se basan en el siguiente pasaje.

El consumidor estadounidense se beneficia más que nadie por el incremento del comercio exterior. Las importaciones le ofrecen una más amplia elección de productos a precios competitivos. También introducen nuevas ideas y nuevas modas que a menudo atraen nuevas demandas para la producción nacional.

El incremento de las importaciones estimula nuestros propios esfuerzos encaminados a incrementar la eficiencia y contribuye a otros esfuerzos nuestros dirigidos a asegurar la competencia, como por ejemplo las medidas tomadas en contra de los monopolios. Muchas industrias importantes para el consumidor y la economía estadounidenses dependen de las importaciones de materias primas y otras existencias. Así, los bienes producidos en los Estados Unidos pueden ser más baratos para el consumidor estadounidense si se bajaran las tarifas sobre los materiales que son necesarios para su producción...

Asimismo, debemos reducir nuestras propias tarifas si esperamos que las reduzcan en el exterior, de tal modo que podamos incrementar nuestras exportaciones y excedentes...

Es obvio por lo tanto que las advertencias en contra del incremento de las importaciones basadas en el bajo nivel de los salarios que se pagan en otros países no nos explican la historia completa.

—John F. Kennedy

19. El presidente Kennedy escribió este mensaje, en el cual aboga por

    (1) el incremento de las importaciones, el incremento de las exportaciones, el incremento de las tarifas
    (2) la reducción de las importaciones, el incremento de las exportaciones, el incremento de las tarifas
    (3) la reducción de las importaciones, la reducción de las exportaciones, la reducción de las tarifas
    (4) el incremento de las importaciones, la reducción de las exportaciones, la reducción de las tarifas
    (5) el incremento de las importaciones, el incremento de las exportaciones, la reducción de las tarifas

20. El presidente Kennedy respondió al argumento de que el incremento de las importaciones

    (1) afecta adversamente a las industrias estadounidenses que pagan mejor a sus trabajadores
    (2) afecta la habilidad de los trabajadores estadounidenses
    (3) está basado en los bajos salarios pagados en otros países
    (4) afecta los costos totales de la mano de obra
    (5) aumenta el costo de la mano de obra nacional

21. El incremento de las importaciones tiene los siguientes beneficios, *a excepción de*

    (1) nuevas ideas
    (2) nuevas modas
    (3) competencia asegurada
    (4) fuentes de materia prima
    (5) productos estadounidenses más caros

Las preguntas 22 a 25 se basan en el siguiente pasaje.

El tema de la industrialización es complejo. Para los trabajadores significa el requerimiento de especialización y, posiblemente, que el trabajo sea más dificultoso que en el pasado, cuando el elemento del tiempo tenía menos importancia. Los beneficios positivos, sin embargo, valen más que estas consideraciones. El trabajador, hoy en día, tiene más tiempo libre, es menos provinciano y disfruta mucho más los resultados de su trabajo que antes. En cierto sentido, podemos decir que hemos llegado al final de la Revolución Industrial. Podemos hablar hoy de una revolución tecnológica, en donde la ciencia ha encontrado los caminos para utilizar los esfuerzos del hombre más allá de los sueños del pasado. La llegada de la Era Atómica presagia mayores beneficios para nosotros. Algunos hablan de la Era de la Energía y el Metal. El término es significativo para nuestro país, que es rico en estos dos elementos. Aunque no es totalmente autosuficiente, al menos ha explotado estos dos recursos en un grado nunca visto en el mundo hasta hoy.

22. El propósito principal del autor al escribir este pasaje es

    (1) señalar las dificultades de la industrialización
    (2) defender el trabajo de los científicos
    (3) explicar por qué los hombres modernos tienen considerable tiempo libre
    (4) explicar por qué la Revolución Industrial llegó a su fín
    (5) describir ciertas manifestaciones de la industrialización

23. El autor da a entender que la fuerza futura de este país se fundamentará en

    (1) el amplio número de trabajadores
    (2) técnicos capacitados
    (3) fuentes de energía y de metal
    (4) el uso más eficaz del tiempo libre
    (5) en la fuerza móvil de trabajo

24. Cuando el autor afirma que "el trabajo sea más dificultoso que en el pasado", da a entender que

    (1) el trabajo físico duro va a volver a realizarse
    (2) los trabajadores sentirán la presión del tiempo
    (3) las condiciones de la guerra harán el trabajo más difícil
    (4) el trabajador deberá pasar más tiempo en su trabajo
    (5) muchos trabajadores serán despedidos de sus trabajos

25. La primera prueba de que el autor tiene un país específico en mente se ve en la línea

    (1) 1
    (2) 9
    (3) 11
    (4) 21
    (5) 24

Historia

Lea cada una de las siguientes selecciones detenidamente. Luego, conteste las preguntas que se hacen o complete las afirmaciones que se requieren. Seleccione las mejores respuestas.

Las preguntas 26 a 28 se basan en el siguiente pasaje.

Los primeros europeos se imaginaron que los nativos del Nuevo Mundo eran errantes que vivían y cazaban al azar cuando se les venía en gana. Estaban equivocados. Las tribus tenían sus regiones separadas por límites definidos. Pero la diferencia fundamental entre la concepción europea de la propiedad y la de los nativos norteamericanos era que para estos últimos las propiedades eran comunes. Los nativos norteamericanos no tenían idea de títulos legales ni de la propiedad privada de las tierras, mientras que los europeos eran incapaces de pensar en otros términos. En 1879, se presentó en el congreso el Acta General de Asignación. El objetivo aparente era animar a los nativos norteamericanos a abandonar sus reservas y dedicarse al cultivo agrícola y a la vida en granjas. Se distribuyó la tierra de tal manera que ciento sesenta y seis acres se asignaron a las cabezas de familia y ochenta a las personas solteras. La tierra que quedaba podía ser comprada por el gobierno. Los propietarios individuales, después de veinticinco años, podían vender sus tierras.

La declaración tuvo oposición, pero el acta se aprobó en 1887 y como consecuencia privó a los nativos norteamericanos de noventa millones de los ciento cuarenta millones de acres que poseían. Pocos de estos acres se destinaron a la agricultura, pues los nativos aun si hubiesen deseado tener una granja, no tenían el dinero para invertir en equipamiento o ganado. Además, debido a que las tierras estaban en fideicomiso, no tuvieron la posibilidad de conseguir crédito bancario. Por ultimo, si no querían deshacerse de su propiedad y la dividían entre sus descendientes, tocaba muy poco para cada uno.

Debería señalarse que el resultado del primer gran intento de asimilación por parte de los nativos norteamericanos fue tan desalentador que nadie intentó repetirlo. A finales del siglo XVIII, los primos de los iroqueses, los cheroquíes, que habitaban la región de Allegheny y otras regiones más al sur, empezaron a aprender técnicas europeas y a vivir como los europeos. Intercambiaron las tierras de la tribu por herramientas, tornos de hilar a mano, telares y otros instrumentos de la civilización. En los años veinte del siguiente siglo, el líder cheroquí Sequoya inventó un silabario para su lengua y los cheroquíes empezaron a editar un periódico llamado "Cherokee Phoenix". La recompensa por este esfuerzo de adaptación fue el Acta de Deposición India de 1830 de Andrew Jackson, como resultado de la cual los cheroquíes junto con otras tribus menos adaptadas fueron transferidos a primitivos parajes más allá del Mississippi. Algunos de ellos se escaparon a las montañas, pero la mayoría—conducidos a punta de pistola—hicieron el viaje a pie en pleno invierno y una cuarta parte de ellos perecieron.

—adaptado de Edmund Wilson

26. Según el pasaje, los primeros europeos creían que los nativos del Nuevo Mundo eran

(1) agricultores
(2) incivilizados
(3) nómadas
(4) desorganizados
(5) poco progresistas

27. Según el pasaje, la diferencia esencial del concepto de propiedad entre los nativos norteaméricanos y los europeos es que los europeos creían en

(1) la propiedad privada de la tierra
(2) el control gubernamental de la tierra
(3) dividir grandes regiones en granjas
(4) cultivar la tierra en lugar de cazar
(5) repartir la tierra entre los descendientes

28. El propósito aparente del Acta General de Asignación de 1879 fue

(1) introducir nuevos métodos de caza
(2) animar a los nativos norteamericanos a llevar otro modo de vida
(3) permitir un desplazamiento libre a los nativos norteamericanos
(4) vender grandes regiones de tierra
(5) consolidar la propiedad privada de la tierra

Las preguntas 29 a 31 se basan en el siguiente pasaje.

Los propagandistas extranjeros tienen una extraña concepción de nuestro carácter nacional. Creen que los estadounidenses somos híbridos, mixtos, poco dinámicos y así es como nos han calificado los enemigos de la democracia, porque, según dicen, hay demasiada fusión de razas en nuestra vida nacional. Creen que estamos desunidos e indefensos porque discutimos unos con otros, porque nos dedicamos a campañas políticas, porque reconocemos los derechos sagrados de las minorías a estar en desacuerdo con la mayoría y en su libertad de expresión en voz alta de este desacuerdo.

Pero es la gran mezcla de razas dedicadas a ideales comunes lo que crea y continúa nuestra vitalidad. En cada gran reunión hecha en los Estados Unidos hay gente con nombres como Jackson y Lincoln o Isaacs y Schultz o Kovacs o Sartori o Jones y Smith.

Estos estadounidenses son todos inmigrantes o descendientes de inmigrantes. Todos ellos son herederos de la misma firme tradición de gente emprendedora, de aventureros, de gente con coraje—coraje para "abandonarlo todo y seguir moviéndose". Esta ha sido la fuerza motriz en nuestra historia.

29. Según el párrafo, el carácter nacional estadounidense tiene éxito porque hay

(1) pocos desacuerdos
(2) grupos mayoritarios
(3) repartición de la riqueza
(4) ideales comunes
(5) derechos minoritarios

30. Los propagandistas extranjeros creen que los estadounidenses

(1) son enemigos de la democracia
(2) no tienen una herencia común
(3) tienen un carácter nacional
(4) rechazan discutir unos con otros
(5) se avergüenzan de su descendencia extranjera

31. Los propagandistas extranjeros y el autor están de acuerdo en que los estadounidenses

(1) están desunidos
(2) no tienen una tradición común
(3) provienen de diferentes lugares y culturas
(4) poseen fuertes creencias y las defienden
(5) son profundamente religiosos

Las preguntas 32 a 34 se basan en el siguiente pasaje.

Los acontecimientos históricos que han influido sobre los ciudadanos de Canadá y de los Estados Unidos y que les han permitido resolver sus problemas con armonía y beneficio mutuo a través de los años constituye una vívida y fascinante historia. Es una historia sobre disputas fronterizas y sus soluciones. Por cierto las controversias y guerras que hubo en los primeros años en Canadá y las colonias del norte (de lo que es ahora Estados Unidos) y después de 1783 su continuación hasta la Guerra de 1812, difícilmente fueron una fundación firme para la amistad internacional.

Sin embargo, se encontraron soluciones para todos los desacuerdos que surgieron y es así que las dos naciones han sido capaces de resolver de una manera pacífica las dificultades que surgieron a consecuencia de una gran y disputada línea fronteriza, en muchos casos no delineada por grandes barreras naturales.

32. El título que mejor expresa la idea del pasaje es

    (1) "Una historia de orgullo"
    (2) "Nuestro vecino del norte"
    (3) "Cooperación con Canadá"
    (4) "Nuestra línea fronteriza del norte"
    (5) "El papel de los legitimistas en Canadá"

33. Los desacuerdos entre Canadá y Estados Unidos

    (1) no ocurrieron hasta después de 1800
    (2) se resolvieron caso por caso
    (3) constituyen la base de su amistad actual
    (4) se resolvieron con ventaja para los Estados Unidos
    (5) fueron el resultado de la presencia de barreras naturales

34. El escritor considera que el período anterior a 1812 fue

    (1) una barrera infranqueable
    (2) una época de disputas territoriales
    (3) el determinador de las diferencias entre los dos países
    (4) el determinador de la amistad entre Canadá y los Estados Unidos
    (5) el período en que se determinó la frontera del norte en los Estados Unidos

Las preguntas 35 a 37 se basan en el siguiente pasaje.

En su adolescencia Lincoln descubrió el secreto que ya habían aprendido antes los buhoneros yanquis y que los vendedores ambulantes, los tenderos, los abogados y los políticos han sabido siempre—cómo combinar los negocios y la sociabilidad contando una buena historia que rompiese la apatía, creara buen ánimo, apoyara un argumento o simplemente ayudara a pasar el día. Ya fuese su negocio navegar río abajo en una barcaza, como trabajar como empleado en una tienda, practicar la ley, representar su distrito en la legislatura del estado o del congreso o dirigir el destino de su país en una gran guerra civil, Lincoln sabía que el dicho agudo y la anécdota acertada que expresasen un principio o una verdad constituían una gran ventaja.

Después de haber sido un apreciado cuentista en su comunidad y el portavoz en las reuniones del barrio, Lincoln ascendió a ser el cuentista de la nación y la voz del pueblo. Él es nuestro único héroe popular que a la vez es un artista popular. Semejante al fabulista Esopo y Benjamin Franklin, Lincoln difiere de nuestro otro gran narrador popular, Mark Twain, en que no era un humorista profesional.

35. La idea principal de este pasaje es

    (1) Lincoln como gran abogado
    (2) la combinación del beneficio y el placer
    (3) las fuentes de las historias de Lincoln
    (4) el maestro excepcional de una antigua técnica
    (5) todo el mundo ama a los cuentistas

36. Lincoln usaba las anécdotas principalmente para

    (1) mostrar su amplio conocimiento
    (2) poner énfasis en un asunto
    (3) mostrar sus conocimientos de cuentos populares
    (4) mostrar su diferencia con los demás
    (5) divertir a los demás

37. Después de leer esta selección, podemos deducir que el autor es un

    (1) político
    (2) artista popular
    (3) cuentista profesional
    (4) humorista
    (5) estudiante de la vida de Lincoln

Las preguntas 38 a 40 se basan en el siguiente pasaje.

El edificio del Capitolio en Washington D.C. es algo más que la casa que alberga el poder legislativo del gobierno federal. Es un edificio que inspira reverencia al simbolizar la fuerza y la majestuosidad de los Estados Unidos de América.

El diseño del Capitolio ha evolucionado. Primero hubo una propuesta pública que propuso el presidente Washington y el secretario de estado Jefferson. El proyecto que ganó y que fue selecciondo por el propio Washington, fue el del joven arquitecto William Thornton. Su plan presentaba una sección central cuadrada rematada con una cúpula y unida a dos edificios rectangulares.

Cuando las cámaras de representantes y senadores quedaron estrechas, el congreso decidió en 1850 construir dos cámaras nuevas diseñadas por Thomas Walter, un arquitecto de Filadelfia.

Pero, antes de que el trabajo en las nuevas alas hubiera avanzado mucho, todos se dieron cuenta que las dos grandes extensiones de mármol a cada lado de la cúpula central disminuían a ésta y afeaban el aspecto general. Así pues, bajo la dirección de Walter, se sacó la cúpula de cobre para colocar en su lugar a la actual enorme cúpula de hierro que es hoy el símbolo del Capitolio.

38. El diseño del Capitolio fue

(1) sugerido por Thomas Jefferson
(2) seleccionado por George Washington
(3) rechazado por Thomas Walter
(4) mejorado por William Thornton
(5) ratificado por el congreso

39. El Capitolio es la casa del

(1) poder ejecutivo del gobierno federal
(2) poder judicial
(3) poder militar
(4) poder económico
(5) poder legislativo

40. El símbolo principal del Capitolio es

(1) la cúpula de hierro
(2) la cúpula de cobre
(3) la cúpula de madera recubierta de cobre
(4) la ala sur
(5) la ala norte

Geografía

Lea cada una de las siguientes selecciones detenidamente. Luego, conteste las preguntas que se hacen o complete las afirmaciones que se requieren. Seleccione las mejores respuestas.

Las preguntas 41 a 43 se basan en la siguiente tabla.

TAMAÑO, POBLACIÓN Y DENSIDAD DE LAS NACIONES Y REGIONES MÁS GRANDES DEL MUNDO

País	Tamaño (millas cuadradas)	Población (estimada en millones)		Población por milla cuadrada	
		1992	2000	1992	2000
Canadá	3,850,000	27.36	30.42	7.1	7.9
China	3,700,000	1,187.99	1,309.74	321.1	353.98
EUA	3,600,000	255.16	257.32	70.88	76.48
Brasil	3,300,000	154.11	172.77	46.7	52.36
India	1,200,000	879.55	1,018.67	732.96	848.89
Japón	143,000	124.49	128.06	870.57	895.57
Sureste de Asia	1,692,000	461.5	531.01	272.75	313.83
Oeste de Asia	1,830,817	139.27	171.43	76.07	93.64
Africa	11,700,000	681.69	836.15	58.26	71.47

(Note el incremento estimado de la población en los ocho años que separan a los dos grupos de cifras. Los científicos estiman que la población de la tierra se duplicará en menos de 50 años).

Índice de crecimiento anual de la población por regiones					
Africa	2.9%	Ex-Unión Soviética	0.8%	Norteamérica	1.0%
Asia	1.9%	Latinoamérica	2.0%	Mundo	1.7%
Oceanía	1.6%	Europa	0.4%		

41. De la tabla que se muestra arriba se puede deducir que el crecimiento de la población mundial es

    (1) mayor en Europa
    (2) mayor en los países desarrollados
    (3) encabezado por Estados Unidos y Japón
    (4) mayor en el Medio Oriente
    (5) mayor en India

42. El país que tendrá un aumento en la densidad de población mayor en el año 2000 será

    (1) India
    (2) China
    (3) Japón
    (4) Brasil
    (5) Estados Unidos

43. De acuerdo con la tabla, se puede decir que

    (1) Africa está más densamente poblado que Estados Unidos
    (2) Canadá tiene principalmente un medio ambiente favorable
    (3) Japón está altamente industrializado
    (4) India no tiene un clima saludable
    (5) la población de Norteamérica está creciendo a mayor velocidad que la de Latinoamérica

Las preguntas 44 a 46 se basan en el siguiente pasaje.

Los miembros de la conferencia a menudo estuvieron divididos en dos grupos. Por un lado, estaban las 120 naciones en vías de desarrollo que van desde China (con una población de más de mil millones) a la isla del Naúru al sur del Pacífico (con una población de 6,500 habitantes). Sus representantes percibían la conferencia como una oportunidad de dividir la riqueza de los océanos. Para este grupo, la idea de "libertad en los mares" daba una ventaja injusta a las naciones desarrolladas. Por el otro lado se encontraba el grupo de 29

naciones industrializadas, entre ellas los E.U.A., los países europeos, Canadá, Australia y Japón. Estas naciones creían que la libertad en los mares y la explotación de los mares es un tema que sólo permite limitadas negociaciones.

Sin embargo, las naciones menos desarrolladas no estaban completamente unidas. Algunas naciones que no tenían salida al mar o con un pequeño litoral no apreciaban la idea de que las otras naciones dividiesen las partes más ricas de los océanos.

El resultado de esta III Conferencia Mundial de la Ley de los Mares y los de las próximas conferencias sobre este tema (pues no se espera que se consigan acuerdos fácilmente) es de gran importancia para todo el mundo.

44. La expresión "libertad en los mares", como se aplica en este pasaje, se refiere a la libertad

    (1) geográfica
    (2) política
    (3) económica
    (4) legal
    (5) histórica

45. Según el pasaje, se puede deducir que

    (1) las naciones industrializadas sobrepasan al número de naciones en vías de desarrollo
    (2) las naciones sin salida al mar sobrepasan al número de naciones que tienen un litoral pequeño
    (3) las naciones industrializadas generalmente no tienen salida al mar
    (4) las naciones en vías de desarrollo están menos desarrolladas industrialmente
    (5) todas las naciones ven la necesidad de cambiar los acuerdos actuales

46. En el pasaje la evidencia pronostica una posición respecto al futuro control de los océanos que es

    (1) optimista
    (2) pesimista
    (3) cooperativa
    (4) indiferente
    (5) idealista

Las preguntas 47 a 49 se basan en el siguiente mapa y pasaje.

Es importante saber sobre el Medio Oriente por diferentes razones.

1. El Medio Oriente es una zona rica en petróleo. Se cree que dos terceras partes de las reservas totales de petróleo en el mundo se encuentran en el Medio Oriente. El petróleo es vital para la industria de todo el mundo.
2. El Medio Oriente ha sido siempre de gran importancia porque está ubicado en la encrucijada de tres continentes. El comercio entre Asia, Africa y Europa tenía que pasar por el Medio Oriente y sus ríos han sido usados como rutas comerciales desde el principio de la civilización...
3. Algunas de las primeras civilizaciones se desarrollaron en el Medio Oriente...
4. Tres de las grandes religiones del mundo—judaísmo, cristianismo e islamismo—empezaron en esta parte del

mundo. Muchos lugares como Israel, Jordania y Arabia Saudita son considerados santos por los cristianos, musulmanes y judíos.

47. El mapa revela que de todos estos países, el que tiene menos superficie es

    (1) Egipto
    (2) Arabia Saudita
    (3) Irán
    (4) Jordania
    (5) Israel

48. Entre las razones expuestas para saber sobre el Medio Oriente, la más importante es

    (1) política
    (2) económica
    (3) histórica
    (4) religiosa
    (5) cultural

49. Según el mapa y el texto, las aguas navegables y accesibles para el comercio desde el Mar Mediterráneo incluyen los siguientes mares a excepción del

    (1) Mar Negro
    (2) Mar Caspio
    (3) Golfo Pérsico
    (4) Mar Arábigo
    (5) Mar Rojo

Ciencia del comportamiento

Lea cada una de las siguientes selecciones detenidamente. Luego, conteste las preguntas que se hacen o complete las afirmaciones que se requieren. Seleccione las mejores respuestas.

Las preguntas 50 a 52 se basan en el siguiente pasaje.

Cada hindú nace en una casta y debe casarse con una mujer que pertenezca también a la misma casta. A menudo es la casta la que determina cómo él debe ganarse la vida. En total hay cerca de 2,000 castas y subcastas.

Hoy en día, los brahmanes pertenecen a la casta más alta. Normalmente son los sacerdotes y los intelectuales de la sociedad hindú. Los brahmanes pueden tener el título honorario de *pandit* (hombre instruido) como *pandit* Nehru, de donde deriva la palabra inglesa *pundit* que significa maestro o erudito. Los brahmanes tienen también otras ocupaciones, desde farmacéuticos hasta contables. Se les puede ver en todos los lugares llevando un hilo sagrado en el hombro izquierdo como insignia de su rango. Todos los brahmanes son vegetarianos como son la mayoría de los hindús de las castas altas.

Existe un gran número de hindús que están afuera de la estructura de castas. Se les llama "los intocables" o en documentos oficiales "clases deprimidas" y normalmente son miserablemente pobres.

50. Según el pasaje, los brahmanes son todo lo siguiente, a *excepción de*

    (1) sacerdotes
    (2) intelectuales
    (3) vegetarianos
    (4) comerciantes
    (5) agricultores

51. ¿Quién puede vestirse con un hilo sagrado en su hombro izquierdo?

    (1) los ex-combatientes de la armada india
    (2) los "intocables"
    (3) los que están afuera de la estructura de castas
    (4) las cuatro castas más importantes
    (5) pandit Nehru

52. El pasaje indica que

    (1) hay un sistema de castas determinado
    (2) las subcastas son escasas
    (3) todos los hindús pertenecen a una casta específica
    (4) los hindús fuera de la estructura de las castas son pobres
    (5) las "clases deprimidas" están en mejor situación que los "intocables"

Las preguntas 53 a 55 se basan en el siguiente pasaje.

La emigración puertorriqueña a la ciudad ha constituido la afluencia de gente más grande desde las grandes oleadas de inmigración del siglo XIX.

El puertorriqueño muy pronto descubrió lo que los primeros inmigrantes ya habían aprendido. Los salarios eran mejores, pero los precios eran más altos, las casas estaban en estado ruinoso, el crimen era feroz, el tiempo era frío y húmedo y la sociedad, en general, era extraña y diferente.

Cómo mantener una familia junta y preservar la propia identidad fue uno de los problemas que tuvo que afrontar cada grupo de inmigrantes y es el problema que deben hacer frente los puertorriqueños de Nueva York hoy en día. La vida en la ciudad no es fácil, pero tampoco valía la pena regresar.

A diferencia de otros recién llegados a la ciudad que no hablan inglés, los puertorriqueños son ciudadanos estadounidenses. Como estadounidenses, tienen el derecho de ir y venir cuando les plazca. También, a diferencia de otros inmigrantes, los puertorriqueños no tienen que romper sus lazos con su tierra natal cuando llegan a la ciudad. De este modo, pueden mantener e incluso renovar constantemente el contacto con su cultura.

53. Los inmigrantes de Puerto Rico se diferencian de los demás inmigrantes llegados a Nueva York que no hablan inglés en que

    (1) no tienen problemas de lenguaje
    (2) se les requiere en las factorías
    (3) vienen con grandes esperanzas
    (4) ya son ciudadanos estadounidenses
    (5) no estaban preparados para emigrar

54. Los puertorriqueños tienen que afrontar los mismos problemas de otros grupos de inmigrantes, a *excepción de*

    (1) precios que sobrepasan los salarios
    (2) viviendas inadecuadas
    (3) mal clima
    (4) crimen muy elevado
    (5) lazos culturales rotos

55. El pasaje implica que, una vez que han inmigrado a Nueva York, los puertorriqueños

    (1) son igual a los otros inmigrantes
    (2) permanecen fuera del curso normal de la vida diaria
    (3) se quedan, aunque haya pocas alternativas
    (4) vuelven a Puerto Rico en gran número
    (5) terminan por resolver el problema de la identidad

Las preguntas 56 a 58 se basan en el siguiente pasaje.

Cualquier muestra de sencillez que se notara en el exterior de las viviendas imperiales, era ampliamente compensada en el interior, donde se mostraba toda la opulencia de los príncipes peruanos. Los lados de los apartamentos estaban tachonados con ornamentos de oro y plata. Los nichos estaban llenos de imágenes de animales y plantas, e incluso el mobiliario doméstico mostraba la misma caprichosa magnificiencia. Esta maravillosa decoración se combinaba con ricos y coloridos tejidos manufacturados en delicada lana peruana.

Pero la residencia favorita de los incas estaba en Yucay, a cuatro lenguas de distancia de la capital. En este hermoso valle, circundado por los amistosos brazos de la sierra que lo protegían de las fuertes brisas del este, construyeron el más bonito de los palacios. Es aquí donde les gustaba descansar y deambular entre las arboledas y los airosos jardines. Es aquí donde se sumergían en sus lujosos baños, abastecidos por riachuelos de agua cristalina. Los espaciosos jardines estaban llenos de numerosas variedades de plantas y flores.

56. Los interiores de las viviendas se caracterizaban por lo siguiente, a *excepción de*

    (1) ornamentos preciosos
    (2) nichos en las paredes
    (3) mobiliario importado
    (4) tejidos de lana local
    (5) imágenes de plantas

57. En el segundo párrafo se puede deducir que la *sierra* es

    (1) un valle
    (2) una cadena montañosa
    (3) una fuente
    (4) una corriente
    (5) una arboleda

58. En Yucay, los incas disfrutaban de todo lo siguiente, a *excepción de*

    (1) arboledas
    (2) baños
    (3) jardines
    (4) plantas y flores
    (5) lagos cristalinos

Las preguntas 59 a 61 se basan en el siguiente pasaje.

Mucho se ha hablado de la importancia en la evolución humana de la mano con su opuesto dedo pulgar. Tal característica es importante, por supuesto, pero sólo debiera considerarse como una sirvienta de un cerebro en desarrollo. Las manos de los monos más avanzados pueden ser perfectamente capaces de realizar habilidades delicadas, siempre que tuvieran una mente que las dirigiese. Los monos podrían ser relojeros si pudiesen concebir la noción del tiempo.

Un estímulo adicional al crecimiento mental fue concedido a nuestros antepasados cuando dejaron los árboles y una dieta vegetariana, y empezaron a adaptarse al modo de vida en un terreno relativamente abierto y a comer carne. Indudablemente, los valores nutritivos de la carne, mucho mejores que los de las hierbas y frutas, sustituyó la necesidad de comer a cada instante. Más importante aun fue la necesidad para un animal con un hocico relativamente aplastado y sin pezuñas puntiagudas o dientes caninos como el mono de matar, sacar la piel y separar la carne del animal: actividades que deben haber conducido al uso y posterior fabricación de herramientas.

59. El hombre empezó a comer carne y esto trajo como consecuencia directa

    (1) tener un hocico aplastado
    (2) tener los dientes caninos
    (3) el uso de herramientas
    (4) la fabricación de herramientas
    (5) el incremento de la barbarie

60. Se puede deducir que el hombre, cuando empezó a comer carne,

    (1) mejoró su cerebro
    (2) destinó menos tiempo a comer
    (3) sufría de desnutrición
    (4) estaba equipado para obtener carne de animal
    (5) desarrolló un dedo pulgar opuesto

61. El elemento más importante en la evolución humana, según el autor, fue

    (1) una vista más aguda
    (2) una mano flexible
    (3) un dedo pulgar opuesto
    (4) una dieta más variada
    (5) el cerebro en desarrollo

Las preguntas 62 a 64 se basan en el siguiente pasaje.

    Una técnica mnemónica...consiste simplemente en buscar o elaborar una conexión vívida entre...dos cosas. Una forma de establecer una conexión es imaginar que los dos elementos interactúan de alguna manera...
    Podemos considerar el aprendizaje de una serie de parejas de palabras como perro-sombrero, hombre-lápiz, reloj-mujer, sofá-suelo y pipa-payaso. La gente normalmente aprende una lista como ésta cuando repite las parejas de palabras rápidamente lo más a menudo posible en un tiempo limitado. El método es razonablemente satisfactorio para las listas cortas y en intervalos de retención cortos. Pero si prolongamos la lista o el intervalo de retención, este método vacila muy seriamente. La gente que ha aprendido a usar imágenes mentales para relacionar cosas emparejadas pueden hacerlo mejor. Visualizan un perro llevando un sombrero,

un hombre sosteniendo un lápiz grande en su espalda como si fuera un rifle, una mujer llevando un reloj de cadena en su cuello, una parte del suelo reposando sobre un sofá y un payaso fumando una pipa... Este procedimiento puede mejorar la memoria entre un 100 y 150 por ciento.

62. La selección se refiere principalmente al

    (1) valor de las imágenes mentales para la memoria
    (2) aprendizaje de pares de palabras
    (3) mejoramiento de la memoria
    (4) aprendizaje rápido
    (5) vocabulario de una lengua extranjera

63. En el pasaje se puede deducir que

    (1) la imagen mental es inferior a la repetición
    (2) el ensayo y la repetición son prácticamente similares
    (3) los que aprenden prefieren la repetición al ensayo
    (4) la repetición es eficaz para recordar listas prolongadas
    (5) la memorización es una técnica efectiva

64. La retención, según el pasaje, se parece más a

    (1) la memoria
    (2) repetición
    (3) el ensayo
    (4) la imagen
    (5) la conexión

CLAVE DE LAS RESPUESTAS

Ciencias políticas

1. **3**	3. **4**	5. **5**	7. **2**	9. **3**	11. **4**
2. **3**	4. **1**	6. **2**	8. **4**	10. **1**	12. **2**

Economía

13. **3**	16. **3**	18. **4**	20. **3**	22. **5**	24. **2**
14. **4**	17. **2**	19. **5**	21. **5**	23. **3**	25. **5**
15. **4**					

Historia

26. **3**	29. **4**	32. **3**	35. **4**	37. **5**	39. **5**
27. **1**	30. **2**	33. **2**	36. **2**	38. **2**	40. **1**
28. **2**	31. **3**	34. **2**			

Geografía

41. **5**	43. **3**	45. **4**	47. **5**	48. **2**	49. **2**
42. **1**	44. **3**	46. **2**			

Ciencia del comportamiento

50. **4**	53. **4**	56. **3**	59. **3**	61. **5**	63. **2**
51. **5**	54. **5**	57. **2**	60. **2**	62. **1**	64. **1**
52. **4**	55. **3**	58. **5**			

¿CUAL ES SU PUNTUACIÓN?

Correctas _____	Incorrectas _____
Excelente	58–64
Bien	51–57
Regular	44–50

Si su puntuación es baja en la sección de Estudios Sociales, quizás necesite revisar más los materiales de Estudios Sociales. La explicación de las respuestas correctas que se ofrece a continuación puede ayudarle a determinar en qué temas está más débil. Analice sus errores. Luego lea de nuevo la sección "Cómo leer e interpretar material de Estudios Sociales" en el capítulo 10 y haga hincapié en las áreas en que tiene más problemas.

ANÁLISIS DE LAS RESPUESTAS

Ciencias políticas

1. **3** El tema del pasaje se expresa en la cuarta oración. El hombre de estado estadounidense se define no sólo por realizar una función política, sino también porque tiene una responsabi-lidad universal. Éstas son las bases de la filosofía política en los Estados Unidos.

2. **3** Las primeras palabras del pasaje indican que los intelectuales que lideran las revoluciones normalmente son aniquilados por las fuerzas que ellos mismos desencadenaron.

3. **4** En la mitad del pasaje se afirma que la institución de las ciencias políticas en los Estados Unidos es la única que se ha adaptado perfectamente a las emergencias del mundo contemporáneo.

4. **1** El párrafo indica que el deber público es superior al deber oficial y destaca a los ciudadanos más inteligentes cuya actuación es "constante, honorable, inteligente y vigilante".

5. **5** El párrafo habla de la atención personal a los pormenores que eleva a los servidores públicos por encima del nivel del mero político.

6. **2** La atención personal a los pormenores de la política está indicada como fundamento del "gran templo de libertad" del gobierno estadounidense.

7. **2** El pasaje afirma que las decisiones de los tribunales son meramente indicaciones que generan una serie de inacabables cuestiones legales".

8. **4** La oración con que empieza el párrafo indica que el ciudadano medio tiene conocimiento sobre las decisiones judiciales importantes.

9. **3** "Históricas" se refiere a las características que son más importantes.

10. **1** El pasaje se refiere a una evaluación sobre el uso del gobierno por parte de los estadounidenses.

11. **4** El autor indica que los estadounidenses han revelado mayor competencia que los demás en política.

12. **2** Entre otras cosas, el realismo de los estadounidenses se muestra en su habilidad de adaptarse y de expandir las actividades gubernamentales.

Economía

13. **3** El pasaje se refiere a la productividad o eficiencia obrera.

14. **4** El autor indica que la gran tensión es uno de los factores que reducen la eficiencia.

15. **4** El término *productividad* está considerado como contrario al término

ineficacia, que se menciona al final de la oración.

16. **3** El pasaje indica, como característica del sistema fabril, que los trabajadores se volvieron expertos en el trabajo realizado por una máquina determinada, es decir, se creó la especialización y por lo tanto se establece una división en el trabajo.

17. **2** El pasaje implica que la producción de bienes a mano, el sistema doméstico, precede al sistema fabril en el cual los bienes son producidos mediante la maquinaria.

18. **4** La opción 4 afirma incorrectamente que el sistema industrial hizo más versátiles a los trabajadores, siendo todo lo contrario. El trabajador se vuelve experto en un solo tipo de trabajo realizado por una máquina.

19. **5** El autor aboga por incrementar las importaciones (segundo párrafo), reducir las tarifas (tercer párrafo) e incrementar las exportaciones (tercer párrafo).

20. **3** El presidente respondió a las advertencias del incremento de las importaciones basado en los bajos salarios pagados en otros países.

21. **5** El presidente señaló que las tarifas más bajas y, por lo tanto, el incremento de las importaciones, proveerán más materias primas que permitirán fabricar productos estadounidenses de menor precio.

22. **5** Basado en lo que se afirma en la primera oración, el escritor describe los aspectos positivos y negativos de la industrialización y da algunas indicaciones sobre su futuro.

23. **3** El escritor menciona que su país es rico en energía y metal y, debido a que la nueva era requiere estos dos elementos, afirma que su país será fuerte.

24. **2** Debido a que se necesitan grandes habilidades para hacer funcionar las máquinas, la presión del tiempo se convierte en un factor importante.

25. **5** En la línea 24, el autor se refiere a "nuestro país" por primera vez.

Historia

26. **3** El primer párrafo menciona que "los primeros europeos imaginaron que los nativos del Nuevo Mundo eran *errantes...*"

27. **1** El autor afirma que los nativos norteamericanos no tenían idea de la propiedad privada pero que los europeos eran incapaces de pensar en otros términos.

28. **2** Según el autor, el objetivo aparente fue animar a los nativos norteamericanos a abandonar sus reservas y crear granjas.

29. **4** El pasaje habla de "la gran mezcla de razas dedicadas a ideales comunes, que es lo que crea y continúa nuestra vitalidad".

30. **2** Las palabras "híbrido" y "mixto" indican la carencia de una herencia común.

31. **3** El autor admite que "la mezcla de razas" (mencionada por los propagandistas extranjeros) es un hecho.

32. **3** El pasaje enfatiza el hecho de que, a pesar de los muchos problemas entre Canadá y los Estados Unidos, ambos han cooperado para resolverlos.

33. **2** El pasaje afirma que se encontraron soluciones para todos los problemas.

34. **2** El pasaje menciona que las disputas fronterizas ocurrieron hasta la Guerra de 1812.

35. **4** El pasaje indica que Lincoln aprendió el arte de contar cuentos para destacar algún punto o asunto. Esta técnica ha sido usada por los buhoneros, vendedores ambulantes, tenderos, abogados y políticos. Lincoln expresó su maestría en este sentido tanto cuando flotaba en una balsa río abajo como cuando hablaba siendo presidente.

36. **2** Lincoln usaba las rústicas anécdotas para destacar algo, no sólo para divertir a los demás.

37. **5** El autor muestra gran conocimiento de las cualidades que hicieron famoso a Lincoln. Debe ser un estudiante de la vida del presidente.

38. **2** Aunque hubiera diferente gente involucrada en la planificación y la construcción del Capitolio, el diseño fue seleccionado por George Washington.

39. **5** Como se indica en el primer párrafo, el Capitolio es la casa que alberga al poder legislativo del gobierno federal,

que consiste en la cámara de representantes y del senado.

40. **1** La enorme cúpula de hierro es hoy el símbolo del Capitolio. El último párrafo describe su aspecto y características.

Geografía

41. **5** Desde 1992 a 2000, el crecimiento de la población en India será de más de 139 millones de personas. China es el segundo país con un crecimiento de 121 millones.

42. **1** En 2000, la densidad por milla cuadrada en India será la que crecerá más, de 732.96 a 848.89.

43. **3** Debido a que Japón tiene el número más alto de personas por milla cuadrada y normalmente las altas densidades de población ocurren en áreas altamente industrializadas, podemos deducir que Japón está altamente industrializado.

44. **3** "La libertad en los mares" equivale en el pasaje al potencial económico de los océanos el cual los países en vías de desarrollo quieren compartir.

45. **4** Las naciones en vías de desarrollo están "al otro lado de los países industrializados," y por lo tanto no deben tener gran desarrollo industrial.

46. **2** La evidencia muestra serias dificultades en la búsqueda de acuerdos.

47. **5** Israel, que tiene un tamaño parecido al Estado de Nueva Jersey, es con lejos el país más pequeño del área con 7,992 millas cuadradas.

48. **2** El petróleo y el comercio se mencionan en primer lugar.

49. **2** El Mar Caspio es un mar rodeado de tierra.

Ciencia del Comportamiento

50. **4** Las casta de los brahmanes no admite a comerciantes, quienes pertenecen a otra casta.

51. **5** Como insignia de su rango, los brahmanes llevan un hilo sagrado en su hombro izquierdo, como se menciona en el segundo párrafo. Pandit Nehru fue un brahmán (ver el segundo párrafo).

52. **4** Los "intocables" o "clases deprimidas" están fuera de la estructura de castas y son a menudo "miserablemente pobres".

53. **4** Al contrario a otros recién llegados a Nueva York, los puertorriqueños son ciudadanos estadounidenses.

54. **5** Todas las respuestas que se mencionan son problemas que deben afrontar todos los recién llegados, a excepción de que los puertorriqueños pueden mantener y renovar el contacto con su cultura.

55. **3** El pasaje afirma que, aunque la vida en la ciudad es difícil, no vale la pena volver a Puerto Rico.

56. **3** El mobiliario, según se describe, era doméstico.

57. **2** El hermoso valle se describe "circundado por los amistosos brazos de la sierra". Cabe deducir que *sierra* es una cadena montañosa.

58. **5** Los riachuelos abastecían de agua los baños, pero no había lagos.

59. **3** El pasaje que afirma la necesidad de romper el cuero y separar la carne del animal tuvo como consecuencia directa la utilización de herramientas.

60. **2** Debido que la carne es más nutritiva que la hierba y las frutas, los hombres no tenían que comer tan a menudo.

61. **5** El pasaje menciona que un cerebro en crecimiento era más importante que una mano con un dedo pulgar opuesto.

62. **1** El autor afirma que la gente que usa las imágenes mentales puede relacionar mejor las parejas de cosas, lo que mejora la memoria.

63. **2** El pasaje afirma que la repetición rápida es mejor para listas cortas en intervalos de tiempo breves, pero que el método vacila cuando se trata de listas largas e intervalos prolongados.

64. **1** Los dos significan *recordar* y *memoria*.

CIENCIAS
PRUEBA 3

CAPÍTULO 13: Cómo Leer e Interpretar Preguntas de Ciencias

Las preguntas de ciencias pueden estar basadas en textos, gráficas, diagramas o tablas. Las tácticas para realizar el examen se presentan a través de 31 ejemplos razonados.

CAPÍTULO 14: Cómo Responder Preguntas sobre Ciencias

Se analizan las habilidades de comprensión, aplicación, análisis y evaluación y se presentan 20 ejemplos explicativos. La Prueba de Ciencias pone énfasis en conceptos amplios en biología, ciencias terrestres, física y química.

CAPÍTULO 15: Práctica de Ejercicios sobre Ciencias

Se ofrecen 150 preguntas ordenadas según el tema (biología, ciencias terrestres, química y física). Los artículos, tablas, gráficas y diagramas se presentan en el mismo formato que el Examen del GED. Al final de los ejercicios se encuentra la clave de las respuestas acompañada de explicaciones completas de los temas.

Cómo Leer e Interpretar Preguntas de Ciencias

Hay diferentes tipos de preguntas en la Prueba de Ciencias y cada una requiere una estrategia específica.

Preguntas sobre un solo tema

En este tipo de preguntas se presenta un párrafo corto de dos o tres oraciones, seguido de una sola pregunta. Lo primero que debe hacer para resolver este tipo de preguntas es identificar la principal idea o ideas. La mejor manera de hacerlo es comenzar a leer el párrafo y la pregunta rápidamente, sin parar para asegurarse de que ha comprendido cada punto. Esto le permitirá dar sentido al contenido de la pregunta y al tipo de información que necesitará para contestarla. Céntrese en la idea principal del párrafo.

Después de esto, lea de nuevo la pregunta, cuidadosamente. Puede que ya sea capaz de contestar la respuesta correcta. Si tiene alguna duda, vuelva al párrafo y léalo de nuevo detenidamente, buscando la respuesta a la pregunta.

Practique esta técnica con la siguiente pregunta:

PREGUNTA

Las plantas en crecimiento no desarrollarán su color verde, es decir, la clorofila de su hojas, a no ser que tengan luz solar y el sistema genético necesario.

Si una pequeña planta que recibe poca agua, poco abono y crece bajo luz sombría cada vez tiene menos color, ¿qué se puede hacer para rehabilitarla?

(1) Darle un nuevo grupo de genes
(2) Añadir clorofila al suelo
(3) Injertarla a otra planta
(4) Moverla a un sitio donde haya luz solar
(5) Añadir fertilizantes al suelo

ANÁLISIS DE LA RESPUESTA

Una lectura rápida le permite comprender que la idea principal está relacionada con los factores que afectan el desarrollo del color verde de las plantas. Vuelva ahora al párrafo y léalo de nuevo. Después de volverlo a leer, se dará cuenta que los factores principales son la luz solar y los genes. Esto reduce las posibilidades a las opciones 1 y 4. Debido a que no se le puede dar a la planta un nuevo grupo de genes, la opción 4 es la correcta.

He aquí otro ejemplo:

PREGUNTA

No hay burbujas en una botella con agua gaseosa que está tapada. Cuando se saca el tapón, sin embargo, el líquido empieza a echar espuma liberando burbujas de gas. La espuma es más abundante si la gaseosa está caliente.

¿Qué regla general puede explicar tales observaciones?

(1) El agua caliente tiende a bajar la presión del gas disuelto
(2) Los gases son más solubles cuando la temperatura es baja y la presión alta
(3) Los gases no se disuelven en agua cuando la presión es demasiado alta
(4) Los gases no son tan solubles cuando la presión y temperatura son altas
(5) La presión alta tiende a mantener baja la temperatura

ANÁLISIS DE LA RESPUESTA

Una lectura rápida le permite saber que la idea principal hace referencia a la solubilidad de los gases y su dependencia con la presión y la temperatura. Ahora debe leer de nuevo detenidamente el texto para encontrar la relación correcta de esta dependencia.

La pregunta introduce un tipo de dificultad con la que puede encontrarse muy a menudo—la suposición no declarada. Para encontrar la respuesta a esta pregunta, debemos darnos cuenta que la presión en una botella de soda cerrada es alta. Esto debiera ser obvio para usted, pues ha visto que cuando saca el tapón de una botella, el gas sale precipitadamente. Para responder necesita usar información que comúnmente usted ya conoce.

Luego, vuelva al pasaje para encontrar de qué manera la temperatura y la presión afectan la solubilidad del gas en la soda. Cuando saca el tapón, usted reduce la presión y el gas deja de ser tan soluble, pues está claro que el gas es más soluble cuando la presión es alta. Debido a que hay más espuma cuando la soda está caliente, el gas es más soluble cuando la temperatura es más baja. La respuesta es la opción 2.

Preguntas sobre múltiples temas basadas en la lectura

En este tipo de preguntas, se le ofrecerá un pasaje para leer que consiste en diferentes párrafos y usted deberá responder hasta seis preguntas. La estrategia para este tipo de preguntas es un poco diferente de cuando se trata de una sola pregunta por pasaje.

Para responder este tipo de preguntas, debe estudiar el pasaje detenidamente antes de leer las preguntas. A medida que lea, debe anotar las dos o tres ideas principales. Sólo después debiera leer las preguntas.

Para encontrar las ideas principales, encuentre las palabras claves. Ignore las palabras comunes como *proceso, definido o aumento*. Hay palabras como *aorta* o *núcleo* o *ecosistema* que se usan en contextos científicos muy restringidos y que nos dan a conocer de qué trata el pasaje. Cuando haya encontrado estas palabras, se dará cuenta que cada una le lleva a una idea principal del pasaje.

Como ejemplo, empiece a leer este pasaje:

EJEMPLO

La migración anual de aves es un proceso complejo que sólo se entiende parcialmente. Algunas aves que han nacido en el Ártico vuelan miles de millas hacia el sur y luego vuelven al lugar donde han nacido. Las aves adultas migran antes que las crías recién nacidas. Las crías encuentran el camino hacia las zonas donde pasar el invierno y no necesitan que ningún adulto les enseñe la ruta.

Se ha establecido que en las zonas templadas la migración se produce debido a los cambios en la duración del día. Cuando los días se acortan en el otoño, las aves sufren ciertos cambios fisiológicos como es la degeneración de los ovarios o testículos. Esto va acompañado de una inquietud y una necesidad de volar hacia el sur.

Hay alguna evidencia de que para orientarse en el vuelo las aves usan diferentes pistas, entre ellas el campo magnético de la tierra, la posición del sol en el cielo, los contornos de la tierra e incluso la ubicación de las estrellas en la noche.

Cómo saben el camino es, sin embargo, un misterio. Se puede llamar instinto, pero ésta es simplemente una palabra que no explica nada.

A medida que lea este pasaje por primera vez, debería identificar algunas palabras claves como *migración, degeneración, orientarse, campo magnético*. Use estas palabras para encontrar la idea principal en el pasaje. Esto posiblemente le llevará a concebir tres ideas: (1) el cambio en la duración del día es una señal de que las aves están listas para migrar; (2) las aves usan diferentes pistas o claves para orientarse en su vuelo; (3) cómo saben el camino es algo que es desconocido.

Cuando disponga de estas ideas principales en su mente, podrá leer las preguntas.

PREGUNTA

1. ¿Cuál es el factor más probable que hace que las aves migren al norte durante la primavera?

   (1) El agotamiento de las subsistencias de alimentos durante el invierno
   (2) La desaparición de la nieve en el suelo
   (3) La llegada de tiempo más cálido
   (4) El aumento de la duración del día
   (5) El instinto de volar hacia el norte

ANÁLISIS DE LA RESPUESTA

Una de las ideas principales nos dice que en el otoño, las aves están listas para migrar debido a la reducción de la duración del día. Es razonable suponer que lo contrario ocurre en la primavera, es decir la opción 4. Debería no serle necesario leer de nuevo el pasaje.

PREGUNTA

2. ¿Cuál de estas afirmaciones evidencia uno de los modos de orientación en el vuelo de las aves?

   (1) Las aves pueden ser entrenadas para encontrar el camino hacia su casa
   (2) Algunos pájaros no pueden encontrar el camino en la noche cuando hay nubes
   (3) Hay una relación importante cuando la migración es hacia el norte y el viento viene del sur
   (4) Uno ave que no puede ver el suelo puede encontrar el camino
   (5) Muchas aves grandes migran durante las horas del día

ANÁLISIS DE LA RESPUESTA

Posiblemente, deberá volver al pasaje, pero ya sabe en dónde debe centrarse. En el tercer párrafo encontrará una lista de las maneras en que las aves se orientan en su vuelo, entre ellas mediante las estrellas. La respuesta es la opción 2. Las opciones 1, 3 y 5 son afirmaciones correctas, pero no ofrecen ninguna información sobre el modo de orientarse de las aves. La opción 4 es incorrecta, ya que elimina una manera posible de orientarse (viendo los contornos de la tierra), aunque deja abiertas otras posibilidades.

PREGUNTA

3. En un experimento, se le han sacado los testículos a aves árticas en el verano y se ha observado que las aves muestran el típico desasosiego que precede a la migración. ¿Qué hipótesis sugiere esto?

   (1) La migración temprana causa la degeneración de los testículos
   (2) La longitud del día no tiene nada que ver con la migración
   (3) El factor psicológico inmediato que inicia la migración es la degeneración de los testículos
   (4) El aumento de la duración del día causa la degeneración de los testículos
   (5) El desasosiego no es un signo del inicio de la migración

ANÁLISIS DE LA RESPUESTA

Esta pregunta requiere que analice una relación de causa-efecto. Debido a que está relacionada con los factores que preceden a la migración, debe centrarse en el segundo párrafo, donde encontrará que la degeneración de los testículos (u ovarios) siempre precede a la migración. La prueba determina si es verdad o no de que la pérdida de los testículos sea una causa para la migración. Al demostrarse que la pérdida de los testículos produce el desasosiego premigración, se establece la relación causa-efecto. La opción correcta es la 3. La opción 1 es incorrecta porque una causa no puede venir después de un efecto. La 2 es incorrecta porque introduce un factor no probado en el experimento. La 4 es también incorrecta porque la longitud del día se reduce en vez de aumentar, a medida que el verano avanza hacia el otoño.

La 5 tampoco es correcta ya que viola una de las suposiciones en la cual el experimento se ha basado.

PREGUNTA

4. ¿Qué revelan los estudios sobre migración sobre cómo las aves conocen la ruta que deben seguir?

   (1) Las crías aprenden siguiendo a sus padres
   (2) Las aves han nacido con un instinto que les muestra la ruta
   (3) Las aves usan diferentes pistas o claves para orientarse
   (4) El cambio de la duración del día da a las aves las claves necesarias
   (5) Hasta ahora, las investigaciones no han podido responder a esta pregunta

ANÁLISIS DE LA RESPUESTA

Una de las ideas principales que ya se han extraído del pasaje es la opción 5, que es la respuesta correcta. El texto dice que la opción 1 no es verdadera y la 2 es simplemente una palabra. Las opciones 3 y 4 son verdaderas, pero son irrelevantes para esta pregunta en particular.

PREGUNTA

5. En los trópicos, algunas aves migran distancias cortas entre las estaciones lluviosas y secas. ¿Cómo sabemos que no usan las mismas claves usadas por las aves de las zonas templadas?

   (1) No hay una gran variación de temperatura entre el invierno y el verano en los trópicos
   (2) En los trópicos las aves disponen de alimento durante todo el año
   (3) Los testículos y ovarios de las aves tropicales no cambian cíclicamente durante el año
   (4) En los trópicos, la duración del día es casi la misma durante todo el año
   (5) Debido a que el clima es siempre caluroso en los trópicos, las aves no anidan en una estación definida

ANÁLISIS DE LA RESPUESTA

El cambio en la duración del día es lo que estimula la migración en las zonas templadas. La respuesta es la opción 4, ya que este factor no rige en los trópicos.

He aquí otro pasaje para que pueda practicar.

EJEMPLO

La anemia falciforme es una enfermedad hereditaria de los eritrocitos (células rojas de la sangre) que afecta especialmente a la gente de la región tropical de África y sus descendientes en América. Se caracteriza por una hemoglobina anómala, la proteína roja de los eritrocitos.

La gente que sufre esta condición está sujeta a repetidos ataques, debido a que los eritrocitos no reciben suficiente oxígeno cuando pasan por los pulmones. Esto puede suceder en períodos de intensos ejercicios físicos o en grandes altitudes donde la presión del oxígeno es más baja. Bajo estas condiciones, la hemoglobina anómala se gelatiniza distorsionando a los eritrocitos hasta que éstos adquieren una forma de hoz rígida que les impide pasar por los capilares. El bloqueo de la circulación produce una variedad de síntomas graves y puede acabar en muerte.

El gen que produce esta hemoglobina anómala confiere algunos beneficios a los que lo poseen. Los hijos de una persona que tiene anemia falciforme y otra que tiene una hemoglobina normal tienen algunos eritrocitos dañados, pero no los suficientes para enfermarse, a no ser que las condiciones sean muy graves. Las ventajas es que estas personas son inmunes a la malaria, que es una enfermedad devastadora e incluso mortal en África tropical.

Este es un pasaje complejo que contiene muchas palabras claves: *anemia falciforme, África, eritrocitos, hemoglobina, hereditaria, oxígeno, capilares, malaria*. Algunas de estas palabras quizás no le resulten familiares, pero tres de ellas han sido definidas en el texto. En el pasaje se dice que los eritrocitos son las células rojas de la sangre, que la hemoglobina es la proteína roja de las células y que la malaria es una enfermedad devastadora. La anemia falciforme se describe en detalle durante todo el pasaje.

Usando estas palabras, encontrará las siguientes ideas claves: (1) la anemia falciforme es hereditaria; (2) afecta a la gente de África, donde la malaria es muy común; (3)

causa anomalías en la hemoglobina; (4) los ataques ocurren en condiciones de bajo suministro de oxígeno; (5) es una protección para la malaria.

Ahora ya puede pasar a leer las preguntas.

PREGUNTA

1. ¿Cuál de los siguientes pueden ser un tratamiento adecuado para una persona que sufre un ataque agudo de anemia falciforme?

   (1) Administrar una medicación antimalárica
   (2) Llevar a la persona a un lugar de mayor altitud
   (3) Administrar oxígeno
   (4) Hacer que la persona haga ejercicios hasta que se abran los capilares
   (5) Extraer los eritrocitos falciformes

ANÁLISIS DE LA RESPUESTA

Una de las ideas claves expone que los ataques están provocados por la falta de oxígeno en la sangre, o sea la opción 3. No debería tener que referirse al pasaje para responder a la pregunta.

PREGUNTA

2. ¿Por qué la anemia falciforme produce algunos beneficios en Africa y no en Estados Unidos?

   (1) No hay malaria en Estados Unidos
   (2) Estados Unido tiene un clima templado
   (3) Hay más oxígeno en el aire en Estados Unidos
   (4) El gen que provoca la anemia falciforme no se encuentra en Estados Unidos
   (5) Estados Unidos tiene menor altitud que África

ANÁLISIS DE LA RESPUESTA

El último párrafo del pasaje dice que el único beneficio de la anemia falciforme es la protección contra la malaria. Donde no hay malaria, el beneficio desaparece. Así pues, la opción 1 es la correcta. Las opciones 3, 4 y 5 no son verdaderas y la 2 es irrelevante.

PREGUNTA

3. De los que se mencionan a continuación, ¿en qué grupo la anemia falciforme posiblemente aparecería con más frecuencia?

   (1) Los estadounidenses que viven en Africa
   (2) Los estadounidenses de descendencia africana
   (3) La gente que ha sufrido la malaria
   (4) La gente que vive en los trópicos
   (5) La gente que ha estado en estrecho contacto con individuos que tienen esta anemia

ANÁLISIS DE LA RESPUESTA

Uno de los puntos claves de la anemia falciforme es que es hereditaria. Otro es que es común en toda África. Así pues, la gente que desciende de africanos es más probable que contraiga esta enfermedad. La opción 2 es la correcta.

PREGUNTA

4. Si un individuo tiene anemia falciforme se puede saber a través de una prueba. Algunos pueden semeterse a esa prueba para ayudarles a decidir si...

   (1) deben mudarse a un clima tropical
   (2) han de encontrar trabajo en una oficina
   (3) pueden trabajar en trabajos físicos en un sitio de gran altitud
   (4) deben ir al hospital a tratarse
   (5) hacer un testamento

ANÁLISIS DE LA RESPUESTA

Ésta es una pregunta difícil que no se puede contestar a no ser que se lea detenidamente el pasaje. El último párrafo dice que bajo graves condiciones, el portador de la anemia falciforme puede llegar a enfermarse. En el segundo pasaje, se expone que las condiciones graves son la limitación del oxígeno o una gran altitud. La respuesta 3 es la correcta, porque combina los dos factores.

PREGUNTA

5. La selección natural tiende a eliminar los genes que producen enfermedades graves y no producen beneficios. ¿Cuál de las afirmaciones siguientes puede resultar en la reducción de la cantidad de afectados de anemia falciforme en el mundo?

    (1) Mejorar la sanidad en los países tropicales
    (2) Una nueva vacuna para combatir la enfermedad
    (3) Una restricción de la inmigración africana
    (4) La cuarentena para los individuos afectados
    (5) La eliminación de la malaria en el mundo

ANÁLISIS DE LA RESPUESTA

Debido a que la enfermedad es hereditaria en vez de infecciosa, las opciones 1, 2 y 4 quedan descalificadas. La opción 3 no tendría efecto en África. La respuesta es la 5. Si no hubiera malaria, el gen falciforme no produciría beneficio y se reduciría gradualmente por selección natural.

Preguntas basadas en gráficas, diagramas y tablas de datos

GRÁFICAS LINEALES

Una gráfica lineal es la forma más común de representar datos visualmente. Es una manera de expresar la relación entre dos variables. La variable independiente se marca en la coordenada horizontal en la parte inferior de la gráfica. Normalmente, la variable independiente expresa el tiempo, en una forma u otra. Por ejemplo, se puede expresar en segundos, horas del día, meses del año específicos, pero también se puede expresar en número de segundos, horas o meses. Otras variables independientes pueden utilizar cualquier otro tipo de unidad.

La variable dependiente es la que se señala en la coordenada vertical en la parte izquierda de la gráfica. Las coordenadas son normalmente lineales y pueden comenzar o no en cero.

Si le proporcionan una gráfica lineal, empiece por estudiarla. ¿Cuáles son las variables? ¿Qué dividen las líneas de las coordenadas? ¿Qué señalan las coordenadas? ¿Cuáles son las unidades de medida? Si hay más de una línea en la gráfica, ¿qué representan las diferentes líneas?

Cuando sepa lo que *significa* la gráfica, averigüe lo que ésta *dice*. No haga un análisis detallado, eso lo hará cuando responda a las preguntas.

He aquí un ejemplo para que pueda practicar:

EJEMPLO

La gráfica de abajo representa las temperaturas de una vereda blanca y de una carretera de asfalto negro en un día soleado. Las superficies son lado por lado y las medidas se refieren a un período de 24 horas. La línea ininterrumpida representa las veredas y la interrumpida representa la carretera.

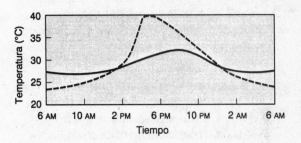

¿Cuáles son las características de la gráfica? La variable independiente es el tiempo del día. La escala señala intervalos de cuatro horas para las 24 horas del día. La variable dependiente es la temperatura, marcada en Celsius con intervalos de 5 grados, desde 20 a 40 grados. La línea ininterrumpida presenta la variación de temperatura de una vereda blanca durante las 24 horas del día y la línea interrumpida presenta lO mismo pero para la carretera de asfalto. Ambas temperaturas crecen durante las horas de la mañana y empiezan a descender en la tarde o el anochecer.

Ahora ya está listo para contestar las preguntas.

PREGUNTA

1. ¿Cuál es la temperatura de la carretera al mediodía?

   (1) 22°C
   (2) 26°C
   (3) 28°C
   (4) 30°C
   (5) 32°C

ANÁLISIS DE LA RESPUESTA

El mediodía está en medio de las 10 AM y las 2 PM. Empiece por marcar el punto con un lápiz en la escala horizontal. Mueva el lápiz en dirección recta hacia arriba hasta que encuentre la línea interrumpida que representa a la carretera. Luego, vaya hacia la izquierda hasta encontrarse con la coordenada de las temperaturas que señalará 26 grados. La opción correcta es la 2.

PREGUNTA

2. ¿Cuál es la diferencia del tiempo cuando las dos superficies alcanzan la máxima temperatura?

   (1) La carretera alcanza la máxima cerca de 4 horas antes que la vereda
   (2) La vereda alcanza la máxima cerca de 4 horas antes que la carretera
   (3) La carretera alcanza la máxima cerca de 2 horas antes que la vereda
   (4) La vereda alcanza la máxima cerca de 2 horas antes que la carretera
   (5) Ambas superficies alcanzan la máxima al mismo tiempo

ANÁLISIS DE LA RESPUESTA

La línea interrumpida (carretera) alcanza la máxima a las 4 PM entre las 2 PM y las 6 PM. La línea ininterrumpida (vereda) alcanza la máxima antes de las 8 PM. La diferencia es de aproximadamente 4 horas. Así pues, la opción 1 es la correcta.

PREGUNTA

3. ¿Dónde y cuándo aumentó más rápidamente la temperatura?

   (1) la carretera a las 4:30 PM
   (2) la vereda a las 5 PM
   (3) la vereda a las 7:30 PM
   (4) la carretera al mediodía
   (5) la carretera a las 3 PM

ANÁLISIS DE LA RESPUESTA

La subida de la temperatura ha sido más rápida en la curva más pronunciada de la gráfica, la cual ocurre en la línea interrumpida y es cerca de las 3 PM. Así pues la opción 5 es la correcta.

PREGUNTA

4. ¿Qué comparación se puede hacer del comportamiento de la temperatura de las dos superficies?

   (1) La carretera está siempre más caliente que la vereda
   (2) La vereda está más caliente que la carretera en la noche y más fría en la tarde
   (3) Las dos superficies nunca están a la misma temperatura
   (4) La vereda cambia de temperatura más rápido que la carretera
   (5) La carretera está siempre más caliente que la vereda

ANÁLISIS DE LA RESPUESTA

Si se observa la gráfica, las opciones 1 y 5 son incorrectas. La opción 2 es correcta, porque la línea de la carretera asciende por encima de la línea de la vereda cerca de las 1:30 PM. y desciende más abajo a la noche. La opción 3 es incorrecta, ya que las dos líneas coinciden en dos ocasiones. La opción 4 es también incorrecta porque la línea de la carretera es siempre más pronunciada que la de la vereda.

PREGUNTA

5. ¿Qué hipótesis se puede sacar en base a la gráfica?

   (1) El calor radiante fluye en cualquier dirección más fácilmente en una superficie negra que en una blanca
   (2) Los objetos negros tienden a retener el calor, mientras que los blancos se desprenden del calor más rápidamente
   (3) Los objetos blancos tienden a absorber el calor más rápidamente que los objetos negros
   (4) Los objetos negros están siempre más fríos en la noche que durante el día
   (5) Los objetos blancos son normalmente más fríos que los negros

ANÁLISIS DE LA RESPUESTA

Debido a que la superficie negra se calienta y enfría más rápidamente que la blanca, la respuesta es la opción 1. La opción 2 es incorrecta porque la superficie negra se enfría más rápido que la blanca. La opción 3 es incorrecta porque la superficie blanca se calienta más lentamente que la negra. Las opciones 4 y 5 son incorrectas porque no toman en cuenta las condiciones del experimento en el que se basa la gráfica, es decir, que las dos superficies están expuestas a la luz solar durante todo el día.

GRÁFICA DE BARRAS

Mientras que la gráfica lineal se usa para expresar la función de dos variables, la gráfica de barras se usa para comparar diferentes cantidades. Siempre habrá un eje marcado en alguna clase de escala, como en la gráfica lineal. En cambio, no habrá escala en el otro eje. En su lugar, hay especificaciones, una para cada barra de la gráfica. La primera pregunta es: ¿Qué representa cada barra? Ésto se indica en cada barra. Luego, debe preguntarse: ¿Cuál es el valor cuantitativo de cada barra? Cuanto más larga, más valor cuantitativo tiene. El valor se lee acorde con la escala.

EJEMPLO

La gráfica de barras muestra los porcentajes del volumen de las partículas sedimentadas que se encuentran en cuatro diferentes depósitos de sedimentos, A, B, C y D.

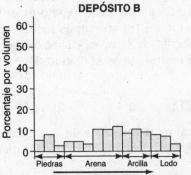

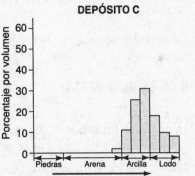

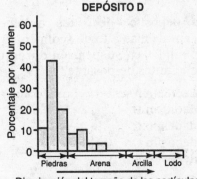

PREGUNTA

1. ¿Cuál es el porcentaje total de la arcilla en el depósito B?

   (1) 5%
   (2) 9%
   (3) 27%
   (4) 48%
   (5) 54%

ANÁLISIS DE LA RESPUESTA

En el depósito B hay tres barras que representan la arcilla. Cada depósito es de 10% o un poco menos. Si sumamos los tres depósitos de arcilla, el total es un poco menos del 30%. La respuesta es la opción 3.

PREGUNTA

2. ¿Cuál es el causante de la erosión que ha generado los diferentes sedimentos en el depósito B?

   (1) un arroyo
   (2) un glaciar
   (3) el viento
   (4) las olas del océano
   (5) un río

ANÁLISIS DE LA RESPUESTA

Los glaciares acarrean una amplia gama de partículas de todos tamaños. Cuando el hielo se derrite, esta mezcla de materiales se deposita. Opción 2.

PREGUNTA

3. ¿Qué depósito o depósitos contiene el porcentaje más alto de sedimentos mantenidos en suspensión durante más tiempo antes de posarse?

   (1) depósito A
   (2) depósito B
   (3) depósito C
   (4) depósito D
   (5) depósito A o B

ANÁLISIS DE LA RESPUESTA

Las partículas más pequeñas tenderán a permanecer en suspensión durante períodos de tiempo más largo. El depósito C contiene mayormente arcilla y lodo, que son las partículas más pequeñas. Los materiales en el depósito C tenderán así a permanecer en suspensión por un largo período de tiempo. La respuesta es la opción 3.

EJEMPLO

La siguiente gráfica representa el número de tres clases de leucocitos (células blancas de la sangre) en un animal al cual se ha suministrado una dosis corriente de un medicamento a partir del día 4.

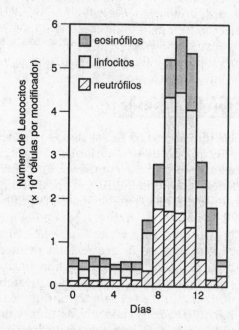

Note que los números de los tres diferentes tipos de leucocitos están indicados usando barras de distinto dibujo.

PREGUNTA

1. ¿Cuánto tiempo se necesita para que la medicación produzca máximo efecto?

   (1) 4 días
   (2) 7 días
   (3) 10 días
   (4) 12 días
   (5) 14 días

ANÁLISIS DE LA RESPUESTA

El punto más alto de producción de leucocitos se alcanza en el día 10, después de empezar el tratamiento a los cuatro días—un total de 7 días. La respuesta correcta es la 2.

PREGUNTA

2. ¿Cómo la cantidad relativa de los diferentes tipos de leucocitos reacciona a la medicación?

(1) Los tres tipos aumentan en la misma proporción
(2) Los neutrófilos aumentan proporcionalmente más que los otros
(3) Los eosinófilos aumentan proporcionalmente más que los otros
(4) Proporcionalmente el aumento de los eosinófilos es menor
(5) Proporcionalmente el aumento de los linfocitos es menor

ANÁLISIS DE LA RESPUESTA

En el punto más alto, la relación es de cerca de 1/4 de neutrófilos y 1/5 de eosinófilos, lo cual no representa una diferencia muy grande con las proporciones correspondientes al inicio de la medicación. La respuesta es la opción 1.

PREGUNTA

3. Según la información de la gráfica, ¿cuál es la utilidad de este medicamento?

(1) Se puede usar para incrementar el número de leucocitos para alguien que tiene una prolongada insuficiencia de éstos
(2) Es totalmente ineficaz porque la mejora es temporal
(3) Es peligroso porque aumenta el número de leucocitos en grandes cantidades
(4) Puede ser útil para incrementar el gran cantidad y temporalmente la disponibilidad de leucocitos
(5) Es peligroso porque después que el efecto de la medicación desaparece, los leucocitos disminuyen demasiado

ANÁLISIS DE LA RESPUESTA

Ante una condición como puede ser una infección sistémica en la que el organismo exija el suministro temporal y en grandes cantidades de leucocitos, el medicamento puede ser eficaz. La opción 4 es la respuesta correcta.

PREGUNTA

4. ¿Cuál es la razón por la que se empezó a suministrar el medicamento al animal a partir del día 4 en lugar del principio del experimento?

(1) Para permitir que el animal se acostumbrara a la jaula y a otras condiciones de su alrededor
(2) Porque el medicamento no estaba disponible los tres primeros días
(3) Para permitir que el número de leucocitos aumente a niveles normales antes de empezar el experimento
(4) Para permitir al experimentador que determine las dosis correctas
(5) Para tener un medio de control que permita conocer el número de leucocitos antes de empezar el tratamiento

ANÁLISIS DE LA RESPUESTA

Antes de empezar un experimento, el científico tiene que asegurarse que cualquier cambio en el número de leucocitos es debido al medicamento y no a otro factor. La opción 5 es la correcta.

GRÁFICAS CIRCULARES

En las gráficas circulares el círculo se divide en sectores. Se usan cuando la información importante es la fracción del total que se aplica a cada parte. Cada parte es proporcional a la totalidad. Lo primero que se debe identificar es el significado de cada sector. Luego, se debe observar detenidamente los tamaños proporcionales de los sectores para saber cuales son mayores y cuales menores.

EJEMPLO

La gráfica siguiente indica el costo de la electricidad, en miles de dólares por año, repartido en los diferentes usos funcionales en una factoría.

Observe que la *maquinaria de producción* es la parte mayor, más de la mitad, mientras que los demás usos cuestan menos.

PREGUNTA

1. ¿Qué parte del costo total de la electricidad se usa para la maquinaria para la producción?

(1) 35%
(2) 40%
(3) 52%
(4) 66%
(5) 75%

ANÁLISIS DE LA RESPUESTA

El sector de maquinaria para la producción es un poco más de la mitad. Así pues, la respuesta es la opción 3.

PREGUNTA

2. Si un ingeniero instala aire acondicionado por 35,000 dólares al año, ¿en qué cambiará la gráfica circular al presentar los datos del próximo año?

(1) La totalidad de la gráfica será más pequeña
(2) El sector del aire acondicionado será más pequeño, pero el resto no cambiará
(3) La gráfica será la misma, pero el número en el sector del aire acondicionado será 35 en lugar de 86
(4) El número en el sector del aire acondicionado será 35 y los demás números serán más altos
(5) Los otros sectores serán mayores, pero sólo el número en el sector del aire acondicionado cambiará

ANÁLISIS DE LA RESPUESTA

El tamaño de cada sector representa la fracción del costo total. Si no cambia nada, a excepción del costo del aire acondicionado, cada uno de los otros sectores será una fracción más grande del total. La opción 5 es la correcta. La opción 1 es incorrecta porque el tamaño del círculo no significa nada. La opción 2 también es incorrecta porque no es posible disminuir una parte sin agrandar las otras. El total debe ser 360 grados. La opción 3 no es válida porque el aire acondicionado será ahora la parte más pequeña del total. Y finalmente, la 4 es incorrecta porque nada pasa si se cambia la cantidad de electricidad usada por otras partes del sistema.

DIAGRAMAS

Un diagrama no es una imagen sino una manera convencional de mostrar las diferentes relaciones de las partes de algo. Algunas partes están en el interior de otras o conectadas con otras o completamente aparte. Cuando vea un diagrama, lo primero que tiene que observar son las conexiones.

EJEMPLO

El siguiente diagrama representa el oído humano. Los espacios vacíos están coloreados en negro.

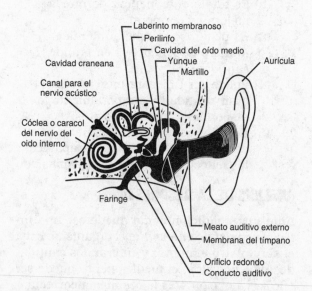

Debe observar que el meato auditivo externo es un espacio separado de la cavidad del oído medio por la membrana del tímpano. La cavidad del oído medio contiene tres huesos.

PREGUNTA

1. El yunque está dentro de

(1) el martillo
(2) la cavidad del oído medio
(3) la membrana del tímpano
(4) el orificio redondo
(5) el conducto auditivo

ANÁLISIS DE LA RESPUESTA

El yunque está señalado en blanco, por lo tanto es un hueso. La cavidad del oído medio está en la área coloreada en negro, por lo tanto es una cavidad. La respuesta correcta es la 2.

PREGUNTA

2. Para que una onda de sonido vaya del meato del oído externo a la faringe, debe pasar por

(1) el martillo, el yunque y los estribos solamente
(2) por la membrana del tímpano, el martillo y la cavidad del oído medio solamente
(3) por la membrana del tímpano, la cavidad del oído medio y el conducto auditivo solamente
(4) por la cavidad del oído medio, por el orificio redondo y el caracol solamente
(5) por la membrana del tímpano y el conducto auditivo solamente

ANÁLISIS DE LA RESPUESTA

El acceso hacia la faringe pasa por el conducto auditivo, por lo tanto debe incluirse. Debido a que no hay manera de llegar al conducto auditivo sin pasar por la membrana del tímpano y la cavidad del oído medio, la respuesta correcta es la 3.

PREGUNTA

3. La cera en el oído se deposita en

(1) el conducto auditivo
(2) la aurícula
(3) la cavidad del oído medio
(4) la faringe
(5) el meato auditivo externo

ANÁLISIS DE LA RESPUESTA

El canal desde fuera que pasa por la aurícula llega al meato auditivo externo, que es donde se encuentra la cera. La respuesta correcta es la 5.

TABLA DE DATOS

Cuando hay una serie de objetos o situaciones en la que cada una tiene un cierto valor, una tabla de datos se usa para hacer comparaciones fácilmente. La tabla está compuesta de columnas, cada columna tiene un encabezamiento que nos dice lo que representa cada columna. Si son datos numéricos, el encabezamiento dirá la unidad de medida generalmente en paréntesis. No hay precauciones específicas en lo que se refiere a leer una tabla de datos: solamente asegúrese de que entiende los encabezamientos de las columnas.

EJEMPLO

La siguiente tabla da el número atómico y los pesos atómicos promedio de algunos elementos comunes en la corteza de la tierra. El número atómico es el nombre de protones en un átomo.

Elemento	Número atómico	Peso atómico (daltones)
aluminio	13	27.0
calcio	20	40.1
carbón	6	12.0
hierro	26	55.8
magnesio	12	24.3
oxígeno	8	16.0
potasio	13	39.1
silicio	14	28.1
sodio	11	23.0

PREGUNTA

1. ¿Cuántos protones hay en una molécula de óxido de magnesio (MgO)?

(1) 4
(2) 8
(3) 12
(4) 16
(5) 20

ANÁLISIS DE LA RESPUESTA

Solamente se debe sumar las 12 del magnesio con las 8 del oxígeno: la respuesta es la opción 5.

PREGUNTA

2. ¿Cuál de los siguientes grupos está ordenado de menor a mayor en peso atómico?

    (1) calcio, hierro, potasio
    (2) carbón, oxígeno, silicio
    (3) aluminio, carbón, magnesio
    (4) hierro, silicio, sodio
    (5) oxígeno, calcio, silicio

ANÁLISIS DE LA RESPUESTA

La opción 2 da el carbón (12 daltones), oxígeno (16 daltones) y silicio (28.1 daltones) y ésta es la respuesta correcta.

OTRAS

No hay límite en la inventiva de un científico a la hora de presentar datos. Debe estar preparado para gráficas, tablas o diagramas muy poco corrientes. La única regla es: estúdiela detenidamente y asegúrese de entender lo que se dice antes de responder las preguntas.

Cómo Responder Preguntas sobre Ciencias

Los creadores del Examen del GED intentan hacer una valoración de sus diferentes habilidades. Quizás le pidan algo sencillo, como explicar una idea de un pasaje, o algo más complejo, como evaluar la validez científica de un experimento. Las preguntas se agrupan generalmente en cuatro destrezas: comprensión, aplicación, análisis y evaluación.

Las cuatro destrezas

Probablemente no es necesario que intente determinar a cuál de las cuatro destrezas pertenece la pregunta o desarrollar una estrategia especial para cada una de ellas. Todo eso le consumiría valioso tiempo. Sin embargo, es una buena idea familiarizarse con las cuatro destrezas que se investigan en el examen.

COMPRENSIÓN

Éste es el nivel más simple y se refiere a su entendimiento del pasaje, la gráfica o el diagrama. ¿Puede volver a expresar de otra forma la información que se da? ¿Puede hacer un resumen del pasaje o gráfica? ¿Puede identificar una implicación simple de la información que se proporciona?

He aquí algunos ejemplos de las preguntas sobre comprensión.

EJEMPLO

La energía expresada en julios es el producto de la fuerza en vatios y el tiempo en segundos. ¿Cuánta energía usa una bombilla de 10 vatios que está prendida durante 20 minutos?

(1) 200 julios
(2) 1,200 julios
(3) 2,000 julios
(4) 12,000 julios
(5) 120,000 julios

ANÁLISIS DE LA RESPUESTA

Si ha entendido el pasaje, sabe que tiene que multiplicar el número de vatios por el número de segundos. Veinte minutos son 1,200 segundos; por lo tanto, la respuesta correcta es la opción 4, es decir 12,000 julios.

PREGUNTA

El nombre científico de un animal tiene dos partes. La primera palabra es el nombre del género a la que pertenece. La segunda palabra es el nombre de su especie dentro del género. He aquí algunos nombres científicos:

(A) Tordo norteamericano, *Turdus migratorius*
(B) Petirrojo, *Erithacus rubecula*
(C) Mirlo europeo, *Turdus merula*
(D) Guacamayo militar, *Ara militaris*
(E) Mirlo, *Sturnella militaris*

De las siguientes parejas, ¿cuáles pertenecen al mismo género?

(1) A y B solamente
(2) D y E solamente
(3) B y C solamente
(4) A y C solamente
(5) C y E solamente

ANÁLISIS DE LA RESPUESTA

El pasaje está relacionado con los nombres científicos, por lo tanto puede ignorar los nombres en español. La primera palabra de los dos nombres científicos debe ser la misma para las dos aves del mismo género, por lo tanto la respuesta correcta es la 4. Si ha entendido el pasaje, es fácil encontrar la respuesta.

PREGUNTA

El siguiente diagrama representa el resultado de hacer girar una suspensión de células partidas en una centrifugadora. ¿Cuál es la conclusión correcta?

(1) Las ribosomas son más densas que los mitocondrios
(2) Los núcleos son más densos que los mitocondrios
(3) Los mitocondrios y las ribosomas tienen la misma densidad
(4) La célula consiste de componentes sólidos solamente
(5) Los núcleos son menos densos que los mitocondrios

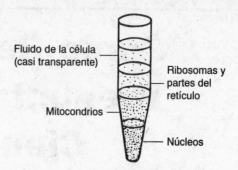

Fluido de la célula (casi transparente)

Ribosomas y partes del retículo

Mitocondrios

Núcleos

Tubo centrifugo que muestra las diferentes capas

ANÁLISIS DE LA RESPUESTA

La respuesta correcta es la 2, porque las partículas más densas se posan en el fondo después de la centrifugación.

PREGUNTA

Las suaves plumas de un ave son útiles aislantes térmicos, mientras que las rígidas plumas en las alas y en la cola les sirven como superficies de sustentación aerodinámica, como las alas de un aeroplano. Si se encuentra una nueva especie de aves que no tiene plumas rígidas, es posible asegurar que éstas

(1) no pueden volar
(2) viven en países tropicales
(3) migran al sur en el invierno
(4) viven principalmente en el agua
(5) son capaces de correr muy rápido

ANÁLISIS DE LA RESPUESTA

Esta pregunta requiere que haga una simple deducción. Si las plumas rígidas se usan para volar, un ave que no las tenga no puede volar. La respuesta correcta es la opción 1.

PREGUNTA

La tabla que se presenta a continuación da la densidad de cuatro tipos de materiales que se encuentran en la tierra:

Sustancia	Densidad (g/cm³)
agua	1.00
petróleo	0.86
astillas de madera	0.75
arena	2.10

Si se pone una mezcla de los cuatro materiales en un cilindro y se agita y luego se deja reposar, los materiales más densos permanecerán en el fondo. ¿Cómo se verá el cilindro acabado el experimento?

(1) La arena y las astillas de madera se mezclarán y quedarán en el fondo, y el agua permanecerá arriba del petróleo

(2) La arena permanecerá en el fondo, y entre las capas de petróleo y agua estarán las astillas de madera

(3) Las astillas de madera formarán una capa por encima de la arena en el fondo y el agua formará una capa por encima del petróleo

(4) La arena quedará en el fondo; el petróleo formará una capa sobre el agua, mientras que las astillas de madera flotarán por encima

(5) El agua se quedará en el fondo, con las astillas de madera flotando encima; el petróleo y la arena se mezclarán en el agua

ANÁLISIS DE LA RESPUESTA

Los materiales, de la superficie al fondo, deben seguir la secuencia de menor a mayor densidad: astillas de madera, petróleo, agua, arena. La respuesta correcta es la 4.

APLICACIÓN

Si ha entendido completamente la información que se ofrece en el pasaje, la gráfica o el diagrama, ahora debe poder aplicar lo que ha aprendido en otras situaciones. Las preguntas de aplicación le piden que use el principio general que contiene la información, pero *aplicado* a una situación diferente.

He aquí algunos ejemplos:

EJEMPLO

Observe la gráfica que muestra el porcentaje de distribución de las superficies elevadas y las profundidades debajo el nivel del mar de la tierra.

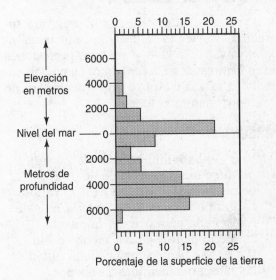

¿Qué porcentaje aproximado del total de la superficie de la tierra está por debajo del nivel del mar?

(1) 30%
(2) 50%
(3) 70%
(4) 80%
(5) 90%

ANÁLISIS DE LA RESPUESTA

Hay más barras sombreadas debajo el nivel del mar que por encima del nivel del mar en la gráfica. Si sumamos las longitudes de cada una de las barras por debajo del nivel del mar, el porcentaje total es de cerca de 70%. Esto representa el porcentaje total de la superficie de la tierra debajo del nivel del mar. La respuesta correcta es la 3.

PREGUNTA

Se conoce que las ondas de sonido de alta intensidad producen daños a largo plazo en los oídos y que tiene como resultado la pérdida de la habilidad de oír altas frecuencias. ¿Cuál de los siguientes individuos posiblemente tenga buen oído para las altas frecuencias después de años de trabajo?

(1) un músico de rock
(2) un mecánico de aviones
(3) un remachador
(4) un contable
(5) un aserrador

ANÁLISIS DE LA RESPUESTA

Otra vez, no puede contestar la pregunta solamente volviendo a leer la información. Debe volver a la lista y ver qué profesiones están expuestas a mayor ruido. La opción correcta es la 4. Un lápiz y una calculadora no son instrumentos ruidosos.

PREGUNTA

Una lámpara fluorescente de 20 vatios produce tanta energía como una bombilla incandescente de 100 vatios. La iluminación en una factoría ha sido rediseñada para proveer la misma cantidad de luz, pero a menos costo. Por eso se han reemplazado la mitad de las lámparas incandescentes por fluorescentes. ¿Qué tanto por ciento se ha ahorrado?

(1) 10%
(2) 20%
(3) 25%
(4) 40%
(5) 80%

ANÁLISIS DE LA RESPUESTA

Un cambio completo a lámparas fluorecescentes supondría un ahorro de 80 de cada 100 vatios. Debido a que sólo se han cambiado la mitad de las lámparas, el ahorro es de un 40%, o sea la opción 4.

PREGUNTA

Cuando un animal come a otro que contiene contaminantes PCB, el PCB se concentra en el hígado del animal de rapiña. Las siguientes relaciones alimenticias existen en ciertos ecosistemas.

El pez grande se come al pequeño.
El pez pequeño come plancton.
Los lobos comen nutrias.
Las nutrias comen peces grandes.

Si el agua de un arroyo contiene PCB, ¿cuál de estos animales tendrá la mayor concentración de PCB en su cuerpo?

(1) nutrias
(2) lobos
(3) peces grandes
(4) plancton
(5) peces pequeños

ANÁLISIS DE LA RESPUESTA

La secuencia de menor a mayor en la concentración de PCB será: plancton, pequeños peces, grandes peces, nutrias, lobos. La respuesta correcta es la opción 2.

PREGUNTA

Muchos alimentos como el pan, las patatas, los espagetis contienen una buena cantidad de fécula. Una enzima en la saliva cambia lentamente la fécula en azúcar. ¿Cuál de estas afirmaciones es verdadera?

(1) Un pedazo de pan que se mantiene en la boca durante largo rato se vuelve dulce
(2) Los espagetis en la boca provocan un incremento del flujo de saliva
(3) Si come una patata, la enzima se encontrará en su saliva
(4) Si come azúcar, éste se puede convertir en fécula en la boca
(5) Las galletas tienen un gusto dulce porque contienen fécula

ANÁLISIS DE LA RESPUESTA

Si la saliva en la boca cambia la fécula del pan en azúcar, el resultado será que el pan se vuelva más dulce. La opción 1 es la correcta. Ninguna de las demás opciones se sugiere en la información.

ANÁLISIS

Este tipo de preguntas es más complicado. Para contestarlas, deberá establecer una relación entre diferentes informaciones. Algunas informaciones no le serán dadas, esperándose que formen parte de su conocimiento general. Se pueden distinguir cinco tipos de destrezas necesarias para un análisis correcto:

Saber reconocer hipótesis que no han sido afirmadas.

Saber usar varias informaciones que están relacionadas.

Saber distinguir los hechos de las opiniones.

Saber distinguir la causa del efecto.

Saber distinguir entre conclusiones y meros datos.

PREGUNTA

Un doctor descubre que la presión de la sangre de su paciente es de 170/110. Le explica al paciente que la medicación acompañada de una dieta adelgazadora y ejercicio físico limitado harán bajar la presión. ¿Qué es lo que supone el doctor, sin haberlo afirmado?

(1) La presión de la sangre de 170/110 es peligrosa para la salud del paciente
(2) La medicación provocará una bajada de la presión sanguínea
(3) La medicación reducirá el peso del paciente
(4) El paciente no ha hecho nada de ejercicio
(5) La presión sanguínea varía enormemente en toda la población

ANÁLISIS DE LA RESPUESTA

Seguramente el doctor no se preocuparía si no hubiera encontrado que la presión de su paciente es muy alta para su salud; por lo tanto, la respuesta correcta es 1. La opción 2 es verdadera, pero no tiene sentido. El doctor le ha dicho que la medicación le será beneficiosa. Debido a que no hay razón por la que creer que la medicación le hará bajar de peso, la opción 3 es incorrecta. La 4 no es correcta porque el consejo de que limite el ejercicio puede quizás implicar que está haciendo demasiado ejercicio. La opción 5 es correcta pero irrelevante.

Si se le pregunta por una suposición que no ha sido afirmada, no seleccione ninguna

que (a) esté incluida en la información; (b) no sea verdadera; (c) sea ambigua; o (d) sea irrelevante.

PREGUNTA

Los corales son animales diminutos que obtienen la energía por estar asociados cercanamente a las algas verdes. Los peces que comen corales no viven en aguas profundas porque

(1) la presión es demasiado grande en las profundidades
(2) los peces en las profundidades se los comen
(3) la luz solar no penetra en las profundidades
(4) no hay corrientes en las profundidades para transportar los nutrientes que necesitan
(5) las aguas en las profundidades están demasiado frías

ANÁLISIS DE LA RESPUESTA

He aquí una de las preguntas en la cual necesita saber algunas cosas y juntar ideas. Debe saber que las algas verdes necesitan la luz solar para crecer y que los corales usan energía para su crecimiento. La respuesta es la opción 3. Las otras afirmaciones pueden ser verdaderas, pero son irrelevantes.

PREGUNTA

Alguien hace comentarios sobre la alta cascada que ve en uno de las lados de un acantilado. ¿Cuál de estos comentarios está basado más en opinión que en hechos?

(1) La cascada es de cerca de 30 metros de altura
(2) El valle en donde cae la cascada fue tallado por un glaciar
(3) La roca en la montaña es una formación de granito
(4) La velocidad del agua en el fondo de la cascada es de cerca de 25 metros por segundo
(5) Sería muy bonito tener una fotografía de la cascada

ANÁLISIS DE LA RESPUESTA

Una afirmación se basa en hechos si proviene de uno o más hechos o datos. Las opciones 1 y 4 pueden ser determinadas por medición o cálculo y por eso caen en la categoría de hecho. Las opciones 2 y 3 pueden ser determinadas fácilmente por un geólogo. Pero debido a que la belleza es algo totalmente subjetivo, la opción 5 es una opinión y por lo tanto la respuesta correcta.

PREGUNTA

Se sabe que cuando un arroyo se vuelve más fangoso, la población de bagres aumenta. Hay tres posibles explicaciones:

(A) Más bagres hacen que el agua esté más fangosa

(B) Los bagres se alimentan de los invertebrados que hay en las zonas fangosas

(C) Otros peces no pueden vivir en aguas fangosas, por lo tanto hay menos competencia

¿Qué explicación es la más factible?

(1) la A solamente
(2) la B solamente
(3) la C solamente
(4) la A y B solamente
(5) la B y C solamente

ANÁLISIS DE LA RESPUESTA

Esta pregunta requiere que note la diferencia entre causa y efecto. ¿Es posible que la explicación A sea verdad? No; el agua estaba barrosa antes de que aumentara la población de bagres. Una causa nunca puede venir después de un efecto. En las explicaciones B y C, el agua está fangosa y las dos pueden ser hipótesis razonables. Así pues, la opción 5 es la correcta.

Este tipo de preguntas puede ser engañoso. Si un acontecimiento o hecho sigue a otro, el que ocurre primero puede o no ser la causa del segundo. Esto es verdad incluso si el segundo siempre va a continuación del primero. No es el cantar del gallo el que hace que el sol salga. En el ejemplo que se ha dado, la secuencia de los dos eventos establece solamente que B y C pueden ser posibles explicaciones, no que sean necesariamente verdaderas.

PREGUNTA

Una industria química que produce un detergente descubre que el producto contiene demasiados materiales contaminantes. De lo siguiente, ¿cuál es la conclusión que se puede extraer de esta información?

(1) La cantidad del reactante A es dos veces mayor que la del reactante B
(2) La temperatura de la reacción es de 140°C
(3) El pH de la mezcla de la reacción es de 5.4
(4) El problema se puede solucionar añadiendo un álcali
(5) Hay un contaminante en el reactante A

ANÁLISIS DE LA RESPUESTA

Todas las afirmaciones indicadas más arriba, a excepción de la opción 4, son información que puede verificarse mediante pruebas y confirmarse midiendo los datos. Si ponemos todos los hechos conocidos juntos, el ingeniero puede usar sus conocimientos del proceso para establecer una panorámica de lo que pasa. Luego, puede sacar la conclusión que se expone en la opción 4.

Una conclusión es una afirmación general que no se obtiene de la observación directa. La conclusión es resultado de una aplicación inteligente de principios conocidos a datos mensurables.

EVALUACIÓN

Todos tenemos creencias e ideas acerca de diferentes cosas. Muchas de nuestras creencias y muchos pensamientos no son científicos. La ciencia no puede decir qué carrera escoger o con quién casarse o si se debe ir a misa los domingos o por quién votar o qué tipo de música es la mejor. En general, lo que la ciencia puede hacer es proveerle de respuestas confiables, correctas y experimentables. Para saber las respuestas, debe conocer las reglas o normas.

Las preguntas de evaluación valoran su capacidad de aplicar las reglas o normas del análisis científico. El primer paso es entender de que hay muchas clases de conocimiento. He aquí un análisis de los diferentes tipos de conocimiento y de las maneras en que puede usarlos para contestar preguntas de evaluación.

Los **hechos** o **datos** son segmentos de información adquirida por observaciones específicas o a través de mediciones. Si a usted se le dice que una bola rueda 12 metros por segundo, esto es una medición. Si es verdad, es un hecho. Quizás se le pida que determine si una afirmación es un hecho válido respaldado por el método necesario para demostrar su validez. La técnica experimental descuidada produce afirmaciones que parecen hechos, pero que no lo son.

Una **hipótesis** es una suposición basada en los hechos que explica por qué los hechos son así. Es puramente un intento de afirmación, sujeto a modificación o a refutación cuando se dispone de más hechos. Si ha observado que un arbusto crece más bajo la luz solar en lugar de otro igual que está en la sombra, puede avanzar la hipótesis de que los arbustos de esta variedad necesitan de la luz solar para un crecimiento óptimo. Esto puede ser probado a través de un experimento. El error más común que la gente hace al evaluar información científica es aceptar una hipótesis como una prueba, sin hacer la requerida confirmación experimental. Así, puede que le hagan preguntas sobre ciertos hechos para determinar si éstos conducen a la hipótesis que se planteó.

El **control** es necesario en cualquier experimento. El arbusto antes mencionado puede crecer mejor que los demás que están en la sombra porque tiene más agua o el suelo es mejor o tiene mejores genes. Para hacer el experimento, deberá hacer crecer varios arbustos que sean idénticos genéticamente, todos ellos plantados en el mismo suelo y proporcionándoles la misma agua, fertilizante, etc. El experimento será válido si todas las condiciones son idénticas, a excepción de una. Unas plantas—las que hacen de control—crecerán en la luz solar y las otras en la sombra. Si las que están en el sol crecen mejor, podremos concluir que el factor operativo es la luz solar. En cada experimento, el sistema experimental y el control difieren en un solo factor.

Una **conclusión** puede ser el resultado de un experimento de control o la aplicación inteligente de principios conocidos a los hechos. Una hipótesis puede convertirse en conclusión cuando los datos son lo suficientemente poderosos para que tenga como resultado una acción. Si ese arbusto realmente crece mejor en la luz solar, con todos los controles realizados correctamente, es razonable concluir que este tipo de planta debe crecer bajo la luz solar. Puede que le pregunten si cierta conclusión puede razonablemente derivarse de la información que se le proporciona. Deberá entonces distinguir entre conclusión e hipótesis.

Una **generalización** es una conclusión que se aplica a una amplia variedad de circunstancias. Muchos experimentos con plantas, por ejemplo, pueden producir la generalización de que todas ellas necesitan la luz en cierto grado. Si le preguntan si una generalización es razonable, asegúrese de que se aplique ampliamente.

Un **juicio de valor** es una opinión basada en factores culturales o emocionales, más que en evidencia científica. Las opiniones acerca de la estética, la moral, la religión y las relaciones interpersonales juegan papeles importantes y válidos en nuestras vidas. Sin embargo, tales opiniones pueden entrometerse impropiamente en la búsqueda de conclusiones científicas. Puede que le pidan que haga una distinción entre los juicios de valores y las afirmaciones de validez científica.

Un error lógico es una conclusión errónea a la que se llega por el uso incorrecto de información. El más común de ellos se conoce como *Post hoc ergo propter hoc,* que quiere decir "seguido por, y por eso causado por". He aquí un ejemplo: Bebo un vaso de leche cada mañana para desayunar y siempre estoy soñoliento. ¿La leche me produce sueño? Quizás. Pero también puede que esté soñoliento sin tomar leche. La manera de resolver este posible error lógico es hacer un experimento de control.

Los ejemplos que se presentan a continuación le darán una idea de las diferentes clases de preguntas que valorarán su habilidad de evaluar afirmaciones científicas.

PREGUNTA

La propuesta de construir un presa en el río tiene la oposición de un grupo de ciudadanos por diferentes razones. ¿Cuál de las siguientes razones está basada en un juicio de valor más que en información científica?

(1) El río debe ser preservado porque es el hábitat de una maravillosa fauna silvestre

(2) El costo de la presa será demasiado alto para la cantidad de electricidad que puede producir

(3) No es posible construir una presa en el río en el lugar elegido debido a las características de la superficie de la tierra

(4) El lugar que se propone se encuentra sobre una falla y la presa puede ser destruida por un terremoto

(5) El río lleva demasiada arcilla, por lo cual el lago que se forme se llenará rápidamente con ésta y hará que la presa sea inservible

ANÁLISIS DE LA RESPUESTA

La palabra "maravillosa" en la opción 1 es la que especifica un juicio de valor. Quién haya hecho esta afirmación ve un valor estético en la preservación de la fauna silvestre. Todas las demás objeciones están basadas en argumentos que pueden ser expuestos a rígidas pruebas, usando principios científicos establecidos.

PREGUNTA

La siguiente gráfica muestra el crecimiento promedio de dos grupos de ratas. La línea ininterrumpida representa un grupo que crece bajo condiciones corrientes en un laboratorio de animales; la línea interrumpida es el grupo que crece en un laboratorio donde han sido tratadas con extractos pituitarios.

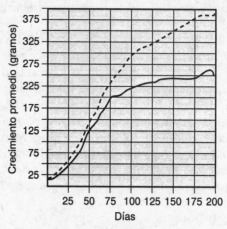

— Crecimiento promedio de 38 ratas sin tratamiento (control)

---- Crecimiento promedio de 38 ratas inyectadas con extractos pituitarios (experimental)

¿Cuál es la conclusión adecuada de este experimento?

(1) Se conoce que el extracto pituitario estimula el crecimiento y el experimento lo confirma

(2) La diferencia entre el grupo de control y el grupo experimental es tan clara que se puede concluir que el extracto pituitario estimula el crecimiento

(3) La diferencia entre los dos grupos es insuficiente para mostrar que hay una diferencia en el crecimiento promedio

(4) El experimento no tiene valor alguno porque no hay ninguna razón para creer que se podría obtener el mismo resultado con los seres humanos

(5) El experimento es inconcluso porque no hay ninguna tentativa de controlar la herencia de los animales o las condiciones de su nutrición

ANÁLISIS DE LA RESPUESTA

Si un experimento no tiene valor alguno es un juicio de valor, pero no tiene que ver con la pregunta. La opción 4 es incorrecta. La opción 1 es incorrecta porque sugiere que el resultado del experimento ha sido prejuiciado desde el comienzo. En un principio éste parece un buen experimento y la diferencia se ve claramente en la gráfica; por eso, es incorrecta la opción 3. La opción 2 es incorrecta porque el control es inadecuado. Las ratas no son necesariamente de la misma crianza o nacieron en el mismo lugar. Pueden también diferir en sus características hereditarias, su alimento y otros factores. Los resultados del experimento pueden llevar a una hipótesis pero no a una conclusión, y la respuesta es la opción 5.

PREGUNTA

¿Qué gráfica representa mejor lo que le pasa a la temperatura de la atmósfera de la tierra cuando el dióxido de carbono aumenta en un período de varios años?

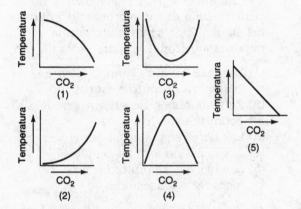

ANÁLISIS DE LA RESPUESTA

El dióxido de carbono es buen absorbente de la radiación infrarroja. La energía irradiada devuelta a la atmósfera contiene una gran cantidad de rayos infrarrojos. Cuando esta radiación es absorbida por el dióxido de carbono en la atmósfera, la temperatura de la atmósfera aumenta. Al haber más radiación infrarroja en la atmósfera, la temperatura media de la atmósfera continuará ascendiendo. La gráfica (2) muestra que a medida que aumenta la cantidad del dióxido de carbono, la temperatura media de la atmósfera también se incrementa.

PREGUNTA

¿Cuál de estos reclamos publicitarios para una pasta de dientes no puede ser confirmado por pruebas de laboratorios?

(1) Contiene 2% de fluoruro estañoso
(2) Elimina el sarro
(3) Tiene sabor fresco
(4) No es abrasiva
(5) Previene las caries

ANÁLISIS DE LA RESPUESTA

El sabor es un juicio subjetivo y lo que puede ser fresco para una persona no lo es para otra. La respuesta correcta es la opción 3.

PREGUNTA

Un biólogo descubrió que durante tres inviernos consecutivos los castores en un arroyo estaban más activos de lo normal y que el agua del arroyo subía cuando llegaba la primavera.

¿Cuál de estas respuestas es la correcta?

(1) Concluyó que la actividad de los castores en invierno subía el nivel del agua
(2) Decidió ver qué pasaba al nivel del agua en años en que la actividad de los castores era menor
(3) Sugirió la posibilidad de que el aumento del nivel del agua hacía que los castores fueran más activos
(4) Propuso limitar la actividad de los castores en invierno para evitar inundaciones
(5) Sugirió de que no había ninguna conexión entre el nivel del agua y la actividad de los castores

ANÁLISIS DE LA RESPUESTA

La opción 1 es incorrecta, ya que no hay evidencia suficiente para llegar a una conclusión; el hecho de que el nivel del agua haya subido después de la actividad de los castores no prueba que sea una relación de causa y efecto. La opción 3 es errónea porque un efecto nunca puede venir antes que una causa. La opción 4 tampoco es válida porque no se sugiere que la inundación sea un problema y que la limitación de la actividad de los castores pueda prevenirlo. La opción 5 es incorrecta porque la evidencia es suficiente para sugerir la hipótesis de que la actividad de los castores en invierno aumenta el nivel del agua. La opción 2 en la que se propone una mayor investigación es la correcta.

Práctica de Ejercicios sobre Ciencias

Biología

Las preguntas 1 a 3 se basan en el siguiente artículo.

Los insectos disponen de muchas ventajas para sobrevivir. Los insectos se reproducen a menudo y en grandes cantidades. Su reducido tamaño es una de sus ventajas más grandes. Sus requisitos alimenticios son menores y pueden fácilmente escaparse, especialmente con su agudo sentido de la vista y el olfato. No son exigentes con la dieta y se pueden adaptar a los cambios como lo demuestra su creciente resistencia a los venenos humanos. El camuflaje permite a muchos insectos confundirse con el ambiente para no ser reconocidos. Los nombres que se les dan a algunos insectos como "palo andante" u "hoja muerta" son algunos ejemplos. La imitación es otro recurso que usan para protegerse y sobrevivir. Las aves a menudo no atacan a una mariposa americana que se parece a la fétida mariposa monarca.

Debemos tener en mente que hay ciertos miembros del mundo de los insectos que nos son muy necesarios. Por ejemplo, algunas especies de insectos transfieren el polen de las antenas de los estambres a los pistilos de los capullos. Sin la polinización, la formación del fruto es imposible. La seda proviene del material del capullo de un gusano. Tampoco debemos olvidar el trabajo de las abejas.

1. Las flores de las hierbas están formadas de estambres y pistilos solamente, no tienen pétalo ni son olorosas. ¿Cuál de las siguientes afirmaciones es una suposición razonable sobre estas flores?

   (1) Los insectos necesitan excelente vista para encontrar estas flores
   (2) Estas flores no tienen que ser polinizadas
   (3) Las flores se polinizan por el viento
   (4) Las flores no forman semillas
   (5) Las hierbas se reproducen por mecanismos asexuales

2. ¿Qué es lo que hace que los insectos sobrevivan a través de los años?

   (A) la imitación y el camuflaje
   (B) la habilidad de polinizar los capullos
   (C) el tamaño de sus cuerpos

   (1) A y B
   (2) B y C
   (3) C solamente
   (4) A y C
   (5) A, B y C

3. Sin el mundo de los insectos, todo lo siguiente es posible, a *excepción de*

   (1) las enfermedades
   (2) las frutas
   (3) el nilón
   (4) la cera de abeja
   (5) los jarabes naturales

Las preguntas 4 a 7 se basan en la siguiente información.

Las hormonas de las plantas (auxinas) pueden ser elaboradas en laboratorios. El NAA se usa en los capullos para producir fruta sin efectuarse la polinización. El resultado son frutas sin semillas que tienen un gran valor comercial. El uso del 2,4-D para matar la maleza sin dañar la hierba en los prados es muy común. Los botánicos han clasificado las plantas con semilla en dicotiledones y monocotiledones. Es interesante saber que ciertas concentraciones de 2,4-D son más efectivas en los dicotiledones que en los monocotiledones porque en los primeros causan un crecimiento anómalo y la planta dicotiledón muere. Debido a que la mayoría de las malezas son dicotiledones y la hierba es monocotiledón, el desarrollo de un compuesto químico efectivo para destruir la maleza ha sido posible gracias a nuestro conocimiento de las hormonas de las plantas y a la taxonomía.

4. De lo siguiente, ¿qué es necesario para que la planta produzca semillas?

   (1) la polinización
   (2) las hormonas
   (3) un crecimiento anómalo
   (4) un destructor de la maleza
   (5) la hierba

5. La contribución de la taxonomía (la ciencia de la clasificación) en la agronomía ha sido importante a la hora de

   (1) elaborar nuevas hormonas para las plantas
   (2) desarrollar destructores de maleza más efectivos
   (3) crear frutas sin semillas
   (4) producir una hierba de mejor calidad
   (5) distinguir qué plantas responden a los destructores de la maleza

6. ¿De qué manera el 2,4-D elimina la maleza?

   (1) crecimiento de dicotiledones anómalo y rápido
   (2) crecimiento de monocotiledones anómalo y rápido
   (3) retardación del crecimiento de los monocotiledones
   (4) retardación del crecimiento de los dicotiledones
   (5) retardación del crecimiento de las hojas

7. El 2,4-D puede afectar o no una nueva planta. ¿Cuál de los siguientes puede ser destruido más fácilmente por el 2,4-D?

   (1) la maleza
   (2) un parásito
   (3) un dicotiledón
   (4) una auxina
   (5) una hormona

Las preguntas 8 a 10 se basan en la siguiente información.

El proceso de reproducción de un nuevo individuo puede provenir de una sola célula madre o de dos células paternas. Esta función vital difiere de los otros procesos vitales, ya que va destinada a la preservación de la especie más que a asegurar la supervivencia del individuo. Para entender cómo se divide una célula, se debe tener en cuenta el comportamiento de la materia nuclear y la división citoplasmática. La mitosis es el proceso por el cual el *material* hereditario del núcleo se duplica y luego se distribuye en las células hijas. Esto está acompañado por la división del material citoplasmático de tal manera que el resultado de la división normalmente es el de dos células similares a la célula madre. Ésta es la base de toda reproducción asexual en que una célula madre está involucrada, como es en el caso de la escisión binaria en los organismos unicelulares tales como la ameba, el paramecio y las bacterias o en el proceso de germinación en las células de levadura o la esporulación del moho en el pan.

8. ¿Qué función vital es más esencial para las especies que para los individuos?

   (1) el crecimiento
   (2) el movimiento
   (3) la elaboración de alimentos
   (4) la reproducción
   (5) la protección

9. ¿Cuál de los siguientes términos *no* está asociado con los otros?

   (1) la fertilización
   (2) la germinación
   (3) la esporulación
   (4) la reproducción asexual
   (5) la escisión binaria

10. ¿Cuál de los siguientes procesos es una parte de los demás?

    (1) la escisión binaria
    (2) la reproducción asexual
    (3) la esporulación
    (4) la germinación
    (5) la mitosis

Las preguntas 11 a 13 se refieren a la siguiente información.

Los insectos se adaptan tan bien para sobrevivir que los seres humanos tienen que modificar la lucha química contra ellos. No hace demasiados años, el dicloruro-difenilo-tricloroetano (DDT) era una arma potente. Pero los insectos han ahora desarrollado una nueva inmunidad al DDT. También como resultado de las críticas sobre efectos secundarios que ha recibido esta sustancia, los químicos han tenido que buscar nuevos insecticidas. Un buen insecticida debe destruir los insectos, pero no debe acumularse en los cuerpos de los peces y las aves que se alimentan de insectos. Recientemente se comprobó que un insecticida efectivo que protegía las cosechas se desaguaba en los ríos y mataba a los peces.

11. ¿Por qué el DDT ya no se considera un buen insecticida?

    (1) Los insectos no se pueden adaptar al DDT
    (2) El DDT no se acumula en el cuerpo de los peces
    (3) El DDT tiene malos efectos secundarios
    (4) El DDT es una arma potente
    (5) Las aves no se alimentan de insectos tratados con DDT

12. Además de la habilidad de destruir insectos, ¿qué otra característica tiene que tener un buen insecticida?

    (1) Sus efectos deben ser fácilmente verificables
    (2) No debe causar daño a otros seres vivientes
    (3) Debe poder verterse en los ríos
    (4) Debe poder matar aves dañinas.
    (5) Debe ayudar a los insectos a desarrollar inmunidad

13. ¿Por qué un insecticida de repente pierde su eficacia?

    (1) Los insectos aprenden a evitar los venenos antiguos
    (2) El DDT ya no es eficaz
    (3) Los insectos tienen sentidos agudos
    (4) Valiosos insectos son a menudo destruidos por un veneno determinado
    (5) Los insectos desarrollan nuevas formas de resistencia a los venenos

Las preguntas 14 a 15 se basan en la siguiente información.

La asepsia se refiere a la técnica que evita la introducción de microorganismos viables. La esterilización y la desinfección son procesos para eliminar microbios viables. Los términos son esencialmente sinónimos, pero el último se usa para los productos químicos que eliminan la viabilidad de los organismos infecciosos. Los efectos antibacterianos se dividen en dos: la inhibición reversible de la multiplicación de las bacterias o bacteriostasis, y por otro lado, la acción bactericida irreversible que los mata. Los términos *desinfectante*, *germicida* y *bactericida* son sinónimos, puesto que todos ellos son agentes antibacterianos. Los antisépticos son sustancias antibacterianas que se pueden aplicar a la superficie del cuerpo, cavidades o heridas para prevenir o combatir las infecciones bacterianas. Estos componentes no esterilizan por completo la superficie tratada. Los agentes quimioterápicos son sustancias antibacterianas (o más específicamente antimicrobianas) que son suficientemente no tóxicas para los tejidos así como para la superficie de los cuerpos.

14. El proceso de prevención de la reproducción de las bacterias sin matarlas se llama

    (1) asepsia
    (2) desinfección
    (3) bacteriostasis
    (4) antisepsia
    (5) quimioterapia

15. Todas las siguientes sustancias son antibacterianas, a *excepción de*

    (1) germicida
    (2) bactericida
    (3) asepsia
    (4) desinfectante
    (5) antiséptico

Las preguntas 16 a 17 se basan en la siguiente información.

Se sabe que las plantas tienden a crecer hacia la luz solar, un proceso que se conoce como fototropismo. Las investigaciones sobre las hormonas de las plantas, conocidas como auxinas, han revelado el mecanismo de este proceso, cuyo resultado es la flexión de un tallo hacia la luz. En la familia de las hierbas, la auxina se produce en la punta del tallo que está creciendo. Cuando la luz cae sobre un lado de la punta, la auxina se mueve hacia el otro lado. Luego la auxina se expande por el tallo y estimula el alargamiento de las células debajo de la punta. A medida que las células que están en la oscuridad se alargan, el tallo se dobla hacia la luz.

16. ¿Qué hace que un tallo se doble hacia la luz?

    (1) el fototropismo
    (2) la necesidad de luz para realizar la fotosíntesis
    (3) la auxina que controla el alargamiento de las células
    (4) el efecto de la luz en la estimulación del crecimiento
    (5) la hormona de la planta producida en la oscuridad

17. ¿Que describe mejor a las auxinas?

    (1) las estructuras de las hojas
    (2) las puntas de los tallos
    (3) los tropismos
    (4) las hormonas de las plantas
    (5) los filtros de luz

Las preguntas 18 a 20 se basan en el siguiente artículo.

¿Por qué las proteínas son tan importantes? Para responder a esta pregunta, debemos prestar atención a los ácidos nucleicos. Directa o indirectamente, los ácidos nucleicos construyen las proteínas a partir de los aminoácidos. Hoy en día una de las áreas más interesantes en la investigación biológica es el intento de descubrir cómo actúan los ácidos nucleicos en la función de creación de proteínas.

A igual que las proteínas, los ácidos nucleicos son móleculas enormes con pesos moleculares altos. Son posiblemente las más fascinantes de todas las macromoléculas. Estos ácidos nucleicos se encuentran en todos los organismos vivos, desde los virus hasta los seres humanos. Reciben este nombre porque fueron descubiertos en el núcleo de las células blancas de la sangre y en las espermas de los peces por Miescher en 1869. Sin embargo, ahora se ha establecido que los ácidos nucleicos se producen también fuera de los núcleos de las células.

Los ácidos nucleicos tienen dos funciones principales. Primero, son una especie de "papel" molecular en el que está escrito el plan para la creación de nuevos individuos. Para esta función es importante el ácido desoxirribonucleico o ADN.

Pero los ácidos nucleicos son más que transportadores del mensaje hereditario. También sirven para convertir este mensaje en una acción. El ácido ribonucleico o ARN se encarga de esta parte activa.

El ADN se encuentra generalmente en las células mezclado con proteína formando la nucleoproteína. En las células de las plantas más complejas y animales, la nucleoproteína se encuentran en el núcleo de las células en forma de varilla que se llaman cromosomas. Cuando no hay un área nuclear definida, como es el caso de las células bacterianas, la nucleoproteína se encuentra esparcida por toda la célula. El ARN, dependiendo de su tipo molecular específico, se encuentra tanto dentro como fuera del núcleo. En las células sin núcleo, el ARN se encuentra en cualquier lugar dentro de la célula.

18. ¿Cuál es la base de la proteína?

    (1) el ADN
    (2) el ARN
    (3) la nucleoproteína
    (4) los aminoácidos
    (5) los ácidos nucleicos

19. ¿Dónde se encuentran los ácidos nucleicos?

    (1) sólo en las células humanas
    (2) sólo en los virus
    (3) sólo en las células vivas
    (4) sólo en las células blancas de la sangre
    (5) sólo en la esperma de los peces

20. Las siguientes definiciones describen a los ácidos nucleicos a *excepción de*

    (1) Se encuentran en todos los seres vivientes
    (2) Tienen un peso molecular alto
    (3) Son micromoléculas
    (4) Llevan consigo las características hereditarias
    (5) Son constructores de proteínas

Las preguntas 21 a 25 se basan en el siguiente artículo.

El lobo gris norteamericano ocupa una posición importante en la cadena alimenticia. Igual que otros carnívoros grandes, juega un papel apreciable en el equilibrio de las poblaciones de animales de menor tamaño. Su régimen alimenticio incluye a los roedores, pero incluso como matador de ciervos es más selectivo que su rival, el ser humano.

El hombre cazador mata por deporte y orgullo, muchas veces eliminando a los miembros más jóvenes y sanos de una manada de ciervos. Pero el lobo sólo mata para conseguir alimento, escogiendo a los más débiles, viejos y enfermos. Así pues, los seres humanos reducen la calidad de las manadas, mientras que los lobos la protegen y dejan el número necesario para sobrevivir adecuadamente en el territorio disponible. El resultado es bueno para los ciervos, para el lobo y también para el territorio.

Recientemente se ha empezado un proyecto en Minnesota para extender el territorio de los lobos. El plan es atrapar un pequeño grupo de lobos y transferirlos a un nuevo ambiente salvaje en el norte de Michigan. Antes los lobos habían sido numerosos en esta área, pero ahora casi se han extinguido. El propósito del proyecto es que los lobos se reproduzcan y preserven la especie. En este sentido, la Universidad del Norte de Michigan y las organizaciones relacionadas con la vida silvestre que están auspiciando el experimento están realizando una buena acción encaminada a preservar un animal útil para su medio ambiente natural. También esperan demostrar cuán exagerado es el mito sobre la maldad del lobo.

21. ¿Qué tipo de ciervos matan los lobos?

    (1) los débiles
    (2) los fuertes
    (3) los mejores especímenes
    (4) aquéllos que comen roedores
    (5) los más rápidos

22. En relación con la población de ciervos, ¿por qué la raza humana es más destructiva que el lobo?

    (1) El lobo destruye solamente los pastizales
    (2) Los lobos han eliminado sólo parte de las manadas
    (3) Los hombres cazadores cazan ciervos sólo para conseguir comida
    (4) Los hombres cazadores cazan a los ciervos más débiles, viejos y enfermos
    (5) El hombre cazador caza a los miembros más sanos y jóvenes de la manada

23. ¿Qué objetivo tiene el proyecto de la Universidad del Norte de Michigan?

    (1) Atrapar lobos en Michigan para exportarlos a Minnesota
    (2) Incrementar el territorio de los lobos en Michigan
    (3) Incrementar el número de ciervos en Michigan
    (4) Alejar a los lobos de Michigan
    (5) Probar la reproducción de los lobos

24. ¿Cuál de las siguientes afirmaciones describe mejor la posición de los lobos en la cadena alimenticia?

    (1) Son importantes porque mantienen equilibrada la población de sus presas
    (2) No son importantes porque sus presas son mayormente roedores
    (3) No son importantes porque son carnívoros de gran tamaño
    (4) No son importantes porque dejan vivir a los ciervos más saludables
    (5) Son importantes porque viven en un territorio silvestre

25. En la selección se mencionan dos ejemplos de cazadores. ¿Cuáles son?

    (1) los lobos y los seres humanos
    (2) los lobos y los ciervos
    (3) los seres humanos y los ciervos
    (4) los lobos y los roedores
    (5) los roedores y los ciervos

Las preguntas 26 a 28 se basan en la siguiente información.

La energía de los alimentos en la cadena alimenticia puede ser transferida a través de los cazadores, los carroñeros o los simbiones. Un cazador mata una presa y luego se la come. Un carroñero come animales y plantas muertas. Muchas bacterias, fermentos y mohos viven en materia orgánica muerta. Se les conoce con el nombre de saprófitos y contrastan con los parásitos porque éstos últimos viven en materia viva. Un simbiote es miembro de una asociación nutritiva (simbiosis) en la que ninguno de los asociados causa daño al otro. El líquen, que crece en la roca y puede llegar a erosionarla, es un alga y un hongo. El alga, con su clorofila, realiza la fotosíntesis y el hongo absorbe el agua para sí mismo y para el alga. Esta relación simbiótica se le llama mutualismo. A la relación simbiótica en que sólo se beneficia un miembro, pero sin causar daño al otro, se le aplica el término de asociacionismo.

26. ¿Qué término describe el tipo de relación nutritiva en la que los dos simbiones se benefician de la asociación?

    (1) asociacionismo
    (2) autotrofismo
    (3) parasitismo
    (4) saprofitismo
    (5) mutualismo

27. Muchas orquídeas hacen sus raíces en lo alto de los árboles donde pueden recibir el efecto de la luz solar, pero no causan daño al árbol. Las orquídeas son

    (1) parásitos
    (2) saprófitos
    (3) asociados
    (4) carroñeras
    (5) simbiones mutuos

28. En un líquen, ¿por qué necesita el hongo que el alga sobreviva?

    (1) El hongo no puede absorber suficiente agua
    (2) Ni el alga ni el hongo pueden crecer solos en la roca
    (3) El hongo protege al alga contra la sequía
    (4) El hongo no puede realizar la fontosíntesis
    (5) El hongo no puede absorber nutrientes del suelo

Las respuestas 29 a 33 se basan en la siguiente información.

Las plantas y animales más avanzados como las plantas de semilla y los vertebrados se asemejan en muchos aspectos, pero decididamente difieren en otros. Por ejemplo, estos dos grupos de organismos poseen las funciones de digestión, respiración, reproducción, conducción y crecimiento, y reciben sensaciones de diferentes estímulos. Por otro lado, son evidentes algunas diferencias básicas. Las plantas no tienen un sistema excretorio comparable al de los animales. Las plantas no tienen corazón o un órgano de bombeo similar. Las plantas tienen movimientos muy limitados. Las plantas no tienen nada similar al sistema nervioso animal. Los animales no pueden sintetizar carbohidratos de sustancias inorgánicas. Los animales no tienen regiones especiales de crecimiento que se puedan comparar con los meristemas laterales y terminales de las plantas que persisten a lo largo de la vida del organismo. Finalmente, la célula animal no tiene paredes, sólo una membrana. En cambio, la célula de la planta es más rígida y gruesa y puede estar compuesta de sustancias como celulosa, lignina, pectina, cutina y suberina. Estas características son importantes para entender los organismos vivos y sus funciones, y por lo tanto deben considerarse cuidadosamente en los estudios de plantas y animales.

29. Los animales carecen de

    (1) habilidad para reaccionar ante los estímulos
    (2) habilidad para llevar sustancias de un lugar a otro
    (3) reproducción por gametos
    (4) membranas celulares
    (5) una región de crecimiento terminal

30. Las plantas tienen paredes celulares rígidas, pero los animales no. Esto está relacionado con la diferencia entre los animales y las plantas en las funciones de

    (1) respiración
    (2) fotosíntesis
    (3) excreción
    (4) sensibilidad
    (5) locomoción

31. Las plantas poseen

    (1) órganos especializados para la circulación
    (2) órganos excretorios
    (3) órganos de locomoción
    (4) capacidad de producir carbohidratos
    (5) tejido nervioso especializado

32. Las plantas carecen de

    (1) paredes celulares rígidas
    (2) estructuras de bombeo
    (3) regiones especiales de crecimiento
    (4) estructuras para la reproducción
    (5) un proceso digestivo

33. ¿Cuál de estas funciones realizan los animales y las plantas?

    (1) la síntesis de carbohidratos
    (2) la conducción
    (3) la creación de celulosa
    (4) la producción de cutina
    (5) la excreción a través de un órgano excretorio

Las preguntas 34 a 36 se basan en la siguiente información.

Las sucesiones naturales de las comunidades de plantas y animales se refieren a las transformaciones que experimentan la vida vegetal y animal de una región como resultado de cambios ambientales. El estudio de los organismos en relación a su entorno se conoce con el nombre de ecología. Al haber cambios en el medio ambiente, los animales y las plantas de esa región desaparecen y son reemplazados por nuevos tipos, adaptados a las nuevas condiciones. Así pues, una zona de rocas desnudas puede sustentar a primitivos algas y líquenes. Gradualmente, a medida que las rocas se descomponen para convertirse en tierra, aparecen los

musgos, hierbas y maleza, seguidos por pequeños arbustos. A medida que el suelo se vuelve más profundo y más poroso, aparecen árboles de hoja perenne que desalojan a hierbas y arbustos. Si estos suelos rocosos y poco profundos se convierten en tierra firme y profunda, estos árboles son reemplazados por árboles de madera dura como arces y hayas.

34. ¿Cuál es el tema principal de la ecología?

    (1) la prevención de inundaciones de bosques
    (2) la erosión de la tierra
    (3) la relación entre el medio ambiente y los seres vivientes
    (4) el efecto de los seres vivientes sobre el medio ambiente
    (5) los cambios en las plantas

35. Después de que la lava fluya y produzca nueva roca, ¿cuál de los siguientes seres vivientes aparecerán primero?

    (1) insectos
    (2) hierbas
    (3) musgos
    (4) roedores
    (5) líquenes

36. ¿Cuál es el orden natural de sucesión de las plantas en un área rocosa?

    (1) musgos, hierbas, arbustos, árboles
    (2) líquenes, musgos, hierbas, arbustos
    (3) líquenes, hierbas, arbustos, musgos
    (4) hierbas, arbustos, árboles, musgos
    (5) musgos, líquenes, hierbas, arbustos

<u>Las preguntas 37 a 39</u> se refieren a la siguiente información.

Los cloroplastos pueden adquirir muchas formas y variar notablemente en número en cada célula según la variedad de planta que los contiene. En algunas algas como la *Espirogira* filamentosa, sólo hay un solo cloroplasto en cada célula. Cuando la célula se divide, el cloroplasto se divide al mismo tiempo. En contraste, la célula en la parte esponjosa de una hoja de hierba puede tener de 30 a 50 cloroplastos. Su división, que ocurre durante el estado inmaduro o proplástido, no se correlaciona de ninguna manera con la división de las células. El granum se puede perder en algunos cloroplastos, como ocurre en algunas algas pardas, y ser reemplazado por membranas que se extienden a lo largo del cloroplasto, pero se supone que las membranas funcionan de la misma manera que el granum. Las algas azules y verdosas, por otro lado, carecen de cloroplastos. En su lugar, tienen membranas en el citoplasma sobre el cual se encuentran en capas los pigmentos de la fotosíntesis. Sólo en las células bacterianas podemos encontrar capacidad fotosintética asociada con estructuras sin membrana. Son aquí los cromatóforos de forma vacuolar las unidades fotosintéticas, aunque poco se conoce sobre la estructura molecular de estos pigmentos que absorben la luz. Sin embargo, las bacterias que están en la oscuridad pierden sus cromatóforos y ya no pueden realizar la fotosíntesis. Por consiguiente, el cromatóforo se comporta funcionalmente pero no estructuralmente como el cloroplasto de *Euglena*.

37. Los cloroplastos son importantes para la célula porque controlan

    (1) la división celular
    (2) el granum
    (3) la fotosíntesis
    (4) la pigmentación
    (5) la filamentación

38. ¿Cuál de estas afirmaciones es correcta?

    (1) El alga parda no tiene clorofila
    (2) Ninguna bacteria es fotosintética
    (3) Todas las algas tienen células con cloroplastos
    (4) Las células de las hojas de hierba tienen cloroplastos
    (5) Todos los cloroplastos están compuestos de granum

39. ¿En qué se parecen los cromatóforos y los cloroplastos?

    (A) estructura
    (B) función
    (C) ubicación

    (1) A solamente
    (2) B solamente
    (3) C solamente
    (4) A y B
    (5) A, B y C

<u>Las preguntas 40 a 46</u> se basan en el siguiente artículo.

Cada vez que los microorganismos invaden con éxito el cuerpo y crecen a expensas de los tejidos se le llama infección. El término *infección* siempre implica la existencia de un estado anómalo o una condición no natural como resultado de la acción nociva de los microorganismos. En otras palabras, la simple presencia de un microorganismo no es suficiente para causar una enfermedad.

La infección puede producirse por la admisión de microorganismos a los tejidos a través del sistema gastrointestinal, los conductos respiratorios, las lesiones provocadas por dientes o garras de animales contaminados, así como por armas contaminadas y picaduras de insectos. Otro tipo de infección a veces ocurre cuando por alguna razón el cuerpo se vuelve vulnerable a la acción patógena ("causante de enfermedad") de bacterias que normalmente viven en el cuerpo.

La reacción del cuerpo al ataque de un organismo invasor produce la formación de sustancias de una naturaleza específica. Estas sustancias reactivas del cuerpo que circulan principalmente en el suero de la sangre son conocidas como anticuerpos y se clasifican según su actividad. Algunas, conocidas como antitoxinas, neutralizan las sustancias venenosas producidas por el organismo infeccioso. Otras se llaman bacteriolisinas y destruyen a las bacterias disolviéndolas. Las opsoninas o bacteriotropinas preparan a las bacterias para que sean destruidas por los fagocitos. La precipitina y la aglutinina tienen la propiedad de agrupar a los agentes invasores en pequeños grupos de precipitados. La formación de sustancias defensivas es específica para cada organismo.

40. ¿Cuál de las siguientes condiciones ilustra una infección?

    (1) Un conejillo de Indias es expuesto a la toxina de la difteria
    (2) Una enfermera cuidando a un paciente de tuberculosis inhala algunos bacilos de la tuberculosis
    (3) Un hombre se corta su dedo con un cuchillo sucio y no usa antiséptico
    (4) Un estudiante examina su saliva con un microscopio y observa algunos estreptococos
    (5) Los parásitos de la malaria en la sangre causan escalofríos y fiebre

41. Debido a que cada anticuerpo es específico para el organismo invasor, se puede decir que

    (1) El cuerpo puede producir sólo un número reducido de diferentes clases de anticuerpos
    (2) El anticuerpo contra la difteria no protege contra el tétano
    (3) Hay muchas clases de organismos invasores que no pueden ser atacados por anticuerpos
    (4) Un individuo no puede ser inmune a más de una clase de patógeno al mismo tiempo
    (5) La inmunidad a algunas enfermedades debilita la capacidad del cuerpo de protegerse contra otros

42. ¿Cuál de las siguientes afirmaciones relacionadas con los fagocitos es verdadera?

    (1) Las opsoninas se llaman también fagocitos
    (2) Las opsoninas preparan a las bacterias que serán destruidas por los fagocitos
    (3) Los fagocitos destruyen a las opsoninas
    (4) Las bacteriotropinas destruyen a los fagocitos
    (5) Los fagocitos preparan a las bacterias para que las opsoninas las destruyan

43. ¿Cuál de las siguientes afirmaciones es correcta?

    (1) Los corpúsculos blancos de la sangre protegen contra la infección al distribuir anticuerpos por todas las partes del cuerpo
    (2) Un organismo patógeno que vive en el cuerpo de una persona siempre tiene un efecto dañino para la persona
    (3) Los anticuerpos se clasifican de acuerdo con el tipo de organismo que atacan
    (4) La infección normalmente viene acompañada por un estado anómalo del cuerpo
    (5) Las antitoxinas combaten a todos los organismos que entran en el cuerpo

44. Todos son anticuerpos, a *excepción de*

    (1) fagocitos
    (2) antitoxinas
    (3) bacteriolisinas
    (4) opsoninas
    (5) precipitinas

45. Todo lo siguiente puede provocar una infección, a *excepción de*

    (1) inhalar partículas de polvo
    (2) beber agua contaminada
    (3) una picadura de mosquito
    (4) un corte con un cuchillo
    (5) una mosca aterrizando en la piel

46. ¿De qué manera las aglutininas destruyen a los organismos invasores?

(1) los disuelven
(2) los neutralizan
(3) los agrupan
(4) los absorben
(5) los digieren

Las preguntas 47 a 49 se basan en la siguiente información.

Las relaciones entre los organismos se clasifican de acuerdo con la manera en que unos influyen a otros. A continuación presentamos cuatro tipo de relaciones.
(1) parasitismo—es la relación en que un organismo vive en otro organismo perjudicándolo.
(2) asociacionismo—es la relación en que un organismo se beneficia de otro. Aunque el segundo no se beneficia, no sufre ningún daño.
(3) saprofitismo—es la relación en que un organismo se alimenta de los restos o productos muertos de otros organismos.
(4) mutualismo—es la relación entre dos organismos en que ambos se benefician de la asociación.
(5) canibalismo—es la relación en que un organismo se alimenta de otro de su misma especie.
Cada una de las siguientes afirmaciones describe una relación que se refiere a una de las categorías que se han definido. Para cada afirmación, busque la categoría que mejor describe la relación.

47. La relación entre los hongos causantes del pie de atleta y los seres humanos se puede clasificar como

(1) parasitismo
(2) asociacionismo
(3) saprofitismo
(4) mutualismo
(5) canibalismo

48. Las bacterias generadoras de nitrógeno enriquecen el suelo al producir nitratos que son beneficiosos para las plantas. La bacteria vive en nódulos localizados en las raíces de las legumbres. Estos nódulos proporcionan un ambiente favorable para que la bacteria crezca y se reproduzca. La relación entre esta bacteria y la legumbre es un ejemplo de

(1) parasitismo
(2) asociacionismo
(3) saprofitismo
(4) mutualismo
(5) canibalismo

49. Las bacterias invaden plantas y animales muertos y los pudren, liberando amoníaco al medio ambiente. Esta relación se podría describir como

(1) parasitismo
(2) asociacionismo
(3) saprofitismo
(4) mutualismo
(5) canibalismo

Las preguntas 50 a 55 se basan en la siguiente afirmación.

A principios del siglo XIX, se creía que cualquier característica de un individuo podría ser heredada. Así pues, si un hombre levantaba pesos y desarrollaba músculos, podía esperar que su hijo fuera musculoso. Jean Lamarck desarrolló una teoría de la evolución en la que la herencia de los rasgos adquiridos era el factor principal que conducía al cambio en las generaciones.

Charles Darwin aceptó el concepto de herencia de los rasgos adquiridos, pero creía que jugaban un papel menor. La fuerza principal que conduce a la evolución, decía, es una selección natural. Esto significa que los individuos que sobreviven y se reproducen son aquellos que están mejor adaptados al ambiente donde viven. La adaptación mejora a cada nueva generación porque los individuos mejor adaptados transmiten sus características más favorables a su descendencia.

Más tarde, la teoría de Augusto Weismann sobre la continuidad del plasma germinal negó que los rasgos adquiridos podían ser hereditarios. Weismann dijo que las células reproductoras estaban de alguna manera aisladas del resto del cuerpo y no podían ser afectadas por ningún cambio en el ambiente. Esto quiere decir que solamente las características que fueron heredadas por un individuo pueden ser transferidas a sus descendientes. La genética moderna ha verificado esta teoría: los genes que se mezclan en la fertilización permanecen sin ser afectados por el ambiente a lo largo de la vida. La teoría de la herencia de los rasgos adquiridos se ha aniquilado y la idea de la selección natural de Darwin es la base de todas las teorías de la evolución.

50. ¿Por qué Darwin aceptó la teoría de la herencia de los rasgos adquiridos?

    (1) No conocía el trabajo de Lamarck
    (2) No tenía suficiente información
    (3) Habían evidencias experimentales para ello
    (4) No se habían desarrollado los conocimientos sobre los genes
    (5) Weismann desarrolló una teoría para explicarlo

51. ¿Cómo explicaría alguien, usando la teoría de la evolución de Lamarck, el desarrollo en los monos suramericanos de una fuerte cola prensil?

    (1) Hubo una mutación que hizo colas fuertes
    (2) El gen para una cola fuerte era dominante
    (3) Los monos se cruzaron con otros tipos
    (4) Los músculos de la cola se fortalecieron por el uso
    (5) Los monos con colas fuertes dejaron mayor descendencia

52. ¿Cuál de estas teorías ha sido desacreditada por el desarrollo de la genética moderna?

    (1) Hay variación dentro de las especies
    (2) Los individuos mejor adaptados sobreviven
    (3) Las características hereditarias se transmiten a los descendientes
    (4) Los rasgos adquiridos son hereditarios
    (5) El desarrollo es controlado por los genes

53. ¿Por qué ciertas clases de bacteria que eran susceptibles a la penicilina en el pasado, ahora no lo son?

    (1) El índice de mutación se ha incrementado en forma natural
    (2) Las bacterias se han vuelto resistentes porque lo necesitan para sobrevivir
    (3) La mutuación fue retenida y transferida a las generaciones siguientes por tener un elevado valor para la supervivencia
    (4) las principales fuerzas que influyen sobre la supervivencia de una población son el aislamiento y el cruzamiento
    (5) Las cepas de penicilina son menos eficaces con el tiempo

54. ¿Cuál de las siguientes afirmaciones es una expresión moderna de la teoría de la continuidad del plasma germinal?

    (1) Los rasgos adquiridos pueden ser heredados
    (2) Los genes no se alteran para adaptarse a las demandas ambientales
    (3) La selección natural es un factor importante en la evolución
    (4) La evolución produce formas mejor adaptadas
    (5) La herencia cambia por mutación de los genes

55. En cualquier especie, ¿cuáles son los organismos con mejor probabilidad de sobrevivir y reproducirse?

    (1) los más grandes
    (2) los más fuertes
    (3) los mejor adaptados
    (4) los más prolíficos
    (5) los más inteligentes

Las preguntas 56 a 60 se basan en la siguiente información.

El colesterol es una sustancia grasa producida por el hígado que tiene importantes funciones en el cuerpo humano. Se encuentra en la grasa de todos los animales, pero no en las plantas. El colesterol circula en la sangre, mezclado con las proteínas, en dos formas: LAD y LBD. Las investigaciones muestran que si hay altos niveles de LBD, los materiales grasos se depositan en las arterias, restringiendo el flujo de la sangre. Esto es especialmente peligroso en las arterias del corazón y del cerebro. LAD, sin embargo, es la forma de colesterol en cuya presencia los depósitos son sacados de las arterias. Las grasas y los aceites saturados como el aceite de coco y las grasas sólidas de los animales tienden a incrementar el nivel de LBD en la sangre. Por otro lado, el ejercicio y los aceites vegetales no saturados como el de oliva tienden a incrementar el nivel de LAD.

56. Los siguientes alimentos tienden a incrementar el nivel de LDL en la sangre, a *excepción de*

    (1) tocino
    (2) caramelo de coco
    (3) aceite de maíz
    (4) filete de carne
    (5) pizza con salchicha italiana

57. ¿Cómo beneficia el ejercicio a las arterias?

    (1) Reduce el nivel de colesterol
    (2) Incrementa el nivel de LBD
    (3) Fortalece las paredes de las arterias
    (4) Fortalece los músculos del cuerpo
    (5) Incrementa el nivel de LAD

58. ¿Cuál puede ser un resultado peligroso de los depósitos grasos en las arterias?

    (1) niveles altos de colesterol
    (2) depósitos de lípidos
    (3) deficiencias dietéticas
    (4) ataques cardíacos
    (5) obesidad

59. ¿Qué tipo de evidencia probablemente llevó a la conclusión de que altos niveles de colesterol en la sangre no son saludables?

    (1) La gente con altos niveles de colesterol sufre de indigestión
    (2) La probabilidad de ataques al corazón es mayor en la gente con niveles de colesterol altos
    (3) Las estadísticas muestran que la gente con altos niveles de colesterol sufre a menudo de obesidad
    (4) El colesterol es un ingrediente importante de los coágulos sanguíneos
    (5) Las grasas saturadas en el régimen alimenticio tienden a elevar el nivel de colesterol en la sangre

60. Según la medicina moderna, ¿qué se debería evitar comer para evitar ataques cardíacos o apoplejías?

    (1) caramelos
    (2) uvas
    (3) grasas animales
    (4) nueces
    (5) todas las comidas grasosas

Las preguntas 61 a 65 se basan en la siguiente información.

Los núcleos de las células del cuerpo contienen dos grupos completos de cromosomas en donde se encuentran los genes. En el proceso de la mitosis, cada cromosoma es copiado exactamente, de modo que cada uno existe en duplicado. Cuando la célula se divide, los duplicados se separan en diferentes células hijas, de tal manera que cada célula hija tiene también dos grupos de cromosomas. En la meiosis, por otro lado, se forman células reproductoras que tienen solo un grupo de cromosomas por célula.

61. Una célula con 12 cromosomas de una planta tiene una mitosis normal. ¿Cuál es el número total de cromosomas en cada una de las células hijas resultantes?

    (1) 4
    (2) 6
    (3) 12
    (4) 18
    (5) 24

62. ¿En qué órgano especializado se produce la división celular meiótica en un animal multicelular?

    (1) en los riñones
    (2) en los gametos
    (3) en las organelas citoplasmáticas
    (4) en los cromosomas
    (5) en las gónadas

63. ¿Cuál de las afirmaciones siguientes describe las dos células hijas que resultan de una división mitótica normal de una célula madre original? Tienen

    (1) el mismo número de cromosomas, pero los genes son diferentes a los de la célula madre
    (2) el mismo número de cromosomas y los genes idénticos a los de la célula madre
    (3) la mitad del número de cromosomas, pero los genes son diferentes a los de la célula madre
    (4) la mitad del número de cromosomas y los genes idénticos a los de la célula madre
    (5) diferente número de cromosomas pero genes similares

64. ¿Qué proceso cambia el número de grupos de cromosomas de uno por célula a dos por célula?

    (1) mitosis
    (2) formación gamética
    (3) fertilización
    (4) duplicación genética
    (5) meiosis

65. La mitosis es un proceso complejo y elaborado. ¿Por qué es importante para la vida del organismo?

    (1) Deposita información genética en todas las células
    (2) Distribuye los cromosomas en diferentes células
    (3) Asegura que cada clase de tejido tenga los genes especiales que necesita
    (4) Controla al paso de materiales a las células
    (5) Produce suficientes células para todo el cuerpo

66. ¿En qué suposición se basa el uso de la historia de los fósiles como evidencia de la evolución?

    (1) Se ha comprobado que los fósiles muestran la historia completa de la evolución de todos los mamíferos
    (2) En las capas inalteradas de la corteza terrestre, los fósiles más antiguos se encuentran en las capas más profundas
    (3) Todos los fósiles pueden encontrarse incrustados en las rocas
    (4) Todos los fósiles se formaron al mismo tiempo
    (5) Todos los fósiles se encuentran en rocas sedimentarias

67. La gráfica muestra la relación entre el número de niños con síndrome de Down por cada 1,000 nacimientos y la edad de la madre.

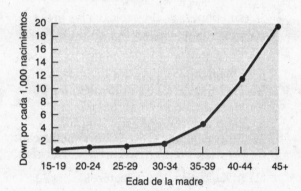

Según la gráfica, la incidencia del sindrome de Down

    (1) normalmente disminuye a medida que la edad de la madre asciende
    (2) es nueve veces menor a los 45 que a los 30 años
    (3) se estabiliza en 2 por 1,000 nacimientos después de los 35 años
    (4) es mayor a la edad de 15 años que a la edad de 35
    (5) es nueve veces mayor a la edad de 45 años que a los 30

Las preguntas 68 a 70 se basan en las siguientes gráficas.

Las gráficas muestran datos sobre algunos factores ambientales que actúan en un gran lago.

 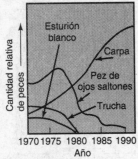

68. ¿Qué relación se puede deducir de los datos que presenta la gráfica?

(1) A medida que el contenido de oxígeno desciende, la población de carpas desciende
(2) A medida que el contenido de oxígeno desciende, la población de truchas aumenta
(3) Las aguas residuales y el contenido de oxígeno no están relacionados
(4) A medida que las aguas residuales aumentan, el contenido de oxígeno aumenta
(5) A medida que las aguas residuales aumentan, el contenido de oxígeno disminuye

69. ¿Entre qué años se produce el mayor cambio en la población de esturiones blancos?

(1) 1970 y 1975
(2) 1975 y 1980
(3) 1980 y 1982
(4) 1983 y 1985
(5) 1986 y 1990

70. ¿Cuál de las siguientes especies de peces resisten mejor el mayor grado de pérdida de oxígeno?

(1) la trucha
(2) la trucha y el pez de ojos saltones
(3) el pez de ojos saltones
(4) el esturión blanco
(5) la carpa

La pregunta 71 se basa en la siguiente información.

Una planta fue colocada en un tubo de ensayo con una luz que la iluminaba. La luz fue colocada a varias distancias de la planta. Se contaron entonces las burbujas de O_2 que desprendía la planta. La tabla muestra la información recogida durante el experimento.

Distancia de la luz a la planta (cm)	Número de burbujas por minuto producidas por la planta
10	60
20	25
30	10
40	5

71. ¿Qué conclusiones se pueden sacar de la investigación?

(1) A medida que aumenta la distancia de la luz a la planta, el número de burbujas que produce disminuye
(2) A medida que aumenta la distancia de la luz a la planta, el número de burbujas aumenta
(3) A medida que la distancia de la luz a la planta disminuye, el número de burbujas disminuye también
(4) A medida que la distancia de la luz a la planta disminuye, el número de burbujas aumenta
(5) No hay ninguna relación entre el número de burbujas producida y la distancia de la luz a la planta

La pregunta 72 se basa en la siguiente gráfica.

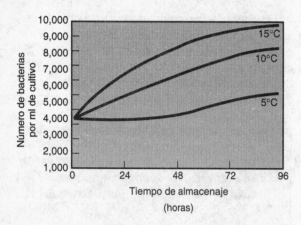

Tiempo de almacenaje
(horas)

72. La gráfica es resultado de una investigación sobre la cantidad de bacterias reproducidas en tres cultivos diferentes a distintas temperaturas. ¿Qué conclusiones se pueden sacar de la gráfica?

(1) El cultivo no contiene bacterias
(2) La refrigeración retarda la reproducción bacteriana
(3) La temperatura no está relacionada con el índice de reproducción bacteriana
(4) Las bacterias no pueden crecer a una temperatura de 5°C
(5) La refrigeración incrementa la reproducción bacteriana

73. Una compañía farmacéutica probó un nuevo medicamento antes de ponerlo al mercado. Para ello, proporcionaron píldoras falsas que no contenían la medicación a 500 individuos de un grupo A y píldoras que contenían el medicamento a 500 individuos de un grupo B. En este experimento, el grupo A sirvió de

(1) portador
(2) variable
(3) control
(4) hipótesis
(5) generalización

¿CUÁL ES SU PUNTAJE?

Correctas _____ Incorrectas _____
Excelente 65–73
Bien 48–64
Regular 37–47

Si su puntaje es bajo, no se desanime. Quizás la biología sea una materia difícil para usted. Intente encontrar en dónde falla. El análisis de las respuestas correctas que se ofrece a continuación puede ayudarle a determinar cuáles son sus errores. Luego lea de nuevo la sección "Cómo leer e interpretar preguntas de ciencias" al principio de esta unidad y haga hincapié en las áreas en que tiene más problemas.

ANÁLISIS DE LAS RESPUESTAS

1. **3** Sin pétalos ni olor, estas flores no atraen a los insectos, por eso la polinización debe realizarse por otros medios.

2. **4** Los insectos pueden escapar de sus enemigos mediante la imitación y el camuflaje. El tamaño reducido de un insecto le permite esconderse de sus enemigos y también reduce sus requisitos alimenticios. La habilidad de polinizar los capullos no tiene valor de supervivencia para el insecto.

3. **4** No todos los agentes causantes de enfermedades son transferidos por los insectos. Algunas frutas pueden polinizarse sin necesidad de insectos, sino a través del viento o la autopoli-

nización. El nilón es sintético y los jarabes son producidos con azúcar.

4. **1** El pasaje dice que las flores que no son polinizadas no producen semillas.

5. **5** La taxonomía distingue a los dicotiledones de los monocotiledones, los cuales son inmunes a los exterminadores de malezas.

6. **1** El exterminador de maleza 2,4-D causa un crecimiento anormal de la planta dicotiledón.

7. **3** Ver la respuesta 6.

8. **4** La reproducción preserva a las especies.

9. **1** La fertilización es un proceso sexual, mientras que los demás son asexuales.

10. **5** Todos los procesos reproductivos deben incluir la división de células por mitosis.

11. **3** El DDT es responsable de muchos efectos secundarios indeseables.

12. **2** Una de las razones por las que el DDT debió ser reemplazado es porque afectaba a los peces y a las aves.

13. **5** Los insectos que son inmunes al DDT sorbreviven y producen descendencia, lo cual produce una gran población de insectos que pueden resistir el insecticida.

14. **3** La bacteriostasis significa parar la reproducción de bacterias sin matarlas.

15. **3** La asepsia es la condición en que se previene la introducción de microorganismos nocivos. Las demás opciones se refieren a productos químicos que destruyen microorganismos nocivos.

16. **3** El efecto de la auxina en la parte oscura del tallo es lo que hace doblarse al tallo hacia la luz. La opción 1 es simplemente el nombre del proceso, no la causa. La opción 2 explica por qué este doblamiento es necesario, pero no explica cómo ocurre.

17. **4** La auxina es una hormona que se mueve por toda la planta y estimula el crecimiento.

18. **4** Los ácidos nucleicos construyen las proteínas a partir de los aminoácidos.

19. **3** Los ácidos nucleicos están presentes en todos los seres vivientes.

20. **3** Los ácidos nucleicos son grandes moléculas (*macro*moleculas).

21. **1** El lobo mata sólo para alimentarse y elimina a los ciervos más débiles, viejos y enfermizos de la manada.

22. **5** Los seres humanos matan por deporte u orgullo e intentan apoderarse de los miembros más jóvenes y sanos.

23. **2** El proyecto tiene como objetivo exportar lobos de Minnesota al norte de Michigan para preservar la especie y extender su esfera de acción.

24. **1** El lobo ocupa una posición importante en la cadena alimenticia, al equilibrar las poblaciones de animales más pequeños. Además, el lobo deja el número de ciervos adecuado para sobrevivir en el territorio disponible.

25. **1** Al final del primer párrafo se compara el lobo con su principal rival, el hombre. Los dos son identificados como cazadores.

26. **5** El mutualismo se refiere al tipo de relación simbiótica en la que los dos miembros se benefician de su relación. El asociacionismo es la relación en la que uno solo de los miembros se beneficia, aunque no daña al otro. En parasitismo y saprofitismo, sólo se beneficia un miembro a expensas del otro. Un organismo independiente como la planta es un ejemplo de autotrofismo.

27. **3** Las orquídeas se benefician de estar en lo alto del árbol, pero no lo dañan. Esto es una definición de asociacionismo.

28. **4** El pasaje dice que el alga es la que realiza la fotosíntesis en beneficio de los dos.

29. **5** "Los animales no tienen regiones especiales de crecimiento comparables con los meristemas terminal y lateral de las plantas que persisten a lo largo de la vida de un organismo."

30. **5** Las paredes rígidas de las células limitan en gran medida la flexibilidad del cuerpo de la planta, impidiéndole moverse con libertad.

31. **4** Las plantas tienen la capacidad de sintetizar los carbohidratos que provienen de sustancias inorgánicas (dióxido de carbono y agua) en presencia de luz solar.

32. **2** Las plantas no tienen corazón u órgano de bombeo similar.

33. **2** Los alimentos, los desperdicios y otras sustancias son conducidas de una parte a otra tanto del animal como de la planta.

34. **3** La ecología estudia las relaciones de los seres vivientes entre sí y con su medio ambiente. Las opciones incorrectas son factores relacionados con la ecología.

35. **5** Sólo los líquenes pueden sobrevivir en una roca desnuda.

36. **2** Un tipo de planta sucede a otra cuando el suelo es lo suficientemente grueso para continuar la vida de la nueva planta. En la opción 2, el orden de las plantas es de menor a mayor respecto a la profundidad del suelo.

37. **3** Los cloroplastos están involucrados en el proceso de la fotosíntesis. La opción 1 es incorrecta ya que la división de los cloroplastos ocurre sin correlación de causa-efecto alguna con la división celular. La opción 2 es incorrecta porque el granum es un mero componente del cloroplasto. La opción 4 es incorrecta porque aunque los cloroplastos dan el color verde a las plantas, su función primordial es realizar la fotosíntesis. La opción 5 es incorrecta porque *Espirogira*, un alga filamentosa, se menciona como mero ejemplo de una célula con un solo cloroplasto.

38. **4** Las plantas más complejas tienen cloroplastos compuestos de granum. El pasaje explica que las algas pardas tienen clorofila, que algunas bacterias realizan fotosíntesis y que algunas algas tienen clorofila sin cloroplastos o cloroplastos sin granum.

39. **2** El cromatóforo tiene la misma función que el cloroplasto, pero difiere de éste en la estructura. Tampoco están localizados en el mismo lugar. Los cromatóforos se encuentran en algunas células bacterianas y los cloroplastos se encuentran en las células verdes de plantas complejas.

40. **5** Sólo esta opción evidencia que los organismos invasores verdaderamente han desarrollado una enfermedad.

41. **2** Un anticuerpo se produce como respuesta a un organismo invasor específico y sólo protegerá contra ese organismo. El cuerpo puede producir una variedad ilimitada de anticuerpos y la sangre normalmente contiene muchos de ellos.

42. **2** Las opsoninas preparan a las bacterias que serán destruidas por los fagocitos.

43. **4** Los microorganismos que causan una infección provocan un estado o condición anómala.

44. **1** Los fagocitos son células blancas de la sangre que destruyen las bacterias absorbiéndolas.

45. **5** La piel intacta es una excelente barrera contra la invasión de los microorganismos. En algunos casos los microorganismos pueden entrar por los orificios naturales del cuerpo; en otros casos lo hacen por heridas o picaduras.

46. **3** Las aglutininas agrupan a los organismos invasores.

47. **1** La relación entre el hongo causante del pie de atleta y el ser humano es conocida como parasitismo. Un parásito es un organismo que vive en otro organismo y daña al organismo del cual vive.

48. **4** La relación entre las bacterias generadoras de nitrógeno y la legumbre es un ejemplo de mutualismo. El mutualismo es una asociación entre dos organismos en que cada uno se beneficia de la asociación. La planta consigue nitrógeno y la bacteria tiene un lugar para vivir.

49. **3** En la relación saprofítica, un organismo se alimenta de los despojos de otros organismos.

50. **4** Después de Darwin, los trabajos de Weismann y otros demostraron que los genes pasan de una generación a otra sin ser afectados por el ambiente.

51. **4** La teoría del uso y desuso dice que los órganos que más se usan más fuertes se vuelven. Aunque esto es aplicable a algunos órganos, los cambios no son hereditarios y no tienen efecto en la evolución.

52. **4** Con el descubrimiento de que la herencia es controlada por los genes que se encuentran en las células germinales, quedó aclarado de que no

hay ningún mecanismo por el cual los rasgos adquiridos pueden heredarse.

53. **3** Que una bacteria sea resistente a la penicilina es el resultado de una mutación. Los organismos que no reciben el gen mutado son destruidos por el antibiótico. En cambio, los genes que experimentan una mutación sobreviven y transfieren la mutación a las generaciones siguientes.

54. **2** La continuidad del plasma germinal ocurre porque los genes no son influidos por el ambiente.

55. **3** Ser más grande o fuerte o más prolífico o más inteligente puede o no afectar a la supervivencia. La opción 3 es la única que se aplica universalmente.

56. **3** Todas las grasas animales y el aceite de coco tienen grasa saturada y tienden a incrementar el nivel de LBD. La mayoría de los aceites vegetales no son saturados.

57. **5** El pasaje dice que el ejercicio aumenta el nivel de LAD y que el LAD tiende a limpiar las arterias.

58. **4** El flujo sanguíneo no es normal en arterias semiobstruidas. Si las arterias que van al corazón están afectadas, pueden producirse enfermedades graves del corazón.

59. **2** Existe clara evidencia de una relación entre el alto nivel de colesterol y el mal estado de las arterias, lo cual es un factor que aumenta las enfermedades del corazón.

60. **3** No todas las comidas grasosas contienen colesterol, pero las grasas animales son ricas en colesterol.

61. **3** Los cromosomas son estructuras que se encuentran en los núcleos. Durante la mitosis, se forman dos células con cromosomas idénticos. Por el hecho de que la célula tenía 12 cromosomas, las células hijas también deben tener 12 cromosomas.

62. **5** Las gónadas son las glándulas sexuales. Los gametos o células sexuales se producen en estos órganos. Los gametos son producidos de células sexuales primarias que han estado sometidas a la mitosis, también conocida como división reductiva. Las gónadas de los

hombres se llaman testículos y las de las mujeres ovarios.

63. **2** La mitosis es el proceso por el cual se forman dos células idénticas de una célula madre. Los cromosomas se duplican. Cada célula recibe el mismo número de cromosomas y de genes idénticos.

64. **3** Cada gameto tiene un grupo de cromosomas y la fertilización pone los cromosomas de los espermatozoides en el óvulo.

65. **1** Cada vez que una célula se divide, la mitosis distribuye una copia exacta de cada cromosoma con sus genes en cada célula hija.

66. **2** Los fósiles son los restos de organismos del pasado. Cuando un organismo muere, es a veces cubierto por sedimentos. Los sedimentos se depositan en capas. Las capas se hacen cada vez más densas y terminan siendo rocas. Los fósiles más viejos se encuentran en las capas más profundas.

67. **5** Según la gráfica, el mayor número de afectados por el síndrome de Down ocurre cuando la madre tiene 45 años. A la edad de 45, se producen 18 casos de cada 1,000 nacimientos. Así pues, a la edad de 45 años hay nueve veces más afectados que a la edad de 30.

68. **5** Según la gráfica, el contenido de oxígeno disminuye a medida que las aguas residuales aumentan. Los organismos que descomponen las aguas residuales son organismos aeróbicos porque consumen oxígeno.

69. **2** El mayor cambio en la población de esturiones blancos se produce entre 1975 y 1980. Estos peces desaparecen del lago en 1980.

70. **5** La carpa parece ser la que puede soportar más la pérdida de oxígeno. El número de carpas ha incrementado a medida que el oxígeno ha ido disminuyendo.

71. **1** Según los resultados de la tabla, el número de burbujas producidas por la planta disminuye a medida que aumenta la distancia de la luz a la planta. Los resultados de la tabla indican que hay una relación inversa entre ambas variables.

72. **2** Según la gráfica, la refrigeración retarda la reproducción bacteriana. Había bacterias en los tres cultivos. Cuanto más alta fue la temperatura, más se reprodujeron las bacterias.

73. **3** El grupo de control forma parte de experimentos en que se mide el efecto de un medicamento sobre un grupo de personas y se compara con el efecto que experimenta un segundo grupo ("grupo control") que *cree* que ha tomado el medicamento.

Ciencias Terrestres

Las preguntas 1 a 4 se basan en la siguiente información.

Ganimedes, una de las 12 lunas de Júpiter, tiene un diámetro de 3,100 millas y es así la luna más grande del sistema solar. Marte tiene dos lunas pequeñas—Deimos y Fobos. La primera gira alrededor de Marte en 30 horas, mientras que la última lo hace sólo en 8 horas. Nuestra luna tiene cerca de 2,160 millas de diámetro y está cerca de 240,000 millas de la tierra. Se mueve alrededor de la tierra de oeste a este tardando $27\frac{1}{3}$ días para completar la órbita.

De hecho, la luna tarda $29\frac{1}{2}$ días para volver al mismo lugar. Esto es debido a que la tierra, que gira alrededor del sol en la misma dirección en que la luna gira alrededor suyo, siempre le toma la delantera a la luna.

Siempre vemos la misma cara de la luna porque su período de rotación es igual a su propio período de revolución. Así pues, a medida que la luna rota cierto número de grados en su eje, a la vez tiene que girar el mismo número de grados alrededor de la tierra y por eso siempre se ve así la misma porción de luna de cara a la tierra.

1. ¿Cuál es período de rotación de la luna (expresado en días terrestres)?

    (1) 1
    (2) 7
    (3) 8
    (4) 28
    (5) 365

2. Viajando a una velocidad media de 24,000 millas por hora, ¿cuánto tardaría una astronave lanzada desde la luna para llegar a la tierra?

    (1) 10 horas
    (2) 47 horas
    (3) 10 días
    (4) 15 días
    (5) 20 días

3. ¿Por qué siempre vemos la misma cara de la luna?

    (1) La rotación de la tierra es igual al período de rotación de la luna
    (2) La rotación de la tierra es igual a la revolución de la luna
    (3) La rotación de la luna es igual a la revolución de la luna
    (4) La rotación de la luna es mayor que la revolución de la luna
    (5) La rotación de la luna es menor que la revolución de la luna

4. ¿Cuál de estos términos está *menos* relacionado con los otros cuatro?

    (1) Ganimedes
    (2) Marte
    (3) Deimos
    (4) luna
    (5) Fobos

Las preguntas 5 a 7 se basan en el siguiente artículo.

La luna sigue un ciclo de cuatro fases principales en un período de cuatro semanas. A medida que gira alrededor de la tierra, su órbita la lleva primero entre el sol y la tierra y luego hacia el otro lado de la tierra en dirección contraria al sol. Cuando la luna está entre la tierra y el sol, el lado de la luna que mira hacia nosotros no está iluminado directamente por el sol. Sin embargo, la luna es levemente visible gracias a la luz solar que se refleja de la tierra. Esta luz se llama luz cenicienta.

Las mareas son resultado de la atracción gravitatoria de la luna y el sol sobre las aguas de la tierra. Debido a que la luna está más cerca de la tierra que el sol, tiene mayor efecto en las mareas. El mayor efecto ocurre durante los períodos de luna llena y nueva cuando la luna y el sol se encuentran en línea directa con la tierra y ejercen atracción en la misma dirección. El resultado es una marea máxima. En los períodos de cuarto creciente y menguante, el sol y la luna ejercen atracción en ángulos rectos, lo cual hace que los dos astros se opongan. En este caso, la influencia de la luna es mínima y así lo es la marea.

ASPECTO DE LA LUNA DESDE LA TIERRA

Nueva   Cuarto creciente   Llena   Cuarto menguante

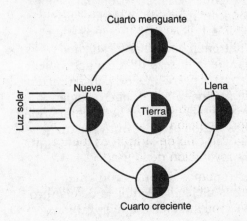

Cuarto menguante

Luz solar

Nueva   Tierra   Llena

Cuarto creciente

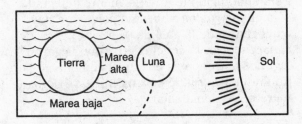

Marea alta

Tierra   Luna   Sol

Marea baja

5. ¿La luz cenicienta es la iluminación que podemos ver durante qué fase de la luna?

    (1) llena
    (2) nueva
    (3) cuarto creciente
    (4) claro de luna
    (5) cuarto menguante

6. ¿Por qué un observador en la tierra puede ver las fases de la luna?

    (1) La luna gira alrededor del sol
    (2) La luna rota en su propio eje
    (3) La tierra gira alrededor del sol
    (4) La tierra rota alrededor de su eje
    (5) La luna gira alrededor de la tierra

7. ¿En qué fase(s) de la luna la marea baja y sube al máximo?

    (A) luna nueva
    (B) luna llena
    (C) cuarto creciente
    (D) cuarto menguante

    (1) A solamente
    (2) B solamente
    (3) A y B
    (4) C solamente
    (5) D solamente

<u>Las preguntas 8 a 10</u> se basan en el siguiente artículo.

Cualquier objeto opaco que intercepta una luz causa una sombra. Esto es lo que básicamente explica los eclipses, que ocurren cuando un astro obstruye la luz a otro. Un eclipse de luna ocurre cuando la tierra se sitúa en línea directa entre el sol y la luna, haciendo que la sombra de la tierra caiga sobre la luna. Debido a que la luna brilla por la luz reflejada del sol, en estas circunstancias ocurre el eclipse de luna.

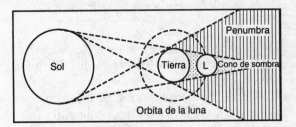

Penumbra

Sol   Tierra   L   Cono de sombra

Orbita de la luna

En un eclipse total de sol, la luna está directamente entre la tierra y el sol. De este modo el cono de sombra de la luna afecta a la tierra. Sin embargo, debido a que la luna es más pequeña que la tierra, el estrecho ápice del cono apenas alcanza a la tierra. De este modo, la trayectoria de la sombra que cae sobre la tierra es muy estrecha, con un ancho de cerca de 170 millas.

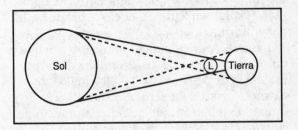

Sol   L   Tierra

8. ¿Cuándo ocurre un eclipse de sol total? Cuando

(1) la tierra ensombrece la luna
(2) el sol ensombrece la luna
(3) la luna ensombrece el sol
(4) la luna ensombrece la tierra
(5) el sol ensombrece la tierra

9. ¿En qué fase de la luna ocurre un eclipse lunar?

(1) nueva
(2) creciente
(3) llena
(4) menguante
(5) cualquier fase

10. ¿Cuál de estas definiciones describe mejor la penumbra?

(1) un rayo de luz
(2) un eclipse lunar total
(3) un eclipse solar total
(4) la parte más iluminada fuera de la sombra
(5) la parte oscura de la sombra

Las preguntas 11 a 13 se basan en el siguiente artículo.

A finales de 1973, el cometa Kohoutek empezó a llenar los titulares de los diarios a medida que se movía a gran velocidad hacia el sol. Las predicciones que se hicieron eran más espectaculares que las hechas al cometa Halley, visto en 1910, así como al Ikeya-Seki en 1965 o al Bennett en 1970. Fue descubierto en marzo de 1973 por un astrónomo checo, Dr. Lubos Kohoutek, cuando estaba aún a 500 millones de millas de distancia del sol. Los astrónomos razonaron que si se podía ver a tanta distancia, seguramente proporcionaría un espectáculo asombroso cuando pasara velozmente a 13 millones de millas de distancia del sol el 28 de diciembre. De este modo, se esperaba que fuera el tercer objeto más resplandeciente en el cielo, después del sol y la luna.

Las mediciones indicaban que el núcleo del Kohoutek era de 20–25 millas de largo, la cabellera de cerca de 10,000 millas de diámetro y su cola cerca de 20 millones de millas de longitud. Se cree que el núcleo de un cometa está compuesto de un montón de "hielo sucio"—partículas de polvo, materiales rocosos y gases congelados que incluyen agua, metano y amoníaco. La cabellera es una nube grande y brumosa que se forma cuando el calor del sol libera polvo y gases de su núcleo a medida que el cometa entra al interior del sistema solar. La cola es una nube larga de iones y moléculas que pueden ser fluorescentes bajo la influencia del viento solar.

A pesar de las predicciones que se hicieron, el cometa Kohoutek resultó tener un resplandor tan mínimo que poca gente realmente pudo verlo. La razón para esta decepcionante aparición fue por el hecho de que no era la típica "bola de nieve sucia" que los astrónomos habían predicho. Mientras que la cabeza de hielo del cometa Halley lanzaba partículas de polvo a medida que se aproximaba al sol, que recogían la luz solar y la reflejaban en bandas amarillas y naranjas el Kohoutek resultó ser un cometa relativamente limpio de color azul-blanquecino.

Los astrónomos identificaron en el Kohoutek la molécula compleja de cianuro de metilo, una sustancia que se supone esencial para la formación de las estrellas. Esta sustancia fue anteriormente detectada sólo en las vastas nubes de polvo que hay en el centro de la galaxia. Como consecuencia, la conclusión a que llegaron algunos astrónomos es que el cometa Kohoutek se originó en una nube de polvo fuera del sistema solar.

11. ¿Cuál es la composición del cometa Kohoutek?

(1) un núcleo, una cabellera y una cola
(2) un núcleo, un cometa y una cola
(3) sólo un núcleo y una cola
(4) sólo una cola
(5) una estrella de polvo

12. ¿Por qué el cometa Kohoutek no resultó ser tan resplandeciente como predijeron?

(1) Se originó dentro del sistema solar
(2) Se originó fuera del sistema solar
(3) Se originó en una nube de polvo
(4) No desprendía partículas de polvo cuando se aproximaba al sol
(5) Contenía demasiado hielo

13. ¿Por qué se esperaba que el cometa Kohoutek fuera espectacularmente reluciente?

    (1) Se habían observado bandas amarillas y naranjas en su núcleo
    (2) Pasaría a 13 millones de millas de distancia del sol
    (3) Era muy visible cuando estaba a 500 millones de millas de distancia del sol
    (4) Era el tercer objeto más reluciente en el cielo
    (5) Su núcleo era muy grande, cerca de 10,000 millas de diámetro

Las preguntas 14 a 18 se basan en el siguiente artículo.

Una de las contribuciones de la era espacial ha sido la ventaja de poder observar la superficie de la tierra desde alturas distantes. La tierra puede ahora ser observada por percepción remota que puede definirse como la detección de objetos desde lejos sin necesidad de contacto directo. Todas nuestras vidas están ahora influídas por los resultados de la nueva era de logros que permiten realizar actividades tales como la observación inmediata de desastres humanos y naturales, el estudio continuo de los océanos, el estudio y mejor administración de los recursos de la tierra, los alimentos y el agua, el descubrimiento de otros recursos naturales, la identificación de contaminación ambiental, el estudio de flujos de corriente a lo largo de las costas, el estudio de la distribución de los peces y la realización de mapas.

En julio de 1972, el Satélite Tecnológico de los Recursos de la Tierra (ERTS-1) fue lanzado para realizar desde el espacio una observación continuada de Norteamérica y otras áreas. Este satélite, sin tripulación, sigue una órbita cerca del polo a una altitud de 920 kilómetros y circunda la tierrra 14 veces al día. Cada vez que pasa por encima, transmite imágenes a una serie de estaciones receptoras. También capta y retransmite información relacionada con la calidad del agua, cantidades caídas de nieve y lluvia, y actividad sísmica de cerca de 100 estaciones localizadas en partes remotas del continente.

Además de las ventajas que supone observar la superficie de la tierra desde grandes altitudes también se debe mencionar el valor de usar fotografía infrarroja para estudiar características que no pueden ser visibles con fotografía ordinaria. De esta manera se puede estudiar el crecimiento de las plantas, las infecciones fungales de las cosechas, la descarga de aguas residuales en los lagos, los derrames de petróleo, los territorios donde se genera la vida marina, la identificación de los lechos de roca, la inspección de depósitos minerales, la actividad de los volcanes y las diferencias de temperatura en las corrientes de agua cálida como la Corriente del Golfo. Es muy probable que los beneficios derivados de este programa superen el costo del proyecto.

14. ¿Qué afirmación define mejor la percepción remota?

    (1) El estudio de la distribución de los peces con la fotografía submarina
    (2) El control remoto de un bote de remos para ver su trayectoria en las corrientes oceánicas
    (3) El estudio de las características de la tierra sin tener un contacto directo
    (4) La medición del efecto de una bomba atómica en la provocación de un terremoto
    (5) La medición de la profundidad de la nieve sin usar botas de nieve

15. La era espacial permite la percepción remota de todas las actividades mencionadas más abajo, a *excepción de*

    (1) La inmediata observación de desastres naturales
    (2) La inspección continuada de los océanos
    (3) La identificación de la contaminación
    (4) El control de los recusos alimenticios
    (5) La observación de la geología de Marte

16. ¿Cuál de estas afirmaciones describe mejor la órbita del satélite ERST?

    (1) 14 veces al día, a una altura de 920 kilómetros
    (2) 14 veces al día, a una altura de 920 millas
    (3) 41 veces al día, a una altura de 290 millas
    (4) 290 veces al día, a una altura de 41 kilómetros
    (5) Es una órbita alrededor del ecuador

17. ¿Qué se puede lograr con la fotografía infrarroja?

    (1) Esterilizar los hongos que infectan las plantas
    (2) Acelerar la circulación de las aguas residuales en los lagos
    (3) Absorber los derrames de petróleo
    (4) Inspeccionar la localización de los depósitos de minerales
    (5) Influir la dirección de la Corriente del Golfo

18. ¿Qué afirmación da información correcta sobre el Satélite Tecnológico de Recursos de la Tierra?

    (1) Los rusos fueron los primeros en lanzar su ERTS en 1954
    (2) El ERTS fue lanzado en 1972 para hacer un estudio de Norteamérica y otras regiones
    (3) EN 1982, la Unión Soviética pidió permiso para inspeccionar Norteamérica con su ERTS
    (4) El proyecto Apolo a la Luna era equivalente al uso del ERTS alrededor de la tierra
    (5) El próximo uso del ERTS será estudiar la superficie de Venus

Las preguntas 19 a 23 se basan en la siguiente información.

El diagrama muestra el efecto general que produce la atmósfera de la tierra sobre la radiación solar en latitudes medias durante condiciones de cielo despejado y de cielo nublado. La siguiente gráfica muestra el porcentaje de radiación reflejada de la superficie de la tierra a diferentes latitudes del hemisferio norte en invierno.

RADIACION SOLAR EN LA ATMOSFERA

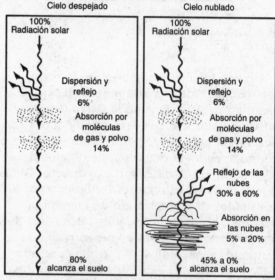

Superficie de la tierra (45° latitud norte)

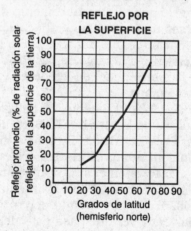

19. ¿Qué porcentaje aproximado de radiación solar alcanza el suelo a 45° de latitud norte en un día despejado?

    (1) 100%
    (2) 80%
    (3) 60%
    (4) 45%
    (5) 85%

20. ¿Qué factor es el que más evita el paso de la radiación solar hasta la superfice de la tierra en un día nublado?

    (1) La absorción por las gotas de las nubes
    (2) El reflejo de las gotas de las nubes
    (3) La absorción por moléculas de gas
    (4) El reflejo de moléculas de gas
    (5) La refracción por gotas de las nubes

21. Según la gráfica, en un día de invierno a 70° de latitud norte, ¿qué porcentaje aproximado de radiación solar se refleja de la superficie de la tierra?

    (1) 50%
    (2) 65%
    (3) 85%
    (4) 100%
    (5) 90%

22. ¿Qué afirmación explica mejor la razón por la cual, a altas latitudes, el reflejo de radiación solar es mayor en invierno que en verano?

    (1) El Polo Norte se inclina hacia el sol en invierno
    (2) La nieve y el hielo reflejan casi toda la radiación solar
    (3) Los aires más fríos retienen más la humedad
    (4) El polvo se deposita rápidamente con aire frío
    (5) La nieve y el hielo absorben toda la radiación solar

23. La máxima radiación que pasa a través de la atmósfera y alcanza la superficie de la tierra tiene forma de

    (1) radiación de luz visible
    (2) radiación infrarroja
    (3) radiación ultravioleta
    (4) radiación de onda de radio
    (5) radiación de luz invisible

Las preguntas 24 a 27 se basan en la información de la tabla, la cual muestra las propiedas físicas de nueve minerales.

Mineral	Color	Lustre	Vena	Dureza	Densidad (g/mL)	Composición química
biotita	negro	cristalino	blanco	blando	2.8	$K(Mg,Fe)_3(AlSi_3O_{10})(OH_2)$
diamante	varía	cristalino	sin color	duro	3.5	C
galena	gris	metálico	gris-negro	blando	7.5	PbS
grafito	negro	opaco	negro	blando	2.3	C
caolinita	blanco	terroso	blanco	blando	2.6	$Al_4(Si_4O_{10})(OH)_8$
magnetita	negro	metálico	negro	duro	5.2	Fe_3O_4
peridoto	verde	cristalino	blanco	duro	3.4	$(Fe,Mg)_2SiO_4$
pirita	cobre amarillo	metálico	verdoso-negro	duro	5.0	FeS_2
cuarzo	varía	cristalino	sin color	duro	2.7	SiO_2

Definiciones

Lustre: la manera en que la superficie de un mineral refleja la luz

Vena: color del mineral en polvo

Dureza: resistencia de un mineral cuando es raspado (blando—si se raspa fácilmente; duro—si no se raspa fácilmente)

Símbolos químicos

Al—Aluminio	Pb—Plomo
C—Carbono	Si—Silicio
Fe—Hierro	K—Potasio
H—Hidrógeno	S—Azufre
Mg—Magnesio	
O—Oxígeno	

24. ¿Qué mineral tiene un color diferente de su forma original cuando está en forma de polvo?

   (1) pirita
   (2) grafito
   (3) caolinita
   (4) magnetita
   (5) galena

25. ¿Qué mineral contiene hierro, tiene un lustre metálico, es duro y tiene el mismo color y vena?

   (1) biotita
   (2) galena
   (3) caolinita
   (4) magnetita
   (5) grafito

26. ¿Por qué el diamante y el grafito tienen propiedades físicas diferentes, aunque los dos están compuestos completamente de carbono?

   (1) Sólo el diamante contiene carbono radiactivo
   (2) Sólo el grafito está compuesto de material orgánicos
   (3) La distribución de los átomos de carbono de los dos minerales es diferente
   (4) La corrosión a que han sido expuestos los dos minerales fue diferente
   (5) La distribución de los átomos de carbón de los dos minerales es similar.

27. ¿Qué mineral quedaría más deteriorado si lo ponemos en un recipiente y lo sacudimos durante 10 minutos?

   (1) pirita
   (2) cuarzo
   (3) magnetita
   (4) caolinita
   (5) peridoto

Las preguntas 28 a 29 se basan en la siguiente información.

Debido a que la tierra se calienta más rápidamente que el agua, la presión del aire sobre la tierra es menor. Cuando el aire caliente se levanta, se aleja y es reemplazado por el aire frío que sopla desde el océano. El diagrama muestra una región costera con viento diurno circulando en la dirección indicada.

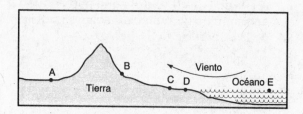

28. ¿Cuál de las siguientes afirmaciones explica mejor la dirección del viento?

   (1) La tierra se enfría durante una noche despejada
   (2) Más vapor de agua en el aire sobre el océano que en el aire sobre la tierra
   (3) La baja presión sobre la tierra y la alta presión sobre el océano
   (4) Las corrientes cálidas del océano
   (5) La alta presión sobre la tierra y la baja presión sobre el océano

29. Si la flecha que se indica en el diagrama muestra la dirección del viento, ¿en qué lugar probablemente sucedería la mayor precipitación del año?

   (1) A
   (2) B
   (3) C
   (4) D
   (5) E

Las preguntas 30 a 33 se basan en la siguiente gráfica.

En la transmisión del miércoles al mediodía, el meteorólogo predijo que un frente frío se avecinaba y que el tiempo caluroso acabaría el jueves por la noche. El meteorólogo había estudiado la gráfica de abajo para hacer su pronóstico.

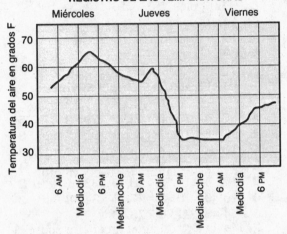

REGISTRO DE LAS TEMPERATURAS

30. ¿Cuál es la temperatura más baja que se indica en la gráfica?

   (1) 30°F
   (2) 35°F
   (3) 40°F
   (4) 65°F
   (5) 60°F

31. ¿Durante qué intervalo de tiempo la temperatura varía *menos*?

   (1) Desde el miércoles a las 6 P.M. hasta el jueves a las 6 A.M.
   (2) Jueves desde las 6 A.M. hasta las 6 P.M.
   (3) Desde el jueves a las 6 P.M. hasta el viernes a las 6 A.M.
   (4) Viernes desde las 6 A.M. hasta las 6 P.M.
   (5) Jueves desde la 6 A.M. hasta el mediodía

32. ¿Cuál pudo ser la causa del cambio de temperataura el jueves entre las 9 A.M. y las 6 P.M.?

   (1) un frente caluroso
   (2) un frente frío
   (3) el aire estacionario
   (4) una masa de aire caliente
   (5) una combinación de cualquiera de estos factores

33. ¿Cuál es la proporción del cambio de temperatura (en grados por hora) el miércoles desde las 3 A.M. al mediodía?

   (1) 1°/hr.
   (2) 9°/hr.
   (3) 10°/hr.
   (4) 19°/hr.
   (5) 20°/hr.

Las preguntas 34 a 37 se basan en la siguiente gráfica.

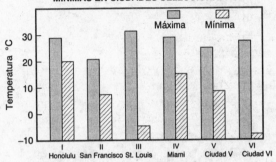

PROMEDIO MENSUAL DE TEMPERATURAS MAXIMAS Y MINIMAS EN CIUDADES SELECCIONADAS

La gráfica representa los datos que han sido obtenidos de seis ciudades, donde se muestran las temperaturas promedio máxima y mínima durante un período de 12 meses.

34. ¿Qué ciudad tiene el promedio de temperatura más alta mensual?

   (1) I
   (2) II
   (3) III
   (4) IV
   (5) V

35. ¿Qué ciudad tiene la mayor diferencia en temperaturas mensuales promedio?

   (1) I
   (2) II
   (3) IV
   (4) V
   (5) VI

36. ¿Entre San Francisco y qué otra ciudad es mayor la variación de las temperaturas extremas?

    (1) Honolulu
    (2) Miami
    (3) St. Louis
    (4) Ciudad V
    (5) cualquiera de las anteriores

37. ¿A qué clima de otra ciudad se parece el clima de la ciudad VI?

    (1) I
    (2) II
    (3) III
    (4) IV
    (5) V

Las preguntas 38 y 39 se basan en la siguiente gráfica.

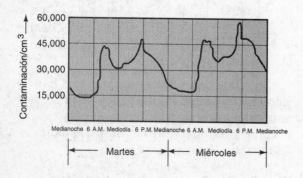

Martes | Miércoles

Esta gráfica representa el nivel de contaminación en una gran ciudad en el período de dos días, desde el 10 al 11 de julio.

38. ¿Cuál es la causa más probable para el incremento de la contaminación a las 8 A.M. y a las 5 P.M. en los dos días?

    (1) el cambio de la radiación solar
    (2) la caída de lluvia
    (3) la alta velocidad del viento
    (4) el mayor tráfico de automóviles
    (4) cualquiera de las anteriores

39. Según la tendencia que se indica en la gráfica, ¿en qué momento del jueves, 12 de julio, se observan más contaminantes?

    (1) 12 del mediodía
    (2) a las 5 P.M.
    (3) a las 3 A.M.
    (4) a las 8 A.M.
    (5) a la medianoche

40. Una explosión ocurre en la parte superior de la superficie de un océano. El sonido vuelve al lugar original de la explosión cuatro segundos más tarde, después de reflejarse del fondo del océano. Si la velocidad del sonido en el agua del océano es de 4,800 pies por segundo, ¿cuál es la profundidad del agua?

    (1) 4,800 pies
    (2) 9,600 pies
    (3) 14,400 pies
    (4) 19,200 pies
    (5) 96,000 pies

CLAVE DE LAS RESPUESTAS

1. **4**	8. **4**	15. **5**	22. **2**	29. **2**	35. **5**
2. **1**	9. **3**	16. **1**	23. **1**	30. **2**	36. **3**
3. **3**	10. **4**	17. **4**	24. **1**	31. **3**	37. **3**
4. **2**	11. **1**	18. **2**	25. **4**	32. **2**	38. **4**
5. **2**	12. **4**	19. **2**	26. **3**	33. **1**	39. **2**
6. **5**	13. **3**	20. **2**	27. **4**	34. **3**	40. **2**
7. **3**	14. **3**	21. **3**	28. **3**		

¿CUÁL ES SU PUNTAJE?

Correctas _____   Incorrectas _____

Excelente	35–40
Bien	25–34
Regular	20–24

Si su puntaje es bajo, no se desanime. Quizás el área de las ciencias terrestres sea una materia difícil para usted. Intente encontrar en dónde falla. El análisis de las respuestas correctas que se ofrece a continuación puede ayudarle a determinar cuáles son sus errores. Luego lea de nuevo la sección "Cómo leer e interpretar las preguntas de ciencias" al principio de esta unidad y haga hincapié en las áreas en que tiene más problemas.

ANÁLISIS DE LAS RESPUESTAS

1. **4** La luna gira alrededor de la tierra en $27\frac{1}{3}$ días. La rotación de la luna es igual a su propio período de revolución.

2. **1** Esta pregunta requiere el uso de una simple fórmula de matemáticas: distancia + velocidad = tiempo. El pasaje nos cuenta que la distancia media desde la luna a la tierra es de 240,000 millas. La pregunta dice que la velocidad media de la aeronave es de 24,000 millas por hora. Si sustituímos los valores en esta fórmula tendremos la respuesta.

$$\frac{240,000 \text{ millas}}{24,000 \text{ millas por hora}} = 10 \text{ horas}$$

3. **3** El período de rotación de la luna es igual a su propio período de revolución.

4. **2** Marte es un planeta. Las otras opciones son satélites de planetas.

5. **2** Observe que cuando el pasaje menciona la fase de luna nueva, se explica el mortecino resplandor de la tierra.

6. **5** El diagrama ilustra que las fases de la luna son el resultado de la iluminación de su superficie por el sol. Observe que cerca de la mitad de la superficie de la luna está siempre de cara al sol. Debido a que la luna gira alrededor de la tierra, el ángulo entre el sol, la tierra y la luna cambia. Esto trae como resultado las diferentes fases de la luna.

7. **3** Esta pregunta se refiere a las mareas altas, cuando la fuerza de gravedad de la luna y el sol causa mareas de gran intensidad.

8. **4** Observe que el diagrama explica un eclipse total de sol. La sombra de la luna cae sobre una parte de la tierra.

9. **3** Observe que el diagrama explica un eclipse de luna. Observe que sólo cuando la tierra se encuentra en línea recta entre el sol y la luna cae la sombra de la tierra sobre la luna. En estas circunstancias, tenemos luna llena.

10. **4** Si este término no forma parte de su vocabulario de ciencias, observe el diagrama explicativo del eclipse de luna. Observe que la parte oscura se llama cono de sombra y la parte más clara se llama penumbra.

11. **1** Un cometa está formado de tres partes—un núcleo compuesto de gases congelados, partículas de polvo y materiales rocosos que tienen entre 20 y 25 millas de largo; la cabellera brumosa alrededor del núcleo compuesta de polvo que se ha transformado en vapor incandescente bajo la influencia del sol y que tiene 10,000 millas o más de diámetro y una cola compuesta de iones y moléculas que pueden extenderse hasta millones de millas de longitud.

12. **4** Un cometa con mucho polvo es espectacularmente visible cuando está cerca del sol. La luz y las partículas electrificadas del sol arrancan el polvo de la cabeza del cometa y en la cola polvorienta se refleja la luz amarilla del sol. Aparentemente el cometa Kohoutek desprendió poco polvo.

13. **3** Los astrónomos razonaron que debido a que el cometa Kohoutek era visible a una gran distancia del sol en marzo, su aspecto sería espectacular cuando estuviera a 13 millones de millas del sol el 28 de diciembre.

14. **3** La percepción remota es una contribución de la era espacial que permite ver la superficie de la tierra desde gran altura.

15. **5** No se hace ninguna mención del estudio de otros planetas en este proyecto.

16. **1** El ERTS (Satélite Tecnológico de los Recursos de la Tierra) está en una órbita cerca del polo a una altitud de 920 kilómetros y circunda la tierra 14 veces al día.

17. **4** El uso de la fotografía infrarroja permite el estudio de las características de la superficie de la tierra que no se pueden ver en fotografía normal.

18. **2** El ERTS fue lanzado para realizar un estudio sistemático de Norteamérica y otras áreas desde el espacio.

19. **2** El primer diagrama muestra que, cuando el cielo está despejado, el 80% de la radiación solar alcanza el suelo.

20. **2** El segundo diagrama indica que, cuando el cielo está nublado, el reflejo de las nubes devuelve del 30% al 60%

de la radiación solar. Esta cantidad es mayor que el porcentaje disperso y reflejado por la atmósfera (6%), absorbido por moléculas de gas y polvo (14%) o absorbido en las nubes (del 5% al 20%).

21. **3** Busque la latitud norte de 70° en el eje horizontal de la gráfica. Vaya hacia arriba hasta que encuentre la curva. El reflejo (eje vertical) promedio es de 85% para esta latitud.

22. **2** Comparados con otras superficies, la nieve y el hielo son muy buenos reflectores de la radiación solar. Esto explica por qué las superficies cubiertas de nieve o hielo no se calientan tan rápidamente.

23. **1** La atmósfera absorbe mejor la radiación infrarroja, ultravioleta o de onda de radio que la luz visible. Como resultado, la mayor intensidad de radiación solar que pasa por la atmósfera y alcanza la superficie de la tierra representa a la parte visible del espectro electromagnético.

24. **1** La vena de un mineral es el color de este mineral cuando está en forma de polvo. Esta propiedad se muestra en la tabla. La pirita, por ejemplo, tiene un color amarillento de cobre. Sin embargo, cuando la pirita está en forma de polvo, el color es negro verdoso. Las demás tienen el mismo o casi el mismo color cuando están en forma de cristal o en polvo.

25. **4** La biotita contiene hierro (Fe), pero es blanda. La galena es metálica, pero no contiene hierro y es blanda. La caolinita tiene el mismo color en forma mineral que en polvo, pero es terrosa y blanda y no contiene hierro. La magnetita contiene hierro y es dura. Tiene un lustre metálico y tanto en su forma mineral como en polvo es negra. El grafito contiene carbono.

26. **3** La distribución de los átomos en un mineral puede afectar sus propiedades. La estructura apretada de los átomos de carbono en un diamante lo hace duro y transparente. En el grafito, los átomos de carbono están distribuidos más holgadamente y por lo tanto éste es más opaco y quebradizo.

27. **4** De acuerdo con la tabla, la pirita, el cuarzo, el peridoto y la magnetita son minerales duros. De aquí que sean resistentes a la erosión. La caolinita es blanda y se erosionará más en el mismo período de tiempo.

28. **3** Cuando el aire encima de la tierra se calienta, su presión es más baja que el aire encima del agua. Esta diferencia en la presión explica la dirección del viento.

29. **2** Cuando el aire que sopla desde el océano llega a las montañas, tiende a subir. Al elevarse se enfría y causa humedad, la cual luego se condensa. Esta condensación tiende a ocurrir en el punto B, donde se produce la precipitación anual más alta.

30. **2** La temperatura más baja se aprecia durante el período entre las 6 P.M. del jueves a las 6 A.M. del viernes. En ese tiempo, la temperatura permaneció casi constante (cerca de 35°F).

31. **3** La temperatura permanece casi constante desde las 6 P.M. del jueves a las 6 A.M. del viernes, como se indica en la línea horizontal de la gráfica.

32. **2** El jueves, desde las 9 A.M. hasta las 6 P.M., la temperatura bajó constantemente. Esto puede haberse debido a la proximidad de un frente frío. A medida que el frente frío se aproximaba, traía aire frío que reemplazaba el aire caliente.

33. **1** El miércoles a las 3 A.M., la temperatura era de 52°F según se ve en la gráfica. Al mediodía, la temperatura aumentó hasta llegar a los 61°F. De este modo, la temperatura aumentó 9°F en un período de nueve horas, o sea 1°F por hora.

34. **3** La barra sólida es más alta para St. Louis, indicando que tiene el promedio más alto de la temperatura mensual máxima.

35. **5** En la ciudad I, la temperatura promedio máxima es de 29° y la temperatura promedio mínima es de 20°. Así pues, 29° – 20° = 9°. En la ciudad II, el promedio de la temperatura máxima es de cerca de 20° y la mínima es de 7°, o sea 20° – 7° = 13°. En la ciudad IV, el promedio de la temperatura máxima es de 30° y el de la mínima es de 15°, o sea 30° – 15° = 15°. En la ciudad V, la temperatura máxima promedio es de cerca de 26° y la mínima es de cerca de 9°, o sea

26° – 9° = 17°. La ciudad VI experimenta la mayor diferencia, ya que el promedio de la temperatura máxima es de 29 y el de la mínima es de –8°, o sea 29° – (–8°) = 37°.

36. **3** Con excepción de la ciudad VI (que no está en las opciones), la diferencia entre la longitud de las dos barras es mayor en St. Louis.

37. **3** Las ciudades III y VI tienen temperaturas máximas y mínimas similares y por lo tanto tendrán climas muy parecidos. Sin embargo, debido a que el clima también depende de la cantidad de humedad, es posible que las dos ciudades tengan climas diferentes.

38. **4** La emisión de un automóvil añade contaminantes a la atmósfera. El tráfico es mayor entre las 8 A.M. y las 5 P.M. en la mayoría de ciudades. Los cambios en la cantidad de radiación solar generalmente tienen poco o ningún efecto sobre los niveles de contaminación. La lluvia tiende a eliminar algunos contaminantes. Los grandes vientos disminuyen la contaminación ya que se llevan el aire contaminado y lo reemplazan por aire fresco.

39. **2** Por el hecho que el modelo indica que la contaminación más alta ocurre a las 5 P.M., es razonable suponer que el nivel más alto se alcanzará a la misma hora del día siguiente.

40. **2** La mitad de cuatro segundos es el tiempo que necesitan las vibraciones sonoras para alcanzar el fondo del océano: (2 segundos) (4,800 pies/segundo) = 9,600 pies.

Química

Las preguntas 1 a 4 se basan en la siguiente información.

Un estudiante hace flotar una vela encendida sobre un corcho en una bandeja poco profunda de agua. Cuidadosamente invierte una botella sobre la vela que se está quemando y mide el tiempo que transcurre hasta que la vela deja de arder. Luego, saca la botella, vuelve a encender la vela y llena la botella con aire exhalado y vuelve a invertirla sobre la vela. Cuando la vela se apaga, repite esta segunda parte de su demostración, pero antes de llenar la botella con aire exhalado corre 100 yardas a máxima velocidad.

1. ¿Qué intenta demostrar este experimento?

   (1) La composición del aire exhalado e inhalado es diferente
   (2) El aire exhalado contiene menos dióxido de carbono que el aire inhalado
   (3) La combustión desprende calor
   (4) La respiración produce calor
   (5) La combustión produce dióxido de carbono

2. Cuando la vela se apaga, ¿qué observación debería hacer el estudiante?

   (1) La vela se apagó más rápidamente en la primera prueba
   (2) La vela se apagó más rápidamente en la última prueba
   (3) La vela se apagó al mismo tiempo en las tres pruebas
   (4) Sólo en la primera prueba se apagó la vela
   (5) La vela se apagó después de un largo período de espera en las tres pruebas

3. ¿Qué conclusión se puede obtener sobre el aire exhalado?

   (1) Contiene dióxido de carbono
   (2) No contiene oxígeno
   (3) Tiene menos dióxido de carbono que el aire inhalado
   (4) Tiene menos oxígeno que el aire inhalado
   (5) Contiene tanto oxígeno como el aire inhalado

4. ¿Qué conclusión justificada se podría obtener de la demostración?

   (1) La actividad produce un porcentaje más alto de oxígeno en el aire exhalado
   (2) La actividad produce un porcentaje más alto de dióxido de carbono en el aire exhalado
   (3) La respiración es similar a la combustión
   (4) La respiración produce más dióxido de carbono que la combustión
   (5) La proporción de la respiración se mantiene constante

Las preguntas 5 a 10 se basan en la siguiente información.

La solubilidad es una propiedad que describe la cantidad de una sustancia que se disuelve en otra sustancia. La tabla 1 muestra la solubilidad en el agua de diferentes sales a diferentes temperaturas en escala Celsius. El grado de solubilidad se expresa en el número de gramos de la sustancia que se puede disolver en 100 ml de agua. La abreviatura ml quiere decir mililitros. Un mililitro es una milésima parte de un litro, que es igual a un centímetro cúbico. Algunas sustancias no se disolverán en agua, aunque su temperatura cambie. Esto quiere decir que son insolubles. A las sustancias que se disuelven ligeramente se les considera ligeramente solubles. La tabla 2 describe las características generales de 165 sustancias químicas.

TABLA 2. SOLUBILIDAD EN AGUA

i-casi insoluble Ss-ligeramente soluble S-soluble d-se decompone	ACETATO	BROMURO	CARBONATO	CLORURO	HIDRÓXIDO	YODURO	NITRATO	ÓXIDO	FOSFATO	SULFATO	SULFURO
aluminio	S	S		S	i	S	S	i	i	S	d
amoníaco	S	S	S	S	S	S	S		S	S	S
bario	S	S	i	S	S	S	S	S	i	i	S
calcio	S	S	i	S	Ss	S	S	Ss	i	Ss	d
cobre II	S	S	i	S	i		S	i	i	S	i
hierro II	S	S	i	S	i	S	S	i	i	S	i
hierro III	S	S		S	i	S	S	i	i	Ss	d
plomo	S	Ss	i	Ss	i	Ss	S	i	i	i	i
magnesio	S	S	i	S	i	S	S	i	i	S	d
mercurio I	Ss	S	i	i		i	S	i	i	Ss	i
mercurio II	S	Ss	i	S	i	i	S	i	i	d	i
potasio	S	S	S	S	S	S	S	S	S	S	S
plata	Ss	i	i	i		i	S	i	i	Ss	i
sodio	S	S	S	S	S	S	S	d	S	S	S
zinc	S	S	i	S	i	S	S	i	i	S	i

TABLA 1. CURVAS DE SOLUBILIDAD

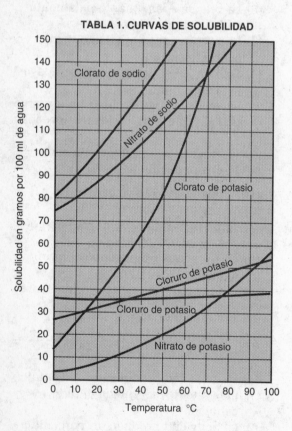

5. A 50°C, ¿cuántos gramos de clorato de sodio se disolverán en 100 ml de agua?

(1) 100
(2) 120
(3) 130
(4) 140
(5) 150

6. ¿Cuál de las siguientes sales, cuando se disuelven en agua, mostrarán solubilidad mínima a medida que la temperatura aumenta?

(1) nitrato de sodio
(2) clorato de sodio
(3) cloruro de sodio
(4) cloruro de potasio
(5) nitrato de potasio

7. ¿Cuántos gramos más de nitrato de sodio se disolverán en 100 ml de agua si la temperatura aumenta de 10°C a 40°C?

(1) 25
(2) 55
(3) 80
(4) 105
(5) 185

8. ¿Cuál de las siguientes sales experimenta el cambio mayor en solubilidad (gramos por 100 ml de agua) entre los 30°C y los 60°C?

   (1) clorato de potasio
   (2) cloruro de sodio
   (3) cloruro de potasio
   (4) nitrato de potasio
   (5) nitrato de sodio

9. ¿Cuál de los siguientes tiene solubilidad máxima en agua?

   (1) compuestos de aluminio
   (2) compuestos de amoníaco
   (3) compuestos de bario
   (4) compuestos de plata
   (5) compuestos de zinc

10. ¿Cuál de los siguientes compuestos es menos soluble en agua?

    (1) sulfatos
    (2) nitratos
    (3) bromuros
    (4) acetatos
    (5) carbonatos

Las preguntas 11 a 14 se basan en el siguiente artículo.

Todos los seres vivientes necesitan una temperatura apropiada. Nuestro cuerpo está a 98.6°F cuando se encuentra en buen estado de salud. Para sobrevivir en climas cálidos y fríos se requiere una protección especial. Lo mismo se aplica a plantas y animales. Las rosas no crecen en los glaciares y los osos polares no pueden sobrevivir cerca del ecuador.

Las temperaturas varían. En la Antártida, las temperaturas se enfrían hasta alcanzar más de 100°F bajo cero. Se alcanzó una temperatura por encima de los 149°F en el Valle de la Muerte, California. Se han experimentado variaciones de temperatura aún mayores en los laboratorios y en la industria. La temperatura más baja posible es 459°F bajo cero.

Estas bajas temperaturas son importantes para los científicos que se especializan en la criogenia. Las temperaturas criogénicas empiezan en el punto en que el oxígeno se licúa a −297°F y descienden hasta la temperatura que, según los científicos, es la más baja posible. Este punto, conocido

como cero absoluto, es casi de −460°F o 273° bajo cero en la escala Celsius. Los físicos han obtenido esta temperatura mediante métodos modernos que requieren extraer la mayor parte del calor de sólidos. A temperaturas bajas, los átomos y las moléculas se mueven despacio. Es como si se estuviera viendo una repetición en cámara lenta de la jugada en un partido de fútbol, ofreciendo al espectador una manera ideal para analizar específicamente lo ocurrido. Los científicos, de este modo, han encontrado muchas claves sobre la naturaleza de los átomos y las moléculas. Desde el punto de vista del físico, la temperatura es una medida del promedio de energía cinética o energía en movimiento, de estas partículas.

A temperaturas altas, los átomos y las moléculas se mueven más rápido y de este modo se convierten en líquidos o gases. El cuerpo humano no puede sobrevivir altas temperaturas, en parte porque las proteínas en nuestro protoplasma se coagularían.

11. ¿Cuál es la temperatura más baja que se ha alcanzado fuera de un laboratorio?

    (1) −100°F
    (2) 149°F
    (3) −459°F
    (4) −297°F
    (5) 100°F

12. El Valle de la Muerte en California no es adecuado para la existencia humana continua. ¿Qué es lo que las altas temperaturas afectan más?

    (1) la forma de los átomos
    (2) el número de moléculas
    (3) el protoplasma
    (4) las glándulas sudoríparas
    (5) los líquidos

13. ¿Qué se requiere para licuar el aire?

    (1) añadir calor
    (2) añadir presión y calor
    (3) reducir la presión y añadir calor
    (4) disminuir el movimiento de los átomos
    (5) sacar el calor

14. ¿Qué describe mejor la criogenia?

    (1) un mundo superfrío
    (2) la ciencia de la estructura de los átomos
    (3) la cristalografía
    (4) el estudio de Celsius y Fahrenheit
    (5) la química física

<u>Las preguntas 15 a 20</u> se basan en el siguiente artículo.

Sin necesidad de la intervención humana, la naturaleza tiene sus propias maneras de purificar el agua. Estas formas pueden ser físicas, químicas o biológicas.

Cuando una corriente fluye, el agua es más pura. Este proceso no es perfecto, pues algunos componentes peligrosos pueden quedar de residuos. Las comunidades que usan el agua de las corrientes "autopurificadas", ahora añaden precauciones como la filtración o la desinfección con cloro.

La ventilación, que puede venir acompañada por la acción del viento, las corrientes turbulentas y las cascadas, provoca un intercambio de gases entre la atmósfera y el agua. El sulfuro de hidrógeno, el dióxido de carbono y el metano son liberados del agua y el oxígeno es absorbido de la atmósfera.

La luz tiene un efecto importante en el agua. La luz estimula la fotosíntesis de las plantas acuáticas, las que absorben el dióxido de carbono y desprenden oxígeno.

Además, las plantas usan materia orgánica disuelta en el agua y de esta manera la purifican más. También, la luz tiene un efecto germicida en la superficie del agua, aunque debajo de la superficie el efecto es reducido.

La sedimentación de las partículas suspendidas reduce la cantidad de alimento disponible para bacterias orgánicas del agua. Este proceso, que se produce por la gravedad, es más efectivo en aguas tranquilas.

La oxidación y reducción son dos procesos químicos importantes por los cuales el agua se purifica naturalmente. Algunas bacterias oxidan los materiales orgánicos y los convierten en sustancias minerales. Si hay ausencia de oxígeno, otros organismos, conocidos como bacterias anaeróbicas pueden fraccionar los componentes orgánicos y preparar el camino para una subsiguiente oxidación. Estas bacterias anaeróbicas crecen en el fondo de las aguas donde se concentra la contaminación.

Los ciclos biológicos también purifican el agua. Los protozoos, animales unicelulares, se alimentan de bacterias. A medida que su población se reduce, aparecen las algas verdes que consumen dióxido de carbono, nitratos y amoníaco, y producen oxígeno. Los animales invertebrados de gran tamaño como los gusanos y los moluscos aparecen y se alimentan de estos depósitos del fondo. Todos estos factores reducen la población de bacterias.

15. ¿Qué previene la autopurificación de las corrientes de agua?

    (1) la humanidad
    (2) la evaporación
    (3) la condensación
    (4) la filtración
    (5) la clorinación

16. ¿Qué se logra con la ventilación del agua?

    (1) perder oxígeno
    (2) perder metano
    (3) ganar dióxido de carbono
    (4) ganar hidrógeno
    (5) ganar dióxido de carbono y perder oxígeno

17. ¿Qué causa la sedimentación?

    (1) acción del viento
    (2) residuos bacterianos
    (3) aguas turbulentas
    (4) gravedad
    (5) materia orgánica

18. ¿Cuál de estas afirmaciones se refiere al proceso de la fotosíntesis?

    (1) Es realizada por los protozoos
    (2) El oxígeno es necesario para que el proceso ocurra
    (3) La luz es necesaria para que el proceso ocurra
    (4) El dióxido de carbono es liberado durante el proceso
    (5) El proceso tiene un efecto germicida en las capas más profundas de agua

19. ¿Cuál de ellos puede eliminar mejor los residuos en el fondo de los estanques?

    (1) los peces
    (2) la bacteria aeróbica
    (3) las plantas
    (4) la bacteria anaeróbica
    (5) las algas

20. Todos estos procesos purifican el agua, a *excepción de*

    (1) la oxidación
    (2) la reducción
    (3) la luz
    (4) las plantas acuáticas
    (5) las bacterias

CLAVE DE LAS RESPUESTAS

1. **1**	5. **4**	9. **2**	12. **3**	15. **1**	18. **3**
2. **2**	6. **3**	10. **5**	13. **5**	16. **2**	19. **4**
3. **4**	7. **1**	11. **1**	14. **1**	17. **4**	20. **5**
4. **2**	8. **4**				

¿CUÁL ES SU PUNTAJE?

Correctas _____   Incorrectas _____
Excelente   16–20
Bien   13–15
Regular   10–12

Si su puntaje es bajo, no se desanime. Quizás la química sea una materia difícil para usted. Intente encontrar en dónde falla. La explicación de las respuestas correctas que se ofrece a continuación puede ayudarle a determinar cuáles son sus errores. Luego lea de nuevo la sección "Cómo leer e interpretar las preguntas de ciencias" al principio de esta unidad y haga hincapié en las áreas en que tiene más problemas.

ANÁLISIS DE LAS RESPUESTAS

1. **1** En la primera prueba, el estudiante usó aire normal que es el mismo que el aire inhalado. En la segunda y tercera pruebas, usó aire exhalado. El estudiante comparó el tiempo que duró en apagarse la vela en cada caso. La diferencia se debió a la diferencia en la composición del aire inhalado y el exhalado.

2. **2** En la última prueba, la vela se apagará antes porque el aire exhalado contiene la menor cantidad de oxígeno. Correr requiere que las células del cuerpo usen más cantidad de oxígeno.

3. **4** Debido a que la vela no dura tanto con el aire exhalado, es obvio que éste contiene menos oxígeno que el aire inhalado.

4. **2** Como resultado de la respiración, se elimina dióxido de carbono. Cuando se hace un ejercicio intenso, se exhala un alto porcentaje de dióxido de carbono.

5. **4** En la tabla 1, siga la línea horizontal de la base. En el punto que marca 50 (para indicar 50°C), vaya hacia arriba por la línea vertical hasta intersectar la curva del clorato de sodio. Vaya hacia la izquierda hasta llegar al punto que indica el número 140, que quiere decir que a esta temperatura 140 gramos de esta sal se disolverán en 100 mililitros de agua.

6. **3** Observe que la curva de la solubilidad del cloruro de sodio está casi paralela a la línea de base, lo que significa que un incremento en la temperatura ocasiona poco o ningún cambio en el número de gramos que se disuelven en el agua.

7. **1** A 10°C, se disolverán 80 gramos de nitrato de sodio en 100 mililitros de agua. A 40°C, se disolverán 105 gramos en la misma cantidad de agua. La diferencia es de 105 – 80 = 25 gramos.

8. **4** La tabla 1 revela lo siguiente:

Sal	Gramos por 100 ml de agua a 30°C	Gramos por 100 ml de agua a 60°C	Diferencia (en gramos)
clorato de potasio	47	110	63
nitrato de potasio	11	27	16
cloruro de sodio	38	39	1
cloruro de potasio	35	45	10
nitrato de sodio	96	126	30

9. **2** Observe en tabla 2 que todos los compuestos del amoníaco son solubles en agua.

10. **5** La tabla 2 nos muestra que de todos los carbonatos, sólo los carbonatos de amoníaco, de potasio y de sodio son solubles en agua. Todos los nitratos y acetatos son solubles en agua. La mayoría de los sulfatos y bromuros son solubles en agua.

11. **1** Observe la temperatura alcanzada en la Antártida.

12. **3** Las proteínas del protoplasma se coagulan a muy altas temperaturas.

13. **5** Al extraerse el calor de una sustancia sus moléculas se mueven más despacio. Los estados de la materia (sólido, líquido y gaseoso) dependen de este factor.

14. **1** Las temperaturas criogénicas empiezan a –297° Fahrenheit (bajo cero).

15. **1** Los humanos somos responsables de muchas formas de contaminación del agua, entre ellas los procesos industriales.

16. **2** Durante la ventilación del agua, el metano y el dióxido de carbono son eliminados y el oxígeno es aborbido del aire.

17. **4** Los objetos más pesados que el agua bajarán al fondo. Esto es un efecto de la fuerza de gravedad.

18. **3** Las plantas absorben dióxido de carbono y desprenden oxígeno durante la fotosíntesis. La luz es necesaria para que la planta pueda realizar esta función.

19. **4** Las bacterias anaeróbicas proliferan en los ambientes donde no hay oxígeno.

20. **5** Si bien las bacterias de la putrefacción pueden a veces descomponer residuos orgánicos, esto no constituye un método de purificación del agua (como lo son las demás opciones). Otra justificación para seleccionar el número 5 es que las bacterias pueden ser patógenas.

Física

Las preguntas 1 y 2 se basan en la siguiente información.

Cuando activa el cierre automático de la puerta o un sistema de alarma antirrobo, a menudo lo hace al interrumpir un haz de luz que está concentrado en una célula fotoeléctrica.

Este haz produce un flujo de electrones que provienen de la célula fotoeléctrica. Cuando su cuerpo interrumpe el haz, la corriente se para. Esto cierra un disyuntor, lo que hace prender un motor.

Casi cien años atrás, Heinrich Hertz descubrió que ciertas sustancias desprenden una corriente eléctrica muy débil cuando son iluminadas con un rayo de luz. Ésta es la base del ojo fotoeléctrico, en la que la energía de la luz se convierte en electricidad.

1. ¿Qué permite el cambio de la energía mecánica a la eléctrica?

    (1) una plancha eléctrica
    (2) un motor de vapor
    (3) una lámpara fluorescente
    (4) la célula fotoeléctrica
    (5) un generador eléctrico

2. Una célula fotoeléctrica es un dispositivo que

    (1) abre puertas
    (2) activa alarmas
    (3) interrumpe haces de luz
    (4) produce energía eléctrica de la luz
    (5) hace prender un motor

Las preguntas 3 a 8 se basan en la siguiente información.

¿Por qué un barco de acero flota? Hace más de 2,000 años que Arquímedes descubrió que los objetos parecen pesar menos en el agua que en el aire. Después de algunas investigaciones, descubrió que el agua desplazada por un objeto pesa exactamente el peso que el objeto perdió al ser sumergido. De este modo, un objeto flotará en el agua si desplaza un volumen de agua igual o mayor que su propio peso. Un pie cúbico de acero pesa cerca de 500 libras y desplaza un pie cúbico de agua, que pesa 62.4 libras. Este bloque de acero se hundirá. Si este pie cúbico estuviera cortado en franjas delgadas y unidas entre ellas en forma de caja tendría el mismo peso, pero flotaría. Si consideramos dimensiones de 2 pies de altura, 3 pies de ancho y 3 pies de largo, el volumen sería de 12 pies cúbicos y desplazaría 12 pies cúbicos de agua con un peso de (62.4 × 12) ó 748.8 libras. Debido que esta cifra es mayor que el peso de un pie cúbico de acero (500 libras), la caja de acero flotará.

3. ¿Por qué una pelota que se hunde en el agua flota en un recipiente con mercurio?

   (1) El principio de Arquímedes sólo se aplica al agua
   (2) La bola de acero desplaza más mercurio que el agua
   (3) El peso del mercurio desalojado es mayor que el peso del agua desplazada
   (4) El principio de Arquímedes no se puede aplicar en los objetos redondos
   (5) El mercurio es un elemento químico y el agua es un compuesto químico

4. ¿Qué debe ser similar para dos clases de roca que pierden el mismo peso cuando se les ata una cuerda y se las sumerge en el agua?

   (1) el peso en el aire
   (2) el peso en el agua
   (3) el peso en el agua salada
   (4) el volumen
   (5) las propiedades químicas y físicas

5. Por el hecho de que los objetos parecen pesar menos en el agua que en el aire, ¿qué características tienen?

   (1) Los objetos desplazan un volumen de agua
   (2) Se hunden o flotan
   (3) Hacen presión contra el agua
   (4) Son afectados por la presión del agua
   (5) No son afectados por la presión del aire

6. ¿Qué unidad se usa para expresar la fuerza de la gravedad?

   (1) kilómetros
   (2) millas por hora
   (3) libras
   (4) cuartos de galón
   (5) litros

7. ¿Cuál es la pérdida aparente de peso de un bloque de acero de 5 pies por 2 pies por 3 pies cuando se sumerge en agua?

   (1) 180 libras
   (2) 1,000 libras
   (3) 1,872 libras
   (4) 3,000 libras
   (5) 18,000 libras

8. Un recipiente cilíndrico que tiene 4 pulgadas de diámetro se llena con un líquido hasta una profundidad de 6 pulgadas. Se coloca un objeto sólido irregular en el recipiente, de modo que el líquido sube 1 pulgada como se muestra en la figura. El volumen del objeto sólido

   (1) no se puede determinar con estos datos
   (2) depende de la forma del objeto sólido
   (3) depende de la densidad del líquido
   (4) es de aproximadamente 4 pulgadas cúbicas
   (5) es de aproximadamente $12\frac{1}{2}$ pulgadas cúbicas

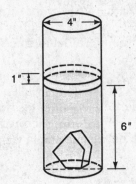

Las preguntas 9 a 11 se basan en la siguiente información.

En el campo de los ultrasonidos se estudian los sonidos que no se pueden oír. Un objeto debe vibrar al menos 16 veces por segundo para hacer vibraciones sonoras que puedan ser detectadas por el oído humano. El oído humano no puede oír sonidos provocados por vibraciones mayores de 20,000 veces por segundo. Los sonidos que nuestros oídos no pueden escuchar se llaman sonidos ultrasónicos. Los murciélagos usan estos sonidos para evadir obstáculos en su vuelo. El murciélago envía un sonido y si no oye ningún eco sabe que su camino está despejado. Si se produce un eco, el murciélago cambia de dirección.

Las ondas sonoras pueden ser absorbidas por materiales blandos, pero se reflejan cuando topan con una superficie rígida. Este principio se usa en un dispositivo que se llama sonar, usado para detectar submarinos y otros objetos sumergidos. El dispositivo emite ondas sonoras y mide el tiempo que transcurre hasta que las ondas retornan. Eso permite medir la distancia del objeto que produce el eco.

9. ¿Qué principio explica por qué las pruebas que se hacen con explosivos bajo el agua se pueden escuchar a través de instrumentos especiales a una distancia de cientos de millas?

   (1) Las ondas sonoras se transmiten a través del agua
   (2) Se pueden utilizar instrumentos especiales para escuchar ondas sonoras fuera del alcance del oído humano
   (3) Las ondas sonoras rebotan
   (4) Los ecos pueden ser silenciados mediante instrumentos acústicos
   (5) El sonar puede encontrar objetos fuera del alcance de la vista y del oído

10. ¿Cuál es la mejor manera de evitar ecos en una habitación que está repleta de cosas?

    (1) Mantener las ventanas cerradas
    (2) Usar el aire acondicionado
    (3) Colgar cortinas y tapices
    (4) Bajar los techos
    (5) Ajustar el sonido de los timbres del teléfono y de la puerta

11. ¿Qué término define mejor un sonido reflejado?

    (1) frecuencia
    (2) onda
    (3) eco
    (4) diapasón
    (5) vibración

Las preguntas 12 a 17 se basan en la siguiente información.

Aunque tanto un motor de reacción como el motor de un cohete operan según el mismo principio de la Tercera Ley de Newton, la diferencia es que el reactor debe tomar oxígeno del aire para quemar su combustible. En cambio, el cohete debe llevar consigo su propio oxígeno. Los gases que se escapan bajo una gran presión en una dirección ejercen una fuerza de empuje sobre el motor en dirección opuesta. Según la Tercera Ley de Newton, para cada acción hay una reacción igual y opuesta. Se puede ilustrar el principio inflando un globo de goma y luego dejando que el aire se escape. Observe que el globo se mueve hacia adelante a medida que el aire se escapa en dirección opuesta.

12. ¿Qué describe la Tercera Ley de Newton?

    (1) un objeto en reposo
    (2) la fuerza de gravedad
    (3) los objetos en movimiento uniforme
    (4) los objetos que caen
    (5) la acción es igual a la reacción

13. ¿Qué caracteriza a un motor de cohete y no a un motor de reacción?

    (1) el método de obtener oxígeno
    (2) el método de usar el oxígeno
    (3) la reacción a los gases que se escapan
    (4) la aplicación de la Tercera Ley de Newton
    (5) los métodos relacionados con el proceso de combustión

14. ¿Qué explica mejor la Tercera Ley de Newton?

    (1) Un globo con una densidad más baja que la densidad del aire se levanta
    (2) Un bate golpea una pelota y el bate se rompe
    (3) Un trineo que se acelera cuando se desliza colina abajo
    (4) Un bote que va deteniéndose cuando se apaga su motor
    (5) Una roca lanzada horizontalmente cae al suelo

15. ¿Qué es lo que no se encuentra en un avión con motor de reacción?

    (1) alerones
    (2) fuselaje
    (3) hélices
    (4) timón de dirección
    (5) frenos aerodinámicos

16. ¿Qué impulsa a los aeroplanos de reacción?

    (1) la fuerza de empuje de los gases calientes
    (2) las aspas de las hélices
    (3) los motores cohete
    (4) las turbinas de vapor
    (5) cualquiera de éstos

17. Imagine que se encuentra en una pista de patinaje sobre hielo sosteniendo una pelota grande de gimnasia. ¿Qué pasará si lanza la pelota?

    (1) Usted se moverá hacia atrás
    (2) Se moverá hacia adelante, siguiendo la pelota
    (3) No se moverá
    (4) La manera de moverse dependerá de su posición cuando está de pie
    (5) La manera de moverse dependerá de cómo es atrapada la pelota

Las preguntas 18 a 20 se basan en la siguiente información.

El frío extremo del pasado invierno nos ha recordado de la necesidad de conservar mejor el calor. Los estadounidenses se han dado cuenta de que debieran desarrollar nuevos combustibles y nuevas maneras de evitar la pérdida de calor. Por otra parte, cuando operamos un motor, debemos deshacernos del exceso de calor para que el motor no se sobrecaliente. ¿Cómo se transmite el calor? Por conducción, la energía calórica se transfiere a través de una sustancia al incrementarse el movimiento de sus moléculas. Por convección, el aire se calienta de tal modo que se expande y se eleva; es entonces reemplazado por aire frío. Cuando la energía calórica se transmite a través del espacio, el proceso se llama radiación. El movimiento en ondas en la radiación es similar al de la luz. Cuanto más alta es la temperatura de un objeto, mayor es la cantidad de calor que irradia. Los objetos negros, al calentarse, irradian más calor que los objetos blancos de igual temperatura.

18. ¿Por qué una botella vacía (termos) mantiene los líquidos calientes o fríos?

    (1) El corcho es un conductor
    (2) El vidrio es mal aislante
    (3) La pared plateada en las superficies internas refleja las ondas electromagnéticas
    (4) La doble pared de vidrio de la botella ayuda a transmitir el calor por conducción
    (5) La doble pared de vidrio de la botella ayuda a transmitir el calor por convección

19. Para calentar eficazmente una habitación, debe colocar un radiador cerca del suelo. ¿Qué principio se aplica para esto?

    (1) convección
    (2) radiación
    (3) conducción
    (4) transferencia directa del calor
    (5) condensación

20. ¿A qué se parece un termo?

    (1) A la unidad de congelación en un refrigerador eléctrico
    (2) A los calentadores de radiador
    (3) A los sistemas de calentamiento solar
    (4) A las contraventanas
    (5) A un sistema de calentamiento de control termostático

CLAVE DE LAS RESPUESTAS

1. **5**	5. **1**	9. **1**	12. **5**	15. **3**	18. **3**
2. **4**	6. **3**	10. **3**	13. **1**	16. **1**	19. **1**
3. **3**	7. **3**	11. **3**	14. **2**	17. **1**	20. **4**
4. **4**	8. **5**				

¿CUÁL ES SU PUNTAJE?

Correctas _____   Incorrectas _____
Excelente   16–20
Bien   13–15
Regular   10–12

Si su puntaje es bajo, no se desanime. Quizás la física sea una materia difícil para usted. Intente encontrar en dónde falla. El análisis de las respuestas correctas que se ofrece a continuación puede ayudarle a determinar cuáles son sus errores. Luego lea de nuevo la sección "Cómo leer e interpretar las preguntas de ciencias" al principio de esta unidad y haga hincapié en las áreas en que tiene más problemas.

ANÁLISIS DE LAS RESPUESTAS

1. **5** Un generador eléctrico opera con energía del vapor o del agua. Esta energía mecánica rotatoria se convierte en electricidad. En una plancha eléctrica, la energía eléctrica se convierte en energía calórica cuando la electricidad que pasa por el centro calienta el elemento. En un motor de vapor, el vapor se expande y empuja un pistón que está conectado con un eje propulsor. De este modo, la energía calórica se convierte en mecánica. En una lámpara eléctrica fluorescente, la energía eléctrica se convierte en energía luminosa. La corriente eléctrica evapora mercurio en la lámpara y se producen rayos ultravioleta. Estos rayos llegan al interior del revestimiento de la lámpara y producen la fosforescencia química que resplandece. La célula fotoeléctrica y su forma de operar se describen en esta selección, mostrando cómo la luz se convierte en energía eléctrica.

2. **4** Todo lo demás ocurre, pero la célula fotoeléctrica no hace más que producir electricidad cuando la luz la ilumina.

3. **3** Según el principio de Arquímedes, cualquier objeto en un líquido experimenta un empuje hacia arriba igual al peso del líquido que desplaza. El mercurio es mucho más denso que el agua. El peso del mercurio desplazado es mayor que el peso de la bola de acero en el aire.

4. **4** La pérdida aparente de peso es igual al peso del agua desalojada. Debido a que los dos desplazan pesos iguales de agua, deben tener el mismo volumen.

5. **1** La aparente pérdida de peso se debe al peso del líquido (en este caso, el agua) desplazado por el objeto sumergido.

6. **3** Se usan kilómetros para medir distancias lineales. La velocidad se expresa en millas por hora. Los galones y litros son unidades de medida de líquidos. Una libra es la cantidad de materia que se necesita para ejercer una fuerza de una libra como resultado de la atracción entre la materia y la tierra.

7. **3** El volumen de este bloque de acero es 5 pies × 2 pies × 3 pies o sea 30 pies cúbicos. Debido a que desplazará 30 pies cúbicos de agua, perderá 30 × 62.4 libras o sea 1,872 libras.

8. **5** El volumen de un objeto sólido = al volumen de agua desalojada, independientemente de la forma del objeto sólido y la densidad del líquido. Volumen del agua desplazada = π(radio)² (largo)

$$\text{Volumen} = \left(\frac{22}{7}\right)\left(2\right)\left(2\right)\left(1\right)$$

$$\text{Volumen} = \frac{88}{7}$$

Volumen = 12.57 pulgadas cúbicas o aproximadameente $12\frac{1}{2}$ pulgadas cúbicas.

9. **1** Algunos líquidos transmiten ondas sonoras mejor que el aire. A una temperatura ambiente el sonido se transmite a 1,130 pies por segundo en el aire y 4,800 pies por segundo en el agua.

10. **3** Para atrapar una onda sonora antes de que se haya convertido en eco, las cortinas y los tapices pueden ser útiles para absorberla.

11. **3** En el sonido, la frecuencia de una onda es el número de vibraciones completas hechas por segundo. Una onda es una alteración en un medio como resultado de la transferencia de energía. Un eco es un sonido reflejado. El diapasón es una de las características básicas de los sonidos musicales. La vibración es un movimiento rápido de vaivén.

12. **5** Para cada acción hay una reacción igual y opuesta.

13. **1** El pasaje menciona que un cohete debe llevar su suministro de oxígeno, mientras que el reactor usa el oxígeno del aire.

14. **2** Cuando el bate golpea la pelota, la pelota golpea el bate con la misma fuerza y, ocasionalmente, puede romperlo.

15. **3** En los motores de reacción la fuerza de los gases calientes en expansión proporciona energía que conduce el aeroplano hacia adelante. En otros motores, las aspas de las hélices tiran del aire a medida que giran. Los alerones son aletas en la parte de detrás del ala de un aeroplano que ayudan a cambiar la dirección del avión cuando está volando. El fuselaje es el cuerpo del avión. El timón de la dirección se utiliza para cambiar el rumbo de la nariz del avión cuando éste gira. Los frenos aerodinámicos son grandes placas metálicas que se abren en el fuselaje y reducen la velocidad del vuelo para que el aterrizaje sea suave.

16. **1** Según la Tercera Ley de Newton, los gases que se escapan producen una reacción que empuja el avión hacia adelante.

17. **1** Si empuja un balón hacia adelante, el balón empujará hacia atrás.

18. **3** Debido a que una superficie brillante refleja las ondas electromagnéticas, minimiza la pérdida de calor por radiación.

19. **1** Los radiadores calientan las habitaciones por convección.

20. **4** El principio básico de los termos es prevenir la pérdida de calor. El corcho es un buen aislante y previene así la pérdida de calor por conducción. El espacio entre la doble pared está al vacío, minimizando la transferencia de calor por convección o conducción. La parte interior está plateada para reflejar las ondas electromagnéticas y prevenir la transferencia de calor por radiación.

LA LITERATURA Y LAS ARTES
PRUEBA 4

CAPÍTULO 16: Cómo Leer e Interpretar la Literatura y las Artes

Las tres habilidades básicas para la lectura que se presentan en este capítulo requieren encontrar la idea principal, reconocer detalles y hacer deducciones. Estas habilidades se aplican a selecciones de prosa, poesía y teatro. También se estudia la nueva sección dedicada al comentario de las artes.

CAPÍTULO 17: Práctica de la Literatura y las Artes

Presentamos 120 preguntas relacionadas con la interpretación de la literatura y las artes que incluyen literatura, arte, música, teatro, danza, cine y televisión.

Cómo Leer e Interpretar la Literatura y las Artes

Habilidades básicas para la lectura

La lectura requiere diversas habilidades. El escritor presenta sus ideas usando el lenguaje de las palabras impresas. Si el escritor expresa sus ideas claramente, estarán bien organizadas y desarrolladas. El lector, por su parte, debe comprender los significados de las ideas expresadas en una página. También debe comprender que hay ideas implícitas que no se expresan abiertamente. Por ejemplo, una mujer que se viste de negro se puede describir como "la afligida". La implicación es que ha perdido a algún ser querido, aunque esto no se mencione.

Las habilidades para la lectura son básicamente tres.

Leer para Encontrar la Idea Principal de una Selección

La idea central se puede encontrar en diferentes lugares. Puede que se exprese directamente en la primera frase (fácil de encontrar). O puede que se exprese en la última frase, y después de haberse escrito todas las demás frases para desarrollar esa idea (un poco más difícil de encontrar). También puede estar en medio del pasaje (aún más difícil). Un ejemplo de este último caso, se muestra en el siguiente párrafo:

Varios estudiantes fueron heridos en partidos de fútbol jugados el pasado sábado. La semana previa hubo otros que fueron hospitalizados. El fútbol se
(5) ha convertido en un deporte peligroso. La agresividad de los jugadores ante un tiro libre o un saque de lado a menudo conduce a serias lesiones. Tal vez algunos cambios en las normas reduciría el número de afectados.

Otras veces la idea principal no se expresa, pero puede deducirse después de leer la selección completa.

El avión aterrizó a las cuatro de la tarde. Cuando la puerta se abrió, la multitud estalló en una ruidosa manifestación. La muchedumbre que
(5) esperaba se agitó y embistió la líneas de seguridad de la policía. Las mujeres estaban chillando. Los jóvenes adolescentes gritaban para que les dieran un autógrafo o recuerdo. El visitante sonrió y saludó a sus admiradores.

La idea principal del párrafo no se expresa, pero está claro que algún héroe popular, una estrella del cine o del rock, ha sido recibido con entusiasmo en el aeropuerto.

> **Para encontrar la idea principal de un pasaje,** hágase estas preguntas:
>
> 1. ¿Cuál es la *idea principal* del pasaje? (¿Por qué lo ha escrito el autor?)
> 2. ¿Cuál es la frase que revela el *tema* en el párrafo? (La frase principal a partir de la cual se han creado todas las demás).
> 3. ¿Qué *título* le daría usted a esta selección?

Leer para Encontrar los Detalles que Explican o Desarrollan la Idea Principal

¿Cómo puede encontrar los detalles? Debe determinar cómo el escritor desarrolla la idea principal. Puede que éste dé ejemplos para ilustrar la idea o presente diferentes razones para respaldar esa idea central. También puede argumentar los pros y contras de una determinada posición, que es la idea principal.

El escritor puede también definir un término complejo y adjudicarle cualidades a una creencia (como por ejemplo, la democracia). Puede también clasificar un número de objetos dentro de una categoría amplia. Finalmente, puede comparar dos ideas u objetos (mostrar en qué se parecen) o contrastarlos (mostrar en qué se diferencian).

Dos párrafos antes, la frase "Debe determinar cómo el escritor desarrolla la idea principal" fue la idea principal, mientras que los detalles fueron las seis maneras en que el escritor puede desarrollar dicha idea. Estas seis maneras son los detalles del desarrollo de la idea principal.

> **Para encontrar los detalles principales del pasaje,** hágase las siguientes preguntas:
>
> 1. ¿Qué ejemplos ilustran el punto principal?
> 2. ¿Qué razones o pruebas apoyan la idea principal?
> 3. ¿Qué argumentos a favor y en contra de la idea principal se presentan?
> 4. ¿Qué cualidades específicas se mencionan cuando se define la idea o tema?
> 5. ¿En cuántas partes está dividida una idea compleja?
> 6. ¿Cuáles son las semejanzas y diferencias de las dos ideas o temas que se están comparando o contrastando?

Leer para Hacer Deducciones, Uniendo Ideas que Están Expresadas para Encontrar Otras Ideas que No se Han Expresado

En otras palabras, debe sacar conclusiones de la información que presenta el autor. Puede extraer estas conclusiones ubicando los detalles importantes y determinando sus relaciones (tiempo, secuencia, lugar, causa-efecto).

¿Cómo sacar conclusiones? Puede tomar un dato, ponerlo al lado de otro y encontrar un tercero que no se ha expresado. Puede aplicar un hecho que se le ha dado a una situación distinta. Puede predecir los resultado basados en los datos disponibles.

> **Para hacer deducciones en un pasaje,** hágase las siguientes preguntas:
>
> 1. De los datos que se presentan, ¿qué conclusión puedo extraer?
> 2. ¿Qué se sugiere además de lo que ya se ha expresado?
> 3. ¿Cuál puede ser el efecto de algo que se ha descrito?
> 4. ¿Qué pasará a continuación (después de lo que se ha descrito)?
> 5. ¿Qué implicaciones tiene la idea o el principio que se ha presentado?

LEER LITERATURA POPULAR

Las habilidades básicas que se aplican para leer la literatura popular y la clásica son parecidas. La literatura popular es fácil de leer. Presenta pocos problemas de contenido, ya que posiblemente usted habrá tenido experiencias parecidas a las del escritor. Además, usted estará más familiarizado con el lenguaje que usa el escritor. Es verdad que a veces el contenido y el estilo del escritor pueden causarle dificultades, pero ya que las selecciones proceden de fuentes que usted lee frecuentemente, como por ejemplo periódicos y revistas, éstas no debieran crearle mayor dificultad que la lectura de material adaptado para la escuela superior.

LEER LITERATURA CLÁSICA

La literatura clásica difiere de la literatura popular en diferentes aspectos. Los escenarios son totalmente diferentes, ya que se remontan a siglos pasados. El estilo es distinto. Las frases son más largas y complicadas. El vocabulario es menos familiar. Algunos de los temas pueden ser poco familiares para los lectores de hoy. Por otro lado, la literatura clásica generalmente trata de emociones eternas como el amor, el odio, la avaricia, la lealtad, el autosacrificio, la felicidad y el temor, entre otros.

Leer literatura clásica requiere paciencia, pero se obtiene una gran compensación. Intente imaginar los escenarios descritos. Lea de nuevo frases difíciles. Use el contexto para obtener el significado de palabras que no conoce. Adapte a su presente el tema de la obra clásica. Con la práctica, la literatura clásica le va a ser más fácil y más satisfactoria.

Leer prosa, poesía y teatro

Además de las habilidades generales de lectura que se requieren para leer literatura clásica o popular, también se necesitan las habilidades específicas que se presentan a continuación.

IDENTIFICAR LA IDEA PRINCIPAL

La técnica para identificar la idea principal puede variar según el tipo de pasaje—poesía, ficción, ensayo o teatro. En el ensayo, por ejemplo, la idea principal puede aparecer como una afirmación directa, usualmente expresada en la frase principal. En tales casos el problema radica en encontrar la frase principal. En la prosa de ficción, tanto poesía como teatro, la idea principal se puede encontrar en un diálogo o exposición o en medio de un verso largo.

PROSA

En la prosa, la unidad principal es el párrafo. Debido a que los párrafos que va a encontrar en el examen han sido elegidos por su contenido cargado de gran número de ideas, es importante que aprenda a identificar la idea principal. Esto le permitirá también entender los elementos menos importantes en el párrafo que a menudo forman parte de las preguntas.

La frase que contiene la idea principal se usa en cinco patrones estandarizados.

1. La frase, que expresa la idea principal puede comenzar el párrafo y estar seguida de frases que contienen los detalles que explican, dan ejemplos, prueban o apoyan la idea principal o añaden interés a la idea.

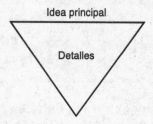

EJEMPLO

En *Alicia en el país de las maravillas*, Lewis Carroll ha creado un mundo de fantasía basado en criaturas reales, a las que ha
(5) transformado en la extravagancia que caracteriza al mundo del sueño.
Sentada con su hermana en un arroyo, Alicia ve un conejo; cuando se adormece, el conejo crece, va vestido
(10) con un chaleco, lleva un reloj de bolsillo y adquiere habla humana.

2. La idea principal puede aparecer al final del párrafo, mientras que al comienzo hay una serie de detalles que conducen a esa idea.

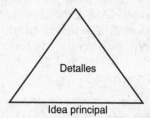

EJEMPLO

El pequeño y ligero conejo en la orilla del río se convirtió en el enorme Conejo Blanco, vestido de chaleco y con reloj de bolsillo. Las cartas de una
(5) baraja se convirtieron en la Reina de Corazones y su corte. El mundo real de Alicia Liddell se convirtió, a través de los extraños laberintos del sueño, en el mundo de fantasía de *Alicia en el*
(10) *país de las maravillas.*

3. La selección puede empezar con una generalización (idea principal) seguida de detalles que apoyan a la idea principal y

que conducen a una segunda generalización que resume toda la obra y se convierte en la idea principal definitiva.

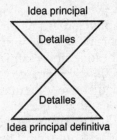

Idea principal

Detalles

Detalles

Idea principal definitiva

EJEMPLO

Los elementos del mundo real se transforman, a través de los extraños y tortuosos laberintos del sueño, en objetos y criaturas curiosas y (5) extravagantes. Un conejo escurridizo se convierte en un Conejo Blanco humanizado; una baraja de cartas se convierte en la corte de la Reina de Corazones; una gatita se convierte en (10) la Reina del tablero de ajedrez. En *Alicia en el país de las maravillas*, la realidad se transforma en fantasía y, por unos momentos, la fantasía se convierte en realidad.

4. La idea principal puede aparecer en el centro del párrafo.

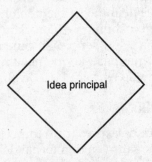

Idea principal

EJEMPLO

Cuando Alicia traspasa el espejo, entra en un jardín donde las flores hablan. En un oscuro bosque, un cervatillo se hace amigo de ella. El (5) mundo del sueño invierte los eventos del mundo real. El León y el Unicornio salen de su escondite y batallan. La Reina Colorada, que originalmente era la gatita de Alicia llamada Dinah, (10) vestida de etiqueta, le da instrucciones.

5. La selección puede contener una idea principal que no se expresa, sino que consiste en una serie de detalles relacionados que en conjunto implican una idea central.

EJEMPLO

Una baraja de cartas se convierte en una corte real. Una gatita se convierte en la Reina del tablero de ajedrez. Un escurridizo y salvaje animal se convierte (5) en un sofisticado cortesano, el Conejo Blanco con chaleco y reloj de bolsillo. Una fiesta de té victoriana se convierte en el escenario de actitudes vulgares y comportamientos toscos.

POESÍA

Encontrar la idea principal de un poema es más difícil debido al lenguaje que se usa. Es este un lenguaje figurado, pleno de imágenes y a menudo simbolismo, en el que las palabras hacen alianza con el ritmo de los versos para producir una idea principal. Vea, por ejemplo, el siguiente poema del escritor nicaraguense Rubén Darío.

La princesa está triste...¿Qué tendrá la princesa?
Los suspiros se escapan de su boca de fresa,
(5)   que ha perdido la risa, que ha perdido el color.
La princesa está pálida en su silla de oro,
    está mudo el teclado de su clave
(10)   sonoro,
    y en un vaso, olvidada, se desmaya una flor.

Si leemos detenidamente este poema veremos claves importantes para entender el significado. Por un lado, la rima y el ritmo son muy importantes y nos permiten entender mejor el lenguaje figurado como la metáfora "boca de fresa", que compara la boca de la princesa con una fresa. Por otro lado, cuando el poeta dice "la flor está desmayada", "su clave sonoro está mudo", "su boca ha perdido la risa y el color," lo hace para mostrarnos *el estado de ánimo* de la princesa, que en este caso es la idea principal de este pasaje de poesía.

DEDUCIR EL SIGNIFICADO DE LAS PALABRAS

No es necesario memorizar un vocabulario extenso para entender el significado de palabras que le son poco familiares. Muy a menudo, la clave del significado de la palabra puede encontrarse cuando se lee detenidamente la frase en que la palabra aparece.

EJEMPLO

'Es fácil entender cómo se desarrolló la misoginia del autor. Su madre lo abandonó a la edad de cinco años; su tía, que fue quien lo crió, tendía a
(5) tratarlo como si fuera una de estas cruces que los buenos "cristianos" deben cargar; y su mujer, a quien adoraba, se largó con su mejor amigo.'

¿Qué información proporciona esta frase? El pasaje habla sobre las malas experiencias que ha tenido el autor en su infancia y juventud y que involucraba a gente muy importante para él. Toda esta gente—madre, tía y esposa—son mujeres. Se puede suponer que este tratamiento por parte de las mujeres llevaron al autor a tener aversión y desconfiar—incluso odiar—a las mujeres por la manera que fue tratado por algunas de ellas. De esta manera, podemos inferir que "misoginia" quiere decir "odio y desconfianza contra la mujer", que es el mismo significado que aparece en el diccionario.

DETERMINAR EL TONO Y EL ÁNIMO

El tono es el aspecto del estilo del autor que revela la actitud que tiene hacia un tema. La disposición de ánimo es la atmósfera o efecto emocional creado, según la manera en que el autor presenta su material.

Para determinar el tono o la disposición de ánimo de un pasaje, se deben considerar los sentimientos o actitudes que se expresan.

EJEMPLO

"La habitación era oscura—tan oscura que incluso después de dar a sus ojos tiempo suficiente para acostumbrarse al negror—todavía no
(5) podía ver nada. Algo suave—ella pensó que era sólo una telaraña—rozó sus labios. Y un sonido palpitante, en armonía con su propio latido del corazón, se volvió más fuerte y rápido."

EJEMPLO

"La habitación era oscura—no oscura porque tus ojos aún no se han acostumbrado, sino realmente oscura, oscura como el estómago de una vaca.
(5) Luego, algo suave y lúgubre rozó sus labios y ella pensó que era tan sólo una telaraña. Y después se produjo este sonido—bum, bum, bum, bum—y cada vez era más fuerte y rápido a
(10) igual que el latido de su corazón—bam, bam, bam."

La disposición de ánimo es distinta en los dos pasajes. El primer pasaje presenta una disposición de ánimo apoyada en el suspenso y en el miedo. La mujer no puede ver nada en la habitación, algo extraño la roza, oye un extraño y misterioso sonido. Tenemos el presentimiento que algo terrible va a pasar.

El segundo pasaje relata esencialmente el mismo acontecimiento. Pero algunos recursos hacen que veamos la historia de diferente manera. Primero, la historia está explicada informalmente: la calidad de la oscuridad se expresa informalmente y con un grotesco sentido de humor ("como el estómago de una vaca"). Luego, siente algo "lúgubre", pero ella pensó que era *tan sólo* una telaraña. Ese "tan sólo" reduce de inmediato el temor. El sonido figurado "bum bum" y "bam bam" tampoco puede tomarse en serio. Así, tenemos la impresión de que pase lo que pase no va a ser tan malo y si lo es, será fácil de superar.

SÁTIRA E IRONÍA

Una manera de expresar un tono es el uso de la sátira. La sátira es una forma de ingenio, a veces irrespetuosa, que tiene como propósito exponer la necedad de una persona, idea, costumbre social o institución. Los caricaturistas políticos usan la sátira para rediculizar y revelar la estupidez de gente o de acontecimientos que generalmente se consideran de enorme importancia. El siguiente pasaje es de Voltaire y su obra *Cándido*. Voltaire fue uno de los maestros de la sátira.

"El barón era uno de los señores más importantes en Westfalia, por tener su castillo una puerta y ventanas. Los perros en las

(5) caballerizas formaban una jauría cuando era necesario, sus criados eran sus cazadores, el párroco del pueblo era su Gran Limosnero. Lo llamaban "Mi Señor" y reían de corazón al oír (10) sus chistes. La baronesa, que pesaba trescientas cincuenta libras, era por consiguiente muy respetada, y hacía los honores de la casa con tanta dignidad que con ello era más (15) respetable aún."

Obviamente, el pasaje de arriba no intenta hacer una descripción seria o respetable del "poderoso barón" y su forma de vida. Por el contrario, su castillo, con una puerta y ventanas, no se distingue en nada. Para demostrar que es un hombre aristocrático, tiene perros cazadores. Pero éstos están muertos de hambre y merodean por los establos para encontrar un poco de comida. Los criados deben ir a cazar no por diversión sino cuando las provisiones escasean. El cura del pueblo—posiblemente la única persona que sabe leer y escribir—es quien lleva las cuentas del barón. La baronesa se distingue por sus enormes dimensiones, y su dignidad es más bien la lentitud y torpeza causadas por el hecho de no poder moverse. El autor también se ríe de los campesinos que se impresionan por las maneras del barón.

A veces la *ironía* se confunde con la *sátira*. La confusión puede producirse por el hecho de que las dos a menudo dicen una cosa que significa otra totalmente diferente. Marco Antonio llama al asesino de Julio César, "Bruto, el hombre honorable". Pero a diferencia de la sátira, la ironía es pocas veces divertida.

La ironía puede permear completamente una obra literaria. Un famoso ejemplo es el cuento corto de Guy de Maupassant *El collar de diamantes* que narra la historia de una hermosa mujer que pide prestado un collar a su amiga rica para ir a un baile y así impresionar a los demás invitados. Cuando vuelve a casa, se da cuenta que ha perdido el collar. Entonces pide prestado una gran cantidad de dinero para comprar otro collar y se pasa el resto de su vida trabajando para poder pagar el préstamo. Años después, se encuentra con su amiga rica, la cual casi no puede reconocerla debido a su envejecimiento. Cuando le explica lo que pasó con el collar, su amiga se queda impresionada "¡Pobre!", dice ella. "El collar que te presté era una imitación—estaba hecho de vidrio opaco". La

ironía es que la mujer había pasado su vida ganando dinero para pagar por un objeto que no tenía ningún valor.

La historia de Maupassant es triste y amarga, pero hace referencia a una persona de poca importancia. Sin embargo, la ironía puede ocurrir en otros niveles. El dramaturgo griego Sófocles usa la ironía en su pieza teatral *El rey Edipo*. Cuando empieza la obra, la ciudad bajo el mando de Edipo está sufriendo una epidemia. Cuando Edipo consulta al oráculo, éste le dice que la causa es la ira de los dioses, quienes están enfadados porque hay un hombre en la ciudad que ha cometido un crimen horrible y sólo el castigo de este hombre podrá hacer que las cosas vuelvan a su curso. Edipo se compromete a buscar y deshacerse del culpable. Pero lo que no sabe es que él mismo es el culpable por haber inadvertidamente matado a su padre algunos años atrás y haberse casado con su propia madre. Así, Edipo, con su enorme orgullo y sentido del deber, irónicamente, ha jurado destruirse a sí mismo.

DEDUCIR EL CARÁCTER

El carácter de un personaje a menudo no se describe, sino que está implícito en las palabras que el personaje dice y las acciones que realiza. Esto es típico del teatro, en donde el lector debe interpretar la personalidad de un personaje sin beneficiarse con ningún tipo de dirección o materiales descriptivos. En la novela moderna, la tendencia es evitar largas descripciones y dejar que las acciones, las conversaciones y los pensamientos (el llamado *diálogo interior*) de los personajes hablen por sí solos. El lector debe atenerse, por lo tanto, a las insinuaciones y sugerencias que hace el dramaturgo o novelista para poder comprender a un determinado personaje.

La siguiente escena de *La casa de Bernarda Alba* de Federico García Lorca ofrece un ejemplo. Hay dos personajes. Uno es Bernarda, una señora acomodada de una casona de un pueblo andaluz que tiene cinco hijas, y el otro es La Poncia, su criada.

EJEMPLO

LA PONCIA— (Saliendo)
¿Estás todavía aquí?

BERNARDA

Disfrutando este silencio y sin lograr
(5) ver por parte alguna "la cosa tan
grande" que aquí pasa, según tú.

LA PONCIA

Bernarda, dejemos esta conversación.

BERNARDA

(10) En esta casa no hay un sí ni un no.
Mi vigilancia lo puede todo.

LA PONCIA

No pasa nada por fuera. Eso es
verdad. Tus hijas están y viven como
(15) metidas en alacenas. Pero ni tú ni
nadie puede vigilar por el interior de
los pechos.

BERNARDA

Mis hijas tienen la respiración
(20) tranquila.

LA PONCIA

Esto te importa a ti, que eres su
madre. A mí, con servir tu casa tengo
bastante.

(25) BERNARDA

Ahora te has vuelto callada.

LA PONCIA

Me estoy en mi sitio y en paz.

BERNARDA

(30) Lo que pasa es que no tienes nada
que decir. Si en esta casa hubiera
hierbas ya te encargarías de traer a
pastar las ovejas del vecindario.

LA PONCIA

(35) Yo tapo más de lo que figuras.

¿Qué sabemos de Bernarda? Por lo que
dicen sabemos que es una madre ya un poco
de avanzada edad que protege demasiado a
sus hijas que ya han adquirido la pubertad.
La madre está preocupada de lo que dirán los
demás. Cree que las tiene bien vigiladas y
que sabe todo lo que hacen. La Poncia la
acusa de hacerlas vivir "como metidas en
alacenas" y le advierte que "nadie puede vigilar por el interior de los pechos". Bernarda es
una mujer rígida, dura y cruel.

Por su parte, La Poncia, su criada, es una
mujer habladora y chismosa, según nos hace
ver Bernarda. Lo vemos cuando dice "Si en
esta casa hubiera hierbas ya te encargarías
de traer a pastar las ovejas del vecindario".
Bernarda cree que todo el mundo sabe lo que
está pasando en su casa debido a los chismes de la criada. Pero ésta le recuerda que
sabe callar, y más de lo que Bernarda piensa.

Obviamente, algunas maneras de presentar los personajes son más fáciles de entender que otras y las personalidades pueden
ser más o menos complejas. Afortunadamente, las preguntas en el examen no pro-
fundizan demasiado en los personajes y es
por eso que las respuestas pueden encontrarse fácilmente con una lectura detenida
del pasaje. Es importante tener en cuenta las
alusiones, sugerencias y sobrentendimientos
del autor cuando hacer hablar o actuar a sus
personajes.

HACER DEDUCCIONES SOBRE LA ESCENA

Un gran número de factores están relacionados con la escena de una selección o pasaje.
La escena no sólo incluye el lugar físico y el
tipo de lugar (tranquilo, ruidoso, etc.) sino
también el día, la estación del año o el momento histórico. Veamos qué claves podemos
encontrar en este pasaje.

EJEMPLO

Sabía que llegaría tarde, pero no
podía apresurarse y precipitarse a
través del gentío que paseaba y se
expresaba en distintas lenguas. Los
(5) alemanes, con los cuellos quemados
por el sol y con la correa de la cámara
como guirnalda, regateaban gutural-
mente bajo las miradas indiferentes de
las mujeres en sus quioscos. Pensaban
(10) que encontrarían la ganga de su vida
en el precio de una bolsa de paja o una
cajita pintada. Las mujeres dejaban que
se confundieran con la poco familiar
moneda, sabiendo perfectamente cual
(15) sería su último precio. Tres chicas
americanas, que se distinguían por su
cabello corto y sus camisas de madrás
encima de sus pies calzados con
sandalias y sus piernas desnudas,
(20) perdían el tiempo y sonreían
tontamente ante las súplicas de dos
persistentes *pappagalli* que parecían
estar decididos a mejorar las relaciones
internacionales a toda costa.

(25) El otro lado de la calle que llevaba a
la Signoria estaba menos concurrido
y decidió que por allí era más fácil
esquivar las pequeñas motocicletas que

irrumpían ruidosamente por la calzada
(30) empedrada y las multitudes que salían
a borbotones del gran museo y se
dirigían a las estrechas aceras. Odiaba
estas inundaciones anuales de turistas
y buscaculturas que se apiñan en las
(35) calles, los hoteles, los pequeños
restaurantes, de tal manera que los
residentes se ven obligados a replegarse
al interior de los fríos muros de piedra
de sus casas y a sus cerrados círculos
(40) sociales. Los nativos más afortunados,
por supuesto, se dirigían a Viareggio o
a las playas del sur de la Riviera.

Finalmente encontró una mesa al
fondo de un café—demasiado cerca al
(45) bar, pero parcialmente obstruida por la
barrera de una planta—y pidió una
bebida. La vieja piazza ahora estaba
ensombrecida, excepto en lo alto de las
torres donde las viejas piedras de color
(50) marrón se habían convertido por el sol
en brillante oro que contrastaba con el
azul del cielo.

¿Qué podemos decir de la escena que se describe en este pasaje?

Lugar: Inmediatamente podemos obtener
unas cuantas pistas. Obviamente, el escenario es la ciudad (multitudes, aceras, un mercado, un museo). No es en los Estados
Unidos, debido a que las chicas americanas
se distinguían por su vestimenta. Por el
hecho de que se menciona la Riviera sabemos que es un centro de vacaciones. Sabemos que es algún lugar de Europa
occidental, excepto Alemania (los alemanes
no están familiarizados con el lenguaje). Las
palabras extranjeras *pappagalli* y *piazza* nos
hacen suponer que el país es Italia.

Tiempo: (1) Aunque la ciudad es vieja (calles empedradas, aceras estrechas y las torres de la vieja piazza), el período es más
reciente. Motocicletas, chicas con las piernas
desnudas, turistas con cámaras, todo indica
que estamos en la era moderna. (2) La estación del año podemos deducirla por el vestido
de los turistas y por el hecho de que los nativos normalmente se dirigen a la playa en el
verano. (3) La hora del día podemos adivinarla porque la plaza estaba ensombrecida, a
excepción de las torres. Así pues, no es el
mediodía. Debido a que el personaje pide una
bebida en el café-bar podemos suponer que
es al atardecer (hora del cocktail) y tiene una
cita con alguien antes de cenar.

Este pasaje ha sido preparado para la
práctica de hacer deducciones sobre la escena. Usted probablemente no encontrará
muchos pasajes como éste en los exámenes.
No obstante, debe aprender a reconocer las
pequeñas claves para poder tener una idea
de la escena en los pasajes descriptivos.

Ahora se presentan dos pasajes representativos de la literatura en prosa. Léalos detenidamente, responda a las preguntas,
compare las respuestas con la clave de las
respuestas, y vea el análisis particular de
cada pregunta, especialmente las que ha
contestado incorrectamente.

PRÁCTICA DE LA PROSA POPULAR

¿CÓMO LÁZARO SE ASENTÓ CON UN ESCUDERO?

Desta manera me fué forzado sacar
las fuerzas de flaqueza. Y, poco a poco,
con ayuda de las buenas gentes, di
conmigo en esta insigne ciudad de
(5) Toledo, adonde, con la merced de Dios,
dende a quince días se me cerró la
herida. Y mientras estaba malo, siempre
me daban alguna limosna; mas, después
que estuve sano todos me decían:
(10) —Tú bellaco y gallofero eres. Busca,
busca a un amo a quien sirvas.
"¿Y adónde se hallará ése?—decía yo
entre mí—si Dios agora de nuevo, como
crió el mundo, no lo criase".
(15) Andando así discurriendo de puerta
en puerta, con harto poco remedio,
porque ya la caridad se subió al cielo,
topóme Dios con un escudero que iba
por la calle con razonable vestido, bien
(20) peinado, su paso y compás en orden.
Miróme, y yo a él, y díjome:
—Muchacho, ¿buscas amo?
Yo le dije:
—Sí señor.
(25) —Pues, vente tras mí,—me respondió—
que Dios te ha hecho merced en topar
conmigo. Alguna buena oración rezaste
hoy.
Y seguíle, dando gracias a Dios por lo
(30) que le oí, y también que me parecía,
según su hábito y continente, ser el que
yo había de merecer.
Era la mañana cuando este mi tercero
amo topé. Y llevóme tras sí gran parte
(35) de la ciudad. Pasábamos por las plazas
donde se vendía pan y otras provisiones.

Yo pensaba, y aun deseaba, que allí me
quería cargar de lo que se vendía, porque
ésta era propia hora cuando se suele
(40) proveer de lo necesario; mas muy a
tendido paso pasaba por estas cosas.
"Por ventura no lo ve aquí a su
contento,—decía yo—y querrá que lo
compremos en otro cabo".
(45)   Desta manera anduvimos hasta que
dió las once. Entonces se entró en la
iglesia mayor y yo tras él, y muy
devotamente le vi oír misa y los otros
oficios divinos, hasta que todo fué
(50) acabado y la gente ida. Entonces
salimos de la iglesia.

—Anónimo

1. El título que mejor expresa la idea de
este pasaje es

(1) "El buen día de Lázaro"
(2) "Lazarillo se recupera de su herida"
(3) "Un misterioso escudero"
(4) "Dios nos ayuda a todos"
(5) "En busca de otro amo"

2. Por la descripción que se hace de
Lazarillo podemos decir que

(1) es un holgazán
(2) está hambriento
(3) es un muchacho aventurero
(4) le encanta servir a su amo
(5) le gusta ir a la iglesia

3. La situación en España en aquellos
momentos

(1) era de bullicio y diversión continua
(2) era de gran auge económico
(3) era de inactividad económica
(4) era de pre-campaña electoral
(5) era de economía de guerra

4. Por la descripción que hace de su amo,
¿qué deducciones podemos hacer?

(1) Es un hombre pobre
(2) Es un hombre de dinero
(3) Es un hombre que trabaja en el
campo
(4) Es un hombre a quien le gusta
aparentar
(5) Es un hombre de baja clase social

5. Podemos concluir que lo que más
concierne a Lázaro es

(1) que se le cure la herida
(2) conseguir un amigo
(3) enriquecerse a costa de su amo
(4) viajar por todas las ciudades
(5) asegurarse la comida de todos los días

6. En el pasaje, ¿qué atmósfera intenta
crear el autor?

(1) de anticipación
(2) de paz
(3) de incertidumbre
(4) de jovialidad
(5) de desaliento

CLAVE DE LAS RESPUESTAS

1. **5**   2. **2**   3. **3**   4. **1**   5. **5**   6. **5**

ANÁLISIS DE LAS RESPUESTAS

1. **5** Lázaro se ha recuperado de la herida
sufrida anteriormente (en el capítulo
anterior, el clérigo lo lesiona) y se da
cuenta que ahora ya curado no tiene
ninguna excusa para pedir limosna y
sabe que tiene que ponerse a trabajar.
En aquella época, España estaba en
pésima situación económica y el
hambre era muy común. Por eso, el
pasaje se basa en la necesidad de
encontrar un amo (iba de puerta en
puerta) a quien servir, pues de eso
depende su supervivencia. Después el
pasaje hace alusión a cómo es que su
amo no se detiene en el mercado a
comprar comida y se va a misa, lo
cual le parece extraño a Lázaro, pero
ese no es el tema central.

2. **2** Podemos decir que Lázaro está
hambriento, pues como dice cuando
pasaban por la plaza "Yo pensaba y
aun deseaba que allí me quería cargar
de lo que se vendía". En cambio, en
ninguna parte del pasaje dice que le
encanta su amo. Cuando entra su amo
a la iglesia y él lo sigue, simplemente
dice que "devotamente le vi oír misa",
pero no señala agrado alguno. Aunque
todos sabemos que la novela picaresca
El lazarillo de Tormes narra las aventuras de Lázaro, en este pasaje, el
encuentro con su nuevo amo es una
necesidad de subsistencia y no de
aventura.

3. **3** Cuando habla de las limosnas dice que "la caridad se subió al cielo", dando a entender que la situación en España era de inactividad económica que contribuía a las infelices condiciones de vida en aquellos tiempos. Aunque es una pieza satírica, refleja de manera realista a los segmentos de la sociedad española.

4. **1** Lázaro describe al escudero diciendo que está "razonable vestido, bien peinado, su paso y compás en orden". Imagina que tiene dinero, lo suficiente para poderlo mantener "según su hábito y continente, ser el que yo había de merecer." Pero no comprende que el escudero es pobre y sólo trata de aparentar riqueza.

5. **5** En todo el pasaje, Lázaro se muestra realista en todo momento viendo todo lo que pasa. Su mayor preocupación es combatir el hambre. Es por eso que quiere un amo y es por eso que lo demuestra cuando pasa por la plaza donde hay pan y otras provisiones.

6. **5** Cuando el lazarillo dice "me fue forzado sacar las fuerzas de flaqueza" o cuando piensa para sí mismo "si Dios agora de nuevo, como crió el mundo, no lo criase" muestra una actitud de desaliento en la búsqueda de un amo que le pudiera alimentar y que se ve más patente en la frase "discurriendo de puerta en puerta, con harto poco remedio".

PRÁCTICA DE LA PROSA CLÁSICA

¿CÓMO DON QUIJOTE LUCHA CON LOS MOLINOS?

En esto descubrieron treinta o cuarenta molinos de viento que hay en aquel campo; y así como Quijote los vió, dijo a su escudero:

(5) —La ventura va guiando nuestras cosas mejor de lo que acertáramos a desear; porque ves allí, amigo Sancho Panza, dónde se descubren treinta, o poco más, desaforados gigantes, con

(10) quien pienso hacer batalla y quitarles a todos las vidas, con cuyos despojos comenzaremos a enriquecer; que ésta es buena guerra, y que es gran servicio de Dios quitar tan mala simiente de sobre

(15) la faz de la tierra.

—¿Qué gigantes?—dijo Sancho Panza

—Aquéllos que allí ves—respondió su amo—de los brazos largos, que los suelen tener algunos de casi dos leguas.

(20) —Mire vuestra merced—respondió Sancho—que aquéllos que allí se parecen, no son gigantes, sino molinos de viento, y lo que en ellos parecen brazos son las aspas que, volteadas del

(25) viento, hacen andar la piedra del molino.

—Bien parece—respondió Don Quijote—que no estás cursado en esto de las aventuras; ellos son gigantes y, si tienes miedo, quítate de ahí y ponte en

(30) oración en el espacio que yo voy a entrar en ellos en fiera y desigual batalla.

Y diciendo esto dió de espuelas a su caballo Rocinante, sin atender a las voces que su escudero Sancho le daba,

(35) advirtiéndole que sin duda alguna eran molinos, y no gigantes aquellos que iba a acometer. Pero él iba tan puesto en que eran gigantes, que ni oía las voces de su escudero Sancho, ni echaba de

(40) ver, aunque estaba bien cerca, lo que eran; antes iba diciendo en voces altas:

—Non fuyades, cobardes y viles criaturas; que un solo caballero es el que os acomete.

(45) Levantóse en esto un poco de viento, y las grandes aspas empezaron a moverse, lo cual visto por Don Quijote, dijo:

—Pues, aunque mováis más brazos que los del gigante Briosero me lo

(50) habéis de pagar.

Y en diciendo esto, y encomendándose de todo corazón a la señora Dulcinea, pidiéndole que el trance le socorriese, bien cubierto de su rodela, con la lanza

(55) en el riestre, arremetió a todo el galope de Rocinante y embistió con el primer molino que estaba delante.

—Miguel de Cervantes

1. La idea principal del autor en este pasaje es

   (1) Mostrar el idealismo en oposición al realismo
   (2) Describir los molinos de la Mancha
   (3) Expresar el espíritu realista de Sancho Panza
   (4) Rechazar la locura del hidalgo Don Quijote
   (5) Destruir el mito de los caballeros

2. ¿Cuál de estos temas *no está* relacionado con el pasaje?

(1) la realidad
(2) la verdad
(3) la realización de una buena obra
(4) la relación entre la realidad, la verdad y hacer una buena obra
(5) la locura que llega a la gente senil

3. El autor tiene un sentimiento hacia Don Quijote de

(1) lástima
(2) indiferencia
(3) admiración
(4) rechazo
(5) resignación

4. ¿Qué quiere decir la expresión "Non fuyades"?

(1) que no huyan
(2) que no miren
(3) que no rían
(4) que no griten
(5) que no se queden

5. El autor presenta a Don Quijote como un personaje

(1) divertido
(2) estúpido
(3) hostil
(4) poético
(5) alegre

CLAVE DE LAS RESPUESTAS

1. **1**   2. **5**   3. **3**   4. **1**   5. **4**

ANÁLISIS DE LAS RESPUESTAS

1. **1** La palabra clave en la pregunta es "idea principal." Es cierto que el autor expresa el espíritu realista de Sancho Panza (respuesta 3) y el idealismo y la locura de Don Quijote (respuesta 4). Pero en este pasaje, muestra los dos polos opuestos. El idealismo y la poesía que manifiesta Don Quijote al creer que los molinos son gigantes a los que tiene que combatir se opone claramente al materialismo y la realidad de Sancho, que tan solo ve molinos con aspas.

2. **5** El autor afirma que lo que es una realidad para unos, en el caso de Sancho, no lo es para otros. En este sentido lo mismo pasa con la verdad. Cuando dice Don Quijote que "es gran servicio de Dios quitar tan mala simiente de sobre la faz de la tierra", se toca el tema de cómo se definen las buenas obras y cómo la realidad, la verdad y la justicia están unidas en el pasaje. Sin embargo, la locura de Don Quijote no está vista como una enfermedad de un hombre viejo, sino como una reacción a la lectura de tanto libro de caballería.

3. **3** El autor hace a Don Quijote confundir molinos de viento con enormes gigantes con los que tiene que luchar para eliminar a seres que aterran a la humanidad y para apoderarse de sus bienes, imitando así las conquistas de los caballeros legendarios. Pero en el pasaje el autor muestra su admiración por el valor y la nobleza de Don Quijote.

4. **1** "Non fuyades" está escrito en castellano antiguo, pero por el contexto se puede deducir que quiere decir "No huyáis" o "No huyan", haciendo referencia a los molinos (gigantes).

5. **4** El autor lo presenta como una persona romántica y poética. Una clave de ello se ve cuando se encomienda a su adorada Dulcinea antes de emprender la batalla. Aunque acomete contra los molinos y esto acaba siendo una escena de humor, el autor no presenta a Don Quijote como un personaje divertido. Asimismo, a pesar de querer batallar, no aparece como una persona hostil o poco inteligente.

LEER POESÍA

Para leer poesía se necesita una serie de habilidades especiales, ya que el poeta usa un lenguaje y unas técnicas de escritura especiales.

En poesía, las palabras en muchos casos no se usan en el sentido literal y el lector debe usar su imaginación para entender lo que el poeta dice. Por ejemplo,

"La aurora me dio cuna"

La palabra "cuna" no se usa con su significado regular, sino que se usa de manera figurativa para expresar la idea de que acaba de salir el sol.

"El trompeta le llame diligente
dando fuerza de ley al viento vano"

El sonido ("viento") que sale de la trompeta no tendría mayor importancia (sería "vano") si no fuese porque el hombre que toca la trompeta ("el trompeta") representa al rey y por eso su música debe obedecerse ("fuerza de ley").

> **Primera habilidad.** En poesía, las palabras normalmente se usan en sentido figurativo. No se pueden tomar estas palabras en forma literal. Use la imaginación para entender en qué sentido los usa el poeta.

En poesía, el significado se comprime en pocas palabras con el uso de figuras literarias como la metáfora (hacer una comparación tácita entre dos cosas o personas usando la cualidad de una de ellas aplicada a la otra):

"La ruta era un cinta de luz de luna"

Con esas pocas palabras, el poeta explica que era de noche, la luna brillaba y el área iluminada estaba rodeada de oscuridad.

"La luna es un galeón fantasmal"

El poeta nos cuenta que la luna es un barco y el cielo el océano. Cuando la luna se mueve a través del cielo, crea un sentimiento misterioso y sobrenatural.

Segunda habilidad. En poesía, las palabras de un significado extenso a menudo se comprimen o condensan y se presentan en pocas palabras, normalmente a través del uso de figuras literarias como la metáfora. Añada a las palabras que usted lee el significado y las imágenes que están implícitas en dichas palabras.

En poesía, el significado está relacionado con el ritmo. Por eso ayuda mucho leer la poesía en voz alta.

La combinación de yambos (pie de la poesía que tiene una sílaba breve y otra larga) y anapestos (pie de la poesía compuesto de tres sílabas: las dos primeras breves y la última larga) que realiza el lector obedece al ritmo creado por el poeta. Pruebe con este fragmento del poema de Antonio Machado "Las encinas".

El alto roble parece
que recalca y ennidece
su robustez como atleta
que, erguido, afinca en el suelo.

Tercera habilidad. Lea el poema en voz alta poniendo atención al ritmo, ya que el ritmo del poema le ayudará a entender el significado.

En poesía, además del ritmo que siempre está presente, podemos encontrarnos frecuentemente con la rima. La rima también nos ayuda a entender el significado. En la poesía de Rubén Darío titulada "Era un aire suave", los sonidos de la rima se aprecian en "giros" y "suspiros", así como en "vuelos" y "violoncelos".

Era un aire suave, de pausados giros;
el hada Harmonía ritmaba sus vuelos;
e iban frases vagas y tenues suspiros
entre los sollozos de los violoncelos.

Cuarta habilidad. A medida que lea el poema, aprecie la rima y el ritmo, ambos le ayudarán a entender el significado y los sentimientos que se expresan.

En poesía, el poema por sí mismo tiene una cierta forma. Puede definirse como soneto o verso libre. Un soneto es una composición que consta de catorce versos endecasílabos distribuidos en dos cuartetos y dos tercetos. En cada uno de los cuartetos riman, por regla general, el primer verso con el cuarto y el segundo con el tercero. En los tercetos, estas órdenes pueden ir de distintas maneras. Para entender mejor el soneto, refiérase al poema *"¡Siémbrate!"* de Miguel de Unamuno (1912) que se presenta a continuación. En cambio el verso libre no tiene ningún orden ni un número fijo de versos.

Quinta habilidad. A medida que lea el poema, estudie su forma y estructura. Si está dividido en estrofas o párrafos, determine qué significado tiene cada estrofa en relación a todo el poema. La forma del poema también le ayudará a interpretarlo. Fíjese si es un poema de verso libre, un octeto (los primeros ocho versos de un soneto), un cuarteto o redondilla (una estrofa de cuatro versos), un soneto, una sextina (los últimos seis versos de un soneto o los dos tercetos de un soneto).

Lea detenidamente el poema de Miguel de Unamuno e intente responder las preguntas que se refieren a él. Compare sus respuestas con la clave de las respuestas y estudie el análisis de las respuestas, especialmente las que ha respondido incorrectamente.

PRÁCTICA DE LA POESÍA CLÁSICA

¿CÓMO EL POETA VE LA VIDA?

Sacude la tristeza y tu ánimo recobra,
no quieto mires de la fortuna la rueda
como gira al pasar rozando tu vereda,
que a quien quiere vivir es lo que le
(5)　sobra.

No haces sino nutrir esa mortal zozobra
que así en las redes del morir lento te
　enreda,
pues vivir es obrar y lo único que queda
(10) la obra es; echa, pues, mano a la obra.

Ve sembrándote al paso y con tu propio
　arado
sin volver la vista que es volverla a la
　muerte,
(15) y no a lo por andar sea peso lo andado.

En los surcos lo vivo, en ti deja lo inerte,
pues la vida no pasa al paso de un
nublado;
de tus obras podrás un día recogerte.
(20)   —Miguel de Unamuno

1. La idea principal del poema es que

(1) la suerte depende de la rueda de la
fortuna
(2) La muerte nos llega a todos
(3) La vida es pasajera como las nubes
(4) en la vida lo único que queda es tu
obra
(5) la vida es demasiado larga

2. El título del poema *"¡Siémbrate!"*
implica que

(1) sembrar plantas sacude la tristeza
del hombre
(2) el hombre debe encontrar un surco
donde sembrar su vida
(3) dedicarse a la agricultura puede ser
un buen futuro
(4) siguiendo el arado se descubre el
camino
(5) el mundo es como una huerta

3. El verso "Y no a lo por andar sea peso
lo andado" quiere decir que

(1) no andes si ves que no puedes llegar
(2) no andes más de lo que tengas que
andar
(3) no dejes que el camino recorrido te
agote y detenga
(4) no te agotes en cada paso que das
(5) no andes apurado porque te vas a
cansar

4. ¿Qué actitud tiene el poeta ante la vida?

(1) de pesimismo
(2) de indiferencia
(3) de optimismo
(4) poco realista
(5) de resignación

5. ¿Qué propósito tiene el poeta al escribir
este poema?

(1) Decir a la gente que la vida es muy
larga y hay que vivirla
(2) Que la gente mire hacia el pasado
para ver lo que ha recorrido
(3) Que la gente recuerde a sus muertos
y sus obras
(4) Alentar a la gente a jugar a la lotería
(5) Animar a la gente a obrar y trabajar
para sembrar un fruto futuro

6. ¿Qué forma tiene el poema?

(1) sextina
(2) octeto
(3) oda
(4) redondilla
(5) soneto

CLAVE DE LAS RESPUESTAS

1. **4**   2. **2**   3. **3**   4. **3**   5. **5**   6. **5**

ANÁLISIS DE LAS RESPUESTAS

1. **4** El poema anima al hombre a que se
ponga mano a la obra, para construir
su vida pues vivir es obrar y lo único
que queda es la obra. Este poema
representa la filosofía de Unamuno,
quién creía en el deber del ser
humano de crear.
2. **2** El poeta hace una metáfora al
comparar al hombre con una planta.
Afirma que el hombre debería
encontrar un surco donde sembrar su
vida, es decir, encontrar el camino
hacia el futuro. Esto se ve en el verso
que dice "Ve sembrándote al paso y
con tu propio arado".
3. **3** En este verso, el poeta recomienda
que no mires hacia el pasado y dejes
que el camino que has recorrido pese
o te agote tanto que te hundas y te
detengas. A menudo la poesía juega
con los componentes de una frase y
cambia el orden normal de las
palabras. Entonces es necesario
revisar esos componentes y
reordenarles para encontrar el sentido.
4. **3** Unamuno tiene una actitud optimista
ante la vida, lo que se ve cuando
anima al hombre a sacudir la tristeza
y a recobrar el ánimo y a no esperar
que sea la rueda de la fortuna la que
determine su futuro.

5. **5** Todo el poema es un aliento a obrar en la vida para que en un futuro puedas recoger los frutos. Una vez muerto, la obra del hombre es lo único que queda.

6. **5** Es un soneto ya que el poema está compuesto de 14 versos divididos en cuartetos (cuatro líneas) y tercetos (tres líneas). En los cuartetos, el primer y el último verso riman y el segundo con el tercero también. En cada uno de los tercetos, el primer y tercer verso riman. No puede ser una sextina, porque tiene más de seis líneas, ni una oda, que es un género lírico que no tiene una forma determinada, así como no puede ser una redondilla que sólo tiene cuatro versos, ni un octeto que tiene ocho versos.

RESUMEN DE LA INTERPRETACIÓN DE LA POESÍA

Las habilidades en la lectura e interpretación de la poesía requieren

1. Usar la imaginación para intentar comprender el significado de las palabras usadas de forma figurativa y añadir ese significado adicional a su significado real.

2. Debido a que la poesía condensa lo que quiere expresar en pocas palabras, estudie las figuras literarias que se usan, como los similes y las metáforas, para comprender más fácilmente los significados.

3. Lea el poema en voz alta, ya que el ritmo le ayudará a comprender el significado del poema.

4. Observe cómo la rima que se usa le puede ayudar a entender los sentimientos que quiere expresar el poeta, así como el significado.

5. Observe también los sonidos de las palabras, pues éstas refuerzan el significado.

6. Estudie las formas del poema y sus subdivisiones en estrofas para entenderlo mejor.

Nota: Lea el poema completo rápidamente para tener una idea general de su significado y los pensamientos que se expresan. No se desanime si no entiende nada en un principio. Luego, léalo detenidamente y responda a las preguntas basadas en el poema.

LEER TEATRO

Anteriormente, hemos indicado cómo se pueden hacer deducciones sobre los personajes por las palabras que dicen y por sus acciones, ya que en el teatro la descripción no es posible como en la prosa. Es cierto que entre las distintas formas de literatura, el teatro es la más difícil de leer. En el teatro moderno el dramaturgo no habla directamente con el lector como lo hacen los novelistas y cuentistas. Algunas veces crea un escenario para los que van a producir la obra e incluye instrucciones al actor sobre la disposición de ánimo o la acción. Pero la mayoría de la veces, el dramaturgo permite que el actor y el lector se imaginen la apariencia, el personaje, las acciones y los sentimientos. La única ayuda que nos proporciona es el diálogo, es decir la conversación entre los personajes. A través del diálogo usted puede imaginar el escenario, visualizar la acción entre los personajes y sacar conclusiones sobre los personajes y sus motivaciones. Por otro lado, usted debe entender también la esencia del teatro, que se basa en el conflicto de las ideas o los personajes. De tal conflicto sólo es posible darse cuenta a través del diálogo. Y, finalmente, quizás se le pida que prediga lo que va a pasar según lo que ha leído hasta el momento.

El análisis de la siguiente escena de "Dos brasas" del dramaturgo argentino Samuel Eichelbaum le ayudará a ilustrar las habilidades que se necesitan para entender el teatro. (Este pasaje es más largo que las selecciones que aparecerán en el Examen de GED).

PRÁCTICA DEL TEATRO CLÁSICO

CUÁL ES EL PROPÓSITO DEL DRAMATURGO?

E. MORRISON
    Sr. Byrton, no debe usted creerle una palabra. Está descargando su odio contra mí, todo el día acumulado en
(5) siete años de matrimonio, por no haber podido apoderarse de mi dinero. Se casó conmigo por los doscientos mil dólares que heredé de mi madre. Ahora lo sé, ahora lo veo. Lo puede usted ver
(10) también como yo.

R. MORRISON
    A nadie he permitido jamás una incursión por mi conciencia. Menos puedo permitirle a una mujer

(15) trágicamente insensible a todo sentido
de donación y de piedad. Que diga de
qué dinero hemos vivido en siete años
de matrimonio; que diga si en estos
años de vida en común se ha gastado
(20) un solo centavo de su fortuna, un solo
centavo de su sueldo.

E. MORRISON
Esto no excluye la secreta ambición
de mi dinero. Eso no excluye que haya
(25) vivido esperanzado en tenerlo bajo su
mano o bajo su firma.

R. MORRISON
Estamos perdiendo el tiempo, Sr.
Byrton. He venido a terminar de una vez
(30) este asunto.

BYRTON
Bien. Haga usted las acusaciones
concretas, Sr. Morrison.

R. MORRISON
(35) Haga demanda de divorcio por las
siguientes razones: Primera razón, me
niego a seguir viviendo bajo el mismo
techo con una mujer que me limita la
vida, a tal extremo que me ha destruido
(40) casi por completo el sentido de la
solidaridad con el dolor y las necesidades
del prójimo. Hoy paso frente a cualquier
desventurado que vive de la caridad
pública, y nada de él me conmueve.
(45) Estoy petrificándome de las angustias
del ser humano. Acuso a la avaricia de
esta mujer de mi monstruosa
indiferencia. Segunda razón, no puedo
seguir viviendo con una mujer que me
(50) conduce paulatinamente a la desnutrición, por avaricia.

BYRTON
Pero si el dinero que se invierte para
vivir es suyo, no veo por qué se somete
(55) usted a ella.

R. MORRISON
Cómo se ve, Sr. Byrton, que usted
desconoce lo que es mi situación. Lo
terrible de estos seres es que contaminan
(60) todo. Nada hay que no caiga bajo la
sordidez terrible de su espíritu. Al volver
de mi oficina, cansado de trabajar y
lánguido de hambre, no estoy con
ánimos de promover reyertas. Por lo
(65) general, cuando llego a la conclusión de
que es necesario reaccionar, me faltan
las energías para hacerlo, lo que
demuestra que todos los días avanza

ella en el propósito de convertirme a su
(70) ignominia. Lo único que en este instante
reclama mi ánimo es independizarme de
su presencia deprimente.

BYRTON
Yo le creo, amigo Morrison. Le creo
(75) porque le conozco y porque veo y percibo
que sus palabras están cargadas de
emoción; pero no olvide usted que el
juez no lo verá, y que sus palabras
desprendidas de la emoción que tras-
(80) ciende de su ánimo conturbado y de su
presencia contagiosa, no persuadirán.
Faltan hechos gruesos. Los que usted
concreta tienen gravedad, no lo
desconozco, pero no sé si tienen toda la
(85) necesaria para convencer al juez, que,
en principio, se resistirá a la demanda.
—Samuel Eichelbaum

1. El propósito principal del dramaturgo es

   (1) mostrar que a veces no es tan fácil
       divorciarse
   (2) describir la debilidad del carácter de
       la mujer
   (3) explorar su posición a favor del
       divorcio
   (4) condenar la avaricia
   (5) explicar los actos de los personajes

2. ¿En dónde posiblemente tiene lugar
   esta historia?

   (1) en un país del Mediterráneo
   (2) en los Estados Unidos
   (3) en Inglaterra
   (4) en algun país asiático
   (5) en un país latinoamericano

3. El dramaturgo crea una disposición de
   ánimo usando los siguientes recursos, a
   excepción de

   (1) el diálogo
   (2) la descripción
   (3) el nombre de los personajes
   (4) la dialéctica
   (5) el suspenso

4. El personaje de R. Morrison está
   descrito como una persona

   (1) nostálgica
   (2) desesperada
   (3) alegre
   (4) resignada
   (5) condescendiente

5. ¿Qué papel representa el Sr. Byrton en este fragmento?

   (1) un amigo de la familia
   (2) el hermano de la esposa
   (3) un funcionario público
   (4) un juez
   (5) un abogado

6. El lector puede inferir de este fragmento lo siguiente, a *excepción de*

   (1) Sr. Byrton está a favor de la esposa
   (2) E. Morrison es una mujer avariciosa
   (3) R. Morrison no se casó por dinero
   (4) Sr. Byrton intenta buscar razones para el divorcio
   (5) R. Morrison es un personaje emotivo

7. R. Morrison demanda el divorcio porque

   (1) su esposa le da demasiado de comer
   (2) hay incompatibilidades de carácter
   (3) su esposa no se gasta el dinero que ha heredado
   (4) la avaricia de su esposa le provoca problemas psicológicos
   (5) no le gusta que su esposa se gaste su dinero

CLAVE DE LAS RESPUESTAS

1. **5**   2. **2**   3. **2**   4. **2**   5. **5**   6. **1**
7. **4**

ANÁLISIS DE LAS RESPUESTAS

1. **5** En ningún momento el dramaturgo se inclina por ninguno de los personajes; lo que hace es explicar sus acciones. Por ejemplo, cuando el marido declara que no ha tocado un centavo de la herencia de su esposa, el autor explica la personalidad de la mujer cuando ésta dice "esto no excluye la secreta ambición de mi dinero". Asimismo, el papel del Sr. Byrton es el de explicar el comportamiento del marido y sus razones para divorciarse.

2. **2** Por el hecho que los apellidos de los personajes son ingleses, la historia se puede situar en un país angloparlante. De esta manera, se descartan todas las opciones, a excepción de Inglaterra y los Estados Unidos. Pero, cuando la esposa habla de los doscientos mil dólares que ha heredado de su

madre, nos confirma que la acción ocurre en los Estados Unidos, ya que el dólar es la moneda del país.

3. **2** El autor crea una atmósfera a través del diálogo de los personajes que se enfrentan entre sí, así como de la dialéctica (raciocinio y justificación de las acciones). Asimismo, el suspenso se muestra en la conversación general, pues es el preludio de la confrontación entre marido y mujer en la corte. La opción 2 es la correcta, ya que en ningún momento el autor describe a los personajes o al escenario.

4. **2** La actitud de R. Morrison es de desesperación y así lo muestra cuando hace la demanda de divorcio diciendo "me niego a seguir viviendo... me ha destruido el sentido de la solidaridad con el dolor..." o cuando le dice a Sr. Byrton "Cómo se ve que usted desconoce lo que es mi situación... Nada hay que no caiga bajo la sordidez terrible de su espíritu".

5. **5** El Sr. Byrton, aunque no se diga en el fragmento, es el abogado. Y se ve claro cuando dice "Haga usted las acusaciones concretas", así como cuando menciona al juez para decirle que ha de haber "hechos gruesos" para convencer al juez. También es un buen amigo, ya que conoce las emociones de Morrison, pero la pregunta es el papel que Byrton representa. La opción 5 es la correcta.

6. **1** En ningún momento el Sr. Byrton ha mostrado inclinación por la esposa de Morrison. En cambio, sí se puede inferir que E. Morrison es una mujer avariciosa que vive del dinero del marido, aún teniéndolo ella y que tal vez R. Morrison, que es una persona emotiva, no se casó por dinero, ya que durante siete años el matrimonio ha vivido de su sueldo. Finalmente, toda la conversación se centra en las razones para el divorcio. La respuesta correcta es la 1 ya que no se puede inferir esta afirmación.

7. **4** El R. Morrison razona los problemas psicológicos que le ha causado la avaricia de su mujer al afirmar "me ha destruido el sentimiento de la solidaridad...". Menciona también "la sordidez terrible de su espíritu" y la falta de energía que él sufre como

consecuencia. No se mencionan incompatibilidad de caracteres, ni que la esposa se gaste el dinero que ha heredado o el dinero que él mismo posee. En lo que respecta a la comida, el marido se queja de estar desnutrido. La opción 4 es la correcta.

RESUMEN DE LA INTERPRETACIÓN DE LA LECTURA DEL TEATRO

Las habilidades en la lectura e interpretación del teatro requieren que

1. Imagine el escenario. Si no dan direcciones escenográficas, éstas se pueden deducir por el diálogo de los personajes donde la acción tiene lugar.
2. Visualice la acción. A medida que los personajes hablan, imagínese *lo que están haciendo* mientras conversan.
3. Determine sus motivaciones. ¿Por qué hablan de una manera determinada? ¿Por qué cree que realizan tales actos?
4. Determine el carácter y la personalidad. ¿Qué tipo de persona es la que habla y actúa de esta manera? ¿Por qué?
5. Determine el conflicto que se está produciendo. Debido a que la esencia del teatro es el conflicto, ¿quién o qué está en conflicto con quién o qué?, ¿es un conflicto psicológico o físico?, ¿es un conflicto de ideas?
6. Intente predecir, basándose en las sugerencias descritas anteriormente, qué es lo que puede pasar a continuación.
7. Lea la escena en voz alta, intentando proyectarse usted mismo en la personalidad de cada personaje.

Lectura de comentarios sobre las artes

Las selecciones que se incluyen en el término comentario están limitadas a aquellos aspectos de la escritura contemporánea que hacen referencia a las artes (música, arte, teatro, cine, televisión, literatura y danza). En estas selecciones el autor hace comentarios críticos sobre las artes y discute el valor del contenido y el estilo de estos medios de expresión artística.

En estas selecciones, es importante determinar el punto de vista del escritor y la evaluación favorable o desfavorable que hace del artista o arte (ya sea un músico, un escritor, una película, un programa de televisión, etc.). También hay que comprender la opinión del crítico sobre la emoción y el significado generados por el artista o el medio (pintura, película, televisión, etc.).

El estilo séra tipico del empleado en literatura popular. Por lo tanto, la estructura de las frases y el vocabulario no será difícil de entender. He aquí una sugerencia que le puede ayudar: Debido a que los críticos, al comentar sobre las artes, describen sus reacciones, hay siempre adjetivos que expresan sus juicios. He aquí algunos de estos adjetivos: adepto, auténtico, creíble, inepto, cándido, dinámico, elocuente, exquisito, prosaico, espontáneo, superlativo, tedioso, vago, vivaz, triste, inteligente, superficial, alabable, etc. El estudio de estas palabras y otros adjetivos similares le permitirán entender mejor la crítica que se hace en un comentario de las artes.

PRÁCTICA DEL COMENTARIO DE LAS ARTES

¿QUÉ TIPO DE ESCRITOR ERA HAWTHORNE?

Hay escritor que piensa por imágenes (Shakespeare o Donne o Victor Hugo, digamos) y escritor que piensa por abstracciones (Benda o Bertrand
(5) Russell); a priori, los unos valen tanto como los otros, pero, cuando un abstracto, un razonador, quiere ser también imaginativo, o pasar por tal, ocurre lo denunciado por Corce.
(10) Notamos que un proceso lógico ha sido engalanado y disfrazado por el autor,

"para deshonra del entendimiento del lector", como dijo Wordsworth. Es, para citar un ejemplo, notorio de esa
(15) dolencia, el caso de José Ortega y Gasset, cuyo buen pensamiento queda obstruido por laboriosas y adventicias metáforas. Semejante problema es, muchas veces, el de Hawthorne. Por lo
(20) demás ambos escritores son antagónicos. Ortega puede razonar, bien o mal, pero no imaginar; Hawthorne era hombre de continua y curiosa imaginación; pero refractario, digámoslo
(25) así, al pensamiento. No digo que era estúpido; digo que pensaba por imágenes, por intuiciones, como suelen pensar las mujeres, no por un mecanismo dialéctico. Un error estético
(30) lo dañó: el deseo puritano de hacer de cada imaginación una fábula lo inducía a agregarles moralidades y a veces falsearlas y a deformarlas. Se han conservado sus cuadernos de apuntes
(35) en que anotaba, brevemente, argumentos; en uno de ellos, de 1836, está escrito: "Una serpiente es admitida en el estómago de un hombre y es alimentada por él, desde los quince años
(40) a los treinta y cinco, atormentándolo horriblemente." Basta con eso, pero Hawthorne se considera obligado a añadir: "Podría ser un emblema de la envidia o de otra malvada pasión".
(45)   —Jorge Luis Borges

1. Según el autor, ¿qué escritores tienen más valor?

   (1) Los que piensan por imágenes
   (2) Los que piensan por abstracciones
   (3) Todos los escritores
   (4) Los escritores con imaginación
   (5) Los que usan frecuentes figuras literarias

2. ¿En qué dos escritores se centra la comparación del autor?

   (1) Shakespeare y Donne
   (2) Benda y Russell
   (3) Ortega y Gasset y Hawthorne
   (4) Victor Hugo y Donne
   (5) Croce y Wordsworth

3. Según el autor, ¿por qué el lector tiene a veces dificultad en entender a Ortega y Gasset?

   (1) el engalanamiento del proceso lógico
   (2) su difícil pensamiento
   (3) su gran imaginación
   (4) su falta de razonamiento
   (5) su rebeldía

4. ¿Qué cualidad concede el autor a las mujeres? Las mujeres son

   (1) imaginativas
   (2) racionales
   (3) moralistas
   (4) intuitivas
   (5) refractivas

5. ¿Qué dañó, según el autor, el trabajo de Hawthorne?

   (1) el pensamiento
   (2) la imaginación
   (3) las abastracciones
   (4) el raciocinio
   (5) el moralismo

CLAVE DE LAS RESPUESTAS

1. **3**   2. **3**   3. **1**   4. **4**   5. **5**

ANÁLISIS DE LAS RESPUESTAS

1. **3** Aunque el autor hace la diferenciación entre los escritores que piensan por imágenes y los que piensan por abstracciones, anota que "los unos valen tanto como los otros".

2. **3** Aunque nombra diferentes escritores en cada una de las categorías de clasificación que ha realizado, el pasaje se centra en comparar a Nathaniel Hawthorne con Ortega y Gasset. Aunque ambos escritores sean antagónicos, segun el crítico, ambos sufren de que sus pensamientos quedan obstruidos por metáforas.

3. **1** El autor toma las palabras de Wordsworth para decir que a veces la comprensión del lector se dificulta porque "un proceso lógico ha sido engalanado y disfrazado por el autor". Luego dice que el uso de "laboriosas metáforas" (el engalanamiento) obstruye su buen pensamiento.

4. **4** Analizando el trabajo de Hawthorne, el autor dice que el escritor pensaba "por imágenes, por intuiciones, como suelen pensar las mujeres". Por lo tanto, el autor concede a la mujer la característica de ser intuitiva en lugar de usar el mecanismo dialéctico.

5. **5** Cuando el autor comenta sobre "el deseo puritano de hacer de cada imaginación una fábula", habla del moralismo. Una fábula es un relato corto que da una enseñanza útil o moral. Borges dice que Hawthorne agregaba "moralidades" y a veces las falseaba y deformaba. Según Borges éste fue un "error estético" que lo dañó.

Práctica de la Literatura y las Artes

La Prueba de Interpretación de la Literatura y las Artes consiste en pasajes que provienen de la literatura clásica y popular, así como artículos sobre literatura y las artes en general. Cada pasaje está seguido de preguntas de opción múltiple sobre el material de lectura. Lea primero el pasaje y luego responda a las preguntas. Refiérase a la lectura cuantas veces sea necesario para responder a las preguntas.

Cada pasaje está precedido de una "pregunta sobre el objetivo". Esta pregunta da la razón para leer el pasaje. Use estas preguntas para que le ayuden a concentrarse en la lectura, pero recuerde que están allí como ayuda, no para ser respondidas.

Literatura popular

Las preguntas 1 a 5 se refieren a la siguiente selección de *Confieso que he vivido* de Pablo Neruda.

¿QUÉ APRENDEMOS SOBRE LAS AVES?

En el Lago Budi perseguían a los cisnes con ferocidad. Se acercaban a ellos sigilosamente en los botes, y luego rápido, rápido remaban... Los cisnes,
(5) como los albatros, emprenden difícilmente el vuelo, deben correr patinando sobre el agua. Levantan con dificultad sus grandes alas. Los alcanzan y a garrotazos terminan con ellos.
(10) Me trajeron un cisne medio muerto. Era una de esas maravillosas aves que no he vuelto a ver en el mundo, el cisne cuello negro. Una nave de nieve con el esbelto cuello como metido en una
(15) estrecha media de seda negra. El pico anaranjado y los ojos rojos.

Esto fue cerca del mar, en Puerto Saavedra, Imperial del Sur. Me lo entregaron casi muerto. Bañé sus
(20) heridas y le empujé pedacitos de pan y de pescado a la garganta. Todo lo devolvía. Sin embargo, fue reponiéndose de sus lastimaduras, comenzó a comprender que yo era su amigo. Y yo
(25) empecé a comprender que la nostalgia lo mataba. Entonces, cargando el pesado pájaro en mis brazos por las calles, lo llevaba al río. Él nadaba un poco, cerca de mí. Yo quería que pescara y le
(30) indicaba las piedrecitas del fondo, las arenas por donde se deslizaban los plateados peces del sur. Pero él miraba con ojos tristes de distancia.

Así cada día, por más de veinte, lo
(35) llevé al río y lo traje a mi casa. El cisne era casi tan grande como yo. Una tarde estuvo más ensimismado, nadó cerca de mí, pero no se distrajo con las musarañas con que yo quería enseñarle
(40) de nuevo a pescar. Estuvo muy quieto y lo tomé de nuevo en brazos para llevármelo a casa. Entonces, cuando lo tenía a la altura de mi pecho, sentí que se desenrrollaba una cinta, algo como
(45) un brazo negro me rozaba la cara. Era su largo y ondulante cuello que caía. Así aprendí que los cisnes no cantan cuando mueren, si mueren de pena.

—Pablo Neruda

1. Las heridas del cisne se curaron a pesar de carecer de

   (1) coraje
   (2) alimentación
   (3) inteligencia
   (4) protección
   (5) compañerismo

2. El narrador indica que el sentimiento del cisne hacia él era de

(1) aprensión
(2) confianza
(3) indiferencia
(4) compasión
(5) escepticismo

3. El narrador se dio cuenta que el cisne estaba

(1) ansioso por recobrar sus fuerzas
(2) suspicaz del contacto humano
(3) enojado por su encarcelamiento
(4) nostálgico por su vida anterior
(5) falto de sentimientos

4. ¿Cuál fue la reacción del cisne cuando el narrador le intentaba enseñar a pescar?

(1) de temor
(2) de antagonismo
(3) de apatía
(4) de terquedad
(5) de ansiedad

5. Según el escritor, el legendario canto del cisne no ocurre en la muerte causada por

(1) garrotazos
(2) hombre
(3) tristeza
(4) descuido
(5) enfermedad

Las preguntas 6 a 10 se basan en la siguiente selección.

¿CUÁL ES LA VERDAD SOBRE EL FÚTBOL NORTEAMERICANO?

El balón de fútbol norteamericano tiene una forma ovalada, normalmente se lanza en espiral y cuando se patea de extremo a extremo se puede comprobar
(5) que es difícil de atraparlo. Si no se atrapa en el vuelo, rebota alrededor erráticamente.

El intento aparente del juego es depositar el balón tras cruzar la línea de
(10) meta del equipo oponente. Cualquier niño con un balón en su haber puede hacerlo, seis días por semana y la mayoría de los domingos por la mañana, pero las reglas del juego especifican que
(15) se debe hacer con la presencia de miembros de ambos equipos y en la cancha, y según reglas talladas en enormes tablas de piedra. Debido a los reemplazos a gran escala, causados por
(20) diferencias de opinión entre los jugadores, esto a veces es difícil.

En épocas pasadas, la gente se enloquecía intentando seguir el balón. Ahora los jugadores todavía se
(25) enloquecen, pero el público que mira el partido por televisión, puede relajarse y esperar la repetición de la jugada. Si algo pasara, es seguro que allí podrán verlo. El desembrollo de los cuerpos en
(30) la línea de meta es uno de los momentos visuales más sutiles para los fanáticos de los deportes. El apretado nudo de gente revienta, los brazos y piernas vuelven milagrosamente a sus dueños y
(35) el balón de nuevo se pone en juego.

Todos los juegos de pelota se caracterizan por pegar, aporrear, virar, desviar, golpear, lanzar y zurrar, pero sólo en el fútbol norteamericano estos
(40) golpes se dedican al oponente y no al balón. Y cuanto más jugadores tengan que ser ayudados o desalojados del campo, más se anima la audiencia. Este juego verdaderamente masculino también
(45) lo disfrutan las mujeres, quienes los encuentran más provechosos que la terapia en grupo. La demolición del delantero por los cuatro guardias frontales es especialmente emocionante.
(50) Las acusaciones de que hay jugadores criminales que amenazan el partido son típicas, pero ojalá exageradas. ¿Qué hacer con gigantes con corazones de muchachos, acostumbrados a violentas
(55) travesuras en limpios dormitorios, y poco acostumbrados a los rigores de la vida en los campos de petróleo de Alaska? Antes de que existiera el fútbol norteamericano, era un dilema nacional.

6. ¿Qué audiencia posiblemente estaría más de acuerdo con este pasaje?

(1) Los jóvenes que quieren practicar el fútbol norteamericano
(2) Las mujeres que aman los deportes
(3) Los estadounidenses no deportistas
(4) Los jugadores profesionales de fútbol norteamericano
(5) Los reporteros de diarios

7. El propósito del segundo párrafo es sugerir que el fútbol norteamericano

    (1) tiene reglas muy estrictas
    (2) es innecesariamente complicado
    (3) se puede jugar en cualquier lugar y en cualquier sitio
    (4) se juega mejor en una cancha reglamentaria
    (5) lo juegan mejor los jóvenes

8. Según la selección, el fútbol norteamericano se distingue de otros deportes porque

    (1) se juega con un balón que es difícil de atrapar
    (2) está infiltrado de criminales
    (3) depende de las repeticiones de las jugadas que son parte importante del juego
    (4) la violencia se dirige contra los jugadores en lugar del balón
    (5) está perdiendo audiencia

9. Una de las ironías del fútbol norteamericano es que

    (1) los jugadores no pueden seguir la pelota tan bien como los espectadores
    (2) los niños pueden jugar este deporte
    (3) los hombres que juegan los partidos actúan como niños
    (4) tanto a los hombres como a las mujeres les gusta este juego
    (5) a las mujeres les gusta más el juego que a los hombres

10. El tono de este pasaje es

    (1) argumentativo
    (2) controversial
    (3) ofensivo
    (4) satírico
    (5) objetivo

Las preguntas 11 a 15 se basan en el siguiente pasaje.

¿CUÁLES SON ALGUNOS DE LOS EFECTOS DEL CAMPO DE CONCENTRACIÓN?

Caminaba por la orilla del río cuando un policía la detuvo. Es la una, dijo, no es el mejor momento para caminar sola por la orilla de un río medio congelado.
(5) Le sonrió y luego le ofreció acompañarla hasta su casa. Era el primer día del año 1946, ocho meses y medio después que los tanques británicos retumbaran en Bergen-Belsen.
(10)   Ese febrero, mi madre cumplía ventiseis años. Era difícil para los extraños creer que había estado presa en un campo de concentración. Su cara era suave y redonda. Se había pintado
(15) los labios y aplicado rímel alrededor de sus grandes y oscuros ojos. Vestía a la moda. Pero, cuando se miraba al espejo por la mañana, antes de ir al trabajo, mi madre veía un esqueleto, un maniquí
(20) que se movía y hablaba, pero que sustentaba sólo un parecido superficial a la que había sido antes. La gente cercana a ella había desaparecido. No tenía ninguna prueba de que estuvieran
(25) realmente muertos. Ningún testigo sobrevivió para verificar la muerte de su marido. No hay nadie vivo que haya visto morir a sus padres. La falta de información le perseguía.
(30)   Por la noche, antes de irse a dormir y durante el día, cuando estaba de pie poniendo alfileres a vestidos, se obsesionaba. Y pensaba si por casualidad sus padres habrían podido
(35) evadirse de los alemanes o habrían huido de los grupos destinados al fusilamiento y estaban vivos, viejos y sin ayuda, en algún lugar de Polonia. ¿Y si sólo uno de ellos ha muerto? ¿Y si han
(40) sobrevivido y se han muerto de frío y hambre antes de ser liberados, mientras ella estaba en Celle bailando con los oficiales británicos?
    Nunca hablaba de estas cosas con
(45) nadie. Nadie, pensaba, quiere oírlas. Se levantaba por la mañana, se iba al trabajo, compraba alimentos, iba al Centro Comunitario Judío y de nuevo a su casa como un robot.

11. El policía detuvo a la madre de la autora porque caminaba a la orilla del río porque

    (1) el río estaba peligroso
    (2) no era la hora indicada para pasear
    (3) estaban todavía en período de guerra
    (4) hacía demasiado frío
    (5) estaba prohibido hacer eso

12. La autora afirma que su madre pensaba en sus padres cuando

    (1) caminaba a orillas del río
    (2) pensaba sobre la muerte
    (3) bailaba con los oficiales
    (4) estaba en el trabajo
    (5) se miraba al espejo

13. Cuando la autora menciona a su madre bailando con los oficiales británicos, quería decir que su madre

    (1) comparaba su baile con el sufrimiento de sus padres
    (2) finalmente había dejado atras su pasado
    (3) sentía que su deber era bailar con ellos
    (4) se sentía culpable por bailar
    (5) quería escapar de su pasado

14. La madre no discutía sus preocupaciones con nadie, porque

    (1) creía que nadie estaba interesado
    (2) pensaba que no concernía a nadie más
    (3) era demasiado tímida
    (4) no conocía a nadie
    (5) no quería herir a nadie

15. El propósito de la autora al escribir esta selección es

    (1) informar a la gente sobre las atrocidades en los campos de concentración
    (2) explicar los efectos perdurables de una experiencia emocional traumática
    (3) animar a la participación activa en problemas de refugiados
    (4) animar a la gente a seguir la pista de los culpables de los campos de concentración
    (5) ganar la simpatía de los lectores

Las preguntas 16 a 20 se basan en la siguiente selección.

¿CÓMO EL HOMBRE CORROMPE EL MEDIO AMBIENTE?

Me volví de espalda y floté mirando el cielo, no divisiba nada a mi alrededor a no ser el transparente y frío Pacífico, nada había delante de mis ojos a no ser

(5) el inmenso espacio azul. Estaba lo más cerca que he estado de la limpieza y la libertad y lo más lejos posible de la gente. Ellos crearon las feas y chillonas playas que van desde San Diego hasta el
(10) Golden Gate, excavaron autopistas a través de las montañas, cortaron milenarias secoyas y construyeron un desierto urbano. No pudieron tocar el océano; vertieron las aguas cloacales en
(15) él, pero no lograron contaminarlo.

Nada malo había en el Sur de California que una elevación en el nivel del océano no pudiera poner remedio. El vacío cielo era uniforme y el agua me
(20) enfriaba. Nadé hasta el lecho de algas marinas y me zambullí. Me entró un frío como si estuviera en las entrañas del miedo. Subí a la superficie sin aliento y nadando a toda velocidad me dirigí a la
(25) orilla con el terror pisándome los talones.

Todavía sentía frío media hora más tarde, cuando cruzaba el valle del Nopal. Aún desde la cumbre, la autopista se veía ancha y nueva, reconstruida con el
(30) dinero de alguien. Podía oler la fuente del dinero cuando descendí hacia el valle por el otro lado. Olía a huevos podridos.

Los pozos de petróleo de donde provenía el gas sulfuroso llenaban las
(35) pendientes de ambos lados de la ciudad. Los podía ver desde la carretera mientras estaba conduciendo: los triángulos enrejados de las grúas estaban donde antes crecían los árboles, las bombas de
(40) petróleo resonaban donde el ganado antes pastaba. La última vez que la vi fue en el año treinta nueve o cuarenta y desde entonces la ciudad había crecido enormemente, como un tumor.

16. En el primer párrafo, el océano es un símbolo de

    (1) la incapacidad de adaptarse
    (2) la resistencia a los proyectos humanos
    (3) la sumisión a la sociedad mecanizada
    (4) el ataque contra la tecnología
    (5) el constante cambio

17. ¿Qué imágenes dominan en el segundo párrafo?

   (1) la luz y la oscuridad
   (2) el frío y el calor
   (3) el terror y el miedo
   (4) la muerte y la derrota
   (5) la fealdad y el desaliento

18. En este pasaje, el narrador aparentemente intenta

   (1) llamar la atención para que los legisladores se preocupen por el medio ambiente
   (2) informar a los lectores de cómo es el sur de California
   (3) indicar su desacuerdo de lo que se ha hecho en la zona
   (4) mostrar la belleza potencial del área
   (5) celebrar el progreso de la humanidad

19. En el último párrafo, la idea principal se desarrolla a través de

   (1) la relación causa-efecto
   (2) el contraste
   (3) la analogía
   (4) lo accidental
   (5) la comparación

20. En el último párrafo, el narrador cree que el crecimiento de la ciudad es

   (1) perjudicial
   (2) inevitable
   (3) progresivo
   (4) precipitado
   (5) necesario

Las preguntas 21 a 25 se basan en la siguiente selección.

¿CÓMO EL GRITO FELIZ DEL HALCÓN AFECTA AL ESCRITOR?

   Lo vi que hacía su último vistazo al cielo, tan iluminado que no pude seguirle la mirada. Otra vez se produjo una pequeña brisa y el cercano álamo
(5) agitó sus pequeñas hojas. Creo que entonces me vino la idea de lo que iba a hacer, pero no permití que aflorase a mi conciencia. Miré alrededor y puse el halcón sobre la hierba.
(10)   Se quedó postrado durante un largo minuto sin esperanza, inmóvil, con los ojos todavía fijos en la cúpula azul que había encima suyo. Debía estar tan fuera de sí, que no se había dado
(15) cuenta que lo había soltado de mis manos. Nunca se enderezó. Simplemente estaba recostado con su pecho contra la hierba.
   Un segundo después del largo minuto,
(20) había desaparecido. Como un parpadeo de luz, desapareció mientras yo lo miraba, sin haber visto ningún aleteo preliminar. Voló directamente al enorme vacío de luz y cristal imposible casi para
(25) mis ojos de penetrar. Por un largo momento, hubo silencio. No lo podía ver. La luz era demasiado intensa. Luego, desde arriba a los lejos, resonó un grito.
   Por aquel entonces yo era joven y no
(30) había recorrido mucho mundo, pero cuando oí aquel grito, mi corazón se estremeció. No era el grito del halcón que había capturado; cambié mi posición respecto al sol y ahora podía ver a lo
(35) lejos. Con la vista en dirección al sol, allí estaba ella, la hembra, planeando inquieta. Y a lo lejos, subiendo en veloz espiral, vino el grito indecible y el júbilo de éxtasis de mi halcón, que a través de
(40) los años hace tintinear las tazas de mi tranquila mesa de desayuno.

21. En la primera línea "su último vistazo" sugiere que el halcón

   (1) se iba a volver ciego
   (2) esperaba que lo rescataran
   (3) creía que su muerte estaba cerca
   (4) no entendía lo que pasaba
   (5) buscaba cariño

22. Cuando el autor dice "pero no permití que aflorase a mi conciencia" sugiere que la liberación del halcón fue

   (1) premeditada
   (2) impulsiva
   (3) imposible
   (4) accidental
   (5) una idea tardía

23. En el segundo párrafo, el minuto es "largo" para el narrador, ya que

    (1) piensa en cambiar su decisión
    (2) es joven y sin experiencia
    (3) se arrepiente de la acción que ha tomado
    (4) no está seguro lo que hará el halcón
    (5) es impaciente

24. En esta selección, el fenómeno natural que impresiona más al narrador es

    (1) el silencio sepulcral
    (2) la intensidad de la luz
    (3) la brisa constante
    (4) el cielo azul
    (5) el estremecimiento del álamo

25. El recuerdo más perdurable que tiene el narrador es de

    (1) los ojos del halcón
    (2) la brillante luz
    (3) el silencio completo
    (4) el grito feliz
    (5) el raudo vuelo del halcón

Las preguntas 26 a 30 se basan en el siguiente pasaje de la escritora Esmeralda Santiago.

¿QUÉ MEMORIAS TIENE LA AUTORA DE SU INFANCIA?

De vez en cuando un trancazo de afuera nos silenciaba, debatíamos cuál árbol había caido en cuál dirección. Las vacas y los cerdos no se oían sobre el
(5) estruendo del viento, los truenos, el estrépito de ramas contra techos y paredes, el triquitraque de las letrinas voladoras levantadas en una pieza por el viento y barridas de una esquina del
(10) barrio a la otra.

Después de comernos el asopao con bolitas de plátano, nos acurrucamos unos contra los otros en los colchones estirados en el piso y dormimos,
(15) consolados por la estática de la radio adentro y la ventolera del huracán afuera.

Sentimos el silencio siniestro del ojo del huracán cuando pasó sobre
(20) nosotros. Papi y Dima, el hijo de Doña Ana, abrieron la puerta. Estaba lloviznando, gotas grises, tenebrosas como vapor. Los hombres salieron afuera, uno por uno, miraron a su
(25) alrededor, hacia el cielo, hacia la tierra esponjosa que se convertía en charcos fangosos donde sus pies se hundían. Las mujeres se agruparon en la puerta, formando una barrera por la cual los
(30) niños no podíamos pasar, aunque pudimos obtener una vista al empujarnos entre sus amplias caderas y muslos, agachándonos debajo de sus faldas, entre sus piernas, contra sus
(35) pantorrillas estriadas con venas varicosas y vellos largos y rizados.

La niebla se colgaba sobre el patio alrededor de las ramas y pedazos de madera esparcidos, así como una tina
(40) de lavar ropa que parecía haber sido pisada por un gigante, y una res muerta, la soga alrededor de su cuello todavía atada a su palo. El ranchón de Doña Ana todavía estaba en su sitio, y
(45) los animales adentro lloraban suavemente, como si temieran que sus voces normales atraerían el viento. Los hombres caminaron por las orillas del patio agarrados de la mano, como los
(50) muñequitos que yo cortaba de los periódicos de Papi.

26. ¿Cuál es la amenaza en este pasaje?

    (1) una gran tormenta
    (2) un huracán
    (3) un tornado
    (4) una granizada
    (5) un lobo

27. ¿Qué país parece ser el escenario de este pasaje?

    (1) Chile
    (2) España
    (3) China
    (4) Puerto Rico
    (5) Noruega

28. ¿Qué hacía la protagonista para protegerse de la calamidad?

    (1) Escuchar las noticias en la radio
    (2) Salir afuera a ver qué pasaba
    (3) Acurrucarse en los colchones puestos en el suelo
    (4) Cerrar los ojos
    (5) Esconderse debajo de las faldas de su madre

29. ¿Cómo era el clima afuera?

    (1) Había niebla
    (2) Muy caluroso
    (3) Llovía a cántaros
    (4) Caía granizo
    (5) Había ventisca

30. ¿Qué les pasó a los animales de Doña Ana?

    (1) Se murieron todos
    (2) Se murieron todos menos uno
    (3) Sobrevivieron todos
    (4) Estaban llorando de miedo
    (5) Sobreviveron todos menos uno

Las preguntas 31 a 35 se basan en el siguiente pasaje sobre la actriz María Félix.

¿CÓMO LLEGA UNA ACTRIZ AL ESTRELLATO?

A estas alturas de su carrera, María había atraído hacia sí a poetas y pintores. Es curioso como se convertía irresistible para los seres más cultos y
(5) elaborados; en este círculo de intelectuales admiradores caían aun aquellos que parecían poseer un gran espíritu crítico y una aguda capacidad para denunciar defectos del prójimo.
(10) María había creado un curioso vocabulario personal que fascinaba incluso a aquellos que habían participado en la búsqueda de frases ingeniosas para servicio de la estrella.
(15) Salvador Novo, una de las personalidades más caústicas que ha dado la intelectualidad mexicana, se había convertido en uno de los proveedores de ingeniosidades para
(20) María y el poeta Efraín Huerta, crítico de cine del diario *Esto*, perdía por entonces toda capacidad de análisis para dejarse llevar por el entusiasmo que la sonorense despertaba dentro de
(25) él. La crítica que Efraín, pública después de ver la película en un primer corte, antes del estreno, es toda una declaración de amor.

"Masculinamente enérgica, cínica en
(30) esta escena, tremendamente sensual en aquélla, logrando la mayor perfección a lo largo de la cinta, alternando con un actor que está en plena madurez de su carrera, dejándose llevar por los

(35) matices, dominándolos, siendo artificiosa, natural, altiva, sumisa "muriendo" como (y es el único ejemplo que se nos viene ahora mismo, y no se crea que es escribir a la ligera), pues como supo
(40) morir Greta Garbo en *La dama de las camelias*. Hablamos de María de los Angeles Félix en la cinta *Amok*.
—Paco Ignacio Taibo I

31. Según el pasaje, María Félix era adorada incluso por

    (1) los poetas
    (2) su audiencia
    (3) los intelectuales críticos
    (4) la iglesia
    (5) el gobierno

32. ¿Qué valor le concede el autor? Su

    (1) vocabulario propio
    (2) belleza
    (3) masculinidad
    (4) entusiasmo
    (5) sensualidad

33. ¿De dónde era María Félix? De

    (1) México D.F.
    (2) Sonora
    (3) Michoacán
    (4) Argentina
    (5) California

34. ¿Cuál de estos calificativos *no* le concede el crítico Efraín Huerta?

    (1) débil
    (2) altiva
    (3) perfeccionista
    (4) natural
    (5) cínica

35. ¿Qué quiere decir el autor cuando define la crítica de Efraín Huerta como una declaración de amor? Que era una

    (1) mala crítica
    (2) crítica de alabanza suprema
    (3) buena crítica
    (4) crítica analítica
    (5) crítica objetiva

Las preguntas 36 a 40 se basan en el siguiente fragmento del poema "A orillas del Duero" (*Campos de Castilla*) de Antonio Machado.

¿CÓMO EL POETA SUBÍA A LA MONTAÑA?

Mediaba el mes de julio. Era un
    hermoso día.
Yo, solo, por las quiebras del pedregal
    subía,
(5) buscando los recodos de sombra,
    lentamente.
A trechos me paraba para enjuagar mi
    frente
y dar algún respiro al pecho jadeante;
(10) o bien, ahincando el paso, el cuerpo
    hacia delante
y hacia la mano diestra, vencida y
    apoyada
en un bastón, a guisa de pastoril
(15)   cayado,
trepaba por los cerros que habitan las
    rapaces
aves de altura, hollando las hierbas
    montaraces
(20) de fuerte olor—romero, tomillo, salvia,
    espliego—.
Sobre los agrios campos caía un sol de
    fuego.

36. ¿Qué tiempo hacía cuando el poeta subió a la montaña?

    (1) ventoso
    (2) frío
    (3) húmedo
    (4) muy caluroso
    (5) templado

37. ¿Cómo se siente el poeta cuando sube la montaña?

    (1) fatigado
    (2) animoso
    (3) desconsolado
    (4) enfadado
    (5) desorientado

38. ¿Qué quiere decir "a guisa de pastoril cayado"? Que

    (1) Su bastón lo perdió un pastor en la montaña
    (2) Con el bastón parecía un pastor
    (3) El bastón le entorpecía aún más su caminata
    (4) El bastón le era de gran ayuda
    (5) Hubiera preferido no llevar el bastón

39. ¿Qué buscaba el poeta mientras subía?

    (1) los cerros
    (2) los olores de las hierbas
    (3) las aves rapaces
    (4) los recodos de sombras
    (5) los campos

40. ¿Cuál es la idea principal del poeta al escribir este poema?

    (1) Probar lo cansado que es subir un pedregal
    (2) Hablar de sus facultades físicas
    (3) Explicar el estado del tiempo
    (4) Narrar sus vacaciones
    (5) Explicar sus sensaciones en el campo

Las preguntas 41 a 45 se basan en el poema "Me gustan los estudiantes" de Violeta Parra.

¿CÓMO SON LOS ESTUDIANTES?

¡Que vivan los estudiantes
que rugen como los vientos
cuando les meten al oído
sotanas o regimientos!
(5) Pajarillos libertarios,
igual que los elementos.
Caramba y zamba la cosa,
¡vivan los experimentos!

Me gustan los estudiantes,
(10) porque son la levadura
del pan que saldrá del horno
con toda su sabrosura,
para la boca del pobre
que come con amargura.
(15) Caramba y zamba la cosa
¡viva la literatura!

41. ¿Por qué le gustan los estudiantes a Violeta Parra? Son

    (1) temerosos
    (2) conservadores
    (3) religiosos
    (4) liberales
    (5) divertidos

42. ¿Qué quiere decir que los estudiantes "son la levadura del pan que saldrá del horno"? Que son

    (1) muy explosivos
    (2) el futuro de un mundo mejor
    (3) encantadores
    (4) muy cambiantes
    (5) arrogantes

43. ¿Con quién compara los estudiantes la autora? Con

    (1) los elementos
    (2) el viento
    (3) las sotanas
    (4) los pobres
    (5) los regimientos

44. ¿Cuál de estas expresiones es una metáfora?

    (1) pajarillos libertarios
    (2) que rugen como los vientos
    (3) con toda su sabrosura
    (4) que come con amargura
    (5) ¡viva la literatura!

45. ¿Cuál es la idea principal de la autora en este poema?

    (1) Los estudiantes son demasiado radicales
    (2) La literatura es el pan de cada día
    (3) Los estudiantes son gente emprendedora
    (4) Los estudiantes no tienen ideales
    (5) Los experimentos son imprescindibles

Las preguntas 46 a 50 se basan en el siguiente pasaje de la obra de teatro *Historia de una escalera* de Antonio Buero Vallejo.

¿POR QUÉ DON MANUEL HACE UN ACTO DE CARIDAD?

COBRADOR
   Perdone, señora, pero tengo prisa.

DOÑA ASUNCION
   Sí, sí... le decía que ahora da la
(5) casualidad que no puedo... ¿No podría volver luego?

COBRADOR
   Mire, señora: no es la primera vez que pasa y ...

(10) DOÑA ASUNCION
   ¿Qué dice?

COBRADOR
   Sí. Todos los meses es la misma historia. ¡Todos! y yo no puedo venir a
(15) otra hora ni pagarlo de mi bolsillo. Con que si no me abona, tendré que cortarle el fluido.

DOÑA ASUNCION
   Pero si es una casualidad, ¡se lo
(20) aseguro! Es que mi hijo no está, y...

COBRADOR
   ¡Basta de monsergas! Esto le pasa por querer gastar como una señora, en vez de abonarse a tanto alzado. Tendré
(25) que cortarle.

(ELVIRA habla en voz baja con su padre)

DOÑA ASUNCION (casi perdida la compostura)
(30)   ¡No lo haga, por Dios! Yo le prometo...

COBRADOR
   Pida a algún vecino...

DON MANUEL (después de atender a lo que le susurra su hija)
(35)   Perdone que intervenga, señora.
(Cogiéndole el recibo)

DOÑA ASUNCION
   No, don Manuel. ¡No faltaba más!

DON MANUEL
(40)   ¡Si no tiene importancia! Ya me lo devolverá cuando pueda.

DOÑA ASUNCION
   Esta misma tarde; de verdad.

DON MANUEL
(45)   Sin prisa, sin prisa. (Al COBRADOR)
Aquí tiene.

COBRADOR
   Está bien. (Se lleva la mano a la gorra). Buenos días. (Se va)

(50) DON MANUEL (al COBRADOR)
   Buenos días.

DOÑA ASUNCION (al COBRADOR)
   Buenos días. Muchísimas gracias, Don Manuel. Esta misma tarde...

(55) DON MANUEL (entregándole el recibo)
   ¿Para qué se va a molestar? No merece la pena. ¿Y Fernando, qué se hace? (ELVIRA se acerca y le coge del brazo).

(60) DOÑA ASUNCION

En su papelería. Pero no está contento. ¡El sueldo es tan pequeño! Y, no es porque sea mi hijo, pero él vale mucho y merece otra cosa. ¡Tiene

(65) muchos proyectos! Quiere ser delineante, ingeniero, ¡qué sé yo! Y no hace más que leer y pensar. Siempre tumbado en la cama, pensando en sus proyectos. Y escribe cosas también, y

(70) poesías. ¡Más bonitas! Ya le diré que dedique una a Elvirita.

ELVIRA (turbada)

Déjelo, señora...

DOÑA ASUNCION

(75) Te lo mereces, hija. (a DON MANUEL) No es porque esté delante, pero ¡qué preciosísima se ha puesto Elvirita! Es una clavelina. El hombre que se la lleve...

(80) DON MANUEL

Bueno, bueno. No siga, que me la va a malear. Lo dicho, doña Asunción (Se quita el sombrero y le da la mano). Recuerdos a Fernandito. Buenos días.

(85) ELVIRA

Buenos días (Inician la marcha).

DOÑA ASUNCION

Buenos días. Y un millón de gracias...Adiós.

(90) (Cierra. DON MANUEL y su hija empiezan a bajar. ELVIRA se para de pronto para besar y abrazar impulsivamente a su padre.)

DON MANUEL

(95) ¡Déjame, locuela! ¡Me vas a tirar!

ELVIRA

¡Te quiero tanto papaíto! ¡Eres tan bueno!

DON MANUEL

(100) Deja los mimos, pícara. Tonto es lo que soy. Siempre te saldrás con la tuya.

46. El diálogo de doña Asunción es con el cobrador

(1) de la hipoteca
(2) del supermercado
(3) de la lavandería
(4) del teléfono
(5) de la luz

47. ¿Qué quiere decir el cobrador cuando le dice "Esto le pasa por querer gastar como una señora, en vez de abonarse a tanto alzado"? Que

(1) debería trabajar más para poder permitirse más lujos
(2) gasta como una mujer rica en lugar de atenerse a su economía
(3) nunca le llega el dinero para pagar las facturas
(4) se lo gasta todo en apariencias
(5) siempre espera que su hijo le resuelva el problema

48. ¿Por qué Elvira convence a su padre que ayude a doña Asunción? Porque

(1) le da pena la miseria en que viven sus vecinos
(2) se siente bien cuando alguien hace una caridad
(3) sabe que algún día le puede pasar lo mismo a ellos
(4) le gusta el hijo de doña Asunción, Fernando
(5) cree que doña Asunción es encantadora

49. ¿Qué piensa la madre sobre su hijo Fernando? Que

(1) será un hombre de bien, aunque ahora trabaje en una papelería
(2) va ser un gran poeta
(3) deberían pagarle más dinero en la papelería
(4) mejor trabajar en la papelería que no trabajar
(5) lee y piensa demasiado

50. ¿Qué idea principal quiere mostrar el dramaturgo en este pasaje?

(1) la generosidad de la gente rica
(2) el mal carácter de los cobradores
(3) la angustia de no tener dinero
(4) la vida en comunidad
(5) la relación padres-hijos

<u>Las preguntas 51 a 55</u> se basan en la siguiente selección de *El ausente* del dramaturgo mexicano Xavier Villaurrutia.

¿POR QUÉ FERNANDA NO QUIERE RESPONDER?

LA VECINA

Pero si usted no ha hecho nada para que Pedro regrese; si ni siquiera se ha preocupado usted por saber de él, por
(5) buscarlo.

FERNANDA

¿Y por qué cree usted que no le he buscado, que no he querido saber de él, que no he hecho algo para que regrese?

(10) LA VECINA

No sé.

FERNANDA

No lo he buscado porque sé dónde está y cómo y con quién. Y precisamente
(15) porque sé dónde, cómo y con quién está, no he hecho nada para que regrese.

LA VECINA

Luego, usted sabe dónde y con quién...

FERNANDA
(20) Sí, hija, sí.

LA VECINA

¿Y no va usted a decírmelo?

FERNANDA

No.

(25) LA VECINA

¿Y se puede saber por qué?

FERNANDA

Sencillamente, porque ya lo sabe usted. (La vecina queda asombrada.
(30) FERNANDA mira a la vecina). Míreme a la cara, vecina. Lo sabe usted, ¿no es eso? (La vecina vuelve la cabeza asintiendo). Lo saben todos; lo sabe el gachupín de la esquina que, a pesar de
(35) ello, todas las mañanas me da los buenos días con un compasivo "¿Qué ha sabido de Pedro?". Lo saben las vecinas de enfrente y las de al lado. Lo sabe mi compadre, que viene todas las noches
(40) puntualmente, no sé con qué objeto, ahora, cuando antes no venía nunca. Lo saben... Con haberme dicho que lo sabía usted, me hubiera ahorrado las enumeraciones.

(45) LA VECINA

Sí, es verdad; todos lo sabemos, pero me parecía...

FERNANDA

Más piadoso, ¿no es así? Seguir
(50) ignorando lo que ya sabía; seguir haciendo a todas horas la misma pregunta, para obtener...

LA VECINA (interrumpiéndola)

La misma respuesta.

51. ¿Quién puede ser el personaje de Pedro respecto a Fernanda?

(1) el vecino
(2) el hijo mayor
(3) el primo
(4) el marido
(5) el cuñado

52. ¿Qué personaje parece que tiene las ideas más claras?

(1) Fernanda
(2) la vecina
(3) el gachupín de la esquina
(4) Pedro
(5) las vecinas de enfrente

53. ¿Por qué Fernanda no quiere explicar nada sobre el suceso?

(1) Porque piensa que a nadie le interesa
(2) Porque ya todo el mundo lo sabe
(3) Porque no quiere que la gente se preocupe
(4) Porque es un tema muy amargo
(5) Porque no quiere que nadie lo sepa

54. ¿Dónde sugiere el pasaje que está Pedro?

(1) Se ha ido de vacaciones
(2) Tuvo un accidente de auto
(3) Fue a visitar a sus padres
(4) Nadie sabe dónde está
(5) Se fue a vivir con su amante

55. ¿Por qué la gente, aunque lo sabe, le pregunta dónde está Pedro? Por

(1) ignorancia
(2) compasión
(3) hipocresía
(4) maldad
(5) educación

Literatura clásica

Las preguntas 56 a 60 se refieren al siguiente pasaje de *El Buscón* de Francisco Gómez de Quevedo y Villegas.

¿A QUÉ FUE EL HIJO Y CON QUIÉN SE ENCONTRÓ?

Determinó, pues, don Alonso de poner a su hijo en pupilaje, lo uno para apartarle de su regalo, y lo otro, por ahorrar de cuidado. Supo que había en
(5) Segovia un licenciado Cabra, que tenía por oficio de criar hijos de caballeros, y envió allá al suyo, y a mí para que le acompañase y sirviese. Entramos primer domingo después de Cuaresma en poder
(10) de la hambre viva, porque tal lacería no admite encarecimiento. Él era un clérigo cerbatana, largo solo en el talle, una cabeza pequeña, pelo bermejo. No hay más que decir para quien sabe el refrán
(15) que dice, ni gato ni perro de aquella color. Los ojos, avecinados en el cogote, que parecía que miraba por cuévanos; tan hundidos y obscuros, que era buen sitio suyo para tiendas de mercaderes;
(20) la nariz entre Roma y Francia, porque se le había comido de unas búas de resfriado, que aún no fueron de vicio porque cuesta dinero; las barbas, descoloridas de miedo de la boca vecina,
(25) que, de pura hambre, parecía que amenazaba a comérselas; los dientes, le faltaban no sé cuántos, y pienso que por holgazanes y vagamundos se habían desterrado; el gaznate largo como
(30) avestruz, con una nuez tan salida, que parecía que se iba a buscar de comer, forzada de la necesidad; los brazos secos, las manos como un manojo de sarmientos cada una. Mirado de medio
(35) abajo, parecía tenedor o compás con dos piernas largas y flacas; su andar, muy despacio; si se descomponía algo, le sonaban los huesos como tablilla de San Lázaro; la habla hética; la barba,
(40) grande, por nunca se la cortar por no gastar; y él decía que era tanto el asco que le daba ver las manos del barbero por su cara, que antes se dejaría matar que tal permitiese; cortábale los cabellos
(45) un muchacho de los otros. Traía un bonete los días de sol, ratonado, con mil guateras y guarnicios de grasa; era de cosa que fue paño, con los fundos de caspa. La sotana, según decían algunos,
(45) era milagrosa, porque no se sabía de qué color era.

56. ¿Qué quiere decir la palabra "pupilaje"?

   (1) Una escuela regular como todas
   (2) Una escuela donde los estudiantes están internos
   (3) Lugar donde dan de comer y dormir gratis
   (4) Escuela de estudios nocturnos
   (5) Profesión de sirviente

57. ¿Qué quiere decir la expresión "apartarle de su regalo"?

   (1) Apartarle de su mascota
   (2) Evitar que vea a su enamorada
   (3) Expropiarle de sus pertenencias
   (4) Separarle de su familia
   (5) Alejarle de los placeres y la vida fácil

58. Estos rasgos físicos se refieren al clérigo, a *excepción de*

   (1) brazos corpulentos
   (2) ojos hundidos
   (3) barbas descoloridas
   (4) piernas largas y flacas
   (5) cabeza pequeña

59. ¿Cómo presenta el narrador al clérigo? Como

   (1) un desequilibrado
   (2) un ser amable
   (3) alguien tranquilo
   (4) un tacaño
   (5) una persona inteligente

60. La frase "La sotana, según decían algunos, era milagrosa, porque no se sabía de qué color era" es una

   (1) metáfora
   (2) comparación
   (3) ironía
   (4) sátira
   (5) figura literaria

Las preguntas 61 a 65 se refieren al siguiente pasaje de *Tradiciones peruanas* del escritor peruano Ricardo Palma.

¿VALE LA PENA ESTUDIAR LATÍN?

Sabido es que el sistema de educación antiguo obligaba a perder a los muchachos tres o cuatro años en el estudio de la lengua de Cicerón y Virgilio,
(5) y a la postre se quedaban sin saber a derechas el latín ni el castellano.

Preguntábale un chico al autor de sus días:

—Papá, ¿qué cosa es latín?
(10) —Una cosa que se aprende en tres años y se olvida en tres semanas. Heinecio con su *Metafísica* en latín, Justiniano con su *Instituta* en latín e Hipócrates con sus *Aforismos* en latín,
(15) tengo para mí que deberían dejar poco jugo en la inteligencia de los escolares. Y no lo digo porque piense, ¡Dios me libre de tal barbaridad!, que en los tiempos que fueron no hubo entre
(20) nosotros hombres eminentes en letras y ciencias, sino porque me escarabajea el imaginarme una actuación universitaria en la cual se leía durante sesenta minutos una tesis doctoral, muy
(25) aplaudida siempre, por lo mismo que el concurso de damas y personajes no conocía a Nebrija ni por el forro, y que los mismos catedráticos de Escoto y Digesto Viejo se quedaban a veces tan a
(30) obscuras como el último motillón.

Así no era extraño que los estudiantes saliesen de las aulas con poca sustancia en el meollo, pero muy cargados de ergotismo y muy pendantes de lengua.
(35) En medicina, los galenos, a fuerza de latinajos, más que de recetas, enviaban al prójimo a pudrir tierra.

Los enfermos preferían morirse en castellano; y de esta preferencia en el
(40) gusto nació el gran prestigio de los remedios caseros y de los charlatanes que los propinaban. Entre los medicamentos de aquella inocentona edad, ninguno me hace más gracia, por
(45) lo barato y expeditivo, que la virtud atribuida a las oraciones de la doctrina cristiana. Así al atacado de un tarbadillo le recetaban una salve, que en el candoroso sentir de nuestros abuelos,
(50) era cosa más fresca y desirritante que una horchata de pepitas de melón.

61. ¿Cuál es la idea principal del autor en este pasaje?

(1) Criticar a los letrados y científicos
(2) Hablar de la medicina casera
(3) Alabar a Virgilio y Cicerón
(4) Criticar el obsoleto sistema educativo anterior
(5) Animar a los estudiantes a estudiar latín

62. El autor encuentra el latín, una lengua

(1) que todos deberían aprender
(2) complicada y desfasada
(3) comparable al castellano
(4) de grandes académicos
(5) digna de admiración

63. Según el autor, ¿qué repercusiones tiene el estudio del latín para los estudiantes?

(1) Los hace bilingües con el castellano
(2) Significa aprender una disciplina más
(3) Los hace hablar una lengua petulante
(4) Les quita tiempo para estudiar otras materias más importantes
(5) Los hace más inteligentes y cultos

64. El pasaje es

(1) irónico
(2) satírico
(3) metafórico
(4) cómico
(5) dramático

65. El autor también se burla de

(1) la doctrina cristiana
(2) los hombres eminentes
(3) los padres
(4) los maestros
(5) los abuelos

Las preguntas 66 a 70 se refieren al siguiente pasaje de literatura clásica de *Fortunata y Jacinta* del escritor español Benito Pérez Galdós.

¿CUÁL ES LA FILOSOFÍA DE JUANITO SANTA CRUZ?

Conocida la persona y sus felices circunstancias, se comprenderá fácilmente la dirección que tomaron las ideas del joven Santa Cruz al verse en
(5) las puertas del mundo con tantas probabilidades de éxito. Ni extrañará a nadie que un chico guapo, poseedor del arte de agradar y del arte de vestir, hijo único de padres ricos, inteligente,
(10) instruido, de frase seductora en la conversación, pronto en las respuestas, agudo y ocurrente en los juicios, un chico, en fin, al cual se le podría poner el rótulo social de brillante, considerara
(15) ocioso y hasta ridículo el meterse a averiguar si hubo un idioma único primitivo, si el Egipto fue una colonia brahmánica, si la China es absoluta-mente independiente de tal o cual
(20) civilización asiática, con otras cosas que años atrás le quitaban el sueño, pero que ya le tenían sin cuidado, mayor-mente si pensaba que lo que él no averiguase otro lo averiguaría... Y por
(25) último, decía, "pongamos que no se averigue nunca. ¿Y qué?" El mundo tangible y gustable le seducía más que los incompletos conocimientos de vida que se vislumbran en el fugaz resplandor
(30) de las ideas sacadas por la fuerza, chispas obtenidas en nuestro cerebro por la percusión de la voluntad, que es lo que constituye el estudio. Juanito acabó por declararse a sí mismo que
(35) más sabe el que vive sin querer saber que el que quiere saber sin vivir, o sea aprendiendo en los libros y en las aulas. Vivir es relacionarse, gozar y padecer, desear, aborrecer y amar. La lectura es
(40) vida artificial y prestada, el usufructo, mediante una función cerebral, de las ideas y sensaciones ajenas, la adquisición de los tesoros de la verdad humana por compra o por estafa, no por
(45) trabajo. No paraban aquí las filosofías de Juanito, y hacía una comparación que no carece de exactitud. Decía que entre estas dos maneras de vivir, observaba él la diferencia que hay entre

(50) comerse una chuleta y que le vengan a contar a uno cómo y cuándo se la ha comido otro, haciendo el cuento muy a lo vivo, se entiende, y describiendo la cara que ponía, el gusto que le daba la
(55) masticación, la gana con que tragaba y el reposo con que digería.

66. ¿Qué idea principal se extrae de este pasaje sobre la personalidad de Juanito?

(1) Le encantaba la lectura
(2) le gustaba vestirse bien
(3) Le gustaba el mundo material
(4) era un chico seductor
(5) No sabía lo que pasaba en China

67. ¿Qué quiere decir el autor con "sus felices circunstancias"? Que

(1) se divertía mucho
(2) era un chico rico y podía encarar la vida sin problemas
(3) había pasado un buen día
(4) luchaba para ser exitoso
(5) hablaba brillantemente

68. ¿Qué idea general puede deducirse de este pasaje?

(1) La vida de las ideas es más importante que la vida activa
(2) Los afortunados como Juanito siempre serán un éxito
(3) Las ideas correctas sólo pueden lograrse con el estudio serio
(4) Las clases acomodadas crean a menudo gente como Juanito
(5) Los intelectuales como Juanito son a menudo excéntricos

69. ¿Qué sugiere el autor sobre el personaje de Juanito? Es un

(1) gran filósofo
(2) muchacho brillante
(3) cínico
(4) cómico
(5) poco instruido

70. ¿Cuál de estas frases resumen mejor la filosofía de Juanito?

    (1) Es más sabio el que vive sin perder el tiempo en saber
    (2) La lectura es un método natural de aprendizaje
    (3) Es más sabio el que sabe y pierde el tiempo estudiando
    (4) La lectura es como comerse una chuleta
    (5) El estudio es la base de nuestros juicios

Las preguntas 71 a 75 se refieren al siguiente pasaje de *La vorágine* del colombiano José Eustasio Rivera.

¿CUÁL ES LA REACCIÓN ANTE UNA CATÁSTROFE?

Una mañana al salir el sol, vino una catástrofe presentida. Los hombres que en el caney curaban su hígado, oyeron gritos desaforados y se agruparon en la
(5) roca. Nadando en medio del río, como si fueran patos descomunales, bajaban los bolones de goma, y el cauchero que los arreaba venía detrás, en canoa minúscula, apresurando con la palanca a los
(10) que se demoraban en los remansos.
Frente al barracón, mientras pugnaba por encerrar su rebaño negro en la ensenada del puertecito, elevó estas voces, de más gravedad que un pregón
(15) de guerra:
—¡Tambochas, tambochas! ¡Y los caucheros están aislados!
¡Tambochas! Esto equivalía a suspender trabajos, dejar la vivienda,
(20) poner caminos de fuegos, buscar otro refugio en alguna parte. Tratábase de la invasión de hormigas carnívoras, que nacen quién sabe dónde y al venir el invierno emigran para morir, barriendo
(25) el monte en leguas y leguas, con ruidos lejanos, como de incendios. Avispas sin alas, de cabeza roja y cuerpo cetrino, se imponen por el terror que inspiran su veneno y su multitud. Toda guarida,
(30) toda grieta, todo agujero; árboles, hojarascas, nidos, colmenas, sufren la filtración de aquel oleaje espeso y hediondo, que devora pichones, ratas, reptiles y pone en fuga pueblos enteros
(35) de hombres y de bestias.

Esta noticia derramó la consternación. Los peones del tambo recogían sus herramientas y "macundales" con revoltosa rapidez.
(40) —¿Y por qué lado viene la ronda?— preguntaba Manuel Cardoso.
—Parece que ha cogido ambas orillas. ¡Las dantas y los cafuches atraviesan el río desde esta margen, pero en la otra
(45) están alborotadas las abejas!

71. ¿Cuál es la causa de la catástrofe que describe al autor?

    (1) la tempestad
    (2) las ratas
    (3) los pichones
    (4) el fuego
    (5) las hormigas

72. ¿Cuál de estas descripciones no corresponde a las tambochas?

    (1) venenosas
    (2) inmensas
    (3) sin alas
    (4) de cabeza roja
    (5) carnívoras

73. ¿Por qué lado vienen las tambochas? Vienen por

    (1) la carretera
    (2) la orilla derecha del río
    (3) las dos orillas del río
    (4) la orilla izquierda del río
    (5) el tambo

74. ¿Cómo saben por donde vienen las tambochas? Porque

    (1) siempre vienen de la misma región
    (2) las ven a lo lejos
    (3) anuncian por radio o teléfono
    (4) la reacción de los animales
    (5) los caucheros gritan

75. ¿Con qué compara el autor las tambochas?

    (1) con los cafuches
    (2) con las abejas
    (3) con el fuego
    (4) con el ruido
    (5) con las dantas

Poesía

Las preguntas 76 a 80 se refieren al poema del escritor mexicano Amado Nervo.

¿CÓMO REACCIONA EL POETA ANTE LA MUERTE DE RUBÉN DARÍO?

Ha muerto Rubén Darío:
¡el de las piedras preciosas!

Hermano, ¡cuántas noches tu espíritu y
el mío,
(5) unidos para el vuelo cual dos alas
ansiosas,
sondar quisieron ávidos el Enigma
sombrío,
más allá de los astros y las nebulosas!

(10) Ha muerto Rubén Darío:
¡el de las piedras preciosas!

¡Cuántos años intensos junto al Sena
vivimos,
engarzando en el oro de un común ideal
(15) los versos juveniles que, a veces, brotar
vimos,
como brotan dos rosas a un tiempo, en
un rosal!

Hoy, ya tu vida, inquieta cual torrente
(20) bravío,
en el Piélago arcano desembocó; ya posas
las plantas errabundas en el islote gris
que pintó Bocklin... ¡ya sabes todas las
cosas!

(25) Ha muerto Rubén Darío:
¡el de las piedras preciosas!

Mis ondas, rezagadas van de las tuyas;
pero
pronto, en ese insondable y eterno mar
(30) del Todo,
se saciará mi espíritu de lo que saber
quiero:
del Cómo y Por qué, de la Esencia y el
Modo.

(35) Y tú, cual en tu Lutecia las tardes
misteriosas
en que pensamos juntos, a la margen
del río
lírico, habrás de guiarme... ¡Yo iré donde
(40) tú osas
para robar entrambos al musical vacío

y al coro de los orbes sus claves
portentosas!

Ha muerto Rubén Darío:
(45) ¡el de las piedras preciosas!

76. Según el poema, Rubén Darío era considerado por el poeta como

   (1) un personaje misterioso
   (2) su mejor amigo poeta
   (3) su compañero en los años de vida en Italia
   (4) un hermano en labor creativa de la poesía
   (5) un poeta que escribía una poesía muy barroca

77. ¿A qué evoca el poeta cuando dice "insondable y eterno mar del Todo"?

   (1) la sinceridad
   (2) la verdad
   (3) la espiritualidad
   (4) la muerte
   (5) la poesía

78. Cuando el poeta dice "Mis ondas, rezagadas van de las tuyas...", quiere decir que

   (1) sus versos se parecen a los de Rubén Darío
   (2) siempre tiene la muerte en mente
   (3) a él también le está llegando la hora de la muerte
   (4) no podrá escribir sin su maestro como guía
   (5) ya está harto de vivir

79. ¿Qué se deduce de este poema?

   (1) El desprecio por la poesía de Darío
   (2) El sentimiento de pena por la muerte de un amigo
   (3) La dificultad de hacer poesía
   (4) El recuerdo de una juventud pasada
   (5) La admiración por el poeta Rubén Darío

80. ¿Qué quiere decir con la expresión "¡El de las piedras preciosas!"?

    (1) Su poesía era demasiado barroca
    (2) Su poesía era de una gran belleza
    (3) A Darío le gustaba coleccionar piedras preciosas
    (4) Su poesía era muy realista
    (5) Rubén Darío escribía siempre sobre piedras preciosas

Las preguntas 81 a 85 se basan en esta selección del poeta boliviano Ricardo Jaimes Freyre.

¿CÓMO ES EL ALBA PARA EL POETA?

Las auroras pálidas,
que nacen entre penumbras misteriosas,
y enredadas en las orlas de sus mantos
llevan jirones de sombra,
(5) iluminan las montañas,
las crestas de las montañas rojas;
bañan las torres erguidas,
que saludan su aparición silenciosa,
con la voz de sus campanas
(10) soñolienta y ronca;
ríen en las calles
dormidas de la ciudad populosa,
y se esparcen en los campos
donde el invierno respeta las amarillas
(15)   hojas.
Tienen perfumes de Oriente
las auroras;
los recogieron al paso, de las florestas
ocultas
(20) de una extraña Flora.
Tienen ritmos y músicas armoniosas,
porque oyeron los gorjeos y los trinos de
las aves
exóticas.

81. ¿Qué está evocando el poeta en este fragmento? A las

    (1) montañas
    (2) campanas
    (3) campos
    (4) auroras
    (5) perfumes de oriente

82. Según el poema, ¿qué iluminan las auroras?

    (1) las montañas rojas y los campos
    (2) campanas y mantos
    (3) 1 y 4
    (4) las aves y las montañas
    (5) los gorjeos y las orlas

83. ¿Qué esencia le adjudica a las auroras?

    (1) una esencia oriental
    (2) campestre
    (3) urbana
    (4) montañosa
    (5) invernal

84. ¿Qué denota el autor cuando describe "en las calles dormidas de la ciudad populosa"?

    (1) En las calles de la ciudad hay mucho ruido
    (2) En la calle hay mucha gente
    (3) En la calle es donde mejor se ve la aurora
    (4) Las calles están vacías porque es muy temprano
    (5) Hace mucho frío

85. La expresión "con la voz de sus campanas soñolienta y ronca" es un ejemplo de

    (1) exageración
    (2) ironía
    (3) metáfora
    (4) personificación
    (5) lenguaje figurado

Teatro

Las preguntas 86 a 90 se basan en el siguiente pasaje de la obra de teatro *La vida es sueño* de Pedro Calderón de la Barca.

¿CÓMO SE SIENTE LA PROTAGONISTA?

ROSAURA, vestida de hombre,
aparece en lo alto de las peñas, y baja a
lo llano; tras ella viene CLARIN.

ROSAURA
(5)   Hipogrifo violento,
que corriste parejas con el viento,
¿dónde rayo sin llama,
pájaro sin matiz, pez sin escama,

y bruto sin instinto
(10) natural, al confuso laberinto
de estas desnudas peñas
te desbocas, arrastras y despeñas?
Quédate en este monte
donde tengan los brutos su Faetonte;
(15) que yo, sin más camino
que el que me dan las leyes del destino,
ciega y desesperada
bajaré la aspereza enmarañada
deste monte eminente,
(20) que arruga el sol de ceño de su frente.
Mal Polonia, recibes
a un extranjero, pues con sangre
escribes
su entrada en tus arenas,
(25) y apenas llega, cuando llega a penas.
Bien mi surtido lo dice;
más ¿dónde halló piedad un infelice?

CLARIN

Di dos, y no me dejes
(30) en la posada de mí cuando te quejes;
que si dos hemos sido
los que de nuestra patria hemos salido
a probar aventuras,
dos los que entre desdichas y locuras
(35) aquí hemos llegado,
y dos los que del monte hemos rodado,
¿no es razón que no sienta
meterme en el pesar y no en la cuenta?

ROSAURA

(40) No te quiero dar parte
en mis quejas, Clarín, por no quitarte,
llorando tu desvelo,
el derecho que tienes tú al consuelo;
que tanto gusto había
(45) en quejarse un filósofo decía,
que, a trueco de quejarse,
habían las desdichas de buscarse.

CLARIN

El filósofo era
(50) un borracho barbón: ¡Oh, quién le diera
más de mil bofetadas!
Quejárase después de muy bien dadas.
Mas ¿qué haremos, señora,
a pie, solos, perdidos y a esta hora,
(55) en un desierto monte
cuando se parta el sol a otro horizonte?

86. ¿Qué actitud muestra Rosaura a la llegada de Polonia?

(1) Le encantan las montañas de esta ciudad
(2) Está contenta de estar en un nuevo país
(3) Parece que está enojada
(4) Le vienen recuerdos agradables a su memoria
(5) Quisiera regresar a su país lo más pronto posible

87. ¿De qué hablan las ocho primeras líneas de este pasaje?

(1) de un salvaje
(2) de un animal
(3) del viento
(4) de un laberinto
(5) de un río

88. ¿Cual es el significado de "Que tanto gusto había en quejarse un filósofo decía, que a trueco de quejarse, habían las desdichas de buscarse"?

(1) Vale más no quejarse y olvidar los malos momentos
(2) Si hay queja es porque hay alguna causa
(3) Quejarse es tan placentero que conviene buscar problemas
(4) Es bueno quejarse para luego sentirse mejor
(5) El placer de quejarse conduce a desdichas

89. ¿Cuál es la actitud de Clarín hacia Rosaura?

(1) Se siente aturdido porque no sabe cómo consolar a Rosaura
(2) Ya está harto de que Rosaura se queje tanto
(3) No sabe si quiere continuar el viaje con ella
(4) Quiere acompañarle en el amargo camino de la pena
(5) No tiene claro adónde van a ir a continuación

90. ¿Qué atributo se le podría adjudicar al personaje de Clarín?

    (1) mal carácter
    (2) inocencia
    (3) jovialidad
    (4) lealtad
    (5) energía

Comentarios sobre las artes

Las preguntas 91 a 95 se basan en el siguiente comentario sobre arte.

¿QUÉ HAY EN LA PINTURA DE TEODORO GONZÁLEZ DE LEÓN?

Teodoro González de León no sólo es arquitecto sino pintor, como su maestro Le Corbusier. En sus pinturas y ensamblajes encuentro la unión entre
(5) una inteligencia que ama la claridad y una sensibilidad que se complace con el juego rítmico de las líneas, los volúmenes, los colores. Precisión que no excluye, sino que invita al azar. Espacios
(10) que se despliegan como proposiciones geométricas, colores vivos y nítidos, pinturas que hacen pensar, a veces, en Juan Gris y, otras, en Fernand Léger. Apenas enunciadas, estas afinidades se
(15) disipan: no estamos ante una pintura-pintura, sino ante una pintura arquitectónica. Mejor dicho: ante la traducción en dos dimensiones y sobre una superficie plana, del mundo
(20) tridimensional de la arquitectura. Más de una vez he oído a González de León lamentarse porque hoy no se cubren los edificios con una capa de encendida pintura, como era costumbre en la
(25) antigua Grecia, en la India y en la Mesoamérica. No sé si tiene razón: el Palacio Nacional se ha escapado de un baño tricolor y la catedral de la púrpura cardenalicia. Tal vez se trata de una
(30) boutache; estoy seguro de que es mayor su lealtad a los materiales que su afición al color. La veracidad, me dijo alguna vez, es la virtud mayor de la arquitectura moderna. La construcción
(35) debe mostrar de qué está hecha: piedra, metal, madera. Lo más alejado a González de León es el barroco, sus tramoyas coloridas y sus incendios

congelados. La mención de Grecia y
(40) Mesoamérica me lleva a señalar un tercer aspecto de la personalidad de González de León: su afición a la historia del arte. Si no hubiese sido el artista que es, habría sido un notable
(45) crítico o un historiador de esta disciplina. Una afición inteligente y apasionada en la que, otra vez, me sorprende la interpretación entre el entendimiento y la sensibilidad, el saber
(50) y el sentir. Vasos comunicantes: su arquitectura se nutre de su pintura y ambas de su pensamiento.

—Octavio Paz

91. Según el autor, ¿cómo se caracteriza la pintura de Teodoro González de León?

    (1) romántica
    (2) barroca
    (3) colorida
    (4) austera
    (5) clara y sensible

92. ¿A la pintura de qué pintor compara el autor la pintura de González de León?

    (1) Joan Miró
    (2) Chagall
    (3) Picasso
    (4) Juan Gris
    (5) Jackson Pollock

93. ¿De qué se lamenta el arquitecto González de León? De que

    (1) los edificios no se recubran con una capa de pintura colorida como en la antigua Grecia
    (2) los edificios no sean como los de la antigua Grecia
    (3) los edificios no sigan las combinaciones arquitectónicas características de India
    (4) el Palacio Nacional tenga un baño tricolor
    (5) la arquitectura moderna tenga demasiado colorido

94. ¿Qué cree el autor sobre González de León? Que

(1) su pintura es demasiado tridimensional
(2) le interesan más los colores que los materiales
(3) sólo le gustan las formas geométricas
(4) es más leal a los materiales que a los colores
(5) tendría que añadir un poco de barroquismo

95. ¿Qué hubiera sido González León si no fuera artista?

(1) bibliotecario
(2) crítico de teatro
(3) historiador del arte
(4) amante de la historia
(5) escultor

Las preguntas 96 a 100 se basan en la siguiente selección de literatura.

¿QUÉ ESCRIBIÓ EL POETA EN SU JUVENTUD?

Pablo Neruda tenía entre quince y diecisiete años. Era un estudiante flaco y serio que jugaba al fútbol cuando escribió ciento setenta poemas, la mayor
(5) parte de los cuales—ciento cuarenta y tantos—han permanecido ocultos e inéditos hasta ahora mismo. El resto lo fue publicando el poeta en algunos libros y revistas de la época. La edición
(10) del libro, de trescientas cincuenta páginas, ha estado al cuidado del historiador chileno y profesor de la Universidad de Berlín, Víctor Farías.
Mucha gente conocía en Chile la
(15) existencia de *Los cuadernos de Temuco*. Decenas de personas, al parecer, los llegaron a tener en sus manos hace cincuenta y sesenta años, pero hasta hace siete meses, la Fundación Neruda,
(20) guardiana fiel y tenaz del legado del poeta, no logró disponer de ellos. El peregrinaje desde el Liceo de Temuco hasta la Fundación de este tesoro editorial y literario ha sido largo y
(25) accidentado, pero apasionante.
Son tres cuadernos de estudiante, tres vulgares blocs milimetrados los que han guardado los versos manuscritos que el poeta escribió durante las clases
(30) de aquella "jaula triste", que pasado el tiempo se llamaría Liceo Neruda. Era entonces, dicen, un chico tímido y enfermizo que crecía "mirando un paisaje que diariamente, en todo el año,
(35) recibe la amargura de la lluvia", como dejó escrito Gabriela Mistral, que por aquellos años recaló en Temuco como directora del liceo. Sin embargo, los poemas no hablan de un adolescente
(40) romántico y triste. Los poemas— aseguran los estudiosos que han tenido acceso a ellos—nos descubren un joven alegre, extraordinariamente maduro para su edad, de una enorme
(45) sensualidad y con una tendencia religiosa, casi mística, muy acusada.

96. El objetivo principal del autor es explicar

(1) que la Fundación Neruda tiene en su posesión toda la obra de Neruda
(2) la vida de Pablo Neruda
(3) que Pablo Neruda era un muchacho alegre
(4) que se acaban de encontrar unos cuadernos inéditos de Pablo Neruda
(5) que Pablo Neruda escribía poesías tristes y tímidas

97. Estas afirmaciones sobre Pablo Neruda son ciertas, a *excepción de* que

(1) le gustaba el fútbol
(2) era un joven extraordinariamente maduro
(3) era un chico tímido y enfermizo
(4) tenía una enorme sensualidad
(5) no era religioso

98. ¿Qué se desprende de las declaraciones de Gabriela Mistral sobre Pablo Neruda?

(1) Tendía al misticismo
(2) Era un chico alegre y poético
(3) Le gustaba hacer deportes
(4) Odiaba ir al liceo
(5) Era un chico triste y romántico

99. ¿A qué se refiere Neruda cuando habla de la "jaula triste"?

    (1) a su escuela
    (2) al patio de su escuela
    (3) a su casa
    (4) al jardín de su casa
    (5) a su habitación

100. ¿Cuándo escribió estos poemas Neruda?

    (1) después de jugar al fútbol
    (2) cuando llovía y se sentía triste
    (3) a la hora del descanso escolar
    (4) cuando el tiempo se lo permitía
    (5) durante las clases en el liceo

Las preguntas 101 a 105 se basan en el siguiente artículo de cine.

¿CÓMO ES HOLLYWOOD REALMENTE?

Al igual que otras formas de cultura norteamericana, Hollywood es en sí un pequeño mundo—una subcultura de la sociedad. Como muchas subculturas, (5) refleja a la sociedad, pero con un espejo distorsionado. Hollywood tiene pequeños grupos de privilegiados que se sientan en la cima de la pirámide. Son los productores ejecutivos que se hacen (10) cargo de la producción. De ellos se cuentan leyendas que convierten las conversaciones de Hollywood en un conjunto de anécdotas, chismes y malicias. Su posición de realeza (15) ensombrece todo juicio crítico independiente, ya que el empleado debe ser también un cortesano. Un pez gordo de Hollywood está siempre rodeado de gente sumisa cuya función es aplaudir con (20) entusiasmo todo lo que hace. Cuando un hombre tiene poder de vida o muerte profesional sobre sus subordinados, nadie desea arriesgarse a tomar decisiones independientes. Nadie se (25) siente seguro en su posición, ni siquiera los altos ejecutivos, que están atemorizados por las intrigas de sus rivales así como por el poder de los banqueros. Estos a su vez están llenos de temor (30) frente a los caprichos y la hostilidad de la audiencia cinematográfica.

Las decisiones finales que afectan a la creatividad se realizan en "la oficina principal", donde con ojo avizor se (35) vigilan los presupuestos de la película, que pueden elevarse a millones de dólares. Todos los que están relacionados con la película, incluidos el director y los guionistas, saben que dos o tres (40) millones pueden estar comprometidos; como resultado, nadie se arriesga con ideas, temas y tratamiento. La expresión "capital de riesgo" tiene un significado irónico cuando se refiere a Hollywood: (45) debido a que el capital que se arriesga es grande, nada más se puede arriesgar. Ésta es la esencia de la timidez de Hollywood. Y la timidez se junta con la burocracia y el dinero para formar la (50) mortífera trinidad de Hollywood. La colonia del cine está siempre en efervescencia, siempre apostando por "grandes" ideas para éxitos "colosales"; pero a pesar de esta actividad enfermiza, (55) está siempre en peligro de parálisis. No es una metrópolis, pero, se cree que es demasiado importante para llevar una vida de ciudad pequeña—ni tampoco podría aun si quisiera—ya que no (60) ejercita las actividades normales de una ciudad. Por eso Hollywood es uno de los lugares más solitarios del mundo.

101. La actitud del autor hacia Hollywood es

    (1) objetiva
    (2) crítica
    (3) admiradora
    (4) imparcial
    (5) tradicional

102. La estructura de la sociedad en Hollywood

    (1) se basa en la seguridad
    (2) asfixia cualquier pensamiento independiente
    (3) anima a tomar riesgos
    (4) provoca tensiones en los grupos sociales
    (5) refleja a la mayoría de las sociedades

103. El autor dice que la autoridad final es ejercida por

    (1) el ejecutivo del estudio
    (2) el empleado de Hollywood
    (3) los rivales de los altos ejecutivos
    (4) los banqueros
    (5) la audiencia cinematográfica

104. La palabra que mejor describe a Hollywood es

    (1) legendario
    (2) responsable
    (3) arriesgado
    (4) independiente
    (5) tímido

105. El autor señala una contradicción en Hollywood respecto a su

    (1) tamaño
    (2) burocracia
    (3) éxito
    (4) creatividad
    (5) conversación

Las preguntas 106 a 110 se basan en el siguiente comentario relacionado con cine.

¿POR QUÉ AL AUTOR LE GUSTA LA ÉPICA?

Hay muchas personas, por ejemplo, que van al cine y lloran. Es algo que siempre sucede. A mí también. Pero nunca he llorado en las escenas
(5) lacrimosas, o en los episodios patéticos. Pero, por ejemplo, cuando vi por primera vez las películas de gángsters de Sternberg, recuerdo que cuando ocurría algo épico—es decir, gángsters
(10) de Chicago que morían valientemente— mis ojos se llenaban de lágrimas. He sentido más la poesía épica que la lírica o la elegíaca. Es algo que siempre me ha sucedido. Tal vez se deba a que
(15) desciendo de una familia de militares. Mi abuelo, el coronel Borges, luchó en las guerras de frontera contra los indios y murió en la revolución del 74; mi bisabuelo, el coronel Suárez, estuvo al
(20) mando del regimiento de caballería colombiana y peruana en una de las últimas batallas contra los españoles; otro tío abuelo mío condujo la vanguardia del Ejército de los Andes—
(25) en fin cosas así... Todo esto me liga a la historia argentina y también a la idea de que el hombre debe ser valiente. Creo que en lo que concierne a la poesía épica o a la literatura épica más bien—si
(30) exceptuamos a los escritores como T.E. Lawrence, en sus *Siete pilares de la sabiduría* o algunos poetas como Kipling, por ejemplo en *Harp Song of the Dane*

Women o incluso en sus cuentos—creo
(35) que, mientras nuestros hombres de letras parecen haber descuidado sus deberes con la épica, la épica, en nuestro tiempo, ha sido salvada para nosotros de manera extraña, por las
(40) películas del oeste.

En este siglo, como dije, la tradición épica ha sido salvada para el mundo insólitamente, por Hollywood. Cuando fui a París, sentí ganas de escandalizar
(45) a la gente y cuando me preguntaron— sabían que el cine me interesaba, o que me había interesado, porque ahora veo muy poco—me preguntaron; "¿Qué clase de películas le gustan?" Y yo contesté:
(50) "Francamente, lo que más me gusta son las películas del oeste". Eran todos franceses y todos opinaron como yo. Me dijeron: "Por supuesto, vemos películas como *Hiroshima, mon amour* o *El año*
(55) *pasado en Marienbad* por sentimiento del deber, pero cuando queremos sentirnos realmente a gusto, vemos películas norteamericanas".

—Jorge Luis Borges

106. ¿Cuál es la idea principal de este artículo?

    (1) Explicar los sentimientos infantiles de Borges
    (2) Explicar el pasado de la familia de Borges
    (3) Hablar de las películas europeas
    (4) Opinar sobre las películas norteamericanas
    (5) Hablar de un género literario y fílmico

107. ¿Por qué el autor le gustan las películas épicas? Porque

    (1) le hacen llorar
    (2) tiene un gran sentido del deber
    (3) le encantan las películas de gángsters
    (4) vivió en Francia
    (5) viene de una familia de militares

108. ¿Qué es lo que más le gusta de las películas del oeste?

    (1) Hay muchos tiros
    (2) Los hombres mueren valientemente
    (3) Siempre gana alguien
    (4) Se parecen a las películas de gángsters de Chicago
    (5) Semejan una obra de poesía

109. ¿Qué opina el autor sobre Hollywood?

    (1) Se siente a gusto viendo películas norteamericanas
    (2) Las películas son demasiado épicas
    (3) No soporta las películas de Hollywood
    (4) Hollywood ha salvado a la épica
    (5) Prefiere las películas europeas

110. ¿A quién acusa Borges de descuidarse de la épica?

    (1) a los hombres de letras
    (2) a los productores de Hollywood
    (3) a T. E. Lawrence
    (4) a los escritores franceses
    (5) al cineasta Sternberg

Las preguntas 111 a 115 se basan en el siguiente comentario sobre teatro.

¿QUÉ OPINA EL CRÍTICO DE SHAKESPEARE?

Shakespeare es siempre un redescubrimiento. Cada vez que asistimos a la representación de sus obras, vuelve a asombrarnos la
(5) consistencia de sus personajes, la sabiduría con que se estructura la acción dramática, la fuerza teatral del texto, y, en las tragedias que pudiéramos llamar "políticas", la
(10) modernidad del pensamiento. En el caso de *Julio César*, tales virtudes se han hecho de nuevo patentes, mezclada la emoción de las situaciones con la capacidad del autor para desvelar el
(15) sentido último de ciertos comportamientos políticos, la subordinación de las grandes palabras, a menudo generosas, a la ambición individual de quienes ansían el poder.
(20) Como nos dicen a menudo los creadores teatrales, los críticos debemos hablar poco del texto en casos como éste de *Julio César*, puesto que todo está

ya desmenuzado y estudiado. Aún así
(25) antes de comenzar a comentar los términos específicos en los que la tragedia ha sido en esta ocasión representada, uno siente la irrefrenable necesidad de expresar el placer teatral
(30) que, una vez más, le ha producido el texto de Shakespeare, ejemplo de hasta dónde la imaginación puede llegar a ser una forma de desconocimiento, en este caso de la política.
(35) Frente a un texto tan extraordinario, la decisión de Lluis Pasqual (director) ha sido la más lógica e inteligente; apoyarse en él de manera absoluta, concebir la representación en función de los
(40) parlamentos, evitar cualquier decisión de montaje que pudiera perturbarlos. Fabián Puigserver, el gran escenógrafo del Lliure y habitual colaborador de Pasqual, favorece adecuadamente este
(45) propósito con la creación de un espacio inmóvil—una especie de púlpito—transformado continuamente por la luz, la disposición del movimiento de los actores, o la palabra.
(50) De manera que admitimos sin problemas que el mismo lugar es la casa de César, la casa de Bruto, el Senado o el campo de batalla. Desde el comienzo, el director, escenógrafo y figurinista
(55) establecen el principio de la convención teatral y un juego, en el que la palabra, reinscrita en los actores, es la que debe construir, objetivar, materializar la tragedia. Al espectador se le pide en
(60) definitiva que emplee su imaginación en dar consistencia, carnalidad, verosimilitud a lo que se ofrece, en apariencia, como un discurso.

—José Monleón

111. ¿Cuál de estas afirmaciones *no* le atribuye el crítico a Shakespeare?

    (1) La consistencia de sus personajes
    (2) La sabiduría en la estructuración dramática
    (3) La creación de escenarios inteligentes y lógicos
    (4) La fuerza teatral del texto
    (5) La modernidad de su pensamiento

112. ¿Por qué dicen los creadores teatrales que los críticos no deberían hablar del texto? Porque

    (1) en algunos casos ya está suficientemente analizado
    (2) los críticos no están supuestos a hablar de la parte literaria
    (3) provoca mayor confusión
    (4) es perder el tiempo con lo obvio
    (5) evidencia la falta de realidad de la obra

113. ¿Por qué las casas de César y Bruto están en el mismo lugar? Porque

    (1) Bruto vivía con César
    (2) ambos aparecen en la obra *Julio César*
    (3) la escenografía de Fabián Puigserver lo exigía
    (4) ambas son representadas simbólicamente
    (5) ambas son idénticas, debido a la política en la obra

114. ¿Cómo califica el crítico la obra *Julio César*?

    (1) moderna
    (2) individual
    (3) política
    (4) romántica
    (5) surrealista

115. ¿Quién debe usar la imaginación para hacer real a *Julio César*?

    (1) director
    (2) espectador
    (3) escenógrafo
    (4) figurinista
    (5) dramaturgo

Las preguntas 116 a 120 se basan en el siguiente artículo de arte.

¿CUÁL ERA EL TALENTO DE LEONARDO DA VINCI?

Leonardo da Vinci estudió matemáticas y física, botánica y anatomía, no como algo adicional, sino como parte de su arte. Para él, no había ninguna
(5) diferencia esencial entre arte y ciencia. Ambos eran maneras para describir un solo universo de Dios. Despreciaba a los artistas que querían mejorar la naturaleza. Permitámosles que se mejoren ellos
(10) mismos, ¡la naturaleza no puede estar errada!

Pero cuando pintaba, Leonardo tiraba sobre la fría realidad un resplandeciente manto de belleza. Su conocimiento, su
(15) técnica, su incomparable facultad dibujística ocultaban como un juego de prestidigitación en que la naturaleza se sumergía bajo la belleza de su arte. Da Vinci pintaba como un hombre enamo-
(20) rado de la vida. Cómo la amaba se puede ver dando vuelta las páginas de su cuaderno de bocetos—cientos de ellas. Aquí en una hoja se pueden ver los hoyuelos y dobleces de la pierna de un
(25) bebé, junto con los rasgos desfigurados de soldados muriendo o matando. Aquí se ve la fatiga de los obreros. Hay también una mujer arrodillada rezando. Ahora dibuja la ansiedad nerviosa en los
(30) tendones del cuello de un viejo indigente y aquí ha capturado el regocijo de un niño jugando. Se sabe que se pasaba el día siguiendo a gente hermosa y grotesca para luego estudiarlos. Visitaba
(35) los hospitales para ver cómo morían los viejos y se apresuraba para ver cómo colgaban a un criminal. Llamativo, por sus rizos dorados coronados con un redondo birrete negro y por su manto
(40) rosado que ondeaba como una anémona en una calle borrascosa, Leonardo vagaba viendo la glotonería de un bebé en el pecho de su madre, luego, secretamente, disectaba minuciosamente
(45) un cadáver (por ese entonces la sociedad no permitía tal estudio) para que su pincel lo pintara con exacta "proporción divina".

(50)　De hecho, Leonardo dedicó más tiempo a la anatomía que a ninguna otra ciencia. Demostró que nuestros músculos son una palanca y reveló que los ojos son lentes. Comprobó también (55) que nuestro corazón es una bomba hidráulica y demostró que el pulso está sincronizado con el latido del corazón. Fue asimismo el descubridor de las franjas reguladoras involucradas en la (60) contracción de los músculos del corazón. Sus observaciones en hospitales lo llevaron a descubrir que el endurecimiento de las arterias es causa de muerte en edad avanzada.

116. Según el artículo, Leonardo da Vinci combinaba los siguientes intereses.

    (1) naturaleza y ciencia
    (2) técnica e inspiración
    (3) Dios y arte
    (4) ciencia y arte
    (5) naturaleza y universo

117. ¿Que significa "tirar sobre la fría realidad un resplandeciente manto de belleza"?

    (1) Pintar cosas bellas, ocultando la brutal realidad
    (2) Ocultar el realismo objetivo bajo una bella presentación
    (3) Destacar la naturaleza y reducir la ciencia
    (4) Subordinar la anatomía a la matemática y física
    (5) El arte y la ciencia describen el universo de Dios

118. El escritor admira de Leonardo lo siguiente, a *excepción de*

    (1) el mejoramiento de la naturaleza
    (2) la técnica
    (3) el conocimiento
    (4) la facultad dibujística
    (5) la pintura

119. Sus bocetos de bebés, soldados y obreros se citan como ejemplo de

    (1) técnica oculta
    (2) curiosidad
    (3) versatilidad
    (4) amor a la vida
    (5) realismo

120. Los estudios científicos de Leonardo da Vinci llevaron a descubrimientos en las siguientes áreas, a *excepción de*

    (1) músculos
    (2) ojos
    (3) corazón
    (4) pulso
    (5) circulación

CLAVE DE LAS RESPUESTAS

Literatura popular/Página 324

1. **2**	11. **2**	20. **1**	29. **1**	38. **2**	47. **2**
2. **2**	12. **4**	21. **3**	30. **3**	39. **4**	48. **4**
3. **4**	13. **4**	22. **2**	31. **3**	40. **5**	49. **1**
4. **3**	14. **1**	23. **4**	32. **1**	41. **4**	50. **5**
5. **3**	15. **2**	24. **2**	33. **2**	42. **2**	51. **4**
6. **3**	16. **2**	25. **4**	34. **1**	43. **2**	52. **1**
7. **2**	17. **3**	26. **2**	35. **2**	44. **1**	53. **2**
8. **4**	18. **3**	27. **4**	36. **4**	45. **3**	54. **5**
9. **1**	19. **2**	28. **3**	37. **1**	46. **5**	55. **2**
10. **4**					

Literatura clásica/Página 335

56. **2**	60. **3**	64. **2**	67. **2**	70. **1**	73. **3**
57. **5**	61. **4**	65. **1**	68. **4**	71. **5**	74. **4**
58. **1**	62. **2**	66. **3**	69. **3**	72. **2**	75. **3**
59. **4**	63. **4**				

Poesía y teatro/Página 339/340

76. **4**	79. **5**	82. **3**	85. **4**	87. **5**	89. **4**
77. **4**	80. **2**	83. **1**	86. **3**	88. **3**	90. **4**
78. **3**	81. **4**	84. **4**			

Comentarios sobre las artes/Página 342

91. **5**	96. **4**	101. **2**	106. **5**	111. **3**	116. **4**
92. **4**	97. **5**	102. **2**	107. **5**	112. **1**	117. **2**
93. **1**	98. **5**	103. **5**	108. **2**	113. **4**	118. **1**
94. **4**	99. **1**	104. **5**	109. **4**	114. **3**	119. **4**
95. **3**	100. **5**	105. **1**	110. **1**	115. **2**	120. **5**

ANÁLISIS DE LAS RESPUESTAS

Literatura popular

1. **2** El pasaje indica que "fue reponiéndose de sus lastimaduras" a pesar de no poder comer nada.
2. **2** El cisne "...comenzó a comprender que yo era su amigo".
3. **4** El narrador menciona que "la nostalgia lo mataba", refiriéndose al cisne.

4. **3** El cisne miraba el pescado "con ojos tristes de distancia".

5. **3** El autor acaba el pasaje diciendo que "Así aprendí que los cisnes no cantan cuando mueren, si mueren de pena".

6. **3** El escritor se ríe de este deporte y de la gente a la cual le gusta; la audiencia que se divertirá con el humor de este artículo es a la que no le gustan los deportes.

7. **2** Primero nos muestra que este deporte pueden jugarlo hasta los niños. Aparentemente el juego es simple, pero las reglas del juego ("reglas talladas en enormes tablas de piedra") lo hacen complicado.

8. **4** En la selección se apunta que "estos golpes se dedican al oponente y no al balón".

9. **1** Las respuestas 2, 3 y 4 serían correctas, si no fuese por el uso de ironía al comienzo de la frase. La prueba se encuentra en las primeras dos frases del tercer párrafo que llevan a la conclusión de que "Si algo pasara, es seguro que allí podrán verlo".

10. **4** La sátira es la técnica que se burla de una persona, institución o idea. El escritor dirige su sátira al fútbol norteamericano.

11. **2** En la selección dice que "no es el mejor momento para caminar sola por la orilla de un río medio congelado".

12. **4** La frase "durante el día, cuando estaba de pie poniendo alfileres a vestidos" indica que su actividad era regular. Este debía ser su trabajo.

13. **4** La frase "¿Y si han sobrevivido... mientras ella estaba en Celle bailando con los oficiales británicos?" comunica su sentido de culpabilidad.

14. **1** "Nadie, pensaba, quiere oírlas," indica que creía que a nadie le importaban sus problemas, no que ella no quisiera contarlos. El hecho que continúa yendo al Centro Judío prueba que las opciones 3 y 4 son incorrectas.

15. **2** El último párrafo describe el efecto de este incidente. Eso es lo que el lector debe entender y recordar.

16. **2** El hecho de que "vertieron las aguas cloacales en él, pero no lograron contaminarlo" quiere decir que no

importa lo que pase alrededor del mar, pues nada podrá contaminarlo.

17. **3** El terror y el miedo se indican en "Me entró un frío como si estuviera en las entrañas del miedo".

18. **3** El narrador quiere mostrar cómo se ha deteriorado la zona con los cambios que se han producido.

19. **2** Los contrastes son las grúas en lugar de los árboles y las bombas de petróleo en lugar del ganado.

20. **1** La clave se encuentra en la última frase, cuando dice que es "como un tumor".

21. **3** "... hacía su último vistazo" es una expresión que a menudo se usa relacionada con la muerte o un acontecimiento catastrófico.

22. **2** El autor quiere decir que nunca dejó que la idea tomara forma, y que evitó hacer plan alguno.

23. **4** El pasaje dice que "Se quedó postrado durante un largo minuto sin esperanza....con los ojos todavía fijos en la cúpula azul que había encima suyo." Un minuto es más largo de lo normal, cuando se crea una sensación de suspenso.

24. **2** La luz domina la narración. El autor dice que el "cielo, tan iluminado que no pude seguirle la mirada". Más tarde dice "La luz era demasiado intensa".

25. **4** El pasaje se refiere a "el grito indecible y el júbilo de éxtasis de mi halcón, que a través de los años hace tintinear..."

26. **2** La autora habla de "la ventolera del huracán" después de mencionar el estruendo del viento y los truenos.

27. **4** Por la comida, "asopao con bolitas de plátano," y porque los huracanes son comunes en los países tropicales, se puede deducir que es Puerto Rico. El pasaje es de la obra *Cuando era puertorriqueña.*

28. **3** En el segundo párrafo, la escritora dice que "nos acurrucamos unos contra los otros en los colchones estirados en el piso".

29. **1** La autora dice que llloviznaba y luego, más tarde, que "la niebla se colgaba sobre el patio".

30. **3** Primero dice que vieron "una res muerta" pero no dice si era en el ranchón de Doña Ana. Luego dice que

el ranchón "todavía estaba en su sitio".

31. **3** En el pasaje, el autor señala que además de poetas y pintores, María Félix se convertía en irresistible para "aun aquellos que parecían poseer un gran espíritu crítico y una aguda capacidad para denunciar defectos del prójimo".

32. **1** El autor habla del "curioso vocabulario personal" que fascinaba incluso a los que buscaban frases ingeniosas para que la actriz pudiera usar.

33. **2** El autor dice "el entusiasmo que la sonorense despertaba". Sonorense es el gentilicio de Sonora, un estado de México.

34. **1** En la crítica de Efraín todo son alabanzas, incluyendo su comentario de que es "masculinamente enérgica", lo que es todo lo contrario de débil, como anota la opción 1.

35. **2** Cuando describe la crítica como una declaración de amor el autor quiere decir que fue de suprema alabanza, que dejó de lado el análisis objetivo y no dijo nada malo sobre la actriz.

36. **4** En todo el fragmento expresa el calor que hacía, pero es al final cuando dice "caía un sol de fuego" que nos da a entender sin duda alguna que hacía mucho calor.

37. **1** Cuando dice "la mano diestra, vencida y apoyada" y "dar algún respiro al pecho jadeante" nos expresa lo fatigado que se encontraba al subir al pedregal.

38. **2** La expresión "a guisa" quiere decir "a modo de" o "a semejanza de". "Cayado" es el largo bastón usado por los campesinos desde tiempos bíblicos. Así, su bastón le convertía en uno de ellos.

39. **4** El verso que dice "buscando los recodos de sombra" explica lo que iba buscando mientras subía en un día tan caluroso.

40. **5** Antonio Machado explica sus sensaciones en su recorrido de los campos de Castilla. Describe los cerros, las hierbas y las aves que ve a su paso.

41. **4** La cantante y poeta chilena Violeta Parra ve a los estudiantes como "pajarillos libertarios" que "rugen como los vientos cuando les meten al

oído sotanas y regimientos" (haciendo referencia a la religión y a los militares).

42. **2** En estos versos la levadura significa la parte esencial para crear el pan que ayudará a los pobres. Así pues, para Parra son el futuro de un mundo mejor.

43. **2** La poeta compara a los estudiantes con el viento cuando dice "que rugen como los vientos".

44. **1** En el verso "pajarillos libertarios" hace una metáfora ya que los pájaros significan aquí la libertad.

45. **3** Los estudiantes son gente emprendedora, a quienes nada les detiene. Esto lo enuncia con los "vivas" y con "la levadura del pan".

46. **5** El cobrador es el de la luz, ya que le amenaza en cortar el "fluido" si no paga, haciendo referencia al fluido eléctrico. Todas las demás opciones quedan descartadas.

47. **2** La expresión del cobrador quiere decir que gasta como una mujer rica en lugar de atenerse a lo que gana y es por eso que se queda sin dinero para pagar sus facturas.

48. **4** Esta respuesta requiere hacer deducciones. El hecho que Elvira se quede turbada, según las instrucciones en el escenario, cuando doña Asunción le dice que pedirá a su hijo que le dedique una poesía es una muestra de que a Elvira le gusta Fernando. Asimismo, su padre también lo sabe cuando su hija le da besos y abrazos después de la escena y éste le dice "Siempre te saldrás con la tuya".

49. **1** Doña Asunción piensa que su hijo tiene mucho talento cuando dice "él vale mucho y merece otra cosa. ¡Tiene muchos proyectos!" Su madre está esperanzada en que va a llegar lejos.

50. **5** Buero Vallejo presenta en este fragmento las relaciones entre generaciones. Aunque doña Asunción esté angustiada por el dinero, no es la base del pasaje, sino cómo ama y qué es lo que piensa de su hijo, y cuando la hija intercede para que su padre la ayude, el autor pone de relieve las relaciones entre estos dos.

51. **4** Por el hecho de que por las noches su compadre viene a visitarle, "no sé con

qué objeto", se interpreta que a falta del marido, él le hace compañía. Pedro, el que ha desaparecido, es el marido de Fernanda.

52. **1** Todos saben, pero Fernanda comprende la situación mejor que nadie. Los demás disimulan o ignoran.

53. **2** Fernanda sabe que todo el mundo, aunque le haga preguntas, tiene conocimientos de lo que ha sucedido con su marido y por qué se ha ido de su casa.

54. **5** Cuando dice Fernanda, "y precisamente porque sé dónde, cómo y con quién está, no he hecho nada para que regrese" se refiere a que está en casa de su amante. Especialmente, el "con quién" es lo que hace deducir esta posibilidad.

55. **2** Por ignorancia no puede ser, ya que todos lo saben. La gente le pregunta porque sienten compasión de Fernanda. Su relación con la vecina no tiene maldad ni hipocresía alguna, lo cual sugiere que lo mismo pasa con los demás. El ambiente general no se ve propicio para suponer que lo hacen por educación.

56. **2** Un pupilaje es un internado, una escuela donde los estudiantes se quedan a dormir. La lectura cuidadosa revela el significado de este término.

57. **5** "Apartarle de su regalo" quiere decir que don Alonso quería que su hijo se apartara de la lujuria, los placeres y la vida fácil que tenía, siendo hijo de un padre acomodado.

Literatura clásica

58. **1** Todos los rasgos nombrados se mencionan a lo largo del pasaje, a excepción de los brazos corpulentos. El pasaje dice "los brazos secos, las manos como un manojo de sarmientos".

59. **4** Cuando el narrador dice "la barba, grande, por nunca se la cortar por no gastar", así como otras descripciones, por ejemplo, de que no comía por gastar dinero, muestran que el clérigo era una persona tacaña.

60. **3** La frase "La sotana, según decían algunos, era milagrosa, porque no se sabía de qué color era" es una ironía,

ya que es una fina burla de lo vieja y sucia que estaba.

61. **4** La idea principal del autor es criticar el sistema educativo respecto a la enseñanza del latín. Lo dice en el primer párrafo: "obligaba a perder a los muchachos tres o cuatro años en el estudio de la lengua de Cicerón...".

62. **2** Para el autor el latín es una lengua complicada "se aprende en tres años y se olvida en tres semanas".

63. **4** Según el autor, el latín les quita tiempo para estudiar otras materias más importantes y lo muestra cuando dice "dejar poco jugo en la inteligencia de los escolares".

64. **2** El pasaje está escrito en forma de sátira. El autor toma la idea del uso del latín y se burla de ella, notando la insensatez de estudiar latín en aquellos tiempos.

65. **1** El autor arrebate también satíricamente con las oraciones de la doctrina cristiana, que en forma barata y expeditiva servían de medicamento.

66. **3** El autor cuando dice que a Juanito le seducía más el mundo tangible y gustable, hace referencia al mundo material de los placeres.

67. **2** Con "sus felices circunstancias", el autor quiere mostrar que Juanito no tiene que enfrentar ningún problema en la vida ya que lo tiene todo. Sus felices circunstancias es que viene de una familia acomodada y a ello se le añade que encima es atractivo.

68. **4** Todas las respuestas son ilógicas o están basadas en preferencias, excepto la opción 4: Los ricos pueden *permitirse* ser como Juanito.

69. **3** Cuando Juanito describe la lectura, o su filosofía de las "ideas sacadas por la fuerza" mediante la lectura y la obtención de conocimientos, lo expresa con cinismo. El cinismo finaliza con la comparación de la lectura con la degustación de una chuleta.

70. **1** La filosofía del Juanito se explica principalmente en la opción 1, que resume algunas de las otras opciones, al decir que es "más sabe el que vive sin querer saber que el que quiere saber sin vivir".

71. **5** El autor habla de una catástrofe y luego explica quiénes son las tambochas, diciendo "Tratábase de la invasión de hormigas carnívoras...."

72. **2** El autor no dice que sean inmensas, más bien dice que el terror lo inspira "su veneno y multitud".

73. **3** A la pregunta de Manuel Cardoso sobre "la ronda", que se refiere a la multitud de hormigas, le contesta "ambas orillas", refiriéndose al río.

74. **4** Porque en un lado "Las dantas y los cafuches atraviesan el río" y por el otro las abejas "están alborotadas". O sea, por la manera en que reaccionan los animales.

75. **3** El autor compara a las tambochas con el fuego y lo deja constar diciendo "barriendo el monte en leguas y leguas, con ruidos lejanos, como de incendios". Las tambochas lo arrasan todo dejando a su paso la muerte.

Poesía y drama

76. **4** Para Amado Nervo, Rubén Darío era como un hermano porque se habían pasado horas y horas de desvelo escribiendo poesía, como indica la primera estrofa.

77. **4** El "eterno mar del Todo" es la muerte. Se ve claro con los versos posteriores que dicen "se saciará mi espíritu de lo que saber quiero: del Cómo y Por qué de la Esencia y el Modo", haciendo referencia a la razón de la existencia.

78. **3** Amado Nervo veía venir pronto su muerte cuando escribió este homenaje a Rubén Darío. Por eso, con "Mis ondas, rezagadas van de las tuyas..." quiere decir que él pronto irá detrás suyo. También se expresa en los versos "¡Yo iré donde tú osas..." afirmando que le hará compañía para "robar entrambos al musical vacío."

79. **5** En todo el poema, ya con los dos primeros versos, se muestra la gran admiración de Nervo por Darío, como poeta y amigo.

80. **2** "Piedras preciosas" es una metáfora para describir la poesía de Darío. La metáfora no indica que la poesía sea realista, barroca o que sus temas sean las piedras. Simplemente, las piedras preciosas son de gran belleza y así es como Nervo describe la poesía de Darío.

81. **4** El poeta evoca a las auroras. Aunque también hable de las montañas, las campanas, los campos y los perfumes de oriente, lo hace en referencia a la iluminación de los primeros rayos del sol por la mañana.

82. **3** Según el poeta las auroras "iluminan las montañas", pintan "los trinos de las aves", y "se esparcen en los campos". Por lo tanto, la respuesta correcta es la 3 ya que incluye estas posibilidades.

83. **1** Jaimes Freyre dice que las auroras tienen aroma "de una extraña Flora", y asegura que "tienen perfumes de Oriente", es decir, les adjudica una esencia oriental.

84. **4** Estos versos implican que las calles están vacías, sin los ruidos típicos de una ciudad llena de gente. Las calles están desérticas o "dormidas" con la gente de ciudad que aún no se ha levantado.

85. **4** La expresión "con la voz de sus campanas soñolienta y ronca" es un ejemplo de personificación. Los objetos no tienen sueño y tampoco la voz ronca. Así pues, el poeta trata a las campanas como si fueran personas cuando se levantan por la mañana.

86. **3** Las palabras claves que revelan su estado de ánimo son: "Mal, Polonia, recibes a un extranjero, pues con sangre escribes su entrada en tus arenas".

87. **5** Comparándolo con un hipogrifo (animal mitológico, mitad caballo, mitad grifo) por su rapidez, el autor describe un río sin nombrarlo: rayo sin llama (lanzando destellos), bruto sin instinto... "te desbocas, arrastras y despeñas".

88. **3** El filósofo decía que quejarse proporciona tanto placer, que muchos buscan problemas para poder seguir quejándose.

89. **4** Cuando dice "Di dos, y no me dejes" explica claramente su deseo de acompañarla por el amargo camino de la pena. Le dice que los dos salieron juntos y los dos van a volver juntos. Así pues, está dispuesto a consolarla en su desgracia.

90. **4** La lealtad y la fidelidad caracterizan a Clarín en este pasaje. Está

dispuesto a consolar y a llegar hasta donde Rosaura quiera para conseguir su cometido.

Comentarios sobre las artes

91. **5** El autor habla de la "unión entre una inteligencia que ama la claridad y una sensibilidad que se complace con el juego...".

92. **4** El autor dice que algunas pinturas "hacen pensar, a veces, en Juan Gris", conocido por el cubismo de sus formas geométricas.

93. **1** El arquitecto se lamenta de por qué "hoy no se cubren los edificios con una capa de encendida pintura" como hacían en la Grecia antigua o en Mesoamérica.

94. **4** Octavio Paz señala de que "estoy seguro de que es mayor su lealtad a los materiales que su afición al color".

95. **3** El autor del artículo anota la afición de González de León por la historia del arte; por lo tanto, si no hubiera sido un arquitecto o pintor, sería un historiador del arte.

96. **4** El objetivo del comentario es la reciente aparición y próxima publicación de unos cuadernos inéditos de poemas de Pablo Neruda. Aunque la autora del artículo empieza hablando de su adolescencia, lo hace para poner en contexto aquellos años cuando el poeta escribió estos poemas.

97. **5** La única afirmación que no coincide con el artículo es que Pablo Neruda no era un muchacho religioso cuando era adolescente. Según aseguran los estudiosos que han leído estos poemas inéditos, Neruda tenía una tendencia religiosa, casi mística, muy acentuada.

98. **5** Gabriela Mistral decía de Neruda que era un chico triste y romántico "mirando un paisaje que diariamente, en todo el año, recibe la amargura de la lluvia".

99. **1** La expresión "jaula triste" se refiere a la impresión que le producía la escuela donde estudió Neruda y que ahora se llama Liceo Neruda en lugar de Liceo de Temuco.

100. **5** Pablo Neruda escribió estos poemas durante sus clases en el Liceo de Temuco.

101. **2** El autor dice de Hollywood que "refleja a la sociedad, pero con un espejo distorsionado". Luego procede a enumerar las características negativas.

102. **2** Se afirma en el pasaje que la posición principesca de los ejecutivos en lo alto de la pirámide y de los cortesanos que los rodean hace imposible los juicios críticos independientes.

103. **5** Los ejecutivos temen a sus rivales y banqueros, y éstos a su vez a la audiencia.

104. **5** El autor se refiere a la timidez y al miedo que paralizan Hollywood.

105. **1** Hollywood, según el autor, no es ni metrópolis ni ciudad pequeña.

106. **5** La idea principal del artículo se refleja en la idea que dice "En este siglo, como dije, la tradición épica ha sido salvada para el mundo"... La épica es un género literario que después fue también llevado al cine.

107. **5** El autor dice que ha sentido más la poesía épica que la lírica o la elegíaca... "Tal vez se deba a que desciendo de una familia de militares".

108. **2** A Borges le gustan las películas del oeste porque está ligado a la idea de "que el hombre debe ser valiente".

109. **4** En el pasaje expresa que "insólitamente" la tradición épica ha sido salvada para el mundo por Hollywood.

110. **1** El autor acusa a "nuestros hombres de letras" que han olvidado la épica en nuestro tiempo.

111. **3** El crítico no habla de escenarios inteligentes y lógicos. De hecho lo extraordinario en este particular *Julio César* es que no hay escenario alguno. En cambio sí menciona las demás características de la obra de Shakespeare.

112. **1** En el comentario dice que "los críticos debemos hablar poco del texto..., puesto que todo está ya desmenuzado y estudiado".

113. **4** El director eliminó el decorado, substituyéndolo por "...un espacio inmóvil—una especie de púlpito— transformado continuamente por la luz..." es decir, la luz indica cambios en el escenario y el espectador debe

imaginar casas, campos de batalla, etc.

114. **3** En el primer párrafo, el autor enumera una serie de características de la obra de Shakespeare y habla de 'las tragedias que pudiéramos llamar "políticas".' Luego, más adelante, dice que *Julio César* tiene tales virtudes y que Shakespeare revela "el sentido último de ciertos comportamientos políticos".

115. **2** En el último párrafo, el autor dice que el espectador debe usar su imaginación para dar consistencia, carnalidad y verosimilitud a la obra.

116. **4** Leonardo no veía ninguna diferencia entre la ciencia y el arte.

117. **2** El pasaje menciona "...que la naturaleza se sumergía bajo la belleza de su arte", es decir, que los conocimientos anatómicos de Leonardo se ocultaban bajo su representación artística.

118. **1** Da Vinci odiaba a los artistas que trataban de mejorar la naturaleza.

119. **4** Las páginas de su cuaderno de bocetos muestran lo mucho que Leonardo amaba la vida.

120. **5** Todos se han mencionado en el pasaje, a excepción de la circulación de la sangre, que se descubrió posteriormente.

MATEMÁTICAS
PRUEBA 5

CAPÍTULO 18: Cómo Resolver Preguntas de Matemáticas

En esta sección se explican los seis pasos a seguir para leer y resolver problemas verbales. Las tácticas que se ofrecen le ayudarán a obtener un mejor puntaje en el Examen del GED.

CAPÍTULO 19: Aritmética: Ejemplos y Práctica

Se ofrece un repaso de los números enteros, fracciones, decimales y porcentajes. También se muestran las aplicaciones en negocios como las ganancias y las pérdidas, el interés, la tributación y también las inversiones.

CAPÍTULO 20: Algebra: Ejemplos y Práctica

En esta sección se presentan los conceptos fundamentales del álgebra con anotaciones científicas, probabilidades y las medias y medianas.

CAPÍTULO 21: Geometría: Ejemplos y Práctica

Esta sección presenta problemas relacionados con los conceptos geométricos.

CAPÍTULO 22: Gráficas: Ejemplos y Práctica

Pictogramas y gráficas de barras, líneas, círculos y fórmulas se discuten en esta sección.

CAPÍTULO 23: Medidas: Ejemplos y Práctica

Las medidas de longitud, tiempo, peso, líquidos, sólidos y el sistema métrico se presentan en esta sección.

CAPÍTULO 24: Cuatro Exámenes Prácticos de Matemáticas

Cada prueba tiene las 56 preguntas con explicaciones de las respuestas. Se le va a referir a los capítulos de esta unidad para facilitar su comprensión de preguntas que respondió incorrectamente.

Cómo Resolver Preguntas de Matemáticas

Cómo leer y resolver problemas de razonamiento

En la mayoría de los temas de aritmética, álgebra y geometría, los problemas de razonamiento son un aspecto importante a revisar. En este libro encontrará muchos de ellos para que pueda practicar. Si desarrolla un método sistemático para resolverlos, aumentará su habilidad a la hora de contestar a las preguntas. Se sugieren los siguientes pasos.

PLAN PARA RESOLVER PROBLEMAS DE RAZONAMIENTO

1. Lea el problema detenidamente.
2. Reúna la información que se da en el problema.
3. Determine qué es lo que se pregunta.
4. Desarrolle un plan para resolver el problema.
5. Use su plan como guía para completar la solución del problema.
6. Compruebe la respuesta.

Cuando haga ejercicios de práctica relacionados con los problemas verbales, debe tener en cuenta estos pasos. Los siguientes ejemplos le mostrarán cómo el método sistemático se usa en aritmética, álgebra y geometría.

PROBLEMA DE ARITMÉTICA

1. **Lea el problema detenidamente.** El señor Jiménez se ha comprado una chaqueta y una camisa en una venta, donde todos los artículos estaban rebajados un 25% del precio marcado. Si el precio marcado en la chaqueta era de $80 y el de la camisa era $16, ¿cuánto ha ahorrado el señor Jiménez?

2. **Reúna la información que se da en el problema.**

	Precio marcado	Porcentaje de descuento
Chaqueta	$80	25%
Camisa	$16	25%

3. **Determine qué es lo que se pregunta.** Debe encontrar la cantidad de dinero ahorrado.

4. **Desarrolle un plan para resolver el problema.** Encuentre la cantidad ahorrada en la chaqueta. Luego, averigüe la cantidad ahorrada en la camisa. Luego, sume las dos cantidades ahorradas.

5. **Use su plan como guía para completar la solución del problema.**
Cantidad ahorrada en la chaqueta = 25% de 80 = $\frac{1}{4}$ de 80 = $20

Cantidad ahorrada en la camisa = 25% de 16 = $\frac{1}{4}$ de 16 = $4

Total de la cantidad ahorrada es 20 + 4 = $24

6. **Compruebe la respuesta.**
El total de los dos precios marcados = 80 + 16 = $96
La cantidad ahorrada del 25% de los precios marcados = $\frac{1}{4}$ de 96 = $24

PROBLEMA DE ÁLGEBRA

1. **Lea el problema detenidamente.** Un padre tiene 15 años más que el doble de la edad de su hija. Si la suma de la edad del padre y de la hija es de 48 años, ¿cuál es la edad de la hija?

2. Reúna la información que se da en el problema.

Edad del padre = dos veces la edad de su hija +15 años

Edad del padre + edad de la hija = 48

3. Determine qué es lo que se pregunta.

Debe encontrar la edad de la hija.

4. Desarrolle un plan para resolver el problema. Haga una ecuación usando los datos que le han proporcionado.

5. Use su plan como guía para completar la solución del problema.

Si n = edad de la hija

Y $2n + 15$ = edad del padre

la edad de la hija + la edad del padre

$$= 48$$
$$(n) \qquad + (2n + 15) \quad = 48$$
$$3n + 15 \qquad = 48$$
$$3n + 15 - 15 \qquad = 48 - 15$$
$$3n = 33$$
$$n = \frac{33}{3}$$
$$n = 11$$

La hija tiene 11 años.

6. Compruebe la respuesta.

Edad de la hija = 11

Edad del padre = $2 \times 11 + 15 = 22 + 15 = 37$

Edad del padre + edad de la hija

$$37 \qquad + \qquad 11 \qquad = 48$$

PROBLEMA DE GEOMETRÍA

1. Lea el problema detenidamente. Una habitación es de 22 pies de largo, 14 pies de ancho y 9 pies de altura. Si queremos pintar las paredes y el techo de la habitación, ¿cuántos pies cuadrados debemos cubrir con pintura?

2. Reúna la información que se da en el problema. Algunas veces, hacer un diagrama sirve de gran ayuda para reunir toda la información. En este caso, tenemos el siguiente.

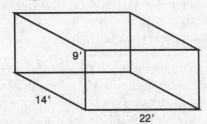

3. Determine qué es lo que se pregunta.

Debe encontrar la suma de las áreas de la parte de delante y de detrás, los dos lados y el techo de la habitación.

4. Desarrolle un plan para resolver el problema. Otra vez, los diagramas pueden ayudarle.

La parte de delante y de detrás de la habitación.

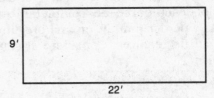

Los lados de la habitación.

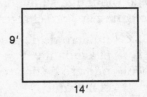

El techo de la habitación.

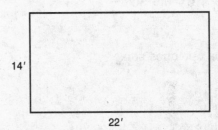

5. Use su plan como guía para completar la solución del problema.

Área de delante = 9×22 =

198 pies cuadrados

+ área de detrás = 9×22 =

198 pies cuadrados

+ área del primer lado = 9×14 =

126 pies cuadrados

+ área del segundo lado = 9×14 =

126 pies cuadrados

+ área del techo = 14×22 =

308 pies cuadrados.

Area total = 956 pies cuadrados.

6. Compruebe la respuesta. En este caso, el mejor método para comprobar es volver a hacer los cálculos detenidamente.

Tácticas para las Matemáticas

TÁCTICA 1.

Asegúrese que está respondiendo a la pregunta que se le ha hecho.

Con el nerviosismo de tomar el examen, puede descuidarse de completar un problema y perder puntaje en una pregunta que es fácil de resolver. Considere el siguiente problema:

EJEMPLO

Un mécanico y su ayudante ganan un total de $30 por hora. El mecánico gana $6 más por hora que su ayudante. ¿Cuánto gana por hora el mecánico?

Si x = número de dólares que gana el ayudante

Y $x + 6$ = número de dólares que gana el mecánico

$$x + x + 6 = 30$$
$$2x + 6 = 30$$
$$2x + 6 - 6 = 30 - 6$$
$$2x = 24$$
$$x = 12$$

Las opciones son:

(1) 12
(2) 15
(3) 16
(4) 18
(5) 24

Podría escoger erradamente la opción 1 como respuesta. Si hace una consideración más detenida escogería la 4, que es lo que debería ganar un mecánico.

Vamos a ver un segundo ejemplo.

EJEMPLO

Una de las clases avanzadas de la escuela superior de Ridgemont tiene 350 miembros. Si el 60% de la clase son chicas, ¿cuántos chicos hay en la clase?

(1) 210
(2) 220
(3) 230
(4) 140
(5) 150

Con una lectura rápida del problema, puede llegar a la opción 1 como respuesta: (.60) (350) = 210. Sin embargo, este es el número de chicas en la clase. La respuesta correcta es la opción 4 que se encuentra al restar 210 de 350 y así obtener el resultado de 140 chicos que hay en la clase o también puede multiplicar (350) (.40) = 140.

TÁCTICA 2.

No haga suposiciones sobre datos, si no se han especificado.

Si dos líneas de una figura geométrica aparecen perpendiculares, no suponga que son perpendiculares si no se da este dato en el enunciado.

EJEMPLO

Encuentre el área (en pulgadas cuadradas) del triángulo que se presenta a continuación.

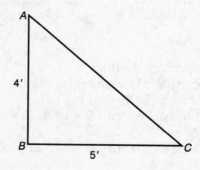

(1) 20
(2) 16
(3) 10
(4) 9
(5) No se da suficiente información

Si supone que AB es perpendicular a BC y usa la fórmula $A = \left(\dfrac{1}{2}\right)ba$, determinará que el área del triángulo es 10 pies cuadrados (opción 3). Sin embargo, si no supone que AB es perpendicular a BC, la respuesta correcta es la opción 5.

Un segundo ejemplo ilustra el hecho de que no se puede hacer suposición de que los precios son los mismos en dos períodos de tiempo diferentes:

EJEMPLO

Esteban vende cinco trajes que cuestan $225 cada uno en su primer día como dependiente de una tienda de ropas. Al día siguiente, vende ocho trajes. ¿Cuál es el valor total de los trajes que ha vendido Esteban durante los dos días?

(1) $292.50
(2) $2,925.00
(3) $29.25
(4) $2,250.00
(5) No se da información suficiente

Si supone que los trajes que ha vendido Esteban durante el segundo día tenían el mismo precio de $225, escogerá la opción 2, donde multiplica (225) (13) = 2,925. Pero debido a que el problema no especifica los precios de los trajes vendidos en el segundo día, la respuesta correcta es la opción 5.

TÁCTICA 3.

Dibujar diagramas y bosquejos le ayudará a pensar en el problema que se le plantea.

En la mayoría de los problemas de geometría puede aplicar esta táctica. He aquí el siguiente problema:

EJEMPLO

Un árbol hace una sombra de 15 pies de largo en el mismo momento del día en que una persona que tiene 6 pies de estatura hace una sombra de 3 pies de largo. ¿Qué altura tiene el árbol?

(1) 9 pies
(2) 15 pies
(3) 18 pies
(4) 21 pies
(5) 30 pies

Si dibuja un diagrama como el que se muestra abajo, le puede ayudar a visualizar cómo los objetos y sus sombras son proporcionales.

$$\frac{x}{15} = \frac{6}{3} \text{, así pues } x = 30 \text{ pies}$$

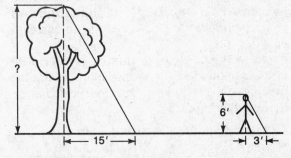

Veamos otro ejemplo.

EJEMPLO

La circunferencia de un círculo y el perímetro de un cuadrado son iguales. Un lado del cuadrado mide 11 pulgadas.

¿Cuál de estas cifras se aproxima más al radio (en pulgadas) del círculo?

(1) 14
(2) 7
(3) $\frac{88}{7}$
(4) $\frac{44}{7}$
(5) $\frac{22}{7}$

Primero, dibuje un diagrama:

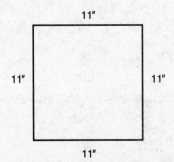

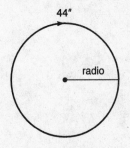

El perímetro del cuadrado es (4) (11) = 44 pulgadas. La fórmula para la circunferencia del círculo es $C = \pi d$, siendo d el diámetro. Si el círculo tiene una circunferencia de 44 y $\pi = \frac{22}{7}$, entonces

$$44 = \left(\frac{22}{7}\right)d$$
$$\left(\frac{7}{22}\right)(44) = \left(\frac{7}{22}\right)\left(\frac{22}{7}\right)d$$
$$14 = d$$

De este modo, el radio es la mitad de 14, o sea 7. Así pues, la respuesta correcta es la opción 2. El diagrama le puede ayudar a eliminar las opciones 1, 3 y 5 como irracionales.

TÁCTICA 4.

No necesita memorizar las fórmulas. Si necesita una fórmula para resolver un problema, puede seleccionarla de la lista de fórmulas que le van a proporcionar en la hoja de examen que contiene las preguntas. He aquí unos ejemplos:

EJEMPLO

Halle la pendiente de la línea a través de los puntos (6,2) y (–1,0).

(1) 2

(2) $\dfrac{1}{2}$

(3) $\dfrac{7}{2}$

(4) $\dfrac{2}{7}$

(5) –2

Use la fórmula de la pendiente (m) de una línea:

$$m = \frac{(y_1 - y_2)}{(x_1 - x_2)}$$

$$m = \frac{(0 - 2)}{(-1 - 6)}$$

$$m = \frac{-2}{-7}$$

$$m = \frac{2}{7}$$

La respuesta correcta es la opción 4.

EJEMPLO

Una caja de zapatos tiene las siguientes dimensiones: 15 pulgadas por 7 pulgadas por 5 pulgadas. ¿Cuál es el volumen de la caja de zapatos en pulgadas cúbicas?

(1) 525

(2) 82

(3) 27

(4) 50

(5) 110

Use la fórmula del volumen: $V = xyz$, o sea $V = (15)(7)(5) = 525$ pulgadas cúbicas. La respuesta correcta es la opción 1.

Aritmética: Ejemplos y Práctica

La línea numérica

A menudo se utiliza lo que se llama *línea numérica* para emparejar números y grupos de números a través de puntos en una línea. Vamos a mostrar cómo se hace.

Dibuje una línea recta y tome cualquier punto y escriba el 0. Éste va a ser el punto donde empieza la línea numérica y se le llama *origen*. Luego, escoja un punto hacia la derecha del punto cero y escriba el número 1. Las flechas en la línea indican que la línea se extiende indefinidamente en las dos direcciones.

Ahora, con la misma distancia entre el 0 y el 1, que es la que se ha tomado como unidad, marque los siguientes números como se muestra a continuación.

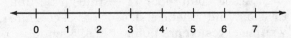

El número que se empareja o coincide con un punto se le llama *coordenada* de este punto. Por ejemplo, la coordenada del punto A en la línea numérica es 2.

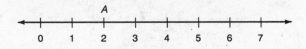

PRÁCTICA

1. El número que coincide con el origen de la línea numérica es

   (1) 1
   (2) 0
   (3) 2
   (4) 5
   (5) 3

2. La coordenada de un punto es

   (1) un número
   (2) un punto
   (3) una letra
   (4) una línea
   (5) una flecha

3. El grupo numérico cuya gráfica se muestra a continuación es

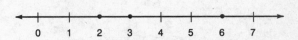

   (Nota: Los grupos numéricos a menudo se escriben entre corchetes como se muestra abajo.)

   (1) {0,2,3,6}
   (2) {1,2,3,6}
   (3) {2,3,4,5,6}
   (4) {O,1,2,3,6}
   (5) {2,3,6}

4. El grupo numérico cuya gráfica se muestra a continuación es

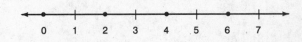

   (1) {0,1,2,4}
   (2) {0,2,4,6}
   (3) {1,2,4,6}
   (4) {0,1,2,4,6}
   (5) {0,1,2,3,6}

CLAVE DE LAS RESPUESTAS

1. **2**   2. **1**   3. **5**   4. **2**

Factores y números primos

Cuando dividimos 12 por 4, el resultado es 3. Decimos que 4 y 3 son *factores* de 12. De la misma manera, 5 y 4 son factores de 20.

Un *número par* es un número que tiene el 2 como factor. Ejemplos de números pares son 2, 4, 6, 8, 10, 12,...

Un *número impar* es un número que ño tiene el 2 como factor. Ejemplos de números impares son 1, 3, 5, 7, 9, 11,...

Un *número primo* es un número que sólo se tiene a sí mismo y al número 1 como factor. El número 1 no es un número primo. Ejemplos de números primos son 2, 3, 5, 7, 11,...

PRÁCTICA

1. Un factor de 15 es

   (1) 4
   (2) 6
   (3) 5
   (4) 10
   (5) 9

2. El número par que va a continuación del 20 es el

   (1) 21
   (2) 24
   (3) 30
   (4) 25
   (5) 22

3. Un ejemplo de número primo es

   (1) 6
   (2) 1
   (3) 17
   (4) 10
   (5) 39

4. Cuando sumamos un número impar y un número par, el resultado de la suma es

   (1) un número impar
   (2) un número primo
   (3) un número par
   (4) un factor
   (5) una coordenada

5. Un factor para todos los números pares es

   (1) 3
   (2) 4
   (3) 6
   (4) 2
   (5) 7

6. El número primo que sigue en la serie de números primos 7, 11, 13, 17 es

   (1) 18
   (2) 23
   (3) 19
   (4) 20
   (5) 21

CLAVE DE LAS RESPUESTAS

1. **3**   2. **5**   3. **3**   4. **1**   5. **4**   6. **3**

Números enteros

En las divisiones se tiene que tener en cuenta ciertas consideraciones.

Cuando se divide 18 por 3, tenemos $18 \div 3 = 6$. En este caso, al 18 se le llama el *dividendo*, el 3 es el *divisor* y al 6 se le llama *cociente*.

Cuando dividimos 27 por 4, tenemos $27 \div 4 = 6\frac{3}{4}$. En este caso, 27 es el dividendo, 4 es el divisor, 6 el cociente y 3 se le llama el *resto*.

Si desea comprobar la respuesta de una división, multiplique el divisor por el cociente y sume el resto para obtener el dividendo.

EJEMPLO

Divida 897 por 36 y compruebe el resultado.

$$
\begin{array}{r}
24 \rightarrow \text{cociente} \\
\text{divisor} \leftarrow 36\overline{)897} \rightarrow \text{dividendo} \\
\underline{72} \\
177 \\
\underline{144} \\
33 \rightarrow \text{resto}
\end{array}
$$

Comprobación: $36 \times 24 + 33$
$= 864 + 33$
$= 897$

PRÁCTICA

Sume:

1. 307	2. 49	3. 1769	4. $685.17
58	26	3205	48.09
129	7	467	103.15
984	38	5180	234.68
+236	+92	+2073	+580.80

Reste:

5. De 805, saque 196
6. Reste 69 de 204
7. Busque la diferencia entre 817 y 349
8. Reste 107 de 315

Obtenga los productos:

9. 4327	10. 3092	11. 283	12. 409
39	45	97	307

Divida y compruebe los resultados:

13. Divida 986 por 29
14. Divida 29,040 por 48

RESPUESTAS

1. **1,714**	6. **135**	11. **27,451**
2. **212**	7. **468**	12. **125,563**
3. **12,694**	8. **208**	13. **34**
4. **$1,651.89**	9. **168,753**	14. **605**
5. **609**	10. **139,140**	

Fracciones

NÚMEROS RACIONALES

Un *número contable* es un número que se puede obtener al contar. Los *números contables* son 1, 2, 3, 4, 5,... Un número obtenido cuando el número contable o un 0 se divide por un número contable se llama *número racional*.

Por ejemplo, $\frac{2}{3}$, $\frac{9}{7}$, y $\frac{5}{1}$ (ó 5) son números racionales.

El cero es también un número racional, ya que se puede escribir como $\frac{0}{6}$.

Una *fracción* es la forma en que se puede escribir un número racional. Así pues, $\frac{2}{3}$ es

un número racional escrito en forma fraccionaria. Pero el 4 es un número racional que no está escrito en forma fraccionaria.

La fracción es una forma que tiene un numerador y un denominador. Por ejemplo en $\frac{4}{5}$, 4 es el numerador y 5 es el denominador.

Todo número racional puede tener nombres fraccionarios. Por ejemplo, el número racional 5 puede tener los nombres fraccionarios de $\frac{5}{1}$, $\frac{10}{2}$, etc.

Todos los números contables y el 0 son números racionales. Ellos y otros números racionales pueden localizarse en una tabla numérica como se muestra a continuación.

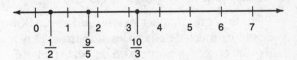

TRABAJAR CON FRACCIONES

Al contar, sólo necesitamos números enteros. Sin embargo, cuando medimos, muy a menudo nos encontramos con partes y es cuando usamos las fracciones. Por ejemplo, considere el círculo dibujado mas abajo; el círculo está dividido en cuatro partes iguales; cada parte es $\frac{1}{4}$ del círculo.

Debido a que la porción sombreada contiene tres de estas partes, decimos que la porción sombreada es de $\frac{3}{4}$ del círculo. En este caso, el denominador (4) nos dice que el círculo está dividido en cuatro partes iguales. El numerador (3) nos dice que estamos considerando 3 de estas partes. En esta sección, le proporcionamos material práctico para que entienda el significado de la fracción.

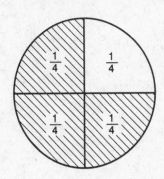

EJEMPLO

Un equipo de béisbol gana 37 partidos y pierde 15. ¿Qué parte fraccionaria de los partidos jugados ha ganado el equipo?

La fracción debe ser

$$\frac{\text{número de partidos ganados}}{\text{número total de partidos jugados}} =$$

$$\frac{37}{37+15} = \frac{37}{52}$$

EJEMPLO

Se han inscrito 500 estudiantes en una escuela. De estos estudiantes, x son chicas. ¿Qué parte fraccionaria de la inscripción corresponde a los chicos?

Debido a que la inscripción total es de 500 y x es el número de chicas estudiantes, el número de chicos se obtendrá al restar el número x de los 500. De este modo, el número de chicos inscritos en la escuela es de $500 - x$.

La fracción debe ser

$$\frac{\text{número de chicos}}{\text{total de inscripciones}} = \frac{500 - x}{500}$$

PRÁCTICA

1. La sala de cine Estrella tiene 650 asientos. En un pase de película, 67 asientos no fueron ocupados. ¿Qué parte fraccionaria de los asientos de la sala de cine fueron ocupadas?

   (1) $\dfrac{67}{650}$

   (2) $\dfrac{583}{650}$

   (3) $\dfrac{67}{588}$

   (4) $\dfrac{67}{717}$

   (5) $\dfrac{583}{717}$

2. El señor González ha aparcado su auto a las 2:45 P.M. en una zona de estacionamiento que sólo permite aparcar una hora. Si sacó el auto a las 3:08 P.M., ¿durante qué fracción de una hora estuvo el auto aparcado?

   (1) $\dfrac{63}{100}$

   (2) $\dfrac{53}{60}$

   (3) $\dfrac{45}{60}$

   (4) $\dfrac{8}{60}$

   (5) $\dfrac{23}{60}$

3. El señor Rodríguez gastó a dólares por una chaqueta y \$18 por unos pantalones. ¿Qué parte fraccionaria del dinero que gastó fue para comprar la chaqueta?

   (1) $\dfrac{a}{18}$

   (2) $\dfrac{18}{a}$

   (3) $\dfrac{18}{a+18}$

   (4) $\dfrac{a}{a+18}$

   (5) $\dfrac{a+18}{a}$

4. El señor Martínez planea recorrer una distancia de *x* millas. Después de recorrer 120 millas, se le acabó la gasolina. ¿Qué parte fraccionaria del viaje realizó el señor Martínez antes de que se quedara sin gasolina?

   (1) $\dfrac{x}{120}$

   (2) $\dfrac{120}{x}$

   (3) $\dfrac{x}{x+120}$

   (4) $\dfrac{120}{x+120}$

   (5) $\dfrac{x+120}{x}$

5. Un examen fue realizado por 80 estudiantes, una cantidad *y* de ellos no aprobó. ¿Qué parte fraccionaria de estudiantes aprobaron el examen?

   (1) $\dfrac{80-y}{80}$

   (2) $\dfrac{y}{80}$

   (3) $\dfrac{80}{y}$

   (4) $\dfrac{y-80}{80}$

   (5) $\dfrac{80}{80-y}$

6. Un comerciante compró una remesa de 150 trajes. De estos trajes, 67 eran azules, 30 marrones y el resto grises. ¿Qué parte fraccionaria de la remesa era de color gris?

   (1) $\dfrac{67}{150}$

   (2) $\dfrac{106}{150}$

   (3) $\dfrac{39}{150}$

   (4) $\dfrac{44}{150}$

   (5) $\dfrac{83}{150}$

7. Un carpintero corta franjas de madera de *x* pulgadas de ancho de un tablero de 16 pulgadas de ancho. Después de cortar 5 franjas, ¿qué parte fraccionaria del tablero queda?

   (1) $\dfrac{5x}{16}$

   (2) $\dfrac{16-5x}{16}$

   (3) $\dfrac{5}{16-x}$

   (4) $\dfrac{5}{16x}$

   (5) $\dfrac{5}{16}$

8. Una clase tiene 35 estudiantes. Si una cantidad *y* de ellos están ausentes, ¿qué fracción de la clase está presente?

   (1) $\dfrac{y}{35}$

   (2) $\dfrac{35}{y}$

   (3) $\dfrac{35-y}{35}$

   (4) $\dfrac{y-35}{35}$

   (5) $\dfrac{y}{35+y}$

9. Una familia gasta una cantidad *a* dólares en alimentos, *b* dólares para pagar el alquiler y *c* dólares para otros gastos. ¿Qué parte fraccionaria del dinero lo gastan en comida?

   (1) $\dfrac{a+b+c}{a}$

   (2) $\dfrac{a}{a+b+c}$

   (3) $\dfrac{a}{a+b}$

   (4) $\dfrac{b}{a+c}$

   (5) $\dfrac{a+c}{a+b+c}$

10. Un electricista contrata 6 hombres para un trabajo. Los hombres trabajan 5 días cada uno con un salario de $45 por día. Además, el electricista gasta $687 en materiales. ¿Qué fracción del total del costo del trabajo se ha gastado en mano de obra?

    (1) $\dfrac{270}{957}$

    (2) $\dfrac{225}{912}$

    (3) $\dfrac{270}{2,037}$

    (4) $\dfrac{495}{2,037}$

    (5) $\dfrac{1,350}{2,037}$

11. Una mesa de cuatro sillas cuesta $735. Si el costo de cada silla es z dólares, ¿qué fracción del total del costo se gastó para las sillas?

    (1) $\dfrac{z}{735}$

    (2) $\dfrac{735}{z}$

    (3) $\dfrac{4z}{735}$

    (4) $\dfrac{735}{4z}$

    (5) $\dfrac{735 - 4z}{4z}$

12. Un equipo de hockey gana 8 partidos, pierde 3 partidos y empata x partidos. ¿Qué parte fraccionaria de partidos jugados ganaron?

    (1) $\dfrac{8}{11 + x}$

    (2) $\dfrac{8}{11}$

    (3) $\dfrac{8 + x}{11 + x}$

    (4) $\dfrac{8}{x + 3}$

    (5) $\dfrac{11}{11 + x}$

Claves de las Respuestas

1. **2**	4. **2**	7. **2**	9. **2**	11. **3**
2. **5**	5. **1**	8. **3**	10. **5**	12. **1**
3. **4**	6. **4**			

Operaciones con Fracciones

Para trabajar con fracciones, vamos a explicar primero el significado de la "fracción impropia" y el "número mixto", y luego mostraremos cómo reducir una fracción a términos menores.

Una *fracción impropia* es la fracción en la que el numerador es igual o mayor que el denominador. Por ejemplo, $\dfrac{7}{3}$ y $\dfrac{8}{5}$ son fracciones impropias.

Un *número mixto* consiste en la suma de un número entero y una fracción. Por ejemplo, $1\frac{1}{2}$ y $7\frac{3}{5}$ son números mixtos.

Cuando se trabaja con fracciones, a menudo usamos la propiedad multiplicadora de uno. Esto quiere decir que cuando un número se multiplica por 1, el valor del número continúa siendo el mismo.

Cambiar una Fracción Impropia a un Número Mixto

Algunas veces es necesario cambiar una fracción impropia a un número mixto.

EJEMPLO

Cambie $\dfrac{17}{5}$ a un número mixto.

$$\frac{17}{5} = \frac{15 + 2}{5} = \frac{15}{5} + \frac{2}{5} = 3\frac{2}{5}$$

Puede obtener el mismo resultado, dividiendo el numerador 17 por el denominador 5.

$$5\overline{)17} \quad 3\frac{2}{5}$$

Cambiar un Número Mixto por una Fracción Impropia

EJEMPLO

Cambie $2\frac{3}{7}$ por una fracción impropia.

$$2\frac{3}{7} = 2 + \frac{3}{7}$$

$$2 = \frac{14}{7}$$

$$2\frac{3}{7} = \frac{14}{7} + \frac{3}{7} = \frac{17}{7}$$

El mismo resultado se pude obtener al multiplicar el número entero 2 por el denominador 7 y sumar el 3 para obtener el numerador. El denominador no cambia.

$$2\frac{3}{7} \rightarrow 2 \times 7 + 3 = 17 \text{ (numerador)}$$

$$2\frac{3}{7} = \frac{17}{7}$$

Simplificar Fracciones

Podemos usar la propiedad multiplicadora del 1 para simplificar o reducir las fracciones a otras equivalentes, pero con números más pequeños.

EJEMPLO

Simplifique $\dfrac{21}{28}$

$$\frac{21}{28} = \frac{3 \times 7}{4 \times 7} = \frac{3}{4} \times \frac{7}{7} = \frac{3}{4} \times 1 = \frac{3}{4}$$

El mismo resultado se puede obtener al dividir el numerador y el denominador de la fracción por el mismo número 7.

$$\frac{21}{28} = \frac{21 \div 7}{28 \div 7} = \frac{3}{4}$$

PRÁCTICA

Cambie las siguientes fracciones impropias por números mixtos.

1. $\dfrac{8}{5}$

2. $\dfrac{9}{8}$

3. $\dfrac{22}{7}$

4. $\dfrac{26}{9}$

5. $\dfrac{17}{3}$

6. $\dfrac{11}{10}$

7. $\dfrac{29}{4}$

8. $\dfrac{17}{8}$

Cambie los siguientes números mixtos por fracciones impropias.

9. $1\dfrac{2}{3}$

10. $5\dfrac{3}{7}$

11. $2\dfrac{7}{10}$

12. $3\dfrac{5}{7}$

13. $3\dfrac{1}{2}$

14. $4\dfrac{5}{8}$

15. $6\dfrac{1}{4}$

16. $8\dfrac{3}{4}$

Simplifique las siguientes fracciones:

17. $\dfrac{4}{6}$

18. $\dfrac{16}{18}$

19. $\dfrac{12}{32}$

20. $\dfrac{36}{64}$

21. $\dfrac{6}{12}$

22. $\dfrac{15}{20}$

23. $\dfrac{42}{63}$

RESPUESTAS

1. $1\frac{3}{5}$	6. $1\frac{1}{10}$	11. $\frac{27}{10}$	16. $\frac{35}{4}$	21. $\frac{1}{2}$
2. $1\frac{1}{8}$	7. $7\frac{1}{4}$	12. $\frac{26}{7}$	17. $\frac{2}{3}$	22. $\frac{3}{4}$
3. $3\frac{1}{7}$	8. $2\frac{1}{8}$	13. $\frac{7}{2}$	18. $\frac{8}{9}$	23. $\frac{2}{3}$
4. $2\frac{8}{9}$	9. $\frac{5}{3}$	14. $\frac{37}{8}$	19. $\frac{3}{8}$	
5. $5\frac{2}{3}$	10. $\frac{38}{7}$	15. $\frac{25}{4}$	20. $\frac{9}{16}$	

Multiplicar Fracciones

Para multiplicar dos o más fracciones, multiplicamos los numeradores para obtener el numerador del producto. Luego, multiplicamos los denominadores para obtener el denominador del producto.

EJEMPLO

Multiplique $\frac{4}{7}$ por $\frac{3}{5}$.

$$\frac{4}{7} \times \frac{3}{5} = \frac{4 \times 3}{7 \times 5} = \frac{12}{35}$$

Algunas veces, el proceso de multiplicar fracciones se puede simplificar simplificando los números antes de hacer la multiplicación.

EJEMPLO

Multiplique $\frac{8}{15}$ por $\frac{5}{12}$.

$$\frac{8}{15} \times \frac{5}{12}$$

Debido a que el 8 y el 12 se pueden dividir por 4, el resultado puede simplificarse haciendo una división antes de multiplicar las fracciones. Igualmente, el 5 y el 15 se pueden dividir por 5.

$$\frac{\overset{2}{\cancel{8}}}{\underset{3}{\cancel{15}}} \times \frac{\overset{1}{\cancel{5}}}{\underset{3}{\cancel{12}}} = \frac{2 \times 1}{3 \times 3} = \frac{2}{9}$$

Si se le pide que multiplique un número entero por una fracción, debe escribir el número entero en la forma fraccionaria con el denominador 1 y luego realizar la multiplicación.

EJEMPLO

Multiplique 12 por $\frac{5}{9}$.

$$12 \times \frac{5}{9} = \frac{12}{1} \times \frac{5}{9} = \frac{\overset{4}{\cancel{12}}}{1} \times \frac{5}{\underset{3}{\cancel{9}}} = \frac{4 \times 5}{1 \times 3} = \frac{20}{3}$$

Si se le pide que multiplique dos números mixtos, puede convertir los números mixtos en fracciones impropias y proceder a realizar la operación.

EJEMPLO

Multiplique $3\frac{2}{3}$ por $1\frac{1}{5}$.

$$3\frac{2}{3} = \frac{11}{3} \quad y \quad 1\frac{1}{5} = \frac{6}{5}$$

$$\frac{11}{3} \times \frac{6}{5} = \frac{11}{\underset{1}{\cancel{3}}} \times \frac{\overset{2}{\cancel{6}}}{5} = \frac{11 \times 2}{1 \times 5} = \frac{22}{5}$$

1. $\frac{2}{3} \times \frac{5}{7}$

2. $\frac{1}{4} \times \frac{3}{10}$

3. $\frac{1}{6} \times \frac{4}{5}$

4. $\frac{3}{8} \times \frac{5}{12}$

5. $15 \times \frac{2}{3}$

6. $\frac{5}{6} \times \frac{9}{10}$

7. $12 \times \frac{5}{6}$

8. $\frac{5}{8} \times 24$

9. $3 \times 2\frac{2}{5}$

10. $8 \times 1\frac{3}{4}$

RESPUESTAS

1. $\frac{10}{21}$	3. $\frac{2}{15}$	5. **10**	7. **10**	9. $\frac{36}{5}$
2. $\frac{3}{40}$	4. $\frac{5}{32}$	6. $\frac{3}{4}$	8. **15**	10. **14**

Dividir Fracciones

Suponga que quiere dividir $\frac{2}{5}$ por $\frac{3}{4}$. Debe escribir la operación $\frac{\frac{2}{5}}{\frac{3}{4}}$. Recuerde que puede multiplicar el numerador y el denominador de la fracción por el mismo número. Observe qué pasa cuando se multiplica el numerador y el denominador de la fracción que viene a continuación por $\frac{4}{3}$:

$$\frac{\frac{2}{5} \times \frac{4}{3}}{\frac{3}{4} \times \frac{4}{3}} = \frac{\frac{2 \times 4}{5 \times 3}}{\frac{3 \times 4}{4 \times 3}} = \frac{\frac{8}{15}}{1} = \frac{8}{15}$$

Observe que el resultado final se obtiene al multiplicar el dividendo $\frac{2}{5}$ por el divisor invertido $\frac{4}{3}$.

Para dividir una fracción por otra, invierta el divisor y multiplique las fracciones que resultan.

EJEMPLO

Divida $\dfrac{2}{3}$ por $\dfrac{5}{6}$.

$$\frac{2}{3} \div \frac{5}{6} = \frac{2}{3} \times \frac{6}{5} = \frac{2}{\overset{}{\underset{1}{\cancel{3}}}} \times \frac{\overset{2}{\cancel{6}}}{5} = \frac{4}{5}$$

EJEMPLO

Divida 8 por $\dfrac{6}{7}$. Escribimos 8 en forma fraccionaria $\dfrac{8}{1}$ y hacemos la operación.

$$8 \div \frac{6}{7} = \frac{8}{1} \times \frac{7}{6} = \frac{\overset{4}{\cancel{8}}}{1} \times \frac{7}{\underset{3}{\cancel{6}}} = \frac{28}{3}$$

EJEMPLO

Divida $3\dfrac{3}{5}$ por $2\dfrac{1}{10}$.

$$3\frac{3}{5} = \frac{18}{5}, \text{ y } 2\frac{1}{10} = \frac{21}{10}$$

$$\frac{18}{5} \div \frac{21}{10} = \frac{18}{5} \times \frac{10}{21} = \frac{\overset{6}{\cancel{18}}}{\underset{1}{\cancel{5}}} \times \frac{\overset{2}{\cancel{10}}}{\underset{7}{\cancel{21}}} = \frac{12}{7}$$

PRÁCTICA

1. $\dfrac{1}{3} \div \dfrac{1}{2}$

2. $\dfrac{2}{7} \div \dfrac{2}{3}$

3. $\dfrac{3}{4} \div \dfrac{5}{8}$

4. $\dfrac{7}{10} \div \dfrac{1}{5}$

5. $\dfrac{7}{8} \div \dfrac{9}{16}$

6. $5 \div \dfrac{1}{2}$

7. $4 \div \dfrac{2}{5}$

8. $1\dfrac{1}{8} \div \dfrac{9}{20}$

9. $\dfrac{5}{6} \div 1\dfrac{1}{4}$

10. $\dfrac{7}{8} \div 5\dfrac{1}{4}$

RESPUESTAS

1. $\frac{2}{3}$　3. $\frac{6}{5}$　5. $\frac{14}{9}$　7. **10**　9. $\frac{2}{3}$

2. $\frac{3}{7}$　4. $\frac{7}{2}$　6. **10**　8. $\frac{5}{2}$　10. $\frac{1}{6}$

Sumar Fracciones

Dos fracciones pueden sumarse directamente si tienen el mismo denominador. Por ejemplo,

$$\frac{1}{5} + \frac{2}{5} = \frac{1+2}{5} = \frac{3}{5}$$

El diagrama de abajo muestra por qué sucede así.

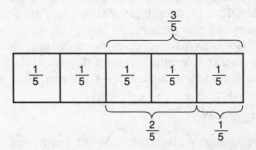

A continuación, queremos sumar dos fracciones que tienen denominadores diferentes. Sumamos $\dfrac{1}{2}$ y $\dfrac{1}{3}$, usando el diagrama siguiente.

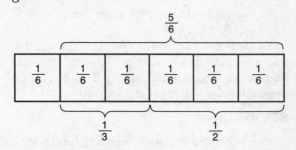

Vemos que $\dfrac{1}{2} + \dfrac{1}{3} = \dfrac{5}{6}$. Ahora veamos cómo podemos obtener el mismo resultado sin usar el diagrama. Lo que hacemos es convertir tanto $\dfrac{1}{2}$ como $\dfrac{1}{3}$ a una fracción equivalente cuyo denominador es 6 y usamos la propiedad multiplicadora del 1.

$$\frac{1}{2} = \frac{1}{2} \times \frac{3}{3} = \frac{3}{6}$$

$$\frac{1}{3} = \frac{1}{3} \times \frac{2}{2} = \frac{2}{6}$$

De este modo,

$$\frac{2}{6} + \frac{3}{6} = \frac{2+3}{6} = \frac{5}{6}$$

El denominador 6 usado arriba, se le llama *mínimo común denominador*, que es el número más pequeño en el que cada uno de los denominadores de las fracciones a sumar pueden ser divididos en forma equitativa.

Por ejemplo, si quiere sumar $\frac{3}{10}$ y $\frac{8}{15}$, el denominador común es 30 porque es el número más pequeño por el que 10 y 15 se pueden dividir equitativamente. Debido a que es necesario encontrar el mínimo común denominador, le proporcionamos una serie de ejercicios prácticos.

Podemos usar grupos de múltiplos para encontrar el mínimo común denominador de dos fracciones. Estudiemos los ejemplos siguientes:

EJEMPLO

Encuentre el mínimo común denominador empleado al sumar las fracciones $\frac{2}{3}$ y $\frac{5}{7}$.

Primero, escriba los conjuntos de múltiplos de los denominadores de las dos fracciones:

El conjunto de múltiplos de 3 es {3, 6, 9, 12, 15, 18, 21, 24, 27...}

El conjunto de múltiplos de 7 es {7, 14, 21...} El primer número que es un múltiplo de ambos denominadores 3 y 7 es el común denominador, en este caso el mínimo 21.

EJEMPLO

Encuentre el mínimo común denominador al sumar las fracciones $\frac{3}{8}$ y $\frac{7}{10}$.

El conjunto de múltiplos de 8 es {8, 16, 24, 32, 40, 48, 56...}

El conjunto de múltiplos de 10 es {10, 20, 30, 40...}

El mínimo común denominador es 40.

En cada caso, averigüe el mínimo común denominador.

1. $\frac{2}{3} + \frac{1}{4}$

2. $\frac{1}{6} + \frac{1}{3}$

3. $\frac{5}{6} + \frac{3}{8}$

4. $\frac{1}{9} + \frac{1}{6}$

5. $\frac{3}{4} + \frac{7}{18}$

6. $\frac{1}{5} + \frac{7}{10}$

7. $\frac{1}{4} + \frac{5}{6}$

8. $\frac{5}{9} + \frac{1}{12}$

9. $\frac{1}{3} + \frac{2}{11}$

10. $\frac{2}{7} + \frac{1}{4}$

11. $\frac{1}{4} + \frac{5}{8}$

12. $\frac{3}{8} + \frac{1}{12}$

RESPUESTAS

1. **12**	4. **18**	7. **12**	9. **33**	11. **8**
2. **6**	5. **36**	8. **36**	10. **28**	12. **24**
3. **24**	6. **10**			

Sumar Fracciones con Denominadores Diferentes

Ahora estamos preparados para practicar la suma de fracciones con denominadores diferentes.

EJEMPLO

Sume $\frac{7}{8}$ y $\frac{5}{6}$.

El mínimo común denominador es 24.

$$\frac{7}{8} = \frac{7}{8} \times \frac{3}{3} = \frac{21}{24}$$

$$\frac{5}{6} = \frac{5}{6} \times \frac{4}{4} = \frac{20}{24}$$

$$\frac{21+20}{24} = \frac{41}{24} \text{ ó } 1\frac{17}{24}$$

Al sumar números mixtos, sume los números enteros y las fracciones por separado y después combine los resultados.

EJEMPLO

Sume $3\frac{5}{6}$ y $2\frac{3}{4}$.

El mínimo común denominador es 12.

$$\frac{5}{6} = \frac{5}{6} \times \frac{2}{2} = \frac{10}{12}$$

$$\frac{3}{4} = \frac{3}{4} \times \frac{3}{3} = \frac{9}{12}$$

$$\frac{10+9}{12} = \frac{19}{12}$$

El resultado es $5\frac{19}{12}$, que se puede escribir

$$5 + 1 + \frac{7}{12}, \text{ ó } 6\frac{7}{12}.$$

PRÁCTICA

1. $\dfrac{1}{12} + \dfrac{5}{12}$

2. $\dfrac{3}{10} + \dfrac{1}{2}$

3. $\dfrac{7}{8} + \dfrac{2}{3}$

4. $\dfrac{5}{6} + \dfrac{1}{3}$

5. $\dfrac{3}{4} + \dfrac{1}{6}$

6. $\dfrac{2}{9} + \dfrac{2}{3}$

7. $\dfrac{3}{10} + \dfrac{1}{5}$

8. $\dfrac{5}{6} + \dfrac{3}{8}$

9. $\dfrac{3}{7} + \dfrac{1}{2}$

10. $1\dfrac{4}{9} + \dfrac{5}{6}$

11. $2\dfrac{3}{8} + 3\dfrac{1}{2}$

12. $2\dfrac{7}{10} + \dfrac{1}{6}$

RESPUESTAS

1. $\frac{6}{12} = \frac{1}{2}$

2. $\frac{8}{10} = \frac{4}{5}$

3. $\frac{37}{24} = 1\frac{13}{24}$

4. $\frac{7}{6} = 1\frac{1}{6}$

5. $\frac{11}{12}$

6. $\frac{8}{9}$

7. $\frac{5}{10} = \frac{1}{2}$

8. $\frac{29}{24} = 1\frac{5}{24}$

9. $\frac{13}{14}$

10. $2\frac{5}{18}$

11. $5\frac{7}{8}$

12. $2\frac{26}{30} = 2\frac{13}{15}$

Restar o Sustraer Fracciones

Para restar fracciones que tienen el mismo denominador, restamos los numeradores y mantenemos iguales los denominadores.

EJEMPLO

De $\dfrac{6}{7}$, reste $\dfrac{2}{7}$.

$$\frac{6}{7} - \frac{2}{7} = \frac{6-2}{7} - \frac{4}{7}$$

Para restar fracciones que tienen un denominador diferente, primero se tiene que buscar el mínimo común denominador, luego convertir las fracciones a fracciones equivalentes que tienen el mismo denominador y luego realizar la resta (como se muestra en el ejemplo).

EJEMPLO

De $\dfrac{8}{9}$, reste $\dfrac{1}{6}$.

El mínimo común denominador es 18.

$$\frac{8}{9} = \frac{8}{9} \times \frac{2}{2} = \frac{16}{18}$$

$$\frac{1}{6} = \frac{1}{6} \times \frac{3}{3} = \frac{3}{18}$$

$$\text{Diferencia} = \frac{13}{18}$$

Cuando hay números mixtos en las restas, algunas veces es necesario reducirlos a fracciones impropias como se ve en el siguiente ejemplo.

EJEMPLO

De $4\dfrac{1}{8}$, reste $1\dfrac{5}{12}$.

El mínimo común denominador es 24.

$$4\frac{1}{8} = 4\frac{3}{24}$$

$$1\frac{5}{12} = 1\frac{10}{24}$$

Debido a que no podemos restar $\frac{10}{24}$ de $\frac{3}{24}$, escribimos $4\frac{3}{24}$ como

$$3 + 1 + \frac{3}{24} = 3 + \frac{24}{24} + \frac{3}{24} = 3\frac{27}{24}$$

$$3\frac{27}{24}$$
$$-1\frac{10}{24}$$
$$\overline{}$$
$$\text{Diferencia} = 2\frac{17}{24}$$

PRÁCTICA

1. $\dfrac{5}{9} - \dfrac{1}{9}$

2. $\dfrac{11}{12} - \dfrac{7}{12}$

3. $\dfrac{2}{3} - \dfrac{1}{6}$

4. $\dfrac{3}{4} - \dfrac{1}{3}$

5. $\dfrac{5}{6} - \dfrac{1}{4}$

6. $\dfrac{7}{10} - \dfrac{3}{5}$

7. $\dfrac{5}{8} - \dfrac{1}{6}$

8. $\dfrac{2}{3} - \dfrac{1}{2}$

9. $\dfrac{4}{5} - \dfrac{2}{3}$

10. $\dfrac{8}{9} - \dfrac{5}{6}$

Problemas Relacionados con Fracciones

En general, hay tres tipos de problemas en que son necesarias las fracciones.

1. Para encontrar el número que es la parte fraccionaria de un número.

EJEMPLO

Un comerciante vende 70 equipos de televisión cada mes. Si $\frac{2}{5}$ de los equipos son a color, ¿cuántos equipos a color vendió?

La palabra *de* indica que se debe multiplicar 70 por $\frac{2}{5}$.

$$\frac{70}{1} \times \frac{2}{5} = \frac{\overset{14}{\cancel{70}}}{1} \times \frac{2}{\underset{1}{\cancel{5}}} = 28$$

El comerciante vendió 28 equipos de televisión a color.

2. Para encontrar qué fracción de un número forma parte de otro número.

EJEMPLO

Un hotel tiene 70 habitaciones. De ellas, 15 son habitaciones individuales. ¿Qué parte fraccionaria del número total de habitaciones son habitaciones individuales?

$$\frac{\text{número de habitaciones individuales}}{\text{número total de habitaciones}} =$$

$$\frac{15}{70}, \text{ ó } \frac{3}{14}$$

3. Para encontrar un número cuando se conoce la parte fraccionaria.

EJEMPLO

En las elecciones de un pueblo, sólo $\frac{2}{3}$ de los votantes registrados emitieron su boleta. Si había 1,620 boletas emitidas, ¿cuántos votantes registrados habían allí?

$\dfrac{2}{3}$ de los votantes registrados = 1,620

$\dfrac{1}{3}$ de los votantes registrados = $\dfrac{1,620}{2}$ = 810

Luego, $\dfrac{3}{3}$ es el número total de votantes registrados = 810 × 3 = 2,430.

Había 2,430 votantes registrados.

Observe que las dos operaciones son equivalentes a dividir 1,620 por $\dfrac{2}{3}$ o sea,

$$1,620 \div \dfrac{2}{3} = \dfrac{1,620}{1} \times \dfrac{3}{2} = \dfrac{810}{1} \times \dfrac{3}{1} = 2,430$$

PRÁCTICA

1. El teatro El Globo tiene 600 asientos. En una de las obras, se ocuparon $\dfrac{4}{5}$ de los asientos. ¿Cuántos asientos se ocuparon?

   (1) 400
   (2) 420
   (3) 450
   (4) 480
   (5) 750

2. El señor Morse compró en rebajas un abrigo por $96. Esto corresponde a las $\dfrac{3}{4}$ partes del precio regular del abrigo. El precio regular del abrigo era

   (1) $72
   (2) $128
   (3) $120
   (4) $125
   (5) $80

3. Un tanque de petróleo contiene 640 galones. Cuando el tanque está $\dfrac{3}{8}$ lleno, el número de galones de petróleo en el tanque es

   (1) 240
   (2) 320
   (3) 350
   (4) 400
   (5) 450

4. Un equipo de fútbol obtuvo un resultado de 35 puntos en un partido. Si el equipo hizo 21 puntos en la primera parte, ¿qué parte fraccionaria del total del puntaje realizó en la segunda parte?

   (1) $\dfrac{3}{5}$

   (2) $\dfrac{7}{12}$

   (3) $\dfrac{1}{5}$

   (4) $\dfrac{2}{5}$

   (5) $\dfrac{3}{7}$

5. La compañía Estrella emplea a 17 ingenieros. Si esto significa $\dfrac{1}{3}$ del total de los trabajadores, el número de empleados de la compañía es de

   (1) 20
   (2) 41
   (3) 47
   (4) 23
   (5) 51

6. La familia Millán ahorra n dólares por año. El número de dólares que han ahorrado en 5 meses es de

   (1) $5n$

   (2) $\dfrac{5}{12}n$

   (3) $12n$

   (4) $n + 5$

   (5) $\dfrac{5}{12}$

7. Un avión tiene 5 veces más asientos de segunda clase que de primera clase. La parte fraccionaria de los asientos de segunda clase es

   (1) $\dfrac{1}{6}$

   (2) $\dfrac{1}{5}$

   (3) $\dfrac{5}{6}$

   (4) $\dfrac{3}{5}$

   (5) $\dfrac{1}{3}$

8. Un jugador de béisbol hace 90 jonrones en una temporada. Si estos significan $\frac{3}{5}$ del total, el número de jonrones que realizó el jugador durante la temporada fue de

    (1) 54
    (2) 150
    (3) 540
    (4) 144
    (5) 154

9. Durante unas rebajas en una tienda de radios, un $\frac{1}{4}$ de la mercancía se vendió el primer día. Al día siguiente, se vendió un $\frac{2}{3}$ de los equipos que quedaban. La parte fraccionaria del total de la mercancía vendida durante el segundo día fue de

    (1) $\frac{2}{3}$

    (2) $\frac{1}{4}$

    (3) $\frac{1}{6}$

    (4) $\frac{1}{2}$

    (5) $\frac{1}{12}$

10. Un hombre tarda n horas para completar un trabajo. La parte fraccionaria del trabajo que ha completado al cabo de 3 horas es

    (1) $3n$

    (2) $\frac{3}{n}$

    (3) $\frac{n}{3}$

    (4) $3 + n$

    (5) $\frac{1}{n+3}$

11. El precio regular de los sombreros es de x dólares cada uno. Si están rebajados un $\frac{1}{5}$ del precio regular, el nuevo precio es

    (1) $\frac{1}{5}x$

    (2) $x + \frac{1}{5}$

    (3) $\frac{4}{5}x$

    (4) $x - \frac{1}{5}$

    (5) $5x$

12. En un viaje en auto, el señor Pérez hace $\frac{3}{8}$ de la distancia durante el primer día al recorrer 300 millas. El total de la distancia que debe recorrer el señor Pérez es de

    (1) 624 millas
    (2) 640 millas
    (3) 720 millas
    (4) 750 millas
    (5) 800 millas

13. La compañía de zapatos Palmer ha recibido una remesa de 288 pares de zapatos con la misma cantidad de zapatos negros y marrones. Si 36 de los pares de zapatos de color marrón fueron devueltos y reemplazados por pares de zapatos negros, la parte fraccionaria de la remesa ahora que está compuesta de zapatos negros es de

    (1) $\frac{3}{8}$

    (2) $\frac{5}{8}$

    (3) $\frac{7}{12}$

    (4) $\frac{1}{8}$

    (5) $\frac{3}{4}$

14. Un auditorio contiene 540 asientos y $\dfrac{4}{9}$ están llenos. El número de asientos en los que no hay nadie es de

    (1) 240
    (2) 60
    (3) 120
    (4) 200
    (5) 300

15. En un salón de baile, asistieron x chicos y y chicas. Del total de la asistencia, la fracción que representa el número de chicos es

    (1) $\dfrac{x}{y}$

    (2) $\dfrac{y}{x}$

    (3) $\dfrac{y}{x+y}$

    (4) $\dfrac{x}{x+y}$

    (5) $\dfrac{x+y}{x}$

16. El señor Abarca paga $\dfrac{1}{4}$ del total de sus ingresos mensuales en alquiler. Si el señor Abarca gana y dólares al mes, la cantidad de dólares que le quedan después de pagar su alquiler es de

    (1) $\dfrac{1}{4}y$

    (2) $y + 4$

    (3) $\dfrac{3}{4}y$

    (4) $12y$

    (5) $3y$

17. El señor Bensano está en dieta. Para desayunar y almorzar consume un $\dfrac{4}{9}$ de las calorías que se le permiten. Si todavía puede consumir 1,000 calorías más cada día, el número de calorías que puede consumir diariamente es de

    (1) 1,500
    (2) 1,800
    (3) 1,200
    (4) 2,250
    (5) $444\frac{4}{9}$

18. En su testamento, el señor Mason dejó $\dfrac{1}{2}$ de su herencia a su esposa, un $\dfrac{1}{3}$ a su hija y el resto, que era $12,000 a su hijo. El total de la herencia del señor Mason era de

    (1) $24,000
    (2) $60,000
    (3) $14,000
    (4) $65,000
    (5) $72,000

19. Un tanque de petróleo está lleno en sus $\dfrac{3}{10}$ partes. Faltan 420 galones más para acabar de llenar el tanque. El número de galones que caben en el tanque es de

    (1) 600
    (2) 480
    (3) 840
    (4) 1,260
    (5) 1,000

20. Una familia gasta $\dfrac{1}{4}$ de sus ingresos en alquiler y un $\dfrac{1}{5}$ en comida. La parte fraccionaria de los ingresos que le queda es de

    (1) $\dfrac{9}{20}$

    (2) $\dfrac{19}{20}$

    (3) $\dfrac{11}{20}$

    (4) $\dfrac{4}{5}$

    (5) $\dfrac{8}{9}$

CLAVE DE LAS RESPUESTAS

1. **4**	5. **5**	9. **4**	13. **2**	17. **2**
2. **2**	6. **2**	10. **2**	14. **5**	18. **5**
3. **1**	7. **3**	11. **3**	15. **4**	19. **1**
4. **4**	8. **2**	12. **5**	16. **3**	20. **3**

Ordenar Fracciones

Sabemos que $\dfrac{1}{2}$ y $\dfrac{3}{6}$ son fracciones equivalentes. Esto se puede comprobar como sigue:

$$\frac{1}{2} \diagdown \frac{3}{6}$$

$$1 \times 6 = 2 \times 3$$

Sabemos que $\frac{3}{4}$ es mayor que $\frac{2}{5}$. Esto se puede demostrar como sigue:

$$\frac{3}{4} \diagdown \frac{2}{5}$$

3×5 es mayor que 4×2.

El símbolo > significa *mayor que*.

De este modo, podemos escribir $\frac{3}{4} > \frac{2}{5}$ porque 15 > 8.

Sabemos que $\frac{3}{7}$ es menor que $\frac{5}{6}$. Este hecho se puede comprobar como sigue:

$$\frac{3}{7} \diagdown \frac{5}{6}$$

3×6 es menor que 7×5.

El símbolo < significa *menor que*.

De este modo, podemos escribir $\frac{3}{7} < \frac{5}{6}$ porque 18 < 35.

PRÁCTICA

Use los símbolos =, > ó < para mostrar la relación que hay entre las parejas de fracciones que se ofrecen.

1. $\frac{3}{4}$ $\frac{7}{10}$

2. $\frac{6}{9}$ $\frac{40}{60}$

3. $\frac{2}{3}$ $\frac{11}{16}$

4. $\frac{5}{8}$ $\frac{4}{7}$

5. $\frac{4}{9}$ $\frac{7}{15}$

6. $\frac{12}{20}$ $\frac{3}{5}$

7. $\frac{7}{11}$ $\frac{13}{19}$

8. $\frac{7}{9}$ $\frac{15}{17}$

9. $\frac{21}{28}$ $\frac{24}{32}$

10. $\frac{8}{13}$ $\frac{5}{8}$

RESPUESTAS

1. $\frac{3}{4} > \frac{7}{10}$ 5. $\frac{4}{9} < \frac{7}{15}$ 8. $\frac{7}{9} < \frac{15}{17}$

2. $\frac{6}{9} = \frac{40}{60}$ 6. $\frac{12}{20} = \frac{3}{5}$ 9. $\frac{21}{28} = \frac{24}{32}$

3. $\frac{2}{3} < \frac{11}{16}$ 7. $\frac{7}{11} < \frac{13}{19}$ 10. $\frac{8}{13} < \frac{5}{8}$

4. $\frac{5}{8} > \frac{4}{7}$

Cuando queremos ordenar tres fracciones según el tamaño como $\frac{1}{4}$, $\frac{1}{2}$, y $\frac{5}{6}$, podemos escribir $\frac{1}{4} < \frac{1}{2}$ y $\frac{1}{2} < \frac{5}{6}$. Sin embargo, estas comparaciones se pueden combinar y escribir $\frac{1}{4} < \frac{1}{2} < \frac{5}{6}$. Esto se lee de la siguiente manera: $\frac{1}{4}$ es menor que $\frac{1}{2}$ y $\frac{1}{2}$ es menor que $\frac{5}{6}$. También podemos escribir $\frac{5}{6} > \frac{1}{2} > \frac{1}{4}$, que se lee de la siguiente manera: $\frac{5}{6}$ es mayor que $\frac{1}{2}$ y $\frac{1}{2}$ es mayor que $\frac{1}{4}$.

EJEMPLO

Use los símbolos para escribir que $\frac{9}{10}$ es mayor que $\frac{3}{5}$ y $\frac{3}{5}$ es mayor que $\frac{2}{7}$.

$$\frac{9}{10} > \frac{3}{5} > \frac{2}{7}.$$

EJEMPLO

Use el símbolo < para ordenar las fracciones $\frac{5}{8}$, $\frac{3}{4}$, y $\frac{1}{6}$ de menor a mayor.

$$\frac{1}{6} < \frac{5}{8} \text{ ya que } 8 \times 1 < 5 \times 6$$

$$\frac{5}{8} < \frac{3}{4} \text{ ya que } 5 \times 4 < 3 \times 8$$

Podemos escribir este resultado: $\frac{1}{6} < \frac{5}{8} < \frac{3}{4}$.

PRÁCTICA

Use el símbolo > para ordenar de mayor a menor las siguientes fracciones:

1. $\dfrac{1}{3}, \dfrac{6}{7}, \dfrac{3}{5}$

2. $\dfrac{3}{7}, \dfrac{7}{9}, \dfrac{1}{4}$

3. $\dfrac{7}{10}, \dfrac{3}{8}, \dfrac{5}{6}$

Use el símbolo < para ordenar de menor a mayor las siguientes fracciones

4. $\dfrac{2}{3}, \dfrac{1}{6}, \dfrac{3}{5}$

5. $\dfrac{4}{7}, \dfrac{8}{9}, \dfrac{5}{8}$

6. $\dfrac{7}{10}, \dfrac{2}{9}, \dfrac{1}{2}$

RESPUESTAS

1. $\frac{6}{7} > \frac{3}{5} > \frac{1}{3}$ 3. $\frac{5}{6} > \frac{7}{10} > \frac{3}{8}$ 5. $\frac{4}{7} < \frac{5}{8} < \frac{8}{9}$

2. $\frac{7}{9} > \frac{3}{7} > \frac{1}{4}$ 4. $\frac{1}{6} < \frac{3}{5} < \frac{2}{3}$ 6. $\frac{2}{9} < \frac{1}{2} < \frac{7}{10}$

Decimales

Una *fracción decimal*, o *decimal*, es una fracción cuyo denominador es una potencia de 10 y el denominador no se escribe. Debido a que el denominador es una potencia de 10, el denominador puede ser 10, 100, 1,000, etc. lo cual se sabe por la manera en que el decimal está escrito. Por ejemplo:

Escritos como fracciones comunes	Escritos como decimales
$\dfrac{3}{10}$	0.3
$\dfrac{19}{100}$	0.19
$\dfrac{7}{100}$	0.07
$\dfrac{163}{1000}$	0.163

Si un número está compuesto por un número entero y una fracción, el número entero se escribe primero y luego le sigue el decimal. Por ejemplo:

$$8\frac{3}{10} = 8.3$$

$$9\frac{7}{100} = 9.07$$

> **Nota:** El valor del un decimal no cambia cuando se añaden más ceros a la derecha del punto decimal. Por ejemplo:
>
> $$\frac{1}{2} = 0.5 = 0.50 = 0.500 = 0.5000$$

Una razón por la que se usan los decimales es porque son muy convenientes. Por ejemplo, es más cómodo escribir que una camisa cuesta \$8.25 que $\$8\frac{1}{4}$.

La Suma de Decimales

El señor Antonio ha comprado los siguientes artículos en un supermercado: pan a \$0.53, carne a \$470, jugo de tomate a \$0.60, pescado a \$2. Cuando comprobó el total de la compra lo ordenó de la siguiente manera:

$$
\begin{array}{r}
\$0.53 \\
4.70 \\
0.60 \\
+2.00 \\
\hline
\$7.83
\end{array}
$$

Podemos ver que siguió la siguiente norma: para sumar decimales, siempre coloque el punto decimal uno debajo del otro en cada número.

Restar Decimales

Para sustraer o restar decimales se sigue la misma norma.

EJEMPLO

Reste 9.73 de 15.58.

$$
\begin{array}{r}
15.58 \\
-9.73 \\
\hline
5.85
\end{array}
$$

Multiplicar Decimales

El señor Barnes calcula que gasta 9.8 centavos por milla para la gasolina de su auto. Recorre 286 millas para ir y volver al trabajo cada semana. ¿Cuánto le cuesta hacer este viaje?

Para obtener el resultado, debemos multiplicar 286 por 9.8. Observe que en esta multiplicación escribimos 9.8 céntimos como $0.098. Antes de multiplicar, podemos ver que la respuesta está cerca de los $28 ó 0.10 × 280.

$$
\begin{array}{r}
286 \\
0.098 \\
\hline
2288 \\
2574 \\
\hline
28.028
\end{array}
$$

¿Cree usted que la respuesta debería ser $28.028 ó $28.03 para redondear los céntimos?

A continuación ilustramos la siguiente norma:

Al multiplicar decimales, el número de espacios decimales que resultan en el producto es la suma del número de espacios decimales que hay en los números que estamos multiplicando.

EJEMPLOS

0.02 (2 espacios decimales)
× 0.3 (1 espacio decimal)
0.006 (3 espacios decimales)

1.02 (2 espacios decimales)
× 0.004 (3 espacios decimales)
0.00408 (5 espacios decimales)

División de Decimales

Veamos la división $\frac{8.46}{0.2}$ Debido a que podemos multiplicar el numerador y el denominador de una fracción por el mismo número sin alterar el valor de la fracción, vamos a multiplicar el numerador y el denominador de la fracción por 10 para obtener

$$\frac{8.46}{0.2} = \frac{84.6}{2}$$

Esto se escribe a menudo como

$$0.2\,)\overline{8.4.6} \quad \text{ó} \quad 2\,)\overline{84.6}^{\,42.3}$$

El resultado es 42.3.

Al dividir decimales, multiplique tanto el dividendo como el divisor por cualquier potencia de 10 (10, 100, 1,000, etc.), ya que es necesario que el divisor sea un número entero. Luego, proceda a realizar la operación. El punto decimal en el cociente está siempre en el mismo lugar que en el nuevo dividendo.

EJEMPLOS

$$6.93 \div 0.3$$

$$0.3\,)\overline{6.9.3}^{\,23.1}$$

$$35.75 \div 0.05$$

$$0.05\,)\overline{35.75.}^{\,715.}$$

$$0.08136 \div 0.006$$

$$0.006\,)\overline{0.081.36}^{\,13.56}$$

Algunas veces, hay un resto y se le pide que redondee la respuesta a décimas o centésimas, etc. En estos casos, lleve la división un espacio más del que requiere. *Tenga en cuenta los restos*—si el dígito inmediatamente a la derecha del espacio decimal deseado es 5 ó mayor, añada un 1 en el espacio decimal del número. O si no, cambie el dígito a la derecha del espacio del decimal deseado.

EJEMPLO

Divida 3.734 por 0.9 y redondee la respuesta a la décima más cercana.

$$0.9\,)\overline{3.7.38}^{\,4.15} \quad \text{La respuesta es 4.2.}$$

EJEMPLO

Divida 2.4853 por 0.7 y exprese la respuesta a la centésima más cercana.

$$0.7\,)\overline{2.4.853}^{\,3.550} \quad \text{La respuesta es 3.55.}$$

Conversión de Fracciones a Decimales

Algunas veces es necesario cambiar una fracción a un decimal. Para hacerlo, debemos dividir el numerador por el denominador, añadiendo ceros después del punto decimal en el numerador cuando sea necesario.

EJEMPLO

Cambie $\frac{3}{8}$ a un decimal.

$$8\overline{)3.000}^{\,0.375}$$

$$\frac{3}{8} = 0.375$$

EJEMPLO

Cambie $\frac{5}{12}$ a un decimal.

$$12\overline{)5.0000}^{\,0.4166\frac{2}{3}}$$

Redondeando a la décima, $\frac{5}{12} = 0.4$.

Redondeando a la centésima, $\frac{5}{12} = 0.42$.

Redondeando a la milésima, $\frac{5}{12} = 0.417$.

PRÁCTICA

1. Sume 38.52 + 7.09 + 92.78 + 0.84.

2. Sume 2.806 + 0.935 + 4.037 + 65 + 0.029.

3. De 1.907 reste 0.023.

4. Saque 3.79 de 12.82.

5. Multiplique 5.68 por 2.9.

6. Multiplique 3.14 por 0.015.

7. Divida 1.6357 por 0.37 y exprese el resultado redondeado a la centésima.

8. Divida 0.32277 por 5.3.

9. Convierta $\frac{17}{20}$ en un decimal.

10. Convierta $\frac{8}{15}$ en un decimal que esté más cerca de la centésima.

RESPUESTAS

1. **139.23**	5. **16.472**	8. **0.0609**
2. **72.807**	6. **0.04710**	9. **0.85**
3. **1.884**	7. **4.42**	10. **0.53**
4. **9.03**		

Porcentaje

Hemos visto que los números racionales pueden expresarse en fracciones o en decimales. Un número racional también puede expresarse como un porcentaje. En esta sección, vamos a aprender cómo trabajar con porcentajes.

En un viaje en auto de 100 millas, 73 millas fueron en la carretera. Si queremos saber la parte del viaje que se hizo en la carretera, debemos decir que $\frac{73}{100}$ del viaje se realizó en la carretera. Otra manera de afirmar lo mismo es decir que 0.73 del viaje se hizo en la carretera. Y una tercera manera para expresar la misma idea es decir que un 73% del viaje se hizo en la carretera. El porcentaje es otra manera de escribir una fracción en la que el denominador es 100. El signo % se escribe en lugar de escribir el denominador 100. Abreviando, el 73% significa el $\frac{73}{100}$ ó el 0.73. Es una manera simple de cambiar un porcentaje por una fracción o un decimal.

EJEMPLOS

Cambie el 45%: (a) a un decimal

$$45\% = 0.45$$

(b) a una fracción

$$45\% = \frac{45}{100}, \text{ ó } \frac{9}{20}$$

Cambie el 0.37 a un porcentaje.

$$0.37 = \frac{37}{100} = 37\%$$

Cambie el 0.025 a un porcentaje.

$$0.025 = \frac{2.5}{100} = 2.5\% \text{ ó } 2\frac{1}{2}\%$$

Cambie $\frac{3}{4}$ a un porcentaje.

Primero cambiamos a un decimal y luego a un porcentaje.

$$4\overline{)3.00}^{\,0.75}$$

$$\frac{3}{4} = 0.75 = 75\%$$

Cambie $\frac{5}{19}$ a un decimal y luego a un porcentaje.

$$\begin{array}{r} 0.26 \\ 19\overline{)5.00} \\ \underline{3\ 8} \\ 1\ 20 \\ \underline{1\ 14} \\ 6 \end{array}$$

$$\frac{5}{19} = 0.26\frac{6}{19} = 26\frac{6}{19}\%$$

PRÁCTICA

Llene los espacios en blanco en la siguiente tabla.

	Fracción	Decimal	Porcentaje
1.	$\frac{1}{2}$		
2.		0.35	
3.			36%
4.	$\frac{3}{7}$		
5.		0.24	

RESPUESTAS

	Fracción	Decimal	Porcentaje
1.	$\frac{1}{2}$	**0.50**	**50%**
2.	$\frac{35}{100} = \frac{7}{20}$	**0.35**	**35%**
3.	$\frac{36}{100} = \frac{9}{25}$	**0.36**	**36%**
4.	$\frac{3}{7}$	**0.42$\frac{6}{7}$**	**42$\frac{6}{7}$%**
5.	$\frac{6}{25}$	**0.24**	**24%**

Algunas fracciones y su porcentaje equivalente se usan frecuentemente.

EQUIVALENTES MÁS FRECUENTES

$\frac{1}{2} = 50\%$	$\frac{3}{4} = 75\%$	$\frac{4}{5} = 80\%$	$\frac{3}{8} = 37\frac{1}{2}\%$
$\frac{1}{3} = 33\frac{1}{3}\%$	$\frac{1}{5} = 20\%$	$\frac{1}{6} = 16\frac{2}{3}\%$	$\frac{5}{8} = 62\frac{1}{2}\%$
$\frac{2}{3} = 66\frac{2}{3}\%$	$\frac{2}{5} = 40\%$	$\frac{5}{6} = 83\frac{1}{3}\%$	$\frac{7}{8} = 87\frac{1}{2}\%$
$\frac{1}{4} = 25\%$	$\frac{3}{5} = 60\%$	$\frac{1}{8} = 12\frac{1}{2}\%$	

Problemas sobre Porcentajes

Puesto que los porcentajes son fracciones escritas de otra manera, los problemas donde se requiere trabajar con porcentajes son similares a los de las fracciones.

1. Para encontrar el porcentaje de un número determinado.

EJEMPLO

En una factoría, se fabricaron 4,775 piezas de una máquina. Cuando fueron probadas, el 4% resultaron ser defectuosas. ¿Cuántas piezas de la máquina eran defectuosas?

En este caso, la palabra *de* indica que debemos multiplicar 4,775 por 4%. Debido a que el 4% = 0.04, la multiplicación es la siguiente

4,775 piezas manufacturadas
× 0.04 porcentaje de piezas defectuosas
191.00 número de piezas defectuosas

191 piezas de la máquina eran defectuosas.

2. Para encontrar lo que un número es respecto a otro número.

EJEMPLO

Durante la temporada, un jugador profesional de baloncesto intentó encestar la pelota 108 veces y lo consiguió 81 veces. ¿Qué porcentaje de intentos de encestos realizó?

Creamos una fracción como la siguiente:

$$\frac{\text{número de encestos}}{\text{número total de encestos intentados}} = \frac{81}{108}$$

Esta fracción puede ser expresada como un porcentaje cambiando $\frac{81}{100}$ por un decimal y luego por un porcentaje.

$$\begin{array}{r} 0.75 \\ 108\overline{)81.00} \\ \underline{75\ 6} \\ 5\ 40 \\ \underline{5\ 40} \end{array}$$

$$\frac{81}{100} = 0.75 = 75\%$$

El jugador encestó un 75% del total de sus intentos.

3. Para encontrar un porcentaje determinado.

EJEMPLO

Un hombre de negocios decide gastar un 16% de su presupuesto en publicidad. Si gasta $2,400, ¿cuál es su presupuesto total?

Si sabemos que el 16%, o sea $\frac{16}{100}$ de su presupuesto es $2,400,

$$\frac{16}{100} \text{ del presupuesto} = \$2,400$$

$$\frac{1}{100} \text{ del presupuesto} = \frac{2,400}{16} = 150$$

entonces $\frac{100}{100}$ ó el total del presupuesto = $150 \times 100 = \$15,000$.

PRÁCTICA

1. La familia Jones gastó $500 durante un mes, de los cuales $150 fueron en ropa. El porcentaje para ropa gastado fue de

(1) $33\frac{1}{3}$%
(2) 40%
(3) 30%
(4) 12%
(5) 20%

2. El señor Ramírez compró una chaqueta por $48 y unos pantalones por $20.50. Si los impuestos eran del 3% en su cuenta, el importe del impuesto fue de

(1) $2.05
(2) $2.06
(3) $20.60
(4) $2.16
(5) $2.15

3. Un vendedor de televisores hizo un 20% de sus ventas anuales durante el mes anterior a las Navidades. Si vendió 130 televisores durante este mes, el número de televisores que vendió durante el año fue de

(1) 650
(2) 260
(3) 1,300
(4) 520
(5) 390

4. De 600 estudiantes graduados de escuela superior, 85% planean ir a la universidad. El número de estudiantes que quieren ir a la universidad es de

(1) 5,100
(2) 51
(3) 540
(4) 500
(5) 510

5. Un motorista planea recorrer 720 millas. Después de hacer 600 millas, ¿qué porcentaje del viaje ha completado?

(1) 80%
(2) $83\frac{1}{3}$%
(3) 60%
(4) $16\frac{2}{3}$%
(5) 85%

6. Una biblioteca de una escuela contiene 3,200 libros. De estos libros, un 48% son de ficción. El número de libros de ficción que tiene la biblioteca es de

(1) 1,200
(2) 1,208
(3) 1,536
(4) 1,380
(5) 1,300

7. Un dueño de casa calcula que el 60% de sus gastos son impuestos. Si su declaración de renta fue de $900, el total del gasto que le produce la casa es de

(1) $540
(2) $5,400
(3) $1,800
(4) $1,500
(5) $2,000

8. El valor de un auto nuevo desciende un 35% durante el primer año. El señor Raimundo pagó $15,600 por un auto nuevo. El valor del auto al final del año fue de

(1) $5,460
(2) $10,040
(3) $9,140
(4) $14,520
(5) $10,140

9. En un edificio hay 1,250 apartamentos. De ellos, 250 tienen tres habitaciones. El porcentaje de apartamentos de tres habitaciones en el edificio es de

   (1) $16\frac{2}{3}\%$
   (2) 25%
   (3) 20%
   (4) 24%
   (5) 30%

10. La señora García compró un conjunto de muebles para el comedor por $800. Pagó 25% al contado y el resto a plazos. El pago al contado fue de

    (1) $400
    (2) $200
    (3) $150
    (4) $100
    (5) $250

11. Un tanque de aceite contiene 560 galones. Después de usar 210 galones, el porcentaje de aceite que queda en el tanque es de

    (1) $37\frac{1}{2}\%$
    (2) 40%
    (3) 60%
    (4) $62\frac{1}{2}\%$
    (5) 58%

12. La señora Villanueva pagó $600 por su abrigo de piel, lo que es un 40% del precio total. El costo total del abrigo de piel es de

    (1) $1,000
    (2) $1,200
    (3) $1,500
    (4) $2,400
    (5) $1,800

13. La señora Miller recibió una factura por electricidad de $24.50. Se le permitió un descuento del 2% por pagar por adelantado. Si la señora Miller pagó por adelantado, su pago fue de

    (1) $0.49
    (2) $19.60
    (3) $24.45
    (4) $24.01
    (5) $4.90

14. Una mesa se vende normalmente por $72, pero por estar deteriorada por el trajín de la tienda se vendió a $60. El porcentaje de reducción fue de

    (1) 20%
    (2) $16\frac{2}{3}\%$
    (3) 80%
    (4) 30%
    (5) $12\frac{1}{2}\%$

15. El impuesto de venta de una cortadora de césped era de $4.80. Si el impuesto es del 4%, el precio de venta de la cortadora era de

    (1) $19.20
    (2) 192
    (3) $124.80
    (4) $120
    (5) $115.20

16. Una librería vendió 800 copias de un libro popular de cocina a $14 cada una. Si el vendedor ganó un 40% en cada venta, la ganancia total de la venta de los libros de cocina fue de

    (1) $4,048
    (2) $11,200
    (3) $112
    (4) $448
    (5) $4,480

17. En una sala de cine, el $83\frac{1}{3}\%$ de los asientos fueron ocupados. Si 500 personas atendieron a la función, la capacidad de la sala de cine era de

    (1) 600
    (2) 500
    (3) 583
    (4) 650
    (5) 750

18. Una tienda de comestibles realizó una venta de $9,000 durante una semana. Si el 5% de la venta fue ganancia, la ganancia total de la semana fue de

    (1) $45
    (2) $4,500
    (3) $450
    (4) $544.42
    (5) $434.42

19. El equipo de baloncesto Blue Sox ganó 56 partidos y perdió 28. El porcentaje de partidos ganados por el equipo fue del

    (1) 50%
    (2) $66\frac{2}{3}$%
    (3) $33\frac{1}{3}$%
    (4) 40%
    (5) 36%

20. El motel Estrella tiene 60 habitaciones ocupadas en una noche. Esto es el 80% del total de habitaciones. El número total de habitaciones del motel es de

    (1) 80
    (2) 48
    (3) 140
    (4) 75
    (5) 100

CLAVE DE LAS RESPUESTAS

1. **3**	5. **2**	9. **3**	13. **4**	17. **1**
2. **2**	6. **3**	10. **2**	14. **2**	18. **3**
3. **1**	7. **4**	11. **4**	15. **4**	19. **2**
4. **5**	8. **5**	12. **3**	16. **5**	20. **4**

Aplicaciones de los Porcentajes en Negocios

Los fabricantes frecuentemente sugieren un precio por el que un artículo debe venderse. A esto se le llama *precio de catálogo*. Los vendedores algunas veces reducen el precio para ser más competitivos.

La cantidad en la que se reduce el precio se le llama *descuento*. Y al precio reducido se le llama *precio neto* o *precio de venta*.

EJEMPLO

En unos almacenes, una silla está marcada de la siguiente manera: "Precio de catálogo $45. Precio de venta $31.50". ¿Cuál es la proporción o tasa del descuento?

El descuento era de $45.00 − $31.50 = $13.50. Para encontrar la proporción del descuento usamos la fracción

$$\frac{\text{Descuento}}{\text{Precio de catálogo}} = \frac{13.50}{45.00}$$

$$= \frac{135}{450}$$

$$= \frac{3}{10}$$

$$= 30\%$$

La tasa de descuento era del 30%.

PRÁCTICA

1. El precio de catálogo de un abrigo era de $120 y el señor Barril compró el abrigo con un descuento del 10%. El precio neto era del

   (1) $132
   (2) $12
   (3) $108
   (4) $118
   (5) $100

2. Un tienda de ropa para hombre hace publicidad de una camisa que normalmente se vende a $32.00 y que ahora tiene un precio especial de $24.00. La tasa de descuento es de

   (1) $33\frac{1}{3}$%
   (2) 25%
   (3) 20%
   (4) 40%
   (5) 35%

3. Un equipo radiofónico se vende con un descuento del $12\frac{1}{2}$%. Si la cantidad descontada era de $6, el precio de catálogo para el equipo radiofónico es de

   (1) $42
   (2) $45
   (3) $54
   (4) $50
   (5) $48

4. Una tostadora eléctrica tiene un precio de catálogo de $21. Si se vende con un descuento de $33\frac{1}{3}$%, el precio neto es de

   (1) $7
   (2) $28
   (3) $14
   (4) $25
   (5) $16

5. El precio neto de un reloj era de $40 después de un descuento del 20%. El precio de catálogo del reloj era de

   (1) $50
   (2) $30
   (3) $48
   (4) $38.20
   (5) $45

Clave de las Respuestas

1. **3**   2. **2**   3. **5**   4. **3**   5. **1**

Algunas veces un fabricante puede permitir un descuento comercial y un descuento adicional además del descuento comercial. Cuando hay dos o más descuentos, se les llama *descuentos sucesivos*.

EJEMPLO

El señor Salcedo compró una mesa a un vendedor. El precio de catálogo era de $180 y se le hizo un descuento del 15%. Además, se le hizo un descuento adicional de un 2% si pagaba la mesa en diez días. ¿Cuánto pagó el señor Salcedo por la mesa?

```
   $180    precio de catálogo
  × 0.15    tasa de descuento
    900
    180
 $27.00    cantidad descontada

 $180.00   precio de catálogo
 − 27.00   cantidad descontada
 $153.00   precio de costo
```

Cuando computamos el segundo descuento, nos basamos en el precio obtenido después del primer descuento.

```
  $ 153    precio de costo
  × 0.02   tasa de descuento
  $3.06    descuento por pagar temprano

  $153     precio de costo
 − 3.06    descuento por pagar temprano
 $149.94   pago total
```

Este resultado se puede obtener de manera más directa al anotar que un descuento de un 15% significa que el señor Salcedo paga un 85% del precio de catálogo. Y un descuento adicional del 2% significa que paga un 98% del primer precio ya descontado. De este modo, el precio del doble descuento se puede obtener de la siguiente manera:

$$\$180 \times 0.25 \times 0.98 = \$149.94$$

PRÁCTICA

1. El señor Marcio compró un televisor. El precio de catálogo era de $400. Se le hicieron descuentos sucesivos del 10% y el 5%. ¿Cuánto pagó el señor Marcio por su televisor?

   (1) $340.00
   (2) $350.00
   (3) $352.00
   (4) $342.00
   (5) $324.00

2. El señor González ha comprado una remesa de libros. El precio de catálogo de los libros era $180. Si el señor González obtuvo un descuento del 15% y del 5%, ¿cuánto pago por los libros?

   (1) $153.00
   (2) $171.00
   (3) $144.00
   (4) $150.00
   (5) $145.35

3. En una compra de $500, ¿cuánto se ahorra más al obtenerse descuentos del 20% y del 10% en lugar del 10% y del 15%?

   (1) $40.00
   (2) $23.50
   (3) $22.50
   (4) $32.50
   (5) $35.00

4. El señor Benson compró un bote que tenía un precio de catálogo de $120. Se le descontó un $12\frac{1}{2}\%$ y se le hizo luego un descuento adicional del 2% por pagar en efectivo. ¿Cuánto pagó el señor Benson por el bote?

   (1) $102.90
   (2) $103. 90
   (3) $112.90
   (4) $98.90
   (5) $105.00

Clave de las Respuestas

1. **4**   2. **5**   3. **3**   4. **1**

Cuando un negociante decide a qué precio desea vender un artículo, debe considerar una serie de factores. Primero, debe tener en cuenta el costo del artículo. Luego, debe considerar otro tipo de gastos como el alquiler de la tienda, el salario de los dependientes, etc. Estos se llaman *gastos indirectos* o *generales* que se deben sumar a las ganancias que quiere obtener. De este modo,

> Precio de venta = Costo + gastos indirectos + ganancias

EJEMPLO

En una semana, la zapatería Rosita obtiene $1,590 en ventas. La mercadería vendida costó $820 y los gastos indirectos fueron del 20% de las ventas. ¿Cuál fue la ganancia?

$$20\% = 0.20$$

Los gastos indirectos fueron de $1,590 × 0.20 = $318.

Para saber cuánto obtuvo de ganancia, debemos restar la suma del costo y de los gastos indirectos del precio de las ventas.

$$
\begin{array}{rl}
\$820 & \text{costo de la mercadería} \\
+\ 318 & \text{gastos indirectos} \\
\hline
\$1,138 & \text{costo + gastos indirectos}
\end{array}
$$

$$
\begin{array}{rl}
\$1,590 & \text{precio de las ventas} \\
-\ 1,138 & \text{costo + gastos indirectos} \\
\hline
\$452 & \text{ganancia}
\end{array}
$$

La ganancia fue de $452.

PRÁCTICA

1. El costo de una silla es de $68. Los gastos indirectos son $10 y la ganancia es $18. El precio de venta es de
   (1) $77.50
   (2) $86.50
   (3) $95
   (4) $96
   (5) $92

2. Un negociante compra unas cortadoras de césped a $43.50. Las vendió al por menor a $75. Si sus gastos indirectos son del 12% del precio de venta, su ganancia es de
   (1) $9
   (2) $22.50
   (3) $23.50
   (4) $61.50
   (5) $31.50

3. Un negociante compró una remesa de cámaras al costo de $1,600 y las vendió por $2,500. Si la ganancia que obtuvo fue del 25% del costo de la remesa, sus gastos indirectos fueron de
   (1) $900
   (2) $400
   (3) $650
   (4) $500
   (5) $4,100

4. Unos impermeables cuestan a un vendedor $25 cada uno. Éste planea obtener una ganancia del 30% del costo cuando los venda. Si sus gastos indirectos por cada venta son de $2, el precio de venta de cada impermeable es de
   (1) $32.50
   (2) $30.50
   (3) $34.50
   (4) $7.50
   (5) $35.10

5. Los recibos de la cafetería Village durante una semana fueron de $4,250. El costo de la mercancía vendida fue de $1,560 y los gastos indirectos fueron del 34% de los recibos. La ganancia fue de
   (1) $3,005
   (2) $1,245
   (3) $1,445
   (4) $1,545
   (5) $1,255

CLAVE DE LAS RESPUESTAS

1. **4**   2. **2**   3. **4**   4. **3**   5. **2**

A menudo estamos interesados en encontrar el porcentaje de aumento o disminución de algo.

EJEMPLO

El precio de un boleto de autobús ha aumentado de $1.20 a $1.35. ¿Cuál es el porcentaje de aumento?

$$
\begin{array}{rl}
\$1.35 & \text{nueva tarifa} \\
-1.20 & \text{tarifa original} \\
\hline
\$0.15 & \text{aumento de la tarifa}
\end{array}
$$

Para encontrar el porcentaje del aumento, escribimos la siguiente fracción:

$$\frac{0.15}{1.20} = \frac{\text{aumento de la tarifa}}{\text{tarifa original}}$$

Vamos a cambiar esta fracción por un porcentaje de la siguiente manera:

$$\frac{0.15}{1.20} = \frac{15}{20} = \frac{3}{24} = \frac{1}{8}$$

$$8\overline{)1.000}^{\;0.125}$$

El porcentaje de aumento es del $12\frac{1}{2}\%$.

EJEMPLO

Durante los últimos diez años, la población de una pequeña ciudad disminuyó de 1,250 a 1,000. ¿Cuál es el porcentaje de la disminución?

    1,250 población original
$\underline{-1,000}$ población después la disminución
      250 disminución actual

Para encontrar el porcentaje de disminución, escribimos la siguiente fracción:

$$\frac{250}{1,250} = \frac{\text{disminución actual}}{\text{población original}}$$

Ahora cambiamos la fracción por un porcentaje de la siguiente manera:

$$1,250\overline{)250.00}^{\;0.20}$$
$$\underline{250\,0}$$
$$0$$

El porcentaje de disminución es del 20%. Algunas veces, debemos trabajar con porcentajes mayores del 100%.

EJEMPLO

La ganancia de la corporación X durante este año fue del 108% de la ganancia que obtuvo el año pasado. Si la ganancia del año pasado fue de $250,000, ¿cuál fue la ganancia de este año?

    $250,000 beneficio del año pasado
$\underline{\times\quad 1.08}$ porcentaje de este año
    20000 00
    $\underline{250000\ 0}$
    $270,000.00

La ganancia fue de $270,000.

EJEMPLO

El señor Artigas compró valores de la bolsa a $40 por acción. Tres años más tarde, el señor Artigas vendió los valores comprados a $90 por acción. ¿Qué porcentaje de ganancia realizó el señor Artigas?

    $90 precio de venta de los valores por acción
$\underline{-40}$ costo de la acción
    $50 beneficio por acción

$$\frac{50}{40} = \frac{\text{beneficio por acción}}{\text{costo original por acción}}$$

$$40\overline{)50.00}^{\;1.25}$$
$$\underline{40}$$
$$100$$
$$\underline{80}$$
$$200$$
$$\underline{200}$$

El señor Artigas obtuvo un beneficio del 125%.

PRÁCTICA

1. Un hombre compró una casa por $80,000. Ocho años más tarde, la vendió a $128,000. ¿Qué porcentaje de ganancia obtuvo?

    (1) 40%
    (2) $37\frac{1}{2}\%$
    (3) 50%
    (4) 60%
    (5) 75%

2. Durante unas rebajas, un abrigo que costaba $120 se vendía a $102. ¿Cuál es el porcentaje de la reducción?

    (1) 18%
    (2) 15%
    (3) 50%
    (4) 12%
    (5) 16%

3. Un vendedor vende un reloj al 130% de su precio de costo. Si el precio de venta era de $39, ¿cuánto le costó el reloj al vendedor?

    (1) $5.70
    (2) $11.70
    (3) $16.50
    (4) $30
    (5) $89.70

4. El precio de una libra de café ha aumentado de $1.40 a $3.50. ¿Cuál es el porcentaje del incremento?

   (1) 250%
   (2) 150%
   (3) 125%
   (4) 140%
   (5) 200%

5. El salario del señor Tornasol era de $210 a la semana. Recibió una promoción y le aumentaron el salario a $375 por semana. El porcentaje de aumento de su salario es de (redondee al porcentaje más próximo):

   (1) 79%
   (2) 80%
   (3) 78%
   (4) 179%
   (5) 178%

6. ¿El $137\frac{1}{2}$% de qué número es 55?

   (1) 50
   (2) 39
   (3) 40
   (4) 45
   (5) 42

CLAVE DE LAS RESPUESTAS

1. **4**   2. **2**   3. **4**   4. **2**   5. **1**
6. **3**

Seguros

La cantidad de dinero pagada para un seguro se llama *prima*. Normalmente, se paga anualmente. En muchos tipos de seguros, la tasa de la prima se establece como un tanto de dólares por $100 o por $1,000 del seguro adquirido.

Se venden diferentes tipos de seguros de vida. La póliza ordinaria de vida estipula que la persona que compra el seguro continúa pagando la prima durante años, aunque los dividendos pueden reducir la prima a medida que pasa el tiempo. Las pólizas a pagar en veinte años estipulan que la persona pagará la prima durante un número establecido de años. Cuando se acabe el período, la persona recibirá una cantidad total. Durante el período de la póliza, esta persona estará protegida por el seguro. Las tasas están determinadas por la compañía aseguradora y se las dan al agente de manera tabular. Por ejemplo, las cifras de abajo son parte de semejante tabla.

Edad en años	Prima ordinaria de vida por $1,000 de seguro	Prima de vida a pagar en 20 años por $1,000 de seguro	Dotación de la prima por $1,000 de seguro
20	$17.50	$23.40	$26.50
25	19.75	25.60	29.10
30	22.60	29.80	34.40
35	25.40	34.75	38.50
40	30.20	40.50	43.10

EJEMPLO

A la edad de 30 años, un hombre compra una póliza de vida a pagar en veinte años por $7,500. ¿Cuál es la prima anual?

A la edad de 30, la tabla indica que la tasa es de $29.80 por $1,000. En 7,500, es de 7.5 mil. Su prima anual es de 7.5 × $29.80 = $223.50

PRÁCTICA

1. La tasa de la prima anual valorada en $6,500 de una póliza de un seguro ordinario de vida es $28.24 por $1,000. La prima anual es de

   (1) $18.35
   (2) $173.55
   (3) $183.56
   (4) $1,835.50
   (5) $184.55

2. Una casa está asegurada contra incendios por el 70% de su valor. Si la casa tiene un valor de $48,000 y la tasa de la prima es de $2.30 por $1,000, la prima anual es de

   (1) $772.80
   (2) $77.28
   (3) $75.28
   (4) $77.08
   (5) $75.08

3. Un auto está asegurado a riesgo de fuego y robo por $5,700. Si la tasa anual de la prima es de $1.04 por 100, la prima anual es de

(1) $59.28
(2) $79.80
(3) $58.24
(4) $60.32
(5) $79.28

4. La tasa anual de la prima de una póliza de vida a pagar en veinte años es de $36.40 por $1,000. La cantidad total pagada en primas durante el período de treinta años por una póliza de $6,500 es de

(1) $236.60
(2) $573.20
(3) $4,532
(4) $6,532
(5) $4,732

Clave de las Respuestas

1. **3**   2. **2**   3. **1**   4. **5**

Inversiones

La forma más común de invertir es colocar el dinero en una cuenta de ahorros en el banco donde se ganan intereses. Para calcular el interés, usamos la siguiente fórmula.

> Interés = capital × razón × tiempo

que lo podemos escribir

$$I = C \times R \times T, \text{ o } I = CRT$$

El capital es la cantidad invertida, la razón anual es el porcentaje del capital que se le da al inversionista cada año y el tiempo son los años que se establecen.

POR EJEMPLO:

¿Cuál es el interés de $1,200 al $5\frac{1}{2}$% durante 9 meses?

$$I = CRT$$

En este caso,
$$\begin{cases} C = 1,200 \\ R = \dfrac{5\frac{1}{2}}{100} \\ T = \dfrac{9}{12} \text{ ó } \dfrac{3}{4} \end{cases}$$

Entonces,

$$\text{Interés} = 1,200 \times \frac{5\frac{1}{2}}{100} \times \frac{3}{4}$$

Luego, si multiplica el numerador por el denominador

$$\frac{5\frac{1}{2}}{100} \text{ por 2, obtenenos } \frac{11}{200}.$$

$$\text{Interés} = 1,200 \times \frac{11}{200} \times \frac{3}{4}$$

$$\text{Interés} = \overset{6}{\cancel{1,200}} \times \frac{11}{\underset{1}{\cancel{200}}} \times \frac{\overset{3}{3}}{\underset{2}{\cancel{4}}} = \frac{99}{2}$$

$$\text{ó } 49\frac{1}{2}$$

El interés es $49.50.

Si se suma el interés al capital, tenemos el *importe* o *cantidad*.

En este caso, el importe o cantidad es $1,200 + $49.50 ó $1,249.50.

Muchos *intereses compuestos* de los bancos son calculados cada tres meses. Esto quiere decir que añaden el interés al capital al cabo de tres meses. Luego, calculan el interés para los próximos tres meses con el capital ya incrementado. Este cálculo se realiza a través de tablas. Al interés que no es compuesto se le llama *interés simple*.

Los dueños de una corporación pueden ser una serie de accionistas que comparten acciones de participación en la compañía. Muchas de estas participaciones o acciones son negociadas en el mercado de valores y están en las listas de los periódicos con los precios al corriente en dólares y fracciones de dólares que pueden ser medios, cuartos u octavos. Por ejemplo:

ATT— $40\frac{1}{2}$ ($40.50)

General Electric— $52\frac{1}{4}$ ($52.25)

Las acciones o valores como éstas pagan dividendos basados en las ganancias de la compañía.

Una corporación puede obtener dinero prestado vendiendo *bonos* al público. Los bonos tienen una tasa de interés fijo y son emitidos por un número determinado de años. Cuando llega la *fecha de vencimiento* del bono, la corporación devuelve la cantidad de dinero prestado a la persona que tiene el bono. De esta manera, el accionista es uno de los propietarios de la compañía, mientras que el tenedor de bonos u obligacionista es un acreedor.

EJEMPLO

El señor Domínguez tiene 45 acciones del capital comercial en la compañía A. El capital comercial produce un dividendo anual de $1.60 por acción. ¿Cuánto recibe el señor Domínguez en dividendos por año?

Para obtener la cantidad de dividendos, multiplicamos 45 por $1.60.

$$45 \times 1.60 = \$72.00$$

El señor Domínguez recibe $72 en dividendos.

EJEMPLO

El señor Oliva tiene seis bonos de $1,000 que le dan un interés de $8\frac{1}{2}\%$ cada año. ¿Cuánto recibe de interés cada año?

Este es un problema que requiere calcular el interés simple. El capital es 6 × $1,000 ó sea $6,000, la tasa es de $8\frac{1}{2}\%$ y el período de tiempo es de un año.

$$\text{Interés} = 6,000 \times \frac{8\frac{1}{2}}{100} \times 1$$

$$= 6,000 \times \frac{17}{200} \times 1$$

$$= \overset{30}{\cancel{6,000}} \times \frac{17}{\underset{1}{\cancel{200}}} \times 1 = 510$$

El señor Oliva recibe $510 de interés.

PRÁCTICA

1. El interés simple de $2,400 al $4\frac{1}{2}\%$ durante tres años es de

   (1) $288
   (2) $32.40
   (3) $3,240
   (4) $324
   (5) $314

2. El señor Campillo pidió prestado $5,200 a un amigo durante 1 año y 3 meses. Acordó pagar un $5\frac{1}{2}\%$ de interés simple por el préstamo. La cantidad de dinero que tuvo que devolverle al final del préstamo era de

   (1) $5,553.50
   (2) $357.50
   (3) $5,557.50
   (4) $4,842.50
   (5) $5,000

3. Roberto Ramírez tiene $3,800 en una cuenta de ahorro durante 9 meses a $5\frac{1}{2}\%$ de interés simple. El interés de su dinero fue de

   (1) $156.75
   (2) $156.50
   (3) $140.75
   (4) $157.75
   (5) $160.50

4. La señora Parra compró 80 acciones de la corporación X a $28\frac{3}{4}$ y las vendió un año después a $31\frac{1}{2}$. La utilidad, antes de pagar la comisión, fue de

   (1) $22
   (2) $220
   (3) $140
   (4) $180
   (5) $242

5. El señor Martín tiene una participación de 120 acciones de la corporación Y. La corporación declaró un dividendo de $1.35 por acción. La cantidad de dinero que el señor Martín recibió en dividendos fue de

   (1) $16.20
   (2) $121.35
   (3) $135
   (4) $162
   (5) $1,620

CLAVE DE LAS RESPUESTAS

1. **4**   2. **3**   3. **1**   4. **2**   5. **4**

Sistema de tributación

Normalmente, pagamos muchos tipos de impuestos. En esta sección veremos los tipos de tributaciones o impuestos más comunes.

Muchos estados de los Estados Unidos tienen un *impuesto sobre la venta* en artículos comprados al por menor. Puede ser del 3%, 4%, 5% o un porcentaje más alto del precio al por menor de un artículo.

EJEMPLO

El señor Martínez compra una alfombra pequeña por $39.95. Si tiene que pagar un impuesto sobre la venta del 3%, ¿cuál es el costo total de la alfombra?

3% de $39.95 = 0.03 × $39.95 = 1.1985

En un caso como éste, la cantidad de impuestos se redondea hasta el centavo más próximo. En este caso el impuesto es $1.20. El señor Martínez debe pagar $39.95 + $1.20, ó sea $41.15.

Un propietario de una casa debe pagar un *impuesto por propiedad inmueble*. Este impuesto está basado sobre el valor estimado de la casa. El valor estimado de la casa está determinado por las autoridades de la ciudad o localidad. La tasa del impuesto puede ser expresada como un porcentaje o en la forma "$4.70 por $100". En muchas localidades hay un impuesto escolar por separado que está también basado en el valor estimado de la casa.

EJEMPLO

La casa del señor Moreno está avaluada en $43,500. Su impuesto por bienes raíces es de $3.89 por $100 y su impuesto escolar es de $1.09 por $100. ¿Cuál es el impuesto total de la casa del señor Moreno?

Observamos que hay 435 cientos en $43,500, ya que 43,500 = 435 × 100.

El impuesto por bienes raíces es
435 × 3.89 = $1,692.15
El impuesto escolar es
435 × 1.09 =   +   474.15
Impuesto total $2,166.30

El gobierno federal y la mayoría de los gobiernos de los estados recaudan un *impuesto sobre la renta*. Cada persona o negocio con ingresos por encima a una cantidad mínima deben llenar la declaración de la renta. Los impuestos están basados sobre los ingresos impositivos que se obtienen después de ciertas deducciones que se han realizado a los ingresos en bruto. Para el impuesto sobre la renta federal y otros impuestos sobre los ingresos de algunos estados, los empleadores requieren retener parte del salario de sus trabajadores. Los empleadores también son requeridos de deducir una cierta cantidad para los impuestos del seguro social. Después de realizar todas estas deducciones, la cantidad que recibe el empleado se llama *salario neto*.

EJEMPLO

El señor Dean tiene un salario semanal de $285. Cada semana, su empleador deduce 5.9% de su salario para el seguro social. También deduce $15.70 para el impuesto de retención federal. ¿Cuál es el salario neto semanal del señor Dean?

5.9% de $285 = $16.82
Deducciones totales = $16.82 + $15.70 = $32.52
El salario neto del señor Dean es $285 − $32.52 = $252.48.

EJEMPLO

El señor Guzmán gana $16,400 al año. Para pagar sus impuestos, se le permite deducir $3,750. En sus impuestos estatales paga el 2% sobre los primeros $3,000 de ingresos impositivos, el 3% sobre los siguientes $3,000 de ingresos impositivos y un 4% en el balance de sus ingresos. ¿Cuánto debe pagar de impuestos estatales?

Los ingresos impositivos del señor Guzmán:
$16,400 (ingresos netos)
− 3,750 (deducciones)
$12,650 (ingresos impositivos)

Impuesto en los primeros $3,000 al 2%:
$3,000
× 0.02
$60.00

Impuesto en los siguientes $3,000 al 3%:
$3,000
× 0.03
$90.00

Saldo:
$12,650
− 6,000 (ingresos tributados)
$6,650

Impuesto en $6,650 al 4%:

$$\begin{array}{r} \$6{,}650 \\ \times\,0.04 \\ \hline \$266.00 \end{array}$$

El total de impuestos =

$$\begin{array}{r} \$\;\;60 \\ 90 \\ +\,266 \\ \hline \$416 \end{array}$$

PRÁCTICA

1. El señor Gil compra un abrigo por $137.50. Si tiene que pagar un impuesto sobre la venta del 3%, el costo total del abrigo es de

   (1) $178.80
   (2) $141.63
   (3) $137.92
   (4) $133.37
   (5) $141.03

2. Al comprar una mesa por $64, la señora Morton pagó un impuesto sobre la venta de $2.56. La tasa del impuesto sobre la venta era del

   (1) 3%
   (2) $3\frac{1}{2}$%
   (3) 2%
   (4) $2\frac{1}{2}$%
   (5) 4%

3. La casa del señor Powell está avaluada en $105,400. Los impuestos por bienes raíces son de $2.79 por $100. El señor Powell debe pagar en impuestos por bienes raíces:

   (1) $2,946.60
   (2) $29,406.60
   (3) $2,940.66
   (4) $2,941.66
   (5) $294.16

4. Juan compró una casa móvil por $32,000. La casa está avaluada en el 80% de su precio de compra. Si el impuesto escolar es $1.93 por $100, Juan pagó un impuesto escolar de

   (1) $494.08
   (2) $617.60
   (3) $61.76
   (4) $49.41
   (5) $515.28

5. Carolina trabaja por hora y tiene ingresos brutos de $9,800 al año. Sus deducciones son de $3,650. Paga el impuesto sobre la renta estatal de un 2% en los primeros $1,000 de sus ingresos impositivos, el 3% en los siguientes $2,000 de sus ingresos impositivos y un 4% sobre el balance. El total de sus impuestos es de

   (1) $146
   (2) $126
   (3) $206
   (4) $140
   (5) $137.50

CLAVES DE LAS RESPUESTAS

1. **2**   2. **5**   3. **3**   4. **1**   5. **3**

Propiedades de las operaciones

Sabemos que

$$7 + 2 = 9$$
$$\text{y que } 2 + 7 = 9.$$

De hecho, el orden en que sumamos dos números no importa mientras el resultado obtenido de la suma sea el correcto. Este principio matemático se llama *propiedad* o ley *conmutativa de la suma* y la enunciamos de la siguiente manera:

> **Ley conmutativa de la suma**
> Si a y b son números, entonces
> $$a + b = b + a.$$

También sabemos que

$$4 \times 6 = 24$$
$$\text{y que } 6 \times 4 = 24.$$

El orden en que multiplicamos dos números no importa, mientras el resultado obtenido sea el producto correcto. Este principio de las matemáticas se llama *ley conmutativa de la multiplicación* y la enunciamos de la siguiente manera:

> **Ley conmutativa de la multiplicación**
> Si a y b son números, entonces
> $$a \times b = b \times a.$$

Si se nos pide que busquemos la suma de $3 + 6 + 5$, podemos sumar $3 + 6$ para obtener 9 y luego sumar 5 al resultado para obtener 14. Podemos indicar este proceso usando paréntesis para agrupar 3 y 6 para sumarlos, antes de sumar el 5 al resultado:

$$(3 + 6) + 5 = 9 + 5 = 14$$

¿Podemos ordenar el grupo de números de diferente manera? Si agrupamos 6 y 5 para sumarlos antes de sumar 3 al resultado, tenemos

$$3 + (6 + 5) = 3 + 11 = 14$$

De este modo

$$(3 + 6) + 5 = 3 + (6 + 5)$$

Esta libertad en agrupar se llama *ley asociativa de la suma* y la enunciamos de la siguiente manera:

Ley asociativa de la suma
Si a, b y c son números, entonces
$(a + b) + c = a + (b + c)$.

Si se nos pide multiplicar los números $4 \times 5 \times 7$, podemos multiplicar 4×5 para obtener 20 y luego multiplicar el resultado por 7 para obtener $20 \times 7 = 140$. Podemos indicar este proceso usando paréntesis para agrupar 4 y 5 para multiplicarlos antes de multiplicar el resultado por 7.

$$(4 \times 5) \times 7 = 20 \times 7 = 140$$

¿Podemos cambiar el orden de los números? Si agrupamos 5 y 7 para multiplicarlos antes de multiplicar el resultado por 4, tenemos

$$4 \times (5 \times 7) = 4 \times 35 = 140$$

De este modo,

$$(4 \times 5) \times 7 = 4 \times (5 \times 7)$$

Esta libertad para agrupar se llama *ley asociativa de la multiplicación* y la enunciamos de la siguiente manera:

La ley asociativa de la multiplicación
Si a, b y c son números, entonces
$(a \times b) \times c = a \times (b \times c)$.

EJEMPLO

Un dependiente de una tienda gana $8.00 la hora. Trabaja 7 horas el viernes y 4 horas el sábado. ¿Cuánto gana en estos dos días?

Podemos calcular sus ingresos de la siguiente manera:

$$8 \times 7 = \$56 \text{ el viernes}$$
$$8 \times 4 = \underline{\$32} \text{ el sábado}$$
$$\text{Total: } \$88$$

Podemos calcular los ingresos de manera más simple:

$7 + 4 = 11$ (total de horas trabajadas)
$8 \times (7 + 4) = 8 \times 11 = \$88$ (total de ingresos)

De este modo,

$$8 \times (7 + 4) = 8 \times 7 + 8 \times 4$$

El principio que se describe arriba es de *la ley distributiva de la multiplicación* con respecto a la suma. Se llama simplemente *ley distributiva* y la enunciamos de la siguiente manera:

Ley distributiva
Si a, b y c son números, entonces
$a \times (b + c) = a \times b + a \times c$.

PRÁCTICA

En cada caso, identifique la ley que se ilustra.

1. $(8 \times 5) \times 3 = 8 \times (5 \times 2)$
2. $3 \times 7 = 7 \times 3$
3. $(5 + 6) + 9 = 5 + (6 + 9)$
4. $7(6 + 8) = 7 \times 6 + 7 \times 8$
5. $4 + 5 = 5 + 4$
6. $6 \times (3 \times 7) = (6 \times 3) \times 7$
7. $3 \times 5 + 3 \times 7 = 3(5 + 7)$
8. $6 \times 9 = 9 \times 6$

En cada caso, indique qué enunciado es verdadero o falso:

9. $4 \times 6 = 6 + 4$
10. $7(5 + 2) = 7 \times 5 + 2$
11. $6 \times (8 \times 9) = (6 \times 8) \times 9$
12. $8 + 3 = 3 + 8$
13. $2 + (7 + 9) = (2 + 7) + 9$
14. $(6 \times 8) + 4 = 6 \times 8 + 6 \times 4$
15. $3 \times 8 + 3 \times 7 = 3(8 + 7)$
16. $5 + 9 = 9 \times 5$

17. ¿Qué expresión es igual a 67(83 + 59)?

   (1) 67 × 83 + 59
   (2) 67 + 83 + 67 × 59
   (3) 83 + 67 × 59
   (4) 67 × 83 + 67 × 59
   (5) 67 × (83 × 59)

18. Un automovilista viaja a una velocidad media de 45 millas por hora durante tres horas antes de almorzar. Después del almuerzo, continúa a 45 millas por hora por 5 horas más. ¿Qué enunciado nos da el número de millas que ha recorrido el motorista?

   (1) 45 + 3 × 5
   (2) 45 × 3 + 5
   (3) 3 × 45 + 5 × 45
   (4) 3 + 5 × 45
   (5) 5 × 45 + 3

RESPUESTAS

1. **Ley asociativa de la multiplicación**
2. **Ley conmutativa de la multiplicación**
3. **Ley asociativa de la suma**
4. **Ley distributiva**
5. **Ley conmutativa de la suma**
6. **Ley asociativa de la multiplicación**
7. **Ley distributiva**
8. **Ley conmutativa de la multiplicación**
9. **falso**
10. **falso**
11. **verdadero**
12. **verdadero**
13. **verdadero**
14. **falso**
15. **verdadero**
16. **falso**
17. **4**
18. **3**

Algebra: Ejemplos y Práctica

20

Fundamentos

Como hemos visto anteriormente, en álgebra, frecuentemente usamos letras para representar números. Por ejemplo, en la fórmula

$$I = C \times R \times T$$

I representa el interés, C representa el capital, R representa la razón y T el tiempo. Se escribe de esta manera, para permitirnos resolver muchas clases de problemas. Así pues, C puede ser $5,000 en un problema y $786 en otro problema. Para indicar una multiplicación en aritmética, usamos el signo x. Por ejemplo, 5×6. Para indicar una multiplicación en álgebra se usan tres métodos:

1. Se usa el símbolo de la multiplicación. Por ejemplo, $C \times R$.
2. Se usa un punto. Por ejemplo, $C \cdot R$.
3. Se colocan los números y letras uno al lado del otro. Por ejemplo $7a$ significa $7 \times a$ ó $7 \cdot a$; bc significa $b \times c$ ó $b \cdot c$.

Para otras operaciones, usamos el mismo símbolo que se usa en aritmética. Para usar el álgebra de manera efectiva, debemos aprender cómo traducir el lenguaje ordinario a símbolos y letras.

EJEMPLO

John tiene x años de edad. ¿Cuántos años tendrá dentro de 7 años?

RESPUESTA
$x + 7$

Una manzana cuesta a centavos. ¿Cuánto cuestan 6 manzanas?

RESPUESTA
$6 \times a$ ó $6 \cdot a$, ó $6a$ (ésta última es preferible)

Alicia pesaba y libras hace un año. Desde entonces, ha perdido 9 libras. ¿Cuál es su peso actual?

RESPUESTA
$y - 9$

Tome el número z. Súmele 2 y multiplique el resultado por 6.

RESPUESTA
$6 (z + 2)$. Observe que el número representado por $(z + 2)$ debe ser multiplicado por 6. La respuesta también podría escribirse $(z + 2)6$

PRÁCTICA

1. Un suéter cuesta $18. El costo de c suéteres es

    (1) $18 + c$
    (2) $18 \div c$
    (3) $c \div 18$
    (4) $18c$
    (5) $c - 18$

2. Fred tiene x años. Bill es 4 años menor. La edad de Bill es de

    (1) $x + 4$
    (2) $x - 4$
    (3) $4 - x$
    (4) $4x$
    (5) $4x - 4$

3. Un auto recorre y millas por hora. La distancia recorrida por el auto en z horas es de

    (1) $y + z$
    (2) $y - z$
    (3) yz
    (4) $y \div z$
    (5) $z \div y$

4. Roberto tiene $15 y gasta x dólares. La cantidad que le queda es

    (1) $x - 15$
    (2) $15x$
    (3) $15 \div x$
    (4) $x \div 15$
    (5) $15 - x$

5. Si 12 huevos cuestan a centavos, el costo de un huevo es

    (1) $12a$
    (2) $\dfrac{12}{a}$
    (3) $\dfrac{a}{12}$
    (4) $12 + a$
    (5) $a - 12$

CLAVE DE LAS RESPUESTAS

1. **4**   2. **2**   3. **3**   4. **5**   5. **3**

Exponentes y evaluaciones

Hay veces que queremos multiplicar un número por sí mismo. Claro que si queremos multiplicar 7 por sí mismo, escribimos 7×7. Sin embargo, en la ciencia moderna tenemos la necesidad de multiplicar un número por sí mismo muchas veces y se vuelve difícil escribir tales números como $7 \times 7 \times 7 \times 7 \times 7 \times 7 \times 7 \times 7 \times 7$. En lugar de esto, usamos una forma más corta y escribimos el producto de 9 sietes como 7^9. En este caso 9 se conoce como *exponente* y al 7 se le llama *base*.

EJEMPLOS

6^3 significa $6 \times 6 \times 6$.
a^5 significa $a \times a \times a \times a \times a$.
$3b^4$ significa $3 \times b \times b \times b \times b$

A menudo queremos encontrar el valor numérico de una expresión algebraica cuando conocemos el valor numérico asignado a cada letra de la expresión.

Para encontrar el valor de una expresión algebraica:

1. Reemplace las letras por los valores numéricos asignados.
2. De izquierda a derecha, haga todas las multiplicaciones y divisiones primero. Luego, realice todas las sumas y las restas.

EJEMPLO

Averigüe el valor de $5x + 3y - 7z$ si $x = 6$, $y = 4$, $z = 1$.

$$5x + 3y - 7z = (5 \cdot 6) + (3 \cdot 4) - (7 \cdot 1)$$
$$= 30 + 12 - 7$$
$$= 42 - 7 = 35$$

Averigüe el valor de $4a^3 - 9c^2 \div 4b$ si $a = 5$, $b = 3$, $c = 2$.

$$4a^3 - 9c^2 \div 4b = (4 \cdot 5^3) - (9 \cdot 2^2) \div (4 \cdot 3)$$
$$= (4 \cdot 125) - (9 \cdot 4) \div (4 \cdot 3)$$
$$= 500 - 36 \div 12$$
$$= 500 - 3 = 497$$

Averigüe el valor de $5(x^3 - 2y^2)$ cuando $x = 4$, $y = 3$.

$$5(x^3 - 2y^2) = 5(4^3 - 2 \cdot 3^2) = 5(64 - 18)$$
$$= 5 \cdot 46$$
$$= 230$$

PRÁCTICA

En los siguientes ejemplos $x = 5$, $y = 4$, $z = 3$, $a = 2$, $b = 1$.

1. El valor de $2x^3 + 3y$ es

    (1) 112
    (2) 32
    (3) 47
    (4) 262
    (5) 98

2. El valor de $3x + 5a - 7b$ es

    (1) 18
    (2) 17
    (3) 15
    (4) 20
    (5) 37

3. El valor de $3ab + x^2y$ es

    (1) 9
    (2) 32
    (3) 11
    (4) 15
    (5) 106

4. El valor de $2x^2 - y^2 + 5ab$ es

    (1) 54
    (2) 94
    (3) 44
    (4) 92
    (5) 78

5. El valor de $3x^2y^3z$ es

   (1) 8,100
   (2) 14,400
   (3) 96
   (4) 900
   (5) 1,800

CLAVE DE LAS RESPUESTAS

1. **4**   2. **1**   3. **5**   4. **3**   5. **2**

Operaciones con exponentes y anotaciones científicas

Multiplicación y División con Exponentes

Sabemos que $a^3 = a \times a \times a$ y que $a^4 = a \times a \times a \times a$. El producto de a^3 y $a^4 = a \times a \times a \times a \times a \times a \times a = a^7$. Igualmente, $a^6 \times a^5 = a^{6+5} = a^{11}$. En general, $a^p \times a^q = a^{p+q}$.

PRÁCTICA

Averigüe los siguientes productos:

1. $c^5 \cdot c^3$
2. $y^2 \times y^5$
3. $a^4 \times a$
4. $b \times b^3$
5. $x^3 \cdot x^7$
6. $z^3 \cdot z^8$

RESPUESTAS

1. c^8 2. y^7 3. a^5 4. b^4 5. x^{10}
6. z^{11}

Si dividimos $a^6 \div a^2$ $(a \neq 0)$, tenemos $(a \times a \times a \times a \times a \times a) \div (a \times a)$ ó

$$\frac{a \times a \times a \times a \times a \times a}{a \times a} = a^4$$

Si dividimos $y^8 \div y^3$ $(y \neq 0)$, tenemos

$$\frac{y \times y \times y \times y \times y \times y \times y \times y}{y \times y \times y} = y^5$$

Tome en cuenta estos dos resultados de las divisiones:

$$\frac{a^6}{a^2} = a^4 \text{ y } \frac{y^8}{y^3} = y^5$$

No siempre es conveniente usar este método para conseguir los resultados mostrados. Por ejemplo, el método muestra que sería complicado hacer una división $x^{47} \div x^{28}$. Los dos ejemplos que hemos presentado sugieren que podemos realizar la división reteniendo la base y restando los exponentes. De este modo, $a^6 \div a^2 = a^{6-2} = a^4$, así como $y^8 \div y^3 = y^{8-3} = y^5$. También, $x^{47} \div x^{28} = x^{19}$. En general, $x^p \div x^q (x \neq 0) = x^{p-q}$.

PRÁCTICA

En los ejercicios 1 a 5, no hay una variable que tenga el valor 0. Halle los siguientes cocientes:

1. $x^5 \div x^2$
2. $y^6 \div y^3$
3. $n^5 \div n$
4. $b^{12} \div b^3$
5. $x^6 \div x^2$

RESPUESTAS

1. x^3 2. y^3 3. n^4 4. b^9 5. x^4

Considere el cociente $y^2 \div y^5$ $(y \neq 0)$. Podemos escribir esto como $(y \times y) \div (y \times y \times y \times y \times y)$, o sea

$$\frac{y \times y}{y \times y \times y \times y \times y} = \frac{1}{y^3}$$

Si queremos encontrar este cociente restando los exponentes, tenemos que escribir

$$y^2 \div y^5 = y^{2-5} = y^{-3}$$

Puesto que los dos resultados representan el mismo cociente, podemos concluir que

$$\frac{1}{y^3} = y^{-3}$$

Igualmente, $z^3 \div z^8 = z^{3-8} = z^{-5}$, mientras que $z^{-5} = \frac{1}{z^5}$

En general, $x^{-p} = \frac{1}{x^p}$ $(x \neq 0)$.

EJEMPLOS

Escriba y^{-6} $(y \neq 0)$ como una expresión equivalente con exponente positivo.

$$y^{-6} = \frac{1}{y^6}$$

Encuentre el cociente $a^5 \div a^7 (a \neq 0)$ y exprese el resultado con un exponente positivo.

$$a^5 \div a^7 = a^{5-7} = a^{-2}$$
$$a^{-2} = \frac{1}{a^2}$$

PRÁCTICA

En los ejercicios 1 a 4, no hay una variable que tenga el valor 0. Halle los siguientes cocientes y exprese el resultado con un exponente positivo:

1. $y^8 \div y^2$
2. $a^{10} \div a^5$
3. $x^7 \div x$
4. $b^9 \div b^6$

RESPUESTAS

1. y^6 2. a^5 3. x^6 4. b^3

Expresar Números Grandes en Anotación Científica

Científicos e ingenieros a menudo tienen que trabajar con números muy grandes. Para que se puedan escribir estos números sin dificultad y se puedan usar eficazmente, se ha desarrollado un sistema de anotación científica. La definición de la anotación científica para escribir un número es la siguiente.

> **Definición:** Cuando un número se escribe en anotación científica, se escribe como producto de dos números:
>
> a. un número igual a 1 ó mayor que 1, pero menor que 10
> b. una potencia de 10

EJEMPLO

La distancia entre dos planetas es de 460,000,000,000 millas. Escriba este número en anotación científica.

El primer número entre 1 y 10 es 4.6. Cuando vamos del 4.6 al 460,000,000,000, movemos el punto decimal 11 espacios hacia la derecha. Cada espacio del punto decimal hacia la derecha representa una multiplicación por 10. Por ejemplo, 46 es 10 veces 4.6. De este modo, al mover el punto decimal 11 espacios hacia la derecha es equivalente a multiplicar por 10^{11}.

De esta manera, $460,000,000,0000 = 4.6 \times 10^{11}$.

EJEMPLO

Exprese el número 875,000,000 en anotación científica.

El primer número entre 1 y 10 es 8.75. Cuando vamos de 8.75 a 875,000,000, movemos el punto decimal 8 espacios a la derecha. Cuando movemos el punto decimal 8 espacios a la derecha, estamos multiplicando 8.75 por 10^8.

De este modo, $875,000,000 = 8.75 \times 10^8$.

PRÁCTICA

Escriba los siguientes números en la forma extensa que usamos normalmente.

1. 6×10^5
2. 3.2×10^7
3. 5.89×10^9
4. 4.75×10^6
5. 3.14×10^3
6. 6.5×10^8

Escriba cada uno de los siguientes números en anotación científica:

7. 8,200,000,000
8. 76,000,000,000
9. 45,800,000,000,000
10. 7,000,000
11. 9,020,000,000,000
12. 86,000,000,000

RESPUESTAS

1. **600,000**
2. **32,000,000**
3. **5,890,000,000**
4. **4,750,000**
5. **3,140**
6. **650,000,000**
7. 8.2×10^9
8. 7.6×10^{10}
9. 4.58×10^{13}
10. 7×10^6
11. 9.02×10^{12}
12. 8.6×10^{10}

Expresar Números Pequeños en Anotación Científica

Los científicos atómicos y otros físicos tienen que trabajar en ocasiones con números muy pequeños. Expresar estos números tan pequeños en anotación científica es una gran ventaja. La definición que se ha dado anteriormente se aplica también a los números pequeños al igual que a los números muy grandes.

EJEMPLO

Escriba 7.9×10^{-4} en decimales ordinarios.

$$10^{-4} = \frac{1}{10^4}$$

De este modo, multiplicamos 7.9 por $\frac{1}{10^4}$ ó por $\frac{1}{10,000}$.

Cuando multiplicamos 7.9 por $\frac{1}{10}$, obtenemos 0.79.

Cuando multiplicamos 7.9 por $\frac{1}{100}$, obtenemos 0.079

Cuando multiplicamos 7.9 por $\frac{1}{1,000}$, obtenemos 0.0079.

Cuando multiplicamos 7.9 por $\frac{1}{10,000}$, obtenemos 0.00079.

Podemos obtener este resultado de una manera más simple al notar que cada multiplicación por $\frac{1}{10}$ ó 10^{-1} mueve el punto decimal de 7.9 un espacio hacia la izquierda. De este modo, cuando multiplicamos 7.9 por $\frac{1}{10,000}$ ó 10^{-4}, movemos el punto decimal cuatro espacios hacia la izquierda.

EJEMPLO

La longitud de una onda de luz violeta es de 0.000016 pulgada. Exprese este número en anotación científica.

El primer número es 1.6. Cuando vamos del 1.6 al 0.000016, movemos el punto decimal 5 espacios hacia la izquierda. Cada vez que movemos el punto decimal hacia la izquierda realizamos una división por 10 ó una multiplicación por 10^{-1}. Por ejemplo, 0.35 = $\frac{1}{10}$ de 3.5, ó 3.5×10^{-1}.

PRÁCTICA

Escriba los números siguientes en la forma numeral extensa:

1. 3×10^{-4}
2. 8.5×10^{-6}
3. 650×10^{-2}
4. 79×10^{-5}
5. 3.14×10^{-3}
6. 6.78×10^{-1}

Escriba los siguientes números en anotación científica.

7. 0.0069
8. 0.00000037
9. 0.00085
10. 0.0000076
11. 0.0000000057
12. 0.000045

RESPUESTAS

1. **0.0003**	7. $\mathbf{6.9 \times 10^{-3}}$
2. **0.0000085**	8. $\mathbf{3.7 \times 10^{-7}}$
3. **6.5**	9. $\mathbf{8.5 \times 10^{-4}}$
4. **0.00079**	10. $\mathbf{7.6 \times 10^{-6}}$
5. **0.00314**	11. $\mathbf{5.7 \times 10^{-9}}$
6. **0.678**	12. $\mathbf{4.5 \times 10^{-5}}$

El siguiente conjunto de ejercicios prácticos es un repaso del tema completo de operaciones con exponentes y anotación científica.

PRÁCTICA

Averigüe los productos de los siguientes números:

1. $x^2 \cdot x^3$
2. $y \cdot y^2$
3. $z^5 \cdot z^2$
4. $b^4 \cdot b^4$

En los ejercicios 5 a 8, ninguna variable tiene el valor cero. Exprese el resultado con exponentes positivos. Busque los siguientes cocientes.

5. $x^6 \div x^2$
6. $y^3 \div y$
7. $z^2 \div z^8$
8. $a \div a^4$

9. Durante un año, el gobierno de Estados Unidos recaudó $578,000,000,000 en impuestos. Escriba este número en anotación científica.

10. El diámetro de una partícula es de 0.000032 pulgada. Exprese este número en anotación científica.

Exprese cada uno de los siguientes números en anotación científica:

11. 640,000
12. 59,000,000,000
13. 0.00037

RESPUESTAS

1. x^5
2. y^3
3. z^7
4. b^8
5. x^4
6. y^2
7. $\dfrac{1}{z^6}$
8. $\dfrac{1}{a^3}$

9. 5.87×10^{11}
10. 3.2×10^{-5}
11. 6.4×10^{5}
12. 5.9×10^{10}
13. 3.7×10^{-4}

Fórmulas

En los informes meteorológicos, las temperaturas se dan en la escala *Fahrenheit*, en la cual el punto de congelación del agua es 32° y el punto de ebullición es 212°. Sin embargo, en los laboratorios científicos y en muchos países europeos se usa la escala *Celsius*. En la escala Celsius, el punto de congelación es 0° y el punto de ebullición es 100°. La relación entre la escala Fahrenheit y la Celsius se especifica en esta fórmula:

$$F = \frac{9}{5}\,C + 32$$

en que F representa la temperatura en Fahrenheit y C representa la temperatura en Celsius.

EJEMPLO

La temperatura al mediodía en París en un día determinado es de 20° Celsius. ¿Cuál es la temperatura correspondiente en la escala Fahrenheit?

$$F = \frac{9}{5}\,C + 32$$

En este caso $C = 20$.

$$F = \frac{9}{5} \times 20 + 32$$

$$F = 9 \times 4 + 32 = 36 + 32 = 68°$$

PRÁCTICA

1. En uno de los primeros días de primavera, la temperatura en Atlanta era de 10° Celsius. Use la fórmula $F = \frac{9}{5}C + 32$ para encontrar la temperatura en grados Fahrenheit.

   (1) 40°
   (2) 43°
   (3) 70°
   (4) 50°
   (5) 45°

2. La fórmula $A = \dfrac{a+b+c}{3}$ se usa para encontrar el promedio (A) de tres números a, b y c. El promedio de 95, 119 y 104 es

   (1) 108
   (2) 106
   (3) 160
   (4) $104\frac{2}{3}$
   (5) 110

3. La fórmula $C = 80 + 15(n - 4)$ se usa para encontrar el costo, C, de un viaje en taxi, donde n representa el número de $\frac{1}{4}$ milla del viaje. El costo del viaje en taxi de $2\frac{3}{4}$ millas es de

   (1) $0.95
   (2) $3.00
   (3) $1.65
   (4) $1.85
   (5) $2.00

4. La fórmula $C = 72m + 32h$ se usa para saber el costo diario de la mano de obra en dólares en un trabajo de carpintería. La letra m representa el número de los carpinteros; h representa el número de ayudantes. (Observe que un carpintero gana $72 por día y un ayudante $32 por día). En un trabajo determinado, hay 6 carpinteros y 4 ayudantes. El costo diario de la mano de obra es

   (1) $480
   (2) $550
   (3) $650
   (4) $600
   (5) $560

5. La fórmula que relaciona la longitud (*L*) y el ancho (*A*) de una bandera es *L* = 1.8*A*. La bandera tiene un ancho de 5 pies. Su longitud es de

   (1) 2.3 pies
   (2) 9 pies
   (3) 90 pies
   (4) 1.3 pies
   (5) 8 pies

RESPUESTAS

1. **4**   2. **2**   3. **4**   4. **5**   5. **2**

Resolver ecuaciones

La capacidad de resolver ecuaciones es importante porque le permitirá resolver muchos tipos de problemas. En esta sección, aprenderá cómo resolver algunas de las ecuaciones más simples. Más adelante podrá aplicar estos conocimientos para resolver problemas.

> Una ecuación expresa que dos cantidades son iguales.

Observe esta ecuación

$$3x + 2 = 20$$

Nos dice que $3x + 2$ y 20 son el mismo número. Si es así, *x* debe representar el número 6, ya que

$$3 \times 6 + 2 = 20$$

Además 6 es el único número que puede reemplazar *x* y hacer que $3x + 2$ sea igual a 20. Al número 6, que hace verdadero el enunciado $3x + 2 = 20$, se llama la *raíz de la ecuación* y es el que *equilibra* la ecuación.

PRÁCTICA

Resuelva la raíz de la ecuación.

1. $x + 2 = 9$

   (1) 5
   (2) 9
   (3) 7
   (4) 3
   (5) 10

2. $x - 3 = 5$

   (1) 5
   (2) 3
   (3) 2
   (4) 10
   (5) 8

3. $2x = 10$

   (1) 8
   (2) 5
   (3) 20
   (4) $\frac{1}{5}$
   (5) 9

4. $\frac{x}{3} = 4$

   (1) 12
   (2) $\frac{4}{3}$
   (3) $\frac{3}{4}$
   (4) 1
   (5) 6

5. $2x + 1 = 7$

   (1) 4
   (2) $3\frac{1}{2}$
   (3) 5
   (4) 3
   (5) 6

6. $2x - 1 = 9$

   (1) 10
   (2) 8
   (3) 5
   (4) 4
   (5) 3

7. $\frac{x}{2} + 3 = 7$

   (1) 4
   (2) 8
   (3) $1\frac{1}{2}$
   (4) $2\frac{1}{2}$
   (5) 20

8. $\dfrac{x}{3} - 1 = 5$

    (1) 18
    (2) 12
    (3) 2
    (4) 6
    (5) 15

CLAVE DE LAS RESPUESTAS

1. **3**   3. **2**   5. **4**   7. **2**
2. **5**   4. **1**   6. **3**   8. **1**

Vamos a estudiar métodos sistemáticos para encontrar la raíz de una ecuación.

Examine la ecuación $x + 2 = 5$. Nos dice que un número sumado al 2 da como resultado 5. Podemos decir que $x = 3$. Pero ¿cómo podemos saberlo?

$$x + 2 = 5$$
$$¿x = 3?$$

Para llegar de $x + 2$ a x, necesitamos sólo restar 2 de $x + 2$. De este modo, $x + 2 - 2 = x$. Puesto que $x + 2$ y 5 son el mismo número, debemos restar el mismo número de $x + 2$ y de 5 para obtener resultados iguales:

$$x + 2 - 2 = 5 - 2$$
$$ó\ x = 3$$

Examinemos la ecuación $x - 1 = 5$. Para obtener x en la parte izquierda de la ecuación, debemos sumar 1 a $x - 1$. Puesto que $x - 1$ y 5 son el mismo número, sumamos 1 a ambos $x - 1$ y 5 para obtener resultados iguales:

$$x - 1 + 1 = 5 + 1$$
$$ó\ x = 6$$

Consideremos la ecuación $2x = 12$. Para obtener x en la parte izquierda de la ecuación, debemos dividir $2x$ (dos veces x) por 2. Puesto que $2x$ y 12 son el mismo número, dividimos ambos, $2x$ y 12, por 2 para obtener resultados iguales:

$$2x = 12$$
$$\frac{2x}{2} = \frac{12}{2}$$
$$1x, \text{or } x = 6$$

Considere la ecuación $\dfrac{y}{3} = 4$. Para obtener y en la parte izquierda de la ecuación, debemos multiplicar $\dfrac{y}{3}$, ó $\dfrac{1}{3}$ de y, por 3. Puesto que $\dfrac{y}{3}$ y 4 son el mismo número, multiplicamos ambos $\dfrac{y}{3}$ y 4 para obtener los mismos resultados:

$$\frac{y}{3} = 4$$
$$3 \times \frac{y}{3} = 3 \times 4$$
$$y = 12$$

Los procedimientos anteriores pueden ser fáciles de memorizar con el siguiente resumen.

MÉTODOS PARA ENCONTRAR LA RAÍZ DE UNA ECUACIÓN

1. Restar cuando hay una suma. Por ejemplo, $x + 2 - 2 = 5 - 2$
2. Sumar cuando hay una diferencia. Por ejemplo, $x - 1 + 1 = 5 + 1$
3. Dividir cuando hay un producto. Por ejemplo, $\dfrac{2x}{2} = \dfrac{12}{2}$
4. Multiplicar cuando hay un cociente. Por ejemplo, $3x\left(\dfrac{y}{3}\right) = 3 \times 4$

PRÁCTICA

1. $x + 1 = 3$, $x =$
2. $x - 2 = 4$, $x =$
3. $3x = 12$, $x =$
4. $\dfrac{x}{2} = 5$, $x =$
5. $x + 5 = 7$, $x =$
6. $x - 3 = 4$, $x =$
7. $5x = 10$, $x =$
8. $\dfrac{x}{4} = 2$, $x =$
9. $x + 2 = 9$, $x =$
10. $5x = 15$, $x =$
11. $x - 2 = 9$, $x =$
12. $x + 4 = 7$, $x =$
13. $\dfrac{x}{5} = 2$, $x =$
14. $3x = 18$, $x =$
15. $x + 9 = 11$, $x =$

1. **2**	4. **10**	7. **2**	10. **3**	13. **10**
2. **6**	5. **2**	8. **8**	11. **11**	14. **6**
3. **4**	6. **7**	9. **7**	12. **3**	15. **2**

Resolver Ecuaciones Más Difíciles

Para resolver problemas interesantes, es necesario tener la habilidad de resolver ecuaciones más difíciles.

EJEMPLO

Resuelva la ecuación $5x + 2x = 28$.

Puesto que $5x + 2x = 7x$, tenemos

$$7x = 28$$
$$x = \frac{28}{7}$$
$$x = 4$$

EJEMPLO

Resuelva la ecuación $\frac{2}{3}x = 16$.

Para obtener x en el lado izquierdo, debemos multiplicar $\frac{2}{3}x$ por $\frac{3}{2}$. Puesto que $\frac{2}{3}x$ y 16 son el mismo número, multiplicamos ambos, $\frac{2}{3}x$ y 16 para obtener resultados iguales.

$$\frac{\cancel{3}}{\cancel{2}} \cdot \frac{\cancel{2}}{\cancel{3}}x = \frac{3}{2} \cdot 16$$
$$x = 24$$

EJEMPLO

Resuelva la ecuación $2x + 3 = 15$.

$$2x + 3 = 15$$
$$2x + 3 - 3 = 15 - 3$$
$$2x = 12$$
$$\frac{2x}{2} = \frac{12}{2}$$
$$x = 6$$

EJEMPLO

Resuelva la ecuación $\frac{3}{5}x - 1 = 8$.

$$\frac{3}{5}x - 1 = 8$$
$$\frac{3}{5}x - 1 + 1 = 8 + 1$$
$$\frac{3}{5}x = 9$$

$$\frac{\cancel{5}}{\cancel{3}} \cdot \frac{\cancel{3}}{\cancel{5}}x = \frac{5}{3} \cdot 9$$
$$x = 15$$

PRÁCTICA

1. $2x + 3x = 40$, $x =$

2. $\frac{2}{3}x = 12$, $x =$

3. $4x - 1 = 27$, $x =$

4. $\frac{x}{5} + 4 = 6$, $x =$

5. $3x - 5 = 16$, $x =$

6. $3x + 7 = 37$, $x =$

7. $4x - 2 = 22$, $x =$

8. $\frac{x}{2} - 3 = 5$, $x =$

1. **8**	3. **7**	5. **7**	7. **6**
2. **18**	4. **10**	6. **10**	8. **16**

Resolver problemas

Podemos usar ecuaciones para resolver problemas como los que presentamos a continuación.

EJEMPLO

Un fontanero debe cortar una tubería de 50 pulgadas de largo en dos trozos, de tal manera que una pieza sea de 12 pulgadas más larga que la otra pieza.

Si x = la longitud de una pieza, y $x + 12$ = la longitud de la otra pieza, puesto que la suma de dos piezas es 50 pulgadas, tenemos que

$$x + x + 12 = 50$$
$$2x + 12 = 50$$
$$2x + 12 - 12 = 50 - 12$$
$$2x = 38$$
$$\frac{2x}{2} = \frac{38}{2}$$
$$x = 19$$

Una pieza es de 19 pulgadas de largo y la otra pieza es de 31 pulgadas de largo.

EJEMPLO

Divida una herencia de $46,000 entre tres hijos, de tal manera que el segundo hijo reciba $6,000 más que el más joven y el hijo mayor reciba tres veces más que el más joven.

Si x = cantidad del hijo más joven,
y $x + 6,000$ = cantidad del segundo hijo,
y $3x$ = cantidad del hijo mayor,

$$x + x + 6,000 + 3x = 46,000$$
$$5x + 6,000 = 46,000$$
$$5x + 6,000 - 6,000 = 46,000 - 6,000$$
$$5x = 40,000$$
$$\frac{5x}{5} = \frac{40,000}{5}$$
$$x = 8,000$$

El hijo más joven obtiene $8,000.
El segundo obtiene $8,000 + $6,000 = $14,000.
El hijo mayor obtiene 3 × $8,000 = $24,000.

EJEMPLO

Un grupo de dieciocho monedas, que está formado por monedas de 5 centavos y de 10 centavos, tiene el valor de $1.25. ¿Cuántas monedas de 10 centavos hay?

Si x = número de monedas de 10 centavos,
y $18 - x$ = número de monedas de 5 centavos,
$10x$ = valor de las monedas de 10 centavos,
$5(18 - x)$ = al valor de las monedas de 5 centavos

$$10x + 5(18 - x) = 125$$
$$10x + 90 - 5x = 125$$
$$5x + 90 = 125$$
$$5x + 90 - 90 = 125 - 90$$
$$5x = 35$$
$$\frac{5x}{5} = \frac{35}{5}$$
$$x = 7$$

Hay 7 monedas de 10 centavos.

EJEMPLO

En una carrera atlética, la puntuación total para cada evento fue de 20 puntos. El que ganó el primer lugar consiguió el doble de puntos que el del segundo lugar y el del tercer lugar obtuvo 4 puntos menos que el del segundo lugar. ¿Cuántos puntos obtuvo el que ganó el primer lugar?

Si x = número de puntos que obtuvo el del segundo lugar,
entonces $2x$ = al número de puntos que obtuvo el del primer lugar,
y $x - 4$ = al número de puntos que obtuvo el del tercer lugar

$$x + 2x + x - 4 = 20$$
$$4x - 4 = 20$$
$$4x - 4 + 4 = 20 + 4$$
$$4x = 24$$
$$x = 6$$
$$2x = 12,\ \text{el número de puntos}$$
que obtuvo el del primer lugar.

EJEMPLO

Una inversión de $12,500, una parte al 8% y la otra parte al 7%, produce ganancias anuales de $995. Averigüe la cantidad invertida por cada tasa.

Si x = cantidad invertida al 8%,
y $12,500 - x$ = la cantidad invertida al 7%,
$0.08x$ = las ganancias en la inversión al 8%,
$0.07(12,500 - x)$ = las ganancias en la inversión del 7%

$$0.08x + 0.07(12,500 - x) = 995$$
$$0.08x + 875 - 0.07x = 955$$
$$0.01x + 875 = 955$$
$$0.01x + 875 - 875 = 955 - 875$$
$$0.01x = 80$$

Multiplique ambos lados de la ecuación por 100 para obtener

$$x = 8,000$$

$8,000 se invirtieron al 8%.
$12,500 - $8,000 = $4,500 se invirtieron al 7%.

EJEMPLO

Dos autos empiezan un recorrido al mismo tiempo desde dos ciudades que están a 480 millas de distancia y cada uno viaja a la otra ciudad. Un auto tiene un promedio de 35 millas por hora y el otro va a una velocidad media de 45 millas por hora. ¿En cuántas horas se van a encontrar los dos autos?

Si x = número de horas que tardan los dos autos en encontrarse.

En los problemas relacionados con movimiento, es conveniente agrupar la información en una tabla como la que se muestra a continuación, con la fórmula distancia = velocidad × tiempo.

Velocidad × Tiempo = Distancia			
Primer auto	35	x	$35x$
Segundo auto	45	x	$45x$

Puesto que la suma de las dos distancias del recorrido es 480 millas, tenemos

$$35x + 45x = 480$$
$$80x = 480$$
$$\frac{80x}{80} = \frac{480}{80}$$
$$x = 6$$

Los dos autos se encontrarán al cabo de 6 horas.

Los problemas de álgebra son a veces más fáciles de entender y analizar cuando los relacionamos con problemas aritméticos similares.

EJEMPLO

Problema de álgebra : Si un lápiz cuesta y centavos, entonces 6 lápices costarán _____ centavos.

Problema de aritmética: Si un lápiz cuesta 10 centavos, entonces 6 lápices costarán _____ centavos.

Para resolver el problema de aritmética, necesitamos multiplicar 6 veces 10 centavos para llegar a los 60 centavos de la respuesta. En álgebra se usa el mismo procedimiento: multiplicar 6 veces y obtener la respuesta: 6y.

Un ejemplo más complicado:

EJEMPLO

Problema de álgebra: Jorge tiene x dólares. Compra y artículos por z dólares cada uno. El número de dólares que le quedan a Jorge es de _____.

Problema de aritmética: Jorge tiene 50 dólares. Compra 5 artículos a 8 dólares cada uno. El número de dólares que le quedan es de _____.

Para resolver el problema de aritmética, necesita multiplicar 5 veces 8 y restar el resultado de 50. En el problema de álgebra, se sigue el mismo procedimiento: se multiplica y por z y se resta el resultado de x para conseguir $x - yz$ como respuesta.

PRÁCTICA

1. Dos socios en un negocio ganan $60,000 en un año. Si las acciones del socio más antiguo son 3 veces más que las del joven, ¿cuál es la participación del socio más joven?

2. Una barra de madera es de 58 pulgadas de largo. Un carpintero debe cortarla de tal manera que la parte más larga sea 8 pulgadas más que la parte más corta. ¿Cuál es la longitud de la parte más corta?

3. La longitud de un terreno es 3 veces más que el ancho. Si el perímetro (distancia alrededor del terreno) es de 312 pies, ¿cuál es el ancho del terreno?

4. Un carpintero gana $5 más la hora que su ayudante. Juntos ganan $119 por un trabajo de 7 horas. ¿Cuánto gana el ayudante por hora?

5. Un chico tiene $3.75 en monedas de 5 centavos y de 10 centavos. Si tiene 6 monedas de 10 centavos más que de 5 centavos, ¿cuántas monedas de 10 centavos tiene?

6. El señor Dale pidió a su hijo que deposite $495 en el banco. Eran exactamente 70 billetes, unos eran de 10 dólares y otros de 5 dólares. Averigüe el número de billetes de 10 dólares que ha depositado.

7. El perímetro de un triángulo es de 27 pulgadas. Un lado es 3 pulgadas más largo que el otro, y el lado más largo es dos veces la longitud del lado más corto. ¿Cuál es la longitud del lado más corto?

8. Francisco tiene $\frac{1}{4}$ del dinero que tiene Angel. Juntos tienen $125. ¿Cuánto dinero tiene Francisco?

9. El señor Carlos invierte $20,000, una parte al 5% y el resto al 4%. Si obtiene unas ganancias anuales de $920, ¿cuánto ha invertido por cada tasa de interés?

10. La familia Rivera tiene ingresos anuales de $48,000. De este dinero, $45,000 viene de los salarios y el saldo lo obtienen por una inversión que les proporciona el 8% anual. ¿Cuánto han invertido al 8%?

11. En unas rebajas, los equipos radiofónicos se vendieron a $50 cada uno y el resto por $35 cada uno. Si se vendieron 175 equipos y la cantidad recibida fue de $7,250. ¿cuántos equipos se vendieron a $50?

12. El señor Carter invirtió una suma de dinero al 4%. Luego, invirtió una segunda suma, $400 más que la primera, al 6%. Si el total de las ganancias anuales fue de $184, ¿cuánto invirtió por cada tipo de interés?

13. En un día de pesca, José atrapó 8 peces más que Joe. Juntos atraparon 32 peces. ¿Cuál de las siguientes ecuaciones se puede usar para encontrar la cantidad de peces que pescó José?
    (1) $x + 8x = 32$
    (2) $x + 32 = 8x$
    (3) $x + x + 8 = 32$
    (4) $8x - x = 32$
    (5) $x + 32 + x = 8$

14. Un sofá en rebaja vale $270, después de un descuento del 25% del precio de venta original. ¿Cuál era el precio de venta original?

15. Un chico tiene $4.35 en monedas de 5 centavos y de 10 centavos. Si tiene 12 monedas de 10 centavos más que de 5 centavos, ¿cuántas monedas de cinco centavos tiene?

16. El perímetro de un terreno rectangular es de 204 pies. Si la longitud es de 3 pies menos que 4 veces el ancho, ¿cuál es el ancho del terreno?

17. Un equipo de fútbol escolar tiene 50 jugadores entre alumnos de las clases avanzadas, intermedias y principiantes. Si hay dos veces más alumnos avanzados que de las clases principiantes y 14 alumnos más de intermedio que de principiantes, ¿cuál de las siguientes ecuaciones se puede usar para encontrar la cantidad de alumnos principiantes que hay en el equipo?
    (1) $x + 2x + 14 = 50$
    (2) $x + 2x - 14 = 50$
    (3) $x + 2x + 14x = 50$
    (4) $x + 2x + x + 14 = 50$
    (5) $x + x + 14 + x = 50$

18. Dos trenes se encuentran a una distancia de 800 millas. Empezaron el recorrido a las 9:00 A.M. Un tren viaja a una velocidad media de 45 millas por hora y el otro a 55 millas por hora. ¿A qué hora se van a encontrar?

Resolver desigualdades

Recuerde que el símbolo > significa *mayor que*, así como el símbolo < significa *menor que*. Por ejemplo, 9 > 5 y 3 < 8.

Una *desigualdad* es un enunciado en que dos cantidades no son iguales. Observe la desigualdad

$$3x + 1 > 7$$

Nos dice que $3x + 1$ es un número mayor que 7. Si es así, x puede representar un número que es mayor que 2. Si $x = 2$, tenemos $3 \cdot 2 + 1 = 7$. Cuando $x > 2$, $3x + 1 > 7$. Por ejemplo, cuando $x = 5$, $3x + 1 = 16$. De este modo la solución de la desigualdad $3x + 1 > 7$ es $x > 2$. Observe que la desigualdad $3x + 1 > 7$ tiene un número infinito de soluciones. Por ejemplo, algunas soluciones son 2.1, 4, $5\frac{1}{2}$, 7 y 8.67, ya que al reemplazar x por cualquiera de estos números, la desigualdad es verdadera.

El símbolo ≥ significa que es *mayor o igual que* y el símbolo ≤ significa que es *menor o igual que*.

EJEMPLO

Si x es un número entero positivo y $x \geq 5$, entonces las raíces de la ecuación son 5, 6, 7...

Si x es un número entero positivo y $x \leq 3$, entonces las raíces de esta ecuación son 1, 2, 3...

PRÁCTICA

1. $2x + 3 > 11$

   (1) 4
   (2) 1
   (3) $2\frac{1}{2}$
   (4) 5
   (5) 3

2. $3x - 1 > 5$

   (1) 1
   (2) 2
   (3) 6
   (4) $1\frac{1}{2}$
   (5) 0

3. $x + 2 < 7$

   (1) 6
   (2) 8
   (3) 5
   (4) 3
   (5) 10

4. $2x - 3 < 5$

   (1) 2
   (2) 5
   (3) 7
   (4) 6
   (5) 4

5. $5x + 2 > 17$

   (1) 1
   (2) 3
   (3) 4
   (4) 2
   (5) 0

6. $4x - 3 < 9$

   (1) 5
   (2) 2
   (3) 4
   (4) 7
   (5) 9

7. $x + 2 \geq 5$

   (1) 2
   (2) 0
   (3) 2.5
   (4) 3
   (5) 1

8. $3x - 2 \leq 10$

   (1) 2
   (2) 5
   (3) 7
   (4) 6.5
   (5) 8

CLAVE DE LAS RESPUESTAS

1. **4**	3. **4**	5. **3**	7. **4**
2. **3**	4. **1**	6. **2**	8. **1**

MÉTODOS SISTEMÁTICOS PARA RESOLVER DESIGUALDADES

Considere la desigualdad $x + 3 > 7$. Nos dice que cuando ciertos números se suman al 3, el resultado es mayor que 7. Podemos ver que x debe ser mayor que 4, ó $x > 4$. Ahora, ¿cómo llegamos de

$$x + 3 > 7$$
$$a\ x > 4?$$

Para llegar de $x + 3$ a x, necesitamos solamente restar 3 de $x + 3$. Puesto que al restar la misma cantidad de dos miembros de una desigualdad, no cambia el sentido de la desigualdad, restamos 3 de 7 para conseguir el resultado.

$$x + 3 - 3 > 7 - 3$$
$$x > 4$$

Considere la desigualdad $x - 2 < 4$. Para obtener la x en la parte izquierda, sumamos 2 a $x - 2$. Puesto que al añadir la misma cantidad en ambos miembros la desigualdad no cambia, añadimos 2 a 4 para obtener el resultado

$$x - 2 + 2 < 4 + 2$$
$$x < 6$$

Observe esta desigualdad $2x < 10$. Para obtener la x en la parte izquierda de la desigualdad dividimos $2x$ por 2. Puesto que al dividir ambos miembros de una desigualdad por un número positivo no cambia el sentido de la desigualdad, dividimos 10 por 2 para obtener el resultado

$$\frac{2x}{2} < \frac{10}{2}$$
$$x < 5$$

Observe la desigualdad $\frac{y}{3} > 2$. Para obtener la y en la parte izquierda de la desigualdad, debemos multiplicar $\frac{y}{3}$ por 3. Puesto que al multiplicar ambos miembros de la desigualdad por un número positivo no cambia la desigualdad, multiplicamos 2 por 3 para obtener el resultado

$$3 \times \frac{y}{3} > 3 \times 2$$
$$y > 6$$

EJEMPLOS

Resuelva la desigualdad $x + 5 > 7$.
$$x + 5 > 7$$
$$x + 5 - 5 > 7 - 5$$
$$x > 2$$

Resuelva la desigualdad $y - 1 < 4$.
$$y - 1 < 4$$
$$y - 1 + 1 < 4 + 1$$
$$y < 5$$

Resuelva la desigualdad $3x < 18$.
$$3x < 18$$
$$\frac{3x}{3} < \frac{18}{3}$$
$$x < 6$$

Resuelva la desigualdad $\frac{y}{4} > 2$.
$$\frac{y}{4} > 2$$
$$4 \times \frac{y}{4} > 4 \times 2$$
$$y > 8$$

PRÁCTICA

1. $x + 2 > 5$, $x >$
2. $x - 3 > 1$, $x >$
3. $2y < 8$, $y <$
4. $\frac{y}{2} > 6$, $y >$
5. $y - 3 < 2$, $y <$

RESPUESTAS

1. $x > 3$ 4. $y > 12$
2. $x > 4$ 5. $y < 5$
3. $y < 4$

DESIGUALDADES MÁS DIFÍCILES

EJEMPLOS

Resuelva la desigualdad $2y + 3 > 11$.
$$2y + 3 - 3 > 11 - 3$$
$$2y > 8$$
$$\frac{2y}{2} > \frac{8}{2}$$
$$y > 4$$

Resuelva la desigualdad $\frac{y}{4} - 1 < 5$.
$$\frac{y}{4} - 1 < 5$$
$$\frac{y}{4} - 1 + 1 < 5 + 1$$
$$\frac{y}{4} < 6$$
$$4 \times \frac{y}{4} < 4 \times 6$$
$$y < 24$$

PRÁCTICA

1. $2x + 1 > 7$, $x >$
2. $3y - 2 < 4$, $y <$
3. $4x - 7 > 5$, $x >$
4. $\frac{y}{2} + 1 < 5$, $y <$
5. $\frac{y}{3} - 4 > 1$, $y >$
6. $5y + 1 < 6$, $y <$
7. $7y - 2 > 19$, $y >$
8. $\frac{y}{4} + 3 > 5$, $y >$

RESPUESTAS

1. $x > 3$ 5. $y > 15$
2. $y < 2$ 6. $y < 1$
3. $x > 3$ 7. $y > 3$
4. $y < 8$ 8. $y > 8$

Razones y proporciones

Podemos comparar dos números restando o dividiendo. Por ejemplo, el señor Díaz gana $48 por día y el señor Fernández gana $36 por día. Podemos decir que el señor Díaz gana

$12 por día más que el señor Fernández. O podemos decir que la razón de las ganancias del señor Díaz por día es a $\frac{48}{36}$ de las del señor Fernández. Podemos reducir $\frac{48}{36}$ a $\frac{4}{3}$, lo que indica que el señor Díaz gana $1\frac{1}{3}$ veces más por día que el señor Fernández.

La comparación de las dos cuotas de pago se puede escribir como $\frac{48}{36}$ ó 48:36. En general, la razón de un número a a un número b (b no puede ser 0) es de $\frac{a}{b}$ ó a:b.

EJEMPLO

En una fiesta hay 12 hombres y 8 mujeres. ¿Cuál es la razón de hombres respecto al número de mujeres?

La razón es de $\frac{12}{8}$ ó 12:8. En una forma más simple, es $\frac{3}{2}$ ó 3:2.

EJEMPLO

En la misma fiesta, ¿cuál es la razón de mujeres respecto al número de hombres?

La razón es de $\frac{8}{12}$ ó 8:12. En una forma más simple, es $\frac{2}{3}$ ó 2:3.

EJEMPLO

En la misma fiesta, ¿cuál es la razón de hombres respecto al número de gente que hay en la fiesta?

La razón es de $\frac{12}{20}$ ó 12:20. En una forma más simple es de $\frac{3}{5}$ ó 3:5.

EJEMPLO

Si AB:BC = 2:3 y si BC = 24 pulgadas, ¿cuál es la longitud de AB?

Si $AB = 2x$
y $BC = 3x$
Sabemos que $3x = 24$

$$\frac{1}{3}(3x) = \frac{1}{3}(24)$$

$$x = 8$$

Puesto que $x = 8$, $2x$ (que es AB) = 2 · 8 = 16. De este modo, AB = 16 pulgadas.

Observe el siguiente problema:

Un equipo de béisbol gana 15 partidos de 30 partidos jugados. Si el equipo continúa ganando en la misma proporción, ¿cuántos partidos ganará de 40 partidos jugados?

Si n = número de partidos que el equipo ganará de 40 partidos jugados.

La razón de los partidos ganados respecto a los partidos ya jugados es de $\frac{15}{30}$. Puesto que la razón de los partidos ganados a la razón de los partidos jugados continúa siendo la misma, podemos escribir que la razón es $\frac{n}{40}$. Estas razones también pueden escribirse como 15:30 y n:40.

Ahora podemos escribir la ecuación $\frac{15}{30} = \frac{n}{40}$. Una ecuación como ésta que nos dice que una razón es igual a otra razón, se llama *proporción*. En este caso, sabemos que $n = 20$, ya que el equipo gana $\frac{1}{2}$ de los partidos que juega.

Las proporciones tienen una propiedad muy útil que vamos a investigar. Considere la proporción

$$\frac{1}{3} = \frac{2}{6} \text{ or } 1:3 = 2:6$$

A los dos términos interiores (3 y 2) se les llama *medios de la proporción* y a los términos exteriores (1 y 6) se les llama *extremos de la proporción*. Observe que si multiplicamos los dos medios, obtenemos $3 \times 2 = 6$. Asimismo, si multiplicamos los dos extremos, obtenemos $1 \times 6 = 6$. Esto ilustra la siguiente propiedad de las proporciones:

> En una proporción, el producto de los medios es igual al producto de los extremos.

Esta propiedad es muy útil para resolver problemas.

EJEMPLO

La razón del alcohol en el agua en cierto tipo de anticongelantes es 3:4. Si el tanque contiene 24 cuartos de alcohol,

¿cuántos cuartos deben añadirse para hacer una mezcla anticongelante?

Si x = número de cuartos que se necesitan

$$\frac{\text{alcohol}}{\text{agua}} = \frac{3}{4} = \frac{24}{x}$$

Ahora podemos usar la propiedad de las proporciones para encontrar x.

$$3:4 = 24:x$$
$$3x = 4 \times 24$$
$$3x = 96$$
$$\frac{1}{3}(3x) = \frac{1}{3}(96)$$
$$x = 32 \text{ cuartos de agua}$$

Nota: Podemos usar la misma propiedad en esta forma:

$$\frac{3}{4} \diagdown \!\!\! \diagup \frac{24}{x}$$
$$3x = 4 \times 24$$
$$3x = 96$$
$$x = 32$$

Los siguientes ejemplos nos indicarán cómo podemos usar la razón y la proporción para resolver problemas.

EJEMPLO

Si 3 corbatas cuestan $12.57, ¿cuál es el costo de 5 corbatas al mismo precio?

Si x = el costo de 5 corbatas
Vamos a escribir la proporción

$$3:12.57 = 5:x$$
$$\frac{3}{12.57} = \frac{5}{x}$$
$$3x = 5 \times 12.57 = 62.85$$
$$\frac{1}{3}(3x) = \frac{1}{3}(62.85)$$
$$x = \$20.95$$

Las 5 corbatas cuestan $20.95.

EJEMPLO

La escala de un mapa es de 1 pulgada por 60 millas. Si la distancia entre dos ciudades es de $2\frac{3}{4}$ pulgadas en el mapa, ¿cuál es la distancia real entre las dos ciudades?

Si d = la distancia real entre las dos ciudades,

$$1:60 = 2\frac{3}{4}:d$$
$$1 \times d = 60 \times 2\frac{3}{4}$$
$$d = 60 \times \frac{11}{4} = 165$$

La distancia real es de 165 millas.

EJEMPLO

Dos números tienen una razón de 9:5. Su diferencia es 28. Halle los números.

Si $9x$ = el número más grande
y $5x$ = el número más pequeño

Entonces $9x - 5x = 28$
$$4x = 28$$
$$\frac{1}{4}(4x) = \frac{1}{4}(28)$$
$$x = 7$$

El número más grande es $9x$, ó $9 \cdot 7 = 63$.
El número más pequeño es $5x$, ó $5 \cdot 7 = 35$.

EJEMPLO

El numerador y denominador de una fracción tienen una razón de 3:7. Si se le suman 2 a ambos, numerador y denominador, la razón se convierte en 1:2. Halle la fracción original.

Si $3n$ = al numerador de la fracción
y $7n$ = al denominador de la fracción

Si sumamos 2 al numerador y denominador, el numerador es $3n + 2$ y el denominador es $7n + 2$. De este modo tenemos

$$\frac{3n + 2}{7n + 2} = \frac{1}{2}$$
$$1(7n + 2) = 2(3n + 2)$$
$$7n + 2 = 6n + 4$$
$$7n + 2 - 2 = 6n + 4 - 2$$
$$7n - 6n = 6n - 6n + 2$$
$$n = 2$$

El numerador original era $3n$, ó sea $3 \times 2 = 6$.

El denominador original era $7n$, ó $7 \times 2 = 14$.

La fracción original era $\frac{6}{14}$.

PRÁCTICA

1. En un baile, la razón del número de niños respecto al número de niñas era 4:3. Si habían 32 niños, el número de niñas era de

   (1) 36
   (2) 40
   (3) 20
   (4) 24
   (5) 28

2. Juan ganó $150 en una semana y gastó $120. La razón de la cantidad que Juan ahorró respecto a la cantidad que gastó es de

   (1) 1:5
   (2) 1:4
   (3) 4:1
   (4) 4:5
   (5) 5:4

3. En un viaje, un motorista recorrió x millas en una carretera local y y millas en una autopista. La razón del número de millas recorridas en la autopista respecto al total del número de millas recorridas fue de

   (1) $\dfrac{y}{x}$

   (2) $\dfrac{x}{y}$

   (3) $\dfrac{y}{x+y}$

   (4) $\dfrac{x}{x+y}$

   (5) $\dfrac{x+y}{y}$

4. La razón de la edad de un padre respecto a la edad de su hijo es de 9:2. Si la edad del hijo es 12 años, la edad del padre es (en años):

   (1) 45
   (2) 36
   (3) 63
   (4) 50
   (5) 54

5. En un segmento $\overline{RS}$, $RT = 4$ y $RT:TS = 2:5$. La longitud de $\overline{RS}$ es de

   R   T   S

   (1) 10
   (2) 12
   (3) 7
   (4) 9
   (5) 14

6. Una fotografía mide 2 pulgadas por $1\dfrac{1}{2}$ pulgadas. Si se amplía la fotografía de tal manera que las 2 pulgadas se convierten en 3 pulgadas, la otra dimensión será

   (1) $2\dfrac{1}{4}$ pulgadas

   (2) $2\dfrac{1}{2}$ pulgadas

   (3) 2 pulgadas

   (4) $1\dfrac{3}{4}$ pulgadas

   (5) $3\dfrac{1}{4}$ pulgadas

7. Si 3 camisas cuestan $53, el costo de una docena de camisas al mismo precio es de

   (1) $159
   (2) $75
   (3) $65
   (4) $212
   (5) $250

8. En un mapa, la escala es de 1 pulgada por 80 millas. La distancia real entre dos ciudades es de 200 millas. La distancia entre las dos ciudades en el mapa será de

   (1) 2 pulgadas
   (2) 3 pulgadas

   (3) $2\dfrac{1}{2}$ pulgadas

   (4) $3\dfrac{1}{2}$ pulgadas

   (5) 4 pulgadas

9. Una receta determinada producirá 4 porciones que requieren $1\frac{1}{2}$ onzas de azúcar. Si se usa la receta para producir 6 porciones, la cantidad de azúcar que se necesita es de

   (1) $2\frac{1}{2}$ onzas

   (2) $2\frac{1}{4}$ onzas

   (3) $2\frac{3}{4}$ onzas

   (4) 2 onzas

   (5) 3 onzas

10. Con un galón de pintura se puede pintar una superficie de 240 pies cuadrados. Si el salón de estar tiene 906 pies cuadrados de superficie para pintar y la cocina tiene 334 pies cuadrados de superficie, el número de galones que se necesitan para pintar la cocina y el salón de estar es de

    (1) 6

    (2) $4\frac{1}{2}$

    (3) $5\frac{1}{6}$

    (4) $5\frac{1}{2}$

    (5) $6\frac{1}{2}$

11. Un hombre se da cuenta que ha gastado un total de y dólares por mes en combustible para calefacción durante los 7 meses que el tiempo ha estado frío. Si desea pagar en cuotas en un período de 12 meses, el costo por mes es de

    (1) $\dfrac{12}{7y}$

    (2) $\dfrac{y}{12}$

    (3) $\dfrac{12y}{7}$

    (4) $\dfrac{7y}{12}$

    (5) $84y$

12. Un campo de 25 acres produce 376 bushels (medida de áridos) de trigo. ¿Cuántos acres debería plantar para producir 525 bushels de trigo?

    (1) 33
    (2) 32
    (3) 45
    (4) 35
    (5) 75

13. Una casa que está valorada en $30,000 paga impuestos de $1,170. ¿Qué impuestos debe pagar una casa que está valorada en $40,000?

    (1) $992.50
    (2) $156
    (3) $1,560
    (4) $2,340
    (5) $1,360

14. Una familia consume q cuartos de leche cada semana. El número de cuartos que esta familia consume en 10 días es de

    (1) $\dfrac{7q}{10}$

    (2) $\dfrac{10q}{7}$

    (3) $\dfrac{70}{q}$

    (4) $\dfrac{10}{7q}$

    (5) $\dfrac{q}{70}$

15. Para hacer cierto tipo de concreto, la razón de cemento respecto a la de arena es de 1:4. Para hacer x barriles de este concreto, el número de barriles de cemento que se debe usar es de

    (1) $\dfrac{x}{5}$

    (2) $\dfrac{x}{4}$

    (3) x

    (4) $4x$

    (5) $\dfrac{1}{5x}$

Números con signos

En un día muy frío, se anuncia en la radio que la temperatura es de 5 grados bajo cero. En el informe meteorológico del periódico, en la lista de temperaturas, se escribe –5°. A menudo tenemos ocasión de hablar de cantidades que tienen significados opuestos. Por ejemplo:

Ganancia de $5 = +5 ó 5   Pérdida de $5 = –5

Aumento de 3 libras = +3 ó 3   Pérdida de 3 libras = –3

50 millas al norte = +50 ó 50   50 millas al sur = –50

Los números –5, –3 y –50 se llaman *números enteros negativos*. Los números +5, +3, y + 50 se llaman *números enteros positivos*. El signo negativo o de menos siempre debe aparecer, mientras que el signo positivo o de más puede omitirse.

Al trabajar con una línea numérica, agrupamos los puntos a la derecha del cero con números. Pero también podemos agruparlos a la izquierda del cero con números negativos como se muestra a continuación.

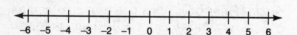

El grupo {..., –5, –4, –3, –2, –1, 0, 1, 2, 3, 4, 5,...} se llama serie de números. Observe que la serie de números enteros positivos {1,2,3,4,5,...} es infinito. Asimismo, el grupo de números enteros negativos {... –5, –4, –3, –2, –1} también es infinito.

EJEMPLO

Una mujer inició una dieta. Los cambios de peso en los cinco meses consecutivos fueron de

$$-3, +1, -5, + 2, -7$$

¿Cuánto aumentó o perdió la mujer en este período de cinco meses?

Aumentó 1 y 2 libras. El peso total que aumentó fue de +3 libras.

Perdió 3 libras representadas por –3, 5 libras representadas por –5 y 7 libras representadas por –7. El total del peso que perdió fue de 15 libras, representado por –15.

Para obtener el aumento o pérdida neta, restamos el total más pequeño del más grande, ó sea 15 – 3 = 12. A continuación damos la respuesta con signos, en este caso como –15 es el número más grande, la respuesta es –12.

La mujer perdió 12 libras en esos cinco meses.

EJEMPLO

Un propietario de una pequeña tienda tiene un registro de sus ganancias en el cual usa números positivos, y sus gastos, en el cual usa números negativos.
Durante un día, su registro era

$$-17, +26, +6, -18, +41, -6$$

Sus ganacias fueron +26, +6, +41 = +73.
Sus pérdidas fueron –17, –18, –6 = –41.
$$73 - 41 = 32$$

Puesto que +73 es el número mayor, el resultado es +32.

La ganancia neta fue de $32.

PRÁCTICA

1. La suma de –6, +8, –3, +2, –1, –5 es

 (1) 5
 (2) –5
 (3) 25
 (4) –25
 (5) –4

2. La suma de –19, +3, –5, +18, –1, +7 es

 (1) 53
 (2) –3
 (3) –2
 (4) 0
 (5) 3

3. El saldo de la cuenta bancaria del señor Ordóñez era de $1,247. Cambió de la siguiente manera durante un período de cuatro meses.

$$-\$152, +\$384, -\$516, +\$217$$

Su saldo al cabo de los cuatro meses era de

(1) $67
(2) $601
(3) $459
(4) $1,180
(5) $1,296

4. Un día, a las 8 de la mañana, la temperatura era de 12 sobre cero. Los siguientes cambios se produjeron durante el día.

mediodía	+ 8°	8 P.M.	–9°
4 P.M.	+ 5°	12 medianoche	–7°

La temperatura a la medianoche era de

(1) 15°
(2) –9°
(3) 9°
(4) 15°
(5) 0°

5. Un equipo de fútbol gana o pierde una serie de partidos de la siguiente manera

$$+3, -2, +5, +8, -7, -11, +1$$

El resultado neto es

(1) +3
(2) 0
(3) –3
(4) 2
(5) –2

6. El señor Daniel compró acciones de la Corporación XYZ a 41. Durante la semana siguiente, el valor en la bolsa cambió de la siguiente manera:

$$-2, +1, -\frac{1}{2}, -1\frac{1}{2}, +\frac{1}{2}$$

El precio de la acción al final de la semana era de

(1) $39\frac{1}{2}$

(2) $38\frac{1}{2}$

(3) $40\frac{1}{2}$

(4) $37\frac{1}{2}$

(5) 38

CLAVE DE LAS RESPUESTAS

1. **2**   2. **5**   3. **4**   4. **3**   5. **3**
6. **2**

Descomponer en factores y solucionar ecuaciones de segundo grado

El Significado de la Descomposición en Factores

Cuando multiplicamos dos números como 5 y 7, el resultado es 35 y se le llama *producto*. A los números que generan un producto cuando se multiplican se les llama *factores* del producto, en este caso 35. Igualmente, 3 y 5 son factores de 15, mientras que 6 y 4 son factores de 24. Del mismo modo, 7, 2, x e y son factores de $14xy$.

En un producto cualquier factor es el *coeficiente* del factor o de los factores restantes. Por ejemplo:

En el producto $6bc$
6 es el coeficiente de bc
$6b$ es el coeficiente de c
$6c$ es el coeficiente de b

Un factor común de dos números es un número que es factor de los dos números. Por ejemplo:

2 es un factor común de 6 y 10

3 es un factor común de 9 y 12

El *máximo común múltiplo* de dos o más números es el número más grande que es el factor de los números. Por ejemplo,

4 es el máximo común múltiplo de
12 y 20

12 es el máximo común múltiplo de
60 y 84

18 es el máximo común múltiplo de
18 y 36

xy es el máximo común múltiplo de
$7x^2y$ y $9xy^2$

$6a^2b^2$ es el máximo común múltiplo de
$18\,a^3b^3$ y $24\,a^2b^2$.

Encontrar el Máximo Común Múltiplo

Vamos a considerar un método sistemático para encontrar el máximo común múltiplo de dos o más números. Considere los números 108 y 144. Si escribimos cada uno de estos números como producto de números primos, tenemos:

$108 = 2 \times 2 \times 3 \times 3 \times 3$, or $2^2 \times 3^3$
$144 = 2 \times 2 \times 2 \times 2 \times 3 \times 3$, or $2^4 \times 3^2$

El factor 2^2 es la potencia más alta de 2 que aparece tanto en 108 como en 144. El factor 3^2 es la potencia más alta de 3 que aparece tanto en 108 como en 144. El máximo común factor es $2^2 \times 3^2$ ó 4×9, ó sea 36.

EJEMPLO

Encuentre el máximo común múltiplo de 72 y 120.

$72 = 2 \times 2 \times 2 \times 3 \times 3 = 2^3 \times 3^2$
$120 = 2 \times 2 \times 2 \times 3 \times 5 = 2^3 \times 3 \times 5$

El máximo común múltiplo de 72 y 120 es $2^3 \times 3 = 24$.

EJEMPLO

Encuentre el máximo común múltiplo de $42a^2b^3$ y $28ab^2$.

Debemos considerar primero los coeficientes numéricos

$42 = 2 \times 3 \times 7$
$28 = 2 \times 2 \times 7 = 2^2 \times 7$

El máximo común múltiplo de 42 y 28 es 2 × 7, ó sea 14.

El máximo común múltiplo de a^2b^3 y ab^2 es ab^2.

El máximo común múltiplo de $42a^2b^3$ y $28ab^2$ es $14ab^2$.

Encuentre el máximo común múltiplo de:

1. 6 y 9
2. 12 y 15
3. 18 y 30
4. 75 y 45
5. 48 y 80
6. x^3y^4 y x^2y^3
7. $8a^2b^2$ y $20a^2b$
8. $15c^3$ y $10c$

RESPUESTAS

1. **3**   3. **6**   5. **16**   7. **$4a^2b$**
2. **3**   4. **15**   6. **x^2y^3**   8. **$5c$**

Descomponer Polinomios en Factores que Tienen un Factor Monomio Común

Un *término* es un numeral variable o una combinación de numerales y variables que están conectados por signos de multiplicación o división o ambos. Por ejemplo, los términos 5, *y*, 7*a* y $16c^2d$.

Una expresión algebraica que contiene un término se llama *monomio*. Por ejemplo, 9, 16*a*, $17b^2$, así como $5c^2d^3$ son monomios.

Una expresión algebraica que contiene dos términos se llama *binomio*. Por ejemplo, 2*a* − 3*b*, así como $7x^2 - 9xy^2$.

Una expresión algebraica que contiene más de un término conectado por un signo menos o más se llama *polinomio*.

Para descomponer en factores un polinomio, primero hemos de encontrar el máximo común múltiplo de los términos del polinomio y luego dividir cada término del polinomio por el máximo común múltiplo para encontrar el otro factor.

EJEMPLO

Descomponga en factores $7x + 7y$

El máximo común múltiplo de 7*x* y 7*y* es 7. Cuando dividimos cada término de $7x + 7y$ por 7, tenemos

$$7x + 7y = 7(x + y)$$

$7(x + y)$ se llama forma factorizada de $7x + 7y$.

EJEMPLO

Descomponga en factores $24a^2 - 16a$

El máximo común múltiplo de $24a^2$ y $16a$ es $8a$. Cuando dividimos cada término de $24a^2$ y $16a$ por $8a$, tenemos

$$24a^2 - 16a = 8a(3a - 2)$$

PRÁCTICA

Descomponga en factores las siguientes expresiones:

1. $5a + 5b$
2. $6x - 6y$
3. $4c + 8d$
4. $6a + 12b$
5. $x^2 - xy$
6. $3ab^2 + 6a^2b$
7. $p + prt$
8. $4a^2 + 4y^2$
9. $3xy - 12y^2$
10. $8ab - 12a^2$

RESPUESTAS

1. $5(a + b)$
2. $6(x - y)$
3. $4(c + 2)$
4. $6(a + 2b)$
5. $x(x - y)$
6. $3ab(b + 2a)$
7. $p(1 + rt)$
8. $4(a^2 + y^2)$
9. $3y(x - 4y)$
10. $4a(2b - 3a)$

Descomponer en Factores la Diferencia de Dos Cuadrados

Considere el producto del binomio $(x + y)$ y del binomio $(x - y)$. Para completar la multiplicación, debe multiplicar $x - y$ por x, así como $x - y$ por y y combinar los resultados. Usamos la siguiente ordenación para llevar a cabo la multiplicación.

$$
\begin{array}{r}
x - y \\
x + y \\
\hline
x^2 - xy \\
+ xy - y^2 \\
\hline
x^2 \quad\quad - y^2
\end{array}
$$

Es decir, $(x + y)(x - y) = x^2 - y^2$.

Si multiplicáramos la suma de cualquier de los dos términos (como $x + y$) y la diferencia de los mismos dos términos ($x - y$), el resultado sería siempre la diferencia de los cuadrados de los dos términos (en este caso $x^2 - y^2$). Por ejemplo, $(2c + d)(2c - d) = 4c^2 - d^2$.

En efecto, tenemos un método para descomponer en factores una expresión que es la diferencia de dos cuadrados. Por ejemplo:

$$a^2 - b^2 = (a + b)(a - b)$$
$$x^2 - 4 = (x + 2)(x - 2)$$
$$25 - z^2 = (5 + z)(5 - z)$$
$$9c^2 - 16 = (3c + 4)(3c - 4)$$

PRÁCTICA

En cada caso, descomponga en factores la expresión:

1. $c^2 - d^2$
2. $y^2 - 9$
3. $x^2 - 100$
4. $36 - b^2$
5. $9a^2 - 16$
6. $49 - 4x^2$
7. $b^2 - 64$
8. $x^2 - 16y^2$

RESPUESTAS

1. $(c + d)(c - d)$
2. $(y + 3)(y - 3)$
3. $(x + 10)(x - 10)$
4. $(6 + b)(6 - b)$
5. $(3a + 4)(3a - 4)$
6. $(7 + 2x)(7 - 2x)$
7. $(b + 8)(b - 8)$
8. $(x + 4y)(x - 4y)$

Descomponer Trinomios en Factores

Considere el producto de dos binomios $(y + 2)$ e $(y + 3)$. Ordenamos nuestro trabajo de la manera siguiente:

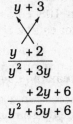

$$
\begin{array}{r}
y + 3 \\
y + 2 \\
\hline
y^2 + 3y \\
+ 2y + 6 \\
\hline
y^2 + 5y + 6
\end{array}
$$

Para obtener el resultado del trinomio, observamos que:

1. El primer término del producto (y^2) se obtiene al multiplicar los primeros términos de un binomio ($y \times y$).
2. El último término en el producto ($+6$) se obtiene al multiplicar los segundos términos de los binomios ($+3 \times +2$).
3. El término del medio del producto ($+5y$) es la suma de los productos que se cruzan ($y \times +3$) + ($y \times +2$) = $3y + 2y = 5y$.

Si los binomios se escriben horizontalmente, el término del medio se puede encontrar mentalmente al obtenerse la suma algebraica de los productos de los términos que se muestran con flechas.

$(y + 2)(y + 3) = y^2 + 3y + 2y + 6 = y^2 + 5y + 6$

EJEMPLO

Halle el producto $(x + 5)(x - 2)$

$(x + 5)(x - 2) = x^2 - 2x + 5x - 10 = x^2 + 3x - 10$

EJEMPLO

Averigüe el producto $(2y + 3)(y - 5)$

$(2y + 3)(y - 5) = 2y^2 - 10y + 3y - 15 =$

$$2y^2 - 7y - 15$$

PRÁCTICA

Halle los siguientes productos:

1. $(y + 2)(y + 1)$
2. $(a + 3)(a + 4)$
3. $(x - 3)(x - 1)$
4. $(y + 4)(y - 3)$
5. $(a - 7)(a + 2)$

RESPUESTAS

1. $y^2 + 3y + 2$
2. $a^2 + 7a + 12$
3. $x^2 - 4x + 3$
4. $y^2 + y - 12$
5. $a^2 - 5a - 14$

Hemos visto que el producto de dos binomios puede ser un trinomio. Por ejemplo, $(x + 5)(x + 7) = x^2 + 12x + 35$. Al resolver algunas ecuaciones es necesario escribir un trinomio como producto de dos binomios. Por ejemplo, $y^2 + 7y + 10 = (y + 5)(y + 2)$. Este proceso de escribir un trinomio como producto de dos binomios se llama descomponer los trinomios en factores. Los siguientes ejemplos muestran el método.

EJEMPLO

Descomponga el factor $y^2 + 8y + 15$.

El producto de los primeros términos de los dos binomios debe ser y^2. De este modo, cada primer término debe ser y. Por tanto, escribimos lo siguiente:

$$y^2 + 8y + 15 = (y \quad)(y \quad)$$

donde el segundo término de cada binomio aún está por determinar.

El producto de los dos últimos términos del binomio debe ser +15. De este modo, ambos términos deben ser o positivos o negativos. Los posibles pares de factores pueden ser $(+15) \times (+1)$ ó $(+5) \times (+3)$ ó $(-15) \times (-1)$ ó $(-5) \times (-3)$. Debemos comprobar los pares para seleccionar el par que producirá el término del medio correcto como sigue:

$(y + 15)(y + 1) : 15y + y =$
$\qquad 16y$ para el término del medio

Esta opción se descarta.

$(y + 5)(y + 3) : 5y + 3y =$
$\qquad 8y$ para el término del medio

Ésta es la opción correcta.
De este modo, $y^2 + 8y + 15 = (y + 5)(y + 3)$.

EJEMPLO

Descomponga en factores el trinomio $a^2 - 3a + 2$.

Las opciones posibles son: $(a + 2)(a + 11)$ ó $(a - 2)(a - 1)$
Si comprobamos estas opciones tenemos

$(a + 2)(a + 1) : 2a + a =$
$\qquad + 3a$ para el término medio

Esta opción se descarta.

$(a - 2)(a - 1) : -2a - a =$
$\qquad = -3a$ para el término del medio

Esta es la opción correcta. De este modo, $a^2 - 3a + 2 = (a - 2)(a - 1)$.

EJEMPLO

Descomponga en factores el trinomio $y^2 - 3y - 10$.

Las opciones posibles son:

$(y - 10)(y + 1) : -10y + y = -9y$, descartada

$(y + 10)(y - 1) : 10y - y = +9y$, descartada

$(y + 5)(y - 2) : 5y - 2y = +3y$, descartada

$(y - 5)(y + 2) : -5y + 2y = -3y$, correcta

De este modo, $y^2 - 3y - 10 = (y - 5)(y + 2)$

EJEMPLO

Descomponga en factores el trinomio $2a^2 - 9a - 5$.

Las opciones posibles son:

$(2a - 1)(a + 5) : -a + 10a = +9a$, descartada

$(2a + 5)(a - 1) : 5a - 2a = +3a$, descartada

$(2a - 5)(a + 1) : -5a + 2a = -3a$, descartada

$(2a + 1)(a - 5) : a - 10a = -9a$, correcta

De este modo, $2a^2 - 9a - 5 = (2a + 1)(a - 5)$.

PRÁCTICA

Descomponga en factores los siguientes trinomios:

1. $y^2 + 3y + 2$
2. $a^2 + 4a + 3$
3. $x^2 + 5x + 6$
4. $y^2 + 7y + 6$
5. $b^2 - 4b + 3$
6. $z^2 - 6z + 5$
7. $x^2 - x - 2$
8. $y^2 - 3y - 4$
9. $a^2 - a - 6$
10. $x^2 - 2x - 15$
11. $a^2 + 6a + 9$
12. $y^2 - 2y - 8$

RESPUESTAS

1. $(y + 2)(y + 1)$
2. $(a + 3)(a + 1)$
3. $(x + 3)(x + 2)$
4. $(y + 6)(y + 1)$
5. $(b - 3)(b - 1)$
6. $(z - 5)(z - 1)$
7. $(x - 2)(x + 1)$
8. $(y - 4)(y + 1)$
9. $(a - 3)(a + 2)$
10. $(x - 5)(x + 3)$
11. $(a + 3)(a + 3)$
12. $(y - 4)(y + 2)$

Resolver Ecuaciones de Segundo Grado Factorizando

Una ecuación de segundo grado es una ecuación que se puede escribir en la forma $ax^2 + bx + c = 0$, en donde a, b y c son constantes y $c \neq 0$.

Por ejemplo:

1. $x^2 - 6x + 8 = 0$
2. $3x^2 - x - 2 = 0$
3. $x^2 = 4x + 5$ que se convierte en $x^2 - 4x - 5 = 0$ cuando se escribe en la forma $ax^2 + bx + c = 0$.
4. $x^2 - 9 = 0$, que está en la forma que se requiere, pero tiene $b = 0$.

Si una ecuación de segundo grado se escribe en la forma $ax^2 + bx + c = 0$ y el número de la izquierda de la ecuación puede descomponerse en factores, entonces la ecuación puede resolverse fácilmente. Para resolver ecuaciones de segundo grado a través de la descomposición de factores, podemos usar algunas de las siguientes propiedades del 0.

1. El producto de 0 y cualquier número real es 0. Por ejemplo: $7 \times 0 = 0$ y $0 \times .3 = 0$. Esta propiedad se llama la propiedad multiplicadora del 0.
2. Si el producto de dos números reales es 0, uno de estos números reales debe ser 0. Por ejemplo: si $a \times b = 0$, a ó b debe ser 0, ó también ambos números pueden ser 0.

El método de resolver ecuaciones de segundo grado factorizando se ilustra en los ejemplos que siguen a continuación.

EJEMPLO

Si $x(x - 3) = 0$, entonces $x = 0$ ó $x - 3 = 0$. En el último caso, $x = 3$.

EJEMPLO

Si $(x + 4)(x - 2) = 0$, entonces $x + 4 = 0$ (en cuyo caso $x = -4$ ó $x - 2 = 0$ (en este caso $x = 2$).

EJEMPLO

Resuelva la ecuación $x^2 - 2x - 15 = 0$

Cuando descomponemos el número de la izquierda de la ecuación, tenemos $(x - 5)(x + 3) = 0$.

Puesto que el producto $(x - 5)(x + 3)$ es 0, al menos uno de los factores debe ser cero.

Si $x - 5 = 0$, entonces $x = 5$. Si $x + 3 = 0$, entonces $x = -3$.

Las raíces de la ecuación son 5 y −3. Las raíces se comprueban de la manera siguiente.

Comprobación de   Comprobación de
$x = 5$ $x = -3.$
$x^2 - 2x - 15 = 0$ $x^2 - 2x - 15 = 0$
$5^2 - 2(5) - 15 = 0$ $(-3)^2 - 2(-3) - 15 = 0$
$25 - 10 - 15 = 0$ $9 + 6 - 15 = 0$
$0 = 0$ $0 = 0$

EJEMPLO

Resuelva la ecuación $2x^2 + 7x - 4 = 0$.

Cuando descomponemos en factores el número de la izquierda de la ecuación, tenemos $(2x - 1)(x + 4) = 0$.

Si $2x - 1 = 0$ Si $x + 4 = 0$
$$2x = 1 \qquad\qquad x = -4$$
$$x = \frac{1}{2}$$

Las raíces de la ecuación son $\frac{1}{2}$ y -4.

Comprobación de $x = \frac{1}{2}$	Comprobación de $x = -4$

$$2x^2 + 7x - 4 = 0$$
$$2\left(\frac{1}{2}\right)^2 + 7\left(\frac{1}{2}\right) - 4 = 0$$
$$2\left(\frac{1}{4}\right) + \frac{7}{2} - 4 = 0$$
$$\frac{1}{2} + \frac{7}{2} - 4 = 0$$
$$4 - 4 = 0$$

$$2x^2 + 7x - 4 = 0$$
$$2(-4)^2 + 7(-4) - 4 = 0$$
$$2(16) - 28 - 4 = 0$$
$$32 - 28 - 4 = 0$$
$$0 = 0$$

Si $b = 0$, no se necesita descomponer en factores. Simplemente resuelva la x^2 de la ecuación como si fuera la variable. La respuesta será la raíz cuadrada del resultado.

EJEMPLO

$x^2 - 9 = 0$. Si 9 se suma a ambos lados, el resultado es $x^2 = 9$. Las raíces son 3 ó -3.

EJEMPLO

$3x^2 - 1 = 47$. Se requieren dos pasos para resolver x^2 de la siguiente manera:

$$3x^2 - 1 = 47$$
$$3x^2 - 1 + 1 = 47 + 1$$
$$\frac{3x^2}{3} = \frac{48}{3}$$
$$x^2 = 16$$
$$x = 4 \text{ or } -4$$

Práctica

Resuelva y compruebe cada una de las siguientes ecuaciones:

1. $y^2 - 3y + 2 = 0$
2. $x^2 - 4x + 3 = 0$
3. $a^2 + 5a + 4 = 0$
4. $z^2 + 4z + 3 = 0$
5. $c^2 - 5c + 6 = 0$
6. $x^2 + x - 6 = 0$
7. $y^2 + 2y - 8 = 0$
8. $a^2 - a - 12 = 0$
9. $x^2 - 4x - 12 = 0$
10. $z^2 - z - 20 = 0$
11. $y^2 + 2y - 15 = 0$
12. $x^2 - 5x + 4 = 0$

1. **2, 1**		7. **−4, 2**	
2. **3, 1**		8. **4, −3**	
3. **−4, −1**		9. **6, −2**	
4. **−3, −1**		10. **5, −4**	
5. **3, 2**		11. **−5, 3**	
6. **−3, 2**		12. **4, 1**	

Usar Ecuaciones de Segundo Grado para Resolver Problemas

Las ecuaciones de segundo grado pueden usarse para resolver problemas.

EJEMPLO

Una habitación rectangular tiene 5 pies más de largo que de ancho. Si el área de la habitación es 300 pies cuadrados, calcule las dimensiones de la habitación.

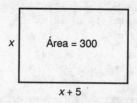

Si x = anchura de la habitación en pies
Luego $x + 5$ = longitud de la habitación en pies

$$x(x + 5) = 300$$
$$x^2 + 5x = 300$$
$$x^2 + 5x - 300 = 0$$
$$(x - 15)(x + 20) = 0$$

Si $x - 15 = 0$ Si $x + 20 = 0$
$$x = 15 \qquad\qquad x = -20, \text{ descartada}$$

De este modo, la anchura de la habitación es de 15 pies y la longitud de la habitación es de $x + 5$ ó $15 + 5 = 20$ pies.

Compruebe su respuesta
Si la habitación es 20 pies de largo y 15 pies de ancho, el área de la habitación es 20 × 15 = 300 pies cuadrados.

Práctica

Resuelva los siguientes problemas:

1. Un terreno de un jardín rectangular es 4 pies más largo que ancho. Si el área del jardín es 96 pies cuadrados, ¿cuáles son las dimensiones del terreno del jardín?

2. Cuando el cuadrado de un número positivo se suma al número, el resultado es 42. Calcule el número.

3. Un auditorio tiene 192 asientos. El número de asientos en cada fila es 4 asientos menos que el número de filas. Halle el número de asientos en cada fila.

4. Una vela de barco es triangular y tiene un área de 24 pies cuadrados. Si la base de la vela es 2 pies más larga que su altura, ¿cuál es la altura de la vela?

5. Tome un número entero positivo y elévelo al cuadrado. Al número al cuadrado, súmele dos veces el número original. Si el resultado es 99, calcule el número original.

RESPUESTAS

1. **12 pies de largo, 8 pies de ancho**
2. **6**
3. **12 asientos en cada fila**
4. **6 pies**
5. **9**

Probabilidades

Si lanza una moneda al aire, puede que cuando caiga sea cara o cruz. En efecto, la posibilidad de que la moneda sea cara es la misma que la de ser cruz. Es decir, la posibilidad de que sea cara es 1 de 2. Decimos que la probabilidad de obtener cara es $\frac{1}{2}$. Igualmente, la probabilidad de obtener cruz es $\frac{1}{2}$.

Imagine que es miembro de un club social que realiza rifas en donde se concede un premio. El club vende 100 boletos para la rifa y usted compra 3 de estos boletos. ¿Qué posibilidad tiene de ganar el premio? En este caso, tiene 3 posibilidades de 100 de ganar el premio. Podemos decir que su probabilidad de éxito es $\frac{3}{100}$.

En general, escribimos la probabilidad de un evento como una fracción, cuyo numerador indica el número de resultados exitosos y el denominador indica el número de posibles resultados.

$$P(\text{probabilidad}) = \frac{\text{número de resultados exitosos}}{\text{número de resultados posibles}}$$

EJEMPLO

Juan tiene una corbata azul, una corbata roja, una corbata marrón y una corbata gris. Si Juan selecciona una corbata al azar, ¿qué probabilidad tiene de que escoja la corbata azul?

Al seleccionar una corbata, Juan puede escoger cualquiera de los cuatros colores. Por lo tanto, la probabilidad que Juan seleccione la corbata azul es de $\frac{1}{4}$, ó sea, $P = \frac{1}{4}$.

EJEMPLO

Un equipo de fútbol tiene 29 delanteros y 15 defensas. Si se tiene que escoger a un miembro del equipo para que sea el capitán, ¿qué probabilidad hay de que sea un delantero?

En total, hay 29 + 15 jugadores, o sea 44 miembros del equipo. De los 44 jugadores, 29 son delanteros. Por lo tanto la probabilidad de que se escoja a un delantero es $\frac{29}{44}$. O sea, $P = \frac{29}{44}$.

EJEMPLO

María tiene 3 monedas de 10 centavos y 2 de 25 centavos en su monedero. Si selecciona una moneda al azar, ¿qué probabilidad hay de que escoja una moneda de 5 centavos?

Puesto que María no tiene monedas de 5 centavos en su monedero, es imposible que pueda sustraer una moneda de 5 centavos. En este caso, decimos que la probabilidad es cero. O sea,

$$P = 0$$

Observe que el número de resultados exitosos es 0 y el de posibles resultados es 5. Pero $\frac{0}{5} = 0$.

EJEMPLO

Un grupo de 8 senadores están reunidos en comité. Durante la reunión, a uno de ellos lo llaman por teléfono. ¿Qué probabilidad hay de que él sea un senador?

En este caso, al que le llaman por teléfono es uno de los senadores. De este modo, hay total certeza de que la llamada de teléfono es para uno de los senadores. O sea,

$$P = 1$$

Observe que el número de resultados exitosos es 8 y el número de resultados posibles es 8. $\frac{8}{8} = 1$.

PRÁCTICA

Resuelva los siguientes problemas:

1. El señor Andrés tiene dos trajes azules, tres trajes grises y dos trajes marrones. Si selecciona un traje al azar, ¿cúal es la probabilidad
   a. de que sea un traje gris?
   b. de que sea un traje marrón?

2. Un monedero contiene 4 monedas de 25 centavos, 3 monedas de 10 centavos y 5 monedas de 1 centavo. Si se extrae una moneda al azar, ¿qué probabilidad hay de que sea una moneda de 1 centavo?

3. Una clase tiene 17 chicos y 15 chicas. Si el profesor llama a uno de los miembros de la clase para que diga la lección, ¿qué probabilidad hay que sea una chica?

4. Hay diez dígitos en nuestro sistema de numeración: 0, 1, 2, 3, 4, 5, 6, 7, 8, 9. Si seleccionamos un dígito sin mirar,
   a. ¿qué probabilidad hay que el dígito sea 7?
   b. ¿qué probabilidad hay que el dígito sea impar?
   c. ¿qué probabilidad hay que el dígito sea menos de 5?
   d. ¿qué probabilidad hay que el dígito sea mayor que 12?

5. En una baraja de naipes hay 52 cartas. Estas 52 cartas están divididas en cuatro grupos de 13 cartas cada uno (espadas, copas, oros, bastos). Si se selecciona una carta al azar, ¿qué probabilidad hay que
   a. la carta sea un 8 de espadas?
   b. la carta sea de copas?
   c. la carta sea un as?

6. La tercera repisa de mi estante tiene sólo libros de ciencias. Si selecciono un libro al azar de la tercera repisa de mi estante, ¿qué probabilidad hay de que sea un libro de ciencias?

7. Un frasco contiene 10 canicas azules, 9 canicas rojas y 7 canicas amarillas. Si se selecciona una canica al azar, ¿qué probabilidad hay de que sea una
   a. canica roja?
   b. canica amarilla?
   c. canica blanca?

8. Un frasco contiene 15 canicas verdes. Si se extrae una canica al azar del frasco, ¿qué posibilidad hay de que sea una canica verde?

9. Un hombre tiene 5 camisas blancas, 4 camisas azules y 3 camisas grises. Una de las camisas blancas no puede usarla porque tiene que llevarla a la lavandería. Si el hombre escoge una de las otras camisas, ¿qué probabilidad hay de que sea una camisa azul?

   (1) $\frac{1}{5}$

   (2) $\frac{1}{4}$

   (3) $\frac{4}{7}$

   (4) $\frac{4}{11}$

   (5) $\frac{3}{11}$

10. En unos grandes almacenes hay 6 puertas. Dos puertas tienen el signo de Salida 1 y Salida 2. Las otras puertas tienen el signo de Entrada 1, Entrada 2, Entrada 3 y Entrada 4. Si un cliente entra en los almacenes a través de una puerta de entrada, ¿qué probabilidad hay de que sea por la Entrada 2?

    (1) $\frac{2}{6}$

    (2) $\frac{3}{4}$

    (3) $\frac{4}{6}$

    (4) $\frac{5}{6}$

    (5) $\frac{1}{4}$

11. Un equipo de béisbol tiene 7 defensas, 5 jardineros y 10 bateadores. Un hombre que no es un bateador se escoge para batear de emergencia. ¿Qué probabilidad hay de que sea un defensa?

(1) $\dfrac{7}{22}$

(2) $\dfrac{7}{12}$

(3) $\dfrac{7}{15}$

(4) $\dfrac{7}{10}$

(5) $\dfrac{5}{7}$

12. Una clase consiste en 16 chicos y 12 chicas. Si un chico y una chica están ausentes, ¿qué probabilidad hay de que sea una chica la que salga a decir la lección?

(1) $\dfrac{12}{27}$

(2) $\dfrac{11}{27}$

(3) $\dfrac{11}{26}$

(4) $\dfrac{12}{26}$

(5) $\dfrac{11}{28}$

RESPUESTAS

1a. $\frac{3}{7}$	4a. $\frac{1}{10}$	5a. $\frac{1}{52}$	7a. $\frac{9}{26}$	9. **(4)**
b. $\frac{2}{7}$	b. $\frac{1}{2}$	b. $\frac{1}{4}$	b. $\frac{7}{26}$	10. **(5)**
2. $\frac{5}{12}$	c. $\frac{1}{2}$	c. $\frac{1}{13}$	c. **0**	11. **(2)**
3. $\frac{15}{32}$	d. **0**	6. **1**	8. **1**	12. **(3)**

La media y la mediana

Cuando leemos un periódico, revista o libro a menudo encontramos expresiones como "la media personal", "el promedio de lluvia", "el peso medio", "el promedio familiar". A no ser que usemos un procedimiento matemático específico para saber estos promedios, sus significados resultan vagos y su uso limitado. Normalmente, cuando usamos la palabra "promedio", nos viene a la mente un grupo de gente u objetos ordenados por tamaño; entonces, el promedio de una persona u objeto es el que se encuentra en la mitad de la ordenación por tamaños.

Puesto que hay diferentes tipos de promedio que se usan en matemáticas y estadística, cada uno determinado por procedimientos específicos, los llamamos promedios. En general, son medidas de tendencia centralizadora. En esta sección, hablaremos de dos medidas de tendencia centralizadora, la media y la mediana.

La Media

La media de una serie de N números es el promedio que se obtiene al sumar estos números y dividir la suma por N.

EJEMPLO

Los puntajes de María en una serie de exámenes de historia fueron de 75, 90, 80, 65 y 70. ¿Cuál es el promedio o media del puntaje de María?

Para saber la media, primero sumamos los puntajes:

$$75 + 90 + 80 + 65 + 70 = 380$$

Luego, dividimos la suma por el número de exámenes. En este caso, dividimos por 5.

$$380 \div 5 = 76$$

La media del puntaje de María es de 76.

EJEMPLO

En sus primeros cinco juegos, el equipo de baloncesto Cardinal obtuvo los resultados de 58, 49, 62, 53 y 41 puntos. ¿Cuántos puntos obtuvo en el sexto partido si la media del puntaje de los 6 partidos fue de 56 puntos?

Si X = el número de puntos que el equipo obtuvo en el sexto partido...

Entonces, $(58 + 49 + 62 + 53 + 41 + X) \div 6 = 56$

$$\frac{263 + X}{6} = 56$$

$$263 + X = 6 \cdot 56 = 336$$

$$263 + X - 263 = 336 - 263$$

$$X = 73$$

El equipo obtuvo 73 puntos en el sexto partido para que la media fuera de 56 puntos por los 6 partidos.

EJEMPLO

En una oficina, hay 4 oficinistas que reciben un salario de $150 semanales cada uno y un director de la oficina que recibe un salario de $400 por semana. ¿Cuál es el promedio del salario que ganan los empleados de la oficina?

Para hallar la media de los salarios, debemos sumar y dividir por 5.

$$(150 + 150 + 150 + 150 + 400) \div 5 =$$
$$1{,}000 \div 5 = 200$$

De este modo, la media salarial de los empleados es de $200, lo cual no representa una situación justa. Sólo una persona recibe un salario por encima de la media de $200. Las otras cuatro personas reciben un salario por debajo de la media de $200. Para evitar tener una o dos puntuaciones extremas que pueden producir una impresión falsa sobre los datos, a menudo usamos otra medida de tendencia centralizadora llamada *mediana*.

La Mediana

Cuando ordenamos una serie de números por su magnitud, el número en el medio se llama *mediana*.

EJEMPLO

El peso de los miembros de un equipo principiante de fútbol es 186, 195, 207, 173, 192, 201, 236, 228, 198, 215 y 179. ¿Cuál es la mediana del peso de los miembros del equipo?

Ordenamos los pesos por su magnitud, empezando por el peso más pesado. Para encontrar la mediana, también podemos ordenar los pesos empezando por el más ligero sin que por eso cambien los resultados.

236, 228, 215, 207, 201, 198, 195, 192, 186, 179, 173

mediana

En este caso, la mediana es el sexto peso que hay empezando por la derecha o por la izquierda.

EJEMPLO

Halle la mediana de la siguiente serie de números.

47, 56, 79, 83, 45, 64, 72, 53

Primero ordenamos los números por su magnitud:

83, 79, 72, 64, 56, 53, 47, 45

En este caso, tenemos dos números en el medio (64 y 56). Para hallar la mediana tomamos el promedio (o media) de los dos números medios. $(64 + 56) \div 2 = 120 \div 2 = 60$.

Nota: En todos los casos que tenemos un número par en los puntajes, obtendremos dos números en el medio. Para encontrar la mediana, debemos obtener el promedio (o media) de los dos puntajes del medio.

PRÁCTICA

1. Los puntajes de David en seis exámenes de ciencias fueron de 85, 70, 75, 90, 95 y 65. Halle el promedio.
   Nota: la palabra "promedio" en este problema se refiere a la media.
2. El señor Flores es un vendedor que trabaja a comisión. Sus ganancias diarias durante una semana fueron de $79, $86, $94, $81 y $70. Halle la media de las ganancias diarias del señor Flores.
3. La altura de los miembros de un equipo profesional de baloncesto en pulgadas es de 75, 78, 82, 81, 76, 80 y 77. Halle la mediana de la altura de los miembros del equipo.
4. Durante unas rebajas especiales de televisores, el número de televisores vendidos en seis días fue de 124, 96, 87, 91, 58 y 47. Halle la mediana del número de televisores vendidos.
5. Los resultados de Alejandra en seis exámenes de matemáticas fueron de 83, 74, 68, 85, 91 y 78. ¿Qué puntaje

debería tener en la séptima prueba para obtener un promedio (media) de 80 por las siete pruebas?

6. En cada caso, halle la media de las siguientes series de números.
   a. 102, 86, 79, 115, 94, 82
   b. 17, 29, 43, 38, 51, 31, 49, 30
   c. 41, 52, 39, 68, 27, 59, 46, 53, 38
7. En cada caso, halle la media para las siguientes series de números.
   a. 63, 42, 59, 37, 64, 87, 51
   b. 105, 69, 94, 38, 112, 96, 83, 97, 38
   c. 24, 36, 29, 18, 31, 37, 27, 35

8. El promedio (media) semanal de las ganancias de Juan, Francisco y Federico es de $360. Si Juan gana $375 a la semana y Francisco $350 semanales, ¿cuánto gana semanalmente Federico?

RESPUESTAS

1. **80**	4. **89**	6b. **36**	7b. **94**
2. **$82**	5. **81**	6c. **47**	7c. **30**
3. **78**	6a. **93**	7a. **59**	8. **$355**

21

Geometría: Ejemplos y Práctica

Puntos, Líneas y Espacio

En geometría, cuando hablamos de un *punto* queremos decir una localización definida en el espacio. Un punto no tiene longitud ni anchura ni grosor. Normalmente, nombramos a un punto con una letra mayúscula.

Cuando usamos la palabra *línea* en geometría, siempre nos referimos a una línea recta. Por otra parte, una línea se extiende infinitamente en ambas direcciones. Por esta razón, a menudo se muestran flechas en una línea como en el siguiente ejemplo:

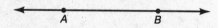

Podemos definir la línea como una serie especial de puntos. Una línea se enuncia escribiendo los dos puntos de la línea con el símbolo de la flecha en doble dirección. Por ejemplo, la línea que mostramos arriba la podemos enunciar $\overleftrightarrow{AB}$.

A menudo, trabajamos con una parte definida de la línea. A esta parte de la línea se le llama *segmento*. El segmento podemos definirlo como los dos puntos extremos de la línea, con la serie de puntos que hay entre estos dos puntos. A los dos puntos se les llama los extremos del segmento. Normalmente enunciamos a un segmento con los extremos y poniendo una barra encima. Por ejemplo, el segmento de abajo se enuncia $\overline{CD}$.

Una *raya* en geometría significa una serie de puntos, *A*, y todos los puntos en una línea recta que van hacia *A* y que están sólo a un lado de *A*. A punto *A* se llama extremo de la raya. Enunciamos la raya al escribir el nombre del punto extremo y otro punto en la raya con símbolo de una flecha. Por ejemplo, la raya que se muestra abajo se llama $\overrightarrow{AE}$.

En geometría, un *plano* es una serie de puntos que forman una superficie plana. Un plano puede ser el suelo de una habitación o la cubierta de un libro.

Por *espacio* en geometría, entendemos la serie de todos los puntos.

Figuras geométricas

Las figuras geométricas se pueden clasificar en dos grupos, figuras *planas* y figuras *sólidas*. Si todos los puntos de una figura están en el mismo plano, se les llama figuras planas. Por plano, queremos decir una superficie de dos dimensiones. Si los puntos de una figura están en más de un plano se les llama figuras sólidas. Abajo, mostramos los diagramas de algunas de las figuras planas y sólidas más importantes.

FIGURAS PLANAS

Triángulo   Rectángulo   Cuadrado

Hexágono   Círculo

FIGURAS SÓLIDAS

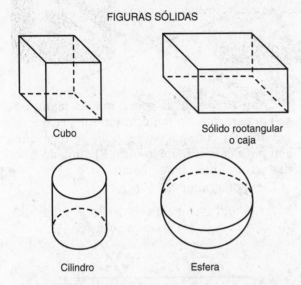

Cubo

Sólido rootangular
o caja

Cilindro

Esfera

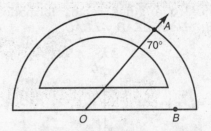

70°

O   B

Conceptos geométricos y relaciones

Angulos

Un *ángulo* es una serie de puntos que forman dos líneas que convergen en un mismo punto. Por ejemplo las líneas $\overrightarrow{AB}$ y $\overrightarrow{AC}$ con el mismo punto *A* forman un ángulo como se muestra más abajo. Denominamos un ángulo nombrando un punto en una de las líneas, luego el punto donde convergen y finalmente un punto en la segunda línea. El símbolo de un ángulo es $\angle$. El ángulo que se muestra se puede llamar $\angle BAC$ ó $\angle CAB$. Cuando no hay ninguna ambigüedad en el significado, un ángulo se puede denominar con la letra del vértice, es decir, el origen de las dos rayas que forman sus lados. De este modo $\angle BAC$ se puede llamar $\angle A$.

Un ángulo se puede medir usando un transportador. Como se muestra en la figura, la medida de $\angle AOB$ es 70°.

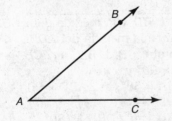

B

A   C

FUNDAMENTOS DE LOS ÁNGULOS

Un ángulo *agudo* es un ángulo que mide menos de 90°. $\angle RST$ es un ángulo agudo.

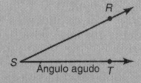

R

S Ángulo agudo T

Un ángulo *recto* es un ángulo que mide 90°. $\angle VWX$ es un ángulo recto.

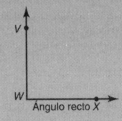

V

W Ángulo recto X

Un ángulo *obtuso* es un ángulo cuya medida es mayor que 90° y menor que 180°. $\angle OFG$ es un ángulo obtuso.

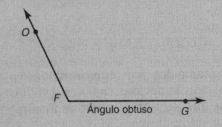

O

F Ángulo obtuso G

Un ángulo *extendido* es un ángulo que mide 180°. $\angle LOC$ es un ángulo extendido.

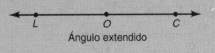

L   O   C

Ángulo extendido

Cuando dos líneas coinciden para formar un ángulo recto, decimos que estas dos líneas son *perpendiculares*. El símbolo $\perp$ se usa para indicar que dos líneas son perpendiculares. En el diagrama, $\overleftrightarrow{DE}$ es perpendicular a $\overleftrightarrow{BC}$, que se puede expresar $\overleftrightarrow{DE} \perp \overleftrightarrow{BC}$.

Los cuatro ángulos rectos formados son ∠DAB, ∠DAC, ∠EAB y ∠EAC.

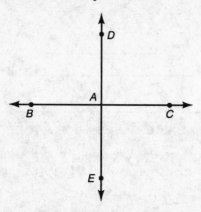

Dos ángulos son *adyacentes* si tienen el mismo vértice y un lado común. En el diagrama, ∠ABC y ∠DBC son ángulos adyacentes.

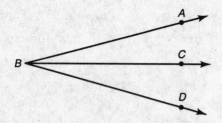

Dos ángulos son *suplementarios* si la suma de sus medidas es 180°. En el diagrama, ∠RST y ∠VST son suplementarios.

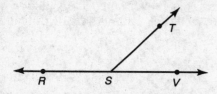

Dos ángulos son *complementarios* si la suma de sus medidas es 90°. En el diagrama, $\overleftrightarrow{AB} \perp \overleftrightarrow{DC}$ y ∠ABE y ∠CBE son complementarios.

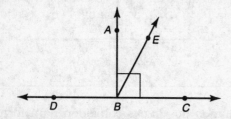

Dos líneas que intersectan forman dos pares de *ángulos verticales*. En el diagrama, ∠1 y ∠2 son ángulos verticales y ∠3 y ∠4 son también ángulos verticales. Los ángulos verticales tienen medidas iguales.

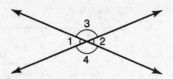

Cuando dos líneas en un mismo plano no se encuentran, no importa cuán lejos se extiendan en cualquier dirección, se dice que son *paralelas* una de la otra. El símbolo ‖ se usa para indicar paralelismo.

En el diagrama $\overleftrightarrow{RS} \parallel \overleftrightarrow{PQ}$.

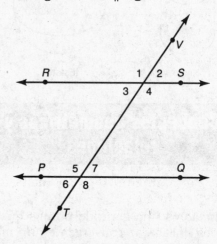

Cuando dos líneas paralelas están cortadas por una transversal $(\overleftrightarrow{VT})$, forman una serie de ángulos. Esta serie de ángulos tienen las siguientes relaciones:

1. Los pares de *ángulos alternos-internos* tienen la misma medida. Estos pares son ∠3 y ∠7, así como ∠4 y ∠5.
2. Los pares de *ángulos correspondientes* tienen la misma medida. Estos pares son ∠1 y ∠5, ∠2 y ∠7, ∠3 y ∠6, y ∠4 y ∠8.
3. Los dos ángulos interiores en el mismo lado de la transversal son *suplementarios*. De este modo, la medida de ∠3 + la medida de ∠5 = 180°. Y m∠4 + m∠7 = 180°.

EJEMPLO

Si $\overleftrightarrow{CB} \perp \overleftrightarrow{BD}$ y la medida del ∠CBA = 38°, encuentre la medida del ∠DBE.

Puesto que $\overleftrightarrow{CB} \perp \overleftrightarrow{BD}$, m ∠CBA + m ∠ABD = 90° y

m ∠CBA = 38°, m ∠ABD = 90° – 38° = 52°

m ∠ABD + m ∠DBE = 180°.

52 + m ∠DBE = 180°

m ∠DBE = 180° – 52° = 128°

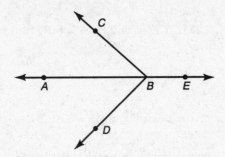

en el círculo. $\overline{CD}$ es un diámetro. La longitud del diámetro de un círculo es dos veces la longitud del radio del círculo.

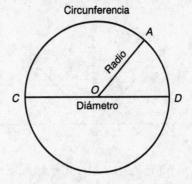

Circunferencia

Diámetro

La *circunferencia* de un círculo es la distancia alrededor del círculo. Se mide en unidades de longitud como pulgadas o pies. Si el número de unidades en la circunferencia de un círculo se divide por el número de unidades del diámetro del círculo, el resultado es π (pi). El valor numérico de π es aproximadamente igual a 3.14 ó $\frac{22}{7}$. La fórmula para la circunferencia de un círculo es $C = 2 \times \pi \times r$ ó $C = 2\pi r$, donde r es el radio del círculo.

EJEMPLO

Si $\overleftrightarrow{AB} \parallel \overleftrightarrow{CD}$ m$\angle 1 = 70°$, halle m $\angle x$, m $\angle y$, m $\angle z$, m $\angle v$ y m $\angle w$.

m$\angle x$ + m$\angle 1 = 180°$

m $\angle x$ + $70° = 180°$

m $\angle x = 180° - 70° = 110°$

Puesto que $\angle y$ y $\angle 1$ son ángulos verticales, m $\angle y$ = m $\angle 1 = 70°$.

Puesto que $\angle x$ y $\angle z$ son ángulos verticales, m $\angle z$ = m $\angle x = 110°$.

Puesto que $\overleftrightarrow{AB} \parallel \overleftrightarrow{CD}$ y $\angle y$ y $\angle v$ son ángulos interiores en el mismo lado de la transversal ($\overleftrightarrow{EF}$), m $\angle y$ + m $\angle v = 180°$.

Puesto que m $\angle y = 70°$, tenemos $70°$ + m $\angle v = 180°$. De este modo, m $\angle v = 180° - 70° = 110°$.

Puesto que $\angle w$ y $\angle v$ son ángulos verticales, sus medidas son iguales. Por lo tanto m $\angle v = 110°$, m $\angle w = 110°$.

EJEMPLO

El diámetro de un círculo es 12 pulgadas. Calcule la circunferencia del círculo. (Use $\pi = 3.14$).

Puesto que el diámetro es 12 pulgadas, el radio es 6 pulgadas.

$C = 2\pi r$

$C = 2 \times 3.14 \times 6 = 37.68$ pulgadas.

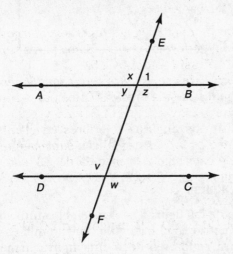

Círculos

Hay términos importantes asociados con el círculo.

El *radio* de un círculo es el segmento que va del centro del círculo a cualquier punto del círculo. $\overline{OA}$ es un radio.

El *diámetro* es el segmento que atraviesa el centro del círculo y tiene sus dos extremos

PRÁCTICA

Las preguntas 1 y 2 se basan en el siguiente diagrama.

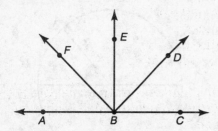

1. En la figura $\overleftrightarrow{EB} \perp \overleftrightarrow{AC}$, un ángulo recto es

   (1) $\angle FBA$
   (2) $\angle DBF$
   (3) $\angle CBE$
   (4) $\angle EBD$
   (5) $\angle ABC$

2. Un ángulo obtuso es

   (1) $\angle EBA$
   (2) $\angle DBE$
   (3) $\angle CBA$
   (4) $\angle FBC$
   (5) $\angle EBC$

3. El diámetro de un círculo es de 30 pulgadas de longitud. La longitud del radio del mismo círculo es de

   (1) 60 pulgadas
   (2) 60π pulgadas
   (3) 15 pulgadas
   (4) 15 pulgadas
   (5) $7\frac{1}{2}$ pulgadas

4. El diámetro de un círculo es de 20 pulgadas. Si π = 3.14, entonces la circunferencia del círculo en pulgadas es de

   (1) 3.14
   (2) 62.8
   (3) 3.4
   (4) 6.28
   (5) 31.4

5. Si $\overleftrightarrow{CD} \perp \overleftrightarrow{CE}$ y m $\angle DCA = 60°$, halle m $\angle BCE$.

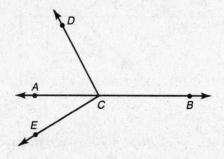

6. Si $\overleftrightarrow{AB} \parallel \overleftrightarrow{DE}$, BC bisecta $\angle ABD$ y m $\angle ABC = 62°$, halle m $\angle BDE$.

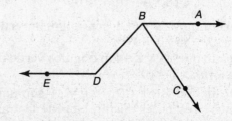

7. Si $\overleftrightarrow{AB} \parallel \overleftrightarrow{DC}$, $\overleftrightarrow{BC} \perp \overleftrightarrow{CD}$ y m $\angle D = 68°$, halle (a) m $\angle A$ (b) m $\angle B$.

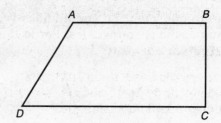

RESPUESTAS

1. **3**	4. **2**	6. **124°**
2. **4**	5. **150°**	7. **112°, 90°**
3. **3**		

Triángulos

Una de las figuras básicas en el estudio de la geometría es el triángulo. Puesto que es una figura rígida, es decir una figura firme, se usa como puntal y soporte. Hay tres clases de triángulos que son importantes porque aparecen muy a menudo.

FUNDAMENTOS DE LOS TRIÁNGULOS

Triángulo
isósceles

Triángulo
equilátero

Triángulo
rectángulo

Tipos:

Un *triángulo isósceles* es un triángulo que tiene dos lados de la misma longitud; los ángulos opuestos que forman los dos lados iguales tienen la misma medida. △*ABC* es isósceles.

Un *triángulo equilátero* es un triángulo que tiene los tres lados de la misma longitud y los ángulos tienen la misma medida de 60°. △*DEF* es equilátero.

Un *triángulo rectángulo* es un triángulo que tiene un ángulo recto (90°). Al lado más largo se le llama hipotenusa. △*RST* es un triángulo rectángulo.

Nota: La suma de las medidas de los ángulos de un triángulo es 180°.

EJEMPLO

Cada ángulo base de un triángulo isósceles es de $x°$. ¿Cuántos grados tiene el tercer ángulo del triángulo?

La suma de los dos ángulos bases es $2x°$. Puesto que la suma de los tres ángulos es 180°, obtenemos el valor del tercer ángulo al restar $2x$ de 180°. El tercer ángulo es de $(180 - 2x)$ grados.

PRÁCTICA

1. Si dos ángulos de un triángulo miden 65° y 79°, el tercer ángulo medirá

   (1) 56°
   (2) 144°
   (3) 115°
   (4) 36°
   (5) 101°

2. Un ángulo agudo de un triángulo rectángulo es de $n°$. El otro ángulo agudo es de

   (1) $2n°$
   (2) $(90 - n)°$
   (3) $90°$
   (4) $(90 + n)°$
   (5) $(180 - n)°$

3. Un ángulo de un triángulo isósceles es de 102°. Cada uno de los otros ángulos es de

   (1) 78°
   (2) 34°
   (3) 39°
   (4) 49°
   (5) 35°

4. Las medidas de dos ángulos agudos de un triángulo rectángulo son en razón de 2:3. El ángulo más pequeño del triángulo es de

   (1) 36°
   (2) 54°
   (3) 30°
   (4) 70°
   (5) 24°

RESPUESTAS

1. **4**   2. **2**   3. **3**   4. **1**

Medición indirecta

Si deseamos medir una longitud, normalmente usamos una regla. Sin embargo, esto a veces no es práctico cuando queremos hallar una altura de una montaña o la distancia a través de un río. Estas medidas son indirectas. En esta sección, vamos a hablar de algunos métodos para medir indirectamente.

EJEMPLO

Un grupo excursionista camina 8 millas al este y luego 6 millas al norte. ¿A cuántas millas se encuentra el grupo desde su punto de partida?

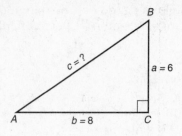

Si miramos el diagrama, vemos que el triángulo que han creado los excursionistas es un triángulo rectángulo. Podemos usar una propiedad de los triángulos rectángulos que se conoce con el nombre de teorema de Pitágoras.

Teorema de Pitágoras

Este teorema afirma que *en un triángulo rectángulo, la longitud al cuadrado de su hipotenusa es igual a la suma de la longitud de sus lados al cuadrado.*

Para contestar el ejemplo anterior, podemos tener en cuenta el diagrama que se muestra y el teorema de Pitágoras como sigue:

$$c^2 = a^2 + b^2$$
$$c^2 = (6)^2 + (8)^2$$
$$c^2 = 36 + 64$$
$$c^2 = 100$$

La ecuación $c^2 = 100$ necesita una respuesta. ¿Qué número multiplicado por sí mismo es igual a 100? El número que permite que este enunciado sea verdad es $c = 10$. De este modo, el grupo excursionista está a 10 millas de su punto de partida.

EJEMPLO

A continuación, el grupo excursionista camina 7 millas al este y luego 5 millas al norte. ¿Cuántas millas caminó el grupo desde el punto de partida?

Según el teorema de Pitágoras (vea el diagrama),

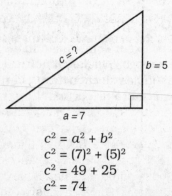

$$c^2 = a^2 + b^2$$
$$c^2 = (7)^2 + (5)^2$$
$$c^2 = 49 + 25$$
$$c^2 = 74$$

Ningún número entero multiplicado por sí mismo es igual a 74. Pero el teorema de Pitágoras nos asegura que tal número existe. Este número es un ejemplo de un *número irracional* y se le llama la "raíz cuadrada de 74" (que se simboliza $\sqrt{74}$). Debido a que $\sqrt{64} = 8$ y $\sqrt{81} = 9$, $\sqrt{74}$ es un número entre el 8 y el 9.

Es importante saber que el símbolo $\sqrt{}$ se resuelve como un paréntesis. En este ejemplo, se suma primero 7^2 y 5^2 para obtener 49 + 25 = 74. Luego, tome la raíz cuadrada para obtener $\sqrt{74}$. Si toma la raíz cuadrada primero y luego suma, obtendrá $\sqrt{7^2} + \sqrt{5^2} = 7 + 5 = 12$, que es claramente incorrecto.

Un número entero multiplicado por sí mismo se llama *cuadrado perfecto*. De este modo las raíces cuadradas de los cuadrados perfectos son números enteros. Es muy útil memorizar los cuadrados perfectos hasta el 15. Hay un resumen en la siguiente tabla.

$1^2 = 1$	$\sqrt{1} = 1$
$2^2 = 4$	$\sqrt{4} = 2$
$3^2 = 9$	$\sqrt{9} = 3$
$4^2 = 16$	$\sqrt{16} = 4$
$5^2 = 25$	$\sqrt{25} = 5$
$6^2 = 36$	$\sqrt{36} = 6$
$7^2 = 49$	$\sqrt{49} = 7$
$8^2 = 64$	$\sqrt{64} = 8$
$9^2 = 81$	$\sqrt{81} = 9$
$10^2 = 100$	$\sqrt{100} = 10$
$11^2 = 121$	$\sqrt{121} = 11$
$12^2 = 144$	$\sqrt{144} = 12$
$13^2 = 169$	$\sqrt{169} = 13$
$14^2 = 196$	$\sqrt{196} = 14$
$15^2 = 225$	$\sqrt{225} = 15$

Hay triángulos rectángulos especiales llamados *triples pitagóricos*, en los cuales las longitudes de sus tres lados son números enteros. Tres de estos aparecen en problemas y es conveniente memorizarlos.

(No dibujados a escala)

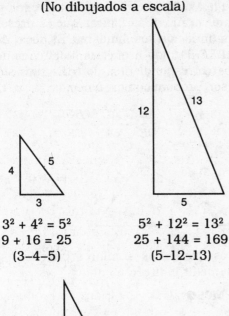

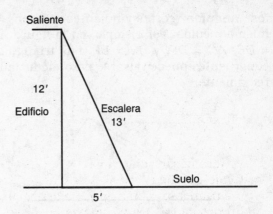

$3^2 + 4^2 = 5^2$ $5^2 + 12^2 = 13^2$

$9 + 16 = 25$ $25 + 144 = 169$

(3–4–5)   (5–12–13)

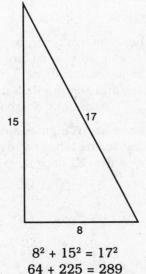

$8^2 + 15^2 = 17^2$

$64 + 225 = 289$

(8–15–17)

Podemos ver que la escalera, la pared del edificio y el suelo forman un triángulo rectángulo. Dos lados del triángulo rectángulo son conocidos: 5 y 13 pies. De este modo, el tercer lado—la altura del saliente—es 12 pies, o sea la opción 2.

EJEMPLO

Un granjero está construyendo una puerta rectangular de 6 pies de altura y 8 pies de anchura. ¿Qué longitud en pies tendrá la pieza diagonal que usa para reforzar la puerta?

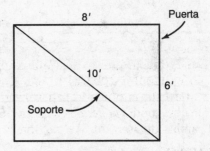

Se forma un triángulo rectángulo con la diagonal de soporte y los dos lados que tienen longitudes de 6 y 8 pies. El tercer lado del triángulo rectángulo es 10 pies, porque 6, 8 y 10 son dos veces 3, 4 y 5.

Los múltiplos de estos números también son triples pitagóricos. Por ejemplo, un triángulo cuyos lados tienen longitudes de 6, 8 y 10 ó 10, 24 y 26 también son triángulos rectángulos.

EJEMPLO

Una escalera de 13 pies de largo está apoyada contra un edifico y alcanza el saliente de la ventana. Si la base de la escalera se encuentra a 5 pies de la pared del edificio, ¿a qué altura en pies está el saliente de la ventana? (Vea el diagrama de abajo.)

(1) 10

(2) 12

(3) 12.5

(4) 13

(5) No se da suficiente información

Congruencia y similitud

Se dice que dos figuras geométricas son *congruentes* si tienen exactamente el mismo tamaño y la misma forma. El símbolo de congruencia es ≅. Los triángulos que se muestran en el diagrama son congruentes. Así pues $\triangle ABC \cong \triangle DEF$. Los triángulos son congruentes cuando al superponerlos coinciden en todas sus dimensiones, los lados correspondientes tienen la misma longitud y los ángulos correspondientes tienen la misma medida. Por ejemplo, en la figura *AB* = *DE*, *AC* = *DF*, y *BC* = *EF*. Los triángulos congruentes pueden usarse para medir indirectamente.

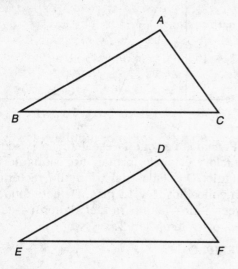

EJEMPLO

Ahora queremos encontrar la distancia (*DE*) a través del río que se muestra en este diagrama.

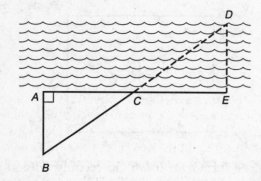

El punto *E* apunta hacia el punto *D* en el otro lado del río. La medida *EA* forma un ángulo recto con *ED*. En *C*, el punto medio de *EA*, se pone una estaca. Entonces se marca la distancia *AB*, puesto que ∠*A* es un ángulo recto y el punto *B* se une en línea recta a los puntos *C* y *D*. Se muestra que △*BAC* ≅ △*DEC* y que *AB* y *DE* son lados correspondientes. De este modo, la distancia *AB*, que se puede medir, es igual a la de *DE*, la distancia a través del río.

Se dice que dos figuras geométricas son *similares* si tienen la misma forma. Puesto que las figuras similares tienen la misma forma, sus ángulos correspondientes tienen medidas iguales y las longitudes de sus lados correspondientes están en proporción. El símbolo

para la similitud es ~. Los dos triángulos que se muestran en las figuras que se presentan a continuación son similares. Es decir, △*ABC* ~ △*DEF*. Debido a que las longitudes de los lados correspondientes de triángulos similares son proporcionales, tenemos

$$\frac{AB}{DE} = \frac{AC}{DF} = \frac{BC}{EF}$$

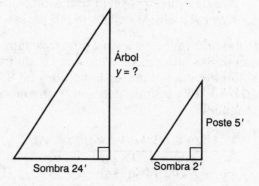

Los triángulos similares pueden usarse para medir indirectamente.

EJEMPLO

En una hora determinada, un árbol hace una sombra de 24 pies de largo. Al mismo tiempo, un poste de 5 pies de altura hace una sombra de 2 metros de largo. ¿Qué altura tiene el árbol?

Debido a que los triángulos son similares, las longitudes de sus lados correspondientes son proporcionales. Es decir,

$$\frac{y}{5} = \frac{24}{2}$$
$$2y = 120$$
$$y = \frac{120}{2} = 60$$

El árbol tiene 60 pies de altura.

PRÁCTICA

1. Si △*ABC* ≅ △*DEF*, entonces *x* =

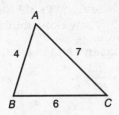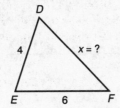

(1) 7
(2) 8
(3) 15
(4) 9
(5) 17

2. Si △*KLP* ~ △*RST*, entonces *y* =

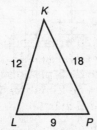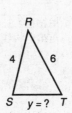

(1) 5
(2) 7
(3) 8
(4) 12
(5) 3

3. Una torre proyecta una sombra de 48 pies. Al mismo tiempo, un poste de 6 pies de altura proyecta una sombra de 4 pies. La altura de la torre en pies es de

(1) 24
(2) 32
(3) 96
(4) 72
(5) 64

CLAVE DE LAS RESPUESTAS

1. **1**   2. **5**   3. **4**

Coordenadas geométricas

Hay veces que es conveniente usar pares de números para localizar puntos. Por ejemplo, suponga que ha concertado una cita para encontrarse con un amigo. Puede decirle— Nos encontramos en la esquina de la avenida 5 con la calle 3. Usted escribe este par de números (5,3), donde se entiende que el primer número (5) indica la avenida y el segundo (3) indica la calle. De este modo, si escribe (3,5) se debería encontrar en la esquina de la avenida 3 con la calle 5. El orden en que se escriben los números es importante. Por esta razón, a estos pares de números se les llama pares de *números ordenados*.

Recuerde que podemos localizar puntos en una línea numérica. Por ejemplo,

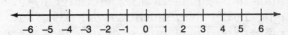

Sin embargo, podemos también localizar puntos en un plano que no están en la línea numérica. Para realizar esto, necesitamos dos líneas numéricas perpendiculares como se muestra abajo.

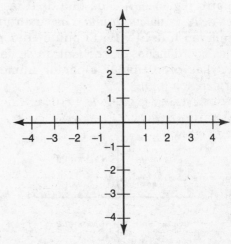

En este caso, la línea numérica horizontal se llama eje *x* y la línea numérica vertical se llama eje *y*. Para que nos sea más fácil localizar puntos, dibujamos líneas paralelas a los dos ejes para componer una gráfica como la que se muestra a continuación:

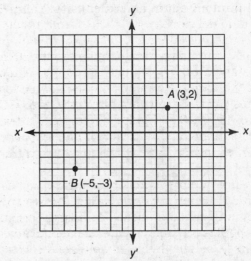

Si tenemos en cuenta el punto *A*, lo localizamos en el plano usando un par de números (3,2). Esto indica que el punto *A* está 3 unidades a la derecha del eje *y* y 2 unidades hacia arriba del eje *x*.

El punto *B* se encuentra 5 unidades a la izquierda del eje *y* y 3 unidades hacia abajo del eje *x*. Este par de números es (–5, –3).

Para no confundirnos, acordamos que el primer número del par ordenado medirá el número de unidades a la derecha ó a la izquierda del eje *y*, mientras que el segundo número medirá el número de unidades hacia arriba o abajo del eje *x*. El primer número del par ordenado se llama *abscisa* de un punto y el segundo número del par ordenado se llama *ordenada*.

Observe que los dos ejes dividen el plano en cuatro regiones. A cada una de estas regiones se le llama *cuadrante*. Los cuadrantes se numeran I, II, III y IV. El punto en donde los ejes coordenados se encuentran se llama *origen*. Las coordenadas o par de números del origen son (0,0).

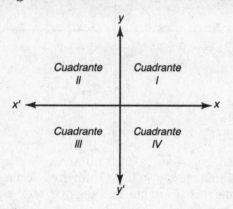

EJEMPLO

¿Cuáles son las coordenadas de los puntos que se muestran en la siguiente gráfica?

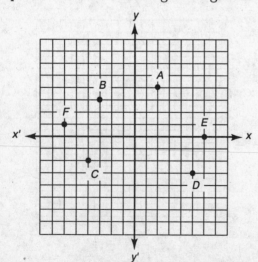

Punto *A* (2,4), punto *B* (–3,3), punto *C* (–4,–2), punto *D* (5,–3), punto *E* (6,0), punto *F* (–6,1)

PRÁCTICA

Las preguntas 1 a 4 se basan en la siguiente gráfica.

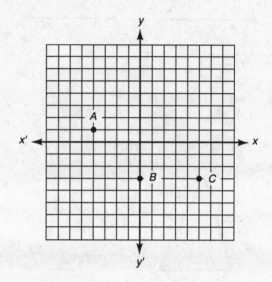

1. Las coordenadas del punto A son

   (1) (4,–1)
   (2) (–4,–1)
   (3) (–4,1)
   (4) (–4,0)
   (5) (4,1)

2. Las coordenadas del punto *B* son

   (1) (0,3)
   (2) (–3,0)
   (3) (0,3)
   (4) (0,0)
   (5) (0,–3)

3. Las coordenadas del punto *C* son

   (1) (5,3)
   (2) (5,–3)
   (3) (3,–5)
   (4) (3,5)
   (5) (5,–5)

4. El punto (–1,–3) está en el cuadrante

   (1) I
   (2) II
   (3) III
   (4) IV
   (5) O

5. El punto en que $\overleftrightarrow{AB}$ y $\overleftrightarrow{CD}$ se encuentran, llamado *punto de intersección* de dos líneas, es

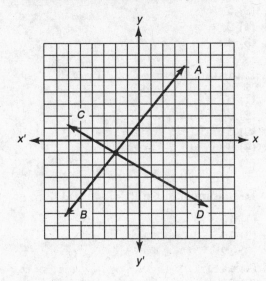

(1) (2,–1)
(2) (–2,1)
(3) (–1,–2)
(4) (–2,–1)
(5) (–1,2)

CLAVE DE LAS RESPUESTAS

1. **3**   2. **5**   3. **2**   4. **3**   5. **4**

Podemos usar el teorema de Pitágoras para encontrar la distancia entre dos puntos, cuyas coordenadas nos han sido dadas.

EJEMPLO

Halle la distancia entre los puntos A (2,1) y B (6,4).

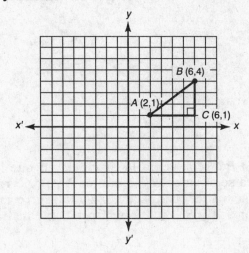

Si dibujamos $\overline{AC}$ paralela al eje x y $\overline{BC}$ paralela al *eje y*, tenemos un triángulo rectángulo ACB cuya hipotenusa es $\overline{AB}$.

En el triángulo rectángulo ACB,

$$(AB)^2 = (AC)^2 + (BC)^2$$

Las coordenadas de C son (6,1). Para encontrar la longitud de $\overline{AC}$, contamos las unidades desde A hasta C para ver que $AC = 4$. Para encontrar la longitud de $\overline{BC}$, contamos las unidades de B hasta C para ver que $BC = 3$.

$$(AB)^2 = (3)^2 + (4)^2$$
$$(AB)^2 = 9 + 16$$
$$(AB)^2 = 25$$
$$AB = \sqrt{25}$$
$$AB = 5$$

La longitud de $\overline{AB}$ = 5.

EJEMPLO

Halle la distancia entre A (–3,4) y B (2,–8).

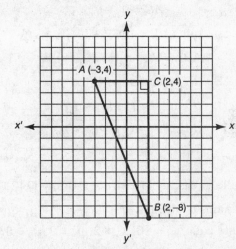

Si dibujamos $\overline{AC}$ paralela al eje x y $\overline{BC}$ paralela al eje y, tenemos un triángulo rectángulo ACB, cuya hipotenusa es $\overline{AB}$. Las coordenadas del punto C son (2,4).

En un triángulo rectángulo ACB,

$$(AB)^2 = (AC)^2 + (BC)^2$$

Para encontrar la longitud de AC, contamos las unidades de A hasta C para ver que $AC = 5$. Para encontrar la longitud de $\overline{BC}$, contamos las unidades de B hasta C para ver que $BC = 12$.

$$(AB)^2 = (5)^2 + (12)^2$$
$$(AB)^2 = 25 + 144 = 169$$
$$AB = \sqrt{169}$$
$$AB = 13$$

Podemos usar el teorema de Pitágoras para crear una fórmula para encontrar la distancia entre los dos puntos A (x_1, y_1) y B (x_2, y_2).

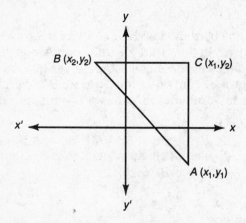

Dibujamos $\overline{AC}$ y $\overline{BC}$ para completar el triángulo rectángulo. Las coordenadas del punto C son $(x_1 - y_2)$.

$$BC = x_1 - x_2$$
$$AC = y_1 - y_2$$

Puesto que $(AB)^2 = (BC)^2 + (AC)^2$

$$(AB)^2 = (x_1 - x_2)^2 + (y_1 - y_2)^2$$

Si $AB = d$, tenemos

$$d^2 = (x_1 - x_2)^2 + (y_1 - y_2)^2$$
$$d = \sqrt{(x_1 - x_2)^2 + (y_1 - y_2)^2}$$

EJEMPLO

Halle la distancia entre P (10,9) y Q (2,3).

Usamos la fórmula $d = \sqrt{(x_1 - x_2)^2 + (y_1 - y_2)^2}$.
En este caso, $x_1 = 10$, $x_2 = 2$, $y_1 = 9$, $y_2 = 3$.

$$d = \sqrt{(10-2)^2 + (9-3)^2}$$
$$d = \sqrt{8^2 + 6^2} = \sqrt{64 + 36}$$
$$d = \sqrt{100} = 10$$

PRÁCTICA

1. La distancia entre A (0,0) y B (3,4) es

    (1) 3
    (2) 4
    (3) 2
    (4) 5
    (5) 1

2. La distancia entre R (–2,1) y S (4,9) es

    (1) 7
    (2) 10
    (3) 5
    (4) 9
    (5) 4

3. La distancia entre C (5,7) y D (5,1) es

    (1) 6
    (2) 0
    (3) 5
    (4) 8
    (5) 10

4. La distancia entre P (–5,–3) y Q (7,6) es

    (1) 10
    (2) 15
    (3) 12
    (4) 14
    (5) 20

CLAVE DE LAS RESPUESTAS

1. **4**   2. **2**   3. **1**   4. **2**

La Pendiente de una Línea

Para diseñar carreteras, los ingenieros se preocupan por las inclinaciones o pendientes de la carretera. En esta sección vamos a hablar del significado y de la medición de las pendientes de una línea.

La pendiente de una recta entre dos puntos de la línea se define como la distancia que la línea se eleva entre los puntos respecto a la distancia horizontal entre los dos puntos. Por ejemplo, veamos el siguiente diagrama.

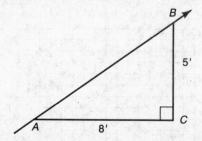

Si BC representa la distancia en que la línea se eleva entre los puntos A y B, AC representa la distancia horizontal entre los puntos A y B. Entonces la pendiente de $\overline{AB}$ es $\dfrac{5}{8}$.

En general, podemos definir la pendiente de una línea como el cambio en las coordenadas y dividido por el cambio en las coordenadas *x* de los dos puntos.

EJEMPLO 1

Halle la pendiente de $\overline{OB}$.

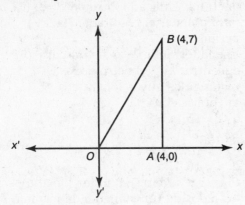

En este caso

$$\frac{\text{cambio de las coordenadas } y}{\text{cambio de las coordenadas } x} = \frac{7-0}{4-0} = \frac{7}{4}$$

EJEMPLO 2

Halle la pendiente de la línea que une los puntos *A* (2,1) y *B* (5,8).

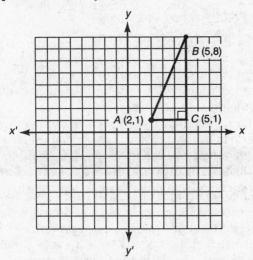

Dibujamos $\overline{AC}$ paralela al eje *x* y $\overline{BC}$ paralela al eje *y*.

La pendiente de $\overline{AB}$ =

$$\frac{\text{cambio de las coordenadas } y}{\text{cambio de las coordenadas } x} = \frac{CB}{AC}$$

Si contamos, encontramos que *CB* = 7 y que *AC* = 3.

La pendiente de $\overline{AB}$ = $\dfrac{CB}{AC} = \dfrac{7}{3}$.

1. La pendiente de la línea que une *A* (0,0) y *B* (5,6) es

   (1) 5

   (2) 6

   (3) $\dfrac{5}{6}$

   (4) $\dfrac{6}{5}$

   (5) 0

2. La pendiente de la línea que une *C* (3,2) y *D* (6,7) es

   (1) $\dfrac{3}{5}$

   (2) $\dfrac{5}{3}$

   (3) $\dfrac{7}{5}$

   (4) $\dfrac{5}{7}$

   (5) $\dfrac{7}{6}$

3. La pendiente de la línea que une *R* (–1,5) y *S* (4,7) es

   (1) $\dfrac{5}{2}$

   (2) $\dfrac{2}{3}$

   (3) $\dfrac{2}{5}$

   (4) 5

   (5) $\dfrac{3}{2}$

4. La pendiente de la línea que une *P* (5,–3) y *Q* (7,5) es

   (1) 4

   (2) $\dfrac{1}{4}$

   (3) 1

   (4) $\dfrac{2}{7}$

   (5) $\dfrac{5}{2}$

5. La pendiente de la línea que une *K* (−2,−1) y *L* (2,3) es

(1) 3
(2) 1
(3) $\dfrac{1}{3}$
(4) $\dfrac{2}{3}$
(5) $\dfrac{3}{2}$

CLAVE DE LAS RESPUESTAS

1. **4**   2. **2**   3. **3**   4. **1**   5. **2**

Perímetros

El señor Wells quiere cercar un jardín de 60 pies de largo y 40 pies de ancho. ¿Cuántos pies de cerca necesita?

Podemos ver que el señor Wells necesita dos longitudes de 60 pies cada una y dos anchuras de 40 pies cada una. De este modo, necesita (2 × 60) + (2 × 40), o sea 120 + 80 = 200 pies.

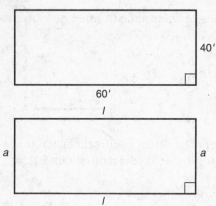

Ahora, supongamos que quiere hallar la fórmula para encontrar la distancia alrededor del *rectángulo* (llamada *perímetro*). Un rectángulo es una figura que tiene cuatro lados y cuatro ángulos rectos. Si representamos el perímetro con la letra *P*, la longitud con la letra *l* y la anchura con la *a*,

El perímetro de un rectángulo
$$P = l + a + l + a$$
$$\text{ó } P = 2l + 2a$$

Esto puede escribirse $P = 2\,(l + a)$.

PRÁCTICA

1. El señor González desea poner una valla en un terreno rectangular que tiene 60 pies de longitud y 30 pies de anchura. Utiliza la fórmula $P = 2\,(l + a)$ para obtener el resultado. Halle el perímetro.

2. Use la formula $P = 2\,(l + a)$ para encontrar el perímetro de los rectángulos cuyas longitudes y anchuras son
   a. $l = 15$, $a = 8$
   b. $l = 17$, $a = 12$
   c. $l = 19.5$, $a = 7$
   d. $l = 16.4$, $a = 5.1$

3. Si *a*, *b* y *c* representan las longitudes de los lados de un triángulo, la fórmula $P = a + b + c$ nos da el perímetro del triángulo. Use la fórmula para calcular el perímetro de los triángulos cuyos lados tienen las siguientes longitudes:
   a. $a = 5$, $b = 7$, $c = 8$
   b. $a = 17$, $b = 12$, $c = 15$
   c. $a = 9$, $b = 11$, $c = 15$
   d. $a = 2$ pies 6 pulgadas, $b = 3$ pies 1 pulgada, $c = 2$ pies 5 pulgadas

RESPUESTAS

1. **180**   2.c. **53**   3.a. **20**   3.c. **35**
2.a. **46**   d. **43**   b. **44**   d. **8 pies**
b. **58**

Areas

Hemos visto que el perímetro de una figura geométrica plana es la medida de sus límites exteriores. Por ejemplo, el perímetro del siguiente rectángulo es 3 + 8 + 3 + 8, ó 22 pies. En el caso del círculo, el perímetro se llama circunferencia y se mide usando la fórmula $C = 2\pi r$, donde *r* es el radio del círculo.

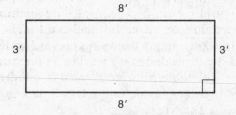

Si queremos encontrar la cantidad de alfombra necesaria para cubrir un suelo, tenemos que encontrar el área del suelo. Para encontrar la longitud, usamos unidades como 1 pie, 1 yarda o 1 milla. Para encontrar el área del suelo, nuestra unidad de medida es 1 pie al cuadrado ó 1 yarda al cuadrado. Abajo se muestran diagramas de 1 pie al cuadrado y 1 yarda al cuadrado.

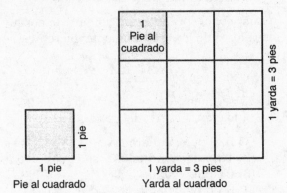

1 pie
Pie al cuadrado

1 yarda = 3 pies
Yarda al cuadrado

Si queremos calcular el número de pies cuadrados del suelo, tenemos que encontrar el número de unidades en pies al cuadrado que cubren el suelo. Igualmente, si queremos encontrar el número de yardas al cuadrado, debemos encontrar el número de unides en yardas al cuadrado que cubren el suelo. Veamos esto en el siguiente ejemplo.

EJEMPLO

Un tablero de madera mide 6 pies por 9 pies. ¿Cuál es el área del tablero (a) en pies cuadrados, (b) en yardas cuadradas?

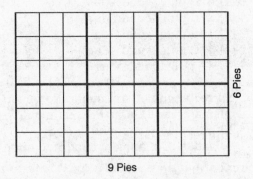

9 Pies

(a) Puesto que hay 9 unidades en pies de longitud y 6 unidades en pies de anchura, el área del tablero será 54 pies cuadrados.

(b) Como hay 3 unidades en yardas de longitud y 2 unidades en yardas de anchura, el área del tablero es de 6 yardas cuadradas. Según indica el diagrama, hay 9 pies cuadrados en 1 yarda cuadrada.

Resolvamos el área de las siguientes figuras:

RECTÁNGULO

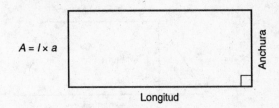

$A = l \times a$

Longitud

Anchura

El *área de un rectángulo* se calcula multiplicando el número de unidades de su longitud por el número de unidades de su achura.

TRIÁNGULO

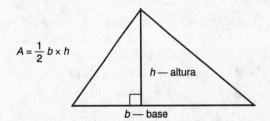

$A = \dfrac{1}{2} b \times h$

h — altura

b — base

El *área de un triángulo* es igual a la mitad del producto del número de unidades de su base y el número de unidades de su altura.

CUADRADO

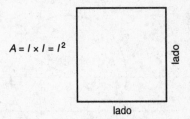

$A = l \times l = l^2$

lado

lado

El *área de un cuadrado* es igual al número de unidades de un lado al cuadrado.

PARALELÓGRAMO

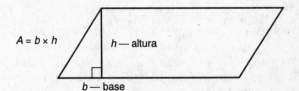

$A = b \times h$

h — altura

b — base

Un paralelógramo es un cuadrilátero (una figura de cuatro lados), cuyos lados opuestos son paralelos. El *área de un paralelógramo* es igual al producto del número de unidades de su base por el número de unidades de su altura. La altura es un segmento que va desde su vértice perpendicular hasta el lado opuesto (llamado base).

TRAPECIO

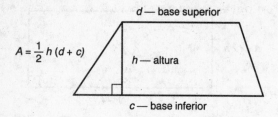

$$A = \frac{1}{2}h(d + c)$$

d — base superior

h — altura

c — base inferior

Un trapecio es un cuadrilátero que tiene cuatro lados y sólo dos son paralelos. El *área del trapecio* es igual a la mitad de la altura multiplicada por la suma de las bases.

EJEMPLO

Halle el área de un trapecio que tiene una altura de 8 pulgadas y sus bases son de 12 pulgadas y 7 pulgadas.

$$A = \frac{1}{2}h(d + c)$$

En este caso, $h = 8$, $d = 12$ y $c = 7$.

$$A = \frac{1}{2} \cdot 8(12 + 7)$$

$A = 4(19) = 76$ pulgadas cuadradas.

CÍRCULO

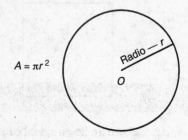

$A = \pi r^2$

Radio — *r*

O

El área de un círculo es igual al producto de π y el radio al cuadrado.

EJEMPLO

Halle el área de un círculo cuyo radio es de 14 pulgadas.

$$A = \pi r^2$$
$$A = \pi \times 14 \times 14 = 196\pi$$

Si queremos obtener una respuesta más exacta, podemos tomar el valor aproximado de π. El valor aproximado de π es normalmente $\frac{22}{7}$ y 3.14.

Si $\pi = \frac{22}{7}$, tenemos

Area $= 196 \times \frac{22}{7} = \cancel{196}^{28} \times \frac{22}{\cancel{7}} = 616$ pulgadas al cuadrado.

Si π = 3.14, tenemos

Area $= 196 \times 3.14 =$
615.44 pulgadas al cuadrado.

Las respuestas difieren ligeramente porque los valores de π son ligeramente diferentes.

PRÁCTICA

1. El perímetro de un cuadrado es de 24 pulgadas. El área del cuadrado es

   (1) 576 pulg. cuadradas
   (2) 16 pulg. cuadradas
   (3) 64 pulg. cuadradas
   (4) 36 pulg. cuadradas
   (5) 100 pulg. cuadradas

2. Un lámina de metal tiene forma de trapecio, cuyas bases son 20" y 15" y cuya altura es 8". El área de la lámina de metal es

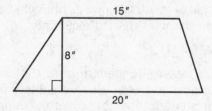

   (1) 420 pulg. cuadradas
   (2) 270 pulg. cuadradas
   (3) 140 pulg. cuadradas
   (4) 110 pulg. cuadradas
   (5) 47 pulg. cuadradas

3. Un rectángualo y un cuadrado tienen la misma área. El largo del rectángulo es 20 pulgadas y la anchura es 5 pulgadas. Un lado del cuadrado mide

   (1) 100 pulg.
   (2) 10 pulg.
   (3) 20 pulg.
   (4) 40 pulg.
   (5) 12 pulg.

4. Un espejo circular tiene un diámetro de 14 pulgadas. El área del espejo es (use $\pi = \frac{22}{7}$)

   (1) 154 pulg. cuadradas
   (2) 144 pulg. cuadradas
   (3) 616 pulg. cuadradas
   (4) 308 pulg. cuadradas
   (5) 88 pulg. cuadradas

5. El diagrama a continuación representa una habitación en forma de L. Si la yarda cuadrada de alfombra cuesta $10.50, el costo de alfombrar la habitación es de

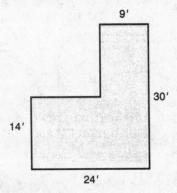

   (1) $5,040
   (2) $864
   (3) $720
   (4) $650
   (5) $560

6. El diagrama de abajo muestra un corte transversal de un tubo. Si el radio de la parte exterior del círculo es de 10 pulgadas y el radio de la parte interior del círculo es de 6 pulgadas, el área de esta sección del tubo es (use $\pi = 3.14$)

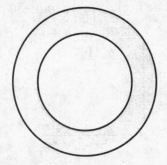

   (1) 314 pulg. cuadradas
   (2) 200.96 pulg. cuadradas
   (3) 110.04 pulg. cuadradas
   (4) 157 pulg. cuadradas
   (5) 220.08 pulg. cuadradas

7. El área de la figura de abajo en pulgadas cuadradas es (use $\pi = \frac{22}{7}$)

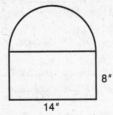

   (1) 420
   (2) 410
   (3) 217
   (4) 189
   (5) 134

8. Los lados de un cuadrado tienen 8 pulgadas. Si la longitud aumenta 4 pulgadas y la anchura disminuye 3 pulgadas, entonces el área del cuadrado es reducido por

   (1) 7 pulg. cuadradas
   (2) 1 pulg. cuadradas
   (3) 9 pulg. cuadradas
   (4) 4 pulg. cuadradas
   (5) 5 pulg. cuadradas

CLAVE DE LAS RESPUESTAS

1. **4**	3. **2**	5. **5**	7. **4**
2. **3**	4. **1**	6. **2**	8. **4**

Volúmenes

Si queremos encontrar la cantidad de material que puede caber en una caja que tiene 4 pulgadas de longitud, 3 pulgadas de anchura y 2 pulgadas de altura, debemos encontrar el volumen de la caja. Para encontrar la longitud, usamos unidades como 1 pulgada, 1 pie, etc. Para encontrar el área usamos unidades como 1 pulgada cuadrada, 1 pie cuadrado, etc. Para encontrar el volumen, usamos unidades como pulgadas cúbicas, pies cúbicos, etc. Una pulgada cúbica es un cubo cuya longitud, anchura y altura es de 1 pulgada. De este modo, si queremos encontrar el número de pulgadas cúbicas que pueden caber en una caja, debemos encontrar el número de cubos que pueden caber en la caja. En este caso, podemos hacer caber 4 cubos a lo largo de la longitud y 3 cubos a lo largo de la anchura. Por lo tanto, podemos hacer caber 12 cubos en una capa. Debido a que podemos llenar la caja con dos capas, el volumen de la caja es $2 \times 12 = 24$ pulgadas cúbicas. En general, el volumen de una caja (llamada sólido rectangular) se obtiene al multiplicar el número de unidades de su longitud por el número de unidades de su anchura por el número de unidades de su altura: volumen = $4 \times 3 \times 2 = 24$ pulgadas cúbicas.

 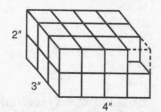

La fórmula para el *volumen de un sólido rectangular* es

$$V = x \times y \times z, \text{ ó } V = xyz.$$

Si queremos hallar el volumen de un cubo, debemos darnos cuenta que en un cubo, la longitud, la anchura y la altura son iguales. Si representamos esta dimensión del cubo con la letra l, tenemos

La fórmula para el *volumen del cubo* es

$$V = l \times l \times l, \text{ ó } V = l^3.$$

EJEMPLO

Un recipiente de carbón tiene forma de sólido rectangular. El recipiente es de 14 pies de longitud, 10 pies de anchura y 6 pies de altura. Si el recipiente está lleno en sus dos terceras partes, ¿cuántas toneladas de carbón hay en el recipiente? Una tonelada de carbón ocupa 35 pies cúbicos de espacio.

Volumen del recipiente = xyz =
$14 \times 10 \times 6 = 840$ pies cúbicos

Siendo x = longitud
y = anchura
z = altura

Puesto que el recipiente está lleno en sus dos terceras partes, el número de pies cúbicos de carbón en el recipiente es de $\frac{2}{3} \times 840 =$

560 pies cúbicos. Para encontrar el número de toneladas en el recipiente, dividimos 560 por 35.

$$
\begin{array}{r}
16 \\
35\overline{)560} \\
\underline{35} \\
210 \\
\underline{210} \\
\end{array}
$$

El recipiente contiene 16 toneladas de carbón.

Una figura sólida importante que encontramos constantemente es un cilindro. En un cilindro, las bases superior e inferior son círculos que se hallan en planos paralelos. El volumen de un cilindro se obtiene al multiplicar el área de la base por la altura.

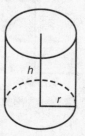

La fórmula para el *volumen de un cilindro* es

$$V = \pi r^2 \times h, \text{ ó } V = \pi r^2 h.$$

Siendo h = altura

EJEMPLO

Un tanque de almacenaje de aceite que tiene forma de cilindro está lleno en su tres cuartas partes. El radio de la base del tanque es de 14 pies y la altura del tanque es 12 pies. Calcule el número de galones de aceite en el tanque si cada pie cúbico de espacio contiene $7\frac{1}{2}$ galones de aceite (Use $\pi = \frac{22}{7}$.)

Volumen del cilindro = $\pi r^2 h$

$$= \frac{22}{7} \times 14 \times 14 \times 12$$

$$= 7{,}392 \text{ pies cúbicos}$$

Puesto que el tanque está lleno en sus tres cuartas partes, tenemos

$$\frac{3}{4} \times 7{,}392 = 5{,}544 \text{ pies cúbicos de aceite}$$

Para encontrar el número de galones de aceite debemos multiplicar 5,544 por 7.5.

El tanque contiene 41,580 galones de aceite.

PRÁCTICA

1. Un tanque de agua que tiene la forma de un sólido rectangular es de 8 pies de longitud, 6 pies de anchura y 9 pies de altura. Si un pie cúbico contiene $7\frac{1}{2}$ galones, el número de galones de agua que contiene el tanque cuando está lleno en sus dos terceras partes es de

   (1) $38\frac{2}{5}$
   (2) 2,060
   (3) 412
   (4) 2,160
   (5) 824

2. La fundación de una casa tiene forma de un sólido rectangular. La longitud de la fundación es de 20 pies, la anchura es de 18 pies y la altura es de 6 pies. La cantidad de tierra que debe desalojarse para construir la fundación, si cada cargamento contiene 60 pies cúbicos, es de

   (1) 57,600
   (2) 36
   (3) 27
   (4) 30
   (5) 48

3. Un acuario tiene forma de cubo. Cada lado del cubo es de 21 pulgadas. Si 1 galón de agua contiene 231 pulgadas cúbicas, el número de galones de agua en el acuario cuando está lleno es de

   (1) $4\frac{1}{11}$
   (2) $400\frac{1}{11}$
   (3) $40\frac{1}{11}$
   (4) 42
   (5) 75

4. Una lata de comida en forma de cilindro tiene un radio base de 5 pulgadas y una altura de 7 pulgadas. El número de pulgadas cúbicas de la lata es de (use $\pi = \frac{22}{7}$)

   (1) 550
   (2) 280
   (3) 2,200
   (4) 320
   (5) 575

CLAVE DE LAS RESPUESTAS

1. **4**   2. **2**   3. **3**   4. **1**

Areas de las superficies de los sólidos

Algunas veces nos puede interesar saber cuál es el área de una superficie de una figura sólida. Por ejemplo, una habitación tiene una forma de sólido rectangular. Si queremos pintarla, debemos saber el área de las paredes y el techo. También, la etiqueta de una lata (o cilindro) cubre solo el área del lado de la lata.

Podemos observar que el área de la superficie de un sólido rectangular en el diagrama se obtiene al sumar *la* (parte de abajo) + *la* (parte de arriba) + *ah* (lado) + *ah* (lado) + *lh* (frente) + *lh* (parte de atrás).

La fórmula para el área de la *superficie de un sólido rectangular* es

$$A = 2la + 2ah + 2lh.$$

Siendo l = longitud
a = anchura
h = altura

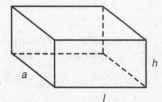

La fórmula para el *área lateral* de un cilindro es

$$A = 2\pi r h.$$

Siendo h = altura

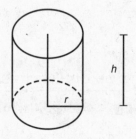

EJEMPLO

Calcule el número de pies cuadrados de cartulina que se usan para hacer una caja de 4 pies de largo, 3 pies de ancho y 2 pies de alto.

Usamos la fórmula

$A = 2la + 2ah + 2lh$

Siendo l = longitud
    a = anchura
    h = altura

En este caso $l = 4$, $a = 3$ y $h = 2$:

$A = 2 \times 4 \times 3 + 2 \times 3 \times 2 + 2 \times 4 \times 2$
$A = 24 + 12 + 16 = 52$

Se han usado 52 pies cuadrados de cartulina.

EJEMPLO

Una lata tiene un radio de $3\frac{1}{2}$ pulgadas y 5 pulgadas de altura. ¿Cuál es el área de la etiqueta que se usa en la lata? (Use $\pi = \frac{22}{7}$.)

El área lateral del cilindro = $2\pi r h$

$$= 2 \times \frac{22}{7} \times \frac{7}{2} \times 5$$
$$= 110$$

El papel que se usa en la etiqueta es de 110 pulgadas cuadradas.

PRÁCTICA

1. Una habitación tiene 20 pies de largo, 12 pies de ancho y 8 pies de alto. El número de pies cuadrados de papel que se necesitan para cubrir las paredes de la habitación es

    Nota: Como no se incluyen el suelo ni el techo, la fórmula que se usa es $A = 2ah + 2lh$. Siendo l = longitud, a = anchura, h = altura.

    (1) 992
    (2) 800
    (3) 1,824
    (4) 512
    (5) 1,920

2. Una caja de caudales en forma de sólido rectangular está hecha de metal. La caja mide 30 pulgadas de longitud, 18 pulgadas de anchura y 16 pulgadas de altura. El número de pulgadas al cuadrado de la superficie exterior del metal que se usan para hacer la caja es de

    (1) 8,640
    (2) 17,280
    (3) 2,616
    (4) 1,308
    (5) 3,192

3. Una habitación tiene 24 pies de largo, 15 pies de ancho y 9 pies de altura. Si se tienen que pintar las paredes y el techo, el número de pies cuadrados que se deben cubrir es de

    (1) 1,062
    (2) 1,422
    (3) 3,240
    (4) 1,186
    (5) 1,132

4. Un tubo de la estufa tiene un radio de 7 pulgadas y 48 pulgadas de largo. Su área es (use $\pi = \frac{22}{7}$)

    (1) 2,002 pulg. cuadradas
    (2) 1,056 pulg. cuadradas
    (3) 956 pulg. cuadradas
    (4) 2,112 pulg. cuadradas
    (5) 1,006 pulg. cuadradas

CLAVE DE LAS RESPUESTAS

1. **4**   2. **3**   3. **1**   4. **4**

Gráficas: Ejemplos y Práctica

22

Las ilustraciones y gráficas se usan a menudo en reportajes, revistas y periódicos para presentar una serie de datos numéricos. Esto permite al lector hacer comparaciones y obtener conclusiones rápidas. En esta sección, vamos a estudiar cómo interpretar los pictogramas, las gráficas de barras, las gráficas lineales, las gráficas circulares y las gráficas de fórmula.

Pictogramas

Un *pictograma* es una gráfica en la que los objetos se usan para representar números.

EJEMPLO

POBLACIÓN DE VARIAS CIUDADES EN UN ESTADO DETERMINADO

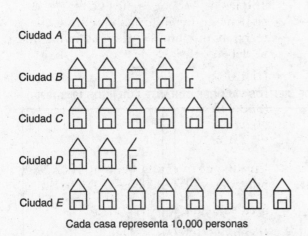

Cada casa representa 10,000 personas

1. ¿Qué ciudad tiene la mayor población?

   RESPUESTA: Ciudad E

2. ¿Cuál es la diferencia de población entre la ciudad de mayor población y la que viene inmediatamente después?

RESPUESTA: La ciudad E tiene 80,000 personas
La ciudad C tiene 60,000 personas
La ciudad E tiene 20,000 personas más que la ciudad C.

3. ¿Cuál es la razón de población de la ciudad B respecto a la ciudad C?

RESPUESTA: La ciudad B tiene una población de 45,000.
La ciudad C tiene una población de 60,000.
La razón es de 45,000:60,000
La razón se puede simplificar a 3:4.

4. Si la población de la ciudad D aumenta en un 40%, ¿cuál sería su población?

RESPUESTA: La ciudad D tiene una población de 25,000. Si la población aumenta en un 40%, tenemos 25,000 × 0.4 = 10,000 personas más. La población de la ciudad D sería de 35,000.

Gráfica de barras

Las gráficas de barras se usan para mostrar la relación de una serie de cantidades. Aquí, las gráficas de barras se usan en vez de las ilustraciones en los pictogramas.

EJEMPLO

Recientemente, un gran empresa usó cada dólar procedente de sus ingresos por ventas de la manera que muestra la siguiente gráfica.

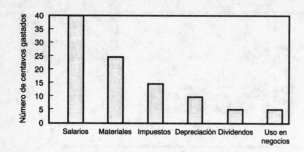

1. ¿Cuántos centavos de cada dólar obtenido de los ingresos por ventas usa la compañía para pagar salarios?

   RESPUESTA: $0.40

2. ¿Cuántos centavos de cada dólar por venta se han gastado más en salarios que en materiales?

   RESPUESTA: $0.15

3. ¿Qué porcentaje procedente de las ventas se ha destinado a la depreciación y a los dividendos?

   RESPUESTA: 15%

4. ¿Cuántas veces más paga la compañía en impuestos que en dividendos?

   RESPUESTA: 3 veces

5. ¿Qué porcentaje de las ventas se gasta en salarios, materiales e impuestos?

   RESPUESTA: Salarios, 40%
   Materiales, 25%
   Impuestos, 15%
   Total, 80%

PRÁCTICA

Use la gráfica siguiente para responder estas preguntas.

1. ¿Qué acción experimenta el mayor porcentaje de aumento de precio en cualquier año?

   (1) B
   (2) H
   (3) D
   (4) G
   (5) A

2. ¿Cuál de los siguientes pares de valores aumenta de precio durante cada uno de los años 1988, 1989 y 1990?

   (1) H e I
   (2) A y D
   (3) B y E
   (4) C y G
   (5) F e I

3. ¿Qué valor ha experimentado un menor cambio en el porcentaje medio en los años 1988, 1989 y 1990?

   (1) I
   (2) A
   (3) C
   (4) G
   (5) H

CAMBIO EN EL PORCENTAJE DE LOS PRECIOS DE CIERTOS VALORES DURANTE LOS AÑOS 1988-1990

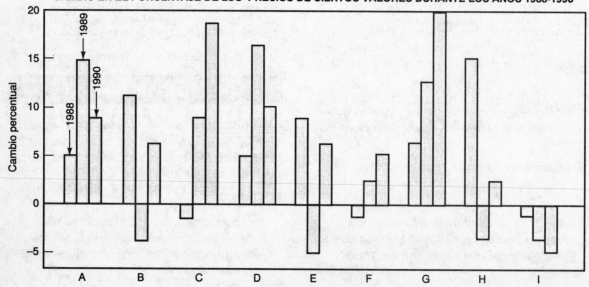

4. ¿Qué valor tiene el mayor descenso porcentual en precio entre dos años consecutivos?

   (1) B
   (2) D
   (3) F
   (4) H
   (5) A

CLAVE DE LAS RESPUESTAS

1. **3**   2. **4**   3. **1**   4. **4**

Gráficas lineales

Una gráfica de líneas es especialmente útil para mostrar los cambios durante un período de tiempo.

EJEMPLO

La gráfica de abajo muestra el crecimiento del registro de vehículos en un estado determinado.

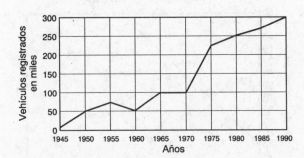

1. Aproximadamente, ¿cuántos vehículos fueron registrados en 1975?

   RESPUESTA: No podemos decir un número exacto, pero un estimado aproximado es de 220,000.

2. Aproximadamente, ¿cuántas veces más vehículos se registraron en 1980 que en 1950?

   RESPUESTA: Registrados en 1980—250,000
   Registrados en 1950—50,000

   Fueron 5 veces más los vehículos que se registraron en 1980 que en 1950.

3. ¿Qué porcentaje en el incremento del registro se muestra entre 1960 y 1990?

   RESPUESTA: Registrados en 1960—50,000
   Registrados en 1990—300,000
   El incremento de registros—250,000
   Porcentaje del incremento =

   $$\frac{\text{Incremento}}{\text{Original}} = \frac{250,000}{50,000} =$$

   $$\frac{5}{1} = 500\%$$

4. ¿Entre qué períodos se muestra el mayor incremento de registros?

   RESPUESTA: Entre 1970 y 1975. Se muestra en la gráfica por la máxima inclinación de la línea.

5. ¿Entre qué períodos no hubo ningún aumento de registros?

   RESPUESTA: Entre 1965 y 1970. Se muestra con una línea horizontal entre estos dos años.

Gráficas circulares

Una gráfica circular se usa cuando la cantidad se divide en partes y queremos hacer una comparación entre las partes. Recuerde que un giro completo se divide en 360°. De este modo, si queremos marcar un cuarto del círculo, el ángulo en el centro debe ser de $\frac{1}{4}$ × 360° ó sea 90°. Por la misma razón, una parte de un círculo con ángulo en el centro de 60° será de $\frac{60}{360}$ ó $\frac{1}{6}$ del círculo.

EJEMPLO

La gráfica circular que sigue muestra en qué tipo de trabajo ganaron sus ingresos los asalariados de una ciudad en un año determinado.

EN QUÉ TRABAJARON LOS ASALARIADOS

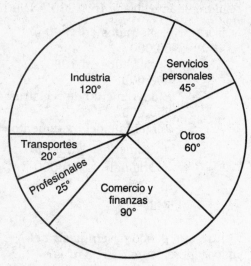

1. ¿Qué parte fraccionaria de la fuerza laboral son profesionales?

   RESPUESTA: $\dfrac{25}{360} = \dfrac{5}{72}$

2. ¿Qué parte fraccionaria de la fuerza laboral trabaja en servicios personales?

   RESPUESTA: $\dfrac{45}{360} = \dfrac{1}{8}$

3. Si había 180,000 trabajadores en la ciudad, ¿cuántos se dedicaron a la industria?

   RESPUESTA: La parte fraccionaria de trabajadores en el sector industrial era $\dfrac{120}{360} = \dfrac{1}{3} \cdot \dfrac{1}{3}$ de 180,000 = 60,000 trabajadores se dedicaron a la industria.

4. ¿Cuál es la razón del número de trabajadores en el transporte respecto al número de trabajadores en servicios personales?

   RESPUESTA: La razón es 20:45 o, de manera más simple, 4:9.

5. ¿Qué porcentaje de trabajadores trabajan en el comercio y las finanzas?

   RESPUESTA: La parte fraccionaria de un número total de trabajadores en comercio y

finanzas es $\dfrac{90}{360} = \dfrac{1}{4}$. La fracción $\dfrac{1}{4}$, escrita como porcentaje es 25%.

Gráficas de fórmula

Al trabajar con una fórmula, tenemos la ocasión de obtener un número de datos informativos. En lugar de usar esta fórmula cada vez, puede que sea más fácil trabajar con una gráfica de fórmulas.

En casi toda Europa y en trabajos científicos, se usa la escala Celsius para medir la temperatura. En los Estados Unidos, la escala Fahrenheit todavía se usa, aunque a veces también se mencionan los grados en escala Celsius. Algunas veces debemos convertir una escala a otra. La gráfica muestra de qué manera se relacionan las escalas.

RELACIÓN ENTRE LAS ESCALAS FAHRENHEIT Y CELSIUS

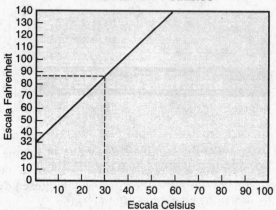

1. Un informe meteorológico en París indicó que la temperatura era de 30° Celsius. ¿Cuál es la temperatura en grados Fahrenheit?

   RESPUESTA: Localice 30° en la escala Celsius (escala horizontal). En este punto dibuje una línea que sea perpendicular a la línea de la escala Celsius (como se muestra en el diagrama).

   Puede leer la temperatura en Fahrenheit que corresponde al trazar una línea perpendicular a la línea de la escala Fahrenheit desde el punto en que la primera línea corta la gráfica. La respuesta es 86°.

2. ¿Qué temperatura es en Celsius si en Fahrenheit es 77°?

   RESPUESTA: 25°

3. Durante un día, la temperatura aumentó desde 41 a 68 grados Fahrenheit. ¿Cuál es el aumento correspondiente en grados Celsius?

   RESPUESTA: La temperatura en Celsius aumentó de 5° a 20°.

PRÁCTICA

Las preguntas 1 a 3 se basan en la siguiente gráfica de barras.

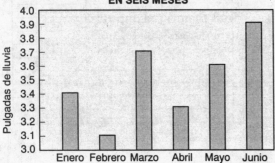

PROMEDIO MENSUAL DE PRECIPITACIÓN EN SEIS MESES

Esta gráfica de barras muestra el promedio mensual de precipitación de lluvia en pulgadas durante los primeros seis meses de un año en una determinada ciudad.

1. El mes en que hubo más precipitación fue

   (1) Febrero
   (2) Marzo
   (3) Mayo
   (4) Junio
   (5) Enero

2. El total de lluvia durante los 6 meses fue de

   (1) 10 pulgadas
   (2) 19 pulgadas
   (3) 19.6 pulgadas
   (4) 21 pulgadas
   (5) 18.5 pulgadas

3. El promedio mensual de precipitación en pulgadas en el período de seis meses fue de

   (1) 3 pulgadas

   (2) $3\frac{1}{2}$ pulgadas

   (3) $3\frac{1}{6}$ pulgadas

   (4) $3\frac{5}{6}$ pulgadas

   (5) $3\frac{1}{3}$ pulgadas

Las preguntas 4 a 6 se basan en la siguiente gráfica

REGISTRO DE GANANCIAS

Esta gráfica muestra el registro de ganancias de la compañía Beacon en un período de 8 años.

4. Las utilidades de la compañía Beacon tuvieron un incremento mayor entre los años

   (1) 1981–1982
   (2) 1984–1985
   (3) 1985–1986
   (4) 1982–1983
   (5) 1980–1981

5. El año en que las ganancias de la compañía Beacon fueron de cerca de $700.000 fue

   (1) 1984
   (2) 1987
   (3) 1983
   (4) 1982
   (5) 1985

6. Las ganancias de la compañía Beacon experimentaron la mayor reducción entre los años

   (1) 1986–1987
   (2) 1983–1984
   (3) 1982–1983
   (4) 1980–1981
   (5) 1985–1986

Las preguntas 7 a 10 se basan en la siguiente gráfica.

En una gran ciudad, la distribución de $30,000,000 recaudados por los impuestos de bienes raíces se muestran en la gráfica. Para recaudar la suma, la tasa de impuestos fue de $21.95 por $1,000 del valor estimado.

7. El ángulo en el centro para el sector de trabajos públicos mide

   (1) 90°
   (2) 72°
   (3) 100°
   (4) 80°
   (5) 75°

8. La casa del señor Martínez está valorada en $18,000. Su impuesto por bienes raíces es de

   (1) $385.10
   (2) $394.10
   (3) $3,951
   (4) $395.10
   (5) $375

9. La cantidad de dinero que se gasta en trabajos públicos es de

   (1) $5,000,000
   (2) $1,500,000
   (3) $6,000,000
   (4) $3,000,000
   (5) $2,500,000

10. La razón del dinero gastado para la administración y varios respecto al dinero gastado en trabajos públicos es

    (1) 9:4
    (2) 4:9
    (3) 9:5
    (4) 5:9
    (5) 2:1

Las preguntas 11 a 13 se basan en la siguiente gráfica.

COMPARACIÓN DEL VOLUMEN DE VENTAS DEL SR. ROBERTO Y EL SR. CARLOS

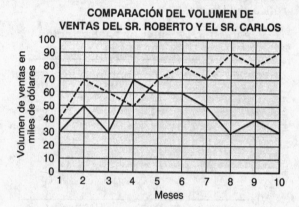

El señor Roberto y el señor Carlos son vendedores y han mantenido un registro de sus ventas durante 10 meses. La línea sólida de la gráfica presentada arriba representa el volumen de ventas del señor Roberto y la línea intermitente representa el volumen de ventas del señor Carlos.

11. El volumen de ventas mayor del señor Roberto en un período de 10 meses ocurrió en el mes que lleva el número

    (1) 3
    (2) 4
    (3) 7
    (4) 6
    (5) 9

12. ¿Cuánto más es el volumen de ventas del señor Carlos en su mejor mes comparado con el del señor Roberto en su mejor mes? (En miles).

   (1) 10
   (2) 30
   (3) 50
   (4) 90
   (5) 20

13. ¿Cuánto mayor fue el promedio del señor Carlos en los 10 meses comparado con el promedio del señor Roberto en el mismo período? (En miles).

   (1) 44
   (2) 70
   (3) 25
   (4) 36
   (5) 16

Las preguntas 14 a 17 se basan en las siguientes gráficas.

DE DÓNDE PROVIENE EL DINERO DE LOS IMPUESTOS

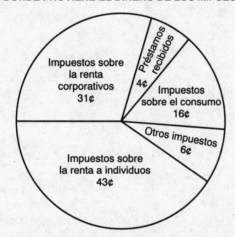

ADÓNDE VA EL DINERO DE LOS IMPUESTOS

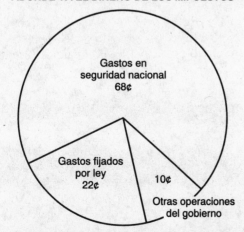

Estas gráficas fueron publicadas por el gobierno federal para mostrar de dónde viene y a dónde se destina el dinero recaudado en impuestos.

14. El porcentaje que se gastó para la seguridad nacional fue de

   (1) 78%
   (2) 90%
   (3) 68%
   (4) 10%
   (5) 32%

15. ¿Qué porcentaje de dinero obtenido de los impuestos sobre la renta a individuos es mayor que el de los impuestos sobre la renta corporativos?

   (1) 6%
   (2) 12%
   (3) 43%
   (4) 31%
   (5) 22%

16. El ángulo en el centro del sector destinado a los gastos para otras operaciones del gobierno es de

   (1) 10°
   (2) 20°
   (3) 40°
   (4) 36°
   (5) 80°

17. El porcentaje de impuestos procedente de los impuestos sobre la renta corporativos y los impuestos sobre la renta a individuos es de

   (1) 84%
   (2) 12%
   (3) 75%
   (4) 82%
   (5) 74%

Las preguntas 18 a 20 se basan en el siguiente pictograma.

El equipo de béisbol profesional Blue Sax empieza su temporada a principios de mayo y clausura su temporada a finales de septiembre. El pictograma de abajo muestra el promedio de asistencia de público en cada mes durante la temporada 1987.

Cada ◯ representa una asistencia de 4,000 personas

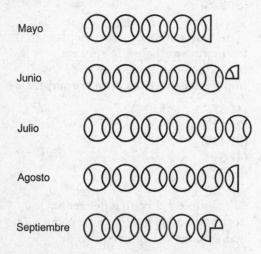

Mayo

Junio

Julio

Agosto

Septiembre

18. ¿Qué promedio de asistencia hubo en mayo?

(1) 4,500
(2) 16,000
(3) 18,000
(4) 19,000
(5) 22,000

19. ¿Qué promedio de asistencia hubo en septiembre?

(1) 16,000
(2) 18,000
(3) 18,500
(4) 19,000
(5) 23,000

20. ¿Cuántos más seguidores del equipo asistieron a los partidos de agosto que a los de junio?

(1) 250
(2) 500
(3) 750
(4) 800
(5) 1,000

CLAVE DE LAS RESPUESTAS

1. **4**	5. **4**	9. **3**	13. **3**	17. **5**
2. **4**	6. **3**	10. **1**	14. **3**	18. **3**
3. **2**	7. **2**	11. **2**	15. **2**	19. **4**
4. **2**	8. **4**	12. **5**	16. **4**	20. **5**

23

Medidas:
Ejemplos y Práctica

Longitud

Las medidas de longitud más comunes son

12 pulgadas = 1 pie

3 pies = 1 yarda

5,280 pies = 1 milla

1,760 yardas = 1 milla

EJEMPLO

Un fontanero tiene un tubo de $\frac{3}{4}$ yardas de longitud. Si corta una pieza de 23 pulgadas de largo, ¿qué longitud tiene el tubo que ha quedado?

$$\frac{3}{4} = \text{yarda} = \frac{3}{4} \times 36 = 27 \text{ pulgadas}$$

Al fontanero le ha quedado un tubo de 4 pulgadas.

PRÁCTICA

1. Un avión vuela a 23,760 pies de altura. En millas esto es

   (1) 4

   (2) $4\frac{2}{3}$

   (3) $4\frac{1}{4}$

   (4) $4\frac{1}{2}$

   (5) $4\frac{3}{4}$

2. La señora Bartolomé compró 6 yardas de lino. El número de toallas de 27 pulgadas de longitud que pudo cortar fue de

   (1) 8
   (2) 6
   (3) 12
   (4) 9
   (5) 15

3. Una habitación tiene 18 pies de largo y 12 pies de ancho. El número de losas de 8 pulgadas por 8 pulgadas que se necesitan para cubrir el suelo es

   (1) 45
   (2) 27
   (3) 486
   (4) 286
   (5) 304

4. Un salón de conferencias tiene 50 pies de ancho. En cada lado de la habitación hay un pasillo de 40 pulgadas de ancho. El número de asientos, de 20 pulgadas de ancho, que pueden caber en el salón es de

   (1) 20
   (2) 26
   (3) 40
   (4) 30
   (5) 35

CLAVE DE LAS RESPUESTAS

1. **4**   2. **1**   3. **3**   4. **2**

Tiempo

Las medidas más comunes del tiempo son

60 segundos = 1 minuto
60 minutos = 1 hora

12 meses = 1 año
365 días = 1 año

EJEMPLO

Un hombre trabaja de las 9:45 A.M. a las 1:30 P.M. ¿Cuántas horas ha trabajado?

Desde las 9:45 A.M. a las 10:00 A.M. son 15 minutos ó $\frac{1}{4}$ de hora.

De 10:00 A.M. a 1:00 P.M. son 3 horas.
De la 1:00 P.M. a 1:30 P.M. son 30 minutos ó $\frac{1}{2}$ hora

El hombre ha trabajado $\frac{1}{4} + 3 + \frac{1}{2} = 3\frac{3}{4}$ horas.

PRÁCTICA

1. Un hombre gana $6.50 la hora. Si trabaja de las 10:45 A.M. a las 3:15 P.M., gana

   (1) $30.50
   (2) $16.25
   (3) $29.25
   (4) $27.75
   (5) $22.75

2. Una campana suena cada 45 minutos. El número de veces que suena la campana en 15 horas es de

   (1) 18
   (2) 20
   (3) 11
   (4) 12
   (5) 25

3. Un hombre se va de Nueva York en avión a las 10:40 A.M. en dirección a Los Angeles. Si hay una diferencia de 3 horas menos y el viaje duró 5 horas y 50 minutos, el hombre llegó a Los Angeles a las

   (1) 1:30 P.M.
   (2) 2:30 P.M.
   (3) 3:30 P.M.
   (4) 3:10 P.M.
   (5) 2:50 P.M.

4. En un vuelo, un avión cubre 1 milla en 10 segundos. A la misma velocidad, el número de millas que el avión cubre en 1 hora es

   (1) 100
   (2) 200
   (3) 720
   (4) 300
   (5) 360

CLAVE DE LAS RESPUESTAS

1. **3**   2. **2**   3. **1**   4. **5**

Peso

Las medidas más comunes de peso son

16 onzas = 1 libra
2,000 libras = 1 tonelada

EJEMPLO

¿Cuántas porciones de 2 onzas de caramelos se pueden obtener de una caja de 10 libras?

Como hay 16 onzas en una libra, cada libra de caramelo será $\frac{16}{2}$, u 8 porciones. De este modo, 10 libras de caramelo representan 8 × 10 u 80 porciones.

PRÁCTICA

1. Las patatas se venden a $0.32 la libra. El costo de una bolsa de patatas que pesa 3 libras 6 onzas es de

   (1) $0.98
   (2) $1.08
   (3) $1.12
   (4) $0.78
   (5) $1.15

2. Un paquete de queso de 12 onzas cuesta $1.38. ¿Cuánto cuesta una libra del mismo queso?

   (1) $1.56
   (2) $1.90
   (3) $1.92
   (4) $1.84
   (5) $2.08

3. Un cargamento de carbón pesa 9,500 libras. ¿Cuánto cuesta el cargamento si 1 tonelada cuesta $52.80?

   (1) $250.80
   (2) $213.70
   (3) $221.40
   (4) $209.10
   (5) $225.20

4. Un trozo de carne cuesta $1.18 por libra. ¿Cuánto cuesta un trozo de carne que pesa 1 libra y 13 onzas?

   (1) $2.05
   (2) $1.98
   (3) $2.20
   (4) $1.92
   (5) $2.14

CLAVE DE LAS RESPUESTAS

1. **2**   2. **4**   3. **1**   4. **5**

Medidas de los líquidos

Las medidas más comunes de los líquidos son

16 onzas fluidas = 1 pinta

2 pintas = 1 cuarto de galón

2 tazas = 1 pinta

4 cuartos = 1 galón

EJEMPLO

Una tienda vende envases de media pinta de leche a 15 centavos. Si se venden 3 galones de leche cada mañana, ¿cuánto dinero ganan?

Debido a que un envase de media pinta se vende a 15 centavos, una pinta entera se vende a 30 centavos. De este modo, 1 cuarto de galón se vende a 60 centavos y 1 galón se vende a $2.40. Por lo tanto, 3 galones se venden por 3 × $2.40 = $7.20.

PRÁCTICA

1. El número de tazas de leche en una lata de 5 galones es

   (1) 40
   (2) 60
   (3) 80
   (4) 100
   (5) 160

2. Una lata de jugo de naranja contiene 36 onzas. El número de pintas de jugo de naranja es de

   (1) 2
   (2) $2\frac{1}{2}$
   (3) $1\frac{1}{4}$
   (4) $2\frac{1}{4}$
   (5) 3

3. Un tazón de ponche contiene $3\frac{1}{2}$ galones de ponche. El número de porciones de 4 onzas que se pueden obtener del tazón de ponche es de

   (1) 102
   (2) 112
   (3) 204
   (4) 115
   (5) 156

4. El número de onzas fluidas en 1 galón es de

   (1) 64
   (2) 48
   (3) 100
   (4) 96
   (5) 128

1. **3**   2. **4**   3. **2**   4. **5**

Medidas de áridos

Algunos comestibles como bayas, manzanas y patatas a menudo se venden por cuartos de galón o bushels.

> Las medidas de áridos más comunes son
>
> 2 pintas = 1 cuarto de galón
>
> 8 cuartos = 1 peck
> (equivale a 9 litros)
>
> 4 pecks = 1 bushel
> (equivale a 35.23 litros)

EJEMPLO

Un vendedor recibió un cargamento de 60 bolsas de manzanas. Cada bolsa contenía 1 peck. Si 1 bushel de manzanas pesa 48 libras y el vendedor las vendió al precio de 3 libras por 85 centavos, ¿cuánto dinero recibió?

El vendedor recibió 60 pecks de manzanas. Esto es $\frac{60}{4}$ ó 15 bushels. Puesto que cada bushel pesa 48 libras, el total del peso del cargamento era de $15 \times 48 = 720$ libras.

A 85 centavos por 3 libras, el vendedor recibió

$$\frac{720}{3} \times 0.85, \text{ ó } 240 \times 0.85 = \$204.00$$

P<small>RÁCTICA</small>

1. Un tendero pagó $5.60 por un bushel de patatas. Si 1 peck de patatas pesa 15 libras y el tendero vendió las patatas en bolsas de 5 libras a $0.86 cada una, su utilidad fue de

   (1) $6.72
   (2) $4.52
   (3) $4.72
   (4) $4.32
   (5) $10.02

2. Si un bushel de carbón pesa 80 libras y el carbón se vende a $24 por tonelada, el costo del bushel de carbón es

   (1) $1
   (2) $0.98
   (3) $2
   (4) $0.96
   (5) $1.02

3. Un vendedor de frutas recibió un cargamento de 15 bushels de bayas. Si vendió las bayas a $0.42 la pinta, la cantidad de dinero que recibió por las bayas fue de

   (1) $403.20
   (2) $201.60
   (3) $40.32
   (4) $253.20
   (5) $25.32

1. **3**   2. **4**   3. **1**

El sistema métrico

El sistema métrico de medidas se usa en la mayoría de los trabajos científicos y para todos los propósitos en la mayoría de los países extranjeros. El sistema métrico se usa también en los Estados Unidos para mediciones no científicas y puede que se use más extensamente en el futuro. Es especialmente útil porque las medidas están relacionadas con las potencias de 10. En esta sección estudiaremos estos aspectos del sistema métrico que pueden aparecer en el Examen del GED.

Unidades métricas de longitud

En el sistema métrico, la unidad básica de longitud es el metro (m). De hecho, 1 metro = 39.37 pulgadas, aproximadamente.

Para medir grandes distancias, como la distancia entre Nueva York y Los Angeles, se usa el kilómetro (km). El kilómetro = 1,000 metros y es aproximadamente $\frac{5}{8}$ de una milla.

Para medir longitudes cortas se usa el centímetro (cm).

$$\text{El centímetro} = \frac{1}{100} \text{ de un metro.}$$

Para medir longitudes muy cortas, se usa el milímetro (mm).

$$\text{El milímetro} = \frac{1}{1,000} \text{ de un metro.}$$

Otras medidas menos frecuentes de longitud en el sistema métrico son el hectómetro (100 metros), el decámetro (10 metros) y el decímetro ($\frac{1}{10}$ de un metro).

En el sistema métrico, se usan seis prefijos para nombrar las unidades de medida como se muestra a continuación.

Prefijo	Unidad	Valor
kilo	kilómetro (km)	1,000 metros
hecto	hectómetro (hm)	100 metros
deca	decámetro (dam)	10 metros
	metro	1 metro
deci	decímetro (dm)	$\frac{1}{10}$ metro
centi	centímetro (cm)	$\frac{1}{100}$ metro
mili	milímetro (mm)	$\frac{1}{1,000}$ metro

EJEMPLO

¿Cuántos metros hay en 5 kilómetros?

Observando la tabla, vemos que 1 kilómetro = 1,000 metros. De este modo, 5 kilómetros = 5 × 1,000 = 5,000 metros.

EJEMPLO

¿Cuántos centímetros hay en 8,000 milímetros?

$$1 \text{ milímetro} = \frac{1}{10} \text{ de un centímetro}$$

$$8,000 \text{ milímetros} = 8,000 \times \frac{1}{10} =$$
$$800 \text{ centímetros.}$$

PRÁCTICA

En cada caso, complete el espacio en blanco con un número que haga verdadero el enunciado.

1. 1 kilómetro = _____ metro(s)

2. 1 milímetro = _____ metro(s)

3. 1 metro = _____ centímetro(s)

4. 1 centímetro = _____ milímetro(s)

5. 1 kilómetro = _____ centímetro(s)

6. 500 milímetros = _____ centímetro(s)

RESPUESTAS

1. **1,000**
2. $\frac{\mathbf{1}}{\mathbf{1,000}}$
3. **100**

4. **10**
5. **100,000**
6. **50**

Unidades Métricas de Peso

En el sistema métrico, la unidad básica de peso es el gramo (g). Un gramo es un peso muy ligero, aproximadamente el peso de un botón pequeño.

Para medir pesos mayores como el peso de un hombre, se usa el kilogramo (kg). El kilogramo = 1,000 gramos y pesa aproximadamente 2.2 libras.

Para medir objetos muy ligeros, como pequeñas cantidades de productos químicos o farmacéuticos, usamos el miligramo (mg). El miligramo es igual a $\frac{1}{1,000}$ de un gramo.

De este modo, las medidas de peso del sistema métrico que están más extendidas son el miligramo, el gramo y el kilogramo. Y se relacionan de la siguiente manera:

$$1 \text{ kilogramo} = 1,000 \text{ gramos}$$
$$1 \text{ miligramo} = \frac{1}{1,000} \text{ gramo}$$

EJEMPLO

Un pastel pesa 250 gramos. ¿Cuántos kilogramos son éstos?

$$1 \text{ gramo} = \frac{1}{1,000} \text{ de un kilogramo}$$

$$250 \text{ gramos} = 250 \left(\frac{1}{1,000} \right) \text{ kilogramo}$$

$$= \frac{250}{1,000} \text{ ó } 0.25 \text{ kilogramos}$$

Unidades Métricas de Medidas Líquidas

En el sistema métrico, la unidad básica de medida para líquidos es el litro (l). El litro contiene un poco más de un cuarto de galón. En países donde se usa el sistema métrico, se vende la leche o gasolina por unidades de litro.

Para medir una cantidad líquida grande, se usa el kilolitro (1,000 litros). Esta medida no se usa muy frecuentemente.

Es conveniente recordar lo siguiente:

$$1 \text{ litro} = 1,000 \text{ mililitros, ó sea}$$

$$1 \text{ mililitro} = \frac{1}{1,000} \text{ litro}$$

EJEMPLO

Un vaso contiene 0.5 litros de leche. ¿Cuántos mililitros son?

$$1 \text{ litro} = 1,000 \text{ mililitros}$$
$$0.5 \text{ litro} = 0.5 \ (1,000) = 500 \text{ mililitros}$$

PRÁCTICA

En cada caso, complete el espacio en blanco con el número que hace verdadero el enunciado.

1. 1 kilogramo = _____ gramo(s)

2. 1 gramo   = _____ miligramo(s)

3. 1 mililitro = _____ litro(s)

4. 500 gramos = _____ kilogramo(s)

5. 1 miligramo = _____ gramo(s)

6. 1 litro   = _____ mililitro(s)

RESPUESTAS

1. **1,000**   4. **0.5**

2. **1,000**   5. $\dfrac{1}{1,000}$

3. $\dfrac{1}{1,000}$ 6. **1,000**

El siguiente grupo de ejercicios prácticos es un repaso de las unidades métricas de longitud, peso y medidas líquidas.

PRÁCTICA

En cada caso, complete el espacio en blanco con la unidad métrica de medida correspondiente:

1. Cada día José bebe un _____ de leche.

2. La velocidad límite en las carreteras de los Estados Unidos es de 88 _____ por hora.

3. La señora Jones toma una píldora que pesa 80 _____.

4. Frank Sloan es el centro de un equipo de baloncesto. Su altura es dos _____.

5. Juanita compró un pollo que pesaba un _____ y medio.

6. La distancia entre Nueva York y Los Angeles es aproximadamente de 4,000 _____.

7. Un racimo de uvas pesa 200 _____.

8. La longitud de un lápiz es de 14 _____.

RESPUESTAS

1. **litro**   5. **kilogramo**
2. **kilómetros**   6. **kilómetros**
3. **miligramos**   7. **gramos**
4. **metros**   8. **centímetros**

Area y Volumen en el Sistema Métrico

En el sistema anglosajón, las medidas de área incluyen la pulgada cuadrada, el pie cuadrado y la milla cuadrada. Igualmente, en el sistema métrico, las medidas de área incluyen el milímetro cuadrado, el centímetro cuadrado y el metro cuadrado. El kilómetro cuadrado se usa para medir grandes terrenos.

En el sistema inglés, las medidas comunes de volumen son la pulgada cúbica, el pie cúbico y la yarda cúbica. Igualmente, en el sistema métrico, las medidas de volumen son el milímetro cúbico, el centímetro cúbico y el metro cúbico.

PRÁCTICA

1. 1 centímetro =

   (1) 100 metros
   (2) 10 kilómetros
   (3) 5 litros
   (4) 0.01 metro
   (5) 0.1 metro

2. 4,000 gramos =

   (1) 4 kilómetros
   (2) 4 centigramos
   (3) 40 centímetros
   (4) 4 miligramos
   (5) 4 kilogramos

3. La unidad de medida que se necesita para medir una distancia entre Boston y St. Louis es el

   (1) milímetro
   (2) kilómetro
   (3) miligramo
   (4) kilogramo
   (5) litro

4. Una pera pesa

   (1) 2 miligramos
   (2) 0.2 kilogramos
   (3) 15 gramos
   (4) 5 centigramos
   (5) 0.5 litro

5. La cantidad de gasolina que se necesita para llenar un tanque de automóvil es de

   (1) 500 gramos
   (2) 250 litros
   (3) 50 litros
   (4) 5 litros
   (5) 25 mililitros

6. La señora García compró un pavo que pesaba

   (1) 5 miligramos
   (2) 5 kilogramos
   (3) 7 kilómetros
   (4) 9 litros
   (5) 200 miligramos

7. La longitud de una mesa de comedor es de

   (1) 2 kilómetros
   (2) 100 gramos
   (3) 8 milímetros
   (4) 3 metros
   (5) 6 centímetros

8. 80 miligramos es igual a

   (1) 0.008 gramo
   (2) 0.08 gramo
   (3) 0.8 gramo
   (4) 80 gramo
   (5) 800 gramo

CLAVE DE LAS RESPUESTAS

1. **4**   3. **2**   5. **3**   7. **4**
2. **5**   4. **2**   6. **2**   8. **2**

Operaciones con Medidas

A menudo debemos sumar, restar, multiplicar y dividir medidas. Los ejemplos de abajo indican cómo se hacen estas operaciones.

EJEMPLO

Una mujer compró un bistec de carne que pesaba 2 lb. 14 oz. y otro que pesa 3 lb. 6 oz.

¿Cuántas libras de bistec compró?

        2 lb. 14 oz.
        3 lb. 6 oz.
        5 lb. 20 oz.

Como hay 16 onzas en 1 libra, tenemos 5 lb. 20 oz. = 5 lb. + 1 lb. + 4 oz. = 6 lb. 4 oz.

EJEMPLO

Un fontanero tiene un trozo de tubo de 6 pies y 3 pulgadas de largo. Si corta una pieza de 2 pies y 7 pulgadas de longitud, ¿qué longitud tiene el tubo que le queda?

6 pies 3 pulgadas = 5 pies + 1 pie + 3 pulgadas = 5 pies 15 pulgadas – 2 pies 7 pulgadas = 3 pies y 8 pulgadas

El trozo de tubo que le queda tiene 3 pies 8 pulgadas.

EJEMPLO

Un carnicero corta bistecs de carne. Cada uno pesa 1 lb. 9 oz. ¿Cuál es el peso de 5 bistecs?

$$
\begin{array}{r}
1 \text{ lb. } 9 \text{ oz.} \\
\times 5 \\
\hline
5 \text{ lb. } 45 \text{ oz.}
\end{array} = 5 \text{ lb.} + 32 \text{ oz.} + 13 \text{ oz.}
$$
$$
= 7 \text{ lb. } 13 \text{ oz.}
$$

EJEMPLO

El señora Gordon compra un rollo de tela de 21 pies y 8 pulgadas de longitud. Corta el rollo en cuatro partes iguales para hacer tapices. ¿Cuál es la longitud de cada tapiz?

$$
4\overline{)21 \text{ ft. } 8 \text{ in}} = 4\overline{)20 \text{ ft.} + 1 \text{ ft.} + 8 \text{ in.}}
$$
$$
= 4\overline{)20 \text{ ft. } 20 \text{ in.}}
$$
$$
= 5 \text{ ft. } 5 \text{ in.}
$$

Cada tapiz es de 5 pies y 5 pulgadas

PRÁCTICA

1. El marco de una fotografía es de 2 pies y 6 pulgadas de largo y 1 pie y 8 pulgadas de ancho. El perímetro del marco es de

   (1) 4 pies 2 pulgadas
   (2) 8 pies, 8 pulgadas
   (3) 8 pies, 6 pulgadas
   (4) 8 pies
   (5) 8 pies, 4 pulgadas

2. Una película dura 2 hr. 15 min. Una sala de cine tiene 5 películas de esta duración para proyectar diariamente. El tiempo que duran los cinco pases es de

   (1) 11 hr.
   (2) 11 hr. 15 min.
   (3) 10 hr. 15 min.
   (4) 12 hr. 30 min.
   (5) 12 hr.

3. En un día el sol sale a las 6:48 A.M. y se pone a las 7:03 P.M. El tiempo que va desde el amanecer al atardecer es

   (1) 12 hr. 15 min.
   (2) 12 hr. 5 min.
   (3) 11 hr. 45 min.
   (4) 12 hr. 25 min.
   (5) 10 hr. 15 min.

4. Si 6 latas de jugo de naranja pesan 15 lb. y 6 oz., el peso de 1 lata de jugo de naranja es de

   (1) 2 lb. 6 oz.
   (2) 2 lb. 7 oz.
   (3) 2 lb. 1 oz.
   (4) 2 lb. 9 oz.
   (5) 2 lb. 3 oz.

5. Una jarra contiene 2 galones y 3 cuartos de leche. El número de 8 vasos de 8 oz. que se pueden llenar de la jarra es de

   (1) 24
   (2) 32
   (3) 44
   (4) 36
   (5) 40

6. Un carpintero tiene un tablero de 5 pies y 3 pulgadas de longitud. Corta una pieza de 2 pies y 7 pulgadas de largo. La longitud del trozo que le queda es de

   (1) 3 pies 6 pulgadas
   (2) 2 pies 6 pulgadas
   (3) 2 pies 3 pulgadas
   (4) 2 pies 8 pulgadas
   (5) 2 pies 5 pulgadas

7. Un conjunto de libros pesa 7 lb. y 10 oz. El peso de 4 conjuntos pesa

   (1) 28 lb. 4 oz.
   (2) 30 lb. 8 oz.
   (3) 29 lb. 8 oz.
   (4) 29 lb. 10 oz.
   (5) 29 lb. 11 oz.

8. Una tienda vende 6 galones y 2 cuartos de helado durante un día y 7 galones 3 cuartos al día siguiente. La cantidad de helados que vende en los dos días es de

   (1) 15 galones y 2 cuartos
   (2) 14 galones y 3 cuartos
   (3) 14 galones y 1 cuarto
   (4) 15 galones y 1 cuarto
   (5) 13 galones y 2 cuartos

CLAVE DE LAS RESPUESTAS

1. **5**	3. **1**	5. **3**	7. **2**
2. **2**	4. **4**	6. **4**	8. **3**

24

Cuatro Exámenes Prácticos de Matemáticas

Esta sección está concebida para que pueda practicar la sección de matemáticas del Examen de Equivalencia de la Escuela Superior. Al realizar estas pruebas intente trabajar en buenas condiciones. Seleccione un lugar tranquilo y tómese una hora para realizar cada una de ellas. Quizás sea capaz de completar la prueba en menos tiempo.

Cuando haya finalizado, compruebe las respuestas. Luego, calcule su puntaje. Es importante que estudie las soluciones y sus explicaciones. Puede que así encuentre otras maneras de resolver los problemas. Tal estudio también le ayudará a comprender aquellas preguntas que no ha podido responder y podrá corregir cualquier error que haya realizado. Recuerde que no debe obtener una puntuación máxima para pasar la prueba. Si ve que está débil en un determinado tema, vuelva a revisar el material sobre este tema.

FÓRMULAS

Descripción	Fórmula
AREA (A) de un:	
cuadrado	$A = l^2$, donde l = lado
rectángulo	$A = la$, donde l = longitud, a = ancho
paralelógramo	$A = bh$, donde b = base, h = altura
triángulo	$A = \dfrac{1}{2} bh$, donde b = base, h = altura
círculo	$A = \pi r^2$ donde $\pi = 3.14...$, r = radio
PERÍMETRO (P) de un:	
cuadrado	$P = 4l$, donde l = lado
rectángulo	$P = 2l + 2a$, donde l = longitud, a = anchura
triángulo	$P = a + b + c$, donde a, b y c son los lados
circunferencia (C) de un círculo	$C = \pi d$, donde $\pi = 3.14...$, d = diámetro
VOLUMEN (V) de un:	
cubo	$V = l^3$, donde l = lado
sólido rectangular	$V = xyz$, donde x = longitud, y = anchura, z = altura
cilindro	$V = \pi r^2 h$, donde $\pi = 3.14$, r = radio, h = altura
Relación pitagórica	$c^2 = a^2 + b^2$, donde c = hipotenusa y a y b son los catetos de un triángulo rectángulo
Distancia (d) entre dos puntos en un plano	$d = \sqrt{(x_2 - x_1)^2 + (y_2 - y_1)^2}$, donde (x_1, y_1) y (x_2, y_2) son dos puntos en un plano
Pendiente de una línea (m)	$m = \dfrac{y_2 - y_1}{x_2 - x_1}$ donde (x_1, y_1) y (x_2, y_2) son dos puntos en un plano

FÓRMULAS (continuación)	
Descripción	**Fórmula**
La media	media = $\dfrac{x_1 + x_2 + \cdots + x_n}{n}$ donde las x son los valores de los cuales se desea un promedio y n = número de valores de la serie
La mediana	mediana = el punto de un conjunto ordenado de números, en el cual la mitad de los números son superiores y la otra mitad de los números son inferiores a este valor
Interés simple (i)	$i = crt$, donde c = capital, r = razón, t = tiempo
Distancia (d) como función de velocidad y tiempo	$d = vt$, donde v = velocidad y t = tiempo
Costo total (c)	$c = nr$, donde n = número de unidades y r = costo por unidad

Prueba de práctica 1

1. Un vendedor paga $70 por 6 camisas. ¿Cuánto paga por una remesa de 150 camisas al mismo precio?

   (1) $420
   (2) $1,050
   (3) $1,200
   (4) $1,750
   (5) $1,870

2. Se necesitan ocho barriles de brea para esparcir en una carretera de $\frac{1}{2}$ milla. ¿Cuántos barriles de brea se necesitan para esparcir en $3\frac{1}{2}$ millas de carretera?

   (1) 7
   (2) 15
   (3) 50
   (4) 52
   (5) 56

3. La solución de la ecuación $x^2 - 2x - 3 = 0$ es

   (1) 0
   (2) 1
   (3) 2
   (4) –3
   (5) 3

4. El saldo de la cuenta del señor Blanco era de $2,674. Su balance cambió de la siguiente manera en un período de cuatro meses.

   –$348, + $765, + $802, –$518

   Su saldo al final del período de cuatro meses era de

   (1) $3,275
   (2) $3,375
   (3) $3,475
   (4) $4,241
   (5) $5,107

5. Un tanque de petróleo está lleno en su $\frac{5}{8}$ parte. Hacen falta 360 galones más para acabar de llenar el tanque. El número de galones que caben en el tanque es de

   (1) 135
   (2) 220
   (3) 900
   (4) 960
   (5) No se da suficiente información

6. La siguiente gráfica muestra las longitudes de algunos ríos famosos. ¿Cuál de las siguientes afirmaciones es correcta?

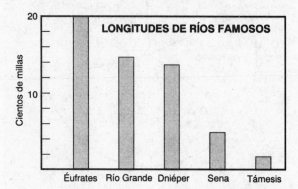

(1) El Támesis tiene una longitud de más de la mitad del río Sena
(2) El Dniéper tiene 1,200 millas de longitud
(3) El Éufrates tiene cerca de 250 millas más que el Río Grande
(4) El Río Grande es cerca de 1,000 millas más largo que el Sena
(5) El Támesis tiene cerca de 100 millas de largo

7. Un equipo de baloncesto profesional anotó el 25% de sus tantos en el primer cuarto del partido, el 15% en el segundo cuarto y el 40% en el tercer cuarto. Si el equipo obtuvo 21 puntos en el cuarto final del partido, ¿cuántos puntos el equipo obtuvo durante el partido?

(1) 84
(2) 96
(3) 100
(4) 105
(5) No se da suficiente información

8. El perímetro de la figura que se muestra es

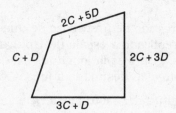

(1) $(C + D)(3C + D)$
(2) $7C + 10D$
(3) $8C + 9D$
(4) $8C + 10D$
(5) $9C + 8D$

9. Si $2x + 1 > 7$, entonces x debe ser mayor que

(1) 3
(2) 4
(3) 5
(4) 6
(5) 10

10. El señor Egan es propietario de una tienda de ropa masculina. Durante unas rebajas vende 69 trajes a $158 cada uno en el primer día. En el segundo día vende 47 trajes. ¿Cuál de las siguientes expresiones nos da el número de dólares que obtuvo en estos dos días?

(1) $(158)(69) + 47$
(2) $69 + (47)(158)$
(3) $69 (158 + 47)$
(4) $158 (69 + 47)$
(5) no se da suficiente información

11. En la figtura $\overline{AB} \parallel \overline{CD}$ y $\overline{AD} \parallel \overline{BC}$ m $\angle 1 = 62°$ y m $\angle 2 = 48°$. Encuentre m $\angle D$.

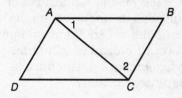

(1) 62°
(2) 48°
(3) 70°
(4) 110°
(5) 112°

12. Jaime es un vendedor que trabaja a comisión. Sus ganancias en un período de cinco semanas fueron de $379, $426, $514, $489 y $362. ¿Cuál fue su media (promedio de ganancias)?

(1) $420
(2) $434
(3) $435
(4) $440
(5) $462

13. Los ingresos impositivos de un hombre son de $14,200. Las instrucciones sobre impuestos estatales le dicen que debe pagar un 2% por sus primeros $1,000 de ganancias impositivas, un 3% en los segundos y terceros $1,000 y un 4% por el resto. Halle la cantidad total de impuestos que debe pagar.

(1) $448
(2) $528
(3) $600
(4) $820
(5) $902

14. Un experimentador plantó 120 semillas, de las cuales 90 germinaron. ¿Qué porcentaje de semillas no brotaron?

(1) 24%
(2) 25%
(3) 30%
(4) 45%
(5) 75%

15. Una fotografía de 8 pulgadas de largo y 6 pulgadas de ancho se amplía a un tamaño mayor, en el que su longitud será de 12 pulgadas. ¿Cuántas pulgadas tendrá de anchura la fotografía ampliada?

(1) 6
(2) 8
(3) 9
(4) 10
(5) 12

16. Una familia tiene ingresos de $3,000 por mes, después de la retención de los impuestos. La gráfica muestra la distribución de los ingresos. ¿Cuál de las siguientes informaciones es incorrecta?

(1) En alimentos y ropa se gasta menos de la mitad de los ingresos
(2) El costo mensual en ropa es de $360
(3) La medida del ángulo en el centro del sector que representa el alquiler es de 90°
(4) Los gastos de la familia en salud y recreación son de $450 mensuales
(5) Los gastos de la familia en alquiler mensual son dos veces mayores que los gastos en ropa.

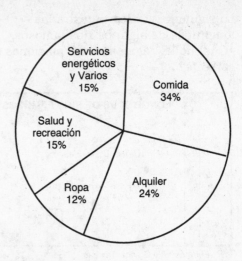

17. La longitud de onda de una luz roja es de .00000065 de un metro. Exprese este número en anotación científica.

(1) 6.5×10^{-7}
(2) 6.5×10^{7}
(3) 65×10^{-6}
(4) 650×10^{5}
(5) 6.5×10^{-6}

18. Un avión recorre 1,000 millas en 2 horas y 30 minutos. ¿Cuál es la velocidad media en millas por hora del avión?

(1) 200
(2) 300
(3) 350
(4) 400
(5) 600

19. Una tienda vende $14\frac{1}{2}$ galones de leche a $.35 por pinta. ¿Cuánto dinero recibió el tendero por la leche?

(1) $11.60
(2) $39.60
(3) $40.60
(4) $45.00
(5) $48.00

20. El trazado de un esbozo de una casa se ha realizado a escala de 1 pulgada = 6 pies. ¿Cuál es la longitud real de la habitación destinada a juegos si la longitud del esbozo es de $4\frac{1}{2}$ pulgadas?

(1) 27 pulgadas
(2) 24 pies
(3) 25 pies
(4) 26 pies
(5) 27 pies

21. 1 milímetro =

    (1) 1,000 metros
    (2) 10 kilómetros
    (3) $\dfrac{1}{100}$ de metro
    (4) $\dfrac{1}{1,000}$ de metro
    (5) 100 centímetros

22. ¿En qué ecuación el valor de x es 2?

    (1) $2x - 1 = 2$
    (2) $x^2 + x = 3$
    (3) $\dfrac{x}{3} = 2$
    (4) $3x - 1 = 5$
    (5) $8x = 24$

23. Si 5 camisas y 3 corbatas cuestan $88 y cada corbata cuesta $6, ¿cuánto cuesta una camisa?

    (1) $12.00
    (2) $14.00
    (3) $15.00
    (4) $15.50
    (5) $16.00

24. Eva compró un auto usado por $4,000. El auto se depreció un 25% durante el primer año. Después del segundo año, la depreciación fue de un 20% de su valor al principio de ese año. ¿Cuál era el valor del auto después de que Eva fuera su propietaria durante dos años?

    (1) $1,800
    (2) $2,200
    (3) $2,400
    (4) $2,500
    (5) $3,000

25. Las dimensiones interiores de un envase de almacenaje de forma rectangular son de 10 pies de longitud, 6 pies de anchura y 8 pies de alto. Cuando el envase se llena hasta una profundidad de 3 pies, ¿cuántos paquetes de trigo caben, si un paquete de trigo ocupa 2 pies cúbicos?

    (1) 90
    (2) 240
    (3) 360
    (4) 480
    (5) 960

26. $7a + 14b =$

    (1) $7(a + 14b)$
    (2) $14(2a + b)$
    (3) $7ab(1 + 2b)$
    (4) $7(a + 2b)$
    (5) $2(7a + 7b)$

27. Un huerto tiene x filas de árboles con y árboles en cada fila. Si n representa el número de árboles en el huerto, escriba la ecuación que expresa el número de árboles en términos de x e y.

    (1) $n = x + y$
    (2) $n = xy$
    (3) $x = n + y$
    (4) $y = nx$
    (5) $x = ny$

28. La pregunta 28 se basa en la siguiente línea numérica.

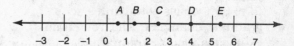

    ¿Qué letra de la línea numérica corresponde a $1\dfrac{5}{8} + \dfrac{3}{4}$?

    (1) A
    (2) B
    (3) C
    (4) D
    (5) E

29. La señora Parker compró un juego de comedor por $840 a plazo. Tuvo que pagar en efectivo el 25% del costo y pagar el resto en mensualidades iguales. ¿Cuánto tuvo que pagar cada mes?

    (1) $70
    (2) $75
    (3) $80
    (4) $90
    (5) No se da suficiente información

30. Un hombre compra un traje en rebaja. El precio original del traje era de $180, pero había una rebaja del 20%. Si el hombre pagó un 5% en impuestos sobre la venta, ¿cuánto le costó el traje?

    (1) $136.80
    (2) $142.30
    (3) $144.00
    (4) $151.20
    (5) $153.00

31. Se necesitan $2\frac{1}{4}$ yardas de material para hacer un juego de toallas. ¿Cuántas yardas de material se necesitan para hacer 7 juegos de toallas?

    (1) $14\frac{1}{4}$

    (2) $14\frac{4}{7}$

    (3) $15\frac{1}{4}$

    (4) $15\frac{1}{2}$

    (5) $15\frac{3}{4}$

32. La clase avanzada de la Escuela Superior Roosevelt tiene 460 alumnos. Si el 95% de los estudiantes se gradúan, cuántos fracasaron en sus exámenes y no se graduaron?

    (1) 23
    (2) 46
    (3) 400
    (4) 414
    (5) 437

33. Un carpintero y su ayudante ganan en total $24 por hora. Si el carpintero gana dos veces más que su ayudante, ¿cuántos dólares gana el carpintero por hora?

    (1) $12.00
    (2) $14.00
    (3) $16.00
    (4) $17.00
    (5) $18.00

34. Un automovilista conduce durante 12 horas a una velocidad de 48 millas por hora. Si su auto recorre 18 millas por cada galón de gasolina, ¿cuántos galones usó?

    (1) 30
    (2) 32
    (3) 34
    (4) 35
    (5) 36

35. Un patio tiene forma de rectángulo y su longitud es 8 pies más grande que su anchura. Si el perímetro del patio es de 128 pies, ¿cuál es la longitud del patio en pies?

    (1) 28
    (2) 36
    (3) 40
    (4) 48
    (5) 96

36. Si $a = 2b(c - 4)$, calcule el valor de a, si $b = 3$ y $c = 9$.

    (1) 11
    (2) 15
    (3) 30
    (4) 36
    (5) 48

37. Un rectángulo y un cuadrado tienen las mismas áreas. La longitud del rectángulo es 16 pies y su anchura es 9 pies. Si la longitud de un lado del cuadrado es x pies, la ecuación que se debería usar para encontrar x es

    (1) $x^2 = 9x + 16x$
    (2) $x^2 = 9 + 16$
    (3) $x^2 = 9 \cdot 16$
    (4) $x = \sqrt{16 + 9}$
    (5) $x^2 + 9^2 = 16^2$

38. La señora Ruíz compró 3 libras de manzanas a y centavos por libra y un melón por z centavos. Si le dio al vendedor un billete de $5.00, ¿cuánto le devolvió de cambio en centavos?

    (1) $5 - 3y - z$
    (2) $500 - 2x + z$
    (3) $5 - 2x - z$
    (4) $500 - 3y - z$
    (5) No se da suficiente información

39. Federico gana $2 por hora más que Daniel y Daniel gana $5 por hora menos que Eduardo. Si Eduardo gana $14 por hora, ¿cuánto gana Federico por hora?

    (1) $7
    (2) $8
    (3) $9
    (4) $10
    (5) $11

40. Durante una rebaja de televisores, se vendieron $\frac{1}{3}$ de los televisores el primer día y el segundo día se vendió la mitad de los que quedaron. ¿Qué parte fraccionaria de los televisores se quedaron sin vender después del segundo día?

    (1) $\frac{1}{8}$

    (2) $\frac{1}{5}$

    (3) $\frac{1}{4}$

    (4) $\frac{1}{3}$

    (5) $\frac{1}{2}$

41. Un frasco contiene una solución ácida de 40 onzas, de las cuales el 20% es ácido puro. Si se añaden 10 onzas de ácido puro al frasco, ¿qué porcentaje de ácido hay en la nueva mezcla?

    (1) 18%
    (2) 24%
    (3) 30%
    (4) 36%
    (5) 38%

42. Si $AB = AC$, $\overline{BD} \perp \overline{AC}$ y m$\angle C = 64°$, encuentre m$\angle ABD$.

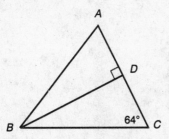

    (1) 26°
    (2) 30°
    (3) 38°
    (4) 40°
    (5) 42°

43. En una receta se pide $2\frac{1}{2}$ onzas de chocolate y $\frac{1}{2}$ taza de jarabe de maíz. Si sólo se dispone de 2 onzas de chocolate, la cantidad de jarabe que se debe usar, en tazas, es de

    (1) $\frac{1}{8}$

    (2) $\frac{3}{10}$

    (3) $\frac{2}{5}$

    (4) $\frac{4}{7}$

    (5) $\frac{4}{5}$

44. En esta figura, el radio del círculo más grande es R y el radio de los círculos pequeños es r. Escriba la fórmula que se puede usar para encontrar el área (A) de la porción sombreada.

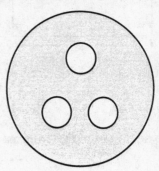

    (1) $A = \pi R^2 - \pi r^2$
    (2) $A = 2\pi R - 2\pi r$
    (3) $A = \pi R^2 - 3\pi r^2$
    (4) $A = \pi R - \pi r$
    (5) $A = 3\pi R^2 - \pi r$

45. Un hombre tiene 8 camisas blancas y 4 camisas azules. De estas camisas, 3 blancas y 2 azules están en la lavandería. Si escoge una camisa al azar de las que quedan, ¿qué probabilidad tiene de que sea blanca?

    (1) $\dfrac{8}{12}$

    (2) $\dfrac{5}{12}$

    (3) $\dfrac{2}{7}$

    (4) $\dfrac{5}{7}$

    (5) $\dfrac{5}{9}$

46. Se corta una esquina $\triangle AFE$ de un rectángulo como se muestra en la figura. El área de la figura que ha quedado, en pulgadas cuadradas, es de

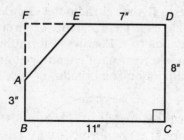

    (1) 29
    (2) 68
    (3) 78
    (4) 88
    (5) No se da suficiente información

47. Alberto está en dieta y limita su comida a 2,300 calorías diarias. Sigue la dieta cuidadosamente. Un día cenó lo siguiente:

Comida	Número de calorías
Sopa	150
Ensalada aliñada	300
Pollo al horno	450
Patata al horno	150
Alubias	100
Tarta de manzana	250

Si Alberto consumió 1,400 calorías a la hora de la cena y la cantidad de calorías en el almuerzo fueron el doble de calorías que consumió en el desayuno, ¿cuántas calorías consumió en el almuerzo?

    (1) 300
    (2) 450
    (3) 600
    (4) 900
    (5) No se da suficiente información

48. Si la pendiente de $\overline{AB}$ es 3, ¿cuál es el valor de y?

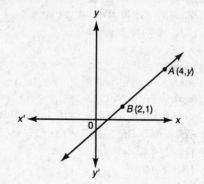

    (1) 3
    (2) 4
    (3) 5
    (4) 7
    (5) 9

49. Un barco navega x millas el primer día, y millas el segundo día y z millas el tercer día. El promedio de millas que realizó por día fue de

    (1) $\dfrac{xyz}{3}$

    (2) $\dfrac{x+y+z}{3}$

    (3) $3xyz$

    (4) $\dfrac{xy+z}{3}$

    (5) $3(x+y+z)$

50. $x = 6 \cdot 10^5 \div 3 \cdot 10^2$. Calcule el valor de x.

    (1) 8
    (2) 20
    (3) 200
    (4) 2,000
    (5) 4,000

Las preguntas 51 a 52 se basan en la siguiente información.

La compañía manufacturera ABC paga los salarios según la siguiente tabla.

| De lunes a viernes | $10.00 por hora |
| Sábado y domingo | $15.00 por hora |

51. ¿Qué expresión representa las ganancias semanales (en $) de un empleado que trabajó x horas durante la semana e y horas el fin de semana?

    (1) $25xy$
    (2) $10x + 15y$
    (3) $15x + 10y$
    (4) $25(x + y)$
    (5) No se da suficiente información

52. Empezando el lunes, ¿cuántos días seguidos (ocho horas al día) debe trabajar una persona para ganar al menos 1,000?

    (1) 5
    (2) 7
    (3) 10
    (4) 12
    (5) 14

53. La distancia entre el punto A (8,11) y el punto B (3,5) es aproximadamente de

    (1) 6
    (2) 6.5
    (3) 7
    (4) 7.8
    (5) 9

54. Carlos y Francisco compraron el mismo número de bonos. Carlos todavía los tiene, mientras que Francisco vendió $\dfrac{1}{3}$ de sus bonos. Entre ellos dos, todavía tienen 75 bonos. Halle el número de bonos que cada uno compró.

    (1) 30
    (2) 45
    (3) 48
    (4) 50
    (5) 56

55. Si $3y = 15$ y $2x + y = 19$, calcule el valor de x.

    (1) 5
    (2) 6.5
    (3) 7
    (4) 10
    (5) 12

56. Un estudiante obtuvo un puntaje de 73 en Inglés, 80 en Francés y 89 en Geometría. ¿Qué puntaje obtuvo en Historia si su promedio era de 85?

    (1) 84
    (2) 88
    (3) 92
    (4) 96
    (5) 98

CLAVE DE LAS RESPUESTAS

1. **4**	13. **2**	24. **3**	35. **2**	46. **3**
2. **5**	14. **2**	25. **1**	36. **3**	47. **3**
3. **5**	15. **3**	26. **4**	37. **3**	48. **4**
4. **2**	16. **3**	27. **2**	38. **4**	49. **2**
5. **4**	17. **1**	28. **3**	39. **5**	50. **4**
6. **4**	18. **4**	29. **5**	40. **4**	51. **2**
7. **4**	19. **3**	30. **4**	41. **4**	52. **4**
8. **4**	20. **5**	31. **5**	42. **3**	53. **4**
9. **1**	21. **4**	32. **1**	43. **3**	54. **2**
10. **5**	22. **4**	33. **3**	44. **3**	55. **3**
11. **3**	23. **2**	34. **2**	45. **4**	56. **5**
12. **2**				

ANÁLISIS DE LAS RESPUESTAS

Al explicar la respuesta correcta se hace referencia al capítulo y la sección que contiene el
material sobre la pregunta.

1. **4** Capítulo 20 (Algebra, Fundamentos)
Si x = al costo de 150 camisas.

Escribimos la proporción $\dfrac{6}{70} = \dfrac{150}{x}$

$6x = 70(150) = 10,500$

$x = \dfrac{10,500}{6} = 1,750$

2. **5** Capítulo 19 (Aritmética, Fracciones)

$3\dfrac{1}{2} \div \dfrac{1}{2} = \dfrac{7}{2} \div \dfrac{1}{2} = \dfrac{7}{2} \times \dfrac{2}{1} = 7$

Es decir, hay 7 unidades de media

milla en $3\dfrac{1}{2}$ millas.

Por cada unidad de media milla, se
necesitan 8 barriles de petróleo.
Para 7 unidades de media milla,
$7 \times 8 = 56$ barriles son necesarios.

3. **5** Capítulo 20 (Algebra, Resolver
ecuaciones)
Si sustituimos 3 por x en la ecuación
$x^2 - 2x - 3 = 0$, tenemos
$(3)^2 - 2(3) - 3 = 0$
$9 - 6 - 3 = 0$
$9 - 9 = 0$
De los números dados, 3 es el único
que, si lo sustituimos por x, equilibra
la ecuación.

4. **2** Capítulo 19 (Aritmética, Números
enteros)
Depósitos = \$765 + \$802 = \$1,567
Retiros = –\$348 + (–\$518) = –\$866

La diferencia entre los depósitos y los
retiros es
\$1,567 – \$866 = \$701 a favor de los
depósitos
De este modo, \$2,674 + 701 =
\$3,375.

5. **4** Capítulo 19 (Aritmética, Fracciones)
$\dfrac{8}{8} - \dfrac{5}{8} = \dfrac{3}{8}$ (parte del tanque que está
vacío)

$\dfrac{3}{8}$ del tanque = 360 galones

$\dfrac{1}{8}$ del tanque = 120 galones

$\dfrac{8}{8}$ del tanque (ó el tanque lleno) =
$8 \times 120 = 960$ galones

6. **4** Capítulo 22 (Gráficas, Gráficas de
barras)
Observe que cada línea subdivisoria
en el eje vertical representa 200
millas. El Río Grande tiene cerca de
1,500 millas de largo.
El Sena tiene cerca de 500 millas de
largo.
El Río Grande es cerca de 1,000
millas más largo que el Sena.

7. **4** Capítulo 19 (Aritmética, Porcentaje)
25% + 15% + 40% = 80% de los
puntos se obtuvieron en los tres
primeros cuartos.
100% – 80% = 20% de los puntos se
obtuvieron en el último cuarto.
Si x = el número de puntos
conseguidos en el partido.
20% de x = 21
$0.2x = 21$

$x = \dfrac{21}{2}$

$x = \dfrac{210}{2} = 105$ puntos

8. **4** Capítulo 21 (Geometría, Perímetros)
Para encontrar el perímetro de la
figura, sumamos las longitudes de los
cuatro lados de la figura.
Perímetro = $C + D + 2C + 5D + 2C +$
$3D + 3C + D$
Perímetro = $8C + 10D$

9. **1** Capítulo 20 (Algebra, Resolver
desigualdades)
$2x + 1 > 7$
$2x > 7 - 1$
$2x > 6$
$x > 3$

Observe que x puede ser $3\frac{1}{2}$; x no puede ser mayor que 4,5,6 ó 10.

10. **5** Capítulo 19 (Aritmética, Propiedades de las operaciones)
Puesto que el problema no indica el costo de los trajes vendidos en el segundo día, no se puede determinar una expresión para el total del costo.

11. **3** Capítulo 21 (Geometría, Conceptos geométricos y sus relaciones)

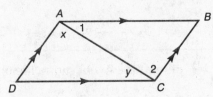

Puesto que $\overline{AB} \parallel \overline{CD}$, m $\angle y$ = m $\angle 1$ = 62°
Puesto que $\overline{AD} \parallel \overline{BC}$, m $\angle x$ = m $\angle 2$ = 48°

m $\angle D$ + m $\angle x$ + m $\angle y$ = 180°
m $\angle D$ + 62 + 48 = 180
m $\angle D$ + 110 = 180
m $\angle D$ = 180 – 110 = 70°.

12. **2** Capítulo 20 (Algebra, La media y la mediana)
Para encontrar el promedio de los 5 números, debemos sumarlos y dividir el resultado por 5.
379 + 426 + 514 + 489 + 362 = 2,170
$2,170 ÷ 5 = $434

13. **2** Capítulo 19 (Aritmética, Porcentaje)
2% de $1,000 = .02 × $1,000 = $20
3% de 2,000 = .03 × $2,000 = $60
$14,200 – $3,000 = $11,200
4% de $11,200 = .04 × $11,200 = $448
Total = $20 + $60 + $488 = $528

14. **2** Capítulo 19 (Aritmética, Fracciones)
El número de semillas que no brotaron fue de 120 – 90 = 30. La parte fraccionaria de semillas que no brotaron es $\frac{30}{120}$.

$$\frac{30}{120} = \frac{1}{4} = 25\%$$

15. **3** Capítulo 20 (Algebra, Razón y proporción)
Puesto que la fotografía y su ampliación son figuras similares, las dos longitudes tienen la misma proporción que las dos anchuras.

$$\frac{\text{longitud de la foto}}{\text{longitud de la foto ampliada}} =$$

$$\frac{\text{anchura de la foto}}{\text{anchura de la foto ampliada}}$$

$$\frac{8}{12} = \frac{6}{\text{anchura de la foto ampliada}}$$

8 × anchura de la foto ampliada = 12 × 6 = 72

anchura de la ampliación = $\frac{72}{8}$ = 9

16. **3** Capítulo 22 (Gráficas, Gráficas circulares)
Considere el enunciado (3). Puesto que la suma de las medidas de los ángulos en el centro del círculo es 360°, la medida del ángulo del sector que representa el alquiler es el 24% de 360 = .24 × 360 = 86.4°. La afirmación que dice que la medida del ángulo en el sector del alquiler es 90° es falsa. Las otras cuatro opciones son verdaderas.

17. **1** Capítulo 20 (Algebra, Exponentes y anotación científica)
Para escribir un número en anotación científica, lo escribimos como el producto de un número entre 1 y 10 y como potencia de 10.
En este caso, el número entre 1 y 10 es 6.5. Para ir de 6.5 hasta .00000065 movemos el punto decimal 7 espacios hacia la izquierda. De este modo, .00000065 = 6.5×10^{-7}.

18. **4** Capítulo 19 (Aritmética, Fracciones)
Para encontrar el promedio de la velocidad de un avión, dividimos 1,000 por el tiempo que tarda ($2\frac{1}{2}$ horas).

$$\frac{1000}{2\frac{1}{2}} = \frac{1000}{\frac{5}{2}} = \frac{2(1000)}{5}$$

$$\frac{2000}{5} = 400$$

19. **3** Capítulo 23 (Medidas, Medidas de líquidos)
1 galón = 4 cuartos de galón
1 cuarto = 2 pintas
De este modo, 1 galón = 8 pintas
$14\frac{1}{2}$ galones = $\frac{29}{2}$ × 8 = 116 pintas
A $.35 por pinta, tenemos 116 × .35 = $40.60.

20. **5** Capítulo 20 (Algebra, Razón y proporción)

Si 1 pulgada representa 6 pies,

entonces $4\frac{1}{2}$ pulgadas representan

$(4\frac{1}{2})$ (6) pies.

$$(4\frac{1}{2})(6) = \frac{9}{2} \times 6 = 27 \text{ pies}$$

21. 4 Capítulo 23 (Medidas, Sistema métrico)

1,000 milímetros = 1 metro

ó 1 milímetro = $\frac{1}{1,000}$ metro

22. 4 Capítulo 20 (Algebra, Resolver ecuaciones)

Si reemplazamos x por 2 en la ecuación

$3x - 1 = 5$, tenemos $3(2) - 1 = 5$ ó $6 - 1 = 5$. De este modo, 2 es el valor de x en la ecuación $3x - 1 = 5$.

Al reemplazar x por 2 no equilibramos ninguna de las otras ecuaciones dadas.

23. 2 Capítulo 19 (Aritmética, Números enteros)

Si cada corbata cuesta $6, luego 3 corbatas cuestan $18. Las camisas cuestan $88 – $18 = $70.

Si 5 camisas cuestan $70, entonces 1 camisa cuesta $70 ÷ 5 = $14.

24. 3 Capítulo 19 (Aritmética, Porcentaje)

$25\% = \frac{1}{4}$, $\frac{1}{4}$ de $4,000 = $1,000

El valor del auto era de $4,000 – $1,000 = $3,000 al final del primer año.

$20\% = \frac{1}{5}$, $\frac{1}{5}$ de $3,000 = $600

$3,000 – $600 = $2,400. El auto tenía un valor de $2,400 al cabo de los dos años.

25. 1 Capítulo 21 (Geometría, Puntos, líneas y espacios)

Usamos la formula $V = lah$. (Siendo l = longitud, a = anchura, h = altura.)

En este caso, $l = 10$, $a = 6$, $h = 3$.

$V = 10 \times 6 \times 3 = 180$ pies cúbicos.

$180 ÷ 2 = 90$ paquetes

26. 4 Capítulo 20 (Algebra, Ecuaciones de segundo grado)

Descomponemos en factores el binomio $7a + 14b$.

Puesto que 7 es un factor común, $7a + 14b = 7(a + 2b)$.

27. 2 Capítulo 20 (Algebra, Fundamentos)

Para encontrar el número (n) de árboles en el huerto, multiplicamos el número de filas (x) por el número de árboles (y) en cada fila, o sea $n = xy$.

28. 3 Capítulo 19 (Aritmética, Línea numérica)

$$1\frac{5}{8} = \frac{13}{8}$$

$$\frac{13}{8} + \frac{3}{4} = \frac{13}{8} + \frac{6}{8} = \frac{19}{8}$$

$$\frac{19}{8} = 2\frac{3}{8}$$

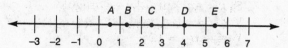

Localizamos $2\frac{3}{8}$ en la línea numérica al ir ligeramente a la izquierda del punto medio entre el 2 y el 3. La localización es el punto C.

29. 5 Capítulo 19 (Aritmética, Números enteros)

Como en el problema no se especifica el número de pagos mensuales iguales, la cantidad de cada pago mensual no se puede determinar.

30. 4 Capítulo 19 (Aritmética, Porcentaje)

$20\% = \frac{1}{5}$, $\frac{1}{5}$ de 180 = $\frac{180}{5}$ = $36 de reducción

$180 – $36 = $144, precio rebajado del traje

$144(.05) = $7.20 impuestos sobre la venta

$144 + $7.20 = $151.20 es el costo final.

31. 5 Capítulo 23 (Medidas, Operaciones con medidas)

$$2\frac{1}{4} = \frac{9}{4} \times 7 = \frac{63}{4} = 15\frac{3}{4}$$

Se necesitan $15\frac{3}{4}$ yardas de material.

32. 1 Capítulo 19 (Aritmética, Porcentaje)

95% de 460 = $.95 \times 460 = 437$ de graduados

$460 – 437 = 23$ no se graduaron.

33. 3 Capítulo 20 (Algebra, Resolver problemas)

Si x = número de dólares ganados por el ayudante

Y $2x$ = número de dólares que gana el carpintero

$x + 2x = 24$

$3x = 24$

$x = 24 \div 3 = \$8$ ganó el ayudante

$2x = 2 \times 8 = \$16$ ganó el carpintero

34. **2** Capítulo 19 (Aritmética, Números enteros)

$12 \times 48 = 576$ millas recorrió el automovilista

$576 \div 18 = 32$ galones de gasolina usó para el recorrido

35. **2** Capítulo 20 (Algebra, Resolver problemas)

Si x = anchura del rectángulo

Y $x + 8$ = longitud del rectángulo

Perímetro = 128

$x + x + 8 + x + x + 8 = 128$

$4x + 16 = 128$

$4x = 128 - 16 = 112$

$x = \dfrac{112}{4} = 28$

$x + 8$ = longitud = 36

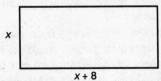

36. **3** Capítulo 20 (Algebra, Resolver Problemas)

$a = 2b(c - 4)$

$a = 2(3)(9 - 4)$

$a = 2(3)(5) = 30$

37. **3** Capítulo 20 (Algebra, Resolver problemas)

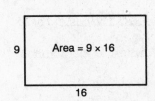 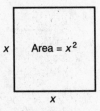

Puesto que las áreas son iguales, tenemos $x^2 = 9 \cdot 16$.

38. **4** Capítulo 20 (Algebra, Fundamentos)

La señora Ruíz compra las manzanas a $3y$ centavos y el melón a z centavos. Da al vendedor \$5.00 ó 500 centavos. Cuando la señora Ruíz obtiene el cambio es 500 menos $3y$ centavos y z centavos. O sea, el cambio es $500 - 3y - z$.

39. **5** Capítulo 19 (Aritmética, Números enteros)

Eduardo gana \$14 por hora.

Daniel gana \$5 menos que Eduardo, es decir \$9 por hora.

Federico gana \$2 más por hora que Daniel, es decir \$11 por hora.

40. **4** Capítulo 19 (Aritmética, Fracciones)

$\dfrac{1}{3}$ de los televisores se vendieron el primer día.

$\dfrac{2}{3}$ de los televisores fueron los que quedaron después del primer día.

$\dfrac{1}{2}$ de $\dfrac{2}{3}$, ó $\dfrac{1}{3}$ de los televisores se vendieron en el segundo día.

Puesto que $\dfrac{1}{3} + \dfrac{1}{3} = \dfrac{2}{3}$ de los televisores se vendieron, entonces $\dfrac{1}{3}$ de los televisores quedaron sin venderse.

41. **4** Capítulo 19 (Aritmética, Porcentaje)

20% de 40 = $\dfrac{1}{5}$ de 40 = 8 onzas de ácido puro hay en el frasco.

Cuando se añaden 10 onzas de ácido puro, el frasco contiene ahora 40 + 10 = 50 onzas.

De esto, 8 + 10 = 18 onzas es ácido puro.

$\dfrac{18}{50} = \dfrac{18}{50} \times \dfrac{2}{2} = \dfrac{36}{100}$, ó sea 36%

42. **3** Capítulo 21 (Geometría, Conceptos geométricos y sus relaciones)

Debido a que $AB = AC$, m $\angle ABC$ = m $\angle C = 64°$.

En $\triangle BCD$, $\overline{BD} \perp \overline{AC}$ y m $\angle CDB = 90°$.

m $\angle DBE = 90° - 64° = 26°$

m $\angle ABD$ = m $\angle ABC$ – m $\angle DBC = 64° - 26° = 38°$.

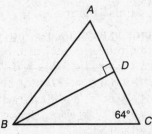

43. **3** Capítulo 20 (Algebra, Razón y proporción)

Si x = la cantidad de jarabe de maíz que se necesita. Establecemos la siguiente proporción:

$$\frac{2\frac{1}{2}}{2} = \frac{\frac{1}{2}}{x}, \quad \frac{\frac{5}{2}}{2} = \frac{\frac{1}{2}}{x}$$

$$\frac{5}{2}x = 2\left(\frac{1}{2}\right) = 1$$

$$5x = 2$$

$$x = \frac{2}{5} \text{ taza de jarabe de maíz}$$

44. **3** Capítulo 21 (Geometría, Perímetros)
Para encontrar la fórmula para el área de la porción sombreada, debemos encontrar el área del círculo grande y restar el resultado de la suma de las áreas de los círculos pequeños.

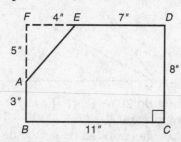

Area del círculo grande = πR^2
Area de cada círculo pequeño = πr^2
La suma de las áreas de los 3 círculos es $3\pi r^2$
De este modo, el área de la porción sombreada es de $\pi R^2 - 3\pi r^2$

45. **4** Capítulo 20 (Algebra, Probabilidad)
El hombre tiene 5 camisas blancas y 2 azules disponibles.
Probabilidad =

$$\frac{\text{número de resultados exitosos}}{\text{número de posibles resultados}}$$

En este caso, el número de resultados exitosos es 5 y el número de posibles resultados es 7.
La probabilidad de la selección de una camisa blanca es $\frac{5}{7}$.

46. **3** Capítulo 21 (Geometría, Areas)

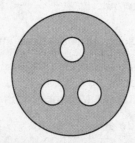

Debemos encontrar el área del rectángulo *BCDF* y restarle el área del triángulo *AFE*.

Area del rectángulo *BCDF* = $BC \times CD$
= $11 \times 8 = 88$ pulgadas cuadradas
Puesto que $AF = 8 - 3 = 5''$ y $FE = 11 - 7 = 4''$, entonces el área del triángulo es

$$AFE = \frac{1}{2}(AF \times EF)$$

$$= \frac{1}{2}(5 \times 4)$$

$$= \frac{1}{2}(20) = 10 \text{ pulgadas cuadradas}$$

El área de la figura que queda es
88 – 10 = 78 pulgadas cuadradas.

47. **3** Capítulo 20 (Algebra, Resolver problemas)
2,300 – 1,400 = 900 calorías en el almuerzo y el desayuno.
Si x = número de calorías al desayuno
y $2x$ = número de calorías en el almuerzo,

$$x + 2x = 900$$
$$3x = 900$$
$$x = 300$$
$$2x = 600 \text{ calorías en el almuerzo}$$

48. **4** Capítulo 21 (Geometría, Coordenadas geométricas)

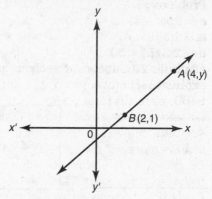

Pendiente de $\overline{AB}$ =

$$\frac{\text{cambio en las coordenadas } y}{\text{cambio en las coordenadas } x} = \frac{y-1}{4-2}$$

De este modo, $\frac{y-1}{2} = 3$
$y - 1 = 6$
$y = 6 + 1 = 7$

49. **2** Capítulo 20 (Algebra, La media y la mediana)
Para encontrar el promedio de las tres cantidades, sumamos las tres cantidades y dividimos el resultado de la suma por 3. De este modo, el promedio de x, y y z es $(x + y + z) \div 3$.

50. **4** Capítulo 20 (Algebra, Exponentes y evaluaciones)

$6 \cdot 10^5 = 6(100,000) = 600,000$

$3 \cdot 10^2 = 3(100) = 300$

$600,000 \div 300 = 2,000$

Método alternativo:

Para obtener el resultado más directamente,

$$\frac{6 \cdot 10^5}{3 \cdot 10^2} = 2 \cdot 10^3 = 2(1,000) = 2,000$$

51. **2** Capítulo 20 (Algebra, Fundamentos)

Un empleado que trabaja x horas durante la semana gana $10 por hora ó $10x$ por día hábil. Por las y horas durante el fin de semana, el empleado gana $15 por hora o $15y$ dólares por el fin de semana. El total de ganancias se puede representar por lo tanto sumando $10x + 15y$.

52. **4** Capítulo 19 (Aritmética, Números enteros)

A $10.00 por hora durante los días de semana, un empleado puede ganar $80.00 diarios ó $(5)(80) = 400, los primeros cinco días de la semana. A $15.00 por hora durante los fines de semana, el empleado puede ganar $(15)(8) = 120 cada día del fin de semana ó $240 el fin de semana. Si sumamos esta cifra a $400 el resultado es $640 por los siete días de la semana. Después de trabajar cinco días más durante la semana siguiente, el empleado puede ganar $400, para un total de $1,040.

Observe que con sólo cuatro días una segunda semana le daría sólo $960, o sea $80 menos.

De este modo, el empleado debería trabajar durante 12 días consecutivos.

53. **4** Capítulo 21 (Geometría, Congruencia y similitud)

Trazamos los puntos A y B y completamos un triángulo rectángulo ACB. Las coordenadas del punto C son (8,5)

$BC = 8 - 3 = 5$

$AC = 11 - 5 = 6$

Usamos el teorema de Pitágoras para obtener

$(AB)^2 = (BC)^2 + (AC)^2$

$(AB)^2 = 5^2 + 6^2 = 25 + 36 = 61$

$AB = \sqrt{61} = 7.8$ aproximadamente

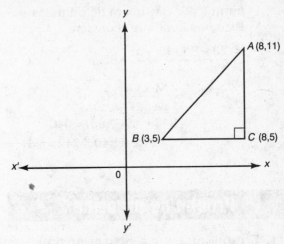

Método alternativo:

Usamos la fórmula de la distancia

$$d = \sqrt{(x_2 - x_1)^2 + (y_2 - y_1)^2}$$

En este caso, $x_1 = 3$, $x_2 = 8$, $y_1 = 5$, $y_2 = 11$

$d = \sqrt{(8-3)^2 + (11-5)^2}$

$d = \sqrt{5^2 + 6^2} = \sqrt{25 + 36}$

$d = \sqrt{61} = 7.8$ aproximadamente

54. **2** Capítulo 20 (Algebra, Resolver Problemas)

Si x = número de bonos que tiene Carlos

Y $\dfrac{2x}{3}$ = número de bonos que tiene Federico

$x + \dfrac{2x}{3} = 75$

Si multiplicamos ambos lados de la ecuación por 3, tenemos

$3x + 2x = 3(75) = 225$

$5x = 225$

$x = 225 \div 5 = 45$

Originalmente, cada uno compró 45 bonos.

55. **3** Capítulo 20 (Algebra, Resolver ecuaciones)

$3y = 15$, $y = 15 \div 3 = 5$

$2x + y = 19$, $2x + 5 = 19$

$2x = 19 - 5 = 14$

$x = 14 \div 2 = 7$

56. **5** Capítulo 20 (Algebra, La media y la mediana)

Si x = el resultado obtenido en Historia

Para encontrar el promedio del grupo de puntajes, dividimos la suma de los

puntos por el número de puntajes.
Esto nos lleva a la ecuación

$$\frac{73 + 80 + 89 + x}{4} = 85$$

$$\frac{242 + x}{4} = 85$$

$$242 + x = 4(85) = 340$$

$$x = 340 - 242 = 98$$

Prueba de práctica 2

1. En una audiencia teatral de 650
   personas, el 80% eran adultos.
   ¿Cuántos niños había en la audiencia?

   (1) 130
   (2) 150
   (3) 450
   (4) 500
   (5) 520

2. La escala de un mapa es de 1 pulgada =
   60 millas. Si dos ciudades están a una
   distancia de 255 millas, ¿a qué
   distancia se encuentran las dos
   ciudades en el mapa, en pulgadas?

   (1) 4

   (2) $4\frac{1}{4}$

   (3) $4\frac{1}{2}$

   (4) $4\frac{5}{6}$

   (5) $4\frac{7}{8}$

3. Un carpintero tiene un tablero de 4 pies
   y 3 pulgadas de longitud. Si corta una
   pieza de 2 pies y 8 pulgadas, la longitud
   del resto del tablero es de

   (1) 1 pie, 5 pulg.
   (2) 2 pies, 7 pulg.
   (3) 2 pies, 5 pulg.
   (4) 1 pie, 7 pulg.
   (5) 2 pies, 3 pulg.

4. ¿Cuántos pies cuadrados de cartón se
   necesitan para hacer una caja cerrada
   de 5 pies de largo, 3 pies de ancho y 2
   pies de altura?

   (1) 40
   (2) 50
   (3) 54
   (4) 60
   (5) 62

5. Para saber el peso de un hombre, la
   unidad métrica que se usa es el

   (1) litro
   (2) milímetro
   (3) kilogramo
   (4) metro cúbico
   (5) centímetro

6. Si O es el centro de un círculo y m $\angle B$ =
   52° encuentre m $\angle O$.

   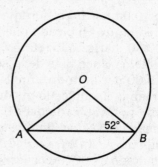

   (1) 52°
   (2) 76°
   (3) 80°
   (4) 94°
   (5) No se da suficiente información

7. En un segmento $\overline{AC}$, $AB:BC$ = 3:5 y BC
   = 20".

   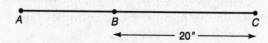

   La longitud de $\overline{AB}$, en pulgadas, es de

   (1) 3
   (2) 10
   (3) 12
   (4) 15
   (5) 16

8. Se corta transversalmente un tubo como el que se muestra. Encuentre el grosor del tubo si el diámetro exterior es de $7\frac{1}{2}$ pulgadas y el diámetro interior es $4\frac{1}{2}$ pulgadas.

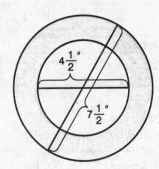

(1) 1 pulgada

(2) $1\frac{1}{4}$ pulgadas

(3) $1\frac{1}{2}$ pulgadas

(4) 2 pulgadas

(5) 3 pulgadas

9. El salario semanal del señor Gris incrementó de $520 a la semana a $580 semanales. El aumento en su salario, como tanto por ciento, es

(1) 10%
(2) 11%
(3) 12%
(4) 14%
(5) 15%

10. Un comprador compra una hogaza de pan a *x* centavos y 2 libras de café a *y* centavos la libra. Si paga con un billete de $5.00, el número de centavos que recibe como cambio es

(1) $500 - x - y$
(2) $500 - (x - y)$
(3) $500 - x + y$
(4) $500 - x - 2y$
(5) $x + y - 500$

11. El área de una sala de estar rectangular es de 240 pies cuadrados. Si la longitud de la habitación es de 20 pies, ¿cuál es el perímetro de la habitación en pies?

(1) 12
(2) 32
(3) 50
(4) 64
(5) No se da suficiente información

12. La sala de cine Estrella cobra $2 por las proyecciones por la mañana y $4 en la tarde. En un día se vendieron 267 entradas para la mañana y 329 para la tarde. Una expresión que representa la recaudación total del día es

(1) $4(267) + 2(329)$
(2) $2(267) + 4(329)$
(3) $6(267 + 329)$
(4) $2(267 + 329) + 4 (267 + 329)$
(5) $4(267 + 329)$

13. Un grupo de pintores puede pintar un apartamento en $4\frac{1}{2}$ horas. ¿Qué parte del apartamento pueden pintar en $2\frac{1}{2}$ horas?

(1) $\frac{5}{9}$

(2) $\frac{5}{7}$

(3) $\frac{2}{3}$

(4) $\frac{5}{6}$

(5) $\frac{7}{8}$

14. ¿Cuál de los siguientes enunciados expresa 2,347,516 en anotación científica?

(1) 2.347516×10^5
(2) 23.47516×10^5
(3) 234.7516×10^4
(4) 23.47516×10^6
(5) 2.347516×10^6

15. $x^2 - 5x + 6$ se puede escribir

    (1) $(x + 3)(x + 2)$
    (2) $(x + 3)(x - 2)$
    (3) $(x - 3)(x - 2)$
    (4) $(x - 3)(x + 2)$
    (5) $x(5x + 6)$

16. Una clase tiene 32 estudiantes. Un día determinado, x estudiantes no asistieron. ¿Qué parte fraccionaria de la clase asistió a la clase?

    (1) $\dfrac{x}{32}$

    (2) $\dfrac{32 - x}{x}$

    (3) $\dfrac{x}{32 - x}$

    (4) $\dfrac{32 - x}{32}$

    (5) $\dfrac{32 - x}{32 + x}$

17. En la Escuela Superior Adams hay 402 estudiantes que toman clases de español y francés. Si hay dos veces más estudiantes que toman clases de español que los que van a clases de francés, ¿cuántos estudiantes estudian español?

    (1) 134
    (2) 150
    (3) 200
    (4) 258
    (5) 268

18. ¿Cuál de las siguientes afirmaciones es correcta?

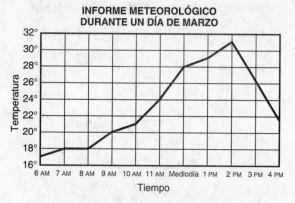

INFORME METEOROLÓGICO DURANTE UN DÍA DE MARZO

    (1) El cambio de temperatura entre las 7 A.M. y el mediodía fue de 8°
    (2) La temperatura más alta durante el día fue de 32°
    (3) El cambio de temperatura entre las 8 A.M. y el mediodía fue −10°
    (4) La temperatura no cambió entre las 7 A.M. y las 8 A.M.
    (5) La temperatura al mediodía era de 30°

19. Un cargamento de 2,200 libras de azúcar es empaquetado en bolsas de 40 onzas. ¿Cuántas bolsas se necesitan para empaquetar todo el cargamento?

    (1) 640
    (2) 750
    (3) 780
    (4) 800
    (5) 880

20. Un barco navega 8 millas en dirección este y luego 15 millas en dirección norte. ¿A cuántas millas está el barco desde su punto de partida?

    (1) 17
    (2) 19
    (3) 20
    (4) 24
    (5) 25

21. Un vendedor de libros gana el 12% de comisión por ventas. El pasado mes, vendió 385 libros de estudio a $23 por libro, 18 libros de arte a $49 cada uno y una remesa de 396 novelas a $18 por libro. ¿Cuál es la comisión del mes en dólares?

    (1) $202
    (2) $2,000
    (3) $2,020
    (4) $2,024
    (5) $2,100

22. La señora Martínez compró 120 valores de la corporación RST a $32\frac{3}{4}$ y las vendió un año más tarde a $36\frac{1}{2}$. Su ganancia antes de pagar la comisión y los impuestos fue de

    (1) $400
    (2) $450
    (3) $480
    (4) $520
    (5) $560

23. El señor y la señora Cobin realizaron un viaje en auto. Cuando empezaron el viaje, el odómetro indicaba 8,947 millas. Al finalizarlo, el odómetro indicaba 9,907 millas. ¿Cuántos galones de gasolina usaron en el viaje?

    (1) 36
    (2) 38
    (3) 40
    (4) 41
    (5) No se da suficiente información

24. En una clase de 34 estudiantes, hay 6 chicas más que chicos. ¿Cuántas chicas hay en la clase?

    (1) 14
    (2) 15
    (3) 18
    (4) 20
    (5) 22

25. Exprese el número de millas por hora que se necesitan para recorrer 120 millas en x horas.

    (1) $\dfrac{120}{x}$
    (2) $\dfrac{x}{120}$
    (3) $120x$
    (4) $120 + x$
    (5) $x - 120$

26. En cinco años la población de una ciudad ha aumentado de 2,800 a 3,500. El porcentaje del incremento fue del

    (1) 20%
    (2) 25%
    (3) 30%
    (4) 40%
    (5) 70%

27. El señor Rubio asegura su edificio contra incendios por $90,000 a una tasa anual de $.39 por $100. Después de reconstruir las secciones de madera del edificio con materiales a prueba de fuego, su seguro fue reducido a $.34 por $100. ¿Cuánto ahorró el señor Rubio en un año haciendo esta reparación?

    (1) $45
    (2) $450
    (3) $495
    (4) $4,500
    (5) No se da suficiente información

28. Una cesta de manzanas que pesa 20 libras cuesta $12. ¿Cuánto costaría una cesta de 15 libras al mismo precio?

    (1) $8
    (2) $9
    (3) $10
    (4) $12
    (5) $14

29. Una mujer compra en el Día de Acción de Gracias un pavo que pesa 19 libras y 6 onzas. Si el pavo se vende a $.88 por libra, ¿cuánto cambio recibe la señora después de pagar con un billete de $20?

    (1) $1.95
    (2) $2.05
    (3) $2.95
    (4) $3.95
    (5) $4.15

30. Francisco tenía x dólares y compró y artículos de z dólares cada uno. El número de dólares que le quedaron a Francisco fue de

    (1) $yz - x$
    (2) $yx - z$
    (3) $x - yz$
    (4) $x + yz$
    (5) $xy + z$

Las preguntas 31 y 32 se basan en la siguiente información.

La tarifa de la compañía de taxis Checker es la siguiente

la primera quinta parte
de una milla   1 dólar

cada quinto de milla
después del primero   20 centavos

31. ¿Cuánto costaría un recorrido de 3 millas (sin incluir la propina)?

    (1) $2.00
    (2) $2.50
    (3) $3.00
    (4) $3.80
    (5) $5.00

32. Si $1 es dado de propina para el conductor, ¿qué recorrido se puede hacer con $10?

    (1) 5 millas o menos
    (2) más de 5 millas, pero no más de 7 millas
    (3) más de 7 millas, pero no más de 9 millas
    (4) más de 9 millas, pero no más de 10 millas
    (5) más de 10 millas

33. Un semicírculo se levanta sobre un rectángulo cuya longitud es $2a$ y su anchura es a. La fórmula para encontrar A, el área de toda la figura, es

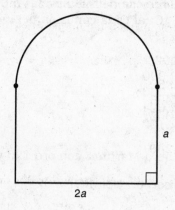

    (1) $A = 2a^2 + \dfrac{1}{2}\pi a^2$
    (2) $A = 2\pi a^2$
    (3) $A = 3\pi a^2$
    (4) $A = 2a^2 + \pi a^2$
    (5) No se da suficiente información

34. La gráfica indica un día corriente en la vida de un hombre. ¿Cuál de las siguientes afirmaciones es correcta?

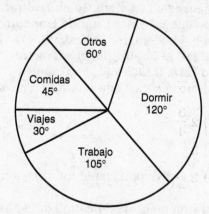

    (1) El hombre trabaja 8 horas al día
    (2) El hombre gasta 1 hora más en comer que en viajar
    (3) El hombre duerme 7 horas por día
    (4) el hombre destina la mitad de su tiempo a trabajar y viajar
    (5) El hombre destina 4 horas para comer

35. Un tanque de almacenaje de petróleo que tiene forma cilíndrica está lleno. El radio de la base del tanque es de 7 pies y la altura es de 6 pies. Halle el número de galones de petróleo en el tanque si cada pie cúbico de espacio contiene $7\frac{1}{2}$ galones de petróleo. (Use $\pi = \frac{22}{7}$).

    (1) 1,980
    (2) 3,465
    (3) 5,000
    (4) 6,930
    (5) 7,200

36. Si $y = 2x^2 (z - 3)$, halle el valor de y si $x = 5$ y $z = 7$.

    (1) 54
    (2) 150
    (3) 180
    (4) 200
    (5) 400

37. La tarifa de un taxi es de 50 centavos el primer cuarto de milla y 20 centavos por cada cuarto de milla adicional. ¿Cuántas millas se pueden recorrer con $2.50?

    (1) $2\frac{1}{4}$

    (2) $2\frac{1}{2}$

    (3) $2\frac{3}{4}$

    (4) 3

    (5) $3\frac{1}{4}$

38. La tabla muestra las primas anuales para una póliza de un seguro de vida para diferentes edades.

Edad en años	Primas por $1,000
22	$18
30	$22
38	$28
46	$38

    Si el pago de la póliza se completa después de 20 años, ¿cuánto se ahorra si se adquiere una póliza de $10,000 a la edad de 30 años en vez de 46?

    (1) $160
    (2) $320
    (3) $400
    (4) $3,200
    (5) $4,000

39. En un triángulo rectángulo, si la razón de los dos ángulos agudos es de 3:2, el número de grados del ángulo agudo mayor es de

    (1) 36
    (2) 54
    (3) 72
    (4) 90
    (5) No se da suficiente información

40. Si $3x - 1 < 5$, entonces x debe ser

    (1) mayor que 2
    (2) menor que 2
    (3) mayor que 3
    (4) menor que 0
    (5) mayor que 5

41. Si $\overleftrightarrow{AB} \parallel \overleftrightarrow{GH}$, m $\angle$BDE = 100°, $\overline{DJ}$ bisecta $\angle$BDE, $\overline{EJ}$ bisecta $\angle$DEH, encuentre m $\angle$J.

    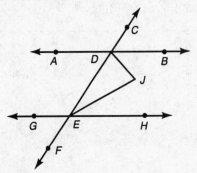

    (1) 40°
    (2) 60°
    (3) 65°
    (4) 75°
    (5) 90°

42. Una silla tiene un precio rebajado de $315. El descuento ha sido del 25% del precio original. ¿Cuál era el precio original?

    (1) $236.50
    (2) $390
    (3) $420
    (4) $450
    (5) $520

43. Hay 48 parejas en un baile. Cada pareja consiste en 1 hombre y 1 mujer. El señor Fortunato selecciona al azar su pareja para bailar en el próximo baile. ¿Qué posibilidad tiene el señor Fortunato de elegir a su propia mujer?

    (1) $\dfrac{1}{50}$

    (2) $\dfrac{1}{48}$

    (3) $\dfrac{2}{48}$

    (4) $\dfrac{1}{2}$

    (5) $\dfrac{2}{3}$

44. ¿Cuál de los siguientes arreglos es correcto?

    (1) $\dfrac{4}{5} > \dfrac{2}{3} > \dfrac{5}{7}$

    (2) $\dfrac{5}{7} > \dfrac{2}{3} > \dfrac{4}{5}$

    (3) $\dfrac{4}{5} > \dfrac{5}{7} > \dfrac{2}{3}$

    (4) $\dfrac{2}{3} > \dfrac{4}{5} > \dfrac{5}{7}$

    (5) $\dfrac{5}{7} > \dfrac{4}{5} > \dfrac{2}{3}$

45. Si p libras de naranjas se pueden comprar con c centavos, ¿cuántas libras se pueden comprar con 98 centavos?

    (1) $\dfrac{98c}{p}$

    (2) $98cp$

    (3) $\dfrac{cp}{98}$

    (4) $\dfrac{98p}{c}$

    (5) $\dfrac{p}{98c}$

46. Un hombre invierte $6,000 en valores que le dan un dividendo del 5% anual de su inversión. ¿Cuánto más debe invertir en valores que le dan un 6% anual en dividendos, si sus ganancias anuales en ambas inversiones es de $900?

    (1) $3,000
    (2) $5,000
    (3) $8,000
    (4) $10,000
    (5) $12,000

47. Un árbol tiene 24 pies de altura y hace una sombra de 10 pies. Al mismo tiempo una torre hace una sombra de 25 pies. ¿Cuál es la altura de la torre en pies?

    (1) 45
    (2) 60
    (3) 75
    (4) 80
    (5) 84

48. El señor Burns está en dieta. Para desayunar y almorzar consume el 40% del número de calorías que se le permite. Si aún puede consumir 1,200 calorías más al día, el número de calorías que se le permite al día es de

    (1) 2,000
    (2) 2,200
    (3) 2,400
    (4) 2,500
    (5) 2,800

49. Si $3x - y = 11$ y $2y = 8$, entonces $x =$

    (1) 3
    (2) 4
    (3) $4\dfrac{1}{2}$
    (4) 5
    (5) 6

50. El señor Gutiérrez paga $4,800 en impuestos sobre la renta. Si esta cifra significa el 15% de sus ganancias anuales, ¿cuáles son sus ingresos anuales?

    (1) $25,000
    (2) $30,000
    (3) $32,000
    (4) $36,000
    (5) $40,000

51. Un lado de un cuadrado tiene n pies de longitud. Si se incrementa cada lado del cuadrado 2 pies más creando un nuevo cuadrado, cuya área excede en 48 pies cuadrados la original, la ecuación que expresa la relación entre las áreas de los dos cuadrados es

    (1) $n^2 = (n + 2)^2 + 48$
    (2) $(n + 2)^2 = n^2 + 48$
    (3) $n^2 + (n + 2)^2 = 48$
    (4) $n^2 - (n + 2)^2 = 48$
    (5) $(n + 4)^2 - n^2 = 48$

52. Un hombre invierte parte de $10,000 al 6% y el resto al 8%. Sus ganancias anuales por las dos inversiones es de $720. Si x representa la cantidad invertida al 6%, ¿cuál de las siguientes ecuaciones se puede usar para encontrar el valor de x?

    (1) $.06x + .08(10,000 - x) = 720$
    (2) $6x + 8(10,000 - x) = 720$
    (3) $.06x + .08x + 720 = 10,000$
    (4) $.06x + .08(x - 10,000) = 720$
    (5) $.06(x - 10,000) + .08x = 720$

53. Una familia gasta $\dfrac{1}{4}$ de sus ingresos en alquiler y un $\dfrac{1}{5}$ de sus ingresos en comida. ¿Qué porcentaje de sus ingresos le quedan?

    (1) 40%
    (2) 45%
    (3) 50%
    (4) 52%
    (5) 55%

54. El perímetro de un triángulo es 42 pulgadas. Si un lado del triángulo tiene 6 pulgadas más que el primer lado y el tamaño del tercer lado es el doble del primero, encuentre la longitud del primer lado.

    (1) 8
    (2) 9
    (3) 10
    (4) 12
    (5) 15

55. En una línea numérica, $\sqrt{7}$ está localizada en el punto

    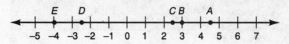

    (1) A
    (2) B
    (3) C
    (4) D
    (5) E

56. Una receta de cocina que proporciona 4 porciones requiere $1\dfrac{1}{2}$ tazas de azúcar. Si se usa la receta para hacer 10 porciones, entonces la cantidad de azúcar que se necesita en tazas es de

    (1) $3\dfrac{1}{2}$
    (2) $3\dfrac{3}{4}$
    (3) 4
    (4) $4\dfrac{1}{4}$
    (5) $4\dfrac{3}{4}$

CLAVE DE LAS RESPUESTAS

1. **1**	13. **1**	24. **4**	35. **4**	46. **4**
2. **2**	14. **5**	25. **1**	36. **4**	47. **2**
3. **4**	15. **3**	26. **2**	37. **3**	48. **1**
4. **5**	16. **4**	27. **1**	38. **4**	49. **4**
5. **3**	17. **5**	28. **2**	39. **2**	50. **3**
6. **2**	18. **4**	29. **3**	40. **2**	51. **2**
7. **3**	19. **5**	30. **3**	41. **5**	52. **1**
8. **3**	20. **1**	31. **4**	42. **3**	53. **5**
9. **3**	21. **4**	32. **3**	43. **2**	54. **2**
10. **4**	22. **2**	33. **1**	44. **3**	55. **3**
11. **4**	23. **5**	34. **2**	45. **4**	56. **2**
12. **2**				

¿CUAL ES SU PUNTAJE?

Correctas _____   Incorrectas _____
Excelente   51–56
Bueno   44–50
Regular   38–43

Si su puntaje es bajo, no de desanime. La explicación de las respuestas correctas que se ofrece a continuación puede ayudarle a determinar cuáles son sus errores. Puede obtener ayuda suplementaria y práctica si se refiere a los materiales de revisión de la Unidad VII.

ANÁLISIS DE LAS RESPUESTAS

Al explicar la respuesta correcta se hace referencia al capítulo y la sección que contiene el material sobre la pregunta.

1. **1** Capítulo 19 (Aritmética, Porcentaje)
Si el 80% de la audiencia eran adultos, entonces 100% – 80% = 20% eran niños.
$20\% = \dfrac{1}{5}$, $\dfrac{1}{5}$ de 650 = 130

2. **2** Capítulo 20 (Algebra, Razón y proporción)
Si x = número de pulgadas entre las dos ciudades en el mapa.
Usamos la proporción

$$\frac{1 \text{ pulgada}}{x \text{ pulgadas}} = \frac{60 \text{ millas}}{255 \text{ millas}}$$

$$60x = 255$$

$$x = \frac{255}{60} = \frac{255 \div 15}{60 \div 15} = \frac{17}{4} = 4\frac{1}{4}$$

La distancia en el mapa es $4\dfrac{1}{4}$ pulgadas.

3. **4** Capítulo 23 (Medidas, Operaciones con medidas)
x = 4 pies 3 pulg. – 2 pies 8 pulg.
x = 3 pies + 1 pie + 3 pulg. – 2 pies 8 pulg.
x = 3 pies + 12 pulg. + 3 pulg. – 2 pies 8 pulg.
x = 3 pies + 15 pulg. – 2 pies 8 pulg.
x = 1 pie 7 pulgadas

4. **5** Capítulo 21 (Geometría, Areas)
Para encontrar la cantidad de cartón que se ha necesitado, debemos encontrar el área de la superficie del sólido rectangular.

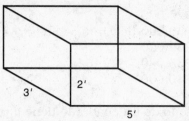

Area de abajo = 5 × 3 = 15 pies cuadrados
Area de encima   = 15 pies cuadrados
Area de enfrente = 5 × 2 = 10 pies cuadrados
Area de detrás   = 10 pies cuadrados
Area del lado = 3 × 2 = 6 pies cuadrados
Area del otro lado   = 6 pies cuadrados
Area total = 15 + 15 + 10 + 10 + 6 + 6 = 62 pies cuadrados

5. **3** Capítulo 23 (Medidas, Sistema métrico)
De las unidades métricas que se enuncian, sólo el kilogramo es una unidad de peso. El kilogramo = 1,000 gramos y aproximadamente equivale a 2.2 libras.

6. **2** Capítulo 21 (Geometría, Conceptos geométricos y sus relaciones)

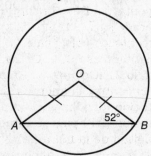

7. **3** Capítulo 20 (Algebra, Razón y proporción)

Si $AB = 3x$
Y $BC = 5x$
$5x = 20$
$x = 4$
$AB = 3x = 3(4) = 12$

8. **3** Capítulo 21 (Geometría, Areas)
El grosor de un tubo se puede encontrar al restar el radio del círculo más pequeño del radio del círculo mayor.

Diámetro del círculo mayor = $7\frac{1}{2}$ pulgadas ó $\frac{15}{2}$ pulgadas

Radio del círculo mayor = $\frac{1}{2}\left(\frac{15}{2}\right) = \frac{15}{4}$ pugadas

Diámetro del círculo menor = $4\frac{1}{2}$ pulgadas ó $\frac{9}{2}$ pulgadas

Radio del círculo menor = $\frac{1}{2}\left(\frac{9}{2}\right) = \frac{9}{4}$ pulgadas

El grosor del tubo es $\frac{15}{4} - \frac{9}{4} = \frac{6}{4}$ ó $1\frac{1}{2}$ pulgadas

9. **3** Capítulo 19 (Aritmética, Porcentaje)
El aumento de salario = $580 = $520 = $60 semanales

Tasa de incremento = $\frac{60}{520}$ que es igual a $\frac{3}{26}$.

Si dividimos 3 por 26, tenemos .115.
.115 = 11.5% ó 12% redondeándolo.

10. **4** Capítulo 20 (Algebra, Fundamentos)
El comprador da al tendero $5.00 ó 500 centavos. De esta cantidad, el tendero le saca x centavos por el pan y $2y$ centavos por el café.
El resultado es $500 - x - 2y$.

11. **4** Capítulo 21 (Geometría, Areas)
Para encontrar la anchura de una habitación, dividimos el área de la habitación (240 pies cuadrados) por la longitud de la habitación (20 pies).
$240 \div 20 = 12$ pies, anchura de la habitación

Perímetro de la habitación = $2(l + a) = 2(20 + 12)$
$2(20 + 12) = 2(32) = 64$ pies

12. **2** Capítulo 19 (Aritmética, Números enteros)
Para encontrar la recaudación total, hemos de encontrar la recaudación en las proyecciones de la mañana y de la tarde.
Recaudación de las proyecciones de la mañana = $2(267)$
Recaudación de las proyecciones de la tarde = $4(329)$
Recaudación total = $2(267) + 4(329)$

13. **1** Capítulo 19 (Aritmética, Fracciones)
Podemos expresar la parte del apartamento pintado en $2\frac{1}{2}$ horas como $\frac{2\frac{1}{2}}{4\frac{1}{2}} = \frac{5}{2} \div \frac{9}{2} = \frac{5}{2} \times \frac{2}{9}$, ó $\frac{5}{9}$

14. **5** Capítulo 20 (Algebra, Exponentes y anotación científica)
Para escribir un número en anotación científica, lo escribimos como el producto de un número entre el 1 y el 10 y como una potencia de 10.
En este caso, el número entre 1 y 10 es 2.347516. Para ir de 2.347516 a 2,347,516, movemos el punto decimal 6 espacios a la derecha.
De este modo,
$2,347,516 = 2.347516 \times 10^6$

15. **3** Capítulo 20 (Algebra, Descomponer en factores y solución de ecuaciones de segundo grado)
Cuando descomponemos $x^2 - 5x + 6$, obtenemos el producto de dos binomios $(x - 3)(x - 2)$.
Podemos comprobar el resultado al multiplicar los dos binomios. Si la descomposición en factores es correcta, deberíamos obtener el resultado del trinomio original.

16. **4** Capítulo 20 (Algebra, Fundamentos)
Si hay 32 estudiantes en una clase y x estudiantes están ausentes, entonces $32 - x$ estudiantes están presentes.
La parte fraccionaria de estudiantes presentes es $\frac{32 - x}{32}$.

17. **5** Capítulo 20 (Algebra, Resolver problemas)
Si x = número de estudiantes que toman clases de francés.

Y $2x$ = número de estudiantes que toman clases de español.
$$x + 2x = 402$$
$$3x = 402$$
$$x = 402 \div 3 = 134$$
$$2x = 2(134) = 268$$

18. **4** Capítulo 22 (Gráficas, Gráficas lineales)
Si examinamos la gráfica, observamos que la temperatura era de 18° a las 7 A.M. y 18° a las 8 A.M. De este modo, no hubo cambio de temperatura entre las 7 A.M. y las 8 A.M. Esta conclusión se puede verificar observando que la gráfica de líneas se mantiene igual entre estas dos horas.

19. **5** Capítulo 23 (Medidas, Operaciones con medidas)
Hay 16 onzas en 1 libra.
2,200 libras = 2,200 × 16 = 35,200 onzas
35,200 ÷ 40 = 880

20. **1** Capítulo 21 (Geometría, Medir indirectamente)
Usamos el teorema de Pitágoras.
$$x^2 = 8^2 + 15^2$$
$$x^2 = 64 + 225$$
$$x^2 = 289$$
$$x = \sqrt{289} = 17$$

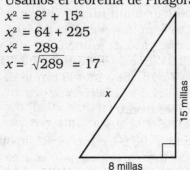

21. **4** Capítulo 19 (Aritmética, Porcentaje)
385 × $23 = $8,855 ventas de libros de estudio
18 × $49 = $882, ventas de libros de arte
396 × $18 = $7,128 ventas en novelas
Ventas totales = $16,865
12% de $16,865 = $2,023.80 ó $2,024 para redondear en dólares.

22. **2** Capítulo 19 (Aritmética, Fracciones)
$$36\frac{1}{2} - 32\frac{3}{4} = 3\frac{3}{4},$$ ganancia por acción

$$3\frac{3}{4} = \frac{15}{4}, \frac{15}{4} \times 120 = \$450,$$ ganancia total

23. **5** Capítulo 19 (Aritmética, Números enteros)
Puesto que no se proporciona el número de millas por galón, el problema no se puede resolver.

24. **4** Capítulo 20 (Algebra, Resolver problemas)
Si x = el número de chicos
Y $x - 6$ = el número de chicas
$$x + x + 6 = 34$$
$$2x + 6 = 34$$
$$2x = 34 - 6 = 28$$
$$x = 28 \div 2 = 14$$
$$x + 6 = 14 + 6 = 20 \text{ chicas}$$

25. **1** Capítulo 20 (Algebra, Fundamentos)
Usamos la relación
Velocidad × tiempo = distancia
ó Velocidad = $\dfrac{distancia}{tiempo}$
En este caso, la distancia = 120 y el tiempo = x
De este modo, el número de millas por hora es $\dfrac{120}{x}$.

26. **2** Capítulo 19 (Aritmética, Porcentaje)
3,500 − 2,800 = 700, incremento de la población
Tasa de incremento = $\dfrac{700}{2800} = \dfrac{1}{4}$
$\dfrac{1}{4}$ = 25%, incremento expresado como porcentaje.

27. **1** Capítulo 19 (Aritmética, Seguros)
$90,000 = 900 × $100
Costo del seguro original = 900 × $.39 = $351
Costo del nuevo seguro = 900 × $.34 = $306
$351 − $306 = $45 ahorrados

28. **2** Capítulo 20 (Algebra, Razón y proporción)
Si x = costo de una cesta de 15 libras
Escribimos la siguiente proporción
$$\frac{20}{15} = \frac{12}{x}$$
$$20x = 12 \times 15 = 180$$
$$x = \frac{180}{20} = \$9 \text{ cuesta una cesta de 15 libras}$$

29. **3** Capítulo 19 (Aritmética, Decimales)
6 onzas = $\dfrac{6}{16} = \dfrac{3}{8}$ de libra
precio del pavo = $(19\frac{3}{8})(\$.88) = \dfrac{155}{8} \times$ $.88 = $17.05
$20 − $17.05 = $2.95, cambio

30. **3** Capítulo 20 (Algebra, Fundamentos)
Francisco gasta $y \times z$ ó yz dólares.
Si restamos yz de x, tenemos $x - yz$.

31. **4** Capítulo 19 (Aritmética, Decimales)

Observe que después del primer quinto de milla, la tarifa aumenta a $1 por milla. De este modo, un recorrido de 3 millas costaría $2 para la segunda y tercera milla. La primera quinta parte de milla costaría $1 y cada una de las siguientes cuatro quintas partes costaría 20 centavos para un total de $1.80. Un recorrido de 3 millas costaría $2.00 + $1.80 = $3.80.

32. **3** Capítulo 19 (Aritmética, Números enteros)

Si sacamos $1 para la propina, de los $10 disponibles quedan $9 para el viaje. El primer quinto de milla cuesta $1, quedando $8. Como después la tarifa es de $1 por milla, el recorrido podría ser de $8\frac{1}{5}$ millas.

33. **1** Capítulo 21 (Geometría, Areas)

El área de un rectángulo = $2a \times a = 2a^2$

El radio de un semicírculo es $\frac{1}{2}(2a) = a$

La fórmula para el área de un círculo es $A = \pi r^2$.

El área de un semicírculo es $\frac{1}{2}(\pi a^2)$.

El área de la figura entera es $2a^2 + \frac{1}{2}\pi a^2$.

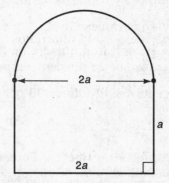

34. **2** Capítulo 22 (Gráficas, Gráficas circulares)

Un hombre destina $\frac{45}{360} = \frac{1}{8}$ del día a comer. $\frac{1}{8}$ del día = $\frac{1}{8} \times 24 = 3$ horas. El hombre destina $\frac{30}{360} = \frac{1}{12}$ del día en viajes. $\frac{1}{12}$ del día = $\frac{1}{12} \times 24 = 2$ horas.

El hombre pasa 1 hora más comiendo que viajando, y esto demuestra que las demás afirmaciones son incorrectas. Por ejemplo, consideremos la opción 1:

$\frac{105}{360} = \frac{7}{24}, \frac{7}{24} \times 24 = 7$

Esto quiere decir que el hombre trabaja 7 horas al día y no 8 horas.

35. **4** Capítulo 21 (Geometría, Puntos, líneas y espacio)

Usamos la fórmula para el volumen de un cilindro:

$V = \pi r^2 h$

En este caso, $\pi = \frac{22}{7}$, $r = 7$ y $h = 6$.

$$V = \frac{22}{7} \times 7 \times 7 \times 6$$

$$= 924 \text{ pies cúbicos}$$

$924 \times 7\frac{1}{2} = 924 \times \frac{15}{2} = 6,930$

36. **4** Capítulo 20 (Algebra, Exponentes y evaluaciones)

$y = 2x^2(z - 3)$
$y = 2(5)(5)(7 - 3)$
$y = 2(5)(5)(4)$
$y = 200$

37. **3** Capítulo 19 (Aritmética, Fracciones)

$.50 es lo que se gasta en el primer cuarto de milla. Quedan $2.

Hay diez unidades de $.20 en $2. De este modo, el que solicita el servicio del taxi consigue 10 cuartos de milla más por $2.

En total, el cliente consigue 1 + 10 = 11 cuartos de millas

$\frac{11}{4} = 2\frac{3}{4}$ millas

38. **4** Capítulo 19 (Aritmética, Seguros)

A la edad de 30 años, la póliza cuesta 22(10) = $220 al año

A la edad de 46, la póliza cuesta 38(10) = $380 por año

De este modo, $380 − $220 = $160 ahorrados por año.

En 20 años, los ahorros son de 160(20) = $3,200.

39. **2** Capítulo 21 (Geometría, Conceptos geométricos y sus relaciones)

Si $3x$ = al número de grados del ángulo mayor.

Y $2x$ = al número de grados del ángulo agudo más pequeño

$3x + 2x = 90$
$5x = 90$

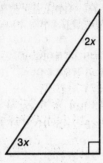

$$x = 90 \div 5 = 18$$
$$3x = 3(18) = 54°$$

40. **2** Capítulo 20 (Algebra, Resolver desigualdades)

$$3x - 1 < 5$$
$$3x < 5 + 1$$
$$3x < 6$$
$$x < 2$$

x debe ser menor que 2.

41. **5** Capítulo 21 (Geometría, Conceptos geométricos y sus relaciones)

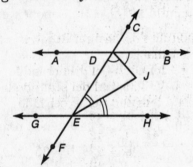

$$m\angle BDE = 100°$$
Como $\overleftrightarrow{AB} \parallel \overleftrightarrow{GH}$, $m\angle BDE + m\angle DEH = 180°$
$$100 + m\angle DEH = 180$$
$$m\angle DEH = 180 - 100 = 80°$$

$$m\angle JDE = \frac{1}{2}m\angle BDE = 50°$$

$$m\angle DEJ = \frac{1}{2}m\angle DEH = 40°$$

$$m\angle J + 50 + 40 = 180$$
$$m\angle J = 180 - 50 - 40 = 90°$$

42. **3** Capítulo 19 (Aritmética, Porcentaje)

$25\% = \frac{1}{4}$. El precio de venta de la

silla era de $\frac{3}{4}$ del precio original

x = precio original

$$\frac{3}{4}x = \$315$$

$$x = \$315 \div \frac{3}{4} = \$315 \times \frac{4}{3} = \$420$$

43. **2** Capítulo 20 (Algebra, Probabilidad)

Probabilidad =

$$\frac{\text{número de resultados exitosos}}{\text{número de resultados posibles}}$$

En este caso, el número de resultados exitosos es 1 puesto que sólo hay una esposa del señor Fortunato de las 48 que están presentes. El número de posibles resultados es de 48, ya que hay 48 mujeres que pueden ser la pareja de baile.

Probabilidad = $\frac{1}{48}$

44. **3** Capítulo 19 (Aritmética, Fracciones)

$\frac{4}{5} > \frac{5}{7}$ porque $4 \times 7 > 5 \times 5$

$\frac{5}{7} > \frac{2}{3}$ porque $5 \times 3 > 7 \times 2$

De este modo, $\frac{4}{5} > \frac{5}{7} > \frac{2}{3}$ es correcto.

Método alternativo:
Si convertimos las tres fracciones en decimales a la centésima más cercana, tenemos

$\frac{5}{7} = .71$, $\frac{4}{5} = .80$, $\frac{2}{3} = .67$

De este modo $\frac{4}{5} > \frac{5}{7} > \frac{2}{3}$

45. **4** Capítulo 20 (Algebra, Fundamentos)
Si se pueden comprar p libras de naranjas a c centavos, entonces 1

libra de naranjas cuesta $\frac{c}{p}$ centavos

Para encontrar el número de libras de naranjas que se pueden comprar con

98 centavos, dividimos 98 por $\frac{c}{p}$.

$$98 \div \frac{c}{p} = 98 \times \frac{p}{c} = \frac{98p}{c}$$

46. **4** Capítulo 19 (Aritmética, Porcentajes)
$6,000 al 5% = \$6,000 \times .05 = \$300$ de ganancias
Total de ganancias = $900, y $900 – $300 = \$600
6% de la nueva cantidad necesaria = $600
Si x = la nueva cantidad que necesita
$.06 x = 600$

$$x = \frac{600}{.06} = \frac{60,000}{6} = \$10,000$$

47. **2** Capítulo 21 (Geometría, Congruencia y similitud)

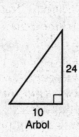

Torre   Arbol

Si x = altura de la torre

$$\frac{x}{24} = \frac{25}{10}$$

$10x = 25(24) = 600$

$x = 600 \div 10 = 60$ pies

48. **1** Capítulo 19 (Aritmética, Porcentaje)
Si el señor Burns ha consumido el 40% de las calorías que se le permiten, le queda el 60%. Si x = número de calorías que se le permiten cada día

$.60x = 1,200$

$$x = \frac{1,200}{.60} = \frac{12,000}{6} = 2,000$$

49. **4** Capítulo 20 (Algebra, Resolver ecuaciones)

$2y = 8, \ y = 4$

$3x - y = 11$

$3x - 4 = 11$

$3x = 11 + 4 = 15$

$x = 15 \div 3 = 5$

50. **3** Capítulo 19 (Aritmética, Decimales)
Si x = ingresos anuales del señor Gutiérrez

$15x = \$4800$

$$x = \frac{\$4800}{.15} = \frac{\$480,000}{15}$$

$= \$32,000$ de ingresos

51. **2** Capítulo 20 (Algebra, Resolver problemas)
Area ampliada del cuadrado = $(n + 2)$ $(n + 2)$
Area del cuadrado original = n^2
Usamos la relación
Area del cuadrado ampliado = área del cuadrado original + 48
$(n + 2)^2 = n^2 + 48$

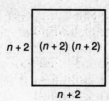

52. **1** Capítulo 19 (Aritmética, Porcentaje)
$.06x$ = ganancias por la inversión al 6%
$.08(10,000 - x)$ = ganancias por la inversión al 8%
Usamos la relación
Ganancias por la inversión al 6% + ganancias por la inversión al 8% = $720
$.06x + .08 (10,000 - x) = 720$

53. **5** Capítulo 19 (Aritmética, Fracciones)

$$\frac{1}{4} = \frac{5}{20}, \frac{1}{5} = \frac{4}{20}$$

$$\frac{1}{4} + \frac{1}{5} = \frac{5}{20} + \frac{4}{20} = \frac{9}{20}, \text{ gastos en}$$

alquiler y comida

$$1 - \frac{9}{20} = \frac{20}{20} - \frac{9}{20} = \frac{11}{20}, \text{ gananacias}$$

que le quedan

$$\frac{11}{20} = .55 = 55\%$$

54. **2** Capítulo 20 (Algebra, Resolver problemas)
Si x = longitud del primer lado
Y $x + 6$ = longitud del segundo lado
Y $2x$ = longitud del tercer lado
$x + x + 6 + 2x = 42$
$4x + 6 = 42$
$4x = 42 - 6 = 36$
$x = 36 \div 4 = 9$

55. **3** Capítulo 19 (Aritmética, Línea numérica)
$\sqrt{7}$ = 2.6 aproximadamente
C es el punto ligeramente a la derecha del punto 2.5

56. **2** Capítulo 20 (Algebra, Razón y proporción)
La cantidad de azúcar que se necesita para 10 porciones es igual a $\frac{10}{4}$ de la cantidad que se necesita para 4 porciones.

$$\frac{10}{4} \times 1\frac{1}{2} = \frac{10}{4} \times \frac{3}{2} = \frac{15}{4}$$

Se necesitan $\frac{15}{4} = 3\frac{3}{4}$ tazas de azúcar

Prueba de práctica 3

1. Un tanque de petróleo contiene 480 galones. Después de haberse usado 180 galones, el porcentaje de petróleo que queda en el tanque es de

   (1) $37\frac{1}{2}$%

   (2) 62%

   (3) $62\frac{1}{2}$%

   (4) 65%

   (5) $83\frac{1}{3}$%

2. Un hombre planifica rehacer su césped el próximo otoño. El césped que está nivelado y tiene la forma de un rectángulo de 90 pies de largo y 30 pies de ancho debe cubrirse con una tierra mantillosa a una profundidad de 4 pulgadas. El hombre acarrea la tierra en un carro que contiene 15 pies cúbicos. ¿Cuántos cargamentos llenos necesitará?

   (1) 30
   (2) 40
   (3) 45
   (4) 50
   (5) 60

3. El dibujo es parte de una gráfica de barras que muestra la población de una ciudad pequeña. ¿Cuántas personas vivían en la ciudad en 1988?

   POBLACIÓN EN MILES

   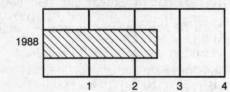

   (1) 2,500
   (2) 2,800
   (3) 3,000
   (4) 3,500
   (5) 250,000

4. Si 1 libra y 12 onzas de carne cuestan $4.97, ¿cuál es el costo de una libra de carne?

   (1) $1.24
   (2) $1.56
   (3) $2.79
   (4) $2.84
   (5) $3.32

5. Un estante tiene 3 repisas. Cada una de dos repisas tiene *x* libros, mientras que la tercera tiene *y* libros. ¿Cuál es el número total de libros en el estante?

   (1) $2xy$
   (2) $x + 2y$
   (3) $2(x + y)$
   (4) $2x + y$
   (5) $2 + x + y$

6. El patio frontal de una propiedad mide 25 pies de longitud y 15 de anchura. El patio de atrás de la misma casa mide 50 pies de longitud y 35 pies de anchura. ¿Cuál es la razón del área frontal con respecto al área del patio de atrás?

   (1) 1:14
   (2) 1:5
   (3) 3:14
   (4) 7:10
   (5) 7:9

7. Un frasco estaba lleno de limonada. En el almuerzo, se usó un $\frac{1}{3}$ del frasco. En la cena, se usó $\frac{3}{4}$ de lo que quedó. ¿Cuál es la parte fraccionaria de la limonada sobrante?

   (1) ninguna

   (2) $\frac{1}{12}$

   (3) $\frac{1}{6}$

   (4) $\frac{1}{5}$

   (5) No se da suficiente información

8. Un granjero está construyendo una puerta rectangular de 5 pies de alto y 12 pies de ancho. ¿Qué medida tiene la madera diagonal que usa para reforzar la puerta?

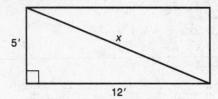

(1) 13 pies
(2) 15 pies
(3) 16 pies
(4) 17 pies
(5) 14 pies

9. El costo de un televisor de $400 se reduce en un 25%, antes de que aparezca un nuevo modelo. Además, se permite un 2% de descuento si se paga en efectivo. ¿Cuál es el precio que tiene que pagar el comprador si paga en efectivo?

(1) $292
(2) $293
(3) $294
(4) $297
(5) $298

10. La gráfica circular muestra el presupuesto de la familia James. ¿Qué afirmación es correcta?

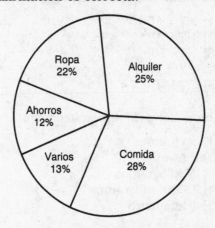

(1) Si los ingresos mensuales de la familia James son de $2,500, su asignación para el alquiler es de $650
(2) El ángulo en el centro del sector de ahorros es de 45°
(3) Más de la mitad del presupuesto de la familia se gasta en comida y alquiler
(4) Si los ingresos mensuales son de $2,500, la familia James ahorra más de $5,000 por año
(5) Menos de $\frac{1}{3}$ de los ingresos lo destinan a ropa o a ahorros

11. El perímetro de un rectángulo es 40 pies. Si la longitud del rectángulo es 15 pies 6 pulgadas, ¿cuál es la anchura del rectángulo?

(1) 4 pies 6 pulgadas
(2) 5 pies
(3) 9 pies
(4) 9 pies 6 pulgadas
(5) 5 pies 6 pulgadas

12. Para hacer un trabajo, un hombre tarda x horas. ¿Qué parte del trabajo puede hacer el hombre en 5 horas?

(1) $\frac{5}{x}$
(2) $5x$
(3) $5 + x$
(4) $(x - 5)$
(5) No se da suficiente información

13. La longitud de una partícula pequeña es de .0000017 milímetros. Exprese este número en anotación científica.

(1) 1.7×10^{-5}
(2) 1.7×10^{-6}
(3) 17×10^{-4}
(4) 1.7×10^{6}
(5) 1.7×10^{3}

14. Un melón pesa aproximadamente

(1) 50 gramos
(2) 2 litros
(3) .7 kilogramos
(4) 1,000 miligramos
(5) 1 kilómetro

15. En el diagrama, si $AC = 24$ y $AB = 6$, la razón $AB:BC$ es

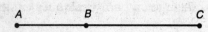

(1) 1:4
(2) 1:3
(3) 1:2
(4) 2:1
(5) 3:1

16. $ABCD$ es un rectángulo. La razón del área de $\triangle EDC$ respecto al área del rectángulo $ABCD$ es de

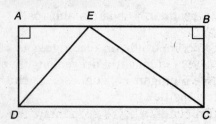

(1) 1:4
(2) 1:3
(3) 1:2
(4) 3:5
(5) 3:4

17. Si una libra de pollo cuesta $.72, el costo de 3 libras 10 onzas de pollo es de

(1) $2.61
(2) $2.65
(3) $2.73
(4) $2.79
(5) $2.85

18. Si se resta 5 al doble de un número, el resultado es igual a 3 más que el número. La ecuación que se puede usar para resolver el problema es

(1) $5 - 2x = x + 3$
(2) $2x - 5 = x - 3$
(3) $2x - 5 = x + 3$
(4) $x = 5 - 2x + 3$
(5) $x = 2x - 5 + 3$

19. Un empresario gasta $\frac{1}{5}$ de sus ganancias en alquiler y $\frac{3}{8}$ de lo que queda en salarios. ¿Qué parte de sus ganancias van destinadas a los salarios?

(1) $\frac{3}{10}$
(2) $\frac{23}{40}$
(3) $\frac{1}{2}$
(4) $\frac{3}{4}$
(5) $\frac{4}{5}$

20. En un vuelo transatlántico de 3,200 millas, la velocidad media es de 480 millas por hora. ¿Cuántas horas tarda el avión en realizar el viaje?

(1) 6 horas
(2) $6\frac{1}{2}$ horas
(3) 6 horas y 40 minutos
(4) 6 horas y 45 minutos
(5) $6\frac{5}{6}$ horas

21. Un hombre gana $8 por hora y trabaja 40 horas semanales. Una semana trabaja 9 horas extras y recibe $1\frac{1}{2}$ veces su pago regular por hora. La expresión que enuncia el pago total del hombre es

(1) $8(40) + 4\frac{1}{2}(8)$
(2) $8(40) + 4\frac{1}{2}(12)$
(3) $8(60) + 9(12)$
(4) $8(40) + 9(12)$
(5) No se da suficiente información

22. Un hombre gasta el doble de dinero por una chaqueta que por unos pantalones. En total, gasta $81. ¿Cuánto ha pagado por la chaqueta?

    (1) $27
    (2) $31
    (3) $35
    (4) $48
    (5) $54

23. En un triángulo recto *ABC*, *AC* = *BC*. La medida del ∠A es

    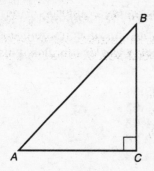

    (1) 30°
    (2) 35°
    (3) 45°
    (4) 50°
    (5) 60°

24. El señor Page y su esposa cenan en un restaurante. La cuenta es $28. A esta cifra se le añade el 5% por impuestos sobre la venta. Si el señor Page deja una propina del 15% basada en la cuenta de $28, ¿cuánto le costó la cena en total?

    (1) $33.60
    (3) $34.41
    (3) $35.00
    (4) $38.50
    (5) $38.70

25. La casa del señor Bond está valorada en $84,000. El impuesto por bienes raíces es de $3.12 por $100 este año. ¿Cuánto dinero tiene que pagar en impuestos por bienes raíces este año?

    (1) $2,420.80
    (2) $2,520.00
    (3) $2,620.80
    (4) $2,820.80
    (5) $2,824.80

26. El señor King pide prestado $8,500 al banco a un interés anual del $12\frac{1}{2}$%. ¿Cuánto debe pagar de intereses al año?

    (1) $106.25
    (2) $1,062.50
    (3) $1,065.00
    (4) $1,075.00
    (5) $1,650.20

Las preguntas 27 a 29 se basan en la siguiente información.

Beth decide analizar los tantos obtenidos en golf de sus últimas cinco etapas de 18 hoyos. Resuma la información en la siguiente tabla

Tantos	Número de hoyos
2	1
3	8
4	13
5	25
6	29
7	5
8	3
más de 8	4

27. ¿En cuántos hoyos tuvo un puntaje de 4?

    (1) 13
    (2) 28
    (3) 4
    (4) 22
    (5) más de 8

28. ¿En cuántos hoyos su puntaje fue mayor de 6?

    (1) 29
    (2) 3
    (3) 12
    (4) 41
    (5) No se da suficiente información

29. ¿Cuál es su puntaje medio por hoyo?

    (1) 3
    (2) 4
    (3) 5
    (4) 6
    (5) 7

30. En la universidad, el total de una de las clases era de 840. Si el 65% de la clase eran hombres, ¿cuántas eran mujeres?

    (1) 280
    (2) 290
    (3) 294
    (4) 350
    (5) 546

31. ¿Cuál es el valor de x si $x = 3a^2 + a(2a^3 - 5)$ y $a = 4$?

    (1) 450
    (2) 540
    (3) 2096
    (4) 2196
    (5) No se da suficiente información

32. En la figura, el círculo está inscrito en el cuadrado. Si el diámetro del círculo es de 6 pulgadas, ¿cuál es el área de la porción sombreada en pulgadas al cuadrado?

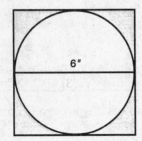

6"

    (1) 9π
    (2) $36 - 9\pi$
    (3) $36 + 9\pi$
    (4) $36 - 36\pi$
    (5) $9\pi - 36$

33. Si se resta 5 de tres veces un determinado número, el resultado es 16. ¿Qué número es?

    (1) –4
    (2) 3
    (3) 0
    (4) 7
    (5) 9

34. El 15 de mayo, el contador eléctrico marca 5,472 kilovatios horas. Al mes siguiente, el 15 de junio, el contador mide 5,698 kilovatios horas. Las tarifas son las siguientes:
    Los 10 primeros kilovatios/horas— $2.72
    Los siguientes 45 kilovatios/horas— $.22 por kilovatio/hora
    Los siguientes 55 kilovatios/horas— $.19 por kilovatio/hora
    Más de 110 kilovatios/horas—$.16 por kilovatio/hora
    ¿Cuál es el recargo total de los kilovatios/horas consumidos durante el mes que va del 15 de mayo al 15 de junio?

    (1) $22.60
    (2) $40.63
    (3) $41.63
    (4) $52.36
    (5) $64.63

35. En la recaudación para la comunidad se obtuvo $105,000. Esto significa el 105% de la cuota. ¿Cuál era la cuota?

    (1) $90,000
    (2) $95,000
    (3) $100,000
    (4) $110,000
    (5) $120,000

36. Las raíces de la ecuación $x^2 - 2x - 8 = 0$ son

    (1) 2, –4
    (2) –2, –4
    (3) 4, –2
    (4) 8, 1
    (5) (–8, 1)

37. Un poste telefónico hace una sombra de 48 pies de largo. Al mismo tiempo, el poste de una valla de 3 pies de alto hace una sombra de 4 pies de largo. ¿Qué altura tiene el poste telefónico?

    (1) 30 pies
    (2) 36 pies
    (3) 50 pies
    (4) 60 pies
    (5) 64 pies

38. En un triángulo, la medida del ángulo más grande es tres veces la medida del ángulo más pequeño y la medida del otro ángulo es dos veces la medida del ángulo pequeño. ¿Cuál es la medida del ángulo más grande?

    (1) 60°
    (2) 65°
    (3) 75°
    (4) 80°
    (5) 90°

39. ¿Cuál es el área de la pieza de máquina que se muestra abajo? Cada extremo es un semicírculo. (Use $\pi = \dfrac{22}{7}$)

    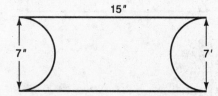

    (1) 38.5 pulgadas cuadradas
    (2) 66.5 pulgadas cuadradas
    (3) 105 pulgadas cuadradas
    (4) 108 pulgadas cuadradas
    (5) 100 pulgadas cuadradas

40. Una silla está en rebaja y vale $240. Hay un descuento del 25% del precio original de venta. ¿Cuál es el precio original de venta?

    (1) $300
    (2) $280
    (3) $290
    (4) $320
    (5) $315

41. Para recaudar fondos en el Club Atlas, se realiza una lotería. El club vende boletos a $5 cada uno y hay un premio al ganador. La señora Allen, miembro del club, compró 7 boletos. ¿Qué probabilidad tiene la señora Allen de ganar el premio?

    (1) $\dfrac{7}{500}$

    (2) $\dfrac{5}{7}$

    (3) $\dfrac{5}{500}$

    (4) $\dfrac{500}{7}$

    (5) No se da suficiente información

42. De los siguientes números el que se aproxima más a $\sqrt{7}$ es

    (1) 2
    (2) 2.4
    (3) 2.6
    (4) 3.1
    (5) 3.4

43. La pendiente de una línea que une dos puntos (4,y) y (2,3) es 2. ¿Cuál es el valor de y?

    (1) 3
    (2) 4
    (3) 5
    (4) 6
    (5) 7

44. Hay siete empleados trabajando en una pequeña empresa. El promedio (media) del salario semanal de los trabajadores es $584. Si tres de los trabajadores ganan cada uno $450 por semana y los otros tres ganan $600 semanales, ¿cuánto gana el séptimo trabajador?

    (1) $450
    (2) $525
    (3) $850
    (4) $908
    (5) $938

45. El señor Barros invierte $12,000 al 7% de interés anual. ¿Cuánto más invierte al 8% si sus ganancias al cabo del año son de $1,560?

    (1) $6,000
    (2) $8,000
    (3) $9,000
    (4) $10,000
    (5) $15,000

46. En un concierto, los asientos de orquesta se venden a $15 cada uno y los asientos en la galería se venden a $10. Si se vendieron 324 asientos en orquesta y la taquilla recaudó $7,540 en total, ¿cuántos asientos se vendieron en la galería?

    (1) 249
    (2) 268
    (3) 275
    (4) 279
    (5) No se da información suficiente

47. En un triángulo, la longitud de la altura es igual a la mitad de la longitud de la base. Si n representa la longitud de la altura y el área del triángulo es de 50 pulgadas cuadradas, la ecuación que expresa la relación es

    (1) $n(2n) = 50$
    (2) $\frac{1}{2}(n)(2n) = 50$
    (3) $\frac{n^2}{2} = 50$
    (4) $2n(4n) = 50$
    (5) $2n(n + 1) = 50$

48. José tenía x dólares. Ve dos películas y gasta $5 por cada entrada e y dólares en un café. ¿Cuál de los siguientes enunciados expresa el dinero que le queda?

    (1) $2x - 10 + y$
    (2) $x - 10 + y$
    (3) $x - (10 - y)$
    (4) $x - 10 - y$
    (5) $x + y + 10$

49. ¿Qué valor tiene x para que la desigualdad $2x + 3 \geq 11$ sea verdadera?

    (1) 0,3
    (2) 1,2
    (3) 2,5
    (4) 3,6
    (5) 4,10

50. Si $\overleftrightarrow{AB} \parallel \overleftrightarrow{CD}$ y la razón de m $\angle D$ a m $\angle A$ es 3:2, entonces m $\angle D =$

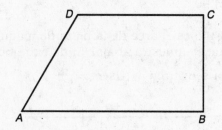

    (1) 36°
    (2) 72°
    (3) 90°
    (4) 108°
    (5) 120°

51. Un hombre recorre una distancia de 290 millas por 6 horas en auto. Durante las dos primeras horas, iba a una velocidad media de 45 millas por hora. ¿A qué velocidad media iba en las siguientes cuatro horas?

    (1) 30 millas por hora
    (2) 35 millas por hora
    (3) 40 millas por hora
    (4) 45 millas por hora
    (5) 50 millas por hora

52. Benjamín tiene $35 más que Joel. Si Benjamín da a Joel $5, se queda con el doble del dinero que tiene Joel. ¿Cuánto dinero tiene Joel?

    (1) $10
    (2) $15
    (3) $18
    (4) $20
    (5) $25

53. Si $2x + 3y = 15$ y $4y = 20$, entonces $x =$

    (1) 0
    (2) –2
    (3) 1
    (4) 3
    (5) 5

54. Un hombre deja $\dfrac{1}{3}$ de su herencia a su mujer y divide el resto de su herencia en partes iguales entre sus cuatro hijos. ¿Qué parte de la herencia obtiene cada hijo?

(1) $\dfrac{1}{4}$

(2) $\dfrac{1}{5}$

(3) $\dfrac{1}{3}$

(4) $\dfrac{1}{6}$

(5) $\dfrac{1}{8}$

55. Un equipo de baloncesto ha ganado 12 partidos y ha perdido 6. En los próximos 32 partidos, ¿cuántos deberían ganar para conseguir un 64% de partidos ganados?

(1) 12
(2) 20
(3) 22
(4) 24
(5) 25

56. Roberto gana x dólares al mes y su hermano Tomás gana y dólares mensuales. El número de dólares que los dos ganan en un año es de

(1) $x + y$
(2) $12x + y$
(3) $x + 12y$
(4) $12\,(x + y)$
(5) $x - y$

CLAVE DE LAS RESPUESTAS

1. **3**	13. **2**	24. **1**	35. **3**	46. **2**
2. **5**	14. **3**	25. **3**	36. **3**	47. **2**
3. **1**	15. **2**	26. **2**	37. **2**	48. **4**
4. **4**	16. **3**	27. **1**	38. **5**	49. **5**
5. **4**	17. **1**	28. **3**	39. **2**	50. **4**
6. **3**	18. **3**	29. **3**	40. **4**	51. **5**
7. **3**	19. **1**	30. **3**	41. **5**	52. **4**
8. **1**	20. **3**	31. **2**	42. **3**	53. **1**
9. **3**	21. **4**	32. **2**	43. **5**	54. **4**
10. **3**	22. **5**	33. **4**	44. **5**	55. **2**
11. **1**	23. **3**	34. **3**	45. **3**	56. **4**
12. **1**				

ANÁLISIS DE LAS RESPUESTAS

Al explicarse la respuesta correcta se hace referencia al capítulo y la sección que contienen el material sobre la pregunta.

1. **3** Capítulo 19 (Aritmética, Porcentaje)
Hay $480 - 180 = 300$ galones que son los que han quedado en el tanque.
$\dfrac{300}{480} = \dfrac{5}{8} = 62\dfrac{1}{2}\%$ del petróleo ha quedado en el tanque

2. **5** Capítulo 21 (Geometría, Puntos, líneas y espacio)
4 pulgadas = $\dfrac{4}{12}$ ó $\dfrac{1}{3}$ de un pie
El volumen de la tierra que debe acarrearse es de $90 \times 30 \times \dfrac{1}{3} = 900$ pies cúbicos.
Para encontrar el número de cargamentos debemos dividir 900 por 15. Así, $900 \div 15 = 60$ cargamentos.

3. **1** Capítulo 22 (Gráficas, Gráficas de barras)
Observe que la barra sólida acaba en la mitad entre el 2 y el 3. Es decir, la población era de 2.5 miles de personas ó sea 2,500 personas.

4. **4** Capítulo 23 (Operaciones con Medidas)
12 onzas = $\dfrac{12}{16} = \dfrac{3}{4}$ de una libra

$1\dfrac{3}{4}$ ó $\dfrac{7}{4}$ de una libra cuesta $4.97

$\dfrac{1}{4}$ de una libra cuesta $\dfrac{\$4.97}{7} = \$.71$

$\dfrac{4}{4}$ ó 1 libra cuesta $4(\$.71) = \$2.84$.

5. **4** Capítulo 20 (Algebra, Fundamentos)
Dos repisas tienen x libros cada una, con un total de $2x$ libros.
La tercera repisa tiene y libros.
El total de libros es $2x + y$.

6. **3** Capítulo 21 (Geometría, Areas)
El área del patio de enfrente = 25 × 15 = 375 pies cuadrados.
El área del patio de atrás = 50 × 35 = 1,750 pies cuadrados.
La razón del patio de enfrente respecto al patio de atrás es de 375:1,750 = 3:14

7. **3** Capítulo 19 (Aritmética, Fracciones)
En el almuerzo, se bebe $\frac{1}{3}$ de la limonada.
En la cena se bebe $\frac{3}{4} \times \frac{2}{3} = \frac{1}{2}$ de la limonada.
El total de limonada que se bebe es de $\frac{1}{3} + \frac{1}{2} = \frac{2}{6} + \frac{3}{6} = \frac{5}{6}$.
De este modo, queda $\frac{6}{6} - \frac{5}{6} = \frac{1}{6}$ de la limonada.

8. **1** Capítulo 21 (Geometría, Medición indirecta)

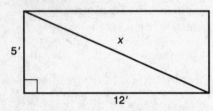

Usamos el teorema de Pitágoras.
$x^2 = 5^2 + 12^2$
$x = 25 + 144 = 169$
$x = \sqrt{169}$
$x = 13$ feet

9. **3** Capítulo 19 (Aritmética, Porcentaje)
$25\% = \frac{1}{4}$, $\frac{1}{4}$ de $400 = $100 de reducción
$400 – $100 = $300 precio de venta
$300(.02) = $6 rebaja por pagar en efectivo
$300 – $6 = $294 es el precio neto

10. **3** Capítulo 22 (Gráficas, Gráficas circulares)
Costo de la comida es el 28% del presupuesto
Costo del alquiler es el 25% del presupuesto
28% + 25% = 53%, que es más de la mitad del presupuesto

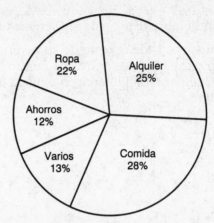

11. **1** Capítulo 21 (Geometría, Perímetros)
Si x = anchura del rectángulo

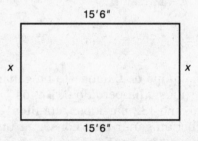

$6" = \frac{6}{12} = \frac{1}{2}$ de un pie

$x + 15\frac{1}{2} + x + 15\frac{1}{2} = 40$

$2x + 31 = 40$

$2x = 40 - 31 = 9$

$x = 4\frac{1}{2}$ pies

$4\frac{1}{2}$ pies = 4 pies 6 pulgadas.

12. **1** Capítulo 20 (Algebra, Fundamentos)
Si un hombre tarda x horas en hacer un trabajo, puede hacer un $\frac{1}{x}$ del trabajo en 1 hora. Por lo tanto, puede hacer $5 \times \frac{1}{x}$ ó $\frac{5}{x}$ en 5 horas.

13. **2** Capítulo 20 (Algebra, Exponentes y anotación científica)
Para escribir un número en anotación científica, lo escribimos como el producto de un número entre el 1 y el 10 y como potencia de 10.
En este caso, el número entre el 1 y el 10 es 1.7. Si vamos de 1.7 a .0000017, el punto decimal se desplaza 6 espacios hacia la izquierda. De este modo, .0000017 = 1.7×10^{-6}.

14. **3** Capítulo 23 (Medidas, Sistema métrico)

De las opciones enunciadas, sólo la 1, 3 y 4 son medidas de peso.

Un kilogramo es aproximadamente 2.2 libras. De este modo, .7 de 2.2 es aproximadamente 1.5 libras, un peso razonable para un melón.

15. **2** Capítulo 20 (Algebra, Razón y proporción)

Debido a que $AC = 24$ y $AB = 6$, $BC = 24 - 6 = 18$

$AB:BC = 6:18 = 1:3$

16. **3** Capítulo 21 (Geometría, Areas)

El área de $\triangle EDC = \frac{1}{2}(DC) \times$ (altura = AD)

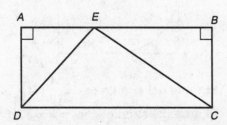

El área del rectángulo $ABCD = DC \times AD$

De este modo, el área de $\triangle EDC$ es igual a la mitad del área del rectángulo $ABCD$.

La razón del área del $\triangle EDC$ respecto a la razón del rectángulo $ABCD = 1:2$.

17. **1** Capítulo 23 (Medidas, Operaciones con medidas)

Puesto que hay 16 onzas en 1 libra,

10 onzas es $\frac{10}{16} = \frac{5}{8}$ libras.

De este modo, podemos encontrar el costo de $3\frac{5}{8}$ libras de un pollo a $.72 por libra.

3 libras a $.72 por libra = $2.16 + $\frac{5}{8}$

libra a $.72 por libra = $.45

Total = $2.61

18. **3** Capítulo 20 (Algebra, Resolver problemas)

Si x = número que debemos encontrar

Y $2x$ = el doble del número

Si restamos 5 de dos veces el número, tenemos $2x - 5$.

Este ($2x - 5$) es igual a 3 más el número ($x + 3$).

De este modo, la ecuación debe ser $2x - 5 = x + 3$

19. **1** Capítulo 19 (Aritmética, Fracciones)

Si un empresario gasta $\frac{1}{5}$ de sus ganancias en alquiler, le quedan $\frac{4}{5}$ de sus ganancias.

$\frac{3}{8}$ de lo que le queda $= \frac{3}{8} \times \frac{4}{5} = \frac{3}{10}$

$\frac{3}{10}$ de sus ganancias las destina a los salarios.

20. **3** Capítulo 19 (Aritmética, Números enteros)

Para hallar el número de horas que el avión tarda en hacer el viaje, debemos dividir la distancia recorrida (3,200 millas) por la velocidad media (480 millas por hora).

$3,200 \div 480 = 6\frac{2}{3}$

$\frac{2}{3}$ de una hora $= \frac{2}{3} \times 60 = 40$ minutos

$6\frac{2}{3}$ horas = 6 horas y 40 minutos.

21. **4** Capítulo 19 (Aritmética, Propiedades de las operaciones)

Un hombre trabaja 40 horas a $8 por hora. De este modo, su salario regular es de 8(40).

El hombre trabaja 9 horas a $(1\frac{1}{2} \times 8)$ ó $12 por hora.

De este modo su salario por sus horas extras es 9(12).

Su salario total = 8(40) + 9(12) dólares.

22. **5** Capítulo 20 (Algebra, Resolver problemas)

Si n = número de dólares que gasta en pantalones

Y $2n$ = número de dólares que gasta en la chaqueta

$n + 2n = 81$

$3n = 81$

$n = 81 \div 3 = 27$

$2n = 2(27) = 54

23. **3** Capítulo 21 (Geometría, Conceptos geométricos y sus relaciones)

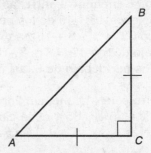

Puesto que $AC = BC$, $m\angle A = m\angle B$
$m\angle A + m\angle B + m\angle C = 180$
$m\angle A + m\angle B + 90 = 180$
$m\angle A + m\angle B = 180 - 90 = 90$

Puesto que $m\angle A = m\angle B$, $m\angle A = \frac{1}{2}(90)$
$= 45°$

24. **1** Capítulo 19 (Aritmética, Porcentaje)
La cuenta básica es de $28. Pero se le añade un 5% de $28 ó $.05 × $28 = $1.40.
$28 + $1.40 = $29.40
Luego, se suma la propina de 15% de $28.
15% de $28 = $4.20 de propina
$29.40 + $4.20 = $33.60

25. **3** Capítulo 19 (Aritmética, Sistema de tributación)
En 84,000, hay 840 cientos. El impuesto es de $3.12 por cada $100 del valor de la casa.
$(3.12)(840) = $2,620.80 son los impuestos por bienes raíces.

26. **2** Capítulo 19 (Aritmética, Sistema de tributación)
$12\frac{1}{2}\% = .125$
$125($8,500) = $1,062.50$

27. **1** Capítulo 22 (Gráficas, Pictogramas)
Se requiere una interpretación correcta de la tabla para contestar la pregunta. Los números en la columna de la derecha representan la frecuencia con que se logran los resultados de la segunda columna. En otras palabras, Beth marca 13 puntos de 4 durante sus 90 = (5)(18) hoyos.

28. **3** Capítulo 22 (Gráficas, Pictogramas)
Las tres últimas filas de la tabla representan los puntajes mayores de 6 (7,8 y más de 8). Beth consiguió 5 + 3 + 4 = 12 puntos en estas categorías.

29. **3** Capítulo 20 (Algebra, La media y la mediana)
Puesto que Beth ha jugado 90 = (5)(18) hoyos, su puntaje medio por hoyo se encuentra entre las posiciones 45 y 46 de los puntajes. Hubo 22 (= 1 + 8 + 13) tantos por debajo de 5 y 47 (= 1 + 8 + 13 + 25) tantos por debajo de 6, así que la media es 5.

30. **3** Capítulo 19 (Aritmética, Porcentaje)
100% – 65% = 35% de la clase eran mujeres

$(.35)(840) = 294$ mujeres

31. **2** Capítulo 20 (Algebra, Exponentes y evaluaciones)
$x = 3a^2 + a(2a^3 - 5)$
$x = 3(4)^2 + 4(2 \cdot 4^3 - 5)$
$x = 3(16) + 4(128 - 5)$
$x = 48 + 4(123) = 48 + 492$
$x = 540$

32. **2** Capítulo 21 (Geometría, Areas)
Cada lado del cuadrado es de 6" de longitud. El área del cuadrado es de 36 pulgadas cuadradas.

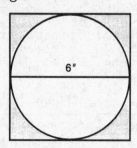

El radio del círculo es de $\frac{1}{2}(6) = 3"$

El área del círculo $= \pi r^2 = \pi \times 3 \times 3 = 9\pi$ pulgadas al cuadrado.
El área de la porción sombreada = área del cuadrado – área del círculo
El área de la porción sombreada = 36 – 9π

33. **4** Capítulo 20 (Algebra, Resolver Problemas)
Si x = el número,
$3x - 5 = 16$
$3x = 16 + 5 = 21$
$x = 21 \div 3 = 7$

34. **3** Capítulo 19 (Aritmética, Decimales)
Se usan 5,698 – 5,472 = 226 kilovatios por hora
Los 10 primeros kilovatios/horas cuestan $2.72
Los siguientes 45 kilovatios/horas cuestan $.22 por kilovatio/hora = $9.90
Los siguientes 55 kilovatios/horas a $.19 por kilovatio/hora = $10.45
10 + 45 + 55 = 110 kilovatios/horas
226 – 110 = 116 kilovatios/horas a $.16 por kilovatio/hora = $18.56
$2.72 + $9.90 + $10.45 + $18.56 = $41.63

35. **3** Capítulo 19 (Aritmética, Porcentaje)
Si x = la cuota
$1.05x = 105,000$
$x = \dfrac{105,000}{1.05} = \dfrac{10500000}{105} = $100,000$

36. **3** Capítulo 20 (Algebra, Resolver ecuaciones)

$x^2 - 2x - 8 = 0$

$(x - 4)(x + 2) = 0$

$x - 4 = 0 \qquad\qquad x + 2 = 0$

$\quad x = 4 \qquad\qquad\quad x = -2$

Las raíces de la ecuación son 4, –2.

37. **2** Capítulo 21 (Geometría, Medición indirecta)

La razón de la altura del poste de teléfono respecto a su sombra es igual a la razón de la altura del poste de la valla respecto a su sombra.

Si x = la altura del poste de teléfono

$\dfrac{x}{48} = \dfrac{3}{4}$

$4x = 3(48) = 144$

$x = \dfrac{144}{4} = 36$ pies

38. **5** Capítulo 21 (Geometría, Conceptos geométricos y sus relaciones)

Si x = medida del ángulo más pequeño

Y $3x$ = medida del ángulo más grande

Y $2x$ = medida del otro ángulo

$x + 3x + 2x = 180°$

$\qquad\quad 6x = 180$

$\qquad\quad\ x = 180 \div 6 = 30$

$\qquad\quad 3x = 3(30) = 90°.$

39. **2** Capítulo 21 (Geometría, Areas)

Podemos mirar esta figura como un rectángulo con dos recortes en semicírculo. O podemos ver la figura como un rectángulo con un recorte en círculo.

Area del rectángulo = $7 \times 15 = 105$ pulg. cuadradas

Area del círculo = $\pi r^2 = \dfrac{22}{7} \times \dfrac{7}{2} \times \dfrac{7}{2} = \dfrac{77}{2}$

ó $38\dfrac{1}{2}$ pulgadas cuadradas

Area de la pieza de la máquina =

$105 - 38\dfrac{1}{2} = 66\dfrac{1}{2}$ pulg. cuadradas

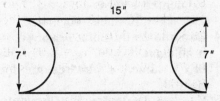

40. **4** Capítulo 19 (Aritmética, Porcentaje)

La silla cuesta 100% – 25% = 75% del precio original

$75\% = \dfrac{3}{4}$

$\dfrac{3}{4}x = 240$

$x = 240 \div \dfrac{3}{4}$

$x = 240 \times \dfrac{4}{3}$

$x = \$320$, el precio original de venta de la silla

41. **5** Capítulo 20 (Algebra, Resolver ecuaciones)

Probabilidad =

$\dfrac{\text{número de resultados exitosos}}{\text{número de resultados posibles}}$

En este caso, el número de resultados exitosos es de 7, ya que la señora Allen ha comprado 7 boletos. Sin embargo, el número total de boletos vendidos no se sabe, por lo tanto no se puede determinar la probabilidad.

42. **3** Capítulo 20 (Algebra, Fórmulas)

$\sqrt{7} = 2.65$ si nos aproximamos a las centésimas.

De las respuestas dadas, 2.6 es la más aproximada.

43. **5** Capítulo 21 (Geometría, Coordenadas geométricas)

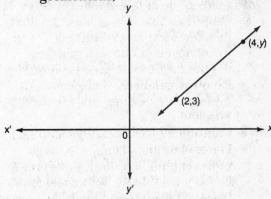

La pendiente de una línea =

$\dfrac{\text{incremento en las coordenadas de } y}{\text{incremento en las coordenadas de } x}$

$= \dfrac{y_1 - y_2}{x_1 - x_2}$

En este caso, $y_1 = y$, $y_2 = 3$, $x_1 = 4$, $x_2 = 2$.

Pendiente = $\dfrac{y - 3}{4 - 2} = \dfrac{y - 3}{2}$

Puesto que la pendiente de la línea es 2, tenemos

$$\frac{y-3}{2} = 2$$

$$y - 3 = 4$$

$$y = 4 + 3 = 7$$

44. **5** Capítulo 20 (Algebra, La media y la mediana)
El dinero para los sueldos semanales de la empresa es de
7 × $584 = $4,088.
Tres trabajadores ganan 3 × $450 = $1,350 semanales.
Otros tres trabajadores ganan 3 × $600 = $1,800 semanales.
Seis de los siete trabajadores ganan $1,350 + $1,800 = $3,150.
El séptimo trabajador gana $4,088 – $3,150 = $938.

45. **3** Capítulo 19 (Aritmética, Porcentaje)
El señor Barros obtiene de su inversión al 7%: $12,000 × .07 = $840 por año. Le gustaría conseguir $1,560 ó $720 más.
Si x = la cantidad que debe invertir al 8%
Entonces .08x = 720.
Si multiplicamos ambos lados de la ecuación por 100, tenemos
8x = 72,000
x = 72,000 ÷ 8 = $9,000

46. **2** Capítulo 19 (Aritmética, Números enteros)
324 butacas en orquesta a $15 cada una = $4,860
$7,540 – $4,860 = $2,680 recaudados por los asientos en la galería
2,680 ÷ 10 = 268 asientos de galería vendidos

47. **2** Capítulo 20 (Algebra, Resolver problemas)
Como la longitud (n) de la altura es igual a la mitad de la longitud de la base, la longitud de la base es de 2n.

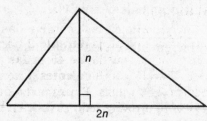

El área del triángulo = $\frac{1}{2}bh$

El área del triángulo = $\frac{1}{2}(2n)(n)$ ó $\frac{1}{2}$ (n)(2n)

Como el área es 50, $\frac{1}{2}(n)(2n) = 50$.

48. **4** Capítulo 19 (Aritmética, Línea numérica)
Para encontrar el número de dólares que le han quedado a José tenemos que restar la cantidad que ha gastado de x dólares.
5 × 2 = $10, gastados en el cine
y, gastado en el café
Cantidad que le queda $x – 10 – y$

49. **5** Capítulo 20 (Algebra, Resolver desigualdades)
2x + 3 ≥ 11
2x ≥ 11 – 3
2x ≥ 8
x ≥ 4
De las opciones que se dan, sólo el par de valores 4 y 10 es válido para la desigualdad.

50. **4** Capítulo 21 (Geometría, Conceptos geométricos y sus relaciones)

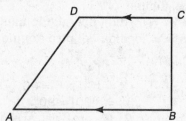

Puesto que $\overleftrightarrow{AB} \parallel \overleftrightarrow{CD}$ m $\angle A$ + m $\angle D$ = 180°
Si 3x = m $\angle D$
Y 2x = m $\angle A$
3x + 2x = 180
5x = 180
x = 180 ÷ 5 = 36°
3x = 3(36) = 108°

51. **5** Capítulo 19 (Aritmética, Números enteros)
Un hombre recorre 2 × 45 = 90 millas durante las primeras dos horas.
Esto hace que 290 – 90 = 200 millas que tiene que recorrer en las siguientes 4 horas.
200 ÷ 4 = 50 millas por hora

52. **4** Capítulo 20 (Algebra, Resolver problemas)
Si x = número de dólares que Joel tiene
Y x + 35 = número de dólares que Benjamín tiene
x + 35 – 5 = x + 30 = número de dólares que Benjamín tiene, después de dar a Joel $5

$x + 5$ = número de dólares que Joel tiene después de recibir \$5 de Benjamín

Benjamín ahora tiene dos veces más que Joel

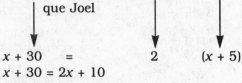

$$x + 30 \quad = \quad 2 \quad (x + 5)$$

$x + 30 = 2x + 10$

$30 - 10 = 2x - x$

$20 = x$, ó $x = \$20$ que tiene Joel

53. **1** Capítulo 20 (Algebra, Resolver ecuaciones)

Si $4y = 20$, $y = 20 \div 4$, $y = 5$

$2x + 3y = 15$

$2x + 3(5) = 15$

$2x + 15 = 15$

$2x = 15 - 15 = 0$

$x = 0$

54. **4** Capítulo 19 (Aritmética, Fracciones)

$1 - \dfrac{1}{3} = \dfrac{2}{3}$ es la herencia que le dan a los 4 hijos

$\dfrac{2}{3} \div 4 = \dfrac{2}{3} \times \dfrac{1}{4} = \dfrac{1}{6}$

55. **2** Capítulo 19 (Aritmética, Porcentaje)

El equipo juega un total de $18 + 32 = 50$ partidos.

El 64% de 50 = 32 partidos que el equipo debería ganar

Puesto que el equipo ya ha ganado 12 partidos, debe ganar $32 - 12 = 20$ partidos futuros.

56. **4** Capítulo 20 (Algebra, Fundamentos)

Roberto gana x dólares por mes y Tomás gana y dólares mensuales. Juntos ganan $x + y$ dólares mensuales.

En un año, Roberto y Tomás ganan $12(x + y)$ dólares.

Prueba práctica 4

1. Janice mira el marcador en el tanque de combustible de calefacción el 1 de noviembre. El marcador muestra que el tanque está $\dfrac{7}{8}$ lleno. El 1 de diciembre, vuelve a leer el marcador y ve que el tanque está $\dfrac{1}{4}$ lleno. El tanque contiene 320 galones cuando está lleno. A \$1.06 por galón, ¿cuánto le costó el combustible durante el mes de noviembre?

(1) \$192.00
(2) \$198.40
(3) \$202.00
(4) \$212.00
(5) \$2,120.00

2. El círculo representa los ingresos totales de una familia. La sección que está sombreada muestra la parte de los ingresos que van destinados al alquiler. Si los ingresos de la familia son de \$32,400.00 por año, la cantidad que se gasta en alquiler es de

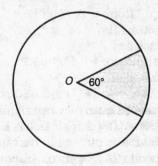

(1) \$5,400
(2) \$5,500
(3) \$6,400
(4) \$7,200
(5) \$10,800

3. Un hombre condujo durante 2 horas a una velocidad media de 45 millas por hora. Durante las siguientes 3 horas recorrió 140 millas. El promedio de velocidad durante todo el viaje en millas por hora fue de

(1) 45
(2) 46
(3) 48
(4) 56
(5) No se da suficiente información

4. La gráfica muestra la población de Springville (en miles) en períodos de cinco años desde 1965 a 1985. ¿En qué período de cinco años, la población de Springville no experimentó ningún cambio?

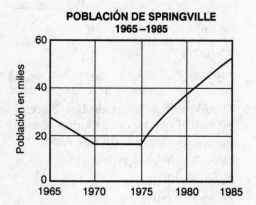

POBLACIÓN DE SPRINGVILLE
1965−1985

(1) 1965–1970
(2) 1970–1975
(3) 1975–1980
(4) 1980–1985
(5) ninguno de estos períodos

5. Si las medidas de dos ángulos de un triángulo son 40° y 70°, el triángulo es

(1) equilátero
(2) rectángulo
(3) isósceles
(4) obtuso
(5) equiangular

6. Un hombre quiere comprar un juego de herramientas para su taller. El vendedor x le ofrece las herramientas a $440 con un 25% de descuento. El vendedor y le ofrece las mismas herramientas a $400 con un 10% de descuento y un 5% de descuento posterior. ¿Cuánto ahorra el hombre si se queda con la mejor oferta?

(1) $10
(2) $12
(3) $15
(4) $16
(5) $18

7. Un esbozo de un edificio está dibujado a escala de 1 pulgada por 40 pies. ¿Cuántas pulgadas en el dibujo representan la distancia de los 175 pies reales?

(1) $4 \frac{1}{8}$

(2) $4 \frac{3}{8}$

(3) $4 \frac{1}{2}$

(4) $4 \frac{5}{8}$

(5) $4 \frac{3}{4}$

8. Una familia gasta un 20% de sus ingresos mensuales en alquiler, un 23% en comida, un 42% en otros gastos y ahorra el resto. Si la familia ahorra $300 cada mes, ¿cuáles son sus ingresos mensuales?

(1) $200
(2) $2,000
(3) $2,400
(4) $3,000
(5) $20,000

9. Halle el valor de $8y^2 - y(7y - 1)$, si $y = 5$.

(1) 10
(2) 15
(3) 18
(4) 25
(5) 30

10. Si $2x + 7 = 19$, el valor de x es

(1) 3
(2) 5
(3) 6
(4) 7
(5) 10

11. Una piscina rectangular tiene 80 pies de largo y 60 pies de ancho. ¿Cuál es la distancia diagonal de la piscina?

(1) 70 pies
(2) 75 pies
(3) 90 pies
(4) 100 pies
(5) 140 pies

12. El perímetro de un rectángulo *ABCD* es

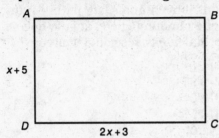

(1) $(x + 5) + (2x + 3)$
(2) $2(2x + 3) + (x + 5)$
(3) $(2x + 3) + 2(x + 5)$
(4) $2(2x + 3) + 2(x + 5)$
(5) $3x + 8$

13. Un hotel tiene habitaciones dobles e individuales. El número de habitaciones dobles en el hotel es tres veces mayor que el número de habitaciones individuales. ¿Cuántas habitaciones dobles tiene el hotel?

(1) 30
(2) 50
(3) 80
(4) 90
(5) No se da información suficiente

14. Un comprador adquiere 1 libra y 10 onzas de queso a $2.40 la libra. ¿Cuánto recibe de cambio si da un billete de $5?

(1) $.90
(2) $1.00
(3) $1.10
(4) $2.60
(5) $3.90

15. Un hombre invierte $\frac{1}{5}$ de su dinero en valores, $\frac{1}{3}$ de su dinero en bonos y el resto lo mantiene en el banco. ¿Qué parte fraccionaria de su dinero deja en el banco?

(1) $\frac{7}{15}$

(2) $\frac{1}{2}$

(3) $\frac{8}{15}$

(4) $\frac{5}{6}$

(5) $\frac{14}{15}$

16. En una gráfica de barra, una barra de $3\frac{1}{2}$ unidades de alto representa $840. En la misma gráfica, una barra de $5\frac{1}{2}$ unidades de alto representa

(1) $240
(2) $480
(3) $960
(4) $1,320
(5) $1,500

17. El equipo de baloncesto Los Tigres tiene 10 jugadores. Los resultados obtenidos durante la temporada por cada miembro son los siguientes:

Grant—189 puntos
Bell—179 puntos
Weber—214 puntos
Carlin—191 puntos
Albert—197 puntos
Mason—223 puntos
Grimes—203 puntos
Damon—193 puntos
Hanson—219 puntos
Garry—215 puntos

La mediana de puntaje es

(1) 197
(2) 200
(3) 203
(4) 204
(5) 205

18. El costo de 6 camisas y 5 corbatas es de $136. Si cada corbata cuesta $8, ¿cuánto cuesta una camisa?

(1) $12
(2) $13
(3) $14
(4) $15
(5) $16

19. El señor Velasco gana $8 por hora y trabaja 40 horas semanales. Se le paga $1\frac{1}{2}$ veces más cada vez que hace horas extras. ¿Cuál de los siguientes enunciados expresa lo que ha ganado durante una semana en la que ha trabajado 49 horas?

    (1) $8(40) + 1\frac{1}{2}(9)$

    (2) $8(49) + 12$

    (3) $8(40) + 12(9)$

    (4) $8(49) + 1\frac{1}{2}(9)$

    (5) $8(40) + 9(9)$

Las preguntas 20 y 21 se basan en la siguiente información.

La gráfica circular muestra las fuentes de recaudación de dinero de la campaña electoral de un político.

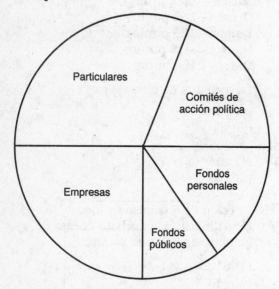

20. ¿Cuál de las siguientes afirmaciones es falsa?

    (1) Excluyendo el candidato, los particulares sumaron menos que la mitad de la contribución total
    (2) Cerca de un cuarto de las contribuciones provienen de empresas
    (3) Los comités de acción política contribuyen más que las empresas
    (4) La contribución menor proviene de los fondos públicos
    (5) Los particulares y las empresas suponen más de la mitad de las contribuciones

21. Si los comités de acción política contribuyen una sexta parte del total, ¿qué tamaño tiene el ángulo que se forma en esa sección del círculo?

    (1) 30°
    (2) 45°
    (3) 60°
    (4) 75°
    (5) 90°

22. La señora Marín compra un refrigerador por $619.75. Además, tiene que pagar impuestos sobre la venta del 6%. La cuenta total redondeada en centavos es de

    (1) $646.94
    (2) $656.93
    (3) $656.94
    (4) $660.94
    (5) $665.34

23. ¿Qué letra de la línea numérica corresponde al –4?

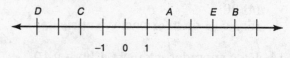

    (1) A
    (2) B
    (3) C
    (4) D
    (5) E

24. Juan maneja al mediodía en busca de un amigo cuya casa está a 150 millas. Si la velocidad media por hora es de 45 millas, ¿a qué hora llega a casa del amigo?

    (1) 3:00 P.M.
    (2) 4:20 P.M.
    (3) 3:30 P.M.
    (4) 3:20 P.M.
    (5) 3:33 P.M.

25. $a + b + 2c + 2b - a - c =$

    (1) $3b + c$
    (2) $2b + c$
    (3) $2a + b$
    (4) $a + b + c$
    (5) $a + 2b - c$

26. Resuelva $3x^2 - 5y$, si $x = 4$, $y = 2$.

    (1) 28
    (2) 38
    (3) 48
    (4) 58
    (5) 62

27. El área de la figura es

    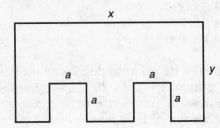

    (1) $xy + 2a^2$
    (2) $xy + a^2$
    (3) $xy - 2a^2$
    (4) $xy - a^2$
    (5) $xy - 4a$

28. En baloncesto un tiro libre vale 1 punto y un doble vale 2 puntos. El equipo obtiene 103 puntos al hacer 8 dobles más que tiros libres. ¿Cuántos dobles realizó el equipo?

    (1) 29
    (2) 32
    (3) 36
    (4) 37
    (5) 39

29. Una pared de ladrillos tiene 50 pies de largo, 6 pies de altura y 6 pulgadas de grosor. ¿Cuánto pesa la pared si 1 pie cúbico de ladrillo pesa 120 libras?

    (1) 9 toneladas
    (2) $9\frac{1}{2}$ toneladas
    (3) 12 toneladas
    (4) 15 toneladas
    (5) 18 toneladas

30. Calcule el costo de 5 pies 3 pulgadas de material para hacer fundas a $8 el pie.

    (1) $14
    (2) $21.12
    (3) $23
    (4) $36
    (5) $42

31. Un auditorio contiene x filas con y butacas en cada fila. El número de butacas en el auditorio es de

    (1) $x + y$
    (2) xy
    (3) $x - y$
    (4) $x \div y$
    (5) $y - x$

32. En una mezcla de agua y trementina de 21 onzas, hay 7 onzas de trementina. Si se le añaden 4 onzas de agua a la mezcla, el porcentaje de trementina en la mezcla es de

    (1) 11%
    (2) 25%
    (3) 28%
    (4) 30%
    (5) $33\frac{1}{3}$%

33. Un rectángulo y un cuadrado tienen el mismo perímetro. La longitud del rectángulo es 2 pies mayor que un lado del cuadrado. ¿Qué afirmación es verdadera?

    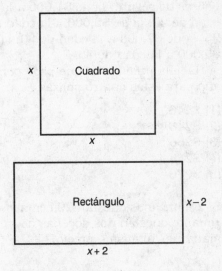

    (1) El rectángulo y el cuadrado tienen la misma área
    (2) El área del rectángulo es mayor al área del cuadrado
    (3) El área del cuadrado es 4 pies cuadrados mayor que el área del rectángulo
    (4) El área del rectángulo es dos veces mayor que el área del cuadrado
    (5) El área del cuadrado es 16 pies cuadrados mayor que el área del rectángulo

34. A un vendedor se le ofreció un salario mensual de $1,500 o trabajar con una comisión del 10% de sus ventas. Aceptó trabajar a comisión y vendió artículos por valor de $198,000 durante todo un año. ¿Cuánto más ganó durante el año al trabajar a comisión en lugar de aceptar un salario?

    (1) $800
    (2) $1,000
    (3) $1,500
    (4) $1,600
    (5) $1,800

35. Abajo se presenta una tabla de primas para seguros de vida ordinarios.

Si se adquiere a la edad de	Prima anual por $1,000 de seguro
20	$18
25	$20
30	$24
35	$28
40	$33

    Un hombre adquirió cuatro de las pólizas de seguro: la de $1,000 a la edad de 20, la de $2,000 a la edad de 25, la de $2,000 a la edad de 30, la de $5,000 a la edad de 35.
    Halle la prima total que pagó por un año para estas cuatro pólizas.

    (1) $246
    (2) $248
    (3) $256
    (4) $268
    (5) $276

36. Si 2 manzanas cuestan 29 centavos, ¿cuánto cuestan dos docenas de manzanas al mismo precio?

    (1) $1.74
    (2) $2.61
    (3) $2.76
    (4) $3.24
    (5) $3.48

37. La azotea de una casa es un cuadrado que mide 40 pies por lado. Le ha costado $1,400 reemplazar el tejado. Al mismo precio, el costo de reemplazar el tejado cuadrado de otra casa cuyo lado mide 80 pies es

    (1) $2,800
    (2) $3,500
    (3) $4,000
    (4) $5,600
    (5) $6,400

38. El valor de un auto desciende un 35% el primer año y un 20% el segundo año. Si un auto nuevo cuesta $12,000, ¿cuál es el valor al final de dos años?

    (1) $5,400
    (2) $5,800
    (3) $6,080
    (4) $6,240
    (5) $6,440

39. La medida del ángulo más pequeño de un triángulo es de 20° menos que el del segundo ángulo y 40° menos que el del tercer ángulo del triángulo. ¿Cuánto mide el ángulo más pequeño del triángulo en grados?

    (1) 40°
    (2) 42°
    (3) 45°
    (4) 50°
    (5) 55°

40. La solución de la desigualdad $2x + 1 < 3$ es

    (1) 0
    (2) 4
    (3) 5
    (4) 7
    (5) 10

41. A una hora determinada, un árbol proyecta una sombra de 32 pies de largo. Al mismo tiempo, un poste de 5 pies de altura proyecta una sombra de 4 pies de largo. ¿Cuál es la altura del árbol?

    (1) $25\frac{3}{5}$ pies
    (2) 30 pies
    (3) 36 pies
    (4) 40 pies
    (5) 60 pies

42. Una familia tiene ingresos de $2,500 al mes. La familia gasta mensualmente *x* dólares en comida y alquiler e *y* para otros gastos. ¿Cuántos dólares ahorra la familia al mes?

    (1) 2,500 − *x* + *y*
    (2) 2,500 + *x* − *y*
    (3) 2,500 − (*x* + *y*)
    (4) *x* + *y* − 2,500
    (5) No se da información suficiente

43. En una reunión de un club universitario se presentan 7 del primer curso, 5 del segundo curso y 11 del tercer curso. Se selecciona un estudiante para que presida la reunión. ¿Qué probabilidad hay de que el estudiante escogido esté en el tercer curso?

    (1) $\dfrac{1}{11}$

    (2) $\dfrac{11}{23}$

    (3) $\dfrac{7}{16}$

    (4) $\dfrac{10}{23}$

    (5) $\dfrac{11}{12}$

44. 50 kilómetros =

    (1) 5,000 millas
    (2) 50,000 centímetros
    (3) 50,000 metros
    (4) 500,000 milímetros
    (5) 1,000 kilogramos

45. La población de la tierra es de aproximadamente 5,000,000,000 personas. Este número escrito en anotación científica es

    (1) 5×10^9
    (2) 50×10^8
    (3) $.5 \times 10^8$
    (4) $.5 \times 10^{10}$
    (5) 500×10^7

46. Un segmento conecta dos puntos, cuyas coordenadas son (5,6) y (−3,6). La longitud del segmento en unidades de la gráfica es de

    (1) 2
    (2) 3
    (3) 5
    (4) 8
    (5) 12

47. Si $C = \dfrac{5}{9}(F - 32)$, el valor de *C* cuando *F* = 50 es

    (1) 0
    (2) 10
    (3) 18
    (4) 40
    (5) 90

48. Un velero navega 8 millas al este. Luego, navega 15 millas al norte. ¿A qué distancia en millas está de su punto de partida?

    (1) 16
    (2) 17
    (3) 18
    (4) 19
    (5) 20

49. Cuando un cierto número se divide por 15, el cociente es 8 y el resto es 7. El número es

    (1) 71
    (2) 113
    (3) 123
    (4) 127
    (5) No se da suficiente información

50. La razón de dos números es 8:5. Si la diferencia de los números es 21, ¿cuál es el número más grande?

    (1) 35
    (2) 39
    (3) 56
    (4) 85
    (5) 91

51. Dos premios valorados por un total de $1,000 se ofrecían en un concurso radiofónico. Si el primer premio era de $200 menos que tres veces el segundo premio, ¿en cuánto estaba valorado el primer premio?

    (1) $300
    (2) $400
    (3) $600
    (4) $700
    (5) $800

52. Un tanque de agua tiene forma de cilindro. El diámetro de la base es de 12 pies y la altura del tanque es de 10 pies. Una expresión que enuncia aproximadamente el volumen del tanque es

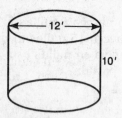

    (1) (3.14)(12)²(10)
    (2) (3.14)(6)²(10)
    (3) (3.14)(6)(10)
    (4) (3.14)(6)(10)²
    (5) (3.14)(12)(10)²

53. Las raíces de la ecuación $x^2 - 5x + 6 = 0$ son

    (1) 3,2
    (2) –3,–2
    (3) 3,–2
    (4) –3,2
    (5) 1,6

54. Si O es el centro del círculo y m ∠BOC = 86°, ¿cuál es la m ∠A?

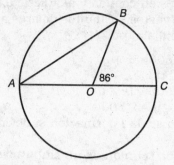

    (1) 24°
    (2) 43°
    (3) 45°
    (4) 50°
    (5) No se da información suficiente

55. Un equipo ha jugado 104 partidos. Si ha ganado 8 partidos más de los que ha perdido, ¿cuántos partidos ha ganado?

    (1) 40
    (2) 42
    (3) 50
    (4) 54
    (5) 56

56. Jacobo tiene dos veces más dinero que Federico. Si Jacobo da $12 a Federico, los dos chicos tendrán el mismo dinero. ¿Cuánto dinero tenía Jacobo antes de que le diera dinero a Federico?

    (1) 24
    (2) 28
    (3) 30
    (4) 36
    (5) 48

CLAVE DE LAS RESPUESTAS

1. **4**	13. **5**	24. **4**	35. **1**	46. **4**
2. **1**	14. **3**	25. **1**	36. **5**	47. **2**
3. **2**	15. **1**	26. **2**	37. **4**	48. **2**
4. **2**	16. **4**	27. **3**	38. **4**	49. **4**
5. **3**	17. **2**	28. **4**	39. **1**	50. **3**
6. **2**	18. **5**	29. **1**	40. **1**	51. **4**
7. **2**	19. **3**	30. **5**	41. **4**	52. **2**
8. **2**	20. **3**	31. **2**	42. **3**	53. **1**
9. **5**	21. **3**	32. **3**	43. **2**	54. **2**
10. **3**	22. **3**	33. **3**	44. **3**	55. **5**
11. **4**	23. **4**	34. **5**	45. **1**	56. **5**
12. **4**				

ANÁLISIS DE LAS RESPUESTAS

Al explicarse la respuesta correcta se hace referencia al capítulo y la sección que contienen el material sobre la pregunta.

1. **4** Capítulo 19 (Aritmética, Fracciones)

   Janice usa $\dfrac{7}{8} - \dfrac{1}{4} = \dfrac{7}{8} - \dfrac{2}{8} = \dfrac{5}{8}$ del tanque de combustible

   $\dfrac{5}{8} \times 320 = 200$ galones de combustible

   $\$200 \times 1.06 = \$212.00$ el costo del combustible.

2. **1** Capítulo 21 (Geometría, Conceptos geométricos y sus relaciones)
   La suma de las medidas de los ángulos alrededor de un punto en un plano es 360°. En este caso la suma de la medida de los ángulos alrededor del punto O es 360°. De este modo, el ángulo del sector del círculo mide 60°, es decir $\dfrac{60}{360}$ ó $\dfrac{1}{6}$ del círculo.

   La cantidad gastada en alquiler es $\dfrac{1}{6}$ ($32,400) ó $5,400.

3. **2** Capítulo 19 (Aritmética, Números enteros)
   Para obtener la velocidad media, dividimos la distancia total recorrida por el total del tiempo que ha consumido.
   Distancia recorrida = $2 \times 45 + 140 = 90 + 140 = 230$ millas.
   El total del tiempo gastado = 5 horas
   $230 \div 5 = 46$ millas por hora de velocidad media.

4. **2** Capítulo 22 (Gráficas, Gráficas lineales)

Entre 1970 y 1975, no hubo cambios en la población. La gráfica es paralela a la línea de la base.

5. **3** Capítulo 21 (Geometría, Conceptos geométricos y sus relaciones)
   La suma de las medidas de los ángulos de un triángulo es 180°. La medida del tercer ángulo del triángulo es $180° - (40 + 70) = 180 - 110 = 70°$. Puesto que el triángulo tiene dos ángulos que miden 70° es un triángulo isósceles.

6. **2** Capítulo 19 (Aritmética, Porcentaje)
   La oferta del vendedor x es de $440 – 0.25($440) = $440 – $110 = $330, el costo neto
   La oferta del vendedor y es de $400 – 0.10($400) = $400 – $40 = $360.
   Luego está el descuento adicional del 5%. De este modo, $360 – 0.05($360) = $360 – $18 = $342, el costo neto
   El ahorro total es de $342 – $330 = $12 al comprarle al vendedor x.

7. **2** Capítulo 20 (Algebra, Razón y proporción)
   1 pulgada representa 40 pies.

   $175 \div 40 = 4\dfrac{15}{40} = 4\dfrac{3}{8}$ pulgadas

8. **2** Capítulo 19 (Aritmética, Porcentaje)
   20% + 23% + 42% = 85%
   De este modo, la familia ahorra 100% – 85% = 15% de sus ingresos.
   Si x = ingresos de la familia
   $0.15x = 300$
   $15x = 30,000$
   $x = 30,000 \div 15 = \$2,000$ de ingreso mensual.

9. **5** Capítulo 20 (Algebra, Exponentes y evaluaciones)
   $8y^2 - y(7y - 1)$
   $8(5)^2 - 5(7 \times 5 - 1)$
   $8(25) - 5(35 - 1) = 200 - 5(34)$
   $\qquad\qquad\qquad = 200 - 170 = 30$

10. **3** Capítulo 20 (Algebra, Resolver ecuaciones)
    $2x + 7 = 19$
    $2x = 19 - 7 = 12$
    $x = 12 \div 2 = 6$

11. **4** Capítulo 21 (Geometría, Medir indirectamente)

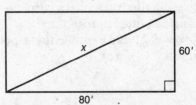

Usamos el teorema de Pitágoras.
$$x^2 = 80^2 + 60^2$$
$$x^2 = 6400 + 3600$$
$$x^2 = 10,000$$
$$x = \sqrt{10,000}$$
$$x = 100 \text{ ft}$$

12. **4** Capítulo 21 (Geometría, Perímetros)

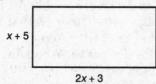

Puesto que los lados opuestos de un rectángulo tienen la misma longitud, el perímetro del rectángulo es $2(x + 5) + 2(2x + 3)$

13. **5** Capítulo 20 (Algebra, Resolver problemas)
Como en el problema no nos proporcionan el número total de habitaciones, no se puede resolver.

14. **3** Capítulo 23 (Medidas, Operaciones con medidas)
Puesto que hay 16 onzas en 1 libra, 10 onzas es $\frac{10}{16}$ ó $\frac{5}{8}$ de una libra.

1 libra de queso cuesta $2.40.
$\frac{5}{8}$ de una libra de queso cuesta $\frac{5}{8} \times$ $2.40 = $1.50
$2.40 + $1.50 = $3.90, el costo total del queso.
$5.00 − $3.90 = $1.10 que es el cambio de un billete de $5.

15. **1** Capítulo 19 (Aritmética, Fracciones)
$$\frac{1}{5} = \frac{3}{15}, \frac{1}{3} = \frac{5}{15}$$
$$\frac{1}{5} + \frac{1}{3} = \frac{3}{15} + \frac{5}{15} = \frac{8}{15} \text{ del dinero lo}$$
invirtió en valores y bonos
$$\frac{15}{15} (\text{total}) - \frac{8}{15} = \frac{7}{15} \text{ del dinero lo}$$
mantiene en el banco

16. **4** Capítulo 22 (Gráficas, Gráficas de barras)
La razón de la altura de una barra respecto a la cantidad que representa es la misma que la razón de la altura de cualquier otra barra respecto a la cantidad que representa.
Si x = cantidad representada por $5\frac{1}{2}$ unidad de barra

$$\frac{3\frac{1}{2}}{5\frac{1}{2}} = \frac{840}{x}$$

$$3\frac{1}{2}x = 5\frac{1}{2} \times 840 = 4,620$$

$$\frac{7}{2}x = 4,620$$

$$x = 4,620 \div \frac{7}{2} = 4,620 \times \frac{2}{7}$$

$$x = \$1,320$$

17. **2** Capítulo 20 (Algebra, La media y la mediana)
Para hallar la mediana del puntaje, ordenamos los puntajes según la magnitud.
223, 219, 215, 214, 203, 197, 193, 191, 189, 179
La mediana del puntaje es el puntaje que está en el medio en la ordenación realizada. En este caso, hay 10 puntajes y la mediana estará entre la posición 5 y 6.
$$\frac{203 + 197}{2} = \frac{400}{2} = 200 \text{ es la mediana}$$
del puntaje.

18. **5** Capítulo 19 (Aritmética, Números enteros)
Si cada corbata cuesta $8, entonces 5 corbatas cuestan 5 × $8 = $40.
Así pues, $136 − $40 = $96 cuestan las camisas
Si 6 camisas cuestan $96, 1 camisa cuesta 96 ÷ 6 = $16.

19. **3** Capítulo 19 (Aritmética, Fracciones)
El señor Velasco gana $8 la hora en las 40 primeras horas.
El señor Velasco gana $(1\frac{1}{2})(8) = \$12$
por hora por cada hora extra que hace a la semana después de 40 horas.
Al trabajar el señor Velasco 49 horas en una semana gana
8(40) por las primeras 40 horas
12(9) por las 9 horas extras
El total que gana es de 8(40) + 12(9)

20. **3** Capítulo 22 (Gráficas, Gráficas circulares)
Las empresas representan cerca de un cuarto del círculo, mientras que los comités de acción política representan menos de un cuarto. Así pues, la opción 3 es falsa.

21. **3** Capítulo 22 (Gráficas, Gráficas circulares)

La medida del círculo entero es de 360°, una sexta parte del círculo es $\frac{360}{6} = 60°$.

22. **3** Capítulo 19 (Aritmética, Porcentaje)
6% de $619.75 = .06 × $619.75 = $37.19 redondeando a la centésima.
$619.75 + $37.19 = $656.94

23. **4** Capítulo 19 (Aritmética, Línea numérica)

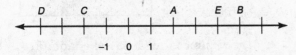

Para localizar –4 en la línea numérica, empezamos en el punto 0 y contamos 4 espacios a la izquierda, lo que nos lleva al punto *D*.

24. **4** Capítulo 19 (Aritmética, Fracciones)
Para hallar el número de horas que tarda Juan en recorrer 150 millas, dividimos 150 por 45.
$\frac{150}{45} = \frac{10}{3} = 3\frac{1}{3}$ horas

Puesto que $\frac{1}{3}$ hora = $\frac{1}{3}$ de 60 = 20 minutos.
Juan tarda 3 horas 20 minutos en completar el trayecto, por lo tanto, llega a casa de su amigo a las 3:20 P.M.

25. **1** Capítulo 20 (Algebra, Fundamentos)
$a + b + 2c + 2b - a - c$
$= a - a + b + 2b + 2c - c$
$= 0 + 3b + c$
$= 3b + c$

26. **2** Capítulo 20 (Algebra, Exponentes y evaluaciones)
$3x^2 - 5y$
$= 3(4)^2 - 5(2)$
$= 3(16) - 10$
$= 48 - 10 = 38$

27. **3** Capítulo 21 (Geometría, Areas)
Se nos pide hallar el área de un rectángulo grande de *x* unidades de largo e *y* unidades de ancho. De esta área se recortan dos cuadrados, cada uno de los cuales tiene un lado de una longitud *a*.
El área del rectángulo = *xy*.
El área de cada uno de los cuadrados pequeños = a^2.
El área de la figura = $xy - 2a^2$.

28. **4** Capítulo 20 (Algebra, Resolver problemas)
Si *x* = el número de tiros libres

Y *x* + 8 = el número de dobles
x = el número de puntos de tiros libres
2(*x* + 8) = el número de puntos de dobles
$x + 2(x + 8) = 103$
$x + 2x + 16 = 103$
$3x + 16 = 103$
$3x = 103 - 16 = 87$
$x = 87 ÷ 3 = 29$
$x + 8 = 29 + 8 = 37$
Realizaron 37 dobles.

29. **1** Capítulo 21 (Geometría, Puntos, líneas y espacio)
6 pulgadas = $\frac{1}{2}$ pie
Usamos la fórmula $V = lah$ (Siendo l = longitud, a = ancho, h = altura)
En este caso, $l = 50$, $h = 6$ y $a = \frac{6}{12} = \frac{1}{2}$.
Volumen de la pared = $50 × \frac{1}{2} × 6 =$ 150 pies cúbicos.
$150 × 120 = 18,000$ libras
$18,000 ÷ 2,000 = 9$ toneladas

30. **5** Capítulo 23 (Medidas, Operaciones con medidas)
5 pies 3 pulg. = $5\frac{3}{12}$ pies = $5\frac{1}{4}$ pies
$5\frac{1}{4} × 8 = \frac{21}{4} × 8 = \$42$

31. **2** Capítulo 20 (Algebra, Fundamentos)
Para calcular el número de butacas en el auditorio, multiplicamos el número de filas (*x*) por el número de butacas (*y*) en cada fila. El resultado es *xy*.

32. **3** Capítulo 19 (Aritmética, Porcentaje)
El número de onzas de trementina es 7.
El número de onzas de la mezcla es $21 + 4 = 25$.
La parte fraccionaria de la mezcla que es trementina es $\frac{7}{25}$.
Así pues, el porcentaje es
$\frac{7}{25} = \frac{7 × 4}{25 × 4} = \frac{28}{100} = 28\%$ de trementina

33. **3** Capítulo 21 (Geometría, Areas)

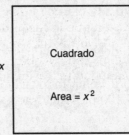

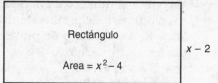

Rectángulo

Area = $x^2 - 4$

$x - 2$

El área del cuadrado = x^2. Observe que si el largo del rectángulo es 2 pies mayor que el lado del cuadrado, el ancho del rectángulo debe ser 2 pies menor que el lado del cuadrado, ya que el rectángulo y el cuadrado tienen el mismo perímetro.

El area del rectángulo = $(x + 2)(x - 2)$ = $x^2 - 4$.

Como el área del cuadrado = x^2 y el área del rectángulo = $x^2 - 4$, el área del cuadrado es 4 pies cuadrados mayor que el área del rectángulo.

34. **5** Capítulo 20 (Algebra, Exponentes y evaluaciones)

A \$1,500 mensuales, el vendedor podría haber ganado $12 \times \$1,500 = \$18,000$ por año.

A un 10% de comisión por las ventas, el vendedor ganó $0.1 \times \$198,000 = \$19,800$ por año.

El vendedor ganó $\$19,800 - \$18,000 = \$1,800$ al tomar el trabajo a comisión.

35. **1** Capítulo 19 (Aritmética, Números enteros)

Una póliza de \$1,000 a la edad de 20 años cuesta \$18

Una póliza de \$2,000 a la edad de 25 cuesta $2(\$20) = \$40$

Una póliza de \$2,000 a la edad de 30 cuesta $2(\$24) = \$48$

Una póliza de \$5,000 a la edad de 35 cuesta $5(\$28) = \$140$

Total = \$246

36. **5** Capítulo 19 (Aritmética, Decimales)

Si 2 manzanas cuestan 29 centavos, cada manzana cuesta $\dfrac{29}{2}$ centavos.

Dos docenas ó 24 manzanas cuestan $24\left(\dfrac{29}{2}\right) = 12 \times 29 = 348$ centavos = \$3.48.

37. **4** Capítulo 21 (Geometría, Areas)

El área del cuadrado pequeño es $40 \times 40 = 1,600$ pies cuadrados.

El área del cuadrado grande es $80 \times 80 = 6,400$ pies cuadrados

$$\dfrac{6,400}{1,600} = \dfrac{4}{1}$$

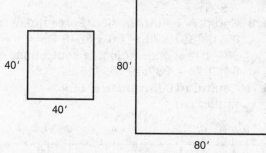

40′   40′   80′   80′

De este modo, el área del cuadrado grande es 4 veces mayor que el área del cuadrado pequeño. Puesto que el costo para reemplazar el tejado pequeño es de \$1,400, el costo para reemplazar el tejado más grande es de $4 \times \$1,400 = \$5,600$.

38. **4** Capítulo 19 (Aritmética, Porcentaje)

$\$12,000 \times 0.35 = \$4,200$ es lo que se desvaloriza el auto en el primer año

$\$12,000 - \$4,200 = \$7,800$ es el valor del auto después del primer año

$\$7,800 \times 0.20 = \$1,560$ es lo que se desvaloriza el auto en el segundo año

$\$7,800 - \$1,560 = \$6,240$ es el valor después del segundo año.

39. **1** Capítulo 20 (Algebra, Resolver problemas)

Si x = la medida del ángulo más pequeño

Y $x + 20$ = la medida del segundo ángulo

Y $x + 40$ = la medida del tercer ángulo

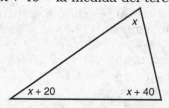

x

$x + 20$ $x + 40$

$x + (x + 20) + (x + 40) = 180°$

$3x + 60 = 180$

$3x = 180 - 60 = 120$

$x = 120 \div 3 = 40°$

40. **1** Capítulo 20 (Algebra, Resolver desigualdades)

$2x + 1 < 3$

$2x < 3 - 1$

$2x < 2$

$x < 1$

La única opción que es menor que 1 es 0.

41. 4 Capítulo 21 (Geometría, Medir indirectamente)
En cualquier hora del día, la razón de la altura del árbol respecto a la longitud de su sombra es la misma que la altura del poste respecto a la longitud de su sombra.

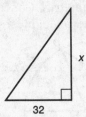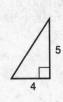

Si x = altura del árbol

$$\frac{x}{32} = \frac{5}{4}$$

$4x = 5(32) = 160$
$x = 160 \div 4 = 40$ pies

42. 3 Capítulo 20 (Algebra, Fundamentos)
Los ingresos de la familia son de $2,500 mensuales
x = gastos en comida y alquiler
y = otros gastos mensuales
$x + y$ = total de gastos mensuales
$2,500 - (x + y)$ = dinero que ahorran mensualmente

43. 2 Capítulo 20 (Algebra, Probabilidad)
Probabilidad =
$$\frac{\text{número de resultados exitosos}}{\text{número de resultados posibles}}$$

De los 23 estudiantes presentes, 11 eran del tercer grado. De este modo, la probabilidad de seleccionar un estudiante de tercer grado era de 11 a 23. Es decir, en este caso había 11 resultados exitosos y 23 resultados posibles. Así pues, la probabilidad es de $\frac{11}{23}$.

44. 3 Capítulo 23 (Medidas, Sistema métrico)
1 kilómetro = 1,000 metros
50 kilómetros = 50(1,000) = 50,000 metros.

45. 1 Capítulo 20 (Algebra, Solución de desigualdades)
Para escribir un número en anotación científica, lo escribimos como el producto de un número entre 1 y 10 y como potencia de 10.
En el caso de 5,000,000,000 el número entre el 1 y el 10 es el 5. Si vamos del 5 al 5,000,000,000 movemos la coma 9 espacios hacia la

derecha. Es decir, multiplicamos 5 por 10^9.
De este modo, $5,000,000,000 = 5 \times 10^9$.

46. 4 Capítulo 21 (Geometría, Coordenadas geométricas)

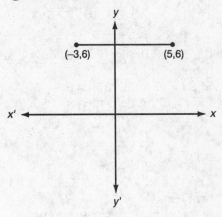

Señalamos los puntos (5,6) y (–3,6) y dibujamos un segmento entre los dos puntos. Cuando las unidades de la gráfica se contabilizan a lo largo de la línea, encontramos que la distancia son 8 unidades.

47. 2 Capítulo 20 (Algebra, Fórmulas)
$$C = \frac{5}{9}(F - 32)$$
Cuando substituimos 50 por F en la ecuación, tenemos
$$C = \frac{5}{9}(50 - 32)$$
$$C = \frac{5}{9}(18)$$
$C = 10$

48. 2 Capítulo 21 (Geometría, Medición indirecta)
Usamos el teorema de Pitágoras para obtener
$x^2 = 8^2 + 15^2 = 64 + 225$
$x^2 = 289$
$x = \sqrt{289}$
$x = 17$

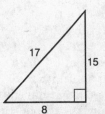

49. 4 Capítulo 20 (Algebra, Resolver problemas)
Si x = el número

$$\frac{x}{15} = 8 + \frac{7}{15}$$

Si multiplicamos ambos lados de la ecuación por 15, tenemos

$$15\left(\frac{x}{15}\right) = 15(8) + 15\left(\frac{7}{15}\right)$$

$x = 120 + 7 = 127$

50. **3** Capítulo 20 (Algebra, Razón y proporción)
Si $8x$ = el número mayor
Y $5x$ = el número menor
$8x - 5x = 21$
$\qquad 3x = 21$
$\qquad\quad x = 21 \div 3 = 7$
$\qquad 8x = 8(7) = 56$

51. **4** Capítulo 20 (Algebra, Resolver problemas)
Si x = el valor del segundo premio en dólares
Y $3x - 200$ = el valor del primer premio en dólares
La suma de los dos premios es $1,000.
$x + (3x - 200) = 1,000$
$4x - 200 = 1,000$
$4x = 1,000 + 200 = 1,200$
$\quad x = 1,200 \div 4 = 300$
$3x - 200 = 3(300) - 200 = 900 - 200 = 700$
El valor del primer premio es de $700.

52. **2** Capítulo 21 (Geometría, Puntos, líneas y espacio)
Usamos la fórmula $V = \pi r^2 h$.
En esta fórmula $\pi = 3.14$ aproximadamente.
En este caso $r = \frac{1}{2}(12) = 6$ y $h = 10$
De este modo, $V = 3.14\,(6)^2(10)$

53. **1** Capítulo 20 (Algebra, Resolver ecuaciones)
$x^2 - 5x + 6 = 0$
Cuando descomponemos en factores el lado izquierdo de la ecuación, tenemos
$(x - 3)(x - 2) = 0$
$x - 3 = 0$ ó $x - 2 = 0$
$x = 3$ ó $x = 2$
Las raíces son (3,2)
Solución alternativa:
Podemos determinar las raíces al substituir las opciones y determinar qué números son válidos para la ecuación.
Si $x = 2$, tenemos $(2)^2 - 5(2) + 6 = 0$

$4 - 10 + 6 = 0$, $10 - 10 = 0$
Por eso, 2 es la raíz de la ecuación
Si $x = 3$, tenemos $(3)^2 - 5(3) + 6 = 0$
$9 - 15 + 6 = 0$, $15 - 15 = 0$
De este modo, 3 es la raíz de la ecuación. Las otras opciones no son válidas para la ecuación.

54. **2** Capítulo 21 (Geometría, Conceptos geométricos y sus relaciones)

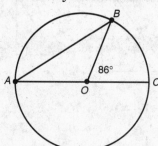

$m\angle AOB = 180 - 86 = 94°$
Puesto que los radios del mismo círculo son iguales a la longitud de $OB = OA$.
$\triangle OAB$ es isósceles y los ángulos de la base tienen la misma medida.
Es decir, m $\angle A$ = m $\angle B$.
$m\angle A + m\angle B = 180 - 94 = 86$
Si m$\angle A = x$
$x + x = 86$
$2x = 86$
$x = 86 \div 2 = 43°$

55. **5** Capítulo 20 (Algebra, Resolver problemas)
Si x = número de partidos perdidos
Y $x + 8$ = número de partidos ganados
$x + x + 8 = 104$
$\quad 2x + 8 = 104$
$\qquad 2x = 104 - 8 = 96$
$\qquad\quad x = 96 \div 2 = 48$
$\quad x + 8 = 48 + 8 = 56$

56. **5** Capítulo 20 (Algebra, Resolver problemas)
Si x = la cantidad de dinero que tiene Federico
y $2x$ = la cantidad de dinero que tiene Jacobo
$x + 12$ = cantidad de dinero que tiene Federico después de conseguir $12
$2x - 12$ = cantidad de dinero que Jacobo tiene después de dar $12
$2x - 12 = x + 12$
$\quad 2x - x = 12 + 12$
$\qquad\quad x = 24$
$\quad 2x = 2(24) = 48

DOS EXÁMENES DE PRÁCTICA

PRIMER Y SEGUNDO EXAMEN DE PRÁCTICA

Estos exámenes contienen, cada uno, cinco pruebas que abarcan las pruebas de Expresión escrita (Parte I), Expresión escrita (Parte II), Estudios sociales, Ciencias, Interpretación de la literatura y de las artes, y Matemáticas.

CLAVES DE LAS RESPUESTAS Y AUTOEVALUACIÓN

Usted encontrará claves de respuestas para verificar su puntaje para cada una de las cinco pruebas. Esto le permitirá resumir sus resultados e identificar sus errores.

ANÁLISIS DE RESPUESTAS

Cada respuesta está completamente explicada. Hay dos ensayos modelos sobre el tema asignado, uno a favor del tema estudiado y uno en contra.

HOJAS DE RESPUESTAS PARA EL EXAMEN DE PRÁCTICA

PRUEBA 1. EXPRESIÓN ESCRITA

1. ① ② ③ ④ ⑤
2. ① ② ③ ④ ⑤
3. ① ② ③ ④ ⑤
4. ① ② ③ ④ ⑤
5. ① ② ③ ④ ⑤
6. ① ② ③ ④ ⑤
7. ① ② ③ ④ ⑤
8. ① ② ③ ④ ⑤
9. ① ② ③ ④ ⑤
10. ① ② ③ ④ ⑤
11. ① ② ③ ④ ⑤
12. ① ② ③ ④ ⑤
13. ① ② ③ ④ ⑤
14. ① ② ③ ④ ⑤
15. ① ② ③ ④ ⑤
16. ① ② ③ ④ ⑤
17. ① ② ③ ④ ⑤
18. ① ② ③ ④ ⑤
19. ① ② ③ ④ ⑤

20. ① ② ③ ④ ⑤
21. ① ② ③ ④ ⑤
22. ① ② ③ ④ ⑤
23. ① ② ③ ④ ⑤
24. ① ② ③ ④ ⑤
25. ① ② ③ ④ ⑤
26. ① ② ③ ④ ⑤
27. ① ② ③ ④ ⑤
28. ① ② ③ ④ ⑤
29. ① ② ③ ④ ⑤
30. ① ② ③ ④ ⑤
31. ① ② ③ ④ ⑤
32. ① ② ③ ④ ⑤
33. ① ② ③ ④ ⑤
34. ① ② ③ ④ ⑤
35. ① ② ③ ④ ⑤
36. ① ② ③ ④ ⑤
37. ① ② ③ ④ ⑤
38. ① ② ③ ④ ⑤

39. ① ② ③ ④ ⑤
40. ① ② ③ ④ ⑤
41. ① ② ③ ④ ⑤
42. ① ② ③ ④ ⑤
43. ① ② ③ ④ ⑤
44. ① ② ③ ④ ⑤
45. ① ② ③ ④ ⑤
46. ① ② ③ ④ ⑤
47. ① ② ③ ④ ⑤
48. ① ② ③ ④ ⑤
49. ① ② ③ ④ ⑤
50. ① ② ③ ④ ⑤
51. ① ② ③ ④ ⑤
52. ① ② ③ ④ ⑤
53. ① ② ③ ④ ⑤
54. ① ② ③ ④ ⑤
55. ① ② ③ ④ ⑤

PRUEBA 2. ESTUDIOS SOCIALES

1. ① ② ③ ④ ⑤
2. ① ② ③ ④ ⑤
3. ① ② ③ ④ ⑤
4. ① ② ③ ④ ⑤
5. ① ② ③ ④ ⑤
6. ① ② ③ ④ ⑤
7. ① ② ③ ④ ⑤
8. ① ② ③ ④ ⑤
9. ① ② ③ ④ ⑤
10. ① ② ③ ④ ⑤
11. ① ② ③ ④ ⑤
12. ① ② ③ ④ ⑤
13. ① ② ③ ④ ⑤
14. ① ② ③ ④ ⑤
15. ① ② ③ ④ ⑤
16. ① ② ③ ④ ⑤
17. ① ② ③ ④ ⑤
18. ① ② ③ ④ ⑤
19. ① ② ③ ④ ⑤
20. ① ② ③ ④ ⑤
21. ① ② ③ ④ ⑤
22. ① ② ③ ④ ⑤

23. ① ② ③ ④ ⑤
24. ① ② ③ ④ ⑤
25. ① ② ③ ④ ⑤
26. ① ② ③ ④ ⑤
27. ① ② ③ ④ ⑤
28. ① ② ③ ④ ⑤
29. ① ② ③ ④ ⑤
30. ① ② ③ ④ ⑤
31. ① ② ③ ④ ⑤
32. ① ② ③ ④ ⑤
33. ① ② ③ ④ ⑤
34. ① ② ③ ④ ⑤
35. ① ② ③ ④ ⑤
36. ① ② ③ ④ ⑤
37. ① ② ③ ④ ⑤
38. ① ② ③ ④ ⑤
39. ① ② ③ ④ ⑤
40. ① ② ③ ④ ⑤
41. ① ② ③ ④ ⑤
42. ① ② ③ ④ ⑤
43. ① ② ③ ④ ⑤
44. ① ② ③ ④ ⑤

45. ① ② ③ ④ ⑤
46. ① ② ③ ④ ⑤
47. ① ② ③ ④ ⑤
48. ① ② ③ ④ ⑤
49. ① ② ③ ④ ⑤
50. ① ② ③ ④ ⑤
51. ① ② ③ ④ ⑤
52. ① ② ③ ④ ⑤
53. ① ② ③ ④ ⑤
54. ① ② ③ ④ ⑤
55. ① ② ③ ④ ⑤
56. ① ② ③ ④ ⑤
57. ① ② ③ ④ ⑤
58. ① ② ③ ④ ⑤
59. ① ② ③ ④ ⑤
60. ① ② ③ ④ ⑤
61. ① ② ③ ④ ⑤
62. ① ② ③ ④ ⑤
63. ① ② ③ ④ ⑤
64. ① ② ③ ④ ⑤

PRUEBA 3. CIENCIAS

1. ① ② ③ ④ ⑤	23. ① ② ③ ④ ⑤	45. ① ② ③ ④ ⑤
2. ① ② ③ ④ ⑤	24. ① ② ③ ④ ⑤	46. ① ② ③ ④ ⑤
3. ① ② ③ ④ ⑤	25. ① ② ③ ④ ⑤	47. ① ② ③ ④ ⑤
4. ① ② ③ ④ ⑤	26. ① ② ③ ④ ⑤	48. ① ② ③ ④ ⑤
5. ① ② ③ ④ ⑤	27. ① ② ③ ④ ⑤	49. ① ② ③ ④ ⑤
6. ① ② ③ ④ ⑤	28. ① ② ③ ④ ⑤	50. ① ② ③ ④ ⑤
7. ① ② ③ ④ ⑤	29. ① ② ③ ④ ⑤	51. ① ② ③ ④ ⑤
8. ① ② ③ ④ ⑤	30. ① ② ③ ④ ⑤	52. ① ② ③ ④ ⑤
9. ① ② ③ ④ ⑤	31. ① ② ③ ④ ⑤	53. ① ② ③ ④ ⑤
10. ① ② ③ ④ ⑤	32. ① ② ③ ④ ⑤	54. ① ② ③ ④ ⑤
11. ① ② ③ ④ ⑤	33. ① ② ③ ④ ⑤	55. ① ② ③ ④ ⑤
12. ① ② ③ ④ ⑤	34. ① ② ③ ④ ⑤	56. ① ② ③ ④ ⑤
13. ① ② ③ ④ ⑤	35. ① ② ③ ④ ⑤	57. ① ② ③ ④ ⑤
14. ① ② ③ ④ ⑤	36. ① ② ③ ④ ⑤	58. ① ② ③ ④ ⑤
15. ① ② ③ ④ ⑤	37. ① ② ③ ④ ⑤	59. ① ② ③ ④ ⑤
16. ① ② ③ ④ ⑤	38. ① ② ③ ④ ⑤	60. ① ② ③ ④ ⑤
17. ① ② ③ ④ ⑤	39. ① ② ③ ④ ⑤	61. ① ② ③ ④ ⑤
18. ① ② ③ ④ ⑤	40. ① ② ③ ④ ⑤	62. ① ② ③ ④ ⑤
19. ① ② ③ ④ ⑤	41. ① ② ③ ④ ⑤	63. ① ② ③ ④ ⑤
20. ① ② ③ ④ ⑤	42. ① ② ③ ④ ⑤	64. ① ② ③ ④ ⑤
21. ① ② ③ ④ ⑤	43. ① ② ③ ④ ⑤	65. ① ② ③ ④ ⑤
22. ① ② ③ ④ ⑤	44. ① ② ③ ④ ⑤	66. ① ② ③ ④ ⑤

PRUEBA 4. INTERPRETACIÓN DE LA LITERATURA Y LAS ARTES

1. ① ② ③ ④ ⑤	16. ① ② ③ ④ ⑤	31. ① ② ③ ④ ⑤
2. ① ② ③ ④ ⑤	17. ① ② ③ ④ ⑤	32. ① ② ③ ④ ⑤
3. ① ② ③ ④ ⑤	18. ① ② ③ ④ ⑤	33. ① ② ③ ④ ⑤
4. ① ② ③ ④ ⑤	19. ① ② ③ ④ ⑤	34. ① ② ③ ④ ⑤
5. ① ② ③ ④ ⑤	20. ① ② ③ ④ ⑤	35. ① ② ③ ④ ⑤
6. ① ② ③ ④ ⑤	21. ① ② ③ ④ ⑤	36. ① ② ③ ④ ⑤
7. ① ② ③ ④ ⑤	22. ① ② ③ ④ ⑤	37. ① ② ③ ④ ⑤
8. ① ② ③ ④ ⑤	23. ① ② ③ ④ ⑤	38. ① ② ③ ④ ⑤
9. ① ② ③ ④ ⑤	24. ① ② ③ ④ ⑤	39. ① ② ③ ④ ⑤
10. ① ② ③ ④ ⑤	25. ① ② ③ ④ ⑤	40. ① ② ③ ④ ⑤
11. ① ② ③ ④ ⑤	26. ① ② ③ ④ ⑤	41. ① ② ③ ④ ⑤
12. ① ② ③ ④ ⑤	27. ① ② ③ ④ ⑤	42. ① ② ③ ④ ⑤
13. ① ② ③ ④ ⑤	28. ① ② ③ ④ ⑤	43. ① ② ③ ④ ⑤
14. ① ② ③ ④ ⑤	29. ① ② ③ ④ ⑤	44. ① ② ③ ④ ⑤
15. ① ② ③ ④ ⑤	30. ① ② ③ ④ ⑤	45. ① ② ③ ④ ⑤

PRUEBA 5. MATEMÁTICAS

1. ① ② ③ ④ ⑤	20. ① ② ③ ④ ⑤	39. ① ② ③ ④ ⑤
2. ① ② ③ ④ ⑤	21. ① ② ③ ④ ⑤	40. ① ② ③ ④ ⑤
3. ① ② ③ ④ ⑤	22. ① ② ③ ④ ⑤	41. ① ② ③ ④ ⑤
4. ① ② ③ ④ ⑤	23. ① ② ③ ④ ⑤	42. ① ② ③ ④ ⑤
5. ① ② ③ ④ ⑤	24. ① ② ③ ④ ⑤	43. ① ② ③ ④ ⑤
6. ① ② ③ ④ ⑤	25. ① ② ③ ④ ⑤	44. ① ② ③ ④ ⑤
7. ① ② ③ ④ ⑤	26. ① ② ③ ④ ⑤	45. ① ② ③ ④ ⑤
8. ① ② ③ ④ ⑤	27. ① ② ③ ④ ⑤	46. ① ② ③ ④ ⑤
9. ① ② ③ ④ ⑤	28. ① ② ③ ④ ⑤	47. ① ② ③ ④ ⑤
10. ① ② ③ ④ ⑤	29. ① ② ③ ④ ⑤	48. ① ② ③ ④ ⑤
11. ① ② ③ ④ ⑤	30. ① ② ③ ④ ⑤	49. ① ② ③ ④ ⑤
12. ① ② ③ ④ ⑤	31. ① ② ③ ④ ⑤	50. ① ② ③ ④ ⑤
13. ① ② ③ ④ ⑤	32. ① ② ③ ④ ⑤	51. ① ② ③ ④ ⑤
14. ① ② ③ ④ ⑤	33. ① ② ③ ④ ⑤	52. ① ② ③ ④ ⑤
15. ① ② ③ ④ ⑤	34. ① ② ③ ④ ⑤	53. ① ② ③ ④ ⑤
16. ① ② ③ ④ ⑤	35. ① ② ③ ④ ⑤	54. ① ② ③ ④ ⑤
17. ① ② ③ ④ ⑤	36. ① ② ③ ④ ⑤	55. ① ② ③ ④ ⑤
18. ① ② ③ ④ ⑤	37. ① ② ③ ④ ⑤	56. ① ② ③ ④ ⑤
19. ① ② ③ ④ ⑤	38. ① ② ③ ④ ⑤	

PRIMER EXAMEN DE PRÁCTICA

PRUEBA 1: EXPRESIÓN ESCRITA, PARTE I

Instrucciones

La Prueba de Expresión Escrita evalúa su capacidad de usar el español clara y efectivamente. En esta prueba se evalúa cómo se debe escribir el español y no cómo se habla. Las instrucciones dadas más abajo se refieren sólo a la sección de preguntas de opción múltiple, mientras que las instrucciones para el ensayo se dan aparte.

La sección de preguntas de opción múltiple consiste en párrafos con oraciones numeradas. Algunas de las oraciones contienen errores de estructura, de uso o de mecánica (ortografía, puntuación, uso de mayúsculas). Después de leer todas las oraciones numeradas, conteste las preguntas que vienen a continuación. Algunas preguntas corresponden a oraciones que son correctas tal como aparecen. La respuesta correcta para estas oraciones es la opción que deja la oración según aparece originalmente. La mejor respuesta para otras preguntas que no se destacan por errores inmediatamente obvios es la de seleccionar la oración en que el tiempo verbal y el punto de vista están conformes con los tiempos y puntos de vista usados en el resto del párrafo.

Dispone de 75 minutos para contestar las preguntas de opción múltiple y tan sólo puede destinar 45 minutos al ensayo. Trabaje con cuidado, pero no dedique demasiado tiempo a una sola pregunta. Puede empezar a escribir el ensayo una vez que haya acabado de contestar las preguntas de opción múltiple.

Para anotar las respuestas, llene uno de los óvalos numerados que aparecen al lado del número de la pregunta de la prueba que está contestando.

POR EJEMPLO:

Frase 1: **Nos sentimos muy honrados de conoser al Gobernador Ramírez.**

¿Qué corrección debe hacer a la frase?

(1) Poner una coma después de <u>sentimos</u>   ① ② ● ④ ⑤
(2) Cambiar <u>honrados</u> por <u>onrados</u>
(3) Cambiar <u>conoser</u> por <u>conocer</u>
(4) Cambiar <u>al</u> a <u>el</u>
(5) Ninguna

En este ejemplo, la palabra "conoser" es incorrecta y debe cambiarse a "conocer". Por eso, debe llenarse el círculo número 3.

CONTINUE EN LA PAGINA SIGUIENTE

PRUEBA 1: EXPRESIÓN ESCRITA, PARTE I

<u>Las preguntas 1 a 9</u> se basan en los siguientes párrafos.

(1) Una comida saludable debe planificarse y no dejarse aventurar, para el consumidor, la seguridad alimenticia empieza en el mercado. (2) Todos los esfuerzos realizados por las coperativas de los estados y el Departamento de Agricultura de los Estados Unidos para hacer que la oferta de alimentos sea sana, limpia y segura pueden ser en vano, a no ser que el consumidor tome ciertas precauciones en este sentido. (3) Entre las precauciones que debe tomar el consumidor, cabe mencionar el cuidado a la hora de vender, almacenar y cocinar los alimentos.

(4) Se debe comprar en las tiendas de comestibles, después de haber realizado las demás diligencias. (5) Lleve los alimentos a casa inmediatamente y no los deje desatendidos durante un largo período de tiempo. (6) En las tiendas debe haber el luz suficiente para que le permita seleccionar adecuadamente los alimentos. (7) El personal de las tiendas deberían asegurarse de que los alimentos son reemplazados frecuentemente y mantenerlos lo más frescos posibles.

(8) No compre en ninguna circunstancia alimentos en envases abollados o que gotean. (9) Los alimentos en envases abollados o que gotean pueden ser perjudiciales no sólo para comer sino para degustar.

(10) Pida al dependiente que ponga los alimentos fríos en una misma bolsa, así se mantienen fríos durante más tiempo; entremezclados con los alimentos que vienen a temperatura ambiente, se calientan rápidamente.

1. Oración 1: **Una comida saludable debe planificarse y no dejarse <u>aventurar, para el</u> consumidor, la seguridad alimenticia empieza en el mercado.**

   ¿Cuál es la mejor manera de escribir la parte de la oración que se encuentra subrayada? Si cree que la versión original es la correcta, escoja la opción 1.

   (1) aventurar, para el
   (2) aventurar; para el
   (3) aventurar: para el
   (4) aventurar. para el
   (5) aventurar. Para el

2. Oración 2: **Todos los esfuerzos realizados por las coperativas de los estados y el Departamento de Agricultura de los Estados Unidos para hacer que la oferta de alimentos sea sana, limpia y segura pueden ser en vano, a no ser que el consumidor tome ciertas precauciones en este sentido.**

   ¿Qué corrección se debería hacer en esta oración?

   (1) cambiar <u>esfuerzos</u> por <u>esfuersos</u>
   (2) cambiar <u>coperativas</u> por <u>cooperativas</u>
   (3) poner acento a <u>límpia</u>
   (4) cambiar <u>precauciones</u> por <u>precausiones</u>
   (5) sin error

3. Oración 3: **Entre las precauciones que debe tomar el consumidor, cabe mencionar el cuidado a la hora de vender, almacenar y cocinar los alimentos.**

   ¿Qué corrección se debería hacer en esta oración?

   (1) cambiar <u>cabe</u> por <u>es necesario</u>
   (2) cambiar <u>vender</u> por <u>comprar</u>
   (3) cambiar <u>el cuidado</u> por <u>los cuidados</u>
   (4) cambiar <u>cocinar</u> por <u>cosinar</u>
   (5) poner acento a <u>qué</u>

CONTINUE EN LA PAGINA SIGUIENTE

PRUEBA 1: EXPRESIÓN ESCRITA, PARTE I

4. Oración 4: **Se debe comprar en las tiendas de comestibles, después de haber realizado las demás diligencias.**

   ¿Qué corrección se debería hacer en esta oración?

   (1) sacar el <u>Se</u> reflexivo
   (2) sacar la coma después de <u>comestibles</u>
   (3) cambiar <u>haber</u> por <u>haver</u>
   (4) cambiar <u>diligencias</u> por <u>digilencias</u>
   (5) sin error

5. Oración 5: **Lleve los alimentos a casa inmediatamente <u>y no los deje</u> desatendidos durante un largo período de tiempo.**

   ¿Cuál es la mejor manera de escribir la parte de la oración que se encuentra subrayada? Si cree que la versión original es la correcta, escoja la opción 1.

   (1) y no los deje
   (2) también no los deje
   (3) pero no los deje
   (4) aunque no los deje
   (5) sin embargo no los deje

6. Oración 6: **En las tiendas debe haber el luz suficiente para que le permita seleccionar adecuadamente los alimentos.**

   ¿Qué corrección se debería hacer en esta oración?

   (1) cambiar <u>el</u> por <u>la</u>
   (2) cambiar <u>permita</u> por <u>permitan</u>
   (3) cambiar <u>seleccionar</u> por <u>selecionar</u>
   (4) cambiar <u>adecuadamente</u> por <u>adequadamente</u>
   (5) sin error

7. Oración 7: **El personal de las tiendas deberían asegurarse de que los alimentos son reemplazados frecuentemente y mantenerlos lo más frescos posibles.**

   ¿Qué corrección se debería hacer en esta oración?

   (1) sacar el acento a <u>deberían</u>
   (2) cambiar <u>reemplazados</u> por <u>remplazados</u>
   (3) cambiar <u>lo</u> por <u>los</u>
   (4) cambiar <u>deberían</u> por debería
   (5) sin error

8. Oraciones 8 y 9: **No compre en ninguna circunstancia alimentos en envases abollados o que gotean. Los alimentos en envases abollados o que gotean pueden ser perjudiciales no sólo para comer sino para degustar.**

   ¿Cuál es la mejor manera de conectar las dos oraciones?

   (1) gotean, porque pueden ser
   (2) gotean, de tal manera que pueden ser
   (3) gotean, sin embargo pueden ser
   (4) gotean, siendo perjudiciales
   (5) gotean, en ser perjudiciales

9. Oración 10: **Pida al dependiente que ponga los alimentos fríos en una misma bolsa, así se mantienen fríos durante más <u>tiempo: entremezclados</u> con los alimentos que vienen a temperatura ambiente, se calientan rápidamente.**

   ¿Cuál es la mejor manera de escribir la parte de la oración que se encuentra subrayada? Si cree que la versión original es la correcta, escoja la opción 1.

   (1) tiempo; entremezclados
   (2) tiempo. Entremezclados
   (3) tiempo: entremezclados
   (4) tiempo, entremezclados
   (5) tiempo; Entremezclados

CONTINUE EN LA PAGINA SIGUIENTE

PRUEBA 1: EXPRESIÓN ESCRITA, PARTE I

<u>Las preguntas 10 a 18</u> se basan en los siguientes párrafos.

(1) La agrupación familiar tradicional continuará siendo dominante, aunque las personas de la familia puedan cambiar debido a divorcios, separaciones y nuevos matrimonios.
(2) Las familias con carreras duales en que tanto el hombre como la mujer trabajan, aumentarán—especialmente entre la población joven. (3) El número de matrimonios sin hijos también incrementará.
(4) Algunas parejas escogerán permanecer sin hijos otras pasarán unos años de su vida sin niños por cuestiones de espacio y de limitación del tamaño de la familia.
(5) Incrementará el número de padres solteros como resultado de los divorcios, la muerte, el abandono o el haber escogido criar su hijo solo. (6) En muchos casos, las familias de padres solteros tendrán una empleada del hogar.
(7) Gracias al creciente aceptación social del padre soltero, muchos individuos puede que no se casen y establezcan familias de solteros. (8) El adulto soltero viviendo solo establecerá contacto con parientes cercanos. Compartirá sus fuentes económicas y emocionales para substituir el inexistente rol de padre por el de "tía-tío".
(9) Estas formas familiares, presentarán diferentes problemas a los miembros de la familia.
(10) Las familias necesitarán información para seleccionar el modelo familiar que quieren ejercer.

10. Oración 1: **La agrupación familiar tradicional continuará siendo <u>dominante, aunque</u> las personas de la familia puedan cambiar debido a divorcios, separaciones y nuevos matrimonios.**

    ¿Cuál es la mejor manera de escribir la parte de la oración que se encuentra subrayada? Si cree que la versión original es la correcta, escoja la opción 1.

    (1) dominante, aunque
    (2) dominante, a pesar de
    (3) dominante, pues
    (4) dominante, por lo tanto
    (5) dominante, no obstante

11. Oraciones 2 y 3: **Las familias con carreras duales en que tanto el hombre como la mujer trabajan, aumentarán—especialmente entre la población joven. El número de matrimonios sin hijos también incrementará.**

    ¿Cuál es la mejor manera de conectar las dos oraciones?

    (1) a igual que el número de matrimonios sin hijos.
    (2) pero el número de matrimonios sin hijos también incrementará.
    (3) aunque el número de matrimonios sin hijos también incrementará.
    (4) no obstante el número de matrimonios sin hijos también incrementará.
    (5) por lo tanto el número de matrimonios sin hijos también incrementará.

12. Oración 4: **Algunas parejas escogerán permanecer sin <u>hijos otras</u> pasarán unos años de su vida sin niños por cuestiones de espacio y de limitación del tamaño de la familia.**

    ¿Cuál es la mejor manera de escribir la parte de la oración que se encuentra subrayada? Si cree que la versión original es la correcta, escoja la opción 1.

    (1) hijos otras
    (2) hijos (otras
    (3) hijos. Otras
    (4) hijos: otras
    (5) hijos: Otras

13. Oración 5: **Incrementará el número de padres solteros como resultado de los divorcios, la muerte, el abandono o el haber escogido criar su hijo solo.**

    Si escribe de nuevo la oración, empezando por

    Como resultado de los divorcios...

    continuará así:

    (1) incrementará
    (2) habrá incrementado
    (3) incrementaría
    (4) ha incrementado
    (5) habría incrementado

CONTINUE EN LA PAGINA SIGUIENTE

PRUEBA 1: EXPRESIÓN ESCRITA, PARTE I

14. Oración 6: **En muchos casos, las familias de padres solteros tendrán una empleada del hogar.**

    ¿Qué corrección se debería hacer en esta oración?

    (1) sacar la coma después de <u>casos</u>
    (2) cambiar <u>tendrán</u> por <u>tendrían</u>
    (3) cambiar <u>empleada</u> por <u>enpleada</u>
    (4) cambiar <u>hogar</u> por <u>hoguar</u>
    (5) sin error

15. Oración 7: **Gracias al creciente aceptación del padre soltero, muchos individuos puede que no se casen y establezcan familias de solteros.**

    ¿Qué corrección se debería hacer en esta oración?

    (1) cambiar <u>aceptación</u> por <u>aseptación</u>
    (2) eliminar la coma
    (3) cambiar <u>establezcan</u> por <u>establescan</u>
    (4) cambiar <u>al</u> por <u>a la</u>
    (5) sin error

16. Oración 8: **El adulto soltero viviendo solo establecerá contacto con parientes cercanos. Compartirá sus fuentes económicas y emocionales para substituir el inexistente rol de padre por el de "tía-tío".**

    ¿Qué corrección se debería hacer en esta oración?

    (1) poner acento a sólo
    (2) sacar al acento a <u>tía</u>
    (3) cambiar <u>substituir</u> por <u>subtituir</u>
    (4) sacar los acentos a <u>tía</u> y <u>tío</u>
    (5) sin error

17. Oración 9: **Estas formas familiares, presentarán diferentes problemas a los miembros de la familia.**

    ¿Qué corrección se debería hacer en esta oración?

    (1) sacar la coma después de <u>familiares</u>
    (2) cambiar <u>presentarán</u> por <u>serán presentadas</u>
    (3) poner una coma después de <u>problemas</u>
    (4) cambiar <u>miembros</u> por <u>mienbros</u>
    (5) sin error

18. Oración 10: **Las familias necesitarán información para seleccionar el modelo familiar que quieren ejercer.**

    ¿Qué corrección se debería hacer en esta oración?

    (1) cambiar <u>necesitarán</u> por <u>necesitarían</u>
    (2) cambiar <u>seleccionar</u> por <u>selectionar</u>
    (3) cambiar <u>quieren</u> por <u>quiere</u>
    (4) cambiar <u>ejercer</u> por <u>ejerzer</u>
    (5) sin error

CONTINUE EN LA PAGINA SIGUIENTE

PRUEBA 1: EXPRESIÓN ESCRITA, PARTE I

Las preguntas 19 a 27 se basan en los siguientes párrafos.

(1) El abuso de las drogas es como una enfermedad comunicable. (2) Se expande porque unos tientan a otros o porque unos intentan imitar a otros. (3) El abuso de las drogas está creciendo, aunque haya un gran número de jóvenes que han probado las drogas y que ahora desean dejar el hábito. (4) Debido a que existen tratamientos para ellos, estos jóvenes pueden explicar a otros jóvenes que el panorama de las drogas no es tan magnífico como ellos pensaban antes de que estuvieran enganchados. (5) Algo más importante es que ellos estaban de acuerdo con sus coetaneos antes de que su experimentación se convirtiera en un hábito.

(6) El padre y la madre puede ayudar a prevenir el uso de drogas a través del ejemplo, el conocimiento y la comprensión. (7) Para hablar acerca las drogas con sus hijos, los padres deberían informarse. (8) A menudo los padres saben menos sobre las drogas que sus propios hijos, y las consecuencias son tristes. (9) Sería ideal que antes que su hijo esté tentado a experimentar, lo pudieran explicar la parte indeseable de la vida de drogadicción. (10) Lo que convence aún más a los jóvenes es el daño que produce el abuso de drogas por sus cuerpos.

19. Oraciones 1 y 2: **El abuso de las drogas es como una enfermedad comunicable. Se expande porque unos tientan a otros o porque unos intentan imitar a otros.**

    ¿Cuál es la mejor manera de conectar las dos oraciones?

    (1) comunicable. se expande
    (2) comunicable, aunque se expande
    (3) comunicable, a pesar de que se expande
    (4) comunicable, habiéndose expandido
    (5) comunicable, quien se expande

20. Oración 3: **El abuso de las drogas está creciendo, aunque haya un gran número de jóvenes que han probado las drogas y que ahora desean dejar el hábito.**

    ¿Qué corrección se debería hacer en esta oración?

    (1) cambiar está por estaría
    (2) cambiar haya por había
    (3) sacar el acento a número
    (4) cambiar probado por provado
    (5) sin error

21. Oración 4: **Debido a que existen tratamientos para ellos, estos jóvenes pueden explicar a otros jóvenes que el panorama de las drogas no es tan magnífico como ellos pensaban antes de que estuvieran enganchados.**

    ¿Qué corrección se debería hacer en esta oración?

    (1) Cambiar Debido por Aunque
    (2) sacar la coma después de ellos
    (3) cambiar tan por tanto
    (4) poner coma después de pensaban
    (5) sin error

22. Oración 5: **Algo más importante es que ellos estaban de acuerdo con sus coetaneos antes de que su experimentación se convirtiera en un hábito.**

    ¿Qué corrección se debería hacer en esta oración?

    (1) cambiar es por fue
    (2) poner acento a coetáneos
    (3) poner coma después de experimentación
    (4) cambiar hábito por ábito
    (5) sin error

CONTINUE EN LA PAGINA SIGUIENTE

PRUEBA 1: EXPRESIÓN ESCRITA, PARTE I

23. Oración 6: **El padre y la madre puede ayudar a prevenir el uso de drogas a través del ejemplo, el conocimiento y la comprensión.**

    ¿Qué corrección se debería hacer en esta oración?

    (1) cambiar <u>ayudar a</u> por <u>ayudar de</u>
    (2) cambiar <u>puede</u> por <u>pueden</u>
    (3) sacar el acento en <u>través</u>
    (4) poner coma después de <u>conocimiento</u>
    (5) sin error

24. Oración 7: **Para hablar acerca las drogas con sus hijos, los padres deberían informarse.**

    ¿Qué corrección se debería hacer en esta oración?

    (1) cambiar <u>Para</u> por <u>Por</u>
    (2) cambiar <u>acerca</u> por <u>a cerca</u>
    (3) añadir <u>de</u> a <u>acerca</u> (acerca de)
    (4) cambiar <u>deberían informarse</u> por <u>se deberían informar</u>
    (5) sin error

25. Oración 8: **A menudo los padres saben menos sobre las drogas que sus propios hijos, y las consecuencias son tristes.**

    ¿Qué corrección se debería hacer en esta oración?

    (1) cambiar <u>consecuencias</u> por <u>consecuensias</u>
    (2) cambiar <u>consecuencias</u> por <u>concecuensias</u>
    (3) poner acento a <u>própios</u>
    (4) cambiar <u>A menudo</u> por <u>A frecuencia</u>
    (5) sacar la coma después de <u>hijos</u>

26. Oración 9: **Sería ideal que antes que su hijo esté tentado a experimentar, lo pudieran explicar la parte indeseable de la vida de drogadicción.**

    ¿Qué corrección se debería hacer en esta oración?

    (1) cambiar <u>Sería</u> por <u>Será</u>
    (2) sacar la coma después de <u>experimentar</u>
    (3) cambiar <u>lo</u> por <u>le</u>
    (4) cambiar <u>drogadicción</u> por <u>drogadición</u>
    (5) sin error

27. Oración 10: **Lo que convence aún más a los jóvenes es el daño que produce el abuso de drogas por sus cuerpos.**

    ¿Qué corrección se debería hacer en esta oración?

    (1) cambiar <u>convence</u> por <u>combence</u>
    (2) sacar el acento a <u>aún</u>
    (3) cambiar <u>produce</u> por <u>producen</u>
    (4) cambiar <u>por</u> por <u>en</u>
    (5) sin error

CONTINUE EN LA PAGINA SIGUIENTE

PRUEBA 1: EXPRESIÓN ESCRITA, PARTE I

Las preguntas 28 a 37 se basan en los siguientes párrafos.

(1) Estadísticamente, los tipos de accidentes más comunes en casa son las caidas. (2) Cada año, miles de Estadounidenses mueren de esta manera, entre las cuatro paredes de su casa o en los patios alrededor de sus casas. (3) Nueve de cada diez víctimas sobre-pasan los 65 años, pero gentes de todas las edades experimentan graves lesiones como resultado de golpes dentro de sus casas. (4) Es inposible estimar cuántas lesiones se producen por golpes, pero se contabilizan aproximadamente millones.

(5) Los golpes pueden ser un problema a todas las edades. (6) En el proceso de crecimiento, los niños y los adolescentes a menudo tienden a caer. (7) Afortunadamente, sus cuerpos son flexibles, por lo tanto sólo sufren heridas por rozamiento golpes o contusiones. (8) Pero en una persona mayor, la misma caída puede ocasionarle una rotura de brazo, pierna, cadera o otro tipo de lesiones que requieren hospitalización o cuidado médico. (9) Cuando uno se hace mayor, puede que no caiga más a menudo que antes, pero los resultados normalmente son más graves y a veces pueden ser mortales.

(10) Los adultos caen porque no miran por donde andan, van deprisa, descuidados o están pensando en otras cosas.

(11) Algunos productos baratos como son las esteras de goma tipo succión o simples tiras en la bañera, alfombras que no resbalan y agarraderas en el baño pueden ayudar a evitar las caídas en los cuartos de baño.

28. Oración 1: **Estadísticamente, los tipos de accidentes más comunes en casa son las caidas.**

    ¿Qué corrección se debería hacer en esta oración?

    (1) cambiar estadísticamente por estadístical
    (2) cambiar accidentes por accidente
    (3) cambiar son por es
    (4) poner acento a caídas
    (5) sin error

29. Oración 2: **Cada año, miles de Estadounidenses mueren de esta manera, entre las cuatro paredes de su casa o en los patios alrededor de sus casas.**

    ¿Qué corrección se debería hacer en esta oración?

    (1) cambiar Estadounidenses por estadounidenses
    (2) cambiar mueren por morían
    (3) sacar la coma después de manera
    (4) cambiar alrededor por alrrededor
    (5) sin error

30. Oración 3: **Nueve de cada diez víctimas sobre-pasan los 65 años, pero gentes de todas las edades experimentan graves lesiones como resultado de golpes dentro de sus casas.**

    ¿Qué corrección se debería hacer en esta oración?

    (1) sacar el acento a víctimas
    (2) cambiar sobre-pasan por sobrepasan
    (3) cambiar experimentan por esperimentan
    (4) cambiar como por de
    (5) sin error

31. Oración 4: **Es inposible estimar cuántas lesiones se producen por golpes, pero se contabilizan aproximadamente millones.**

    ¿Qué corrección se debería hacer en esta oración?

    (1) cambiar inposible por imposible
    (2) sacar el acento a cuántas
    (3) sacar la coma después de golpes
    (4) cambiar contabilizan por contabilisan
    (5) sin error

CONTINUE EN LA PAGINA SIGUIENTE

PRUEBA 1: EXPRESIÓN ESCRITA, PARTE I

32. Oraciones 5 y 6: **Los golpes pueden ser un problema a todas las <u>edades. En</u> el proceso de crecimiento, los niños y los adolescentes a menudo tienden a caer.**

    ¿Cuál es la mejor manera de escribir la parte de la oración que se encuentra subrayada? Si cree que la versión original es la correcta, escoja la opción 1.

    (1) edades. En
    (2) edades. en
    (3) edades, en
    (4) edades—En
    (5) edades; En

33. Oración 7: **Afortunadamente, sus cuerpos son flexibles, por lo tanto sólo sufren heridas por rozamiento golpes o contusiones.**

    ¿Qué corrección se debería hacer en esta oración?

    (1) sacar la coma después de <u>afortunadamente</u>
    (2) cambiar <u>flexibles</u> por <u>fleccibles</u>
    (3) sacar la coma después de <u>flexibles</u>
    (4) poner una coma después de <u>rozamiento</u>
    (5) sin error

34. Oración 8: **Pero en una persona mayor, la misma caída puede ocasionarle una rotura de brazo, pierna, cadera o otro tipo de lesiones que requieren hospitalización o cuidado médico.**

    ¿Qué corrección se debería hacer en esta oración?

    (1) sacar la coma después de <u>mayor</u>
    (2) cambiar <u>ocasionarle</u> por <u>ocasionarla</u>
    (3) cambiar <u>o otro</u> por <u>u otro</u>
    (4) cambiar <u>hospitalización</u> por <u>hopitalización</u>
    (5) sin error

35. Oración 9: **Cuando uno se hace mayor, puede que no caiga más a menudo que antes, pero los resultados normalmente son más graves y a veces pueden ser mortales.**

    ¿Qué corrección se debería hacer en esta oración?

    (1) cambiar <u>Cuando</u> por <u>Mientras</u>
    (2) cambiar <u>caiga</u> por <u>caigua</u>
    (3) cambiar <u>normalmente</u> por <u>normal</u>
    (4) cambiar <u>a veces</u> por <u>aveces</u>
    (5) sin error

36. Oración 10: **Los adultos caen porque no miran por donde andan, van deprisa, descuidados o están pensando en otras cosas.**

    ¿Qué corrección se debería hacer en esta oración?

    (1) cambiar <u>caen</u> por <u>caerán</u>
    (2) cambiar <u>porque</u> por <u>por que</u>
    (3) sacar la coma después de <u>andan</u>
    (4) insertar <u>van</u> antes de <u>descuidados</u>
    (5) sin error

37. Oración 11: **Algunos productos baratos como son las esteras de goma tipo succión o simples tiras en la bañera, alfombras que no resbalan y agarraderas en el baño pueden ayudar a evitar las caídas en los cuartos de baño.**

    Si escribe de nuevo la frase empezando por

    <u>Para evitar las caídas en los cuartos de baño,</u>

    continuaría con

    (1) le aconsejamos algunos productos baratos
    (2) son las esteras de goma
    (3) algunos productos baratos son
    (4) como las agarraderas
    (5) le aconsejaban algunos productos

CONTINUE EN LA PAGINA SIGUIENTE

PRUEBA 1: EXPRESIÓN ESCRITA, PARTE I

<u>Las preguntas 38 a 46</u> se basan en los siguientes párrafos.

(1) La única cura que se conoce para la bicimanía, una fiebre altamente contagiosa, que atraviesa el país de costa a costa, es montar en bicicleta. (2) Cerca de 100 millones de víctimas felices, entre ellas madres, padres y niños, están haciendo ahora un excelente tratamiento que consiste en pedalear sobre dos ruedas hacia un excitante nuevo mundo de diversión y aventura.

(3) ¿Por qué comprar una bicicleta? En parte, porque montar en bicicleta es beneficioso para usted y al medio ambiente. (4) Una bicicleta no contamina el aire, no hace ruido y le mantiene en buena forma física, no ocupa demasiado espacio en la carretera. Y es fácil de aparcar en un espacio pequeño. (5) Con acesorios apropiados—bolsas en el sillín, portaequipajes o cestas—una bicicleta puede usarse para ir de compras, de excursión o para viajar.

(6) ¿Qué tipo de bicicleta debería comprar? (7) Entre la gran y tentadora oferta de modelos con cambios de diez velocidades y muchos otros sofisticados dipositivos, puede que escoja algo que realmente no necesita. (8) El mejor consejo es: compre el modelo más simple de acuerdo a sus necesidades de transporte. (9) No necesita invertir en manillares, radios y soportes especiales que pueden ser demasiado complicados para su propósito.

(10) Trate de alquilar una bicicleta antes de comprar una. Pase un par de semanas pedaleando en diferentes terrenos de su área. Esta prueba le dará la respuesta a muchas de sus preguntas.

38. Oración 1: **La única cura que se conoce para la bicimanía, una fiebre altamente contagiosa, que atraviesa el país de costa a costa, es montar en bicicleta.**

    ¿Qué corrección se debería hacer en esta oración?

    (1) sacar la coma después de <u>bicimanía</u>
    (2) cambiar fiebre por <u>fievre</u>
    (3) sacar la coma después de <u>contagiosa</u>
    (4) sacar el acento a <u>país</u>
    (5) sin error

39. Oración 2: **Cerca de 100 millones de víctimas felices, entre ellas madres, padres y niños, están haciendo ahora un excelente tratamiento que consiste en pedalear sobre dos ruedas hacia un excitante nuevo mundo de diversión y aventura.**

    ¿Qué corrección se debería hacer en esta oración?

    (1) cambiar <u>Cerca de</u> por <u>Cerca con</u>
    (2) cambiar <u>excitante</u> por <u>emocionante</u>
    (3) cambiar <u>consiste</u> por <u>consisten</u>
    (4) cambiar <u>excelente</u> por <u>exelente</u>
    (5) sin error

40. Oración 3: **¿Por qué comprar una bicicleta? En parte, porque montar en bicicleta es beneficioso para usted y al medio ambiente.**

    ¿Qué corrección se debería hacer en esta oración?

    (1) cambiar porque a por
    (2) sacar la coma después de <u>parte</u>
    (3) cambiar <u>es</u> por <u>ha sido</u>
    (4) cambiar <u>al</u> por <u>el</u>
    (5) sin error

41. Oración 4: **Una bicicleta no contamina el aire, no hace ruido y le mantiene en buena forma física, no ocupa demasiado espacio en la <u>carretera. Y es</u> fácil de aparcar en un espacio pequeño.**

    ¿Cuál es la mejor manera de escribir la parte de la oración que se encuentra subrayada?

    Si cree que la versión original es correcta, escoja la opción 1.

    (1) carretera. Y es
    (2) carretera. y es
    (3) carretera y es
    (4) carretera; y es
    (5) carretera: y es

CONTINUE EN LA PAGINA SIGUIENTE

PRUEBA 1: EXPRESIÓN ESCRITA, PARTE I

42. Oración 5: **Con acesorios apropiados—bolsas en el sillín, portaequipajes o cestas—una bicicleta puede usarse para ir de compras, de excursión o para viajar.**

    ¿Qué corrección se debería hacer en esta oración?

    (1) cambiar <u>acesorios</u> por <u>accesorios</u>
    (2) sacar las rayas alrededor de <u>bolsas</u> y <u>cestas</u>
    (3) cambiar <u>para ir</u> por <u>por ir</u>
    (4) cambiar <u>excursión</u> por <u>escursión</u>
    (5) sin error

43. Oraciones 6 y 7: **¿Qué tipo de bicicleta debería comprar? Entre la gran y tentadora oferta de modelos con cambios de diez velocidades y muchos otros sofisticados dipositivos, puede que escoja algo que realmente no necesita.**

    ¿Qué corrección se debería hacer en esta oración?

    (1) cambiar <u>tentadora</u> por <u>temptadora</u>
    (2) cambiar <u>cambios</u> por <u>canbios</u>
    (3) cambiar <u>dipositivos</u> por <u>dispositivos</u>
    (4) cambiar <u>escoja</u> por <u>escoje</u>
    (5) sin error

44. Oración 8: **El mejor consejo <u>es: compre</u> el modelo más simple de acuerdo a sus necesidades de transporte.**

    ¿Cuál es la mejor manera de escribir la parte de la oración que se encuentra subrayada? Si cree que la versión original es la correcta, escoja la opción 1.

    (1) es: compre
    (2) es; compre
    (3) es; Compre
    (4) es...compre
    (5) es, compre

45. Oración 9: **No necesita invertir en manillares, radios y soportes especiales que pueden ser demasiado complicados para su propósito.**

    Si escribe de nuevo la oración empezando por

    <u>Invertir en manillares, radios...</u>

    continuará con

    (1) no es necesario, ya que
    (2) no necesitaría ya que
    (3) no necesitará, ya que
    (4) no es complicado
    (5) no es su propósito

46. Oración 10: **Trate de alquilar una bicicleta antes de comprar una. Pase un par de semanas pedaleando en diferentes terrenos de su <u>área. Esta prueba</u> le dará la respuesta a muchas de sus preguntas.**

    ¿Cuál es la mejor manera de escribir la parte de la oración que se encuentra subrayada? Si cree que la versión original es la correcta, escoja la opción 1.

    (1) área. Esta prueba
    (2) área y esta prueba
    (3) área—esta prueba
    (4) área. esta prueba
    (5) área esta prueba

CONTINUE EN LA PAGINA SIGUIENTE

PRUEBA 1: EXPRESIÓN ESCRITA, PARTE I

<u>Las preguntas 47 a 55</u> se basan en los siguientes párrafos.

(1) En cada etapa del desarrollo, la ropa puede ayudar a establecer la identidad de una persona, ya sea para ella misma, ya sea, para las demás personas con las que interactúa. (2) El juego infantil de "disfrazarse" con la ropa de los padres proporciona al niño la oportunidad de practicar roles que cree que van a ejercer en su vida adulta.

(3) Cómo una persona escoje su ropa de acuerdo con sus roles afectará la manera en que esta persona actúa.

(4) La ropa es un factor importante en el desarrollo de los sentimientos de autoconfianza y autoestima. (5) Cuando alguien luce bien, también se siente bien. (6) Para la mayoría de la gente, la ropa es a menudo una reacción positiva que viene de los demás, debido a que en nuestra cultura tenemos más tendencia a hacer cumplidos a una persona sobre su apariencia que sobre sus aspectos humanos.

(7) La mayoría de los estadounidenses también reconocen que una apariencia y una vestimenta adecuada son las claves para asociarse con la gente apropiada, los quienes pueden servir para abrirles puertas a mejores trabajos, aumentar los ingresos y adquirir mayor prestigio.

(8) Nuestras necesidades en el vestir están influenciadas por una multitud de circunstancias. (9) Las motivaciones a la hora de comprar son pocas veces simples.

(10) El primer paso en el proceso de toma de decisiones es elaborar conscientemente un orden de las cosas que son importantes para nosotros. (11) Si una persona reconoce y acepta las prioridades de sus valores—por ejemplo, que su posición y prestigio es más importante que la comodidad física—su elección en la ropa no será sólo simple, sino que probablemente le proporcionará una gran satisfacción.

47. Oración 1: **En cada etapa del desarrollo, la ropa puede ayudar a establecer la identidad de una persona, ya sea para ella misma, ya sea, para las demás personas con las que interactúa.**

¿Qué corrección se debería hacer en esta oración?

(1) cambiar <u>desarrollo</u> por <u>desarollo</u>
(2) cambiar <u>establecer</u> por <u>extablecer</u>
(3) sacar la coma después de <u>persona</u>
(4) sacar la coma después de <u>sea</u>
(5) sin error

48. Oración 2: **El juego infantil de "disfrazarse" con la ropa de los padres proporciona al niño la oportunidad de practicar roles que cree que van a ejercer en su vida adulta.**

¿Qué corrección se debería hacer en esta oración?

(1) cambiar <u>infantil</u> por <u>imfantil</u>
(2) cambiar <u>disfrazarse</u> por <u>disfrasarse</u>
(3) cambiar la <u>oportunidad de</u> por la <u>oportunidad por</u>
(4) cambiar <u>van</u> por <u>va</u>
(5) sin error

49. Oración 3: **Cómo una persona escoje su ropa de acuerdo con sus roles afectará la manera en que esta persona actúa.**

¿Qué corrección se debería hacer en esta oración?

(1) sacar el acento en <u>Cómo</u>
(2) cambiar <u>escoje</u> por <u>escoge</u>
(3) añadir acento a <u>esta</u>
(4) poner acento a <u>que</u>
(5) sin error

CONTINUE EN LA PAGINA SIGUIENTE

PRUEBA 1: EXPRESIÓN ESCRITA, PARTE I

50. Oraciones 4 y 5: **La ropa es un factor importante en el desarrollo de los sentimientos de autoconfianza y autoestima. Cuando alguien luce bien, también se siente bien.**

    ¿Cuál es la mejor manera de conectar las dos oraciones?

    (1) autoestima, además cuando
    (2) autoestima, pero, cuando
    (3) autoestima, sin embargo, cuando
    (4) autoestima, a pesar de que, cuando
    (5) autoestima, puesto que, cuando

51. Oración 6: **Para la mayoría de la gente, la ropa es a menudo una reacción positiva que viene de los demás, debido a que en nuestra cultura tenemos más tendencia a hacer cumplidos a una persona sobre su apariencia que sobre sus aspectos humanos.**

    ¿Qué corrección se debería hacer en esta oración?

    (1) sacar la coma después de <u>gente</u>
    (2) cambiar <u>reacción</u> por <u>reación</u>
    (3) sacar el acento a <u>demás</u>
    (4) cambiar <u>sobre</u> por <u>de</u>
    (5) sin error

52. Oración 7: **La mayoría de los estadounidenses también reconocen que una apariencia y una vestimenta adecuada son las claves para asociarse con la gente apropiada, los quienes pueden servir para abrirles puertas a mejores trabajos, aumentar los ingresos y adquirir mayor prestigio.**

    ¿Qué corrección se debería hacer en esta oración?

    (1) sacar el acento a <u>mayoría</u>
    (2) cambiar <u>apariencia</u> por <u>aparencia</u>
    (3) cambiar <u>apropiada</u> por <u>propiada</u>
    (4) cambiar <u>los quienes</u> por <u>los cuales</u>
    (5) sin error

53. Oraciones 8 y 9: **Nuestras necesidades en el vestir están influenciadas por una multitud de circunstancias. Las motivaciones a la hora de comprar son pocas veces simples.**

    ¿Cuál es la mejor manera de conectar las dos oraciones?

    (1) circunstancias, aunque las motivaciones
    (2) circunstancias y las motivaciones
    (3) circunstancias, sin embargo las motivaciones
    (4) circunstancias, pero las motivaciones
    (5) circunstancia, a partir de las motivaciones

54. Oración 10: **El primer paso en el proceso de toma de decisiones es elaborar conscientemente un orden de las cosas que son importantes para nosotros.**

    Si escribe de nuevo la oración empezando por

    <u>Elaborar conscientemente un orden de las cosas...</u>

    continuará con

    (1) el primer paso
    (2) habrá sido el primer paso
    (3) es el primer paso
    (4) serán el primer paso
    (5) son el primer paso

55. Oración 11: **Si una persona reconoce y acepta las prioridades de sus valores— por ejemplo, que su posición y prestigio es más importante que la comodidad física—su elección en la ropa no será sólo simple, sino que probablemente le proporcionará una gran satisfacción.**

    ¿Qué corrección se debería hacer en esta oración?

    (1) cambiar <u>reconoce</u> por <u>reconoze</u>
    (2) cambiar <u>es más importante</u> por <u>son más importantes</u>
    (3) sacar el acento a <u>sólo</u>
    (4) cambiar <u>le</u> por <u>la</u>
    (5) sin error

CONTINUE EN LA PAGINA SIGUIENTE

PRUEBA 1: EXPRESIÓN ESCRITA, PARTE II

Instrucciones

Esta parte de la Prueba de Expresión Escrita tiene como propósito valorar su habilidad de expresarse por escrito. Se le pide que escriba una composición para explicar algo o presentar su opinión sobre algún tema. Se le recomienda que siga los siguientes pasos:

1. Lea detenidamente las instrucciones y el tema de la composición que se le ha indicado.

2. Antes de empezar a escribir, desarrolle mentalmente lo que va a presentar.

3. Use un papel en blanco como borrador para anotar sus ideas y hacer apuntes.

4. Escriba su composición en las hojas de la libreta de respuestas que tiene por separado.

5. Lea cuidadosamente lo que ha escrito y haga cualquier cambio que pueda mejorarlo.

6. Compruebe la organización de los párrafos, la estructura de las oraciones, la ortografía, la puntuación, el uso de mayúsculas y la gramática. Haga cualquier corrección si lo cree necesario.

Tiene 45 minutos para escribir sobre el tema indicado abajo.

La computadora es uno de los avances tecnológicos más importantes del siglo XX. Nuestras vidas han sido afectadas enormemente por las computadoras, desde la gigante supercomputadora hasta las computadoras personales.

Hay diferentes puntos de vista sobre la contribución de la computadora en la calidad de vida. Algunos opinan que las computadoras son indispensables, mientras que otros piensan que constituyen una desventaja. Escriba una composición de aproximadamente 200 palabras presentando su punto de vista sobre este tema. Apoye sus opiniones con razones y ejemplos.

FIN DEL EXAMEN

PRUEBA 2: ESTUDIOS SOCIALES

Instrucciones

La Prueba de Estudios Sociales consiste en preguntas de opción múltiple y tiene como propósito valorar sus conocimientos generales sobre estudios sociales. Las preguntas están relacionadas con selecciones cortas que a veces incluyen gráficas, tablas y dibujos. Estudie la información que ofrece cada selección y conteste las preguntas. Relea la información cuantas veces sea necesario para contestar una pregunta.

Dispone de 85 minutos para contestar las preguntas. Trabaje con cuidado, pero no dedique demasiado tiempo a una sola pregunta. Asegúrese de que ha contestado cada pregunta. No se le penalizará por respuestas incorrectas.

Para indicar sus respuestas en la hoja de respuestas, llene uno de los óvalos numerados que aparecen al lado del número de la pregunta de la prueba que está contestando.

POR EJEMPLO:

Los primeros colonizadores de América del Norte buscaban lugares donde asentarse que tuvieran un suministro de agua adecuado y en donde se pudiera llegar por barco. Por eso, muchas de las primeras ciudades se crearon cerca

(1) de las montañas   ① ② ● ④ ⑤
(2) de las praderas
(3) de los ríos
(4) de los glaciares
(5) de las mesetas

La respuesta correcta es "de los ríos"; por lo tanto, debe marcar el círculo número 3 en la hoja de respuestas.

CONTINUE EN LA PAGINA SIGUIENTE

PRUEBA 2: ESTUDIOS SOCIALES

<u>Las preguntas 1 a 3</u> se basan en el siguiente pasaje.

El término genocidio está compuesto de la palabra griega *genos*, que significa raza o tribu, y del sufijo *cida*, que quiere decir matar. Este término fue acuñado en 1946 por el profesor en derecho internacional Raphael Lemkin.

La muerte masiva de varios millones de judíos por parte de los nazis fue la más vívida, violenta y trágica expresión de genocidio. Pero en este siglo se han visto otros, incluyendo los genocidios de armenios, gitanos, chinos, y africanos. Más de 20 millones de personas han muerto a causa de su raza, religión o descendencia étnica.

En el lenguaje de la Convención para Prevención y Castigo de Crímenes de Genocidio de las Naciones Unidas, la palabra genocidio significa actos "cometidos con el intento de destruir, en su totalidad o en parte, a un grupo nacional, étnico, racial o religioso".

1. La palabra *genocidio* significa

   (1) muerte masiva
   (2) matar por racismo
   (3) matanza
   (4) convención
   (5) ratificación

2. Según el pasaje, genocidio es el intento de destruir todo lo siguiente, a *excepción de*

   (1) naciones
   (2) razas
   (3) grupos étnicos
   (4) grupos políticos
   (5) grupos religiosos

3. Todos los siguientes grupos sufrieron genocidio, a *excepción de*

   (1) los judíos
   (2) los nazis
   (3) los africanos
   (4) los gitanos
   (5) los chinos

<u>Las preguntas 4 a 6</u> se basan en el siguiente pasaje.

Analicemos la cuestión presentada: Si hay segregación racial en las escuelas públicas, siendo iguales los edificios, instalaciones, servicios y otros factores tangibles, ¿se priva a los niños de los grupos minoritarios de una igual oportunidad en la educación? Creemos que sí.

"La segregación entre niños blancos y negros en las escuelas públicas tiene un efecto perjudicial para los niños negros. Un sentido de inferioridad afecta la motivación del niño cuando aprende. La segregación aprobada por la ley tiende por lo tanto a retardar el desarrollo educativo y mental del niño negro y a privarlo de algunos de los beneficios que recibiría en un sistema escolar racialmente integrado".

Cualquiera que fuese el conocimiento de psicología infantil en los años del juicio *Plessy versus Ferguson*, la resolución del tribunal de Kansas está ampliamente apoyada por las autoridades modernas. Cualquier lenguaje parecido al de *Plessy versus Ferguson* es contrario a esta resolución y por lo tanto es rechazado. Concluimos diciendo, que en el campo de la educación pública, la doctrina de "separación con igualdad" no tiene derecho a existir.

4. Cuando el primer párrafo dice "Analicemos…" se refiere

   (1) al demandante
   (2) al defensor
   (3) al congreso
   (4) a la corte suprema
   (5) a Plessy y Ferguson

5. La segregación de los niños en la escuela secundaria es rechazada por

   (1) razones históricas
   (2) razones políticas
   (3) razones físicas
   (4) razones psicológicas
   (5) razones económicas

CONTINUE EN LA PAGINA SIGUIENTE

PRUEBA 2: ESTUDIOS SOCIALES

6. El pasaje implica que el caso *Plessy versus Ferguson*

    (1) fue una llamamiento a la integración
    (2) expuso que la separación con idéntica educación es una desigualdad
    (3) expuso que la separación con distinta educación es una desigualdad
    (4) era constitucional
    (5) sólo era aplicable a las escuelas públicas

7. El indicador más útil para conocer el grado de democracia que alcanza una sociedad es la presencia de

    (1) un método formal, según el cual la gente pueda influir en la política del gobierno
    (2) un sistema de gobierno equilibrado por fuerzas opositoras
    (3) dos cámaras para el poder legislativo
    (4) un sistema de cortes liberales y humanas
    (5) un gobierno civil

8. "Si no fuera por nuestros dos excelentes partidos políticos, cuya acción no desdeña ningún interés económico y político, la democracia que conocemos nunca hubiera podido funcionar". El autor de esta declaración posiblemente quiere decir que

    (1) los partidos políticos en los Estados Unidos tienden a representar intereses sectoriales
    (2) cada partido político atrae a diferentes clases sociales
    (3) no hay una diferencia notoria entre los partidos Demócrata y Republicano
    (4) una característica importante del sistema político de los Estados Unidos es la amplia atracción que ejercen sus dos partidos
    (5) sólo un sistema bipartidista puede funcionar en la democracia

La pregunta 9 se basa en el siguiente dibujo.

9. El dibujo muestra una condición que es representativa de la sociedad estadounidense. El dibujo critica

    (1) la competencia por la riqueza, la seguridad y el éxito
    (2) la exclusión de las minorías de las oportunidades de la riqueza, la seguridad y el éxito
    (3) la necesidad de una competencia para determinar los ganadores de la riqueza, la seguridad y el éxito
    (4) la distancia que debe correrse antes de conseguir la riqueza, la seguridad y el éxito
    (5) los objetivos que persiguen todos los estadounidenses

CONTINUE EN LA PAGINA SIGUIENTE

PRUEBA 2: ESTUDIOS SOCIALES

Las preguntas 10 a 11 se basan en el siguiente pasaje.

El crecimiento de nuestras grandes corporaciones, a través de la adquisición de empresas, ha creado una situación en que la economía estadounidense puede llegar a estar dominada por gigantes económicos independientes. El crecimiento de estas vastas estructuras corporativas, aunque vaya acompañado de un crecimiento en el número de compañías más pequeñas y menos poderosas que operan bajo su control, vaticina la creación de estructuras monopolistas en el ámbito comercial de Estados Unidos.

En general, la mayoría de las empresas adquiridas por las compañías gigantes eran organizaciones corporativas exitosas que generaban buenos beneficios antes de ser compradas. El principal efecto de la fusión o la compra fue la transferencia del control y la administración de una empresa en excelente situación a otra empresa. Sin embargo, los indicadores de ganancia revelan que las empresas que han sido adquiridas operan menos eficazmente y generan menores ganancias después de la compra, si se comparan con los años antes de su adquisición.

10. Cuando se producen fusiones, las compañías que han sido adquiridas

(1) tenían porcentajes de beneficios más bajos
(2) tenían valores corporativos inferiores
(3) habían sido ya prósperas
(4) tenían baja productividad
(5) tenían dificultades administrativas

11. Según el pasaje, para valorar la actuación de la dirección de la corporación se tiene en cuenta

(1) el mercado geográfico
(2) el capital disponible
(3) los valores corporativos
(4) los indicadores de ganancias
(5) la estructura tipo cartel

Las preguntas 12 a 13 se basan en la siguiente gráfica.

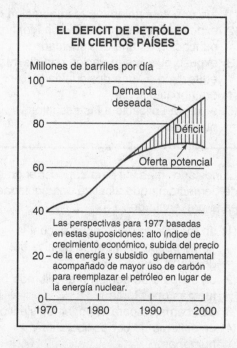

12. Según la información de la gráfica, la demanda de petróleo supera la oferta en el año

(1) 1980
(2) 1985
(3) 1990
(4) 1995
(5) 2000

13. Una conclusión válida que se desprende de la información de la gráfica es que estos países

(1) pueden tener graves problemas económicos si no se desarrollan formas alternativas de energía
(2) deben evitar cualquier déficit entre la oferta y la demanda de petróleo mediante el incremento de la producción de petróleo
(3) no necesitan realizar cambios en sus políticas energéticas hasta el año 2000
(4) son incapaces de resolver sus problemas energéticos
(5) deben usar menos petróleo debido al aumento del precio

CONTINUE EN LA PAGINA SIGUIENTE

14. Un estudio de las causas de la revolución norteamericana de 1776, la revolución francesa en 1789 y la revolución rusa en 1917 apoya el criterio que las revoluciones se producen cuando

    (1) los que están en el poder se resisten a cambiar
    (2) la sociedad tiene un nivel de vida bajo comparado con los países alrededor
    (3) la sociedad se ha industrializado
    (4) los gobiernos en el poder son estables
    (5) el pueblo tiene demasiada participación en el gobierno

Las preguntas 15 a 17 se basan en las siguientes declaraciones de cuatro historiadores.

Orador A. La historia de Estados Unidos se basa en una serie de conflictos entre los que tienen y los que no tienen. Aquellos que están en control de nuestra sociedad han intentado siempre mantener la riqueza y el poder, así como prevenir que las clases bajas y los pueblos oprimidos obtengan justicia.

Orador B. La experiencia estadounidense es única en la historia de las naciones. Debido especialmente a la presencia de una gran frontera que no fue usada durante la mayor parte de nuestra historia, hemos podido escaparnos de muchos de los problemas y conflictos que han afectado al resto del mundo.

Orador C. La historia de Estados Unidos es una serie de compromisos entre los grupos que están en desacuerdo, pero nunca sobre temas básicos. Desde la redacción de nuestra constitución hasta la decisión de retirar las tropas de Vietnam, los extremistas sólo han representado un punto de vista minoritario, mientras que la mayoría del pueblo estadounidense ha favorecido normalmente el compromiso y la moderación en la resolución de los problemas.

Orador D. En cada crisis de la historia estadounidense, una gran persona, a menudo un presidente, se ha levantado por encima de los partidos políticos y los intereses personales para liderar la nación hacia la grandeza. Nosotros todo lo debemos a estos famosos estadounidenses que nos han gobernado en el pasado.

15. ¿Cuál de estos oradores posiblemente estaría de acuerdo en que la revolución norteamericana no se puede comparar con la revolución francesa, ya que la norteamericana no representó una lucha de clases?

    (1) A y D
    (2) B y C
    (3) B y D
    (4) C y D
    (5) A y C

16. ¿Con qué afirmación sobre Estados Unidos el orador B estaría más probablemente de acuerdo?

    (1) Estados Unidos tiene uno de los índices más altos de criminalidad
    (2) Estados Unidos no ha experimentado algunos de los problemas de otras naciones, gracias en parte a la disponibilidad de espacio
    (3) Las grandes ciudades en Estados Unidos tienden a tener políticas sociales más progresivas que en las pequeñas ciudades
    (4) Muchas de las instituciones que se encuentran en Estados Unidos se originaron en Europa
    (5) Estados Unidos tiene pocos problemas sociales

CONTINUE EN LA PAGINA SIGUIENTE

PRUEBA 2: ESTUDIOS SOCIALES

17. La deducción más válida que se puede obtener de las declaraciones de los cuatro oradores es que

    (1) se deben conocer todos los hechos antes de sacar conclusiones
    (2) los historiadores deben evitar prejuicios personales
    (3) un estudio de la historia posibilita a la gente predecir acontecimientos futuros
    (4) los historiadores no se ponen de acuerdo en la interpretación de los acontecimientos
    (5) sólo uno de los oradores tiene un punto de vista correcto

La pregunta 18 se basa en el siguiente cuadro.

18. ¿Qué conclusión se puede obtener de la información que ofrece este cuadro?

    (1) El objetivo principal del sistema era beneficiar las colonias
    (2) El nacionalismo fue el factor que motivó la colonización inglesa
    (3) Las utilidades eran un motivo importante en la colonización
    (4) La oportunidad de ser terratenientes atrajo a muchos colonizadores
    (5) Se ofrecían incentivos a los posibles colonizadores

Las preguntas 19 a 20 se basan en el siguiente pasaje.

La tarea de la política económica es crear un Estados Unidos próspero. La tarea inacabada de los estadounidenses prósperos es construir una Gran Sociedad.

Nuestros logros han sido muchos, pero estas tareas continúan inacabadas:
— empleo para todos sin inflación;
— restaurar el equilibrio externo y defender el dólar;
— intensificar la eficacia y flexibilidad de las economías pública y privada;
— ampliar los beneficios de la prosperidad;
— mejorar la calidad de la vida en Estados Unidos…

—Lyndon B. Johnson

19. El ex-presidente Lyndon B. Johnson pensaba que el paso más importante en la lucha contra la pobreza era

    (1) de empleo disponible para todos
    (2) un dólar firme
    (3) una economía privada y pública
    (4) nuestra defensa natural
    (5) eficiencia gubernamental

20. El discurso implica que la prosperidad en Estados Unidos

    (1) estaba amenazada
    (2) estaba en el punto más álgido
    (3) debería mantenerse
    (4) debería expandirse
    (5) amenazaba la lucha de Johnson contra la pobreza

CONTINUE EN LA PAGINA SIGUIENTE

PRUEBA 2: ESTUDIOS SOCIALES

<u>Las preguntas 21 a 22</u> se refieren a la siguiente caricatura.

UN BUEN MOMENTO PARA REFLEXIONAR

Fuente: Biblioteca del Congreso

21. La caricatura intentaba animar al público estadounidense a

   (1) ser cautelosos respecto a compromisos en conflictos europeos
   (2) pedir el pago de la deuda contraída en la Segunda Guerra Mundial por parte de las naciones europeas
   (3) apoyar a los países que resistían la amenaza comunista
   (4) proveer de alimentos a las naciones de Europa Oriental
   (5) apoyar la Liga de Naciones

22. La caricatura implica que

   (1) ser miembro de organizaciones como la Organización del Tratado del Atlántico Norte es útil
   (2) la prosperidad económica es una respuesta eficaz a la amenaza de guerra
   (3) una defensa fuerte es un factor disuasivo de la guerra
   (4) las naciones acreedoras deberían poder recolectar sus deudas
   (5) Estados Unidos debería participar en los asuntos mundiales

CONTINUE EN LA PAGINA SIGUIENTE

PRUEBA 2: ESTUDIOS SOCIALES

Las preguntas 23 a 25 se refieren a esta gráfica.

RANGO DE LOS EXPORTADORES DE PETRÓLEO

1980	Promedio por cientos de miles de barriles diarios	1987	Promedio por cientos de miles de barriles diarios
1) Arabia Saudita*	1,261	1) Canadá	837
2) Nigeria*	857	2) Venezuela*	768
3) Libia*	554	3) Arabia Saudita*	747
4) México	533	4) México	645
5) Algeria*	488	5) Nigeria*	530
6) Venezuela*	481	6) Gran Bretaña	349
7) Canadá	455	7) Algeria*	284
8) Islas Vírgenes	388	8) Indonesia*	277
9) Indonesia*	348	9) Islas Vírgenes	272
10) Antillas Holandesas	225	10) Otros países de la OPEP**	231

*miembros de la OPEP
**Ecuador, Gabón, Irak, Kuwait y Qatar.
(Fuente: Ministerio de Energía. Departamento de Información Energética)

23. El país que muestra una mayor caída de las exportaciones de petróleo entre 1980 y 1987 es

    (1) Arabia Saudita
    (2) Nigeria
    (3) México
    (4) Algeria
    (5) Indonesia

24. El país que muestra el incremento mayor de las exportaciones de petróleo entre 1980 y 1987 es

    (1) México
    (2) Islas Vírgenes
    (3) Venezuela
    (4) Canadá
    (5) Antillas Holandesas

25. De los país miembros de la OPEP, el mayor exportador de petróleo en 1987 es

    (1) Canadá
    (2) Algeria
    (3) Arabia Saudita
    (4) Nigeria
    (5) Venezuela

CONTINUE EN LA PAGINA SIGUIENTE

PRUEBA 2: ESTUDIOS SOCIALES

26. Desde el punto de vista de un ecologista, ¿cuál sería el argumento más importante contra la perforación de petróleo mar adentro?

    (1) Hay muy poca necesidad de sacar estos recursos naturales de las aguas oceánicas
    (2) Las corporaciones petroleras han pregonado falsamente sobre el déficit de petróleo para expandir sus operaciones de perforación
    (3) El petróleo que podría encontrarse no merece el capital que se necesita para extraerlo
    (4) El posible perjuicio al equilibrio natural es más importante que la obtención de energía
    (5) El carbón es una fuente de energía preferible al petróleo

27. La topografía está relacionada con las características de la superfície de una región, como son los accidentes geográficos naturales tales como ríos y lagos, así como con las obras que ha realizado el hombre, como son los canales, los puentes y las carreteras. Según esto, la topografía de una región incluiría

    (1) el clima
    (2) las plantas
    (3) los animales
    (4) las montañas
    (5) los habitantes

Las preguntas 28 a 30 se basan en el siguiente pasaje.

Una armada continental y un congreso compuesto por hombres de todos los estados fueron asimilados en una sola masa. Los individuos de ambas instituciones se mezclaron con los ciudadanos y diseminaron sus principios unitarios entre ellos. Los prejuicios locales disminuyeron. A través del frecuente contacto, se establecieron los fundamentos para crear una nación compuesta de gente muy diversa. Los matrimonios entre mujeres y hombres de diferentes estados fueron mucho más comunes que antes de la guerra, proporcionando un cemento adicional a la Unión. Envidias poco razonables habían existido entre los habitantes del este y del sur de los estados, pero al familiarzarse unos con otros, en gran medida se subsanaron las diferencias. Prevaleció una política más sensata. Los de mente liberal ayudaron a reducir diferencias de opinión y esta gran muchedumbre, tan pronto la razón se impuso a los prejuicios, encontró que sus intereses más importantes serían promovidos por la unión.

28. Este pasaje habla principalmente de

    (1) los prejuicios en norteamérica antes de la revolución
    (2) las fricciones entre distintos grupos durante la revolución
    (3) los resultados sociales positivos de la revolución
    (4) el triunfo de la unión sobre las diferencias locales
    (5) el miedo a la iglesia anglicana

29. Antes de la revolución

    (1) existía un espíritu de cooperación en las colonias
    (2) la razón prevalecía sobre los prejuicios
    (3) era patente la rivalidad regional
    (4) la mayoría de los norteamericanos se conocían unos a otros
    (5) la regla general era la libertad religiosa

30. El pasaje implica que

    (1) los intereses personales tenían poco que ver con los prejuicios
    (2) el contacto social ayudó a disuadir los prejuicios
    (3) los norteamericanos se parecían mucho entre ellos
    (4) el comercio desalentó el contacto social
    (5) el congreso era un instrumento de división

CONTINUE EN LA PAGINA SIGUIENTE

PRUEBA 2: ESTUDIOS SOCIALES

<u>Las preguntas 31 a 33</u> se basan en el siguiente pasaje.

Desde que la flota de Colón llegó a los mares del Nuevo Mundo, América ha sido sinónimo de oportunidad y la gente de los Estados Unidos desarrolló su vida en torno a esa palabra y se expandió. Pero nunca volverán a ofrecerse estos preciados regalos de tierras libres. Cada frontera fue creando un nuevo campo de oportunidades, una puerta de escape al estancamiento. Como fue el mar Mediterráneo para los griegos, un lugar que permitía romper el hábito, ofrecía nuevas experiencias y pedía nuevas instituciones y actividades, eso y más fue la frontera norteamericana. Y ahora, cuatro siglos después del descubrimiento de América, al final de los cien años de vida bajo nuestra constitución, la frontera ya no existe y con esto se ha cerrado el primer período de la historia de los Estados Unidos.

31. El término *frontera* como se usa en el pasaje significa

    (1) el Nuevo Mundo
    (2) la energía estadounidense
    (3) el movimiento
    (4) la naturaleza expansiva de la vida estadounidense
    (5) la disponibilidad de tierra

32. La actitud del autor hacia la frontera es de

    (1) admiración
    (2) rechazo
    (3) indiferencia
    (4) moderación
    (5) desconfianza

33. Las referencias en el pasaje nos llevan a la conclusión que fue escrito aproximadamente en el año

    (1) 1865
    (2) 1875
    (3) 1890
    (4) 1900
    (5) 1920

<u>Las preguntas 34 a 35</u> se basan en la siguiente caricatura.

CONTINUE EN LA PAGINA SIGUIENTE

PRUEBA 2: ESTUDIOS SOCIALES

34. ¿Qué concepto económico se ilustra en la caricatura?

    (1) la depresión
    (2) las tarifas proteccionistas
    (3) la oferta y la demanda
    (4) el control de los precios por el gobierno
    (5) la ecomonía regulada

35. Entre 1914 y 1916, ¿qué factor ayudó al cambio en la posición financiera del algodonero como se muestra en la caricatura?

    (1) La demanda de algodón se incrementó durante la Primera Guerra Mundial
    (2) El clima cambió en otras naciones que producían algodón y redujo sus campos de cultivo
    (3) El algodón estadounidense se volvió más resistente a los pesticidas
    (4) Los nuevos estilos de ropa requirieron más cantidad de algodón
    (5) El algodón se hizo abundante debido a nuevos métodos de producción

36. ¿Qué afirmación ilustra mejor el principio de múltiple causalidad del comportamiento humano?

    (1) A cada uno de acuerdo con sus necesidades
    (2) El medio ambiente y la herencia están constantemente interactuando
    (3) Las diferencias geográficas son vitales en las variaciones de las civilizaciones
    (4) La riqueza y el poder van juntos
    (5) El hábito es el resultado de actos repetitivos

Las preguntas 37 a 38 se basan en el siguiente pasaje.

Desde 1850, al principio de la era del vapor, la población de la tierra se ha triplicado. Este incremento no fue un fenómeno evolutivo con causas biológicas. No obstante, hubo una evolución que tuvo lugar en la organización de la economía mundial. De este modo, 1,500,000,000 seres humanos más pueden ahora vivir en la superficie de la tierra, trabajando para los demás y éstos a la vez trabajando para ellos. Esta extraordinaria triplicación de la población humana en seis cortas generaciones se explica por la acelerada unificación económica que tuvo lugar en este mismo período. Así pues, la mayoría de nosotros podemos mantenernos vivos gracias a esta vasta y unificada sociedad cooperativa mundial.

37. El autor considera necesario el comercio para

    (1) viajar
    (2) la democracia
    (3) la unidad política
    (4) la autoconservación
    (5) la teoría de la evolución

38. El cambio básico que llevó al incremento de la población está relacionado con

    (1) nuevas exploraciones
    (2) factores económicos
    (3) factores biológicos
    (4) un incremento de los viajes
    (5) el crecimiento del gobierno mundial

39. El número de profesionales entre los indios norteamericanos se ha multiplicado considerablemente en la pasada generación. El tráfico repetido entre la reservación y el mundo blanco se ha vuelto más libre. Al mismo tiempo, la convicción generalizada que tarde o temprano todos los indios serán asimilados por la vida de los blancos estadounidenses ha perdido terreno. La mayoría de los expertos hoy creen que las tribus y comunidades indias mantendrán identidades separadas durante mucho tiempo y la mayoría de los expertos creen que esto es positivo.

Hay una diferencia de opinión respecto a

    (1) la condición de pupilaje de los indios ante el gobierno norteamericano
    (2) la condición de los indios como ciudadanos
    (3) la asimilación en la vida estadounidense de los indios
    (4) las propiedades de los indios
    (5) las tribus y las comunidades

CONTINUE EN LA PAGINA SIGUIENTE

PRUEBA 2: ESTUDIOS SOCIALES

40. "Los firmantes están de acuerdo que un ataque armado contra uno o varios de ellos en Europa o Norteamérica será considerado un ataque contra todos..."

    Esta cita está asociada al concepto de

    (1) seguridad colectiva
    (2) intervencionismo
    (3) ultimátum
    (4) pacificación
    (5) agresión

41. La movilidad social se refiere a la sociedad en la cual un individuo puede cambiar su nivel social y a menudo lo hace. ¿Cuál de estas afirmaciones ilustra mejor la movilidad social en los Estados Unidos?

    (1) Una familia de granjeros del oeste compra una granja en California
    (2) El hijo del presidente de una gran fábrica se convierte en ejecutivo de la compañía
    (3) La hija de un inmigrante semianalfabeto se convierte en profesora
    (4) Una mujer cuyos padres son profesores universitarios se gradúa de una universidad
    (5) Un neoyorquino se muda a Boston

42. La diversidad cultural, es decir, una variedad de modelos culturales, es generalmente el resultado de

    (1) acciones por parte del gobierno en el área
    (2) el deseo de los habitantes de desarrollar ideas y estilos originales
    (3) la competencia entre la gente por el control de las fuentes de alimentos
    (4) las migraciones de varios grupos a una región
    (5) acuerdos regionales recíprocos

43. El choque cultural es la confusión que experimenta alguien cuando se encuentra con un ambiente desconocido, una comunidad extraña o una diferente cultura. ¿Qué situación es el mejor ejemplo de choque cultural?

    (1) El rechazo de los amish de conducir un vehículo con motor
    (2) Los hippies que rechazaron el orden establecido en los años 60
    (3) La diferencia en estilos de vida entre los indios sudamericanos y norteamericanos
    (4) La reacción inicial de los Cuerpos de Paz cuando llegan a una nación en desarrollo
    (5) La brecha generacional

44. La familia extensa es un grupo de personas con parentesco de consanguinidad, matrimonio o adopción que viven próximas o juntas, especialmente si tres generaciones están involucradas.

    ¿Qué características tienen las sociedades que tienen la familia extensa como unidad básica?

    (1) La sociedad tiende a estar altamente industrializada
    (2) Hay dependencia social y económica mutua entre los miembros de la familia
    (3) El gobierno generalmente provee incentivos para incrementar el tamaño de la familia
    (4) Las funciones de la unidad familiar son definidas principalmente por el gobierno
    (5) La familia se dispersa geográficamente

CONTINUE EN LA PAGINA SIGUIENTE

PRUEBA 2: ESTUDIOS SOCIALES

45. El pluralismo es la existencia dentro de una sociedad de grupos que se distinguen por su origen étnico, modelos culturales o religión. Mantener estabilidad en una sociedad pluralista es difícil debido a que

    (1) los individuos se ven a menudo forzados a tomar en cuenta los puntos de vistas de los demás aunque estén en contra de sus propias ideas
    (2) no está bien definido el orden de la autoridad gubernamental
    (3) los nuevos miembros de la sociedad a menudo no desean obedecer las leyes establecidas
    (4) la amplia variedad de capacidades que tienen los ciudadanos obstaculizan la administración de las fuentes de trabajo
    (5) hay diferentes grados de respeto hacia la autoridad

Las preguntas 46 a 47 se basan en el siguiente pasaje.

El secreto de llevarse bien con la gente es reconocer cómo se sienten y hacerles ver que usted lo sabe. Cuando alguien es grosero o pendenciero, a menudo está diciendo "Presta atención a mis sentimientos". Cuando decimos de alguien "Él me entiende", realmente estamos diciendo "Él sabe cómo me siento". El conocimiento de los sentimientos de los demás viene de manera natural, si usted lo permite.

Encontrar la solución en situaciones difíciles es posible si usted es capaz de entender los sentimientos de los demás y reconocer los suyos.

Puede compartir el dinero, la comida o la cama con otra persona y ambos continuar siendo unos perfectos extraños. La única manera de significar algo a otra persona es compartir sus sentimientos.

46. El autor considera que los sentimientos son

    (1) ilusorios
    (2) inconvenientes
    (3) dignos de confianza
    (4) asunto privado
    (5) conflictivos

47. El mal comportamiento, según el autor, es

    (1) un llamado al reconocimiento de los sentimientos
    (2) una acción antinatural
    (3) una causa de preocupación
    (4) un motivo de disculpa
    (5) ocasionalmente es algo correcto

---

48. Las montañas y costas han servido para restringir los asentamientos; los ríos y las llanuras para extenderlos. Cada uno de estos accidentes naturales ha dejado su marca en la sociedad próxima a él y ha influido fuertemente en su modo de vida, sus costumbres, su moral y su temperamento.

    El pasaje implica que

    (1) las montañas y las costas son enemigas del hombre
    (2) las montañas y los ríos ejercen idéntica influencia en la sociedad
    (3) las montañas y las llanuras tienen el mismo efecto en los asentamientos
    (4) los accidentes naturales son resultado de la sociedad que los rodea
    (5) los accidentes geográficos influyen sobre el tipo de sociedad que la gente crea

CONTINUE EN LA PAGINA SIGUIENTE

PRUEBA 2: ESTUDIOS SOCIALES

Las preguntas 49 a 50 se basan en las siguientes tablas.

TABLA A

Pregunta: "He aquí dos sugerencias que la gente ha hecho para mejorar la estabilidad y el orden en este país. ¿Estaría en contra o a favor de cada una?

Sugerencias	Porcentaje de público		
	A favor	En contra	Indecisos
Debería aprobarse una ley que permita a la policía allanar una casa sin permiso en una emergencia, como al estar buscando drogas.	32	65	3
El gobierno debería tener autoridad para interceptar las líneas telefónicas y usar otros métodos de observación electrónica para conseguir evidencia contra ciudadanos sospechosos de actividad criminal, incluso si el tribunal no autoriza esta actividad.	27	68	5

TABLA B

Pregunta: "¿Cree que debiera permitirse al gobierno federal el uso de interceptores de líneas telefónicas y otros métodos de observación electrónica, si el caso ha sido presentado en los tribunales previamente para obtener el permiso o cree que el gobierno federal nunca debiera poder usar interceptores de teléfonos y otros métodos de observación electrónica?

Respuestas	Porcentaje de público
Debería permitirse	63
No debería permitirse	28
Indecisos	9

49. La información en la tabla A indica que la mayoría de la gente encuestada

    (1) estaba indecisa sobre el tema
    (2) apoyó la idea de allanar sólo en caso de emergencia
    (3) estaba a favor de proteger la privacidad
    (4) estaba a favor de permitir que el gobierno investigue sus vidas
    (5) prefirió el espionaje electrónico al allanamiento

50. Una conclusión válida basada en las dos tablas es que los resultados de las opiniones en las encuestas públicas

    (1) tienden a confundir el debate
    (2) están totalmente influidos por los encuestadores
    (3) pueden variar según la manera en que se presenta el tema
    (4) muestran que las actitudes del público son generalmente consistentes
    (5) tienden a ser inconclusos

CONTINUE EN LA PAGINA SIGUIENTE

PRUEBA 2: ESTUDIOS SOCIALES

Las preguntas 51 a 52 se basan en la siguiente tabla cronológica.

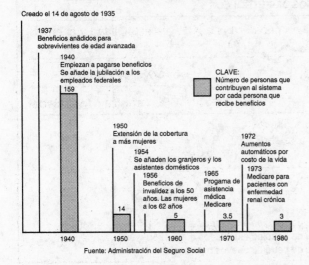

CRONOLOGÍA DEL SEGURO SOCIAL

Creado el 14 de agosto de 1935

1937
Beneficios añádidos para sobrevivientes de edad avanzada

1940
Empiezan a pagarse beneficios
Se añade la jubilación a los empleados federales
159

CLAVE:
Número de personas que contribuyen al sistema por cada persona que recibe beneficios

1950
Extensión de la cobertura a más mujeres

1954
Se añaden los granjeros y los asistentes domésticos

1956
Beneficios de invalidez a los 50 años. Las mujeres a los 62 años
14

1965
Progama de asistencia médica Medicare
5

1972
Aumentos automáticos por costo de la vida

1973
Medicare para pacientes con enfermedad renal crónica
3.5

3

1940   1950   1960   1970   1980

Fuente: Administración del Seguro Social

51. La conclusión que se puede obtener observando la información en esta tabla cronológica es que

(1) los grupos que reciben los beneficios del Seguro Social han aumentado considerablemente
(2) los beneficios del Seguro Social fueron reducidos drásticamente para los incapacitados
(3) la base de las contribuciones del Seguro Social se expandió considerablemente
(4) las mujeres recibieron menos beneficios que los hombres
(5) el incremento de los miembros de sindicatos se refleja en los beneficios

52. ¿Cuál de estas afirmaciones refleja un gran desarrollo en el Seguro Social en 1980, según la tabla cronológica?

(1) Más contribuyentes estaban pagando por menos beneficiarios
(2) Menos contribuyentes estaban pagando por menos beneficiarios
(3) Menos contribuyentes estaban pagando por cada beneficiario
(4) Más contribuyentes estaban pagando por cada beneficiario
(5) El número de contribuyentes por cada beneficiario estaba en aumento

Las preguntas 53 a 54 se basan en la siguiente tabla cronológica.

1905	1915		1945		1975	1985		1995
A	B		C		D	E		

53. Los gobiernos fascistas agresivos surgieron en Europa durante el período representado por la letra

(1) A
(2) B
(3) C
(4) D
(5) E

54. La mayoría de las naciones de Africa y Asia consiguieron la independencia durante el período representado por la letra

(1) A
(2) B
(3) C
(4) D
(5) E

CONTINUE EN LA PAGINA SIGUIENTE

PRUEBA 2: ESTUDIOS SOCIALES

<u>Las preguntas 55 a 56</u> se basan en el siguiente mapa.

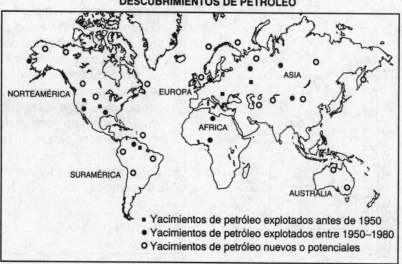

CAMBIOS EN LOS DESTINOS NACIONALES POR DESCUBRIMIENTOS DE PETRÓLEO

■ Yacimientos de petróleo explotados antes de 1950
● Yacimientos de petróleo explotados entre 1950–1980
○ Yacimientos de petróleo nuevos o potenciales

55. ¿Qué dos continentes tienen mayor potencial para generar nueva producción petrolera?

(1) Australia y Europa
(2) Asia y Norteamérica
(3) Suramérica y Africa
(4) Africa y Australia
(5) Norteamérica y Suramérica

56. ¿Qué predicción se puede hacer teniendo en cuenta la información que ofrece el mapa?

(1) Los Estados Unidos será menos dependiente del petróleo de los países árabes
(2) Habrá un aumento continuo del precio del petróleo en todo el mundo
(3) Habrá una prohibición del desarrollo de la energía nuclear
(4) Africa y Europa serán los más grandes exportadores de petróleo del mundo
(5) Asia será menos importante como proveedor de petróleo

CONTINUE EN LA PAGINA SIGUIENTE

PRUEBA 2: ESTUDIOS SOCIALES

<u>Las preguntas 57 a 58</u> se basan en la siguiente gráfica.

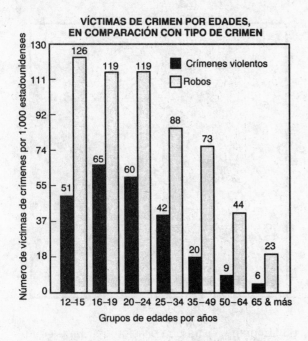

VÍCTIMAS DE CRIMEN POR EDADES, EN COMPARACIÓN CON TIPO DE CRIMEN

57. La evidencia en esta gráfica de barras *refuta* la creencia generalizada de que

    (1) los adolescentes son los que cometen más crímenes

    (2) los crímenes violentos son más frecuentes que los robos

    (3) las personas de avanzada edad son las víctimas más frecuentes del crimen

    (4) los robos están aumentando

    (5) los crímenes violentos han incrementado

58. Las víctimas más frecuentes de los crímenes violentos son la gente de edades comprendidas entre los

    (1) 12–15 años

    (2) 16–19 años

    (3) 20–24 años

    (4) 25–34 años

    (5) 35–49 años

<u>La pregunta 59</u> se basa en esta caricatura.

"¡Aprender civilización es trabajo duro!"

59. ¿Cuál es la idea principal de esta caricatura?

    (1) Mucha gente ayudó a las naciones occidentales a adquirir colonias en ultramar

    (2) El imperialismo occidental explotó la gente y los recursos de las colonias

    (3) Los colonizadores occidentales crearon muchas oportunidades de trabajo

    (4) El imperialismo occidental mejoró la calidad de vida de la gente en las colonias

    (5) La gente de las colonias protestaba contra el imperialismo

<u>Las preguntas 60 a 62</u> se basan en el siguiente párrafo.

    La geografía es un grupo de ciencias que estudian la superficie de la tierra, sus estructuras físicas y la distribución de la vida en la tierra.

    Algunas ramas de la geografía son las siguientes:

    (1) La geografía física, que trata de las características físicas de la tierra, entre ellas la climatología y la oceanografía

CONTINUE EN LA PAGINA SIGUIENTE

PRUEBA 2: ESTUDIOS SOCIALES

(2) La geografía política, que trata de la división del mundo en naciones

(3) La geografía regional, que trata del mundo estructurado en regiones separadas por fronteras físicas en vez de nacionales

(4) La geografía económica, que trata del comercio en el mundo en términos de producción, comercio y transporte

(5) La biogeografía, que estudia a la distribución de la vida vegetal y animal (incluida la humana) en el mundo

Para cada uno de los problemas presentados a continuación, identifique la rama de la geografía que los estudia.

60. El número de especies en peligro de extinción está incrementando.

   (1) geografía física
   (2) geografía política
   (3) geografía regional
   (4) geografía económica
   (5) biogeografía

61. El calentamiento o "efecto de invernadero" está causando importantes cambios climáticos y levantamiento del nivel del mar a medida que los hielos polares se derriten.

   (1) geografía física
   (2) geografía política
   (3) geografía regional
   (4) geografía económica
   (5) biogeografía

62. Las sequías han causado desnutrición en el este de Africa.

   (1) geografía física
   (2) geografía política
   (3) geografía regional
   (4) geografía económica
   (5) biogeografía

Las preguntas 63 a 64 se basan en el siguiente mapa.

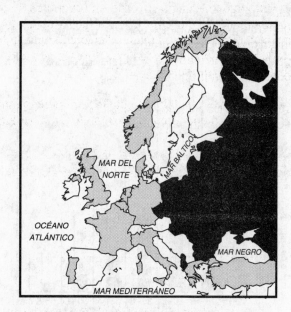

63. El mapa ilustra una división de Europa que llevó a la creación de

   (1) los poderes del Eje y los Aliados
   (2) la Organización del Tratado del Atlántico Norte (OTAN) y el Pacto de Varsovia
   (3) la Triple Alianza y la Triple Entente
   (4) las Naciones Unidas y la Liga de Naciones
   (5) la Comunidad Económica Europea y el GATT (Acuerdo General sobre Tarifas y Comercio)

64. Los países que están sombreados ligeramente son los miembros de la OTAN, Organización del Tratado del Atlántico Norte. ¿Cuál de los siguientes países no es miembro de la OTAN?

   (1) Gran Bretaña
   (2) Francia
   (3) Italia
   (4) Portugal
   (5) España

FIN DEL EXAMEN

PRUEBA 3: CIENCIAS

Instrucciones

La Prueba de Ciencias consiste en preguntas de opción múltiple que evalúan sus conocimientos generales de las ciencias. Las preguntas están basadas en lecturas cortas que frecuentemente incluyen gráficas, diagramas o dibujos. Estudie la información que le ofrecemos y luego conteste las preguntas que vienen a continuación. Refiérase a la información siempre que le sea necesario para contestar una pregunta.

Dispone de 95 minutos para contestar las preguntas. Trabaje con cuidado, pero no pase demasiado tiempo en una sola pregunta. No se le penalizará por respuestas incorrectas.

Para indicar sus respuestas en la hoja de respuestas, llene uno de los óvalos numerados que aparecen al lado del número de la pregunta de la prueba que está contestando.

POR EJEMPLO:

¿Cuál es la unidad más pequeña del ser viviente?

(1) Un tejido   ① ② ● ④ ⑤
(2) Un organismo
(3) Una célula
(4) Un músculo
(5) Un capilar

La respuesta correcta es "una célula"; por lo tanto, debe marcar el círculo número 3 en la hoja de respuestas

CONTINUE EN LA PAGINA SIGUIENTE

PRUEBA 3: CIENCIAS

<u>Las preguntas 1 a 6</u> se basan en el siguiente artículo.

El estudio de la ecología, una rama de la biología que trata de las interrelaciones entre los seres vivientes y su medio ambiente, es más importante hoy que antes. El ambiente de las seres vivientes se debe considerar desde el punto de vista de los factores físicos como la temperatura, el suelo, el agua y los factores bióticos, que son los efectos de otros seres vivientes.

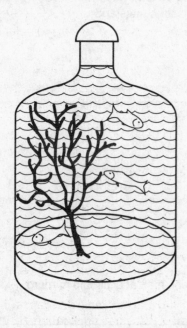

Los ecologistas organizan los grupos de seres vivientes en poblaciones, comunidades, sistemas ecológicos y biósfera. Una *población* está compuesta por los organismos de una misma especie que viven juntos en una localización determinada, como los robles en un bosque o las ranas de una misma especie en un estanque. La *comunidad* está formada por poblaciones de diferentes especies que viven juntas e interactúan mutuamente. El diagrama acompañante ilustra una comunidad simple. Muestra una gran botella con una capa de barro en el fondo. La botella está llena con agua de estanque, algunos peces y plantas y está herméticamente cerrada. Los miembros de esta comunidad se desarrollarán mientras el equilibrio se mantenga.

1. ¿Cuál de estos términos consiste en una sola especie?

   (1) biósfera
   (2) comunidad
   (3) ecosistema
   (4) biomedio
   (5) población

2. El hecho que seres vivientes puedan sobrevivir en una botella cerrada herméticamente muestra que

   (1) hay necesidad de plantas en nuestro medio ambiente
   (2) se necesitan factores físicos en una comunidad
   (3) hay equilibrio entre la población de peces
   (4) se necesitan factores bióticos en una comunidad
   (5) hay interrelación entre los seres vivientes y los factores físicos y bióticos del medio ambiente

3. Cuando se introducen especies de plantas y animales en un nuevo hábitat, a menudo no se adaptan aunque en su propio hábitat sí lo hagan. La razón más probable para ello es que en el nuevo hábitat

   (1) tienen menos enemigos naturales
   (2) tienen un índice de mutación menor
   (3) desarrollan mejor resistencia al nuevo clima
   (4) aprenden cómo usar diferentes alimentos
   (5) hay más cazadores

4. Si se pesara diariamente esta botella hermética y su contenido durante unos días, se observaría que el peso

   (1) aumenta gradualmente
   (2) permanece igual
   (3) disminuye gradualmente
   (4) disminuye los primeros días y luego aumenta
   (5) aumenta los primeros días y luego disminuye

CONTINUE EN LA PAGINA SIGUIENTE

PRUEBA 3: CIENCIAS

5. Estos son factores bióticos que afectan el equilibrio en el recipiente hermético, *excepto*

   (1) la concentración de minerales en solución
   (2) el número de peces
   (3) los tipos de protozoos en el agua
   (4) los tipos de plantas
   (5) la presencia de crustáceos en el barro

6. Cuando hay muchas especies distintas de organismos interactuando en un ambiente particular, se trata de una

   (1) población
   (2) biósfera
   (3) comunidad
   (4) biomedio
   (5) especie

Las preguntas 7 a 10 se basan en el siguiente artículo.

El caballo actual es un animal cuya evolución puede verificarse mediante una serie completa de antepasados fosilizados. El primer caballo fue llamado *Eohippus*. Ese animal vivió hace 60,000,000 años. Tenía un pie de altura, cuatro dedos en las patas delanteras y tres en las de atrás. Cada dedo tenía una uña a modo de primitiva pezuña. Los dientes eran pequeños, casi sin aristas. Tenía un cuello corto y un cráneo pequeño. Los descendientes de los primeros caballos fueron los *Mesohippus*, los cuales eran un poco más grandes. Los Mesohippus tenían tres dedos en cada pata, pero el dedo del medio era más grande y sostenía la mayor parte del peso. Los dientes tenían aristas bien desarrolladas. Un fósil más moderno tenía patas más parecidas a las de los caballos actuales, pero todavía tenía dos pequeños dedos laterales que no tocaban el suelo. El tamaño del caballo era todavía menor al del caballo actual, el cual hoy tiene sobrehuesos pequeños en los dos dedos a ambos lados de las patas heredados de sus antepasados.

7. El autor explica los hechos a partir del estudio de

   (1) los dedos
   (2) los fósiles
   (3) los dientes
   (4) los sobrehuesos
   (5) el tamaño del cuerpo

8. Los organismos a menudo poseen estructuras que les son inservibles, pero que fueron funcionales para sus ancestros. Tales estructuras se llaman vestigios. Un ejemplo de un vestigio es

   (1) los cuatro dedos de las patas de los Eohippus
   (2) las uñas de las patas en los Eohippus
   (3) el dedo largo en el Mesohippus
   (4) los sobrehuesos en el caballo actual
   (5) la pezuña en el caballo actual

9. ¿Cuál de las siguientes afirmaciones referentes al Equus, el caballo actual, es verdadera?

   (1) Vivió hace 60 millones de años
   (2) Tiene pocas aristas en sus dientes.
   (3) Se parece más al Eohippus que al Mesohippus
   (4) Camina sobre sus sobrehuesos
   (5) Camina sobre los vestigios de sus dedos medios

10. El Mesohippus se distingue del Eohippus en que

   (1) El Mesohippus desapareció antes que el Eohippus evolucionara
   (2) El Eohippus tenía tres dedos en cada pata
   (3) El Mesohippus tenía dos dedos pequeños a los lados que no tocaban el suelo
   (4) El Mesohippus tenía una estructura dental más desarrollada
   (5) El Eohippus tiene un dedo medio más grande

Las preguntas 11 a 14 se basan en la siguiente información.

Se colocó un perro en una habitación especial exenta de estímulos ajenos al experimento. En repetidas pruebas, sonaba un tono cada 5 segundos y aproximadamente 2 segundos después se le daba comida en polvo. En las pruebas 1, 10, 20, 30, 40 y 50 el tono sonó durante 30 segundos y no se le dio comida. De estas pruebas, se extrajo la siguiente información:

CONTINUE EN LA PAGINA SIGUIENTE

PRUEBA 3: CIENCIAS

Número de la prueba	Gotas de saliva secretada	Número de segundos entre el comienzo del tono y la salivación
1	0	
10	6	18
20	20	9
30	60	2
40	62	1
50	59	2

11. El experimento intenta estudiar

(1) la digestión de la saliva
(2) el comportamiento instintivo
(3) el comportamiento previo a todo aprendizaje
(4) los efectos del sonido en el comportamiento animal
(5) las respuestas condicionadas o cambiadas

12. De las siguientes afirmaciones, ¿cuál se parece al tipo de respuesta mencionada en el experimento?

(1) Una araña teje una tela
(2) Automáticamente se saca la mano al tocarse un objeto caliente
(3) Un rata ha aprendido a pasar por un laberinto
(4) Una persona se convierte en mecanógrafa eficaz
(5) La boca se hace agua cuando se ven ciertos alimentos

13. El incremento en el número de gotas de saliva secretada ocurre entre las pruebas

(1) 1 y 10
(2) 1 y 20
(3) 10 y 20
(4) 20 y 30
(5) 30 y 40

14. En la prueba número 60, el número de gotas de saliva secretada posiblemente se acercaría a

(1) 25
(2) 35
(3) 55
(4) 62
(5) 75

Las preguntas 15 a 16 se refieren al siguiente artículo.

Una cuestión que deja confundido al ser humano es el origen de la vida. Todos estamos de acuerdo de que la vida proviene de una vida preexistente, pero para responder a esta pregunta debemos tener en cuenta una época en que no hubo vida. Debemos buscar la explicación del origen de los complejos compuestos orgánicos, ya que sabemos que los compuestos orgánicos actuales son resultado de procesos vitales.

Cualquier consideración del origen de la vida debe estar relacionada con el elemento carbono, ya que las sustancias orgánicas son compuestos de carbono. También debemos considerar los aminoácidos, las bases de las proteínas y el protoplasma, es decir, la sustancia viva. Una explicación nos dice que los elementos químicos simples de la atmósfera se combinaron para formar un aminoácido que más tarde fue sintetizado y convertido en una sustancia más compleja que ahora llamamos protoplasma. La energía necesaria para producir esta síntesis química pudo ser suministrada por relámpagos o la energía ultravioleta del sol.

15. Toda materia viva está formada por este elemento químico:

(1) agua
(2) fósforo
(3) carbono
(4) dióxido de carbono
(5) proteína

CONTINUE EN LA PAGINA SIGUIENTE

PRUEBA 3: CIENCIAS

16. El problema al explicar el origen de la vida en la tierra está relacionado con la pregunta sobre el origen de

    (1) los rayos ultravioleta
    (2) las proteínas
    (3) los átomos
    (4) las moléculas
    (5) el carbono inorgánico

Las preguntas 17 a 22 se basan en la siguiente información.

Los científicos del Centro Médico de California realizaron un experimento para determinar si la eficacia en el aprendizaje está relacionada con la nutrición. Dos grupos de 20 ratones cada uno, todos de igual crianza y raza, fueron privados de comida durante tres días y luego se les enseñó a correr por un laberinto. Se les entrenaba dándoles una ligera descarga eléctrica cada vez que tomaban la dirección incorrecta. Un grupo fue alimentado inmediatamente después de cada sesión de aprendizaje, mientras que el otro no. Una semana más tarde, todos los ratones fueron sometidos a la prueba para ver si podían recorrer el laberinto sin equivocarse. El grupo que fue alimentado pudo hacerlo, pero el otro no.

Las preguntas 17 a 22 consisten en afirmaciones sobre el experimento. Clasifique cada una de las afirmaciones en cada una de las categorías definidas a continuación.

(1) El problema—el tema principal que se investiga en este estudio
(2) El método—el procedimiento que se usa para llevar a cabo la investigación
(3) Los hallazgos—los resultados probados que han sido obtenidos como parte de la investigación
(4) La suposición—la idea, teoría o creencia que se extrae del estudio aunque no haya sido comprobada
(5) La información fuera de propósito—el material que no nos ayuda directamente a entender el problema

17. Haber usado todos los ratones de una misma raza es una

    (1) suposición
    (2) hipótesis
    (3) conclusión
    (4) afirmación del problema
    (5) forma de control

18. El informe de este experimento afirma que los ratones tienen mejor memoria si se les alimenta después de cada sesión de aprendizaje. Esta afirmación es

    (1) fuera de propósito
    (2) una hipótesis
    (3) un hallazgo experimental
    (4) un dato más
    (5) una ley de la naturaleza

19. Usar una descarga eléctrica en el proceso de aprendizaje es

    (1) un hallazgo experimental
    (2) un elemento de la estructura del experimento
    (3) una teoría
    (4) algo fuera de propósito
    (5) una observación

20. Según los autores, el experimento sugiere que la memoria puede ser mejorada por hormonas liberadas por el estómago durante la nutrición. Esto es

    (1) una observación
    (2) un resultado del experimento
    (3) una forma de control
    (4) una hipótesis
    (5) un elemento estructural del experimento

21. El experimento fue sugerido por la idea de que la memoria puede ser útil a los animales para encontrar comida. Esto es

    (1) un elemento de la estructura del experimento
    (2) algo fuera de propósito
    (3) una observación
    (4) un resultado del experimento
    (5) una suposición

CONTINUE EN LA PAGINA SIGUIENTE

PRUEBA 3: CIENCIAS

22. Se ha observado que los ratones pueden aprender a recorrer un laberinto más fácilmente estando éste bien iluminado. Esto es

    (1) algo fuera de propósito
    (2) un elemento de la estructura del experimento
    (3) una suposición
    (4) un resultado del experimento
    (5) un problema

Las preguntas 23 a 24 se basan en el siguiente diagrama.

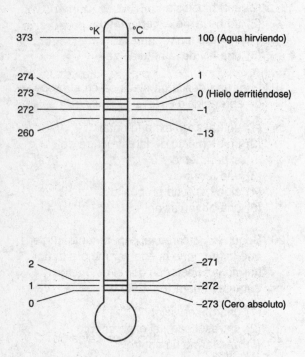

El diagrama muestra la relación entre las escalas Kelvin y Celsius.

23. ¿Qué temperatura es equivalente a –13° Celsius?

    (1) 260° K
    (2) 272° K
    (3) 286° K
    (4) 747° K
    (5) 773° K

24. Si la temperatura Celsius de un objeto se aumenta 90°, el aumento en grados Kelvin es de:

    (1) 50°
    (2) 90°
    (3) 162°
    (4) 271°
    (5) 273°

25. Cuando un objeto cae en el vacío, su velocidad se incrementa en proporción directa al tiempo de la caída. Si un astronauta en la luna deja caer su linterna, ¿cuál de estas gráficas representa mejor su movimiento?

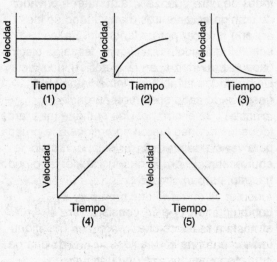

CONTINUE EN LA PAGINA SIGUIENTE

PRUEBA 3: CIENCIAS

26. La resistencia eléctrica es una propiedad de conductores eléctricos como los metales. Cuanto mayor es la resistencia, menor es la corriente que fluye. La siguiente tabla da la resistencia de diez metros de cables calibre 22 de varios metales:

aluminio	0.87 ohms
latón	2.15 ohms
cobre	0.53 ohms
hierro	3.1 ohms
platino	3.1 ohms
magnesio	1.4 ohms

Si se conecta cada uno de estos cables a un acumulador, ¿qué par de cables tendrá un nivel más alto de conducción?

(1) cobre y aluminio
(2) magnesio y latón
(3) hierro y platino
(4) aluminio y magnesio
(5) cobre y latón

Las preguntas 27 a 32 se basan en el siguiente artículo.

La caída de residuos ácidos, fenómeno comúnmente llamado "lluvia ácida", es un grave y complejo problema del medio ambiente. Este fenómeno ocurre de dos maneras: los contaminantes de nitrógeno y azufre en la atmósfera reaccionan con agua en el aire y forman una precipitación de ácido o los contaminantes de azufre y nitrógeno se depositan directamente en la superficie de la tierra donde reaccionan con el agua y forman sustancias ácidas.

De cualquier manera, el aumento de la acidez cambia la composición química tanto de los ambientes terrestres como acuáticos. Las dos causas mayores de la caída de residuos ácidos son la combustión de combustibles fósiles (como el carbón, el petróleo y la gasolina) y las fuentes naturales (como los volcanes y la putrefacción bacteriana).

El agua en los ambientes sin contaminación es levemente ácida. Tiene un pH promedio de 5.6, debido a lo cual un pH de 5.6 se usa como norma para determinar si el agua en el medio ambiente (lluvia, lagos, etc.) es más ácida de lo normal.

En el caso de caída de residuos ácidos, valores pH entre 3 y 5 son comunes, e incluso hay algunos con un valor tan bajo como 1.5. Un factor importante es el lugar en que ocurre la caída de residuos ácidos, pues a veces otras sustancias en el medio ambiente pueden neutralizar los ácidos. Por ejemplo, en un área el ácido puede ser neutralizado por la presencia de componentes de calcio o por amoníaco.

La evidencia muestra que la caída de residuos ácidos tiene un efecto adverso en el medio ambiente. En los lagos con gran cantidad de acidez, los científicos han observado un descenso de la población de peces. Parece que la acidez reduce la capacidad de reproducción de los peces y la capacidad de los peces más jóvenes de sobrevivir. También parece que disminuye la productividad del plankton (los organismos microscópicos que flotan cerca de la superficie del agua) y potencia el crecimiento de tipos de plantas más resistentes a la acidez. En la tierra, el incremento de la acidez puede perjudicar a los árboles y cambiar la composición química del suelo.

27. ¿Qué sustancia puede neutralizar las condiciones de acidez en el medio ambiente?

(1) el dióxido de carbono
(2) el nitrógeno
(3) el azufre
(4) el carbono
(5) el carbonato de calcio

28. ¿Cuál de éstos no produce caída de residuos?

(1) gases generados por combustión de gasolina
(2) gases generados por combustión de combustible diesel
(3) una planta que usa agua para generar energía eléctrica
(4) un volcán en erupción
(5) la combustión de carbón en la industria

CONTINUE EN LA PAGINA SIGUIENTE

PRUEBA 3: CIENCIAS

29. La caída de residuos ácidos puede servir para

    (1) potenciar el crecimiento de algas
    (2) acelerar el crecimiento de los peces
    (3) producir tierra alcalina
    (4) uso como factor biótico en el medio ambiente
    (5) empleo selectivo en el medio ambiente

30. ¿Qué factor relacionado con la caída de residuos ácidos no es biótico?

    (1) el plankton
    (2) el azufre
    (3) los peces
    (4) los árboles
    (5) las algas

31. ¿Qué puede ayudar a reducir los residuos ácidos?

    (1) permitir que los lagos continúen acidificándose indefinidamente
    (2) añadir peces a lagos afectados
    (3) alterar los factores que determinan el tiempo para prevenir las precipitaciones
    (4) controlar las causas de la contaminación del aire
    (5) producir lluvia artificial

32. La siguiente escala muestra el pH de cinco sustancias. ¿Qué sustancia tiene un pH parecido al de la lluvia ácida?

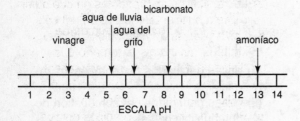

    (1) amoníaco
    (2) agua del grifo
    (3) bicarbonato
    (4) vinagre
    (5) agua de lluvia

33. Los fertilizantes químicos estimulan el crecimiento, pero si su concentración es demasiado alta, pueden dañar las raíces. ¿Qué precauciones relacionadas con los fertilizantes químicos tiene que tomar un jardinero?

    (1) Usarlos sólo en algunas de sus plantas
    (2) Usar sólo la cantidad recomendada
    (3) No aplicar fertilizantes químicos
    (4) Aplicar lo más posible, sin dañar las raíces
    (5) Sólo usar cantidades diminutas

34. Los vertebrados se dividen generalmente en tres órdenes: reptiles, aves y mamíferos. De los grupos siguientes, ¿cuál tiene un miembro de cada orden?

    (1) el avestruz, el petirrojo, la rata
    (2) la ballena, el hurón negro, la tortuga
    (3) la serpiente de cascabel, la largatija, el leopardo
    (4) el león africano, la nutria de mar, la gaviota
    (5) el gorrión, la culebra, el elefante africano

35. Cuando la temperatura aumenta, los sólidos son más solubles en agua pero los gases son menos solubles. Si una bebida gaseosa contiene altas concentraciones de azúcar y dióxido de carbono, ¿qué puede pasar si se enfría?

    A. El azúcar puede precipitarse
    B. Pueden formarse burbujas y producir espuma
    C. El agua se puede evaporar rápidamente

    (1) B solamente
    (2) B y A solamente
    (3) A solamente
    (4) C y B solamente
    (5) A y C solamente

CONTINUE EN LA PAGINA SIGUIENTE

PRUEBA 3: CIENCIAS

La pregunta 36 se basa en la siguiente gráfica.

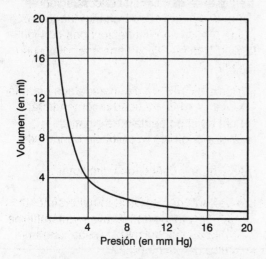

36. Esta gráfica representa la relación entre la presión y el volumen de una masa de gas a una temperatura constante. Cuando la presión es igual a 8 mm de mercurio (Hg), ¿qué volumen tiene en mililitros?

    (1) 1
    (2) 2
    (3) 4
    (4) 8
    (5) 16

37. Las nubes bloquean el paso del calor irradiado que va desde el sol a la tierra durante el día y luego va desde la tierra al espacio durante la noche. ¿De qué manera estas nubes afectan la temperatura de la superficie de la tierra?

    A. Hace que los días sean más calurosos
    B. Hace que los días sean más frescos
    C. Hace que las noches sean más calurosas
    D. Hacen que las noches sean más frescas

    (1) B solamente
    (2) D solamente
    (3) A y C solamente
    (4) B y D solamente
    (5) B y C solamente

38. Un objeto se acelera sólo si las fuerzas que actúan sobre él en una dirección son mayores que las fuerzas actuando en dirección opuesta. Todos los siguientes objetos se acelerarán, a *excepción de*

    (1) un globo de gas en el que la fuerza ascensional es mayor que el peso y la resistencia al aire
    (2) un hombre en un paracaídas cuando la resistencia al aire es menor que su peso
    (3) un aeroplano en un vuelo horizontal cuando el impulso del motor es igual a la resistencia del aire
    (4) una pelota lanzada contra una pared, cuando la fuerza de la pelota contra la pared es igual a la fuerza de la pared contra la pelota
    (5) un cohete lanzado verticalmente, cuando el impulso del motor es igual a la resistencia del aire

39. Los cuatro planetas más grandes, Júpiter, Saturno, Urano y Neptuno (en este orden) están muy lejos del sol. Sólo un planeta pequeño, Plutón, está más lejos. La nave Voyager, en su exploración por el espacio, descubrió que Neptuno y Urano están rodeados de anillos como Saturno. ¿Qué hipótesis se puede deducir sobre el hecho que Plutón no tenga anillos?

    (1) Todos los planetas grandes tienen anillos y los pequeños no
    (2) Los anillos están presentes en cualquier planeta suficientemente lejos del sol
    (3) Los anillos están distribuidos al azar, sin tener en cuenta el tamaño o la distancia del planeta respecto al sol
    (4) Los planetas grandes pueden tener anillos, pero los pequeños no
    (5) Plutón ha perdido sus anillos porque está tan lejos del sol

CONTINUE EN LA PAGINA SIGUIENTE

PRUEBA 3: CIENCIAS

40. El viento puede transportar arena húmeda y soplarla contra las rocas, erosionándolas hasta crear formas fantásticas. ¿Qué tipo de ecosistema tiene más posibilidades de tener rocas desgastadas por el viento?

    (1) la orilla del mar
    (2) el desierto
    (3) la pradera
    (4) la tundra
    (5) los bosques de árboles de hoja caduca

41. En un tanque lleno de agua contaminada con bacterias, una herida en la piel de una rana se cicatriza más rápido que una herida similar en un pez. Las siguientes afirmaciones pueden explicar por qué sucede esto, a *excepción de*

    (1) Las bacterias en el tanque no son nocivas para las ranas
    (2) Ciertos compuestos químicos en la piel de las ranas las protegen de las bacterias
    (3) El sistema inmunológico de las ranas responde eficazmente contra las bacterias
    (4) La piel de las ranas tiene mayor capacidad de regeneración que la de los peces
    (5) El agua contiene ciertas sustancias químicas que estimulan la cicatrización

Las preguntas 42 a 43 se basan en la siguiente tabla.

Masa de sal (g)	Tiempo de calentamiento (min)
5.0	0.0
4.1	5.0
3.1	10
3.0	15
3.0	30
3.0	60

La tabla muestra los datos obtenidos durante el calentamiento de una muestra de 5.0 gramos de sal hidratada.

42. Después de 60 minutos, ¿cuántos gramos de agua se mantienen en la sal?

    (1) 0.00
    (2) 0.9
    (3) 1.9
    (4) 2.0
    (5) 3.0

43. ¿Cuál es el porcentaje de agua en la muestra original?

    (1) 30%
    (2) 40%
    (3) 50%
    (4) 60%
    (5) 82%

44. En un reflejo, un impulso se genera en un órgano del sentido, pasa por las neuronas sensoriales y llega al cerebro o a la espina dorsal. Luego, a través de las neuronas motoras va a un músculo o a una glándula. ¿Cuál es la secuencia de órganos en un reflejo que hace fluir las lágrimas cuando se irrita la córnea del ojo?

    (1) córnea–glándula lagrimal–cerebro–neurona sensorial–neurona motora
    (2) córnea–cerebro–neurona motora–neurona sensorial–glándula lagrimal
    (3) córnea–neurona sensorial–cerebro–neurona motora–glándula lagrimal
    (4) glándula lagrimal–córnea–neurona motora–cerebro–neurona sensorial
    (5) cerebro–córnea–neurona sensorial–neurona motora–glándula lagrimal

CONTINUE EN LA PAGINA SIGUIENTE

PRUEBA 3: CIENCIAS

45. En ciertas áreas, los mosquitos resistentes al DDT existen ahora en mayor número que hace diez años. ¿Cuál es la explicación de este incremento?

    (1) El DDT causa esterilidad en los mosquitos
    (2) Los huevos de los mosquitos eran más propensos a la fertilización cuando estaban expuestos al DDT
    (3) El DDT actuaba como una hormona reproductora para las generaciones previas de mosquitos
    (4) El DDT sirve como nueva fuente de nutrición
    (5) Las diferencias genéticas permitían que algunos mosquitos sorbrevivieran al impacto del DDT

46. Un científico, en su estudio de fósiles en capas de rocas inalteradas, identificó especies que cambiaron muy poco a través de los años. ¿Qué podría haberlo llevado a esta conclusión?

    (1) Los organismos más simples fosilizados aparecían sólo en las rocas más viejas
    (2) Los organismos más simples fosilizados aparecían sólo en las rocas más nuevas
    (3) El mismo tipo de organismos fosilizados aparecía en las rocas nuevas y viejas
    (4) Ningún organismo fosilizado de ningún tipo aparecía en las rocas más nuevas
    (5) Pocos organismos fosilizados aparecían en las rocas más viejas

47. Los granos de polen en una planta de trigo producen un núcleo de esperma con 14 cromosomas. ¿Cuántos cromosomas pueden haber en el núcleo del huevo y en la célula de la hoja?

    (1) 14 en el núcleo del huevo y 28 en la célula de la hoja
    (2) 14 tanto en el núcleo del huevo como en la célula de la hoja
    (3) 28 tanto en el núcleo del huevo como en la célula de la hoja
    (4) 7 en el núcleo del huevo y 14 en la célula de la hoja
    (5) 7 en el núcleo del huevo y 28 en la célula de la hoja

48. Un salmón muere después de poner miles de huevos en el agua. Un petirrojo deposita 4 huevos y cuida las crías cuando salen del cascarón. Es razonable suponer que

    (1) hay muchos más salmones que petirrojos en el mundo
    (2) muchos más salmones que petirrojos mueren antes de ser adultos.
    (3) hay más comida disponible para los salmones en crecimiento que para las crías de los petirrojos
    (4) el salmón no se reproduce hasta que es mucho más viejo que el petirrojo adulto
    (5) los petirrojos son mejores padres que los salmones

49. Las plantas de maíz que crecen en la oscuridad son blancas y normalmente más altas que las plantas de maíz que son genéticamente idénticas pero crecen en la luz, son verdes y más bajas. La explicación para esto es que

    (1) las plantas de maíz que crecen en la oscuridad son mutantes respecto al color y la altura
    (2) la expresión de un gen puede depender del ambiente
    (3) las plantas que crecen en la oscuridad siempre serán genéticamente albinas
    (4) el fenotipo de una planta es independiente de su genotipo
    (5) el genotipo es independiente de su fenotipo

50. Las patatas puede reproducirse tanto a través de los tubérculos o por semilla. ¿Por qué iba un especialista a decidir obtener patatas a partir de semillas?

    (1) para producir una cosecha máxima
    (2) para probar un nuevo fertilizante
    (3) para reducir la dificultad de plantar patatas
    (4) para producir nuevas variedades
    (5) para proteger las nuevas plantas de los insectos

CONTINUE EN LA PAGINA SIGUIENTE

PRUEBA 3: CIENCIAS

51. Un elemento A y otro B se combinan químicamente para formar la sustancia C. La sustancia C es

    (1) una solución
    (2) un compuesto
    (3) un elemento
    (4) una mezcla
    (5) un isótopo

Las preguntas 52 a 54 se basan en el siguiente artículo.

Quizás si no hubiera sido por el trabajo que realizó Joseph Priestley hace 200 años no tendríamos helados de soda hoy en día. Priestley fue quien experimentó con el gas dióxido de carbono que el químico Joseph Black había preparado vertiendo ácido sobre yeso. Al disolver este gas en agua, fue el primero en crear agua gaseosa. Su interés por las propiedades de los gases lo llevaron a calentar óxido de mercurio. El resultado fue la formación de una película plateada depositada en el interior del recipiente de vidrio y la liberación de un gas que ahora llamamos oxígeno.

52. Además de desprender oxígeno, el calentamiento del óxido de mercurio produce

    (1) nitrógeno
    (2) plata
    (3) carboncillo
    (4) mercurio
    (5) dióxido de carbono

53. Al disolver el dióxido de carbono en agua se forma

    (1) yeso
    (2) ácido
    (3) sodio
    (4) ácido carbónico
    (5) agua pesada

54. Cuando el ácido se vierte sobre yeso, se produce efervescencia debido a la presencia de

    (1) dióxido de carbono
    (2) óxido de mercurio
    (3) oxígeno
    (4) agua
    (5) mercurio

55. ¿Qué factor relacionado con los residuos radiactivos tiene el mayor impacto en su tiempo de almacenamiento?

    (1) el período medio
    (2) la cantidad
    (3) la temperatura
    (4) la densidad
    (5) la fisión

56. Se llena parcialmente con agua un termo a 25°C y luego se tapa. Después de un período de tiempo, el nivel de agua se mantiene constante. ¿Qué relación explica mejor esta observación?

    (1) El índice de condensación excede el índice de evaporación
    (2) Los índices de condensación y evaporación equivalen a cero
    (3) El índice de evaporación excede al índice de condensación
    (4) El índice de evaporación es igual al índice de condensación
    (5) El índice de evaporación es menor que el índice de condensación

CONTINUE EN LA PAGINA SIGUIENTE

PRUEBA 3: CIENCIAS

El diagrama representa un invernadero de vidrio. La tabla de datos muestra las temperaturas dentro y fuera del invernadero desde la 6 A.M. a las 6 P.M. en un día cualquiera.

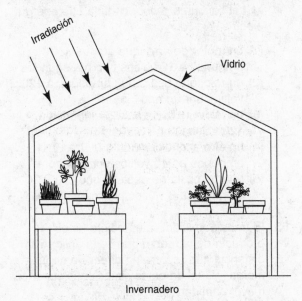

Invernadero

TEMPERATURA DEL AIRE

Tiempo	Promedio de la temperatura exterior	Promedio de la temperatura interior
6 A.M.	10°C	13°C
8 A.M.	11°C	14°C
10 A.M.	12°C	16°C
12 mediodía	15°C	20°C
2 P.M.	19°C	25°C
4 P.M.	17°C	24°C
6 P.M.	15°C	23°C

57. La temperatura más alta se observa a las

    (1) 12 del mediodía en el exterior del invernadero
    (2) 2 P.M. en el exterior del invernadero
    (3) 12 del mediodía en el interior del invernadero
    (4) 2 P.M. en el interior del invernadero
    (5) 6 P.M. en el interior del invernadero

Las preguntas 58 a 61 se basan en el siguiente artículo.

Los recientes descubrimientos de los psicólogos parecen indicar que la exposición a diferentes colores de luz, así como a diferentes tipos de luz afectan al individuo. ¿Qué son los rayos de luz? Los rayos de luz son formas de radiación electromagnética—movimiento de las ondas en el éter—que se diferencian entre ellas según su longitud y su frecuencia. Por ejemplo, los rayos violeta tienen la longitud de onda más corta, medida en unidades angstrom (Å), y tienen una longitud de menos de 4,500Å. El rojo tiene la longitud de onda más larga, con más de 6,000Å. Los colores intermedios tienen longitudes entre 4,000Å en un violeta oscuro a 7,500Å en un rojo oscuro en el espectro visible. La luz con una longitud de onda más corta que el violeta se llama rayo ultravioleta y es la luz que nos llega del sol y que nos broncea o quema. La luz con una longitud de onda mayor que la roja se llama rayo infrarrojo, que no podemos ver pero que podemos sentir por el calor que produce. La mayor parte del calor del sol nos llega en esta forma.

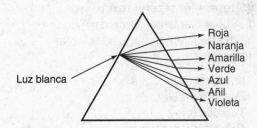

Cuando un haz de luz blanca atraviesa un prisma, se separa en diferentes componentes formando una banda con los colores del arcoiris. Cada uno de los colores, según los psicólogos, tiene un efecto diferente en los seres vivientes. En fotografía también se tiene en cuenta este fenómeno; por eso, se usan diferentes filtros para absorber ciertos colores del espectro, mientras que se permite que otros colores pasen. De este modo, un filtro que

CONTINUE EN LA PAGINA SIGUIENTE

absorbe el azul y el rojo es verde, pero uno que absorbe sólo el azul es amarillo porque transmite la combinación de verde y rojo.

58. ¿Cuál es la longitud de onda de la luz roja?

    (1) menos de 4,500Å
    (2) 4,500Å
    (3) 6,000Å
    (4) 7,500Å
    (5) más de 7,500Å

59. Un fotógrafo usa un filtro azul para

    (1) formar un prisma
    (2) absorber la luz azul
    (3) transmitir la luz verde
    (4) aborber la luz verde
    (5) transmitir la luz azul

60. Un vidrio amarillo se puede usar como filtro para

    (1) absorber la luz amarilla
    (2) transmitir todos los colores, excepto el amarillo
    (3) transmitir el color azul
    (4) absorber el color azul
    (5) absorber el color rojo

61. ¿Qué longitud de onda tiene el rayo infrarrojo?

    (1) menos de 4,500Å
    (2) 4,500Å
    (3) 6,000Å
    (4) 6,500Å
    (5) más de 7,500Å

62. La energía eléctrica, es decir la energía convertida por segundo, se halla al multiplicar la diferencia potencial (en voltios) por la corriente (en amperios). ¿Cuál consume *menor* cantidad de energía eléctrica?

    (1) un motor de arranque que usa 50 amperios a 12 voltios por 10 segundos
    (2) un reloj que usa 0.002 amperios a 120 voltios por un año
    (3) un televisor que usa 2.5 amperios a 120 voltios por 6 horas
    (4) un aire acondicionado que usa 3 amperios a 240 voltios por una hora
    (5) una bombilla de destello que usa 0.20 amperios a 3 voltios por media hora.

63. El trabajo aplicado a un objeto es el producto de la fuerza que se le aplica y la distancia que recorre en dirección de la fuerza. ¿Cuál de estas situaciones supone mayor cantidad de trabajo?

    (1) Una fuerza de 1,200 newtons se aplica a una pared durante 5 minutos
    (2) Una caja que pesa 500 newtons es movida en dirección horizontal una distancia de 10 metros
    (3) Una caja que pesa 200 newtons es empujada por el suelo una distancia de 3 metros, usando una fuerza de 100 newtons
    (4) Una caja que pesa 300 newtons es levantada verticalmente una distancia de 2 metros
    (5) Una caja que pesa 500 newtons se coloca en un vagón y es transportada una distancia de 5 metros, usando una fuerza de 50 newtons

CONTINUE EN LA PAGINA SIGUIENTE

PRUEBA 3: CIENCIAS

64. Un timbre eléctrico que está sonando se coloca en el interior de un recipiente en forma de campana y se extrae el aire de su interior. A medida que se elimina el aire, el sonido que se oye es más suave y termina por no oírse. ¿Cuál puede ser la explicación?

    (1) La electricidad no puede transmitirse a través del vacío
    (2) El badajo de la campana no puede vibrar sin aire
    (3) Las paredes de la campana bloquean el paso del sonido
    (4) La capacidad de oír depende de la presencia de aire
    (5) Las ondas de sonido necesitan que el aire circule

La pregunta 65 se basa en el siguiente diagrama.

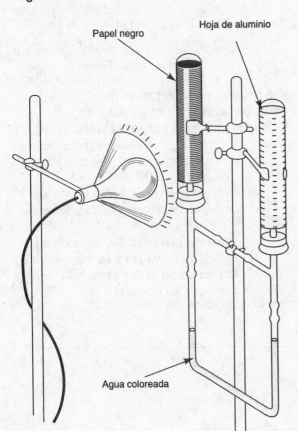

Papel negro

Hoja de aluminio

Agua coloreada

65. La diferencia en el nivel del agua coloreada en el tubo en forma de "U" se puede explicar por el principio de

    (1) la presión atmosférica a diferentes niveles
    (2) la absorción de energía radiante por objetos claros y oscuros
    (3) la fuerza de gravedad
    (4) la convección de las corrientes de aire
    (5) la conducción de la energía calórica

La pregunta 66 se basa en el siguiente diagrama.

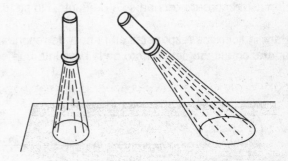

66. El resultado de sujetar las dos linternas desde diferentes ángulos demuestra un principio. ¿Cual es éste?

    (1) La intensidad de la luz depende de la fuente de la luz
    (2) Cuanto más verticales son los rayos de luz, menos intensa es la iluminación
    (3) Cuanto más verticales son los rayos de luz en el sol del verano, más calor producen
    (4) Cuanto más concentrados están los rayos de luz, menos energía calórica desprenden
    (5) La intensidad de la luz es directamente proporcional a la distancia de su fuente

FIN DEL EXAMEN

PRUEBA 4: INTERPRETACIÓN DE LA LITERATURA Y LAS ARTES

Instrucciones

La Prueba de Interpretación de la Literatura y las Artes requiere interpretar pasajes extraídos de la literatura clásica y popular, así como artículos sobre la literatura y las artes. Cada pasaje va seguido de preguntas de opción múltiple sobre la materia de lectura.

Primero lea cada pasaje y entonces conteste las preguntas que le siguen. Refiérase a la materia de lectura cuantas veces sea necesario para contestar las preguntas.

Cada pasaje va precedido de una "pregunta de orientación". Dicha pregunta le da una razón para leer el texto. Use estas preguntas de orientación para ayudarle a centrarse en la lectura. Requerde que no debe contestarlas.

Dispone de 65 minutos para contestar las preguntas. Trabaje con cuidado, pero no dedique demasiado tiempo en una sola pregunta. No se le penalizará por respuestas incorrectas.

Para indicar sus respuestas en la hoja de respuestas, llene uno de los óvalos numerados que aparecen al lado del número de la pregunta que está contestando de la prueba.

POR EJEMPLO:

Era el sueño de Susana. El color azul metálico resplandecía y le brillaba el cromo de las ruedas. El motor se había limpiado con el mismo esmero. Adentro, las luces iluminaban el tablero de instrumentos y los asientos estaban cubiertos de cuero fino.

¿A qué se refiere el pasaje?   ① ② ● ④ ⑤

(1) A un tocadiscos
(2) A un barco
(3) A un automóvil
(4) A una motocicleta
(5) A un avión

La respuesta correcta es "A un automóvil"; por lo tanto, debe marcar el círculo número 3 en la hoja de respuestas.

CONTINUE EN LA PAGINA SIGUIENTE

PRUEBA 4: INTERPRETACIÓN DE LA LITERATURA Y LAS ARTES

<u>Las preguntas 1 a 5</u> se refieren al siguiente pasaje de *Cartas a mamá* del escritor argentino Julio Cortázar.

¿CÓMO REACCIONA EL PROTAGONISTA ANTE LAS CARTAS DE SU MADRE?

Llevaban más de dos años en París, habían salido de Buenos Aires, apenas dos meses después de la muerte de Nico, pero en realidad Luis se había considerado
(5) como ausente desde el día mismo de su casamiento con Laura. Una tarde, después de hablar con Nico que estaba ya enfermo, se había jurado escapar de la Argentina, del caserón de Flores, de mamá y los
(10) perros y su hermano (que ya estaba enfermo). En aquellos meses, todo había girado en torno a él como las figuras de una danza: Nico, Laura, mamá, los perros, el jardín. Su juramento había sido el gesto
(15) brutal del que hace trizas una botella en la pista, interrumpe el baile con un chicotear de vidrios rotos. Todo había sido brutal en esos días: su casamiento, la partida sin remilgos ni consideraciones para con
(20) mamá, el olvido de todos los deberes sociales, de los amigos, entre sorprendidos y desencantados. No le había importado nada, ni siquiera el asomo de protesta de Laura. Mamá se quedaba sola en el
(25) caserón, con los perros y los frascos de remedios, con la ropa de Nico colgada todavía en el ropero. Que se quedaran, que todos se fueran al demonio. Mamá parecía comprender, ya no lloraba a Nico y andaba
(30) como antes por la casa, con la fría y resuelta recuperación de los viejos frente a la muerte. Pero Luis no quería acordarse de lo que había sido la tarde de la despedida, las valijas, el taxi en la puerta, la casa ahí
(35) con toda la infancia, el jardín donde Nico y él habían jugado a la guerra, los dos perros indiferentes y estúpidos. Ahora era casi capaz de olvidarse de todo eso. Iba a la agencia, dibujaba afiches, volvía a comer,
(40) bebía la taza de café que Laura le alcanzaba sonriendo. Iban mucho al cine, mucho a los bosques, conocían cada vez mejor París. Habían tenido suerte, la vida era sorprendentemente fácil, el trabajo
(45) pasable, el departamento bonito, las películas excelentes. Entonces llegaba carta de mamá.

No las detestaba; si le hubieran faltado habría sentido caer sobre él la libertad
(50) como un peso insoportable. Las cartas de mamá le traían un tácito perdón (pero de nada había que perdonarlo), tendían el puente por donde era posible seguir pasando. Cada una lo tranquilizaba o lo
(55) inquietaba sobre la salud de mamá, le recordaba la economía familiar, la permanencia de un orden. Y a la vez odiaba ese orden y lo odiaba por Laura, porque Laura estaba en París pero cada
(60) carta de mamá la definía ajena, como cómplice de ese orden que él había repudiado una noche en el jardín, después de oír una vez más la tos apagada, casi humilde de Nico.

1. ¿Quién es Nico?

   (1) el hermano de Luis
   (2) el sobrino de Luis
   (3) el hermano de la mamá
   (4) el hermano de Laura
   (5) el sirviente

2. ¿Cómo reaccionó Luis cuando marchó a París?

   (1) Estaba triste por la muerte de Nico
   (2) Se sentía molesto por dejar a sus amigos
   (3) Se sentía mal por dejar a su madre sola
   (4) No le importaba nada de lo que dejaba atrás
   (5) Se ofendió por las protestas de Laura

3. ¿Dónde trabaja Luis en París?

   (1) en un hospital
   (2) en una agencia de publicidad
   (3) en una agencia inmobiliaria
   (4) en una agencia de noticias
   (5) en un banco

CONTINUE EN LA PAGINA SIGUIENTE

PRUEBA 4: INTERPRETACIÓN DE LA LITERATURA Y LAS ARTES

4. ¿Por qué las cartas de mamá son tranquilizadoras para Luis? Porque

   (1) le recordaban la economía familiar
   (2) le daban una sensación de libertad
   (3) eran como su puente con el pasado
   (4) eran la comprobación de la permanencia de un orden
   (5) se sentía cómplice de su mamá

5. ¿Cómo veía Luis a su esposa Laura? Como

   (1) una ayuda en la ruptura con el pasado
   (2) una esposa servicial
   (3) una cómplice de su mamá
   (4) la reencarnación de Nico
   (5) un peso insoportable

Las preguntas 6 a 10 se basan en el siguiente pasaje de José Ortega y Gasset.

¿CÓMO VE EL HOMBRE AL ARTE?

Para el hombre de la generación novísima, el arte es una cosa sin trascendencia. Una vez escrita la frase me espanto de ella, al advertir su innumerable
(5) irradiación de significados diferentes. Porque no se trata que a cualquier hombre de hoy le parezca el arte cosa sin importancia o menos importante que al hombre de ayer, sino que el mismo artista
(10) ve su arte como una labor intrascendente. Pero aun esto no expresa con rigor la verdadera situación. Porque el hecho no es que al artista le interese poco su obra y oficio, sino que le interesa porque no tiene
(15) importancia grave y en la medida que carece de ella. No se entiende bien el caso si no se mira en confrontación con lo que era el arte hace treinta años, y en general, durante todo el siglo pasado. Poesía o
(20) música eran entonces actividades de enorme calibre: se esperaba de ellas poco menos que la salvación de la especie humana sobre la ruina de las religiones y el relativismo inevitable de la ciencia. El arte
(25) era trascendente en un doble sentido. Lo era por su tema, que solía consistir en los más graves problemas de la humanidad, y lo era por sí mismo, como potencia humana que prestaba justificación y dignidad a la

(30) especie. Era de ver el solemne gesto que ante la masa adoptaba el gran poeta y el músico genial, gesto de profeta o fundador de religión, majestuosa apostura de estadista responsable de los destinos
(35) universales.

6. Según el escritor, ¿por qué el arte es visto como algo intrascendente? Porque

   (1) hay demasiadas tendencias
   (2) es más frívolo que en el siglo pasado
   (3) no se le da importancia
   (4) no tiene nada que ver con la ciencia
   (5) no expresa la realidad

7. Según el escritor, el arte en el siglo pasado era

   (1) trascendente por el tema
   (2) más riguroso debido a los artistas
   (3) una actividad de poca importancia
   (4) tenía poco potencial humano
   (5) parecido al actual

8. El pasaje implica que en el siglo anterior,

   (1) al poeta no le importaba el destino
   (2) la poesía era más barroca
   (3) la humanidad tenía más problemas que ahora
   (4) el poeta era un profeta
   (5) al artista veía su arte con intrascendencia

9. ¿Qué quiere decir la frase "se esperaba de ellas poco menos que la salvación humana"? La poesía y la música

   (1) eran excesivamente románticas
   (2) sólo hablaban de Dios y la salvación
   (3) eran una forma de confrontación
   (4) trataban temas de vital importancia humana
   (5) desprestigiaban a la especie humana

CONTINUE EN LA PAGINA SIGUIENTE

PRUEBA 4: INTERPRETACIÓN DE LA LITERATURA Y LAS ARTES

10. ¿Cuál es la idea principal del autor al escribir este pasaje?

    (1) criticar la visión intrascendente del arte por el artista de hoy
    (2) criticar la superficialidad de los artistas actuales
    (3) hablar de las excelencias del arte en el siglo anterior
    (4) explicar la visión del arte a lo largo de los años
    (5) denunciar el arte como una forma de religión

Las preguntas 11 a 15 se basan al siguiente pasaje del guatemalteco Augusto Monterroso.

¿DE QUÉ SE DIO CUENTA LA JIRAFA?

Hace mucho tiempo, en un país lejano, vivía una jirafa de estatura regular pero tan descuidada que una vez se salió de la selva y se perdió.

(5) Desorientada como siempre, se puso a caminar a tontas y a locas de aquí para allá y por más que se agachaba para encontrar el camino no lo encontraba.

Así, deambulando, llegó a un desfiladero
(10) donde en ese momento tenía lugar una gran batalla.

A pesar de que las bajas eran cuantiosas por ambos bandos, ninguno estaba dispuesto a ceder un milímetro de
(15) terreno.

Los generales arengaban a sus tropas con las espadas en alto, al mismo tiempo que la nieve se teñía de púrpura con la sangre de los heridos.

(20) Entre el humo y el estrépito de los cañones se veía desplomarse a los muertos de uno y otro ejército, con tiempo apenas para encomendar su alma al diablo; pero los sobrevivientes continuaban
(25) disparando con entusiasmo hasta que a ellos también les tocaba y caían con un gesto estúpido pero que en su caída consideraban que la Historia iba a recoger como heroico, pues morían por defender su
(30) bandera; y efectivamente la Historia recogía esos gestos como heroicos, tanto la

Historia que recogía los gestos del uno, como la que recogía los gestos del otro, ya que cada lado escribía su propia historia;
(35) así, Wellington era un héroe para los ingleses y Napoleón era un héroe para los franceses.

A todo esto, la jirafa siguió caminando, hasta que llegó a una parte del desfiladero
(40) en que estaba montado un enorme cañón, que en ese preciso instante hizo un disparo exactamente unos veinte centímetros arriba de su cabeza.

Al ver pasar la bala tan cerca, y mientras
(45) seguía con la vista su trayectoria, la jirafa pensó:

"Qué bueno que no soy tan alta, pues si mi cuello midiera treinta centímetros más esa bala me habría volado la cabeza; o
(50) bien, qué bueno que esta parte del desfiladero en que está el cañón no es tan baja, pues si midiera treinta centímetros menos la bala me habría volado la cabeza. Ahora comprendo que todo es relativo".

11. ¿Cuál es el tema principal que quiere discutir el autor en esta fábula?

    (1) la historia y la verdad en la historia
    (2) la insensatez de la guerra
    (3) el tamaño de la jirafa
    (4) las aventuras y sus conscuencias
    (5) la inteligencia de la jirafa

12. ¿Qué es lo que opina el autor sobre la historia?

    (1) La historia es relativa
    (2) Sólo hay un punto de vista sobre la historia
    (3) La historia defiende sólo a los héroes caídos en batallas
    (4) La historia siempre es escrita por el vencedor
    (5) La historia no aclara nada sobre el pasado

CONTINUE EN LA PAGINA SIGUIENTE

PRUEBA 4: INTERPRETACIÓN DE LA LITERATURA Y LAS ARTES

13. ¿Por qué este fragmento se llama fábula?

    (1) El protagonista consigue escapar
    (2) Trata sobre guerras
    (3) Trata de seres fabulosos
    (4) Hay personificación de seres irracionales
    (5) No tiene un mensaje moralista

14. ¿Cuál es el motivo de la batalla que se describe?

    (1) cuestiones territoriales
    (2) problemas de armamento
    (3) diferencias políticas entre países
    (4) necesidad de mostrar el poder
    (5) despliegue de heroísmo

15. ¿Cómo presenta el autor a la jirafa? Es un personaje

    (1) apático
    (2) reflexivo
    (3) temeroso
    (4) valiente
    (5) terco

Las preguntas 16 a 20 se basan en el siguiente poema del poeta español Vicente Aleixandre.

¿CÓMO VE EL POETA LA NATURALEZA?

Allá por las remotas
luces o aceros aún no usados,
tigres del tamaño de odio,
leones con un corazón hirsuto,
(5) sangre con la tristeza aplacada,
se baten con la hiena amarilla que toma la
    forma del poniente insaciable.
Oh la blancura súbita,
las ojeras violáceas de unos ojos marchitos,
(10) cuando las fieras muestran sus espadas o
    dientes
como latidos de un corazón que casi todo
    lo ignora,
menos el amor,
(15) al descubierto en los cuellos allá donde la
    arteria golpea,
donde no se sabe si es el amor o el odio
lo que reluce en los blancos colmillos.

Acariciar la fosca melena
(20) mientras se siente la poderosa garra en la
    tierra,
mientras las raíces de los árboles,
    temblorosas,
sienten las uñas profundas
(25) como un amor que así invade.

16. ¿Qué nos muestra el poeta en este poema?

    (1) la naturaleza en contraposición al hombre
    (2) cuáles son sus animales preferidos
    (3) cómo son el amor y el odio
    (4) su visión de la violencia
    (5) la vida en medio de la naturaleza

17. ¿Qué representan los animales para Vicente Aleixandre?

    (1) la inconsciencia
    (2) el espíritu placentero
    (3) la fuerza de la naturaleza
    (4) la verdad
    (5) la agresión

18. ¿Cómo se podría clasificar este poema de Aleixandre?

    (1) realista
    (2) clásico
    (3) modernista
    (4) simbolista
    (5) moralista

19. ¿Qué quiere decir "sienten las uñas profundas/como un amor que así invade"? Que

    (1) el ataque de los animales representa el amor
    (2) los animales son amorosos
    (3) las uñas de los animales son tan profundas como el amor
    (4) el amor es algo que a veces crea dolor
    (5) los animales son peligrosos

CONTINUE EN LA PAGINA SIGUIENTE

PRUEBA 4: INTERPRETACIÓN DE LA LITERATURA Y LAS ARTES

20. ¿Qué se puede inferir de la poesía de Aleixandre? Que

    (1) la naturaleza es peligrosa
    (2) fusiona el hombre con la naturaleza
    (3) no puede existir la vida humana sin la naturaleza
    (4) la vida es una fantasía
    (5) la vida es un tormento

Las preguntas 21 a 25 se basan en el siguiente poema de la escritora chilena Gabriela Mistral.

¿QUIÉNES SON ESTOS ANIMALES?

Las bestiecitas te rodean
y te balan olfateándote.
De otra tierra y otro reino
llegarían los Animales
(5) que parecen niños perdidos,
niños oscuros que cruzasen.
En sus copos de lana y crines,
o en sus careyes relumbrantes,
los cobrizos y los jaspeados
bajan al mundo a pinturearte.
(10) ¡Niño del Arca, jueguen contigo,
y hagan su ronda los Animales!

21. ¿Qué afirmación expresa mejor la idea principal de este poema?

    (1) el peligro de los animales
    (2) la compañía que ofrecen los animales
    (3) los animales como seres de otro reino
    (4) los animales como seres juguetones
    (5) los animales del Arca de Noé

22. ¿Qué comparación hace la poeta? Compara

    (1) los animales con el mundo
    (2) los animales con los niños
    (3) los copos con los cobrizos
    (4) la tierra con los careyes
    (5) la lana con los crines

23. El estado de ánimo de la poeta es de

    (1) jovialidad
    (2) aburrimiento
    (3) esperanza
    (4) resignación
    (5) tristeza

24. El poema es un

    (1) verso libre
    (2) oda
    (3) soneto
    (4) octeto
    (5) sexteto

25. ¿Qué quiere decir la poeta en "bajan al mundo a pinturearte"?

    (1) que los animales son traicioneros
    (2) que los animales son como pinturas
    (3) que el mundo está lleno de vivos colores
    (4) que los animales vienen a alegrar
    (5) que los animales son expeditivos

Las preguntas 26 a 30 se basan en el siguiente pasaje de teatro de *El marqués de Bradomín* de Ramón María del Valle-Inclán.

¿QUÉ ES LA SONRISA PARA EL MARQUÉS?

EL ABAD
    De nuestro ilustre marqués se cuentan cosas verdaderamente extraordinarias. Las confesiones, cuando son sinceras,
(5) encierran siempre una gran enseñanza: recordemos las de San Agustín.

EL MARQUES DE BRADOMIN
    Yo no aspiro a enseñar, sino a divertir, señor Abad. Toda mi doctrina está en una
(10) sola frase: ¡Viva la bagatela! Para mí, la mayor conquista de la humanidad es haber aprendido a sonreír.

LA DAMA
    Yo creo que habremos sonreído siempre.

(15) EL MARQUES DE BRADOMIN
    Es una conquista. Durante muchos siglos, los hombres fueron absolutamente serios. En la historia hay épocas enteras en las cuales no se recuerda una sola sonrisa
(20) célebre. En la Biblia, Jehová no sonríe, y los patriarcas y los profetas, tampoco.

CONTINUE EN LA PAGINA SIGUIENTE

PRUEBA 4: INTERPRETACIÓN DE LA LITERATURA Y LAS ARTES

EL ABAD

Ni falta que les hacía. Los patriarcas y profetas por seguro que no habrían dicho:
(25) ¡Viva la bagatela!, como nuestro ilustre marqués.

EL MARQUES DE BRADOMIN

Y, en cambio, cuando llegaba la ocasión cantaban, bailaban y tocaban el arpa.

(30) EL ABAD

Señor marqués de Bradomín, procure usted no condenarse por bagatela.

LA DAMA

En el infierno debió de haberse sonreído
(35) siempre. ¿No se dice sonrisa mefistofélica?

EL MARQUES DE BRADOMIN

El diablo siempre ha sido un ser superior.

EL ABAD

No le admiremos demasiado, señor
(40) marqués. Ese es el maniqueísmo. Ya se me alcanza que usted adopta este hablar ligero para ocultar mejor sus propósitos.

26. ¿A qué se refiere el marqués cuando dice "¡Viva la bagatela!"?

(1) a la capacidad de sonreír
(2) al intelectualismo
(3) al misticismo
(4) a las cosas de poco valor y superficiales
(5) a la historia llena de conflictos

27. Según el pasaje, ¿cómo es el marqués de Bradomín?

(1) una persona disciplinada
(2) un testarudo
(3) un intelectual
(4) un conservador
(5) un libertino

28. Según el marqués, ¿cuál es la conquista más importante de la humanidad?

(1) haber aprendido a sonreír
(2) saber cantar y bailar
(3) el maniqueísmo
(4) la diversión
(5) considerar la importancia del diablo

29. La "sonrisa mefistofélica" es una sonrisa

(1) amarga
(2) presuntuosa
(3) diabólica
(4) hipócrita
(5) inocente

30. ¿Qué ejemplo de bagatela expresa el marqués?

(1) el cantar, bailar y tocar el arpa de los patriarcas
(2) el papel de Jehová en la Biblia
(3) los conflictos de la historia
(4) el diablo como ser superior
(5) las enseñanzas de San Agustín

Las preguntas 31 a 35 se basan en el siguiente pasaje de *La guerra del tiempo* del escritor cubano Alejo Carpentier.

¿QUIÉN ES EL CALESERO?

Cuando los muebles crecieron un poco más y Marcial supo como nadie lo que había debajo de las camas, armarios y vargueños, ocultó a todos un gran secreto:
(5) la vida no tenía encanto fuera de la presencia del calesero Melchor. Ni Dios, ni su padre, ni el obispo dorado de las procesiones de Corpus, eran tan importantes como Melchor.
(10) Melchor venía de muy lejos. Era nieto de príncipes vencidos. En su reino había elefantes, hipopótamos, tigres y jirafas. Ahí los hombres no trabajaban, como Don Abundio, en habitaciones obscuras llenas
(15) de legajos. Vivían de ser más astutos que los animales. Uno de ellos sacó un gran cocodrilo del lago azul, ensartándolo con una pica oculta en los cuerpos apretados de doce ocas asadas. Melchor sabía

CONTINUE EN LA PAGINA SIGUIENTE

PRUEBA 4: INTERPRETACIÓN DE LA LITERATURA Y LAS ARTES

(20) canciones fáciles de aprender, porque las palabras no tenían significado y se repetían mucho. Robaba dulces en las cocinas; se escapaba, de noche, por la puerta de los cuadrerizos, y, cierta vez, había apedreado
(25) a los de la guardia civil, desapareciendo luego en las sombras de la Calle de la Amargura.

En días de lluvia, sus botas se ponían a secar junto al fogón de la cocina. Marcial
(30) hubiese querido tener pies que llenaran tales botas. La derecha se llamaba Calambín. La izquierda, Calambán. Aquel hombre que dominaba los caballos cerreros con sólo encajarles dos dedos en los
(35) belfos, aquel señor de terciopelos y espuelas, que lucía chisteras tan altas, sabía también lo fresco que era un suelo de mármol en verano, y ocultaba debajo de los muebles una fruta o un pastel arrebatados
(40) a las bandejas destinadas al Gran Salón. Marcial y Melchor tenían en común un depósito secreto de grageas y almendras, que llamaban el "Urí, urí, urá", con entendidas carcajadas. Ambos habían
(45) explorado la casa de arriba abajo, siendo los únicos en saber que existía un pequeño sótano lleno de frascos holandeses, debajo de las cuadras, y que en desván inútil, encima de los cuartos de las criadas, doce
(50) mariposas polvorientas acababan de perder las alas en cajas de cristales rotos.

31. ¿De dónde provenía el calesero Melchor? De

   (1) Cuba
   (2) China
   (3) Europa
   (4) Africa
   (5) Estados Unidos

32 . ¿Qué le gustaba a Marcial de Melchor? Que

   (1) era muy alto
   (2) cantaba canciones fáciles de aprender
   (3) era de otro país
   (4) tenía caballos
   (5) tenía los pies grandes

33. Estas afirmaciones expresan lo que hacía Melchor, *excepto*

   (1) dominar los caballos cerreros
   (2) dormir en el mármol del suelo fresco
   (3) cocinar pasteles
   (4) escaparse por las noches
   (5) secar las botas en el fogón

34. ¿Cómo ve Marcial a Melchor? Como

   (1) un protector
   (2) el calesero
   (3) alguien más importante que su padre
   (4) el amigo de su padre
   (5) un criado cualquiera

35. ¿Qué hacían Marcial y Melchor juntos?

   (1) apedrear a la guardia civil
   (2) montar a caballo
   (3) esconder los pasteles de las bandejas del Gran Salón
   (4) secar las botas en el fogón
   (5) explorar los rincones de la casa

Las preguntas 36 a 40 se refieren al siguiente pasaje sobre música.

¿QUÉ DIFERENCIA HAY ENTRE LA MÚSICA CLÁSICA Y LA POPULAR?

Hay una manera de dividir la música en dos categorías que normalmente crea más problema de los que resuelve. Es la división entre la música popular o música ligera y la
(5) música clásica o seria. La mayoría de la gente sabe qué significan estos términos y posiblemente pueden decidir, por ejemplo, que una canción de los "40 Principales" o el tema de banda sonora de una película
(10) pertenecen a la primera categoría. En cambio, un concierto de piano de Tchaikovsky o una sinfonía de Haydn pertenecerían a la segunda categoría. Sin embargo, no se han encontrado todavía los
(15) términos adecuados para definir estas categorías. Si medimos la popularidad por el número de entusiastas oyentes a lo largo de los años en vez de tomar sólo un año en consideración, entonces se puede decir
(20) que el Concierto Número 1 de piano de

CONTINUE EN LA PAGINA SIGUIENTE

PRUEBA 4: INTERPRETACIÓN DE LA LITERATURA Y LAS ARTES

Tchaikovsky es más popular que la canción de rock. Asimismo, un tema de la banda sonora de una película puede ser bastante serio, mientras que una composición de
(25) Haydn puede ser de índole muy ligera. El término "clásica" generalmente se aplica a una tendencia estilística marcada por características como el equilibrio, la claridad, la estabilidad o la restricción, así
(30) como por su notable talento.

Por encima de todo, la distinción entre la música popular y la clásica, igual que entre la música folklórica y la música artística, a menudo tiene connotaciones de valor,
(35) integridad y nivel de habilidad técnica que son inapropiados. Ninguna música tiene el monopolio del mérito, la sinceridad o el talento y ningún tipo de música puede ser descartada categóricamente como inferior,
(40) insincera o incompetente. Como dijo el crítico de música británico Sir Donald Tovey, no sabemos si existe la mala música, pero si existiera, preferimos la "buena mala música" que la "mala buena música".

36. Según el artículo, la diferencia entre la música clásica y la popular es

    (1) importante
    (2) clara
    (3) bien entendida
    (4) confusa
    (5) útil

37. Según el pasaje,

    (1) sólo la música popular puede ser popular
    (2) sólo la música clásica puede ser clásica
    (3) la música clásica puede ser popular
    (4) la música popular está concentrada en una sóla era
    (5) ambas músicas, la popular y la clásica, tienen equilibrios y restricciones

38. El pasaje implica que la gente, cuando se refiere a la música popular y la clásica,

    (1) usa términos imprecisos
    (2) no sabe distinguir cuando es música clásica o popular
    (3) prefiere la música ligera a la música seria
    (4) está limitada por la experiencia
    (5) comete errores en sus clasificaciones

39. El autor cree que

    (1) la música clásica es preferible a la popular
    (2) la música popular es preferible a la clásica
    (3) ambas se parecen
    (4) cualquier música tiene valor
    (5) un tipo de música es inferior a otro

40. El pasaje afirma que las distinciones entre la música folk y la artística conducen a

    (1) una mayor integridad
    (2) una mayor habilidad técnica
    (3) una música inferior
    (4) monopolios
    (5) juicios inválidos

Las preguntas 41 a 45 se basan en el siguiente pasaje sobre teatro.

¿Cuál es el lugar del teatro en el mundo del entretenimiento?

El hecho que el teatro esté relacionado muy de cerca a la televisión y al cine no quiere decir que sea por sí mismo un elemento de debilidad. Es verdad que el
(5) mundo del cine y las empresas de mercadotecnia explotan el teatro. Ambos compran obras de teatro y ofrecen grandes contratos a los exitosos dramaturgos, emulando a los conquistadores romanos
(10) que contrataban a los intelectuales griegos para que les enseñaran filosofía y arte.

Pero a pesar de la jactancia y la indiscreción del dinero de Hollywood, uno puede preguntarse cuál es el río y cuál es
(15) el tributario. La integridad que caracteriza a una obra de teatro no se ve ni en las

CONTINUE EN LA PAGINA SIGUIENTE

PRUEBA 4: INTERPRETACIÓN DE LA LITERATURA Y LAS ARTES

películas ni en la televisión—una
(25) experiencia llenadora que satisface al
dramaturgo, al actor, y a la audiencia en
mayor medida que el cine a la TV.

Cuando algunas artes están conectadas
entre sí como es el caso del teatro, el cine
(30) y la televisión, a veces se fertilizan
mutuamente y cada uno puede así
enriquecerse. La era de la creatividad
teatral en América coincidió con la
emergencia del cine y la televisión. El
(35) conocimiento del escritor dramático de que
su obra, que en un primer momento se
produjo para una pequeña audiencia
teatral, puede ser llevada al cine y ser vista
por millones de personas, bien le puede
(40) hacer volar su imaginación. Alguna de la
gente que ve una obra de teatro puede que
no tenga sensibilidad, pero esto no es
cierto para todos. La mayoría están
conscientes que están sucediendo nuevas
(45) cosas en el mundo y que el teatro es una
forma de concretar este conocimiento. Los
norteamericanos también están
conscientes de esto, y a pesar de que
millones de ellos acuden a los cines y ven
(50) televisión mientras que unos cuantos miles
van al teatro, el hecho es que para todos el
prestigio está relacionado con el teatro y no
con los grandes medios de entretenimiento.
No es posible encontrar gran teatro en
(55) ninguna cultura, a no ser que la gente lo
considere un arte importante—un lugar
para gran prosa, poesía y mímica y un
lugar para la promulgación de ideas y
pasiones.

41. El autor cree que el medio artístico que
ofrece a la audiencia la experiencia más
provechosa es

    (1) la televisión
    (2) el cine
    (3) el teatro
    (4) la filosofía
    (5) el arte

42. El autor cree que la televisión, el cine y el
teatro

    (1) compiten entre sí
    (2) se perjudican mutuamente
    (3) se benefician mutuamente
    (4) tienen la misma audiencia
    (5) son todos ellos creativos

43. El autor da a entender que

    (1) el cine estimula la integridad del teatro
    (2) la televisión estimula al cine
    (3) el cine estimula a la televisión
    (4) el cine y la televisión estimulan al teatro
    (5) el teatro estimula la integridad del cine

44. El autor es negativo cuando habla de

    (1) el desarrollo del cine y la televisión
    (2) la creatividad teatral en América
    (3) los guionistas de Broadway
    (4) las audiencias del cine y la televisión
    (5) la audiencia en el teatro

45. El factor más importante en la grandeza del
teatro, según el pasaje, es

    (1) Hollywood y las empresas
        mercadotécnicas
    (2) el éxito de los dramaturgos
    (3) los intelectuales
    (4) el dinero
    (5) la audiencia

FIN DEL EXAMEN

PRUEBA 5: MATEMÁTICAS

Instrucciones

La Prueba de Matemáticas consiste en preguntas de opción múltiple que valoran sus conocimientos generales de matemáticas y su habilidad para resolver problemas. Las preguntas están basadas en lecturas cortas que frecuentemente incluyen gráficas, diagramas o dibujos.

Dispone de 90 minutos para contestar las preguntas. Trabaje con cuidado, pero no dedique demasiado tiempo a una sola pregunta. Asegúrese de responder todas las preguntas. No se le penalizará por respuestas incorrectas.

En la página siguiente hay algunas fórmulas que quizás pueda necesitar. No todas las preguntas requieren usar las fórmulas ni todas las fórmulas dadas serán necesarias.

No se permite el uso de calculadoras.

Para indicar sus respuestas en la hoja de respuestas, llene uno de los óvalos numerados que aparecen al lado del número de la pregunta que está contestando en la prueba.

POR EJEMPLO:

Si se paga una factura de supermercado de $15.75 con un billete de $20 dólares, ¿cuánto dinero se dará de cambio?

(1) $5.26
(2) $4.75
(3) $4.25
(4) $3.74
(5) $3.25

① ② ● ④ ⑤

La respuesta correcta es "4.25"; por lo tanto, debe marcar el círculo número 3 en la hoja de respuestas.

CONTINUE EN LA PAGINA SIGUIENTE

PRUEBA 5: MATEMÁTICAS

FÓRMULAS

Descripción	Fórmula
AREA (A) de un:	
cuadrado	$A = l^2$, donde l = lado
rectángulo	$A = la$, donde l = longitud, a = altura
paralelógramo	$A = ba$, donde b = base, a = altura
triángulo	$A = \dfrac{1}{2}ba$, donde b=base, a = altura
círculo	$A = \pi r^2$ donde π = 3.14, r = radio
PERÍMETRO (P) de un:	
cuadrado	$P = 4l$, donde l=lado
rectángulo	$P = 2l + 2a$, donde l = longitud, a = ancho
triángulo	$P = a + b + c$, donde a, b y c son los lados
circunferencia (C) de un círculo	$C = \pi d$, donde π = 3.14, d = diámetro
VOLUMEN (V) de un	
cubo	$V = l^3$, donde l =lado
sólido rectangular	$V = xyz$, donde x = longitud y = ancho z = altura
cilindro	$V = \pi r^2 a$, donde π =3.14, r = radio, a = altura
Relación pitagórica	$c^2 = a^2 + b^2$, donde c = hipotenusa, a y b son los catetos de un triángulo recto
Distancia (d) entre dos puntos de un plano	$d = \sqrt{(x_2 - x_1)^2 + (y_2 - y_1)^2}$, donde (x_1,y_1) y (x_2,y_2) son los puntos de un plano
Inclinación de una línea (m)	$m = \dfrac{y_2 - y_1}{x_2 - x_1}$ donde (x_1,y_1) y (x_2,y_2) son dos puntos de un plano
La media	media = $\dfrac{x_1 + x_2 + ... + x_n}{n}$, donde las x son los valores para los cuales se desea una media y n = número de valores de la serie
La mediana	mediana = el punto en un conjunto ordenado de números, en el cual la mitad de los números son superiores y la mitad de los números son inferiores a este valor
Interés simple (i)	$i = crt$, donde c = capital, r = razón, t = tiempo
Distancia (d) como función de razón y tiempo	$d = rt$, donde r = razón y t = tiempo
Costo total (c)	$c = nr$, donde n = número de unidades, r = costo por unidad

CONTINUE EN LA PAGINA SIGUIENTE

PRUEBA 5: MATEMÁTICAS

1. Luisa trabaja 40 horas y gana $6.30 la hora. Su amiga Juana gana $8.40 por hora en su trabajo. ¿Cuántas horas tiene que trabajar Juana para obtener el mismo dinero que gana Luisa trabajando 40 horas?

   (1) 252
   (2) 20
   (3) 30
   (4) 25
   (5) No se da suficiente información

La pregunta 2 se basa en la siguiente figura.

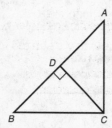

2. $\triangle ABC$ es un triángulo rectángulo y $\overline{CD} \perp \overline{AB}$. Si la medida de $\angle CAD = 40°$, ¿cuál es la medida de $\angle DCB$?

   (1) 10°
   (2) 20°
   (3) 40°
   (4) 50°
   (5) 90°

3. El número de estudiantes en una clase es *x*. Un día, 5 estudiantes están ausentes. ¿Cuál es la parte fraccionaria de la clase que está presente?

   (1) $\dfrac{x}{5}$

   (2) $\dfrac{5}{x}$

   (3) $\dfrac{5}{x-5}$

   (4) $\dfrac{x+5}{5}$

   (5) $\dfrac{x-5}{x}$

4. El marcador de gasolina muestra que el tanque está $\dfrac{1}{3}$ lleno. Para llenar el tanque, se añaden 16 galones de gasolina. ¿Cuántos galones de gasolina caben en el tanque cuando está lleno?

   (1) 20
   (2) 24
   (3) 30
   (4) 32
   (5) 48

La pregunta 5 se basa en la siguiente figura.

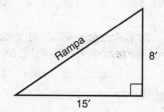

5. ¿Cuál es la longitud de la rampa en pies?

   (1) 15
   (2) 16
   (3) 17
   (4) 19
   (5) No se da información suficiente

6. En una comida, se sirven 48 medias pintas de jugo de frutas. ¿Cuál es el costo del jugo que se sirve si un galón de jugo de frutas vale $3.50?

   (1) $6.00
   (2) $7.00
   (3) $10.50
   (4) $12.50
   (5) $15.00

CONTINUE EN LA PAGINA SIGUIENTE

PRUEBA 5: MATEMÁTICAS

7. Si $5x - 1 = 34$, entonces $2\frac{1}{2}x$ es igual a

(1) 7
(2) 14
(3) $16\frac{2}{3}$
(4) 17
(5) $17\frac{1}{2}$

La pregunta 8 se basa en la siguiente figura.

8. Si $AC = 18$ pulgadas y $BC = 8$ pulgadas, entonces, la razón $AB:BC$ es igual a

(1) 2:1
(2) 4:5
(3) 3:2
(4) 5:4
(5) No se da información suficiente

9. Un salón rectangular tiene un suelo con un área de 322 pies cuadrados. Si el largo de la habitación es 23 pies, ¿cuántos pies tiene el perímetro de la habitación?

(1) 28
(2) 37
(3) 45
(4) 60
(5) 74

10. Daniel ve un televisor al precio de $280 en la tienda Triángulo. Luego, ve un anuncio del mismo televisor en la tienda ABC donde se rebaja un 20% a todas las mercancías. ¿Qué información necesita para hacer una compra inteligente?

(1) La tienda Triángulo tiene mejor reputación que la tienda ABC
(2) El impuesto sobre la venta por la compra del televisor es de un 5%
(3) Ambas tiendas recargan $5 por gastos de envío
(4) El nombre de los fabricantes del televisor
(5) El precio por el que se rebaja un 20% el televisor en la tienda ABC

11. Un grupo de trabajadores pueden cargar un camión en 3 horas. ¿Qué parte fraccionaria del camión pueden cargar en 45 minutos?

(1) $\frac{1}{8}$
(2) $\frac{1}{4}$
(3) $\frac{1}{3}$
(4) $\frac{1}{2}$
(5) No se da suficiente información

12. En la ecuación $x^2 + x - 6 = 0$, ¿cuál de las siguientes opciones es válida para la solución de la ecuación?

A. 2
B. −2
C. 3
D. −3

(1) A solamente
(2) A y D
(3) B y C
(4) A y C
(5) C y D

La pregunta 13 se basa en la siguiente figura.

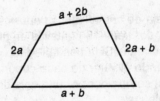

13. ¿Cuál es el perímetro de la figura?

(1) $6a + b$
(2) $5a + 5b$
(3) $6a + 4b$
(4) $4a + 4b$
(5) $3a + 5b$

CONTINUE EN LA PAGINA SIGUIENTE

PRUEBA 5: MATEMÁTICAS

14. Enrique tiene $5 más que Roberto. Si a la cantidad que tiene Enrique se le añade dos veces la cantidad que tiene Roberto, la suma será de $65. ¿Cuánto dinero tenía Roberto?

    (1) $10
    (2) $12
    (3) $15
    (4) $20
    (5) No se da información suficiente

15. Un motel cuesta $48 por día por una habitación doble. Además hay un impuesto del 5%. ¿Cuánto debe pagar una pareja por estar algunos días en el motel?

    (1) $144.00
    (2) $151.20
    (3) $156.20
    (4) $158.40
    (5) No se da información suficiente

16. Si a un número al cuadrado se le suma el mismo número más 4, el resultado es 60. Si *n* representa el número, ¿qué ecuación se puede usar para calcular *n*?

    (1) $n^2 + 4 = 60$
    (2) $n^2 + 4n = 60$
    (3) $n^2 + n + 4 = 60$
    (4) $n^2 + 60 = 4n + 4$
    (5) $n^2 + n = 64$

17. Una caja de cereal vale *x* centavos. Un comprador tiene 15 centavos en un cupón de descuento. Si la tienda reduce precios duplicando el valor de cada cupón, ¿cuánto paga el comprador por una caja de cereal en centavos?

    (1) $x - 15$
    (2) $x - 30$
    (3) $x + 15$
    (4) $x + 30$
    (5) No se da información suficiente

18. La medida de los ángulos de un triángulo tiene una razón de 3:2:1. ¿Cuál es la medida del ángulo mayor del triángulo?

    (1) 65°
    (2) 70°
    (3) 72°
    (4) 80°
    (5) 90°

La pregunta 19 se basa en la siguiente figura.

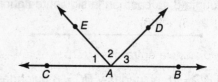

19. Si *m* ∠1 = 36° y m ∠2 = 2 (m ∠3), entonces m ∠3 es igual a

    (1) 36°
    (2) 40°
    (3) 44°
    (4) 48°
    (5) No se da suficiente información

20. La señora Adams compró 4 libras de carne de res y $3\frac{1}{2}$ de pollo por $13.98. Si la carne de res cuesta $2.76 la libra, ¿cuánto cuesta una libra de pollo?

    (1) $.72
    (2) $.80
    (3) $.84
    (4) $.87
    (5) $.92

CONTINUE EN LA PAGINA SIGUIENTE

PRUEBA 5: MATEMÁTICAS

21. Un carpintero gana $16 por hora y su asistente gana la mitad. ¿Cuál de estas expresiones representa el dinero que los dos trabajadores ganan en un trabajo que han realizado en 9 horas?

    (1) $9(16) + 9(\frac{1}{2})$

    (2) $9(16) + 9(10)$

    (3) $16(8) + 9(9)$

    (4) $16(\frac{1}{2}) + 9(\frac{1}{2})$

    (5) $9(16) + 9(8)$

22. La distancia entre dos cuerpos celestes es de 63,150,000,000 millas. ¿Cómo se expresa este número en anotación científica?

    (1) 631.5×10^8
    (2) 63.15×10^9
    (3) 6315×10^7
    (4) 6.315×10^{10}
    (5) 6.315×10^{-10}

23. En una clase de inglés se inscriben 14 chicos y 12 chicas. Un día lluvioso, 4 chicos y 3 chicas no asisten a clase. Si a un estudiante se le llama al azar para que pase al frente a decir la lección, ¿qué probabilidad hay de que sea una chica?

    (1) $\frac{9}{19}$

    (2) $\frac{10}{19}$

    (3) $\frac{12}{26}$

    (4) $\frac{9}{14}$

    (5) No se da suficiente información

24. El señor Campos ha invertido $12,000 en bonos que le dan un interés del 9% anual. ¿Qué ganancias anuales tiene el señor Campos de esta inversión?

    (1) $108
    (2) $180
    (3) $1,080
    (4) $10,800
    (5) $12,000

25. ¿Qué valor debe tener x para que la desigualdad $3x + 2 < 14$ sea verdadera?

    (1) 3
    (2) 4
    (3) 5
    (4) 6
    (5) 7

La pregunta 26 se basa en la siguiente gráfica.

26. La gráfica muestra el destino de cada $100 generados por una pequeña empresa. ¿Cuántos dólares de cada $100 representan la ganancia?

    (1) $5
    (2) $6
    (3) $7
    (4) $7.5
    (5) $8

CONTINUE EN LA PAGINA SIGUIENTE

PRUEBA 5: MATEMÁTICAS

27. Durante un período de 5 meses, José ahorra $659. Si continúa ahorrando en la misma proporción, ¿cuánto ahorra en un período de 9 meses? Siendo *y* los ahorros en 9 meses.

    (1) $y = 9(659)$

    (2) $y = \dfrac{5(659)}{9}$

    (3) $y = 5(659)$

    (4) $y = \dfrac{9(659)}{5}$

    (5) $y = 5(9)\ (659)$

28. Benjamín obtiene 7 puntos más que Javier en un partido de baloncesto. Pablo obtiene 2 puntos menos que Javier en el mismo juego. Si los tres chicos en total obtienen 38 puntos, ¿cuántos puntos obtuvo Javier?

    (1) 5
    (2) 9
    (3) 11
    (4) 14
    (5) 15

29. Una caja en forma de sólido rectangular tiene una base cuadrada de 5 pies de largo y una altura de *h* pies. Si el volumen del sólido rectangular es de 200 pies cúbicos, ¿cuál de las siguientes ecuaciones puede servir para calcular la altura?

    (1) $5h = 200$
    (2) $5h^2 = 200$
    (3) $25h = 200$
    (4) $h = 200 \div 5$
    (5) $h = 5(200)$

La pregunta 30 se basa en la siguiente figura.

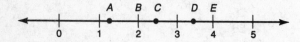

30. ¿Qué punto en la línea numérica se aproxima más a la raíz de 12?

    (1) *A*
    (2) *B*
    (3) *C*
    (4) *D*
    (5) *E*

La pregunta 31 se basa en la siguiente figura.

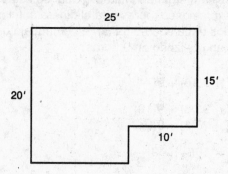

31. El diagrama representa una sala de estar grande. ¿Cuál es el área de la habitación en yardas al cuadrado?

    (1) 16.6
    (2) 33.3
    (3) 45
    (4) 50
    (5) 450

32. Si un avión puede transportar *x* pasajeros, ¿cuántos aviones se necesitan para transportar *y* pasajeros?

    (1) xy

    (2) $\dfrac{x}{y}$

    (3) $\dfrac{y}{x}$

    (4) $\dfrac{1}{xy}$

    (5) $x + y$

CONTINUE EN LA PAGINA SIGUIENTE

PRUEBA 5: MATEMÁTICAS

<u>La pregunta 33</u> se basa en la siguiente gráfica de barras.

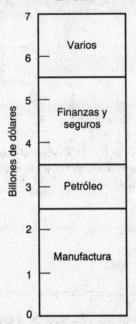

INVERSIÓN EXTRANJERA EN EUA

Billones de dólares

- Varios
- Finanzas y seguros
- Petróleo
- Manufactura

33. ¿Cuál es la diferencia entre las cantidades que se invierten en manufactura y en petróleo?

(1) 1\frac{1}{2}$ millones

(2) 3\frac{1}{2}$ millones

(3) $0.5 billón

(4) 1\frac{1}{2}$ billones

(5) 3\frac{1}{2}$ billones

34. Si el punto $(x, 3)$ está en la gráfica de la ecuación $x + y = 7$, ¿qué valor tiene x?

(1) 4
(2) 3
(3) 7
(4) 1
(5) 0

35. En un mapa de carreteras, $\frac{1}{4}$ pulgada representa 8 millas de la distancia real. Las ciudades de Alton y Waverly están representadas por una distancia de $2\frac{1}{8}$ pulgadas en el mapa. ¿Cuál es la distancia real en millas de estas dos ciudades?

(1) 17
(2) 32
(3) 40
(4) 60
(5) 68

36. En un determinado momento del día, un hombre de 6 pies de altura proyecta una sombra de 4 pies de altura. Al mismo tiempo, una torre de una iglesia proyecta una sombra de 28 pies. ¿Qué altura, en pies, tiene la torre de la iglesia?

(1) 30
(2) 32
(3) 42
(4) 48
(5) 56

37. Un librero vende libros a un 40% sobre el precio que él paga. ¿Cuánto paga el vendedor por una remesa de 6 docenas de libros que vende a $7 cada uno?

(1) $360
(2) $380
(3) $450
(4) $504
(5) $520

CONTINUE EN LA PAGINA SIGUIENTE

PRUEBA 5: MATEMÁTICAS

La pregunta 38 se basa en la siguiente figura.

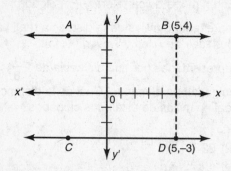

38. En la figura, $\overleftrightarrow{AB}$ y $\overleftrightarrow{CD}$ son paralelas al eje x. Las coordenadas de B son (5,4) y las coordenadas de D son (5,−3). La distancia perpendicular entre $\overleftrightarrow{AB}$ y $\overleftrightarrow{CD}$ es

(1) −2
(2) 5
(3) 6
(4) 7
(5) 10

39. Evalúe $(6 \times 10^5) \div (4 \times 10^3)$.

(1) 20
(2) 100
(3) 150
(4) 1,500
(5) 2,000

La pregunta 40 está basada en la siguiente gráfica.

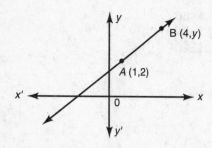

40. Si la pendiente de $\overleftrightarrow{AB}$ es 1, ¿cuál es el valor de y?

(1) 1
(2) 2
(3) 3
(4) 4
(5) 5

Las preguntas 41 a 43 están basadas en la siguiente información.

La gráfica de barras muestra el número de galones de pintura que una ferretería vendió en una semana.

41. ¿Cuánta pintura se vendió el miércoles?

(1) 3 galones
(2) 4 galones
(3) 5 galones
(4) 6 galones
(5) 7 galones

42. ¿Cuántos galones más de pintura se vendieron en el día sábado que en el día lunes?

(1) 6 galones
(2) 8 galones
(3) 10 galones
(4) 11 galones
(5) 12 galones

43. ¿Cuál es la cantidad total de pintura que vendió la tienda durante toda la semana?

(1) 20 galones
(2) 25 galones
(3) 30 galones
(4) 60 galones
(5) No se da suficiente información

CONTINUE EN LA PAGINA SIGUIENTE

PRUEBA 5: MATEMÁTICAS

La pregunta 44 se basa en la siguiente figura.

44. *O* es el centro del círculo y la medida de ∠*O* es 70°. ¿Cuánto mide ∠*OAB*?

  (1) 55°
  (2) 60°
  (3) 65°
  (4) 70°
  (5) 75°

La pregunta 45 se basa en la siguiente tabla.

TIEMPO	3:00 P.M.	4:00 P.M.	5:00 P.M.
Distancia recorrida en millas	80	124	168

45. Silvia realiza un viaje en auto. La tabla muestra el millaje que recorre en una tarde. Si condujo a una velocidad constante, ¿cuántas millas había recorrido cuando eran las 4:15 P.M.?

  (1) 30
  (2) 132
  (3) 135
  (4) 140
  (5) No se da suficiente información

46. La siguiente lista de ingredientes se usa para hacer crispitas de harina de maíz.

  1 taza de harina de maíz

  $\frac{1}{2}$ taza de harina de trigo tamizada

  $\frac{2}{3}$ cucharadita de sal

  $\frac{1}{4}$ cucharadita de levadura

  2 cucharadas de manteca derretida

  $\frac{1}{3}$ taza de leche

Si Juana no puede medir con exactitud $\frac{1}{3}$ taza de leche y decide usar una taza entera de leche, entonces tendrá que usar

  (1) 1 taza de harina de trigo tamizada
  (2) 2 cucharaditas de sal
  (3) 3 cucharaditas de levadura
  (4) 3 cucharadas de manteca derretida
  (5) $2\frac{1}{2}$ tazas de harina de trigo

CONTINUE EN LA PAGINA SIGUIENTE

PRUEBA 5: MATEMÁTICAS

La pregunta 47 se basa en la siguiente gráfica.

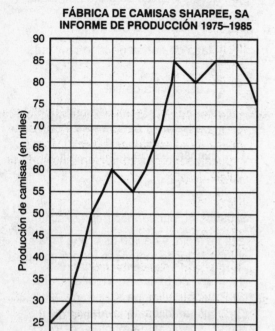

**FÁBRICA DE CAMISAS SHARPEE, SA
INFORME DE PRODUCCIÓN 1975–1985**

47. ¿Cuántas camisas se hicieron en 1980?

(1) 2,500
(2) 6,500
(3) 25,000
(4) 65,000
(5) 70,000

---

48. Una casa y un terreno cuestan $120,000. Si la casa cuesta tres veces más que el terreno, ¿cuánto cuesta la casa?

(1) $30,000
(2) $40,000
(3) $60,000
(4) $90,000
(5) $100,000

49. Una librería tiene 3 estantes grandes y 4 pequeños. En cada estante grande caben 8 libros más que en cada estante pequeño. Si en la librería hay 297 libros, ¿cuántos libros hay en cada uno de los estantes pequeños?

(1) 29
(2) 31
(3) 32
(4) 35
(5) 39

La pregunta 50 se basa en la siguiente figura.

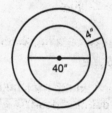

50. Una maceta de flores tiene forma circular con bordes de concreto. Si el diámetro interior de la maceta es de 40 pulgadas y la anchura del borde de concreto es de 4 pulgadas, ¿cuál es el área del borde en pulgadas? (Dé su respuesta en términos de π.)

(1) 16π
(2) 176π
(3) 180π
(4) 200π
(5) 240π

---

51. La señora Edwards compra 40 pies de tela de lana. Quiere usar este material para hacer bufandas. ¿Cuántas bufandas de 3 pies 4 pulgadas de longitud puede cortar de este material?

(1) 12
(2) 15
(3) 16
(4) 18
(5) 120

CONTINUE EN LA PAGINA SIGUIENTE

PRUEBA 5: MATEMÁTICAS

52. Un empaquetador de alimentos tiene que decidir cómo empaquetar cajas de cereal. Tiene los siguientes tamaños de cajas, según el peso:

 A. 18.5 onzas, 1 libra, 7.95 onzas, $\frac{1}{2}$ libra, 20 onzas

 B. 20 onzas, 18.5 onzas, 1 libra, $\frac{1}{2}$ libra, 7.95 onzas

 C. 1 libra, 20 onzas, 18.5 onzas, 7.95 onzas, $\frac{1}{2}$ libra

 D. 20 onzas, 18.5 onzas, 7.95 onzas, 1 libra, $\frac{1}{2}$ libra

 E. 7.95 onzas, 1 libra, 20 onzas, $\frac{1}{2}$ libra, 18.5 onzas

 ¿Cuál de los enunciados anteriores está ordenado del más pesado al más liviano?

 (1) A
 (2) B
 (3) C
 (4) D
 (5) E

53. Si $\overleftrightarrow{AB}$ es paralelo a $\overleftrightarrow{CD}$, los ángulos en cada uno de los siguientes pares son congruentes, a *excepción de*

 (1) $\angle a \cong \angle d$
 (2) $\angle b \cong \angle f$
 (3) $\angle c \cong \angle b$
 (4) $\angle f \cong \angle c$
 (5) $\angle b \cong \angle g$

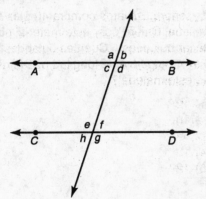

54. $A + B + C = 180$. Si $A = B$ y $B = 2C$, entonces el valor de C es

 (1) 36
 (2) 45
 (3) 60
 (4) 72
 (5) 90

55. La señora Evans compra 2 libras y 6 onzas de manzanas a $.72 la libra y 3 libras y 4 onzas de melocotones a $.56 la libra. ¿Cuánto dinero recibe de cambio si da un billete de $5?

 (1) $1.35
 (2) $1.47
 (3) $1.82
 (4) $3.53
 (5) No se da suficiente información

56. Un vendedor compra 6 corbatas por $39. ¿Cuánto le cuesta una remesa de 15 docenas de corbatas?

 (1) $234
 (2) $585
 (3) $785
 (4) $1,070
 (5) $1,170

FIN DEL EXAMEN

Claves de las Respuestas y Autoevaluación

PRUEBA 1: EXPRESIÓN ESCRITA. PARTE I. PÁGINA 522

I. COMPRUEBE SUS RESPUESTAS:

1. **5**	11. **1**	20. **5**	29. **1**	38. **3**	47. **4**
2. **2**	12. **3**	21. **5**	30. **2**	39. **2**	48. **4**
3. **2**	13. **1**	22. **2**	31. **1**	40. **4**	49. **2**
4. **5**	14. **5**	23. **2**	32. **1**	41. **3**	50. **5**
5. **1**	15. **4**	24. **3**	33. **4**	42. **1**	51. **5**
6. **1**	16. **5**	25. **5**	34. **3**	43. **3**	52. **4**
7. **4**	17. **1**	26. **3**	35. **5**	44. **1**	53. **2**
8. **1**	18. **5**	27. **4**	36. **4**	45. **1**	54. **3**
9. **1**	19. **4**	28. **4**	37. **1**	46. **1**	55. **2**
10. **1**					

II. PUNTAJE

Número de respuestas correctas

Excelente	50–55
Bien	44–49
Regular	36–43

III. AUTOEVALUACIÓN

¿Ha contestado correctamente al menos 36 preguntas? Si no es así, debe practicar más la Prueba de Expresión Escrita. Para mejorar su calificación, analice sus errores.

PRUEBA 2. ESTUDIOS SOCIALES. PÁGINA 536

I. COMPRUEBE SUS RESPUESTAS:

1. **2**	12. **3**	23. **1**	34. **3**	45. **1**	56. **1**
2. **4**	13. **1**	24. **4**	35. **1**	46. **3**	57. **3**
3. **2**	14. **1**	25. **5**	36. **2**	47. **1**	58. **2**
4. **4**	15. **2**	26. **4**	37. **4**	48. **5**	59. **2**
5. **4**	16. **2**	27. **4**	38. **2**	49. **3**	60. **5**
6. **2**	17. **4**	28. **4**	39. **3**	50. **3**	61. **1**
7. **1**	18. **3**	29. **3**	40. **1**	51. **1**	62. **3**
8. **4**	19. **1**	30. **2**	41. **3**	52. **3**	63. **2**
9. **2**	20. **4**	31. **5**	42. **4**	53. **2**	64. **5**
10. **3**	21. **1**	32. **1**	43. **4**	54. **3**	
11. **4**	22. **2**	33. **3**	44. **2**	55. **2**	

II. PUNTAJE

Número de respuestas correctas

Excelente	57–64
Bien	51–56
Regular	45–50

III. AUTOEVALUACIÓN

¿Ha contestado correctamente al menos 45 preguntas? Si no es así, debe practicar más la Prueba de Estudios Sociales. Para mejorar su calificación, analice sus errores.

PRUEBA 3. CIENCIAS. PÁGINA 554

I. COMPRUEBE SUS RESPUESTAS:

1. **5**	12. **5**	23. **1**	34. **5**	45. **5**	56. **4**
2. **5**	13. **4**	24. **2**	35. **3**	46. **3**	57. **4**
3. **1**	14. **3**	25. **4**	36. **2**	47. **1**	58. **3**
4. **2**	15. **3**	26. **1**	37. **5**	48. **2**	59. **5**
5. **1**	16. **2**	27. **5**	38. **3**	49. **2**	60. **4**
6. **3**	17. **5**	28. **3**	39. **4**	50. **4**	61. **5**
7. **2**	18. **3**	29. **5**	40. **2**	51. **2**	62. **2**
8. **4**	19. **2**	30. **2**	41. **5**	52. **4**	63. **4**
9. **5**	20. **4**	31. **4**	42. **1**	53. **4**	64. **5**
10. **4**	21. **5**	32. **4**	43. **2**	54. **1**	65. **2**
11. **5**	22. **1**	33. **2**	44. **3**	55. **1**	66. **3**

II. PUNTAJE

Número de respuestas correctas

Excelente
_____
60–66

Bien
_____
49–59

Regular
_____
40–48

III. AUTOEVALUACIÓN

¿Ha contestado correctamente al menos 40 preguntas? Si no es así, debe practicar más la Prueba de Ciencias. Para mejorar su calificación, analice sus errores.

PRUEBA 4. INTERPRETACIÓN DE LA LITERATURA Y LAS ARTES. PÁGINA 569

I. COMPRUEBE SUS RESPUESTAS:

1. **1**	9. **4**	17. **3**	25. **4**	32. **5**	39. **4**
2. **4**	10. **1**	18. **4**	26. **4**	33. **3**	40. **5**
3. **2**	11. **1**	19. **1**	27. **5**	34. **3**	41. **3**
4. **3**	12. **1**	20. **2**	28. **1**	35. **5**	42. **3**
5. **3**	13. **4**	21. **4**	29. **3**	36. **4**	43. **4**
6. **3**	14. **1**	22. **2**	30. **1**	37. **3**	44. **4**
7. **1**	15. **2**	23. **1**	31. **4**	38. **1**	45. **5**
8. **4**	16. **1**	24. **1**			

II. PUNTAJE

Número de respuestas correctas

Excelente
_____
41–45

Bien
_____
36–40

Regular
_____
31–35

III. AUTOEVALUACIÓN

¿Ha contestado correctamente al menos 31 preguntas? Si no es así, debe practicar más la Prueba de Interpretación de la Literatura y las Artes. Para mejorar su calificación, analice sus errores.

PRUEBA 5. MATEMÁTICAS. PÁGINA 580

I. COMPRUEBE SUS RESPUESTAS:

1. **3**	11. **2**	21. **5**	30. **4**	39. **3**	48. **4**
2. **3**	12. **2**	22. **4**	31. **4**	40. **5**	49. **5**
3. **5**	13. **3**	23. **1**	32. **3**	41. **4**	50. **2**
4. **2**	14. **4**	24. **3**	33. **4**	42. **5**	51. **1**
5. **3**	15. **5**	25. **1**	34. **1**	43. **4**	52. **2**
6. **3**	16. **3**	26. **5**	35. **5**	44. **1**	53. **5**
7. **5**	17. **2**	27. **4**	36. **3**	45. **3**	54. **1**
8. **4**	18. **5**	28. **3**	37. **1**	46. **2**	55. **2**
9. **5**	19. **4**	29. **3**	38. **4**	47. **4**	56. **5**
10. **5**	20. **3**				

II. PUNTAJE

Número de respuestas correctas

Excelente _____
51–56

Bien _____
44–50

Regular _____
38–43

III. AUTOEVALUACIÓN

¿Ha contestado correctamente al menos 38 preguntas? Si no es así, debe practicar más la Prueba de Matemáticas. Para mejorar su calificación analice sus errores.

Puntuación Total

Expresión Escrita _____

Estudios Sociales _____

Ciencias _____

Interpretación de la Literatura y las Artes _____

Matemáticas _____

Total _____

Análisis de las Respuestas

PRUEBA 1. EXPRESIÓN ESCRITA. PARTE I/PÁGINA 522

1. **5** Es necesario separar las dos oraciones mediante un punto para que queden claras.

2. **2** La palabra *cooperativa* se escribe con dos o.

3. **2** La lógica debe vigilarse. Si hablamos del consumidor, esa persona no venderá alimentos sino que los comprará.

4. **5** No es necesaria ninguna corrección.

5. **1** La versión original es la correcta porque las dos ideas son importantes y las cláusulas se deben conectar con la conjunción y.

6. **1** Luz es un sustantivo femenino, por lo tanto el artículo debe ser la en lugar de el.

7. **4** A diferencia del inglés, un sustantivo que implique varias personas o cosas no requiere pluralizar el verbo y el adjetivo (la policía *está alerta* en vez de *están alertas*).

8. **1** Se usa la conjunción subordinante causal porque enlaza dos oraciones con ideas relacionadas.

9. **1** La versión original es correcta porque un punto y coma separa dos cláusulas independientes en una misma oración.

10. **1** La versión original es correcta porque la segunda idea que se presenta se opone a la primera.

11. **1** Esta locución elimina la repetición del verbo. Las otras opciones no tienen sentido.

12. **3** El punto evita una subordinada y diferencia las dos oraciones.

13. **1** El verbo en futuro del indicativo es la mejor y más simple manera de reestructurar la oración.

14. **5** No es necesaria ninguna corrección.

15. **4** El artículo (el, la, los, las) debe concordar con el sustantivo. El sustantivo es *aceptación*, palabra femenina.

16. **5** No es necesaria ninguna corrección.

17. **1** Una coma nunca puede separar el sujeto del predicado.

18. **5** No es necesaria ninguna corrección.

19. **4** El uso del gerundio compuesto nos permite unir correctamente las dos oraciones.

20. **5** No es necesaria ninguna corrección.

21. **5** No es necesaria ninguna corrección.

22. **2** La palabra *coetáneos* va con acento porque es esdrújula.

23. **2** La conjuncíon y une dos sustantivos singulares (padre, madre) y requiere tratamiento plural, es decir, todas las demás partes de la oración, incluyendo el verbo *(pueden)*, deben ser plurales.

24. **3** *Acerca de* es una preposición inseparable.

25. **5** Dos conceptos unidos por la conjunción y no requieren coma.

26. **3** *Lo* es un pronombre que hace de complemento directo. En este caso lo que se necesita es *le* con la función de complemento indirecto.

27. **4** La preposición *por* indica el medio y no es la opción adecuada. Debe ser *en*, una preposición que denota lugar.

28. **4** La palabra *caídas* deshace el digtongo con un acento.

29. **1** Los gentilicios (y *estadounidenses* es uno de ellos), no requieren mayúscula en la primera letra.

30. **2** La palabra compuesta *sobrepasan*, igual que otras que están formadas con preposiciones, no se escribe con guión.

31. **1** Delante de la p nunca se escribe n, sino m.

32. **1** La versión original, que separa con un punto dos oraciones que tienen sentido completo, es correcta.

33. **4** En las series y enumeraciones es necesario escribir una coma.

34. **3** Cada vez que la conjunción o va seguida por una palabra que empieza con o, debe cambiar a u.

35. **5** No es necesaria ninguna corrección.

36. **4** En este verbo compuesto (*venir* + *descuidar*) no se puede omitir la conjugación del auxiliar.

37. **1** La mejor manera de volver a escribir la frase con esta cláusula introductoria es la primera opción, pues tanto la lógica como el tiempo verbal están de acuerdo.

38. **3** Después de *contagiosa* no se necesita una coma.

39. **2** En español, *excitante* posee una

indeseable connotación sexual y debe evitarse cuando no se trate de sexo o medicina.

40. **4** La contracción a + el no es válida. La intención de la oración es "para usted y para el medio ambiente". Habiéndose sacado el segundo *para* para evitar repetición, continúa siendo necesario utilizar el artículo *el*.

41. **3** Una cláusula final de una enumeración requiere la conjunción y desprovista de signos de puntuación.

42. **1** La palabra *accesorios* lleva dos c.

43. **3** La palabra *dispositivos* lleva una s antes de la p.

44. **1** La versión original en que se usan los dos puntos para hacer una afirmación explicativa es correcta.

45. **1** En esta nueva reestructuración de la oración, la primera opción con el presente de indicativo, más la locución conjuntiva *ya* es la correcta para darle sentido a la oración.

46. **1** La versión original que separa las dos oraciones es la correcta.

47. **4** Esta locución conjuntiva no se separa por comas.

48. **4** El verbo en tercera persona del plural no es correcto, debe ir en tercera persona del singular, ya que el sujeto es el niño.

49. **2** El verbo escoger va g y no con j. Éste es un error muy común.

50. **5** *Puesto que* es la correcta, ya que la segunda oración es una consecuencia de la primera.

51. **5** No es necesaria ninguna corrección.

52. **4** La expresión pronominal *los quienes* no tiene sentido, debe ser *los cuales* o simplemente el relativo *quienes*.

53. **2** Para unir las dos oraciones que están en el mismo terreno de igualdad, la conjunción y es la más adecuada.

54. **3** El verbo en tercera persona singular del presente indicativo es la forma correcta en esta reestructuración de la oración.

55. **2** La combinación de dos singulares (*posición* y *prestigio*) requiere tratamiento plural.

PRUEBA 1. EXPRESIÓN ESCRITA. PARTE II/PÁGINA 534

EJEMPLO DE ENSAYO.

A favor de las computadoras:

La aparición de la computadora ha mejorado enormemente la vida en el siglo XX.

Gracias a las computadoras, es posible deshacerse del trabajo monótono de procesamiento manual de datos. La combinación de la computadora y la impresora hace posible que se ahorre mucho tiempo en la rutina de registrar datos. Con la computadora, con sólo registrar los datos una sola vez se pueden hacer todas las copias que sean necesarias. También se pueden crear documentos de cientos de temas diferentes y almacenar esa información, la cual estará disponible instantáneamente en cualquier momento.

Gracias a las computadoras, es posible disponer de muchos programas educativos y juegos de entretenimiento. Aprender se convierte en una diversión con la ayuda de una computadora.

Gracias a las computadoras, los ingenieros y arquitectos pueden resolver sus problemas más eficazmente con los programas de diseño asistidos por computadora.

Gracias a las computadoras, las familias pueden planificar sus presupuestos y realizar registros de sus gastos.

Gracias a las capacidades de procesamiento de texto de las computadoras, los escritores pueden eludir la monotonía que caracteriza la redacción y revisión de los trabajos que están realizando.

Gracias a los programas de diccionario y deletreo en las computadoras, escribir una carta es ahora menos pesado.

Gracias a las computadoras y a la gran variedad de programas, el procesamiento de la información se puede personalizar de acuerdo a las necesidades individuales o empresariales.

Estas son algunas de las razones por las que las computadoras facilitan la vida diaria.

Resumen de las razones a favor de la computadora:

La computadora

1. permite que el procesamiento de datos sea menos monótono.
2. almacena la información para que se pueda utilizar en el futuro.
3. ayuda en la educación y entretiene.
4. ayuda a los ingenieros y arquitectos en sus proyectos.
5. ayuda a las familias a mantener registros de sus gastos.
6. ayuda a los escritores a procesar sus textos.
7. facilita la escritura de cartas.
8. tiene programas que se adaptan a requisitos individuales y empresariales.

En contra de las computadoras

> *Las computadoras sólo han dado problemas a la sociedad del siglo XX.*
>
> *Pero encima de los problemas, lo más importante es la deshumanización de la sociedad. La gente se ha deshumanizado. Cada uno de nosotros se ha convertido en una serie de números, números que deben subministrarse a una computadora. Están los números de nuestras tarjetas de crédito, nuestros números de cuenta bancaria, nuestros números de seguro social, nuestros números de teléfono y de electricidad—el hambre de números de la computadora es insaciable.*
>
> *¿Qué pasa con estos números computarizados? Son distribuidos a una red de agencias del gobierno y a negocios, que pueden usarlos para invadir nuestra vida privada. El Ministerio de Hacienda almacena millones de datos sobre cada ciudadano. Las agencias de crédito intercambian información sobre los gastos e ingresos de cada estadounidense adulto. Las listas de direcciones para mercadeo se procesan a través de computadoras y se envían a docenas de organizaciones, tanto públicas como privadas, que nos bombardean con correspondencia indeseable.*
>
> *Las computadoras que almacenan información referente a nuestras cuentas y nuestros créditos cometen errores que casi son imposibles de corregir. El resultado es una avalancha de facturas, amenazas y pérdida al derecho a crédito.*
>
> *Las computadoras han desempleado a miles de trabajadores, desde técnicos de alta capacitación hasta simples mecanógrafos.*
>
> *Estas son algunas de las razones por las que creo que la invención de la computadora ha deteriorado la calidad de nuestras vidas en el siglo XX.*

Resumen de las razones contra la computadora:

1. La computadora ha deshumanizado la sociedad.
2. La computadora ha invadido nuestra vida privada de muchas maneras.
3. Los errores de las computadoras han causado perjuicios a muchas personas.
4. La computadora ha desempleado a mucha gente.

PRUEBA 2. ESTUDIOS SOCIALES/PÁGINA 536

1. **2** Como se indica en el primer párrafo, la palabra genocidio está compuesta de la palabra griega *genos*, que significa raza o tribu y el sufijo latino *cida*, que significa matar.
2. **4** El tercer párrafo da una visión del término genocidio en que se incluye el intento de destruir un grupo nacional, étnico, racial o religioso. No se refiere a los grupos políticos.
3. **2** El genocidio fue practicado en gran escala contra todos los grupos indicados en las opciones excepto los nazis, quienes *fueron* genocidas.
4. **4** Es un comentario de la corte suprema. Una lectura cuidadosa revela que el juicio *Plessy versus Ferguson* sobre la doctrina "separación con igualdad" condujo a la conclusión hecha por el tribunal de Kansas e indicada entre

comillas en el párrafo. Y es un comentario sobre esa conclusión el que un representante de la corte suprema hace, comenzando tal comentario con la palabra "Analicemos…"

5. **4** El pasaje indica que separar a los niños en las escuelas a causa de la raza les provoca sentimientos de inferioridad. Esta es una razón psicológica para rechazar la segregación.

6. **2** El tribunal de Kansas y luego la corte suprema dictaminaron que la segregación acompañada de idénticas oportunidades educativas era una desigualdad nociva.

7. **1** Algunos de estos métodos son elecciones frecuentes y un sistema jurídico imparcial, el derecho a la libertad de prensa, el derecho a la petición de un juicio para exponer injusticias, el derecho de presentar legislación por iniciativa, el derecho a ratificar los cambios propuestos en las constituciones de los estados y el derecho a desahuciar a los oficiales corruptos por impugnación o destitución.

8. **4** Tantos los demócratas como los republicanos tienen seguidores en todas las secciones de la nación y en diferentes grupos sociales y étnicos. Cada partido dispone de líderes y miembros cuyos puntos de vista van del derechismo al izquierdismo. Para ganar control del gobierno, un partido político estadounidense necesita el apoyo de la mayoría de los votantes, lo cual determina su modo de ser. Los demócratas tradicionalmente han tenido el apoyo de los obreros y grupos minoritarios; en cambio los republicanos han simpatizado con los hombres de negocios y granjeros ricos. Las diferencias entre los dos partidos se han basado en asuntos nacionales (por ejemplo, salarios y controles de precios) más que en política exterior.

9. **2** Las minorías como los indios norteamericanos, los hispanos y los afroamericanos están sentados en los escaños sin poder participar de la riqueza, la seguridad y el éxito.

10. **3** Las compañías adquiridas eran ya prósperas, según se ha descrito.

11. **4** El pasaje afirma que los indicadores de ganancias permiten valorar la actuación de la dirección de las empresas.

12. **3** El déficit entre la creciente y rápida demanda y la oferta potencial se hace notar cerca de 1990.

13. **1** Los países del Oeste de Europa y Japón tendrán escasez de petróleo para sus industrias, la producción bajará y como consecuencia habrá desempleo y depresión.

14. **1** Esta resistencia se expresa a menudo cuando los que están en el poder no permiten cambios pacíficos mediante métodos formales. El fracaso de llevar a cabo un cambio gradual puede resultar en una revolución.

15. **2** El orador B mantiene que la frontera ha hecho que la historia de los Estados Unidos sea única; sólo vería diferencias entre las revoluciones francesa y norteamericana. El orador C hace hincapié en el compromiso histórico entre los grupos en conflicto en los Estados Unidos.

16. **2** La existencia de una frontera inexplotada en Estados Unidos fue una válvula de seguridad al permitir emigrar a aquellos que querían abandonar la sobrepoblada región este del país. Este espacio no lo tenían los países europeos de donde vinieron muchos estadounidenses o sus antepasados.

17. **4** La diferente perspectiva histórica de cada uno asignará diferentes causas y resultados a los mismos acontecimientos.

18. **3** El permiso otorgado a la empresa significó un monopolio en la colonización y el comercio en un área, con beneficios compartidos entre los accionistas y el rey.

19. **1** El presidente mencionó que la primera de las tareas pendientes y el primer objetivo que se debía alcanzar en el interés nacional era la disponibilidad de empleo para todos.

20. **4** "Ampliar los beneficios de la prosperidad" fue una de las tareas que estaban pendientes en la lista presidencial.

21. **1** La caricatura anima al público estadounidense a tomar precauciones y no comprometerse en conflictos europeos, recordando las consecuencias

de la guerra mundial.

22. **2** Uno de los recuerdos de la guerra que el Tío Sam está sujetando en la caricatura es el colapso económico. La prosperidad económica disiparía esta amenaza a la paz.

23. **1** Arabia Saudita bajó de 1,261 cientos de miles de barriles a 747.

24. **4** Canadá mostró el mayor incremento, de 455 a 837.

25. **5** Venezuela encabeza a los otros miembros de la OPEP en exportaciones de petróleo en 1987.

26. **4** Las perforaciones petrolíferas han arruinado repetidamente el valor recreativo de las playas y han destruido la vida de los peces y las aves, causando gran daño económico y ecológico.

27. **4** La topografía está relacionada con la superficie geográfica de una región.

28. **4** El pasaje hace alusión a los principios de la unión, al cemento de la unión y a que los intereses más importantes serían mejor promovidos por la unión.

29. **3** El pasaje se refiere a las "poco razonables envidias" entre la gente de los estados del este y el sur.

30. **2** Las envidias y los prejuicios empezaron a desaparecer cuando los habitantes empezaron a conocerse.

31. **5** El acabamiento de la frontera coincide con el acabamiento de los terrenos gratuitos.

32. **1** El autor menciona las contribuciones de la frontera—escape del estancamiento, nuevas experiencias y oportunidades.

33. **3** Se escribió cien años después de la creación de la constitución (1798) y cuatrocientos después del descubrimiento de América (1492).

34. **3** La caricatura es una ilustración clásica de la ley económica de la oferta y la demanda. En la ilustración con fecha de 1914, hay una exceso de oferta y el comprador está en control. En 1916, la situación es a la inversa.

35. **1** El cambio se produjo a causa de la Primera Guerra Mundial, que empezó en julio de 1914. La demanda de algodón para los uniformes de la armada y otras necesidades militares fue mayor, por lo tanto la demanda sobrepasó a la oferta.

36. **2** La herencia y el medio ambiente contribuyen diversos factores al comportamiento de individuos y grupos. Ningún factor solo puede aislarse e identificarse como determinante de las acciones humanas.

37. **4** Es el comercio lo que nos mantiene vivos.

38. **2** El incremento de la población es debido a la acelerada unificación económica.

39. **3** Se mencionan dos puntos de vista respecto a la asimilación de los indios norteamericanos en la vida estadounidense: la creencia de que la total integración es inevitable y la creencia de que los indios continuarán manteniendo su propia identidad durante mucho tiempo.

40. **1** La seguridad colectiva requiere que las naciones coordinen sus fuerzas militares para protegerse mutuamente ante una agresión.

41. **3** La movilidad social es el movimiento vertical en las escalas social y económica de la sociedad, en gran parte por su habilidad y esfuerzo. La opción 3 es un ejemplo de esta movilidad.

42. **4** La diversidad cultural, una variedad de modelos culturales, existe cuando distinta gente se reúne y se mezcla. La migración es uno de los medios más comunes para generar la diversidad cultural.

43. **4** El choque cultural es el resultado de un rápido cambio social, el movimiento a una sociedad más o menos desarrollada.

44. **2** La familia incluye los padres, los tíos, las tías y los primos. Por necesidad económica, hay una mutua dependencia para sobrevivir.

45. **1** Una sociedad pluralista estimula la coexistencia de gentes de distinto origen étnico que generalmente tienen puntos de vista diferentes sobre asuntos importantes.

46. **3** El autor dice que lo correcto no es difícil de encontrar, si uno se abre a los sentimientos de los demás.

47. **1** El autor afirma que ser grosero o pendenciero a veces es una manera de llamar la atención a los sentimientos de uno.

48. **5** El pasaje afirma que la geografía natural deja su marca en la sociedad.

49. **3** En la tabla A, un 65% se opone al allanamiento sin un permiso específico, mientras que un 68% se opone a cualquier método de espionaje electrónico de los ciudadanos sin una orden judicial.

50. **3** La tabla B muestra que el 63% permitiría al gobierno federal el uso de interceptores telefónicos y otros métodos con un permiso específico de las cortes. Cuando se hizo la misma pregunta negativamente en la tabla A, el 68% se opuso al espionaje electrónico sin permiso.

51. **1** Los sobrevivientes, los empleados federales, más mujeres, los granjeros, los asistentes domésticos y los incapacitados fueron añadidos al sistema del Seguro Social.

52. **3** Con el pasar del tiempo, las barras de la tabla cronológica van achicándose. Esto indica que menos personas están pagando por cada persona que recibe beneficios.

53. **2** Los fascistas italianos llegaron al poder en 1922. El partido nazi de Hitler tomó el poder en 1933 y los falangistas en la España de Franco derrocaron el gobierno anterior en 1936. Estas fechas están representadas en la cronología con la letra B.

54. **3** La mayoría de las antiguas colonias inglesas y francesas en Africa y Asia pidieron y recibieron la independencia durante los primeros veinte años que siguieron a la Segunda Guerra Mundial. Este período se representa en la tabla cronológica con la letra C.

55. **2** Asia y Norteamérica tienen el mayor potencial para nueva producción de petróleo, como evidencian los yacimientos nuevos potenciales en el mapa.

56. **1** Los nuevos hallazgos de petróleo en Norteamérica reducirán la dependencia del petróleo de las naciones árabes.

57. **3** La gráfica muestra que los crímenes de violencia y de robo son mínimos entre la gente de 65 años o más.

58. **2** Los jóvenes de 16 a 19 años tienen las cifras más altas--65 y 119 con un total de 184—entre las víctimas por crimen que cualquier otro grupo en la gráfica.

59. **2** La idea principal en la caricatura es que la gente de las colonias era explotada por los imperialistas occidentales. La gente en las colonias trabajaba muchas horas con salarios muy bajos. La caricatura se refiere a China, cuyas ciudades costeras fueron controladas por los británicos, franceses, alemanes y rusos en el siglo XIX.

60. **5** La biogeografía estudia la destrucción de la vida animal en la tierra. El creciente número de especies de animales en peligro es ocupación del biogeógrafo.

61. **1** La geografía física está relacionada con la climatología, el estudio del clima y los fenómenos climáticos, y también con la oceanografía, el estudio del medio ambiente en los océanos. El efecto de invernadero es de crucial importancia para los geógrafos físicos.

62. **3** Las sequías en la región del este de Africa es tema que concierne a los geógrafos regionales, ya que involucra una región compuesta por varios países.

63. **2** Durante los años que siguieron a la Segunda Guerra Mundial, la guerra fría dividió Europa en dos bloques armados—la Organización del Tratado del Atlántico Norte (OTAN) y el Pacto de Varsovia. Las zonas con sombras más ligeras muestran las naciones de Europa que se encuentran en la alianza militar de la OTAN. Las zonas más oscuras eran las naciones comunistas que formaban el Pacto de Varsovia. Las naciones en blanco eran las que no estaban alineadas en ningún tratado militar.

64. **5** España. Los otros países están sombreados.

PRUEBA 3. CIENCIAS/PÁGINA 554

1. **5** La selección define a una población como un grupo de organismos de la misma especie que viven juntos en un lugar determinado. Un ecosistema (o sistema ecológico) consiste en una comunidad de seres vivos de una región y su medio ambiente desprovisto de vida. La biósfera es la porción de la tierra donde existen los ecosistemas. Una comunidad consiste en poblaciones de diferentes especies.

2. **5** El diagrama ilustra una comunidad simple que consiste en poblaciones de diferentes especies que viven juntas e interactúan mutuamente.

3. **1** El factor que ayuda a mantener estable la población son los cazadores naturales. Tanto los cazadores como sus presas se adaptan entre ellos y al medio ambiente. Si un organismo es llevado a un nuevo hábitat, tendrá pocos enemigos naturales y su población se incrementará.

4. **2** En esta comunidad simple las plantas realizan la fotosíntesis, generan oxígeno y crean comida para sí mismas y para los peces. Los peces respiran y suministran dióxido de carbono a las plantas, que lo necesitan para el proceso de fotosíntesis. Los excrementos de los peces son procesados por las bacterias en el barro y producen nitratos para las plantas.

5. **1** El factor biótico se relaciona con seres vivientes. Los minerales no están vivos.

6. **3** Una comunidad es un ambiente particular en donde los organismos de diferentes especies viven e interactúan. Una comunidad es una unidad de automantenimiento en el cual la energía y los alimentos son reciclados.

7. **2** Debido a que los ancestros del Equus (el caballo actual) han desaparecido hace tiempo, la única evidencia de sus estructuras viene de los fósiles.

8. **4** Se refiere al último párrafo del pasaje.

9. **5** La pezuña del caballo es la uña del dedo medio de la pata.

10. **4** El Eohippus no tenía aristas en los dientes, mientras que el Mesohippus las tenía bien desarrolladas.

11. **5** El reflejo original fue la producción de saliva cuando al perro se le dio comida. El perro asoció otro estímulo (el sonido de un tono) con la comida. Después de repetidas pruebas, el perro secretaba saliva cuando se presentaba el nuevo estímulo. Esto fue un caso de respuesta condicionada o cambiada.

12. **5** Las opciones 1 y 2 son respuestas instintivas. Las opciones 3 y 4 son respuestas que se han aprendido y requieren mucha práctica. La respuesta correcta es la opción 5, debido a que la salivación requiere el contacto de la comida con la boca, pero en este caso con sólo verse la comida ya se produce una respuesta.

13. **4** Entre las pruebas 1 y 10, secretó 6 gotas. Entre las 1 y 20 secretó 26 gotas. Entre las pruebas 10 y 20, secretó 14 gotas. Entre las pruebas 20 y 30, secretó 40 gotas, que es la respuesta correcta. Entre la 30 y la 40, secretó tan sólo 2 gotas.

14. **3** Uno de los factores relacionados con la adquisición permanente de una respuesta condicionada es el elemento de la satisfacción. En las pruebas 1, 10, 20, 30, 40 y 50 al perro no se le dio comida. Observe que secretó pocas gotas de saliva en la prueba 50 comparada con la 40. Es razonable suponer que secretaría menos gotas en la prueba 60.

15. **3** El agua, el dióxido de carbono y la proteína son compuestos químicos. No toda materia viva tiene el elemento químico fósforo.

16. **2** El protoplasma es una proteína compleja.

17. **5** Si se desea verificar el efecto de una variable (en este caso la nutrición), todas las demás variables deben ser las mismas en ambos grupos. El medio de control es un factor que se debe mantener igual en los dos grupos.

18. **3** La información que se obtiene en el experimento ofrece la respuesta a la pregunta que se intenta resolver. Es por lo tanto un hallazgo experimental.

19. **2** Al estructurar el experimento, el científico ha de establecerlo de tal modo que el ratón debiera aprender a recorrer el laberinto.

20. **4** No hay evidencia que ésta sea la razón de los resultados obtenidos en el experimento, pero el científico puede suponer que sea una posibilidad. Tal suposición podría ser probada en experimentos posteriores.

21. **5** Una suposición es una adivinación razonable basada en los conocimientos que se disponen, que se usa como base para la estructura del experimento.

22. **1** Aunque esta afirmación pueda ser verdad, no tiene nada que ver con el experimento.

23. **1** Observe que la temperatura en la escala Kelvin es igual a los grados Celsius más 273: K = °C + 273 o K = (–13°C) + 273 = 260.

24. **2** Cada grado Kelvin representa el mismo cambio en la temperatura en la escala Celsius. Así pues, un cambio de 90° en la escala Celsius es también un cambio de 90° en la escala Kelvin.

25. **4** Una línea recta en una inclinación positiva que pase por el origen es la gráfica que representa dos variables en proporción directa una con otra.

26. **1** Los cables con menos resistencia son por donde circulará más corriente. Sólo el aluminio y el cobre tienen resistencias de menos de 1 ohm.

27. **5** Debido a que el componente del calcio neutraliza la acidez, el carbonato de calcio es la única opción correcta.

28. **3** El agua es parte natural del medio ambiente. Ningún gas contaminante se produce por el uso de la energía hidráulica usada para generar electricidad.

29. **5** Los agentes selectivos obran a favor y en contra de los organismos en el medio ambiente. Los residuos ácidos actúan en contra de los peces y del plankton y a favor del crecimiento de los tipos de plantas que se desarrollan bien en medios ácidos.

30. **2** Los factores no bióticos son toda materia sin vida que afecta el medio ambiente. El azufre es un factor no biótico relacionado con el problema de los residuos ácidos.

31. **4** Debido a que la caída de residuos ácidos es consecuencia de la contaminación provocada por la combustión de combustibles fósiles, la mejor manera de reducir los residuos ácidos es controlar las causas de la contaminación.

32. **4** El vinagre tiene aproximadamente un 2 por ciento de ácido acético.

33. **2** Todas las plantas se pueden beneficiar de los fertilizantes, pero el jardinero debe seguir las instrucciones para saber cómo usarlos.

34. **5** Los reptiles como la culebra, las aves como el gorrión y los mamíferos como el elefante.

35. **3** El azúcar se vuelve menos soluble y puede solidificarse dentro de la solución. El gas se vuelve más soluble y continúa siendo una solución. En cambio, el agua se evaporará más despacio a temperaturas más bajas.

36. **2** Localice la presión que se da en el eje horizontal de la gráfica. Vaya hacia arriba hasta tocar la curva y luego a la izquierda hacia el eje vertical, donde encontrará el volumen en el punto aproximado de 2 mL.

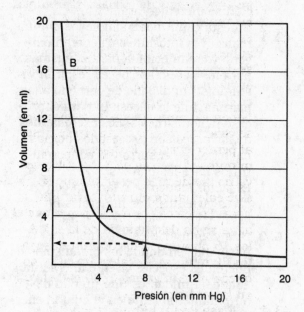

37. **5** Las nubes bloquean la entrada de rayos solares irradiados por el sol durante el día, por lo tanto hará fresco. Como las mismas nubes bloquean el escape de la irradiación de vuelta al espacio durante la noche, las noches son más calurosas.

38. **3** En el vuelo horizontal, el impulso del motor empuja el aeroplano hacia adelante y la resistencia del aire lo frena. Si ambas fuerzas son iguales

no se producirá cambio en la velocidad. En las opciones 1 y 2, una de las fuerzas verticales es mayor que la otra. La opción 4 es incorrecta porque la fuerza que actúa en la pared no tiene nada que ver con la velocidad de la pelota. La opción 5 es errónea porque no tiene en cuenta la atracción de la gravedad.

39. **4** Ningún planeta pequeño tiene anillos; en cambio los grandes, a excepción de Júpiter, sí tienen. La opción 1 es incorrecta porque Júpiter no tiene anillos. La opción 2 es errónea porque Plutón tampoco tiene. La opción 3 es incorrecta porque la tendencia es muy obvia, y la 5 no es correcta porque no hay ninguna razón para suponer que Plutón haya tenido anillos.

40. **2** Sólo en el desierto se encuentra la arena en la superficie y puede ser recogida y transportada por el viento.

41. **5** Si estas sustancias están presentes, no hay razón para suponer que puedan afectar de manera diferente a las ranas que a los peces.

42. **1** La sal hidratada contiene agua adherida a sus moléculas. Esta agua se desprende fácilmente con el calor, dejando sólo la sal pura. Los 5.0 g originales de esta sal hidratada contienen sal pura y agua. A medida que se calienta, vemos como pierde peso al perder el agua. Después de 15 minutos el peso es de 3.0 g. Después ya no pierde más peso, aunque se esté calentando durante toda una hora. Podemos por eso suponer que el agua se ha desprendida de la sal. A los 15 minutos, a los 30 minutos y a los 60 minutos de calentamiento, no queda ningún gramo (0.00 g) de agua en la sal hidratada.

43. **2**

$$\begin{array}{r} \text{Masa de sal hidratada} = 5.0 \text{ g} \\ \underline{\text{Masa de sal sin agua } = 3.0 \text{ g}} \\ \text{Masa de agua sin sal } = 2.0 \text{ g} \end{array}$$

$$\% \text{ Agua} = \frac{\text{Masa de agua en la sal}}{\text{Masa de la muestra de sal hidratada}} \times 100$$

$$\% \text{ Agua} = \frac{2.0 \text{ g de } H_2O \text{ en la muestra}}{5.0 \text{ g de la muestra que se tomó}} \times 100$$

$$\% \text{ Agua} = 0.40 \times 100 = 40\%$$

44. **3** El impulso empieza con la irritación de la córnea, va al cerebro a través de la neurona sensorial y luego vuelve a la glándula lagrimal a través de la neurona motora.

45. **5** Que la resistencia al DDT de los mosquitos en la actualidad sea mayor que hace 10 años significa que hay diferencias genéticas que permiten a algunos mosquitos sobrevivir al impacto del DDT. Estos mosquitos vivieron y reprodujeron otros de su misma clase, con iguales condiciones para la supervivencia. Los mosquitos que no resisten el DDT quedaron así eliminados. Por lo tanto, el resultado es el aumento en el número de mosquitos que resisten al DDT.

46. **3** Los fósiles se encuentran en rocas sedimentarias depositadas en capas. Las capas más antiguas son las que están más cerca de la corteza terrestre y las nuevas están próximas a la superficie. Para concluir que una especie no ha evolucionado mucho con los años, quiere decir que los fósiles de esta especie deben encontrarse distribuidos por todas las capas sedimentarias.

47. **1** Los gametos—huevos y espermas— tienen la mitad de los cromosomas de las células somáticas.

48. **2** En circunstancias normales, el número total de petirrojos adultos o salmones adultos no cambia rápidamente. Cada par de adultos, en promedio, produce huevos suficientes para reemplazarse a sí mismo, de modo que sólo 2 huevos debieran sobrevivir por cada par de adultos.

49. **2** Las plantas de maíz que crecen en la oscuridad son blancas. La explicación más probable es que la expresión del gen del color puede depender del medio ambiente. Las plantas poseen la información genética para la producción clorofílica. Esto se puede deducir ya que son genéticamente idénticas a las plantas que crecen en la luz. La luz se necesita para activar el gen de la clorofila.

50. **4** En la reproducción sexual, nuevas propiedades son producidas por la recombinación de los genes de los dos padres.

51. **2** Cuando dos o más elementos se combinan químicamente, crean un compuesto. La combinación química quiere decir que las propiedades individuales de los elementos originales se pierden cuando se combinan. El nuevo material tiene diferentes propiedades y se llama compuesto. En las soluciones y mezclas, los diferentes componentes no pierden sus propiedades individuales ni tampoco forman un nuevo material.

52. **4** El óxido de mercurio caliente produce oxígeno y mercurio, que es la película plateada que se menciona en el párrafo.

53. **4** La producción del agua carbonada que se menciona en el pasaje se puede explicar con la ecuación $CO_2 + H_2O \rightarrow H_2CO_3$.

54. **1** Como se menciona en la selección, el yeso ($CaCo_3$) más ácido, en este caso ácido clorhídrico (HCl), producen dióxido de carbono. La reacción química en la opción 1 muestra el producto H_2CO_3 (ácido carbónico), un producto inestable que rápidamente se descompone en CO_2 y H_2O.

55. **1** Los residuos radiactivos pueden ser muy peligrosos y por lo tanto no son fáciles de eliminar. Deben ser tratados de manera especial o almacenados durante largos períodos de tiempo. El factor que tiene el mayor impacto es el "período medio" de los radioisótopos. Se estima que 20 períodos medios deben pasar antes de que los niveles de radiactividad sean seguros para la exposición biológica.

56. **4** Incluso en un recipiente cerrado, el agua se evapora. Las moléculas dejan la fase líquida y entran en la fase gaseosa. Al mismo tiempo las moléculas en la fase gaseosa se condensan y vuelven a entrar en la fase líquida. Este proceso se producen también en un termo cerrado. Los índices de evaporación y condensación no serán cero.

Cuando el nivel de humedad del aire por encima del agua llega a cierto punto, los índices de evaporación y condensación serán iguales. A esto se le llama *equilibrio*.

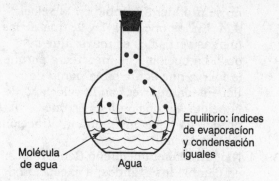

Molécula de agua — Agua — Equilibrio: índices de evaporacíon y condensación iguales

57. **4** A las 2 P.M., la temperatura en el interior del invernadero era de 25°C.

58. **3** La selección dice que la luz roja tiene una longitud de onda de 6,000Å.

59. **5** Para transmitir un color determinado, los otros colores del espectro deben ser absorbidos.

60. **4** Debido a que los rayos azules son absorbidos, los rayos verdes y rojos se transmiten. Esto nos permite ver el amarillo del que se habla en la última oración del pasaje.

61. **5** Observe cómo el diagrama muestra de qué manera la luz blanca se descompone en sus diferentes componentes al atravesar el prisma. La luz roja tiene la longitud de onda más larga. Los rayos infrarrojos tienen una longitud aún mayor, aunque no sean visibles para los ojos humanos. También observe que los rayos ultravioletas son más cortos y tampoco pueden ser vistos por los ojos humanos. La selección menciona el campo visual dentro del cual el ojo puede detectar los rayos de luz.

62. **2** El tiempo no juega ningún papel en este caso ya que la fuerza expresa sólo la cantidad de energía que se está usando y no la cantidad total de energía usada. El menor consumo de fuerza es (0.002 A)(120 V) = 0.24 vatios.

63. **4** La caja es levantada, o sea la fuerza es su peso; el trabajo realizado es de 300 newtons por 2 metros = 600 julios. La opción 1 es incorrecta porque no hay movimiento, por lo tanto no hay trabajo. La opción 2 es incorrecta porque la fuerza es hacia arriba, sosteniendo la caja, no en dirección al movimiento. En la opción 3 el trabajo es de 100 newtons por 3 metros = 300 julios; el peso de la caja

no viene al caso. Del mismo modo, en la opción 5, el trabajo es de sólo 250 julios.

64. **5** La opción 1 es incorrecta porque la electricidad viaja por la campana por cables; el aire no juega aquí papel alguno. El movimiento del badajo es independiente del aire, por lo tanto la opción 2 es incorrecta. La opción 3 es errónea porque el timbre se oía a través de las paredes mientras había aire en la campana. La opción 4 es incorrecta porque los oídos del observador están expuestos al aire. Sólo queda la opción 5 que es la correcta.

65. **2** Debido a que los objetos claros reflejan el calor radiante y los objetos oscuros lo absorben, el tubo de pruebas a la izquierda estará más caliente que el de la derecha. Por lo tanto, el aire en el tubo de la izquierda hará que el agua coloreada suba en el lado derecho.

66. **3** El diagrama muestra que cuanto más vertical es el ángulo en que los rayos de luz llegan a una superficie, más intensa es la concentración de los rayos.

PRUEBA 4. INTERPRETACIÓN DE LA LITERATURA Y LAS ARTES/PÁGINA 569

1. **1** El autor dice que Nico estaba enfermo; una línea más adelante habla del hermano de Luis y entre paréntesis dice ("que estaba ya enfermo"). Por lo tanto, Nico es el hermano de Luis.

2. **4** Luis dijo que "no le había importado nada", refiriéndose a lo que dejaba atrás con su ida a París. Asimismo, en otro párrafo dice "que se quedaran, que todos se fueran al demonio".

3. **2** Luis trabaja en una agencia, donde "dibujaba afiches". Por lo tanto, la agencia debe ser de publicidad.

4. **3** Aunque Luis quiso romper con el pasado, dice que las cartas le "traían un tácito perdón... tendían el puente por donde era posible seguir pasando", haciendo referencia a su pasado con su madre en Argentina.

5. **3** En el pasaje dice que "la definía ajena, como cómplice de ese orden que él había repudiado". Este orden lo relaciona más arriba con su madre.

6. **3** Ortega y Gasset opina que el artista y su sociedad actuales restan importancia al arte. Esta actitud es contrapuesta por el autor con el arte del siglo pasado en donde el artista era como "fundador de religión" que "prestaba justificación y dignidad a la especie humana".

7. **1** El autor dice que el arte era trascendente por el tema, que solía consistir en los más graves problemas de la humanidad.

8. **4** Al final del pasaje el autor dice "era de ver el solemne gesto que ante la masa adoptaba el gran poeta... gesto de profeta o fundador de religión".

9. **4** Según el autor, las religiones y la ciencia habían sido incapaces de explicar inquietudes humanas básicas ("la ruina de las religiones y el relativismo inevitable de la ciencia"), pero la poesía o la música trataban de hacerlo (eran "de enorme calibre").

10. **1** El autor se queja de que el arte de hoy es visto por el artista y la sociedad como algo intrascendente. Y lo muestra al comparar la actitud hacia el arte en el pasado y en el presente.

11. **1** El autor quiere, a través de la anécdota de la jirafa que ve la guerra entre dos bandos, discutir el tema de la historia y de la veracidad histórica ("...ya que cada lado escribía su propia historia").

12. **1** Según el autor, cada uno de los ejércitos que se aniquilan uno al otro escribirán sus propias historias. El autor no implica que uno escribirá la verdad y que el otro mentirá, sino que cada uno presentará sus propias impresiones de los acontecimientos. Como la verdad sólo puede ser una, el párrafo destaca la relatividad de la historia.

13. **4** Las fábulas son composiciones literarias que usan ficción alegórica y la personificación de seres irracionales.

Por lo tanto, esta composición es una fábula porque personifica la jirafa como si fuera un ser humano.

14. **1** Cuando el narrador dice "ninguno estaba dispuesto a ceder un milímetro de terreno" muestra que el conflicto es territorial.

15. **2** Cuando la jirafa dijo que todo es relativo demuestra que es un ser reflexivo y analítico.

16. **1** Aleixandre sustituye imágenes reales con otras no reales para mostrarnos su visión de la realidad, la cual siempre se identifica con la naturaleza. Así pues, habla de "tigres del tamaño de odio", "leones con un corazón hirsuto".

17. **3** Los animales, uno de los temas preferidos de Aleixandre, representan la fuerza de la naturaleza donde el amor y la muerte son intercambiables. Los animales son como símbolos fantásticos que amenazan al ego del ser humano.

18. **4** Al tomar los animales como símbolos del amor y el odio, así como su fusión de objetos con animales, se puede decir que este poema es simbolista.

19. **1** El ataque de los animales representa una forma de amor, así como puede reflejar una fantasía de la muerte. Pero para Aleixandre, el amor del hombre sólo se puede entender a través del reconocimiento de la muerte.

20. **2** De este poema se puede decir que el poeta fusiona el hombre con la naturaleza, que para él es la vida real de la cual el hombre participa.

21. **4** Cuando la poetisa dice "te rodean" y "te balan", hace referencia a la habilidad jugetona de los animales y ésta es la idea principal en que se basa el poema. Los últimos versos "hagan su ronda" también sugieren esto.

22. **2** En los versos "que parecen niños perdidos", la poetisa compara a los animales con la inocencia de los niños.

23. **1** El estado de ánimo en este poema es de alegría y jovialidad exaltando las virtudes de los animales.

24. **1** En el verso no hay rima y está compuesto de doce versos. Por lo tanto, se trata de un poema de verso libre.

25. **4** Mistral inventa la palabra *pinturearte* como sinónimo de alegrar la vida (*pinturearte* proviene de *pintar*).

26. **4** Cuando el marqués dice "bagatela" hace referencia a las cosas de poca sustancia y valor, a lo superficial que es lo que llama a la gente a divertirse y sonreír.

27. **5** El marqués de Bradomín se presenta como un personaje libertino a los ojos del abad, quién lo acusa de tener un "hablar ligero" fuera de las normas establecidas en aquella época.

28. **1** Como dice al principio, "Para mí, la mayor conquista de la humanidad es haber aprendido a sonreír".

29. **3** La palabra mefistofélica viene de Mefistófeles, demonio de la obra *Fausto*, y es sinónimo de *diabólico* y *perverso*.

30. **1** El marqués expone el cantar, bailar y tocar el arpa de los patriarcas como ejemplo de bagatela, aunque fueran gentes que no sonrieran.

31. **4** El autor dice que venía de lejos. "En su reino había elefantes, hipopótamos, tigres y jirafas", es decir, hace referencia a la selva africana.

32. **5** El escritor dice que Marcial "hubiese querido tener pies que llenaran tales botas".

33. **3** No se menciona que Melchor hiciera pasteles, sino que más bien los robaba.

34. **3** En el primer párrafo, el autor dice que "ni Dios, ni su padre, ni el obispo" eran tan importantes para Marcial como Melchor.

35. **5** En el último párrafo, el autor menciona que "ambos habían explorado la casa de arriba abajo", refiriéndose a Marcial y Melchor.

36. **4** El artículo afirma que "no se han encontrado todavía los términos adecuados para definir estas categorías".

37. **3** El artículo cita al Concierto Número 1 de piano de Tchaikovsky como una pieza que ha tenido una gran popularidad.

38. **1** Además de indicar que la terminología es inadecuada, el artículo menciona los problemas que supone la división entre música clásica y popular.

39. **4** Afirma el autor que "ninguna música tiene el monopolio del mérito, la sinceridad o el talento".

40. **5** El pasaje dice que la distinción entre la música folklórica y la artística lleva consigo connotaciones inapropiadas de valores, integridad y nivel de habilidad técnica.

41. **3** En el artículo se indica que "La integridad que caracteriza a una obra de teatro no se ve ni en las películas ni en la televisión".

42. **3** El autor afirma que los tres medios "a veces se fertilizan mutuamente".

43. **4** El autor afirma que "la era de la creatividad teatral en América coincidió con la emergencia del cine y la televisión," sugiriendo que estos dos estimulan el teatro; luego menciona el estímulo que representa para el dramaturgo pensar que su obra será llevada al cine.

44. **4** El autor dice que "alguna de la gente que ve una obra de teatro puede que no tenga sensibilidad".

45. **5** El autor concluye que "No es posible encontrar gran teatro en ninguna cultura, a no ser que la gente lo considere un arte importante".

PRUEBA 5. MATEMÁTICAS/PÁGINA 580

1. **3** Luisa ganó un total de 40($6.30) = $252. Para encontrar el número de horas que debe hacer Juana para ganar $252, debemos dividir $252 por $8.40.
   252.00 ÷ 8.40 = 30 horas.

2. **3** Puesto que m $\angle ACB = 90°$ y m $\angle CAD = 40°$, entonces m $\angle B = 180° - 90° - 40° = 50°$. En $\triangle BCD$, m$\angle CDB = 90°$ y m$\angle B = 50°$.
   Así pues, m$\angle DCB = 180° - 90° - 50° = 40°$.

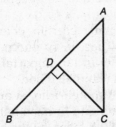

3. **5** Si la clase tiene x estudiantes y 5 estudiantes están ausentes, entonces $x - 5$ están presentes.

   $$\frac{x-5}{x} = \frac{\text{número de estudiantes presentes}}{\text{número de estudiantes en la clase}}$$

4. **2** Si el marcador muestra que está lleno un $\frac{1}{3}$, entonces el tanque está vacío en $\frac{2}{3}$.

   $\frac{2}{3}$ del tanque = 16 galones

   $\frac{1}{3}$ del tanque = $\frac{1}{2}$ (16) = 8 galones

   $\frac{3}{3}$ del tanque = 3(8) = 24 galones

5. **3** Si x = longitud de la rampa. Usamos el teorema de Pitágoras para obtener la ecuación.
   $x^2 = 8^2 + 15^2$
   $x^2 = 64 + 225 = 289$
   $x = \sqrt{289} = 17$

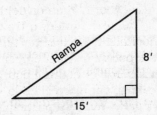

6. **3** 48 medias pintas = 24 pintas
   Puesto que 2 pintas = 1 cuarto de galón
   24 pintas = 12 cuartos de galón
   Como 4 cuartos = 1 galón, 12 cuartos = 3 galones.
   3($3.50) = $10.50

7. **5** $5x - 1 = 34$
   $5x = 34 + 1 = 35$
   $x = 35 ÷ 5 = 7$
   $2\frac{1}{2}x = \frac{5x}{2} = \frac{5}{2} \times 7 = \frac{35}{2}$, ó $17\frac{1}{2}$

8. **4** Si $AC = 18$ y $BC = 8$, entonces $AB = 18 - 8 = 10$.
   La razón $AB:BC = 10:8$ ó $5:4$.

9. **5** Si x = ancho de la habitación
   $23x = 322$
   $x = 322 \div 23 = 14$
   Perímetro $= 23 + 14 + 23 + 14 = 74$ pies

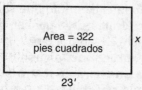

Area = 322
pies cuadrados
x
23′

10. **5** Para determinar el precio por el que la tienda ABC vende el televisor, Daniel debe saber el precio que tiene el aparato antes de restarle el 20%.

11. **2** Si el grupo de trabajadores puede cargar un camión en 3 horas, entonces puede cargar $\dfrac{1}{3}$ del camión en 1 hora.

   En 45 minutos ó $\dfrac{3}{4}$ de una hora, el grupo puede cargar $\dfrac{3}{4} \times \dfrac{1}{3} = \dfrac{1}{4}$ del camión.

12. **2** $x^2 + x - 6 = 0$
   $(x + 3)(x - 2) = 0$
   $x + 3 = 0$
   $x + 3 - 3 = 0 - 3$
   $x = -3$
   ó
   $x - 2 = 0$
   $x - 2 + 2 = 0 + 2$
   $x = 2$
   La respuesta correcta es la opción 2.

13. **3** Para encontrar el perímetro de una figura, debemos sumar las longitudes de los lados.
   $2a + a + b + 2a + b + a + 2b = 6a + 4b$

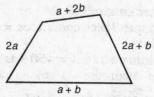

$a + 2b$
$2a$
$2a + b$
$a + b$

14. **4** Si x = dinero de Roberto
   Y $x + 5$ = dinero de Enrique
   $x + 5 + 2x = 65$
   $3x + 5 = 65$
   $3x = 65 - 5 = 60$
   $x = 60 \div 3 = \$20$

15. **5** No podemos calcular el costo ya que no sabemos el número de días que la pareja va a estar en el motel. No se da suficiente información.

16. **3** Si n = el número.
   Entonces, n^2 = el cuadrado del número
   Y $n + 4$ = el número más 4
   La ecuación es $n^2 + n + 4 = 60$.

17. **2** Puesto que se duplica el valor del cupón, la reducción del precio es
   $2(15\text{¢}) = 30$ centavos
   El costo del cereal es $x - 30$.

18. **5** Si $3x$ = la medida del ángulo mayor
   $2x$ = la medida del segundo ángulo
   x = la medida del tercer ángulo
   $3x + 2x + x = 180$
   $6x = 180$
   $x = 180 \div 6 = 30$
   $3x = 3(30) = 90°$

19. **4** Si $x = \text{m} \angle 3$
   Y $2x = \text{m} \angle 2$
   $\text{m}\angle 1 + \text{m}\angle 2 + \text{m}\angle 3 = 180°$
   $36 + 2x + x = 180$
   $3x + 36 = 180$
   $3x = 180 - 36 = 144$
   $x = 144 \div 3 = 48°$

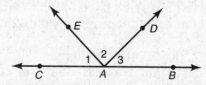

20. **3** La carne de res cuesta $4(\$2.76) = \$11.04$.
   El pollo cuesta $\$13.98 - \$11.04 = \$2.94$.
   Para encontrar el costo de la libra de pollo, dividimos $\$2.94$ por $3\dfrac{1}{2}$ ó por $\dfrac{7}{2}$.
   $2.94 \div \dfrac{7}{2} = 2.94 \times \dfrac{2}{7} = .84$
   El costo del pollo es de $\$.84$ la libra.

21. **5** El carpintero gana $\$16$ por hora ó $9(16)$ dólares por 9 horas de trabajo.
   El asistente gana $\$8$ por hora ó $9(8)$ por 9 horas de trabajo.
   Los dos hombres juntos ganan $9(16) + 8(9)$ dólares.

22. **4** Para escribir un número en anotación científica, lo expresamos como el producto de un número entre el 1 y el 10 y como potencia de 10. En este caso, el número entre el 1 y 10 es 6.315. Si vamos de 6.315 a 63,150,000,000, movemos el punto decimal 10 espacios hacia la derecha. Cada espacio recorrido representa una multiplicación por 10. De este modo, el desplazamiento entero del

punto decimal representa una
multiplicación por 10°.
Así pues, 63,150,000,000 = 6.315 ×
10^{10}.

23. **1** Probabilidad=

$$\frac{\text{número de resultados exitosos}}{\text{número de resultados posibles}}$$

En este caso, hay 9 chicas que
pueden ser llamadas a decir la
lección. El total del número de
estudiantes que pueden ser llamados
es 19.

Probabilidad = $\frac{9}{19}$

24. **3** $12,000 × .09 = $1,080

25. **1** $3x + 2 < 14$
$3x < 14 - 2$
$3x < 12$
$x < 4$
La única respuesta que es menor que
4 es la opción 1.
De este modo, si substituimos el 3
por *x*, es válida la desigualdad.
Observe que la substitución de otros
valores por *x*, hace que la desigualdad
no sea verdadera.

26. **5** Si se suman las cantidades dadas
$11 + 6 + 5 + 40 + 30 = 92
Esto sólo deja $8 de ganancia.

27. **4** Establecemos la proporción

$$\frac{5}{659} = \frac{9}{y}$$

$5y = 9(659)$

$y = \frac{9(659)}{5}$

28. **3** Si *x* = al número de puntos obtenidos
por Javier
$x + 7$ = al número de puntos
obtenidos por Benjamín

$x - 2$ = al número de puntos
obtenidos por Pablo
$x + x + 7 + x - 2 = 38$
$3x + 5 = 38$
$3x = 38 - 5 = 33$
$x = 33 ÷ 3 = 11$

29. **3** Usamos la fórmula $V = lah$ (Siendo l =
longitud, a = ancho, h = altura).
En este caso, $l = 5$, $a = 5$ y $h = h$.
De esta manera, $V = 5 × 5 × h$
$V = 25h$
Y $25h = 200$

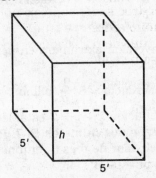

30. **4** $\sqrt{12}$ = 3.46 ó 3.5 redondeando a la
décima. El punto *D* está en el 3.5 de
la línea númerica.

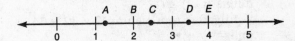

31. **4** Divida el espacio del suelo en 2
rectángulos al trazar un segmento *NM*.
El área del rectángulo = la
El área del rectángulo grande = 20 ×
15 = 300 pies cuadrados
El área del rectángulo pequeño = 10 ×
15 = 150 pies cuadrados
El área total del suelo = 150 + 300 =
450 pies cuadrados
Puesto que 9 pies cuadrados = 1 yarda
cuadrada
450 pies cuadrados = 450 ÷ 9 = 50
yardas cuadradas

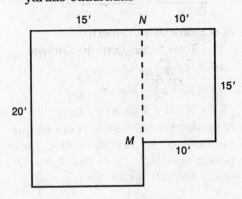

32. 3 Podemos desarrollar un método para resolver este problema al reemplazar las letras por números. Por ejemplo, si un avión puede transportar 200 pasajeros, ¿cuántos aviones se necesitan para transportar 1,000 pasajeros? La respuesta al problema se obtiene dividiendo 1,000 por 200. Igualmente, la respuesta a la pregunta original es $\frac{y}{x}$.

33. 4 La inversión extranjera en manufactura = $\$2\frac{1}{2}$ billones

La inversión extranjera en petróleo = \$1 billón

La diferencia = $\$1\frac{1}{2}$ billón.

34. 1 La ecuación $x + y = 7$ establece que la suma de dos números es 7. Puesto que el valor de y es 3, entonces $x + 3 = 7$ y $x = 7 - 3 = 4$.

35. 5 $\frac{1}{4}$ de pulgada representa 8 millas.

$\frac{4}{4}$ ó 1 pulgada representa $4 \times 8 = 32$ millas

2 pulgadas representan $2 \times 32 = 64$ millas

$\frac{1}{8}$ de pulgada = $\frac{1}{2}$ de $\frac{1}{4}$ pulgada

Puesto que $\frac{1}{4}$ de pulgada representa 8 millas, $\frac{1}{8}$ de pulgada representa 4 millas.

$2\frac{1}{8}$ pulgadas representan $64 + 4 = 68$ millas

36. 3 Como los triángulos que se muestran son similares, las medidas de sus lados correspondientes son proporcionales. Es decir

$$\frac{x \text{ (altura de la torre)}}{6 \text{ (altura del hombre)}} = \frac{28 \text{ (sombra de la torre)}}{4 \text{ (sombra del hombre)}}$$

$4x = 6(28) = 168$

$x = 168 \div 4 = 42$ pies

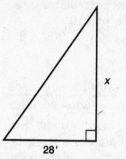

37. 1 \$7 por libro es 40% sobre el costo ó el 140% del costo. El 140% se puede expresar como $1\frac{2}{5}$ ó $\frac{7}{5}$.

Si x = al costo, $\frac{7x}{5} = 7$

$7x = 7(5) = 35$

$x = 35 \div 7 = 5$

Cada libro le cuesta al vendedor \$5. Seis docenas de libros = $6 \times 12 = 72$ libros

$\$5 \times 72 = \$360$, el costo de los libros.

38. 4 Puesto que B (5,4) y D (5, –3) tienen la misma coordenada x (5), la línea que une B y D es perpendicular al eje x y paralela al eje y. La distancia del punto B al eje x es 4, ya que la coordenada y de B es 4. Puesto que la coordenada y de D es –3, la distancia del eje x a D es 3. La distancia total entre B y D es $4 + 3 = 7$.

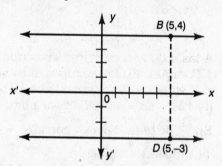

39. 3 $6 \times 10^5 = 600,000$

$4 \times 10^3 = 4,000$

$600,000 \div 4,000 = 600 \div 4 = 150$

40. 5 Pendiente = $\frac{y_1 - y_2}{x_1 - x_2}$

En este caso, $y_1 = y$, $y_2 = 2$, $x_1 = 4$ y $x_2 = 1$.

De este modo, $\frac{y - 2}{4 - 1} = 1$

$$\frac{y-2}{3} = 1$$
$$y - 2 = 3$$
$$y = 3 + 2 = 5$$

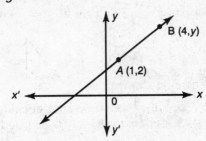

41. **4** El extremo de la barra del día miércoles está en el número 6 de la escala vertical.

42. **5** El extremo de la barra del lunes está en la mitad de 4 y 6. Así, 5 galones se vendieron el lunes. El extremo de la barra del sábado está entre el 16 y 18, por lo tanto se vendieron 17 galones. La diferencia entre 17 y 5 es 12.

43. **4** Los extremos de las barras desde el lunes hasta el domingo son 5, 4, 6, 5, 14, 17 y 9. La suma es 60.

44. **1** Si $x = m\angle OAB$
    $OA = OB$, ya que el radio del mismo círculo tiene iguales medidas.
    De este modo, $m\angle OAB = m\angle OBA$:
    $$x + x + 70 = 180$$
    $$2x + 70 = 180$$
    $$2x = 180 - 70 = 110$$
    $$x = 110 \div 2 = 55$$

45. **3** A las 4:00 P.M., Silvia ha recorrido 124 millas. En la tabla podemos ver que viajaba a una velocidad constante de $124 - 80 = 44$ millas por hora.
    En $\frac{1}{4}$ de hora, Silvia recorrió $\frac{1}{4} \times 44 = 11$ millas.
    De este modo, a las 4:15 P.M., Silvia ha recorrido $124 + 11 = 135$ millas.

46. **2** Si Juana usa una taza llena de leche, en lugar de $\frac{1}{3}$ de la taza, debe multiplicar la medida de cada ingrediente por 3.
    $3 \left(\frac{2}{3}\right.$ cucharaditas de sal$\left.\right) = 2$ cucharaditas de sal

47. **4** La información se puede leer directamente de la gráfica.

48. **4** Si $x =$ costo del terreno.

Y $3x =$ el costo de la casa.
$$x + 3x = 120,000$$
$$4x = 120,000$$
$$x = 120,000 \div 4 = 30,000$$
$$3x = 3(30,000) = \$90,000$$

49. **5** Si $x =$ número de libros en el estante pequeño.
    Y $x + 8 =$ el número de libros en el estante grande.
    $4x =$ número de libros en los 4 estantes pequeños.
    $3(x + 8) =$ número de libros en los 3 estantes grandes.
    $$4x + 3(x + 8) = 297$$
    $$4x + 3x + 24 = 297$$
    $$7x + 24 = 297$$
    $$7x = 297 - 24 = 273$$
    $$x = 273 \div 7 = 39$$

50. **2** Diámetro del círculo exterior $= 40 + 4 + 4 = 48"$
    Radio del círculo exterior $\frac{1}{2}$ (48) $=$ 24 pulgadas
    Diámetro del círculo interior $= 40$ pulgadas
    Radio del círculo interior $= 20$ pulgadas
    Usamos la fórmula $A = \pi r^2$
    Área del círculo exterior $= \pi \times 24 \times 24 = 576\pi$
    Área del círculo interior $= \pi \times 20 \times 20 = 400\pi$
    Área del borde $= 576\pi - 400\pi = 176\pi$.

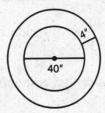

51. **1** 40 pies $= 40 \times 12 = 480$ pulgadas
    3 pies 4 pulgadas $= 3(12) + 4 = 36 + 4 = 40$ pulgadas
    $480 \div 40 = 12$ bufandas

52. **2** Si escribimos todos los pesos en onzas, es fácil ordenarlos del más pesado al más liviano. Recuerde que 1 libra = 16 onzas.
    1 libra = 16 onzas, $\frac{1}{2}$ libra = 8 onzas
    El orden correcto del paquete de más peso al más liviano es 20 onzas, 18.5 onzas, 16 onzas, 8 onzas, 7.95 onzas. La respuesta correcta es la opción 2.

53. 5 Verificamos cada par de ángulos congruentes.

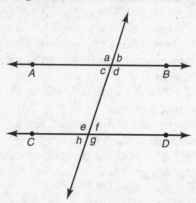

$a \cong \angle d$. Los ángulos verticales son congruentes.

$b \cong \angle f$. Los ángulos correspondientes de las líneas paralelas son congruentes.

$c \cong \angle b$. Los ángulos verticales son congruentes.

$f \cong \angle c$. Los ángulos alternos-internos de las líneas paralelas son congruentes.

No hay ninguna base para decir que $\angle b$ es congruente con $\angle g$.

La respuesta correcta es la opción 5.

54. 1 $A + B + C = 180$

Debido a que $A = B$, lo podemos escribir como $B + B + C = 180$

Así como $B = 2C$, lo podemos escribir

$2C + 2C + C = 180$

$5C = 180$

$C = 180 \div 5 = 36$

55. 2 6 onzas $= \dfrac{6}{16}$ de una libra $= \dfrac{3}{8}$ de una libra

La señora Evans compra $2\dfrac{3}{8}$ ó $\dfrac{19}{8}$ libras de manzanas

4 onzas $= \dfrac{4}{16} = \dfrac{1}{4}$ de una libra

La señora Evans compra $3\dfrac{1}{4} = \dfrac{13}{4}$ libras de melocotones

El costo de las manzanas $= \dfrac{19}{8} \times .72$

$= \$1.71$

El costo de los melocotones $= \dfrac{13}{4} \times$

$.56 = \$1.82$

$\$1.71 + \$1.82 = \$3.53$

$\$5.00 - \$3.53 = \$1.47$ de cambio

56. 5 15 docenas $= 15 \times 12 = 180$

Creamos la proporción

$\dfrac{6}{180} = \dfrac{39}{x}$

$6x = 39(180) = 7,020$

$x = 7,020 \div 6 = \$1,170$

HOJAS DE RESPUESTAS PARA EL EXAMEN DE PRÁCTICA

PRUEBA 1. EXPRESIÓN ESCRITA

1. ① ② ③ ④ ⑤
2. ① ② ③ ④ ⑤
3. ① ② ③ ④ ⑤
4. ① ② ③ ④ ⑤
5. ① ② ③ ④ ⑤
6. ① ② ③ ④ ⑤
7. ① ② ③ ④ ⑤
8. ① ② ③ ④ ⑤
9. ① ② ③ ④ ⑤
10. ① ② ③ ④ ⑤
11. ① ② ③ ④ ⑤
12. ① ② ③ ④ ⑤
13. ① ② ③ ④ ⑤
14. ① ② ③ ④ ⑤
15. ① ② ③ ④ ⑤
16. ① ② ③ ④ ⑤
17. ① ② ③ ④ ⑤
18. ① ② ③ ④ ⑤
19. ① ② ③ ④ ⑤

20. ① ② ③ ④ ⑤
21. ① ② ③ ④ ⑤
22. ① ② ③ ④ ⑤
23. ① ② ③ ④ ⑤
24. ① ② ③ ④ ⑤
25. ① ② ③ ④ ⑤
26. ① ② ③ ④ ⑤
27. ① ② ③ ④ ⑤
28. ① ② ③ ④ ⑤
29. ① ② ③ ④ ⑤
30. ① ② ③ ④ ⑤
31. ① ② ③ ④ ⑤
32. ① ② ③ ④ ⑤
33. ① ② ③ ④ ⑤
34. ① ② ③ ④ ⑤
35. ① ② ③ ④ ⑤
36. ① ② ③ ④ ⑤
37. ① ② ③ ④ ⑤
38. ① ② ③ ④ ⑤

39. ① ② ③ ④ ⑤
40. ① ② ③ ④ ⑤
41. ① ② ③ ④ ⑤
42. ① ② ③ ④ ⑤
43. ① ② ③ ④ ⑤
44. ① ② ③ ④ ⑤
45. ① ② ③ ④ ⑤
46. ① ② ③ ④ ⑤
47. ① ② ③ ④ ⑤
48. ① ② ③ ④ ⑤
49. ① ② ③ ④ ⑤
50. ① ② ③ ④ ⑤
51. ① ② ③ ④ ⑤
52. ① ② ③ ④ ⑤
53. ① ② ③ ④ ⑤
54. ① ② ③ ④ ⑤
55. ① ② ③ ④ ⑤

PRUEBA 2. ESTUDIOS SOCIALES

1. ① ② ③ ④ ⑤
2. ① ② ③ ④ ⑤
3. ① ② ③ ④ ⑤
4. ① ② ③ ④ ⑤
5. ① ② ③ ④ ⑤
6. ① ② ③ ④ ⑤
7. ① ② ③ ④ ⑤
8. ① ② ③ ④ ⑤
9. ① ② ③ ④ ⑤
10. ① ② ③ ④ ⑤
11. ① ② ③ ④ ⑤
12. ① ② ③ ④ ⑤
13. ① ② ③ ④ ⑤
14. ① ② ③ ④ ⑤
15. ① ② ③ ④ ⑤
16. ① ② ③ ④ ⑤
17. ① ② ③ ④ ⑤
18. ① ② ③ ④ ⑤
19. ① ② ③ ④ ⑤
20. ① ② ③ ④ ⑤
21. ① ② ③ ④ ⑤
22. ① ② ③ ④ ⑤

23. ① ② ③ ④ ⑤
24. ① ② ③ ④ ⑤
25. ① ② ③ ④ ⑤
26. ① ② ③ ④ ⑤
27. ① ② ③ ④ ⑤
28. ① ② ③ ④ ⑤
29. ① ② ③ ④ ⑤
30. ① ② ③ ④ ⑤
31. ① ② ③ ④ ⑤
32. ① ② ③ ④ ⑤
33. ① ② ③ ④ ⑤
34. ① ② ③ ④ ⑤
35. ① ② ③ ④ ⑤
36. ① ② ③ ④ ⑤
37. ① ② ③ ④ ⑤
38. ① ② ③ ④ ⑤
39. ① ② ③ ④ ⑤
40. ① ② ③ ④ ⑤
41. ① ② ③ ④ ⑤
42. ① ② ③ ④ ⑤
43. ① ② ③ ④ ⑤
44. ① ② ③ ④ ⑤

45. ① ② ③ ④ ⑤
46. ① ② ③ ④ ⑤
47. ① ② ③ ④ ⑤
48. ① ② ③ ④ ⑤
49. ① ② ③ ④ ⑤
50. ① ② ③ ④ ⑤
51. ① ② ③ ④ ⑤
52. ① ② ③ ④ ⑤
53. ① ② ③ ④ ⑤
54. ① ② ③ ④ ⑤
55. ① ② ③ ④ ⑤
56. ① ② ③ ④ ⑤
57. ① ② ③ ④ ⑤
58. ① ② ③ ④ ⑤
59. ① ② ③ ④ ⑤
60. ① ② ③ ④ ⑤
61. ① ② ③ ④ ⑤
62. ① ② ③ ④ ⑤
63. ① ② ③ ④ ⑤
64. ① ② ③ ④ ⑤

PRUEBA 3. CIENCIAS

1. ① ② ③ ④ ⑤	23. ① ② ③ ④ ⑤	45. ① ② ③ ④ ⑤
2. ① ② ③ ④ ⑤	24. ① ② ③ ④ ⑤	46. ① ② ③ ④ ⑤
3. ① ② ③ ④ ⑤	25. ① ② ③ ④ ⑤	47. ① ② ③ ④ ⑤
4. ① ② ③ ④ ⑤	26. ① ② ③ ④ ⑤	48. ① ② ③ ④ ⑤
5. ① ② ③ ④ ⑤	27. ① ② ③ ④ ⑤	49. ① ② ③ ④ ⑤
6. ① ② ③ ④ ⑤	28. ① ② ③ ④ ⑤	50. ① ② ③ ④ ⑤
7. ① ② ③ ④ ⑤	29. ① ② ③ ④ ⑤	51. ① ② ③ ④ ⑤
8. ① ② ③ ④ ⑤	30. ① ② ③ ④ ⑤	52. ① ② ③ ④ ⑤
9. ① ② ③ ④ ⑤	31. ① ② ③ ④ ⑤	53. ① ② ③ ④ ⑤
10. ① ② ③ ④ ⑤	32. ① ② ③ ④ ⑤	54. ① ② ③ ④ ⑤
11. ① ② ③ ④ ⑤	33. ① ② ③ ④ ⑤	55. ① ② ③ ④ ⑤
12. ① ② ③ ④ ⑤	34. ① ② ③ ④ ⑤	56. ① ② ③ ④ ⑤
13. ① ② ③ ④ ⑤	35. ① ② ③ ④ ⑤	57. ① ② ③ ④ ⑤
14. ① ② ③ ④ ⑤	36. ① ② ③ ④ ⑤	58. ① ② ③ ④ ⑤
15. ① ② ③ ④ ⑤	37. ① ② ③ ④ ⑤	59. ① ② ③ ④ ⑤
16. ① ② ③ ④ ⑤	38. ① ② ③ ④ ⑤	60. ① ② ③ ④ ⑤
17. ① ② ③ ④ ⑤	39. ① ② ③ ④ ⑤	61. ① ② ③ ④ ⑤
18. ① ② ③ ④ ⑤	40. ① ② ③ ④ ⑤	62. ① ② ③ ④ ⑤
19. ① ② ③ ④ ⑤	41. ① ② ③ ④ ⑤	63. ① ② ③ ④ ⑤
20. ① ② ③ ④ ⑤	42. ① ② ③ ④ ⑤	64. ① ② ③ ④ ⑤
21. ① ② ③ ④ ⑤	43. ① ② ③ ④ ⑤	65. ① ② ③ ④ ⑤
22. ① ② ③ ④ ⑤	44. ① ② ③ ④ ⑤	66. ① ② ③ ④ ⑤

PRUEBA 4. INTERPRETACIÓN DE LA LITERATURA Y LAS ARTES

1. ① ② ③ ④ ⑤	16. ① ② ③ ④ ⑤	31. ① ② ③ ④ ⑤
2. ① ② ③ ④ ⑤	17. ① ② ③ ④ ⑤	32. ① ② ③ ④ ⑤
3. ① ② ③ ④ ⑤	18. ① ② ③ ④ ⑤	33. ① ② ③ ④ ⑤
4. ① ② ③ ④ ⑤	19. ① ② ③ ④ ⑤	34. ① ② ③ ④ ⑤
5. ① ② ③ ④ ⑤	20. ① ② ③ ④ ⑤	35. ① ② ③ ④ ⑤
6. ① ② ③ ④ ⑤	21. ① ② ③ ④ ⑤	36. ① ② ③ ④ ⑤
7. ① ② ③ ④ ⑤	22. ① ② ③ ④ ⑤	37. ① ② ③ ④ ⑤
8. ① ② ③ ④ ⑤	23. ① ② ③ ④ ⑤	38. ① ② ③ ④ ⑤
9. ① ② ③ ④ ⑤	24. ① ② ③ ④ ⑤	39. ① ② ③ ④ ⑤
10. ① ② ③ ④ ⑤	25. ① ② ③ ④ ⑤	40. ① ② ③ ④ ⑤
11. ① ② ③ ④ ⑤	26. ① ② ③ ④ ⑤	41. ① ② ③ ④ ⑤
12. ① ② ③ ④ ⑤	27. ① ② ③ ④ ⑤	42. ① ② ③ ④ ⑤
13. ① ② ③ ④ ⑤	28. ① ② ③ ④ ⑤	43. ① ② ③ ④ ⑤
14. ① ② ③ ④ ⑤	29. ① ② ③ ④ ⑤	44. ① ② ③ ④ ⑤
15. ① ② ③ ④ ⑤	30. ① ② ③ ④ ⑤	45. ① ② ③ ④ ⑤

PRUEBA 5. MATEMÁTICAS

1. ① ② ③ ④ ⑤	20. ① ② ③ ④ ⑤	39. ① ② ③ ④ ⑤
2. ① ② ③ ④ ⑤	21. ① ② ③ ④ ⑤	40. ① ② ③ ④ ⑤
3. ① ② ③ ④ ⑤	22. ① ② ③ ④ ⑤	41. ① ② ③ ④ ⑤
4. ① ② ③ ④ ⑤	23. ① ② ③ ④ ⑤	42. ① ② ③ ④ ⑤
5. ① ② ③ ④ ⑤	24. ① ② ③ ④ ⑤	43. ① ② ③ ④ ⑤
6. ① ② ③ ④ ⑤	25. ① ② ③ ④ ⑤	44. ① ② ③ ④ ⑤
7. ① ② ③ ④ ⑤	26. ① ② ③ ④ ⑤	45. ① ② ③ ④ ⑤
8. ① ② ③ ④ ⑤	27. ① ② ③ ④ ⑤	46. ① ② ③ ④ ⑤
9. ① ② ③ ④ ⑤	28. ① ② ③ ④ ⑤	47. ① ② ③ ④ ⑤
10. ① ② ③ ④ ⑤	29. ① ② ③ ④ ⑤	48. ① ② ③ ④ ⑤
11. ① ② ③ ④ ⑤	30. ① ② ③ ④ ⑤	49. ① ② ③ ④ ⑤
12. ① ② ③ ④ ⑤	31. ① ② ③ ④ ⑤	50. ① ② ③ ④ ⑤
13. ① ② ③ ④ ⑤	32. ① ② ③ ④ ⑤	51. ① ② ③ ④ ⑤
14. ① ② ③ ④ ⑤	33. ① ② ③ ④ ⑤	52. ① ② ③ ④ ⑤
15. ① ② ③ ④ ⑤	34. ① ② ③ ④ ⑤	53. ① ② ③ ④ ⑤
16. ① ② ③ ④ ⑤	35. ① ② ③ ④ ⑤	54. ① ② ③ ④ ⑤
17. ① ② ③ ④ ⑤	36. ① ② ③ ④ ⑤	55. ① ② ③ ④ ⑤
18. ① ② ③ ④ ⑤	37. ① ② ③ ④ ⑤	56. ① ② ③ ④ ⑤
19. ① ② ③ ④ ⑤	38. ① ② ③ ④ ⑤	

SEGUNDO EXAMEN DE PRÁCTICA

PRUEBA 1: EXPRESIÓN ESCRITA, PARTE I

Instrucciones

La Prueba de Expresión Escrita evalúa su capacidad de usar el español clara y efectivamente. En esta prueba se evalúa cómo se debe escribir el español y no cómo se habla. Las instrucciones dadas más abajo se refieren sólo a la sección de preguntas de opción múltiple, mientras que las instrucciones para el ensayo se dan aparte.

La sección de preguntas de opción múltiple consiste en párrafos con oraciones numeradas. Algunas de las oraciones contienen errores de estructura, de uso o de mecánica (ortografía, puntuación, uso de mayúsculas). Después de leer todas las oraciones numeradas, conteste las preguntas que vienen a continuación. Algunas preguntas corresponden a oraciones que son correctas tal como aparecen. La respuesta correcta para estas oraciones es la opción que deja la oración según aparece originalmente. La mejor respuesta para otras preguntas que no se destacan por errores inmediatamente obvios es la de seleccionar la oración en que el tiempo verbal y el punto de vista están conformes con los tiempos y puntos de vista usados en el resto del párrafo.

Dispone de 75 minutos para contestar las preguntas de opción múltiple y tan sólo puede destinar 45 minutos al ensayo. Trabaje con cuidado, pero no dedique demasiado tiempo a una sola pregunta. Puede empezar a escribir el ensayo una vez haya acabado de contestar las preguntas de opción múltiple.

Para anotar las respuestas, llene uno de los óvalos numerados que aparecen al lado del número de la pregunta de la prueba que está contestando.

POR EJEMPLO:

Frase 1: **Nos sentimos muy honrados de conoser al Gobernador Ramírez.**

¿Qué corrección debe hacer a la frase?

(1) Poner una coma después de <u>sentimos</u>   ① ② ● ④ ⑤
(2) Cambiar <u>honrados</u> por <u>onrados</u>
(3) Cambiar <u>conoser</u> por <u>conocer</u>
(4) Cambiar <u>al</u> a <u>el</u>
(5) Ninguna

En este ejemplo, la palabra "conoser" es incorrecta y debe cambiarse a "conocer". Por eso, debe llenarse el círculo número 3.

CONTINUE EN LA PAGINA SIGUIENTE

PRUEBA 1: EXPRESIÓN ESCRITA, PARTE I

<u>Las preguntas 1 a 10</u> se basan en los siguientes párrafos.

(1) Cada año, más jóvenes, tanto hombres como mujeres, reconocen cuán gratificadora es la carrera de emfermería y deciden seguirla, pero la demanda de enfermeras y enfermeros continúa superando la oferta.
(2) Si entra a formar parte del personal de un hospital, puede escojer entre diferentes campos. (3) Puede dedicarse a trabajar con niños, a la obstetricia, a la cirugía, o en las fascinantes nuevas técnicas de ortopedia, para las cuales es necesario tener habilidades e imaginación especiales.
(4) Desde que Florence Nightingale fue a Crimea más de cien años atrás, las enfermeras han sido un grupo que viaja con frecuencia.
(5) Si quieres viajar, hay muchas plazas vacantes tanto dentro del país como en el extranjero. (6) Puede escoger entre los servicios internacionales que ofrecen la Organización Mundial de la Salud o formar parte de las operaciones en el extranjero que realiza nuestro propio gobierno o también trabajar en nuestras fuerzas armadas.
(7) Las escuelas necesitan enfermeras.
(8) Muchas enfermeras casadas, que quieren disponer de tiempo para sus hijos, encuentran trabajos por horas ideales y fáciles de conseguir. (9) Las prácticas privadas también tienen el beneficio de permitir escoger las horas y los casos.
(10) Las oportunidades de trabajo en las comunidades y en los programas de salud pública en los cuales se requiere un título universitario proveniente de una institución acreditada también están creciendo rápidamente.
(11) Una enfermera a domicilio tiene una carrera fascinante. Cada día va de casa en casa, dejando detrás suyo orden y bienestar.

1. Oración 1: **Cada año, más jóvenes, tanto hombres como mujeres, reconocen cuán gratificadora es la carrera de emfermería y deciden seguirla, pero la demanda de enfermeras y enfermeros continúa superando la oferta.**

¿Qué corrección se debería hacer en esta oración?

(1) sacar la coma después de <u>año</u>
(2) cambiar <u>emfermería</u> por <u>enfermería</u>
(3) poner una coma después de <u>pero</u>
(4) cambiar <u>superando</u> por <u>superado</u>
(5) sin error

2. Oración 2: **Si entra a formar parte del personal de un hospital, puede escojer entre diferentes campos.**

¿Qué corrección se debería hacer en esta oración?

(1) cambiar <u>hospital</u> por <u>ospital</u>
(2) sacar la coma después de <u>hospital</u>
(3) cambiar <u>escojer</u> por <u>escoger</u>
(4) cambiar <u>puede</u> por <u>puedes</u>
(5) sin error

3. Oración 3: **Puede dedicarse a trabajar con niños, a la obstetricia, a la cirugía, o en las fascinantes nuevas técnicas de ortopedia, para las cuales es necesario tener habilidades e imaginación especiales.**

¿Qué corrección se debería hacer en esta oración?

(1) cambiar <u>trabajar</u> por <u>trabajo</u>
(2) cambiar <u>obstetricia</u> por <u>obtetricia</u>
(3) poner acento a <u>ortopédia</u>
(4) sacar la coma después de <u>cirugía</u>
(5) sin error

CONTINUE EN LA PAGINA SIGUIENTE

PRUEBA 1: EXPRESIÓN ESCRITA, PARTE I

4. Oración 4: **Desde que Florence Nightingale fue a Crimea más de cien años atrás, las enfermeras han sido un grupo que viaja con frecuencia.**

   ¿Qué corrección se debería hacer en esta oración?

   (1) cambiar <u>frecuencia</u> por <u>frecuensia</u>
   (2) cambiar <u>han sido</u> por <u>fueron</u>
   (3) cambiar <u>viaja</u> por <u>viajan</u>
   (4) cambiar <u>cien años atrás</u> por <u>hace cien años</u>
   (5) sin error

5. Oración 5: **Si quieres viajar, hay muchas plazas vacantes tanto dentro del país como en el extranjero.**

   ¿Qué corrección se debería hacer en esta oración?

   (1) cambiar <u>quieres</u> por <u>quiere</u>
   (2) sacar la coma después de <u>viajar</u>
   (3) sacar el acento en <u>país</u>
   (4) poner acento a <u>cómo</u>
   (5) sin error

6. Oración 6: **Puede escoger entre los servicios internacionales que ofrecen la Organización Mundial de la Salud o formar parte de las operaciones en el extranjero que realiza nuestro propio gobierno o también trabajar en nuestras fuerzas armadas.**

   ¿Qué corrección se debería hacer en esta oración?

   (1) cambiar <u>ofrecen</u> por <u>ofrece</u>
   (2) sacar las mayúsculas en <u>Organización Mundial de la Salud</u>
   (3) poner una coma después de <u>gobierno</u>
   (4) cambiar <u>fuerzas armadas</u> por <u>Fuerzas Armadas</u>
   (5) sin error

7. Oraciones 7 y 8: **Las escuelas necesitan enfermeras. Muchas enfermeras casadas, que quieren disponer de tiempo para sus hijos, encuentran trabajos por horas ideales y fáciles de conseguir.**

   ¿Cuál es la mejor manera de conectar las dos oraciones?

   (1) enfermeras y como muchas enfermeras
   (2) enfermeras, porque muchas enfermeras
   (3) enfermeras, si muchas enfermeras
   (4) enfermeras, desde que muchas enfermeras
   (5) enfermeras y muchas enfermeras casadas

8. Oración 9: **Las prácticas privadas también tienen el beneficio de permitir escoger las horas y los casos.**

   ¿Qué corrección se debería hacer en esta oración?

   (1) sacar el acento a <u>prácticas</u>
   (2) sacar el acento a <u>también</u>
   (3) cambiar <u>escoger</u> por <u>escojer</u>
   (4) poner una coma después de <u>escoger</u>
   (5) sin error

9. Oración 10: **Las oportunidades de trabajo en las comunidades y en los programas de salud <u>pública en los cuales se requiere</u> un título universitario proveniente de una institución acreditada también están creciendo rápidamente.**

   ¿Cuál es la mejor manera de escribir la parte de la oración que se encuentra subrayada? Si cree que la versión original es la correcta, escoja la opción 1.

   (1) pública en los cuales se requiere
   (2) pública por el cual se requiere
   (3) pública quien requiere
   (4) pública que se requiere
   (5) pública que requerirá

CONTINUE EN LA PAGINA SIGUIENTE

PRUEBA 1: EXPRESIÓN ESCRITA, PARTE I

10. Oración 11: **Una enfermera a domicilio tiene una carrera fascinante. Cada día va de casa en casa, dejando detrás suyo orden y bienestar.**

    ¿Qué corrección se debería hacer en esta oración?

    (1) cambiar <u>a</u> por <u>en el</u>
    (2) cambiar <u>dejando</u> por <u>deja</u>
    (3) sacar el acento a <u>detrás</u>
    (4) cambiar <u>suyo</u> por <u>su</u>
    (5) sin error

Las preguntas 11 a 19 se basan en los siguientes párrafos.

(1) Cuando se compra comida nutritiva, se enfatizan los cuatro aliméntos básicos. (2) El excursionismo también tiene sus cuatro elementos básicos y que presentamos en orden de importancia: botas para caminar, una mochila, un equipo de dormir y una tienda. (3) La selección de las botas de excursionismo debería ser su prioridad. (4) Incluso un solo día de excursión puede resultarle miserable si no lleva unas botas confortables. (5) Hoy en día, los excursionistas prefieren unas botas que son de seis pulgadas de alto, están hechas en piel y con suelas muy gruesas. (6) Pruebe las botas en pequeñas caminatas, antes de realizar una excursión larga. (7) Cuando vaya a comprar una mochila, encontrará una amplia coleción de estilos, formas y materiales para escoger. (8) La mochila debe tener correas tanto para la espalda como para la cintura. Las correas para la cintura se han diseñado para que no todo el peso recaiga en la espalda, sino que se reparta también con los robustos huesos de las caderas. (9) El saco de dormir con sus dos accesorios (un colchón y una manta para poner en el suelo) son los artículos que se deben de tener en cuenta a continuación en la lista de los elementos básicos. (10) El cuarto e último elemento es la tienda o alguna protección de emergencia. (11) Un refugio barato es una tienda hecha de tubos de plástico.

11. Oración 1: **Cuando se compra comida nutritiva, se enfatizan los cuatro aliméntos básicos.**

    ¿Qué corrección se debería hacer en esta oración?

    (1) cambia <u>enfatizan</u> por <u>enfatisan</u>
    (2) sacar la coma después de <u>nutritiva</u>
    (3) cambiar <u>nutritiva</u> por <u>nutritiba</u>
    (4) sacar el acento a <u>aliméntos</u>
    (5) sin error

12. Oración 2: **El excursionismo también tiene sus cuatro elementos básicos y que presentamos en orden de importancia: unas botas para caminar, una mochila, un equipo de dormir y una tienda.**

    ¿Qué corrección se debería hacer en esta oración?

    (1) cambiar <u>excursionismo</u> por <u>escursionismo</u>
    (2) cambiar <u>elementos</u> por <u>elamentos</u>
    (3) cambiar <u>presentamos</u> por <u>presentemos</u>
    (4) cambiar <u>para</u> por <u>de</u>
    (5) sin error

13. Oraciones 3 y 4: **La selección de las botas de excursionismo debería ser su prioridad. Incluso un solo día de excursión puede resultarle miserable si no lleva unas botas confortables.**

    ¿Cuál es la mejor manera de conectar las dos oraciones?

    (1) prioridad, sin embargo
    (2) prioridad. Puesto que
    (3) prioridad, ya que
    (4) prioridad, de tal manera que
    (5) prioridad, entonces

CONTINUE EN LA PAGINA SIGUIENTE

PRUEBA 1: EXPRESIÓN ESCRITA, PARTE I

14. Oración 5: **Hoy en día, los excursionistas prefieren botas que son de seis pulgadas de alto, están hechas en piel y con suelas muy gruesas.**

    ¿Qué corrección se debería hacer en esta oración?

    (1) sacar la coma después de <u>día</u>
    (2) cambiar <u>son</u> por <u>sean</u>
    (3) poner acento a <u>seís</u>
    (4) cambiar <u>en piel</u> por <u>de piel</u>
    (5) sin error

15. Oración 6: **Pruebe las botas en pequeñas <u>caminatas, antes de</u> realizar una excursión larga.**

    ¿Cuál es la mejor manera de escribir la parte de la oración que se encuentra subrayada? Si cree que la versión original es la correcta, escoja la opción 1.

    (1) caminatas, antes de
    (2) caminatas; antes de
    (3) caminatas: antes de
    (4) caminatas. Antes de
    (5) caminatas… antes de

16. Oración 7: **Cuando vaya a comprar una mochila, encontrará una amplia coleción de estilos, formas y materiales para escoger.**

    ¿Qué corrección se debería hacer en esta oración?

    (1) cambiar <u>vaya</u> por <u>va</u>
    (2) sacar la coma después de <u>mochila</u>
    (3) cambiar <u>encontrará</u> por <u>encontraría</u>
    (4) cambiar <u>coleción</u> por <u>colección</u>
    (5) sin error

17. Oración 8: **La mochila debe tener correas tanto para la espalda como para la cintura. Las correas para la cintura se han diseñado para que no todo el peso recaiga en la espalda, sino que se reparta también con los robustos huesos de las caderas.**

    ¿Qué corrección se debería hacer en esta oración?

    (1) cambiar <u>se han</u> por <u>se habían</u>
    (2) cambiar <u>reparta</u> por <u>reparte</u>
    (3) cambiar <u>como</u> por <u>y</u>
    (4) cambiar <u>con</u> por <u>por</u>
    (5) sin error

18. Oración 9: **El saco de dormir con sus dos accesorios (un colchón y una manta para poner en el suelo) son los artículos que se deben de tener en cuenta a continuación en la lista de los elementos básicos.**

    Si escribe de nuevo la oración empezando como sigue:

    Otros artículos que se deben de tener en cuenta en la lista de los elementos básicos…

    …deberá continuarla con:

    (1) han sido
    (2) habrían sido
    (3) hubieran sido
    (4) son
    (5) serán

19. Oraciones 10 y 11: **El cuarto e último elemento es la tienda o alguna protección de emergencia. Un refugio barato es una tienda hecha de tubos de plástico.**

    ¿Qué corrección se debería hacer en esta oración?

    (1) cambiar <u>El</u> por <u>La</u>
    (2) cambiar <u>e</u> por <u>y</u>
    (3) cambiar <u>emergencia</u> por <u>emerjencia</u>
    (4) cambiar <u>tubos</u> por <u>tuvos</u>
    (5) sin error

CONTINUE EN LA PAGINA SIGUIENTE

PRUEBA 1: EXPRESIÓN ESCRITA, PARTE I

<u>Las preguntas 20 a 27</u> se basan en los siguientes párrafos.

(1) Hemos nacido para ser creativos en un mundo rico en diseño creativo rico en recursos naturales con gente que considera la creatividad como algo divertido y necesario. (2) La artesanía es una de las grandes herencias de nuestra nación. (3) En los días de los pioneros, el artesano itinerante viajaba de casa en casa, vendiendo sus mercancías y ganándose el dinero para sobrevivir con sus tejidos, cubrecamas o artículos de madera talladas a mano para la cocina o el granero. (4) Si la gente le gusta la artesanía que se hacía en el pasado, puede que también esté interesada en probar sus "habilidades manuales". (5) Esta gente no sólo tiene a su disposición la riquesa de los recursos naturales y temas contemporáneos para sus creaciones, sino que también tiene materiales sintéticos y maquinaria más rápida y eficiente para ayudarla en su creatividad; (6) Sus productos sólo están limitados por la imaginación, la habilidad y los conocimientos de diseño.

(7) La gente que vive en un área rodeada de bosques y ama coleccionar objetos naturales inusuales, puede empezar a juntar piñas y ramas de pino para crear centros de mesa y coronas Navideñas. (8) Si al hombre de la familia le gusta cazar, la familia puede hacer creaciones con plumas. (9) Las guirnaldas de plumas ya se hacían hace muchos años.

20. Oración 1: **Hemos nacido para ser creativos en un mundo rico en diseño creativo rico en recursos naturales con gente que considera la creatividad como algo divertido y necesario.**

    ¿Qué corrección se debería hacer en esta oración?

    (1) poner comas después de <u>creativo</u> y <u>naturales</u>
    (2) cambiar <u>diseño</u> por <u>disegnio</u>
    (3) poner acento a <u>nacído</u>
    (4) poner dos puntos después de <u>creativo</u>
    (5) sin error

21. Oraciones 2 y 3: **La artesanía es una de las grandes herencias de nuestra <u>nación. En</u> los días de los pioneros, el artesano itinerante viajaba de casa en casa, vendiendo sus mercancías y ganándose el dinero para sobrevivir con sus tejidos, cubrecamas o artículos de madera talladas a mano para la cocina o el granero.**

    ¿Cuál es la mejor manera de escribir la parte de la oración que se encuentra subrayada? Si cree que la versión original es la correcta, escoja la opción 1.

    (1) nación. En
    (2) nación: en
    (3) nación—en
    (4) nación, en
    (5) nación, En

22. Oración 3: **En los días de los pioneros, el artesano itinerante viajaba de casa en casa, vendiendo sus mercancías y ganándose el dinero para sobrevivir con sus tejidos, cubrecamas o artículos de madera talladas a mano para la cocina o el granero.**

    ¿Qué corrección se debería hacer en esta oración?

    (1) sacar la coma después de <u>pioneros</u>
    (2) cambiar <u>itinerante</u> por <u>intinerante</u>
    (3) sacar el acento a <u>mercancías</u>
    (4) cambiar <u>talladas</u> por <u>tallados</u>
    (5) sin error

23. Oración 4: **Si la gente le gusta la artesanía que se hacía en el pasado, puede que también esté interesada en probar sus "habilidades manuales".**

    ¿Qué corrección se debería hacer en esta oración?

    (1) sacar el acento en <u>artesanía</u>
    (2) añadir <u>a</u> después de <u>Si</u>
    (3) sacar la coma después de <u>pasado</u>
    (4) cambiar <u>esté</u> por <u>estaba</u>
    (5) sin error

CONTINUE EN LA PAGINA SIGUIENTE

PRUEBA 1: EXPRESIÓN ESCRITA, PARTE I

24. Oración 5: **Esta gente no sólo tiene a su disposición la riquesa de los recursos naturales y temas contemporáneos para sus creaciones, sino que también tiene materiales sintéticos y maquinaria más rápida y eficiente para ayudarla en su creatividad;**

¿Qué corrección se debería hacer en esta oración?

(1) cambiar <u>riquesa</u> por <u>riqueza</u>
(2) cambiar <u>disposición</u> por <u>disposisión</u>
(3) cambiar <u>sino</u> por <u>si no</u>
(4) sacar el acento a <u>más</u>
(5) sin error

25. Oraciones 5 y 6: **Esta gente no sólo tiene a su disposición la riquesa de los recursos naturales y temas contemporáneos sus creaciones, sino que también tiene materiales sintéticos y maquinaria más rápida y eficientes para ayudarla en su <u>creatividad; Sus</u> productos sólo están limitados por la imaginación, la habilidad y los conocimientos de diseño.**

¿Cuál es la mejor manera de escribir la parte de la oración que se encuentra subrayada? Si cree que la versión original es la correcta, escoja la opción 1.

(1) creatividad; Sus
(2) creatividad, sus
(3) creatividad. sus
(4) creatividad. Sus
(5) creatividad—sus

26. Oración 7: **La gente que vive en un área rodeada de bosques ama coleccionar objetos naturales inusuales, puede empezar a juntar piñas y ramas de pino para crear centros de mesa y coronas Navideñas.**

¿Qué corrección se debería hacer en esta oración?

(1) cambiar <u>un</u> por <u>una</u>
(2) cambiar <u>inusuales</u> por <u>innusuales</u>
(3) sacar la coma después de <u>inusuales</u>
(4) sacar la mayúscula en <u>Navideñas</u>
(5) sin error

27. Oraciones 8 y 9: **Si al hombre de la familia le gusta cazar, la familia puede hacer creaciones con plumas. Las guirnaldas de plumas ya se hacían hace muchos años.**

¿Cuál es la mejor manera de conectar las dos oraciones?

(1) plumas, por ejemplo las guirnaldas
(2) plumas, por esto las guirnaldas
(3) plumas, debido a que las guirnaldas
(4) plumas: las guirnaldas de plumas
(5) plumas, además de las guirnaldas

<u>Las preguntas 28 a 36</u> se basan en los siguientes párrafos.

(1) La vivienda es el centro de la vida privada familiar, la naturaleza de la vivienda tiene un efecto directo en la calidad de vida de la familia. (2) La vivienda efecta la salud, el tiempo y la energía que se requieren para mantener una familia, cuidar sus miembros, sus actitudes, su moral y sus satisfacciones personales. (3) También influye sobre la manera en que una familia se relaciona con otra, con el barrio y con la comunidad.

(4) Las familias no, esperan o buscan viviendas que sean idénticas. (5) Las familias con limitados recursos están más interesadas en asegurarse una vivienda limpia, segura y razonablemente cómoda que encontrando un lugar para vivir que sea psicológicamente estimulante. (6) Al mismo tiempo, muchas familias que tienen ingresos elevados pueden ir más allá de las viviendas básicas y satisfacer sus necesidades a un nivel de vivienda más alto.

(7) Sin embargo, como nación cada vez estamos más preocupados con la vivienda que es algo más que una mera subsistencia física. (8) En otras palabras, esencialmente todas las familias estadounidenses están aumentando sus expectativas sobre la vivienda. (9) El tema que domina la vivienda es el de las casas unifamiliares.

(10) Sólo cuando las familias puedan identificar mejor sus requisitos y cuando los constructores y la administración pública tengan mayor sensibilidad a las necesidades humanas,

CONTINUE EN LA PAGINA SIGUIENTE

podrá la nación tener mayor variedad de diseños de casas, construcciones y servicios de acuerdo con los propósitos de las familias.

28. Oración 1: **La vivienda es el centro de la vida privada <u>familiar, la naturaleza</u> de la vivienda tiene un efecto directo en la calidad de vida de la familia.**

    ¿Cuál es la mejor manera de escribir la parte de la oración que se encuentra subrayada? Si cree que la versión original es la correcta, escoja la opción 1.

    (1) familiar, la naturaleza
    (2) familiar; la naturaleza
    (3) familiar: la naturaleza
    (4) familiar: La naturaleza
    (5) familiar. La naturaleza

29. Oración 2: **La vivienda influye sobre la salud, el tiempo y la energía que se requieren para mantener una familia, cuidar sus miembros, sus actitudes, su moral y sus satisfacciones personales.**

    ¿Qué corrección se debería hacer en esta oración?

    (1) cambiar <u>efecta</u> por <u>afecta</u>
    (2) sacar el acento a <u>energía</u>
    (3) sacar la coma después de sus <u>miembros</u>
    (4) cambiar <u>satisfacciones</u> por <u>satisfaxiones</u>
    (5) sin error

30. Oración 3: **También influye sobre la manera en que una familia se relaciona con otra, con el barrio y con la comunidad.**

    ¿Qué corrección se debería hacer en esta oración?

    (1) poner acento en <u>que</u>
    (2) cambiar <u>relaciona</u> por <u>relacionan</u>
    (3) sacar la coma después de <u>otra</u>
    (4) cambiar <u>comunidad</u> por <u>comunitad</u>
    (5) sin error

31. Oración 4: **Las familias no, esperan o buscan viviendas que sean idénticas.**

    ¿Qué corrección se debería hacer en esta oración?

    (1) cambiar <u>viviendas</u> por <u>vivenda</u>
    (2) poner una coma después de <u>esperan</u>
    (3) sacar la coma después de <u>no</u>
    (4) sacar el acento en <u>idénticas</u>
    (5) sin error

32. Oración 5: **Las familias con limitados recursos están más interesadas en asegurarse una vivienda limpia, segura y razonablemente cómoda que encontrando un lugar para vivir que sea psicológicamente estimulante.**

    ¿Qué corrección se debería hacer en esta oración?

    (1) sacar la coma después de <u>limpia</u>
    (2) cambiar <u>encontrando</u> por <u>encontrar</u>
    (3) cambiar <u>psicológicamente</u> por <u>sicológicamente</u>
    (4) poner acento a <u>estimulánte</u>
    (5) sin error

33. Oración 6: **Al mismo tiempo, muchas familias que tienen ingresos elevados pueden ir más allá de las viviendas básicas y satisfacer sus necesidades a un nivel de vivienda más alto.**

    ¿Qué corrección se debería hacer en esta oración?

    (1) poner una coma después de <u>elevados</u>
    (2) cambiar <u>satisfacer</u> por <u>satisfaciendo</u>
    (3) cambiar <u>sus</u> por <u>las</u>
    (4) poner acento en <u>nivél</u>
    (5) sin error

CONTINUE EN LA PAGINA SIGUIENTE

34. Oración 7: **Sin embargo, como nación cada vez estamos más preocupados con la vivienda que es algo más que una mera subsistencia física.**

Si escribe de nuevo la frase empezando por:

La vivienda como algo más que una mera subsistencia física...

...deberá continuarla con:

(1) como nación
(2) nos parece como nación
(3) es lo que pensamos como nación
(4) nos preocupa como nación
(5) nos preocupa a la nación

35. Oraciones 8 y 9: **En otras palabras, esencialmente todas las familias estadounidenses están aumentando sus expectativas sobre la vivienda. El tema que domina la vivienda es el de las casas unifamiliares.**

¿Cuál es la mejor manera de conectar las dos oraciones?

(1) vivienda, pero domina el tema de las casas unifamiliares
(2) vivienda y domina el tema de las casas unifamiliares
(3) vivienda, aunque domina el tema de las casas unifamiliares
(4) vivienda, siendo el tema dominante el de las casas unifamiliares
(5) vivienda, al dominar el tema de las casa unifamiliares

36. Oración 10: **Sólo cuando las familias puedan identificar mejor sus requisitos y cuando los constructores y la administración pública tengan mayor sensibilidad a las necesidades humanas, podrá la nación tener mayor variedad de diseños de casas, construcciones y servicios de acuerdo con los propósitos de las familias.**

Si escribe de nuevo la frase empezando por:

La nación podrá tener mayor variedad de...

...deberá continuarla con:

(1) mientras las familias identifican mejor sus requisitos
(2) al ver que las familias identifican mejor sus requisitos
(3) cuando las familias identificarán mejor sus requisitos
(4) cuando las familias identifiquen mejor sus requisitos
(5) cuando las familias identificarían mejor sus requisitos

Las preguntas 37 a 45 se basan en los siguientes párrafos.

(1) El seguro de auto puede ser comprado como un conjunto de coberturas o cada cobertura del conjunto se puede comprar por separada. (2) El seguro de riesgo que es la parte principal de la póliza de un auto cubre los gastos por las lesiones humanas y los daños a la propiedad ajena, cuando usted es el responsable legal del accidente. (3) La cobertura de riesgo, que se establece por separado para las lesiones humanas y daño a la propiedad, cubre los gastos por lesiones ajenas, pero no las suyas. (4) La cobertura médica cubre las cuotas médicas de sus pasajeros, sin tener en cuenta quien es el culpable del accidente. (5) La cobertura por motoristas sin seguro le ofrece protección a usted, a su esposa y a sus hijos en residencia, si son atropellados por un motorista sin seguro o golpeando cuando están

CONTINUE EN LA PAGINA SIGUIENTE

PRUEBA 1: EXPRESIÓN ESCRITA, PARTE I

conduciendo o caminando por un motorista que se da a la fuga.

(6) El seguro por colisión cubre los gastos de su auto cuando choca con otro vehículo o un objeto como un árbol, un poste de teléfono etc.

(7) La cobertura de colisión normalmente es descontable. (8) Cuanto más grande sea la cantidad a descontar, menos vale la prima.

(9) Las pérdidas por incendio, vandalismo, robo, colisión con animales, explosiones, inundaciones se cubren a través de una extensa cobertura contra todo riesgo.

(10) La cobertura de muerte en accidente y desmembramiento cubre los gastos totales por la muerte en accidente de auto, pérdida de miembros del cuerpo, cegera, fracturas y dislocaciones, más los beneficios semanales por incapacidad.

37. Oración 1: **El seguro de auto puede ser comprado como un conjunto de coberturas o cada cobertura del conjunto se puede comprar por separada.**

    ¿Qué corrección se debería hacer en esta oración?

    (1) cambiar <u>coberturas</u> por <u>coverturas</u>
    (2) cambiar <u>ser</u> por <u>estar</u>
    (3) poner acento a <u>cómo</u>
    (4) cambiar <u>separada</u> por <u>separado</u>
    (5) sin error

38. Oración 2: **El seguro de riesgo que es la parte principal de la póliza de un auto cubre los gastos por las lesiones humanas y los daños a la propiedad ajena, cuando usted es el responsable legal del accidente.**

    ¿Qué corrección se debería hacer en esta oración?

    (1) poner comas después de <u>riesgo</u> y después de <u>auto</u>
    (2) cambiar <u>lesiones</u> por <u>leciones</u>
    (3) sacar la coma después de <u>ajena</u>
    (4) cambiar <u>accidente</u> por <u>acidente</u>
    (5) sin error

39. Oración 3: **La cobertura de riesgo, que se establece por separado para las lesiones humanas y el daño a la propiedad, cubre los gastos por lesiones ajenas, pero no las suyas.**

    ¿Qué corrección se debería hacer en esta oración?

    (1) cambiar <u>establece</u> por <u>establecía</u>
    (2) sacar la coma después de <u>riesgo</u>
    (3) cambiar <u>ajenas</u> por <u>ahenas</u>
    (4) cambiar <u>suyas</u> por <u>propias</u>
    (5) sin error

40. Oración 4: **La cobertura médica cubre las cuotas médicas de sus pasajeros, sin tener en cuenta quien es el culpable del accidente.**

    ¿Qué corrección se debería hacer en esta oración?

    (1) cambiar <u>cubre</u> por <u>cubren</u>
    (2) cambiar <u>cuotas</u> por <u>quotas</u>
    (3) poner acento a <u>quién</u>
    (4) cambiar <u>culpable</u> por <u>culpado</u>
    (5) sin error

41. Oración 5: **La cobertura por motoristas sin seguro le ofrece protección a usted, a su esposa y a sus hijos en residencia, si son atropellados por un motorista sin seguro o golpeando cuando están conduciendo o caminando por un motorista que se da a la fuga.**

    ¿Qué corrección se debería hacer en esta oración?

    (1) cambiar <u>le</u> por <u>lo</u>
    (2) cambiar <u>protección</u> por <u>proteción</u>
    (3) cambiar <u>atropellados</u> por <u>atropeyados</u>
    (4) cambiar <u>golpeando</u> por <u>golpeados</u>
    (5) sin error

CONTINUE EN LA PAGINA SIGUIENTE

PRUEBA 1: EXPRESIÓN ESCRITA, PARTE I

42. Oración 6: **El seguro por colisión cubre los gastos de su auto cuando choca con otro vehículo o un objeto como un árbol, un poste de teléfono etc.**

    ¿Qué corrección se debería hacer en esta oración?

    (1) cambiar <u>colisión</u> por <u>colición</u>
    (2) cambiar <u>vehículo</u> por <u>veículo</u>
    (3) poner una coma después de <u>teléfono</u>
    (4) escribir <u>etcétera</u> en vez de la abreviatura
    (5) sin error

43. Oraciones 7 y 8: **La cobertura de colisión normalmente es descontable. <u>Cuanto más grande sea la cantidad a descontar, menos vale la prima.</u>**

    ¿Cuál es la mejor manera de escribir la parte de la oración que se encuentra subrayada? Si cree que la versión original es la correcta, escoja la opción 1.

    (1) descontable. Cuanto
    (2) descontable—Cuanto
    (3) descontable... Cuanto
    (4) descontable; cuanto
    (5) descontable: Cuanto

44. Oración 9: **Las pérdidas por incendio, vandalismo, robo, colisión con animales, explosiones, inundaciones se cubren a través de una extensa cobertura contra todo riesgo.**

    Si escribe de nuevo la oración empezando por:

    Una extensa cobertura contra todo riesgo

    ...deberá continuarla con:

    (1) causa pérdidas
    (2) ha cubierto
    (3) a través de
    (4) hubiera cubierto
    (5) cubre

45. Oración 10: **La cobertura de muerte en accidente y desmembramiento cubre los gastos totales por la muerte en accidente de auto, pérdida de miembros del cuerpo, cegera, fracturas y dislocaciones, más los beneficios semanales por incapacidad.**

    ¿Qué corrección se debería hacer en esta oración?

    (1) cambiar <u>desmembramiento</u> por <u>desmenbramiento</u>
    (2) sacar el acento a <u>pérdida</u>
    (3) sacar la coma después de <u>cuerpo</u>
    (4) cambiar <u>cegera</u> por <u>ceguera</u>
    (5) sin error

Las preguntas 46 a 55 se basan en los siguientes párrafos.

(1) Cómo puede buscar ayuda en su comunidad, suponiendo que usted y su familia no puede satisfacer sus propias necesidades o resolver sus propios problemas.
(2) No es fácil, pero puede conseguirlo,
(3) la mayoría de los estadounidenses, en casi todas las comunidades, pueden encontrar todo tipo de ayuda necesaria en su área local.
(4) En casi cada ciudad de la Nación, hay un directorio de teléfono clasificado llamado *Páginas amarillas*. Cualquier servicio público, voluntario o privado que exista, lo puede encontrar en el apartado llamado "Organizaciones de Servicios Sociales".
(5) Si usamos el listín telefónico de Washington D.C. como ejemplo, las organizaciones debajo de este apartado sobrepasan el centenar y van desde "Hermanos Grandes" al "Consejo de Rehabilitación de Adultos y Jóvenes". (6) En su listín de teléfonos puede que haya tan sólo cuatro agencias donde pueda llamar pidiendo ayuda, aunque por otra parte tal vez haya 400. (7) Cuanto más larga sea la lista, desafortunadamente, más difícil es decidir qué organización elegir para que le resuelva un problema en particular.
(8) Aunque sea extraño, el mejor lugar para llamar o visitar es la oficina pública de asuntos sociales de su localidad o condado (en algunas áreas les llaman servicios sociales o asistencia

CONTINUE EN LA PAGINA SIGUIENTE

PRUEBA 1: EXPRESIÓN ESCRITA, PARTE I

pública), tan si tiene o no dinero para pagar por la ayuda que necesita. (9) Según el Acta de la Seguridad Social, todas las agencias Federales de bienestar locales deben proporcionar información y servicios de referencia a todos, sin excepción por razones de pobreza, etc.

(10) Precísase una palabra sobre un problema especial: el problema de a dónde dirigir a una persona que no habla inglés para que le den ayuda. (11) Debido al crecimiento de este problema, varias organizaciones voluntarias se están creando en comunidades donde hay un gran número de minorías étnicas.

46. Oración 1: **Cómo puede buscar ayuda en su comunidad, suponiendo que usted y su familia no puede satisfacer sus propias necesidades o resolver sus propios problemas.**

    ¿Qué corrección se debería hacer en esta oración?

    (1) sacar la coma después de <u>comunidad</u>
    (2) cambiar <u>suponiendo</u> por <u>asumido</u>
    (3) cambiar <u>satisfacer</u> por <u>satisfazer</u>
    (4) cambiar <u>no puede</u> por <u>no pueden</u>
    (5) sin error

47. Oraciones 2 y 3: **No es fácil, pero puede <u>conseguirlo, la mayoría</u> de los estadounidenses, en casi todas las comunidades, pueden encontrar todo tipo de ayuda necesaria en su área local.**

    ¿Cuál es la mejor manera de conectar las dos oraciones?

    (1) conseguirlo, la mayoría
    (2) conseguirlo, aunque la mayoría
    (3) conseguirlo, mientras que la mayoría
    (4) conseguirlo, por lo tanto la mayoría
    (5) conseguirlo. La mayoría

48. Oración 4: **En casi cada ciudad de la Nación, hay un directorio de teléfono clasificado llamado *Páginas amarillas*. Cualquier servicio público, voluntario o privado que exista, lo puede encontrar en el apartado llamado "Organizaciones de Servicios Sociales".**

    ¿Qué corrección se debería hacer en esta oración?

    (1) sacar la mayúscula en <u>Nación</u>
    (2) poner en minúscula *Páginas amarillas*
    (3) sacar el acento a <u>publico</u>
    (4) sacar las comillas en "<u>Organizaciones de Servicios Sociales</u>"
    (5) sin error

49. Oración 5: **Si usamos el listín telefónico de Washington D.C. como ejemplo, las organizaciones debajo de este apartado sobrepasan el centenar y van desde "Hermanos Grandes" al "Consejo de Rehabilitación de Adultos y Jóvenes".**

    ¿Qué corrección se debería hacer en esta oración?

    (1) sacar el acento en <u>listín</u>
    (2) sacar la coma después de <u>ejemplo</u>
    (3) poner en minúscula <u>Hermanos Grandes</u>
    (4) cambiar <u>Rehabilitación</u> por <u>Reabilitación</u>
    (5) sin error

50. Oración 6: **En su listín de teléfonos puede que haya tan sólo cuatro agencias donde pueda llamar pidiendo ayuda, aunque por otra parte tal vez haya 400.**

    Si escribe de nuevo la oración empezando por:

    Sólo cuatro agencias donde puede llamar pidiendo ayuda

    ...deberá continuarla con:

    (1) puede que existirán
    (2) puede que existan
    (3) puede que existen
    (4) puede que existiesen
    (5) puede que existieren

CONTINUE EN LA PAGINA SIGUIENTE

PRUEBA 1: EXPRESIÓN ESCRITA, PARTE I

51. Oración 7: **Cuanto más larga sea la lista, desafortunadamente, más difícil es decidir qué organización elegir para que le resuelva un problema en particular.**

    ¿Qué corrección se debería hacer en esta oración?

    (1) poner acento a <u>Cuánto</u>
    (2) cambiar <u>sea</u> por <u>es</u>
    (3) cambiar <u>desafortunadamente</u> por <u>desafortunio</u>
    (4) cambiar <u>resuelva</u> por <u>resuelba</u>
    (5) sin error

52. Oración 8: **Aunque sea extraño, el mejor lugar para llamar o visitar es la oficina pública de asuntos sociales de su localidad o condado (en algunas áreas les llaman servicios sociales o asistencia pública), tan si tiene o no dinero para pagar por la ayuda que necesita.**

    ¿Qué corrección se debería hacer en esta oración?

    (1) cambiar <u>extraño</u> por <u>estraño</u>
    (2) poner mayúsculas en <u>Oficina Pública de Asuntos Sociales</u>
    (3) cambiar <u>asistencia</u> por <u>asistensia</u>
    (4) cambiar <u>tan</u> por <u>tanto</u>
    (5) sin error

53. Oración 9: **Según el Acta de la Seguridad Social, todas las agencias Federales de bienestar locales deben proporcionar información y servicios de referencia a todos, sin excepción por razones de pobreza, etc.**

    ¿Qué corrección se debería hacer en esta oración?

    (1) sacar las mayúsculas en el <u>Acta de la Seguridad Social</u>
    (2) cambiar <u>agencias</u> por <u>agencies</u>
    (3) sacar la mayúscula en <u>Federales</u>
    (4) cambiar <u>excepción</u> por <u>ecsepción</u>
    (5) sin error

54. Oración 10: **Precísase una palabra sobre un problema especial: el problema de a dónde dirigir a una persona que no habla inglés para que le den ayuda.**

    ¿Qué corrección se debería hacer en esta oración?

    (1) cambiar <u>Precísase</u> por <u>Se precisa</u>
    (2) sacar los dos puntos después de <u>especial</u>
    (3) cambiar <u>a dónde</u> por <u>adónde</u>
    (4) sacar el acento a <u>inglés</u>
    (5) sin error

55. Oración 11: **Debido al crecimiento de este problema, varias organizaciones voluntarias se están creando en comunidades donde hay un gran número de minorías étnicas.**

    ¿Qué corrección se debería hacer en esta oración?

    (1) cambiar <u>Debido</u> por <u>Porque</u>
    (2) sacar el acento a <u>número</u>
    (3) cambiar <u>organizaciones</u> por <u>organisaciones</u>
    (4) cambiar <u>hay</u> por <u>haya</u>
    (5) sin error

CONTINUE EN LA PAGINA SIGUIENTE

PRUEBA 1: EXPRESIÓN ESCRITA, PARTE II

Instrucciones

Esta parte de la Prueba de Expresión Escrita tiene como propósito valorar su habilidad de expresarse por escrito. Se le pide que escriba una composición para explicar algo o presentar su opinión sobre algún tema. Se le recomienda que siga los siguientes pasos:

1. Lea detenidamente las instrucciones y el tema de la composición que se le ha indicado.

2. Antes de empezar a escribir, desarrolle mentalmente lo que va a presentar.

3. Use un papel en blanco como borrador para anotar sus ideas y hacer apuntes.

4. Escriba su composición en las hojas de la libreta de respuestas que tiene por separado.

5. Lea cuidadosamente lo que ha escrito y haga cualquier cambio que pueda mejorarlo.

6. Compruebe la organización de los párrafos, la estructura de las oraciones, la ortografía, la puntuación, el uso de mayúsculas y la gramática. Haga cualquier corrección si lo cree necesario.

Tiene 45 minutos para escribir sobre el tema indicado abajo.

La juventud ha sido siempre una gran preocupación para la sociedad estadounidense.

Las opiniones sobre la juventud de nuestra nación son muy diferentes. Algunos tienen estima por los jóvenes estadounidenses. Otros se preguntan adónde irá a parar esta parte de la población.

En un ensayo de aproximadamente 200 palabras presente su punto de vista sobre la juventud de hoy en los Estados Unidos. Su evaluación pueden incluir argumentos positivos, negativos o ambos. Apoye sus opiniones con razones y ejemplos.

FIN DEL EXAMEN

PRUEBA 2: ESTUDIOS SOCIALES

Instrucciones

La Prueba de Estudios Sociales consiste en preguntas de opción múltiple y tiene como propósito valorar sus conocimientos generales sobre estudios sociales. Las preguntas están relacionadas con selecciones cortas que a veces incluyen gráficas, tablas y dibujos. Estudie la información que ofrece cada selección y conteste las preguntas. Relea la información cuantas veces sea necesario para contestar una pregunta.

Dispone de 85 minutos para contestar las preguntas. Trabaje con cuidado, pero no dedique demasiado tiempo a una sola pregunta. Asegúrese de que ha contestado cada pregunta. No se le penalizará por respuestas incorrectas.

Para indicar sus respuestas en la hoja de respuestas, llene uno de los óvalos numerados que aparecen al lado del número de la pregunta de la prueba que está contestando.

POR EJEMPLO:

Los primeros colonizadores de América del Norte buscaban lugares donde asentarse que tuvieran un suministro de agua adecuado y en donde se pudiera llegar por barco. Por eso, muchas de las primeras ciudades se crearon cerca

(1) de las montañas   ① ② ● ④ ⑤
(2) de las praderas
(3) de los ríos
(4) de los glaciares
(5) de las mesetas

La respuesta correcta es "de los ríos"; por lo tanto, debe marcar el círculo número 3 en la hoja de respuestas.

CONTINUE EN LA PAGINA SIGUIENTE

PRUEBA 2: ESTUDIOS SOCIALES

Las preguntas 1 a 3 se basan en el siguiente pasaje.

El verdadero principio de la república es el poder de la gente de escoger a su gobernante. Este gran manantial de un gobierno libre, la elección popular, debe ser totalmente puro. Al respecto, la libertad más completa debe ser permitida. Cuando se obedece este principio, cuando en la organización del gobierno, el legislativo, el ejecutivo y el judicial mantienen su individualidad, cuando el legislativo está dividido en dos cámaras y las acciones de cada una están controladas y equilibradas y, por encima de todo, están sujetas a la vigilancia del gobierno de los Estados, entonces podremos entretenernos hablando de tiranía y subversión de nuestras libertades, seguros de que no ocurrirán. Este equilibrio entre el gobierno federal y los estatales es de una gran importancia.... Estoy convencido de que una firme unión es necesaria tanto para perpetuar nuestras libertades como para hacernos respetables....

—Alexander Hamilton

1. Según el pasaje, ¿qué creencia de las siguientes tiene Alexander Hamilton?

   (1) Los estados deben determinar las calificaciones para votar
   (2) El sufragio debe estar garantizado para todos los hombres adultos
   (3) El sufragio debe ser limitado
   (4) El sufragio no debe estar restringido
   (5) Los senadores de los Estados Unidos deben ser nombrados por los legisladores del estado

2. Hamilton considera todo lo siguiente como una salvaguardia del gobierno, a *excepción de*

   (1) las elecciones populares
   (2) la separación de los poderes del gobierno
   (3) la separación del legislativo en dos cámaras
   (4) los controles y equilibrios
   (5) la soberanía de los gobiernos de los estados

3. Hamilton cree que la característica más importante de la república es

   (1) la elección popular
   (2) los derechos de los estados
   (3) la milicia nacional
   (4) los impuestos federales
   (5) los controles y equilibrios

Las preguntas 4 a 6 se basan en el siguiente pasaje.

La organización de un partido político está planeada para influenciar a los votantes para que apoyen a sus candidatos. Por lo tanto, su base de operaciones directa es el distrito electoral, en el cual votan aproximadamente 700 ciudadanos.

Ordinariamente, los miembros del partido eligen dos jefes regionales del partido, o comisionados, en los comicios primarios anuales de otoño en septiembre, excepto si es un año de elecciones presidenciales, ya que entonces este acto ocurre en las elecciones primarias de primavera en junio. Sin embargo, el comité regional puede prolongar el término de servicio a dos años, puede pedir igual representación de ambos sexos (en este caso habrá un comisionado y una comisionada en cada distrito), puede nombrar hasta cuatro miembros en el comité de un distrito grande siempre que la representación sea proporcional. Lo importante es que la elección primaria es para cada partido una elección de sus propios representantes.

4. Las siguientes afirmaciones sobre los comisionados son verdaderas, a *excepción de que*

   (1) los dos son elegidos en las elecciones primarias de septiembre
   (2) los comicios tienen lugar en las primarias de junio si es un año de elecciones presidenciales
   (3) El término de servicio puede ser prolongado a dos años por el comité del distrito
   (4) un distrito grande puede tener hasta cuatro miembros en el comité
   (5) las mujeres no pueden prestar servicio en el comité

CONTINUE EN LA PAGINA SIGUIENTE

PRUEBA 2: ESTUDIOS SOCIALES

5. El objetivo de las elecciones primarias es

   (1) designar al candidato principal
   (2) asegurar la representación proporcional
   (3) igualar el voto para ambos sexos
   (4) elegir a los representantes de cada partido
   (5) nominar a cuatro comisionados por distrito

6. De acuerdo con el pasaje se puede deducir que

   (1) el cargo de comisionado es de escasa importancia
   (2) cada comisionado representa a cerca de 350 votantes
   (3) el comisionado está en funciones por dos años
   (4) el comité regional está compuesto de igual número de hombres y de mujeres
   (5) todos los candidatos a comisionado tienen la misma oportunidad de ser elegidos

Las preguntas 7 a 8 se basan en la siguiente caricatura.

7. La actividad de los Estados Unidos en Europa que se indica en la caricatura se refiere probablemente al papel de los Estados Unidos en

   (1) la Alianza por el Progreso
   (2) el Mercado Común
   (3) el Tratado Contra la Proliferación Nuclear
   (4) la Organización del Tratado del Atlántico Norte

   (5) el Acuerdo de Helsinki

8. Según la caricatura, se puede concluir que el caricaturista

   (1) Critica el papel de los Estados Unidos como "policía del mundo"
   (2) Favorece el imperialismo de los Estados Unidos
   (3) Apoya la política exterior de los Estados Unidos
   (4) Se opone a volver a una política aislacionista
   (5) Expresa su preocupación por la supervivencia del mundo

9. "Aceptar pasivamente un sistema injusto es cooperar con este sistema.... No cooperar con lo maligno es una obligación igual a la de cooperar con lo bueno. Pero [la violencia] no soluciona problemas sociales. Todo lo que hace es crear problemas nuevos y más complicados". El autor de esta declaración cree en

   (1) la tolerancia religiosa
   (2) la desobediencia civil
   (3) la ética situacional
   (4) la anarquía
   (5) el socialismo

CONTINUE EN LA PAGINA SIGUIENTE

PRUEBA 2: ESTUDIOS SOCIALES

<u>Las preguntas 10 a 12</u> se basan en la siguiente gráfica.

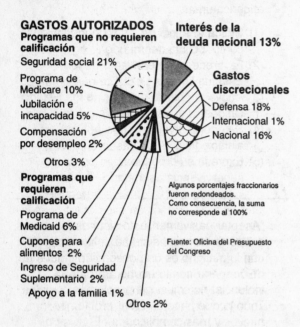

GASTOS AUTORIZADOS
Programas que no requieren calificación

Seguridad social 21%

Programa de Medicare 10%

Jubilación e incapacidad 5%

Compensación por desempleo 2%

Otros 3%

Programas que requieren calificación

Programa de Medicaid 6%

Cupones para alimentos 2%

Ingreso de Seguridad Suplementario 2%

Apoyo a la familia 1%

Otros 2%

Interés de la deuda nacional 13%

Gastos discrecionales

Defensa 18%

Internacional 1%

Nacional 16%

Algunos porcentajes fraccionarios fueron redondeados. Como consecuencia, la suma no corresponde al 100%

Fuente: Oficina del Presupuesto del Congreso

10. El rubro "gastos autorizados" corresponde a programas gubernamentales que proveen beneficios a los miembros de ciertos grupos. Algunos grupos tienen que ser evaluados para ver si tienen derecho a esos beneficios. Según el párrafo, el mayor gasto federal es en

   (1) la seguridad social
   (2) la defensa
   (3) el interés de la deuda nacional
   (4) el programa de Medicare
   (5) el programa de Medicaid

11. En los programas que requieren calificación, el que tiene mayor presupuesto es

   (1) Medicaid
   (2) Seguridad social
   (3) cupones para alimentos
   (4) apoyo a la familia
   (5) otros

12. El porcentaje de gastos federales que están autorizados es

   (1) 87%
   (2) 52%
   (3) 41%
   (4) 35%
   (5) 13%

<u>La pregunta 13</u> se basa en la siguiente caricatura.

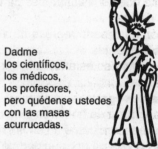

Dadme
los científicos,
los médicos,
los profesores,
pero quédense ustedes
con las masas
acurrucadas.

Adaptado de *World Press Review*. Noviembre 1980

13. La caricatura, que apareció en un periódico publicado en India, tergiversa la declaración grabada al pie de la Estatua de la Libertad para

   (1) convencer al lector del valor de la educación en los Estados Unidos
   (2) criticar a los Estados Unidos por no aceptar inmigrantes pobres
   (3) denunciar las políticas de inmigración en los países menos desarrollados
   (4) anunciar la necesidad de profesionales en los Estados Unidos
   (5) apoyar la imposición de cuotas para inmigrantes profesionales

CONTINUE EN LA PAGINA SIGUIENTE

PRUEBA 2: ESTUDIOS SOCIALES

<u>Las preguntas 14 a 16</u> se basan en el siguiente pasaje.

Se ha dicho que el aumento de las fusiones empresariales no provee nada para la economía en el sentido de nuevas inversiones, mientras que el desarrollo empresarial básico de una compañía individual enriquece la economía. Sin embargo, en muchos casos, una compañía tiene el capital disponible y otros ingredientes para el éxito en un nuevo negocio, pero sólo al adquirir una nueva compañía puede conseguir un ingrediente que no tenía antes, como es cierta mano de obra especializada. En este caso, la fusión de dos compañías significa una nueva inversión que no se habría producido con un desarrollo empresarial básico.

De hecho, la diversificación corporativa en el pasado ha servido para intensificar la competencia y continúa haciéndolo. Ninguna compañía puede considerar a sus competidores establecidos como sus únicos competidores en el futuro, pues puede ser que en un futuro se unan con otras industrias con las que ahora no están relacionados. Si aparecen nuevos competidores gracias a fusiones u otros medios, será solamente porque piensan en cómo poner en el mercado un mejor producto o vender a un precio más bajo.

14. La razón de las fusiones es

    (1) enfrentar nueva competencia
    (2) incrementar la diversificación
    (3) incrementar el capital disponible
    (4) aumentar el desarrollo empresarial básico
    (5) expandir las opciones del consumidor

15. El autor mantiene que el crecimiento por fusión es a veces necesario para

    (1) adquirir capital
    (2) reducir la competencia
    (3) hacer nuevas inversiones
    (4) ganar mano de obra especializada
    (5) mejorar la economía

16. Los motivos de las fusiones que se mencionan en este pasaje incluyen las siguientes, a *excepción de*

    (1) poner al mercado un producto mejor
    (2) vender a precios más bajos
    (3) obtener ganancias
    (4) conseguir un ingrediente que no se tenía
    (5) enfrentar la competencia actual

<u>Las preguntas 17 a 19</u> se basan en el siguiente pasaje.

Los estadounidenses son los peregrinos occidentales que llevan con ellos el arte, las ciencias, el vigor y la industria que florecieron en el Este. Ellos van a finalizar el gran círculo. Los estadounidenses estuvieron esparcidos por toda Europa. Aquí se incorporaron a una población que irá cobrando caracteres propios según los diferentes climas y parajes que sus miembros habitan. Los estadounidenses debieran amar este país más que el país donde ellos o sus antepasados nacieron, pues aquí las recompensas de su labor van al ritmo del progreso en su trabajo—un trabajo basado en el autointerés. Es decir, una tentación que no tiene rival.

17. La actitud del autor hacia los estadounidenses es de

    (1) cautela
    (2) interrogación
    (3) aprobación entusiasta
    (4) autointerés
    (5) prejuicio

18. El autor predice que los estadounidenses serán únicos debido a

    (1) la nueva forma de vida
    (2) un nuevo gobierno
    (3) un ambiente diferente
    (4) su propia labor
    (5) sus propios intereses

CONTINUE EN LA PAGINA SIGUIENTE

PRUEBA 2: ESTUDIOS SOCIALES

19. De acuerdo con el pasaje, el estadounidense debe ser leal a su nuevo país porque

    (1) aquí es un nuevo hombre
    (2) es una nueva patria
    (3) es un peregrino occidental
    (4) huyó de Europa
    (5) se beneficia con su trabajo

---

20. ¿Qué resultado importante trajo la mejora
de los medios de comunicación y de
transporte?

    (1) Los cambios en una parte del mundo
    pueden afectar enormemente al resto
    del mundo
    (2) Los países se han vuelto más
    nacionalistas
    (3) Las barreras para el comercio
    internacional se han abolido
    (4) Hay menos necesidad de
    organizaciones internacionales
    (5) Se ha erradicado el aislacionismo

21. Una familia extensa es un grupo de
parientes de consanguíneos o unidos por
matrimonio o adopción que viven cerca o
juntos, especialmente si están involucradas
tres generaciones. La familia nuclear, que
es la unidad social básica, está compuesta
por los padres y sus hijos viviendo en una
misma casa.

    La diferencia entre las dos familias es que
    en la familia extensa

    (1) No se definen claramente los comporta-
    mientos según la edad y el sexo
    (2) Los lazos familiares son débiles
    (3) Se permite el matrimonio entre los
    parientes más cercanos.
    (4) La residencia y los ingresos se
    comparten entre las diferentes
    generaciones
    (5) La madre es la figura dominante

Las preguntas 22 a 23 se basan en la siguiente
gráfica.

**DISTRIBUCIÓN DE LA POBLACIÓN MUNDIAL POR
REGIONES EXTENSAS 1990 Y 2025 (CALCULADA)**

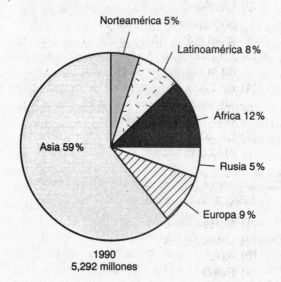

1990
5,292 millones

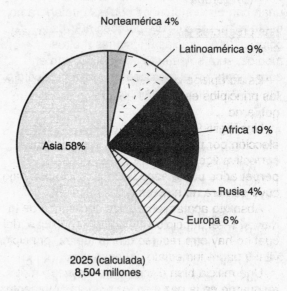

2025 (calculada)
8,504 millones

CONTINUE EN LA PAGINA SIGUIENTE

PRUEBA 2: ESTUDIOS SOCIALES

22. ¿Cuál de las siguientes afirmaciones es correcta?

  (1) La población en el mundo se duplicará entre 1990 y 2025

  (2) La distribución por regiones de la población del mundo se mantendrá igual entre 1990 y 2025

  (3) En 2025, habrá un gran desplazamiento de la población de Rusia a Europa

  (4) En 2025, el porcentaje de la población africana incrementará más que el de cualquier otra región

  (5) En 2025, Rusia reducirá su población más que nadie

23. La mayor disminución de población desde 1990 a 2025 será en

  (1) Norteamérica
  (2) Latinoamérica
  (3) Asia
  (4) Rusia
  (5) Europa

<u>Las preguntas 24 a 26</u> se basan en la siguiente cita.

Es apropiado que entiendan mi concepto de los principios esenciales generales de nuestro gobierno…

Una vigilancia constante del derecho de elección por parte del pueblo—una medida correctiva ligera y segura de los abusos perpetrados por la espada de la revolución bajo cuya sombra no hay remedios pacíficos.

Absoluto acatamiento a las decisiones de la mayoría—el principio vital de las repúblicas, del cual no hay otro recurso que la fuerza, principio vital y padre inmediato del despotismo.

Una milicia bien disciplinada—nuestro mejor resguardo en la paz y en los primeros momentos de la guerra, antes de que sea relevada por tropas regulares.

La supremacía de la autoridad civil sobre la militar.

La economía en los gastos públicos, para que la mano de obra no sea sacrificada.

El pago honesto de nuestras deudas y la sagrada preservación de la fe pública.

Libertad de religión.

Libertad de prensa.

La libertad individual bajo la protección del *habeas corpus* (acto de comparecencia).

Y un juicio por parte de un jurado elegido imparcialmente.

    —Thomas Jefferson, discurso inaugural

24. Todos los principios mencionados se encuentran en la constitución, a *excepción de*

  (1) la libertad de religión
  (2) la libertad de prensa
  (3) el derecho de elección por parte del pueblo
  (4) una milicia bien disciplinada
  (5) un juicio por un jurado

25. Un ejemplo de la supremacía de la autoridad civil sobre la militar es

  (1) la operación de la Guardia Nacional
  (2) el Pentágono
  (3) el presidente como comandante en jefe
  (4) la Agencia de Seguridad Nacional
  (5) el Consejo de Seguridad Nacional

26. La alternativa al "derecho de elección por parte del pueblo", según el pasaje, es

  (1) la fuerza
  (2) el despotismo
  (3) la guerra
  (4) las medidas pacíficas
  (5) la revolución

CONTINUE EN LA PAGINA SIGUIENTE

PRUEBA 2: ESTUDIOS SOCIALES

Las preguntas 27 a 28 se basan en el siguiente pasaje.

Un mapa es la representación de la superficie de la tierra, en su parte o totalidad, dibujada a escala en una superficie plana. Un mapa, para que cumpla completamente los objetivos para los que ha sido creado, debe generalmente disponer de ciertos elementos esenciales. Estos son el título, la clave de los datos, la dirección, la escala, la latitud, la longitud y la fecha.

La clave de los datos debería definir los símbolos usados en el mapa para explicar los colores o los patrones empleados, es decir, engloba los detalles de los mapas.

La escala se puede definir como la medida proporcional entre la distancia en el mapa y la distancia en la tierra. La escala puede mostrarse como una fracción, como por ejemplo $\frac{1}{62.500}$, es decir una unidad del mapa representa 62,500 unidades de la superficie de la tierra.

Una brújula que muestra la dirección es un elemento importante en cada mapa. En algunos mapas se puede eliminar cuando las paralelas que indican la latitud y los meridianos que indican la longitud son líneas rectas que se intersectan en ángulos rectos.

27. "Dibujada a escala" quiere decir

    (1) la dirección de las paralelas y las meridianas
    (2) la relación entre la distancia en el mapa y la distancia en la tierra
    (3) las escalas lineales
    (4) las escalas verbales
    (5) la latitud y la longitud

28. La brújula está asociada con

    (1) el título del mapa
    (2) la clave de los datos
    (3) la escala
    (4) la dirección
    (5) la latitud y la longitud

29. ¿Qué afirmación apoya mejor el argumento a favor de la expansión del poder federal en desmedro del poder de los estados en los Estados Unidos?

    (1) La interdependencia económica en todos los ámbitos de los Estados Unidos ha incrementado el número y la complejidad de los problemas nacionales
    (2) Un código penal uniforme se necesita para asegurar una imposición idéntica de la ley
    (3) El gobierno federal, con su sistema de controles y balances, garantiza mejor la libertad individual que los gobiernos de los estados
    (4) El incremento de la población ha hecho casi imposible que los gobiernos de los estados funcionen eficazmente
    (5) La corrupción es más probable que ocurra a nivel estatal

30. "…si las palabras pronunciados se usan en tales circunstancias y son de tal naturaleza que crean un peligro seguro e inmediato de causar nefastas consecuencias, el congreso tiene el derecho de proteger... La más estricta protección del derecho a la libertad de expresión no debería proteger a un hombre falsamente gritando 'incendio' en un teatro y causando el pánico".

    Esta cita indica que la libertad de expresión

    (1) está garantizada por la constitución
    (2) está sujeta a limitaciones
    (3) es claramente peligrosa y nociva
    (4) puede provocar pánico
    (5) es imposible de proteger

CONTINUE EN LA PAGINA SIGUIENTE

PRUEBA 2: ESTUDIOS SOCIALES

31. "...necesariamente se ha convertido en importante objetivo de nuestra política económica disminuir lo más posible la importación de productos extranjeros para el consumo familiar e incrementar lo más posible la exportación de los productos de nuestra industria nacional". Aunque estas palabras fueron escritas en 1776, se pueden aplicar perfectamente a los esfuerzos actuales de los Estados Unidos para tratar el problema de

    (1) la disminución de la renta nacional bruta
    (2) el aumento de las tarifas arancelarias
    (3) el superávit del presupuesto federal
    (4) el déficit en la balanza de pagos
    (5) el costo de la vida

La pregunta 32 se basa en la siguiente caricatura.

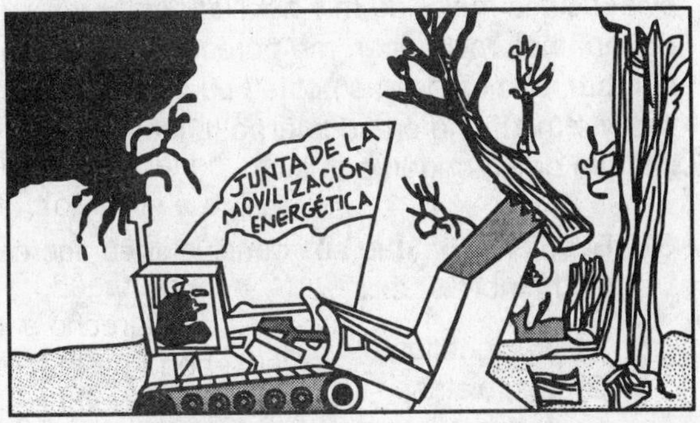

32. Según el caricaturista, ¿cuál es el resultado de permitir que la Junta de Movilización Energética determine la política del gobierno?

    (1) Un programa de rehabilitación masiva de las áreas urbanas
    (2) La cancelación de los beneficios de las leyes ambientales actuales
    (3) Un incremento de la tala de bosques para disminuir nuestra dependencia del petróleo extranjero
    (4) Un despeje de terrenos y construcción de casas para mejorar el desempleo de los trabajadores de la construcción
    (5) La creación de proyectos de trabajo auspiciados por el gobierno para combatir la inflación

Las preguntas 33 a 34 se basan en la siguiente gráfica, que muestra la relación entre la oferta y la demanda de bienes y servicios al consumidor en cinco modelos de economía diferentes.

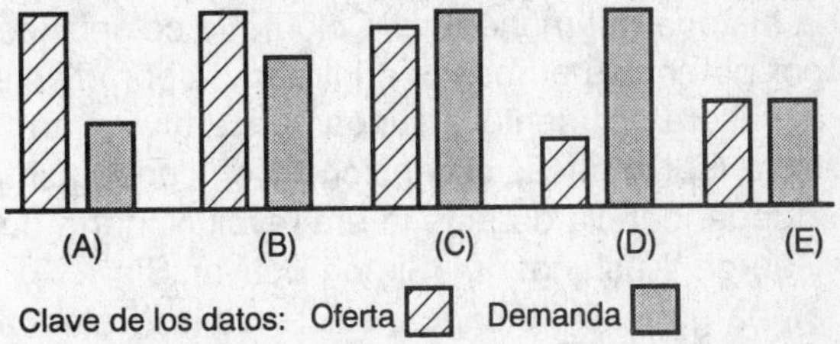

33. Si el modelo B representa la economía de los Estados Unidos, ¿qué acción posiblemente tomaría el gobierno para equilibrar la oferta y la demanda?

    (1) congelar los salarios
    (2) limitar el crédito al consumidor
    (3) reducir las tasas de impuestos a la renta
    (4) incrementar los impuestos a las ventas
    (5) incrementar las tasas de interés

34. ¿Qué modelo económico se parece más a la situación que tenía Estados Unidos durante los años 1929–1939?

    (1) A
    (2) B
    (3) C
    (4) D
    (5) E

CONTINUE EN LA PAGINA SIGUIENTE

PRUEBA 2: ESTUDIOS SOCIALES

<u>Las preguntas 35 a 36</u> se basan en el siguiente pasaje.

Latinoamérica tiene una herencia cultural muy rica y variada. Esta gran área fue traída a la historia del mundo por Colón, fue colonizada por potencias europeas e intregrada por ellas a la cultura occidental. Latinoamérica tuvo gran éxito (salvo pocas excepciones) en conseguir la independencia durante la era revolucionaria de George Washington y Simón Bolívar. Sin embargo, Latinoamérica, difiere de los Estados Unidos por haber podido preservar desde tiempos precolombinos una población indígena cuya cultura se entremezcló con la europea. Latinoamérica fue colonizada primero por los españoles y portugueses. Estos inculcaron en la gente una tradición religiosa católica, una economía basada en la agricultura, una clase gobernante terrateniente y una clase militar muy influyente. La independencia produjo veinte países. Mientras la parte de habla española quedó dividida en dieciocho estados, la parte portuguesa, representada por Brasil y Haití, estuvo durante largo tiempo bajo el dominio de los franceses.

35. Los países que colonizaron Latinoamérica trajeron lo siguiente, a *excepción de*

    (1) la tradición religiosa
    (2) la forma de vida agrícola
    (3) la clase militar
    (4) una gran población de habla española
    (5) una población indígena

36. La población de Latinoamérica está representada por los siguientes grupos, a *excepción de*

    (1) españoles
    (2) portugueses
    (3) estadounidenses
    (4) franceses
    (5) indígenas

<u>Las preguntas 37 a 39</u> se basan en el siguiente pasaje.

La conclusión principal a la que se llega en este trabajo, de que el hombre desciende de una forma de organización más primitiva, decepcionará y desagradará a muchas personas. El asombro que sentí al ver por primera vez un grupo de fueguinos, los indígenas de Tierra del Fuego, en una orilla salvaje nunca se me olvidará por el pensamiento que en ese momento vino a mi mente de que ellos fueron nuestros antepasados. Quién haya visto un salvaje en su tierra nativa no sentirá gran vergüenza al tener que reconocer que la sangre de criaturas más humildes fluye por sus venas.

El hombre puede ser excusado de sentirse orgulloso de haber ascendido aunque no por sus esfuerzos, a la cima más alta de la escala orgánica. Y el hecho de haber ascendido, en lugar de haber sido originalmente puesto allí, puede que le dé esperanzas para llegar más alto en un futuro distante. Pero no estamos aquí para preocuparnos de esperanzas y temores, sino de la verdad, en la medida que nuestra razón nos permita descubrirla. He puesto en evidencia lo mejor de mis habilidades; y deberíamos reconocer, me parece, que el hombre, con todas sus nobles cualidades, todavía mantiene en su cuerpo la ineludible imagen de su origen primitivo.

37. El autor sabe que sus conclusiones acerca del hombre son

    (1) no científicas
    (2) pesimistas
    (3) desagradables
    (4) asombrosas
    (5) rechazables

38. El autor afirma que sus conclusiones están basadas en

    (1) la fe religiosa
    (2) la intuición personal
    (3) la esperanza
    (4) el temor
    (5) la razón

39. En lo que respecta al futuro, el autor de la selección cree que el hombre debería

    (1) ser optimista
    (2) ser evasivo
    (3) estar ansioso
    (4) estar deprimido
    (5) estar preocupado

CONTINUE EN LA PAGINA SIGUIENTE

PRUEBA 2: ESTUDIOS SOCIALES

40. ¿Qué situación en los Estados Unidos ilustra la labor de un grupo de presión, es decir, el intento de influenciar a los legisladores para que apoyen leyes que favorezcan a un grupo determinado?

    (1) Un candidato al senado derrotado es nombrado miembro del nuevo gabinete del gobierno
    (2) Una corporación contrata a una persona para que presente sus puntos de vista a ciertos miembros del congreso
    (3) Proyectos de trabajo público federales son concedidos a un estado como agradecimiento de ciertas acciones políticas que han realizado los senadores de ese estado
    (4) Dos miembros del congreso se ponen de acuerdo para apoyar mutuamente sus proyectos de leyes
    (5) Un miembro del congreso impide que un proyecto de ley sea votado

41. La Doctrina Monroe establecía que ningún intento por parte de los países europeos de interferir en sus antiguas colonias o en la independencia de una república en el hemisferio occidental sería tolerado por los Estados Unidos, ni tampoco cualquier intento de "expandir su sistema a cualquier porción de este hemisferio".

    ¿Qué acontecimiento ilustra mejor la aplicación de la Doctrina Monroe en la política exterior estadounidense?

    (1) Los Estados Unidos se adhieren a la Organización del Tratado del Atlántico Norte (OTAN)
    (2) La orden del presidente Truman de establecer el puente aéreo de Berlín
    (3) La respuesta del presidente Kennedy a la crisis de los cohetes cubanos
    (4) La declaración de guerra por el congreso contra Alemania en la Segunda Guerra Mundial
    (5) La venta de radares volantes de Estados Unidos a Arabia Saudita

42. En los Estados Unidos, los cambios en los títulos de oficios, como el de mozo a asistente de comedor y de azafata a atendiente de vuelo, ilustran el intento de solucionar el problema del

    (1) racismo
    (2) etnocentrismo
    (3) sexismo
    (4) prejuicio por edad
    (5) sindicalismo

La pregunta 43 se basa en la siguiente tabla.

Año	Producción de maíz (miles de quintales)	Precio del maíz (centavos por quintal)
1875	1,450	41.9
1880	1,706	39.0
1885	2,058	32.3

43. La información en la tabla puede servir para ilustrar algún concepto económico. ¿Cuál?

    (1) la inflación
    (2) la interdependencia
    (3) la libertad de empresas
    (4) la deflación
    (5) la oferta y la demanda

CONTINUE EN LA PAGINA SIGUIENTE

PRUEBA 2: ESTUDIOS SOCIALES

<u>Las preguntas 44 a 46</u> se basan en el siguiente pasaje.

Los psicólogos y antropólogos han descubierto recientemente que los seres humanos delinean instintivamente los territorios o las zonas en que se encuentran y reaccionan de diferentes maneras ante el hecho. Edward T. Hall, profesor de antropología de la Universidad del Noroeste, ha identificado cuatro distancias que usa la mayoría de la gente: la distancia íntima, la personal, la social y la pública.

No todo el mundo es capaz de reaccionar ante las cuatro distancias con igual facilidad. Algunos se sienten incómodos en los espacios públicos (en el escenario de teatro, en la plataforma del conferenciante) o en situaciones sociales (en una gran cena); otros no pueden resistir estar cerca de personas, a menudo incluso de aquellas que tienen el derecho de estar cerca de ellos—sus maridos o esposas. En estos casos, dice el psiquiatra de Nueva York, Dr. Frederic F. Flach, "el marido o la esposa que quiere mantenerse a mayor distancia de su cónyuge inevitablemente envía señales que son tan inconfundibles como un letrero de 'no acercarse'".

44. El autor discute las relaciones esposo-esposa como un problema de distancia

   (1) íntima
   (2) personal
   (3) social
   (4) pública
   (5) de los cuatro tipos

45. Según el autor, el conflicto entre marido y esposa se produce por

   (1) el deseo de mantenerse lejos uno del otro
   (2) la necesidad de un ritual
   (3) estar demasiado poco tiempo juntos
   (4) la necesidad de distancia íntima variable
   (5) los letreros de "no acercarse"

46. Un ejemplo de una situación que requiere adaptabilidad a una distancia *social* es en

   (1) la vida matrimonial
   (2) una boda
   (3) una conferencia
   (4) una representación teatral
   (5) un juego de béisbol

<u>La pregunta 47</u> se basa en la siguiente tabla.

TABLA DE IMPUESTOS	
Ingresos	**Porcentaje de impuestos**
$0–3,000	0
3,001–8,000	10
8,001–14,000	20
14,001–20,000	25

47. El impuesto sobre la renta que se muestra en la tabla es

   (1) gradual
   (2) negativo
   (3) proporcional
   (4) regresivo
   (5) universal

48. "Hemos de llevar los beneficios de la civilización occidental y la cristiandad a los menos afortunados".

Esta idea se ha usado para justificar el

   (1) imperialismo
   (2) nacionalismo
   (3) socialismo
   (4) feudalismo
   (5) regionalismo

49. "Las naciones se esfuerzan en prevenir que algún país se vuelva más poderoso que los demás y los domine".

¿Qué concepto está relacionado con esta afirmación?

   (1) el militarismo
   (2) el imperialismo
   (3) la soberanía nacional
   (4) el equilibrio de poderes
   (5) el apaciguamiento

CONTINUE EN LA PAGINA SIGUIENTE

PRUEBA 2: ESTUDIOS SOCIALES

Las preguntas 50 a 51 se basan en la siguiente tabla.

POBLACIÓN AGRÍCOLA EN ESTADOS UNIDOS

Año	Población agrícola (en millones)	Porcentaje de la población agrícola respecto a la población total de E.U.A.
1880	22.0	44%
1900	29.9	39%
1920	32.0	30%
1970	9.7	4.7%
1980	6.0	2.7%

PRODUCCIÓN DE ALIMENTOS EN ESTADOS UNIDOS

Año	Maíz (millones de libras)	Trigo (millones de libras)	Carne (millones de libras)	Cerdo (millones de libras)
1880	1,700	500	*	*
1900	2,600	600	5,600	6,300
1950	3,000	1,000	9,500	10,700
1970	4,100	1,400	21,700	14,700
1980	6,600	2,400	21,700	16,600

50. ¿Qué afirmación expresa mejor la información que se ofrece en las tablas?

    (1) La mayoría de las granjas en Estados Unidos están en manos de las corporaciones
    (2) El gobierno de Estados Unidos no hace lo necesario para ayudar a los granjeros
    (3) La nación necesitará más granjeros en un futuro próximo
    (4) El número de granjas ha disminuido mientras que la producción agrícola y ganadera ha incrementado
    (5) La producción de alimentos ha incrementado constantemente en todas las categorías

51. Las tendencias que muestran las tablas se deben probablemente

    (1) al fracaso en el uso de tecnología agrícola moderna
    (2) al incremento de la productividad
    (3) a cambios en los gustos del consumidor
    (4) a la competencia de los alimentos importados
    (5) a la falta de mano de obra

CONTINUE EN LA PAGINA SIGUIENTE

PRUEBA 2: ESTUDIOS SOCIALES

<u>Las preguntas 52 a 54</u> se basan en las siguientes declaraciones:

Orador A. Es de nuestro interés no asociarnos con otros países. Están continuamente disputando sobre cosas que no nos conciernen.

Orador B. Si queremos sobrevivir, el único camino es participar y aprender de gobierno en los otros países. De esta manera, podemos reducir los problemas antes de que crezcan demasiado.

Orador C. Creo que es un deber moral de esta nación ayudar a otros que están creando modos de vida democráticos. Debemos participar para diseminar reformas democráticas.

Orador D. Es necesario mostrar la fuerza y luego advertir a las otras naciones lo lejos que estamos dispuestos a ir para mantener la paz según nuestras condiciones.

52. ¿Cuál de estas acciones presidenciales es la más consistente con la política exterior que propone el orador A?

    (1) El rechazo de George Washington a formar una alianza con Francia contra Gran Bretaña
    (2) La propuesta de Woodrow Wilson de los Catorce Puntos como base para la paz después de la Primera Guerra Mundial
    (3) El apoyo de Harry Truman de la acción de las Naciones Unidas en Corea
    (4) El llamamiento de Jimmy Carter al boicot de la Olimpíada de 1980
    (5) Las políticas de Ronald Reagan en Centroamérica

53. ¿En qué principio diplomático posiblemente estarían de acuerdo los oradores B y C?

    (1) El éxito en las relaciones internacionales está basado en el respeto a los derechos neutrales de todas las naciones
    (2) Sólo a través de alianzas defensivas fuertes puede sobrevivir una nación pequeña
    (3) La diplomacia activa es vital para lograr los objetivos nacionales en el mundo de hoy
    (4) La diplomacia pierde su poder si no tiene apoyo militar
    (5) Los derechos humanos en otras naciones no nos deben preocupar

54. Si los cuatro oradores estuvieran en un programa de noticias, el moderador seguramente presentaría el tema que discutían con el siguiente título:

    (1) Nuevos caminos para el aislamiento
    (2) Cómo vivir con tus aliados
    (3) Capitalismo versus comunismo en el mundo de hoy
    (4) Un problema clásico en relaciones exteriores
    (5) El deber moral de Estados Unidos

CONTINUE EN LA PAGINA SIGUIENTE

PRUEBA 2: ESTUDIOS SOCIALES

La pregunta 55 se basa en la siguiente caricatura.

"Señorita Jones, ¿no había ninguna madre de la patria?"

55. ¿Qué afirmación expresa mejor la idea principal de la caricatura?

(1) Las mujeres se enfrentan a opciones cada vez más difíciles en la sociedad moderna
(2) Se debería poner más énfasis en el papel de la mujer en la historia de los Estados Unidos
(3) Las mujeres han hecho pocas contribuciones importantes a la sociedad hasta el siglo XX
(4) La educación pública gratis en Estados Unidos fue establecida primordialmente por las mujeres
(5) Las mujeres son la fuerza dominante en la educación estadounidense de hoy

Las preguntas 56 a 57 se basan en la siguiente tabla.

CONDICIONES ECONÓMICAS EN LATINOAMÉRICA

Nación	Población (en millones)	Renta nacional bruta per cápita (en dólares)	Mortalidad infantil (por 1,000)	Alfabetismo (porcentaje)	Años hasta que la población se duplique	Población urbana (porcentaje)	Expectativa de vida (años)
Bolivia	6.9	1,217	142	75	25	46	51
Brasil	144.4	2,002	75	74	30	68	63
Costa Rica	2.9	1,400	38	90	27	48	73
Haití	6.3	290	107	23	30	28	53
México	83.5	2,590	54	74	27	70	66
Venezuela	18.8	3,726	36	86	25	76	69

56. ¿Qué nación tiene más problemas con la salud pública?

(1) Bolivia
(2) Brasil
(3) Costa Rica
(4) México
(5) Venezuela

57. Según la información de la tabla, ¿qué afirmación es la más exacta?

(1) México tiene la población más grande de Latinoamérica
(2) Brasil tiene el nivel de alfabetismo más alto de Latinoamérica
(3) La mayoría de la gente en Venezuela vive en la ciudad
(4) Costa Rica tiene la renta nacional bruta per cápita más alta de Latinoamérica
(5) Todos los países más poblados tienen la expectativa de vida más alta

CONTINUE EN LA PAGINA SIGUIENTE

PRUEBA 2: ESTUDIOS SOCIALES

<u>La pregunta 58</u> se basa en la siguiente caricatura.

58. ¿De qué acusa el caricaturista al presidente Jackson? De

   (1) involucrar a Estados Unidos en las guerras europeas
   (2) exceder los límites constitucionales de su autoridad
   (3) usar los fondos del gobierno para permitirse un estilo de vida extravagante
   (4) violar la constitución federal concediendo títulos de nobleza
   (5) no hacer caso a los consejos de su gabinete

<u>Las preguntas 59 a 60</u> se basan en la siguiente gráfica.

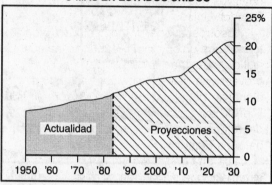

PORCENTAJE DE LA POBLACIÓN DE 65 AÑOS O MÁS EN ESTADOS UNIDOS

Administración de la Seguridad Social y Oficina del Censo de E.U.A.

59. ¿Qué afirmación apoya mejor la información de la gráfica?

   (1) El índice de natalidad ha incrementado constantemente entre 1950 y 1980
   (2) Mientras el porcentaje de gente de edad crece, el total de la población está disminuyendo
   (3) Las políticas que conciernen a la gente de edad deben ser revisadas
   (4) Los votantes de menos de 30 años tendrán proporcionalmente más poder político durante los próximos 40 años
   (5) El índice de crecimiento en el porcentaje de personas de 65 años o más está disminuyendo

60. Si las proyecciones en la gráfica son correctas, una consecuencia será la disminución del porcentaje de

   (1) matrimonios que acaban en divorcio
   (2) individuos que viven solos
   (3) estadounidenses catalogados como pobres
   (4) trabajadores a tiempo completo
   (5) casos de asistencia pública

CONTINUE EN LA PAGINA SIGUIENTE

PRUEBA 2: ESTUDIOS SOCIALES

<u>Las preguntas 61 a 63</u> se basan en el siguiente pasaje.

En su preámbulo, la constitución declara los objetivos que deben regir el gobierno de Estados Unidos.

"Nosotros, el pueblo de Estados Unidos, para formar una unión más perfecta, establecer justicia, asegurar la tranquilidad nacional, proveer una defensa común, estimular el bienestar general y asegurar los derechos de libertad para nosotros y la posteridad, decretamos y establecemos esta constitución para los Estados Unidos de América".

Cada una de las siguientes declaraciones establece una acción realizada por el gobierno de Estados Unidos para lograr estos objetivos. Escoja el objetivo específico dirigido a lograrlo.

61. Los artículos 13 y 14 de la constitución prohiben la esclavitud y conceden el derecho a voto a todos los ciudadanos sin distinción de raza, color o condición de servidumbre previa. Estas acciones trataron primordialmente de

    (1) establecer justicia
    (2) asegurar tranquilidad nacional
    (3) proveer una defensa común
    (4) promover el bienestar general
    (5) asegurar los beneficios de la libertad

62. El Acta de la Seguridad Social de 1935 proporcionó un programa de seguro a la gente de la tercera edad y sus sobrevivientes. Esta acción trató primordialmente

    (1) establecer justicia
    (2) asegurar tranquilidad nacional
    (3) proveer una defensa común
    (4) promover el bienestar general
    (5) asegurar los beneficios de la libertad

63. El Acta Antimonopolista de Sherman de 1890 impidió combinaciones ilegales que restringían el comercio y suprimió el poder de las corporaciones de obtener excesivos beneficios a expensas del público. Esta acción trató primordialmente de

    (1) establecer justicia
    (2) asegurar tranquilidad nacional
    (3) proveer una defensa común
    (4) promover el bienestar general
    (5) asegurar los beneficios de la libertad

<u>La pregunta 64</u> se basa en la siguiente caricatura.

¿Dónde aterrizará?
−DENVER POST, 1912

64. El tema que se ilustra en la caricatura fue resuelto en el siglo XX por

    (1) una decisión del tribunal supremo
    (2) un acto del congreso
    (3) una enmienda constitucional
    (4) una orden ejecutiva
    (5) un plebiscito

FIN DEL EXAMEN

PRUEBA 3: CIENCIAS

Instrucciones

La Prueba de Ciencias consiste en preguntas de opción múltiple que evalúan sus conocimientos generales de las ciencias. Las preguntas están basadas en lecturas cortas que frecuentemente incluyen gráficas, diagramas o dibujos. Estudie la información que le ofrecemos y luego conteste las preguntas que vienen a continuación. Refiérase a la información cuantas veces sea necesario para contestar una pregunta.

Dispone de 95 minutos para contestar las preguntas. Trabaje con cuidado, pero no pase demasiado tiempo en una sola pregunta. No se le penalizará por respuestas incorrectas.

Para indicar sus respuestas en la hoja de respuestas, llene uno de los óvalos numerados que aparecen al lado del número de la pregunta de la prueba que está contestando.

POR EJEMPLO:

¿Cuál es la unidad más pequeña del ser viviente?

(1) Un tejido   ① ② ● ④ ⑤
(2) Un organismo
(3) Una célula
(4) Un músculo
(5) Un capilar

La respuesta correcta es "una célula"; por lo tanto, debe marcar el círculo número 3 en la hoja de respuestas

CONTINUE EN LA PAGINA SIGUIENTE

PRUEBA 3: CIENCIAS

Las preguntas 1 a 3 se basan en el siguiente artículo.

En los mamíferos, los huevos fertilizados se implantan en las paredes del útero. A medida que se desarrollan, se rodean de diferentes membranas protectoras. El embrión obtiene los alimentos y el oxígeno del flujo sanguíneo de la madre a través de la placenta. Se trata de una estructura en que la sangre se suministra por vasos sanguíneos maternos ubicados cerca del flujo sanguíneo del embrión. Los residuos que provienen de los vasos sanguíneos del embrión se difunden en la sangre materna.

1. El proceso en el cual se produce el intercambio de materia entre la madre y el embrión es conocido con el nombre de

   (1) circulación
   (2) absorción
   (3) secreción
   (4) difusión
   (5) excreción

2. El embrión humano se desarrolla en

   (1) el huevo
   (2) el cigoto
   (3) la placenta
   (4) el útero
   (5) la membrana protectora

3. ¿Qué es lo que pasa del embrión al flujo sanguíneo de la madre?

   (1) los residuos
   (2) los alimentos digeridos
   (3) el oxígeno
   (4) la sangre
   (5) todos ellos

Las preguntas 4 a 7 se basan en el siguiente artículo.

El cloruro sódico, el mayor componente mineral en la sangre, tiene especial importancia en la regulación de los intercambios de agua en el organismo. Y, como ha enfatizado Cannon en repetidas ocasiones, estos intercambios son mayores y más importantes de lo que se había pensado en un principio. Cannon apuntó que "hay gran circulación de agua que fluye dentro y fuera del cuerpo, sin sufrir pérdidas". De este modo, por ejemplo, se estima que entre un cuarto y un cuarto y medio de agua "abandonan el cuerpo" diariamente cuando entran en la boca en la saliva. Otro cuarto o dos fluyen en forma de jugos gástricos y una cantidad parecida es segregada por la bilis, el páncreas y las paredes de los intestinos. Este gran volumen de agua participa en el proceso digestivo y luego prácticamente casi toda esta agua es reabsorbida a través de las paredes intestinales, donde se utiliza para transportar los alimentos digeridos. Este y otros procesos de lo que Cannon llama "el uso conservador del agua en nuestros cuerpos" incluyen relaciones de presión osmóticas en las que la concentración de cloruro de sodio juega una parte muy importante.

4. Este pasaje implica que

   (1) las sustancias pasan a través de la pared del intestino en una sola dirección
   (2) el agua no puede ser absorbida por el cuerpo a no ser que contenga cloruro sódico
   (3) cada partícula de agua ingerida se usa una y otra vez
   (4) el cloruro de sodio no entra realmente en el cuerpo
   (5) la regulación de los intercambios de agua en el organismo está controlada por la concentración de cloruro sódico

CONTINUE EN LA PAGINA SIGUIENTE

PRUEBA 3: CIENCIAS

5. Uno de los procesos en los intestinos delgados hace innecesario para nosotros

   (1) beber grandes cantidades de agua
   (2) digerir nuestros alimentos por completo
   (3) consumir grandes dosis de sal
   (4) segregar numerosos jugos digestivos
   (5) volver a usar el agua de nuestro cuerpo

6. El cloruro de sodio es un componente importante de

   (1) el jugo gástrico
   (2) la bilis
   (3) el jugo pancreático
   (4) el jugo intestinal
   (5) la sangre

7. La importancia del agua en el intestino se debe a su capacidad de

   (1) formar saliva
   (2) diluir jugo gástrico
   (3) formar bilis
   (4) actuar como vehículo para alimentos digeridos
   (5) disolver cloruro de sodio

Las preguntas 8 a 11 se basan en el siguiente artículo.

El proceso de mitosis se ha estudiado detenidamente. Los científicos esperan que algún día se haga la luz en cuanto a la división anómala de células que se produce en los tumores malignos, a través de la observación de los procesos normales de la división celular. También la investigación sobre la mitosis es importante para la ciencia genética. Los cromosomas—largos y delgados filamentos— son los portadores de la nucleoproteína, que está compuesta de moléculas de ADN. Los cromosomas son visibles sólo cuando la célula está dividiéndose. Los biólogos han observado que el número de cromosomas durante la mitosis es característico en cada especie. Por ejemplo, en la mosca de la fruta, el número es ocho a excepción de las células sexuales o gametos. Sólo cuatro cromosomas se encuentran en la célula del óvulo o de la célula seminal de esta mosca. Sin embargo, durante la unión de estas células cuando se fertilizan, queda restaurado el número que las caracteriza.

Los científicos pueden ser culpables de errores. Sin embargo, constantemente supervisan y hacen revisiones donde sea necesario. Se ha creído durante mucho tiempo que el número normal de cromosomas en los seres humanos es 48. Investigaciones recientes en el cultivo tisular ha hecho necesario revisar esta cifra, sabiéndose ahora que son 46.

El cultivo tisular es la técnica mediante la cual las células pueden crecer artificialmente fuera del cuerpo. A través de procedimientos especiales, se permitió a las células humanas en proceso de división alcanzar la metafase, evitándose su desarrollo posterior. El cultivo con muchas células en metafase fue triturado, las células fueron esparcidas y los cromosomas fotografiados a través de un microscopio. Las fotografías mostraron 23 pares de cromosomas en cada célula. Hoy en día cuando nos referimos al número normal de cromosomas en los seres humanos sabemos que es 46.

8. El número correcto de cromosomas que se encuentran en la célula del óvulo humano es

   (1) 8
   (2) 23
   (3) 24
   (4) 46
   (5) 48

9. ¿El número de cromosomas en las células del cuerpo es cuántas veces el número de cromosomas de las células reproductoras?

   (1) $\frac{1}{2}$

   (2) $\frac{1}{8}$

   (3) $\frac{1}{4}$

   (4) 2
   (5) igual

CONTINUE EN LA PAGINA SIGUIENTE

PRUEBA 3: CIENCIAS

10. El proceso de división de las células se llama

    (1) mitosis
    (2) fertilización
    (3) formación de gametos
    (4) cultivo de los tejidos
    (5) cromosomas

11. La división anómala de las células es importante para la investigación de

    (1) las plantas
    (2) la composición de los cromosomas
    (3) el cáncer
    (4) los conejillos de Indias
    (5) las moscas de la fruta

Las preguntas 12 a 14 se basan en el siguiente artículo.

¿Cómo era el clima de la tierra hace medio millón de años? Los estudios de los fósiles de los radiolarios, grupo de seres unicelulares que se caracterizaban por tener caparazones de silicio, han proporcionado a los científicos una descripción detallada de las condiciones climatológicas en un pasado distante. Los geólogos encontraron estos microorganismos preservados en muestras de sedimentos bajo el fondo del Océano Indico. Las muestras se obtuvieron a tanta profundidad que proporcionaron información referente a 450,000 años atrás. Los ciclos de los cambios climáticos se determinaron por las distintas capas superpuestas de radiolarios que proliferaban en temperaturas frías o cálidas. Estos cambios climáticos fueron comparados con los cambios cíclicos en la forma, inclinación y posición estacional de la órbita de la tierra que ya otros científicos habían estudiado mediante la medición de los cambios del volumen global de hielo en el mundo. Ahora podemos confirmar la teoría que afirma que los cambios en la geometría de la órbita de la tierra fueron la causa de las eras glaciales.

12. El estudio de los fósiles de los radiolarios es posible porque

    (1) viven en las profundidades del océano
    (2) son animales unicelulares
    (3) han sobrevivido por muchísimos años
    (4) tenían una caparazón que rodeaba la célula
    (5) reaccionan al calor y al frío

13. Los científicos que se mencionan en este pasaje eran probablemente climatólogos, oceanógrafos y

    (1) antropólogos
    (2) protozoólogos
    (3) geólogos
    (4) arqueólogos
    (5) zoólogos

14. La causa fundamental de las eras glaciales fue

    (1) los cambios periódicos de la órbita de la tierra alrededor del sol
    (2) la preservación de fósiles de animales unicelulares
    (3) la acumulación de hielos globales
    (4) la alteración de las estaciones calurosas y frías
    (5) los cambios de la distancia de la tierra al sol

CONTINUE EN LA PAGINA SIGUIENTE

PRUEBA 3: CIENCIAS

<u>Las preguntas 15 a 17</u> se basan en el siguiente artículo.

Este diagrama representa un recipiente de plástico hermético con dos termómetros de escala Celsius. Uno está dentro de un vaso de vidrio que contiene hielo y agua. Un bobina eléctrica hace variar la temperatura del recipiente hermético. El objetivo de este experimento es estudiar el comportamiento del vapor de agua y la temperatura cuando el aire queda saturado por el agua (temperatura de condensación del vapor).

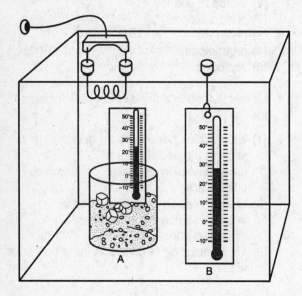

15. ¿Cuál es la temperatura del aire en el recipiente?

    (1) 23°C
    (2) 25°C
    (3) 26°C
    (4) 28°C
    (5) 29°C

16. ¿Por qué se han formado gotitas de agua en la parte exterior del vaso de vidrio?

    (1) Los vasos de vidrio siempre acumulan gotitas de agua en su exterior cuando se llenan de agua
    (2) El aire cerca del vaso de vidrio se ha saturado
    (3) El agua se ha filtrado a través de los poros del vidrio en el vaso
    (4) La humedad relativa del agua cerca del vaso de vidrio se aproxima al 0 por ciento
    (5) No se ha alcanzado la temperatura de condensación del vapor

17. Si las gotitas de agua sólo acaban de aparecer en el vaso de vidrio, ¿cuál es la temperatura de condensación del vapor?

    (1) 6.5°C
    (2) 23°C
    (3) 28°C
    (4) 29°C
    (5) 50°C

CONTINUE EN LA PAGINA SIGUIENTE

PRUEBA 3: CIENCIAS

<u>Las preguntas 18 a 20</u> se basan en el siguiente artículo.

Aunque a menudo observamos la condensación del vapor de agua en superficies frías, pocas veces pensamos que las sustancias sólidas también pueden llegar directamente al estado gaseoso. Esto sucede cuando algunas sustancias sólidas se calientan a presión atmosférica. No se derriten, pero cambian rápidamente del estado sólido al gaseoso. En estos sólidos, las fuerzas intermoleculares son débiles y evidencian presiones gaseosas mensurables a temperatura ambiente. Debido a que las fuerzas intermoleculares son bajas, muchas de estas sustancias, como la naftalina (bolas de alcanfor), se evaporan fácilmente. La sublimación se puede describir como el proceso completo de un sólido que pasa directamente al estado gaseoso sin derretirse y la recondensación del vapor al estado sólido.

18. La condensación es el cambio que va de la fase

    (1) gaseosa a la fase sólida
    (2) gaseosa a la fase líquida
    (3) líquida a la fase gaseosa
    (4) líquida a la fase sólida
    (5) sólida a la fase líquida

19. Algunas sustancias se evaporan más fácilmente que otras porque

    (1) se condensan en superficies frías
    (2) pueden calentarse a presión atmosférica
    (3) no cambian del estado sólido al líquido
    (4) pasan del estado sólido al gaseoso
    (5) tienen fuerzas intermoleculares débiles

20. La sublimación es el cambio directo de la fase

    (1) sólida a la gaseosa
    (2) sólida a la líquida
    (3) líquida a la gaseosa
    (4) gaseosa a la líquida
    (5) líquida a la sólida

<u>Las preguntas 21 a 23</u> se basan en el siguiente artículo.

Sin el principio de Arquímedes, no hubiera sido posible la invención del submarino. Según este principio, todo cuerpo sumergido en un fluido experimenta un empuje hacia arriba igual al peso del volumen del fluido desalojado. De este modo, cuando un cuerpo se hunde, su peso es mayor que la fuerza de flotación o el peso del líquido que desplaza.

Para que un submarino suba a la superficie, se bombea agua desde el interior de los tanques de lastre hasta que el peso del submarino es menor que la fuerza de flotación que ejerce el agua afuera. Para hundirse, el submarino se carga de agua hasta que su peso es mayor que la fuerza de flotación.

21. Esta selección ilustra el principio de

    (1) Newton
    (2) Arquímedes
    (3) Einstein
    (4) Galileo
    (5) Boyle

22. Un objeto tiene un volumen de 2 pies cúbicos y un peso de 100 libras. Flotará en el agua porque cuando se sumerge desaloja

    (1) 2 pies cúbicos de agua
    (2) 100 libras de agua
    (3) menos que 100 libras de agua
    (4) más de 2 pies cúbicos de agua
    (5) más de 100 libras de agua

23. Los flotadores y las chaquetas salvavidas son útiles cuando hay peligro en el agua porque

    (1) actúan como aletas para los que no saben nadar
    (2) protegen de excesivo empapamiento y saturación
    (3) aumentan el volumen del nadador
    (4) aumentan el peso del nadador
    (5) disminuyen el peso del nadador

CONTINUE EN LA PAGINA SIGUIENTE

PRUEBA 3: CIENCIAS

Las preguntas 24 a 26 se basan en el siguiente artículo.

El agua es un buen conductor de ondas sonoras. Si usted está nadando bajo el agua mientras alguien golpea dos rocas bajo el agua a 10 pies de distancia, se sorprenderá de lo fuerte que es el sonido que escucha. La marina de los Estados Unidos usa este conocimiento para detectar submarinos enemigos. Durante la Segunda Guerra Mundial, se descubrió que el sonido de las hélices o de un martillo que se cae en el interior de un submarino podía oírse a cientos de yardas de distancia con el uso de sensibles aparatos auditivos.

Los ondas sonoras debajo del agua pueden usarse para medir la profundidad del agua debajo del barco. Esto se realiza enviando una onda sonora hacia abajo desde el fondo del barco. Se conoce que el sonido se transmite a 4,800 pies por segundo a través del agua. Cuando el sonido llega al fondo marino, se refleja de nuevo hacia arriba. Se realiza una medición cuidadosa del tiempo transcurrido hasta que el eco vuelve al barco. Cuanto más largo es el tiempo, más profundas son las aguas. La profundidad del agua debajo de un barco se lee directamente en un indicador.

De una manera similar, un sonar puede medir la distancia de los objetos debajo del agua. Una señal de sonido de alta frecuencia se manda al exterior y se mide el tiempo que tarda en retornar el eco. Como muchos peces juntos hacen ruido en el agua, se puede detectar la presencia de un banco de peces a través de una sonda de un barco pesquero.

24. ¿Qué conclusión se puede sacar de esta selección?

    (1) Los peces no pueden oír sonidos normales
    (2) Los submarinos no pueden detectar ondas sonoras
    (3) Las hélices de un submarino distorsionan las ondas sonoras
    (4) Las ondas sonoras se comprimen en las aguas muy profundas
    (5) El agua es un buen conductor de las ondas sonoras

25. Los objetos que están debajo del agua pueden ser detectados por un sonar que utiliza

    (1) sonidos de alta frecuencia
    (2) sonidos de baja frecuencia
    (3) radar
    (4) ondas de luz de alta intensidad
    (5) televisión de muy alta frecuencia

26. Una onda sonora es lanzada hacia abajo desde el fondo de un barco. El eco se recibe seis segundos más tarde. La profundidad del agua es de

    (1) 4,800 pies
    (2) 9,600 pies
    (3) 12,000 pies
    (4) 14,400 pies
    (5) 15,600 pies

Las preguntas 27 a 29 se basan en el siguiente artículo.

Este diagrama representa un corte transversal que muestra el perfil de una corriente y se usa para estudiar cómo la gravedad actúa en una roca que rueda hasta llegar a una elevación menor. La gravedad es causante de la erosión y el índice de erosión depende de la inclinación de la cuesta. Los objetos en movimiento tienen energía cinética. Cuanto más rápido se mueven, mayor es la energía cinética, hasta que encuentran un obstáculo como el lago que se ve en el diagrama. A medida que disminuyen la velocidad, pierden la energía cinética y van depositándose en forma de sedimento. Las partículas grandes pueden ser transportadas sólo en lugares en que el agua fluye más rápidamente.

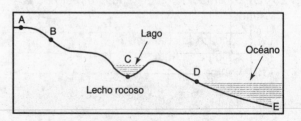

CONTINUE EN LA PAGINA SIGUIENTE

PRUEBA 3: CIENCIAS

27. ¿En qué punto la erosión será mayor?

    (1) A
    (2) B
    (3) C
    (4) D
    (5) E

28. El depósito de sedimentos en el lago en el punto C es debido a

    (1) la pérdida de la energía potencial por parte del lago
    (2) la pérdida de energía cinética por parte de los sedimentos
    (3) el aumento de energía potencial por parte del lago
    (4) el aumento de energía cinética por parte de los sedimentos
    (5) el aumento de energía potencial por parte de los sedimentos

29. ¿En qué punto se depositarán las partículas más ligeras?

    (1) A
    (2) B
    (3) C
    (4) D
    (5) E

Las preguntas 30 a 32 se basan en las siguientes gráficas.

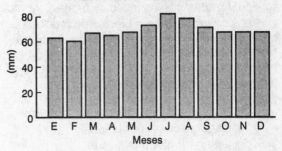

PRECIPITACIÓN MENSUAL TOTAL

Las dos gráficas representan el promedio mensual de la temperatura y de la precipitación desde enero hasta diciembre en una ciudad determinada cerca del centro de un continente.

30. ¿En qué dos meses consecutivos el cambio en el promedio de la temperatura es menor?

    (1) enero y febrero
    (2) febrero y marzo
    (3) mayo y junio
    (4) octubre y noviembre
    (5) diciembre y enero

31. La temperatura media y la precipitación total durante el mes de septiembre (marcado con una S en el gráfico) fue de

    (1) 7°C, 63 mm
    (2) 16°C, 63 mm
    (3) 16°C, 68 mm
    (4) 21°C, 68 mm
    (5) 21°C, 80 mm

32. ¿Cuál es la descripción del modelo climático de esta localidad?

    (1) Más caluroso y húmedo en verano que en invierno
    (2) Más caluroso en verano que en invierno, sin estación seca o lluviosa pronunciada
    (3) Más húmedo en verano que en invierno con temperaturas constantes a lo largo del año
    (4) Seco y frío durante los mesos de invierno
    (5) Seco y caluroso durante los meses de verano

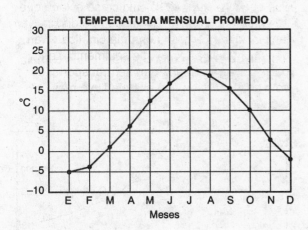

TEMPERATURA MENSUAL PROMEDIO

CONTINUE EN LA PAGINA SIGUIENTE

PRUEBA 3: CIENCIAS

33. En climas templados, las flores son polinizadas por los insectos o por el viento. Los colores y olores fuertes de muchas flores son una manera de atraer insectos. Las flores de los robles no tienen pétalos relucientes ni coloridos. Por eso se puede decir que las flores de los robles

    (1) pueden ser polinizadas tanto por los insectos como por el viento
    (2) tienen un olor muy fuerte
    (3) no tienen que polinizarse
    (4) son polinizadas por el viento
    (5) no pueden ser polinizadas por el viento

34. Las plantas absorben el dióxido de carbono del aire y desprenden oxígeno. Los animales usan el oxígeno y producen dióxido de carbono. En un acuario totalmente sellado, el nivel de oxígeno baja. La razón puede ser

    A. demasiadas plantas
    B. pocas plantas
    C. demasiados peces
    D. pocos peces

    (1) B solamente
    (2) D solamente
    (3) B o D
    (4) B o C
    (5) A o C

35. El agua pura tiene un pH de 7. Los ácidos tienen un pH menor que 7 y los álcalis tienen un valor más alto que 7. Un jardinero sabe que las plantas que está cultivando necesitan suelo con un pH de 7.5. Si el pH del suelo es de 6.5, ¿qué debería hacer?

    (1) Usar solamente agua pura para regar las plantas
    (2) Añadir un ácido leve a la tierra
    (3) Añadir un álcali leve a la tierra
    (4) Usar agua del grifo, la cual tiene un pH de 6.5
    (5) Usar un fertilizante orgánico que se convierte en ácido cuando se descompone

La pregunta 36 se basa en el siguiente diagrama.

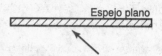

36. La imagen que se forma en un espejo plano obedece a la regla de que cada punto en la imagen está igual de lejos detrás del espejo que el punto correspondiente en el objeto. El diagrama representa un objeto al frente de un espejo plano. ¿Cuál de las siguientes flechas representa la imagen?

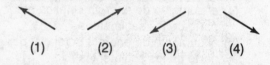

37. Un objeto no cambiará la velocidad o dirección de su movimiento a no ser que actúe sobre él una fuerza desequilibradora. ¿En cuál de estos casos se supone que no hay una fuerza de desequilibrio?

    (1) Una roca se desprende del lado de un peñasco y cae
    (2) Un globo de aire caliente queda suelto y empieza a elevarse
    (3) Un auto sube una colina a 50 millas por hora
    (4) Un auto que va a 50 millas por hora gira en una esquina
    (5) Un auto en una carretera plana cambia a punto neutro y se desliza

CONTINUE EN LA PAGINA SIGUIENTE

PRUEBA 3: CIENCIAS

38. En un circuito casero, la corriente eléctrica fluirá sólo si hay un circuito completo que va desde una terminal de la toma de pared a la otra. Todo lo siguiente cortará la corriente eléctrica, *excepto cuando*

    (1) se activa el interruptor de un secador de pelo
    (2) se recalienta una tostadora eléctrica
    (3) se funde una bombilla de luz
    (4) se funde un fusible
    (5) se saca un enchufe de la pared

39. Si se coloca un objeto opaco entre una bombilla de luz y una pared, la sombra en la pared es una copia fiel de la forma del objeto. Esto es una evidencia de que la luz

    (1) es un tipo de onda
    (2) se transmite en línea recta
    (3) está compuesta de fotones
    (4) viaja muy rápido
    (5) puede viajar en el vacío

Las preguntas 40 a 49 se basan en la siguiente información.

El comportamiento de los seres vivientes es un modelo de actividades que éstos realizan en respuesta a los estímulos del medio ambiente. Abajo presentamos cinco tipos de comportamiento.

(1) acto reflejo—una respuesta automática, simple e innata
(2) instinto—un modelo de comportamiento complejo que se realiza sin demasiado aprendizaje
(3) comportamiento condicionado—un estímulo cambiado que produce la respuesta original
(4) hábito—una respuesta consciente que se convierte en automática debido a la repetición constante
(5) comportamiento aprendido—un proceso complejo que comprende razonamiento y discernimiento

Cada una de las siguientes preguntas se refiere a uno de estos tipos de comportamiento. Para cada pregunta, escoja la categoría que mejor describa cada uno de los comportamientos. Una categoría puede usarse más de una vez para responder a las preguntas siguientes.

40. En enero, continuaba escribiendo el año previo cuando hacía un cheque. Este tipo de comportamiento se puede describir como

    (1) acto reflejo
    (2) instinto
    (3) comportamiento condicionado
    (4) hábito
    (5) comportamiento aprendido

41. Se les pidió a los alumnos que escribieran sus nombres tantas veces como fuera posible en dos minutos. Luego, se les pidió que hicieran lo mismo con la otra mano. Se hicieron comparaciones sobre la calidad de la escritura y el número de nombres escritos con cada mano. Los resultados revelaron la mayor eficiencia de la mano que se usaba diariamente para escribir. Este tipo de comportamiento se puede describir como

    (1) acto reflejo
    (2) instinto
    (3) comportamiento condicionado
    (4) hábito
    (5) comportamiento aprendido

42. Primero el cerebro de una rana se destruye de manera indolora. Luego un algodón se sumerge en vinagre (dos por ciento de ácido acético) y se coloca en el muslo de la rana. La pata reacciona. Este tipo de comportamiento se puede describir como

    (1) acto reflejo
    (2) instinto
    (3) comportamiento condicionado
    (4) hábito
    (5) comportamiento aprendido

CONTINUE EN LA PAGINA SIGUIENTE

PRUEBA 3: CIENCIAS

43. Juan sostiene un trozo cuadrado de malla de alambre delante de su cara. Martín le advierte que va a tirar una bolita de papel hacia su cara. Cuando Martín le tira el papel, Juan se estremece y parpadea los ojos. Este comportamiento se puede describir como

    (1) acto reflejo
    (2) instinto
    (3) comportamiento condicionado
    (4) hábito
    (5) comportamiento aprendido

44. Linda y Margarita han finalizado en 60 minutos un difícil crucigrama. Florencia y Regina necesitan más tiempo para hacerlo. Este tipo de comportamiento se puede describir como

    (1) acto reflejo
    (2) instinto
    (3) comportamiento condicionado
    (4) hábito
    (5) comportamiento aprendido

45. Un petirrojo que ha crecido en una incubadora construye un nido muy parecido al de los petirrojos silvestres. Este tipo de comportamiento se puede describir como

    (1) acto reflejo
    (2) instinto
    (3) comportamiento condicionado
    (4) hábito
    (5) comportamiento aprendido

46. Un recién nacido llora cuando se siente incómodo, pero un bebé más desarrollado llora cuando no se le presta atención. Este tipo de comportamiento se puede describir como

    (1) acto reflejo
    (2) instinto
    (3) comportamiento condicionado
    (4) hábito
    (5) comportamiento aprendido

47. Se premia a un delfín con más comida cada vez que hace una pirueta. Este tipo de comportamiento se puede describir como

    (1) acto reflejo
    (2) instinto
    (3) comportamiento condicionado
    (4) hábito
    (5) comportamiento aprendido

48. Se lee un pasaje en clase muy despacio para que los alumnos puedan copiar lo que oyen, pero se les pide que NO pongan el palito de la *t*, ni el punto en la *i*. Luego se contabiliza el número de errores. ¿Cuál es el tipo de comportamiento que causa los errores?

    (1) acto reflejo
    (2) instinto
    (3) comportamiento condicionado
    (4) hábito
    (5) comportamiento aprendido

49. Las personas que han usado este libro para preparar el Examen de GED han obtenido puntuaciones satisfactorias en las pruebas. Este tipo de comportamiento se puede describir como

    (1) acto reflejo
    (2) instinto
    (3) comportamiento condicionado
    (4) hábito
    (5) comportamiento aprendido

Las preguntas 50 a 56 se basan en la siguiente información.

Hace cerca de 100 años, dos científicos alemanes extrajeron los páncreas de diferentes perros para estudiar la función del páncreas como órgano digestivo. Un poco más tarde, sus asistentes observaron que una multitud de moscas revoloteaban alrededor de las jaulas donde estaban encerrados estos perros. Hubo quién consideró a este suceso como el primer paso en la investigación sobre la diabetes. Sin embargo, no fue hasta 1922 que Bantig y Best mostraron que el páncreas produce la hormona insulina, que es esencial para el control

CONTINUE EN LA PAGINA SIGUIENTE

PRUEBA 3: CIENCIAS

adecuado del azúcar en la sangre. Concluyeron que si faltaba insulina, el resultado era la diabetes.

50. Las jaulas que contenían perros que no fueron sometidos a cirugía del páncreas, no atraían tantas moscas. Esta afirmación puede clasificarse como una

    (1) exposición del problema
    (2) hipótesis
    (3) observación
    (4) suposición
    (5) información no pertinente

51. La orina de todos los perros fue examinada para determinar la presencia de azúcar. A los perros que se había extraído el páncreas producían orina que daba un resultado positivo en la prueba del azúcar. Esta afirmación puede clasificarse como

    (1) una hipótesis
    (2) el concepto experimental
    (3) un hallazgo experimental
    (4) una suposición
    (5) una ley de la naturaleza

52. Los perros de ambos grupos eran aproximadamente de la misma edad, peso y raza. Esta afirmación puede clasificarse como

    (1) una información no pertinente
    (2) el concepto experimental
    (3) una teoría
    (4) una exposición del problema
    (5) un hecho probado por experimentación

53. Los dos científicos alemanes que hicieron la investigación sobre el páncreas debieran haber podido compartir los honores con Banting y Best por descubrir la cura para la diabetes. Esta afirmación puede clasificarse como

    (1) el concepto experimental
    (2) un hallazgo experimental
    (3) una hipótesis
    (4) una suposición
    (5) una información no pertinente

54. Antes de extraer todo el páncreas a los perros, los investigadores experimentaron en diferentes ocasiones sacándoles tan sólo un segmento de esta glándula. Esta afirmación puede clasificarse como

    (1) una teoría de la fisiología
    (2) el concepto experimental
    (3) una observación
    (4) una suposición
    (5) una información no pertinente

55. La cantidad y la naturaleza de las secreciones del páncreas ha confundido a los científicos durante muchos años. Esta afirmación puede clasificarse como

    (1) un área de la investigación
    (2) un experimento
    (3) una teoría
    (4) una suposición
    (5) una información no pertinente

56. Después de completar el experimento en los perros, los científicos sugirieron que la diabetes humana puede ser el resultado de una deficiencia del páncreas. Esto es

    (1) un hallazgo experimental
    (2) una afirmación no pertinente
    (3) una observación
    (4) una suposición
    (5) un concepto experimental

CONTINUE EN LA PAGINA SIGUIENTE

PRUEBA 3: CIENCIAS

Las preguntas 57 a 61 se basan en los siguientes diagramas.

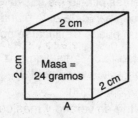

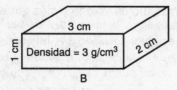

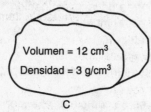

Estos diagramas, no dibujados a escala, representan tres muestras de la misma sustancia, cada una con un tamaño y forma diferente. Las siguientes fórmulas están relacionadas con los diagramas:

Volumen = longitud × altura × anchura

$$\text{Densidad} = \frac{\text{masa}}{\text{volumen}}$$

57. ¿Cuál es la densidad de la muestra A?

(1) 0.33 g/cm³
(2) 2.0 g/cm³
(3) 3.0 g/cm³
(4) 4.0 g/cm³
(5) 8.0 g/cm³

58. Si la muestra *B* se dividiera por la mitad, ¿cuál sería la densidad de cada parte?

(1) 1.0 g/cm³
(2) 1.5 g/cm³
(3) 3.0 g/cm³
(4) 6.0 g/cm³
(5) 8.0 g/cm³

59. ¿Qué gráfica representa mejor la relación entre la masa y el volumen de la sustancia?

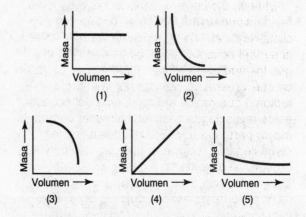

60. Si se comprimiera la muestra *C*, ¿qué ocurriría?

(1) El volumen disminuiría y la densidad disminuiría
(2) El volumen disminuiría y la densidad aumentaría
(3) El volumen se incrementaría y la densidad aumentaría
(4) El volumen aumentaría y la densidad disminuiría
(5) El volumen disminuiría y la densidad sería la misma

61. ¿Cómo ordenaría las tres muestras de mayor a menor respecto al volumen?

(1) A, B, C
(2) A, C, B
(3) B, C, A
(4) C, B, A
(5) C, A, B

CONTINUE EN LA PAGINA SIGUIENTE

PRUEBA 3: CIENCIAS

<u>Las preguntas 62 a 65</u> se basan en el siguiente artículo.

El tiempo cambia a diario, aunque en toda región sigue un determinado modelo llamado clima regional. Las regiones alejadas al norte y al sur del ecuador tienen un tiempo más frío que las que están a una latitud menor. La razón es que la tierra se calienta por la energía radiante que recibe del sol. Cerca del ecuador, estos rayos llegan casi verticalmente durante la mayor parte del año. En latitudes altas, los rayos llegan a la superficie en inclinación y la energía se disemina por una gran superficie. Esta es la misma razón por la que hace más calor en la mitad del día, cuando el sol está casi encima, que en la mañana o en la tarde.

La proximidad a grandes masas de agua tiene una gran influencia en el clima. El agua tiene un elevado calor específico, por lo que se calienta y enfría mucho más despacio que la superficie terrestre. El resultado es que los lugares cerca del océano tienen temperaturas más uniformes que las regiones del interior. Los océanos tienen otra gran influencia en el clima. Las corrientes frías del océano bajan las temperaturas de las tierras adyacentes y las corrientes calientes ejercen el efecto opuesto.

Los desastres naturales pueden tener también grandes efectos sobre el clima, pero menos directos. La erupción de un volcán puede lanzar tanto polvo en el aire que los rayos de sol pueden quedar bloqueados durante años. Sobre esta base se cree que las explosiones nucleares pueden provocar iguales consecuencias. Los incendios de los bosques tropicales de la selva amazónica han producido humo suficiente para alterar el clima en esa región.

62. El clima se puede definir como

    (1) el estado de la atmósfera en una fecha determinada
    (2) las condiciones atmosféricas en una localidad determinada
    (3) las condiciones del tiempo durante un largo período de tiempo
    (4) una energía radiante
    (5) la cercanía a las masas de agua

63. Si se compara con las regiones costeras que están a la misma latitud, las regiones ubicadas a gran distancia de los océanos probablemente tendrán

    (1) más calor en verano y más frío en invierno
    (2) más calor en verano y más calor en invierno
    (3) más frío en verano y más calor en invierno
    (4) más frío en verano y más frío en invierno
    (5) cualquiera de estas combinaciones, dependiendo del estado del tiempo

64. El proceso por el cual el calor se transmite desde el sol a la tierra se le llama

    (1) conducción
    (2) convección
    (3) radiación
    (4) corrosión
    (5) perturbaciones cósmicas

65. Los seres humanos pueden interferir con la naturaleza y provocar cambios en el clima, influenciando

    (1) la topografía
    (2) la altitud
    (3) los vientos y las tormentas
    (4) la radiación mediante experimentos atómicos
    (5) la dirección de las corrientes de los océanos

CONTINUE EN LA PAGINA SIGUIENTE

PRUEBA 3: CIENCIAS

La <u>pregunta 66</u> se basa en la siguiente gráfica.

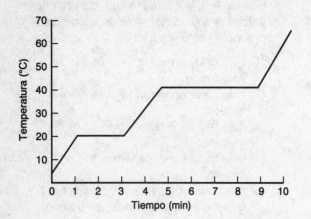

66. Cuando una sustancia absorbe el calor y experimenta un cambio de estado, su temperatura permanece constante. La gráfica muestra la temperatura de una sustancia a la cual se añade calor de modo constante durante un período de tiempo. La sustancia se derrite y luego hierve. ¿Cuál es la temperatura de ebullición?

   (1) 0°C
   (2) 20°C
   (3) 70°C
   (4) 40°C
   (5) 30°C

FIN DEL EXAMEN

PRUEBA 4: INTERPRETACIÓN DE LA LITERATURA Y LAS ARTES

Instrucciones

La Prueba de Interpretación de la Literatura y las Artes consiste en pasajes extraídos de la literatura clásica y popular, así como artículos sobre la literatura y las artes. Cada pasaje va seguido de preguntas de opción múltiple sobre la materia de lectura.

Primero lea cada pasaje y entonces conteste las preguntas que le siguen. Refiérase a la materia de lectura cuantas veces sea necesario para contestar las preguntas.

Cada pasaje va precedido de una "pregunta de orientación". Dicha pregunta le da una razón para leer el texto. Use estas preguntas de orientación para ayudarle a centrarse en la lectura. Recuerde que no debe contestarlas.

Dispone de 65 minutos para contestar las preguntas. Trabaje con cuidado, pero no dedique demasiado tiempo en una sola pregunta. No se le penalizará por respuestas incorrectas.

Para indicar sus respuestas en la hoja de respuestas, llene uno de los óvalos numerados que aparecen al lado del número de la pregunta que está contestando de la prueba.

POR EJEMPLO:

Era el sueño de Susana. El color azul metálico resplandecía y le brillaba el cromo de las ruedas. El motor se había limpiado con el mismo esmero. Adentro, las luces iluminaban el tablero de instrumentos y los asientos estaban cubiertos de cuero fino.

¿A qué se refiere el pasaje?

(1) A un tocadiscos
(2) A un barco
(3) A un automóvil
(4) A una motocicleta
(5) A un avión

La respuesta correcta es "A un automóvil"; por lo tanto, debe marcar el círculo número 3 en la hoja de respuestas.

CONTINUE EN LA PAGINA SIGUIENTE

PRUEBA 4: INTERPRETACIÓN DE LA LITERATURA Y LAS ARTES

Las preguntas 1 a 5 se basan en el siguiente pasaje.

¿QUÉ REVELA UNA VISITA A KYKUIT, PROPIEDAD DE LA FAMILIA ROCKEFELLER?

El recorrido lleva a los visitantes por las habitaciones principales de la primera planta, saliendo y entrando del edificio para circundar los jardines que lo rodean. Son
(5) estos jardines, diseñados en su mayoría por Bosworth, lo verdaderamente espectacular en este lugar. En muchas maneras, la tierra se sobrepone totalmente a la arquitectura, debido a que el sitio está
(10) lleno de audaz imaginación y la casa, cualesquiera que sean sus virtudes, carece de ésta. La única habitación que intenta ser algo espectacular es el llamado salón musical en el corazón de la estructura, que
(15) dispone de una abertura elíptica hacia el piso de arriba, y que resume los problemas de la casa: es demasiado alta, demasiado reprimida, incapaz de permitirse un poco de soltura.
(20) La casa es un retrato de la generación de los Rockefellers que construyeron Kykuit. John D. Rockefeller desaprobaba la bebida y el baile y otros placeres; el salón musical fue diseñado para albergar un órgano de
(25) cañones, y los domingos al mediodía, la música de órgano era el entretenimiento favorito del viejo Rockefeller. Su hijo, John D. Rockefeller Jr., se sentía más cómodo con proyectos arquitectónicos más
(30) grandiosos, pero incluso para él, el sentido del deber venía siempre primero. Veía Kykuit no como un palacio de placeres, sino como la expresión seria de una gran familia. Si esto liberó a Kykuit de los excesos vulgares
(35) típicos de Newport y la Quinta Avenida de esa época, le confirió a la propiedad un sabor de fría formalidad.

No es una casualidad que Kykuit carezca de cualquier símbolo llamativo como grandes
(40) escalinatas; a la segunda planta (que no se incluye en el recorrido turístico) se llega por una escalera que no es mucho más grande que la de cualquier casa de suburbios, apretujada detrás de la separación donde
(45) estaba el órgano de cañones. Los salones no son pequeños, pero tampoco poseen el tamaño de los enormes salones de baile y recibidores de muchos palacios americanos de aquel período; realmente, estas habita-
(50) ciones crean un sentimiento familiar y posiblemente con esa intención fueron creados. Están amueblados muy conserva- doramente, con una mezcla de antigüedades y sencillos muebles tapizados, así como un
(55) número de notables pinturas, entre ellas un retrato de George Washington realizado por Gilbert Stuart que se encuentra en la biblioteca y uno del viejo Rockefeller en el comedor pintado por John Singer Sargent,
(60) amén de numerosos ejemplos de cerámica china.

1. El visitante encuentra que la característica más sobresaliente de Kuykuit es

   (1) el salón musical
   (2) la escalinata
   (3) la segunda planta
   (4) los salones
   (5) los jardines

2. ¿Qué critica el autor?

   (1) los excesos vulgares
   (2) la excesiva formalidad
   (3) los símbolos llamativos
   (4) las enormes dimensiones
   (5) los jardines

3. El autor dice que John D. Rockefeller quería

   (1) emular a Newport y la Quinta Avenida
   (2) crear un palacio de placeres
   (3) destacar la grandeza arquitectónica
   (4) reflejar la distinción de su familia
   (5) presentar selecto entretenimiento

4. El autor indica que la intención de los Rockefeller era

   (1) ser llamativos
   (2) ser hogareños
   (3) mostrar su grandeza
   (4) impresionar
   (5) ser innovadores

CONTINUE EN LA PAGINA SIGUIENTE

PRUEBA 4: INTERPRETACIÓN DE LA LITERATURA Y LAS ARTES

5. Los retratos se mencionan como ejemplo de

(1) sencillez
(2) arte moderno
(3) antigüedades
(4) gusto radical
(5) famosos pintores

Las preguntas 6 a 10 se basan en el siguiente pasaje del escritor uruguayo Mario Benedetti.

EL FÚTBOL, ¿PASIÓN O ANESTESIA?

Por alguna misteriosa razón el fútbol ha interesado a todas las capas sociales, en todos los puntos cardinales (sólo los Estados Unidos han permanecido
(5) indemnes a su seducción) y es quizás el único nivel de la vida ciudadana en que el bramido del vicepresidente de directorio o el ministro no tiene a mal hermanarse con el alarido del paria social.
(10) Hace ya cierto tiempo que el fútbol tiene, en términos de sociedad, el significado de una anestesia colectiva. Tal vez no haya mediado premeditación ni alevosía, pero lo cierto es que a los poderosos este frenesí
(15) popular, este barbitúrico social, les viene al pelo. El fervor dominical es estupendo por varias razones, entre otras porque sirve para olvidar las incumplidas promesas de los jerarcas, la injusticia y las arbitrarie-
(20) dades del resto de la semana. Sirve también para canalizar la violencia (desde el punto de vista de las grandes empresas y otras religiones del Mundo Libre, es preferible que la gente odie al árbitro y no
(25) al oligarca y al general) y llevar a cabo esa operación de tal modo que no vaya a conmover las estructuras ni amenazar los dividendos. Para decirlo en términos futbolísticos: una violencia que tiene
(30) permiso para rozar el travesaño pero que obligatoriamente debe salir desviada.
Por otro lado, el fútbol es un ambiguo símbolo de gloriosas igualdades. Aparente- mente allí no hay privilegios: todos (el
(35) senador, el ministro, el poderoso industrial, el empleado, el obrero, el estudiante, el jubilado, etc.) posan democráticamente sus

respectivas regiones glúteas sobre el duro cemento igualador. Todos gritan el gol,
(40) todos detectan el fuera de juego, todos son eruditos en tácticas y estrategias, todos se acuerdan de la madre del árbitro. Cuando suena el silbato final, el entusiasmo forma coros, bate parches, sube al cielo. Nadie
(45) percibe aún que a partir de ese final las distancias sociales se restablecen.

6. Según el autor, el fútbol interesa

(1) a todo el mundo
(2) a los sectores oligárquicos
(3) a los sectores más empobrecidos
(4) a todas las clases sociales
(5) sólo a los Estados Unidos

7. Según Benedetti, el fútbol es una anestesia colectiva porque

(1) aburre a gente de distintas clases sociales
(2) la gente se hipnotiza delante del televisor
(3) sirve para olvidar los problemas sociales y políticos
(4) la gente de todo el mundo admira este deporte
(5) no conmueve a estructuras ni dividendos

8. ¿Cuál de estas afirmaciones no se sugieren en el pasaje? El fútbol

(1) es un barbitúrico social
(2) canaliza la violencia
(3) es símbolo de igualdad
(4) es un deporte sin privilegios
(5) establece un nivel de vida ciudadana

9. Este artículo sobre el fútbol es

(1) analítico
(2) objetivo
(3) subjetivo
(4) arrogante
(5) divertido

CONTINUE EN LA PAGINA SIGUIENTE

10. Según el pasaje, ¿cuándo retornan las distancias sociales en el fútbol? Cuando

    (1) se sientan todos en un escaño de cemento
    (2) se acuerdan de la madre del árbitro
    (3) detectan todos el fuera de juego
    (4) todos saben las estrategias
    (5) suena el silbato final

Las preguntas 11 a 15 se basan en el siguiente pasaje de *La guagua aérea* del escritor puertorriqueño Luis Rafael Sánchez.

¿QUÉ REPRESENTA LA MÚSICA EN EL CARIBE?

El Caribe suena, suena escribe el cubano Alejo Carpentier. Ya la afirmativa fluye con la cadencia del verso. Pero, no se trata de un verso. Se trata de la explicación
(5) prosada del tejido cultural que unos nombran Caribe y otros mar de las Antillas.
La explicación triunfa por bella y por exacta.
La naturaleza caribeña tiene más sones
(10) placenteros que la guitarra. El impostergable mar traslada el son por las islas— tornadizo son marino que adormece o asusta, que seda o que desvela. Y las brisas aurorales alagan la piel tanto como el
(15) susurro auroral de las aves los oídos. No, no debe sorprender la impresión de paraíso sin serpiente que suscitan las Antillas.
A los sones de la naturaleza se añaden los sones humanos que regulan las noches
(20) y los días del Caribe. El son prolonga los amores, fanatiza las huelgas, orla las soledades de la muerte. ¿Se han visto enamorados sin canción? ¿Convence el piquete obrero que descarta el recurso del
(25) bongó y la pandereta? ¿Atenta la paz de los sepulcros la música, de linaje vital, que suena durante algunos entierros?
En otra esquina o solar del mundo tal vez. En las islas del Caribe, no.
(30) Particulariza al hombre y la mujer caribes el apego esclavizado al son. Cuanta oficina gubernamental se respeta ostenta un radio o varios que transmiten música bailable. La gestión de renovar la licencia de conductor,
(35) por ejemplo, la musicaliza una bachata en

boca del estupendo Juan Luis Guerra o una balada en boca de la apoteósica Lucecita Benítez. Un retazo de son escapa de la radio escondida en botiquín en más de una
(40) de las urgencias. El descenso del suero intravenoso, por ejemplo, lo musicaliza un guaguancó en boca de la eterna Celia Cruz o un bolerazo en boca del regio Danny Rivera. Si en el Caribe no se escucha el
(45) son se dificulta la vida. Si en el Caribe no se hace el son se estropea la muerte.

11. ¿Cuál es la idea principal del autor?

    (1) la maravilla del paisaje
    (2) la importancia de la música en el Caribe
    (3) enfatizar las huelgas que aquejan la región
    (4) hablar de la vida en el Caribe
    (5) diferenciar el Caribe de otros lugares

12. El autor otorga estas características al Caribe, *excepto*

    (1) una expresión exacta de los versos de Carpentier
    (2) un paraíso sin serpientes
    (3) una conjunción de sones de la naturaleza y humanos
    (4) una región de aves y brisas aurorales
    (5) la ausencia de la soledad de la muerte

13. ¿Dónde se puede oír el son caribeño?

    (1) en todas partes
    (2) en las oficinas gubernamentales
    (3) en los entierros
    (4) en las huelgas
    (5) en los mercados

14. ¿Qué significa "El impostergable mar traslada el son…?"

    (1) El son es tan inolvidable como el mar
    (2) El mar siempre es mencionado en la música
    (3) El mar y la música son importantes en el Caribe
    (4) El siempre presente mar transporta la música
    (5) El mar es impostergable porque siempre hace presente la música

CONTINUE EN LA PAGINA SIGUIENTE

PRUEBA 4: INTERPRETACIÓN DE LA LITERATURA Y LAS ARTES

15. ¿Qué es el son para el autor?

(1) un conjunto de canciones populares
(2) una buena música para bailar
(3) una manera de entretenerse cuando se trabaja
(4) un alivio en la vida en el Caribe
(5) una esclavitud para los caribeños

Las preguntas 16 a 20 se basan en el siguiente poema del escritor chileno Nicanor Parra.

¿QUÉ ES LA VIDA?

Ya que la vida del hombre no es sino una
    acción a distancia.
Un poco de espuma que brilla en el interior
    de un vaso;
(5) Ya que los árboles no son sino muebles
    que se agitan
No son sino sillas y mesas en movimiento
    perpetuo;
Ya que nosotros mismos no somos más
    que seres
(10)
(Como el dios mismo no es otra cosa que
    dios)
Ya que no hablamos para ser escuchados
Sino para que los demás hablen
(15) Y el eco es anterior a las voces que lo
    producen;
Ya que ni siquiera tenemos el consuelo de
    un caos
En el jardín que bosteza y se llena de aire,
(20) Un rompecabezas que es preciso resolver
    antes de morir
Para poder resucitar después tranquilamente
Cuando se ha usado en exceso de la mujer;
Ya que también existe un cielo en el infierno,
(25) Dejad también que yo haga algunas cosas:
Yo quiero hacer un ruido con los pies
Y quiero que mi alma encuentre su cuerpo.

16. ¿Cuál es la idea principal del poema?

(1) La necesidad de hablar para ser escuchado
(2) La posibilidad de un caos
(3) La búsqueda del alma
(4) La resurrección
(5) La existencia del cielo

17. ¿Cuál es el estado del ánimo del poeta?

(1) resignado
(2) alegre
(3) expectante
(4) confuso
(5) satisfecho

18. "Los árboles no son sino muebles" es

(1) una metáfora
(2) una comparación
(3) una aliteración
(4) una connotación
(5) un epíteto

19. ¿Qué le gustaría que se produjera al poeta para sentirse mejor?

(1) un ruido
(2) un eco
(3) una acción
(4) un movimiento
(5) un caos

20. ¿Qué quiere decir el poeta en el verso "existe un cielo en el infierno"?

(1) que es difícil ir hacia adelante
(2) que no hay esperanza
(3) que como en todo, hay cosas buenas y malas
(4) que toda la vida es una confusión
(5) que la vida humana es dura, pero no por completo

CONTINUE EN LA PAGINA SIGUIENTE

PRUEBA 4: INTERPRETACIÓN DE LA LITERATURA Y LAS ARTES

Las preguntas 21 a 25 se basan en el siguiente poema del peruano César Vallejo.

¿QUÉ SUCEDIÓ EN EL VIAJE EN TREN?

Cruza el tren la estéril puna
que ya la noche amortaja
y la lluvia lenta baja
con tristísimo rumor.

(5) Dentro del coche qué frío
tan fuerte es el que sentimos;
y ateridos nos dormimos
de la estufa al resplandor.

    —¡Qué bonito!—un pequeñuelo
(10) que va junto a mí murmura—.
    —¡Cuál blanquea aquella altura
a la luz crepuscular!

Y a través de los cristales
de la ventana, veía
(15) la nevada que cubría
los cerros de aquel lugar.

Seguía el tren lentamente
por el árido sendero
y pronto el manso aguacero
(20) en tempestad se troncó.

Los vidrios de la ventana
se iban empañando en breve
con las lágrimas de nieve
que el viento hasta allí llevó.

21. El poeta unifica las estrofas con

(1) los refranes y las onomatopeyas
(2) el ritmo y la rima
(3) la aliteración y la asonancia
(4) los símbolos y las connotaciones
(5) las similitudes y las metáforas

22. ¿Cómo califica la lluvia el poeta?

(1) amortajada
(2) insignificante
(3) atemorizante
(4) triste
(5) crepuscular

23. ¿De qué se sorprende el niño del poema?

(1) de un soplido de viento fuerte
(2) de un árido sendero
(3) del reflejo del sol en la nieve
(4) de un manto blanco en la vía
(5) de la tempestad de nieve

24. A medida que avanza el tren,

(1) llovía cada vez más
(2) nevaba cada vez más
(3) el viento había parado
(4) la estufa calentaba más
(5) se veían las montañas nevadas

25. ¿Qué nos quiere expresar el poeta en estas estrofas?

(1) las emociones del niño
(2) presentar unos hechos
(3) sus impresiones durante el viaje en tren
(4) establecer la diferencia entre la nieve y la lluvia
(5) sugerir contrastes

Las preguntas 26 a 30 se basan en el siguiente fragmento teatral de *Corona de sombra* del dramaturgo mexicano Rodolfo Usigli.

¿CUÁL ES LA SITUACIÓN DE MÉXICO?

MIRAMON
  Perdone Vuestra Majestad, pero todo se debe a un sueño que tuve.

MAXIMILIANO
(5)   ¿Podéis contármelo?

MIRAMON
  No sé como ocurrió, sire; pero vi que la pirámide había cubierto a la Iglesia. Era una pirámide oscura, color de indio.
(10)   Y vi que el indio había tomado el lugar del blanco. Unos barcos se alejaban por el mar, al fondo de mi sueño, y entonces la pirámide crecía hasta llenar todo el horizonte y cortar toda la comunicación en
(15) el mar. Yo sabía que iba en uno de los barcos; pero también sabía que me había quedado en tierra, atrás de la pirámide, y

CONTINUE EN LA PAGINA SIGUIENTE

PRUEBA 4: INTERPRETACIÓN DE LA LITERATURA Y LAS ARTES

que la pirámide me separaba ahora de mí mismo.

(20) MAXIMILIANO

Es un sueño extraño, ¿podéis descifrar su significado?

MIRAMON

Me pareció ver en este sueño, cuando *(25)* desperté, el destino mismo de México, señor. Si la pirámide acababa con la iglesia, si el indio acababa con el blanco, si México se aislaba de la influencia de Europa, se perdería para siempre. Sería la vuelta a la *(30)* oscuridad, destruyendo cosas que ya se han incorporado a la tierra de México, que son tan mexicanas como la pirámide, hombres blancos que somos tan mexicanos como el hombre indio, o más. Acabar con *(35)* esto sería como acabar con una parte de México. Pensé en las luchas intestinas que sufrimos desde Iturbide; en la desconfianza que los mexicanos han tenido siempre del gobernante mexicano, en la traición de *(40)* Santa-Anna, en el tratado Ocampo-McLane y en Antón Lizardo. En la posibilidad que, cuando no quedara aquí piedra sobre piedra de la Iglesia católica, cuando ya no quedara un solo blanco vivo, los Estados *(45)* Unidos echarían abajo la pirámide y acabarían con los indios. Y pensé que sólo un gobernante europeo, que sólo un gobierno monárquico ligaría el destino de México al de Europa, traería el progreso de *(50)* Europa a México y nos salvaría de la amenaza del Norte y de la caída de la oscuridad primitiva.

MAXIMILIANO (Pensativo)

¿Y piensan muchos mexicanos como *(55)* vos, general?

MIRAMON

No lo sé, Majestad. Yo diría que sí.

LACUNZA

Todos los blancos, Majestad.

(60) MIRAMON

Tomás Mejía es indio puro, y está con nosotros. (MAXIMILIANO pasea un poco)

MAXIMILIANO

Quiero saber quién es Juárez. Decídmelo. *(65)* Sé que es doctor en leyes, que ha legislado, que es masón como yo; que cuando era pequeño fué salvado de las aguas como Moisés. Y siento dentro de mí que ama a México. Pero no sé más. ¿Es popular? ¿Lo *(70)* ama el pueblo? Quiero la verdad.

MIRAMON

Señor, el pueblo es católico, y Juárez empobrece a la Iglesia.

26. Según Miramón, el valor de México radica en la combinación

(1) indio y blanco
(2) indio y mexicano
(3) blanco y norteamericano
(4) blanco y católico
(5) indio y europeo

27. ¿Qué quiere expresar Miramón cuando explica el significado de su sueño?

(1) que teme la amenaza del Norte
(2) que no se puede volver atrás en la historia
(3) que los indios pueden llegar a controlar a los blancos
(4) que los mexicanos no confían en sus gobernantes
(5) que un gobernante europeo podría perjudicar a México

28. ¿Quién, según Miramón, desempeña un papel importante en la política de México?

(1) los indios
(2) los militares
(3) los reyes
(4) la iglesia
(5) los norteamericanos

CONTINUE EN LA PAGINA SIGUIENTE

PRUEBA 4: INTERPRETACIÓN DE LA LITERATURA Y LAS ARTES

29. ¿Cuál es la idea principal de este fragmento?

    (1) el destino de México
    (2) la situación de la monarquía mexicana
    (3) la amenaza del Norte
    (4) la relación Europa-México
    (5) el enriquecimiento de la iglesia católica

30. Según el pasaje, ¿cómo es Marimón?

    (1) antiamericanista, antiindigenista y
        monárquico
    (2) indigenista, católico y antieuropeista
    (3) antiindigenista, europeista y monárquico
    (4) anticatólico, antimonárquico, europeista
    (5) católico, proamericanista, monárquico

Las preguntas 31 a 35 se basan en el siguiente comentario sobre la tecnología de *Hombres y engranajes* de Ernesto Sábato.

¿CÓMO SE PASÓ DEL NATURALISMO A LA TECNOLOGÍA?

Al despertar del largo ensueño del Medievo, el hombre redescubre el mundo natural y al hombre natural, el paisaje y su propio cuerpo. Su realidad será ahora
(5) secular y profana, o tenderá a serlo cada vez más, pues una visión del mundo no cambia instantáneamente. Pero lo que importa es ver las líneas de fuerza que ocultamente empiezan a dirigir la
(10) orientación de una sociedad, la inquietud de sus hombres, la dirección de sus miradas; sólo así puede saberse lo que va a acontecer visiblemente varios siglos después. La profanidad de Rafael no se
(15) explica sin esa oculta tensión de las líneas de fuerza que empiezan a actuar ya en el siglo XII. Entre un Giotto y un Rafael— comienzo y fin del proceso—hay toda la distancia que media entre un pequeño
(20) burgués profundamente cristiano, todavía sumergido hasta la cintura en la Edad Media, y un artista mundano, emancipado de su religiosidad.

La vuelta a la naturaleza es un rasgo
(25) esencial de los comienzos renacentistas y se manifiesta tanto en el lenguaje popular como en las artes plásticas, en la literatura satírica como en la ciencia experimental. Los

pintores y escultores descubren el paisaje y
(30) el desnudo. Y en el redescubrimiento del desnudo no sólo influye la tendencia general hacia la naturaleza, sino el auge de los estudios anatómicos y el espíritu igualitario de la pequeña burguesía: porque el
(35) desnudo, como la muerte, es democrático.

La primera actitud del hombre hacia la naturaleza fue de candoroso amor, como en San Francisco. Pero dice Max Scheler, amar y dominar son dos actitudes comple-
(40) mentarias y a ese amor desinteresado y panteístico siguió el deseo de la dominación, que había de caracterizar al hombre moderno. De este deseo nace la ciencia positiva, que no es ya mero conocimiento
(45) contemplativo, sino el instrumento de la dominación del universo. Actitud arrogante que termina con la hegemonía teológica, libera a la filosofía y enfrenta la ciencia con el libro sagrado.
(50) El hombre secularizado—animal instrumentificum—lanza finalmente la máquina contra la naturaleza, para conquistarla. Pero dialécticamente ella terminará dominando a su creador.

31. ¿Cuándo se volvió al naturalismo? En el

    (1) renacimiento
    (2) neorrealismo
    (3) barroco
    (4) postmodernismo
    (5) criollismo

32. Según el pasaje, ¿en cuál de estos aspectos no se manifiesta el naturalismo? En la

    (1) pintura
    (2) literatura satírica
    (3) tecnología
    (4) ciencia experimental
    (5) escultura

33. Según el autor, ¿en qué se basa la diferencia entre Giotto y Rafael? En

    (1) la religión
    (2) el proceso de creación
    (3) el tipo de naturalismo
    (4) su espíritu igualitario
    (5) sus diferentes estudios de anatomía

CONTINUE EN LA PAGINA SIGUIENTE

PRUEBA 4: INTERPRETACIÓN DE LA LITERATURA Y LAS ARTES

34. ¿Cómo nace la ciencia positiva?

    (1) del conocimiento contemplativo
    (2) del amor
    (3) de la tendencia al naturalismo
    (4) del amor y la dominación
    (5) del paisajismo

35. ¿Qué cree el autor que a largo plazo pasará con la tecnología?

    (1) La naturaleza conquistará la tecnología
    (2) El hombre volverá a la teología
    (3) La tecnología conquistará la naturaleza
    (4) El hombre se volverá más arrogante
    (5) La tecnología se impondrá al hombre

Las preguntas 36 a 40 se refieren a este comentario de arte.

¿POR QUÉ FRIDA SE PINTABA A SÍ MISMA?

De los muchos interrogantes que asaltan a los interesados en Frida Kahlo quizá el que con mayor frecuencia me es planteado es por qué se pintaba tanto ella misma.

(5) Frida contestó a sus entrevistadores en el año final de su vida (1954) que lo hacía porque estaba muy sola y también porque era el sujeto que conocía mejor. La primera afirmación no resiste análisis, porque nunca (10) estaba sola. Vivió siempre rodeada de sirvientes y familiares; su casa recibía constantemente visitantes que iban desde amigos hasta las personalidades más deslumbrantes de su época como María (15) Félix, Jorge Negrete, Nelson Rockefeller, Helena Rubinstein, Lev Davidovich "Trotsky", Dolores del Río e Isamu Noguchi, por sólo mencionar algunos.

Ahora, sobre si era el sujeto que conocía (20) mejor, no cabe la menor duda al respecto, porque ello es fruto de un profundo examen de sus facciones a través de larguísimas sesiones frente al espejo.

El maestro Diego Rivera—su esposo (25) durante casi venticuatro años—compartía su conocimiento de esos amigos excepcionales, varios de los cuales fueron capturados por su pincel (recuérdense los

(30) retratos de María Félix, Pita Amor, Paulette Goddard y Dolores del Río).

Las obras de arte son también material de información tangible y desde la prehistoria hasta nuestros días, los humanos hemos creado para comunicarnos con las fuerzas (35) sobrenaturales, con otros seres y, conscientemente o no, con la posteridad, puesto que continúan transmitiendo el mensaje mucho después de que su propósito original deja de existir.

(40) En el año de 1939, Frida y Diego deciden divorciarse y el procedimiento queda formalizado el 6 de noviembre. Durante el período de intensa depresión que ella sufre por la ausencia del maestro, de su amante y su cómplice, pinta su cuadro más famoso: "Las dos Fridas", así como el titulado "La mesa herida", de influencia intensamente surrealista y cuyo paradero se desconoce actualmente.

Aun cuando vuelven a casarse el 8 de diciembre de 1940, apenas un año después, Frida ya ha experimentado una enorme inseguridad y esto provoca en ella el deseo nunca alcanzado de ser económicamente autosuficiente, elemento indispensable para la libertad. Con esta finalidad en mente y conociendo la predilección de los coleccionistas por sus autorretratos de medio cuerpo, ligeramente de perfil, produce en los años 1940 a 1949 una serie de ellos, a veces interrumpida por la realización de retratos por encargo que también ayudan a su economía.

—Marta Zamora

36. ¿Qué razones expone la autora tuvo Frida para pintar muchos autorretratos?

    (1) por ser el tema que conocía mejor y por dinero
    (2) Por soledad y porque era el tema que conocía mejor
    (3) por soledad y por dinero
    (4) porque era muy egocéntrica
    (5) por necesidad económica

CONTINUE EN LA PAGINA SIGUIENTE

PRUEBA 4: INTERPRETACIÓN DE LA LITERATURA Y LAS ARTES

37. Según el pasaje, ¿qué son las obras de arte para la autora?

    (1) meros productos de la creación
    (2) un objeto de decoración
    (3) el fruto de investigación detallada
    (4) objetos de gran valor económico
    (5) material de información sobre la artista

38. ¿Por qué pinta la artista la obra "Las dos Fridas"?

    (1) Quiere hacerse famosa
    (2) Quiere regalárselo a su marido
    (3) Se encuentra en un momento álgido de su obra
    (4) Está deprimida ante su divorcio
    (5) Quiere explorar el surrealismo

39. ¿Por qué pintó tantos autorretratos entre 1940 a 1949?

    (1) para recuperar a su marido
    (2) porque eran su predilección
    (3) porque se los pedían por encargo
    (4) porque al pintar se sentía libre
    (5) porque sabía que gustaban a los coleccionistas

40. ¿Qué objeción tiene la autora sobre Frida Kahlo?

    (1) No cree que Frida no tuviera dinero
    (2) Se muestra contraria a su divorcio
    (3) No está de acuerdo de que Frida Kahlo se conociera a sí misma
    (4) No está de acuerdo que pintase por soledad
    (5) No admite que Frida se sintiera insegura después de su divorcio

Las preguntas 41 a 45 se refieren al siguiente comentario sobre cine.

¿CUÁL FUE EL ORIGEN DE LOS OSCARES?

La Academia de las Ciencias y las Artes de la Cinematografía fue fundada en 1927 después de la celebración de una cena de notables del cine en la casa de playa del
(5) presidente de los poderosos estudios M.G.M., Louis B. Mayer. El propósito que profesaba la organización era representar la industria del cine en una totalidad. Aunque el propósito, al menos en gran
(10) parte, fue el de circunvenir la presencia de los gremios y asociaciones existentes, éstos están hoy representados fuertemente en la administración de la Academia.

Antes de que las ceremonias de los
(15) premios fueran televisadas en los años 50, la mayoría de los costos eran financiados por los estudios y era conocido por todo el mundo que los directivos presionaban a los empleados para que votaran por las
(20) películas que ellos habían producido. Pero en 1952, cuando algunas grandes compañías decidieron no compartir más los gastos, la NBC-RCA hizo una oferta de 100,000 dólares para adquirir los derechos
(25) de televisar y radiar la ceremonia. Nunca ningún canal pagó por la realización del espectáculo hasta que la ABC-TV lo hizo en 1976.

La Academia se divide en 13 secciones
(30) para las votaciones y un miembro debe ganarse la distinción en su campo específico, antes de que sea invitado a participar como votante. En los premios de 1986, 107 cinematógrafos presentaron
(35) nominaciones en el campo de la fotografía, 243 miembros de la sección de música nominaron candidatos para la mejor canción y banda sonora y 1,207 actores nominaron a los cuatro mejores actores del
(40) año. Todos los 4,244 miembros nominaron a la mejor película y también fueron autorizados a votar en otras categorías específicas.

La estatuilla se dio por primera vez dos
(45) años después de que la Academia se

CONTINUE EN LA PAGINA SIGUIENTE

PRUEBA 4: INTERPRETACIÓN DE LA LITERATURA Y LAS ARTES

fundara. El director de arte, Cedric Gibbons, hizo el esbozo en un mantel de un hombre desnudo, que se convirtió en el Oscar. Modelado por el escultor George Stanley, la
(50) estatuilla, sin nombre por aquél entonces, estaba enchapada en oro de 24 quilates, medía 13 pulgadas y media y pesaba 8 libras. Hoy en día la estatuilla se produce en masa y tiene un precio estimado de 200
(55) dólares.

¿De dónde viene el nombre de Oscar? En 1931, Margaret Herrick, que más tarde fue la directora ejecutiva de la Academia, era su bibliotecaria. Cuando vio la estatua
(60) por primera vez, esclamó: "¡Se parece a mi tío Oscar!" El columnista Sidney Skolsky, según se cuenta, oyó por casualidad a los miembros de la Academia llamar a la estatua Oscar y empezó a usar este apodo. Poco
(65) después, el nombre estaba en el diccionario.

41. El autor escribió el pasaje de manera

    (1) objetiva
    (2) crítica
    (3) elogiosa
    (4) humorística
    (5) pro-Hollywood

42. La Academia de las Ciencias y Artes de la Cinematografía, según el pasaje,

    (1) ha fracasado en sus propósitos
    (2) ha conseguido sus propósitos
    (3) ha cambiado sus propósitos
    (4) ha vuelto a sus propósitos originales
    (5) no tiene propósitos específicos

43. Según el pasaje, un cambio tuvo lugar en

    (1) la selección de los ganadores de los Oscares
    (2) la composición de la Academia
    (3) el objetivo del Oscar
    (4) las grandes compañías de películas
    (5) el financiamiento de la ceremonia de los premios

44. El nombre Oscar se volvió popular después de

    (1) haber sido planificado cuidadosamente por la Academia
    (2) el trabajo de Cedric Gibbons
    (3) el trabajo de George Stanley
    (4) que lo usó Sidney Skolsky
    (5) la investigación de Margaret Herrick

45. El autor indica que los premios de los Oscares ahora

    (1) están sujetos a la presión de los estudios
    (2) están influenciados por los canales de televisión
    (3) son concedidos por expertos calificados
    (4) están sujetos a las influencias de los sindicatos
    (5) son otorgados por las grandes compañías de cine

FIN DEL EXAMEN

PRUEBA 5: MATEMÁTICAS

Instrucciones

La Prueba de Matemáticas consiste en preguntas de opción múltiple que valoran sus conocimientos generales de matemáticas y su habilidad para resolver problemas. Las preguntas están basadas en lecturas cortas que frecuentemente incluyen gráficas, diagramas o dibujos.

Dispone de 90 minutos para contestar las preguntas. Trabaje con cuidado, pero no dedique demasiado tiempo a una sola pregunta. Asegúrese de responder todas las preguntas. No se le penalizará por respuestas incorrectas.

En la página siguiente hay algunas fórmulas que quizás pueda necesitar. No todas las preguntas requieren usar las fórmulas ni todas las fórmulas dadas serán necesarias.

No se permite el uso de calculadoras.

Para indicar sus respuestas en la hoja de respuestas, llene uno de los óvalos numerados que aparecen al lado del número de la pregunta que está contestando en la prueba.

POR EJEMPLO:

Si se paga una factura de supermercado de $15.75 con un billete de $20 dólares, ¿cuánto dinero se dará de cambio?

(1) $5.26   ① ② ● ④ ⑤
(2) $4.75
(3) $4.25
(4) $3.74
(5) $3.25

La respuesta correcta es "4.25"; por lo tanto, debe marcar el círculo número 3 en la hoja de respuestas.

CONTINUE EN LA PAGINA SIGUIENTE

PRUEBA 5: MATEMÁTICAS

FÓRMULAS

Descripción	Fórmula
AREA (A) de un:	
cuadrado	$A = l^2$, donde l = lado
rectángulo	$A = la$, donde l = longitud, a = altura
paralelógramo	$A = ba$, donde b = base, a = altura
triángulo	$A = \dfrac{1}{2} ba$, donde b=base, a = altura
círculo	$A = \pi r^2$ donde π = 3.14, r = radio
PERÍMETRO (P) de un:	
cuadrado	$P = 4l$, donde l=lado
rectángulo	$P = 2l + 2a$, donde l = longitud, a = ancho
triángulo	$P = a + b + c$, donde a, b y c son los lados
circunferencia (C) de un círculo	$C = \pi d$, donde π = 3.14, d = diámetro
VOLUMEN (V) de un	
cubo	$V = l^3$, donde l =lado
sólido rectangular	$V = xyz$, donde x = longitud, y = ancho, z = altura
cilindro	$V = \pi r^2 a$, donde π =3.14, r = radio, a = altura
Relación pitagórica	$c^2 = a^2 + b^2$, donde c = hipotenusa, a y b son los catetos de un triángulo recto
Distancia (d) entre dos puntos de un plano	$d = \sqrt{(x_2 - x_1)^2 + (y_2 - y_1)^2}$, donde (x_1,y_1) y (x_2,y_2) son los puntos de un plano
Inclinación de una línea (m)	$m = \dfrac{y_2 - y_1}{x_2 - x_1}$ donde (x_1,y_1) y (x_2,y_2) son dos puntos de un plano
La media	$media = \dfrac{x_1 + x_2 + \ldots + x_n}{n}$, donde las x son los valores para los cuales se desea una media y n = número de valores de la serie
La mediana	$mediana$ = el punto en un conjunto ordenado de números, en el cual la mitad de los números son superiores y la mitad de los números son inferiores a este valor
Interés simple (i)	$i = crt$, donde c = capital, r = razón, t = tiempo
Distancia (d) como función de razón y tiempo	$d = rt$, donde r = razón y t = tiempo
Costo total (c)	$c = nr$, donde n = número de unidades, r = costo por unidad

CONTINUE EN LA PAGINA SIGUIENTE

PRUEBA 5: MATEMÁTICAS

1. Un vendedor gana $200 por semana más un 5% de comisión por ventas que sobrepasen los $8,000. En una semana, sus ventas fueron de $15,000. ¿Cuánto ganó durante esta semana?

   (1) $200
   (2) $350
   (3) $500
   (4) $550
   (5) $600

2. ¿Cuánto pagó Jane por 1 libra 12 onzas de manzanas a $.84 la libra?

   (1) $1.36
   (2) $1.47
   (3) $1.57
   (4) $1.65
   (5) $1.75

3. Una mañana Martín viaja en auto 80 millas en 2 horas. Después de almorzar, viaja 100 millas más en 3 horas. ¿Cuál es la velocidad media en millas por hora de su viaje?

   (1) 35
   (2) 36
   (3) 37
   (4) 45
   (5) No se da suficiente información

4. Una fotografía de 8 pulgadas de largo y 6 de ancho se amplía de tal modo que la longitud es de 12 pulgadas. ¿Cuál es el ancho de la foto ampliada?

   (1) 9
   (2) 10
   (3) 12
   (4) 14
   (5) 16

5. Un hombre compra acciones *ABC* a $19\frac{5}{8}$ y las vende a $23\frac{1}{4}$ cada una.

   ¿Cuáles son sus ganancias de 80 acciones antes de las deducciones por comisión e impuestos?

   (1) $29
   (2) $240
   (3) $255
   (4) $290
   (5) $358

6. La solución de la desigualdad $3x - 1 < 5$ es

   (1) 3
   (2) 2
   (3) 1
   (4) 5
   (5) $2\frac{1}{2}$

7. Un teatro tiene 850 asientos. El 60% de ellos están en la platea. ¿Cuántos asientos hay en la galería?

   (1) 240
   (2) 260
   (3) 320
   (4) 340
   (5) 510

8. En un triángulo rectángulo, la razón de las medidas de los dos ángulos agudos es de 4:1. ¿Qué medida tiene el ángulo agudo más grande, en grados?

   (1) 50°
   (2) 54°
   (3) 70°
   (4) 72°
   (5) No se da suficiente información

CONTINUE EN LA PAGINA SIGUIENTE

PRUEBA 5: MATEMÁTICAS

9. Si se corta 18 pies 10 pulgadas de un cable que mide 25 pies 8 pulgadas de longitud, ¿cuál es la longitud del cable que queda?

   (1) 6 pies 1 pulgada
   (2) 6 pies 2 pulgadas
   (3) 6 pies 9 pulgadas
   (4) 6 pies 10 pulgadas
   (5) 7 pies 2 pulgadas

10. Bill gana *m* dólares por mes y Francisco gana *n* dólares mensuales. ¿Cuántos dólares ganan los dos en un año?

    (1) 12 *mn*
    (2) 12 *m + n*
    (3) 12(*m + n*)
    (4) 12*n + m*
    (5) 12*n – m*

La pregunta 11 se basa en la siguiente figura.

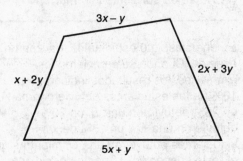

11. ¿Cuál es el perímetro de la figura?

    (1) 11*x* + 5*y*
    (2) 10*x* + 5*y*
    (3) 11*x* + 4*y*
    (4) 9*x* – *y*
    (5) 8*x* + 3*y*

12. Juana y María ganan dinero cuidando niños. Si Juana gana dos veces más que María y las dos chicas ganan un total de $42, ¿cuánto gana María?

    (1) $8
    (2) $10
    (3) $12
    (4) $14
    (5) No se da suficiente información

La pregunta 13 se basa en la siguiente tabla.

Para hacer la declaración de los impuestos sobre la renta se debe seguir las siguientes instrucciones.

Si los ingresos impositivos son

Al menos	Pero no más de	Sus impuestos son
0	$3,499	un 2% de la cantidad
$3,500	$4,499	$70 más un 3% de cualquier cantidad sobre $3,500
$4,500	$7,499	$100 más un 5% de cualquier cantidad sobre $4,500
$7,500		$250 más un 7% de cualquier cantidad

13. ¿Cuántos impuestos deben pagarse por los ingresos impositivos de $5,800?

    (1) $120
    (2) $135
    (3) $150
    (4) $165
    (5) $175

14. Halle la *x* en la fórmula *x* = 2*a*(*b* + 7), si *a* = 3 y *b* = 5.

    (1) 13
    (2) 72
    (3) 108
    (4) 120
    (5) 210

CONTINUE EN LA PAGINA SIGUIENTE

PRUEBA 5: MATEMÁTICAS

15. El peso de los 11 miembros del equipo de fútbol Panteras son 201, 197, 193, 212, 205, 207, 195, 214, 198, 203 y 184. ¿Cuál es la mediana del peso de un jugador de este equipo?

    (1) 199
    (2) 200
    (3) 201
    (4) 203
    (5) 205

16. Un comité está formado de 7 mujeres y 4 hombres. Si un miembro del comité es elegido para ser el presidente, ¿qué probabilidad hay de que sea una mujer?

    (1) $\dfrac{1}{11}$

    (2) $\dfrac{1}{7}$

    (3) $\dfrac{4}{7}$

    (4) $\dfrac{7}{11}$

    (5) $\dfrac{10}{11}$

17. Una bolsa de patatas que pesa 5 libras 12 onzas cuesta $2.07. ¿Cuánto cuesta 1 libra de patatas?

    (1) $.36
    (3) $.38
    (3) $.40
    (4) $.45
    (5) $.48

La pregunta 18 se basa en la siguiente figura.

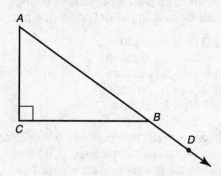

18. Si $\overleftrightarrow{AC}$ es perpendicular a $\overleftrightarrow{CB}$ y $m\angle CBD = 125°$, entonces $m\angle A$ es igual a

    (1) 15°
    (2) 20°
    (3) 35°
    (4) 45°
    (5) No se da suficiente información

19. En una clase, 80 estudiantes realizan un examen. Cuando se corrigieron los exámenes, los resultados indicaron que un 10% de los estudiantes obtuvieron una *A*, un 25% obtuvieron una *B*, un 30% obtuvieron una *C* y un 15% de los estudiantes obtuvieron una *D*, mientras que el resto suspendió. ¿Cuántos estudiantes no aprobaron el examen?

    (1) 10
    (2) 12
    (3) 15
    (4) 16
    (5) No se da suficiente información

20. Un hombre invierte $20,000 para obtener un interés anual de 7% y $12,000 más con un interés de $7\dfrac{1}{2}$%. ¿Cuáles son sus ganancias anuales de las dos inversiones realizadas?

    (1) $1,400
    (2) $1,500
    (3) $2,000
    (4) $2,300
    (5) $2,800

CONTINUE EN LA PAGINA SIGUIENTE

PRUEBA 5: MATEMÁTICAS

21. Una docena de huevos cuesta *x* centavos. ¿Cuánto cuestan 3 huevos al mismo precio?

    (1) $\dfrac{x}{3}$

    (2) $\dfrac{x}{4}$

    (3) $\dfrac{3x}{4}$

    (4) $\dfrac{x}{12}$

    (5) $3x$

22. Pedro Rossini se acaba de graduar con honores en la universidad. Se le han ofrecido una variedad de buenos trabajos con los siguientes salarios:

    A. $27,000 anuales el primer año
    B. $570 por semana en el primer año
    C. $2,250 por mes el primer año
    D. $2,000 por mes los primeros seis meses y un aumento del 10% en los últimos 6 meses del primer año.

    ¿Cuál de las ofertas de trabajo le proporciona a Pedro Rossini un ingreso mayor anual durante el primer año?

    (1) A
    (2) B
    (3) C
    (4) D
    (5) No se da información suficiente

23. Un vendedor compra 2 docenas de chaquetas a $48 cada una. Al mes siguiente, compra 15 chaquetas más a $48 cada una. ¿Cuál de las siguientes expresiones expresa el número de dólares que el vendedor ha pagado por las chaquetas?

    (1) 24 × 48 + 15
    (2) (24 × 48) × 15
    (3) 24 + 48 × 15
    (4) 48(24 + 15)
    (5) 24 + (48 + 15)

24. Un auto viaja a una velocidad media de 48 millas por hora. Otro auto que va más despacio viaja a una velocidad de 36 millas por hora. ¿Cuántas millas más recorre el auto que va más rápido que el auto que va más despacio en 45 minutos?

    (1) 9
    (2) 10
    (3) 12
    (4) 27
    (5) 36

La pregunta 25 se basa en la siguiente gráfica.

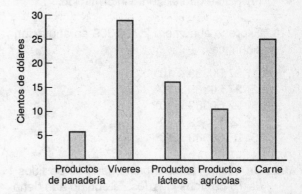

25. ¿Por cuántos dólares las ventas en el departamento de productos cárnicos excede a las ventas en el departamento de productos lácteos?

    (1) $100
    (2) $1,000
    (3) $1,500
    (4) $1,800
    (5) $10,000

26. Un bote navega una distancia de 15 millas en dirección este. Luego navega hacia el norte una distancia de 20 millas, donde hace el anclaje. ¿A cuántas millas está el bote desde su punto de partida?

    (1) 23
    (2) 25
    (3) 29
    (4) 30
    (5) 35

CONTINUE EN LA PAGINA SIGUIENTE

PRUEBA 5: MATEMÁTICAS

27. Un hombre observa el primer día del mes el medidor de su tanque de combustible para calefacción donde caben 280 galones y encuentra que está $\frac{7}{8}$ lleno. Al final del mes, observa que queda sólo $\frac{1}{4}$ de tanque. ¿Cuántos galones de combustible ha usado en este mes?

    (1) 70
    (2) 105
    (3) 175
    (4) 210
    (5) No se da suficiente información

28. Exprese el número 2,750,389 en anotación científica.

    (1) 27.50389×10^5
    (2) 275.0389×10^3
    (3) 27.50389×10^6
    (4) $.2750389 \times 10^7$
    (5) 2.750389×10^6

29. Un equipo de baloncesto ganó 50 partidos de 75 partidos jugados. El equipo aún tiene que jugar 45 partidos más. ¿Cuántos de estos partidos que tienen que jugar deben de ganar para que al final de la temporada el total de partidos ganados sea de un 60%?

    (1) 20
    (2) 21
    (3) 22
    (4) 25
    (5) 30

30. Las áreas de un rectángulo y un triángulo son iguales. El largo del rectángulo es de 12 pulgadas y el ancho es de 8 pulgadas. Si la base del triángulo es de 32 pulgadas, ¿cuál es su altura en pulgadas?

    (1) 6
    (2) 8
    (3) 9
    (4) 12
    (5) 16

31. Una escuela tiene 18 clases con 35 estudiantes cada una. Para reducir el tamaño de la clase a 30, ¿cuántas clases nuevas deberían crearse?

    (1) 2
    (2) 3
    (3) 5
    (4) 6
    (5) 8

La pregunta 32 se basa en la siguiente gráfica.

32. ¿Cuántos dólares gasta la empresa en mano de obra?

    (1) $4,800
    (2) $9,600
    (3) $48,000
    (4) $96,000
    (5) $960,000

La pregunta 33 se basa en la siguiente gráfica.

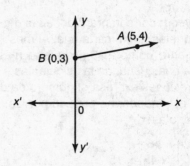

CONTINUE EN LA PAGINA SIGUIENTE

PRUEBA 5: MATEMÁTICAS

33. ¿Cuál es la pendiente de la línea que une el punto *A* (5,4) y el punto *B* (0,3)?

    (1) $\dfrac{1}{10}$

    (2) $\dfrac{1}{5}$

    (3) $\dfrac{3}{5}$

    (4) $\dfrac{4}{5}$

    (5) 5

34. 1 kilómetro =

    (1) 10 metros
    (2) 100 gramos
    (3) 1,000 litros
    (4) 1,000 metros
    (5) 1,000 milímetros

35. En la ecuación $3x - y = 2$, ¿qué dos pares de puntos se encuentran en la gráfica de la ecuación?

    A. (3,–2)
    B. (1,5)
    C. (2,4)
    D. (2, –2)
    E. (3,7)

    (1) A y B
    (2) C y E
    (3) B y C
    (4) A y E
    (5) B y D

36. Si $3x - 1 = 11$, ¿cuál es el valor de $x^2 + x$?

    (1) 12
    (2) 15
    (3) 16
    (4) 18
    (5) 20

37. Una campana suena cada 2 horas, una segunda campana suena cada 3 horas y una tercera campana suena cada 4 horas. Si las tres campanas suenan a la misma vez a las 9:00 A.M., ¿a qué hora volverán a sonar al mismo tiempo?

    (1) al mediodía
    (2) a las 6:00 P.M.
    (3) 9:00 P.M.
    (4) 10 P.M.
    (5) No se da suficiente información

38. Una familia gasta el 20% de sus ingresos mensuales en comida, el 23% en alquiler, el 42% en otros gastos y el resto lo ahorran. Si la familia ahorra $360 al mes, ¿cuáles son sus ingresos mensuales?

    (1) $2,000
    (2) $2,200
    (3) $2,400
    (4) $2,500
    (5) $28,800

La pregunta 39 se basa en la siguiente figura.

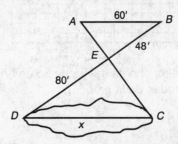

39. Para medir la distancia transversal de un estanque (*DC*), un agrimensor toma los puntos *A* y *B*, de tal manera que $\overleftrightarrow{AB}$ es paralela a $\overline{DC}$. Si *AB* = 60 pies, *EB* = 48 pies y *ED* = 80 pies, calcule *DC*.

    (1) 72 pies
    (2) 84 pies
    (3) 96 pies
    (4) 100 pies
    (5) No se de suficiente información

CONTINUE EN LA PAGINA SIGUIENTE

PRUEBA 5: MATEMÁTICAS

40. ¿Cuántos ladrillos de 4 pulgadas por 8 pulgadas se necesitan para construir un sendero de 6 pies de ancho y 24 pies de largo?

    (1) 54
    (2) 600
    (3) 648
    (4) 840
    (5) 1,000

41. Cada uno de los números de abajo es una solución para la desigualdad $2x + 3 > 7$, a *excepción de*

    (1) 5
    (2) 4
    (3) 3
    (4) 10
    (5) 0

La pregunta 42 se basa en la siguiente figura.

42. ¿Cuál es el área del triángulo en unidades cuadradas de la gráfica?

    (1) 8
    (2) 10
    (3) 16
    (4) 32
    (5) 48

43. David Gordon es un estudiante de secundaria que planea ir a la universidad. Ha sido admitido en dos universidades y ha decidido seleccionar la universidad que le cueste menos dinero. Usa los siguientes datos para ayudarse a decidir.

    Universidad A
    Cuota por enseñanza—$9,480; cuarto y comida—$6,320; libros y varios—$1,200. A David se le ha ofrecido una beca de $4,200 por año.

    Universidad B
    Cuota por enseñanza—$9,200; cuarto y comida—$6,150; libros y varios—$1,200. A David se le ha ofrecido una beca de $3,200 por año.
    También se le ha ofrecido trabajar en la biblioteca de la universidad por horas.

    ¿Qué información adicional necesita David para realizar su decisión?

    (1) ¿Cuántas millas de distancia está la escuela de donde vive?
    (2) ¿Qué universidad tiene mejor reputación?
    (3) ¿Cuántas becas concede cada universidad?
    (4) ¿Cuánto puede ganar David trabajando en la biblioteca de la universidad B?
    (5) ¿Qué universidad tiene mejores instalaciones deportivas?

44. Una habitación mide 24 pies de largo, 18 pies de ancho y 9 pies de altura. ¿Cuántas yardas cuadradas de papel de empapelar se necesitan para poner en las cuatro paredes de la habitación?

    (1) 72
    (2) 84
    (3) 96
    (4) 180
    (5) 756

CONTINUE EN LA PAGINA SIGUIENTE

PRUEBA 5: MATEMÁTICAS

45. Un hombre recorre en auto *x* millas el primer día, *y* millas el segundo día y *z* millas el tercer día. El millaje medio recorrido cada día es de

    (1) $\dfrac{xyz}{3}$

    (2) $\dfrac{xy + z}{3}$

    (3) $x + y + z$

    (4) $\dfrac{x + y + z}{3}$

    (5) 5

46. El diámetro de una rueda de bicicleta es de 28 pulgadas. ¿Cuántas pulgadas se mueve la bicicleta cuando la rueda gira por completo 10 veces? (Siendo $\pi = \dfrac{22}{7}$).

    (1) 88
    (2) 440
    (3) 540
    (4) 750
    (5) 880

47. Después de trabajar 4 horas, Francisco ha fabricado 21 piezas de máquina. En la misma proporción, ¿qué expresión de las que se enuncian abajo representa el trabajo realizado en 7 horas? (Siendo *x* el número de piezas de máquina que Francisco puede fabricar en 7 horas).

    (1) $x = \dfrac{7(21)}{4}$

    (2) $x = \dfrac{7(4)}{21}$

    (3) $x = 7(21)$

    (4) $x = \dfrac{4(21)}{7}$

    (5) $x = 7(4)(21)$

48. Una caja de almacenaje que tiene forma de sólido rectangular tiene una base cuadrada. Si *V* representa el volumen de la caja, *x* representa el largo de la base e *y* representa la altura de la caja, ¿cuál de las siguientes ecuaciones representa la relación entre *V*, *x* e *y*?

    (1) $V = 2xy$
    (2) $V = xy^2$
    (3) $V = 2xy^2$
    (4) $V = x^2y$
    (5) $V = x + xy$

49. El señor García deja $\dfrac{1}{4}$ de su herencia a su esposa y luego divide el resto entre su hijo y su hija. Si el hijo recibe $36,000 por su parte, ¿cuál es el valor total de su herencia?

    (1) $45,000
    (2) $72,000
    (3) $80,000
    (4) $90,000
    (5) No se da suficiente información

Las preguntas 50 a 52 se basan en la siguiente información.

Un pasillo de 3 pies de ancho se construye alrededor de una piscina que tiene 20 pies por 30 pies (como muestra la figura). Para determinar cuántas baldosas comprar, el propietario de la casa necesita saber el área total del pasillo.

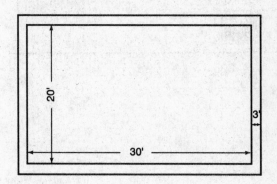

CONTINUE EN LA PAGINA SIGUIENTE

PRUEBA 5: MATEMÁTICAS

50. ¿Cuál de las siguientes expresiones representa el área?

    (1) (20)(30)
    (2) (2)(3)(36) + (2)(3)(20)
    (3) (23)(23)
    (4) (2)(3)(30) + (2)(3)(20)
    (5) (26)(30)

51. Si la profundidad media de la piscina es de 6 pies, ¿qué volumen de agua en pies cúbicos se necesitan para llenar la piscina?

    (1) 56
    (2) 300
    (3) 600
    (4) 3,000
    (5) 3,600

52. ¿Qué área total (en pies cuadrados) tiene la piscina y el pasillo?

    (1) 50
    (2) 62
    (3) 759
    (4) 936
    (5) No se da suficiente información

53. Un mapa tiene una escala de 1 pulgada = 80 millas. Lakeville y Fulton se encuentran separados por distancia de $3\frac{5}{8}$ pulgadas en el mapa.

    ¿Cuál es la distancia real entre Lakeville y Fulton, en millas?

    (1) 190
    (2) 290
    (3) 310
    (4) 325
    (5) 350

54. El precio regular de unos pantalones es de *y* dólares. Si el precio está rebajado en un 20%, ¿cuál de las siguientes expresiones indica el costo de 3 pantalones?

    (1) $\frac{4}{5}y$

    (2) $\frac{3}{5}y$

    (3) $3\left(\frac{4}{5}y\right)$

    (4) $3\left(\frac{3}{4}y\right)$

    (5) $3\left(\frac{1}{5}y\right)$

55. El señor Bartolomé está en dieta. Para desayunar y almorzar consume el 40% de las calorías que se le permiten. Si todavía le quedan 1,200 calorías para consumir al día, ¿cuántas calorías se le permiten al día?

    (1) 800
    (2) 1,200
    (3) 1,500
    (4) 1,800
    (5) 2,000

56. Un fontanero tiene que cortar un tubo de 64 pulgadas de largo en dos partes, de tal manera que una parte tenga 8 pulgadas más que la otra parte. Calcule la longitud de la parte más larga en pulgadas.

    (1) 28
    (2) 30
    (3) 36
    (4) 40
    (5) No se da suficiente información

FIN DEL EXAMEN

Claves de las Respuestas y Autoevaluación

PRUEBA 1: EXPRESIÓN ESCRITA. PARTE I. PÁGINA 614

I. COMPRUEBE SUS RESPUESTAS:

1. **2**	11. **4**	20. **1**	29. **1**	38. **1**	47. **5**
2. **3**	12. **5**	21. **1**	30. **5**	39. **5**	48. **1**
3. **4**	13. **3**	22. **4**	31. **3**	40. **3**	49. **5**
4. **2**	14. **4**	23. **2**	32. **2**	41. **4**	50. **2**
5. **1**	15. **1**	24. **1**	33. **5**	42. **3**	51. **5**
6. **1**	16. **4**	25. **4**	34. **4**	43. **4**	52. **4**
7. **5**	17. **4**	26. **4**	35. **4**	44. **5**	53. **3**
8. **5**	18. **4**	27. **4**	36. **4**	45. **4**	54. **3**
9. **1**	19. **2**	28. **5**	37. **4**	46. **4**	55. **5**
10. **5**					

II. PUNTAJE

Número de respuestas correctas

Excelente	50–55
Bien	44–49
Regular	36–43

III. AUTOEVALUACIÓN

¿Ha contestado correctamente al menos 36 preguntas? Si no es así, debe practicar más la Prueba de Expresión Escrita. Para mejorar su calificación, analice sus errores.

PRUEBA 2. ESTUDIOS SOCIALES. PÁGINA 628

I. COMPRUEBE SUS RESPUESTAS:

1. **4**	12. **2**	23. **5**	34. **1**	45. **4**	56. **1**
2. **5**	13. **2**	24. **3**	35. **5**	46. **2**	57. **3**
3. **1**	14. **1**	25. **3**	36. **3**	47. **1**	58. **2**
4. **5**	15. **4**	26. **5**	37. **3**	48. **1**	59. **3**
5. **4**	16. **5**	27. **2**	38. **5**	49. **4**	60. **4**
6. **2**	17. **3**	28. **4**	39. **1**	50. **4**	61. **5**
7. **4**	18. **3**	29. **1**	40. **2**	51. **2**	62. **4**
8. **1**	19. **5**	30. **2**	41. **3**	52. **1**	63. **4**
9. **2**	20. **1**	31. **4**	42. **3**	53. **3**	64. **3**
10. **1**	21. **4**	32. **2**	43. **5**	54. **4**	
11. **1**	22. **4**	33. **3**	44. **1**	55. **2**	

II. PUNTAJE

Número de respuestas correctas

Excelente	57–64
Bien	51–56
Regular	45–50

III. AUTOEVALUACIÓN

¿Ha contestado correctamente al menos 45 preguntas? Si no es así, debe practicar más la Prueba de Estudios Sociales. Para mejorar su calificación, analice sus errores.

PRUEBA 3. CIENCIAS. PÁGINA 645

I. COMPRUEBE SUS RESPUESTAS:

1. **4**	12. **4**	23. **3**	34. **4**	45. **2**	56. **4**
2. **4**	13. **3**	24. **5**	35. **3**	46. **3**	57. **3**
3. **1**	14. **1**	25. **1**	36. **3**	47. **3**	58. **3**
4. **5**	15. **4**	26. **4**	37. **3**	48. **4**	59. **4**
5. **1**	16. **2**	27. **2**	38. **2**	49. **5**	60. **2**
6. **5**	17. **2**	28. **2**	39. **2**	50. **3**	61. **5**
7. **4**	18. **2**	29. **5**	40. **4**	51. **3**	62. **3**
8. **2**	19. **5**	30. **1**	41. **4**	52. **2**	63. **1**
9. **4**	20. **1**	31. **3**	42. **1**	53. **5**	64. **3**
10. **1**	21. **2**	32. **2**	43. **1**	54. **2**	65. **4**
11. **3**	22. **5**	33. **4**	44. **5**	55. **1**	66. **4**

II. PUNTAJE

Número de respuestas correctas

Excelente ———— 60–66

Bien ———— 49–59

Regular ———— 40–48

III. AUTOEVALUACIÓN

¿Ha contestado correctamente al menos 40 preguntas? Si no es así, debe practicar más la Prueba de Ciencias. Para mejorar su calificación, analice sus errores.

PRUEBA 4. INTERPRETACIÓN DE LA LITERATURA Y LAS ARTES. PÁGINA 660

I. COMPRUEBE SUS RESPUESTAS:

1. **5**	9. **1**	17. **4**	25. **3**	32. **3**	39. **5**
2. **2**	10. **5**	18. **1**	26. **4**	33. **1**	40. **4**
3. **4**	11. **2**	19. **5**	27. **2**	34. **4**	41. **1**
4. **2**	12. **5**	20. **5**	28. **4**	35. **1**	42. **4**
5. **5**	13. **1**	21. **2**	29. **1**	36. **1**	43. **5**
6. **4**	14. **4**	22. **4**	30. **3**	37. **5**	44. **4**
7. **3**	15. **4**	23. **3**	31. **1**	38. **4**	45. **3**
8. **5**	16. **3**	24. **1**			

II. PUNTAJE

Número de respuestas correctas

Excelente ———— 41–45

Bien ———— 36–40

Regular ———— 31–35

III. AUTOEVALUACIÓN

¿Ha contestado correctamente al menos 31 preguntas? Si no es así, debe practicar más la Prueba de Interpretación de la Literatura y las Artes. Para mejorar su calificación, analice sus errores.

PRUEBA 5. MATEMÁTICAS. PÁGINA 672

I. COMPRUEBE SUS RESPUESTAS:

1. **4**	11. **1**	21. **2**	30. **1**	39. **4**	48. **4**
2. **2**	12. **4**	22. **2**	31. **2**	40. **3**	49. **5**
3. **2**	13. **4**	23. **4**	32. **4**	41. **5**	50. **2**
4. **1**	14. **2**	24. **1**	33. **2**	42. **3**	51. **5**
5. **4**	15. **3**	25. **2**	34. **4**	43. **4**	52. **4**
6. **3**	16. **4**	26. **2**	35. **2**	44. **2**	53. **2**
7. **4**	17. **1**	27. **3**	36. **5**	45. **4**	54. **3**
8. **4**	18. **3**	28. **5**	37. **3**	46. **5**	55. **5**
9. **4**	19. **4**	29. **3**	38. **3**	47. **1**	56. **3**
10. **3**	20. **4**				

II. PUNTAJE

Número de respuestas correctas

Excelente _____
51–56

Bien _____
44–50

Regular _____
38–43

III. AUTOEVALUACIÓN

¿Ha contestado correctamente al menos 38 preguntas? Si no es así, debe practicar más la Prueba de Matemáticas. Para mejorar su calificación analice sus errores.

Puntuación Total

Expresión Escrita _____

Estudios Sociales _____

Ciencias _____

Interpretación de la Literatura y las Artes _____

Matemáticas _____

Total _____

Análisis de las Respuestas

PRUEBA 1. EXPRESIÓN ESCRITA. PARTE I/PÁGINA 614

1. **2** *Enfermería* se escribe con *n*. Delante de *f*, siempre va una *n*.

2. **3** El verbo *escoger* se escribe con *g*, aunque algunas veces se confunda.

3. **4** Cuando se hacen enumeraciones en la preposición final, que puede ser *o* ó *y*, no se inserta una coma.

4. **2** Nightingale estuvo una vez en Crimea en una fecha determinada. En tal caso se debe usar el pretérito indicativo *fue*. Las enfermeras han realizado un número impreciso de viajes y en distintas fechas. Eso requiere usar el perfecto de indicativo *han sido*.

5. **1** En todo el texto se habla de *usted*, o sea en tercera persona, en lugar de segunda. Por lo tanto, se debe continuar con esta misma persona.

6. **1** El verbo incorrectamente concuerda con *servicios internacionales* en vez de la *Organización Mundial de la Salud*. Como debe concordar con esta última, la cual es singular, el verbo también debe ser singular *(ofrece)*.

7. **5** La conjunción *y* une las dos oraciones, creando una oración coordinada.

8. **5** No es necesaria ninguna corrección.

9. **1** La versión original es la correcta.

10. **5** No es necesaria ninguna corrección.

11. **4** Alimentos no lleva acento ya que es una palabra llana terminada en *s*.

12. **5** No es necesaria ninguna corrección.

13. **3** La locución conjuntiva explicativa *ya que* une las dos oraciones. La segunda oración es consecuencia de la primera.

14. **4** Las botas están hechas *de* piel y no *en* piel. Decimos pasteles *de* chocolate, no *en* chocolate. Por lo tanto, la preposición *en* es incorrecta.

15. **1** La versión original es la mejor manera de escribir la oración.

16. **4** La palabra *colección* lleva dos *c*.

17. **4** Tal como la sangre se reparte *por* (no *con*) el cuerpo, de igual modo las correas se reparten *por* los huesos.

18. **4** Los tiempos en pasado no concuerdan en la oración y tampoco el futuro. La única manera correcta es escribir el verbo es en presente del indicativo.

19. **2** La conjunción *y* cambia a *e* cuando la palabra que viene a continuación empieza por *i* o *hi*. Por lo tanto, en este caso la substitución no es correcta.

20. **1** Las comas deben usarse en enumeraciones.

21. **1** La versión original es la mejor manera de escribir estas oraciones.

22. **4** Engañosamente, parecería que el adjetivo *talladas* concuerda con el sustantivo *madera*. Sin embargo, el verdadero sustantivo es *artículos*, lo cual requiere emplear *tallados*.

23. **2** Para quién piense en inglés, la frase habría parecido correcta ("If people like…"), pero la frase en español debe incluir *a* ("Si a la gente le gusta…").

24. **1** La palabra *riqueza* va con *z*.

25. **4** Después de punto y coma la palabra que sigue siempre va en minúscula. En este caso, es mejor un punto para separar las dos oraciones.

26. **4** La palabra *navideñas* va con minúscula.

27. **4** Los dos puntos es la única conexión que no altera el significado.

28. **5** La coma no separa dos oraciones distintas como éstas. Es el punto el que lo hace.

29. **1** *Efecta* puede confundirse con la palabra inglesa *effect*, pero el verbo *efectar* no existe.

30. **5** No es necesaria ninguna corrección.

31. **3** No se puede separar la negación del verbo.

32. **2** El gerundio no concuerda con el resto de la oración. Se debe escribir el infinitivo, ya que *asegurarse* también es infinitivo y es una comparación.

33. **5** No es necesaria ninguna corrección.

34. **4** El verbo *preocupar* es el que debe seguir, ya que el sujeto es la vivienda. Luego, la preposición *como* es la mejor manera de introducir la palabra *nación*.

35. **4** Las conexiones mediante *pero* y *aunque* cambian el sentido de la segunda idea. El uso de *y* y *al* crea oraciones confusas. Sólo la opción 4 logra retener el sentido y la claridad.

36. **4** El tiempo verbal correcto para esta construcción gramatical es el presente de indicativo.

37. **4** La expresión *por separado* no tiene femenino.

38. **1** Se deben poner comas en las cláusulas explicativas, como sucede en esta subordinada.

39. **5** No es necesaria ninguna corrección.

40. **3** En este caso *quién* es un pronombre interrogativo y por lo tanto lleva acento.

41. **4** El gerundio no está correcto, sino que se requiere el participio *golpeados* (...si son atropellados... o golpeados).

42. **3** En las enumeraciones se requiere una coma, después de cada artículo, sustantivo o frase.

43. **4** La separación de la oración con un punto seguido sería correcta, pero un punto aparte separa absolutamente dos frases que están relacionadas. El uso del punto y coma establece la relación correcta.

44. **5** El sujeto *(cobertura)* requiere un verbo para indicar lo que la cobertura ha de hacer. El uso del presente indicativo es la manera más sencilla y lógica de lograrlo. Por lo tanto, se debe escribir en presente del indicativo.

45. **4** En la palabra *ceguera* va una u muda

46. **4** *Usted y su familia* es un sujeto plural, por lo tanto el verbo tiene que ir en plural.

47. **5** En este caso, es mejor hacer una separación de oraciones a través de un punto. El uso de *aunque*, *mientras* o *por lo tanto* cambia el sentido de la frase, mientras que la mera coma en la opción 1 no es suficiente para separar dos frases completas.

48. **1** La palabra *nación* es un nombre común y debe ir en minúscula.

49. **5** No es necesaria ninguna corrección.

50. **2** Si una parte de la oración usa el subjuntivo *(pueda llamar)*, entonces la otra parte también debe usar el subjuntivo *(puede que existan)*.

51. **5** No es necesaria ninguna corrección.

52. **4** El apócope *tan* sólo se escribe cuando va seguido de un adjetivo o adverbio. En este caso se debe escribir *tanto*.

53. **3** La palabra *federales* no se debe poner en mayúscula ya que es un adjetivo y no se refiere a una organización única.

54. **3** *Adónde* nunca puede escribirse por separado.

55. **5** No es necesaria ninguna corrección.

entre la g y la e.

PRUEBA 1. EXPRESIÓN ESCRITA. PARTE II/PÁGINA 626

EJEMPLO DE ENSAYO.
A favor de la juventud

Estados Unidos puede estar orgulloso de su juventud.

Nunca los jóvenes estadounidenses han conseguido tantos logros como lo están haciendo ahora. En el nivel de la escuela secundaria, las Becas Nacionales al Mérito han sido otorgadas a una gran élite de jóvenes graduados de la escuela secundaria. Los Premios Westinghouse van destinados a estos jóvenes científicos y matemáticos que tienen posibilidades de ser mañana líderes en el campo de las ciencias y la tecnología. La competencia para entrar en las mejores universidades nacionales es inmensa. La mayoría de los graduados universitarios continúan en la universidad para doctorarse.

Además de los logros educativos, los jóvenes de hoy están en la delantera de los programas concebidos para mejorar la vida en todo el mundo. Existen los movimientos juveniles dedicados a la exploración, la ecología, la agricultura y la asistencia social, entre muchos otros.

Voluntarios del Cuerpo de Paz ofrecen sus servicios en los países del Tercer Mundo. El joven estadounidense es idealista.

En economía y tecnología, los jóvenes estadounidenses están logrando posiciones importantes en altas esferas ejecutivas y directivas. Cada vez es mayor el número de gente joven con gran capacidad profesional.

En deportes, el poder de los jóvenes atletas estadounidenses continúa demostrándose constantemente, especialmente en los Juegos Olímpicos. En los últimos años, numerosos adolescentes han obtenido récords en las ligas mayores de béisbol.

En los medios de entretenimiento, cada vez hay más gente joven que alcanza el éxito, ya sean músicos, cineastas, cantantes o actores.

Los jóvenes estadounidenses sirven con orgullo en las fuerzas armadas.

Por todo esto, Estados Unidos puede enorgullecerse de su juventud.

Resumen de las razones a favor de la juventud en Estados Unidos:

1. Los jóvenes estadounidenses alcanzan un alto nivel educativo
2. Los jóvenes buscan mejorar la calidad de vida en Estados Unidos y en el extranjero

3. Los jóvenes de este país tienen éxito en los negocios y la tecnología
4. Los jóvenes también sobresalen en los deportes y son líderes en el campo del entretenimiento
5. Los jóvenes estadounidenses se alistan en las fuerzas armadas

En contra de la juventud

> Estados Unidos tiene buenas razones para preocuparse por la juventud.
>
> Nunca antes los jóvenes han cometido crímenes tan terribles como en la actualidad. El término delincuente juvenil forma parte de nuestro lenguaje diario y los tribunales están deliberando las circunstancias por las cuales los delincuentes juveniles que han cometido asesinatos pueden ser procesados como si fuesen adultos.
>
> Miles de jóvenes estadounidenses han caído en las garras de la droga, desde la marihuana hasta el crack, pasando por la cocaína y la heroína. Esta adicción los lleva a cometer crímenes para poder mantener su hábito.
>
> En educación, las estadísticas dicen que el 30% y 40% de los jóvenes de secundaria abandonan la escuela en áreas urbanas y los programas especiales para mantener a los adolescentes en la escuela han demostrado su ineficacia.
>
> Incluso entre los jóvenes más privilegiados, ha habido un descenso de la ética profesional. Los jóvenes hoy buscan la satisfacción inmediata en todas sus actividades, tanto en lo que se refiere a sus gastos diarios como a las horas que pasan viendo televisión.
>
> Los valores tradicionales han sido substituidos por la libertad sexual, en donde se permite la cohabitación sin matrimonio y esta vida sexual activa trae como resultado graves enfermedades.
>
> Esta generación se conoce por el libertinaje, por el abandono de los valores tradicionales en favor de placeres egoístas.
>
> Por ello, Estados Unidos tiene razones suficientes para preocuparse de su juventud.

Resumen de las razones en contra de la juventud:

1. Los jóvenes cada vez cometen más crimen
2. Miles de jóvenes estadounidenses son drogadictos

3. Muchos jóvenes dejan la escuela
4. Los jóvenes buscan la satisfacción inmediata de sus deseos
5. La moral sexual tradicional se ha perdido
6. Los valores tradicionales han sido abandonados

PRUEBA 2. ESTUDIOS SOCIALES/PÁGINA 628

1. **4** Hamilton cree que el sufragio, es decir, el poder del voto por parte del pueblo, debe ser universal, como lo afirma en la primera oración.
2. **5** Más que la soberanía de los gobiernos, Hamilton enfatiza el "equilibrio entre el gobierno federal y los estatales".
3. **1** Hamilton menciona las elecciones populares como el "gran manantial de un gobierno libre" que debe mantenerse totalmente puro.
4. **5** Las mujeres pueden servir al partido. De hecho, en la mitad del segundo párrafo se dice que el comité regional puede requerir una representación igual de ambos sexos en un distrito.
5. **4** En el final del segundo párrafo se indica cuál es el objetivo de las elecciones primarias.
6. **2** Si cerca de 700 ciudadanos emiten sus votos en un distrito electoral y lo hacen por dos comisionados, la deducción es que cada comisionado representa a la mitad de los votantes, o sea, cerca de 350.
7. **4** De las opciones que se dan, Estados Unidos está envuelto directamente con Europa solo mediante la OTAN, la

alianza militar creada en 1949 para prevenir la expansión comunista. Bajo este pacto, que es un acuerdo de defensa mutuo, un ataque a cualquier miembro de la OTAN es considerado un ataque a todos ellos.

8. **1** La posición exagerada, incómoda y desesperada del tío Sam es una forma de crítica. Note el afán de abarcar el mundo y la imposible posición física de la persona. La implicación es que Estados Unidos no puede continuar en esta posición.

9. **2** Henry David Thoreau expresó sus ideas en oposición a la guerra con México (1846–1848). El reverendo Martín Luther King, Jr., expresó puntos de vista similares al violar leyes estatales (que más tarde se declararon anticonstitucionales) que imponían la segregación racial contra los afroamericanos en los años 50 y 60. La desobediencia civil o la resistencia pasiva implica la disposición a arriesgarse a ser encarcelado por oposición a leyes injustas. Thoreau y King fueron encarcelados por sus acciones, no por sus ideas.

10. **1** La Seguridad Social representa el 21%, un 3% más que el presupuesto para defensa, que es el segundo gran programa del gobierno.

11. **1** De los programas que requieren calificación de sus beneficiarios, el que tiene el presupuesto más grande es el de Medicaid, tres veces mayor que el de cupones para alimentos y el de ingresos de seguridad suplementarios.

12. **2** El total de los gastos autorizados, tanto los que requieren verificación de los beneficiarios como los que no la requieren es de un 52%, un poco más que el interés de la deuda nacional y los gastos discrecionales.

13. **2** La cita es parte del poema original que dice "Dadme a los fatigados, los pobres, las masas acurrucadas" que está inscrito en la Estatua de la Libertad. Pero esta versión está tergiversada para sólo dar la bienvenida a la gente con educación. El caricaturista critica a los Estados Unidos por no desear admitir a gente pobre.

14. **1** El segundo párrafo señala que la diversificación corporativa (a través de las fusiones) continuará siendo necesaria para ir al encuentro de nuevos competidores.

15. **4** Se menciona que una compañía puede conseguir mano de obra calificada sólo con adquirir otra compañía.

16. **5** El pasaje pone énfasis en los competidores del futuro como motivadores para la fusión.

17. **3** El autor expresa admiración por el carácter y los sistemas económico y social del país.

18. **3** El autor predice que los estadounidenses irán "cobrando caracteres propios según los diferentes climas y parajes que sus miembros habitan".

19. **5** En los Estados Unidos, los estadounidenses se sienten verdaderamente recompensados por el trabajo que realizan.

20. **1** El mundo se está convirtiendo en "una aldea global" como resultado de este aspecto de la Revolución Industrial.

21. **4** La familia nuclear, típica en las ciudades industriales modernas, está formada sólo por los padres y sus hijos solteros. La familia extensa, típica de sociedades agrícolas tradicionales, incluye a los abuelos, los padres, los nietos (tanto solteros como casados) y a menudo otros dependientes como, por ejemplo, la hermana de la esposa. Todos viven bajo el mismo techo, cada miembro tiene roles definidos y los lazos familiares son más fuertes que en la familia nuclear.

22. **4** La gráfica predice que en 2024 el porcentaje de la población de Africa respecto a la población mundial incrementará más que ninguna otra región. El porcentaje africano de la población del mundo aumentará en un 7%, de un 12% en 1990 a 19% en 2025.

23. **5** Norteamérica, Rusia y Asia disminuirán un 1%; Latinoamérica aumentará un 1%; Europa tendrá el descenso mayor con un 3%.

24. **3** Todos los demás aspectos se han mencionado en la constitución: libertad de religión (artículo 1), libertad de prensa (artículo 1), milicia

disciplinada (artículo 2) y un juicio por parte de un jurado (artículo 7).

25. **3** El presidente es el comandante en jefe del ejército, según la constitución.

26. **5** Las elecciones por parte del pueblo corrigen los abusos que se hicieron en la revolución.

27. **2** La escala es la proporción entre la distancia que se muestra en el mapa y la distancia real en la tierra.

28. **4** El pasaje dice que una brújula muestra la dirección.

29. **1** Problemas como el de la inflación, la recesión, la escasez de petróleo o fertilizante no pueden ser tratados individualmente por los gobiernos estatales.

30. **2** Esta es la famosa doctrina del "peligro seguro e inmediato" declarada por el juez Oliver Wendell Holmes en el caso de *Schechk versus Estados Unidos* (1919). Cuando el derecho a la libre expresión pone en peligro el bienestar común, tal derecho debe ser limitado.

31. **4** La balanza de pagos muestra todas las transacciones económicas que una nación y su gente tienen con el resto del mundo. Esto incluye el comercio, las inversiones hechas por compañías, el turismo de los ciudadanos y las subvenciones y los préstamos gubernamentales. Un déficit en la balanza de pagos indica que la circulación del dinero en efectivo va fuera del país como resultado de estos intercambios. La cita dice que tal déficit puede minimizarse o darse vuelta si se aumentan las exportaciones y disminuyen las importaciones.

32. **2** Aquéllos que son partidarios del desarrollo de nuevas fuentes de energía tienden a dar menor prioridad a la necesidad de proteger el medio ambiente y conservar nuestras fuentes naturales.

33. **3** El modelo B muestra una economía que podría tener como consecuencia la depresión si no se equilibra la oferta y la demanda. Un equilibrio puede ser posible con la reducción de los impuestos a la renta, lo que incrementaría la demanda de bienes de consumo.

34. **1** Entre 1929–1939 hubo una depresión en Estados Unidos caracterizada por enorme oferta y poca demanda debido al alto nivel de desempleo. Esto se muestra en el modelo A.

35. **5** La población indígena ya existía en el continente americano antes de que Colón llegara.

36. **3** Estados Unidos no tuvo ningún papel en la colonización o asentamiento de Latinoamérica.

37. **3** En la primera oración, el autor advierte que sus hallazgos pueden decepcionar y desagradar a muchos.

38. **5** El autor declara que está allí para preocuparse de la verdad, "en la medida que nuestra razón nos permite descubrirla".

39. **1** El autor afirma que el hombre puede mostrarse esperanzado en llegar más alto en el futuro, porque hasta aquí ha llegado al punto más alto de la escala orgánica.

40. **2** Los grupos de presión usan a personas que tienen experiencia política para que influyan en las decisiones de los legisladores. Esta influencia comprende respaldo financiero, dar testimonio en los juicios, oferta de información y redacción de legislación mutuamente satisfactoria.

41. **3** La Doctrina Monroe, que afirma que cualquier intento de los poderes europeos de intervenir en el hemisferio occidental será visto como peligroso para la paz y la seguridad de los Estados Unidos, fue aplicada en 1962 cuando Rusia intentó establecer una base de cohetes en Cuba.

42. **3** El movimiento de liberación femenino ha luchado contra el sexismo, la explotación y dominación de un sexo por el otro, tradicionalmente el hombre sobre la mujer. Las mujeres, en base a la preferencia y capacidad, pueden realizar ahora trabajos que antes les eran vedados.

43. **5** Cuando se incrementa la oferta de maíz, los precios de venta bajan (suponiendo que la demanda del maíz se mantiene estable).

44. **1** El autor advierte a las parejas de este problema innato para que con la comprensión mejoren su intimidad en el matrimonio.

45. 4 El autor se refiere a algunos que no pueden soportar estar cerca de la gente y a otros que requieren esta proximidad.

46. 2 Una boda es una situación social. Las otras situaciones se refieren al espacio íntimo o público.

47. 1 El impuesto es gradual porque divide la población que paga impuestos en grupos según sus ingresos. El porcentaje de los impuestos que se deben pagar aumenta gradualmente de grupo en grupo según aumentan los ingresos.

48. 1 El imperialismo es la política de adquirir colonias o establecer control político y económico en áreas extranjeras.

49. 4 Las naciones cooperan entre ellas para prevenir que uno de los países domine a otro. Esta es la definición del balance de poderes.

50. 4 Las tablas demuestran claramente que la producción agrícola ha incrementado, mientras que el número de granjeros ha disminuido. Desde 1880 a 1980, el número de granjeros en los Estados Unidos ha disminuido de 22 millones a 6 millones, mientras que la producción casi se ha cuadruplicado.

51. 2 Las tendencias que se muestran en la tabla son producto del incremento de la productividad. La agricultura en Estados Unidos experimentó una revolución tecnológica que aumentó enormemente el rendimiento por acre.

52. 1 La política de George Washington de evitar intrincadas alianzas es consistente con la política del orador A, quien dice que no debemos asociarnos con otros países.

53. 3 Los oradores B y C hablan de participación. En otras palabras, abogan por una diplomacia activa para conseguir los objetivos de nuestra nación.

54. 4 Las afirmaciones de los cuatro oradores tratan de las relaciones exteriores de Estados Unidos.

55. 2 La pregunta de la alumna se centra en el papel de la mujer cuando se fundó Estados Unidos, indicando que se debiera prestar mayor atención a la mujer en la historia del país.

56. 1 La nación con más problemas de sanidad pública es Bolivia. La columna de la mortalidad infantil indica que 142 niños mueren de cada 1,000. La columna sobre las expectativas de vida indica que los bolivianos tienen la menor expectativa de vida en comparación con las otras naciones (51 años, mientras que en Costa Rica son 73 años).

57. 3 Según la columna de la población urbana, el 76 por ciento de los venezolanos reside en las ciudades, la población más alta con respecto a los otros países.

58. 2 Andrew Jackson practicó el derecho de veto más veces que sus seis predecesores juntos. Su fortalecimiento del poder ejecutivo es visto en la caricatura como una amenaza al principio de controles y balances.

59. 3 Las proyecciones muestran que el porcentaje de personas de 65 años o más respecto a la población total de Estados Unidos se duplicará en 2030. Así pues, se deberá prestar más atención a ellas e incluso revisar las políticas sobre este grupo.

60. 4 Debido a que mucha gente jubila o continúa trabajando a media jornada después de los 65 años, habrá un descenso en el porcentaje de trabajadores a tiempo completo.

61. 5 La libertad se opone a la esclavitud o al cautiverio e incluye los derechos comunes de la gente en una comunidad, como por ejemplo el derecho de voto.

62. 4 El programa de seguridad social para la gente de edad y sus sobrevivientes fue creado para ayudar a la gente mayor y a varias categorías de personas empleadas y dependientes. Es decir, promovió el bienestar general.

63. 4 El acta refleja la preocupación del gobierno por el bienestar general que puede ser afectado por los negocios privados.

64. 3 Theodore Roosevelt realizó dos mandatos como presidente, entre 1901 y 1909. En 1912, decidió intentar de nuevo obtener la presidencia y no ganó. El límite de dos mandatos se hizo ley cuando la XXII enmienda de la constitución fue ratificada en 1951.

PRUEBA 3. CIENCIAS/PÁGINA 645

1. **4** La difusión es el proceso por el que las moléculas de las sustancias tienden a entremezclarse, en este caso, mientras pasan por la placenta.

2. **4** Se refiere a la afirmación que se expresa en la primera oración del párrafo.

3. **1** Los alimentos digeridos y el oxígeno pasan al embrión a través del flujo sanguíneo de la madre. No se intercambia la sangre. Los residuos de la actividad metabólica del embrión pasan al flujo sanguíneo de la madre.

4. **5** La primera oración indica que el cloruro de sodio tiene una especial importancia en la regulación del intercambio de agua en el organismo.

5. **1** El agua en todos los jugos digestivos es reabsorbida por la sangre en el intestino delgado. Sin este proceso, deberíamos reemplazar toda esta agua.

6. **5** La oración que inicia el pasaje afirma que el cloruro sódico es el mayor componente de los minerales que se encuentran en la sangre.

7. **4** Los alimentos digeridos se disuelven en agua y ésta es absorbida por la pared intestinal.

8. **2** Debido a que ahora se considera que el número normal de cromosomas en las células del cuerpo humano es 46, el número de cromosomas en los óvulos y el semen será la mitad de esta cifra.

9. **4** Las células del cuerpo tienen dos veces el número de cromosomas que las células sexuales. En la fertilización (unión de las células sexuales), el número normal de cromosomas se restaura.

10. **1** Por definición.

11. **3** El pasaje se refiere a los tumores como ejemplos de la división celular anómala.

12. **4** La mayoría de los protozoos no se fosilizan. Sólo aquéllos que tenían caparazones que rodeaban la célula se fosilizaron. Estos radiolarios tenían caparazones de silicio. Otros tenían caparazones de carbonato de calcio.

13. **3** Los antropólogos estudian el origen, el desarrollo, los grupos étnicos, las costumbres y las creencias de la humanidad. Los protozoólogos se interesan por la vida de los seres unicelulares. Los arqueólogos estudian la gente, las costumbres y la vida en los tiempos pasados. Los geólogos estudian la corteza de la tierra, las capas que la componen y su historia. Los zoólogos y biólogos se preocupan por el mundo animal.

14. **1** La oración que termina el pasaje resume la causa básica de las eras glaciales.

15. **4** La temperatura del aire se da en el termómetro marcado con una B. La escala es en unidades de 10°C y el mercurio ha alcanzado la cuarta subdivisión entre 20° y 30°, por lo que la lectura del termómetro es 28°.

16. **2** La temperatura de la mezcla de hielo y agua es menor que la temperatura del aire en el recipiente. De este modo, el aire cerca del vaso de vidrio se enfriará alcanzando una temperatura más baja que el aire que lo rodea. A esta temperatura menor, la cantidad de humedad que el aire puede mantener disminuye. Las gotas de agua representan el exceso de humedad que se ha condensado del aire.

17. **2** La temperatura de condensación es la temperatura a la que el aire se satura (como muestran las gotitas de agua). Debido a que la temperatura del aire cerca del vaso es la misma que la de la mezcla del hielo y agua, la indicación de 23°C del termómetro es la temperatura de condensación.

18. **2** El cambio de la fase gaseosa a la líquida se llama condensación. El cambio de la fase líquida a la gaseosa se llama evaporación. El cambio de la fase sólida a la líquida se llama fusión o derretimiento.

19. **5** El pasaje dice que la naftalina, por ejemplo, se evapora fácilmente debido a que las fuerzas intermoleculares son débiles.

20. **1** La definición de sublimación se da en la oración que concluye el párrafo.

21. **2** Las leyes de Newton se aplican a los cuerpos en movimiento. Según el principio de Arquímedes, cuando un cuerpo se hunde, su peso es mayor

que la fuerza de flotación o el peso del líquido que desaloja. Einstein nos proporcionó una ley que expresa matemáticamente la relación entre la materia y la energía. Galileo experimentó con cuerpos en caída libre. La Ley de Boyle trata de la relación entre el volumen de un gas y la presión ejercida sobre éste.

22. **5** Un cuerpo subirá a la superficie si la flotabilidad es mayor que su peso. En la superficie, la cantidad sumergida será justo lo suficiente para desplazar 100 libras de agua.

23. **3** El peso de los flotadores o las chaquetas salvavidas es insignificante en comparación con el incremento del volumen de quién los usa. Según el Principio de Arquímedes, podemos incrementar la tendencia a la flotabilidad, disminuyendo el peso del cuerpo o incrementando su volumen.

24. **5** El pasaje se inicia con la afirmación de que el agua es un buen conductor del sonido.

25. **1** El sonar usa sonidos de alta frecuencia que son enviados y luego se reflejan de los objetos que están bajo el agua.

26. **4** Se necesita la mitad del tiempo total, es decir tres segundos, para que la onda sonora del barco llegue al fondo marino. Debido a que el sonido se transmite a una velocidad de 4,800 pies por segundo a través del agua, la onda se transmitirá por una distancia de 4,800 × 3 ó 14,400 pies al fondo del mar antes de que el eco empiece a volver.

27. **2** La inclinación de la tierra es mayor en el punto B.

28. **2** El sedimento se deposita a medida que las partículas que fluyen hacia abajo van perdiendo energía cinética.

29. **5** Las partículas de tamaño coloidal son transportadas en suspensión en el agua. Sólo tienden a depositarse cuando el agua deja de correr. Cuando un río fluye en un océano, las partículas mayores se depositarán primero. Cuando el agua va más despacio, se depositarán los materiales más pequeños. En el punto cerca de la costa (punto E), se depositará el material en suspensión más reducido.

30. **1** Observe que casi no se produce ningún cambio en la temperatura entre los meses de enero y febrero. La temperatura en enero es de –5°C y en febrero está un poco por encima de –5°C.

31. **3** En septiembre, la temperatura media era entre 15°C y 20°C, así es que puede decirse que estaba cerca de los 16°C. La precipitación en septiembre estuvo entre 60 mm y 80 mm, pudiendo decirse que estaba alrededor de 68 mm.

32. **2** La gráfica de las temperaturas muestra un incremento pronunciado en los meses de verano, mientras que las barras de la humedad tienen todas un tamaño parecido.

33. **4** Con la ausencia de pétalos relucientes, las flores no pueden atraer a los insectos y sólo pueden ser polinizadas por el viento.

34. **4** Debido a que las plantas producen oxígeno, el nivel puede bajar porque no hay suficientes plantas. Sin embargo, los animales usan oxígeno, así que demasiados peces también pueden bajar el nivel del oxígeno.

35. **3** Por el hecho de que los álcalis tienen un pH alto, si añadimos álcali aumentará el pH del suelo. Las opciones 2 y 5 sugieren añadir ácido, lo cual disminuiría el pH. El agua pura incrementaría el pH, pero nunca sería más de 7. El agua del grifo tiene el mismo pH que el suelo, lo cual no provocaría ningún cambio.

36. **3** Para un espejo plano, cada punto de la imagen está a la misma distancia detrás del espejo como el punto correspondiente en el objeto que se encuentra enfrente. Esto se indica en el diagrama. Observe que la opción 3 señala la misma dirección que la imagen.

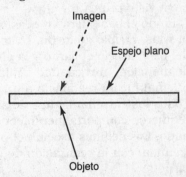

37. **3** El auto va a una velocidad constante en línea recta, por lo tanto no hay una fuerza desequilibradora. En las opciones 1 y 2, el objeto empieza después de un estado de reposo y adquiere velocidad. En la opción 4 se produce un cambio de dirección que requiere una fuerza de desequilibrio. La opción 4 es incorrecta porque un auto en punto neutro pronto reducirá la velocidad.

38. **2** El recalentamiento de un artefacto eléctrico no es un buen signo, pero la corriente continúa fluyendo y el circuito no se rompe.

39. **2** Todas las propiedades de la luz que se mencionan son verdaderas, pero sólo una de ellas explica la razón por la que una sombra limita la forma del objeto: las líneas rectas de la lámpara a la pared son bloqueadas por el objeto para formar la sombra.

40. **4** Después de escribir por tanto tiempo el mismo año en los cheques, el procedimiento se vuelve algo automático. Normalmente el error se realiza en los primeros días del nuevo año.

41. **4** La formación de un hábito lleva a la eficiencia. Esto explica por qué los nombres escritos con la mano cotidiana fueron más numerosos y legibles.

42. **1** El cerebro no está relacionado con los actos reflejos. Un reflejo es un acto simple, rápido y automático que involucra a las neuronas y la espina dorsal.

43. **1** Vea la pregunta 42.

44. **5** Para resolver un crucigrama se necesita memoria y raciocinio.

45. **2** La construcción de un nido es una actividad compleja que requiere encontrar los materiales y luego saber cómo construir el nido. El petirrojo lo hace bien la primera vez, aunque no haya visto nunca un nido.

46. **3** Cuando el bebé lloró en ocasiones previas, recibió atención. La mente del bebé asoció el llanto y la obtención de atención, aun cuando su llanto original fue en respuesta a un dolor.

47. **3** Todos los entrenamientos de animales requieren comportamiento condicionado. Los delfines asocian el premio (comida) con la realización de una pirueta.

48. **4** Poner un punto en la *i* y una raya en la *t* se ha aprendido con larga práctica y se ha creado un hábito que es difícil de romper.

49. **5** Las facultades cerebrales más avanzadas son las relacionadas con el estudio y la memoria.

50. **3** Ésta es una observación importante que lleva a una investigación más amplia.

51. **3** Este hallazgo estableció que el azúcar atrae a las moscas.

52. **2** Este procedimento proporcionó un grupo de control para el experimento.

53. **5** La sugerencia puede discutirse, pero no tiene relación con el problema.

54. **2** Es un buen enfoque preliminar del método que se usó.

55. **1** Hay muchos y grandes problemas asociados con el páncreas, que se han ido resolviendo a través de una larga serie de experimentos.

56. **4** No hay una evidencia directa de que la diabetes humana esté relacionada con los resultados de los experimentos con los perros, pero la presencia de azúcar en la orina señala claramente en esa dirección.

57. **3** Use la fórmula

$$\text{Densidad} = \frac{\text{masa}}{\text{volumen}} =$$

$$\frac{24 \text{ gramos}}{8 \text{ cm}^3} = 3 \text{ gramos/cm}^3$$

58. **3** El diagrama indica que la densidad en la muestra *B* es 3 g/cm³. Si la muestra se dividiera por la mitad, la densidad sería la misma. La densidad de una sustancia es la proporción de su volumen. Cuando la muestra se divide por la mitad, tanto la masa como el volumen se reducen a la mitad. Como resultado, la densidad continúa siendo la misma.

59. **4** La masa y el volumen de diferentes muestras de una sustancia son directamente proporcionales. Esta relación se ilustra en la gráfica 4. La densidad de todas las muestras de esta sustancia será la misma. Si la masa de una de las muestras es dos veces la masa de la otra, el volumen será dos veces mayor. Si la masa es tres veces mayor, el volumen también será tres veces mayor, y así sucesivamente.

60. **2** Si se comprimiera la muestra *C*, el volumen disminuiría. La masa, sin embargo, sería la misma. Debido a que la misma masa se ha comprimido en un volumen más pequeño, la densidad sería mayor.

61. **5** Para responder a esta pregunta, los volúmenes de las muestras *A* y *B* deben calcularse.

Volumen = largo × ancho × altura

para el volumen de *A* =
2 cm × 2 cm × 2 cm = 8 cm³
para el volumen de *B* =
3 cm × 2 cm × 1 cm = 6 cm³
El volumen de la muestra *C* es de 12 cm³. De este modo, la muestra *C* tiene el mayor volumen y la *B* el volumen más pequeño.

62. **3** En el pasaje el tiempo se define como el estado de la atmósfera en un período determinado. La energía radiante es la cantidad de rayos de sol que recibe la superficie de la tierra. La proximidad de grandes masas de agua afecta el clima. El clima es la composición de las condiciones del tiempo durante un largo período de tiempo.

63. **1** Las masas de agua estabilizan la temperatura. Por eso las condiciones atmosféricas en el agua son más uniformes que en la tierra. Las regiones que están lejos de las masas de agua no son afectadas por los efectos estabilizadores y tienen veranos más calurosos e inviernos más fríos.

64. **3** La radiación es el calor en forma de rayos de sol. La conducción es la transferencia del calor por conducción directa entre dos cuerpos. La convección es la transferencia del calor mediante el movimiento de un gas. La corrosión es la desintegración o descomposición de las rocas en la superficie de la tierra.

65. **4** La topografía es la configuración general de la superficie de la tierra. La altitud se refiere a la elevación. Los seres humanos no pueden controlar los vientos, las tormentas o la dirección de las corrientes oceánicas. La radiación que produce un experimento atómico puede afectar la atmósfera y las condiciones climáticas.

66. **4** Durante el cambio de fase, la temperatura constante está representada con una línea horizontal en la gráfica. La fusión o derretimiento se produce en la línea horizontal inferior, mientras que la ebullición se produce en la línea horizontal superior.

PRUEBA 4. INTERPRETACIÓN DE LA LITERATURA Y LAS ARTES/PÁGINA 660

1. **5** El autor dice que "Son estos jardines,... lo verdaderamente espectacular en este lugar".

2. **2** El autor menciona que la propiedad es "fría formalidad".

3. **4** El artículo dice que John D. Rockefeller "veía Kykuit...como la expresión seria de una gran familia".

4. **2** El autor dice que las habitaciones crean un sentimiento familiar.

5. **5** Cuando habla de las pinturas dice "Un número de notables pinturas".

6. **4** El autor dice que interesa "a todas las capas sociales, en todos los puntos cardinales", a excepción de los Estados Unidos.

7. **3** Según Benedetti, el fútbol es una anestesia colectiva porque "sirve para olvidar las incumplidas promesas de los jerarcas, la injusticia y las arbitra-riedades del resto de la semana".

8. **5** El fútbol sólo establece un momentáneo sentimiento de igualdad entre los ciudadanos, no un nivel de vida.

9. **1** El autor hace un análisis del fenómeno del fútbol explicando la posible razón de su popularidad.

10. **5** En el último párrafo el autor dice "a partir de ese final [cuando suena el silbato] las distancias sociales se restablecen".

11. **2** El autor quiere dar a conocer la música como una de las señas del Caribe. Durante todo el pasaje habla de la importancia de la música en la vida social.

12. **5** Todas las demás características se anotan en el pasaje, pero no la ausencia de la soledad de la muerte se menciona sí que "el son...orla

[embellece] las soledades de la muerte".

13. **1** Aunque el autor no lo diga, el hecho que el son se oiga en las huelgas, en las oficinas gubernamentales, en los entierros, quiere decir que se oye por todas partes.

14. **4** *Impostergable* significa aquí algo que nunca puede faltar ni olvidarse. Es ese mar el que lleva la música por todos los rincones del Caribe.

15. **4** El autor en el último párrafo dice que si "en el Caribe no se escucha el son se dificulta la vida".

16. **3** El poeta expresa su idea principal al final del poema cuando dice "Yo quiero que mi alma encuentre su cuerpo".

17. **4** Durante todo el poema la actitud del poeta es de confusión, lo cual éste señala en el verso que dice "Un rompecabezas que es preciso resolver antes de morir".

18. **1** Este verso es una metáfora ya que compara en sentido figurado los árboles con "muebles que se agitan".

19. **5** El poeta dice que "ni siquiera tenemos el consuelo de un caos", ya que así se sentiría mejor.

20. **5** La vida podrá ser un infierno, pero siempre hay momentos maravillosos en éste.

21. **2** El autor utiliza la rima del segundo y tercer verso de cada estrofa. Asimismo, riman el último verso de cada dos estrofas.

22. **4** En el primer párrafo el poeta dice que la lluvia cae lentamente con "tristísimo rumor".

23. **3** El reflejo de la luz solar contra las montañas hace que blanquee la nieve. Por eso, dice "cuál blanquea aquella altura a la luz crepuscular".

24. **1** A medida que avanza el tren, "el manso aguacero en tempestad se trocó", es decir la lenta lluvia se convirtió en una tempestad.

25. **3** El poeta nos describe las impresiones durante el recorrido en tren. Las emociones del niño forman parte de sus impresiones.

26. **4** Para Miramón el pasado precolombino es la ignorancia, que él llama "oscuridad". Lo que para él vale es la raza blanca y la iglesia católica.

27. **2** De hecho quiere decir que no se puede volver atrás en la historia y lo expresa diciendo "acabar con esto sería como acabar con una parte de México".

28. **4** La iglesia tiene un papel importante en la política y lo expresa diciendo que Juárez "empobrece a la Iglesia" y por eso no es un candidato adecuado.

29. **1** La respuesta se encuentra en el párrafo "Me pareció ver en este sueño...el destino mismo de México".

30. **3** Miramón es antiindigenista cuando dice que "hombres blancos que somos tan mexicanos como el hombre indio, o más". Es europeista y monárquico cuando dice "pensé que sólo un gobernante europeo, que sólo un gobierno monárquico ligaría el destino de México al de Europa...".

31. **1** En el segundo párrafo el autor anota que la "vuelta a la naturaleza es un rasgo esencial de los comienzos renacentistas".

32. **3** El autor enumera en qué campos el mundo natural vuelve a tomar forma "tanto en lenguaje popular como en las artes plásticas, en la literatura satírica como en la ciencia experimental". No nombra la tecnología, que más bien es todo lo contrario.

33. **1** Sábato dice que Giotto era "profundamente cristiano", mientras que Rafael era "un artista mundano, emancipado de su religiosidad".

34. **4** Si bien la primera actitud del hombre fue el amor, éste fue complementado por el deseo de la dominación. Ambos son los factores de la ciencia positiva.

35. **1** En las últimas líneas, el autor predice que aunque el hombre "lanza finalmente la máquina contra la naturaleza..., ella terminará dominando a su creador".

36. **1** Zamora dice que sin duda Kahlo se pintaba porque era el sujeto que conocía mejor, tras largas horas de mirarse al espejo. Asimismo, en la época después de su divorcio lo hizo por dinero, como anota más adelante.

37. **5** Para la autora, "Las obras de arte son también material de información tangible...que continúan transmitiendo el mensaje mucho después de que su propósito original deja de existir".

38. **4** El pasaje dice que "Durante el período

de intensa depresión que ella sufre por la ausencia del maestro [su marido]...pinta su cuadro más famoso: 'Las dos Fridas'".

39. **5** Cuando quiere independizarse económicamente y hacer dinero por su cuenta, pinta sus autorretratos de medio cuerpo porque sabe que eran "la predilección de los coleccionistas".

40. **4** La autora del pasaje dice que la afirmación de que estaba sola "no resiste análisis, porque nunca estaba sola" y luego enumera los numerosos amigos que la visitaban y que también estaban vinculados a su marido.

41. **1** El autor presenta una exposición de hechos que revelan cómo se creó el Oscar.

42. **4** La organización ahora representa a la industria, tal como lo pregonaban sus creadores. Pese a que esa no fue la verdadera intención de Mayer y sus colegas, quienes deseaban circunvenir a los gremios y las asociaciones, "...éstos están hoy representados fuertemente en la administración de la Academia".

43. **5** Los premios están financiados por los canales de televisión en lugar de los estudios.

44. **4** El columnista Sidney Skolsky oyó por casualidad el nombre y lo popularizó en sus columnas.

45. **3** Los nominadores son miembros que han ganado distinción en sus campos específicos.

PRUEBA 5. MATEMÁTICAS/PÁGINA 672

1. **4** $15,000 - $8000 = $7,000 ventas sobre $8,000.
$0.05 \times $7,000 = 350 de comisión
$200 + $350 = $550 es el total del salario

2. **2** 12 onzas $= \frac{12}{16}$ de una libra $= \frac{3}{4}$ de una libra
$1\frac{3}{4} = \frac{7}{4}$ onzas
$\frac{7}{4} \times 0.84 = 1.47

3. **2** Para obtener la velocidad media, dividimos el total de la distancia recorrida por el total del tiempo usado.
Distancia total $= 80 + 100 = 180$ millas
Duración total $= 2 + 3 = 5$ horas
$180 \div 5 = 36$ millas por hora de velocidad media

4. **1** Usamos la siguiente proporción
$$\frac{\text{longitud de la foto}}{\text{longitud de la foto ampliada}} =$$
$$\frac{\text{anchura de la foto}}{\text{anchura de la foto ampliada}}$$
Si $x =$ la anchura de la foto ampliada,
$\frac{8}{12} = \frac{6}{x}$
$8x = 6(12) = 72$
$x = 72 \div 8 = 9$ pulgadas.

5. **4** $23\frac{1}{4} = 22 + \frac{4}{4} + \frac{1}{4} = 22\frac{5}{4}$
$22\frac{5}{4} = 22\frac{10}{8}$
$\underline{\quad -19\frac{5}{8}}$
$\qquad 3\frac{5}{8}$
$3\frac{5}{8} = \frac{29}{8}$
$\frac{29}{8} \times 80 = 290

6. **3** $3x - 1 < 5$
$3x < 5 + 1$
$3x < 6$
$x < 2$
De las opciones que se dan, la única que es menos de 2 es 1. Por lo tanto la opción 3 es la correcta.

7. **4** $850 \times 0.60 = 510$ asientos en orquesta
$850 - 510 = 340$ asientos en la galería.

8. **4** Si $4x =$ la medida del ángulo agudo más grande.
$x =$ la medida del ángulo agudo más pequeño.
$4x + x = 90$
$5x = 90$
$x = 90 \div 5 = 18$
$4x = 4(18) = 72°$ mide el ángulo agudo más grande.

9. **4** 25 pies 8 pulgadas $= 24$ pies $+ 12$ pulgadas $+ 8$ pulgadas $= 24$ pies y 20 pulgadas
24 pies y 20 pulg.
$\underline{- 18 \text{ pies y } 10 \text{ pulg.}}$
6 pies y 10 pulg.

10. **3** Bill gana *m* dólares al mes. Frank gana *n* dólares al mes. Juntos Bill y Frank ganan $(m + n)$ dólares mensuales. En un año los dos ganan $12(m + n)$ dólares.

11. **1** El perímetro de la figura es $(x + 2y) + (3x - y) + (2x + 3y) + (5x + y)$.
Perímetro = $(x + 3x + 2x + 5x) + (2y - y + 3y + y)$
Perímetro = $11x + 5y$

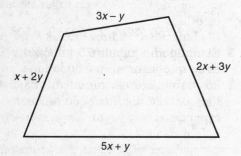

12. **4** Si x = ganancias de María
$2x$ = ganancias de Juana
$x + 2x = 42$
$3x = 42$
$x = 42 \div 3 = \$14$ son las ganancias de María

13. **4** $\$5,800 - \$4,500 = \$1,300$
Los impuestos son $\$100 + 5\%$ de $\$1,300 = 100 + 0.05(1,300) = 100 + 65 = \$165$

14. **2** $x = 2a(b + 7)$
$x = 2(3)(5 + 7)$
$x = 2(3)(12)$
$x = 72$

15. **3** Para encontrar el peso medio, ordenamos los pesos de menor a mayor o viceversa. Así pues, 184, 193, 195, 197, 198, 201, 203, 205, 207, 212, 214
La mitad o el que está en la sexta posición es 201.

16. **4** Probabilidad =
$$\frac{\text{número de resultados exitosos}}{\text{número de resultados posibles}}$$

En este caso, el número de resultado exitosos es 7 y el número de resultados posibles es 11.

Probabilidad = $\dfrac{7}{11}$

17. **1** 12 onzas = $\dfrac{12}{16} = \dfrac{3}{4}$ de una libra

5 libras 12 onzas = $5\dfrac{3}{4} = \dfrac{23}{4}$ libras

Si $\dfrac{23}{4}$ libras cuestan $2.7, entonces

1 libra cuesta $\$2.07 \div \dfrac{23}{4}$

$2.07 \div \dfrac{23}{4} = 2.07 \times \dfrac{4}{23} = \$.36$

18. **3** $m\angle CBD = 125°$
$m\angle ABC = 180° - 125° = 55°$
$m\angle A + m\angle ABC = 90°$
$m\angle A + 55° = 90°$
$m\angle A = 90° - 55° = 35°$

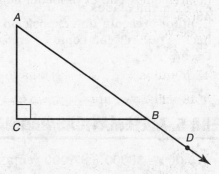

19. **4** Un 10% obtiene una A
25% obtiene una B
30% obtiene una C
15% obtiene una D
Un 80% ha aprobado el examen
Un 20% ha suspendido
20% de 80 = $\dfrac{1}{5}$ (80) = 16

20. **4** $\$20,000 \times 0.07 = \$1,400$
$7\dfrac{1}{2}\%$ se puede escribir como un decimal = 0.075
$\$12,000 \times 0.075 = \$900$
$\$1,400 + \$900 = \$2,300$

21. **2** Si una docena de huevos cuesta x centavos, 1 huevo cuesta $\dfrac{1}{12}x$ centavos. Tres huevos cuestan $3\left(\dfrac{1}{12}x\right)$, que se puede escribir $\dfrac{3}{12}x$.

$\dfrac{3}{12}x$ se reduce a $\dfrac{1}{4}x$ ó $\dfrac{x}{4}$.

22. **2** Calculamos los ingresos anuales para cada trabajo.
A. $\$27,000$
B. $\$570 \times 52 = \$29,640$

C. $2,250 × 12 = $27,000

D. 6 × $2,000 = $12,000 en la primera mitad del año

10% de $2,000 = $200

$2,000 + $200 = $2,200 cada mes en la segunda mitad del año

6 × $2,200 = $13,200 = por la segunda mitad del año

$12,000 + $13,200 = $25,200 por el primer año

La opción correcta es la 2.

23. **4** La propiedad distributiva afirma que $a(b + c) = a × b + a × c$.

Podemos representar el número de dólares que gasta el vendedor como $48(24 + 15)$

Observe que $48(24 + 15) = 48 × 24 + 48 × 15$.

24. **1** 45 minutos = $\frac{45}{60}$ ó $\frac{3}{4}$ de una hora.

A 48 millas por hora, el auto que va más rápido recorre $\frac{3}{4} × 48$, ó 36 millas.

A 36 millas por hora, el auto que va más despacio recorre $\frac{3}{4} × 36$, ó 27 millas.

$36 - 27 = 9$ millas de diferencia.

25. **2** Las ventas de carne = $2,500

Las ventas de productos lácteos = $1,500. La diferencia es de $1,000.

26. **2** Usamos el teorema de Pitágoras.

$x^2 = (15)^2 + (20)^2$

$x^2 = 225 + 400$

$x^2 = 625$

$x = \sqrt{625} = 25$ millas

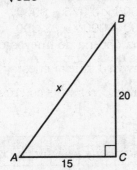

27. **3** $\frac{7}{8} - \frac{1}{4} = \frac{7}{8} - \frac{2}{8} = \frac{5}{8}$ que se ha usado del tanque lleno de combustible

$\frac{5}{8} × 280 = 175$ galones se han usado

28. **5** Para expresar un número en anotación científica, lo expresamos como el producto de un número entre 1 y 10 y como una potencia de 10. En este caso, el número entre 1 y 10 es 2.750389. Si vamos de 2.750389 a 2,750,389, movemos el punto decimal 6 espacios a la derecha. Cada espacio representa una multiplicación por 10 y al moverlo 6 espacios representa una multiplicación por 10^6.

De este modo,

$2,750,389 = 2.750389 × 10^6$

29. **3** El equipo ha jugado 75 partidos y tiene que jugar 45 partidos más.

$75 + 45 = 120$ partidos

60% de 120 = $0.6 × 120 = 72$

El equipo debe ganar 72 partidos y ya ha ganado 50.

De este modo, el equipo debe ganar $72 - 50 = 22$ partidos más.

30. **1** El área de un rectángulo = largo × ancho = $12 × 8 = 96$ pulgadas cuadradas.

El área del triángulo = $\frac{1}{2}$base × altura

$= \frac{1}{2}(32)(x) = 16x$

$16x = 96$

$x = 6$ pulgadas

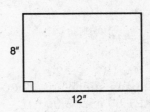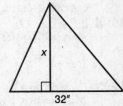

31. **2** El número de estudiantes en la escuela es de $18 × 35 = 630$. Si se distribuyen 30 en cada clase, el número de clases que se necesitan son $630 ÷ 30 = 21$ clases.

De este modo, el número de clases nuevas es de $21 - 18 = 3$ clases nuevas.

32. **4** El 40% del total de gastos de $240,000 se destinan a mano de obra.

40% = 0.4

$0.4($240,000) = $96,000$

33. **2** Pendiente = $\frac{y_1 - y_2}{x_1 - x_2}$

En este caso, $y_1 = 4$, $y_2 = 3$, $x_1 = 5$ y $x_2 = 0$.

Pendiente = $\dfrac{4-3}{5-0} = \dfrac{1}{5}$

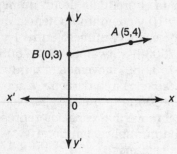

34. 4 1 kilómetro = 1,000 metros.

35. 2 Si una pareja de números satisface una ecuación, entonces el punto nombrado con el par de números está en la gráfica de la ecuación.
Intentamos cada par de números.

$$3x - y = 2$$

Si $x = 3$ e $y = -2$, tenemos que $3(3) - (-2) = 9 + 2 = 2$ (Falso)

Si $x = 1$ e $y = 5$, tenemos que $3(1) - (5) = 3 - 5 = 2$ (Falso)

Si $x = 2$ e $y = 4$, tenemos que $3(2) - 4 = 6 - 4 = 2$ (Verdadero)

Si $x = 2$ e $y = -3$, tenemos que $3(2) - (-3) = 6 + 3 = 2$ (Falso)

Si $x = 3$ e $y = 7$, tenemos que $3(3) - (7) = 9 - 7 = 2$ (Verdadero)

La C y E son verdaderas. La opción correcta es la 2.

36. 5 $3x - 1 = 11$

$$3x = 11 + 1 = 12$$
$$x = 12 \div 3 = 4$$
$$x^2 + x = (4)^2 + 4 = 16 + 4 = 20$$

37. 3 La primera campana suena a las 9:00 A.M., 11:00 A.M., 1:00 P.M., 3:00 P.M., 5:00 P.M., 7:00 P.M., 9:00 P.M., 11:00 P.M., 1:00 A.M., 3:00 A.M., 5:00 A.M., 7:00 A.M.
La segunda campana suena a las 9:00 A.M., 12 del mediodía, 3:00 P.M., 6:00 P.M., 9: 00 P.M., 12 de la noche, 3:00 A.M., 6:00 A.M.
La tercera campana suena a las 9:00 A.M., 1:00 P.M., 5:00 P.M. 9:00 P.M., 1:00 A.M., 5:00 A.M.
Las tres campanas suenan a las 9:00 P.M.

38. 3 La familia gasta un 20% + 23% + 42% = 85%. La familia ahorra 100% – 85% = 15% de sus ganancias mensuales.
Si x = ganancias mensuales de la familia

15% de x = 0.15x

$$0.15x = 360$$
$$x = \dfrac{360}{0.15}\ 15 = \dfrac{36000}{15} = \$2,400$$

39. 4 Si $x = DC$
Puesto que $\triangle ABE$ es similar a $\triangle CED$, el largo de los lados correspondientes de los dos triángulos son proporcionales.

$$\dfrac{x}{60} = \dfrac{80}{48}$$
$$48x = 80(60) = 4800$$
$$x = 4800 \div 48 = 100 \text{ pies}$$

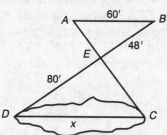

40. 3 El ancho del sendero es de 6 pies ó 6 × 12 = 72 pulgadas. El ancho de cada ladrillo es de 4 pulgadas.
El número de ladrillos que pueden caber en este ancho es de 72 ÷ 4 = 18.
La longitud del sendero es de 24 pies ó 24 × 12 = 288 pulgadas. El largo de cada ladrillo es de 8 pulgadas. El número de ladrillos que pueden caber es de 288 ÷ 8 = 36.
18 × 36 = 648 ladrillos.

41. 5 Comprobamos los siguientes números.
2(5) + 3 > 7, 10 + 3 > 7 Verdadero
2(4) + 3 > 7, 8 + 3 > 7 Verdadero
2(3) + 3 > 7, 6 + 3 > 7 Verdadero
2(10) + 3 > 7, 20 + 3 > 7 Verdadero
2(0) + 3 > 7, 0 + 3 > 7 Falso

42. 3 El área del triángulo la sabemos a través de la fórmula $A = \dfrac{1}{2}bh$.
En este caso, $b = 4$ y $h = 8$.

Area = $\dfrac{1}{2}(4)(8) = 16$

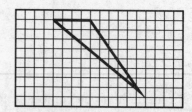

43. 4 Para saber qué decisión financiera tomar, David debe saber cuánto puede ganar en la biblioteca de la universidad B.

44. **2** Area de la pared de enfrente = 9 × 24 = 216 pies cuadrados
Area de la pared de detrás = 9 × 24 = 216 pies cuadrados
Area de la pared de un lado = 9 × 18 = 162 pies cuadrados
Area de la pared del otro lado = 9 × 18 = 162 pies cuadrados
Area de las paredes = 216 + 216 + 162 + 162 = 756 pies cuadrados
756 ÷ 9 = 84 yardas cuadradas

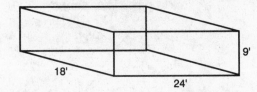

45. **4** Para encontrar la velocidad media, dividimos el total del millaje recorrido por la duración.
Total de la distancia recorrida = $x + y + z$
Duración total = 3 días.

Promedio = $\dfrac{x + y + z}{3}$

46. **5** Para encontrar la circunferencia de la rueda, usamos la fórmula $C = \pi d$.

En este caso, $\pi = \dfrac{22}{7}$ y $d = 28$.

$C = \dfrac{22}{7} \times 28 = 88$ pulgadas

Cada vez que la rueda da una vuelta completa, la bicicleta se mueve 88 pulgadas o la distancia de la circunferencia.
En 10 vueltas completas, la bicicleta se mueve 10 × 88 = 880 pulgadas.

47. **1** Supongamos que x = al número de piezas de máquina que fabrica Francisco en 7 horas. Usamos la proporción siguiente:

$\dfrac{4}{21} = \dfrac{7}{x}$

$4x = 7(21)$

$x = \dfrac{7(21)}{4}$

48. **4** Usamos la fórmula $V = lah$ (siendo l = largo, a = ancho y h = altura).
$V = x(x)y$
$V = x^2 y$

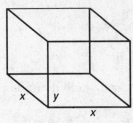

49. **5** No podemos encontrar el valor de la herencia a no ser que sepamos la parte que le toca a la hija. Esta información no se nos proporciona.

50. **2** Como se muestra en la figura, el pasillo puede dividirse en dos pares de rectángulos en que cada par tiene la misma área. Las dimensiones de cada franja horizontal del pasillo son de 3 por 36 y las dimensiones de las franjas verticales son de 3 por 20. Puesto que hay dos rectángulos de cada tamaño, el área total es de (2)(3)(36) + (2)(3)(20)

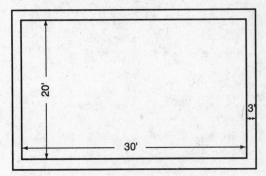

51. **5** Puesto que el promedio de la profundidad de la piscina es de 6 pies, el agua forma un sólido rectangular cuyas dimensiones son 30 por 20 por 6. El volumen del agua es el producto de estos tres números, o sea, (30)(20)(6) = 3,600.

52. **4** Si tomamos la piscina y el pasillo juntos, forman un rectángulo de 36 por 26. Así pues, el total de su área es el producto de (36)(26) = 936.

53. **2** Lakeville y Fulton están a $3\dfrac{5}{8}$ pulgadas de distancia en el mapa. Puesto que una pulgada = 80 millas, 3 pulgadas = 3(80) = 240 millas.

Como 1 pulgada = 80 millas, $\dfrac{5}{8}$ de pulgada = $\dfrac{5}{8}(80) = 50$ millas
240 + 50 = 290 millas.

54. **3** $20\% = \dfrac{1}{5}$

$\dfrac{5}{5} - \dfrac{1}{5} = \dfrac{4}{5}$

El precio rebajado de unos pantalones es de $\dfrac{4}{5}y$.

El precio reducido de 3 pantalones es de $3\left(\dfrac{4}{5}y\right)$.

55. **5** Para desayunar y almorzar, el señor Bartolomé consume el 40% de las calorías que se le permiten. De este modo, aún puede consumir un 60% de las calorías durante el resto del día.

Si x = número de calorías por día,

$0.60x = 1,200$

$x = 1,200 \div 0.60$

$x = 1,200/0.60 \times 100/100 =$

$120,000/60 = 2,000$ calorías.

56. **3** Si x = la longitud de la parte más corta y $x + 8$ = la longitud de la parte más larga.

$x + x + 8 = 64$

$2x + 8 = 64$

$2x = 64 - 8 = 56$

$x = 56 \div 2 = 28$

$x + 8 = 28 + 8 = 36$ pulgadas tiene la parte más larga.

REQUISITOS PARA EL CERTIFICADO DE EQUIVALENCIA DE ESCUELA SUPERIOR

INFORMACIÓN PARA SOLICITAR INSCRIPCIÓN EN EL EXAMEN DE GED

—La información contenida en las páginas siguientes se basó en los documentos *Policies of Department of Education* y *Requirements for Issuance of Certificate/Diploma* y se usa aquí con el debido permiso del Servicio de Pruebas de GED del Consejo Norteamericano sobre Educación.

—Debido a que los reglamentos cambian ocasionalmente y por existir a veces excepciones específicas, usted debiera solicitar información personalmente antes de pedir los papeles de inscripción. Ubique la oficina y dirección que le corresponden en las páginas que siguen.

—Las tablas están organizadas en dos partes, una para Estados Unidos y la otra para Canadá.

—El costo para obtener el certificado varía entre $0 y $40. Algunos estados piden un pago adicional por tomar el examen de GED en un Centro Oficial de Pruebas de GED estatal.

ESTADOS UNIDOS

LUGAR	OFICINA Y DIRECCIÓN	REQUISITOS PARA CERTIFICADO			EXAMEN	
		Edad Mínima	Residencia Requerida	Puntajes Mínimos	Edad Mínima	Costo por Conjunto
Alabama	Administrator GED Testing Program State Department of Education Gordon Persons Bldg., Room 5345 50 North Ripley Street Montgomery, AL 36130-3901 (205) 242-8182	18. Si ausente de la escuela por 12 meses consecutivos, emitido a personas de 17.	30 días.	35 en cada prueba y 45 de promedio en cinco pruebas.	La misma.	$20.
Alaska	GED Administrator Department of Education 801 West 10th Street, Suite 200 Juneau, AK 99801-1894 (907) 465-4685	18. Bajo ciertas circunstancias, emitido a personas de 16 ó 17.	Sí.	35 en cada prueba y 45 de promedio en cinco pruebas.	La misma, con algunas excepciones.	$15 máximo.
American Samoa	Director of Education Department of Education American Samoa Government Pago Pago American Samoa 96799 (684) 633-5237	18.	Sí	40 en cada prueba.	La misma.	$10.
Arizona	GED Administrator Arizona Department of Education 1535 West Jefferson Street Phoenix, AZ 85007 (602) 542-5280	18. Bajo ciertas circunstancias, emitido a personas de 16 ó 17.	No.	35 en cada prueba y 45 de promedio en cinco pruebas.	La misma.	$25 máximo.
Arkansas	GED Testing 3 Capitol Mall Luther S. Harding Building Room 200 Little Rock, AR 72201 (501) 682-1980	18. Bajo ciertas circunstancias, emitido a personas de 16 ó 17.	Sí.	40 en cada prueba y 45 de promedio en cinco pruebas.	La misma.	Gratis.

California	GED Office California Department of Education P.O. Box 710273 Sacramento, CA 94244-0273 (916) 657-3346	18. Bajo ciertas circunstancias, emitido a personas de 16 ó 17.	Sí.	40 en cada prueba y 45 de promedio en cinco pruebas.	La misma.	Varía.
Canal Zone (Panamá)	Assistant Dean/Registrar Panama Canal College Department of Defense Dependents School Panama Area Unit #0925 APO AA 34002	17.	Sí. Posible aceptación de veteranos o miembros de fuerzas armadas.	40 en cada prueba y 45 de promedio en cinco pruebas.	La misma.	$38.
Colorado	GED State Administrator State Library and Adult Education Office 201 E. Colfax Denver, CO 80203 (303) 866-6612	17. Bajo ciertas circunstancias, emitido a personas de 16.	Sí.	35 en cada prueba y 45 de promedio en cinco pruebas.	La misma.	$25–40.
Connecticut	GED Administrator State Department of Education GED Office 25 Industrial Park Road Middletown, CT 06457 (203) 638-4027	19. Bajo ciertas circunstancias, emitido a personas de 17 o mayores.	Sí. Posible aceptación de residentes en ejército o en sistema penal.	35 en cada prueba y 45 de promedio en cinco pruebas.	La misma.	$13. Gratis para menores de 21.
Delaware	State Supervisor Adult Community Education State Department of Public Instruction Townsend Building, P. O. Box 1402 Dover, DE 19903-1402 (302) 739-4601	18.	Sí.	40 en cada prueba y 45 de promedio en cinco pruebas.	La misma. Requisitos adicionales para personas de 16 ó 17.	Varía.
District of Columbia	GED Administrator GED Testing Center Miner Administrative Unit 601 15th Street, N.E. Washington, D.C. 20002 (202) 724-4209	18.	Sí. Posible aceptación de no residentes en ejército o programa gubernamental de capacitación.	40 en cada prueba y 45 de promedio en cinco pruebas.	La misma. Requisitos especiales para gente de 16 ó 17.	$20.

LUGAR	OFICINA Y DIRECCIÓN	REQUISITOS PARA CERTIFICADO			EXAMEN	
		Edad Mínima	Residencia Requerida	Puntajes Mínimos	Edad Mínima	Costo por Conjunto
Florida	Chief, Bureau of Adult and Community Education State Department of Education Florida Education Center, Suite 1244 Tallahassee, FL 32399 (904) 488-8201	18. Bajo ciertas circunstancias, emitido a personas de 16 ó 17.	Sí.	40 en cada prueba y 45 de promedio en cinco pruebas.	La misma.	$25 máximo.
Georgia	GED Administrator State Department of Technical and Adult Education 660 South Tower One CNN Center Atlanta, GA 30303-2705 (404) 656-6632	18. Bajo ciertas circunstancias, emitido a personas menores de 18.	No.	35 en cada prueba y 45 de promedio en cinco pruebas.	La misma. Menores de 18: prueba de inscripción en universidad, ejército o programa federalmente financiado de entrenamiento laboral.	$25.
Guam	GED Administrator Guam Community College P.O. Box 23069 Guam Main Facility Barrigada, Guam 96921 (671) 734-4311	18.	Sí.	35 en cada prueba y 45 de promedio en cinco pruebas.	16, bajo circunstancias especiales.	$10.
Hawaii	State GED Office State Department of Education Community Education Section Office of Instructional Services 595 Pepeekeo Street, Room H-2 Honolulu, HI 96825 (808) 395-9451	17.	Sí. Debe proveer transcripción de la escuela.	35 en cada prueba y 45 de promedio en cinco pruebas.	La misma.	$20.

Idaho	Chief Bureau of Instruction State Department of Education Len B. Jordan Building 650 West State Street Boise, ID 83720 (208) 334-2165	18. Bajo ciertas circunstancias, emitido a personas de 16 ó 17.	Sí.	40 en cada prueba y 45 de promedio en cinco pruebas.	La misma.	Varía.
Illinois	GED Administrator State Board of Education Adult Education and Literacy Section 100 North First Street Springfield, IL 62777 (217) 782-3370	18. Bajo ciertas circunstancias, emitido a personas de 17.	30 días.	35 en cada prueba y 45 de promedio en cinco pruebas.	La misma.	$15.
Indiana	Administrator GED Testing Program State Department of Education Division of Adult Education 229 State House Indianapolis, IN 46204 (317) 232-0522	18. Bajo ciertas circunstancias, emitido a personas de 16 ó 17.	30 días.	35 en cada prueba y 45 de promedio en cinco pruebas.	La misma.	$18 máximo.
Iowa	Administrator GED Testing Program State Department of Education Grimes State Office Building Des Moines, IA 50319-0146 (516) 281-3636	18. Bajo ciertas circunstancias, emitido a personas menores de 18.	No.	35 en cada prueba y 45 de promedio en cinco pruebas.	17, si es necesario para las fuerzas armadas, empleo, universidad o licencia de trabajo.	$20.
Kansas	Administrator GED Testing Program Adult Education State Board of Education 120 SE 10th Avenue Topeka, KS 66612-1182 (913) 296-3192	18. Bajo ciertas circunstancias, emitido a personas de 16 ó 17.	Sí, o último año de escuela secundaria cumplido en el estado. No requerido al personal del servicio de reserva federal.	35 en cada prueba y 45 de promedio en cinco pruebas.	16.	$30.

LUGAR	OFICINA Y DIRECCIÓN	REQUISITOS PARA CERTIFICADO			EXAMEN	
		Edad Mínima	Residencia Requerida	Puntajes Mínimos	Edad Mínima	Costo por Conjunto
Kentucky	Supervisor, GED Testing Branch Office of Adult Education Services Department for Adult and Technical Education 313 Capital Plaza Tower 500 Metro Street Frankfort, KY 40601 (502) 564-5117	17.	Sí.	35 en cada prueba y 45 de promedio en cinco pruebas.	17 y sin atender escuela por un año o cuya clase ya se graduó	$15.
Kwajalein Island	Community/Adult Education Center Director Kwajalein School System P.O. Box 54 APO, AP 96555 (805) 238-7994	18. Clase de escuela superior debe haberse graduado.	Sí.	35 en cada prueba y 45 de promedio en cinco pruebas.	La misma.	$27.50.
Louisiana	Director, Adult and Community Education State Department of Education P.O. Box 94064 Capitol Station Baton Rouge, LA 70804-9064 (504) 342-3510	17 o más joven si casado(a)	Sí o haber asistido formalmente a la escuela en el estado. Se acepta a no residentes con seis meses de servicio militar.	40 en cada prueba y 45 de promedio en cinco pruebas.	La misma.	$20 máximo.
Maine	GED Administrator Division of Adult and Community Education Maine Department of Education State House Station #23 Augusta, ME 04333 (207) 287-5854	18. Bajo ciertas circunstancias, emitido a personas de 17.	No.	35 en cada prueba y 45 de promedio en cinco pruebas.	La misma.	Gratis.

Maryland	Administrator GED Testing Program State Department of Education 200 West Baltimore Street Baltimore, MD 21201 (410) 333-2280	16. Si menor de 19, debe estar ausente de la escuela a tiempo completo por lo menos 3 meses.	3 meses.	40 en cada prueba y 45 de promedio en cinco pruebas.	La misma.	$18.
Massachusetts	Administrator Office of Certification and Credentialing Services State Department of Education 350 Main Street Malden, MA 02148 (617) 388-3300	19. Bajo ciertas circunstancias, emitido a personas de 16 ó 17.	Sí.	35 en cada prueba y 45 de promedio en cinco pruebas.	La misma.	$30 máximo.
Michigan	Supervisor, Adult Basic and Community Education State Department of Education Adult Extended Learning Services P.O. Box 30008 Lansing, MI 48909 (517) 373-8439	18.	30 días.	35 en cada prueba y 45 de promedio en cinco pruebas.	17. Para los que cumplen el servicio militar.	Varía.
Minnesota	GED Administrator, Community Collaboration State Department of Education Capital Square Building, Room 997 550 Cedar Street St. Paul, MN 55101 (612) 296-2704	19. Bajo ciertas circunstancias, emitido a personas de 17 ó 18.	Sí.	35 en cada prueba y 45 de promedio en cinco pruebas.	La misma.	$15–40.
Mississippi	State Administrator GED Testing Program State Board for Community and Junior Colleges 3825 Ridgewood Road Jackson, MS 39211 (601) 982-6338	17.	30 días o en servicio activo en las fuerzas armadas.	40 en cada prueba y 45 de promedio en cinco pruebas.	17. No asistir a la escuela por 6 meses o graduación de su clase.	$20.

LUGAR	OFICINA Y DIRECCIÓN	REQUISITOS PARA CERTIFICADO			EXAMEN	
		Edad Mínima	Residencia Requerida	Puntajes Mínimos	Edad Mínima	Costo por Conjunto
Missouri	Director, Adult Education State Department of Elementary and Secondary Education Jefferson Building P.O. Box 480 Jefferson City, MO 65102 (314) 751-3504	18. Bajo ciertas circunstancias, emitido a personas de 16 ó 17.	Sí. O miembro de las fuerzas armadas residente en el estado.	40 en cada prueba y 45 de promedio en cinco pruebas.	La misma.	$20 máximo.
Montana	GED Administrator Office of Public Instruction State Capitol, Capitol Station Helena, MT 59620 (406) 444-4438	18. Bajo ciertas circunstancias, emitido a personas de 17.	Sí, o en el ejército en el estado 30 días antes del examen.	35 en cada prueba y 45 de promedio en cinco pruebas.	17, con documentación de condiciones especiales.	$8.
Nebraska	Director, Adult and Community Education State Department of Education 301 Centennial Mall, South P.O. Box 94987 Lincoln, NE 68509-4987 (402) 471-4807	18.	30 días. O último crédito formalmente obtenido en escuela del estado.	40 en cada prueba y 45 de promedio en cinco pruebas.	16 y no inscrito en la escuela.	$20–30.
Nevada	Education Consultant Adult and Continuing Education State Department of Education 400 West King Street Capitol Complex Carson City, NV 89710 (702) 687-3133 or 3134	17.	Sí.	35 en cada prueba y 45 de promedio en cinco pruebas.	La misma.	$20.
New Hampshire	GED Administrator Office of Adult Basic Education State Department of Education 101 Pleasant Street Concord, NH 03301 (603) 271-2249	18.	Sí.	35 en cada prueba y 45 de promedio en cinco pruebas.	16 y graduación de su clase o cumplimiento de ciertas condiciones.	$30.

New Jersey	Manager, Bureau of Adult Education and Literacy Division of Academic Programs and Standards State Department of Education CNN 500 Trenton, NJ 08625-0500 (609) 777-1050	18. Bajo ciertas circunstancias, emitido a personas de 16 ó 17.	No.	40 en cada prueba y 45 de promedio en cinco pruebas. Se requiere la Prueba 6 para los conjuntos de español y francés.	La misma.	$20.
New Mexico	Director, Assessment and Evaluation Unit State Department of Education Education Building Santa Fe, NM 87501-2786 (505) 827-6616 or 6524	21. Para menores de 21, su clase debe haberse graduado.	Sí.	40 en cada prueba y 50 de promedio en cinco pruebas.	18. En casos especiales, 17.	Varía.
New York	High School Equivalency Testing Program Manager State Education Department P.O. Box 7348 Albany, NY 12224-0348 (518) 474-5906	19. Bajo ciertas circunstancias, emitido a personas de 16–18.	1 mes.	40 en cada prueba y 45 de promedio en cinco pruebas.	La misma. Se hacen excepciones para la educación superior y las fuerzas armadas.	$25.
North Carolina	Coordinator, Adult High School Programs State Board of Community Colleges 200 West Jones Street Raleigh, NC 27603-1337 (919) 733-7051	16.	Sí. Se acepta a personal militar residente en el estado y a los miembros familiares inmediatos.	35 en cada prueba y 45 de promedio en cinco pruebas.	La misma. 16–17 con requisitos especiales.	$7.50.
North Dakota	Director, Adult Education and Literacy Department of Public Instruction 9th Floor, State Capitol 600 East Boulevard Avenue Bismarck, ND 58505-0440 (701) 224-2393	18.	30 días. Se acepta personal militar residente en el estado.	40 en cada prueba y 50 de promedio en cinco pruebas.	La misma. 16–17 con requisitos especiales.	Varía.

LUGAR	OFICINA Y DIRECCIÓN	REQUISITOS PARA CERTIFICADO			EXAMEN	
		Edad Mínima	Residencia Requerida	Puntajes Mínimos	Edad Mínima	Costo por Conjunto
Ohio	State GED Administrator Department of Education 65 South Front Street, Room 812 Columbus, OH 43266-0308 (614) 466-9217	19. Bajo ciertas circunstancias, emitido a personas de 16 a 18.	Sí.	35 en cada prueba y 45 de promedio en cinco pruebas.	La misma. Permiso especial para los de 16–18.	$30.
Oklahoma	Director, Lifelong Learning Section State Department of Education 2500 North Lincoln Boulevard Oklahoma City, OK 73105-4399 (405) 521-3321	18. Bajo ciertas circunstancias, emitido a personas de 17.	Sí.	40 en cada prueba y 45 de promedio en cinco pruebas.	La misma.	Varía.
Oregon	GED Testing Program, Assistant Coordinator State Board of Education Office of Community College Services 700 Pringle Parkway, S.E. Salem, OR 97310-0290 (503) 378-8585	18. Bajo ciertas circunstancias, emitido a personas de 16 ó 17.	Sí. Posible aceptación de personal militar en servicio activo.	40 en cada prueba y 45 de promedio en cinco pruebas.	16 ó 17 debe recibir antorización especial.	Varía.
Pennsylvania	Commonwealth Diploma Program State Department of Education 333 Market Street Harrisburg, PA 17126-0333 (717) 787-6747	18.	Sí, incluyendo personal militar y residentes encarcelados.	35 en cada prueba y 45 de promedio en cinco pruebas.	La misma. Los de 16–17 deben mandar solicitud del empleador, la universidad, oficial de reclutamiento o director de institución estatal.	Varía.
Puerto Rico	General Supervisor, Testing Coordinator Educational Extension Area Department of Education P.O. Box 190759 San Juan, PR 00919-0759 (809) 754-7660	18.	Sí.	35 en cada prueba y 45 de promedio en cinco pruebas.	La misma.	Gratis.

Rhode Island	GED Administrator High School Equivalency Program Department of Elementary and Secondary Education Division of Vocational and Adult Education 22 Hayes Street Providence, RI 02908 (401) 277-2691	18. Bajo ciertas circunstancias, emitido a personas menores de 18.	No.	35 en cada prueba y 45 de promedio en cinco pruebas.	La misma. Condiciones especiales para los de 16–17.	$15.
South Carolina	State GED Administrator Adult Performance Assessment State Department of Education 212 Rutledge Building 1429 Senate Street Columbia, SC 29201 (803) 734-8347	17.	Sí, o previo residente con asistencia escolar reciente en el estado.	35 en cada prueba y 45 de promedio en cinco pruebas.	La misma. Excepción para delincuentes juveniles de 16 años.	$15.
South Dakota	State GED Testing Program Office of Adult, Vocational and Technical Education 700 Governors Drive Pierre, SD 57501-2291 (605) 773-4463	18.	Sí, o haber recibido educación formal en el estado.	40 en cada prueba y 45 de promedio en cinco pruebas.	La misma, o 17 con permiso de administrador estatal bajo circunstancias extraordinarias.	$20 máximo.
Tennessee	Adult and Community Education State Department of Education 1130 Menzler Road Nashville, TN 37243-0387 (615) 741-7054	18. Bajo ciertas circunstancias, emitido a personas de 17.	Sí.	35 en cada prueba y 45 de promedio en cinco pruebas.	La misma.	Varía.
Texas	Associate Commissioner for School Support Texas Education Agency 1701 North Congress Avenue Austin, TX 78701-1494 (512) 463-9292	18. Bajo ciertas circunstancias, emitido a personas de 16 ó 17.	Sí, o miembro de fuerzas armadas o encarcelado en el estado.	40 en cada prueba y 45 de promedio en cinco pruebas.	La misma.	Varía.

LUGAR	OFICINA Y DIRECCIÓN	REQUISITOS PARA CERTIFICADO			EXAMEN	
		Edad Mínima	Residencia Requerida	Puntajes Mínimos	Edad Mínima	Costo por Conjunto
Trust Territories of the Pacific Islands	GED Examiner Northern Marianas College P.O. Box 1250 Saipan, Marianas Islands 96950 (692) 234-3690	18.	Sí.	40 en cada prueba y 45 de promedio en cinco pruebas.	La misma. Los de 16–18 deben satisfacer condiciones especiales.	$15.
Utah	State Director State GED Testing Services State Office of Education 250 East 500 South Salt Lake City, UT 84111 (801) 538-7726	18. Bajo ciertas circunstancias, emitido a personas de 17.	Sí, incluyendo a los empleados estatales o miembros de las fuerzas armadas.	40 en cada prueba y 45 de promedio en cinco pruebas.	La misma.	Varía.
Vermont	GED Administrator State Department of Education Adult Education Services State Office Building 120 State Street Montpelier, VT 05620-2703 (802) 828-3131	16.	Sí.	35 en cada prueba y 45 de promedio en cinco pruebas.	18. Los de 16–17 deben obtener permiso por escrito.	$25.
Virginia	Adult Education Service Virginia Department of Education P.O. Box 2120 Richmond, VA 23216-2120 (804) 225-2075	18. Bajo ciertas circunstancias, emitido a personas menores de 18.	Sí.	35 en cada prueba y 45 de promedio en cinco pruebas.	La misma.	$20.
Virgin Islands	Government of the Virgin Islands of the United States Department of Education State Office of Vocational, Technical and Adult Education 44-46 Kongens Gade Charlotte Amalie St. Thomas, Virgin Islands 00801	17.	No. Posiblemente 3 meses para los que llegan no de los Estados Unidos.	35 en cada prueba y 45 de promedio en cinco pruebas.	La misma.	$20.

Washington	Director, Office of Adult Literacy State Board for Community and Technical Colleges P.O. Box 42495 319 Seventh Avenue Olympia, WA 98504-2495 (206) 753-6748	19. Bajo ciertas circunstancias, emitido a personas menores de 19.	Sí.	40 en cada prueba y 45 de promedio en cinco pruebas.	19 o 16–18 para los que no están inscritos en el programa regular de la escuela superior.	$25.
West Virginia	GED State Administrator State Department of Education State Capitol, Building 6, Room 230 Charleston, WV 25305 (304) 558-6315	18.	30 días.	40 en cada prueba y 45 de promedio en cinco pruebas.	18 o mayores. Los de 16–18 deben proveer verificación por escrito de circunstancias especiales.	Varía.
Wisconsin	State Administrator High School Equivalency Program Department of Public Instruction Division for Instructional Services 125 South Webster Street P.O. Box 7841 Madison, WI 53707-7841 (608) 267-9245	18.5.	10 días.	40 en cada prueba y 50 de promedio en cinco pruebas.	La misma, con excepción de los de 17 y mayores que cumplan con requisitos especiales.	Varía.
Wyoming	GED Administrator State Department of Education Hathaway Building, 2nd Floor 2300 Capitol Avenue Cheyenne, WY 82002-0050 (307) 777-6265	18.	Sí. Posible aceptación de personal militar y de prisiones federales.	35 en cada prueba y 45 de promedio en cinco pruebas.	La misma, con excepción para los de 17 que provean solicitud del empleador, representante de universidad, reclutador de fuerzas armadas, o de la corte.	Varía.

CANADÁ

LUGAR	OFICINA Y DIRECCIÓN	REQUISITOS PARA CERTIFICADO			EXAMEN	
		Edad Mínima	Residencia Requerida	Puntajes Mínimos	Edad Mínima	Costo por Conjunto
Alberta	Assistant Director Student Evaluation Branch Alberta Education 11160 Jasper Avenue Edmonton, Alberta, Canada T5K 0L2 (403) 427-0010	18. Debe estar ausente de la escuela un mínimo de 10 meses consecutivos.	Sí.	45 en cada prueba.	18.	$50.
British Columbia	Director, Examinations Branch Ministry of Education Parliament Buildings Victoria, British Columbia, Canada V8V 2M4 (250) 356-2416	19. Debe estar ausente de la escuela por un año académico completo.	Sí.	45 en cada prueba.	19.	$26.75.
Manitoba	Director, Correspondence Branch GED Testing Office Manitoba Education and Training 528 St. James Street Winnipeg, Manitoba, Canada R3G 3J4 (204) 945-7396	19. Debe estar ausente de la escuela por un año académico completo.	Sí.	45 en cada prueba.	19.	$22.
New Brunswick	Director, Curriculum and Evaluation Branch Department of Advanced Education and Labor P.O. Box 6000 416 York Street Fredericton, New Brunswick, Canada G3B 5H1 (506) 453-8227	19. Debe estar ausente de la escuela por un año completo.	Sí.	45 en cada prueba.	19.	$10.

Newfoundland	Manager of High School Certification Department of Education P.O. Box 8700 St. John's, Newfoundland, Canada A1B 4J6 (709) 729-2999	19. Estudiantes de su edad deben haberse graduado de la escuela superior.	Sí.	40 en cada prueba y 45 de promedio en cinco pruebas.	19.	Gratis.
Northwest Territories	Department for Education, Culture and Employment Government of Northwest Territories Yellowknife, Northwest Territories, Canada X1A 2L9 (403) 873-7392	18. Debe estar ausente de la escuela por lo menos un año académico completo.	6 meses.	45 en cada prueba.	La misma.	$5.
Nova Scotia	Assistant Director Testing and Evaluation Department of Education P.O. Box 578 Halifax, Nova Scotia, Canada B3J 2S9 (902) 424-5805	19. Debe estar ausente de la escuela por lo menos un año académico completo.	No.	45 en cada prueba.	19.	$20.
Prince Edward Island	Pupil Personnel Consultant Department of Education P.O. Box 2000 Charlottetown, Prince Edward Island Canada C1A 7N8 (902) 368-4693	19. Debe estar ausente de la escuela por lo menos un año académico completo.	Sí.	45 en cada prueba.	La misma.	$20.
Saskatchewan	ABE Program Manager Training Plans and College Liaison Branch Saskatchewan Education 2220 College Avenue Regina, Saskatchewan, Canada S4P 3V7 (306) 787-5597	19.	Sí.	45 en cada prueba.	La misma. Los de 17–18 deben enviar de respaldo solicitud del empleador o del centro de capacitación.	$25.
Yukon Territory	Dean, Developmental Studies Department of Education Yukon College Box 2799 Whitehorse, Yukon, Canada Y1A 5K4 (403) 668-8741	19. Debe estar ausente de la escuela por lo menos un año académico completo.	Sí.	45 en cada prueba.	La misma.	$25.

NOTES

NOTES

NOTES

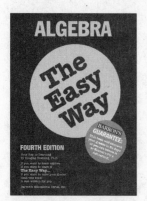

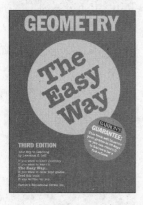